# 宁夏统计年鉴 2016

# NING XIA STATISTICAL YEARBOOK

宁夏回族自治区统计局
国家统计局宁夏调查总队 编

Compiled by Ningxia Provincial Bureau of Statistics
NBS Sarvey Office in Ningxia

中国统计出版社
China Statistics Press

图书在版编目（CIP）数据

宁夏统计年鉴. 2016：中英对照 / 宁夏回族自治区统计局，国家统计局宁夏调查总队编. -- 北京 ：中国统计出版社，2016.8
ISBN 978-7-5037-7844-5

Ⅰ. ①宁… Ⅱ. ①宁… ②国… Ⅲ. ①统计资料－宁夏－2016－年鉴－汉、英 Ⅳ. ①C832.43-54

中国版本图书馆 CIP 数据核字(2016)第 161727 号

宁夏统计年鉴-2016

作　　者/ 宁夏回族自治区统计局　国家统计局宁夏调查总队
责任编辑/ 佘竞雄　殷荣玉
装帧设计/ 郭　俊
出版发行/ 中国统计出版社
地　　址/ 北京市丰台区西三环南路甲 6 号　邮政编码/100073
电　　话/ 邮购（010）63376909　书店（010）68783171
网　　址/ http://www.zgtjcbs.com
印　　刷/ 银川市光华印刷厂
经　　销/ 新华书店
开　　本/ 890mm×1240mm　1/16
字　　数/ 1850 千字
印　　张/ 39.5　彩插 0.75
版　　别/ 2016 年 9 月第 1 版
版　　次/ 2016 年 9 月第 1 次印刷
定　　价/ 380.00 元

本书附同版本 CD-ROM 一张，光盘内容以书面文字为准。
如有印装差错，由本社发行部调换。

地区生产总值（亿元）
GDP of Ningxia (100 million yuan)

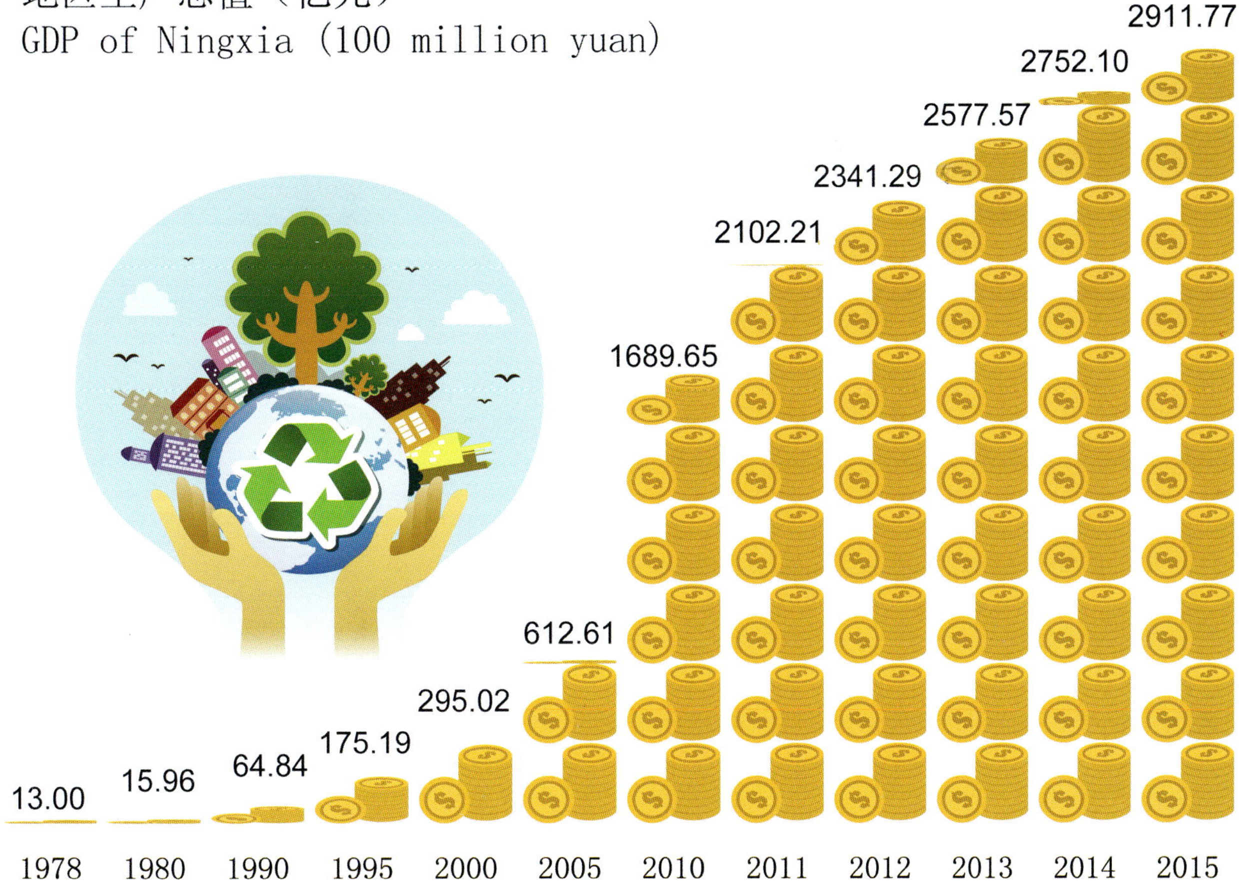


地区生产总值增速（%）
GDP Growth Rate (%)

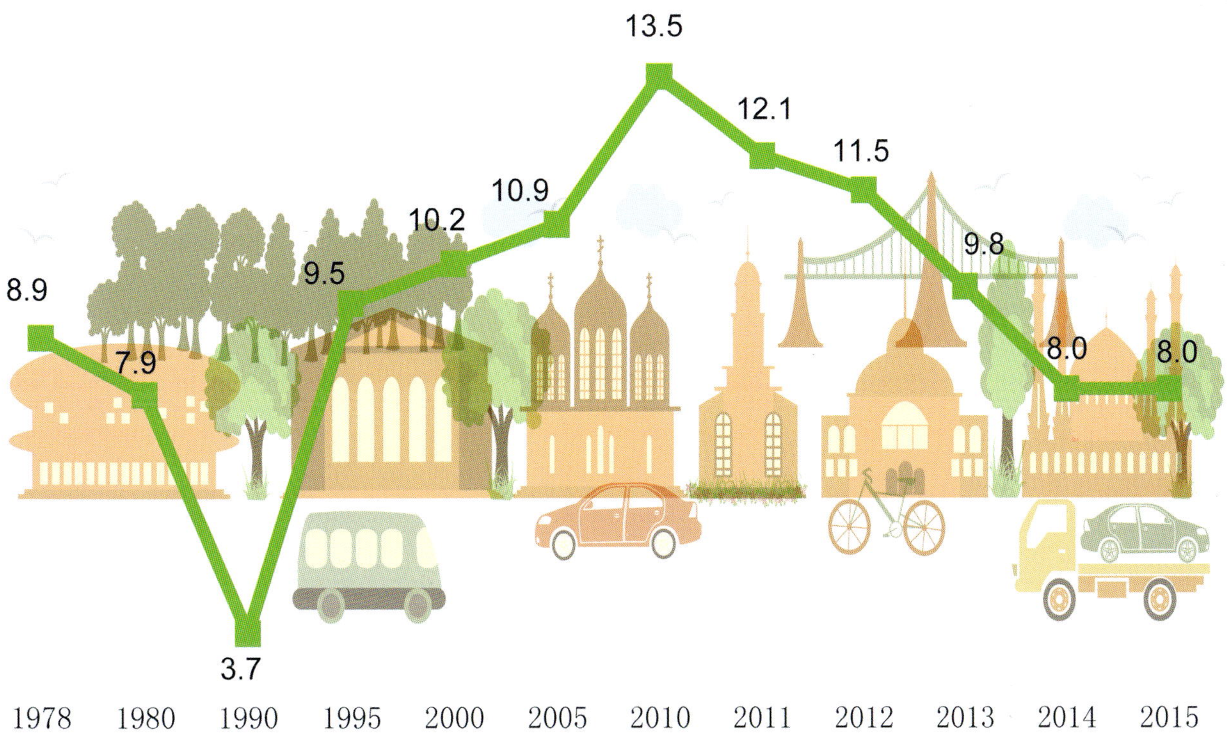

## 人均地区生产总值（元/人）
## Per Capita Gross Domestic Product (yuan/person)

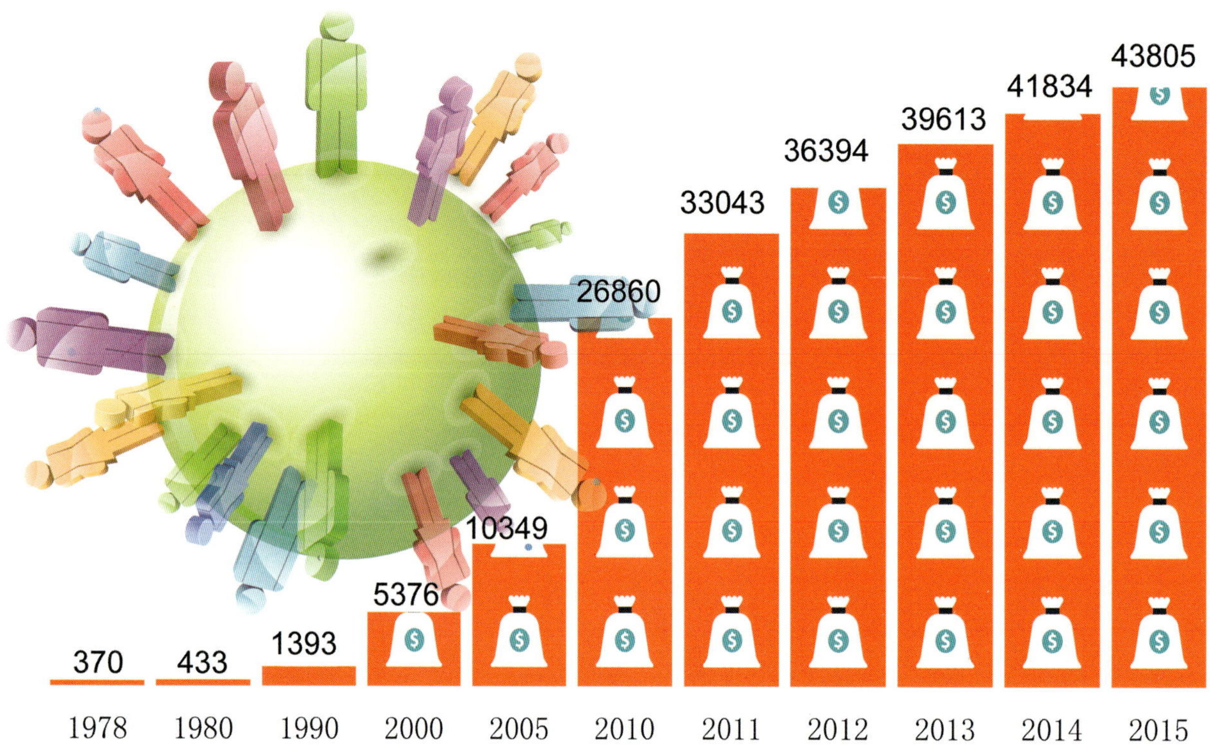


## 地区生产总值构成（%）
## Composition of Gross Domestic Product(%)

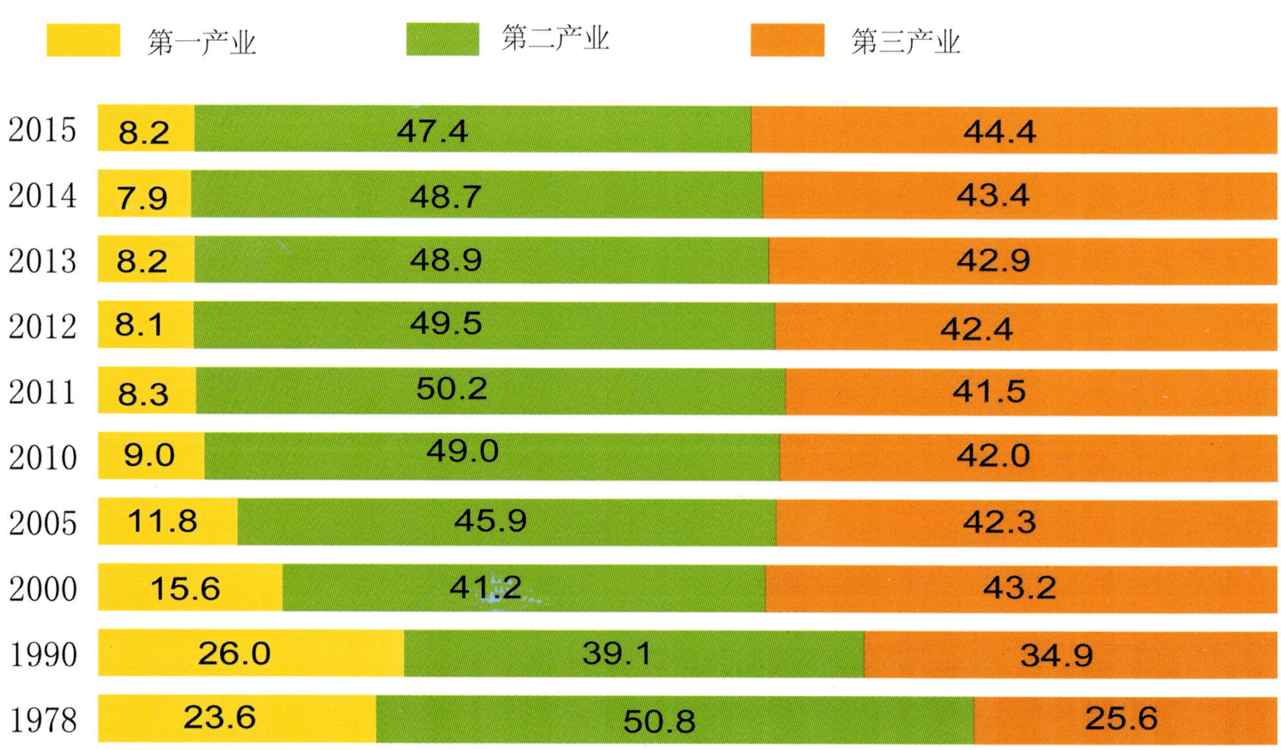

## 全社会固定资产投资额（亿元）

## Total Investment In Fixed Assets (100 million yuan)

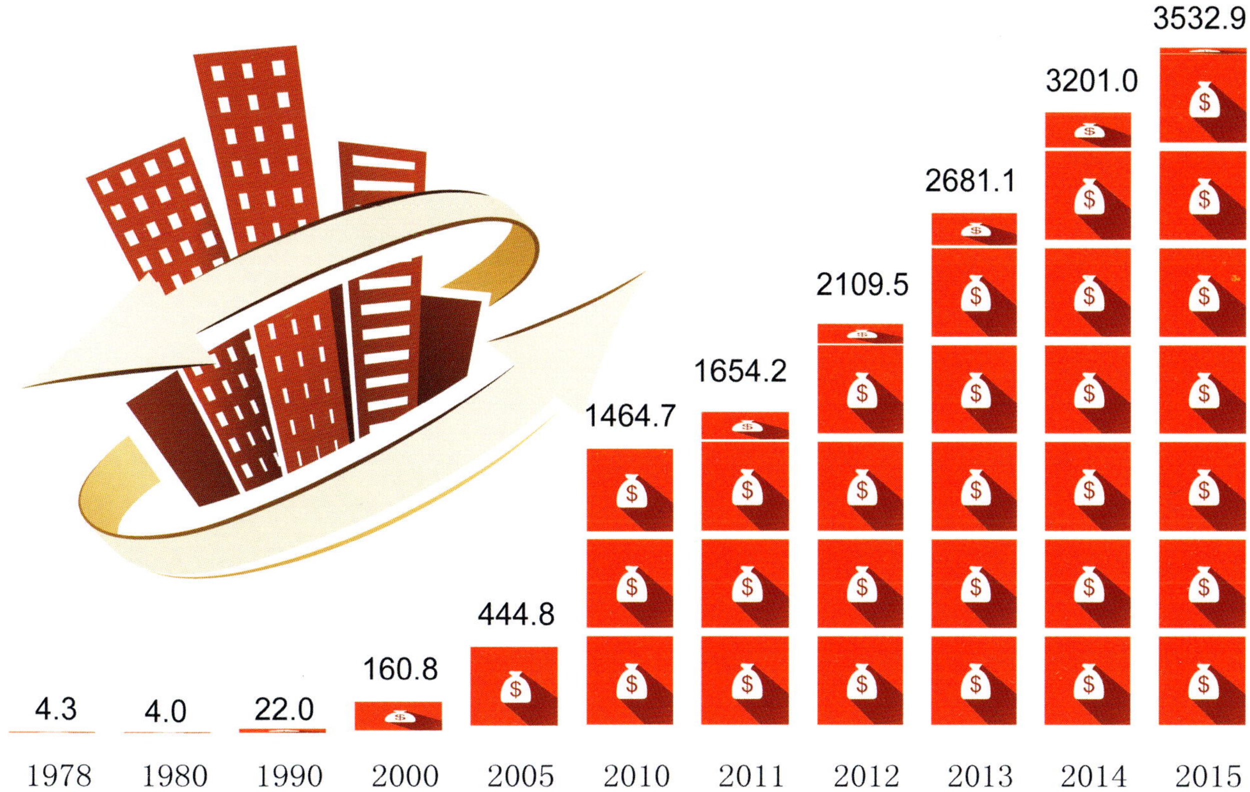


## 能源生产及消费（万吨标准煤）

## Total Production and Consumption of Energy (10 000 tons of SCE)

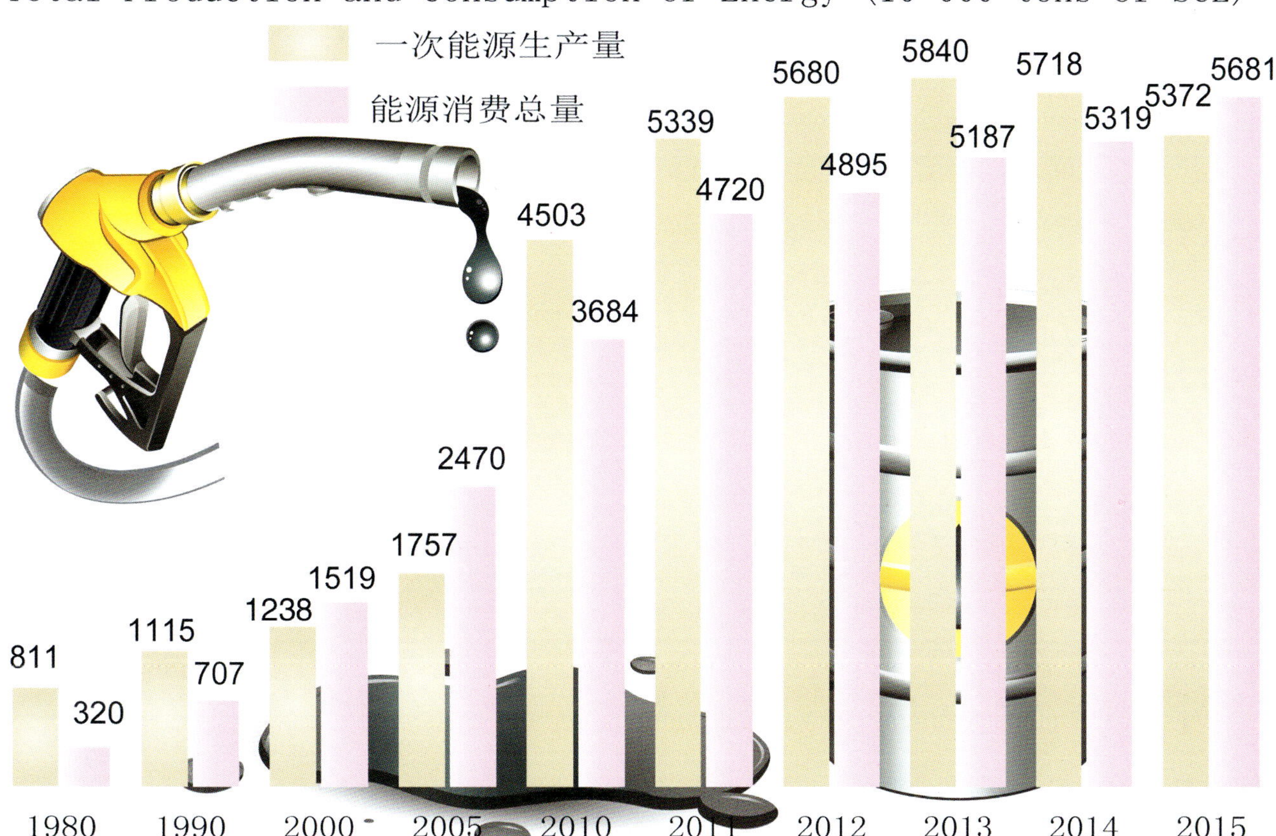

## 财政收入与支出（亿元）
## Local Public Revenue and Expenditure(100 million yuan)

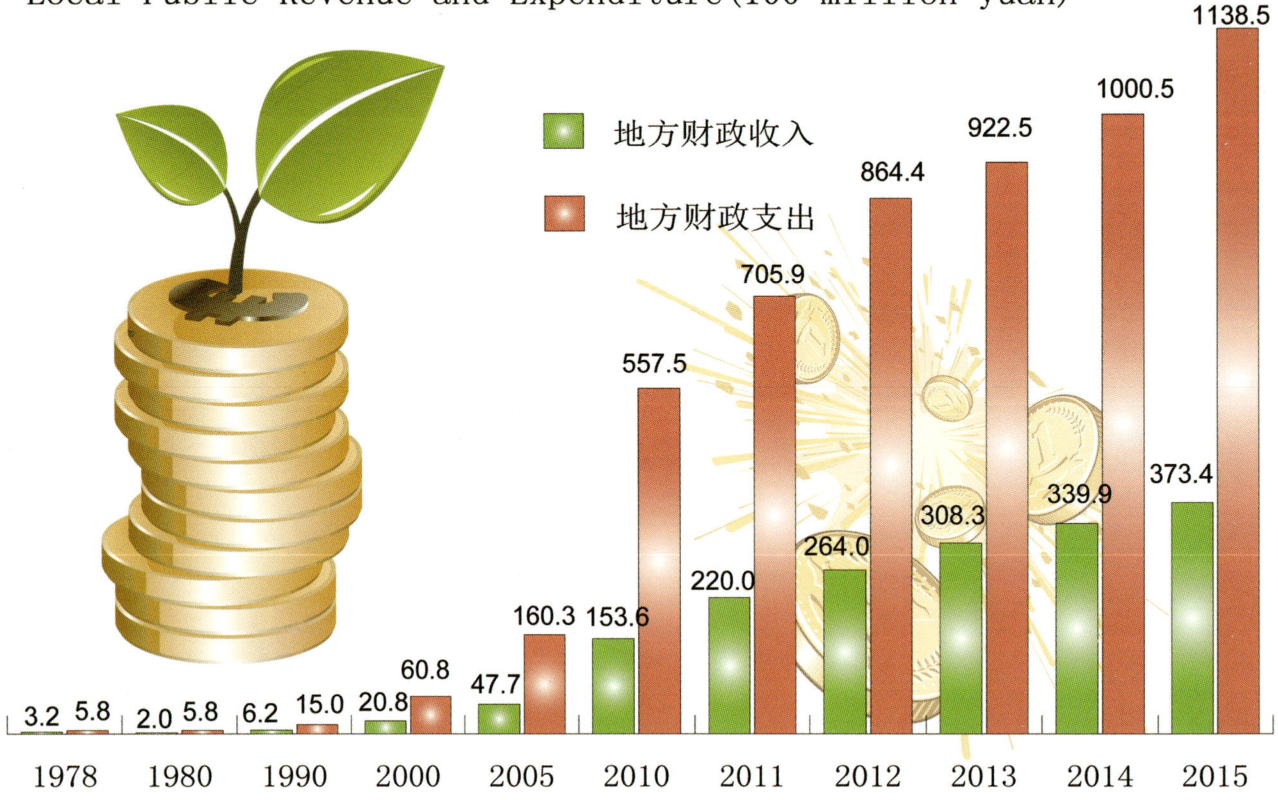


## 人民生活（元）
## People' s Livelihood (yuan)

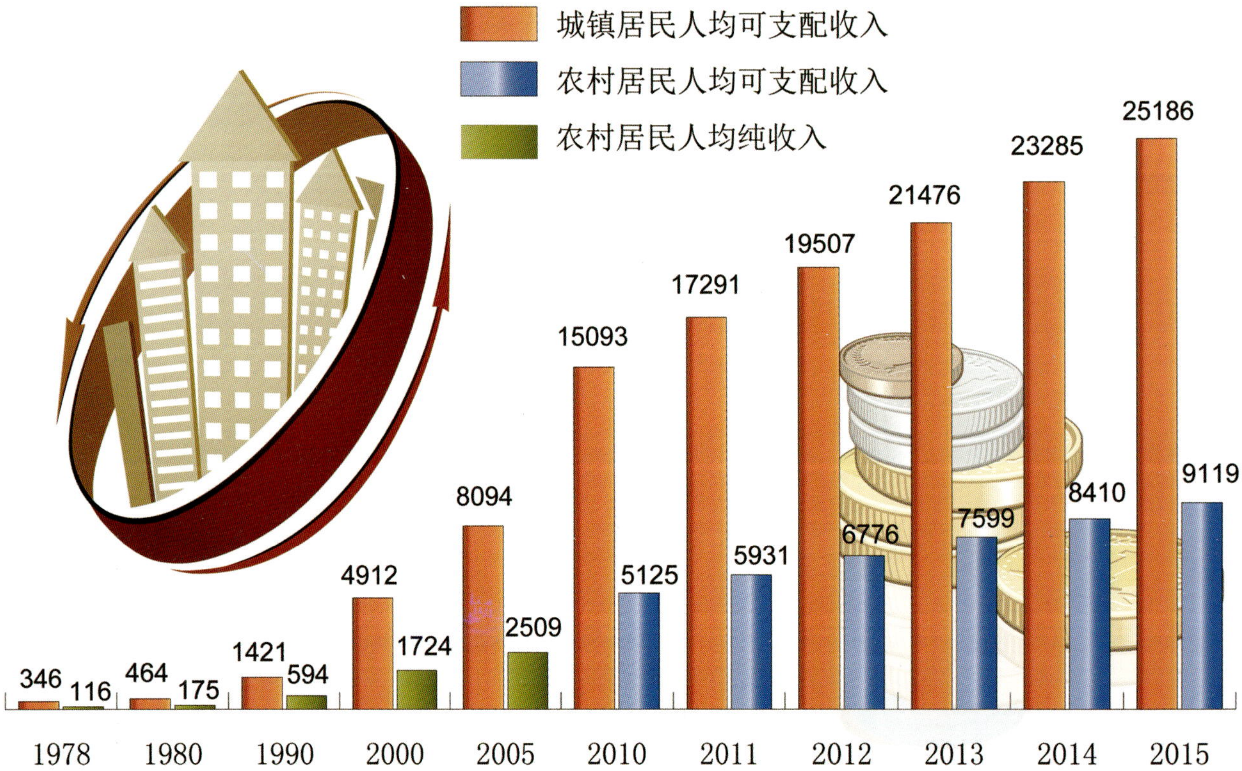

城乡居民储蓄存款余额（亿元）
Balance of Saving Deposit (100 million yuan)

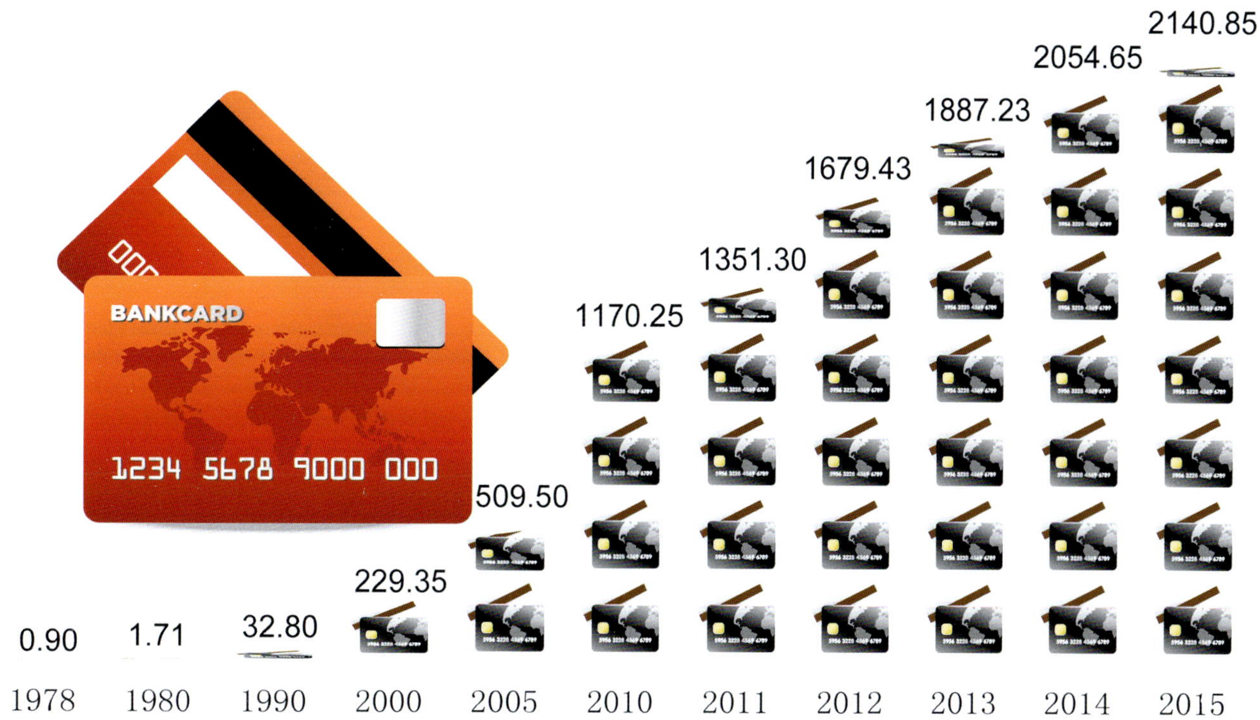


城镇化率（%）
Urbanication (%)

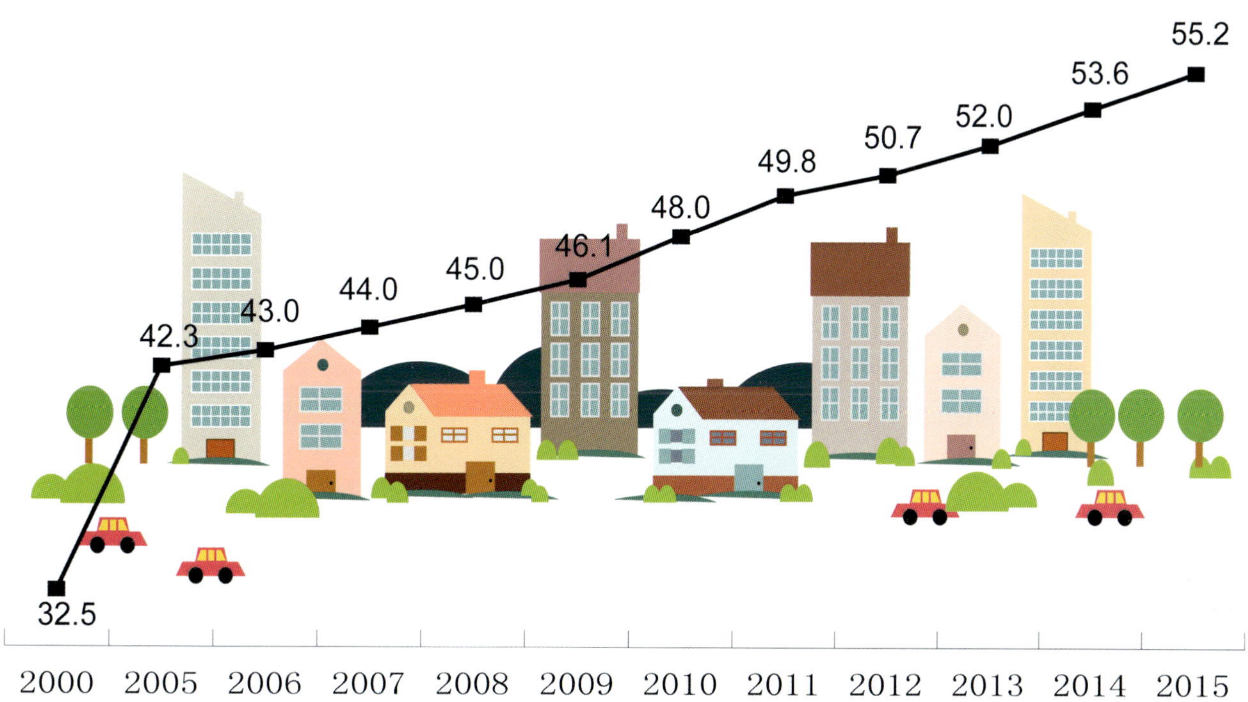

## 全社会固定资产投资占GDP比重（%）
## Total Investment In Fixed Assets to GDP(%)

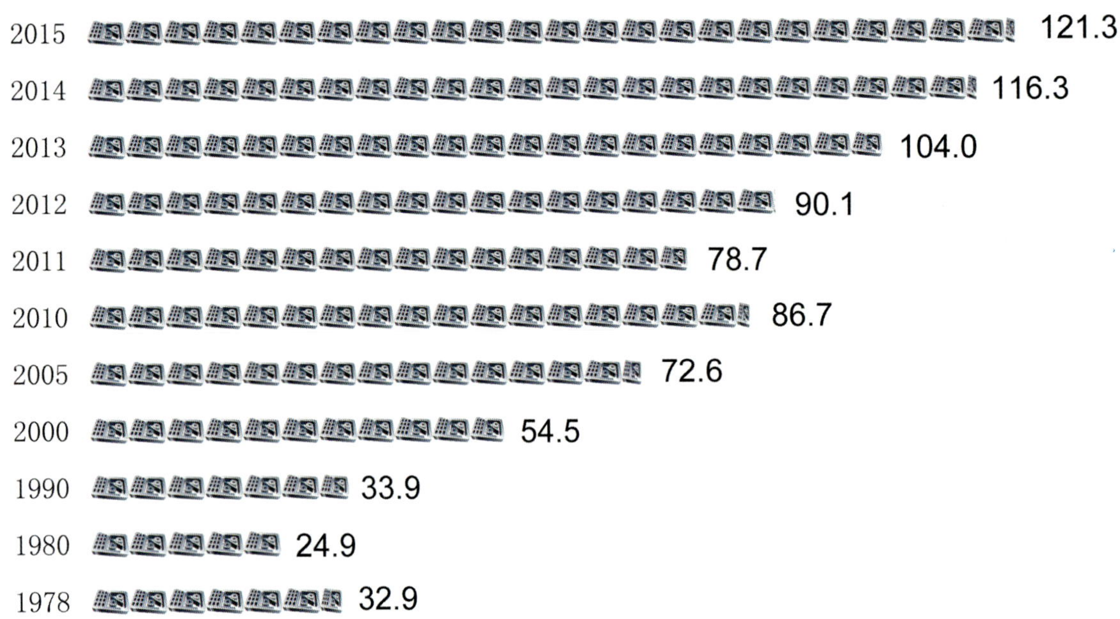


## 就业人员结构（%）
## Composition of Employment (%)

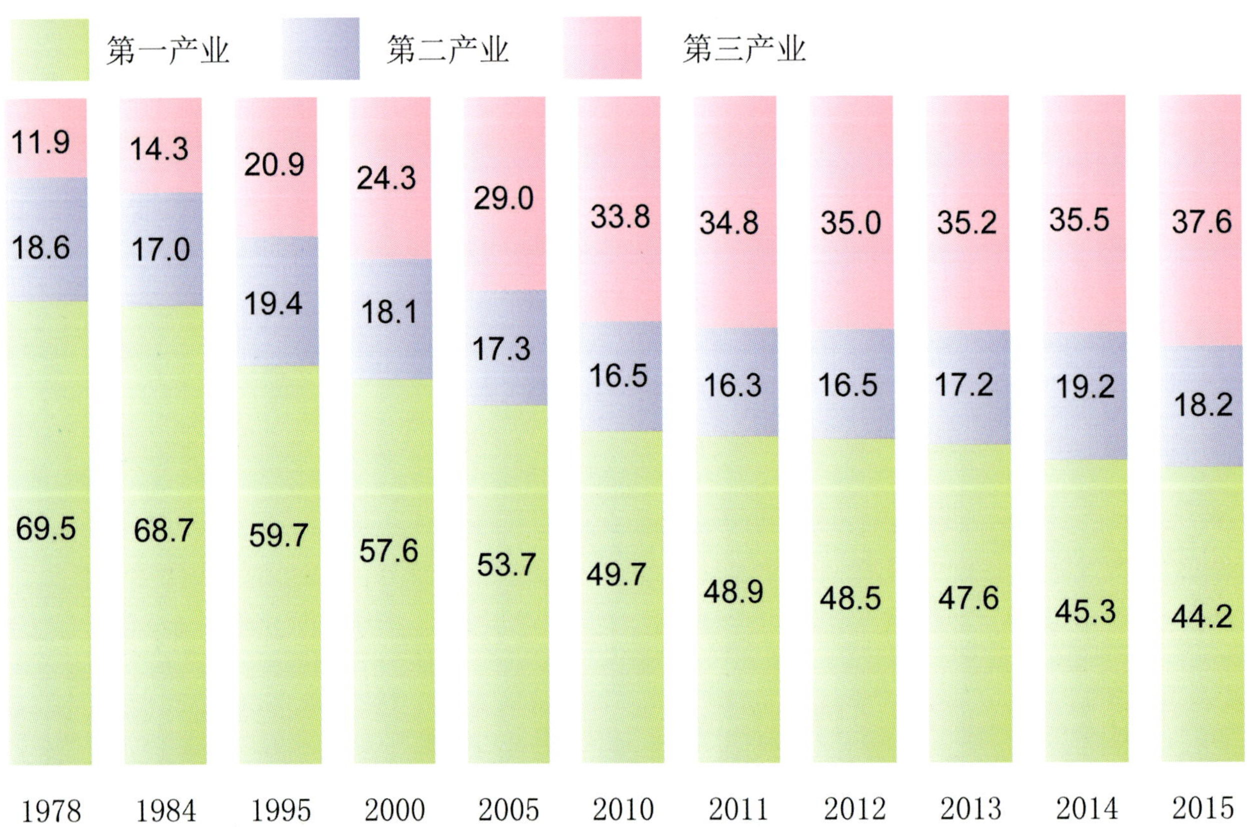

粮食产量（万吨）

Total Yield of Grain (10 000 tons)

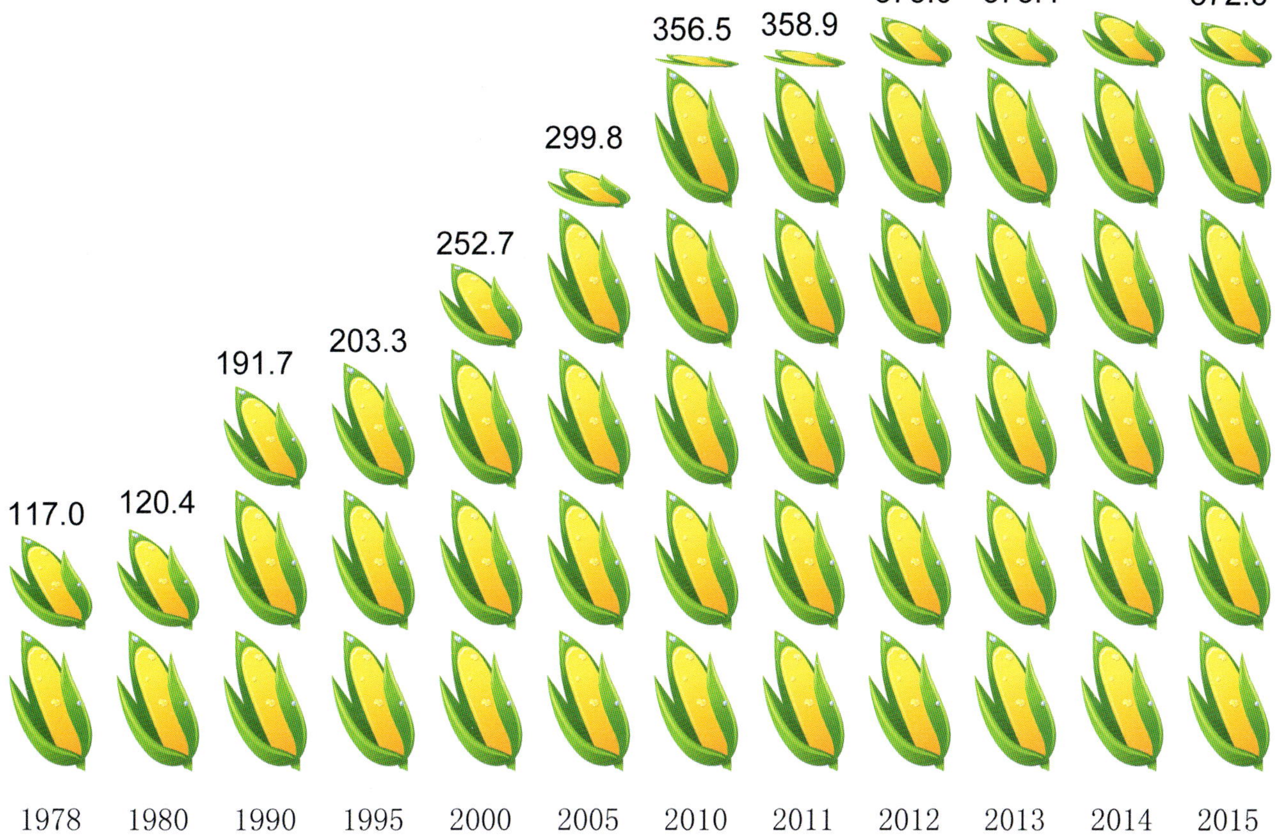


工业增加值（亿元）

Value-added of Industry (100 million yuan)

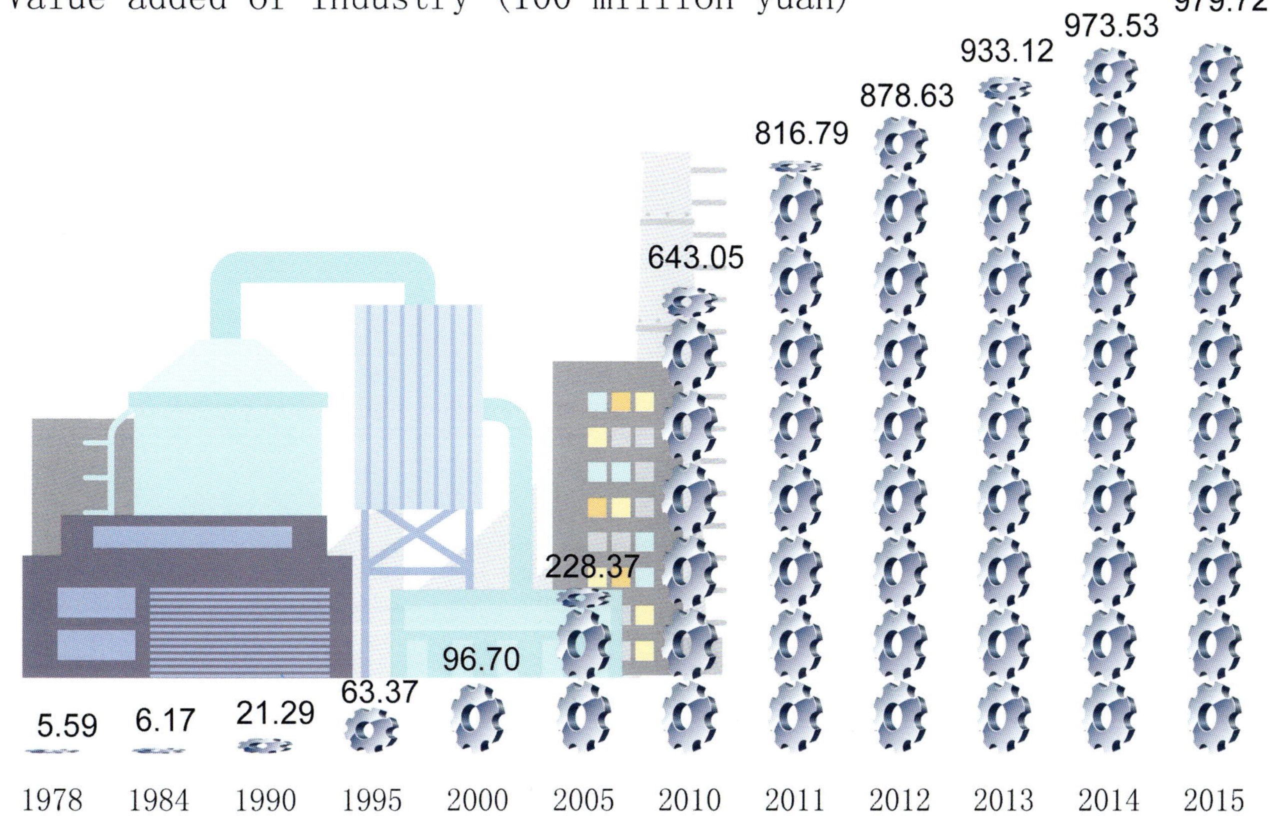

公路通车里程（公里）
Highway Operating Length (km)

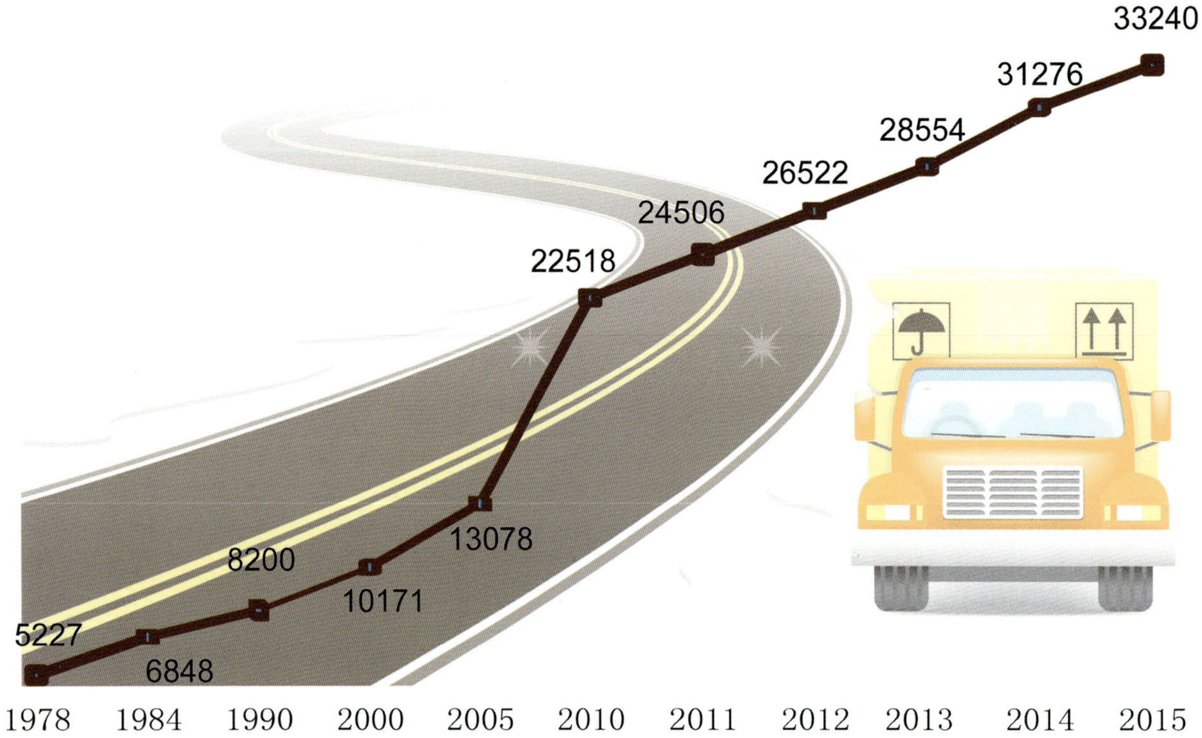


社会消费品零售总额（亿元）
Retail Sales of Consumer Goods (100 million yuan)

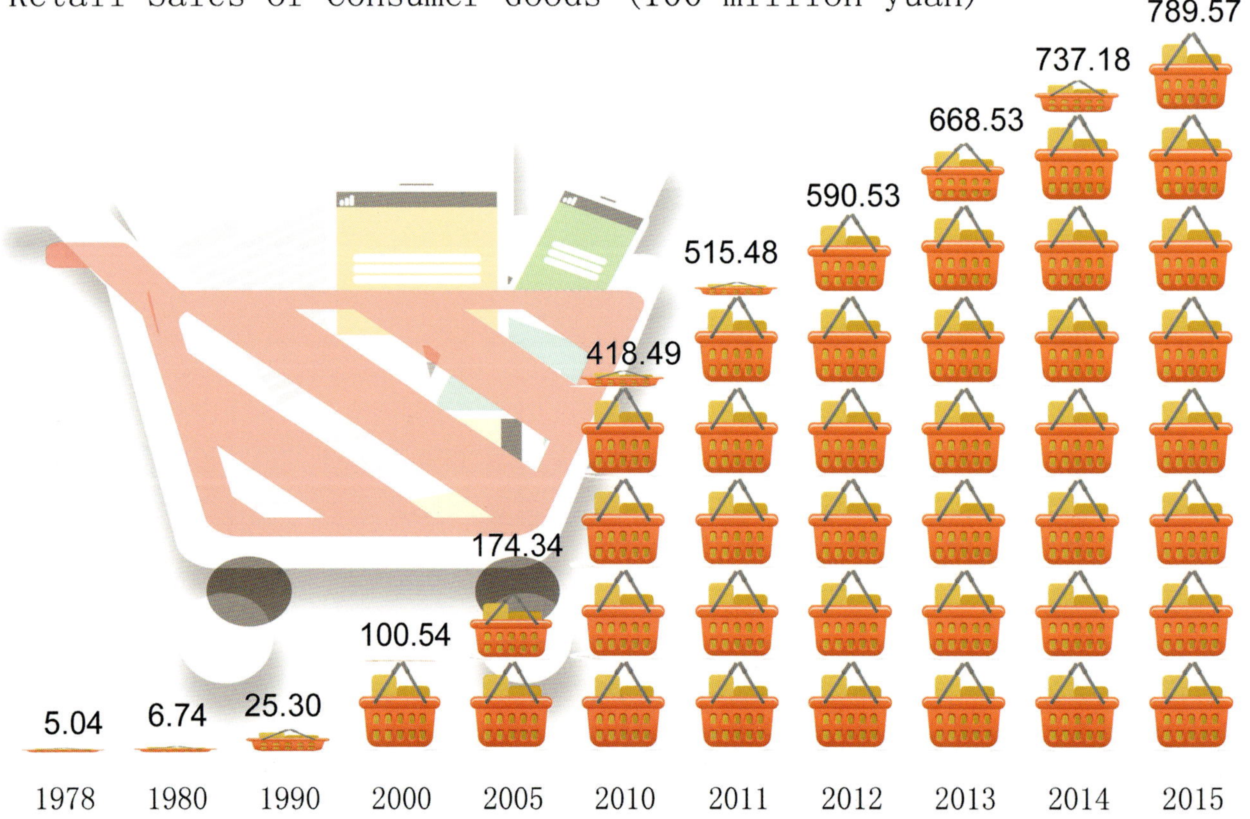

## 进出口总额（亿美元）
## Total Value of Imports and Exports (USD 100 million)

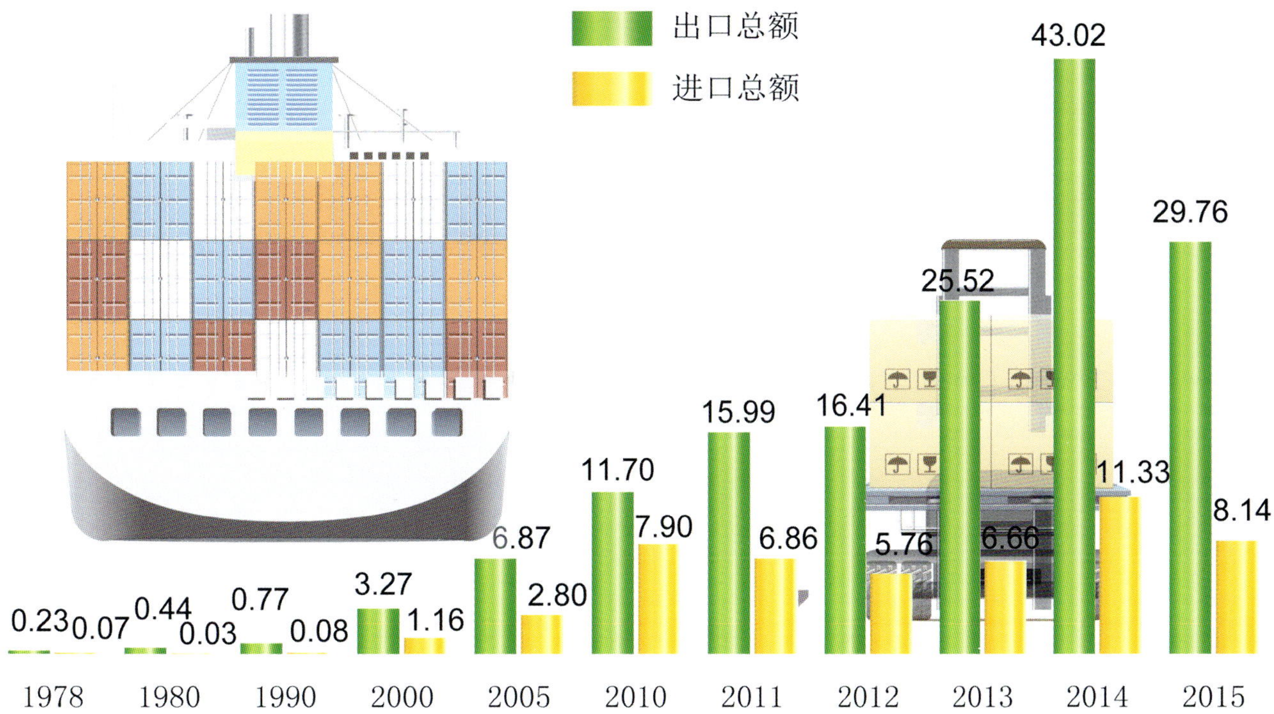


## 各类学校在校学生数（万人）
## Enrolled Students in Various Schools(10 000 persons)

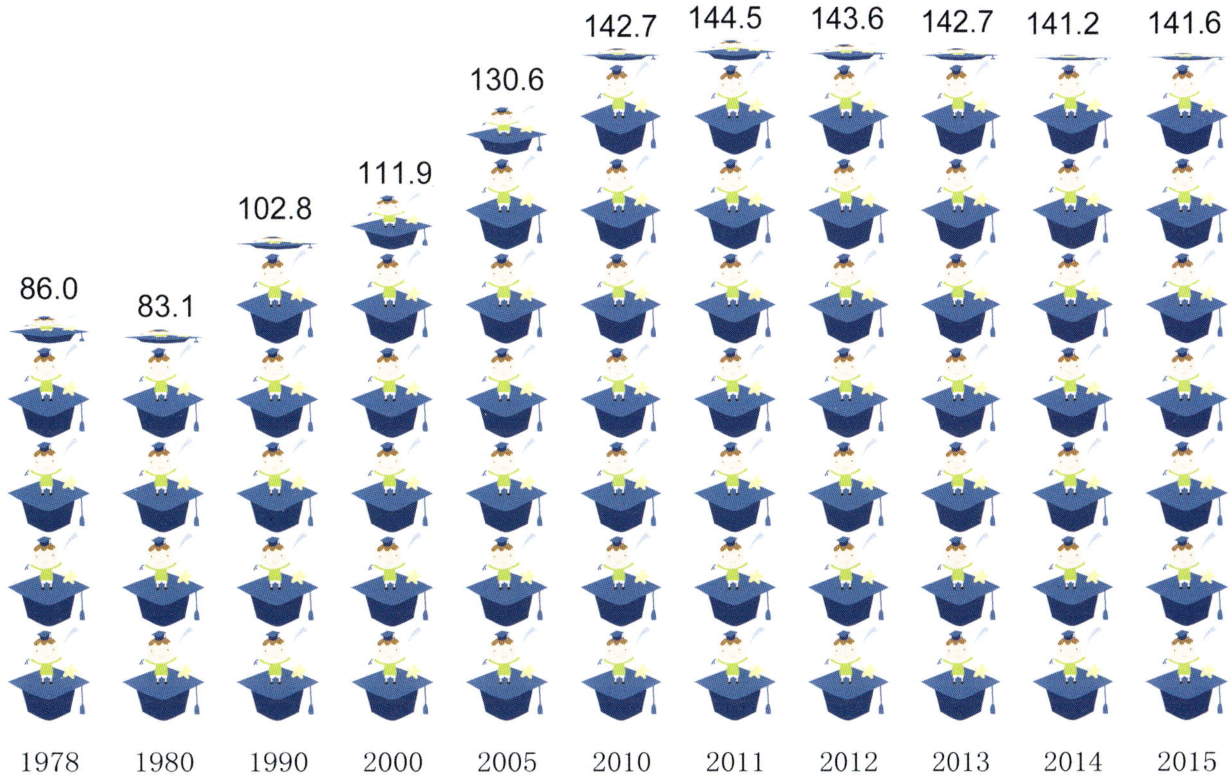

## R&D经费支出占GDP比重（%）
## Expenditures on Research and Development to GDP (%)

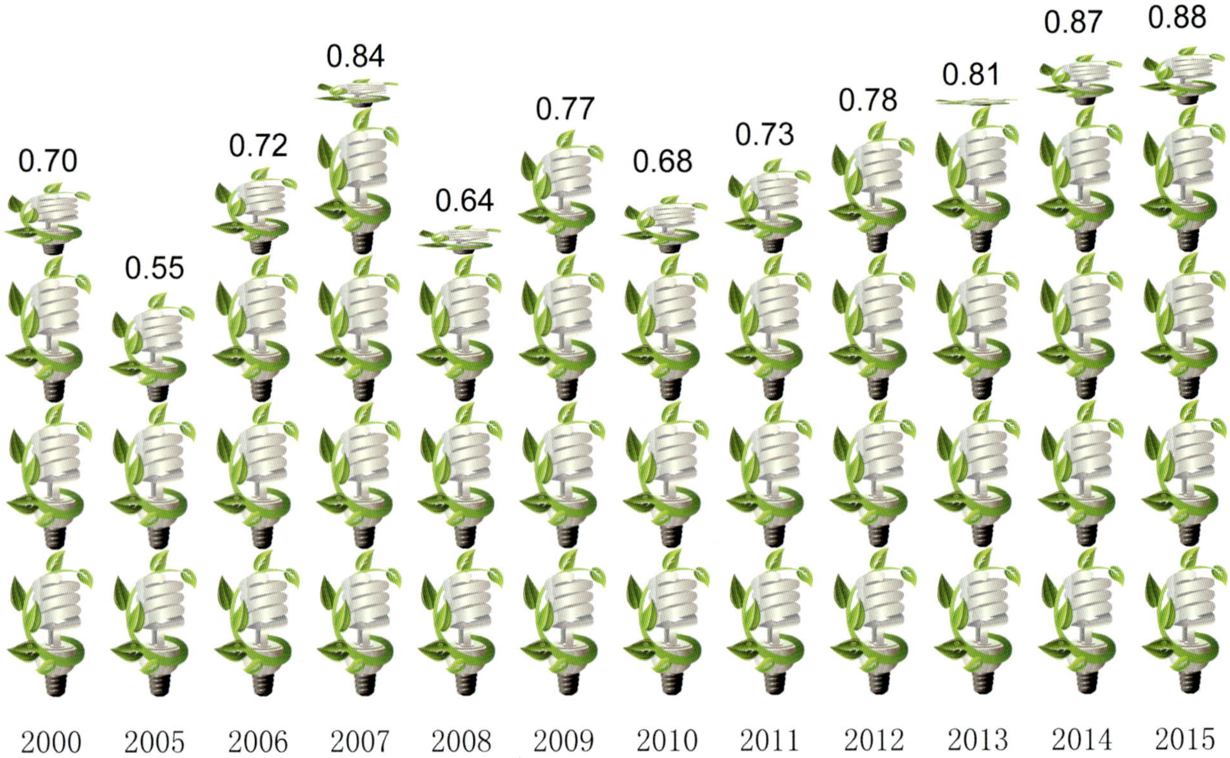


## 卫生机构数（个）
## Health Care Institutions (unit)

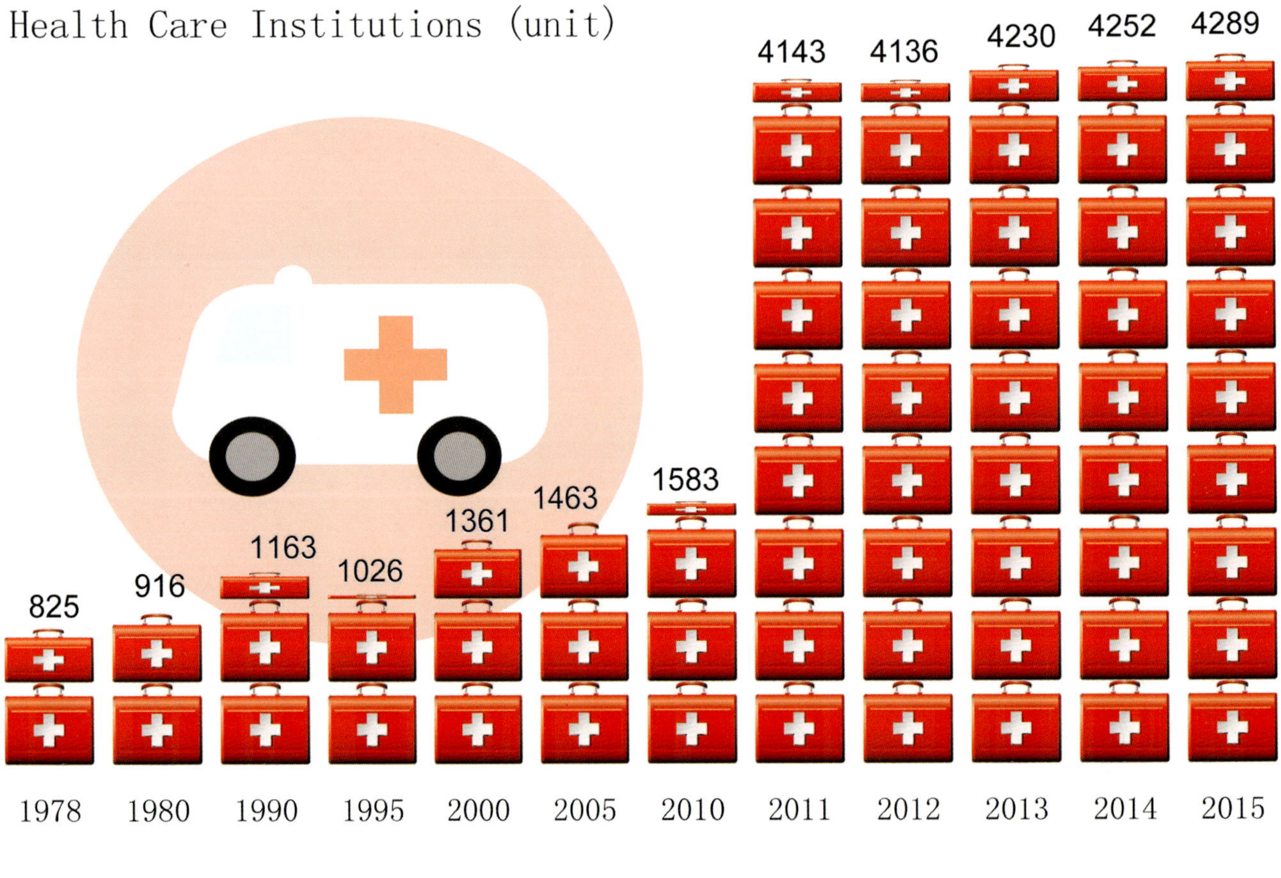

# 《宁夏统计年鉴—2016》
## 编辑委员会、编辑部

# NINGXIA STATISTICAL YEARBOOK－2016
# EDITORIAL BOARD AND EDITORIAL STAFF

## Editorial Board



## Editorial Staff

# 编辑说明

一、《宁夏统计年鉴－2016》是由宁夏回族自治区统计局、国家统计局宁夏调查总队联合编制，中国统计出版社公开出版发行的一部全面、系统、客观反映宁夏经济和社会发展的资料性年刊，是研究宁夏区情、交流社会信息、制定政策、指导工作不可缺少的重要工具，也是国内外各界认识宁夏的主要窗口。本《年鉴》收录了宁夏历史重要年份和2015年经济和社会各方面的统计数据，各市、县（区）主要统计数据，以及全国和各省（市、区）主要统计数据。

二、本《年鉴》内容分特载和统计资料两大部分。特载包括政府工作报告和统计公报两部分。统计资料共分为二十三章：1. 行政区划与自然资源；2. 综合；3. 国民经济核算；4. 人口；5. 劳动力资源与工资；6. 固定资产投资；7. 能源；8. 财政金融保险；9. 物价指数；10. 居民生活；11. 农业；12. 工业；13. 建筑业；14. 运输邮电；15. 批发零售贸易和住宿餐饮业；16. 对外经济贸易和旅游业；17. 教育科技文化；18. 体育卫生民政司法；19. 环境保护；20. 规模以上服务业企业调查主要数据；21. 企业信息化和电子商务；22. 宁夏农垦经济社会发展主要指标；23. 各省市区主要经济指标。为便于读者使用，第三部分至第二十二部分都附有主要统计指标解释。

三、本《年鉴》统计资料大部分来源于统计年报，部分来源于抽样调查，全国各省市区主要经济指标资料来源于中国统计出版社当年编印的《中国统计摘要》。

四、本年鉴中部分数据合计数或相对数由于单位取舍不同而产生的误差，均未作机械调整。

五、与2015版《宁夏统计年鉴》相比较，本《年鉴》在篇章结构上做了如下修订：一是对个别专业的表式和指标进行了调整。取消了2－7表各市县国民经济主要指标的排位；在主要年份工业产品产量表中增加了主要能源产品产量的数据；在第七篇能源部分增加了主要年份发电装机容量7－9表；按照人民银行指标变化调整了8－5金融机构人民币信贷资金平衡表的分组；按照国家统计局城乡一体化调查方法制度的变更，调整了2010年至2015年城镇、农村常住居民可支配收入数据；按照国家统计局统计调查制度的变化对21－2按国民经济行业门类分电子商务交易情况表的指标进行了调整。二是对历年的数据资料重新进行了核实和衔接，补齐主要年份地区生产总值相关3－1表、3－2表、3－3表从1978年以来历年的数据；增加了各章节分县区指标中市辖区的数据。凡往年统计年鉴数据与本年鉴有出入的，均以本年鉴为准。

六、本《年鉴》出版发行工作，得到各级领导、有关部门和社会各界的大力支持，谨致谢意。由于我们编辑水平有限，不足之处在所难免，诚恳期望各界读者提出宝贵意见，以便进一步改进和提高我们的工作水平。

# 目　　录

# Contents

## 特　　载

## Special Issue



## 统计资料

## Statistics

**第三篇　国民经济核算**

**National Economic Accounting**



**第四篇　人口**

**Population**

## 第六篇　固定资产投资

## Investment in Fixed Assets

## 第七篇 能 源

## Energy



## 第八篇 财政金融保险

## Covernment Finance, Financial Intermediation and Insurance

## 第九篇 物价指数
## Price Indices



## 第十篇 居民生活
## People's Living Conditions

## 第十一篇　农业

## Agriculture

**第十二篇 工 业**

**Industry**

## 第十五篇 批发零售贸易和住宿餐饮业

## Wholesale, Retail, Housing and Catering

## 第十六篇　对外经济贸易和旅游业

## Foreign Trade Economic Cooperation and Tourism



## 第十七篇　教育科技文化

## Education，Science and Technology Culture

## 第十八篇　体育卫生民政司法

## Sports, Public Health, Civil Administration and Judicature

## 第二十二篇　宁夏农垦经济社会发展主要指标

## Economic and Social Development of Agricultural Cultivation in Ningxia



## 第二十三篇　各省市区主要经济指标

## Main Economic Indicators by Region

# 特　载

Special Issue

# 宁夏回族自治区政府工作报告

## ——在自治区第十一届人民代表大会第五次会议上

宁夏回族自治区主席　刘慧

（2016 年 1 月 11 日）

各位代表：

现在，我代表自治区人民政府，向大会作政府工作报告，请各位代表连同《宁夏回族自治区国民经济和社会发展第十三个五年规划纲要（草案）》一并审议，并请自治区政协委员和其他列席人员提出意见。

**一、积极应对，攻坚克难，经济社会发展取得新成就**

2015 年，面对复杂多变的发展环境和经济下行压力持续加大的严峻形势，在党中央、国务院和自治区党委的坚强领导下，全区各族人民迎难而上，勇闯难关，以实打实的作风干工作，以钉钉子的精神抓落实，统筹稳增长、推改革、调结构、惠民生、防风险各项工作，保持了经济社会持续健康发展的好势头。预计实现地区生产总值 2900 亿元，增长 8% 左右，高于全国平均水平，其中一、二、三产分别增长 4.5%、8.6%、7.5%；全社会固定资产投资 3530 亿元，增长 10.3%；地方一般公共预算收入 373.7 亿元，增长 10%；一般公共预算支出 1188.8 亿元，增长 18.8%；社会消费品零售总额 788 亿元，增长 7%；城镇和农村常住居民人均可支配收入分别达 25148 元和 9167 元，增长 8% 和 9%。这是在工业品价格和实体企业盈利下降、资源环境约束上升、经济总量基数增大的情况下取得的，确实来之不易。

一年来，我们主要做了以下工作：

（一）精准施策，经济运行企稳回升。针对年初经济低迷、投资乏力、增速下滑的困局，我们及时出台“工业 18 条”、“财税 20 条”、“小微企业 23 条”等政策，设立产业引导基金、工业风险补偿基金，撬动社会资本和银行授信 130 亿元支持特色产业和重点企业，降低企业生产成本 27 亿元，减免各类税费近 30 亿元。积极拓宽资金渠道，争取中央转移支付 690 亿元，盘活存量资金 312 亿元，争取国家专项建设基金 146.6 亿元，发行债券融资 638 亿元，新增人民币贷款 539.3 亿元。完善金融支撑功能，成立自治区金融工作局，制定“金融 18 条”，挂牌宁夏股权托管交易中心，新引进金融机构 38 家，新三板挂牌企业 36 家，成功重组银广夏，多层次资本市场加快形成。自治区确定的 40 个重点项目全部开工，宁东至浙江输电、神华宁煤 400 万吨煤制油等超百亿元项目加快推进，中南部城乡饮水安全主体工程基本完工，大地轮胎、轨道交通轴承等建成投产，沿山公路拓宽改造竣工，银西高铁、宁夏石嘴山至固原城际铁路（吴忠至中卫段）开工建设，企盼多年的“高铁梦”正在变为现实。

（二）转型升级，结构调整取得实效。坚持在发展中转型，在优化中升级。农业上，推进“五百三千”计划，粮食生产获“十二连丰”，总产达 372.6 万吨；建成规模养殖场 237 家、永久性蔬菜基地 10 万亩，新建枸杞基地 5.4 万亩，新增和改造提升葡萄种植 7 万亩、新建酒庄 14 家，特色优势农业量效齐增，占比达 85.7%；完善加工仓储、冷链物流等设施，培育农民合作社 365 家，新增销售过亿元的龙头企业 15 家，农产品加工转化率达 60%。工业上，实施“1561”工程，建成了全球最大单晶硅棒加工项目、西部最大工业蓝宝石生产基地，新增风电 405 万千瓦、光伏 91 万千瓦，新能源占到电力总装机的 36%，成为全国新能源外送基地；现代纺织、清真食品等发展强劲，轻工业增速 17%，比重工业快 11.8 个百分点，与 16 个国家和地区的 20 家机构实现清真标准互认；淘汰落后产能 139.8 万吨，高耗能工业比重下降 1.9 个百分点。〔09：14〕服务业上，启动全域旅游试点，组建宁夏旅游集团，新增 5A 景区 1 家、4A 景区 2 家，开通“丝路驿站 - 宁夏号”等 4

对旅游品牌列车，接待游客1860万人次，旅游收入168亿元，增长15%；搭建物流信息服务网络，围绕交通节点的各类物流园加快推进；保持房地产市场基本稳定，取消限购性措施；实施“互联网+”行动计划，“一网一库一平台”加快建设，智慧宁夏“政务云”等上线运行；银川IBI育成中心跻身中国产业园创新力百强，网上交易额突破4000亿元。坚持创新驱动，科技对经济增长的贡献率达49%。

（三）锐意改革，发展动力不断增强。全面推进222项改革任务，聚焦突破32项重点。制定并公布自治区级权力清单和责任清单，行政职权事项由6264项清理调整为1941项，精简近70%；非行政许可全部清零；取消一批行政事业性收费，减费让利2亿元。建成与国家贯通的投资项目在线审批监管平台，推行“三证合一”、“一照一码”，186项前置审批改为后置，新登记企业2.67万户。〔09:15〕改革财政专项资金和预算管理制度，规范政府债务，置换旧债207亿元。完善国企负责人薪酬制度和履职待遇管理办法，完成农垦企业化改革，25家区直机关与所属企业脱钩，并将其移交国资委监管。启动机关事业单位养老保险制度改革，建立县以下机关公务员职务与职级并行、乡镇机关事业单位工作补贴制度。完成区直机关公务用车改革。深化考试招生、户籍制度等改革。推进县级公立医院综合改革。基本完成农村土地承包经营权确权登记，累计确权1607万亩，集体林权确权率98%，农村宅基地和集体建设用地全部确权，平罗农村改革试点经验全国推广。

（四）落实规划，城乡面貌显著变化。实施空间发展战略规划，完成全区城镇体系规划修编，制定银川都市区、清水河城镇产业带等区域规划，评估18个市县总体规划。基础设施和重大产业项目向“一主三副”、“两带两轴”集中。实施旧城改造项目298个，建设美丽小城镇22个、美丽村庄123个、市民休闲森林公园26个。植树造林120.7万亩，治理荒漠化50万亩，移民迁出区生态修复88万亩。持续开展主干道路大绿化大整治，提升了宁夏的美誉度。重拳治理入黄排污，关闭取缔非法采矿点103处，关停燃煤茶浴炉861台，淘汰黄标车3.8万辆。全国城市环卫保洁现场会在我区召开，住建部在全国开展学习中卫城市保洁经验的活动。

（五）铸好平台，内陆开放扎实推进。出台了“开放宁夏20条”，高水平举办第二届中阿博览会，中阿技术转移、商事调解和农业技术转移中心等5个双边合作机构落户宁夏，签约项目241个、合同资金1830亿元。银川综合保税区加入世界自由区组织，入驻企业190家。加强与深圳、天津、青岛等跨区域通关协作，新开直飞迪拜、吉隆坡等5条国际航线，河东国际机场往来旅客突破500万人次，跻身大中型机场行列。丝路通等电商平台上线经营，宁夏保税国际商品展销中心建成营业，跨境人民币结算超百亿元。建工集团等24家企业走出国门，海外投资增长3.4倍，利用外资增长1倍。全年招商引资到位资金1800亿元，增长12.5%。

（六）协调推动，社会事业全面进步。新改建幼儿园69所，改造1086所学校供暖设施，农村学校结束了火炉取暖。建成9个职业教育公共实训中心。学生资助工程受益31.3万人次，营养改善计划惠及28万学生。城乡居民大病保险实现全覆盖，“先诊疗后付费”全面推开，31万人享受免费健康体检。建成自治区儿童医院，迁建固原、吴忠市医院。新建乡镇文化站8个，扶持农村示范文化室和文化大院150个，送戏下乡和广场文艺演出3400多场，《神秘的西夏》入选中国电视纪录片“十优”。成功举办第八届全区少数民族传统体育运动会。深化民族团结进步创建，加强平安宁夏建设，生产安全事故起数和死亡人数“双下降”，各类矛盾纠纷化解率96%以上，信访总量、重大刑事案件分别下降15.4%和19.1%。

（七）加大投入，群众生活持续改善。在财政收入增速放缓、支出压力加大的情况下，安排74.7%的财力改善民生。狠抓扶贫攻坚，生态移民搬迁5万人、累计达32.9万人，脱贫销号200个村，减贫12.1万人，为20万农户安装太阳能热水器，有45.7万人喝上安全水。推进大众创业、万众创新，发放创业担保贷款13.7亿元，支持创办小企业3600个，城镇新增就业7.7万人，农村劳动力转移就业71.3万人。建设保障性住房9.48万套，改造危窑危房8.02万户，60多万困难群众喜迁新居。新改建社区服务站170个，开建老年活动中心和敬老院50所，建成农村老饭桌420个，4.05万被征地农民参加养老保险。推行食品安全网格化监管，建成自治区食品药品检验检测中心。统一城乡医疗救助标准，提高了最低工资、城乡低保、农村五保供养补助、高龄津贴和社会抚恤标准。

（八）勤政务实，政府效能明显提升。在深入调研的基础上，政府常务会决定重大事项90个，主席办公会、政府专题会解决突出问题220个。在全国率先出台法治政府建设指标体系、行政程序规定、重大行政决策规则三部规章。提请自治区人大常委会审议通过地方性法规21件，制定、修订、废止政府规章11件。207件人大代表建议、599件政协提案全部办结。推行“电视问政”、“政务微博”，开展行政审批和处罚双公示。启动最严督查问责，重点项目公开公示，省级领导带队督查，推动工作落实。加强行政监察和审计监督，开展政府项目资金管理、红顶中介等专项整治，查处违反中央“八项规定”精神问题72个，问责处理172人，勤政自律意识不断增强，不敢腐的态势初步形成。

一年来，我们扎实推进国防动员、双拥优抚等工作，促进军民融合深度发展。外事、侨务、统计、新闻、出版、慈善、老龄、妇女儿童、残疾人等事业取得新进步，地震、地质、人防、气象、档案、文史、社科等工作实现新发展。

总结2015年，困难比预料的多，结果比预想的好；回顾整个"十二五"的发展变化，我们经受住了考验，付出了艰辛，创造了辉煌。五年来，我们把宁夏放在全国大局中谋划，深入实施沿黄经济区发展和百万贫困人口扶贫攻坚战略，自加压力，敢为人先，沿黄经济区进入国家18个重点开发区域，内陆开放型经济试验区上升为国家战略，中阿博览会成为国家对外开放的平台，银川综合保税区封关运行，宁东能源化工基地重大项目建设世人瞩目，贺兰山东麓葡萄文化长廊名扬海外，国家各部委也给予了极大支持，我区发展登上了新的台阶。

五年来，我们直面前所未有的经济下行压力，坚决贯彻中央一揽子应对措施，一切从实际出发，倡导"深、实、诚、细、严"作风，落实省级领导项目推进责任制，突出"三重一改"，狠抓工作落实。地区生产总值从2010年的1690亿元增加到2900亿元，年均增长9.9%；地方一般公共预算收入从154亿元增加到373.7亿元，年均增长19.4%；一般公共预算支出从557.5亿元增加到1188.8亿元，年均增长16.3%；累计完成全社会固定资产投资1.3万亿元，是"十一五"的2.9倍；进出口总额、招商引资、贷款余额等均比2010年翻了一番。

五年来，我们针对结构性矛盾日益突出的现实，实施"1+3"产业调整方案，新型煤化工、新能源等优势产业提质增效，现代纺织、大数据等新兴产业快速崛起，旅游、金融等现代服务业占比提高，三次产业结构进一步优化。在银川区域中心城市的辐射带动下，沿黄城市带、山区大县城建设成效明显，"一主三副"、"两带两轴"发展格局初步形成，城镇化率提高7个百分点。

五年来，我们在新一轮改革开放的大潮中，向改革要活力，向创新要动力，向开放要空间。推行机构改革，加快职能转变，整合了有关厅局，归并了市场监管部门，精减了行政审批，自治区本级行政审批事项由812项调整为304项，在农村、财税、金融、教育、社保、商事等领域推出了一系列重大改革举措，改革红利持续释放，大众创业、万众创新蓬勃兴起。

五年来，我们在政策性减税、行政事业性收费大幅压缩的情况下，民生投入逐年递增，累计达3504亿元，是"十一五"的2.8倍。城镇和农村常住居民人均可支配收入年均分别增长10.8%和12.3%，农民收入增幅连年高于城镇居民。实施35万生态移民和65万人就地扶贫，建设慈善园区，打造黄河善谷，累计减贫43万人；一批事关群众切身利益的就学、看病、饮水、居住、出行等难题得到有效解决。民族团结进步创建经验在中央民族工作会上交流。

各位代表，五年来，全区各族人民为建设开放富裕和谐美丽宁夏，贡献了聪明才智，洒下了辛勤汗水，各项事业正在全面建成小康社会的征程上阔步前进。成绩难能宝贵，这是党中央、国务院亲切关怀的结果，是自治区党委坚强领导和自治区人大、政协关心支持的结果，是全区上下同心同德、奋力拼搏的结果。在此，我代表自治区人民政府，向奋战在各条战线的广大干部群众，向给予政府工作大力支持的人大代表、政协委员、各民主党派、工商联和各界人士，向中央驻宁单位、驻宁部队和武警官兵致以崇高的敬意！向关心支持宁夏改革发展的国家部委、兄弟省市区，港澳台同胞、海外侨胞和国际友人表示衷心的感谢！

在看到成绩的同时，我们也清醒地认识到，我区发展还存在一些深层次问题：一是发展不足仍是最大区情，经济下行压力较大，结构调整任重道远，资源环境约束加大，全面小康的短板问题突出；二是创新驱动发展能力不强，创新人才短缺，改革的"硬骨头"较多，创新创造的体制机制还不完善；三是山川城乡发展不平衡，基本公共服务供给不够，精准脱贫任务艰巨，改善民生还有不少薄弱环节；四是依法行政意识和能力有待增强，政府效能还需进一步提高。对存在的问题，我们必须认真对待，仔细分析，切实解决。

**二、科学谋划，决战决胜，全面建成小康社会**

"十三五"时期，是全面建成小康社会的决胜期，是全面深化改革的攻坚期，更是我区创新发展、转型追赶的关键期。

今后5年，我们工作的总体要求是：高举中国特色社会主义伟大旗帜，全面贯彻党的十八大和十八届三中、四中、五中全会精神，以马克思列宁主义、毛泽东思想、邓小平理论、"三个代表"重要思想、科学发展观为指导，深入贯彻习近平总书记系列重要讲话精神，认真落实"四个全面"战略布局，按照自治区党委十一届七次全会部署，以五大发展理念统领开放富裕和谐美丽宁夏建设，大力实施创新驱动、开放引领、空间规划、生态优先、富民共享战略，加快形成适应经济发展新常态的体制机制和发展方式，统筹推进经济建设、政治建设、文化建设、社会建设和生态文明建设，确保与全国同步全面建成小康社会，谱写好伟大复兴中国梦的宁夏篇章。

主要预期目标是：到2020年，地区生产总值在2010年的基础上翻一番，年均增长7.5%以上，地方一般公共预算收入增长与经济增长同步，全社会固定资产投资年均增长10%以上，城镇和农村常住居民人均可支配收入年均分别增长

8%和9%。创新驱动能力显著增强，转型升级迈出坚实步伐，生态环境质量持续改善，改革开放取得重大突破，人民生活水平再上台阶，社会文明程度全面提高。

各位代表，确定这样一个目标，是全面建成小康社会的需要，是全区人民的期盼和愿景，是我们每个人应该扛起的光荣责任和庄严使命。当前，国际金融危机深层次影响还将持续，世界经济在深度调整中复苏缓慢，但新产业、新业态、新模式正在兴起；我国经济长期向好的基本面没有变，呈现速度变化、结构优化、动力转换的新常态；我区加快发展的新动能正在形成，深化改革的红利正在释放，开放开发的空间正在拓展，全区上下思富求进的氛围更加浓厚。我们必须认清形势，坚定信心，顽强奋斗，全力以赴，实现更高质量、更有效率、更可持续的发展。

实现上述目标，必须转变发展方式，立足"四个全面"战略布局，加快创新驱动，推进转型升级，发展与民生并重，产业与生态共举，不断提高发展质量和效益。必须转变治理手段，该管的管住管好，该放的放开放活，让政府、市场和社会各归其位、各尽其责。必须转变工作作风，把依法行政作为硬约束，治贪治腐不手软，治慵治懒不松劲，杜绝不作为、乱作为，以良好的状态和作风，投身全区改革发展的伟大事业！

今后5年，要在以下五个方面实现战略性突破：

（一）实施创新驱动战略，着力推进转型发展。加快转型追赶，创新是第一动力，产业升级是主攻方向。以市场需求和创新创造引领转型升级，以供给侧结构性改革释放发展活力，着力去产能、去库存、去杠杆、降成本、补短板，推动三次产业融合发展，全力打造宁夏经济升级版。强化科技和智力支撑，实施重大人才工程，活跃大众创业、万众创新，推进体制机制创新，加快培育发展新引擎。到2020年，科技进步贡献率达到55%。以"一特三高"为引领，坚守基本农田红线，确保粮食安全，重点抓好"1+4"特色优势产业，走产出高效、产品安全、资源节约、环境友好的农业现代化之路。到2020年，农作物、畜禽良种率分别达到95%和90%，农业机械化综合水平、农产品加工转化率分别达到80%和70%。落实中国制造2025宁夏行动纲要，实施支柱产业做优做强、新兴产业培育壮大、传统产业改造提升、过剩和落后产能化解淘汰"四项计划"，培育一批千亿元产业集群、产业园区和企业集团，加快构建结构优化、技术先进、绿色安全、优质高效的现代工业体系。到2020年，战略性新兴产业占比提高5个百分点。顺应消费升级、需求多元的大趋势，加快旅游与文化体育等融合，加快现代金融、商贸物流、健康养老、社区服务等发展，推动生产性服务业向专业化和价值链高端延伸、生活性服务业向精细化和高品质提升。到2020年，服务业增加值比重提高到50%左右。加快"四化"同步，推进现代信息技术与产业深度融合，完善"一网一库一平台"等基础设施，突出政务民生的宁夏特色，打造物联网、大数据、云计算等产业链，全面提升信息化水平。

（二）实施开放引领战略，着力推进共赢发展。宁夏是内陆欠发达省区，实现大发展、快发展，必须加快开放、扩大开放。深度融入国家"一带一路"建设，将向西开放优势转化为新的动力，努力把我区建成辐射西部、面向全国、融入全球的内陆开放示范区、中阿合作先行区和丝绸之路经济带战略支点。发挥中阿博览会的平台功能，打造以中阿合作为特色的国际会展经济高地。依托银川综合保税区和中阿产业园、商贸园、科技园、文化园等，推进基础设施、产业发展、跨境贸易等合作，加快打造陆上、空中和网上丝绸之路。以丝路沿线国家为重点，深化科技人才、教育卫生和文化旅游等交流，建设中阿人文交流合作示范区。坚持引进来与走出去相结合，积极承接产业转移，开展国际产能合作，主动对接国际贸易规则，先行先试国家改革开放的相关政策措施，推动投资、贸易、金融等服务便利化，营造在西部最优、比东部更优的开放环境。

（三）实施空间规划战略，着力推进协调发展。以空间发展战略规划为抓手，推进城乡、山川协调发展，提升区域竞争力。尊重城市化规律，推进"多规合一"，优化"一主三副"格局，统筹中心城市、大县城、小城镇和中心村布局，银川建成丝绸之路经济带的一个区域中心城市，吴忠建成清真食品和穆斯林用品产业中心，石嘴山建成宁北及蒙西地区重点城市和物流中心，固原建成宁南山区中心城市，中卫建成丝绸之路经济带交通物流枢纽城市。完善沿黄城市带承载吸纳功能，建设太中银和银宁盐发展轴，加快基础设施、生态环保、公共服务和产业发展一体化。推进清水河城镇产业带建设，打造中南部地区脱贫致富带和经济增长极。健全城乡一体发展机制，推进要素平等交换、合理配置和基本公共服务均等化，加快农民市民化步伐，到2020年，城镇化率达到60%。

（四）实施生态优先战略，着力推进可持续发展。优美环境是宁夏最大优势，我们一定要保护好、利用好这一靓丽名片。牢固树立绿水青山就是金山银山的理念，把生态文明建设融入经济社会发展全过程，坚持土地、资源和环境底线，建设全国生态文明示范区，走生产发展、生活富裕、生态良好的发展之路。健全科学合理的生态保护与补偿机制，综合治理重点流域、重点领域和生态脆弱区，加快移民迁出区生态修复，巩固禁牧封育成果，实施天然林保护、三北防护林和新一轮退耕还林还草，构建祖国西部生态安全屏障。到2020年，全区森林覆盖率提高到15.8%。深入开展节水型社会建设，以水定产，以水定城。健全资源利用回收体系，构建循环型产业链条，倡导绿色消费，推动低碳发展。建立健全生态文明考核评价、生态环境损害责任追究和排污权交易等制度，切实做到源头严防、过程严管、后果严惩，保持好天蓝、地绿、水净、空气清新的人居环境。

（五）实施富民共享战略，着力推进和谐发展。小康不小康，关键看老乡。要把和谐共享作为全面小康的本质要求，注重机会公平，保障基本民生，让发展成果更多更好地惠及各族群众。坚持精准扶贫、精准脱贫，举全区之力打赢脱贫攻坚战，提前2年实现确保贫困人口全部脱贫、确保贫困县全部摘帽的目标。扎实推动创业就业和居民增收，让人民群众产生更多的获得感。坚持教育优先发展，落实立德树人根本任务，深化教育改革，促进教育公平和质量提升，做好关心下一代工作，让所有孩子接受良好教育。强化医疗、医保、医药联动，实现人人拥有基本医疗保障、享有基本公共卫生服务。全面抓好精神文明建设，大力发展文化事业和文化产业，用中国梦和社会主义核心价值观凝聚共识、汇聚力量。全力维护广大人民群众的根本利益，努力增加和谐因素，构建全面共建共享的社会治理体系。深入开展民族团结进步创建和宣传教育活动，依法加强宗教事务管理，巩固和发展已有的民族和睦、宗教和顺、社会和谐的大好局面。

各位代表，展望“十三五”，我区创新发展的前景十分广阔，转型追赶的目标催人奋进。我们坚信，在党中央、国务院和自治区党委的正确领导下，通过全区上下的不懈努力，我们的宏伟蓝图一定能实现，宁夏的明天一定更美好！

**三、踏石留印，抓铁有痕，奋力实现“十三五”发展良好开局**

2016年是“十三五”开局之年，是全面建成小康社会进入决胜阶段的第一年，做好今年工作至关重要。

今年的主要预期目标是：地区生产总值增长7.5%以上，全社会固定资产投资增长10%以上，地方一般公共预算收入增长7.5%以上，一般公共预算支出增长10%，社会消费品零售总额增长8%，城镇和农村常住居民人均可支配收入分别增长8.5%左右和9.5%左右，居民消费价格总水平涨幅控制在3%左右，城镇登记失业率控制在4.5%以内，节能减排降碳完成国家下达任务。

要切实抓好以下八项重点工作：

（一）扩大有效投资，增强经济发展后劲。实施一批大项目、好项目，既要注重投速、投量，更要注重投向、投效，形成有效投资，推动经济平稳较快增长。

抓好50个重点项目。实施14个基础设施项目，完成投资200亿元。重点是建成河东国际机场三期、固原至西吉高速、永宁黄河大桥等，加快建设银西高铁、宁夏石嘴山至固原城际铁路（吴忠至中卫段）、京藏高速改扩建、黄河宁夏段防洪二期、移民迁出区生态修复等。实施23个产业项目，完成投资500亿元。特别要建成宁东至浙江输电、神华宁煤煤制油、如意高档服装等，推进宁夏中关村产业园数据中心、西夏公铁物流园、三沙源旅游度假区等项目。实施13个社会民生项目，完成投资150亿元。着力抓好中南部城乡饮水安全、基本养老服务体系、宁夏美术馆和残疾人康复中心等工程建设。对于这些项目，要建立台账，倒排工期，督查考核，确保进度和质量，从而带动全社会完成投资3880亿元以上。

拓宽项目融资渠道。转变融资观念，打好“财政·银行·证券·保险·担保”组合拳，提高资金使用效益。发布政府与社会资本合作（PPP）项目清单，完善风险共担、利益分配等机制，每个县（市、区）实施1－2个示范项目，引导社会资本投向市政、交通、生态等领域。增加政府产业引导基金规模至20亿元，吸纳更多社会资本，争取母子基金总规模达到80亿元以上，发挥好对产业发展的引导作用。完善担保体系，提高增信能力，重组宁夏再担保集团，建立专项担保资金，用足用好国家专项建设基金。深化与金融机构合作，发行各类债券200亿元。

梯次推进项目建设。围绕自治区成立60大庆和全面建成小康社会等，不断筛选充实项目储备库。紧扣国家政策走向，谋划一批符合国家产业政策、支撑我区长远发展的重大项目，争取更多进入国家重大工程项目包。着眼提高投资效益，谋划实施一批科技含量高、市场前景好、产业链条长、基本无污染的产业项目，引进有税项目，培植有根企业。狠抓项目前期工作，用好审批监管网络平台，联审联批，提高效率，力争20个重点预备项目一半开工、30个重点前期项目取得实质性进展，确保项目前后接续、梯次跟进。

（二）突出集聚创新，力促工业转型升级。用好市场导航灯、资源定位器，抓好供给侧改革，推动新型工业加快发展。

促使工业向中高端迈进。启动中国制造2025宁夏行动纲要，瞄准新材料、智能制造、生物制药、节能环保等中高端产业，抓好3D打印、数控机床、高端轴承、碳基材料等项目。加快煤电化一体化步伐，新增煤化工产能300万吨，着力开发工程塑料、通用树脂、专用化学品等精细化工产品。出台光伏产业发展配套政策，建设新能源综合示范区，新增风电100万千瓦、光伏140万千瓦，带动光伏发电装备、风机制造等上下游产业协同发展。推动羊绒、纺纱等初级原料向中高端产品迈进，加快清真标准国际互认，打造清真食品、穆斯林用品特色品牌，轻工业占比再提高1个百分点。支持煤炭、电力、冶金、化工等传统产业实施新一轮技术改造，实现转型升级；严格环保、能耗、技术标准，引导资不抵债、扭亏无望的

"僵尸企业"兼并重组、破产清算,淘汰落后产能120万吨。

引领园区集约发展。各园区都要突出特色,准确定位,差异化招商,完善生产、集散、研发、认证等功能,分类吸纳对路企业进区入园。实施基础设施建设、资源能源保障、土地集约利用、上下游产业衔接四项行动,降低企业生产要素成本,提升园区竞争力。改造宁东等6个工业园区,推进企业内部小循环、企业间中循环、园区内大循环。创新管理体制机制,建立综合服务体系,探索政企合作、多元开发、专业运营等模式,打造服务优、成本低、产出高、税收多的园区。

推动企业创新发展。完善科技创新后补助、高新技术和科技创新企业税收优惠政策,强化企业主体地位,鼓励企业加大投入,建设研发机构,全社会研发投入占到GDP的1%以上。实施"八大科技专项",建成国家、自治区重点实验室和工程技术研究中心3家。设立科技成果转化投资引导基金,鼓励企业与科研机构、高校开展产学研合作,组建技术转化机构,促进科技成果资本化、产业化。以降成本、提效益为重点,引导60户龙头企业对标一流、挖潜改造,做强做大;鼓励、支持非公经济发展,培育专精特新中小企业200家,争创中国驰名商标4个、宁夏名牌产品20个。实施"三项人才工程",培养专业人才1.2万名,出台科研人员留职创业、职务发明等激励办法,让各类人才在创新中实现价值、创业中成就梦想。

(三)聚焦特色精品,推动农业提质增效。围绕"一特三高",完善强农惠农富农政策,瞄准市场需求,精耕细作,精深加工,精准扶持,促进农业增效、农民增收。

实施精品农业发展计划。聚焦"1+4"特色优势产业,支持壮大"一县一业"、"一乡一品",使其在农业产值中占比超86%。贯彻藏粮于地、藏粮于技战略,建设优质粮生产基地,粮食生产稳定在1200万亩、370万吨。狠抓优质奶源和清真牛羊肉基地,新增肉牛10万头、肉羊60万只,更新种植优质饲草100万亩。推动蔬菜产业往精品方向发展,新建永久性蔬菜基地10万亩。启动枸杞产业"六大工程",新增基地5.8万亩。坚持"小酒庄、大产区"模式,新建改造标准化葡萄园5万亩,开建酒庄20家,加快向酒庄酒和中高端迈进。发挥国家农业科技园示范效应,每个县(市、区)建设1—2个精品农业示范基地或加工园区,引领特色产业多出精品。

提升综合生产能力。坚持耕地保护与质量提升并重,划定永久性基本农田,加快大型灌区续建配套、盐碱地改良等农田水利工程,建设高标准农田50万亩,新增高效节水灌溉30万亩,改造中低产田35万亩,确保耕地面积不减少、质量有提升。加快育繁推一体化,推进优势品种提纯复壮,确保品质品牌优势。启动特色农产品原产地保护工程,严格产地准出,强化"三品一标"认证,完善追溯监管。推广覆膜保墒、复种两熟等先进适用技术,农业机械化综合水平、科技贡献率分别达到71%和58%。

完善农业经营体系。加快培育新的经营主体,培训新型职业农民2万人,新增家庭农场和农民合作社各300个,发展多种形式的适度规模经营。完善社会化服务体系,坚持科技特派员制度,培育农机作业、粮食银行等服务组织30个,国家和自治区农业产业化龙头企业40家。扩大网上营销规模,引导进入国内外知名企业营销网络,发展农超对接、连锁配送等,让更多特色农产品占领国内外市场。

(四)挖掘发展潜力,创造服务业新优势。紧盯消费热点,突出适销对路,抓住基础好、需求旺、优势大的重点行业,创造新供给,开发新需求,实现新增长。

发展全域旅游。按照"全景、全业、全时、全民"模式,创建全域旅游示范省(区),依托宁夏旅游集团建立旅游发展联盟,整合旅游资源,把全区作为一个旅游目的地打造。加快旅游与文化、工业、农业以及体育、商贸等融合,开发一批全天候、全方位、体验型旅游产品,推出更多独特旅游商品,拉长产业链。办好中美旅游高峰论坛、"驾越丝路"等活动,实施"十百千万"工程,培育一批优秀景区、旅行社和旅游从业人员,重拳整治价格欺诈、强制购物等乱象,把"塞上江南·神奇宁夏"品牌打得更响。全年接待游客突破2000万人次,旅游总收入达到185亿元,增长10%以上。

壮大现代金融。鼓励私募机构、种子基金和风险投资发展,组建宁夏法人证券、财产保险等机构,支持设立民营银行、金融租赁公司。发展普惠金融和绿色金融,开展投贷联动试点,鼓励开发更多扶贫、助农、帮微、促创等金融产品,提高服务实体经济效率。建设阅海湾金融创新中心,发挥宁夏股权托管交易中心作用,争取主板新上市企业1家,新增"新三板"挂牌20家。防范化解行业性、区域性风险,营造良好金融生态。

培育信息经济。推动中卫西部云基地、银川大数据中心建设,运行服务器5万台,开展数据收集、开发、利用和交易。加快建设并应用好"八朵云",实现4G网络城乡全覆盖,推进宽带提速降费。支持软件、游戏等产业发展,引进智能终端、可佩戴设备等信息装备企业。深化"互联网+"行动计划,培育发展电子商务进农村综合示范县和国家示范基地,形成经济增长新热点。

激活消费市场。落实加快服务业发展的政策措施,放宽准入条件,重点开拓养老、健康、家政、健身等消费新领域,丰富订制化供给,满足多样化需求。抓好现代流通综合改革试点,推进"万村千乡"市场工程,改造提升银川、固原公益性农产品批发市场，建设特色商业街区9个，构建便民消费网络。想方设法去库存、防风险，实行保障性住房货币化，提高公租房入住率，发展住房租赁市场，保持房地产市场健康发展，商品房销售800万平方米以上。落实带薪休假，鼓励错峰休假、弹性作息，激活假日消费。试点组建消费金融公司，扩大消费信贷，提高现期购买能力。改善消费环境，维护消费者合法权益。

（五）强化统筹协调，推进城乡一体建设。以空间发展战略规划为引领，坚定不移地把宁夏作为一个城市来布局、来建设。

城乡融合发展。按照“优布局、补功能、促融合、提品位”的思路，深化“多规合一”工作，开展一个市县一个规划试点，加强城市设计，体现紧凑集约、高效绿色。统筹沿黄城市带和清水河城镇产业带建设，实施“一主三副”项目400个，提升承载能力。推进银吴等区域同城化，新建改造银川至宁东等快速通道，实现所有县城通高速。抓好固原、平罗、宁东新型城镇化和中小城市试点，推动城市设施服务向城边村、小城镇延伸，打造旅游、枸杞、葡萄、回族文化等特色小镇，建立“人地钱”三挂钩机制，提高就近城镇化水平。全面落实户籍改革政策和居住证制度，配套完善教育、卫生、就业等基本公共服务，逐步实现转移人口享受同城同等待遇，城镇化率提高1个百分点以上。

城市宜居宜业。聚焦“城市病”防治，推进地下综合管廊试点和海绵城市建设，探索系统治理城市内涝、管线交织等突出问题。强化交通组织管理，优化城区大中小路网和公交线设置，配建更多停车场、充电桩，新增泊车位5万个。统筹城市建筑布局，支持旧城、工矿区改造搬迁，完成老旧小区改造500万平方米。推动智慧城市、数字化城管、标准化物业提质扩面，改革城管综合执法，推广“以克论净、深度保洁”模式，建成市民休闲森林公园6个。新建（或购买）各类保障性住房7万套，让19万群众圆上安居梦。

乡村美丽整洁。加快农村改房、改水、改厕、改能、改路，高标准建设20个美丽小城镇、100个美丽村庄，改造危窑危房3万户，启动农村污水处理试点22个，改厕2000户，新增“阳光沐浴”20万户，新改建农村公路1000公里。启动城乡环境综合整治三年行动计划，完善长效机制，实现80%行政村垃圾有效处理，全面提升农村人居环境。

生态环境良好。建立环保督察制度，严格项目环境准入和排污许可管理，加大环保执法问责。深入开展废气、城市扬尘等专项整治，推动燃煤锅炉淘汰和改造升级，全面禁止黄标车上路，着力消除重污染天气。加强饮用水源地和地下水保护，推进黄河干支流、重点湖泊等水环境综合治理，新建城市污水处理厂8座，提标改造12座，加快工业园区污水处理厂建设，依法取缔直接入黄排污口，确保主要水体水质稳定改善。加大农作物秸秆、畜禽粪便、农用残膜等回收利用力度，整治农业面源污染，工业危险废物安全处置率达到100%。落实新一轮草原生态保护奖补政策，治理荒漠化土地50万亩、水土流失800平方公里，生态修复76万亩，植树造林100万亩。

（六）狠抓重点改革，释放发展动力活力。坚持问题导向，从重要领域、重点环节入手，抓好68项改革任务，破除障碍，激发活力。

深化行政管理改革。继续简政放权，落实自治区政府部门权力清单和责任清单。各市、县（区）上半年公布“两个清单”。推进投资审批、审计体制、商事制度、事业单位分类等改革，加快相对集中行政审批权和处罚权改革，加强事中事后监管，用政府权力减法换来市场活力乘法。

深化财税体制改革。研究制定市县财政收入激励办法，合理划分区、市、县事权与支出责任，推进预决算公开、预算绩效管理。加强市县政府债务管理，规范举债，有借有还。今后，已达警界线的市县不准举新债。启动国税、地税征管体制专项改革试点，加快营改增、消费税、所得税、资源税和车购税等改革步伐。清理规范涉企收费基金，促进实体经济发展。

深化国资国企改革。稳妥推进自治区参股中央企业、区属国有独资企业混合所有制改革。开展区属国有企业董事会选聘职业经理试点，建立和完善现代企业制度。理顺国有资产出资人职责和监管体制，实施以管资本为主的经营性国有资产分类分层监管。强化企业经营业绩考核，提高国有资本收益上缴财政比例，加大违规经营责任追究力度，确保国有资产保值增值。

深化农业农村改革。加快农村土地股份合作改革，开展土地经营权抵押贷款试点。实行宅基地、农宅“两证合一”，探索农民住房财产权抵押贷款，建立自愿永久退出宅基地使用权补偿机制。推进供销社综合改革，加快国有林场改革。完善农业保险政策，建立农地租赁风险防范机制，激发农业农村发展活力。

深化要素市场改革。落实国家电力体制改革意见，完善煤电价格联动机制，扩大直接交易规模，稳妥推进中宁工业园区电力市场改革试点。发挥市场化价格形成机制的作用，严管自治区定价目录项目，完善供水、供热、污水处理等价格体系，继续清理经营性收费和中介收费，促进市场要素合理配置。

（七）融入“一带一路”，提升内陆开放水平。全面落实

"开放宁夏20条",加快内陆开放型经济试验区建设。

构筑三个平台。依托中阿博览会,深化中阿共办机制,办好埃及活动周、沙特中阿高新技术及装备展等系列活动。启动建设中阿产业园、文化园等开放园区,加快中阿技术转移中心建设,推进皓月清真产业园、国际健康医疗城等项目,建成中阿进出口商品贸易中心。完善银川综合保税区功能,建成指定商品进境口岸,带动全区进出口总额增长10%。

打造三条通道。陆上丝路通道,开工中卫至兰州、银川至呼和浩特高铁,与全国高铁网连通;建设银川至百色、乌海至玛沁宁夏段等高速公路,深化与天津港、乌力吉、霍尔果斯等口岸合作,拓展多式联运。空中丝路通道,开通更多到丝路沿线国家的航线航班,与80%以上的省会城市实现直飞,力争民航旅客吞吐量突破600万人次。网上丝路通道,启动网上丝路宁夏枢纽工程,建成宁夏邮翔国际物流快递中心,建设中阿航空邮件分拨中心、跨境电商交易服务平台,支持建立"海外仓"和展示中心。

实现三项便利。借鉴上海自由贸易试验区经验,放宽外商投资准入,扩大备案管理,让投资服务更便利。建成宁夏电子口岸,加快建设国际贸易"单一窗口",实现涉外审批"一站式"办理,推进与丝路沿线省区通关一体化,让贸易服务更便利。开展对阿金融合作,支持金融机构围绕企业走出去和资金引进来创新服务,鼓励企业开展跨境人民币结算和应用内保外贷、并购贷款、境外发债等多种方式融资,让金融服务更便利。

深化三大合作。巩固提升欧美日韩和港澳台等传统市场,积极拓展与丝路沿线国家经贸合作和人文交流,主动服务中海自贸区谈判。紧盯长三角、珠三角、京津冀等地域,推动东部园区在我区开展共建、托管等连锁经营,建好国家级产业转移示范区。深化与陕甘蒙新等周边省区合作,促进区域设施联通、产业互补。鼓励宝塔、农垦、电建等企业走出国门,在沙特、哈萨克斯坦、毛里塔尼亚等投资置业。坚持引资、引技、引智并重,组织"央企进宁、外企进宁、民企进宁"行动,全面落实已签订的合作协议,提高项目履约率、资金到位率和投产达效率。全年招商引资到位资金2000亿元以上。

(八)保障改善民生,增进人民群众福祉。全力办好民生实事,使老百姓的生活年年都有新提高。

打赢脱贫攻坚这场硬仗。实施好"五个一批"工程和"13项行动计划",免除农村贫困家庭高中生学杂费,提高贫困地区中职学生生活费补助标准,推行扶贫开发政策与农村低保制度有效衔接,易地搬迁3万人,产业扶持5万户。办好闽宁协作20周年活动,做好定点帮扶、社会帮扶,确保200个重点贫困村、19万人脱贫。

让每个有劳动意愿的人有活干、有钱赚。改善创业环境,加强小微企业创业基地建设,引导高校毕业生、退役军人等群体自主择业创业,鼓励农民工返乡创业;开展订单、定岗、定向培训,培训城乡劳动力6万人,城镇新增就业7.3万人,农村劳动力转移就业70万人;拓宽居民租金、股息、红利等增收渠道,增加财产性和经营性收入。

提升教育公平度和满意率。新改建乡镇幼儿园20所,进一步扩大普惠性幼儿园覆盖面,学前3年毛入学率达到73%。改善农村贫困地区薄弱学校基本办学条件,拓展普通优质高中覆盖半径。实施乡村教师支持计划,建立中小学校长教师交流轮岗与绩效工资、职称评定、评先选优挂钩机制。加快职业学校和公共实训中心建设,推进产教融合、工学结合、校企联合。深化考试招生制度改革。推动高等教育内涵发展。办好民族教育和特殊教育。支持和鼓励发展民办教育。

充分发挥社会保障的兜底作用。开展医养结合试点,建设敬老院、老年活动中心、农村互助养老院84个。推进全民参保,职工"五险"、城乡居民养老、医疗保险参保人数每年都有新的增加。提高基本医疗保险补助标准,提高大病统筹救助标准,提高城乡居民最低生活保障标准,提高企业退休人员养老金标准,给重度残疾人发护理补贴,给困难残疾人发生活补贴。

努力使老百姓看得上病、看得起病。开展省级综合医改试点工作,完善分级诊疗体系,优化新一轮药品招标采购,降低就医成本。定向培训住院医师300名,落实到岗大专以上学历村医1000名,创建群众满意的基层医疗卫生机构400所。加大传染病、地方病、职业病综合防治。落实一对夫妇可生育两个孩子政策。强化食药监管,保障舌尖上的安全。

让群众的文化生活更丰富、更精彩。新改建5个市县级文化馆、图书馆,扶持一批文化室、文化大院,开展送戏下乡、公益放映、全民阅读等活动,丰富城乡群众文化生活。培育壮大创意、动漫、影视等文化产业,鼓励骨干企业走出去。加强文化遗产保护,推进西夏陵和丝绸之路宁夏段申遗。号召全民健身,办好体育赛事,逐步免费或低收费开放公共体育设施,更好满足群众健身需求。进一步做好外事侨务、档案气象、防震减灾等工作。

各位代表,我区发展正处于关键时期,今年经济下行的压力可能更大,面临的困难可能更多。各级政府及广大公职人员面对严峻的形势、繁重的任务和发展的新常态,怎么看、怎么干是一个必须回答的问题。我们一定要调适发展理念,调适思维方式,调适职能定位,调适工作方法,调适作风状态,始终把推动发展的责任扛在肩上,始终把广大群众的冷暖放在心头，用自己勤奋敬业的工作、满腔热情的服务、廉洁奉公的品德和务实苦干的实际行动，树立政府的威信，赢得人民的信任。

坚持依法行政。严格依法决策，实行重大决策终身责任追究及倒查机制。全面推行综合执法，开展“两随机、一公开”。自觉接受人大及其常委会的法律监督、工作监督和政协的民主监督，认真听取人大代表、政协委员和各民主党派、工商联、无党派人士的意见建议。主动接受媒体监督和社会监督，完善新闻发言人制度，及时回应社会关切。充分发挥工会、共青团、妇联等群团组织的作用。支持国防和军队建设，促进军民融合深度发展。深化平安宁夏创建，启动“七五”普法，加强和改进信访工作，完善矛盾排查调处机制，切实抓好安全生产，依法管理宗教事务。银川“1·05”纵火案，影响十分恶劣，教训极其惨痛！我们一定要采取一切必要措施，有效预防和坚决打击各类违法犯罪活动，确保群众生命财产安全，确保社会安定有序，确保人民安居乐业。

办事快捷高效。坚持“深、实、诚、细、严”要求，强化抓重点、抓关键的工作机制，重大事项层层签订责任书，确保工作部署落地生根。完善各项指标体系和政府绩效考核办法，强化政务公开和督查问责，表彰奖励实绩突出的，约谈诫勉工作不力的，曝光追责不为乱为的，真正做到政令畅通，马上就办，办就办好。

严守廉洁底线。践行“三严三实”，优化政风行风，加强公务员队伍建设，所有公职人员都要以人民利益为重，勤恳务实，履职尽责，全心全意当好人民公仆。认真贯彻中央“八项规定”精神和自治区“若干规定”，强化过“紧日子”的意识，从严控制机构编制和财政供养人员。加强行政监察和审计监督，严格执行廉洁自律各项规定，扎紧制度围栏，打掉寻租空间，铲除腐败土壤，营造风清气正的干事创业环境。

各位代表，目标蓝图催人奋进，面对挑战更要提高勇气、发奋图强。让我们紧密团结在以习近平同志为总书记的党中央周围，在自治区党委的领导下，牢记责任使命，增强忧患意识，勇于担当，狠抓落实，久久为功，加快建设开放富裕和谐美丽宁夏，为全面建成小康社会而努力奋斗！

# 宁夏回族自治区2015年国民经济和社会发展统计公报[1]

宁夏回族自治区统计局 国家统计局宁夏调查总队

2016年4月22日

2015年,自治区党委、政府牢牢把握稳中求进工作总基调,主动适应引领经济新常态,立足于转型升级和培育新动能,着力稳增长、促改革、调结构、惠民生、防风险,及时化解经济运行中的不利因素,在复杂严峻的国内外经济形势和持续加大的下行压力下,经济运行呈现"总体平稳、稳中有进、稳中向好"的发展态势。

## 一、综合

年末全区常住人口667.88万人,比上年末增加6.34万人。其中,城镇人口368.90万人,占常住人口比重55.23%,比上年提高1.6个百分点。人口出生率为12.62‰,死亡率为4.58‰,人口自然增长率为8.04‰,比上年下降0.53个千分点。

**表1 2015年年末人口数及其构成**

| 指　　标 | 年末数(万人) | 比重(%) |
|---|---|---|
| 年末总人口 | 667.88 | 100.00 |
| 其中:城镇 | 368.90 | 55.23 |
| 乡村 | 298.98 | 44.77 |
| 其中:回族 | 240.74 | 36.05 |
| 其中:男性 | 340.37 | 50.96 |
| 女性 | 327.51 | 49.04 |
| 其中:0-15周岁(含不满16周岁)[2] | 146.00 | 21.86 |
| 16-59周岁(含不满60周岁) | 439.80 | 65.85 |
| 60周岁及以上 | 82.08 | 12.29 |
| 其中:65周岁及以上 | 51.29 | 7.68 |

初步核算,全区实现生产总值[3]2911.77亿元,按可比价格计算,比上年增长8.0%。其中,第一产业增加值238.47亿元,增长4.6%;第二产业增加值1379.04亿元,增长8.5%;第三产业增加值1294.26亿元,增长7.9%。按常住人口计算,全区人均生产总值43805元,增长6.9%。

三次产业增加值构成由2014年的7.9:48.7:43.4调整为2015年的8.2:47.4:44.4。三次产业对经济增长的贡献率分别由2014年的5.2%、61.6%和33.2%转变为2015年的4.2%、57.9%和37.9%。

图1　2011－2015年生产总值及其增长速度

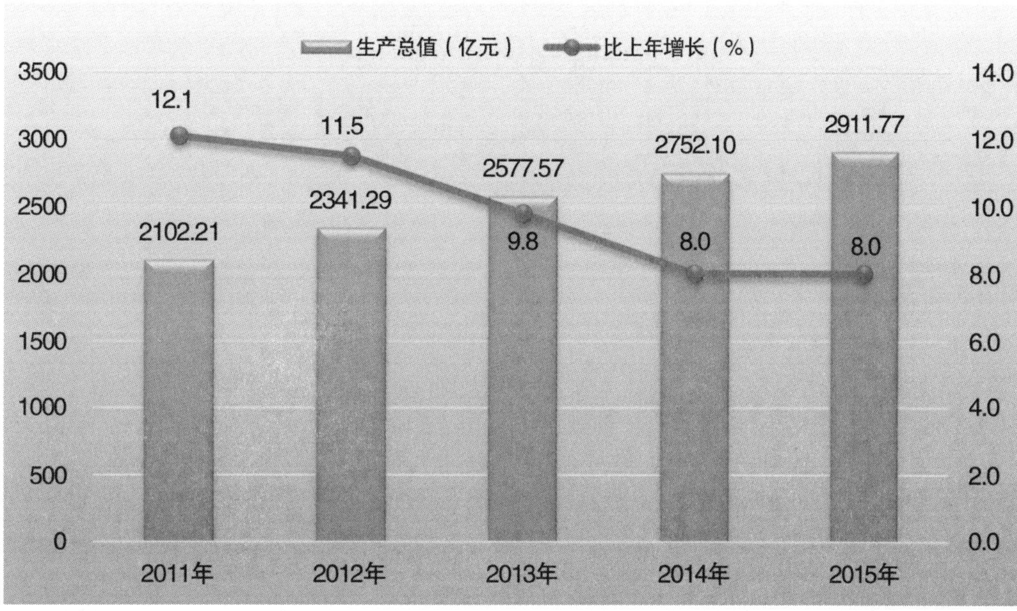


表2　2015年生产总值及其增长速度

| 指　　标 | 绝对值(亿元) | 比上年增长(%) |
|---|---|---|
| 全区生产总值 | 2911.77 | 8.0 |
| 农林牧渔业 | 252.42 | 4.8 |
| 工业 | 979.72 | 7.4 |
| 建筑业 | 399.98 | 12.1 |
| 批发和零售业 | 137.61 | -0.9 |
| 交通运输、仓储和邮政业 | 200.66 | -2.3 |
| 住宿和餐饮业 | 51.95 | 6.5 |
| 金融业 | 261.60 | 15.3 |
| 房地产业 | 97.63 | -10.2 |
| 其他服务业 | 530.20 | 16.4 |
| 第一产业 | 238.47 | 4.6 |
| 第二产业 | 1379.04 | 8.5 |
| 第三产业 | 1294.26 | 7.9 |

全区居民消费价格总水平比上年上涨1.1%，城市、农村分别上涨1.2%和1.0%。其中，食品价格上涨0.4%，非食品价格上涨1.6%，消费品价格上涨0.6%，服务项目价格上涨3.3%。

图2　2015 年居民消费价格月度涨跌幅度

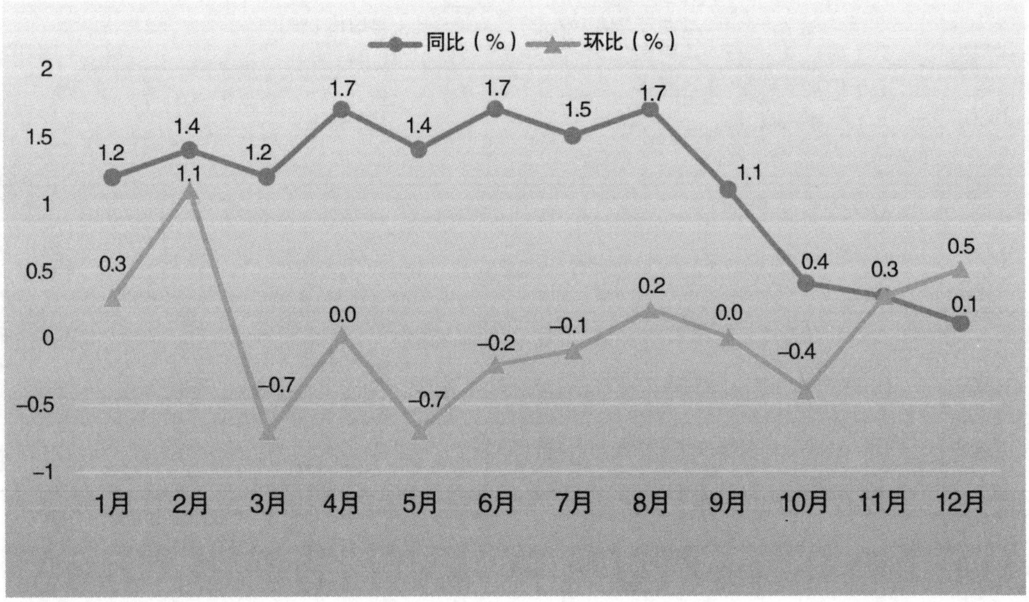


表3　2015 年 12 月居民消费价格指数

| 指　　标 | 环比 | 同比 | 1－12 月累计比 |
|---|---|---|---|
| 居民消费价格总指数 | 100.5 | 100.1 | 101.1 |
| 食 品 | 102.0 | 100.1 | 100.4 |
| 其中:粮食 | 100.1 | 101.9 | 101.9 |
| 烟酒 | 100.0 | 104.4 | 102.6 |
| 衣着 | 98.2 | 99.8 | 102.8 |
| 家庭设备用品及服务 | 99.9 | 100.1 | 101.4 |
| 医疗保健及个人用品 | 100.1 | 100.7 | 101.0 |
| 交通和通信 | 100.0 | 98.8 | 98.6 |
| 娱乐教育文化用品及服务 | 99.5 | 102.4 | 105.7 |
| 居住 | 99.9 | 98.6 | 100.3 |

全年商品零售价格总水平上涨 0.1%，固定资产投资价格下降 2.5%，农业生产资料价格下降 1.3%。工业生产者出厂价格下降 6.3%；工业生产者购进价格下降 7.9%。

图 3　2015 年工业生产者出厂价格与购进价格同比涨跌幅度

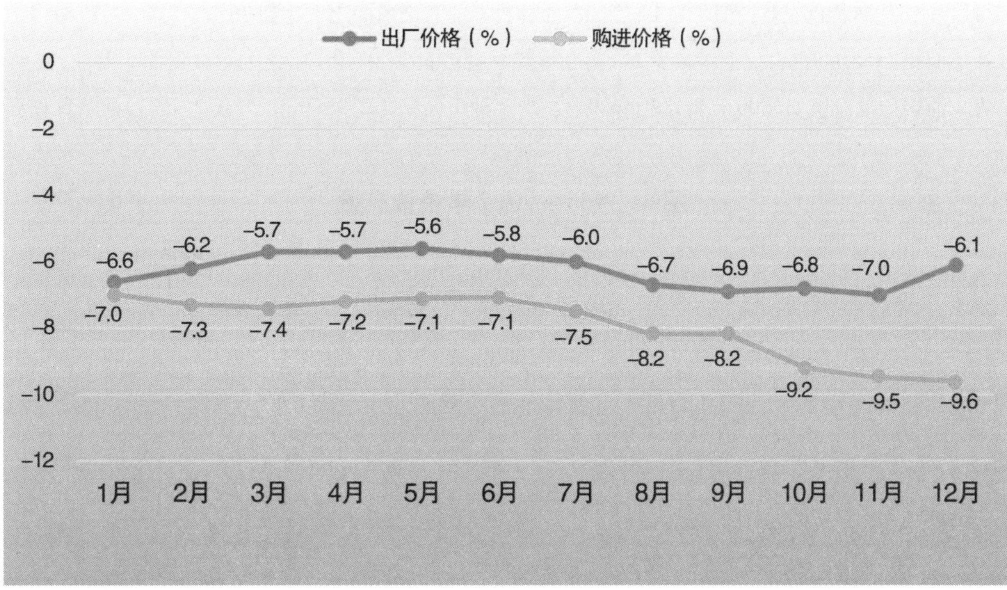


全年完成一般公共预算总收入 610.48 亿元，比上年增长 12.0%，完成地方一般公共预算收入 373.74 亿元，增长 10.0%。其中完成税收收入 257.32 亿元，增长 2.8%；完成非税收收入 116.41 亿元，增长 30.0%。增值税、营业税、企业所得税和个人所得税等主体税种分别完成 35.73 亿元、99.83 亿元、24.55 亿元和 8.97 亿元，增长 -7.3%、-5.0%、-13.3% 和 20.2%。

图 4　2011 -2015 年地方公共财政预算收入[4]及其增长速度

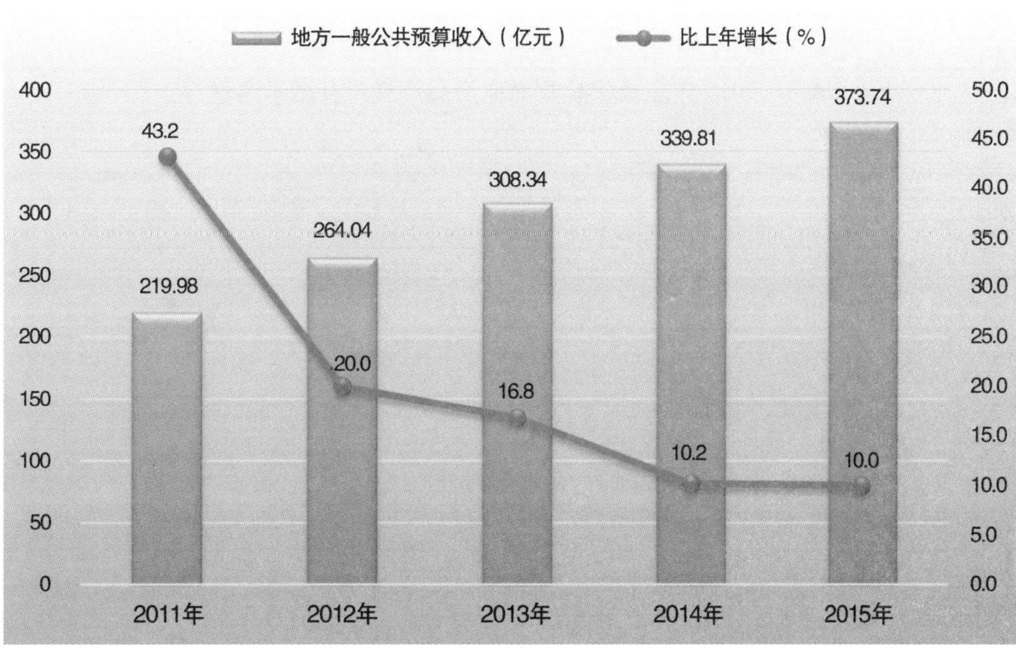


全年一般公共预算支出 1138.18 亿元，比上年增长 13.8%。其中，一般公共服务支出 67.75 亿元，增长 9.8%；教育支出 143.11 亿元，增长 16.7%；社会保障和就业支出 147.54 亿元，增长 26.7%；医疗卫生与计划生育支出 75.75 亿元，增长 16.1%；城乡社区支出 156.90 亿元，增长 50.8%；农林水支出 160.74 亿元，增长 2.4%；交通运输支出 97.52 亿元，增长 33.6%；住房保障支出 63.99 亿元，下降 21.4%。

## 二、农业

全年完成农林牧渔业总产值 487.02 亿元，比上年增长 4.5%。其中，种植业产值 313.65 亿元，增长 5.4%；林业产值

12.16 亿元，增长 4.1%；畜牧业产值 124.04 亿元，增长 1.8%；渔业产值 15.36 亿元，增长 5.0%；农林牧渔服务业产值 21.80 亿元，增长 8.7%。全区优势特色农业产值 420.1 亿元，占农林牧渔业总产值的比重达到 86.3%。

全年粮食种植面积 1155.6 万亩，比上年减少 1.4 万亩。粮食总产量 372.6 万吨，比上年减产 5.2 万吨，减少 1.4%，实现连续十二年丰收。油料种植面积 113.06 万亩，减少 6.0%。瓜菜种植面积 322.93 万亩，增长 2.4%。葡萄种植面积 48.64 万亩，减少 4.8%。

图 5　2011－2015 年粮食产量

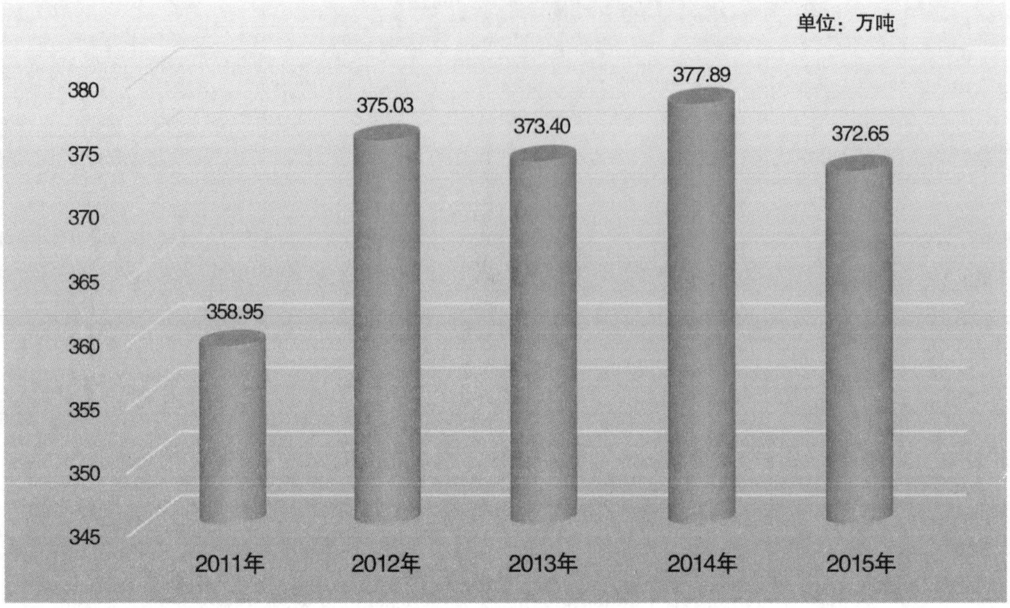


表 4　2015 年主要农林牧渔业产品产量及其增长速度

单位：万吨

| 指　　标 | 产　量 | 比上年增长(%) |
| --- | --- | --- |
| 粮食 | 372.6 | -1.4 |
| 小麦 | 39.6 | -2.3 |
| 水稻 | 60.8 | -1.7 |
| 玉米 | 226.9 | 1.3 |
| 油料 | 15.3 | -7.6 |
| 蔬菜 | 575.8 | 6.5 |
| 瓜果 | 205.1 | 3.0 |
| 枸杞 | 8.7 | 2.4 |
| 葡萄 | 21.6 | 12.2 |
| 肉类总产量 | 29.2 | 2.5 |
| 禽蛋 | 8.8 | 5.7 |
| 牛奶 | 136.5 | 0.6 |
| 水产品 | 17.0 | 4.4 |

## 三、工业和建筑业

全年全部工业增加值 979.7 亿元，比上年增长 7.4%。规模以上工业增加值 972.2 亿元，比上年增长 7.8%。在规模以上工业增加值中，轻工业增加值173.8亿元，增长15.7%；重工业增加值798.3亿元，增长6.4%。分经济类型看，国有企业下降6.6%，股份制企业增长6.6%，外商及港澳台商投资企业增长45.4%；国有控股企业增长2.1%；私营企业增长15.7%。非公有制工业完成工业增加值424.9亿元，比上年增长10.6%，对规模以上工业的贡献率达到56.8%。

**图6　2011－2015年全部工业增加值及其增长速度**

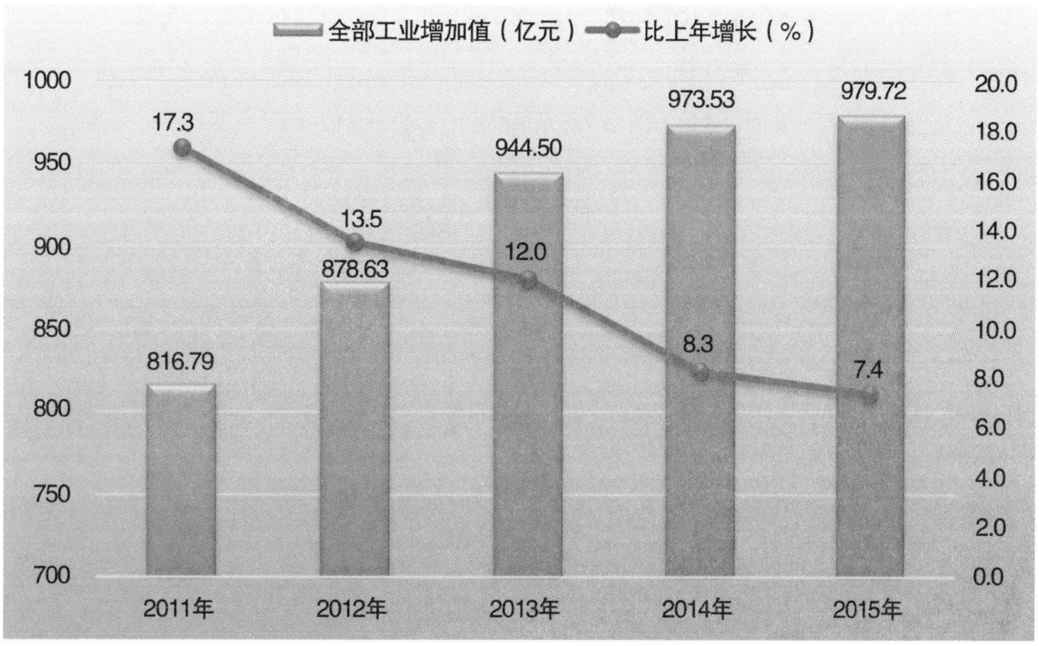


全区10大工业产业七增三降的格局较为稳定。其中，煤炭增长11.0%、电力下降3.7%、化工增长27.7%、冶金下降21.9%、有色增长3.3%、轻纺增长15.4%、机械增长23.6%、建材下降9.2%、医药增长28.2%、其他工业增长7.3%。六大高耗能行业[5]实现增加值511.0亿元，比上年增长4.7%；高技术产业增加值比上年增长25.0%。在重点监测的40种工业产品中，有15种产品增速在10%以上。工业产品销售率为94.3%。

**表5　2015年主要工业产品产量及其增长速度**

| 指　　标 | 单位 | 产量 | 比上年增长(%) |
|---|---|---|---|
| 原煤 | 万吨 | 7975.8 | -6.9 |
| 发电量 | 亿千瓦时 | 1154.7 | -0.2 |
| 焦炭 | 万吨 | 756.6 | -3.2 |
| 原铝(电解铝) | 万吨 | 120.0 | -13.7 |
| 橡胶轮胎外胎 | 万条 | 192.3 | 25.0 |
| 农用化肥(折纯) | 万吨 | 82.4 | 77.6 |
| 精甲醇 | 万吨 | 510.1 | 74.0 |
| 电石(碳化钙) | 万吨 | 310.7 | -6.6 |
| 钢材[6] | 万吨 | 201.6 | 21.1 |
| 水泥 | 万吨 | 1742.5 | -9.2 |
| 铁合金 | 万吨 | 345.9 | 19.1 |
| 乳制品 | 万吨 | 77.3 | 2.8 |
| 葡萄酒 | 万千升 | 3.0 | 42.9 |
| 金属切削机床 | 台 | 1950 | -31.0 |
| 滚动轴承 | 万套 | 1591.4 | 1.5倍 |

全年规模以上工业企业实现利润总额79.3亿元,比上年下降6.3%。分经济类型看,国有控股企业实现利润总额19.3亿元,同比下降49.1%;股份制企业47.2亿元,下降28.7%;外商及港澳台商投资企业21.6亿元,增长2.6倍;私营企业28.5亿元,下降7.3%。实现主营业务收入3403.9亿元,同比下降3.8%,主营业务收入利润率(以利润总额计算)为2.3%,同比下降0.1个百分点。实现税金总额178.11亿元,比上年增长8.5%。

全区具有资质的总承包和专业承包建筑业企业553家,全年完成建筑业总产值524.53亿元,比上年下降16.1%。建筑业企业房屋建筑施工面积3284.95万平方米,下降24.6%;房屋竣工面积1226.58万平方米,下降17.9%;竣工产值为403.95亿元,下降7.6%。按建筑业总产值计算的劳动生产率26.69万元/人,比上年增长1.7%。

## 四、固定资产投资

全年全社会完成固定资产投资3532.93亿元,比上年增长10.4%。其中,基本建设投资2393.53亿元,增长14.8%;更新改造投资408.25亿元,增长12.2%;房地产开发投资633.64亿元,下降3.2%;农村农户投资完成79.02亿元,下降1.1%。分投资主体看,国有及国有经济控股完成投资1663.47亿元,增长19.4%;非国有经济控股完成投资1869.46亿元,增长3.4%,其中,民间投资1849.05亿元,增长3.4%。

从投资结构看,第一产业投资166.45亿元,增长29.3%。第二产业投资1662.37亿元,增长15.4%。其中,工业投资1648.28亿元,增长15.7%。第三产业投资1704.11亿元,增长4.4%。

图7　2011－2015年全社会固定资产投资额及其增长速度

全年固定资产投资施工项目4256个,增长0.8%,施工项目计划总投资12044.85亿元,增长9.6%。全区亿元以上项目完成固定资产投资2157.20亿元,增长14.4%。

全年房地产开发投资633.64亿元,比上年下降3.2%。其中,住宅投资396.68亿元,下降3.6%;办公楼投资34.29亿元,增长62.0%;商业营业用房投资129.52亿元,下降10.2%。

**表6　2015年分行业全社会固定资产投资及其增长速度**

| 指　　标 | 投资额(亿元) | 比上年增长(%) |
|---|---|---|
| 全社会固定资产投资 | 3532.93 | 10.4 |
| 农、林、牧、渔业 | 166.45 | 29.3 |
| 采矿业 | 120.95 | -37.8 |
| 制造业 | 824.75 | 4.4 |
| 电力、热力、燃气及水的生产和供应业 | 702.59 | 59.6 |
| 建筑业 | 14.08 | -8.9 |
| 批发和零售业 | 32.97 | -37.9 |
| 交通运输、仓储和邮政业 | 269.58 | 24.1 |
| 住宿和餐饮业 | 16.02 | 8.5 |
| 信息传输、软件和信息技术服务业 | 51.41 | 66.6 |
| 金融业 | 5.93 | 1.1倍 |
| 房地产业 | 880.07 | -3.1 |
| 租赁和商务服务业 | 23.26 | 18.5 |
| 科学研究和技术服务业 | 10.71 | 52.6 |
| 水利、环境和公共设施管理业 | 269.68 | 3.7 |
| 居民服务和其他服务业 | 7.04 | 13.7 |
| 教育 | 53.03 | 83.0 |
| 卫生和社会工作 | 28.88 | 1.2 |
| 文化、体育和娱乐业 | 20.72 | -7.9 |
| 公共管理和社会组织 | 34.82 | 5.9 |

**表7　2015年房地产开发和销售主要指标完成情况及其增长速度**

| 指　　标 | 单位 | 绝对数 | 比上年增长(%) |
|---|---|---|---|
| 房地产开发投资 | 亿元 | 633.64 | -3.2 |
| 房屋施工面积 | 万平方米 | 7045.68 | 0.4 |
| 其中:住宅 | 万平方米 | 4550.38 | -1.6 |
| 其中:本年新开工面积 | 万平方米 | 1391.12 | -32.3 |
| 房屋竣工面积 | 万平方米 | 1168.98 | -2.9 |
| 其中:住宅 | 万平方米 | 746.78 | -8.8 |
| 商品房销售面积 | 万平方米 | 839.16 | -25.7 |
| 其中:住宅 | 万平方米 | 708.12 | -24.6 |
| 商品房待售面积 | 万平方米 | 1207.15 | 24.8 |
| 其中:住宅 | 万平方米 | 733.43 | 17.0 |
| 商品房销售额 | 亿元 | 370.30 | -20.4 |
| 其中:住宅 | 亿元 | 283.98 | -19.3 |
| 房地产开发资金 | 亿元 | 737.39 | -0.7 |
| 其中:国内贷款 | 亿元 | 96.59 | -19.5 |
| 其他资金来源 | 亿元 | 317.12 | -8.7 |

## 五、国内贸易

全年实现社会消费品零售总额789.57亿元,比上年增长7.1%,扣除价格因素,实际增长7.0%。按经营地统计,城镇消费品零售额726.72亿元,增长6.6%;乡村消费品零售额62.85亿元,增长13.7%。按消费类型统计,商品零售额661.74亿元,增长5.2%;餐饮收入额127.83亿元,增长18.3%。

图 8　2011 - 2015 年社会消费品零售总额[7]及其增长速度

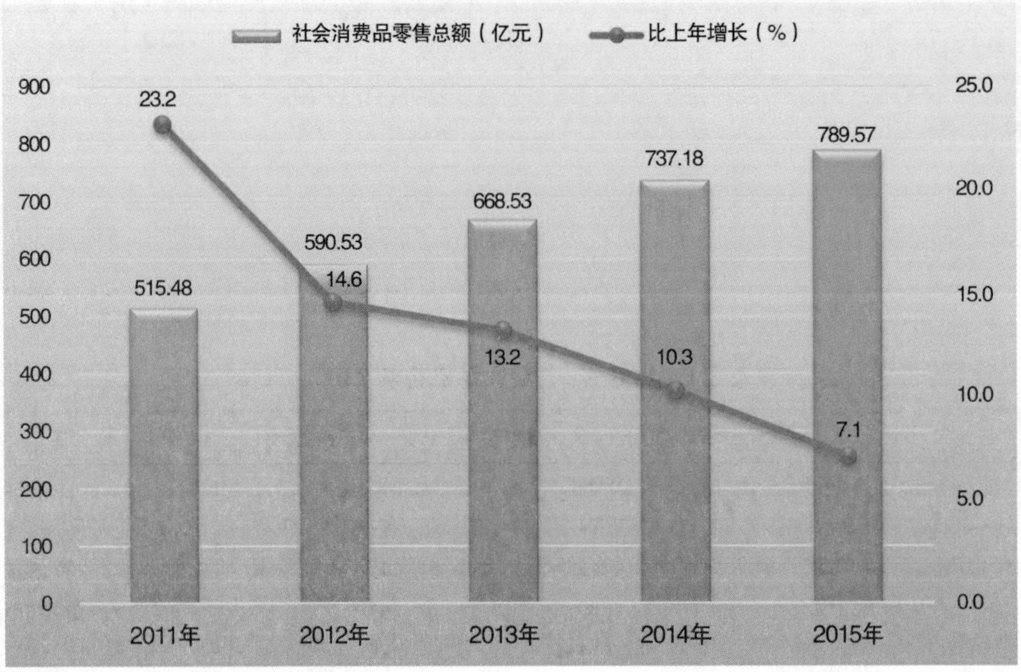


在限额以上企业商品零售额中，22 大类商品零售额呈现“10 增 12 降”态势，其中：通讯器材类增长 11.4%，粮油、食品类增长 9.4%，服装、鞋帽、针纺织品类增长 1.5%，化妆品类增长 4.5%，日用品类增长 2.0%，建筑及装潢材料类增长 1.9%，家用电器和音像器材类增长 1.5%，文化办公用品类增长 1.5%，汽车类下降 1.1%，金银珠宝类下降 4.6%，家具类下降 35.9%，煤炭及制品类下降 44.8%，机电产品及设备类下降 44.9%。

根据国家统计局反馈的数据显示，2015 年我区网上零售额[8] 12.2 亿元，比上年增长 39.3%，其中实物商品零售额 9.5 亿元，增长 35.8%。

## 六、对外经济

据海关统计，全年实现进出口总额 37.91 亿美元，比上年下降 30.3%。其中，出口 29.76 亿美元，下降 30.8%；进口 8.14 亿美元，下降 28.1%。全年累计实现贸易顺差 21.62 亿美元。重点出口产品保持增长，其中，轮胎增长 7.6 倍、红霉素 16.8%、泰乐菌素增长 16.0%、羊绒纱线增长 15.6%。

图 9　2011 - 2015 年进出口总额

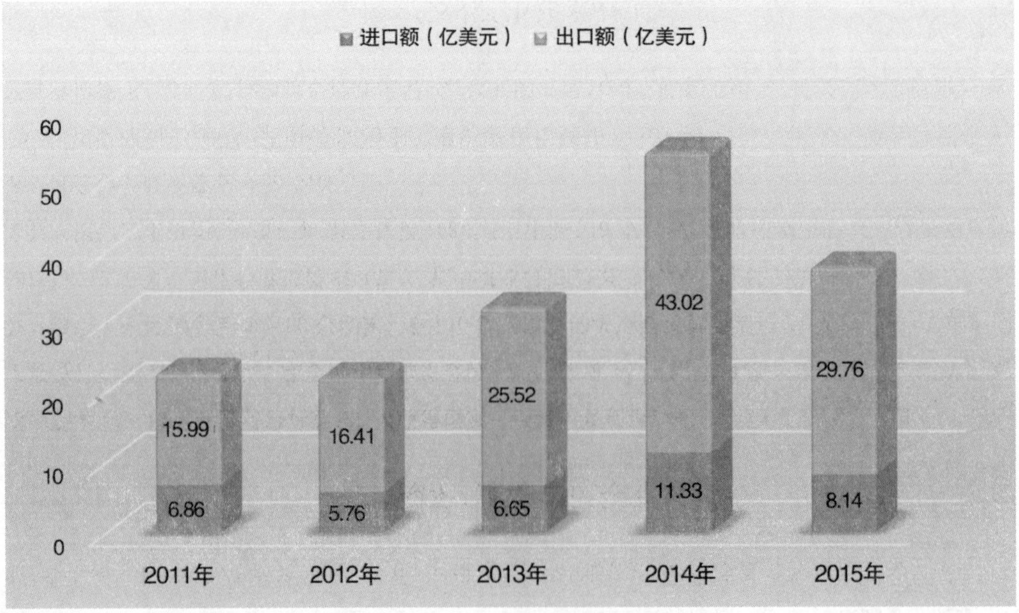

**表 8　2015 年宁夏进出口总额及其增长速度**

| 指　　标 | 金额(亿美元) | 比上年增长(%) |
|---|---|---|
| 进出口总额 | 37.91 | -30.3 |
| 出口 | 29.76 | -30.8 |
| 其中:一般贸易 | 27.59 | -28.8 |
| 加工贸易 | 2.06 | 46.7 |
| 其中:机电产品 | 7.66 | -41.1 |
| 其中:高新技术产品 | 5.09 | -26.1 |
| 进口 | 8.14 | -28.1 |

全年实际使用外资(不含境外借款)1.86 亿美元,比上年增长 1.0 倍。全区新批准外商直接投资项目 37 个,合同外资金额 13.59 亿美元,增长 1.6 倍。其中,制造业签订利用外商直接投资项目 14 个,合同额 9.35 亿美元。年末全区注册登记外商投资法人企业累计达到 209 家。其中,中外合资企业占 47.8%。

## 七、交通[9]、邮电和旅游

年末铁路营业里程 1029.3 公里。公路通车里程 33240.05 公里,增长 6.3%。高速公路里程 1527.33 公里,增长 13.6%。全年货物运输总量 4.38 亿吨,比上年增长 3.1%。货物运输周转量 872.72 亿吨公里,下降 0.5%。全年旅客运输总量 0.94 亿人,比上年增长 1.7%;旅客运输周转量 153.84 亿人公里,增长 4.8%。机场旅客吞吐量 553.96 万人次,增长 15.6%。

**表 9　2015 年全区各种运输方式完成运输量及其增长速度**

| 运输方式 | 货物 | | | | 旅客 | | | |
|---|---|---|---|---|---|---|---|---|
| | 运输总量 | | 运输周转量 | | 运输总量 | | 运输周转量 | |
| | 绝对数(万吨) | 比上年增长(%) | 绝对数(亿吨公里) | 比上年增长(%) | 绝对数(万人次) | 比上年增长(%) | 绝对数(亿人公里) | 比上年增长(%) |
| 总　计 | 43769.47 | 3.12 | 872.72 | -0.53 | 9371.59 | 1.72 | 153.84 | 4.76 |
| 铁　路 | 5631.08 | -19.44 | 245.08 | -20.04 | 661.07 | 0.69 | 47.37 | -2.26 |
| 公　路 | 36994.83 | 7.80 | 571.85 | 7.80 | 8443.98 | 1.60 | 68.04 | 3.60 |
| 航　空 | 1.27 | 6.89 | 0.20 | 9.25 | 266.55 | 8.52 | 38.42 | 17.51 |
| 管　道 | 1142.3 | 0.40 | 55.59 | 38.39 | - | - | - | - |

年末全区民用汽车保有量达到 105.38 万辆,比上年末增长 9.1%,其中私人汽车保有量 92.78 万辆,增长 12.4%。民用轿车保有量 49.42 万辆,增长 14.5%,其中私人轿车 46.47 万辆,增长 16.4%。

全年完成邮电业务总量 135.54 亿元,比上年增长 32.1%。其中,邮政业务总量 12.19 亿元,增长 13.3%;电信业务总量 123.35 亿元,增长 34.2%。邮政业全年完成邮政函件业务 574.81 万件,包裹业务 16.51 万件,快递业务量 2231.93 万件;快递业务收入 4.84 亿元。电信业全年局用交换机总容量 129.4 万门,减少 39.6 万门;移动电话交换机容量 1224 万户,比上年增加 78 万户。年末全区固定电话用户达 84.4 万户,比上年下降 17.8%。移动电话用户 661 万户,比上年下降 4.0%,其中 3G 移动电话用户 205.46 万户,每百人拥有移动电话 99.9 部,减少 5.3 部。电话普及率达到 112.7 部/百人。固定互联网宽带接入用户 86.1 万户,移动互联网用户 534.9 万户。互联网普及率达到 49.3%。

全年接待国内外旅游者 1839.48 万人次,比上年增长 9.8%。其中,国内游客 1835.75 万人次,增长 9.8%;过夜入境旅游者 37315 人次,增长 10.9%。其中,外国人 18409 人次,增长 22.0%。接待过夜国内游客 890.82 万人次,增长 1.6%。实现旅游总收入 161.30 亿元,增长 13.0%。其中,国内旅游收入 160.01 亿元,增长 13.0%。全区实现旅游外汇收入 2083.86 万美元。

## 八、金融、证券和保险

年末全区金融机构本外币各项存款余额 4822.96 亿元，比年初增加 600.33 亿元。其中，人民币各项存款余额 4805.15 亿元，外汇存款余额 2.74 亿美元。金融机构本外币各项贷款余额 5150.32 亿元，比年初增加 542.04 亿元。其中，人民币各项贷款余额 5117.82 亿元，外汇贷款余额 5.01 亿美元。

**表 10　2015 年年末金融机构存贷款余额及其增长速度**

| 指　　标 | 年末数(亿元) | 比年初增减(亿元) | 比上年末增长(%) |
|---|---|---|---|
| 各项存款余额 | 4822.96 | 600.33 | 14.0 |
| 人民币存款余额 | 4805.15 | 602.32 | 14.1 |
| 其中：住户存款 | 2357.71 | 186.06 | 8.2 |
| 非金融企业存款 | 1244.64 | 213.82 | 21.6 |
| 广义政府存款 | 1191.76 | 197.47 | 19.0 |
| 各项贷款余额 | 5150.32 | 542.04 | 11.8 |
| 人民币贷款余额 | 5117.82 | 539.33 | 11.8 |
| 其中：短期贷款 | 1796.64 | 132.76 | 7.9 |
| 中长期贷款 | 3007.10 | 286.27 | 10.5 |
| 票据融资 | 305.21 | 121.31 | 66.0 |

年末上市公司 12 家，总股本 63.90 亿股，总市值 817.34 亿元，比上年增长 66.8%。其中，流通市值 685.20 亿元，比上年增长 66.8%。全年证券交易额 8937.41 亿元，比上年增长 2.8 倍。

全区省级营业性保险分公司 19 家，实现保费收入 103.31 亿元，比上年增长 23.1%。其中，财产险收入 41.01 亿元，增长 12.8%；寿险收入 47.43 亿元，增长 31.6%；健康险收入 11.90 亿元，增长 30.9%；意外伤害险收入 2.97 亿元，增长 23.2%。支付各类赔款和给付 34.21 亿元，增长 16.7%。其中，财产险赔款 20.87 亿元，增长 7.6%；寿险给付 8.00 亿元，增长 36.5%；健康险给付 4.58 亿元，增长 35.8%；意外伤害险赔款 0.77 亿元，增长 13.2%。

## 九、人民生活和社会保障

全年城镇新增就业 7.7 万人，农村劳动力转移就业 71.3 万人；年末城镇登记失业率 4.02%。

根据城乡一体化住户调查结果，全年全体居民人均可支配收入 17329 元，同比名义增长 8.9%，扣除价格因素影响，实际增长 7.7%。

**图 10　2015 年按收入来源分的全体居民人均可支配收入及占比**

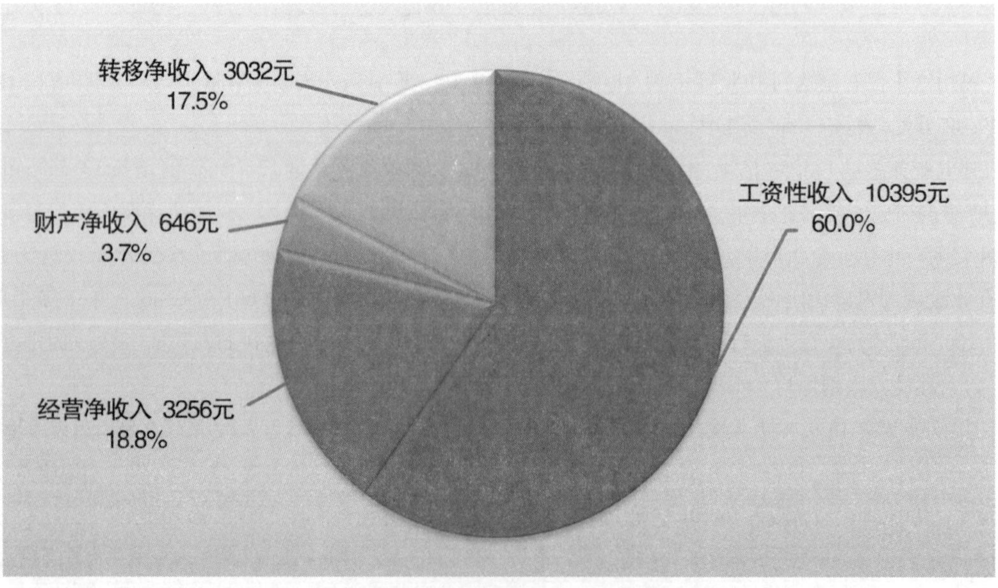

全年农村常住居民人均可支配收入 9119 元，比上年增加 709 元，名义增长 8.4%，扣除价格因素影响，实际增长 7.3%。人均生活消费支出 8415 元，增长 9.6%，扣除价格因素，实际增长 8.5%。农村居民人均居住面积 30.41 平方米，增长 6.5%。

图 11　2011－2015 年农村居民人均可支配收入[10]及其增长速度

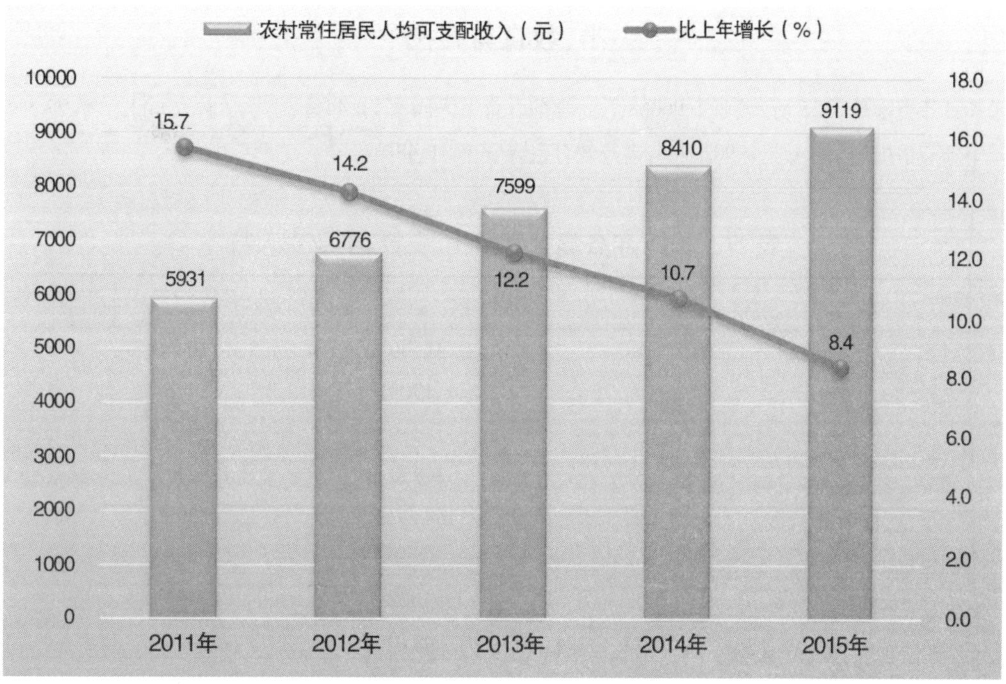


全年城镇常住居民人均可支配收入 25186 元，比上年增加 1901 元，名义增长 8.2%，扣除价格因素影响，实际增长 6.9%。人均消费支出 18984 元，增长 10.3%，扣除价格影响，实际增长 9.0%。城镇居民人均居住建筑面积 30.65 平方米，下降 1.1%。

图 12　2011－2015 年城镇居民人均可支配收入及其增长速度

年末全区参加城镇职工基本养老保险人数为 178.75 万人，比上年末增加 27.25 万人，其中，参保职工 111.1 万人，参保离退休人员 46.4 万人，机关事业单位养老保险参保 21.25 万人。参加城乡居民基本养老保险人数 183.1 万人，增长 0.8 万人。参加基本医疗保险人数 584.77 万人，增加 6.17 万人，其中，参加城镇职工基本医疗保险 114.77 万人，参加城乡居民基本医疗保险 470 万人。参加失业保险人数 75.6 万人，参加工伤保险人数 80.83 万人，参加生育保险人数 73.67 万人。2015 年末全区五项保险基金收入 273.02 亿元。年末五项社保基金累计结余 293.91 亿元，较上年末增加 21.16 亿元，增长 7.8%。

年末全区享受城市居民最低生活保障 154320 人，享受农村居民最低生活保障 417384 人，农村五保供养 12878 人。

年末全区各类提供住宿的社会服务机构 120 个，养老服务机构 98 个。社会服务床位 16207 张，其中养老床位 14454 张（注：不包括社区养老床位）。社区服务机构 1001 个，其中社区服务中心 70 个，社区服务站 669 个。

## 十、教育与科技

年末全区各级各类学校 3125 所，教职工 96068 人。学前教育毛入园率 71.44%，小学学龄人口入学率 99.98%，初中阶段毛入学率 102.21%，高中阶段毛入学率 90.99%，高等教育毛入学率 31.48%。

**表 11　2015 年各级教育招生、在校、毕业生人数**

| 类　别 | 校数(所) | 招生数(人) | 在校学生数(人) | 毕业学生数(人) |
|---|---|---|---|---|
| 普通高等学校 | 18 | 34699 | 119410 | 29645 |
| #研究生 | – | 1703 | 4403 | 1410 |
| 成人高等学校 | 1 | 11439 | 29172 | 11607 |
| 中等职业教育学校 | 31 | 30832 | 82117 | 25942 |
| 普通中学 | 299 | 144447 | 433996 | 144253 |
| #高中(含完全中学) | 62 | 50825 | 159663 | 55417 |
| 初中(含完全中学) | 257 | 93622 | 274333 | 88836 |
| 普通小学 | 1693 | 94170 | 583509 | 96119 |
| 幼儿园 | 788 | 97900 | 192892 | 83913 |
| 特殊教育学校 | 12 | 811 | 3900 | 352 |

全年登记自治区级科技成果 244 项，比上年增长 18.4%。其中，基础理论成果 38 项，应用技术成果 181 项，软科学成果 25 项。全年申请专利量 4394 件，比上年增长 24.5%，其中，发明专利 2626 件，增长 20.3%。专利授权量 1865 件，增长 30.9%。其中，发明专利授权量 442 件，增长 81.9%。全年共签订技术合同 662 项，技术合同成交金额 35400 万元。

年末全区拥有国家级工程技术研究中心 3 个，自治区级工程技术研究中心 36 个；国家重点实验室 2 个，省部共建重点实验室 4 个，国家重点培育基地 3 个，自治区级重点实验室 14 个；国家级企业(集团)技术中心 14 个，自治区级企业(集团)技术中心 60 个，技术创新中心 143 个。

## 十一、文化、卫生和体育

年末全区共有博物馆[11] 12 个，国家综合档案馆 27 个，公共图书馆 26 个，文化馆 26 个，各类艺术表演团体 13 个。全年地方出版报纸 19 种，出版期刊 37 种，出版图书 2560 种。有线数字电视用户 102.36 万户。年末广播节目综合人口覆盖率为 96.62%；电视节目综合人口覆盖率为 99.24%。

年末全区共有医疗卫生机构[12] 4289 个，其中医院 168 个，卫生院 219 个，疾病预防控制中心 25 个，妇幼保健机构 22 个。医疗卫生机构床位 3.2 万张。卫生技术人员 41505 人，其中执业(助理)医师 15860 人，注册护师、护士 16135 人。

全年举办县级以上全民健身活动 1500 余场次，其中 1000 人以上的大型全民健身活动 33 次，举办青少年单项比赛 12 项，参加活动的人数总计达到 150 万人次。在全国比赛取得金牌 16 枚、银牌 17 枚、铜牌 16 枚；全年有 123 人达国家一级运动员等级标准，332 人达国家二级运动员等级标准，81 人获得国家一级裁判员等级称号。

## 十二、资源、环境与安全生产

初步核算，全年全区能源消费总量为 5404.70 万吨标准煤，比上年增长 9.3%。全区万元地区生产总值能耗增长 1.2%。

全年水资源总量 6.96 亿立方米。全年平均降水量 289 毫米，比上年下降 20.6%。全年总用水量 70.37 亿立方米，比上年增长0.1%。其中,生活用水2.33亿立方米,增长5.8%;工业用水4.35亿立方米,下降12.6%;农业用水61.47亿立方米,增长0.9%。万元地区生产总值用水量[13]260立方米,比上年下降7.3%;万元工业增加值用水量39立方米,下降18.6%。

全区完成营造林面积120.16万亩,比上年减少6.13万亩,下降4.9%;其中,人工造林65.04万亩,年末实有封山(沙)育林面积566.23万亩。

城市污水处理率达到88.97%,比上年提高2.19个百分点。城市生活垃圾无害化处理率达到83.85%。全区建成区绿地率达到34.5%,比上年提高2.5个百分点。人均公园绿地面积17.22平方米。

全年累计发生各类生产安全事故2744起,同比下降9.05%;造成死亡人数453人,同比下降3.0%。亿元地区生产总值生产安全事故死亡率为0.156。发生煤矿事故1起,造成死亡人数1人,煤矿百万吨死亡率为0.013;发生道路交通事故1693起,造成死亡人数394人,道路交通万车死亡率为2.244;发生工矿商贸安全事故43起,造成死亡人数53人,工矿商贸就业人员[14]十万人生产安全事故死亡率为1.933。

**注释:**

[1]本公报中数据均为初步统计数,正式数据以《宁夏统计年鉴-2016》为准。部分数据因四舍五入的原因,存在着与分项合计不等的情况。

[2]考虑到我国劳动年龄下限为16周岁,从2013年开始公布16-59岁(含不满60周岁)人口数据。2015年末,0-14岁(含不满15周岁)人口为137.76万人,15-59岁(含不满60周岁)人口为448.04万人。

[3]全区生产总值及各产业和各行业增加值指标绝对数按现价计算,增长速度按可比价格计算。

[4]2011年至2014年数据为公共财政预算收入决算数,2015年为执行数。

[5]六大高耗能行业分别为:化学原料和化学制品制造业、非金属矿物制品业、黑色金属冶炼和压延加工业、有色金属冶炼和压延加工业、石油加工炼焦和核燃料加工业、电力热力生产和供应业。

[6]钢材产量数据中含使用钢材加工成其他钢材的重复计算因素。

[7]2011年至2014年数据根据第三次经济普查结果进行修订。

[8]网上零售额是指通过公共网络交易平台(包括自建网站和第三方平台)实现的商品和服务零售额。

[9]公路交通运输货运、客运数据按2013年交通运输统计专项调查之前口径核算。

[10]图11、图12数据是按新口径计算的城乡可比的可支配收入。

[11]指文化系统管理的博物馆,属财政拨款的行政事业单位。

[12]医疗卫生机构包括村卫生室。

[13]万元地区生产总值用水量、万元工业增加值用水量按2010年不变价计算。

[14]工矿商贸就业人员十万人生产安全事故死亡率以2014年就业人员计算。

# 第一篇 Chapter1

# 行政区划与自然资源

## Administrative Division and Natural Resources

**责任编辑**:蔡川生　聂一平　马宏德

**资料整理**:蔡川生　聂一平　马宏德　董金成　王增沈　周军锋　王丹玥　殷荣玉　季翔　焦霙

**Coordinator**: Cai Chuansheng　Nie Yiping　Ma Hongde

**Data Compilation**: Cai Chuansheng　Nie Yiping　Ma Hongde　Dong Jincheng　Wang Zengshen　zhou Junfeng　Wang Danyue　Yin Rongyu　Ji Xiang　Jiao Ying

# 1-1 全区行政区划

## Administrative Divisions

| 地区 | Region | 乡数（个）Townships (unit) | 镇数（个）Town (unit) | 街道办事处（个）Urban Subdistrict Office (unit) | 居委会（个）Neighbourhood Committees (unit) | 村委会（个）Village Committees (unit) | 土地面积（平方千米）Land Area (sq. km) |
|---|---|---|---|---|---|---|---|
| **总计** | **Total** | **90** | **102** | **44** | **501** | **2271** | **66400.00** |
| **银川市** | **Yinchuan** | **6** | **21** | **23** | **226** | **277** | **8874.61** |
| 兴庆区 | Xingqing | 2 | 2 | 11 | 90 | 34 | 828.39 |
| 西夏区 | Xixia | | 2 | 6 | 53 | 17 | 1129.75 |
| 金凤区 | Jinfeng | | 2 | 5 | 38 | 25 | 345.47 |
| 永宁县 | Yongning | 1 | 5 | | 8 | 69 | 1193.95 |
| 贺兰县 | Helan | 1 | 4 | | 15 | 63 | 1530.78 |
| 灵武市 | Lingwu | 2 | 6 | 1 | 22 | 69 | 3846.27 |
| **石嘴山市** | **Shizuishan** | **9** | **11** | **16** | **121** | **194** | **5208.13** |
| 大武口区 | Dawukou | | 1 | 10 | 51 | 12 | 1214.84 |
| 惠农区 | Huinong | 3 | 3 | 6 | 42 | 38 | 1361.05 |
| 平罗县 | Pingluo | 6 | 7 | | 28 | 144 | 2634.23 |
| **吴忠市** | **Wuzhong** | **15** | **29** | **2** | **65** | **520** | **21420.14** |
| 利通区 | Litong | 4 | 8 | | 21 | 100 | 1414.58 |
| 红寺堡区 | Hongsipu | 3 | 2 | 1 | 2 | 63 | 3523.09 |
| 盐池县 | Yanchi | 4 | 4 | | 17 | 102 | 8377.29 |
| 同心县 | Tongxin | 4 | 7 | | 4 | 170 | 5666.85 |
| 青铜峡市 | Qingtongxia | | 8 | 1 | 21 | 85 | 2438.32 |
| **固原市** | **Guyuan** | **42** | **20** | **3** | **54** | **823** | **13449.03** |
| 原州区 | Yuanzhou | 4 | 7 | 3 | 34 | 153 | 3501.11 |
| 西吉县 | Xiji | 16 | 3 | | 4 | 296 | 4000.12 |
| 隆德县 | Longde | 10 | 3 | | 10 | 113 | 1266.70 |
| 泾源县 | Jingyuan | 4 | 3 | | 2 | 105 | 1442.71 |
| 彭阳县 | Pengyang | 8 | 4 | | 4 | 156 | 3238.40 |
| **中卫市** | **Zhongwei** | **18** | **21** | | **35** | **457** | **17448.09** |
| 沙坡头区 | Shapotou | 1 | 10 | | 15 | 165 | 6877.44 |
| 中宁县 | Zhongning | 5 | 6 | | 12 | 124 | 4192.83 |
| 海原县 | Haiyuan | 12 | 5 | | 8 | 168 | 6377.82 |

注： 1. 本表数据来源于自治区民政厅。
2. 行政区划个数数据截止日期为2016年3月。
3. 土地面积数据截止日期为2016年7月20日。

Notes: a) Data in this table comes from the Department of Civil Affairs.
b) Unit of Administrative Divisions data deadline for March, 2016.
c) Land Area data deadline for July 20, 2016.

# 1-2 自然资源状况(2014年)

## Natural Resources(2014)

| 指　　标 | Item | 单位 | Unit | 2014 |
|---|---|---|---|---|
| **自然资源** | **Natural Resources** | | | |
| **耕 地** | **Cultivated Area** | **公顷** | **hectare** | **1289180.95** |
| 水田 | Paddy Fields | 公顷 | hectare | 187616.35 |
| 水浇地 | Irrigable land | 公顷 | hectare | 320125.26 |
| 旱地 | Dry Fields | 公顷 | hectare | 781439.34 |
| **园地** | **Area of Garden Plot** | **公顷** | **hectare** | **51054.34** |
| 果园 | Orchards | 公顷 | hectare | 28433.85 |
| 其他园地 | Others | 公顷 | hectare | 22620.49 |
| **林地** | **Woodland Area** | **公顷** | **hectare** | **769649.92** |
| 有林地 | Woodland Area | 公顷 | hectare | 165530.86 |
| 灌木林 | Bushes | 公顷 | hectare | 316909.95 |
| 其他林地 | Others | 公顷 | hectare | 287209.11 |
| **草地** | **Area of Grassland** | **公顷** | **hectare** | **2099488.89** |
| 天然牧草地 | Native Grassland | 公顷 | hectare | 1462394.42 |
| 人工牧草地 | Artificial Grassland | 公顷 | hectare | 35366.79 |
| 其他草地 | Others | 公顷 | hectare | 601727.68 |
| **交通运输用地** | **Traffic Land** | **公顷** | **hectare** | **77052.98** |
| 铁路 | Railway | 公顷 | hectare | 6511.98 |
| 公路 | Highway | 公顷 | hectare | 28456.57 |
| 农村道路 | Rural Road | 公顷 | hectare | 41257.58 |
| 机场 | Civil Airport | 公顷 | hectare | 730.96 |
| **城镇村及工矿用地** | **Residential Settlements and Industry and Mining** | **公顷** | **hectare** | **263295.16** |
| 城市 | Cities | 公顷 | hectare | 39541.55 |
| 建制镇 | Organic Towns | 公顷 | hectare | 45593.4 |
| 村庄 | County Residential Areas | 公顷 | hectare | 145746.9 |
| 采矿用地 | Mining Sites | 公顷 | hectare | 21185.97 |
| 风景名胜及特殊用地 | Special Use Areas | 公顷 | hectare | 11227.34 |
| **水域及水利设施用地** | **Water Conservancy Facilities Land** | **公顷** | **hectare** | **176491.00** |
| 河流水面 | River | 公顷 | hectare | 21515.55 |
| 湖泊水面 | Lake | 公顷 | hectare | 9356.57 |
| 水库水面 | Reservoir | 公顷 | hectare | 6053.35 |
| 坑塘水面 | Swag Surface | 公顷 | hectare | 30095.75 |
| 内陆滩涂 | Inland Mudflat | 公顷 | hectare | 33977.84 |
| 沟渠 | Ditch | 公顷 | hectare | 72418.56 |
| 水工建筑物 | Hydraulic Structure | 公顷 | hectare | 3073.38 |
| **另为其他土地** | **Other Land** | | | **–** |

注： 本表数据来源于自治区国土资源厅。
Note: Data in this table comes from the Land and Resources Department.

# 1-3 各市县土地利用情况(2014年)

# Land Use by City and County(2014)

单位:公顷 (hectare)

| 地区 | Region | 农用地 Land for Agriculture Use | 耕地 Cultivated Land | 园地 Garden Land | 林地 Woodland | 草地 Grazing and Pasture Land | 其他农用地 Others |
|---|---|---|---|---|---|---|---|
| **全区合计** | **Total** | **3815797** | **1289181** | **51054** | **769650** | **1497761** | **208151** |
| **银川市** | **Yinchuan** | **452256** | **142329** | **16942** | **62338** | **181558** | **49088** |
| 兴庆区 | Xingqing | 26966 | 14115 | 598 | 1882 | 4671 | 5700 |
| 西夏区 | Xixia | 40811 | 17272 | 4298 | 11538 | 1026 | 6677 |
| 金凤区 | Jinfeng | 14838 | 9375 | 852 | 917 | 404 | 3290 |
| 永宁县 | Yongning | 62389 | 34138 | 5805 | 2572 | 10886 | 8987 |
| 贺兰县 | Helan | 92293 | 43522 | 1024 | 19542 | 11668 | 16537 |
| 灵武市 | Lingwu | 214959 | 23906 | 4365 | 25888 | 152904 | 7896 |
| **石嘴山市** | **Shizuishan** | **146824** | **86564** | **2726** | **26424** | **754** | **30356** |
| 大武口区 | Dawukou | 10933 | 5377 | 797 | 1719 | 214 | 2826 |
| 惠农区 | Huinong | 32623 | 21847 | 1096 | 2243 | 145 | 7291 |
| 平罗县 | Pingluo | 103269 | 59340 | 834 | 22463 | 394 | 20239 |
| **吴忠市** | **Wuzhong** | **1199704** | **351229** | **12800** | **196372** | **593904** | **45399** |
| 利通区 | Litong | 81094 | 30234 | 1811 | 1395 | 40228 | 7427 |
| 红寺堡区 | Hongsipu | 162412 | 40718 | 1841 | 42691 | 70802 | 6359 |
| 盐池县 | Yanchi | 571948 | 102279 | 626 | 91235 | 369956 | 7853 |
| 同心县 | Tongxin | 269494 | 139314 | 1727 | 57641 | 60447 | 10365 |
| 青铜峡市 | Qingtongxia | 114756 | 38685 | 6794 | 3410 | 52472 | 13394 |
| **固原市** | **Guyuan** | **890686** | **407567** | **1865** | **380614** | **52773** | **47867** |
| 原州区 | Yuanzhou | 209566 | 103728 | 1313 | 65470 | 29341 | 9714 |
| 西吉县 | Xiji | 271378 | 162330 | 14 | 69521 | 21675 | 17838 |
| 隆德县 | Longde | 85519 | 36775 | 37 | 42251 | 941 | 5514 |
| (隆德飞地) | (Longde Exclave) | 4862 | 3303 | 48 | 1034 | 16 | 461 |
| 泾源县 | Jingyuan | 100378 | 17724 | 43 | 79599 | 668 | 2343 |
| 彭阳县 | Pengyang | 218984 | 83706 | 410 | 122739 | 132 | 11996 |
| **中卫市** | **Zhongwei** | **1126328** | **301492** | **16722** | **103902** | **668771** | **35441** |
| 沙坡头区 | Shapotou | 433538 | 71666 | 5567 | 26625 | 318705 | 10975 |
| 中宁县 | Zhongning | 278794 | 67231 | 9713 | 7163 | 183102 | 11586 |
| 海原县 | Haiyuan | 413996 | 162595 | 1442 | 70114 | 166965 | 12880 |

注: 本表数据来源于自治区国土资源厅。

Note: Data in this table comes from the Land and Resources Department.

# 1－3 续表1 Continued

单位:公顷 (hectare)

| 地 区 | Region | 建设用地 Land for Construction | 城镇村及工矿用地 Land for Inhabitation, Mining and Manufacturing | 交通运输用地 Land for Transport Facilities | 水利设施用地 Land for Water Conservancy Facilities |
|---|---|---|---|---|---|
| **全区合计** | **Total** | **308217** | **263295** | **35795** | **9127** |
| **银 川 市** | **Yinchuan** | **78977** | **66197** | **10617** | **2163** |
| 兴 庆 区 | Xingqing | 10651 | 9500 | 962 | 189 |
| 西 夏 区 | Xixia | 13383 | 10921 | 1609 | 853 |
| 金 凤 区 | Jinfeng | 9072 | 8154 | 904 | 13 |
| 永 宁 县 | Yongning | 12236 | 10306 | 1568 | 362 |
| 贺 兰 县 | Helan | 11027 | 9625 | 1253 | 149 |
| 灵 武 市 | Lingwu | 22609 | 17691 | 4320 | 598 |
| **石嘴山市** | **Shizuishan** | **45732** | **40675** | **4249** | **807** |
| 大武口区 | Dawukou | 14725 | 13293 | 1313 | 118 |
| 惠 农 区 | Huinong | 12392 | 10765 | 1302 | 325 |
| 平 罗 县 | Pingluo | 18616 | 16617 | 1634 | 364 |
| **吴 忠 市** | **Wuzhong** | **72480** | **61949** | **9433** | **1098** |
| 利 通 区 | Litong | 11790 | 10192 | 1567 | 30 |
| 红寺堡区 | Hongsipu | 13251 | 10997 | 1885 | 368 |
| 盐 池 县 | Yanchi | 18329 | 15027 | 3072 | 229 |
| 同 心 县 | Tongxin | 16491 | 14959 | 1264 | 268 |
| 青铜峡市 | Qingtongxia | 12620 | 10773 | 1645 | 202 |
| **固 原 市** | **Guyuan** | **55410** | **47720** | **4575** | **3115** |
| 原 州 区 | Yuanzhou | 17714 | 15384 | 1755 | 575 |
| 西 吉 县 | Xiji | 16384 | 13380 | 1034 | 1970 |
| 隆 德 县 | Longde | 4854 | 4194 | 346 | 315 |
| (隆德飞地) | (Longde Exclave) | 376 | 357 | 17 | 2 |
| 泾 源 县 | Jingyuan | 3725 | 3146 | 554 | 25 |
| 彭 阳 县 | Pengyang | 12356 | 11259 | 869 | 229 |
| **中 卫 市** | **Zhongwei** | **55618** | **46753** | **6903** | **1944** |
| 沙坡头区 | Shapotou | 19200 | 16155 | 2811 | 234 |
| 中 宁 县 | Zhongning | 17308 | 14183 | 2326 | 799 |
| 海 原 县 | Haiyuan | 19110 | 16416 | 1784 | 911 |

# 1－4 主要矿产资源储量(2015 年)

## Reserves of Major Minerals(2015)

| 矿产名称 | Item | 单位 | Unit | 查明资源储量 Resources Explored | 资源保有量 Resources Inventory |
|---|---|---|---|---|---|
| **能源矿产** | **Reserves of Energy** | | | | |
| 煤炭 | Coal | 亿吨 | 100 million tons | 339.65 | 328.02 |
| **金属矿产** | **Reserves of Metals** | | | | |
| 铁矿(矿石) | Iron(Ore) | 万吨 | 10 000 tons | 379.11 | 229.02 |
| 铜矿(铜) | Copper(Metal) | 吨 | ton | 29922.34 | 25545.55 |
| 铅矿(铅) | Lead(Metal) | 吨 | ton | 3570.00 | 3570.00 |
| 锌矿(锌) | Zinc(Metal) | 吨 | ton | 1966.00 | 1966.00 |
| 镁矿(矿石) | Magnesium(Ore) | 万吨 | 10 000 tons | 7286.99 | 6832.26 |
| 金矿(金) | Gold(Metal) | 千克 | kg | 1131.53 | 1069.44 |
| 银矿(银) | Silver(Metal) | 吨 | ton | 32.21 | 26.73 |
| **冶金辅助原料非金属矿产** | **Reserves of Non－metallic (Metallurgical Ancillary Materials)** | | | | |
| 熔剂用灰岩(矿石) | Solvent Limestone(Ore) | 万吨 | 10 000 tons | 2484.10 | 2430.40 |
| 冶金用白云岩(矿石) | Metallurgical Dolostone(Ore) | 万吨 | 10 000 tons | 19264.80 | 19264.80 |
| 冶金用石英岩(矿石) | Metallurgical Quartzite(Ore) | 万吨 | 10 000 tons | 113524.53 | 112890.90 |
| 冶金用砂岩(矿石) | Metallurgical Sandstone(Ore) | 万吨 | 10 000 tons | 450.40 | 370.83 |
| 铸型用砂(矿石) | Casting Sand(Ore) | 万吨 | 10 000 tons | 107.80 | 78.60 |
| 耐火粘土(矿石) | Chamotte(Ore) | 万吨 | 10 000 tons | 505.70 | 461.30 |
| **化工原料非金属矿** | **Reserves of Non－metallic (Chemical Materials)** | | | | |
| 硫铁矿(矿石) | Sulfurous Iron Ore(Ore) | 万吨 | 10 000 tons | 5.35 | 5.20 |
| 芒硝(矿石) | Mirabilite(Ore) | 万吨 | 10 000 tons | 12900.00 | 12900.00 |
| 电石用灰岩(矿石) | Calcium Carbide Limestone(Ore) | 万吨 | 10 000 tons | 19014.25 | 18857.66 |
| 制碱用灰岩(矿石) | Limestone for Alkali Making(Ore) | 万吨 | 10 000 tons | 8325.04 | 8325.04 |
| 盐矿(矿石) | Sodium Salt NaCl(Ore) | 万吨 | 10 000 tons | 117800.00 | 117800.00 |
| 磷矿(矿石) | Phosphorite(Ore) | 万吨 | 10 000 tons | 1376.98 | 1268.12 |
| **建材和其它非金属矿产** | **Building Materials and Other Non－metallic Minerals** | | | | |
| 石膏(矿石) | Plaster(Ore) | 万吨 | 10 000 tons | 290896.23 | 289957.52 |
| 水泥用灰岩(矿石) | Cement Limestone(Ore) | 万吨 | 10 000 tons | 214702.98 | 205046.97 |
| 玻璃用白云岩(矿石) | Glass Dolostone(Ore) | 万吨 | 10 000 tons | 143.00 | 116.00 |
| 玻璃用砂岩(矿石) | Glass Sandstone(Ore) | 万吨 | 10 000 tons | 980.74 | 933.20 |
| 水泥配料用砂岩(矿石) | Cement Batching Sandstone(Ore) | 万吨 | 10 000 tons | 755.00 | 674.80 |
| 玻璃用砂(矿石) | Glass Sand(Ore) | 万吨 | 10 000 tons | 117.00 | 80.70 |
| 陶瓷土(矿石) | Ceramic Clay(Ore) | 万吨 | 10 000 tons | 187.78 | 178.68 |
| 砖瓦用粘土(矿石) | Tile Clay(Ore) | 万立方米 | 10 000 cu. m | 993.10 | 776.16 |
| 水泥配料用粘土(矿石) | Cement Batching Clay(Ore) | 万吨 | 10 000 tons | 3613.00 | 3305.07 |
| 建筑用辉绿岩(矿石) | Diabase for Building(Ore) | 万立方米 | 10 000 cu. m | 253.00 | 253.00 |
| 饰面用大理岩(矿石) | Griotte for Veneer(Ore) | 万立方米 | 10 000 cu. m | 208.00 | 208.00 |
| 水泥配料用板岩(矿石) | Cement Batching Slate(Ore) | 万吨 | 10 000 tons | 1314.00 | 1292.00 |
| 砚石(矿石) | Inkstones(Ore) | 万吨 | 10 000 tons | 45.88 | 45.86 |

注：本表数据来源于自治区国土资源厅。

Note: Data in this table come from the Land and Resources Department.

# 1-5 主要年份气象资料
## Meteorology in Main Years

| 年份<br>Year | 降水量(毫米)<br>Precipitation(mm) | | 无霜期(天)<br>Frost Free Period(day) | | 初霜日(日/月)<br>Primary Frost Day(day/month) | |
|---|---|---|---|---|---|---|
| | 引黄灌区<br>Yellow River Irrigation Areas | 干旱山区<br>Arid Mountain Areas | 引黄灌区<br>Yellow River Irrigation Areas | 干旱山区<br>Arid Mountain Areas | 引黄灌区<br>Yellow River Irrigation Areas | 干旱山区<br>Arid Mountain Areas |
| 1952 | 214.4 | | 164 | | 26/9 | |
| 1957 | 122.3 | 160.3 | 166 | 152 | 25/9 | 25/9 |
| 1965 | 115.9 | 178.7 | 123 | 189 | 6/9 | 14/10 |
| 1970 | 208.0 | 260.0 | 158 | 199 | 29/9 | 29/9 |
| 1975 | 172.4 | 188.6 | 166 | 177 | 4/10 | 29/10 |
| 1978 | 283.6 | 384.6 | 164 | 188 | 18/9 | 27/10 |
| 1985 | 252.5 | 477.8 | 180 | 208 | 1/10 | 20/10 |
| 1990 | 252.8 | 386.7 | 161 | 173 | 13/10 | 24/10 |
| 1995 | 203.7 | 317.8 | 142 | 212 | 24/9 | 25/9 |
| 2000 | 110.0 | 214.0 | 181 | 181 | 15/10 | 1/11 |
| 2001 | 202.1 | 298.0 | 165 | 180 | 4/10 | 9/10 |
| 2002 | 259.3 | 280.0 | 169 | 223 | 5/10 | 23/10 |
| 2003 | 203.0 | 281.7 | 197 | 185 | 14/10 | 5/10 |
| 2004 | 122.3 | 194.5 | 150 | 169 | 1/10 | 21/10 |
| 2005 | 83.4 | 119.4 | 207 | 226 | 8/10 | 14/10 |
| 2006 | 168.4 | 224.3 | 192 | 191 | 8/10 | 14/10 |
| 2007 | 207.9 | 307.2 | 193 | 207 | 14/10 | 19/10 |
| 2008 | 189.1 | 191.7 | 168 | 181 | 10/10 | 23/10 |
| 2009 | 181.5 | 176.9 | 196 | 216 | 17/10 | 17/10 |
| 2010 | 168.9 | 202.9 | 196 | 194 | 26/10 | 25/10 |
| 2011 | 188.7 | 218.0 | 236 | 208 | 14/10 | 15/10 |
| 2012 | 295.1 | 285.7 | 190 | 188 | 17/10 | 17/11 |
| 2013 | 148.3 | 248.6 | 189 | 187 | 16/10 | 16/10 |
| 2014 | 196.1 | 424.3 | 227 | 192 | 3/11 | 3/11 |
| 2015 | 195.5 | 238.3 | 200 | 198 | 29/10 | 28/10 |

注：1. 引黄灌区以永宁县为代表，干旱山区以同心县为代表；
2. 本表数据来源于自治区气象局。

Notes: a) Data of Yellow River Irrigation Areas refers to County Yongning, while Arid Mountain Areas refers to County Tongxin;
b) Data in this table come from the Meteorological Bureau.

# 1－6 各市县主要气象资料(2015年)

## Meteorology by City and County(2015)

| 地 区 | Region | 气温(℃) Temperature(℃) 平均 Average | 最高 Highest | 最低 Lowest | 降水量(毫米) Precipitation (mm) | 日照时数(小时) Hours of Sunshine (hours) | 风速(米/秒) Wind Speed (m/second) 平均 Average | 最大 Maximum |
|---|---|---|---|---|---|---|---|---|
| **银川市** | **Yinchuan** | **10.7** | **38.1** | **－15.1** | **227.1** | **2841.9** | **1.7** | **11.3** |
| 永宁县 | Yongning | 11.0 | 39.5 | －16.5 | 195.5 | 2951.4 | 1.5 | 9.4 |
| 贺兰县 | Helan | 9.7 | 37.3 | －16.8 | 235.1 | 2779.6 | 0.9 | 8.4 |
| 灵武市 | Lingwu | 9.9 | 37.1 | －21.1 | 223.0 | 3209.4 | 2.1 | 11.9 |
| **石嘴山市** | **Shizuishan** | **10.1** | **38.4** | **－19.6** | **191.1** | **2759.3** | **1.2** | **14.0** |
| 惠农区 | Huinong | 10.7 | 36.9 | －17.0 | 214.1 | 3037.8 | 2.3 | 14.9 |
| 平罗县 | Pingluo | 9.8 | 37.8 | －18.1 | 226.4 | 2854.7 | 2.1 | 15.3 |
| **吴忠市** | **Wuzhong** | **11.4** | **38.9** | **－14.2** | **207.5** | **2997.9** | **1.9** | **7.8** |
| 盐池县 | Yanchi | 9.4 | 36.9 | －20.5 | 365.6 | 2767.5 | 2.2 | 11.3 |
| 同心县 | Tongxin | 10.6 | 38.0 | －16.4 | 238.3 | 3012.0 | 3.2 | 14.9 |
| 青铜峡市 | Qingtongxia | 10.1 | 35.7 | －15.9 | 184.6 | 3181.7 | 2.0 | 10.7 |
| **固原市** | **Guyuan** | **8.2** | **33.5** | **－16.3** | **377.6** | **2482.9** | **2.3** | **12.0** |
| 西吉县 | Xiji | 6.7 | 30.8 | －19.7 | 382.8 | 2156.4 | 1.7 | 8.5 |
| 隆德县 | Longde | 6.7 | 28.9 | －17.0 | 457.2 | 2126.8 | 1.3 | 7.8 |
| 泾源县 | Jingyuan | 6.7 | 29.0 | －19.3 | 690.4 | 2163.2 | 2.1 | 10.2 |
| 彭阳县 | Pengyang | 8.8 | 33.5 | －16.5 | 489.6 | 2281.6 | 1.5 | 11.3 |
| **中卫市** | **Zhongwei** | **10.4** | **36.8** | **－15.6** | **155.2** | **3028.0** | **2.5** | **12.8** |
| 中宁县 | Zhongning | 11.3 | 38.7 | －14.6 | 175.6 | 2931.7 | 2.1 | 11.1 |
| 海原县 | Haiyuan | 8.5 | 33.7 | －15.7 | 338.3 | 2623.9 | 2.5 | 16.4 |

注：本表数据来源于自治区气象局。
Note: Data in this table comes from the Meteorological Bureau.

# 1-7 各市县分月度平均气温(2015年)

## Monthly Average Temperature by City and County(2015)

单位:摄氏度 (℃)

| 地区 | Region | 1月 Jan. | 2月 Feb. | 3月 Mar. | 4月 Apr. | 5月 May | 6月 June | 7月 July | 8月 Aug. | 9月 Sept. | 10月 Oct. | 11月 Nov. | 12月 Dec. | 年平均 Annual Average |
|---|---|---|---|---|---|---|---|---|---|---|---|---|---|---|
| **银川市** | **Yinchuan** | **-4.3** | **-0.5** | **6.3** | **12.3** | **18.4** | **22.5** | **24.8** | **22.4** | **17.3** | **9.7** | **3.1** | **-3.5** | **10.7** |
| 永宁县 | Yongning | -4.1 | -0.4 | 6.6 | 12.6 | 18.7 | 22.7 | 25.1 | 22.8 | 17.5 | 10.2 | 3.6 | -3.3 | 11.0 |
| 贺兰县 | Helan | -5.4 | -1.8 | 5.3 | 11.7 | 17.6 | 21.3 | 23.7 | 21.5 | 16.4 | 8.8 | 2.6 | -4.4 | 9.8 |
| 灵武市 | Lingwu | -5.0 | -0.9 | 6.1 | 12.3 | 17.7 | 21.3 | 23.3 | 21.0 | 16.4 | 8.3 | 3.0 | -4.7 | 9.9 |
| **石嘴山市** | **Shizuishan** | **-6.2** | **-2.0** | **5.1** | **11.8** | **18.3** | **22.9** | **24.9** | **22.8** | **16.8** | **9.2** | **2.9** | **-4.3** | **10.2** |
| 惠农区 | Huinong | -4.7 | -1.2 | 5.9 | 12.0 | 18.7 | 23.0 | 25.0 | 23.4 | 17.6 | 9.9 | 3.3 | -3.4 | 10.8 |
| 平罗县 | Pingluo | -6.1 | -2.4 | 4.5 | 11.5 | 18.0 | 22.0 | 23.9 | 21.8 | 16.5 | 9.1 | 3.0 | -4.2 | 9.8 |
| **吴忠市** | **Wuzhong** | **-3.4** | **0.4** | **7.0** | **13.0** | **18.9** | **22.7** | **25.3** | **23.0** | **17.7** | **10.7** | **4.2** | **-2.6** | **11.4** |
| 盐池县 | Yanchi | -5.2 | -2.0 | 4.7 | 10.8 | 16.9 | 20.8 | 23.7 | 21.0 | 15.7 | 8.8 | 3.0 | -5.2 | 9.4 |
| 同心县 | Tongxin | -3.9 | -0.3 | 6.0 | 12.5 | 17.9 | 21.6 | 24.1 | 22.4 | 16.9 | 10.8 | 4.0 | -4.5 | 10.6 |
| 青铜峡市 | Qingtongxia | -4.2 | -0.6 | 6.1 | 12.1 | 17.7 | 21.4 | 23.5 | 21.1 | 16.2 | 9.1 | 3.4 | -3.6 | 10.2 |
| **固原市** | **Guyuan** | **-3.4** | **-1.9** | **3.5** | **9.2** | **14.7** | **17.4** | **20.5** | **19.2** | **13.6** | **8.5** | **2.4** | **-4.7** | **8.2** |
| 西吉县 | Xiji | -5.9 | -3.5 | 2.6 | 7.9 | 12.7 | 16.1 | 18.1 | 17.3 | 12.5 | 7.2 | 2.3 | -6.7 | 6.7 |
| 隆德县 | Longde | -4.9 | -2.9 | 2.5 | 7.8 | 12.1 | 15.6 | 17.3 | 16.5 | 12.3 | 7.2 | 2.4 | -5.4 | 6.7 |
| 泾源县 | Jingyuan | -4.1 | -3.0 | 2.3 | 7.9 | 12.5 | 15.3 | 17.7 | 16.4 | 11.7 | 7.4 | 1.9 | -4.6 | 6.8 |
| 彭阳县 | Pengyang | -4.3 | -1.6 | 4.2 | 10.0 | 15.0 | 18.4 | 21.1 | 19.5 | 14.8 | 9.2 | 3.6 | -4.1 | 8.8 |
| **中卫市** | **Zhongwei** | **-4.7** | **-0.5** | **6.1** | **12.7** | **17.8** | **21.4** | **23.7** | **21.6** | **16.7** | **9.8** | **3.8** | **-3.3** | **10.4** |
| 中宁县 | Zhongning | -3.5 | 0.5 | 7.1 | 13.2 | 18.8 | 22.4 | 24.7 | 22.8 | 17.4 | 10.9 | 4.1 | -2.6 | 11.3 |
| 海原县 | Haiyuan | -3.6 | -2.0 | 4.0 | 9.6 | 14.8 | 18.1 | 21.2 | 19.8 | 13.6 | 8.9 | 2.9 | -4.4 | 8.6 |

注: 本表数据来源于自治区气象局。

Note: Data in this table comes from the Meteorological Bureau.

# 1-8 各市县分月度降水量(2015年)

## Monthly Precipitation by City and County(2015)

单位:毫米 (mm)

| 地区 | Region | 1月 Jan. | 2月 Feb. | 3月 Mar. | 4月 Apr. | 5月 May | 6月 June | 7月 July | 8月 Aug. | 9月 Sept. | 10月 Oct. | 11月 Nov. | 12月 Dec. | 全年 Annual Total |
|---|---|---|---|---|---|---|---|---|---|---|---|---|---|---|
| **银川市** | **Yinchuan** | **0.7** | **0.0** | **0.0** | **26.2** | **6.3** | **4.4** | **20.5** | **21.1** | **98.7** | **24.2** | **17.7** | **7.3** | **227.1** |
| 永宁县 | Yongning | 0.3 | 0.1 | 0.0 | 28.7 | 8.6 | 5.2 | 7.8 | 16.1 | 76.1 | 17.6 | 25.4 | 9.6 | 195.5 |
| 贺兰县 | Helan | 1.2 | 0.0 | 0.0 | 23.8 | 5.6 | 9.5 | 4.9 | 31.1 | 108.2 | 22.0 | 22.6 | 6.2 | 235.1 |
| 灵武市 | Lingwu | 1.0 | 0.4 | 0.0 | 29.1 | 14.9 | 10.7 | 10.0 | 38.9 | 69.1 | 15.5 | 22.4 | 11.0 | 223.0 |
| **石嘴山市** | **Shizuishan** | **0.4** | **0.0** | **0.0** | **33.6** | **1.5** | **3.4** | **27.7** | **11.1** | **76.3** | **18.1** | **19.0** | **0.0** | **191.1** |
| 惠农区 | Huinong | 0.2 | 0.0 | 0.0 | 42.3 | 1.7 | 5.3 | 29.4 | 6.6 | 86.4 | 23.6 | 18.4 | 0.2 | 214.1 |
| 平罗县 | Pingluo | 0.3 | 0.0 | 0.0 | 25.8 | 1.1 | 2.3 | 13.4 | 56.6 | 82.7 | 21.0 | 21.6 | 1.6 | 226.4 |
| **吴忠市** | **Wuzhong** | **0.7** | **0.0** | **0.0** | **25.6** | **25.1** | **4.1** | **16.7** | **32.4** | **58.8** | **16.7** | **21.4** | **6.0** | **207.5** |
| 盐池县 | Yanchi | 4.2 | 1.8 | 0.1 | 27.3 | 36.7 | 11.8 | 46.8 | 81.6 | 84.2 | 20.9 | 38.2 | 12.0 | 365.6 |
| 同心县 | Tongxin | 4.2 | 1.3 | 4.4 | 27.9 | 24.4 | 11.1 | 27.2 | 56.5 | 49.0 | 7.5 | 14.1 | 10.7 | 238.3 |
| 青铜峡市 | Qingtongxia | 0.5 | 0.0 | 0.0 | 16.7 | 22.2 | 8.6 | 11.8 | 19.9 | 62.2 | 16.0 | 22.0 | 4.7 | 184.6 |
| **固原市** | **Guyuan** | **1.5** | **2.4** | **19.7** | **62.2** | **61.4** | **29.5** | **21.3** | **50.1** | **67.3** | **23.8** | **26.2** | **12.2** | **377.6** |
| 西吉县 | Xiji | 5.4 | 2.9 | 15.3 | 39.6 | 62.3 | 41.4 | 45.7 | 41.0 | 76.3 | 23.2 | 21.7 | 8.0 | 382.8 |
| 隆德县 | Longde | 4.0 | 2.8 | 21.8 | 69.0 | 68.8 | 51.3 | 46.1 | 79.0 | 56.5 | 32.3 | 16.1 | 9.5 | 457.2 |
| 泾源县 | Jingyuan | 8.5 | 3.8 | 24.4 | 93.0 | 83.7 | 111.6 | 44.7 | 116.1 | 130.4 | 36.7 | 27.4 | 10.1 | 690.4 |
| 彭阳县 | Pengyang | 2.2 | 1.2 | 19.2 | 63.5 | 66.3 | 74.2 | 29.0 | 86.1 | 93.0 | 27.9 | 20.3 | 6.7 | 489.6 |
| **中卫市** | **Zhongwei** | **2.4** | **0.7** | **0.0** | **9.0** | **36.8** | **9.2** | **11.5** | **11.6** | **47.0** | **9.9** | **13.4** | **3.7** | **155.2** |
| 中宁县 | Zhongning | 3.2 | 0.0 | 0.7 | 13.2 | 26.3 | 14.2 | 20.6 | 12.3 | 55.6 | 12.3 | 13.0 | 4.2 | 175.6 |
| 海原县 | Haiyuan | 5.1 | 3.6 | 9.7 | 49.0 | 30.0 | 15.7 | 53.8 | 53.3 | 69.8 | 12.4 | 17.2 | 18.7 | 338.3 |

注: 本表数据来源于自治区气象局。
Note: Data in this table comes from the Meteorological Bureau.

# 1-9 各市县分月度日照时数(2015年)

# Monthly Sunshine Hours by City and County(2015)

单位:小时 (hour)

| 地区 | Region | 1月 Jan. | 2月 Feb. | 3月 Mar. | 4月 Apr. | 5月 May | 6月 June | 7月 July | 8月 Aug. | 9月 Sept. | 10月 Oct. | 11月 Nov. | 12月 Dec. | 全年 Annual Total |
|---|---|---|---|---|---|---|---|---|---|---|---|---|---|---|
| **银川市** | **Yinchuan** | **183.5** | **199.2** | **255.6** | **253.6** | **298.7** | **294.3** | **310.9** | **284.8** | **216.7** | **244.6** | **137.6** | **162.4** | **2841.9** |
| 永宁县 | Yongning | 196.1 | 213.8 | 270.4 | 257.9 | 299.5 | 296.5 | 325.3 | 294.0 | 208.8 | 246.7 | 158.6 | 183.8 | 2951.4 |
| 贺兰县 | Helan | 183.3 | 190.5 | 256.4 | 244.9 | 286.3 | 278.4 | 314.4 | 281.7 | 205.2 | 228.9 | 133.6 | 176.0 | 2779.6 |
| 灵武市 | Lingwu | 224.0 | 236.7 | 296.6 | 283.7 | 319.0 | 305.8 | 346.6 | 320.9 | 224.2 | 255.7 | 175.9 | 220.3 | 3209.4 |
| **石嘴山市** | **Shizuishan** | **193.7** | **204.4** | **277.4** | **232.1** | **288.4** | **284.3** | **297.5** | **284.8** | **215.4** | **223.6** | **115.6** | **142.1** | **2759.3** |
| 惠农区 | Huinong | 219.1 | 225.7 | 300.9 | 256.9 | 331.5 | 284.9 | 308.8 | 296.2 | 213.1 | 244.1 | 156.9 | 199.7 | 3037.8 |
| 平罗县 | Pingluo | 199.2 | 215.9 | 280.5 | 245.4 | 306.4 | 280.4 | 308.0 | 274.4 | 191.1 | 227.2 | 134.5 | 191.7 | 2854.7 |
| **吴忠市** | **Wuzhong** | **190.8** | **219.7** | **270.3** | **255.9** | **301.8** | **294.7** | **331.9** | **298.7** | **211.0** | **248.4** | **173.9** | **200.8** | **2997.9** |
| 盐池县 | Yanchi | 193.4 | 203.5 | 239.5 | 247.7 | 265.7 | 247.1 | 294.2 | 276.0 | 200.0 | 236.7 | 161.3 | 202.4 | 2767.5 |
| 同心县 | Tongxin | 216.0 | 231.7 | 258.6 | 246.4 | 283.3 | 275.8 | 329.8 | 319.7 | 212.0 | 245.6 | 175.8 | 217.3 | 3012.0 |
| 青铜峡市 | Qingtongxia | 221.6 | 236.9 | 295.7 | 275.6 | 327.8 | 309.6 | 354.6 | 316.2 | 206.2 | 246.6 | 173.9 | 217.0 | 3181.7 |
| **固原市** | **Guyuan** | **191.5** | **188.1** | **192.0** | **222.6** | **240.6** | **195.1** | **278.5** | **259.1** | **166.3** | **211.1** | **146.3** | **191.7** | **2482.9** |
| 西吉县 | Xiji | 150.5 | 161.7 | 183.2 | 202.9 | 235.3 | 182.1 | 233.9 | 240.3 | 119.4 | 182.4 | 113.7 | 151.0 | 2156.4 |
| 隆德县 | Longde | 160.8 | 159.2 | 166.0 | 189.7 | 229.4 | 167.2 | 234.2 | 241.3 | 148.3 | 173.1 | 111.8 | 145.8 | 2126.8 |
| 泾源县 | Jingyuan | 171.6 | 150.3 | 159.4 | 190.8 | 217.4 | 165.3 | 259.1 | 232.8 | 128.6 | 192.9 | 126.8 | 168.2 | 2163.2 |
| 彭阳县 | Pengyang | 180.7 | 170.4 | 180.8 | 219.3 | 253.0 | 175.3 | 269.1 | 246.7 | 152.5 | 181.4 | 98.6 | 153.8 | 2281.6 |
| **中卫市** | **Zhongwei** | **209.0** | **226.0** | **268.9** | **260.0** | **304.3** | **296.2** | **317.6** | **313.4** | **207.6** | **248.0** | **159.2** | **217.8** | **3028.0** |
| 中宁县 | Zhongning | 202.1 | 214.0 | 259.6 | 248.2 | 287.0 | 278.1 | 318.5 | 307.8 | 202.6 | 235.9 | 160.6 | 217.3 | 2931.7 |
| 海原县 | Haiyuan | 208.3 | 212.8 | 235.0 | 232.9 | 256.4 | 208.8 | 231.5 | 257.1 | 169.7 | 224.3 | 167.4 | 219.7 | 2623.9 |

注: 本表数据来源于自治区气象局。

Note: Data in this table comes from the Meteorological Bureau.

# 第二篇 综合

## Chapter2 General Survey

**责任编辑**:蔡川生　王金贵

**资料整理**:蔡川生　王金贵　董金成　王爽　王丹玥　殷荣玉　季翔　焦霙

**Coordinator**: Cai Chuansheng

**Data Compilation**: Cai Chuansheng　Wang Jingui　Dong Jincheng　Wang Shuang　Wang Danyue　Yin Rongyu　Ji Xiang　Jiao Ying

# 2-1 各部门机构单位数(2015年)
## Grass-roots Units in Various Sectors(2015)

单位:个 (unit)

| 项目 | Item | 法人单位 Judicial Entities | 企业法人 Enterprises | 事业法人 Institutions |
|---|---|---|---|---|
| **合 计** | **Total** | **65675** | **44515** | **3173** |
| **按登记注册类型分组** | **Grouped by Registration Status** | **65675** | **44515** | **3173** |
| **内资企业** | **Domestic Funded Enterprises** | **65531** | **44371** | **3173** |
| 国有 | State-owned | 5372 | 320 | 3161 |
| 集体 | Collective-owned | 540 | 96 | 2 |
| 股份合作 | Cooperative | 154 | 144 | |
| 联营企业 | Joint Ownership | 109 | 72 | |
| 国有联营 | State Joint Ownership | 28 | 23 | |
| 集体联营 | Collective Joint Ownership | 46 | 25 | |
| 国有与集体联营 | Joint State-Collective Ownership | 18 | 15 | |
| 其他联营 | Other Joint Ownership | 17 | 9 | |
| 有限责任公司 | Limited Liability Corporations | 6911 | 6880 | |
| 国有独资公司 | State Sole Funded Corporations | 368 | 364 | |
| 其他有限责任公司 | Other Limited Liability Corporations | 6543 | 6516 | |
| 股份有限公司 | Share-holding Corporations Ltd. | 619 | 613 | |
| 私营企业 | Private Enterprises | 31483 | 31094 | |
| 私营独资 | Private-funded Enterprises | 5611 | 5337 | |
| 私营合伙 | Private Partnership Enterprises | 534 | 496 | |
| 私营有限责任公司 | Private Limited Liability Corporations | 24574 | 24502 | |
| 私营股份有限公司 | Private Share-holding Corporations Ltd. | 764 | 759 | |
| 其他内资 | Other Domestic Funded | 20343 | 5152 | 10 |
| **港、澳、台商投资企业** | **Enterprises with Funds from Hong Kong, Macao and Taiwan** | **53** | **53** | |
| 与港澳台商合资经营 | Joint-ventures with China | 19 | 19 | |
| 与港澳台商合作经营 | Cooperative with China | 2 | 2 | |
| 港澳台商独资 | Enterprises with Sole Investment | 22 | 22 | |
| 港澳台商投资股份有限公司 | Share-holding Corporations Ltd. | 6 | 6 | |
| 其他港、澳、台商投资 | Others | 4 | 4 | |
| **外商投资企业** | **Foreign Funded Enterprises** | **91** | **91** | |
| 中外合资经营 | Sino-foreign Joint-ventures | 56 | 56 | |
| 中外合作经营 | Cooperation | 2 | 2 | |

注: 本表资料根据基本单位名录库2014年年报结果加工整理。

Note: Data in this table has been arranged according to the basic units directory of 2014.

## 2-1 续表1 Continued

| 项目 | Item | 机关法人 Government Agencies and Organizations | 社团法人 Mass Organizations | 其他法人 Others | 产业活动单位 Establish-ments |
|---|---|---|---|---|---|
| **合 计** | **Total** | **1460** | **1468** | **15059** | **76017** |
| **按登记注册类型分组** | **Grouped by Registration Status** | **1460** | **1468** | **15059** | **76017** |
| **内资企业** | **Domestic Funded Enterprises** | **1460** | **1468** | **15059** | **75826** |
| 国有 | State-owned | 1460 | 282 | 149 | 10477 |
| 集体 | Collective-owned | | 100 | 342 | 784 |
| 股份合作 | Cooperative | | 1 | 9 | 360 |
| 联营企业 | Joint Ownership | | 11 | 26 | 165 |
| 国有联营 | State Joint Ownership | | 3 | 2 | 57 |
| 集体联营 | Collective Joint Ownership | | 4 | 17 | 58 |
| 国有与集体联营 | Joint State-Collective Ownership | | 1 | 2 | 20 |
| 其他联营 | Other Joint Ownership | | 3 | 5 | 30 |
| **有限责任公司** | **Limited Liability Corporations** | | **8** | **23** | **7571** |
| 国有独资公司 | State Sole Funded Corporations | | 2 | 2 | 396 |
| 其他有限责任公司 | Other Limited Liability Corporations | | 6 | 21 | 7175 |
| 股份有限公司 | Share-holding Corporations Ltd. | | 2 | 4 | 1226 |
| 私营企业 | Private Enterprises | | 29 | 360 | 34128 |
| 私营独资 | Private-funded Enterprises | | 10 | 264 | 6034 |
| 私营合伙 | Private Partnership Enterprises | | 3 | 35 | 557 |
| 私营有限责任公司 | Private Limited Liability Corporations | | 16 | 56 | 26685 |
| 私营股份有限公司 | Private Share-holding Corporations Ltd. | | 0 | 5 | 852 |
| 其他内资 | Other Domestic Funded | | 1035 | 14146 | 21115 |
| **港、澳、台商投资企业** | **Enterprises with Funds from Hong Kong, Macao and Taiwan** | | | | **71** |
| 与港澳台商合资经营 | Joint-ventures with China | | | | 26 |
| 与港澳台商合作经营 | Cooperative with China | | | | 2 |
| 港澳台商独资 | Enterprises with Sole Investment | | | | 29 |
| 港澳台商投资股份有限公司 | Share-holding Corporations Ltd. | | | | 9 |
| 其他港、澳、台商投资 | Others | | | | 5 |
| **外商投资企业** | **Foreign Funded Enterprises** | | | | **120** |
| 中外合资经营 | Sino-foreign Joint-ventures | | | | 65 |
| 中外合作经营 | Cooperation | | | | 3 |

## 2-1 续表2 Continued

单位:个 (unit)

| 项目 | Item | 法人单位 Judicial Entities | 企业法人 Enterprises | 事业法人 Institutions |
|---|---|---|---|---|
| 外资企业 | Foreign-funded Enterprises | 30 | 30 | |
| 外商投资股份有限公司 | Foreign Share-holding Corporations Ltd. | 3 | 3 | |
| **按国民经济行业分组** | **Grouped by Sector** | **65675** | **44515** | **3173** |
| **农、林、牧、渔业** | **Agriculture, Forestry, Animal Husbandry and Fishery** | **10336** | **5105** | **50** |
| 农业 | Agriculture | 4012 | 2221 | 11 |
| 林业 | Forestry | 705 | 423 | 19 |
| 畜牧业 | Animal Husbandry | 3815 | 1760 | 3 |
| 渔业 | Fishery | 264 | 160 | |
| 农、林、牧、渔服务业 | Services in Support of Agriculture, Forestry, Animal Husbandry and Fishery | 1540 | 541 | 17 |
| **采矿业** | **Mining** | **779** | **779** | |
| 煤炭开采和洗选业 | Mining and Washing of Coal | 499 | 499 | |
| 石油和天然气开采业 | Extraction of Petroleum and Natural Gas | 10 | 10 | |
| 黑色金属矿采选业 | Mining and Processing of Ferrous Metal Ores | 12 | 12 | |
| 有色金属矿采选业 | Mining and Processing of Non-ferrous Metal Ores | 4 | 4 | |
| 非金属矿采选业 | Mining and Processing of Nonmetal Ores | 229 | 229 | |
| 开采辅助活动 | Non-mining Activities | 20 | 20 | |
| 其他采矿业 | Mining of Other Ores | 5 | 5 | |
| **制造业** | **Manufacturing** | **6510** | **6510** | |
| 农副食品加工业 | Processing of Food from Agricultural Products | 787 | 787 | |
| 食品制造业 | Manufacture of Foods | 372 | 372 | |
| 酒、饮料和精制茶制造业 | Manufacture of Wine, Beverages and Refined Tea | 183 | 183 | |
| 烟草制品业 | Manufacture of Tobacco | 3 | 3 | |
| 纺织业 | Manufacture of Textile | 326 | 326 | |
| 纺织服装、服饰业 | Manufacture of Textile Wearing Apparel | 96 | 96 | |
| 皮革、毛皮、羽毛及其制品和制鞋业 | Manufacture of Leather, Fur, Feather with Related Products and Footware | 128 | 128 | |
| 木材加工及木、竹、藤、棕、草制品业 | Processing of Timber, Manufacture of Wood, Bamboo, Rattan, Palm and Straw Products | 117 | 117 | |
| 家具制造业 | Manufacture of Furniture | 93 | 93 | |
| 造纸及纸制品业 | Manufacture of Paper and Paper Products | 94 | 94 | |
| 印刷和记录媒介复制业 | Printing, Reproduction of Recording Media | 215 | 215 | |
| 文教、工美、体育和娱乐用品制造业 | Manufacture of Articles For Culture, Education and Sport Activities | 70 | 70 | |

## 2-1 续表3 Continued

| 项目 | Item | 机关法人 Government Agencies and Organizations | 社团法人 Mass Organizations | 其他法人 Others | 产业活动单位 Establish-ments |
|---|---|---|---|---|---|
| 外资企业 | Foreign - funded Enterprises | | | | 48 |
| 外商投资股份有限公司 | Foreign Share - holding Corporations Ltd. | | | | 4 |
| **按国民经济行业分组** | **Grouped by Sector** | **1460** | **1468** | **15059** | **76017** |
| **农、林、牧、渔业** | **Agriculture, Forestry, Animal Husbandry and Fishery** | | | **5181** | **10458** |
| 农业 | Agriculture | | | 1780 | 4034 |
| 林业 | Forestry | | | 263 | 745 |
| 畜牧业 | Animal Husbandry | | | 2052 | 3824 |
| 渔业 | Fishery | | | 104 | 264 |
| 农、林、牧、渔服务业 | Services in Support of Agriculture, Forestry, Animal Husbandry and Fishery | | | 982 | 1591 |
| **采矿业** | **Mining** | | | | **831** |
| 煤炭开采和洗选业 | Mining and Washing of Coal | | | | 539 |
| 石油和天然气开采业 | Extraction of Petroleum and Natural Gas | | | | 10 |
| 黑色金属矿采选业 | Mining and Processing of Ferrous Metal Ores | | | | 13 |
| 有色金属矿采选业 | Mining and Processing of Non - ferrous Metal Ores | | | | 4 |
| 非金属矿采选业 | Mining and Processing of Nonmetal Ores | | | | 235 |
| 开采辅助活动 | Non - mining Activities | | | | 24 |
| 其他采矿业 | Mining of Other Ores | | | | 6 |
| **制造业** | **Manufacturing** | | | | **6663** |
| 农副食品加工业 | Processing of Food from Agricultural Products | | | | 803 |
| 食品制造业 | Manufacture of Foods | | | | 384 |
| 酒、饮料和精制茶制造业 | Manufacture of Wine, Beverages and Refined Tea | | | | 188 |
| 烟草制品业 | Manufacture of Tobacco | | | | 3 |
| 纺织业 | Manufacture of Textile | | | | 329 |
| 纺织服装、服饰业 | Manufacture of Textile Wearing Apparel | | | | 98 |
| 皮革、毛皮、羽毛及其制品和制鞋业 | Manufacture of Leather, Fur, Feather with Related Products and Footware | | | | 128 |
| 木材加工及木、竹、藤、棕、草制品业 | Processing of Timber, Manufacture of Wood, Bamboo, Rattan, Palm and Straw Products | | | | 117 |
| 家具制造业 | Manufacture of Furniture | | | | 95 |
| 造纸及纸制品业 | Manufacture of Paper and Paper Products | | | | 93 |
| 印刷和记录媒介复制业 | Printing, Reproduction of Recording Media | | | | 224 |
| 文教、工美、体育和娱乐用品制造业 | Manufacture of Articles For Culture, Education and Sport Activities | | | | 71 |

## 2－1 续表 4 Continued

单位:个 (unit)

| 项目 | Item | 法人单位 Judicial Entities | 企业法人 Enterprises | 事业法人 Institutions |
|---|---|---|---|---|
| 石油加工、炼焦和核燃料加工业 | Processing of Petroleum, Coking and Nuclear Fuel | 67 | 67 | |
| 化学原料和化学制品制造业 | Manufacture of Raw Chemical Materials and Chemical Products | 478 | 478 | |
| 医药制造业 | Manufacture of Medicines | 64 | 64 | |
| 化学纤维制造业 | Manufacture of Chemical Fibres | 6 | 6 | |
| 橡胶和塑料制品业 | Manufacture of Rubber and Plastics | 287 | 287 | |
| 非金属矿物制品业 | Manufacture of Non－metallic Mineral Products | 1330 | 1330 | |
| 黑色金属冶炼和压延加工业 | Smelting and Pressing of Ferrous Metals | 182 | 182 | |
| 有色金属冶炼和压延加工业 | Smelting and Pressing of Non－ferrous Metals | 95 | 95 | |
| 金属制品业 | Manufacture of Metal Products | 538 | 538 | |
| 通用设备制造业 | Manufacture of General Purpose Machinery | 276 | 276 | |
| 专用设备制造业 | Manufacture of Special purpose Machinery | 212 | 212 | |
| 汽车制造业 | Manufacture of Automotive | 32 | 32 | |
| 铁路、船舶、航空航天和其他运输设备制造业 | Manufacture of Railways, Shipbuilding, Aerospace and Other Transportation Equipment | 12 | 12 | |
| 电气机械和器材制造业 | Manufacture of Electrical Machinery and Equipment | 146 | 146 | |
| 计算机、通信和其他电子设备制造业 | Manufacture of Computers, Communication Equipment and Other Electronic Equipment | 17 | 17 | |
| 仪器仪表及文化、办公用机械制造业 | Manufacture of Measuring Instruments and Machinery for Cultural Activity and Office Work | 47 | 47 | |
| 其他制造业 | Other Manufacturing | 128 | 128 | |
| 废弃资源综合利用业 | Recycling and Disposal of Waste | 55 | 55 | |
| 金属制品、机械和设备修理业 | Repairing of Metal products, Machinery and Equipment | 54 | 54 | |
| **电力、煤气及水的生产和供应业** | **Production and Supply of Electricity, Gas and Water** | **500** | **497** | **2** |
| 电力、热力的生产和供应业 | Production and Supply of Electric Power and Heat Power | 373 | 372 | |
| 燃气生产和供应业 | Production and Supply of Gas | 59 | 59 | |
| 水的生产和供应业 | Production and Supply of Water | 68 | 66 | 2 |
| **建筑业** | **Construction** | **1889** | **1889** | |
| 房屋建筑业 | Construction of Buildings | 497 | 497 | |
| 土木工程建筑业 | Consturction of Civil Engineering | 375 | 375 | |
| 建筑安装业 | Building Installation | 283 | 283 | |
| 建筑装饰和其他建筑业 | Building Decoration and Other Construction | 734 | 734 | |
| **批发和零售业** | **Wholesale and Retail Trades** | **16247** | **16247** | |
| 批发业 | Wholesale Trade | 8790 | 8790 | |
| 零售业 | Retail Trade | 7457 | 7457 | |

## 2－1 续表5 Continued

| 项目 | Item | 机关法人 Government Agencies and Organizations | 社团法人 Mass Organizations | 其他法人 Others | 产业活动单位 Establish－ments |
|---|---|---|---|---|---|
| 石油加工、炼焦和核燃料加工业 | Processing of Petroleum, Coking and Nuclear Fuel | | | | 70 |
| 化学原料和化学制品制造业 | Manufacture of Raw Chemical Materials and Chemical Products | | | | 490 |
| 医药制造业 | Manufacture of Medicines | | | | 65 |
| 化学纤维制造业 | Manufacture of Chemical Fibres | | | | 6 |
| 橡胶和塑料制品业 | Manufacture of Rubber and Plastics | | | | 286 |
| 非金属矿物制品业 | Manufacture of Non－metallic Mineral Products | | | | 1370 |
| 黑色金属冶炼和压延加工业 | Smelting and Pressing of Ferrous Metals | | | | 184 |
| 有色金属冶炼和压延加工业 | Smelting and Pressing of Non－ferrous Metals | | | | 104 |
| 金属制品业 | Manufacture of Metal Products | | | | 543 |
| 通用设备制造业 | Manufacture of General Purpose Machinery | | | | 281 |
| 专用设备制造业 | Manufacture of Special purpose Machinery | | | | 221 |
| 汽车制造业 | Manufacture of Automotive | | | | 36 |
| 铁路、船舶、航空航天和其他运输设备制造业 | Manufacture of Railways, Shipbuilding, Aerospace and Other Transportation Equipment | | | | 12 |
| 电气机械和器材制造业 | Manufacture of Electrical Machinery and Equipment | | | | 152 |
| 计算机、通信和其他电子设备制造业 | Manufacture of Computers, Communication Equipment and Other Electronic Equipment | | | | 20 |
| 仪器仪表及文化、办公用机械制造业 | Manufacture of Measuring Instruments and Machinery for Cultural Activity and Office Work | | | | 48 |
| 其他制造业 | Other Manufacturing | | | | 129 |
| 废弃资源综合利用业 | Recycling and Disposal of Waste | | | | 55 |
| 金属制品、机械和设备修理业 | Repairing of Metal products, Machinery and SEquipment | | | | 58 |
| **电力、煤气及水的生产和供应业** | **Production and Supply of Electricity, Gas and Water** | | | **1** | **667** |
| 电力、热力的生产和供应业 | Production and Supply of Electric Power and Heat Power | | | 1 | 503 |
| 燃气生产和供应业 | Production and Supply of Gas | | | | 76 |
| 水的生产和供应业 | Production and Supply of Water | | | | 88 |
| **建筑业** | **Construction** | | | | **2260** |
| 房屋建筑业 | Construction of Buildings | | | | 744 |
| 土木工程建筑业 | Consturction of Civil Engineering | | | | 435 |
| 建筑安装业 | Building Installation | | | | 315 |
| 建筑装饰和其他建筑业 | Building Decoration and Other Construction | | | | 766 |
| **批发和零售业** | **Wholesale and Retail Trades** | | | | **18818** |
| 批发业 | Wholesale Trade | | | | 9513 |
| 零售业 | Retail Trade | | | | 9305 |

## 2－1 续表6 Continued

单位:个 (unit)

| 项目 | Item | 法人单位 Judicial Entities | 企业法人 Enterprises | 事业法人 Institutions |
|---|---|---|---|---|
| **交通运输、仓储和邮政业** | **Transport, Storage and Post** | **1453** | **1423** | **27** |
| 铁路运输业 | Railway Transport | 17 | 14 | 3 |
| 道路运输业 | Road Transport | 1018 | 999 | 18 |
| 水上运输业 | Water Transport | 7 | 7 | |
| 航空运输业 | Air Transport | 10 | 9 | 1 |
| 管道运输业 | Transport Via Pipelines | 2 | 2 | |
| 装卸搬运和运输代理业 | Loading, Unloading and Transportation Agency | 180 | 178 | |
| 仓储业 | Storage | 71 | 67 | 4 |
| 邮政业 | Post | 148 | 147 | 1 |
| **住宿和餐饮业** | **Hotels and Catering Services** | **979** | **965** | **3** |
| 住宿业 | Hotels | 422 | 415 | 2 |
| 餐饮业 | Catering Services | 557 | 550 | 1 |
| **信息传输、软件和信息技术服务业** | **Information Transmission, Software and IT Services** | **869** | **847** | **13** |
| 电信、广播电视和卫星传输服务 | Telecommunications, Broadcasting and Transmission Services | 64 | 58 | 6 |
| 互联网和相关服务 | Internet and Related Services | 164 | 157 | 4 |
| 软件和信息技术服务业 | Software and IT Services | 641 | 632 | 3 |
| **金融业** | **Financial Intermediation** | **1798** | **975** | **16** |
| 货币金融服务 | Monetary and Financial Services | 986 | 442 | 13 |
| 资本市场服务 | Capital Services | 383 | 373 | 2 |
| 保险业 | Insurance | 68 | 67 | 1 |
| 其他金融业 | Other Financial Activities | 361 | 93 | |
| **房地产业** | **Real Estate** | **1707** | **1660** | **5** |
| 房地产业 | Real Estate | 1707 | 1660 | 5 |
| **租赁和商务服务业** | **Leasing and Business Serveces** | **4206** | **3935** | **96** |
| 租赁业 | Leasing | 458 | 449 | 1 |
| 商务服务业 | Business Services | 3748 | 3486 | 95 |
| **科学研究和技术服务业** | **Scientific Research and Technical Service** | **1529** | **1100** | **346** |
| 研究与试验发展 | Research and Experimental Development | 126 | 80 | 22 |
| 专业技术服务业 | Professional Technical Services | 983 | 749 | 220 |
| 科技推广和应用服务业 | Services of Science and Technology Promotion and Applications | 420 | 271 | 104 |

## 2－1 续表7 Continued

| 项目 | Item | | | | 产业活动单位 Establish－ments |
|---|---|---|---|---|---|
| | | 机关法人 Government Agencies and Organizations | 社团法人 Mass Organizations | 其他法人 Others | |
| **交通运输、仓储和邮政业** | **Transport, Storage and Post** | | | **3** | **1889** |
| 铁路运输业 | Railway Transport | | | | 20 |
| 道路运输业 | Road Transport | | | 1 | 1167 |
| 水上运输业 | Water Transport | | | | 7 |
| 航空运输业 | Air Transport | | | | 12 |
| 管道运输业 | Transport Via Pipelines | | | | 2 |
| 装卸搬运和运输代理业 | Loading, Unloading and Transportation Agency | | | 2 | 194 |
| 仓储业 | Storage | | | | 101 |
| 邮政业 | Post | | | | 386 |
| **住宿和餐饮业** | **Hotels and Catering Services** | | | **11** | **1086** |
| 住宿业 | Hotels | | | 5 | 475 |
| 餐饮业 | Catering Services | | | 6 | 611 |
| **信息传输、软件和信息技术服务业** | **Information Transmission, Software and IT Services** | | | **9** | **1060** |
| 电信、广播电视和卫星传输服务 | Telecommunications, Broadcasting and ransmission Services | | | | 222 |
| 互联网和相关服务 | Internet and Related Services | | | 3 | 176 |
| 软件和信息技术服务业 | Software and IT Services | | | 6 | 662 |
| **金融业** | **Financial Intermediation** | | | **807** | **2943** |
| 货币金融服务 | Monetary and Financial Services | | | 531 | 1939 |
| 资本市场服务 | Capital Services | | | 8 | 384 |
| 保险业 | Insurance | | | | 248 |
| 其他金融业 | Other Financial Activities | | | 268 | 372 |
| **房地产业** | **Real Estate** | | | **42** | **1941** |
| 房地产业 | Real Estate | | | 42 | 1941 |
| **租赁和商务服务业** | **Leasing and Business Serveces** | | | **175** | **4513** |
| 租赁业 | Leasing | | | 8 | 472 |
| 商务服务业 | Business Services | | | 167 | 4041 |
| **科学研究和技术服务业** | **Scientific Research and Technical Service** | | | **83** | **1867** |
| 研究与试验发展 | Research and Experimental Development | | | 24 | 135 |
| 专业技术服务业 | Professional Technical Services | | | 14 | 1149 |
| 科技推广和应用服务业 | Services of Science and Technology Promotion and Applications | | | 45 | 583 |

# 2－1 续表8 Continued

单位:个 (unit)

| 项目 | Item | 法人单位 Judicial Entities | 企业法人 Enterprises | 事业法人 Institutions |
|---|---|---|---|---|
| **水利、环境和公共设施管理业** | **Management of Water Conservancy, Environment and Public Facilities** | **494** | **285** | **160** |
| 水利管理业 | Management of Water Conservancy | 147 | 27 | 75 |
| 生态保护和环境治理业 | Ecological Protection and Environmental Management | 47 | 26 | 21 |
| 公共设施管理业 | Management of Public Facilities | 300 | 232 | 64 |
| **居民服务、修理和其他服务业** | **Services to Households, Repair and Other Services** | **1130** | **1059** | **7** |
| 居民服务业 | Services to Households | 338 | 285 | 5 |
| 机动车、电子产品和日用产品修理业 | Repairing of Motor Vehicles, Electronics and Households | 466 | 454 | 2 |
| 其他服务业 | Others | 326 | 320 | 0 |
| **教 育** | **Education** | **1900** | **164** | **1034** |
| 教育 | Education | 1900 | 164 | 1034 |
| **卫生和社会工作** | **Health and Social Works** | **955** | **140** | **459** |
| 卫生 | Health | 812 | 132 | 402 |
| 社会工作 | Social Security | 143 | 8 | 57 |
| **文化、体育和娱乐业** | **Culture, Sports and Entertainment** | **1268** | **935** | **171** |
| 新闻和出版业 | Journalism and Publishing Activities | 52 | 35 | 15 |
| 广播、电视、电影和影视录音制作业 | Broadcasting, Movies, Television and Audiovisual Activities | 176 | 153 | 22 |
| 文化艺术业 | Cultural and Art Activities | 262 | 85 | 116 |
| 体育 | Sports Activities | 97 | 34 | 16 |
| 娱乐业 | Entertainment | 681 | 628 | 2 |
| **公共管理、社会保障和社会组织** | **Public Management, Social Security and Social Organization** | **11126** | | **784** |
| 中国共产党机关 | Organs of Communist Party of China | 220 | | 11 |
| 国家机构 | Government Agencies | 1928 | | 724 |
| 人民政协、民主党派 | People's Political Consultative Conference and Democratic Parties | 55 | | 8 |
| 社会保障 | Social Security | 44 | | 41 |
| 群众团体、社会团体和其他成员组织 | Non－governmental Organizations, Social Organizations and Other Organizations | 6194 | | |
| 基层群众自治组织 | Grass Roots Self－governing Organizations | 2685 | | |

# 2-1 续表9 Continued

| 项目 | Item | 机关法人 Government Agencies and Organizations | 社团法人 Mass Organizations | 其他法人 Others | 产业活动单位 Establishments |
|---|---|---|---|---|---|
| **水利、环境和公共设施管理业** | **Management of Water Conservancy, Environment and Public Facilities** | | | **49** | **685** |
| 水利管理业 | Management of Water Conservancy | | | 45 | 287 |
| 生态保护和环境治理业 | Ecological Protection and Environmental Management | | | 0 | 59 |
| 公共设施管理业 | Management of Public Facilities | | | 4 | 339 |
| **居民服务、修理和其他服务业** | **Services to Households, Repair and Other Services** | | | **64** | **1192** |
| 居民服务业 | Services to Households | | | 48 | 368 |
| 机动车、电子产品和日用产品修理业 | Repairing of Motor Vehicles, Electronics and Households | | | 10 | 480 |
| 其他服务业 | Others | | | 6 | 344 |
| **教育** | **Education** | | | **702** | **3341** |
| 教育 | Education | | | 702 | 3341 |
| **卫生和社会工作** | **Health and Social Works** | | **11** | **345** | **1336** |
| 卫生 | Health | | | 278 | 1158 |
| 社会工作 | Social Security | | 11 | 67 | 178 |
| **文化、体育和娱乐业** | **Culture, Sports and Entertainment** | | **6** | **156** | **1425** |
| 新闻和出版业 | Journalism and Publishing Activities | | | 2 | 55 |
| 广播、电视、电影和影视录音制作业 | Broadcasting, Movies, Television and Audiovisual Activities | | | 1 | 193 |
| 文化艺术业 | Cultural and Art Activities | | | 61 | 378 |
| 体育 | Sports Activities | | 6 | 41 | 105 |
| 娱乐业 | Entertainment | | | 51 | 694 |
| **公共管理、社会保障和社会组织** | **Public Management, Social Security and Social Organization** | **1460** | **1451** | **7431** | **13042** |
| 中国共产党机关 | Organs of Communist Party of China | 209 | | | 257 |
| 国家机构 | Government Agencies | 1204 | | | 3658 |
| 人民政协、民主党派 | People's Political Consultative Conference and Democratic Parties | 47 | | | 66 |
| 社会保障 | Social Security | | | 3 | 100 |
| 群众团体、社会团体和其他成员组织 | Non-governmental Organizations, Social Organizations and Other Organizations | | 1451 | 4743 | 6256 |
| 基层群众自治组织 | Grass Roots Self-governing Organizations | | | 2685 | 2705 |

## 2－1 续表 10 Continued

单位：个 (unit)

| 项目 | Item | 法人单位 Judicial Entities | 企业法人 Enterprises | 事业法人 Institutions | 机关法人 Government Agencies and Organizations | 社团法人 Mass Organizations | 其他法人 Others | 产业活动单位 Establish－ments |
|---|---|---|---|---|---|---|---|---|
| **按地区分组** | **Grouped by Region** | **65675** | **44515** | **3173** | **1460** | **1468** | **15059** | **76017** |
| **银川市** | **Yinchuan** | **25616** | **20394** | **1006** | **422** | **606** | **3188** | **28753** |
| 兴庆区 | Xingqing | 9561 | 8381 | 347 | 96 | 231 | 506 | 10456 |
| 西夏区 | Xiaxia | 1974 | 1544 | 113 | 46 | 17 | 254 | 2351 |
| 金凤区 | Jinfeng | 4095 | 3383 | 176 | 140 | 91 | 305 | 4493 |
| 永宁县 | Yongning | 3178 | 2136 | 122 | 56 | 64 | 800 | 3573 |
| 贺兰县 | Helan | 3518 | 2686 | 99 | 38 | 105 | 590 | 4127 |
| 灵武市 | Lingwu | 3290 | 2264 | 149 | 46 | 98 | 733 | 3753 |
| **石嘴山市** | **Shizuishan** | **7154** | **5365** | **411** | **214** | **116** | **1048** | **8371** |
| 大武口区 | Dawukou | 2690 | 2110 | 186 | 118 | 70 | 206 | 3053 |
| 惠农区 | Huinong | 1778 | 1356 | 97 | 34 | 30 | 261 | 2176 |
| 平罗县 | Pingluo | 2686 | 1899 | 128 | 62 | 16 | 581 | 3142 |
| **吴忠市** | **Wuzhong** | **11983** | **7362** | **563** | **294** | **266** | **3498** | **13954** |
| 利通区 | Litong | 5097 | 3928 | 129 | 87 | 83 | 870 | 5852 |
| 红寺堡区 | Hongsipu | 637 | 174 | 41 | 44 | 6 | 372 | 757 |
| 盐池县 | Yanchi | 1483 | 911 | 106 | 51 | 33 | 382 | 1740 |
| 同心县 | Tongxin | 2306 | 674 | 152 | 56 | 32 | 1392 | 2747 |
| 青铜峡市 | Qingtongxia | 2460 | 1675 | 135 | 56 | 112 | 482 | 2858 |
| **固原市** | **Guyuan** | **10071** | **4997** | **588** | **316** | **170** | **4000** | **12187** |
| 原州区 | Yuanzhou | 3737 | 2170 | 208 | 118 | 55 | 1186 | 4300 |
| 西吉县 | Xiji | 2911 | 1315 | 130 | 55 | 29 | 1382 | 3554 |
| 隆德县 | Longde | 1099 | 427 | 95 | 49 | 16 | 512 | 1457 |
| 泾源县 | Jingyuan | 717 | 209 | 68 | 40 | 15 | 385 | 844 |
| 彭阳县 | Pengyang | 1607 | 876 | 87 | 54 | 55 | 535 | 2032 |
| **中卫市** | **Zhongwei** | **10851** | **6397** | **605** | **214** | **310** | **3325** | **12637** |
| 沙坡头区 | Shapotou | 5198 | 3560 | 258 | 83 | 98 | 1199 | 5885 |
| 中宁县 | Zhongning | 3315 | 2016 | 226 | 71 | 176 | 826 | 3721 |
| 海原县 | Haiyuan | 2338 | 821 | 121 | 60 | 36 | 1300 | 3031 |

## 2-2 主要年份平均每天主要社会经济活动

| 指 标 | Item | 1952 | 1978 |
|---|---|---|---|
| **每天创造的财富** | **Daily Production** | | |
| 地区生产总值(万元) | Gross Domestic Product(10 000 yuan ) | 47.27 | 356.06 |
| 第一产业 | Primary Industry | 39.07 | 83.91 |
| 第二产业 | Secondary Industry | 2.19 | 180.93 |
| 工业 | Industry | 1.91 | 153.11 |
| 建筑业 | Construction | 0.27 | 27.82 |
| 第三产业 | Tertiary Industry | 6.01 | 91.21 |
| 交通运输仓储和邮电业 | Transport,Storage and Post Services | 1.09 | 18.19 |
| 批发和零售业、住宿和餐饮业 | Wholesale ,Retail Trades,Hoteling and Catering Services | 1.91 | 26.31 |
| 地方公共财政收入(万元) | Local Government Revenue(10 000 yuan) | 7.57 | 86.58 |
| 粮食(吨) | Grain(ton) | 1296.04 | 3204.96 |
| 油料(吨) | Oil-bearing Crops(ton) | 71.19 | 70.35 |
| 肉类(吨) | Meat(ton) | | 33.57 |
| 水产品(吨) | Aquatic Products(ton) | | 0.55 |
| 原煤(万吨) | Coal(10 000 tons) | 0.02 | 2.74 |
| 发电量(万千瓦小时) | Electricity(10 000 kwh) | 0.19 | 452.33 |
| 钢材(吨) | Rolled Steel(ton) | | 76.16 |
| 铝(吨) | Aluminum(ton) | | 50.14 |
| 水泥(吨) | Cement(ton) | | 757.81 |

# Selected Indicators on Average Daily Social and Economic Activities in Main Years

| 1990 | 2000 | 2010 | 2011 | 2012 | 2013 | 2014 | 2015 |
|---|---|---|---|---|---|---|---|
| 1776.44 | 8060.63 | 46291.78 | 57594.79 | 63969.67 | 70618.36 | 75400.00 | 79774.52 |
| 461.43 | 1257.65 | 4154.52 | 4800.82 | 5185.48 | 5775.62 | 5944.93 | 6513.97 |
| 694.31 | 3317.82 | 22682.47 | 28935.62 | 31676.78 | 34510.96 | 36746.30 | 37797.26 |
| 583.32 | 2642.19 | 17617.81 | 22377.81 | 24006.28 | 25564.93 | 26672.05 | 26841.64 |
| 110.99 | 675.63 | 5064.66 | 6557.81 | 7670.49 | 8961.92 | 10092.33 | 10958.36 |
| 620.69 | 3485.16 | 19454.79 | 23858.36 | 27121.58 | 30333.42 | 32708.77 | 35463.29 |
| 95.61 | 807.36 | 5503.84 | 4769.86 | 5368.58 | 5435.34 | 5449.86 | 5497.53 |
| 145.75 | 716.81 | 3301.37 | 4031.23 | 4571.86 | 4874.79 | 5118.08 | 5158.36 |
| 170.70 | 570.53 | 4206.87 | 6026.76 | 7231.70 | 8447.61 | 9311.31 | 10231.44 |
| 5252.14 | 6905.52 | 9767.40 | 9834.17 | 10274.90 | 10230.16 | 10353.23 | 10209.45 |
| 171.05 | 190.98 | 571.10 | 504.38 | 492.68 | 460.49 | 452.52 | 417.95 |
| 185.18 | 519.17 | 710.13 | 691.79 | 725.04 | 750.68 | 781.10 | 800.59 |
| 27.99 | 101.32 | 246.67 | 288.83 | 337.54 | 397.07 | 445.45 | 465.20 |
| 3.95 | 4.33 | 18.12 | 21.73 | 23.49 | 24.11 | 23.46 | 21.85 |
| 1533.15 | 3742.74 | 16049.86 | 25672.05 | 27483.88 | 31259.45 | 32900.82 | 31636.71 |
| 130.14 | 153.15 | 904.93 | 2096.16 | 2981.97 | 4105.21 | 4545.21 | 5523.29 |
| 164.66 | 320.27 | 2507.12 | 3242.74 | 4162.57 | 4103.29 | 3808.22 | 3287.67 |
| 2623.01 | 7678.08 | 37190.41 | 39875.62 | 43860.38 | 52446.03 | 48709.59 | 47739.73 |

# 2-2 续表1

| 指　标 | Item | 1952 | 1978 |
|---|---|---|---|
| **每天消费量** | **Daily Consumption** | | |
| 最终消费(万元) | Final Consumption Expenditure(10 000 yuan) | 37.70 | 270.41 |
| 居民消费 | Household Consumption Expenditure | 35.79 | 208.49 |
| 农村居民 | Rural Household | 28.69 | 133.15 |
| 城镇居民 | Urban Household | 7.10 | 75.34 |
| 政府消费 | Government Consumption Expenditure | 1.91 | 61.92 |
| 能源消耗量(万吨标准煤) | Energy Consumption (10 000 tons of SCE) | | |
| 社会消费品零售总额(万元) | Total Retail Sales of Consumer Goods(10 000 yuan) | | 138.14 |
| **每天其他经济活动** | **Other Daily Economic Activities** | | |
| 资本形成总额(万元) | Gross Capital Formation (10 000 yuan) | | 247.67 |
| 固定资产形成 | Gross Fixed Capital Formation | | 217.81 |
| 存货增加 | Changes in Inventories | | 29.86 |
| 旅客周转量(万人公里) | Passenger - kilometers(10 000 passenger - km) | 4.05 | 121.16 |
| 货物周转量(万吨公里) | Freight Ton - kilometers(10 000 ton - km) | 10.40 | 1540.33 |
| 邮电业务总量(万元) | Business Volume of Postal and Telecommunication Services (10 000 yuan) | 0.21 | 3.19 |
| 进出口总额(万美元) | Total Value of Imports and Exports (USD 10 000 ) | | 8.12 |
| 出口总额 | Total Export | | 6.22 |
| 进口总额 | Total Import | | 1.89 |
| 实际利用外资(万美元) | Foreign Capital Actually Utilized (USD 10 000) | | |
| 接待海外旅游人数(人次) | Number of Overseas Visitor Arrivals (person - time) | | |
| 居民新增储蓄额(万元) | Newly Increased Saving Deposits (10 000 yuan) | | 3.60 |
| **每天人口变动和婚姻** | **Daily Population Changes and Marriages** | | |
| 出生(人) | Births(person) | 188 | 274 |
| 死亡(人) | Deaths(person) | 84 | 53 |
| 结婚(对) | Marriages(couples) | | |
| 离婚(对) | Divorces(couples) | | |

**注:**本表价值指标除邮电业务总量按不变价格计算外,其余均按当年价格计算。

Continued

| 1990 | 2000 | 2010 | 2011 | 2012 | 2013 | 2014 | 2015 |
|---|---|---|---|---|---|---|---|
| | | | | | | | |
| 1311.51 | 5297.54 | 22600.27 | 27950.14 | 32350.00 | 36714.52 | 40236.16 | 47113.70 |
| 928.22 | 3701.91 | 15497.26 | 19063.84 | 21306.01 | 24132.05 | 27383.01 | 31340.27 |
| 490.68 | 1440.98 | 3556.44 | 4543.29 | 5211.20 | 6125.21 | 7189.32 | 7510.14 |
| 437.53 | 2260.93 | 11940.82 | 14520.55 | 16094.81 | 18006.85 | 20193.70 | 23830.14 |
| 383.29 | 1595.63 | 7103.01 | 8886.30 | 11043.99 | 12582.47 | 12853.15 | 15773.42 |
| 1.94 | 4.16 | 10.09 | 12.93 | 13.37 | 14.21 | 14.57 | 15.56 |
| 693.26 | 2747.04 | 11465.34 | 14122.78 | 16134.58 | 18316.00 | 20196.72 | 21632.02 |
| | | | | | | | |
| 1019.73 | 4766.94 | 42829.04 | 48070.68 | 57017.76 | 63950.68 | 85033.70 | 99196.16 |
| 697.81 | 4393.99 | 40820.82 | 45292.88 | 53748.09 | 60903.56 | 81854.79 | 96352.33 |
| 321.92 | 372.95 | 2008.22 | 2777.81 | 3269.67 | 3047.12 | 3178.90 | 2843.84 |
| 526.12 | 1572.67 | 3188.54 | 3669.64 | 3937.24 | 3542.27 | 4023.07 | 4214.73 |
| 2049.02 | 6061.82 | 23175.31 | 26354.96 | 29094.80 | 25014.40 | 24036.34 | 23910.12 |
| 11.94 | 392.88 | 4278.82 | 1584.72 | 1794.21 | 1963.77 | 2812.25 | 3713.44 |
| 23.26 | 121.35 | 537.12 | 626.23 | 605.65 | 881.62 | 1489.20 | 1038.53 |
| 21.04 | 89.69 | 320.62 | 438.20 | 448.40 | 699.30 | 1178.75 | 815.44 |
| 2.22 | 31.66 | 216.50 | 188.03 | 157.24 | 182.32 | 310.45 | 223.09 |
| 2.95 | 24.91 | 63.49 | 93.77 | 95.11 | 55.85 | 39.19 | 60.51 |
| 5 | 21 | 49 | 53 | 52 | 69 | 92 | 102 |
| 244.78 | 484.92 | 5548.91 | 5099.86 | 8965.25 | 5681.23 | 4586.86 | 5097.56 |
| | | | | | | | |
| 311 | 248 | 244 | 238 | 233 | 234 | 236 | 230 |
| 71 | 69 | 88 | 82 | 76 | 80 | 82 | 83 |
| 100 | 98 | 165 | 168 | 166 | 175 | 153 | 167 |
| 10 | 17 | 24 | 26 | 29 | 32 | 31 | 36 |

Note: Figures in value terms in this table are calculated at current prices, except that on the business transaction of postal and telecommunication services.

# 2－3　国民经济与社会发展总量指标

| 指　　标 | Item | 单位 | Unit |
|---|---|---|---|
| **人口与就业** | **Population and Employment** | | |
| **人口** | **Population** | | |
| 年末总人口 | Population at Year－end | 万人 | 10 000 persons |
| 回族人口 | Hui Ethnic | 万人 | 10 000 persons |
| 城镇人口 | Urban | 万人 | 10 000 persons |
| 乡村人口 | Rural | 万人 | 10 000 persons |
| 男性人口 | Male | 万人 | 10 000 persons |
| 女性人口 | Female | 万人 | 10 000 persons |
| 出生率 | Birth Rate | ‰ | ‰ |
| 死亡率 | Death Rate | ‰ | ‰ |
| 自然增长率 | Natural Growth Rate | ‰ | ‰ |
| **就业** | **Employment** | | |
| 年末就业人员数 | Employment at Year－end | 万人 | 10 000 persons |
| 职工人数 | Staff and Workers | 万人 | 10 000 persons |
| 城镇登记失业率 | Registered Unemployment Rate in Urban Areas | % | % |
| **宏观经济** | **Macro Economy** | | |
| **国民经济核算** | **National Accounting** | | |
| 地区生产总值 | Gross Domestic Product | 亿元 | 100 million yuan |
| 第一产业 | Primary Industry | 亿元 | 100 million yuan |
| 第二产业 | Secondary Industry | 亿元 | 100 million yuan |
| 第三产业 | Tertiary Industry | 亿元 | 100 million yuan |
| 人均生产总值 | Per Capita GDP | 元/人 | yuan/person |
| **固定资产投资** | **Investment in Fixed Assets** | | |
| 全社会固定资产投资总额 | Total Investment in Fixed Assets | 亿元 | 100 million yuan |
| #国有经济 | State－owned Economy | 亿元 | 100 million yuan |
| 集体经济 | Collective－owned Economy | 亿元 | 100 million yuan |
| 私营个体经济 | Private Economy | 亿元 | 100 million yuan |
| #房地产开发投资 | Investment in Real Estate Development | 亿元 | 101 million yuan |
| 全社会施工房屋面积 | Floor Space of Buildings under Construction | 万平方米 | 10 000 sq. m |
| 全社会竣工房屋建筑面积 | Floor Space of Buildings Completed | 万平方米 | 10 000 sq. m |
| **财政、金融** | **Government Finance and Financial Intermediation** | | |
| 地方财政收入 | Local Financial Revenue | 亿元 | 100 million yuan |
| 地方财政支出 | Local Financial Expenditure | 亿元 | 100 million yuan |

## Principal Aggregate Indicators on National Economic and Social Development

| 1978 | 1985 | 1990 | 2000 | 2010 | 2011 | 2012 | 2013 | 2014 | 2015 |
|---|---|---|---|---|---|---|---|---|---|
| | | | | | | | | | |
| 355.58 | 414.62 | 465.68 | 554.32 | 632.96 | 639.45 | 647.19 | 654.19 | 661.54 | 667.88 |
| 109.47 | 133.76 | 153.89 | 191.01 | 219.18 | 228.67 | 230.12 | 232.90 | 236.14 | 240.74 |
| 73.03 | 146.45 | 192.40 | 180.39 | 303.57 | 318.56 | 327.96 | 340.28 | 354.65 | 368.90 |
| 282.55 | 268.17 | 273.28 | 373.94 | 329.39 | 320.90 | 319.23 | 313.92 | 306.89 | 298.98 |
| 184.17 | 213.73 | 239.69 | 283.96 | 324.33 | 326.84 | 328.58 | 334.51 | 338.07 | 340.37 |
| 171.41 | 200.89 | 225.99 | 270.36 | 308.62 | 312.61 | 318.61 | 319.69 | 323.46 | 327.50 |
| 28.48 | 17.18 | 24.34 | 16.49 | 14.14 | 13.65 | 13.26 | 13.12 | 13.10 | 12.62 |
| 5.46 | 3.88 | 5.52 | 4.57 | 5.10 | 4.68 | 4.33 | 4.50 | 4.53 | 4.58 |
| 23.02 | 13.30 | 18.82 | 11.92 | 9.04 | 8.97 | 8.93 | 8.62 | 8.57 | 8.04 |
| | | | | | | | | | |
| 135.6 | 177.4 | 211.1 | 275.5 | 326.0 | 339.6 | 344.5 | 351.3 | 357.2 | 362.2 |
| 43.3 | 55.8 | 67.4 | 63.8 | 54.7 | 56.5 | 62.8 | 67.2 | 68.4 | 68.5 |
| 4.94 | 3.10 | 5.44 | 4.60 | 4.35 | 4.24 | 4.18 | 4.06 | 4.02 | 4.02 |
| | | | | | | | | | |
| 13.00 | 30.27 | 64.84 | 295.02 | 1689.65 | 2102.21 | 2341.29 | 2577.57 | 2752.10 | 2911.77 |
| 3.06 | 8.90 | 16.84 | 46.03 | 151.64 | 175.23 | 189.27 | 210.81 | 216.99 | 237.76 |
| 6.60 | 12.12 | 25.34 | 121.43 | 827.91 | 1056.15 | 1159.37 | 1259.59 | 1341.24 | 1379.60 |
| 3.33 | 9.25 | 22.66 | 127.56 | 710.10 | 870.83 | 992.65 | 1107.17 | 1193.87 | 1294.41 |
| 370 | 737 | 1393 | 5376 | 26860 | 33043 | 36394 | 39613 | 41834 | 43805 |
| | | | | | | | | | |
| 4.27 | 13.63 | 21.96 | 160.82 | 1464.70 | 1654.15 | 2109.52 | 2681.14 | 3200.98 | 3532.93 |
| 4.22 | 11.29 | 17.51 | 101.17 | 610.18 | 718.52 | 716.51 | 1000.24 | 1279.92 | 1535.05 |
| 0.05 | 1.00 | 1.26 | 5.70 | 3.40 | 2.34 | 4.91 | 22.52 | 18.65 | 4.53 |
| | 1.34 | 3.19 | 22.63 | 373.07 | 507.77 | 873.88 | 1176.54 | 1377.83 | 1459.97 |
| | | | 15.57 | 254.37 | 336.23 | 429.15 | 558.97 | 654.80 | 633.64 |
| 116 | 764 | 539 | 1019 | 4800 | 6323 | 7544 | 10098 | 9495 | 9200 |
| 67 | 577 | 459 | 1069 | 1494 | 1658 | 1780 | 1782 | 1903 | 1962 |
| | | | | | | | | | |
| 3.16 | 2.91 | 6.23 | 20.82 | 153.55 | 219.98 | 263.96 | 308.34 | 339.86 | 373.45 |
| 5.78 | 9.85 | 14.96 | 60.84 | 557.53 | 705.91 | 864.36 | 922.48 | 1000.45 | 1138.49 |

# 2-3 续表1

| 指　　标 | Item | 单位 | Unit |
|---|---|---|---|
| 金融机构人民币存款余额 | Banlance of RMB Deposits of Financial Institutions | 亿元 | 100 million yuan |
| 金融机构人民币贷款余额 | Banlance of RMB Loans of Financial Institutions | 亿元 | 100 million yuan |
| 保险公司保费 | Insurance Premium of Insurance Companies | 亿元 | 100 million yuan |
| 保险公司赔款及给付 | Indemnity Expenditure and Payment of Insurance Companies | 亿元 | 100 million yuan |
| **物价总指数(以上年为100)** | **Price Indices(preceding year =100)** | | |
| 居民消费价格指数 | Consumer Price Index | % | % |
| 商品零售价格指数 | Retail Price Index | % | % |
| 农业生产资料价格指数 | Agricultural Production Index | % | % |
| 工业生产者出厂价格指数 | Producer Price Indices for Industrial Products | % | % |
| 工业生产者购进价格指数 | Purchasing Price Indices for Industrial Producers | % | % |
| 固定资产投资价格指数 | Price Index for Investment in Fixed Assets | % | % |
| **能源生产与消耗** | **Production and Consumption of Energy** | | |
| 一次能源生产量 | Primary Energy Production | 万吨标准煤 | 10 000 tons of SCE |
| 能源消耗总量 | Total Energy Consumption | 万吨标准煤 | 10 000 tons of SCE |
| **农 业** | **Agriculture** | | |
| 耕地面积 | Area of Cultivated Land | 万公顷 | 10 000 hectares |
| 乡村从业人员 | Rural Employed Persons | 万人 | 10 000 persons |
| 农林牧渔业总产值 | Gross Output Value of Agriculture, Forestry, Animal Husbandry and Fishery | 亿元 | 100 million yuan |
| 主要农产品产量 | Output of Major Farm Products | | |
| 粮 食 | Grain | 万吨 | 10 000 tons |
| 油 料 | Oil - bearing Crops | 万吨 | 10 000 tons |
| 肉类总产量 | Meat | 万吨 | 10 000 tons |
| 猪牛羊肉 | Pork, Beef and Mutton | 万吨 | 10 000 tons |
| 羊 毛 | Wool | 吨 | ton |
| 羊 绒 | Cashmere | 吨 | ton |
| 水产品 | Aquatic Products | 万吨 | 10 000 tons |
| 水 果 | Fruits | 万吨 | 10 000 tons |
| **工 业** | **Industry** | | |
| 工业总产值 | Gross Output Value of Industry | 亿元 | 100 million yuan |
| 轻工业 | Light Industry | 亿元 | 100 million yuan |
| 重工业 | Heavy Industry | 亿元 | 100 million yuan |

# Continued

| 1978 | 1985 | 1990 | 2000 | 2010 | 2011 | 2012 | 2013 | 2014 | 2015 |
|---|---|---|---|---|---|---|---|---|---|
| 5.49 | 19.12 | 55.78 | 396.49 | 2573.64 | 2966.87 | 3495.41 | 3868.47 | 4209.06 | 4805.15 |
| 7.18 | 22.59 | 76.66 | 383.23 | 2398.70 | 2860.58 | 3339.58 | 3910.15 | 4578.49 | 5117.82 |
| | 0.08 | 0.41 | 5.05 | 52.75 | 55.34 | 62.69 | 72.70 | 83.92 | 103.31 |
| | 0.02 | 0.13 | 1.02 | 11.68 | 14.75 | 19.99 | 24.04 | 29.31 | 34.21 |
| | | | | | | | | | |
| 100.6 | 108.6 | 107.1 | 99.6 | 104.1 | 106.3 | 102.0 | 103.4 | 101.9 | 101.1 |
| 100.0 | 107.8 | 104.2 | 97.6 | 103.2 | 105.3 | 101.0 | 102.4 | 100.9 | 100.1 |
| | 103.8 | 105.6 | 96.0 | 104.4 | 114.0 | 107.6 | 101.6 | 96.9 | 98.7 |
| | | | 103.6 | 109.1 | 109.5 | 97.4 | 96.0 | 96.3 | 93.7 |
| | | | 105.8 | 114.1 | 112.8 | 99.5 | 97.0 | 97.0 | 92.1 |
| | | | 104.5 | 104.2 | 107.5 | 101.5 | 99.8 | 100.8 | 97.5 |
| | | | | | | | | | |
| 806.4 | 973.1 | 1115.2 | 1238.3 | 4503.3 | 5339.2 | 5680.3 | 5839.9 | 5717.7 | 5371.6 |
| | 420.4 | 707.3 | 1518.6 | 3679.8 | 4719.9 | 4895.2 | 5186.8 | 5319.4 | 5681.0 |
| | | | | | | | | | |
| 89.1 | 79.5 | 79.6 | 129.3 | 113.5 | 113.3 | 128.6 | 128.4 | 128.9 | |
| 92.36 | 120.48 | 140.93 | 197.91 | 218.03 | 218.57 | 214.29 | 216.17 | 216.10 | 215.76 |
| 4.81 | 12.02 | 24.69 | 77.75 | 305.94 | 354.68 | 385.15 | 430.00 | 445.47 | 483.02 |
| | | | | | | | | | |
| 116.98 | 139.53 | 191.70 | 252.74 | 356.51 | 358.95 | 375.03 | 373.40 | 377.89 | 372.65 |
| 2.57 | 5.34 | 6.24 | 6.99 | 20.85 | 18.41 | 18.03 | 16.81 | 16.52 | 15.26 |
| 1.23 | 3.49 | 6.76 | 19.00 | 25.70 | 25.25 | 26.54 | 27.40 | 28.51 | 29.22 |
| 1.23 | 3.36 | 6.28 | 15.94 | 23.36 | 22.66 | 24.09 | 24.80 | 25.96 | 26.94 |
| 2106 | 3443 | 4070 | 5418 | 7424 | 8235 | 9113 | 10081 | 11115 | 10901 |
| 129 | 88 | 158 | 364 | 378 | 448 | 450 | 476 | 491 | 532 |
| 0.02 | 0.21 | 1.02 | 3.70 | 9.00 | 10.54 | 12.35 | 14.49 | 16.26 | 16.98 |
| 1.83 | 3.54 | 5.52 | 19.32 | 64.92 | 72.47 | 80.47 | 84.52 | 91.17 | 93.87 |
| | | | | | | | | | |
| 13.85 | 24.30 | 64.74 | 293.94 | 1924.39 | 2491.44 | 3024.00 | 3502.31 | 3748.02 | 3835.55 |
| 3.45 | 7.27 | 17.96 | 68.37 | 315.31 | 358.09 | 424.35 | 519.53 | 647.87 | 751.37 |
| 10.40 | 17.03 | 46.79 | 225.57 | 1609.08 | 2133.36 | 2599.65 | 2982.79 | 3100.15 | 3084.18 |

## 2－3 续表2

| 指 标 | Item | 单位 | Unit |
|---|---|---|---|
| **主要工业产品产量** | **Output of Major Industrial Products** | | |
| 原 煤 | Coal | 万吨 | 10 000 tons |
| 发电量 | Electricity | 亿千瓦小时 | 10 000 million kwh |
| 钢 材 | Rolled Steel | 万吨 | 10 000 tons |
| 铝 | Aluminum | 万吨 | 10 000 tons |
| 轮胎外胎 | Tires | 万条 | 10 000 tires |
| 合成氨 | Synthetic Ammonia | 万吨 | 10 000 tons |
| 农用化肥(折纯) | Chemical Fertilizers | 万吨 | 10 000 tons |
| 水 泥 | Cement | 万吨 | 10 000 tons |
| **建筑业** | **Construction** | | |
| 建筑业企业从业人员 | Number of Employed Persons | 人 | person |
| 建筑业总产值 | Gross Output Value | 亿元 | 100 million yuan |
| **交通运输业** | **Transportation** | | |
| 货物周转量 | Freight Ton－kilometers | 百万吨公里 | million ton－km |
| 铁 路 | Railways | 百万吨公里 | million ton－km |
| 公 路 | Highways | 百万吨公里 | million ton－km |
| 旅客周转量 | Passenger－kilometers | 万人公里 | 10 000 passenger－km |
| 铁 路 | Railways | 万人公里 | 10 000 passenger－km |
| 公 路 | Highways | 万人公里 | 10 000 passenger－km |
| **邮电通讯业** | **Postal and Telecommunication Services** | | |
| 邮电业务总量 | Business Volume of Postal and Telecommunication Services | 万元 | 10 000 yuan |
| 函件 | Number of Letters Delivered | 万件 | 10 000 pcs |
| 报刊期发数 | Number of Newspapers and Magazines Distributed | 万件 | 10 000 pcs |
| 本地电话年末用户 | Number of Telephone Subscribers at Year－end | 万户 | 10 000 subscribers |
| 移动电话用户 | Mobile Telephone | 万户 | 10 000 subscribers |
| 国际互联网络用户 | Number of Internet Subscribers | 万户 | 10 000 subscribers |

Continued

| 1978 | 1985 | 1990 | 2000 | 2010 | 2011 | 2012 | 2013 | 2014 | 2015 |
|---|---|---|---|---|---|---|---|---|---|
| 999.00 | 1213.69 | 1443.10 | 1581.00 | 6613.61 | 7932.29 | 8597.66 | 8800.00 | 8563.47 | 7975.80 |
| 16.51 | 24.14 | 55.96 | 136.61 | 585.82 | 937.03 | 1005.91 | 1140.97 | 1200.88 | 1154.74 |
| 2.78 | 3.88 | 4.75 | 5.59 | 33.03 | 76.51 | 109.14 | 149.84 | 165.90 | 201.60 |
| 1.83 | 2.92 | 6.01 | 11.69 | 91.51 | 118.36 | 152.35 | 149.77 | 139.00 | 120.00 |
| 30.09 | 34.34 | 63.50 | 193.32 | 210.44 | 188.38 | 141.91 | 165.89 | 153.80 | 192.30 |
| 6.77 | 9.20 | 34.32 | 73.49 | 100.74 | 115.89 | 115.79 | 112.94 | 77.20 | 64.70 |
| 5.30 | 6.71 | 27.74 | 59.52 | 95.17 | 92.66 | 87.99 | 70.30 | 46.50 | 82.40 |
| 27.66 | 61.62 | 95.74 | 280.25 | 1357.45 | 1455.46 | 1605.29 | 1914.28 | 1777.90 | 1742.50 |
|  | 53422 | 54367 | 83980 | 98258 | 102535 | 91235 | 114841 | 107627 | 126933 |
| 1.32 | 3.94 | 7.16 | 56.24 | 343.37 | 428.94 | 468.04 | 570.25 | 626.22 | 525.02 |
| 5622 | 6197 | 7479 | 22186 | 84590 | 96196 | 110199 | 91303 | 87733 | 87272 |
| 5349 | 5192 | 5980 | 15945 | 27664 | 32227 | 36774 | 36475 | 30650 | 24508 |
| 273 | 796 | 1259 | 5686 | 53827 | 60812 | 70012 | 50943 | 53047 | 57185 |
| 44223 | 121000 | 192033 | 575597 | 1163818 | 1339417 | 1441031 | 1292930 | 1468420 | 1538377 |
| 23208 | 45392 | 46810 | 244662 | 330502 | 411057 | 408863 | 445080 | 484650 | 473709 |
| 21015 | 75608 | 145223 | 313768 | 653115 | 723666 | 796893 | 583405 | 656792 | 680437 |
| 1165 | 1908 | 4358 | 143401 | 1561770 | 578421 | 656680 | 716777 | 1026472 | 1355404 |
| 1168.7 | 1792.0 | 2054.3 | 2021.0 | 2087.6 | 1411.3 | 1145.9 | 916.2 | 814.0 | 574.8 |
| 45.0 | 125.1 | 85.4 | 61.7 | 54.9 | 52.8 | 59.0 | 60.0 | 126.4 | 57.3 |
| 1.3 | 2.8 | 5.1 | 70.0 | 562.7 | 633.3 | 710.4 | 731.9 | 791.0 | 745.4 |
|  |  |  | 20.4 | 450.8 | 524.8 | 605.4 | 627.2 | 688.3 | 661.0 |
|  |  |  | 3.4 | 48.8 | 53.9 | 60.9 | 71.1 | 78.2 | 86.1 |

## 2-3 续表3

| 指　　标 | Item | 单位 | Unit |
|---|---|---|---|
| **批发零售贸易餐饮业** | **Wholesale and Retail Trade and Catering Services** | | |
| 社会消费品零售总额 | Total Retail Sales of Consumer Goods | 亿元 | 100 million yuan |
| **对外贸易** | **Foreign Trade** | | |
| 进出口总额 | Total Value of Imports and Exports | 万美元 | USD 10 000 |
| 出口额 | Exports | 万美元 | USD 10 000 |
| 进口额 | Imports | 万美元 | USD 10 000 |
| **旅游业** | **Tourism** | | |
| 接待海外旅游人数 | Number of Oversea Visitors | 人 | person |
| 旅游外汇总收入 | Foreign Exchange Earnings from International Tourism | 万元 | 10 000 yuan |
| **利用外资** | **Utilization of Foreign Capital** | | |
| 签订利用外资协议额 | Total Amount of Agreements and Contracts | 万美元 | USD 10 000 |
| 实际利用外资额 | Foreign Investment Actually Utilized | 万美元 | USD 10 000 |
| **教 育** | **Education** | | |
| 高等学校在校学生数 | Students Enrollment of Higher Education | 人 | person |
| 中等职业教育在校学生数 | Students Enrollment of Specialized Secondary Schools | 人 | person |
| 普通中学在校学生数 | Students Enrollment of Regular Junior Secondary Schools | 万人 | 10 000 persons |
| 小学在校学生数 | Students Enrollment of Primary Schools | 万人 | 10 000 persons |
| **科 技** | **Science and Teconology** | | |
| 研究与试验发展人员全时当量 | Number of Scientists and Engineers | 人年 | man - year |
| 研究与试验发展经费内部支出 | Expenditures on Research and Development | 万元 | 10 000 yuan |
| **文 化** | **Culture** | | |
| 图书出版数量 | Number of Books Published | 万册 | 10 000 copies |
| 报纸出版数 | Number of Newspaper Published | 万份 | 10 000 copies |
| **卫 生** | **Health Care** | | |
| 医疗卫生机构数 | Number of Health Care Institutions | 个 | unit |
| 医院病床数 | Beds in Health Care Institutions | 张 | bed |
| 卫生技术人员 | Medical Technical Personnel | 人 | person |
| **家庭、生活、环境** | **Family, People's Living Conditions and Environment** | | |
| **家庭** | **Family** | | |
| 家庭总户数 | Number of Family Household | 万户 | household |
| 平均每户家庭人口 | Average Family Size | 人 | person |

**注：**医疗卫生机构数2000年数据不包括诊所、医务室、社区服务站，2011年以后的数据包括村卫生室。

Continued

| 1978 | 1985 | 1990 | 2000 | 2010 | 2011 | 2012 | 2013 | 2014 | 2015 |
|---|---|---|---|---|---|---|---|---|---|
| 5.04 | 13.15 | 25.30 | 100.54 | 418.49 | 515.48 | 590.53 | 668.53 | 737.18 | 789.57 |
| 2962 | 5426 | 8491 | 44292 | 196049 | 228573 | 221667 | 321791 | 543558 | 379062 |
| 2271 | 3416 | 7679 | 32736 | 117026 | 159943 | 164116 | 255246 | 430243 | 297635 |
| 691 | 2010 | 812 | 11556 | 79023 | 68630 | 57551 | 66545 | 113315 | 81427 |
| | | 1950 | 7807 | 17990 | 19479 | 18994 | 25357 | 33657 | 37315 |
| | | 175 | 2252 | 4067 | 4026 | 3443 | 7483 | 11357 | 12865 |
| | 344 | 268 | 11067 | 55210 | 38687 | 43601 | 47829 | 52930 | 136369 |
| | 99 | 1077 | 9091 | 23175 | 34226 | 34809 | 20384 | 14304 | 22085 |
| 2890 | 6425 | 7992 | 17163 | 83415 | 91383 | 100188 | 108463 | 115562 | 119410 |
| 5198 | 19845 | 33021 | 41719 | 101878 | 112500 | 104757 | 93950 | 81966 | 82117 |
| 23.29 | 23.79 | 28.44 | 31.83 | 44.91 | 44.74 | 45.03 | 44.99 | 44.18 | 43.40 |
| 61.30 | 65.42 | 66.73 | 65.74 | 65.37 | 64.33 | 61.81 | 60.39 | 58.87 | 58.35 |
| | | | 2519 | 6378 | 7359 | 8073 | 8234 | 9500 | 9247 |
| | | | 17335 | 115101 | 153184 | 182304 | 209042 | 238580 | 254842 |
| 1136 | 2206 | 1890 | 1649 | 1906 | 2082 | 2737 | 3541 | 3143 | 4745 |
| | 3855 | 4561 | 6136 | 10806 | 10045 | 8878 | 13839 | 8301 | 11108 |
| 825 | 1057 | 1163 | 1361 | 1583 | 4143 | 4136 | 4230 | 4252 | 4289 |
| 6962 | 8640 | 10045 | 13229 | 20258 | 22114 | 23509 | 26199 | 27220 | 27721 |
| 10913 | 15528 | 19175 | 19171 | 29744 | 32054 | 34265 | 37350 | 39859 | 41505 |
| 66.80 | 80.83 | 100.91 | 140.60 | 195.48 | 197.41 | 196.71 | 202.09 | 209.90 | 210.48 |
| 5.52 | 5.13 | 4.61 | 3.94 | 3.24 | 3.24 | 3.29 | 3.24 | 3.15 | 3.17 |

Note: Data of health care institutions in 2000, do not include clinics, health centers and community health service centers.

## 2－3 续表 4

| 指　　标 | Item | 单位 | Unit |
|---|---|---|---|
| **婚 姻** | **Marriages and Divorces** | | |
| 结婚登记总数 | Registered Number of Marriages | 对 | couple |
| 离婚总数 | Number of Divorces | 对 | couple |
| **生 活** | **People's Living Conditions** | | |
| 城镇非私营单位在岗职工工资总额 | Total Wages Bill of Staff and Workers in Urban Non－Private Units | 亿元 | 100 million yuan |
| 城镇非私营单位在岗职工年平均工资 | Annual Average Wage of Staff and Workers in Urban Non－Private Units | 元 | yuan |
| * 城镇居民人均可支配收入 | Annual Per Capita Disposable Income of Urban Households | 元 | yuan |
| 城镇居民人均消费支出 | Annual Per Capital Consumption Expenditure of Urban Households | 元 | yuan |
| * 农村居民人均可支配收入 | Annual Per Capita Disposable Income of Rural Households | 元 | yuan |
| 农民人均生活消费支出 | Annual Per Capita Living Expenditure of Rural Households | 元 | yuan |
| 城乡居民储蓄存款余额 | Per Capita Balance of Saving Deposit | 亿元 | 100 million yuan |
| **居 住** | **Housing** | | |
| * 城镇人均建筑面积 | Per Capita Gross Living Space in Urban Areas | 平方米 | sq. m |
| * 农村人均居住面积 | Per Capita Net Income of Rural Residents | 平方米 | sq. m |
| **市政建设** | **Municipal Works** | | |
| 自来水供应量 | Annual Supply of Tap Water | 万吨 | 10 000 tons |
| 排水管道长度 | Length of Sewer Pipelines | 公里 | km |
| 城市液化气供应量 | Volume of Liquefied Gas Supply in Cities | 万吨 | 10 000 tons |
| 城市天然气供应量 | Volume of Natural Gas Supply in Cities | 万立方米 | 10 000 cu. m |
| 年末公交车运营车数 | Number of Public Vehicles under Operation at Year－end | 标台 | unit |
| 出租车数 | Number of Taxis | 辆 | unit |
| 道路面积 | Areas of Paved Roads | 万平方米 | 10 000 sq. m |
| 公园绿地面积 | Areas of Green Land | 公顷 | hectare |
| **环境、灾害** | **Environment and Disaster** | | |
| 当年施工污染治理项目数 | Number of Projects for Pollution Treatment | 个 | unit |
| 治污项目本年完成投资额 | Total Investment in the Treatment of Environmental Pollution | 万元 | 10 000 yuan |
| 火灾发生数 | Number of Fire Disasters | 起 | unit |
| 火灾损失 | Fire Loss | 万元 | 10 000 yuan |
| 交通事故发生数 | Number of Traffic Accidents | 起 | unit |
| 交通事故损失 | Loss of Traffic Accidents | 万元 | 10 000 yuan |

注：1. 市政建设部分统计数据来源于宁夏回族自治区建设厅。
2. 2013 年国家统计局实施了城乡一体化住户调查改革。本表带“ * ”指标 2010 年以前的数据为改革前旧口径数据，2010 年以后为改革后新口径数据。“农村居民人均可支配收入”改革前为“农民人均纯收入”。

# Continued

| 1978 | 1985 | 1990 | 2000 | 2010 | 2011 | 2012 | 2013 | 2014 | 2015 |
|---|---|---|---|---|---|---|---|---|---|
| | | | | | | | | | |
| | 34476 | 36644 | 35711 | 60229 | 61500 | 60700 | 63838 | 55958 | 60900 |
| | 2166 | 3533 | 6161 | 8836 | 9513 | 10794 | 11536 | 11281 | 13315 |
| | | | | | | | | | |
| 3.08 | 6.56 | 14.66 | 56.33 | 216.50 | 258.05 | 335.99 | 374.00 | 408.89 | 434.70 |
| 726 | 1206 | 2202 | 8681 | 39144 | 44574 | 48961 | 52185 | 56811 | 62482 |
| 346 | 735 | 1421 | 4912 | 15093 | 17291 | 19507 | 21476 | 23285 | 25186 |
| 300 | 645 | 1212 | 4201 | 11334 | 12896 | 14067 | 15321 | 17216 | 18984 |
| 116 | 326 | 594 | 1724 | 5125 | 5931 | 6776 | 7599 | 8410 | 9119 |
| 91 | 265 | 486 | 1417 | 4013 | 4727 | 5633 | 6465 | 7676 | 8415 |
| 0.90 | 8.04 | 32.80 | 229.35 | 1170.25 | 1351.30 | 1679.43 | 1887.23 | 2054.65 | 2140.85 |
| | | | | | | | | | |
| | | 18.40 | 24.80 | 28.91 | 29.11 | 30.29 | 30.87 | 30.99 | 30.65 |
| 7.80 | 11.80 | 13.60 | 18.00 | 24.89 | 25.74 | 25.88 | 26.16 | 23.90 | 30.41 |
| | | | | | | | | | |
| | | | 25471 | 38945 | 36152 | 31634 | 35622 | 37108 | 39328 |
| | | | 480 | 2102 | 2297 | 2080 | 2345 | 2446 | 2737 |
| | | | 1.82 | 2.19 | 2.06 | 2.52 | 3.00 | 3.10 | 2.54 |
| | | | 56 | 115902 | 138923 | 194965 | 228234 | 241419 | 226284 |
| | | | 719 | 2992 | 3052 | 3528 | 3858 | 3918 | 4558 |
| | | | | 15673 | 15492 | 15854 | 15986 | 16119 | 16144 |
| | | | 911 | 5798 | 6392 | 7220 | 7825 | 9150 | 9279 |
| | | | 3316 | 20366 | 21786 | 23552 | 26146 | 28425 | 31124 |
| | | | | | | | | | |
| | | | 112 | 21 | 112 | 60 | 69 | 76 | 87 |
| | | 1774 | 18541 | 40896 | 46091 | 69160 | 165486 | 272967 | 104318 |
| | | 276 | 2893 | 3447 | 3256 | 3291 | 4176 | 4195 | 3148 |
| | | 180 | 688 | 1338 | 220 | 418 | 2177 | 3049 | 2691 |
| | | 2072 | 11200 | 2050 | 1729 | 1769 | 1793 | 1752 | 1693 |
| | | 332 | 2083 | 659 | 752 | 708 | 799 | 856 | 804 |

Notes: a) The data of "Municipal Works" come from Department of Construction of Ningxia Hui Autonomous Region.

b) The NBS implemented integrated household income and expenditure survey reform in 2013. Data before 2010 of the items with " * " was of old scope while since 2010, they were of new calculating caliber. "Annual Per Capita Disposable Income of Rural Households" refers to "Annual Per Capita Ner Income of Rural Households" before the reform.

# 2-4 国民经济与社会发展总量速度指标

| 指　标 | Item |
|---|---|
| **人口与就业** | **Population and Employment** |
| **人口** | **Population** |
| 年末总人口 | Population at Year - end |
| 回族人口 | Hui Ethnic |
| **就 业** | **Employment** |
| 年末就业人员数 | Employment at Year - end |
| 职工人数 | Staff and Workers |
| **地区生产总值** | **Gross Domestic Product** |
| 第一产业 | Primary Industry |
| 第二产业 | Secondary Industry |
| 第三产业 | Tertiary Industry |
| 人均生产总值 | Per Capita GDP |
| **固定资产投资** | **Investment in Fixed Assets** |
| 全社会固定资产投资总额 | Total Investment in Fixed Assets |
| 国有经济 | State - owned Economy |
| 房地产开发投资 | Investment in Real Estate Development |
| **财政、金融** | **Government Finance and Financial Intermediation** |
| 地方财政收入 | Local Financial Revenue |
| 地方财政支出 | Local Financial Expenditure |
| 金融机构人民币存款余额 | Deposits of Financial Institutions |
| 金融机构人民币贷款余额 | Loans of Financial Institutions |
| **农 业** | **Agriculture** |
| 主要农产品产量 | Output of Major Farm Products |
| 粮 食 | Grain |
| 油 料 | Oil - bearing Crops |
| 猪牛羊肉 | Pork, Beef and Mutton |
| 水产品 | Aquatic Products |
| **工 业** | **Industry** |
| 全部工业增加值 | |
| **主要工业产品产量** | **Output of Major Industrial Products** |
| 原 煤 | Coal |
| 发电量 | Electricity |
| 钢 材 | Rolled Steel |
| 铝 | Aluminum |
| 水 泥 | Cement |

# Growth Rate of Principal Aggregate Indicators on National Economic and Social Development

| 2015年为以下各年% 2015as Percentage of the Following Years | | | | | 平均每年增长% Average Annual Growth Rate | |
|---|---|---|---|---|---|---|
| 1978 | 1990 | 2000 | 2010 | 2014 | 1979－2015 | 2001－2015 |
| | | | | | | |
| 187.8 | 143.4 | 120.5 | 105.5 | 101.0 | 1.7 | 1.3 |
| 219.9 | 156.4 | 126.0 | 109.8 | 101.9 | 2.2 | 1.6 |
| | | | | | | |
| 267.1 | 171.6 | 131.5 | 111.1 | 101.4 | 2.7 | 1.8 |
| 158.3 | 101.6 | 107.4 | 125.2 | 100.1 | 1.2 | 0.5 |
| 3269.6 | 1134.9 | 490.3 | 160.1 | 108.0 | 9.9 | 11.2 |
| 762.0 | 328.2 | 221.4 | 127.5 | 104.6 | 5.6 | 5.4 |
| 4863.4 | 1894.6 | 724.5 | 178.4 | 108.5 | 11.1 | 14.1 |
| 4390.1 | 1075.2 | 386.9 | 146.1 | 107.9 | 10.8 | 9.4 |
| 1731.5 | 786.1 | 405.2 | 151.5 | 106.9 | 8.0 | 9.8 |
| | | | | | | |
| 82738.3 | 16088.0 | 2196.8 | 241.2 | 110.4 | 19.9 | 22.9 |
| 36375.5 | 8766.7 | 1517.3 | 251.6 | 119.9 | 17.3 | 19.9 |
| | | 4069.6 | 249.1 | 96.8 | | 28.0 |
| | | | | | | |
| 11818.0 | 5994.3 | 1793.7 | 243.2 | 109.9 | 13.8 | 21.2 |
| 19686.8 | 7610.2 | 1871.3 | 204.2 | 113.8 | 15.3 | 21.6 |
| 87525.5 | 8614.5 | 1211.9 | 186.7 | 114.2 | 20.1 | 18.1 |
| 71278.8 | 6676.0 | 1335.4 | 213.4 | 111.8 | 19.4 | 18.9 |
| | | | | | | |
| 318.6 | 194.4 | 147.4 | 104.5 | 98.6 | 3.2 | 2.6 |
| 593.6 | 244.5 | 218.2 | 73.2 | 92.3 | 4.9 | 5.3 |
| 2190.2 | 429.0 | 169.0 | 115.3 | 103.8 | 8.7 | 3.6 |
| 84899.5 | 1664.7 | 458.9 | 188.6 | 104.4 | 20.0 | 10.7 |
| | | | | | | |
| 4638.8 | 1819.9 | 713.0 | 173.4 | 107.4 | 10.9 | 14.0 |
| | | | | | | |
| 798.4 | 552.7 | 504.5 | 120.6 | 93.1 | 5.8 | 11.4 |
| 6994.2 | 2063.5 | 845.3 | 197.1 | 96.2 | 12.2 | 15.3 |
| 7251.8 | 4244.2 | 3606.4 | 610.4 | 121.5 | 12.3 | 27.0 |
| 6557.4 | 1996.7 | 1026.5 | 131.1 | 86.3 | 12.0 | 16.8 |
| 6299.7 | 1820.0 | 621.8 | 128.4 | 98.0 | 11.8 | 13.0 |

# 2-4 续表1

| 指　　标 | Item |
|---|---|
| **交通运输业** | **Transportation** |
| 货物周转量 | Freight Ton - kilometers |
| 铁 路 | Railways |
| 公 路 | Highways |
| 旅客周转量 | Passenger - kilometers |
| 铁 路 | Railways |
| 公 路 | Highways |
| **批发零售贸易餐饮业** | **Wholesale and Retail Trade and Catering Services** |
| 社会消费品零售总额 | Total Retail Sales of Consumer Goods |
| **对外贸易** | **Foreign Trade** |
| 进出口总额 | Total Value of Imports and Exports |
| 出口额 | Exports |
| 进口额 | Imports |
| **教育** | **Education** |
| 高等学校在校学生数 | Students Enrollment of Higher Education |
| 中等职业教育在校学生数 | Students Enrollment of Specialized Secondary Schools |
| 普通中学在校学生数 | Students Enrollment of Regular Junior Secondary Schools |
| 小学在校学生数 | Students Enrollment of Primary Schools |
| **科 技** | **Science and Teconology** |
| 研究与试验发展人员全时当量 | Number of Scientists and Engineers |
| 研究与试验发展经费内部支出 | Expenditures on Research and Development |
| **文 化** | **Culture** |
| 图书出版数量 | Number of Books Published |
| 报纸出版数 | Number of Newspaper Published |
| **卫 生** | **Health Care** |
| 医疗卫生机构数 | Number of Health Care Institutions |
| 医院病床数 | Beds in Health Care Institutions |
| 卫生技术人员 | Medical Technical Personnel |
| **生 活** | **People's Living Conditions** |
| 城镇非私营单位在岗职工工资总额 | Total Wages Bill of Staff and Workers in Urban Non - Private Units |
| 城镇非私营单位在岗职工年平均工资 | Annual Average Wage of Staff and Workers in Urban Non - Private Units |
| 城镇居民人均可支配收入 | Annual Per Capita Disposable Income of Urban Households |
| 城镇居民人均消费支出 | Annual Per Capital Consumption Expenditure of Urban Households |
| 农村居民人均可支配收入 | Annual Per Capita Disposable Income of Rural Households |
| 农民人均生活消费支出 | Annual Per Capita Living Expenditure of Rural Households |
| 城乡居民储蓄存款余额 | Per Capita Balance of Saving Deposit |

## Continued

| 2015年为以下各年%<br>2015as Percentage of the Following Years | | | | | 平均每年增长%<br>Average Annual Growth Rate | |
|---|---|---|---|---|---|---|
| 1978 | 1990 | 2000 | 2010 | 2014 | 1979 - 2015 | 2001 - 2015 |
| 1552.3 | 1166.9 | 393.4 | 103.2 | 99.5 | 7.7 | 9.6 |
| 458.2 | 409.8 | 153.7 | 88.6 | 80.0 | 4.2 | 2.9 |
| 20946.7 | 4542.1 | 1005.7 | 106.2 | 107.8 | 15.5 | 16.6 |
| 3478.7 | 801.1 | 267.3 | 132.2 | 104.8 | 10.1 | 6.8 |
| 2041.1 | 1012.0 | 193.6 | 143.3 | 97.7 | 8.5 | 4.5 |
| 3237.9 | 468.5 | 216.9 | 104.2 | 103.6 | 9.9 | 5.3 |
| 15666.0 | 3120.8 | 785.3 | 188.7 | 107.1 | 14.6 | 14.7 |
| 12797.5 | 4464.3 | 855.8 | 193.4 | 69.7 | 14.0 | 15.4 |
| 13105.9 | 3876.0 | 909.2 | 254.3 | 69.2 | 14.1 | 15.9 |
| 11783.9 | 10028.0 | 704.6 | 103.0 | 71.9 | 13.8 | 13.9 |
| 4131.8 | 1494.1 | 695.7 | 143.2 | 103.3 | 10.6 | 13.8 |
| 1579.8 | 248.7 | 196.8 | 80.6 | 100.2 | 7.7 | 4.6 |
| 186.3 | 152.6 | 136.4 | 96.6 | 98.2 | 1.7 | 2.1 |
| 95.2 | 87.4 | 88.8 | 89.3 | 99.1 | -0.1 | -0.8 |
| | | 367.1 | 145.0 | 97.3 | | 9.1 |
| | | 1470.1 | 221.4 | 106.8 | | 19.6 |
| 417.7 | 251.1 | 287.8 | 249.0 | 151.0 | 3.9 | 7.3 |
| | 243.5 | 181.0 | 102.8 | 133.8 | -100.0 | 4.0 |
| 519.9 | 368.8 | 315.1 | 270.9 | 100.9 | 4.6 | 8.0 |
| 398.2 | 276.0 | 209.5 | 136.8 | 101.8 | 3.8 | 5.1 |
| 380.3 | 216.5 | 216.5 | 139.5 | 104.1 | 3.7 | 5.3 |
| 14113.8 | 2965.2 | 771.7 | 200.8 | 106.3 | 14.3 | 14.6 |
| 8606.3 | 2837.5 | 719.8 | 159.6 | 110.0 | 12.8 | 14.1 |
| 7277.1 | 1772.2 | 512.7 | 164.1 | 108.2 | 12.3 | 11.5 |
| 6328.0 | 1566.6 | 451.9 | 167.5 | 110.3 | 11.9 | 10.6 |
| 7867.7 | 1534.4 | 528.8 | 195.1 | 108.4 | 12.5 | 11.7 |
| 9277.7 | 1730.4 | 593.8 | 209.7 | 109.6 | 13.0 | 12.6 |
| 237872.2 | 6527.0 | 933.4 | 182.9 | 104.2 | 23.4 | 16.1 |

## 2-5 国民经济主要比例关系

| 指　　标 | Item |
|---|---|
| **地区生产总值中三次产业比例** | **Proportion of Three Industry on GDP** |
| 第一产业 | Primary Industry |
| 第二产业 | Secondary Industry |
| 第三产业 | Tertiary Industry |
| **从业人员中三次产业比例** | **Proportion of Three Industry on Employment** |
| 第一产业 | Primary Industry |
| 第二产业 | Secondary Industry |
| 第三产业 | Tertiary Industry |
| **农业总产值中农、林、牧、渔业比例** | **Proportion of Gross Output Value of Agriculture, Forestry, Animal Husbandary and Fishery** |
| 农 业 | Agriculture |
| 林 业 | Forestry |
| 牧 业 | Animal Husbandary |
| 渔 业 | Fishery |
| 农林牧渔服务业 | Services for Agriculture, Forestry, Animal Husbandary and Fishery |
| **工业总产值中轻、重工业比例** | **Proportion of Gross Output Value of Industry** |
| 轻工业 | Light Industry |
| 重工业 | Heavy Industry |
| **工业总产值中大中小型企业比例** | **Proportion of Gross Output Value of Industry** |
| 大型企业 | Large Enterprises |
| 中型企业 | Medium - sized Enterprises |
| 小型企业 | Small Enterprises |
| 微型企业 | Macro - enterprises |
| **财政收入占地区生产总值的比例** | **Proportion of Government Revenue to GDP** |
| **科教文卫支出占财政支出的比例** | **Proportion of Science, Education, Culture and Health Care to Government Expenditure** |

**注:** 按全国核算制度规定,2005 年起,农林牧渔服务业包括在第一产业中,2004 年及之前包括在第三产业中。

# Major Indicators on Proportions in National Economic

| 1978 | 1980 | 1990 | 2000 | 2010 | 2011 | 2012 | 2013 | 2014 | 2015 |
|---|---|---|---|---|---|---|---|---|---|
| **100.0** | **100.0** | **100.0** | **100.0** | **100.0** | **100.0** | **100.0** | **100.0** | **100.0** | **100.0** |
| 23.6 | 26.7 | 26.0 | 15.6 | 9.0 | 8.3 | 8.1 | 8.2 | 7.9 | 8.2 |
| 50.8 | 45.6 | 39.1 | 41.2 | 49.0 | 50.2 | 49.5 | 48.9 | 48.7 | 47.4 |
| 25.6 | 27.7 | 34.9 | 43.2 | 42.0 | 41.5 | 42.4 | 42.9 | 43.4 | 44.4 |
| **100.0** | **100.0** | **100.0** | **100.0** | **100.0** | **100.0** | **100.0** | **100.0** | **100.0** | **100.0** |
| 69.5 | 70.0 | 62.2 | 57.6 | 49.7 | 48.9 | 48.5 | 47.6 | 45.3 | 44.2 |
| 18.6 | 17.7 | 18.2 | 18.1 | 16.5 | 16.3 | 16.5 | 17.2 | 19.2 | 18.2 |
| 11.9 | 12.3 | 19.6 | 24.3 | 33.8 | 34.8 | 35.0 | 35.2 | 35.5 | 27.6 |
| **100.0** | **100.0** | **100.0** | **100.0** | **100.0** | **100.0** | **100.0** | **100.0** | **100.0** | **100.0** |
| 78.7 | 82.5 | 70.9 | 60.5 | 63.8 | 63.0 | 62.4 | 62.5 | 61.5 | 64.4 |
| 3.1 | 3.8 | 5.3 | 4.0 | 2.8 | 2.6 | 2.5 | 2.3 | 2.2 | 2.4 |
| 18.1 | 13.6 | 21.9 | 33.1 | 26.8 | 27.5 | 27.5 | 27.9 | 28.5 | 25.4 |
| 0.1 | 0.1 | 1.9 | 2.4 | 2.6 | 2.9 | 3.5 | 3.1 | 3.4 | 3.3 |
|  |  |  |  | 3.9 | 3.9 | 4.1 | 4.2 | 4.4 | 4.5 |
| **100.0** | **100.0** | **100.0** | **100.0** | **100.0** | **100.0** | **100.0** | **100.0** | **100.0** | **100.0** |
| 24.9 | 27.0 | 27.7 | 23.3 | 16.4 | 14.4 | 14.0 | 14.8 | 17.3 | 19.6 |
| 75.1 | 73.0 | 72.3 | 76.7 | 83.6 | 85.6 | 86.0 | 85.2 | 82.7 | 80.4 |
| **100.0** | **100.0** | **100.0** | **100.0** | **100.0** | **100.0** | **100.0** | **100.0** | **100.0** | **100.0** |
| 21.9 | 23.2 | 31.6 | 43.4 | 39.6 | 58.9 | 59.3 | 57.2 | 52.9 | 50.5 |
| 27.6 | 29.6 | 19.6 | 16.5 | 35.6 | 20.4 | 21.2 | 22.4 | 22.7 | 21.8 |
| 50.5 | 47.2 | 48.8 | 40.2 | 24.8 | 20.3 | 19.0 | 19.6 | 23.2 | 25.9 |
|  |  |  |  |  | 0.5 | 0.5 | 0.8 | 1.2 | 1.8 |
| **24.3** | **12.8** | **9.6** | **7.8** | **9.1** | **10.5** | **11.3** | **12.0** | **12.4** | **12.8** |
| **13.5** | **13.1** | **22.5** | **20.9** | **24.7** | **23.5** | **20.4** | **21.0** | **21.6** | **22.4** |

Note: According to the national accounting system, from 2005, the output value of services of farming, forestry, animal husbandry and fishery were included in the first industry, whice included in the tertiery industry before 2004.

# 2-6 按人口平均的主要经济指标

| 指 标 | Item | 单位 | Unit |
|---|---|---|---|
| **地区生产总值** | **Gross Domestic Product** | **元** | **yuan** |
| **农 业** | **Agriculture** | | |
| 农林牧渔业总产值 | Gross Output Value of Agriculture, Forestry, Animal Husbandary and Fishery | 元 | yuan |
| 耕地面积 | Area of Cultivated Land | 亩 | mu |
| 粮食产量 | Output of Grain | 千克 | kg |
| 油料产量 | Output of Oil - bearing Crops | 千克 | kg |
| 猪牛羊肉产量 | Output of Pork, Beaf and Mutton | 千克 | kg |
| 水产品产量 | Output of Aquatic Products | 千克 | kg |
| **工 业** | **Industry** | | |
| 工业总产值 | Gross Output Value of Industry | 元 | yuan |
| 原 煤 | Coal | 千克 | kg |
| 发电量 | Electricity | 千瓦时 | kwh |
| 钢 材 | Rolled Steel | 千克 | kg |
| 铝 | Aluminum | 千克 | kg |
| 农用化肥 | Chemical Fertilizer | 千克 | kg |
| 水 泥 | Cement | 千克 | kg |
| **财 政** | **Government Finance** | | |
| 地方财政收入 | Local Financial Revenue | 元 | yuan |
| 地方财政支出 | Local Financial Expenditure | 元 | yuan |
| **全社会固定资产投资** | **Total Investment in Fixed Assets** | **元** | **yuan** |
| **社会消费品零售额** | **Total Retail Sales of Consumer Goods** | **元** | **yuan** |
| **人民生活** | **People's Living Conditions** | | |
| 城镇非私营单位在岗职工年平均工资 | Annual Average Wages of Staff and Workers in Urban Non - Private Units | 元 | yuan |
| 城镇居民人均可支配收入 | Annual Per Capita Disposable Income of Urban Households | 元 | yuan |
| 城镇居民人均消费支出 | Annual Per Capita Consumption Expenditure of Urban Households | 元 | yuan |
| 农村居民人均可支配收入 | Annual Per Capita Disposable Income of Rural Households | 元 | yuan |
| 农民人均生活消费支出 | Annual Per Capita Living Expenditure of Rural Households | 元 | yuan |

注:1. 本表价值指标均按当年价格计算。
2. 本表 2010 年以前的农村居民人均可支配收入为农民人均纯收入。

# Per Capita Main Indicators on Economy

| 1978 | 1980 | 1990 | 2000 | 2010 | 2011 | 2012 | 2013 | 2014 | 2015 |
|---|---|---|---|---|---|---|---|---|---|
| **370** | **433** | **1393** | **5376** | **26860** | **33043** | **36394** | **39421** | **41834** | **43805** |
| | | | | | | | | | |
| 137.1 | 173.9 | 530.3 | 1416.8 | 4863.3 | 5574.9 | 5986.9 | 6608.3 | 6771.4 | 7266.7 |
| 3.80 | 3.60 | 2.60 | 3.50 | 2.71 | 2.67 | 2.57 | 2.95 | 2.94 | |
| 333.2 | 326.3 | 411.8 | 460.5 | 566.7 | 564.2 | 583.0 | 573.9 | 574.4 | 560.6 |
| 7.3 | 9.8 | 13.4 | 12.7 | 33.1 | 28.9 | 28.0 | 25.8 | 25.1 | 22.9 |
| 3.5 | 5.2 | 13.5 | 29.0 | 37.1 | 35.6 | 37.4 | 38.1 | 39.5 | 40.5 |
| 0.1 | 0.1 | 2.2 | 6.7 | 14.3 | 16.6 | 19.2 | 22.3 | 24.7 | 25.5 |
| | | | | | | | | | |
| 394.4 | 377.3 | 1390.6 | 5356.0 | 30590.6 | 39161.0 | 47005.9 | 53824.4 | 56972.4 | 57702.8 |
| 2845.0 | 2632.0 | 3099.8 | 2880.8 | 10513.2 | 12468.1 | 13364.5 | 13524.1 | 13017.0 | 11999.0 |
| 470.2 | 526.7 | 1202.0 | 2489.2 | 9312.3 | 14728.4 | 15636.2 | 17534.7 | 18254.2 | 17372.1 |
| 7.9 | 11.2 | 10.2 | 10.2 | 52.5 | 120.3 | 169.7 | 230.3 | 252.2 | 303.3 |
| 5.2 | 6.1 | 12.9 | 21.3 | 145.5 | 186.0 | 236.8 | 230.2 | 211.3 | 180.5 |
| 15.1 | 15.1 | 59.6 | 108.5 | 151.3 | 145.7 | 136.8 | 138.8 | 70.7 | 124.0 |
| 78.8 | 79.3 | 205.7 | 510.7 | 2157.8 | 2287.7 | 2495.3 | 2941.9 | 2702.5 | 2621.5 |
| | | | | | | | | | |
| 90.0 | 55.2 | 133.8 | 379.4 | 2440.9 | 3457.6 | 4103.0 | 4738.6 | 5166.1 | 5618.2 |
| 164.5 | 155.9 | 321.4 | 1108.6 | 8862.9 | 11095.6 | 13435.9 | 14176.9 | 15207.5 | 17127.6 |
| 121.7 | 107.8 | 471.7 | 2930.3 | 23283.8 | 26000.3 | 32791.0 | 41204.5 | 48657.0 | 53150.1 |
| 143.6 | 182.8 | 543.5 | 1832.0 | 6652.3 | 8102.4 | 9179.3 | 10274.2 | 11205.6 | 11878.4 |
| | | | | | | | | | |
| 726 | 863 | 2202 | 8681 | 39144 | 44574 | 48961 | 52185 | 56811 | 62482 |
| 346 | 464 | 1421 | 4913 | 15093 | 17291 | 19507 | 21476 | 23285 | 25186 |
| 300 | 403 | 1212 | 4201 | 11334 | 12896 | 14067 | 15321 | 17216 | 18984 |
| 116 | 175 | 594 | 1724 | 5125 | 5931 | 6776 | 7598 | 8410 | 9119 |
| 91 | 136 | 486 | 1417 | 4013 | 4727 | 5633 | 6465 | 7676 | 8415 |

Notes: a) Figures in value terms in this table are calculated at current prices.

b) before 2010, data of Annual Per Capita Disposable Income of Rural Households in this table refers to per capita net income of rural households .

# 2-7 各市县国民经济人均主要指标(2015年)

# Major Indicators on National Economic Per Captia Ranking by City and County(2015)

| 地 区 | Region | 年平均人口(人) Annual Average Population (person) | 人口出生率(‰) Birth Rate (‰) | 人口自然增长率(‰) Natural Growth Rate (‰) | 地区生产总值比上年增长(%) Growth Rate of GDP (%) | 人均地区生产总值比上年增长(%) Growth Rate of Per Capita GDP (%) |
|---|---|---|---|---|---|---|
| **全区总计** | **Total** | **6647077** | **12.62** | **8.04** | **8.0** | **6.9** |
| **银川市** | **Yinchuan** | **2146528** | **10.75** | **6.35** | **8.3** | **6.3** |
| 银川市 | District | 1380999 | 9.89 | 5.80 | 7.7 | 6.0 |
| 兴庆区 | Xingqing | 729761 | 9.23 | 5.23 | 8.5 | 6.5 |
| 西夏区 | Xixia | 350636 | 9.12 | 5.29 | 5.3 | 3.7 |
| 金凤区 | Jinfeng | 300602 | 12.38 | 7.79 | 9.5 | 8.3 |
| 永宁县 | Yongning | 233496 | 11.08 | 6.15 | 6.9 | 6.2 |
| 贺兰县 | Helan | 249975 | 12.28 | 6.33 | 11.9 | 8.0 |
| 灵武市 | Lingwu | 282060 | 13.40 | 9.24 | 9.1 | 6.1 |
| **石嘴山市** | **Shizuishan** | **780343** | **10.18** | **4.99** | **6.9** | **4.9** |
| 石嘴山市 | District | 498961 | 9.67 | 4.64 | 6.4 | 4.8 |
| 大武口区 | Dawukou | 301230 | 9.58 | 5.11 | 6.0 | 4.7 |
| 惠农区 | Huinong | 197731 | 9.80 | 3.92 | 7.1 | 5.1 |
| 平罗县 | Pingluo | 281382 | 11.09 | 5.60 | 8.1 | 5.4 |
| **吴忠市** | **Wuzhong** | **1363083** | **13.83** | **9.72** | **7.4** | **5.8** |
| 利通区 | Litong | 401937 | 13.11 | 9.19 | 12.6 | 11.3 |
| 红寺堡区 | Hongsipu | 193458 | 15.82 | 12.79 | 10.3 | 5.2 |
| 盐池县 | Yanchi | 153239 | 12.95 | 8.77 | 15.5 | 14.3 |
| 同心县 | Tongxin | 324776 | 16.79 | 12.84 | 13.1 | 13.1 |
| 青铜峡市 | Qingtongxia | 289673 | 10.64 | 5.43 | -2.1 | -4.2 |
| **固原市** | **Guyuan** | **1219579** | **15.16** | **10.35** | **8.5** | **9.9** |
| 原州区 | Yuanzhou | 415717 | 15.20 | 10.52 | 8.2 | 8.6 |
| 西吉县 | Xiji | 347751 | 16.65 | 12.01 | 9.1 | 11.5 |
| 隆德县 | Longde | 159273 | 12.10 | 7.14 | 8.8 | 10.6 |
| 泾源县 | Jingyuan | 101076 | 15.83 | 10.86 | 11.4 | 12.5 |
| 彭阳县 | Pengyang | 195763 | 14.58 | 9.40 | 7.3 | 9.2 |
| **中卫市** | **Zhongwei** | **1137545** | **13.61** | **8.82** | **6.2** | **5.4** |
| 沙坡头区 | Shapotou | 401740 | 11.55 | 6.13 | 5.6 | 4.9 |
| 中宁县 | Zhongning | 339543 | 12.22 | 7.77 | 5.3 | 4.0 |
| 海原县 | Haiyuan | 396262 | 16.90 | 12.45 | 10.8 | 10.3 |

## 2－7 续表1 Continued

| 地 区 | Region | 人均农林牧渔业总产值(元) Per Capita of Gross Output Value of Agriculture, Forestry, Animal Husbandry and Fishery (yuan) | 人均粮食产量(千克) Per Capita Output of Grain (kg) | 人均油料产量(千克) Per Capita Oil－bearing Crops (kg) | 人均猪牛羊肉产量(千克) Per Capita Output of Pork, Beaf and Mutton (kg) | 人均水产品产量(千克) Per Capita Output of Aquatic Products (kg) |
|---|---|---|---|---|---|---|
| **全区总计** | **Total** | **7267** | **560.61** | **22.95** | **40.53** | **25.54** |
| **银川市** | **Yinchuan** | **5399** | **388.76** | **1.52** | **20.67** | **33.12** |
| 银川市 | District | 2576 | 145.67 | 0.42 | 28.48 | 13.19 |
| 永宁县 | Yongning | 12099 | 1122.06 | 2.55 | 50.32 | 34.26 |
| 贺兰县 | Helan | 12658 | 815.69 | 6.98 | 26.13 | 157.90 |
| 灵武市 | Lingwu | 7237 | 593.59 | 1.26 | 62.16 | 19.18 |
| **石嘴山市** | **Shizuishan** | **6570** | **594.49** | **32.78** | **25.54** | **74.56** |
| 大武口区 | Dawukou | 797 | 40.78 | 1.14 | 2.77 | 52.97 |
| 惠农区 | Huinong | 5980 | 393.95 | 40.13 | 25.16 | 22.10 |
| 平罗县 | Pingluo | 13164 | 1328.18 | 61.48 | 50.18 | 134.55 |
| **吴忠市** | **Wuzhong** | **8206** | **694.50** | **30.25** | **55.44** | **15.56** |
| 利通区 | Litong | 8522 | 441.87 | 1.95 | 31.37 | 9.89 |
| 红寺堡区 | Hongsipu | 4756 | 584.18 | 35.73 | 37.55 | |
| 盐池县 | Yanchi | 8409 | 573.38 | 76.10 | 118.79 | 2.32 |
| 同心县 | Tongxin | 7387 | 929.13 | 67.37 | 70.87 | |
| 青铜峡市 | Qingtongxia | 10881 | 919.71 | | 49.99 | 58.25 |
| **固原市** | **Guyuan** | **8370** | **651.58** | **39.86** | **64.21** | **0.50** |
| 原州区 | Yuanzhou | 7205 | 440.54 | 45.91 | 41.76 | |
| 西吉县 | Xiji | 8000 | 842.55 | 53.99 | 54.75 | 1.54 |
| 隆德县 | Longde | 7248 | 479.15 | 30.45 | 64.63 | |
| 泾源县 | Jingyuan | 7618 | 165.98 | 17.19 | 127.55 | 0.71 |
| 彭阳县 | Pengyang | 12802 | 1151.51 | 21.29 | 95.63 | |
| **中卫市** | **Zhongwei** | **8962** | **603.71** | **29.76** | **45.04** | **16.44** |
| 沙坡头区 | Shapotou | 10840 | 384.69 | 9.38 | 32.77 | 35.23 |
| 中宁县 | Zhongning | 10587 | 863.70 | 16.04 | 68.08 | 11.93 |
| 海原县 | Haiyuan | 5665 | 602.97 | 62.16 | 37.73 | 1.26 |

## 2－7 续表2 Continued

| 地 区 | Region | 人均耕地面积（亩） Per Capita Cultivated Land (mu) | 人均地方财政收入（元） Per Capita Local Financial Revenue (yuan) | 人均财政支出（元） Per Capita Local Financial Expenditure (yuan) | 人均固定资产投资额（元） Per Capita Investment in Fixed Assets (yuan) | 人均社会消费品零售额（元） Per Capita Retail Sales of Consumer Goods (yuan) |
|---|---|---|---|---|---|---|
| **全区总计** | **Total** | **2.91** | **5618** | **17128** | **51961** | **11878** |
| **银川市** | **Yinchuan** | **0.99** | **7966** | **13412** | **69967** | **22251** |
| 银川市 | District | 0.44 | 2588 | 4389 | 47004 | 23362 |
| 兴庆区 | Xingqing | 0.29 | 1776 | 2985 | 30791 | 31721 |
| 西夏区 | Xixia | 0.74 | 1001 | 2781 | 34883 | 6458 |
| 金凤区 | Jinfeng | 0.47 | 1767 | 4956 | 100504 | 22787 |
| 永宁县 | Yongning | 2.19 | 6192 | 13464 | 85289 | 7360 |
| 贺兰县 | Helan | 2.61 | 6249 | 10876 | 66267 | 49159 |
| 灵武市 | Lingwu | 1.27 | 6617 | 15407 | 172990 | 5293 |
| **石嘴山市** | **Shizuishan** | **1.66** | **3428** | **10169** | **54830** | **12310** |
| 石嘴山市 | District | 0.82 | 1145 | 3748 | 122 | 14778 |
| 大武口区 | Dawukou | 0.27 | 1151 | 2891 | 33343 | 14397 |
| 惠农区 | Huinong | 1.66 | 1137 | 5055 | 87858 | 15357 |
| 平罗县 | Pingluo | 3.16 | 3062 | 10140 | 54624 | 7936 |
| **吴忠市** | **Wuzhong** | **3.87** | **2345** | **11504** | **47912** | **6992** |
| 利通区 | Litong | 1.13 | 811 | 2822 | 60555 | 11970 |
| 红寺堡区 | Hongsipu | 3.16 | 830 | 9044 | 33724 | 2730 |
| 盐池县 | Yanchi | 10.01 | 4941 | 18534 | 98155 | 7511 |
| 同心县 | Tongxin | 6.43 | 685 | 11125 | 26987 | 3472 |
| 青铜峡市 | Qingtongxia | 2.00 | 2415 | 8545 | 36725 | 6605 |
| **固原市** | **Guyuan** | **5.01** | **1304** | **15048** | **25251** | **4917** |
| 原州区 | Yuanzhou | 3.74 | 603 | 7453 | 32726 | 7064 |
| 西吉县 | Xiji | 7.00 | 480 | 11101 | 11922 | 4033 |
| 隆德县 | Longde | 3.46 | 848 | 13596 | 28943 | 3477 |
| 泾源县 | Jingyuan | 2.63 | 1248 | 14802 | 31666 | 3705 |
| 彭阳县 | Pengyang | 6.41 | 1129 | 14095 | 26740 | 3729 |
| **中卫市** | **Zhongwei** | **3.98** | **1872** | **10518** | **29610** | **5327** |
| 沙坡头区 | Shapotou | 2.68 | 0.2 | 1561 | 36785 | 8307 |
| 中宁县 | Zhongning | 2.97 | 2772 | 9414 | 36929 | 5451 |
| 海原县 | Haiyuan | 6.15 | 439 | 10325 | 16063 | 2199 |

注：人均耕地面积为2014年数据并且不包含隆德飞地面积。

Note: Per Capita Cultivated Land data is in 2014 and does not include Londe Exclave.

## 2-7 续表3 Continued

| 地区 | Region | 城镇非私营单位在岗职工平均工资（元） Average Wage of Fully Employed Staff and Workers (yuan) | 城镇常住居民人均可支配收入（元） Per Capita Disposable Income of Rural Residents (yuan) | 城镇居民人均生活消费支出（元） Annual Per Capita Living Expenditure of Rural Households (yuan) | 农村常住居民人均可支配收入（元） Per Capita Disposable Income of Rural Residents (yuan) | 农村居民人均生活消费支出（元） Annual Per Capita Living Expenditure of Rural Households (yuan) |
|---|---|---|---|---|---|---|
| **全区总计** | **Total** | **62482** | **25186** | **18984** | **9119** | **8415** |
| **银川市** | **Yinchuan** | **66626** | **28261** | **21694** | **11148** | **10119** |
| 银川市 | District | 67948 | | | | |
| 兴庆区 | Xingqing | 72259 | 30514 | 24089 | 12625 | 10184 |
| 西夏区 | Xixia | 57258 | 23125 | 19269 | 9334 | 9142 |
| 金凤区 | Jinfeng | 66218 | 30361 | 24057 | 9941 | 9873 |
| 永宁县 | Yongning | 51589 | 25091 | 18737 | 10995 | 8554 |
| 贺兰县 | Helan | 52288 | 24548 | 16702 | 11628 | 11865 |
| 灵武市 | Lingwu | 72754 | 26255 | 16309 | 11650 | 10475 |
| **石嘴山市** | **Shizuishan** | **51990** | **24168** | **15005** | **10995** | **9551** |
| 石嘴山市 | District | 51739 | | | | |
| 大武口区 | Dawukou | 51419 | 26768 | 16193 | 9563 | 8359 |
| 惠农区 | Huinong | 52383 | 21495 | 12585 | 11074 | 8698 |
| 平罗县 | Pingluo | 52838 | 21216 | 15562 | 11300 | 10036 |
| **吴忠市** | **Wuzhong** | **55786** | **21553** | **15671** | **9150** | **8022** |
| 利通区 | Litong | 50069 | 23582 | 17262 | 11589 | 9707 |
| 红寺堡区 | Hongsipu | 53990 | 17875 | 11648 | 6408 | 6594 |
| 盐池县 | Yanchi | 55919 | 20919 | 13786 | 7674 | 7850 |
| 同心县 | Tongxin | 56840 | 18758 | 13299 | 6711 | 6899 |
| 青铜峡市 | Qingtongxia | 62572 | 22003 | 17530 | 11200 | 8211 |
| **固原市** | **Guyuan** | **65375** | **21144** | **13852** | **7002** | **6521** |
| 原州区 | Yuanzhou | 60107 | 22463 | 15597 | 7296 | 7760 |
| 西吉县 | Xiji | 70856 | 19965 | 12279 | 6857 | 5781 |
| 隆德县 | Longde | 63504 | 18632 | 12475 | 6769 | 6884 |
| 泾源县 | Jingyuan | 60090 | 19735 | 12759 | 6375 | 6014 |
| 彭阳县 | Pengyang | 75539 | 20049 | 11577 | 7158 | 6130 |
| **中卫市** | **Zhongwei** | **55473** | **21604** | **16747** | **8002** | **7676** |
| 沙坡头区 | Shapotou | 56657 | 22703 | 16835 | 9669 | 8997 |
| 中宁县 | Zhongning | 59670 | 21481 | 18089 | 9580 | 8484 |
| 海原县 | Haiyuan | 47597 | 19046 | 14495 | 6258 | 6469 |

# 第三篇

# 国民经济核算

Chapter3

National Economic Accounting

**责任编辑**:张学武

**资料整理**:张学武　马潇　万自梅　圣希明　杨柳　阎丽芬

**Coordinator**: Zhang Xuewu

**Data Compilation**: Zhang Xuewu　Ma Xiao　Wan Zimei　Sheng Ximing　Yang Liu　Yan Lifen

# 3-1 主要年份地区生产总值

## Gross Domestic Product

单位:亿元　　（按当年价格计算 Caculated at constant prices）　　（100 million yuan）

| 年份 Year | 地区生产总值 Gross Domestic Product | 第一产业 Primary Industry | 第二产业 Secondary Industry | 工业 Industry | 建筑业 Construction | 第三产业 Tertiary Industry |
|---|---|---|---|---|---|---|
| 1978 | 13.00 | 3.06 | 6.60 | 5.59 | 1.02 | 3.33 |
| 1979 | 14.36 | 3.41 | 7.36 | 6.37 | 0.99 | 3.58 |
| 1980 | 15.96 | 4.26 | 7.27 | 6.17 | 1.10 | 4.43 |
| 1981 | 17.42 | 5.47 | 6.97 | 5.64 | 1.33 | 4.97 |
| 1982 | 18.22 | 5.66 | 7.02 | 5.69 | 1.33 | 5.54 |
| 1983 | 20.79 | 6.62 | 7.87 | 6.35 | 1.52 | 6.29 |
| 1984 | 24.78 | 7.82 | 9.46 | 7.46 | 2.00 | 7.49 |
| 1985 | 30.27 | 8.90 | 12.12 | 9.32 | 2.80 | 9.25 |
| 1986 | 34.54 | 10.36 | 12.97 | 9.99 | 2.99 | 11.20 |
| 1987 | 39.63 | 10.44 | 15.77 | 12.44 | 3.32 | 13.42 |
| 1988 | 50.29 | 13.39 | 19.74 | 16.14 | 3.60 | 17.16 |
| 1989 | 59.21 | 14.80 | 24.39 | 20.91 | 3.47 | 20.02 |
| 1990 | 64.84 | 16.84 | 25.34 | 21.29 | 4.05 | 22.66 |
| 1991 | 71.78 | 17.90 | 27.77 | 23.12 | 4.65 | 26.10 |
| 1992 | 83.14 | 18.31 | 34.05 | 27.74 | 6.31 | 30.78 |
| 1993 | 104.49 | 20.84 | 45.61 | 37.33 | 8.27 | 38.04 |
| 1994 | 136.26 | 29.94 | 56.01 | 46.34 | 9.67 | 50.31 |
| 1995 | 175.19 | 35.41 | 74.67 | 63.37 | 11.30 | 65.10 |
| 1996 | 202.90 | 43.28 | 80.54 | 68.97 | 11.57 | 79.09 |
| 1997 | 224.59 | 44.87 | 88.67 | 74.99 | 13.68 | 91.05 |
| 1998 | 245.44 | 48.75 | 95.11 | 78.33 | 16.78 | 101.58 |
| 1999 | 264.58 | 48.08 | 103.82 | 83.51 | 20.32 | 112.67 |
| 2000 | 295.02 | 46.03 | 121.43 | 96.70 | 24.73 | 127.56 |
| 2001 | 337.44 | 49.67 | 135.89 | 106.82 | 29.06 | 151.89 |
| 2002 | 377.16 | 52.95 | 153.06 | 120.54 | 32.52 | 171.14 |
| 2003 | 445.36 | 55.63 | 194.27 | 151.22 | 43.05 | 195.46 |
| 2004 | 537.11 | 65.33 | 244.05 | 197.54 | 46.50 | 227.73 |
| 2005 | 612.61 | 72.07 | 281.05 | 228.37 | 52.68 | 259.49 |
| 2006 | 725.90 | 79.54 | 351.58 | 287.55 | 64.03 | 294.78 |
| 2007 | 919.11 | 97.89 | 455.04 | 376.71 | 78.33 | 366.18 |
| 2008 | 1203.92 | 118.94 | 609.98 | 506.98 | 103.00 | 475.00 |
| 2009 | 1353.31 | 127.25 | 662.32 | 520.38 | 141.94 | 563.74 |
| 2010 | 1689.65 | 151.64 | 827.91 | 643.05 | 184.86 | 710.10 |
| 2011 | 2102.21 | 175.23 | 1056.15 | 816.79 | 239.36 | 870.83 |
| 2012 | 2341.29 | 189.27 | 1159.37 | 878.63 | 280.74 | 992.65 |
| 2013 | 2577.57 | 210.81 | 1259.59 | 933.12 | 327.11 | 1107.17 |
| 2014 | 2752.10 | 216.99 | 1341.24 | 973.53 | 368.37 | 1193.87 |
| 2015 | 2911.77 | 237.76 | 1379.60 | 979.72 | 399.98 | 1294.41 |

注：2010 年以后的数据按照最新三次产业划分进行了调整。

Note: Since 2010, the data in this table has been adjusted in accordance with the division of the latest three strata industries.

# 3-1 续表1 continued

单位:亿元 （按当年价格计算 Caculated at constant prices） （100 million yuan）

| 年份<br>Year | 第三产业 Tertiary Industry | | | | | 人均地区生产总值（元/人）<br>Per Capita Gross Domestic Product (yuan/person) |
|---|---|---|---|---|---|---|
| | 交通运输、仓储和邮政业<br>Transport, Storage and Post Service | 批发和零售业、住宿和餐饮业<br>Wholesale, Retail Trade, Hoteling and Catering Services | 金融业<br>Finance and Insurance | 房地产业<br>Real Estate | 其他服务业<br>Other Services | |
| 1978 | 0.66 | 0.96 | 0.43 | 0.08 | 1.20 | 370 |
| 1979 | 0.65 | 0.97 | 0.53 | 0.09 | 1.35 | 399 |
| 1980 | 0.82 | 1.12 | 0.73 | 0.10 | 1.65 | 433 |
| 1981 | 0.85 | 1.13 | 0.93 | 0.11 | 1.96 | 460 |
| 1982 | 1.05 | 1.19 | 1.05 | 0.12 | 2.12 | 469 |
| 1983 | 1.20 | 1.33 | 1.15 | 0.13 | 2.48 | 525 |
| 1984 | 1.38 | 1.61 | 1.52 | 0.15 | 2.83 | 615 |
| 1985 | 1.75 | 1.87 | 1.98 | 0.22 | 3.43 | 737 |
| 1986 | 1.96 | 2.22 | 2.55 | 0.27 | 4.20 | 823 |
| 1987 | 2.46 | 2.83 | 3.14 | 0.30 | 4.69 | 922 |
| 1988 | 2.65 | 4.41 | 4.02 | 0.36 | 5.72 | 1143 |
| 1989 | 3.33 | 4.90 | 4.80 | 0.43 | 6.56 | 1317 |
| 1990 | 3.49 | 5.32 | 5.57 | 0.50 | 7.78 | 1393 |
| 1991 | 4.20 | 6.45 | 6.04 | 0.54 | 8.88 | 1511 |
| 1992 | 4.76 | 7.60 | 7.08 | 0.79 | 10.55 | 1718 |
| 1993 | 5.47 | 9.68 | 10.59 | 1.01 | 11.29 | 2148 |
| 1994 | 6.83 | 12.30 | 14.54 | 1.39 | 15.25 | 2740 |
| 1995 | 9.84 | 15.36 | 19.32 | 2.15 | 18.44 | 3448 |
| 1996 | 14.46 | 18.77 | 20.76 | 2.82 | 22.28 | 3926 |
| 1997 | 18.69 | 20.87 | 21.96 | 3.94 | 25.59 | 4277 |
| 1998 | 22.17 | 22.72 | 21.18 | 5.15 | 30.37 | 4607 |
| 1999 | 26.16 | 24.33 | 20.47 | 7.01 | 34.70 | 4900 |
| 2000 | 29.55 | 26.24 | 21.57 | 8.86 | 41.34 | 5376 |
| 2001 | 37.04 | 29.18 | 21.37 | 13.19 | 51.11 | 6039 |
| 2002 | 43.54 | 32.25 | 21.45 | 13.46 | 60.44 | 6647 |
| 2003 | 49.97 | 36.53 | 24.80 | 16.85 | 67.30 | 7734 |
| 2004 | 56.83 | 44.53 | 27.94 | 20.78 | 77.65 | 9199 |
| 2005 | 47.53 | 52.19 | 32.25 | 22.97 | 104.55 | 10349 |
| 2006 | 56.23 | 57.21 | 36.99 | 25.53 | 118.82 | 12099 |
| 2007 | 67.53 | 71.76 | 51.05 | 29.49 | 146.35 | 15142 |
| 2008 | 93.29 | 92.89 | 64.80 | 38.85 | 185.17 | 19609 |
| 2009 | 114.77 | 100.11 | 75.54 | 47.56 | 225.76 | 21777 |
| 2010 | 145.17 | 120.50 | 97.87 | 60.53 | 278.38 | 26860 |
| 2011 | 174.10 | 147.14 | 134.18 | 79.01 | 327.49 | 33043 |
| 2012 | 196.49 | 167.33 | 167.48 | 87.51 | 363.71 | 36394 |
| 2013 | 198.39 | 177.93 | 206.34 | 104.05 | 408.35 | 39613 |
| 2014 | 198.92 | 186.81 | 230.16 | 114.28 | 450.39 | 41834 |
| 2015 | 200.66 | 188.28 | 256.38 | 97.05 | 538.02 | 43805 |

注：由于国民经济行业的调整，2004年以前的交通运输、仓储和邮政业中包括电信和其他信息传输服务业，2005年以后，行业更名为“交通运输、仓储和邮政业”。

Note：Due to the adjustment of the national economy of the industry, before 2004, "transport, storage and postal services" includes "Telecommunications and Other Information Transmission Services", after 2005, the industry was renamed "transportation, storage and postal services.

# 3-2 地区生产总值构成

## Composition of Gross Domestic Product

单位:% (%)

| 年份 Year | 地区生产总值 Gross Domestic Product | 第一产业 Primary Industry | 第二产业 Secondary Industry | 工业 Industry | 建筑业 Construction | 第三产业 Tertiary Industry | 交通运输、仓储和邮政业 Transport, Storage and Post Service | 批发和零售业、住宿和餐饮业 Wholesale, Retail Trade, Hoteling and Catering Services |
|---|---|---|---|---|---|---|---|---|
| 1978 | 100.0 | 23.6 | 50.8 | 43.0 | 7.8 | 25.6 | 5.1 | 7.4 |
| 1979 | 100.0 | 23.7 | 51.3 | 44.4 | 6.9 | 25.0 | 4.5 | 6.7 |
| 1980 | 100.0 | 26.7 | 45.6 | 38.7 | 6.9 | 27.8 | 5.1 | 7.0 |
| 1981 | 100.0 | 31.4 | 40.0 | 32.4 | 7.6 | 28.6 | 4.9 | 6.5 |
| 1982 | 100.0 | 31.1 | 38.5 | 31.2 | 7.3 | 30.4 | 5.8 | 6.5 |
| 1983 | 100.0 | 31.9 | 37.9 | 30.6 | 7.3 | 30.2 | 5.8 | 6.4 |
| 1984 | 100.0 | 31.6 | 38.2 | 30.1 | 8.1 | 30.2 | 5.6 | 6.5 |
| 1985 | 100.0 | 29.4 | 40.0 | 30.8 | 9.3 | 30.5 | 5.8 | 6.2 |
| 1986 | 100.0 | 30.0 | 37.6 | 28.9 | 8.7 | 32.4 | 5.7 | 6.4 |
| 1987 | 100.0 | 26.4 | 39.8 | 31.4 | 8.4 | 33.8 | 6.2 | 7.1 |
| 1988 | 100.0 | 26.6 | 39.3 | 32.1 | 7.2 | 34.1 | 5.3 | 8.8 |
| 1989 | 100.0 | 25.0 | 41.2 | 35.3 | 5.9 | 33.8 | 5.6 | 8.3 |
| 1990 | 100.0 | 26.0 | 39.1 | 32.8 | 6.2 | 34.9 | 5.4 | 8.2 |
| 1991 | 100.0 | 24.9 | 38.7 | 32.2 | 6.5 | 36.4 | 5.8 | 9.0 |
| 1992 | 100.0 | 22.0 | 41.0 | 33.4 | 7.6 | 37.0 | 5.7 | 9.1 |
| 1993 | 100.0 | 19.9 | 43.6 | 35.7 | 7.9 | 36.5 | 5.2 | 9.3 |
| 1994 | 100.0 | 22.0 | 41.1 | 34.0 | 7.1 | 36.9 | 5.0 | 9.0 |
| 1995 | 100.0 | 20.2 | 42.6 | 36.2 | 6.5 | 37.2 | 5.6 | 8.8 |
| 1996 | 100.0 | 21.3 | 39.7 | 34.0 | 5.7 | 39.0 | 7.1 | 9.2 |
| 1997 | 100.0 | 20.0 | 39.5 | 33.4 | 6.1 | 40.5 | 8.3 | 9.3 |
| 1998 | 100.0 | 19.9 | 38.7 | 31.9 | 6.8 | 41.4 | 9.0 | 9.3 |
| 1999 | 100.0 | 18.2 | 39.2 | 31.6 | 7.7 | 42.6 | 9.9 | 9.2 |
| 2000 | 100.0 | 15.6 | 41.2 | 32.8 | 8.4 | 43.2 | 10.0 | 8.9 |
| 2001 | 100.0 | 14.7 | 40.3 | 31.7 | 8.6 | 45.0 | 11.0 | 8.6 |
| 2002 | 100.0 | 14.0 | 40.6 | 32.0 | 8.6 | 45.4 | 11.5 | 8.6 |
| 2003 | 100.0 | 12.5 | 43.6 | 34.0 | 9.7 | 43.9 | 11.2 | 8.2 |
| 2004 | 100.0 | 12.2 | 45.4 | 36.8 | 8.7 | 42.4 | 10.6 | 8.3 |
| 2005 | 100.0 | 11.8 | 45.9 | 37.3 | 8.6 | 42.3 | 7.8 | 8.5 |
| 2006 | 100.0 | 11.0 | 48.4 | 39.6 | 8.8 | 40.6 | 7.7 | 7.9 |
| 2007 | 100.0 | 10.7 | 49.5 | 41.0 | 8.5 | 39.8 | 7.3 | 7.8 |
| 2008 | 100.0 | 9.9 | 50.7 | 42.1 | 8.6 | 39.4 | 7.7 | 7.7 |
| 2009 | 100.0 | 9.4 | 48.9 | 38.5 | 10.5 | 41.7 | 8.5 | 7.4 |
| 2010 | 100.0 | 9.0 | 49.0 | 38.1 | 10.9 | 42.0 | 8.6 | 7.1 |
| 2011 | 100.0 | 8.3 | 50.2 | 38.8 | 11.4 | 41.5 | 8.3 | 7.0 |
| 2012 | 100.0 | 8.1 | 49.5 | 37.5 | 12.0 | 42.4 | 8.4 | 7.1 |
| 2013 | 100.0 | 8.2 | 48.9 | 36.2 | 12.7 | 42.9 | 7.7 | 6.9 |
| 2014 | 100.0 | 7.9 | 48.7 | 35.4 | 13.4 | 43.4 | 7.2 | 6.8 |
| 2015 | 100.0 | 8.2 | 47.4 | 33.6 | 13.7 | 44.4 | 6.9 | 6.5 |

注： 2010年以后的数据按照最新三次产业划分进行了调整。

Note: After 2010, the data in this table have been adjusted in accordance with the provisions of the latest Three Industries.

# 3-3 地区生产总值指数

## Indices of Gross Domestic Product

单位:%　　　　(1978 年 = 100)　　　　(%)

| 年份<br>Year | 地区生产总值<br>Gross Domestic Product | 第一产业<br>Primary Industry | 第二产业<br>Secondary Industry | 工业<br>Industry | 建筑业<br>Construction | 第三产业<br>Tertiary Industry | 交通运输、仓储和邮政业<br>Transport, Storage and Post Service | 批发和零售业、住宿和餐饮业<br>Wholesale, Retail Trade, Hoteling and Catering Services | 人均地区生产总值<br>Per Capita GDP |
|---|---|---|---|---|---|---|---|---|---|
| 1979 | 106.4 | 91.3 | 112.8 | 115.3 | 99.9 | 107.0 | 104.5 | 102.2 | 103.9 |
| 1980 | 114.8 | 107.5 | 115.5 | 115.9 | 114.5 | 120.5 | 122.4 | 108.1 | 109.3 |
| 1981 | 117.1 | 132.0 | 102.7 | 98.3 | 128.3 | 128.1 | 126.5 | 110.1 | 108.7 |
| 1982 | 127.5 | 132.6 | 110.4 | 105.7 | 137.2 | 154.3 | 158.9 | 113.6 | 115.4 |
| 1983 | 147.2 | 158.9 | 123.0 | 117.3 | 156.0 | 180.6 | 181.0 | 124.6 | 130.6 |
| 1984 | 167.2 | 183.0 | 139.4 | 129.9 | 193.7 | 203.1 | 207.6 | 142.7 | 145.9 |
| 1985 | 196.9 | 197.7 | 171.0 | 155.4 | 259.2 | 245.4 | 263.3 | 159.0 | 168.6 |
| 1986 | 213.3 | 209.9 | 181.9 | 165.5 | 274.5 | 276.3 | 295.6 | 181.5 | 178.8 |
| 1987 | 230.1 | 194.0 | 198.1 | 184.7 | 274.6 | 329.9 | 370.1 | 220.7 | 188.3 |
| 1988 | 258.0 | 211.6 | 224.2 | 216.6 | 268.8 | 372.1 | 399.0 | 294.0 | 206.3 |
| 1989 | 277.8 | 224.5 | 250.5 | 253.9 | 234.7 | 387.8 | 394.2 | 326.6 | 217.4 |
| 1990 | 288.1 | 232.2 | 256.7 | 254.9 | 269.9 | 408.3 | 384.8 | 354.7 | 220.3 |
| 1991 | 301.9 | 238.4 | 265.0 | 260.8 | 291.5 | 442.6 | 435.6 | 430.3 | 226.1 |
| 1992 | 327.9 | 228.2 | 298.1 | 287.1 | 363.2 | 503.7 | 476.9 | 507.3 | 241.2 |
| 1993 | 361.6 | 243.1 | 338.1 | 326.9 | 402.9 | 549.7 | 532.7 | 571.2 | 261.4 |
| 1994 | 389.3 | 248.2 | 367.9 | 359.7 | 408.8 | 603.0 | 582.8 | 595.2 | 275.3 |
| 1995 | 426.3 | 251.0 | 416.9 | 411.3 | 436.1 | 669.4 | 673.1 | 629.7 | 295.1 |
| 1996 | 472.6 | 296.5 | 455.6 | 457.1 | 420.9 | 722.0 | 825.2 | 704.0 | 321.6 |
| 1997 | 510.1 | 306.4 | 493.8 | 492.9 | 474.9 | 810.2 | 977.1 | 755.4 | 341.7 |
| 1998 | 554.9 | 336.5 | 532.8 | 525.1 | 561.9 | 895.9 | 1127.5 | 823.4 | 366.3 |
| 1999 | 605.1 | 351.0 | 585.0 | 568.8 | 673.1 | 1017.0 | 1338.4 | 881.9 | 394.1 |
| 2000 | 666.8 | 344.2 | 671.3 | 650.6 | 787.6 | 1134.7 | 1540.5 | 953.3 | 427.3 |
| 2001 | 734.2 | 366.1 | 746.9 | 717.3 | 907.5 | 1251.9 | 1713.0 | 1035.3 | 462.1 |
| 2002 | 809.4 | 388.4 | 841.8 | 814.5 | 994.4 | 1369.1 | 1939.1 | 1132.6 | 501.7 |
| 2003 | 911.8 | 397.7 | 998.7 | 951.5 | 1249.6 | 1511.1 | 2131.1 | 1257.2 | 556.9 |
| 2004 | 1014.0 | 412.9 | 1146.6 | 1129.2 | 1260.5 | 1658.6 | 2280.3 | 1389.2 | 610.7 |
| 2005 | 1124.5 | 426.1 | 1322.0 | 1323.5 | 1355.0 | 1806.2 | 2444.5 | 1549.0 | 667.9 |
| 2006 | 1267.3 | 453.4 | 1542.8 | 1552.4 | 1543.3 | 1990.5 | 2686.5 | 1663.6 | 742.7 |
| 2007 | 1428.3 | 482.9 | 1792.7 | 1811.7 | 1759.4 | 2195.5 | 2877.2 | 1788.4 | 827.3 |
| 2008 | 1608.2 | 518.6 | 2054.5 | 2067.2 | 2055.0 | 2448.0 | 3170.7 | 1931.5 | 920.8 |
| 2009 | 1799.6 | 556.4 | 2350.3 | 2337.9 | 2470.1 | 2692.8 | 3265.8 | 2103.3 | 1018.4 |
| 2010 | 2042.5 | 597.6 | 2726.4 | 2674.6 | 3035.8 | 3005.1 | 3549.9 | 2311.6 | 1142.7 |
| 2011 | 2289.7 | 626.9 | 3206.2 | 3137.3 | 3603.4 | 3224.5 | 3883.6 | 2482.6 | 1266.1 |
| 2012 | 2553.0 | 662.0 | 3648.6 | 3560.9 | 4136.8 | 3540.5 | 4221.5 | 2735.9 | 1396.5 |
| 2013 | 2803.2 | 690.5 | 4104.7 | 3988.2 | 4728.3 | 3806.0 | 4407.2 | 2842.6 | 1516.6 |
| 2014 | 3027.4 | 728.4 | 4482.4 | 4319.2 | 5295.7 | 4068.6 | 4460.1 | 2950.6 | 1619.7 |
| 2015 | 3269.6 | 762.0 | 4863.4 | 4638.8 | 5936.5 | 4390.1 | 4357.5 | 2974.2 | 1731.5 |

# 3－3 续表1 continued

单位:%　　　　　　　　　　　　（上年＝100）　　　　　　　　　　　　（%）

| 年份 Year | 地区生产总值 Gross Domestic Product | 第一产业 Primary Industry | 第二产业 Secondary Industry | 工业 Industry | 建筑业 Construction | 第三产业 Tertiary Industry | 交通运输、仓储和邮政业 Transport, Storage and Post Service | 批发和零售业、住宿和餐饮业 Wholesale, Retail Trade, Hoteling and Catering Services | 人均地区生产总值 Per Capita GDP |
|---|---|---|---|---|---|---|---|---|---|
| 1978 | 108.9 | 106.0 | 110.1 | 108.8 | 118.2 | 109.0 | 109.3 | 103.1 | 106.1 |
| 1979 | 106.4 | 91.3 | 112.8 | 115.3 | 99.1 | 107.0 | 104.5 | 102.2 | 103.9 |
| 1980 | 107.9 | 117.7 | 102.4 | 100.5 | 114.6 | 112.6 | 117.1 | 105.8 | 105.3 |
| 1981 | 102.0 | 122.8 | 88.9 | 84.8 | 112.1 | 106.3 | 103.4 | 101.8 | 99.4 |
| 1982 | 108.9 | 100.5 | 107.5 | 110.0 | 106.9 | 120.5 | 125.6 | 103.2 | 106.2 |
| 1983 | 115.4 | 119.8 | 111.4 | 108.5 | 113.7 | 117.0 | 113.9 | 109.7 | 113.2 |
| 1984 | 113.6 | 115.2 | 113.4 | 110.8 | 124.2 | 112.5 | 114.7 | 114.5 | 111.7 |
| 1985 | 117.8 | 108.0 | 122.6 | 119.6 | 133.8 | 120.8 | 126.8 | 111.4 | 115.5 |
| 1986 | 108.3 | 106.2 | 106.4 | 106.5 | 105.9 | 112.6 | 112.3 | 114.2 | 106.0 |
| 1987 | 107.9 | 92.4 | 108.9 | 111.6 | 99.7 | 119.4 | 125.2 | 121.6 | 105.4 |
| 1988 | 112.1 | 109.1 | 113.2 | 117.3 | 97.9 | 112.8 | 107.8 | 133.2 | 109.6 |
| 1989 | 107.7 | 106.1 | 111.7 | 117.2 | 87.3 | 104.2 | 98.8 | 111.1 | 105.4 |
| 1990 | 103.7 | 103.4 | 102.5 | 100.4 | 115.0 | 105.3 | 97.6 | 108.6 | 101.3 |
| 1991 | 104.8 | 102.7 | 103.2 | 102.3 | 108.0 | 108.4 | 113.2 | 121.3 | 102.6 |
| 1992 | 108.6 | 95.7 | 112.5 | 110.1 | 124.6 | 113.8 | 109.5 | 117.9 | 106.7 |
| 1993 | 110.3 | 106.5 | 113.4 | 113.9 | 110.9 | 109.1 | 111.7 | 112.6 | 108.4 |
| 1994 | 107.7 | 102.1 | 108.8 | 110.0 | 101.5 | 109.7 | 109.4 | 104.2 | 105.3 |
| 1995 | 109.5 | 101.1 | 113.3 | 114.4 | 106.7 | 111.0 | 115.5 | 105.8 | 107.2 |
| 1996 | 110.9 | 118.1 | 109.3 | 111.1 | 96.5 | 107.9 | 122.6 | 111.8 | 109.0 |
| 1997 | 107.9 | 103.3 | 108.4 | 107.8 | 112.8 | 112.2 | 118.4 | 107.3 | 106.2 |
| 1998 | 108.8 | 109.8 | 107.9 | 106.5 | 118.3 | 110.6 | 115.4 | 109.0 | 107.2 |
| 1999 | 109.1 | 104.3 | 109.8 | 108.3 | 119.8 | 113.5 | 118.7 | 107.1 | 107.6 |
| 2000 | 110.2 | 98.1 | 114.8 | 114.4 | 117.0 | 111.6 | 115.1 | 108.1 | 108.4 |
| 2001 | 110.1 | 106.4 | 111.3 | 110.2 | 115.2 | 110.3 | 111.2 | 108.6 | 108.1 |
| 2002 | 110.2 | 106.1 | 112.7 | 113.5 | 109.6 | 109.4 | 113.2 | 109.4 | 108.6 |
| 2003 | 112.7 | 102.4 | 118.6 | 116.8 | 125.7 | 110.4 | 109.9 | 111.0 | 111.0 |
| 2004 | 111.2 | 103.8 | 114.8 | 118.7 | 100.9 | 109.8 | 107.0 | 110.5 | 109.7 |
| 2005 | 110.9 | 103.2 | 115.3 | 117.2 | 107.5 | 108.9 | 107.2 | 111.5 | 109.4 |
| 2006 | 112.7 | 106.4 | 116.7 | 117.3 | 113.9 | 110.2 | 109.9 | 107.4 | 111.2 |
| 2007 | 112.7 | 106.5 | 116.2 | 116.7 | 114.0 | 110.3 | 107.1 | 107.5 | 111.4 |
| 2008 | 112.6 | 107.4 | 114.6 | 114.1 | 116.8 | 111.5 | 110.2 | 108.0 | 111.3 |
| 2009 | 111.9 | 107.3 | 114.4 | 113.1 | 120.2 | 110.0 | 103.0 | 108.9 | 110.6 |
| 2010 | 113.5 | 107.4 | 116.0 | 114.4 | 122.9 | 111.6 | 108.7 | 109.9 | 112.2 |
| 2011 | 112.1 | 104.9 | 117.6 | 117.3 | 118.7 | 107.3 | 109.4 | 107.4 | 110.8 |
| 2012 | 111.5 | 105.6 | 113.8 | 113.5 | 114.8 | 109.8 | 108.7 | 110.2 | 110.3 |
| 2013 | 109.8 | 104.3 | 112.5 | 112.0 | 114.3 | 107.5 | 104.4 | 103.9 | 108.6 |
| 2014 | 108.0 | 105.5 | 109.2 | 108.3 | 112.0 | 106.9 | 101.2 | 103.8 | 106.8 |
| 2015 | 108.0 | 104.6 | 108.5 | 107.4 | 112.1 | 107.9 | 97.7 | 100.8 | 106.9 |

# 3－4 分行业增加值及构成

| 行　　业 | Sector |
|---|---|
| **总　计** | **Total** |
| **第一产业** | **Primary Industry** |
| 农林牧渔业 | Agriculture, Forestry, Animal Husbandry and Fishery |
| **第二产业** | **Secondary Industry** |
| 工业 | Industry |
| 采矿业 | Mining |
| 制造业 | Manufacturing |
| 电力、燃气及水的生产和供应业 | Production and Supply of Electricity, Gas and Water |
| 建筑业 | Construction |
| **第三产业** | **Tertiary Industry** |
| 批发和零售业 | Wholesale and Retail Trades |
| 交通运输、仓储和邮政业 | Transport, Storage and Post |
| 住宿和餐饮业 | Hotels and Catering Services |
| 信息传输、软件和信息技术服务业 | Information Transmission, Software and Information Technology |
| 金融业 | Financial Intermediation |
| 房地产业 | Real Estate |
| 租赁和商务服务业 | Leasing and Business Services |
| 科学研究和技术服务业 | Scientific Research, Technical Services |
| 水利、环境和公共设施管理业 | Management of Water Conservancy, Environment and Public Facilities |
| 居民服务、修理和其他服务业 | Services to Households and Other Services |
| 教育 | Education |
| 卫生和社会工作 | Health, Social Service |
| 文化、体育和娱乐业 | Culture, Sports and Entertainment |
| 公共管理、社会保障和社会组织 | Public Management and Social Security and Social Organizations |

注：本表按当年价格计算。

# Value - added by Sector and Composition

| 增加值(亿元) Added Valve(100 million yuan) | | | | | | 增加值构成(%) Composition(%) | | | | | |
|---|---|---|---|---|---|---|---|---|---|---|---|
| 2010 | 2011 | 2012 | 2013 | 2014 | 2015 | 2010 | 2011 | 2012 | 2013 | 2014 | 2015 |
| **1689.65** | **2102.21** | **2341.29** | **2577.57** | **2752.10** | **2911.77** | **100.0** | **100.0** | **100.0** | **100.0** | **100.0** | **100.0** |
| **151.64** | **175.23** | **189.27** | **210.81** | **216.99** | **237.76** | **9.0** | **8.3** | **8.1** | **8.2** | **7.9** | **8.2** |
| 159.29 | 184.14 | 199.40 | 222.28 | 229.64 | 251.68 | 9.4 | 8.8 | 8.5 | 8.6 | 8.3 | 8.6 |
| **827.91** | **1056.15** | **1159.37** | **1259.59** | **1341.24** | **1379.60** | **49.0** | **50.2** | **49.5** | **48.9** | **48.7** | **47.4** |
| 643.05 | 816.79 | 878.63 | 933.12 | 973.53 | 979.72 | 38.1 | 38.9 | 37.5 | 36.2 | 35.4 | 33.6 |
| 173.32 | 224.79 | 256.67 | 241.65 | 254.94 | 228.30 | 10.3 | 10.7 | 11.0 | 9.4 | 9.3 | 7.8 |
| 339.81 | 428.71 | 458.80 | 498.49 | 510.79 | 563.67 | 20.1 | 20.4 | 19.6 | 19.3 | 18.6 | 19.4 |
| 129.92 | 163.29 | 163.16 | 192.98 | 207.80 | 187.75 | 7.7 | 7.8 | 7.0 | 7.5 | 7.6 | 6.4 |
| 184.86 | 239.36 | 280.74 | 327.11 | 368.37 | 399.98 | 10.9 | 11.4 | 12.0 | 12.7 | 13.4 | 13.7 |
| **710.10** | **870.83** | **992.65** | **1107.17** | **1193.87** | **1294.41** | **42.0** | **41.5** | **42.4** | **42.9** | **43.4** | **44.4** |
| 89.50 | 109.99 | 124.66 | 133.77 | 139.07 | 136.97 | 5.3 | 5.2 | 5.3 | 5.2 | 5.1 | 4.7 |
| 145.17 | 174.10 | 196.49 | 198.39 | 198.92 | 200.66 | 8.6 | 8.3 | 8.4 | 7.7 | 7.2 | 6.9 |
| 31.00 | 37.15 | 42.67 | 44.16 | 47.74 | 51.31 | 1.8 | 1.8 | 1.8 | 1.7 | 1.7 | 1.8 |
| 57.38 | 66.08 | 68.95 | 70.74 | 81.02 | 94.56 | 3.4 | 3.1 | 2.9 | 2.7 | 2.9 | 3.2 |
| 97.87 | 134.18 | 167.48 | 206.34 | 230.16 | 256.38 | 5.8 | 6.4 | 7.2 | 8.0 | 8.4 | 8.8 |
| 60.53 | 79.01 | 87.51 | 104.05 | 114.28 | 97.05 | 3.6 | 3.8 | 3.7 | 4.0 | 4.2 | 3.3 |
| 13.30 | 19.74 | 22.37 | 25.14 | 26.35 | 28.90 | 0.8 | 0.9 | 1.0 | 1.0 | 1.0 | 1.0 |
| 12.06 | 15.55 | 18.39 | 23.75 | 24.01 | 31.06 | 0.7 | 0.7 | 0.8 | 0.9 | 0.9 | 1.1 |
| 7.82 | 10.32 | 12.27 | 14.50 | 16.47 | 21.94 | 0.5 | 0.5 | 0.5 | 0.6 | 0.6 | 0.8 |
| 27.86 | 37.41 | 42.06 | 44.42 | 47.23 | 51.38 | 1.6 | 1.8 | 1.8 | 1.7 | 1.7 | 1.8 |
| 49.27 | 58.20 | 65.02 | 77.90 | 81.88 | 99.48 | 2.9 | 2.8 | 2.8 | 3.0 | 3.0 | 3.4 |
| 24.59 | 29.00 | 31.98 | 37.76 | 40.96 | 50.84 | 1.5 | 1.4 | 1.4 | 1.5 | 1.5 | 1.7 |
| 7.18 | 8.27 | 7.63 | 9.90 | 11.00 | 12.97 | 0.4 | 0.4 | 0.3 | 0.4 | 0.4 | 0.4 |
| 78.92 | 82.92 | 95.04 | 104.24 | 121.47 | 146.89 | 4.7 | 3.9 | 4.1 | 4.0 | 4.4 | 5.0 |

Note: Data in this table was calculated at current prices.

# 3-5 主要年份支出法地区生产总值

## Gross Domestic Product by Expenditure Approach in Main Years

| 年份<br>Year | 地区生产总值（亿元）<br>Gross Demestic Product (100 million yuan) | 最终消费<br>Final Consumption | 资本形成总额<br>Gross Capital Formation | 货物和服务净出口<br>Net Exports of Goods and Services | 最终消费率（消费率）（%）<br>Final Consumption Rate (%) | 资本形成率（投资率）（%）<br>Capital For mation Rate (%) |
|---|---|---|---|---|---|---|
| 1978 | 13.00 | 9.87 | 9.04 | -5.91 | 75.9 | 69.5 |
| 1979 | 14.36 | 10.90 | 9.37 | -5.91 | 75.9 | 65.3 |
| 1980 | 15.96 | 12.81 | 8.07 | -4.92 | 80.3 | 50.6 |
| 1985 | 30.27 | 25.72 | 19.12 | -14.57 | 85.0 | 63.2 |
| 1990 | 64.84 | 47.87 | 37.22 | -20.25 | 73.8 | 57.4 |
| 1995 | 175.19 | 114.82 | 86.16 | -25.79 | 65.5 | 49.2 |
| 1996 | 202.90 | 126.78 | 105.07 | -28.95 | 62.5 | 51.8 |
| 1997 | 224.59 | 133.78 | 112.61 | -21.80 | 59.6 | 50.1 |
| 1998 | 245.44 | 145.54 | 140.56 | -40.66 | 59.3 | 57.3 |
| 1999 | 264.58 | 159.16 | 152.37 | -46.95 | 60.2 | 57.6 |
| 2000 | 295.02 | 193.89 | 174.47 | -73.34 | 65.7 | 59.1 |
| 2001 | 337.44 | 231.99 | 221.96 | -116.51 | 68.8 | 65.8 |
| 2002 | 377.16 | 260.38 | 265.40 | -148.62 | 69.0 | 70.4 |
| 2003 | 445.36 | 291.69 | 324.03 | -170.36 | 65.5 | 72.8 |
| 2004 | 537.11 | 338.66 | 412.13 | -213.68 | 63.1 | 76.7 |
| 2005 | 612.61 | 401.11 | 505.73 | -294.23 | 65.5 | 82.6 |
| 2006 | 725.90 | 460.41 | 588.83 | -323.34 | 63.4 | 81.1 |
| 2007 | 919.11 | 538.50 | 688.58 | -307.97 | 58.6 | 74.9 |
| 2008 | 1203.92 | 652.95 | 968.45 | -417.48 | 54.2 | 80.4 |
| 2009 | 1353.31 | 656.05 | 1308.83 | -611.57 | 48.5 | 96.7 |
| 2010 | 1689.65 | 824.91 | 1563.26 | -698.52 | 48.8 | 92.5 |
| 2011 | 2102.21 | 1020.18 | 1754.58 | -672.55 | 48.5 | 83.5 |
| 2012 | 2341.29 | 1184.01 | 2086.85 | -929.57 | 50.6 | 89.1 |
| 2013 | 2577.57 | 1340.08 | 2334.20 | -1096.71 | 52.0 | 90.6 |
| 2014 | 2752.10 | 1468.62 | 3103.73 | -1820.25 | 53.3 | 112.8 |
| 2015 | 2911.77 | 1719.65 | 3620.66 | -2428.54 | 59.1 | 124.3 |

注：本表按当年价格计算。

Note: Data in this table are calculated at current prices.

# 3－6 主要年份最终消费及构成

## Final Consumption Expenditure and Its Composition in Main Years

| 年份 Year | 绝对数(亿元) Level(100 million yuan) 最终消费 Final Consumption | 居民消费 Household Consumption | 农村居民 Rural Household | 城镇居民 Urban Household | 政府消费 Government Consumption | 构成(%) Composition(%) 最终消费=100 Final Consumption=100 居民消费 Household Consumption | 政府消费 Government Consumption | 居民消费=100 Household Consumption=100 农村居民 Rural Household | 城镇居民 Urban Household |
|---|---|---|---|---|---|---|---|---|---|
| 1978 | 9.87 | 7.61 | 4.86 | 2.75 | 2.26 | 77.1 | 22.9 | 63.9 | 36.1 |
| 1979 | 10.90 | 8.11 | 4.63 | 3.48 | 2.79 | 74.4 | 25.6 | 57.1 | 42.9 |
| 1980 | 12.81 | 9.78 | 5.44 | 4.34 | 3.03 | 76.3 | 23.7 | 55.6 | 44.4 |
| 1985 | 25.72 | 17.67 | 10.60 | 7.07 | 8.05 | 68.7 | 31.3 | 60.0 | 40.0 |
| 1990 | 47.87 | 33.88 | 17.91 | 15.97 | 13.99 | 70.8 | 29.2 | 52.9 | 47.1 |
| 1995 | 114.82 | 85.79 | 40.50 | 45.29 | 29.03 | 74.7 | 25.3 | 47.2 | 52.8 |
| 1996 | 126.78 | 95.51 | 45.64 | 49.87 | 31.27 | 75.3 | 24.7 | 47.8 | 52.2 |
| 1997 | 133.78 | 100.97 | 46.29 | 54.68 | 32.81 | 75.5 | 24.5 | 45.8 | 54.2 |
| 1998 | 145.54 | 109.00 | 48.20 | 60.80 | 36.54 | 74.9 | 25.1 | 44.2 | 55.8 |
| 1999 | 159.16 | 115.57 | 48.63 | 66.94 | 43.59 | 72.6 | 27.4 | 42.1 | 57.9 |
| 2000 | 193.89 | 135.49 | 52.74 | 82.75 | 58.40 | 69.9 | 30.1 | 38.9 | 61.1 |
| 2001 | 231.99 | 145.90 | 51.89 | 94.01 | 86.09 | 62.9 | 37.1 | 35.6 | 64.4 |
| 2002 | 260.38 | 163.02 | 53.99 | 109.03 | 97.36 | 62.6 | 37.4 | 33.1 | 66.9 |
| 2003 | 291.69 | 189.37 | 63.49 | 125.88 | 102.32 | 64.9 | 35.1 | 33.5 | 66.5 |
| 2004 | 338.66 | 226.17 | 72.84 | 153.33 | 112.49 | 66.8 | 33.2 | 32.2 | 67.8 |
| 2005 | 401.11 | 264.57 | 80.50 | 184.07 | 136.54 | 66.0 | 34.0 | 30.4 | 69.6 |
| 2006 | 460.41 | 304.18 | 84.94 | 219.24 | 156.23 | 66.1 | 33.9 | 27.9 | 72.1 |
| 2007 | 538.50 | 348.58 | 96.31 | 252.27 | 189.92 | 64.7 | 35.3 | 27.6 | 72.4 |
| 2008 | 652.95 | 436.43 | 112.60 | 323.83 | 216.52 | 66.8 | 33.2 | 25.8 | 74.2 |
| 2009 | 656.05 | 492.05 | 119.85 | 372.20 | 164.00 | 75.0 | 25.0 | 24.4 | 75.6 |
| 2010 | 824.91 | 565.65 | 129.81 | 435.84 | 259.26 | 68.6 | 31.4 | 23.0 | 77.1 |
| 2011 | 1020.18 | 695.83 | 165.83 | 530.00 | 324.35 | 68.2 | 31.8 | 23.8 | 76.2 |
| 2012 | 1184.01 | 779.80 | 190.73 | 589.07 | 404.21 | 65.9 | 34.1 | 24.5 | 75.5 |
| 2013 | 1340.08 | 880.82 | 223.57 | 657.25 | 459.26 | 65.7 | 34.3 | 25.4 | 74.6 |
| 2014 | 1468.62 | 999.48 | 262.41 | 737.07 | 469.14 | 68.1 | 31.9 | 26.3 | 73.7 |
| 2015 | 1719.65 | 1143.92 | 274.12 | 869.80 | 575.73 | 66.5 | 33.5 | 24.0 | 76.0 |

# 3-7 主要年份资本形成总额及构成

## Gross Capital Formation and Its Composition in Main Years

| 年份 Year | 资本形成总额 Gross Capital Formation | | | | |
|---|---|---|---|---|---|
| | 绝对数(亿元) Level (100 million yuan) | | | 构成(%) Composition(%) | |
| | | 固定资本形成总额 Gross Fixed Capital Formation | 存货增加 Change in Inventories | 固定资本形成总额 Gross Fixed Capital Formation | 存货增加 Change in Inventories |
| 1978 | 9.04 | 7.95 | 1.09 | 87.9 | 12.1 |
| 1979 | 9.37 | 8.78 | 0.59 | 93.7 | 6.3 |
| 1980 | 8.07 | 7.48 | 0.59 | 92.7 | 7.3 |
| 1985 | 19.12 | 17.05 | 2.07 | 89.2 | 10.8 |
| 1990 | 37.22 | 25.47 | 11.75 | 68.4 | 31.6 |
| 1995 | 86.16 | 70.12 | 16.04 | 81.4 | 18.6 |
| 1996 | 105.07 | 77.32 | 27.75 | 73.6 | 26.4 |
| 1997 | 112.61 | 88.10 | 24.51 | 78.2 | 21.8 |
| 1998 | 140.56 | 108.65 | 31.91 | 77.3 | 22.7 |
| 1999 | 152.37 | 130.61 | 21.76 | 85.7 | 14.3 |
| 2000 | 174.47 | 160.82 | 13.65 | 92.2 | 7.8 |
| 2001 | 221.96 | 195.81 | 26.15 | 88.2 | 11.8 |
| 2002 | 265.40 | 230.83 | 34.57 | 87.0 | 13.0 |
| 2003 | 324.03 | 318.21 | 5.82 | 98.2 | 1.8 |
| 2004 | 412.13 | 379.72 | 32.41 | 92.1 | 7.9 |
| 2005 | 505.73 | 469.62 | 36.11 | 92.9 | 7.1 |
| 2006 | 588.83 | 574.59 | 14.24 | 97.6 | 2.4 |
| 2007 | 688.58 | 652.20 | 36.38 | 94.7 | 5.3 |
| 2008 | 968.45 | 898.25 | 70.20 | 92.8 | 7.2 |
| 2009 | 1308.83 | 1185.35 | 123.48 | 90.6 | 9.4 |
| 2010 | 1563.26 | 1489.96 | 73.30 | 95.3 | 4.7 |
| 2011 | 1754.58 | 1653.19 | 101.39 | 94.2 | 5.8 |
| 2012 | 2086.85 | 1967.18 | 119.67 | 94.3 | 5.7 |
| 2013 | 2334.20 | 2222.98 | 111.22 | 95.2 | 4.8 |
| 2014 | 3103.73 | 2987.70 | 116.03 | 96.3 | 3.7 |
| 2015 | 3620.66 | 3516.86 | 103.80 | 97.1 | 2.9 |

# 3-8 按支出法计算的地区生产总值

## Gross Domestic Product by Expenditure Approach

| 指　　标 | tem | 绝对数(亿元) Level (100 million yuan) | | | | |
|---|---|---|---|---|---|---|
| | | 2011 | 2012 | 2013 | 2014 | 2015 |
| **地区生产总值** | **Gross Demestic Product** | **2102.21** | **2341.29** | **2577.57** | **2752.10** | **2911.77** |
| **最终消费** | Final Consumption | **1020.18** | **1184.01** | **1340.08** | **1468.62** | **1719.65** |
| 居民消费 | Household Consumption | 695.83 | 779.80 | 880.82 | 999.48 | 1143.92 |
| 农村居民 | Rural Household | 165.83 | 190.73 | 223.57 | 262.41 | 274.12 |
| 城镇居民 | Urban Household | 530.00 | 589.07 | 657.25 | 737.07 | 869.80 |
| 政府消费 | Government Consumption | 324.35 | 404.21 | 459.26 | 469.14 | 575.73 |
| **资本形成总额** | Gross Capital Formation | **1754.58** | **2086.85** | **2334.20** | **3103.73** | **3620.66** |
| 固定资本形成总额 | Gross Fixed Capital | 1653.19 | 1967.18 | 2222.98 | 2987.70 | 3516.86 |
| 存货增加 | Change in Inventories | 101.39 | 119.67 | 111.22 | 116.03 | 103.80 |
| **货物和服务净出口** | Net Exports of Goods and Services | **-672.55** | **-929.57** | **-1096.71** | **-1820.25** | **-2428.54** |

## 3-8 续表1 Continued

| 指　　标 | tem | 构成(%) Composition(%) | | | | |
|---|---|---|---|---|---|---|
| | | 2011 | 2012 | 2013 | 2014 | 2015 |
| **地区生产总值** | **Gross Demestic Product** | **100.0** | **100.0** | **100.0** | **100.0** | **100.0** |
| **最终消费** | Final Consumption | **48.5** | **50.6** | **52.0** | **53.3** | **59.1** |
| 居民消费 | Household Consumption | 33.1 | 33.3 | 34.3 | 36.3 | 39.3 |
| 农村居民 | Rural Household | 7.9 | 8.2 | 8.7 | 9.5 | 9.4 |
| 城镇居民 | Urban Household | 25.2 | 25.2 | 25.6 | 26.8 | 29.9 |
| 政府消费 | Government Consumption | 15.4 | 17.3 | 17.9 | 17.0 | 19.8 |
| **资本形成总额** | Gross Capital Formation | **83.5** | **89.1** | **91.0** | **112.8** | **124.3** |
| 固定资本形成总额 | Gross Fixed Capital | 78.6 | 84.0 | 86.7 | 108.6 | 120.8 |
| 存货增加 | Change in Inventories | 4.8 | 5.1 | 4.3 | 4.2 | 3.6 |
| **货物和服务净出口** | Net Exports of Goods and Services | **-32.0** | **-39.7** | **-42.8** | **-66.1** | **-83.4** |

注：本表按当年价格计算。

Note: Data in this table was calculated at current prices.

# 3-9 按消费类型划分的最终消费(2015年)

## Final Consumption Expenditure by Patterns(2015)

| 指　　标 | Item | 绝对数(亿元) Level (100 million yuan) | 构成(%) Composition (%) |
|---|---|---|---|
| **最终消费支出** | **Final Consumption Expenditures** | **1719.65** | **100.0** |
| **居民消费支出** | **Household Consumption** | **1143.92** | **66.5** |
| **城镇居民** | **Urban Household** | **869.80** | **50.6** |
| 食品类支出 | Food | 173.10 | 10.1 |
| 衣着类支出 | Clothing | 64.65 | 3.8 |
| 居住类支出(含处有住房服务) | Residence | 92.44 | 5.4 |
| 生活用品及服务支出 | Expenditure on living goods and services | 76.47 | 4.4 |
| 交通和通信类支出 | Transportation and Communications | 123.96 | 7.2 |
| 教育文化娱乐支出 | Expenditure on Education Culture and Entertainment | 86.46 | 5.0 |
| 医疗保健类支出 | Health Care and Personal Articles | 113.25 | 6.6 |
| 银行中介服务消费支出 | Financial Service | 86.97 | 5.1 |
| 保险服务消费支出 | Insurance Service | 29.33 | 1.7 |
| 其他商品和服务类支出 | Other Goods and Services | 23.17 | 1.3 |
| **农村居民** | **Rural Household** | **274.12** | **15.9** |
| 食品类支出 | Food | 72.69 | 4.2 |
| 衣着类支出 | Clothing | 20.11 | 1.2 |
| 居住类支出(含处有住房服务) | Residence | 42.53 | 2.5 |
| 生活用品及服务支出 | Expenditure on living goods and services | 24.68 | 1.4 |
| 交通和通信类支出 | Health Care and Personal Articles | 37.75 | 2.2 |
| 教育文化娱乐支出 | Expenditure on Education Culture and Entertainment | 30.15 | 1.8 |
| 医疗保健类支出 | Recreation,Education and Culture Articles | 28.05 | 1.6 |
| 银行中介服务消费支出 | Financial Service | 9.66 | 0.6 |
| 保险服务消费支出 | Insurance Service | 3.26 | 0.2 |
| 其他商品和服务类支出 | Other Goods and Services | 5.24 | 0.3 |
| **政府消费支出** | **Government Consumption** | **575.73** | **33.5** |

注：本表按当年价格计算。

Note：Data in this table was calculated at current prices.

# 3-10 按行业划分的资本形成总额(2015年)

## Gross Capital Formation by Sector(2015)

| 指标 | Item | 绝对数(亿元) Level (100 million yuan) | 构成(%) Composition (%) |
|---|---|---|---|
| **固定资本形成总额** | **Gross Fixed Capital Formation** | **3516.86** | **100.00** |
| 住宅 | Residence | 599.36 | 17.04 |
| 非住宅建筑物 | Non-residential Buildings | 2137.21 | 60.77 |
| 机器和设备 | Machinery and Equipment | 761.10 | 21.64 |
| 土地改良支出 | Land Improvement Expenditure | 4.15 | 0.12 |
| 矿藏勘探费 | Mineral Exploration Costs | 10.48 | 0.30 |
| 计算机软件 | Computer Software | 4.56 | 0.13 |
| **存货增加** | **Change in Inventories** | **103.80** | **100.00** |
| 第一产业 | Primary Industry | -2.69 | -2.59 |
| 农林牧渔业 | Agriculture, Forestry, Animal Husbandary and Fishery | -2.69 | -2.59 |
| 第二产业 | Secondary Industry | 105.35 | 101.49 |
| 工业 | Industry | 89.04 | 85.78 |
| 建筑业 | Construction | 16.31 | 15.71 |
| 第三产业 | Tertiary Industry | 1.14 | 1.10 |
| 交通运输、仓储和邮政业 | Transport, Storage and Post | -2.18 | -2.10 |
| 批发和零售业 | Wholesales and Retail Trades | -6.12 | -5.90 |
| 住宿和餐饮业 | Hotels and Catering Services | -1.39 | -1.34 |
| 房地产业 | Real Estate | 2.96 | 2.85 |
| 其他行业 | Others | 7.87 | 7.58 |

注：本表按当年价格计算。

Note: Data in this table was calculated at current prices.

# 3-11 各市县地区生产总值(2015年)

## Gross Domestic Product by City and County(2015)

单位:万元 (10 000 yuan)

| 地 区 | Region | 地区生产总值 Gross Domestic Product | 第一产业 Primary Industry | 第二产业 Secondary Industry | | | 第三产业 Tertiary Industry | 人均地区生产总值(元/人) Per Capita GDP (yuan/person) |
|---|---|---|---|---|---|---|---|---|
| | | | | | 工业 Industry | 建筑业 Construction | | |
| **全区总计** | **Total** | **29117700** | **2377600** | **13796000** | **97907200** | **3999800** | **12944100** | **43805** |
| **银川市** | **Yinchuan** | **14938590** | **586225** | **7807765** | **5645261** | **2164550** | **6544600** | **69594** |
| 银川市 | District | 8933199 | 175970 | 3418054 | 1936388 | 1482896 | 5339175 | 64687 |
| 兴庆区 | Xingqing | 4443759 | 63429 | 1073661 | 702215 | 371885 | 3306669 | 60893 |
| 西夏区 | Xixia | 2727977 | 78843 | 1461991 | 933800 | 528818 | 1187143 | 77801 |
| 金凤区 | Jinfeng | 1761462 | 33698 | 882401 | 300372 | 582193 | 845363 | 58598 |
| 永宁县 | Yongning | 1212835 | 150695 | 667200 | 391026 | 276768 | 394940 | 51943 |
| 贺兰县 | Helan | 1218014 | 160102 | 679600 | 520833 | 158947 | 378312 | 48726 |
| 灵武市 | Lingwu | 3574542 | 99458 | 3042911 | 2797014 | 245939 | 432173 | 126730 |
| **石嘴山市** | **Shizuishan** | **4826008** | **262437** | **3083291** | **2589496** | **495274** | **1480279** | **61845** |
| 石嘴山市 | District | 3417878 | 68511 | 2269564 | 1892480 | 378563 | 1079803 | 68500 |
| 大武口区 | Dawukou | 1997539 | 9295 | 1304017 | 1093723 | 211494 | 684226 | 66313 |
| 惠农区 | Huinong | 1420339 | 59216 | 965547 | 798757 | 167069 | 395577 | 71832 |
| 平罗县 | Pingluo | 1408130 | 193926 | 813727 | 697016 | 116711 | 400477 | 50043 |
| **吴忠市** | **Wuzhong** | **4055982** | **549047** | **2269454** | **1643097** | **626697** | **1237480** | **29756** |
| 利通区 | Litong | 1475225 | 165584 | 856791 | 590017 | 266774 | 452851 | 36703 |
| 红寺堡区 | Hongsipu | 156104 | 46216 | 66475 | 36564 | 30085 | 43413 | 8069 |
| 盐池县 | Yanchi | 639384 | 57414 | 364448 | 252735 | 111879 | 217522 | 41725 |
| 同心县 | Tongxin | 492168 | 110483 | 195198 | 127640 | 67558 | 186487 | 15154 |
| 青铜峡市 | Qingtongxia | 1293100 | 169350 | 786542 | 636141 | 150401 | 337208 | 44640 |
| **固原市** | **Guyuan** | **2173181** | **452738** | **571986** | **287168** | **284853** | **1148457** | **17819** |
| 原州区 | Yuanzhou | 933644 | 134335 | 248741 | 143299 | 105442 | 550567 | 22459 |
| 西吉县 | Xiji | 492633 | 125968 | 110299 | 36052 | 74247 | 256365 | 14166 |
| 隆德县 | Longde | 207285 | 48031 | 58488 | 22517 | 35971 | 100766 | 13014 |
| 泾源县 | Jingyuan | 133769 | 25166 | 44178 | 14057 | 30121 | 64425 | 13235 |
| 彭阳县 | Pengyang | 405850 | 119237 | 110280 | 71243 | 39072 | 176333 | 20732 |
| **中卫市** | **Zhongwei** | **3168907** | **527348** | **1411035** | **994881** | **416306** | **1230524** | **27857** |
| 沙坡头区 | Shapotou | 1462079 | 232593 | 559595 | 462757 | 96945 | 669891 | 36394 |
| 中宁县 | Zhongning | 1268359 | 182772 | 714688 | 464095 | 250638 | 370898 | 37355 |
| 海原县 | Haiyuan | 438469 | 111983 | 136752 | 68029 | 68723 | 189734 | 11065 |

注: 1. 本表绝对数按当年价格计算。

2. 各市县产业数据按照最新三次产业划分执行。

Notes: a) Level data in this table are calculated at current prices.

b) The data of all cities and counties was calculated according to the division of the latest three strata industries.

# 3-11 续表1 continued

| 地区 | Region | 构成(%) Conposition(%) 第一产业 Primary Industry | 第二产业 Secondary Industry | 第三产业 Tertiary Industry | 指数(上年=100) Indices(preceding year=100) 地区生产总值 Gross Domestic Product | 第一产业 Primary Industry | 第二产业 Secondary Industry | 第三产业 Tertiary Industry | 人均地区生产总值 Per Capita GDP |
|---|---|---|---|---|---|---|---|---|---|
| **全区总计** | **Total** | **8.2** | **47.4** | **44.4** | **108.0** | **104.6** | **108.5** | **107.9** | **106.9** |
| **银川市** | **Yinchuan** | **3.9** | **52.3** | **43.8** | **108.3** | **104.8** | **109.1** | **107.6** | **106.3** |
| 银川市 | District | 2.0 | 38.3 | 59.8 | 107.7 | 103.8 | 107.6 | 108.0 | 106.0 |
| 兴庆区 | Xingqing | 1.4 | 24.2 | 74.4 | 108.5 | 104.3 | 108.9 | 108.4 | 106.5 |
| 西夏区 | Xixia | 2.9 | 53.6 | 43.5 | 105.3 | 104.3 | 104.4 | 106.6 | 103.7 |
| 金凤区 | Jinfeng | 1.9 | 50.1 | 48.0 | 109.5 | 104.3 | 110.4 | 108.8 | 108.3 |
| 永宁县 | Yongning | 12.4 | 55.0 | 32.6 | 106.9 | 105.5 | 108.0 | 104.5 | 106.2 |
| 贺兰县 | Helan | 13.1 | 55.8 | 31.1 | 111.9 | 105.4 | 117.4 | 102.3 | 108.0 |
| 灵武市 | Lingwu | 2.8 | 85.1 | 12.1 | 109.1 | 104.4 | 109.5 | 107.5 | 106.1 |
| **石嘴山市** | **Shizuishan** | **5.4** | **63.9** | **30.7** | **106.9** | **104.7** | **107.4** | **106.0** | **104.9** |
| 石嘴山市 | District | 2.0 | 66.4 | 31.6 | 106.4 | 103.8 | 106.6 | 106.0 | 104.8 |
| 大武口区 | Dawukou | 0.5 | 65.3 | 34.3 | 106.0 | 103.8 | 107.9 | 106.5 | 104.7 |
| 惠农区 | Huinong | 4.2 | 68.0 | 27.9 | 107.1 | 104.1 | 109.4 | 105.1 | 105.1 |
| 平罗县 | Pingluo | 13.8 | 57.8 | 28.4 | 108.1 | 105.1 | 109.4 | 106.2 | 105.4 |
| **吴忠市** | **Wuzhong** | **13.5** | **56.0** | **30.5** | **107.4** | **104.6** | **108.0** | **107.8** | **105.8** |
| 利通区 | Litong | 11.2 | 58.1 | 30.7 | 112.6 | 104.6 | 116.6 | 108.5 | 111.3 |
| 红寺堡区 | Hongsipu | 29.6 | 42.6 | 27.8 | 110.3 | 104.7 | 111.9 | 114.6 | 105.2 |
| 盐池县 | Yanchi | 9.0 | 57.0 | 34.0 | 115.5 | 104.1 | 120.9 | 109.3 | 114.3 |
| 同心县 | Tongxin | 22.4 | 39.7 | 37.9 | 113.1 | 104.1 | 116.6 | 115.4 | 113.1 |
| 青铜峡市 | Qingtongxia | 13.1 | 60.8 | 26.1 | 97.9 | 105.0 | 95.9 | 101.0 | 95.8 |
| **固原市** | **Guyuan** | **20.8** | **26.3** | **52.8** | **108.5** | **104.2** | **112.2** | **108.4** | **109.9** |
| 原州区 | Yuanzhou | 14.4 | 26.6 | 59.0 | 108.2 | 104.1 | 112.2 | 107.2 | 108.6 |
| 西吉县 | Xiji | 25.6 | 22.4 | 52.0 | 109.1 | 104.2 | 114.6 | 109.6 | 111.5 |
| 隆德县 | Longde | 23.2 | 28.2 | 48.6 | 108.8 | 104.2 | 113.4 | 108.5 | 110.6 |
| 泾源县 | Jingyuan | 18.8 | 33.0 | 48.2 | 111.4 | 103.5 | 117.4 | 110.2 | 112.5 |
| 彭阳县 | Pengyang | 29.4 | 27.2 | 43.4 | 107.3 | 104.3 | 107.7 | 110.1 | 109.2 |
| **中卫市** | **Zhongwei** | **16.6** | **44.5** | **38.8** | **106.2** | **104.6** | **106.5** | **106.4** | **105.4** |
| 沙坡头区 | Shapotou | 15.9 | 38.3 | 45.8 | 105.6 | 105.0 | 105.2 | 106.3 | 104.9 |
| 中宁县 | Zhongning | 14.4 | 56.3 | 29.2 | 105.3 | 104.7 | 105.3 | 105.5 | 104.0 |
| 海原县 | Haiyuan | 25.5 | 31.2 | 43.3 | 110.8 | 103.7 | 121.2 | 108.4 | 110.3 |

注：本表指数按可比价格计算。

Note: Indices in this table was calculated at constant prices.

# 主要统计指标解释

**[国内生产总值]** 国内生产总值代表一国或一个地区所有常住单位和个人在一定时期内全部生产活动(包括产品和劳务)的最终成果,是社会总产品价值扣除了中间投入价值后的余额,也就是当期新创造财富的价值总量。GDP 是国内生产总值英文 Gross Domestic Products 的缩写,中文译名对国家来说叫做国内生产总值,对地区的中文名称用行政区的名字作定语,如"宁夏生产总值",简称为"宁夏 GDP",依此类推"银川市生产总值",简称为"银川市 GDP"等等。

国内生产总值核算有三种方法:

一是生产法,是从生产的角度衡量经济单位和个人在核算时期内新创造的价值。按三次产业划分,第一、二、三产业增加值的总和代表国内生产总值,各产业增加值的计算方法是各产业总产值减去中间消耗。计算公式为:增加值 = 总产出 - 中间消耗 。

二是收入法,是根据生产要素(资本、劳动力)在生产过程中应得的收入份额来反映最终成果的一种计算方法。从劳动者报酬、国家税收(含规费)、企业利润和固定资产折旧四者的总和进行核算。计算公式为:增加值 = 劳动者报酬 + 生产税净额 + 固定资产折旧 + 营业盈余。

三是支出法,是从使用的角度衡量核算期内生产的所有货物和服务的最终去向。由居民消费、政府消费、固定资本形成总额、存货增加、货物和服务的净出口(出口 - 进口)五项组成。计算公式为:国内生产总值 = 居民消费 + 政府消费 + 固定资本形成总额 + 存货增加 + 货物和服务的净出口。

从理论上讲,上述三种方法计算得到的国内生产总值应该是一致的,但在实际操作中,因为资料来源的不同以及基础数据质量上的差异,三种方法计算的国内生产总值之间存在着一定的计算误差。我国目前对外公布的国内生产总值是以生产法为准。

**[当年价格]** 指报告期的实际价格,如工厂的出厂价格,农产品的收购价格,商业的零售价格等。使用当年价格计算的数字,是为了使国民经济各项指标互相衔接,便于考察当年社会经济效益,便于对生产和流通、生产和分配、生产和消费进行经济核算和综合平衡。

按当年价格计算的价值指标,在不同年份之间进行对比时,因为包含有各年间价格变动的因素,不能确切地反映实物且的增减变动。必须消除价格变动因素后,才能真实反映经济发展动态。因此,在计算增长速度时都使用按可比价格计算。

**[可比价格]** 指在不同时期的价值指标对比时,扣除了价格变动的因素,以确切反映物量的变化。按可比价格计算有两种方法:一种是直接用产品产量乘某一年的不变价格计算;另一种是用价格指数换算。

**[劳动者报酬]** 指劳动者因从事生产活动所获得的全部报酬。包括劳动者获得的各种形式的工资、奖金和津贴,既包括货币形式的,也包括实物形式的,还包括劳动者所享受的公费医疗和医药卫生费、上下班交通补贴、单位支付的社会保险费、住房公积金等。对于个体经济来说,其所有者获得的劳动报酬和经营利润不易区分,这两部分统一作为劳动报酬处理。

**[生产税净额]** 指生产税减生产补贴后的余额。生产税指政府对生产单位从事生产、销售和经营活动以及因从事生产活动使用某些生产要素(如固定资产、土地、劳动力)所征收的各种税、附加费和规费。生产补贴与生产税相反,指政府对生产单位的单方面转移支出,因此视为负生产税,包括政策亏损补贴、价格补贴等。

**[固定资产折旧]** 指一定时期内为弥补固定资

产损耗按定的固定资产折旧率提取的固定资产折旧,或按国民经济核算统一规定的折旧率虚拟计算的固定资产折旧。它反映了固定资产在当期生产中的转移价值。各类企业和企业化管理的事业单位的固定资产折旧是指实际计提的折旧费;不计提折旧的政府机关、非企业化管理的事业单位和居民住房的固定资产折旧是按照统一规定的折旧率和固定资产原值计算的虚拟折旧。原则上,固定资产折旧应按固定资产的重置价值计算,但是目前我国尚不具备对全社会固定资产进行重估价的基础,所以暂时只能采用上述办法。

**[营业盈余]** 指常住单位创造的增加值扣除劳动者报酬、生产税净额和固定资产折旧后的余额。它相当于企业的营业利润加上生产补贴,但要扣除从利润中开支的工资和福利等。

**[最终消费]** 指常住单位为满足物质、文化和精神生活的需要,从本国经济领土和国外购买的货物和服务的支出。它不包括非常住单位在本国经济领土内的消费支出。最终消费分为居民消费和政府消费。

**[居民消费]** 指常住住户在一定时期内对于货物和服务的全部最终消费支出。居民消费除了直接以货币形式购买的货物和服务的消费支出外,还包括以其他方式获得的货物和服务的消费支出,即所谓的虚拟消费支出。居民虚拟消费支出包括如下几种类型:单位以实物报酬及实物转移的形式提供给劳动者的货物和服务;住户生产并由本住户消费了的货物和服务,其中的服务仅指住户的自有住房服务和付酬的家庭雇员提供的家庭和个人服务;金融机构提供的金融媒介服务;保险公司提供的保险服务。

**[政府消费]** 指政府部门为全社会提供的公共服务的消费支出和免费或以较低的价格向居民住户提供的货物和服务的净支出,前者等于政府服务的产出价值减去政府单位所获得的经营收人的价值,后者等于政府部门免费或以较低价格向居民住户提供的货物和服务的市场价值减去向住户收取的价值。

**[资本形成总额]** 指常住单位在一定时期内获得减去处置的固定资产和存货的净额,包括固定资本形成总额和存货增加两部分。

**[固定资本形成总额]** 指生产者在一定时期内获得的固定资产减处置的固定资产的价值总额。固定资产是通过生产活动生产出来的,且其使用年限在一年以上、单位价值在规定标准以上的资产,不包括自然资产。可分为有形固定资本形成总额和无形固定资本形成总额。有形固定资本形成总额包括一定时期内完成的建筑工捏、安装工程和设备工器具购置(减处置)价值,以及土地改良、新增役、种、奶、毛、娱乐用牲畜和新增经济林木价值。无形固定资本形成总额包括矿藏的勘探、计算机软件等获得减处置。

**[存货增加]** 指常住单位在一定时期内存货实物量变动的市场价值,即期末价值减期初价值的差额,再扣除当期由于价格变动而产生的持有收益。存货增加可以是正值,也可以是负值,正值表示存货上升,负值表示存货下降。存货包括生产单位购进的原材料·燃料和储备物资等存货,以及生产单位生产的产成品、在制品和半成品等存货。

**[货物和服务净出口]** 指货物和服务出口减货物和服务进口的差额。出口包括常住单位向非常住单位出售或无偿转让的各种货物和服务的价值;进口包括常住单位从非常住单位购买或无偿得到的各种货物和服务的价值。由于服务活动的提供与使用同时发生,一般把常住单位从非常住单位得到的服务作为进口,非常住单位从常住单位得到的服务作为出口。货物的出口和进口都按离岸价格计算。

# 第四篇 人口

# Chapter4 Population

**责任编辑**:张雪艳

**资料整理**:张雪艳　李广东　管利民　白晓明　李峻岭

**Coordinator**: Zhang Xueyan

**Data Compilation**: Zhang Xueyan　Li Guangdong　Guan Limin　Bai Xiaoming　Li Junling

# 4-1 全区户数、人口数、户规模与性别比

## Household, Population, Household Size and Sex Ratio

| 年份 Year | 总户数(户) Number of Households (household) | 总人口数(人) Population(person) 合计 Total | 男 Male 人数 Population | 男 Male 比重(%) Percentage(%) | 女 Female 人数 Population | 女 Female 比重(%) Percentage(%) | 平均每户人数(人/户) Average Family Size (person/household) | 性别比(女=100) Sex Ratio (Female=100) |
|---|---|---|---|---|---|---|---|---|
| 1950 | 224904 | 1259619 | 663298 | 52.66 | 596321 | 47.34 | 5.60 | 111.23 |
| 1953 | 279719 | 1510483 | 802139 | 53.10 | 708344 | 46.90 | 5.40 | 113.24 |
| 1958 | 334349 | 1935163 | 1034493 | 53.46 | 900670 | 46.54 | 5.90 | 114.86 |
| 1960 | 399445 | 2130316 | 1153050 | 54.13 | 977266 | 45.87 | 5.33 | 117.99 |
| 1965 | 441086 | 2267851 | 1191628 | 52.54 | 1076223 | 47.46 | 5.14 | 110.72 |
| 1970 | 519067 | 2773480 | 1442033 | 51.99 | 1331447 | 48.01 | 5.34 | 108.31 |
| 1975 | 613969 | 3279228 | 1703021 | 51.93 | 1576207 | 48.07 | 5.34 | 108.05 |
| 1978 | 667996 | 3555828 | 1841668 | 51.79 | 1714160 | 48.21 | 5.32 | 107.44 |
| 1980 | 699614 | 3737169 | 1930280 | 51.65 | 1806889 | 48.35 | 5.33 | 106.83 |
| 1985 | 808315 | 4146215 | 2137278 | 51.55 | 2008937 | 48.45 | 5.13 | 106.39 |
| 1990 | 1009078 | 4656774 | 2396934 | 51.47 | 2259840 | 48.53 | 4.61 | 106.07 |
| 1995 | 1195094 | 5123845 | 2632599 | 51.38 | 2491246 | 48.62 | 4.29 | 105.67 |
| 1996 | 1235188 | 5212099 | 2679993 | 51.42 | 2532106 | 48.58 | 4.22 | 105.84 |
| 1997 | 1271075 | 5289401 | 2717756 | 51.38 | 2571645 | 48.62 | 4.16 | 105.68 |
| 1998 | 1320085 | 5365666 | 2754769 | 51.34 | 2610897 | 48.66 | 4.06 | 105.51 |
| 1999 | 1354786 | 5432891 | 2784706 | 51.26 | 2648185 | 48.74 | 4.01 | 105.16 |
| 2000 | 1406024 | 5543214 | 2839607 | 51.23 | 2703607 | 48.77 | 3.94 | 105.10 |
| 2001 | 1442585 | 5632211 | 2889481 | 51.30 | 2742730 | 48.70 | 3.90 | 105.35 |
| 2002 | 1474654 | 5715376 | 2928132 | 51.23 | 2787244 | 48.77 | 3.88 | 105.05 |
| 2003 | 1521845 | 5801912 | 2976411 | 51.30 | 2825501 | 48.70 | 3.81 | 105.34 |
| 2004 | 1571951 | 5877142 | 3018099 | 51.35 | 2859043 | 48.65 | 3.74 | 105.56 |
| 2005 | 1672299 | 5962029 | 3056766 | 51.27 | 2905263 | 48.73 | 3.57 | 105.21 |
| 2006 | 1661191 | 6037305 | 3090722 | 51.19 | 2946583 | 48.81 | 3.63 | 104.89 |
| 2007 | 1784141 | 6102518 | 3117717 | 51.09 | 2984801 | 48.91 | 3.42 | 104.45 |
| 2008 | 1828332 | 6176939 | 3153651 | 51.06 | 3023288 | 48.94 | 3.38 | 104.31 |
| 2009 | 1881371 | 6252023 | 3186039 | 50.96 | 3065984 | 49.04 | 3.32 | 103.92 |
| 2010 | 1954859 | 6329550 | 3243333 | 51.24 | 3086217 | 48.76 | 3.24 | 105.09 |
| 2011 | 1974083 | 6394549 | 3268409 | 51.11 | 3126140 | 48.89 | 3.24 | 104.55 |
| 2012 | 1967107 | 6471908 | 3285843 | 50.77 | 3186065 | 49.23 | 3.29 | 103.13 |
| 2013 | 2020910 | 6541938 | 3345073 | 51.13 | 3196865 | 48.87 | 3.24 | 104.64 |
| 2014 | 2098986 | 6615376 | 3380740 | 51.10 | 3234636 | 48.90 | 3.15 | 104.52 |
| 2015 | 2104841 | 6678778 | 3403742 | 50.96 | 3275036 | 49.04 | 3.17 | 103.93 |

注：自2001年起，人口数据为常住人口，按年度人口变动情况抽样调查、1%人口抽样调查数据推算，人口普查年份以普查数据为准。

Note: From 2001, data in this table refers to resident population, which is estimated on the base of annual national 1% Population Sample survey on population changes.

# 4-2 农业、非农业与市镇、乡村人口

## Population of Agriculture and Non-Agriculture, Urban and Rural

单位：人 (person)

| 年份<br>Year | 农业人口<br>Agriculture Population | 非农业人口<br>Non-agriculture pulation | 市、镇人口<br>Urban Population | 乡村人口<br>Rural Population | 城镇人口比重%<br>Proportion of Urban Population |
|---|---|---|---|---|---|
| 1950 | 1165106 | 94513 | | | |
| 1953 | 1375430 | 135053 | | | |
| 1955 | 1515637 | 135481 | | | |
| 1958 | 1698952 | 236211 | | | |
| 1960 | 1721839 | 408477 | | | |
| 1965 | 1921985 | 345866 | | | |
| 1970 | 2323964 | 449516 | | | |
| 1975 | 2729220 | 550008 | | | |
| 1978 | 2945095 | 610733 | | | |
| 1980 | 3059028 | 678141 | | | |
| 1985 | 3313764 | 832451 | | | |
| 1990 | 3542939 | 1113835 | | | |
| 1995 | 3744295 | 1379550 | | | |
| 1996 | 3804257 | 1407842 | | | |
| 1997 | 3822377 | 1467024 | | | |
| 1998 | 3843507 | 1522159 | | | |
| 1999 | 3878930 | 1553961 | | | |
| 2000 | 3950946 | 1592268 | 1803855 | 3739359 | 32.54 |
| 2001 | 3992902 | 1639309 | 1876653 | 3755558 | 33.32 |
| 2002 | 4027547 | 1687829 | 1954659 | 3760717 | 34.20 |
| 2003 | 3817164 | 1984748 | 2142337 | 3659575 | 36.92 |
| 2004 | 3799685 | 2077457 | 2386120 | 3491022 | 40.60 |
| 2005 | 3819228 | 2142801 | 2520746 | 3441283 | 42.28 |
| 2006 | 3839178 | 2198127 | 2593626 | 3443679 | 42.96 |
| 2007 | 3864589 | 2237929 | 2686553 | 3415965 | 44.02 |
| 2008 | 3887666 | 2289273 | 2778230 | 3398709 | 44.98 |
| 2009 | 3924177 | 2327846 | 2882093 | 3369930 | 46.10 |
| 2010 | 3972837 | 2356713 | 3035652 | 3293898 | 47.96 |
| 2011 | 4001069 | 2393480 | 3185574 | 3208975 | 49.82 |
| 2012 | 4029410 | 2442498 | 3279637 | 3192271 | 50.67 |
| 2013 | 3937592 | 2604346 | 3402756 | 3139182 | 52.01 |
| 2014 | 3966579 | 2648797 | 3546503 | 3068873 | 53.61 |
| 2015 | - | - | 3688983 | 2989795 | 55.23 |

注：2000年起城乡人口按人口变动情况抽样调查、1%人口抽样调查及相关人口统计资料推算，人口普查年度以普查为准。
Note: The urban and rural population are calculated on the data of 1% population sample survey and related data from 2000.

# 4-3 民族人口和构成

## Nationality Population and Its Composition

| 年份<br>Year | 汉族 Han | | 回族 Hui | | 其他少数民族 Others | |
|---|---|---|---|---|---|---|
| | 人口数(人) Population (person) | 比重(%) Percentage(%) | 人口数(人) Population (person) | 比重(%) Percentage(%) | 人口数(人) Population (person) | 比重(%) Percentage(%) |
| 1950 | 876725 | 69.60 | 381806 | 30.31 | 1088 | 0.09 |
| 1953 | 1009963 | 66.86 | 498783 | 33.02 | 1737 | 0.12 |
| 1955 | 1106765 | 67.03 | 542598 | 32.86 | 1755 | 0.11 |
| 1958 | 1303335 | 67.35 | 629797 | 32.54 | 2031 | 0.11 |
| 1960 | 1515958 | 71.16 | 612379 | 28.75 | 1979 | 0.09 |
| 1965 | 1569719 | 69.22 | 695061 | 30.65 | 3071 | 0.13 |
| 1970 | 1931177 | 69.63 | 839353 | 30.26 | 2950 | 0.11 |
| 1975 | 2280396 | 69.54 | 995202 | 30.35 | 3630 | 0.11 |
| 1978 | 2457551 | 69.11 | 1094660 | 30.78 | 3617 | 0.11 |
| 1980 | 2565593 | 68.65 | 1167257 | 31.23 | 4319 | 0.12 |
| 1985 | 2797427 | 67.47 | 1337561 | 32.26 | 11227 | 0.27 |
| 1990 | 3098093 | 66.53 | 1538925 | 33.05 | 19756 | 0.42 |
| 1995 | 3374813 | 65.86 | 1724148 | 33.65 | 24884 | 0.49 |
| 1996 | 3424762 | 65.71 | 1761876 | 33.80 | 25461 | 0.49 |
| 1997 | 3465287 | 65.51 | 1797247 | 33.98 | 26867 | 0.51 |
| 1998 | 3507446 | 65.37 | 1829700 | 34.10 | 28520 | 0.53 |
| 1999 | 3537134 | 65.11 | 1865903 | 34.34 | 29854 | 0.55 |
| 2000 | 3602104 | 64.98 | 1910101 | 34.46 | 31009 | 0.56 |
| 2001 | 3649994 | 64.81 | 1950424 | 34.63 | 31793 | 0.56 |
| 2002 | 3694928 | 64.65 | 1987129 | 34.77 | 33319 | 0.58 |
| 2003 | 3741161 | 64.48 | 2024723 | 34.90 | 36028 | 0.62 |
| 2004 | 3774150 | 64.22 | 2064854 | 35.13 | 38138 | 0.65 |
| 2005 | 3816891 | 64.02 | 2105192 | 35.31 | 39946 | 0.67 |
| 2006 | 3856020 | 63.87 | 2140903 | 35.46 | 40382 | 0.67 |
| 2007 | 3874218 | 63.49 | 2182260 | 35.76 | 46040 | 0.75 |
| 2008 | 3909502 | 63.29 | 2220417 | 35.95 | 47020 | 0.76 |
| 2009 | 3952260 | 63.22 | 2251503 | 36.01 | 48260 | 0.77 |
| 2010 | 4096692 | 64.72 | 2191810 | 34.63 | 41048 | 0.65 |
| 2011 | 4062457 | 63.53 | 2286692 | 35.76 | 45400 | 0.71 |
| 2012 | 4121574 | 63.68 | 2301225 | 35.56 | 49109 | 0.76 |
| 2013 | 4163420 | 63.64 | 2328975 | 35.60 | 49543 | 0.76 |
| 2014 | 4197864 | 63.45 | 2361434 | 35.70 | 56078 | 0.85 |
| 2015 | 4214914 | 63.11 | 2407400 | 36.05 | 56464 | 0.84 |

# 4-4 人口自然变动情况
## Natural Change of Population

| 年份<br>Year | 年平均人口（人）<br>Annual Average Population (person) | 出生 Birth | | 死亡 Death | | 自然增长 Natural Growth | |
|---|---|---|---|---|---|---|---|
| | | 人数（人）<br>Population (person) | 出生率（‰）<br>Birth Rate (‰) | 人数（人）<br>Population (person) | 死亡率（‰）<br>Death Rate (‰) | 人数（人）<br>Population (person) | 自然增长率（‰）<br>Natural Growth Rate(‰) |
| 1950 | 1228560 | 49536 | 40.32 | 25284 | 20.58 | 24252 | 19.74 |
| 1953 | 1467318 | 58707 | 40.01 | 28437 | 19.38 | 30270 | 20.63 |
| 1955 | 1617587 | 56450 | 34.90 | 16565 | 10.24 | 39885 | 24.66 |
| 1958 | 1864485 | 73316 | 39.32 | 27936 | 14.98 | 45380 | 24.34 |
| 1960 | 2109436 | 34970 | 16.58 | 29331 | 13.90 | 5639 | 2.68 |
| 1965 | 2208416 | 106191 | 48.08 | 20509 | 9.29 | 85682 | 38.79 |
| 1970 | 2711573 | 109191 | 40.27 | 17168 | 6.33 | 92023 | 33.94 |
| 1975 | 3225840 | 117747 | 36.50 | 25073 | 7.77 | 92674 | 28.73 |
| 1978 | 3511449 | 99991 | 28.48 | 19169 | 5.46 | 80822 | 23.02 |
| 1980 | 3689265 | 92069 | 24.96 | 17430 | 4.72 | 74639 | 20.24 |
| 1985 | 4107443 | 70552 | 17.18 | 15934 | 3.88 | 54618 | 13.30 |
| 1990 | 4655451 | 113470 | 24.34 | 25759 | 5.52 | 87711 | 18.82 |
| 1995 | 5081264 | 97967 | 19.28 | 27896 | 5.49 | 70071 | 13.79 |
| 1996 | 5167972 | 98347 | 19.03 | 27132 | 5.25 | 71215 | 13.78 |
| 1997 | 5250750 | 99239 | 18.90 | 28511 | 5.43 | 70728 | 13.47 |
| 1998 | 5327534 | 96908 | 18.19 | 27224 | 5.11 | 69684 | 13.08 |
| 1999 | 5399279 | 97025 | 17.97 | 30506 | 5.65 | 66519 | 12.32 |
| 2000 | 5488053 | 90501 | 16.49 | 25090 | 4.57 | 65411 | 11.92 |
| 2001 | 5587713 | 92476 | 16.55 | 27044 | 4.84 | 65432 | 11.71 |
| 2002 | 5673794 | 93164 | 16.42 | 27575 | 4.86 | 65589 | 11.56 |
| 2003 | 5758644 | 90296 | 15.68 | 27238 | 4.73 | 63057 | 10.95 |
| 2004 | 5839527 | 93257 | 15.97 | 27971 | 4.79 | 65286 | 11.18 |
| 2005 | 5919586 | 94299 | 15.93 | 29302 | 4.95 | 64997 | 10.98 |
| 2006 | 5999667 | 93175 | 15.53 | 29038 | 4.84 | 64137 | 10.69 |
| 2007 | 6069912 | 89835 | 14.80 | 30592 | 5.04 | 59243 | 9.76 |
| 2008 | 6139729 | 87860 | 14.31 | 28366 | 4.62 | 59494 | 9.69 |
| 2009 | 6214481 | 89364 | 14.38 | 29208 | 4.70 | 60156 | 9.68 |
| 2010 | 6290787 | 88981 | 14.14 | 32110 | 5.10 | 56871 | 9.04 |
| 2011 | 6362050 | 86842 | 13.65 | 29774 | 4.68 | 57068 | 8.97 |
| 2012 | 6433229 | 85305 | 13.26 | 27856 | 4.33 | 57449 | 8.93 |
| 2013 | 6506923 | 85371 | 13.12 | 29281 | 4.50 | 56090 | 8.62 |
| 2014 | 6578657 | 86180 | 13.10 | 29801 | 4.53 | 56379 | 8.57 |
| 2015 | 6647077 | 83886 | 12.62 | 30444 | 4.58 | 53442 | 8.04 |

# 4-5 六次人口普查人口基本情况

# Basic Statistics on Population Census in 1953, 1964, 1982, 1990, 2000 and 2010

| 指　标 | Item | 1953.7.1 | 1964.7.1 | 1982.7.1 | 1990.7.1 | 2000.11.1 | 2010.11.1 |
|---|---|---|---|---|---|---|---|
| **总人口(万人)** | **Total Population(10 000 persons)** | **150.62** | **210.75** | **389.56** | **465.54** | **548.64** | **630.14** |
| 男 | Male | 80.74 | 110.84 | 200.68 | 238.95 | 281.35 | 322.74 |
| 女 | Female | 69.88 | 99.91 | 188.87 | 226.60 | 267.29 | 307.40 |
| 性别比(以女性为100) | Sex Ratio(female = 100) | 115.55 | 110.95 | 106.25 | 105.45 | 105.26 | 104.99 |
| **家庭户规模(人/户)** | **Average Family Household Size (person/household)** | **5.10** | **4.98** | **5.09** | **4.57** | **3.82** | **3.17** |
| **各年龄组人口(万人)** | **Population by Age Group (10 000 persons)** | | | | | | |
| 0-14岁 | 0-14 | 61.27 | 91.39 | 160.71 | 157.07 | 155.67 | 134.80 |
| 15-64岁 | 15-64 | 84.84 | 114.56 | 216.39 | 292.13 | 368.42 | 455.05 |
| 65岁及以上 | 65and Over | 4.51 | 4.80 | 12.45 | 16.34 | 24.55 | 40.29 |
| **民族人口** | **Population by Ethnicity** | | | | | | |
| 汉族(万人) | Han(10 000 persons) | 100.07 | 145.71 | 265.13 | 310.74 | 359.06 | 408.64 |
| 占总人口比重(%) | Percentage to Total Population (%) | 66.43 | 69.14 | 68.06 | 66.75 | 65.45 | 64.85 |
| 回族(万人) | Hui (10 000 persons) | 50.37 | 64.70 | 123.52 | 152.44 | 186.24 | 217.38 |
| 占总人口比重(%) | Percentage to Total Population (%) | 33.44 | 30.70 | 31.71 | 32.75 | 33.95 | 34.50 |
| 其他少数民族(万人) | Other Ethnic Minorities (10 000 persons) | 0.17 | 0.34 | 0.91 | 2.36 | 3.34 | 4.12 |
| 占总人口比重(%) | Percentage to Total Population (%) | 0.13 | 0.16 | 0.23 | 0.50 | 0.60 | 0.65 |
| **每十万人拥有的各种受教育程度人口(人)** | **Population with Various Education Attainments Per 100 000 Persons (Person)** | | | | | | |
| 大专及以上 | Junior College and Above | | 380 | 659 | 1610 | 3690 | 9316 |
| 高中和中专 | Senior Secondary School and Technical Secondary School | | 1250 | 5294 | 8010 | 10934 | 12580 |
| 初中 | Junior Secondary School | | 4080 | 15542 | 20272 | 27859 | 33813 |
| 小学 | Primary School | | 18730 | 25686 | 29424 | 31845 | 29656 |
| **文盲人口及文盲率** | **Illiterate Population and Illiterate Rate** | | | | | | |
| 文盲人口(万人) | Illiterate Population(10 000 persons) | | | 105.01 | 103.27 | 61.77 | 41.92 |
| 文盲率(%) | Illiterate Rate(%) | | | 45.89 | 33.48 | 15.72 | 6.65 |
| **城乡人口(万人)** | **Population by Residence (10 000 Persons)** | | | | | | |
| 城镇人口 | Urban Population | | 24.94 | 75.58 | 119.75 | 180.39 | 302.21 |
| 乡村人口 | Rural Population | | 185.81 | 313.98 | 345.79 | 368.25 | 327.93 |

# 4－6 人口计划生育状况
## Family Planning

单位：人、%　　　　(person，%)

| 年份 Year | 已婚育龄妇女人数 Number of Married Women of Child－bearing Age | | 采取各种节育措施人数 Number of Women Taking Various Birth Control Measures | | 节育率 Birth Control Rate | | 领取独生子女证人数 Number of Married Couples with One－child Certificate | |
|---|---|---|---|---|---|---|---|---|
| | 合计 Total | 少数民族 Ethnic Minorities | 合计 Total | 少数民族 Ethnic Minorities | 合计 Total | 少数民族 Ethnic Minorities | 合计 Total | 少数民族 Ethnic Minorities |
| 1979 | 508985 | | 235560 | | 46.28 | | | |
| 1980 | 522377 | | 274823 | | 52.61 | | 3249 | |
| 1985 | 642996 | 202714 | 502048 | 134011 | 78.08 | 66.11 | 34961 | 6204 |
| 1990 | 854353 | 273182 | 695877 | 200383 | 81.45 | 73.35 | 79400 | 6995 |
| 1995 | 986322 | 324715 | 890234 | 284327 | 90.26 | 89.56 | 124105 | 11128 |
| 1996 | 1019995 | 338682 | 933088 | 303927 | 91.48 | 89.74 | 129738 | 11294 |
| 1997 | 1045379 | 351026 | 952531 | 313232 | 91.12 | 89.23 | 130714 | 11732 |
| 1998 | 1070721 | 363660 | 968450 | 317290 | 90.45 | 87.25 | 135032 | 12218 |
| 1999 | 1090681 | 371306 | 979795 | 323070 | 89.83 | 87.01 | 135864 | 11514 |
| 2000 | 1101214 | 369538 | 993341 | 327596 | 90.20 | 88.65 | 135866 | 11867 |
| 2001 | 1119278 | 363471 | 1011630 | 334608 | 90.38 | 92.06 | 138694 | 10990 |
| 2002 | 1137026 | 344071 | 1022832 | 330093 | 89.96 | 95.94 | 141848 | 11814 |
| 2003 | 1151773 | 396789 | 1039803 | 349116 | 90.28 | 87.99 | 139662 | 12563 |
| 2004 | 1161088 | 404450 | 1053142 | 357673 | 90.70 | 88.43 | 126280 | 11456 |
| 2005 | 1173526 | 415211 | 1066291 | 368432 | 90.86 | 88.73 | 127570 | 11983 |
| 2006 | 1155239 | | 1045821 | | 90.53 | | 114095 | |
| 2007 | 1192461 | | 1082676 | | 90.79 | | 121201 | |
| 2008 | 1219697 | | 1103869 | | 90.50 | | 118034 | |
| 2009 | 1249649 | | 1132844 | | 90.65 | | 121836 | |
| 2010 | 1263078 | | 1143429 | | 90.53 | | 122687 | |
| 2011 | 1276589 | | 1167638 | | 91.47 | | 126842 | |
| 2012 | 1252766 | | 1167043 | | 93.16 | | 120289 | |
| 2013 | 1257262 | | 1153318 | | 91.73 | | 112217 | |
| 2014 | 1255662 | | 1159024 | | 92.30 | | 111515 | |
| 2015 | 1275934 | | 1176100 | | 92.18 | | 112682 | |

注：　本资料根据计划生育部门统计数据整理。

Note：Data in this table are compiled on statistic of Family Planning Department.

# 4－7 各市县人口总数

## Population by City and County in Main Years

单位:人 (person)

| 地　　区 | Region | 1958 | 1978 | 1980 | 1990 | 2000 | 2010 | 2011 | 2012 | 2013 | 2014 | 2015 |
|---|---|---|---|---|---|---|---|---|---|---|---|---|
| **全区总计** | **Total** | **1935163** | **3555828** | **3737169** | **4656774** | **5543214** | **6329550** | **6394549** | **6471908** | **6541938** | **6615376** | **6678778** |
| **银川市** | **Yinchuan** | **401035** | **786743** | **822542** | **1034520** | **1264588** | **2004456** | **2025741** | **2046341** | **2082695** | **2128937** | **2164119** |
| 银川市 | District | 148237 | 325177 | 344540 | 480184 | 641723 | 1299129 | 1313371 | 1326667 | 1343955 | 1373425 | 1388572 |
| 兴庆区 | Xingqing | | | | | | 683009 | 690023 | 697365 | 707151 | 725168 | 734353 |
| 西夏区 | Xixia | | | | | | 331138 | 334839 | 337942 | 341440 | 349100 | 352172 |
| 金凤区 | Jinfeng | | | | | | 284982 | 288509 | 291360 | 295364 | 299157 | 302047 |
| 永宁县 | Yongning | 81971 | 146243 | 149157 | 168325 | 185213 | 218719 | 220765 | 222797 | 230957 | 232593 | 234398 |
| 贺兰县 | Helan | 96125 | 152140 | 154492 | 166423 | 182500 | 224062 | 226363 | 228484 | 235578 | 246620 | 253329 |
| 灵武市 | Lingwu | 74702 | 163183 | 174353 | 219588 | 255152 | 262546 | 265242 | 268393 | 272205 | 276299 | 287820 |
| **石嘴山市** | **Shizuishan** | **220670** | **506569** | **529873** | **613753** | **691677** | **727005** | **734071** | **741586** | **759311** | **772676** | **788009** |
| 石嘴山市 | District | 67618 | 269636 | 286591 | 346755 | 399687 | 473756 | 478621 | 483182 | 489392 | 493767 | 504155 |
| 大武口区 | Dawukou | | | | | | 287719 | 290674 | 293567 | 296167 | 298841 | 303619 |
| 惠农区 | Huinong | | | | | | 186037 | 187947 | 189615 | 193225 | 194926 | 200536 |
| 平罗县 | Pingluo | 135562 | 219145 | 224699 | 245070 | 261481 | 253249 | 255450 | 258404 | 269919 | 278909 | 283854 |
| 陶乐县 | Taole | 17490 | 17788 | 18583 | 21928 | 30509 | | | | | | |
| **吴忠市** | **Wuzhong** | **370840** | **660327** | **696769** | **892347** | **1067147** | **1282132** | **1294798** | **1312456** | **1331026** | **1352942** | **1373223** |
| 利通区 | Litong | 115189 | 196266 | 205838 | 257959 | 306379 | 380278 | 384383 | 389332 | 395580 | 399206 | 404667 |
| 红寺堡区 | Hongsipu | | | | | | 166992 | 168707 | 171553 | 179390 | 189566 | 197350 |
| 盐池县 | Yanchi | 52637 | 108157 | 114378 | 140038 | 152117 | 146786 | 147793 | 149550 | 150889 | 152504 | 153974 |
| 同心县 | Tongxin | 88136 | 183156 | 197780 | 279103 | 363630 | 322841 | 326156 | 331389 | 325834 | 324111 | 325441 |
| 青铜峡市 | Qingtongxia | 114878 | 172748 | 178773 | 215247 | 245021 | 265235 | 267759 | 270632 | 279333 | 287555 | 291791 |
| **固原市** | **Guyuan** | **588899** | **991027** | **1047927** | **1316834** | **1504288** | **1233200** | **1247063** | **1264281** | **1244079** | **1227369** | **1211789** |
| 原州区 | Yuanzhou | 187682 | 328542 | 350155 | 442190 | 507874 | 412701 | 418662 | 424298 | 418683 | 415568 | 415865 |
| 西吉县 | Xiji | 157564 | 274186 | 291842 | 377333 | 452477 | 357537 | 361209 | 366645 | 359085 | 351456 | 344045 |
| 隆德县 | Longde | 104585 | 151025 | 155523 | 185327 | 216954 | 160986 | 162239 | 164002 | 163262 | 160652 | 157894 |
| 泾源县 | Jingyuan | 46564 | 73414 | 77114 | 93538 | 81888 | 101279 | 102317 | 103884 | 101552 | 102664 | 99488 |
| 彭阳县 | Pengyang | 92504 | 163860 | 173293 | 218446 | 245095 | 200697 | 202636 | 205452 | 201497 | 197029 | 194497 |
| **中卫市** | **Zhongwei** | **353719** | **611162** | **640058** | **799320** | **1015514** | **1082757** | **1092876** | **1107244** | **1124827** | **1133452** | **1141638** |
| 沙坡头区 | Shapotou | 132403 | 234374 | 239966 | 289527 | 335374 | 379121 | 383014 | 387177 | 397566 | 400329 | 403151 |
| 中宁县 | Zhongning | 111175 | 164986 | 172219 | 205960 | 315900 | 313619 | 315840 | 319744 | 333479 | 337537 | 341549 |
| 海原县 | Haiyuan | 110141 | 211802 | 227873 | 303833 | 364240 | 390017 | 394022 | 400323 | 393782 | 395586 | 396938 |

**注:**2003 年,由于行政区划调整,陶乐县建制被取消,更名为陶乐镇。

# 4-8 各市县户数、人口数和户规模(2015年)

## Household, Population, Household Size by City and County(2015)

| 地区 Region | 总户数(户) Number of Households (household) | 总人口(人) Population(person) 合计 Total | 男性 Male | 女性 Female | 平均家庭人口数(人/户) Average Family Size (person/household) |
|---|---|---|---|---|---|
| **全区总计 Total** | **2104841** | **6678778** | **3403742** | **3275036** | **3.17** |
| **银川市 Yinchuan** | **746411** | **2164119** | **1103995** | **1060124** | **2.90** |
| 银川市 District | 498910 | 1388572 | 702212 | 686360 | 2.78 |
| 兴庆区 Xingqing | 271983 | 734353 | 369453 | 364900 | 2.70 |
| 西夏区 Xixia | 124884 | 352172 | 181192 | 170980 | 2.82 |
| 金凤区 Jinfeng | 102043 | 302047 | 151567 | 150480 | 2.96 |
| 永宁县 Yongning | 73943 | 234398 | 120363 | 114035 | 3.17 |
| 贺兰县 Helan | 84725 | 253329 | 131984 | 121345 | 2.99 |
| 灵武市 Lingwu | 88833 | 287820 | 149436 | 138384 | 3.24 |
| **石嘴山市 Shizuishan** | **288110** | **788009** | **400415** | **387594** | **2.74** |
| 石嘴山市 District | 190900 | 504155 | 256558 | 247597 | 2.64 |
| 大武口区 Dawukou | 112870 | 303619 | 154906 | 148713 | 2.69 |
| 惠农区 Huinong | 78030 | 200536 | 101652 | 98884 | 2.57 |
| 平罗县 Pingluo | 97210 | 283854 | 143857 | 139997 | 2.92 |
| **吴忠市 Wuzhong** | **408120** | **1373223** | **702219** | **671004** | **3.36** |
| 利通区 Litong | 122256 | 404667 | 205166 | 199501 | 3.31 |
| 红寺堡区 Hongsipu | 49092 | 197350 | 102898 | 94452 | 4.02 |
| 盐池县 Yanchi | 54795 | 153974 | 79728 | 74246 | 2.81 |
| 同心县 Tongxin | 82390 | 325441 | 164738 | 160703 | 3.95 |
| 青铜峡市 Qingtongxia | 99587 | 291791 | 149689 | 142102 | 2.93 |
| **固原市 Guyuan** | **335613** | **1211789** | **614213** | **597576** | **3.61** |
| 原州区 Yuanzhou | 124884 | 415865 | 210469 | 205396 | 3.33 |
| 西吉县 Xiji | 83913 | 344045 | 173777 | 170268 | 4.10 |
| 隆德县 Longde | 44984 | 157894 | 79484 | 78410 | 3.51 |
| 泾源县 Jingyuan | 28104 | 99488 | 50998 | 48490 | 3.54 |
| 彭阳县 Pengyang | 53728 | 194497 | 99485 | 95012 | 3.62 |
| **中卫市 Zhongwei** | **326587** | **1141638** | **582900** | **558738** | **3.50** |
| 沙坡头区 Shapotou | 133053 | 403151 | 207058 | 196093 | 3.03 |
| 中宁县 Zhongning | 96483 | 341549 | 174634 | 166915 | 3.54 |
| 海原县 Haiyuan | 97051 | 396938 | 201208 | 195730 | 4.09 |

注：表中数据根据2015年1%人口抽样调查结果推算。

Note: Data in this table are estimated on the Population Sample Survey in 2015.

# 4-9 各市县民族人口和构成(2015年)

# Nationality Population and Its Composition by City and County(2015)

| 地区 Region | 汉族 Han | | 回族 Hui | | 其他少数民族 Others | |
|---|---|---|---|---|---|---|
| | 人口数(人) Population (person) | 比重(%) Percentage (%) | 人口数(人) Population (person) | 比重(%) Percentage (%) | 人口数(人) Population (person) | 比重(%) Percentage (%) |
| **全区总计 Total** | **4214914** | **63.11** | **2407400** | **36.05** | **56464** | **0.84** |
| **银川市 Yinchuan** | **1567996** | **72.45** | **557113** | **25.74** | **39010** | **1.81** |
| 银川市 District | 1057966 | 76.19 | 295396 | 21.27 | 35210 | 2.54 |
| 兴庆区 Xingqing | 568946 | 77.48 | 146003 | 19.88 | 19404 | 2.64 |
| 西夏区 Xixia | 280510 | 79.65 | 63201 | 17.95 | 8461 | 2.40 |
| 金凤区 Jinfeng | 208510 | 69.03 | 86192 | 28.54 | 7345 | 2.43 |
| 永宁县 Yongning | 184229 | 78.60 | 48726 | 20.79 | 1443 | 0.61 |
| 贺兰县 Helan | 191288 | 75.51 | 60745 | 23.98 | 1296 | 0.51 |
| 灵武市 Lingwu | 134513 | 46.74 | 152246 | 52.90 | 1061 | 0.36 |
| **石嘴山市 Shizuishan** | **606710** | **76.99** | **172093** | **21.84** | **9206** | **1.17** |
| 石嘴山市 District | 431338 | 85.55 | 64362 | 12.77 | 8455 | 1.68 |
| 大武口区 Dawukou | 267974 | 88.26 | 29010 | 9.55 | 6635 | 2.19 |
| 惠农区 Huinong | 163364 | 81.46 | 35352 | 17.63 | 1820 | 0.91 |
| 平罗县 Pingluo | 175372 | 61.78 | 107731 | 37.95 | 751 | 0.27 |
| **吴忠市 Wuzhong** | **645584** | **47.01** | **723269** | **52.67** | **4370** | **0.32** |
| 利通区 Litong | 153553 | 37.95 | 249227 | 61.59 | 1887 | 0.46 |
| 红寺堡区 Hongsipu | 73504 | 37.25 | 123622 | 62.64 | 224 | 0.11 |
| 盐池县 Yanchi | 150225 | 97.57 | 3309 | 2.15 | 440 | 0.28 |
| 同心县 Tongxin | 45237 | 13.90 | 280069 | 86.06 | 135 | 0.04 |
| 青铜峡市 Qingtongxia | 223065 | 76.45 | 67042 | 22.97 | 1684 | 0.58 |
| **固原市 Guyuan** | **652095** | **53.81** | **558624** | **46.10** | **1070** | **0.09** |
| 原州区 Yuanzhou | 213170 | 51.26 | 201939 | 48.56 | 756 | 0.18 |
| 西吉县 Xiji | 144292 | 41.94 | 199650 | 58.03 | 103 | 0.03 |
| 隆德县 Longde | 137997 | 87.40 | 19807 | 12.54 | 90 | 0.06 |
| 泾源县 Jingyuan | 21456 | 21.57 | 78002 | 78.40 | 30 | 0.03 |
| 彭阳县 Pengyang | 135180 | 69.50 | 59226 | 30.45 | 91 | 0.05 |
| **中卫市 Zhongwei** | **742529** | **65.04** | **396301** | **34.71** | **2808** | **0.25** |
| 沙坡头区 Shapotou | 375416 | 93.12 | 26518 | 6.58 | 1217 | 0.30 |
| 中宁县 Zhongning | 252393 | 73.90 | 88537 | 25.92 | 619 | 0.18 |
| 海原县 Haiyuan | 114720 | 28.90 | 281246 | 70.85 | 972 | 0.25 |

# 4-10 各市县回族人口数

## Hui Nationality Population by City and County in Main Years

单位:人 (person)

| 地区 | Region | 1958 | 1978 | 1980 | 1990 | 2000 | 2010 | 2011 | 2012 | 2013 | 2014 | 2015 |
|---|---|---|---|---|---|---|---|---|---|---|---|---|
| **全区总计** | **Total** | **629797** | **1094660** | **1214922** | **1538925** | **1910101** | **2191810** | **2286692** | **2301225** | **2328975** | **2361434** | **2407400** |
| **银川市** | **Yinchuan** | **116123** | **191204** | **200710** | **253987** | **331708** | **462090** | **481653** | **484276** | **501142** | **533840** | **557113** |
| 银川市 | District | 32040 | 60144 | 63495 | 85885 | 137059 | 241464 | 252442 | 257345 | 269944 | 287388 | 295396 |
| 兴庆区 | Xingqing | | | | | | 109555 | 114626 | 127778 | 136453 | 142631 | 146003 |
| 西夏区 | Xixia | | | | | | 60746 | 63310 | 58425 | 59243 | 61215 | 63201 |
| 金凤区 | Jinfeng | | | | | | 71163 | 74506 | 71142 | 74248 | 83542 | 86192 |
| 永宁县 | Yongning | 16694 | 18484 | 18788 | 22343 | 24970 | 49755 | 51273 | 45542 | 47308 | 48422 | 48726 |
| 贺兰县 | Helan | 22473 | 35614 | 36419 | 38351 | 45229 | 51072 | 52571 | 54265 | 54530 | 59522 | 60745 |
| 灵武市 | Lingwu | 44916 | 76962 | 82008 | 107408 | 124450 | 119799 | 125367 | 127124 | 129360 | 138508 | 152246 |
| **石嘴山市** | **Shizuishan** | **46253** | **94450** | **99837** | **118499** | **139678** | **141704** | **148468** | **150276** | **160439** | **165898** | **172093** |
| 石嘴山市 | District | 23899 | 28423 | 30705 | 37767 | 47121 | 61338 | 64353 | 58429 | 60799 | 62701 | 64362 |
| 大武口区 | Dawukou | | | | | | 27293 | 28636 | 29300 | 30869 | 28651 | 29010 |
| 惠农区 | Huinong | | | | | | 34045 | 35717 | 29129 | 29930 | 34050 | 35352 |
| 平罗县 | Pingluo | 21362 | 64193 | 67293 | 78645 | 84633 | 80366 | 84115 | 91847 | 99640 | 103197 | 107731 |
| 陶乐县 | Taole | 992 | 1834 | 1839 | 2087 | 7924 | | | | | | |
| **吴忠市** | **Wuzhong** | **149851** | **274030** | **293313** | **401384** | **501731** | **665371** | **692656** | **691849** | **700189** | **702796** | **723269** |
| 利通区 | Litong | 68593 | 106376 | 112225 | 141700 | 165635 | 225098 | 236205 | 237581 | 242913 | 245155 | 249227 |
| 红寺堡区 | Hongsipu | | | | | | 101469 | 105389 | 102487 | 109988 | 118043 | 123622 |
| 盐池县 | Yanchi | 1348 | 2971 | 3170 | 3743 | 3825 | 4065 | 4016 | 3253 | 3288 | 3257 | 3309 |
| 同心县 | Tongxin | 68964 | 142119 | 154163 | 225477 | 297440 | 286943 | 297500 | 299357 | 289616 | 277235 | 280069 |
| 青铜峡市 | Qingtongxia | 10946 | 22564 | 23755 | 30464 | 34831 | 47796 | 49546 | 49171 | 54384 | 59106 | 67042 |
| **固原市** | **Guyuan** | **240744** | **388568** | **461671** | **547024** | **625774** | **547642** | **571187** | **578214** | **568503** | **566242** | **558624** |
| 原州区 | Yuanzhou | 76490 | 128357 | 185670 | 184838 | 215932 | 188608 | 196511 | 206903 | 199937 | 201779 | 201939 |
| 西吉县 | Xiji | 84055 | 132627 | 141828 | 192304 | 239145 | 201244 | 209248 | 208130 | 206146 | 203120 | 199650 |
| 隆德县 | Longde | 8314 | 11525 | 12057 | 15741 | 20015 | 17654 | 18511 | 19128 | 19540 | 19942 | 19807 |
| 泾源县 | Jingyuan | 45243 | 70745 | 74451 | 90719 | 79461 | 81375 | 85289 | 80838 | 80003 | 80862 | 78002 |
| 彭阳县 | Pengyang | 26642 | 45314 | 47665 | 63422 | 71221 | 58761 | 61628 | 63215 | 62877 | 60539 | 59226 |
| **中卫市** | **Zhongwei** | **76826** | **146408** | **159391** | **218031** | **311210** | **375003** | **392728** | **396610** | **398702** | **392658** | **396301** |
| 沙坡头区 | Shapotou | 1022 | 1681 | 1695 | 3492 | 4640 | 23182 | 23717 | 24125 | 24510 | 26283 | 26518 |
| 中宁县 | Zhongning | 2635 | 4022 | 4281 | 4946 | 51588 | 77361 | 80742 | 77937 | 84447 | 87616 | 88537 |
| 海原县 | Haiyuan | 73169 | 140705 | 153415 | 209593 | 254982 | 274460 | 288269 | 294548 | 289745 | 278759 | 281246 |

注:2003年,由于行政区划调整,陶乐县建制被取消,更名为陶乐镇。

# 4-11 各市县人口自然变动情况(2015年)

## Natural Changes on Population by City and County(2015)

| 地 区 | Region | 年平均人口(人) Annual Average Population (person) | 自然变动人数(人) Population of Natural Changes (person) | | | 自然变动率(‰) Natural Rates of Change(‰) | | |
|---|---|---|---|---|---|---|---|---|
| | | | 出生人数 Birth | 死亡人数 Death | 自然增长人数 Natural Growth | 出生率 Birth | 死亡率 Death Rate | 自然增长率 Natural Growth Rate |
| **全区总计** | **Total** | **6647077** | **83886** | **30444** | **53442** | **12.62** | **4.58** | **8.04** |
| **银川市** | **Yinchuan** | **2146528** | **23075** | **9445** | **13630** | **10.75** | **4.40** | **6.35** |
| 银川市 | District | 1380999 | 13658 | 5648 | 8010 | 9.89 | 4.09 | 5.80 |
| 兴庆区 | Xingqing | 729761 | 6736 | 2919 | 3817 | 9.23 | 4.00 | 5.23 |
| 西夏区 | Xixia | 350636 | 3198 | 1343 | 1855 | 9.12 | 3.83 | 5.29 |
| 金凤区 | Jinfeng | 300602 | 3721 | 1380 | 2341 | 12.38 | 4.59 | 7.79 |
| 永宁县 | Yongning | 233496 | 2587 | 1151 | 1436 | 11.08 | 4.93 | 6.15 |
| 贺兰县 | Helan | 249975 | 3070 | 1487 | 1583 | 12.28 | 5.95 | 6.33 |
| 灵武市 | Lingwu | 282060 | 3780 | 1173 | 2607 | 13.40 | 4.16 | 9.24 |
| **石嘴山市** | **Shizuishan** | **780343** | **7944** | **4050** | **3894** | **10.18** | **5.19** | **4.99** |
| 石嘴山市 | District | 498961 | 4825 | 2510 | 2315 | 9.67 | 5.03 | 4.64 |
| 大武口区 | Dawukou | 301230 | 2886 | 1346 | 1540 | 9.58 | 4.47 | 5.11 |
| 惠农区 | Huinong | 197731 | 1938 | 1163 | 775 | 9.80 | 5.88 | 3.92 |
| 平罗县 | Pingluo | 281382 | 3121 | 1545 | 1576 | 11.09 | 5.49 | 5.60 |
| **吴忠市** | **Wuzhong** | **1363083** | **18851** | **5602** | **13249** | **13.83** | **4.11** | **9.72** |
| 利通区 | Litong | 401937 | 5269 | 1576 | 3694 | 13.11 | 3.92 | 9.19 |
| 红寺堡区 | Hongsipu | 193458 | 3061 | 586 | 2475 | 15.82 | 3.03 | 12.79 |
| 盐池县 | Yanchi | 153239 | 1984 | 641 | 1343 | 12.95 | 4.18 | 8.77 |
| 同心县 | Tongxin | 324776 | 5453 | 1283 | 4170 | 16.79 | 3.95 | 12.84 |
| 青铜峡市 | Qingtongxia | 289673 | 3082 | 1509 | 1573 | 10.64 | 5.21 | 5.43 |
| **固原市** | **Guyuan** | **1219579** | **18489** | **5866** | **12623** | **15.16** | **4.81** | **10.35** |
| 原州区 | Yuanzhou | 415717 | 6319 | 1946 | 4373 | 15.20 | 4.68 | 10.52 |
| 西吉县 | Xiji | 347751 | 5790 | 1614 | 4176 | 16.65 | 4.64 | 12.01 |
| 隆德县 | Longde | 159273 | 1927 | 790 | 1137 | 12.10 | 4.96 | 7.14 |
| 泾源县 | Jingyuan | 101076 | 1600 | 502 | 1098 | 15.83 | 4.97 | 10.86 |
| 彭阳县 | Pengyang | 195763 | 2854 | 1014 | 1840 | 14.58 | 5.18 | 9.40 |
| **中卫市** | **Zhongwei** | **1137545** | **15482** | **5449** | **10033** | **13.61** | **4.79** | **8.82** |
| 沙坡头区 | Shapotou | 401740 | 4640 | 2177 | 2463 | 11.55 | 5.42 | 6.13 |
| 中宁县 | Zhongning | 339543 | 4149 | 1511 | 2638 | 12.22 | 4.45 | 7.77 |
| 海原县 | Haiyuan | 396262 | 6697 | 1763 | 4933 | 16.90 | 4.45 | 12.45 |

注: 本表根据2015年1%人口抽样调查资料整理。受出生率和死亡率构成影响,各市县数据加总不等于全区总计数。

Note: Data in this table was compiled on the changes of Population sample survey in 2014. Influenced by the composition of birth rate and death rate, the sum of data by city and county is not equal to "total".

# 4-12 各市县城乡人口情况(2015年)

## Urban and Rural Population By City and County(2015)

单位:人、% (person,%)

| 地 区 Region | 常住人口 Resident Population | 城镇人口 Urban Population | 乡村人口 Rural Population | 城镇人口比重 Proportion of Urban Population |
|---|---|---|---|---|
| **全区总计 Total** | **6678778** | **3688983** | **2989795** | **55.23** |
| **银 川 市 Yinchuan** | **2164119** | **1640418** | **523701** | **75.80** |
| 银 川 市 District | 1388572 | 1251486 | 137086 | 90.13 |
| 兴 庆 区 Xingqing | 734353 | 671272 | 63081 | 91.41 |
| 西 夏 区 Xixia | 352172 | 317131 | 35041 | 90.05 |
| 金 凤 区 Jinfeng | 302047 | 263083 | 38964 | 87.10 |
| 永 宁 县 Yongning | 234398 | 107565 | 126833 | 45.89 |
| 贺 兰 县 Helan | 253329 | 123498 | 129831 | 48.75 |
| 灵 武 市 Lingwu | 287820 | 157869 | 129951 | 54.85 |
| **石嘴山市 Shizuishan** | **788009** | **580565** | **207444** | **73.67** |
| 石嘴山市 District | 504155 | 450475 | 53680 | 89.35 |
| 大武口区 Dawukou | 303619 | 282426 | 21193 | 93.02 |
| 惠 农 区 Huinong | 200536 | 168049 | 32487 | 83.80 |
| 平 罗 县 Pingluo | 283854 | 130090 | 153764 | 45.83 |
| **吴 忠 市 Wuzhong** | **1373223** | **629933** | **743290** | **45.87** |
| 利 通 区 Litong | 404667 | 249680 | 154987 | 61.70 |
| 红寺堡区 Hongsipu | 197350 | 57685 | 139665 | 29.23 |
| 盐 池 县 Yanchi | 153974 | 63283 | 90691 | 41.10 |
| 同 心 县 Tongxin | 325441 | 121064 | 204377 | 37.20 |
| 青铜峡市 Qingtongxia | 291791 | 138221 | 153570 | 47.37 |
| **固 原 市 Guyuan** | **1211789** | **391976** | **819813** | **32.35** |
| 原 州 区 Yuanzhou | 415865 | 185808 | 230057 | 44.68 |
| 西 吉 县 Xiji | 344045 | 76963 | 267082 | 22.37 |
| 隆 德 县 Longde | 157894 | 44226 | 113668 | 28.01 |
| 泾 源 县 Jingyuan | 99488 | 27369 | 72119 | 27.51 |
| 彭 阳 县 Pengyang | 194497 | 57610 | 136887 | 29.62 |
| **中 卫 市 Zhongwei** | **1141638** | **446091** | **695547** | **39.07** |
| 沙坡头区 Shapotou | 403151 | 219354 | 183797 | 54.41 |
| 中 宁 县 Zhongning | 341549 | 139728 | 201821 | 40.91 |
| 海 原 县 Haiyuan | 396938 | 87009 | 309929 | 21.92 |

# 主要统计指标解释

**[总人口]** 指在一定时点、一定地区范围内有生命的个人总和,包括有常住户和未落常住户的人,以及被注销户口的在押犯、劳改、劳教人员,但不包括军人及人民武装警察。

**[总户数]** 包括家庭户和集体户。

**[市镇人口数]** 指居住在市(包括县级市)、镇辖区内的全部人口。

**[乡村人口数]** 指县辖乡(不含县辖镇)的全部人口。

**[性别比]** 男性人数与女性人数之比(女=100)。

$$性别比=\frac{男性人数}{女性人数}\times 100\%$$

**[年平均人数]** 指一年之中各个时点的平均生存人数。

$$年平均人数=\frac{年初人数+年末人数}{2}$$

**[出生人数]** 指在一定时期内(通常为一年)出生有生命现象(即有心跳和呼吸)婴儿数的总和。

**[出生率]** 指某个地区一定时期内的出生人数与同期平均人数之比。

$$出生率=\frac{年出生人数}{年平均人数}\times 100\%$$

**[死亡率]** 指某个地区一定时期内的死亡人数与同期平均人数之比。

$$出生率=\frac{年死亡人数}{年平均人数}\times 100\%$$

# 第五篇 Chapter5

## 劳动力资源与工资

## Labor Force and Wages

**责任编辑**：张雪艳

**资料整理**：张雪艳　李广东　管利民　白晓明　李峻岭

**Coordinator**: Zhang Xueyan

**Data Compilation**: Zhang Xueyan　Li Guangdong　Guan Limin　Bai Xiaoming　Li Junling

# 5-1 就业基本情况

## Employment

| 指　标 | Item | 1995 | 2000 | 2005 | 2010 | 2011 |
|---|---|---|---|---|---|---|
| **就业人员合计(万人)** | **Total Number of Employed persons(10000 persons)** | **240.6** | **275.5** | **299.6** | **326.0** | **339.6** |
| 第一产业 | Primary Industry | 143.5 | 158.6 | 160.8 | 162.0 | 166.2 |
| 第二产业 | Secondary Industry | 46.7 | 50.0 | 51.8 | 53.8 | 55.4 |
| 第三产业 | Tertiary Industry | 50.4 | 66.9 | 87.0 | 110.2 | 118.0 |
| **就业人员构成(合计=100)** | **Composition of Employed Persons(total=100)** | **100.0** | **100.0** | **100.0** | **100.0** | **100.0** |
| 第一产业 | Primary Industry | 59.7 | 57.6 | 53.7 | 49.7 | 48.9 |
| 第二产业 | Secondary Industry | 19.4 | 18.1 | 17.3 | 16.5 | 16.3 |
| 第三产业 | Tertiary Industry | 20.9 | 24.3 | 29.0 | 33.8 | 34.8 |
| **城镇就业人员(万人)** | **Urban Employed Persons (10000 persons)** | **81.1** | **77.6** | **87.6** | **108.0** | **131.2** |
| 国有单位 | State-owned Units | 62.9 | 52.0 | 38.5 | 37.2 | 37.9 |
| 集体单位 | Collective-owned Units | 9.9 | 5.0 | 1.4 | 0.8 | 0.8 |
| 股份合作单位 | Cooperative Units | | 1.1 | 1.0 | 0.5 | 0.6 |
| 联营单位 | Joint Ownership Units | 0.2 | 0.1 | 0.1 | 0.1 | 0.1 |
| 有限责任公司 | Limited Liability Corporations | | 4.0 | 13.0 | 15.8 | 16.1 |
| 股份有限公司 | Share-holding Corporations Ltd. | 0.5 | 1.6 | 1.0 | 3.3 | 3.5 |
| 其他 | Others | | | 0.6 | 0.4 | 0.5 |
| 港澳台商投资单位 | Units of Funds from Hong Kong, Macao & Taiwan | 0.5 | 0.3 | | 0.1 | 0.1 |
| 外商投资单位 | Foreign Funded Units | 0.9 | 1.0 | 1.0 | 1.2 | 1.4 |
| 私营企业 | Private Enterprises | 1.9 | 4.8 | 14.0 | 20.0 | 39.2 |
| 个 体 | Self-employed Individuals | 4.3 | 7.7 | 14.0 | 28.6 | 31.0 |
| **在岗职工人数(万人)** | **Number of Staff and Workers(10000 persons)** | **73.4** | **63.8** | **57.4** | **54.7** | **56.5** |
| 国有单位 | State-owned Units | 61.5 | 51.0 | 37.4 | 34.0 | 34.8 |
| 城镇集体单位 | Urban Collective-owned Units | 9.9 | 4.8 | 1.3 | 0.7 | 0.7 |
| 其他单位 | Units of Other Types of Ownership | 2.0 | 8.0 | 18.8 | 20.0 | 21.0 |
| **城镇登记失业人数(万人)** | **Number of Registered Umemployed Persons in Urban Areas (10000 persons)** | **4.4** | **3.8** | **4.4** | **4.8** | **5.2** |
| **城镇登记失业率(%)** | **Registered Unemployment Rate in Urban Areas (%)** | **5.5** | **4.6** | **4.5** | **4.4** | **4.2** |

注：2006 年以后在岗职工为城镇非私营单位在岗职工。
Note: After 2006, the workers refers to Urban Non-private units workers.

## 5－1 续表 Continued

| 指　　标 | Item | 2012 | 2013 | 2014 | 2015 |
|---|---|---|---|---|---|
| **就业人员合计（万人）** | **Total Number of Employed persons（10000 persons）** | **344.5** | **351.3** | **357.2** | **362.2** |
| 第一产业 | Primary Industry | 167.1 | 167.1 | 161.8 | 159.9 |
| 第二产业 | Secondary Industry | 56.9 | 60.4 | 68.6 | 66.0 |
| 第三产业 | Tertiary Industry | 120.5 | 123.8 | 126.8 | 136.3 |
| **就业人员构成（合计=100）** | **Composition of Employed Persons（total=100）** | **100.0** | **100.0** | **100.0** | **100.0** |
| 第一产业 | Primary Industry | 48.5 | 47.6 | 45.3 | 44.2 |
| 第二产业 | Secondary Industry | 16.5 | 17.2 | 19.2 | 18.2 |
| 第三产业 | Tertiary Industry | 35.0 | 35.2 | 35.5 | 37.6 |
| **城镇就业人员（万人）** | **Urban Employed Persons（10000 persons）** | **134.4** | **140.1** | **144.1** | **151.5** |
| 国有单位 | State－owned Units | 41.0 | 36.7 | 36.7 | 35.4 |
| 集体单位 | Collective－owned Units | 0.8 | 0.8 | 0.7 | 0.7 |
| 股份合作单位 | Cooperative Units | 0.5 | 0.2 | 0.3 | 0.4 |
| 联营单位 | Joint Ownership Units | 0.1 | 0.1 | 0.0 | 0.0 |
| 有限责任公司 | Limited Liability Corporations | 19.0 | 24.1 | 24.6 | 25.3 |
| 股份有限公司 | Share－holding Corporations Ltd. | 3.8 | 7.3 | 6.8 | 7.5 |
| 其他 | Others | 0.8 | 0.9 | 0.9 | 1.1 |
| 港澳台商投资单位 | Units of Funds from Hong Kong，Macao & Taiwan | 0.2 | 0.7 | 1.9 | 1.5 |
| 外商投资单位 | Foreign Funded Units | 1.4 | 1.3 | 1.4 | 1.2 |
| 私营企业 | Private Enterprises | 28.3 | 37.3 | 38.4 | 40.3 |
| 个 体 | Self－employed Individuals | 38.5 | 30.7 | 32.4 | 38.1 |
| **在岗职工人数（万人）** | **Number of Staff and Workers（10000 persons）** | **62.8** | **67.2** | **68.4** | **68.5** |
| 国有单位 | State－owned Units | 38.1 | 34.0 | 34.0 | 32.9 |
| 城镇集体单位 | Urban Collective－owned Units | 0.7 | 0.7 | 0.6 | 0.7 |
| 其他单位 | Units of Other Types of Ownership | 24.0 | 32.5 | 33.8 | 34.9 |
| **城镇登记失业人数（万人）** | **Number of Registered Umemployed Persons in Urban Areas（10000 persons）** | **4.6** | **4.7** | **5.0** | **4.9** |
| **城镇登记失业率（%）** | **Registered Unemployment Rate in Urban Areas（%）** | **4.2** | **4.1** | **4.0** | **4.0** |

注： 2006年以后在岗职工为城镇非私营单位在岗职工。

Note：After 2006，the workers refers to Urban Non－private units workers.

# 5－2 劳动力资源和就业人数

## Labor Force and Number of Employed Persons

单位:万人、%　　　　(10 000 persons,%)

| 年份<br>Year | 劳动力资源<br>Labor Force | | 就业人员<br>Employees | | |
|---|---|---|---|---|---|
| | 人　数<br>Population | 占总人口比重<br>As Percentage of Total Population | 人　数<br>Population | 占总人口比重<br>As Percentage of Total Population | 占劳动力资源比重<br>As Percentage of Labor Force |
| 1950 | 57.6 | 45.71 | 47.2 | 37.50 | 82.07 |
| 1955 | 77.6 | 46.97 | 67.7 | 41.00 | 87.30 |
| 1960 | 99.5 | 46.77 | 96.6 | 45.32 | 94.17 |
| 1965 | 107.1 | 47.20 | 98.6 | 43.52 | 92.18 |
| 1970 | 130.2 | 46.94 | 112.5 | 40.56 | 86.43 |
| 1975 | 158.1 | 48.20 | 125.6 | 38.30 | 79.49 |
| 1980 | 194.3 | 51.20 | 146.5 | 39.20 | 75.40 |
| 1985 | 221.8 | 53.49 | 177.4 | 42.79 | 82.01 |
| 1990 | 259.6 | 55.73 | 211.1 | 45.35 | 81.36 |
| 1995 | 324.8 | 63.39 | 240.6 | 46.96 | 74.08 |
| 1996 | 337.4 | 64.74 | 245.4 | 47.08 | 72.73 |
| 1997 | 346.3 | 65.48 | 256.8 | 48.55 | 74.16 |
| 1998 | 355.5 | 66.25 | 254.8 | 49.49 | 71.69 |
| 1999 | 363.3 | 66.87 | 272.3 | 50.13 | 74.95 |
| 2000 | 380.9 | 68.71 | 275.5 | 49.70 | 72.13 |
| 2001 | 393.4 | 69.90 | 279.0 | 49.54 | 70.92 |
| 2002 | 399.9 | 70.00 | 282.4 | 49.40 | 70.62 |
| 2003 | 406.0 | 70.00 | 291.4 | 50.22 | 71.77 |
| 2004 | 411.7 | 70.10 | 298.8 | 50.84 | 72.58 |
| 2005 | 416.1 | 69.79 | 299.6 | 50.25 | 72.00 |
| 2006 | 422.6 | 70.00 | 308.1 | 51.00 | 72.90 |
| 2007 | 427.6 | 70.10 | 309.5 | 50.70 | 72.40 |
| 2008 | 432.3 | 69.99 | 303.9 | 49.20 | 70.30 |
| 2009 | 437.9 | 70.04 | 328.5 | 52.54 | 75.02 |
| 2010 | 473.6 | 74.84 | 326.0 | 51.50 | 68.82 |
| 2011 | 478.5 | 74.82 | 339.6 | 53.11 | 70.99 |
| 2012 | 487.9 | 75.39 | 344.5 | 53.23 | 70.61 |
| 2013 | 494.0 | 75.51 | 351.3 | 53.70 | 71.11 |
| 2014 | 499.1 | 75.45 | 357.2 | 54.00 | 71.57 |
| 2015 | 503.1 | 75.34 | 362.2 | 54.24 | 71.99 |

# 5-3 全社会就业人数

单位:万人

| 年份<br>Year | 就业人员合计<br>Total Employed Persons | 城镇非私营单位就业人员<br>Emoployed Persons in the Urban Non-private Enterprises | 在岗职工<br>Staff and Workers | 国有单位<br>State-owned Units | 集体单位<br>Collective-owned Units |
|---|---|---|---|---|---|
| 1950 | 47.2 | 0.8 | 0.8 | 0.8 | |
| 1955 | 67.7 | 7.5 | 7.5 | 3.5 | 4.0 |
| 1960 | 96.5 | 28.0 | 28.0 | 25.7 | 2.3 |
| 1965 | 98.6 | 18.8 | 18.8 | 17.1 | 1.7 |
| 1970 | 112.5 | 26.6 | 26.6 | 24.5 | 2.1 |
| 1975 | 125.6 | 33.7 | 33.7 | 30.8 | 2.9 |
| 1980 | 146.5 | 47.6 | 47.6 | 41.3 | 6.3 |
| 1985 | 177.4 | 55.8 | 55.8 | 46.8 | 9.0 |
| 1990 | 211.1 | 67.4 | 67.4 | 56.4 | 10.9 |
| 1995 | 240.6 | 74.9 | 73.4 | 61.5 | 9.9 |
| 2000 | 275.5 | 65.2 | 63.8 | 51.0 | 4.8 |
| 2001 | 279.0 | 62.4 | 61.3 | 48.9 | 3.9 |
| 2002 | 282.4 | 61.8 | 60.6 | 44.1 | 3.3 |
| 2003 | 291.4 | 62.4 | 60.2 | 39.5 | 2.2 |
| 2004 | 298.1 | 60.4 | 58.5 | 37.2 | 1.8 |
| 2005 | 299.6 | 59.6 | 57.4 | 37.4 | 1.3 |
| 2006 | 308.1 | 58.6 | 56.7 | 35.5 | 1.1 |
| 2007 | 309.5 | 58.2 | 56.3 | 35.3 | 1.0 |
| 2008 | 303.9 | 57.1 | 54.7 | 34.3 | 0.8 |
| 2009 | 328.5 | 58.1 | 54.6 | 33.8 | 0.7 |
| 2010 | 326.0 | 59.4 | 54.7 | 34.0 | 0.7 |
| 2011 | 339.6 | 60.8 | 56.6 | 34.8 | 0.7 |
| 2012 | 344.5 | 67.4 | 62.8 | 38.1 | 0.7 |
| 2013 | 351.3 | 72.1 | 67.2 | 34.0 | 0.7 |
| 2014 | 357.2 | 73.3 | 68.4 | 34.0 | 0.6 |
| 2015 | 362.2 | 73.1 | 68.5 | 32.9 | 0.7 |

注:1.1998 年以后,在岗职工不再包括"离开本单位仍保留劳动关系"的职工;

2.2004 年以后数据不含长庆油田宁夏部分。

# Total Number of Employed Persons

(10 000 persons)

| 年份<br>Year | 其他单位<br>Units of Other Types of Ownership | 其他就业者<br>Other Emoloyed Persons | 城镇私营企业及个体就业者<br>Urban Private and Individuals | 乡村就业者<br>Rural Employed Persons |
|---|---|---|---|---|
| 1950 | | | 3.7 | 42.7 |
| 1955 | | | 1.7 | 58.5 |
| 1960 | | | | 68.5 |
| 1965 | | | | 79.8 |
| 1970 | | | | 85.9 |
| 1975 | | | | 91.9 |
| 1980 | | | 0.1 | 98.8 |
| 1985 | | | 1.1 | 120.5 |
| 1990 | 0.1 | | 2.8 | 140.9 |
| 1995 | 2.0 | 1.5 | 6.2 | 159.5 |
| 2000 | 8.0 | 1.4 | 12.5 | 197.9 |
| 2001 | 8.5 | 1.1 | 16.1 | 200.4 |
| 2002 | 13.2 | 1.2 | 17.4 | 203.2 |
| 2003 | 18.5 | 2.2 | 20.6 | 208.5 |
| 2004 | 19.5 | 1.9 | 27.7 | 209.9 |
| 2005 | 18.8 | 2.2 | 28.0 | 212.0 |
| 2006 | 20.1 | 1.9 | 37.4 | 212.0 |
| 2007 | 20.0 | 1.9 | 36.7 | 214.6 |
| 2008 | 19.6 | 2.4 | 28.1 | 218.7 |
| 2009 | 20.1 | 3.5 | 52.0 | 218.4 |
| 2010 | 20.0 | 4.7 | 48.6 | 218.0 |
| 2011 | 21.0 | 4.2 | 70.2 | 208.6 |
| 2012 | 24.0 | 4.6 | 66.8 | 210.3 |
| 2013 | 32.5 | 4.9 | 68.0 | 211.2 |
| 2014 | 33.8 | 4.9 | 70.8 | 213.1 |
| 2015 | 34.9 | 4.6 | 78.4 | 210.7 |

Notes: a) From 1998, statistical criteria of employment has been adjusted, that data of "Staff and Workers Leaving, Their Working Units While Keeping Their Labour Contract" is not included in "staff and workers".

b) From 2004, data in this table excluding Changqing oil field in Ningxia.

# 5-4 按国民经济行业分组的就业人数(2015年)

单位:人

| 指　　标 | Item | 总计<br>Total |
|---|---|---|
| **全区总计** | **Total** | **3622007** |
| **按国民经济行业分组** | **Grouped by Sector** | |
| 农、林、牧、渔业 | Agriculture, Forestry, Animal Husbandry and Fishery | 1598977 |
| 采矿业 | Mining | 79765 |
| 制造业 | Manufacturing | 332938 |
| 电力、热力、燃气及水生产和供应业 | Production and Distribution of Electricity, Heat, Gas and Water | 52348 |
| 建筑业 | Construction | 194515 |
| 批发和零售业 | Wholesale and Retail Trades | 381134 |
| 交通运输、仓储和邮政业 | Transport, Storage and Post | 122145 |
| 住宿和餐饮业 | Hotels and Catering Services | 166444 |
| 信息传输、软件和信息技术服务业 | Information Transmission, Software and IT Services | 21152 |
| 金融业 | Financial Intermediation | 41970 |
| 房地产业 | Real Estate | 49202 |
| 租赁和商务服务业 | Leasing and Business Services | 48042 |
| 科学研究和技术服务业 | Scientific Research and Technical Services | 25169 |
| 水利、环境和公共设施管理业 | Management of Water Conservancy, Environment and Public Facilities | 29604 |
| 居民服务、修理和其他服务业 | Services to Households, Repair and Other Services | 148556 |
| 教育 | Education | 106299 |
| 卫生和社会工作 | Health and Social Work | 70523 |
| 文化、体育和娱乐业 | Culture, Sports and Entertainment | 31510 |
| 公共管理、社会保障和社会组织 | Public Management, Social Security and Organization | 121717 |
| **按三次产业分组** | **Grouped by Three Strate of Industry** | |
| 第一产业 | Primary Industry | 1598977 |
| 第二产业 | Secondary Industry | 659565 |
| 第三产业 | Tertiary Industry | 1363465 |

## Number of Employed Persons by Sector at Year – end(2015)

(person)

| 国有单位就业人员 State – owned Units | 集体单位就业人员 Urban Collective – owned | 其他单位就业人员 Units of Other Types of Ownership | 城镇私营企业就业人员 Urban Private Enterprises | 城镇个体就业人员 Urban Self – employed Individuals | 乡村就业人员 Rural Employed Persons |
|---|---|---|---|---|---|
| **353525** | **7316** | **370387** | **402489** | **381377** | **2106913** |
| | | | | | |
| 11006 | 53 | 3138 | 10312 | 2710 | 1571758 |
| 421 | 10 | 59245 | 10217 | 193 | 9679 |
| 1276 | 200 | 126719 | 140471 | 16003 | 48269 |
| 17571 | | 17575 | 2751 | 25 | 14426 |
| 9720 | 2556 | 41061 | 52825 | 179 | 88174 |
| 3486 | 196 | 21031 | 71488 | 202408 | 82525 |
| 24354 | | 13403 | 11012 | 2921 | 70455 |
| 1815 | 49 | 4908 | 22195 | 78075 | 59402 |
| 518 | | 7505 | 4050 | 1088 | 7991 |
| 8721 | 1326 | 27620 | 3482 | 17 | 804 |
| 2179 | 378 | 13981 | 25557 | 722 | 6385 |
| 3208 | 730 | 15601 | 20078 | 5617 | 2808 |
| 9983 | 23 | 5443 | 8197 | 626 | 897 |
| 20623 | 596 | 1435 | 1640 | 21 | 5289 |
| 118 | | 723 | 5422 | 63155 | 79138 |
| 86844 | 495 | 5562 | 4784 | 55 | 8559 |
| 41798 | 576 | 2265 | 3954 | 1958 | 19972 |
| 7694 | 76 | 2762 | 4054 | 5607 | 11317 |
| 102190 | 52 | 410 | | | 19065 |
| | | | | | |
| 11006 | 53 | 3138 | 10312 | 2710 | 1571758 |
| 28988 | 2766 | 244600 | 206264 | 16399 | 160548 |
| 313531 | 4497 | 122649 | 185913 | 362268 | 374607 |

# 5-5 城镇非私营国有单位就业人数(2015年)

单位:人

| 指　标 | Item | 单位数（个）Number of Unit (unit) |
|---|---|---|
| **全区总计** | **Total** | **5942** |
| **按隶属关系分组** | **Grouped by Jurisdiction of Management** | |
| 中央 | Central Authorities | 167 |
| 省、自治区、直辖市 | Provinces, Autonomous Regions and Municipalities | 612 |
| 地区 | Region | 1070 |
| 县及县以下 | County and Under County Level | 3877 |
| 其他 | Others | 216 |
| **按执行会计标准类别分组** | **Grouped by Enterprises, Institutions and Agencies** | |
| 企业 | Enterprises | 445 |
| 地方 | Local | 342 |
| 事业 | Institutions | 3505 |
| 地方 | Local | 3477 |
| 机关 | Agencies & Organizations | 1985 |
| 地方 | Local | 1949 |
| 其他 | Others | 7 |
| **按国民经济行业分组** | **Grouped by Sector** | |
| 农、林、牧、渔业 | Agriculture, Forestry, Animal Husbandry and Fishery | 173 |
| 采矿业 | Mining | 3 |
| 制造业 | Manufacturing | 12 |
| 电力、热力、燃气及水生产和供应业 | Production and Distribution of Electricity, Heat, Gas and Water | 43 |
| 建筑业 | Construction | 40 |
| 批发和零售业 | Wholesale and Retail Trades | 78 |
| 交通运输、仓储和邮政业 | Transport, Storage and Post | 64 |
| 住宿和餐饮业 | Hotels and Catering Services | 12 |
| 信息传输、软件和信息技术服务业 | Information Transmission, Software and IT Services | 9 |
| 金融业 | Financial Intermediation | 125 |
| 房地产业 | Real Estate | 15 |
| 租赁和商务服务业 | Leasing and Business Services | 100 |
| 科学研究和技术服务业 | Scientific Research and Technical Services | 289 |
| 水利、环境和公共设施管理业 | Management of Water Conservancy, Environment and Public Facilities | 173 |
| 居民服务、修理和其他服务业 | Services to Households, Repair and Other Services | 7 |
| 教育 | Education | 1907 |
| 卫生和社会工作 | Health and Social Work | 355 |
| 文化、体育和娱乐业 | Culture, Sports and Entertainment | 165 |
| 公共管理、社会保障和社会组织 | Public Management, Social Security and Organization | 2372 |
| 国际组织 | International Organizations | |

# Employed Persons in Urban State - owned Units(2015)

(person)

| 单位就业人员 Number of Engaged Persons | 在岗职工 Staff and Workers | 其他就业人员 Other Engaged Persons |
|---|---|---|
| **353525** | **329307** | **24218** |
| | | |
| 46502 | 45744 | 758 |
| 78727 | 75728 | 2999 |
| 66722 | 62196 | 4526 |
| 144818 | 129383 | 15435 |
| 16756 | 16256 | 500 |
| | | |
| 78369 | 74932 | 3437 |
| 37428 | 34473 | 2955 |
| 188738 | 174859 | 13879 |
| 185674 | 171982 | 13692 |
| 86190 | 79333 | 6857 |
| 83693 | 76925 | 6768 |
| 228 | 183 | 45 |
| | | |
| 11006 | 10849 | 157 |
| 421 | 412 | 9 |
| 1276 | 1227 | 49 |
| 17571 | 16929 | 642 |
| 9720 | 8336 | 1384 |
| 3486 | 3388 | 98 |
| 24354 | 23976 | 378 |
| 1815 | 1782 | 33 |
| 518 | 508 | 10 |
| 8721 | 8227 | 494 |
| 2179 | 1923 | 256 |
| 3208 | 2807 | 401 |
| 9983 | 9748 | 235 |
| 20623 | 19973 | 650 |
| 118 | 113 | 5 |
| 86844 | 79825 | 7019 |
| 41798 | 39922 | 1876 |
| 7694 | 7438 | 256 |
| 102190 | 91924 | 10266 |

# 5-6 城镇非私营集体单位就业人数(2015 年)

单位:人

| 指　标 | Item | 单位数(个) Number of Unit (unit) |
|---|---|---|
| **全区总计** | **Total** | **115** |
| **按企业、事业、机关分组** | **Grouped by Enterprises, Institutions and Agencies** | |
| 企 业 | Enterprises | 82 |
| 事 业 | Institutions | 29 |
| 机 关 | Agencies & Organizations | 2 |
| **按国民经济行业分组** | **Grouped by Sector** | |
| 农、林、牧、渔业 | Agriculture, Forestry, Animal Husbandry and Fishery | 1 |
| 采矿业 | Mining | 1 |
| 制造业 | Manufacturing | 11 |
| 电力、热力、燃气及水生产和供应业 | Production and Distribution of Electricity, Heat, Gas and Water | |
| 建筑业 | Construction | 11 |
| 批发和零售业 | Wholesale and Retail Trades | 28 |
| 交通运输、仓储和邮政业 | Transport, Storage and Post | |
| 住宿和餐饮业 | Hotels and Catering Services | 2 |
| 信息传输、软件和信息技术服务业 | Information Transmission, Software and IT Services | |
| 金融业 | Financial Intermediation | 6 |
| 房地产业 | Real Estate | 18 |
| 租赁和商务服务业 | Leasing and Business Services | 5 |
| 科学研究和技术服务业 | Scientific Research and Technical Services | 2 |
| 水利、环境和公共设施管理业 | Management of Water Conservancy, Environment and Public Facilities | 2 |
| 居民服务、修理和其他服务业 | Services to Households, Repair and Other Services | |
| 教育 | Education | 4 |
| 卫生和社会工作 | Health and Social Work | 18 |
| 文化、体育和娱乐业 | Culture, Sports and Entertainment | 1 |
| 公共管理、社会保障和社会组织 | Public Management, Social Security and Organization | 5 |
| 国际组织 | International Organization | |

# Employed Persons in Urban Collective – owned Units(2015)

(person)

| 单位就业人员 Number of Engaged Persons | 在岗职工 Staff and Workers | 其他就业人员 Other Engaged Persons |
|---|---|---|
| **7316** | **6858** | **458** |
| | | |
| 5283 | 4952 | 331 |
| 1802 | 1677 | 125 |
| 31 | 29 | 2 |
| | | |
| 53 | 53 | |
| 10 | 10 | |
| 200 | 178 | 22 |
| | | |
| 2556 | 2408 | 148 |
| 196 | 118 | 78 |
| | | |
| 49 | 49 | |
| | | |
| 1326 | 1242 | 84 |
| 378 | 378 | |
| 730 | 730 | |
| 23 | 23 | |
| 596 | 572 | 24 |
| | | |
| 495 | 428 | 67 |
| 576 | 564 | 12 |
| 76 | 55 | 21 |
| 52 | 50 | 2 |

# 5－7 城镇非私营其他单位就业人数(2015年)

单位:人

| 指　　标 | Item | 单位数（个）Number of Unit (unit) |
|---|---|---|
| **全区总计** | **Total** | **1876** |
| **按企业、事业、机关分组** | **Grouped by Enterprises,Institutions and Agencies** | |
| 企业 | Enterprises | 1737 |
| 事业 | Institutions | 83 |
| 机关 | Agencies & Organizations | 11 |
| 民间非营利组织 | Non－profit Organizations | 22 |
| 其他 | Others | 23 |
| **按国民经济行业分组** | **Grouped by Sector** | |
| 农、林、牧、渔业 | Agriculture,Forestry,Animal Husbandry and Fishery | 38 |
| 采矿业 | Mining | 15 |
| 制造业 | Manufacturing | 430 |
| 电力、热力、燃气及水生产和供应业 | Production and Distribution of Electricity,Heat,Gas and Water | 105 |
| 建筑业 | Construction | 129 |
| 批发和零售业 | Wholesale and Retail Trades | 212 |
| 交通运输、仓储和邮政业 | Transport,Storage and Post | 61 |
| 住宿和餐饮业 | Hotels and Catering Services | 50 |
| 信息传输、软件和信息技术服务业 | Information Transmission,Software and IT Services | 34 |
| 金融业 | Financial Intermediation | 242 |
| 房地产业 | Real Estate | 217 |
| 租赁和商务服务业 | Leasing and Business Services | 74 |
| 科学研究和技术服务业 | Scientific Research and Technical Services | 65 |
| 水利、环境和公共设施管理业 | Management of Water Conservancy,Environment and Public Facilities | 20 |
| 居民服务、修理和其他服务业 | Services to Households,Repair and Other Services | 13 |
| 教育 | Education | 75 |
| 卫生和社会工作 | Health and Social Work | 28 |
| 文化、体育和娱乐业 | Culture,Sports and Entertainment | 48 |
| 公共管理、社会保障和社会组织 | Public Management,Social Security and Organization | 20 |
| 国际组织 | International Organization | |

# Employed Persons in Urban Units of Other Types of Ownership(2015)

(person)

| 单位就业人员<br>Number of Engaged Persons | 在岗职工<br>Staff and Workers | 其他就业人员<br>Other Engaged Persons |
|---:|---:|---:|
| **370387** | **348652** | **21735** |
| | | |
| 361507 | 340199 | 21308 |
| 6045 | 5703 | 342 |
| 629 | 617 | 12 |
| 1016 | 969 | 47 |
| 1190 | 1164 | 26 |
| | | |
| 3138 | 2994 | 144 |
| 59245 | 59245 | |
| 126719 | 124386 | 2333 |
| 17575 | 17149 | 426 |
| 41061 | 34011 | 7050 |
| 21031 | 20742 | 289 |
| 13403 | 13304 | 99 |
| 4908 | 4886 | 22 |
| 7505 | 7377 | 128 |
| 27620 | 18423 | 9197 |
| 13981 | 13013 | 968 |
| 15601 | 15219 | 382 |
| 5443 | 5296 | 147 |
| 1435 | 1416 | 19 |
| 723 | 678 | 45 |
| 5562 | 5435 | 127 |
| 2265 | 2150 | 115 |
| 2762 | 2574 | 188 |
| 410 | 354 | 56 |

# 5-8 城镇非私营单位女性就业人数(2015 年)

单位:人

| 指 标 | Item | 女性就业人员 Number of Female Employed Persons |
|---|---|---|
| **全区总计** | **Total** | **275873** |
| **按企业、事业、机关分组** | **Grouped by Enterprises, Institutions and Agencies** | |
| 企业 | Enterprises | 141238 |
| 事业 | Institutions | 101878 |
| 机关 | Agencies & Organizations | 31261 |
| 民间非盈利组织 | Non-profit Organizations | 727 |
| 其他 | Others | 769 |
| **按国民经济行业分组** | **Grouped by Sector** | |
| 农、林、牧、渔业 | Agriculture, Forestry, Animal Husbandry and Fishery | 4707 |
| 采矿业 | Mining | 10056 |
| 制造业 | Manufacturing | 38725 |
| 电力、热力、燃气及水生产和供应业 | Production and Distribution of Electricity, Heat, Gas and Water | 10768 |
| 建筑业 | Construction | 6510 |
| 批发和零售业 | Wholesale and Retail Trades | 14258 |
| 交通运输、仓储和邮政业 | Transport, Storage and Post | 11761 |
| 住宿和餐饮业 | Hotels and Catering Services | 4175 |
| 信息传输、软件和信息技术服务业 | Information Transmission, Software and IT Services | 3827 |
| 金融业 | Financial Intermediation | 21971 |
| 房地产业 | Real Estate | 6884 |
| 租赁和商务服务业 | Leasing and Business Services | 5586 |
| 科学研究和技术服务业 | Scientific Research and Technical Services | 4649 |
| 水利、环境和公共设施管理业 | Management of Water Conservancy, Environment and Public Facilities | 10043 |
| 居民服务、修理和其他服务业 | Services to Households, Repair and Other Services | 360 |
| 教育 | Education | 49013 |
| 卫生和社会工作 | Health and Social Work | 30303 |
| 文化、体育和娱乐业 | Culture, Sports and Entertainment | 4907 |
| 公共管理、社会保障和社会组织 | Public Management, Social Security and Organization | 37370 |
| 国际组织 | International Organization | |

# Number of Female Employed Persons in Urban Non – Private Units(2015)

(person)

| 国有单位<br>State – owned Units | 集体单位<br>Collective – owned Units | 其他单位<br>Other Units |
|---|---|---|
| **154172** | **2214** | **119487** |
| | | |
| 25767 | 1169 | 114302 |
| 97333 | 974 | 3571 |
| 30989 | 5 | 267 |
| | | 723 |
| 83 | | 624 |
| | | |
| 3435 | 16 | 1256 |
| 44 | 2 | 10010 |
| 456 | 96 | 38173 |
| 4920 | | 5848 |
| 1789 | 280 | 4441 |
| 1454 | 71 | 12733 |
| 7066 | | 4695 |
| 1154 | 36 | 2985 |
| 253 | | 3574 |
| 4326 | 472 | 17173 |
| 804 | 106 | 5974 |
| 1463 | 150 | 3973 |
| 3251 | 12 | 1386 |
| 9379 | 194 | 470 |
| 42 | | 318 |
| 45248 | 324 | 3441 |
| 28288 | 408 | 1607 |
| 3631 | 37 | 1239 |
| 37169 | 10 | 191 |

# 5-9 全区城镇私营企业和个体就业人数(2015年)

单位:户、人

| 指　标 | Item |
| --- | --- |
| 全区总计 | **Total** |
| 农、林、牧、渔业 | Agriculture, Forestry, Animal Husbandry and Fishery |
| 采矿业 | Mining |
| 制造业 | Manufacturing |
| 电力、热力、燃气及水生产和供应业 | Production and Distribution of Electricity, Heat, Gas and Water |
| 建筑业 | Construction |
| 批发和零售业 | Wholesale and Retail Trades |
| 交通运输、仓储和邮政业 | Transport, Storage and Post |
| 住宿和餐饮业 | Hotels and Catering Services |
| 信息传输、软件和信息技术服务业 | Information Transmission, Software and IT Services |
| 金融业 | Financial Intermediation |
| 房地产业 | Real Estate |
| 租赁和商务服务业 | Leasing and Business Services |
| 科学研究和技术服务业 | Scientific Research and Technical Services |
| 水利、环境和公共设施管理业 | Management of Water Conservancy, Environment and Public Facilities |
| 居民服务、修理和其他服务业 | Services to Households, Repair and Other Services |
| 教育 | Education |
| 卫生和社会工作 | Health and Social Work |
| 文化、体育和娱乐业 | Culture, Sports and Entertainment |
| 公共管理、社会保障和社会组织 | Public Management, Social Security and Organization |
| 国际组织 | International Organization |

注:自2014年起,私营企业户数和就业人数为劳动工资年报数据。

## Number of Engaged Persons in Urban Private Enterprises and self - employed Individuals(2015)

(household, person)

| 私营企业 Private Enterprises | | 个体 self - employed Individual | |
|---|---|---|---|
| 户 数 Number of Enterprises | 就业人数 Number of Engaged Persons | 户 数 Number of Enterprises | 就业人数 Number of Engaged Persons |
| **25861** | **402489** | **200515** | **381377** |
| 305 | 10312 | 1156 | 2710 |
| 766 | 10217 | 65 | 193 |
| 4559 | 140471 | 8247 | 16003 |
| 308 | 2751 | 10 | 25 |
| 1681 | 52825 | 85 | 179 |
| 9631 | 71488 | 121542 | 202408 |
| 949 | 11012 | 2030 | 2921 |
| 885 | 22195 | 28541 | 78075 |
| 509 | 4050 | 597 | 1088 |
| 528 | 3482 | 10 | 17 |
| 1057 | 25557 | 321 | 722 |
| 2267 | 20078 | 2926 | 5617 |
| 587 | 8197 | 330 | 626 |
| 175 | 1640 | 7 | 21 |
| 589 | 5422 | 31602 | 63155 |
| 275 | 4784 | 23 | 55 |
| 121 | 3954 | 852 | 1958 |
| 669 | 4054 | 2171 | 5607 |

Note: Since 2014, data of Private Enterprises and Engaged Persons came from the annual statistics of Labor wage.

# 5-10 城镇登记失业人数及失业率

## Registered Unemployed Persons and Unemployment Rate in Urban Area

单位:万人 (10 000 persons)

| 年份<br>Year | 本年登记失业人员总数<br>Number of Registered Unemployed Persons This Year | 本年登记失业人员就业人数<br>Employment among Registered Unemployed Persons This Year | 年末尚有失业人数<br>Unemployed Persons among Registered at Year End | 登记失业率(%)<br>Registered Unemployment Rate (%) |
|---|---|---|---|---|
| 1979 | 5.93 | 3.56 | 2.38 | 4.94 |
| 1980 | 4.83 | 3.02 | 1.80 | 3.64 |
| 1985 | 4.89 | 2.86 | 1.82 | 3.10 |
| 1990 | 7.29 | 2.96 | 4.04 | 5.44 |
| 1995 | 6.28 | 2.07 | 4.48 | 5.47 |
| 1996 | 6.12 | 1.99 | 3.42 | 4.35 |
| 1997 | 7.10 | 2.74 | 3.95 | 4.79 |
| 1998 | 7.60 | 3.65 | 3.91 | 4.71 |
| 1999 | 7.75 | 4.00 | 3.70 | 4.50 |
| 2000 | 7.37 | 3.64 | 3.80 | 4.60 |
| 2001 | 7.78 | 3.19 | 3.66 | 4.40 |
| 2002 | 7.19 | 3.65 | 3.54 | 4.40 |
| 2003 | 8.26 | 4.50 | 3.75 | 4.40 |
| 2004 | 8.92 | 4.85 | 4.07 | 4.51 |
| 2005 | 9.82 | 5.46 | 4.36 | 4.52 |
| 2006 | 10.50 | 6.28 | 4.22 | 4.31 |
| 2007 | 10.87 | 6.45 | 4.42 | 4.28 |
| 2008 | 11.36 | 6.59 | 4.77 | 4.35 |
| 2009 | 11.45 | 6.65 | 4.80 | 4.40 |
| 2010 | 11.65 | 6.90 | 4.77 | 4.35 |
| 2011 | 13.45 | 8.23 | 5.22 | 4.24 |
| 2012 | 16.11 | 11.50 | 4.61 | 4.18 |
| 2013 | 14.84 | 10.15 | 4.69 | 4.06 |
| 2014 | 15.24 | 10.24 | 5.00 | 4.02 |
| 2015 | 14.56 | 9.62 | 4.94 | 4.02 |

注： 本表数据由自治区就业与创业服务局提供。

Note: Data in this table is provided by Ningxia Provinsial Services Bureau of the Employment and Entrepreneurship.

# 5-11 城镇非私营单位在岗职工工资总额及指数

## Total Wages Bill of Staff and Workers and Related Indices in Urban Non-Private Units

| 年份 Year | 绝对数(万元) Level (10 000 yuan) | | | | 指数(以上年为100) Indices (preceding year = 100) | | | |
|---|---|---|---|---|---|---|---|---|
| | 全部工资总额 Total Wages | 国有单位 State-owned Units | 集体单位 Collective-owned Units | 其他单位 Other Units | 全部工资总额 Total Wages | 国有单位 State-owned Units | 集体单位 Collective-owned Units | 其他单位 Other Units |
| 1950 | | 237 | | | | 549.4 | | |
| 1955 | | 1998 | | | | 128.2 | | |
| 1960 | | 13031 | | | | 137.8 | | |
| 1965 | | 10832 | | | | 110.4 | | |
| 1970 | | 16284 | | | | 109.0 | | |
| 1975 | 23117 | 21651 | 1407 | | | 104.4 | | |
| 1980 | 40350 | 36258 | 4092 | | 117.0 | 114.8 | 140.0 | |
| 1985 | 65560 | 57210 | 8290 | 60 | 117.2 | 116.7 | 120.4 | 175.1 |
| 1990 | 146646 | 128898 | 17546 | 203 | 116.8 | 117.1 | 114.1 | 216.2 |
| 1995 | 371795 | 321097 | 38911 | 11787 | 121.2 | 119.9 | 121.5 | 166.8 |
| 1996 | 410323 | 357400 | 39093 | 13830 | 110.4 | 111.3 | 100.5 | 117.3 |
| 1997 | 449072 | 379508 | 44221 | 25343 | 109.4 | 106.2 | 113.1 | 183.2 |
| 1998 | 467399 | 378709 | 34207 | 54482 | 104.1 | 99.8 | 77.4 | 215.0 |
| 1999 | 502394 | 413666 | 31812 | 56916 | 107.5 | 109.2 | 92.9 | 104.5 |
| 2000 | 563327 | 463588 | 34907 | 64832 | 112.1 | 112.1 | 109.7 | 113.9 |
| 2001 | 657761 | 550967 | 32744 | 74050 | 116.8 | 118.8 | 93.8 | 114.2 |
| 2002 | 723503 | 555430 | 27774 | 140299 | 110.0 | 100.8 | 84.8 | 189.5 |
| 2003 | 808406 | 548730 | 20937 | 238738 | 111.7 | 98.8 | 75.4 | 170.2 |
| 2004 | 871455 | 566834 | 20918 | 283703 | 109.7 | 106.0 | 99.9 | 118.8 |
| 2005 | 1015505 | 668325 | 20337 | 326843 | 116.5 | 117.9 | 97.2 | 115.2 |
| 2006 | 1216119 | 749666 | 23001 | 443451 | 119.8 | 112.2 | 113.1 | 135.7 |
| 2007 | 1500243 | 931098 | 25973 | 543171 | 123.4 | 124.2 | 112.9 | 122.5 |
| 2008 | 1722131 | 1066226 | 28884 | 627022 | 114.8 | 114.5 | 111.2 | 115.4 |
| 2009 | 1891214 | 1149132 | 29296 | 712786 | 109.8 | 107.8 | 101.4 | 113.7 |
| 2010 | 2165027 | 1271875 | 33595 | 859558 | 114.5 | 110.7 | 114.7 | 120.6 |
| 2011 | 2580507 | 1515366 | 41869 | 1023271 | 119.2 | 119.1 | 124.6 | 119.0 |
| 2012 | 3359945 | 2004059 | 44017 | 1311868 | 130.2 | 132.2 | 105.1 | 128.2 |
| 2013 | 3740019 | 1933755 | 45478 | 1760786 | 111.3 | 96.5 | 103.3 | 134.2 |
| 2014 | 4088943 | 2027626 | 36140 | 2025178 | 109.3 | 104.9 | 79.5 | 115.0 |
| 2015 | 4347042 | 2177231 | 41410 | 2128401 | 106.3 | 107.4 | 114.6 | 105.1 |

注：1998年以后为在岗职工工资总额，2004年以后数据不含长庆油田宁夏部分，2006年以后在岗职工工资总额为城镇非私营单位在岗职工工资总额。

Note: From 1998, data in this table refers to total wages bill of staff and workers. from 2004, data of Changqing oil field in Ningxia is not included, After 2006, it refers to total wages bill of staff and workers in urban non-private units. besides.

# 5-12 城镇非私营单位在岗职工平均工资及指数

## Average Wage of Staff and Workers and Related Indices in Urban Non-Private Units

| 年份 Year | 平均工资(元) Average Wages(yuan) | | | | 指数(以上年为100) Indices(preceding year=100) | | | |
|---|---|---|---|---|---|---|---|---|
| | 全部职工 Total Employees | 国有单位职工 State-owned Units | 集体单位职工 Collective-owned Units | 其他单位职工 Other Units | 全部职工 Total Employees | 国有单位职工 State-owned Units | 集体单位职工 Collective-owned Units | 其他单位职工 Other Units |
| 1950 | | 343 | | | | 100.9 | | |
| 1955 | | 586 | | | | 103.5 | | |
| 1960 | | 552 | | | | 96.2 | | |
| 1965 | | 696 | | | | 99.0 | | |
| 1970 | | 684 | | | | 101.9 | | |
| 1975 | 708 | 725 | 532 | | | 99.7 | | |
| 1980 | 863 | 892 | 666 | | 111.1 | 109.4 | 128.8 | |
| 1985 | 1206 | 1252 | 963 | 1152 | 112.5 | 112.7 | 112.6 | 120.0 |
| 1990 | 2202 | 2313 | 1631 | 1814 | 113.3 | 113.5 | 111.9 | 104.4 |
| 1995 | 5079 | 5273 | 3782 | 5832 | 118.9 | 117.8 | 123.5 | 130.6 |
| 1996 | 5635 | 5819 | 4320 | 5888 | 101.0 | 101.0 | 114.2 | 101.0 |
| 1997 | 6073 | 6206 | 4831 | 6962 | 118.2 | 106.7 | 111.8 | 118.2 |
| 1998 | 6822 | 7020 | 5373 | 6643 | 112.3 | 113.1 | 111.2 | 95.4 |
| 1999 | 7550 | 7847 | 5568 | 7018 | 110.7 | 111.8 | 103.6 | 105.6 |
| 2000 | 8681 | 9022 | 6538 | 7943 | 115.0 | 115.0 | 117.4 | 113.2 |
| 2001 | 10521 | 11198 | 7166 | 8464 | 121.2 | 124.1 | 109.6 | 106.6 |
| 2002 | 11723 | 12465 | 7572 | 10400 | 111.4 | 111.3 | 105.7 | 122.9 |
| 2003 | 13056 | 13825 | 8924 | 12009 | 111.4 | 110.9 | 117.9 | 115.5 |
| 2004 | 14620 | 15212 | 10613 | 13926 | 112.7 | 111.0 | 119.0 | 116.0 |
| 2005 | 17211 | 17634 | 13630 | 16668 | 117.7 | 115.9 | 128.4 | 119.7 |
| 2006 | 21239 | 21370 | 19427 | 21123 | 123.4 | 121.2 | 142.5 | 126.7 |
| 2007 | 26210 | 26687 | 25362 | 25470 | 123.4 | 124.9 | 130.6 | 120.6 |
| 2008 | 30719 | 31111 | 31155 | 30054 | 117.2 | 116.6 | 122.8 | 118.0 |
| 2009 | 34082 | 33841 | 35182 | 34432 | 110.9 | 108.8 | 112.9 | 114.6 |
| 2010 | 39144 | 37377 | 40815 | 42014 | 114.9 | 110.4 | 116.0 | 122.0 |
| 2011 | 44574 | 43325 | 38635 | 46870 | 113.9 | 115.9 | 94.7 | 111.6 |
| 2012 | 48961 | 48714 | 44929 | 49494 | 109.8 | 112.4 | 116.3 | 105.6 |
| 2013 | 52185 | 52130 | 50526 | 52289 | 106.6 | 107.0 | 112.5 | 105.6 |
| 2014 | 56811 | 56111 | 48419 | 57710 | 108.9 | 107.6 | 95.8 | 110.4 |
| 2015 | 62482 | 66444 | 50872 | 59137 | 110.0 | 118.4 | 105.1 | 102.5 |

注：1998年以后职工平均工资为在岗职工平均工资,2004年以后数据不含长庆油田宁夏部分,2006年以后在岗职工平均工资为城镇非私营单位在岗职工平均工资。

Note: Form 1998, data in this table refers to average wages of staff and workers, from 2004, data of Changqing oil field in Ningxia is not included, After 2006, it refers to average wages of staff and workers in urban non-private units. besides.

# 5-13 城镇非私营国有单位就业人员工资总额及平均工资(2015 年)

## Total Wages and Average Wage of Employed Persons in State - owned Units(2015)

| 指 标 | Item | 就业人员 Employees | |
|---|---|---|---|
| | | 工资总额(万元) Total Wages (10 000 yuan) | 平均工资(元) Average Wage (yuan) |
| **全区总计** | **Total** | **2243922** | **63679** |
| **按隶属关系分组** | **Grouped by Jurisdiction of Management** | | |
| 中央 | Central Authorities | 417846 | 91062 |
| 省、自治区、直辖市 | Provinces, Autonomous Regions and Municipalities | 496188 | 61850 |
| 地区 | Region | 397669 | 60519 |
| 县及县以下 | Country and Under Country Level | 834093 | 57614 |
| 其他 | Others | 98126 | 62164 |
| **按企业、事业、机关分组** | **Grouped by Enterprises, Institutions and Agencies** | | |
| 企业 | Enterprises | 553568 | 69438 |
| 地方 | Local | 176226 | 44849 |
| 事业 | Institutions | 1148005 | 61377 |
| 地方 | Local | 1130027 | 61394 |
| 机关 | Agencies & Organizations | 541059 | 63366 |
| 地方 | Local | 518532 | 62544 |
| 其他 | Others | 1291 | 56113 |
| **按国民经济行业分组** | **Grouped by Sector** | | |
| 农、林、牧、渔业 | Agriculture, Forestry, Animal Husbandry and Fishery | 47498 | 41596 |
| 采矿业 | Mining | 2054 | 46361 |
| 制造业 | Manufacturing | 9571 | 75599 |
| 电力、热力、燃气及水生产和供应业 | Production and Distribution of Electricity, Heat, Gas and Water | 175544 | 101753 |
| 建筑业 | Construction | 50002 | 40321 |
| 批发和零售业 | Wholesale and Retail Trades | 26956 | 76580 |
| 交通运输、仓储和邮政业 | Transport, Storage and Post | 167719 | 70046 |
| 住宿和餐饮业 | Hotels and Catering Services | 6740 | 37235 |
| 信息传输、软件和信息技术服务业 | Information Transmission, Software and IT Services | 3026 | 58643 |
| 金融业 | Financial Intermediation | 84851 | 97262 |
| 房地产业 | Real Estate | 13443 | 62526 |
| 租赁和商务服务业 | Leasing and Business Services | 12375 | 40309 |
| 科学研究和技术服务业 | Scientific Research and Technical Services | 72452 | 73081 |
| 水利、环境和公共设施管理业 | Management of Water Conservancy, Environment and Public Facilities | 89973 | 44785 |
| 居民服务、修理和其他服务业 | Services to Households, Repair and Other Services | 612 | 51856 |
| 教育 | Education | 562777 | 65561 |
| 卫生和社会工作 | Health and Social Work | 247418 | 60076 |
| 文化、体育和娱乐业 | Culture, Sports and Entertainment | 51780 | 67229 |
| 公共管理、社会保障和社会组织 | Public Management, Social Security and Organization | 619131 | 61291 |
| 国际组织 | International Organizations | | |

# 5-13 续表1 Continued

| 指　标 | Item | 在岗职工 Staff and Workers | |
|---|---|---|---|
| | | 工资总额(万元) Total Wages (10 000 yuan) | 平均工资(元) Average Wage (yuan) |
| **全区总计** | **Total** | **2177231** | **66444** |
| **按隶属关系分组** | **Grouped by Jurisdiction of Management** | | |
| 中央 | Central Authorities | 415642 | 92040 |
| 省、自治区、直辖市 | Provinces, Autonomous Regions and Municipalities | 486235 | 63605 |
| 地区 | Region | 387017 | 62947 |
| 县及县以下 | Country and Under Country Level | 792071 | 61256 |
| 其它 | Others | 96266 | 62973 |
| **按企业、事业、机关分组** | **Grouped by Enterprises, Institutions and Agencies** | | |
| 企业 | Enterprises | 540986 | 71756 |
| 地方 | Local | 164971 | 46580 |
| 事业 | Institutions | 1110570 | 64013 |
| 地方 | Local | 1093227 | 64045 |
| 机关 | Agencies & Organizations | 524557 | 66727 |
| 地方 | Local | 502274 | 65896 |
| 其他 | Others | 1117 | 60707 |
| **按国民经济行业分组** | **Grouped by Sector** | | |
| 农、林、牧、渔业 | Agriculture, Forestry, Animal Husbandry and Fishery | 47236 | 41958 |
| 采矿业 | Mining | 1947 | 47034 |
| 制造业 | Manufacturing | 9218 | 75807 |
| 电力、热力、燃气及水生产和供应业 | Production and Distribution of Electricity, Heat, Gas and Water | 174551 | 103671 |
| 建筑业 | Construction | 43019 | 43444 |
| 批发和零售业 | Wholesale and Retail Trades | 26726 | 78032 |
| 交通运输、仓储和邮政业 | Transport, Storage and Post | 166857 | 70813 |
| 住宿和餐饮业 | Hotels and Catering Services | 6692 | 37659 |
| 信息传输、软件和信息技术服务业 | Information Transmission, Software and IT Services | 2988 | 59045 |
| 金融业 | Financial Intermediation | 82911 | 100644 |
| 房地产业 | Real Estate | 12698 | 66619 |
| 租赁和商务服务业 | Leasing and Business Services | 11668 | 43717 |
| 科学研究和技术服务业 | Scientific Research and Technical Services | 71669 | 74084 |
| 水利、环境和公共设施管理业 | Management of Water Conservancy, Environment and Public Facilities | 88658 | 45550 |
| 居民服务、修理和其他服务业 | Services to Households, Repair and Other Services | 601 | 53195 |
| 教育 | Education | 541068 | 68587 |
| 卫生和社会工作 | Health and Social Work | 242171 | 61561 |
| 文化、体育和娱乐业 | Culture, Sports and Entertainment | 51175 | 68645 |
| 公共管理、社会保障和社会组织 | Public Management, Social Security and Organization | 595381 | 65400 |
| 国际组织 | International Organizations | | |

## 5－13 续表 2 Continued

| 指 标 | Item | 其他就业人员 Other Employees | |
|---|---|---|---|
| | | 工资总额(万元) Total Wages (10 000 yuan) | 平均工资(元) Average Wage (yuan) |
| **全区总计** | **Total** | **66692** | **27003** |
| **按隶属关系分组** | **Grouped by Jurisdiction of Management** | | |
| 中央 | Central Authorities | 2204 | 30322 |
| 省、自治区、直辖市 | Provinces, Autonomous Regions and Municipalities | 9953 | 26344 |
| 地区 | Region | 10652 | 25200 |
| 县及县以下 | Country and Under Country Level | 42023 | 27167 |
| 其它 | Others | 1860 | 37351 |
| **按企业、事业、机关分组** | **Grouped by Enterprises, Institutions and Agencies** | | |
| 企业 | Enterprises | 12582 | 29064 |
| 地方 | Local | 11255 | 29038 |
| 事业 | Institutions | 37435 | 27627 |
| 地方 | Local | 36800 | 27537 |
| 机关 | Agencies & Organizations | 16502 | 24364 |
| 地方 | Local | 16258 | 24321 |
| 其他 | Others | 174 | 37739 |
| **按国民经济行业分组** | **Grouped by Sector** | | |
| 农、林、牧、渔业 | Agriculture, Forestry, Animal Husbandry and Fishery | 262 | 16267 |
| 采矿业 | Mining | 107 | 36759 |
| 制造业 | Manufacturing | 353 | 70540 |
| 电力、热力、燃气及水生产和供应业 | Production and Distribution of Electricity, Heat, Gas and Water | 993 | 23933 |
| 建筑业 | Construction | 6983 | 27945 |
| 批发和零售业 | Wholesale and Retail Trades | 231 | 24263 |
| 交通运输、仓储和邮政业 | Transport, Storage and Post | 862 | 22633 |
| 住宿和餐饮业 | Hotels and Catering Services | 48 | 14394 |
| 信息传输、软件和信息技术服务业 | Information Transmission, Software and IT Services | 38 | 38300 |
| 金融业 | Financial Intermediation | 1941 | 39934 |
| 房地产业 | Real Estate | 746 | 30553 |
| 租赁和商务服务业 | Leasing and Business Services | 707 | 17626 |
| 科学研究和技术服务业 | Scientific Research and Technical Services | 784 | 32654 |
| 水利、环境和公共设施管理业 | Management of Water Conservancy, Environment and Public Facilities | 1315 | 21008 |
| 居民服务、修理和其他服务业 | Services to Households, Repair and Other Services | 11 | 21600 |
| 教育 | Education | 21709 | 31227 |
| 卫生和社会工作 | Health and Social Work | 5248 | 28427 |
| 文化、体育和娱乐业 | Culture, Sports and Entertainment | 605 | 24490 |
| 公共管理、社会保障和社会组织 | Public Management, Social Security and Organization | 23751 | 23803 |
| 国际组织 | International Organizations | | |

# 5-14 城镇非私营集体单位就业人员工资总额及平均工资(2015年)

## Total Wages and Average Wage of Employed Persons in Urban Collective-owned Units(2015)

| 指　　标 | Item | 就业人员 Employees | |
|---|---|---|---|
| | | 工资总额(万元) Total Wages (10 000 yuan) | 平均工资(元) Average Wage (yuan) |
| **全区总计** | **Total** | **42538** | **49354** |
| **按企业、事业、机关分组** | **Grouped by Enterprises, Institutions and Agencies** | | |
| 企 业 | Enterprises | 28640 | 43192 |
| 事 业 | Institutions | 12665 | 71512 |
| 机 关 | Agencies & Organizations | 166 | 53452 |
| **按国民经济行业分组** | **Grouped by Sector** | | |
| 农、林、牧、渔业 | Agriculture, Forestry, Animal Husbandry and Fishery | 383 | 72226 |
| 采矿业 | Mining | 17 | 16800 |
| 制造业 | Manufacturing | 690 | 34510 |
| 电力、热力、燃气及水生产和供应业 | Production and Distribution of Electricity, Heat, Gas and Water | | |
| 建筑业 | Construction | 14059 | 34998 |
| 批发和零售业 | Wholesale and Retail Trades | 692 | 34749 |
| 交通运输、仓储和邮政业 | Transport, Storage and Post | | |
| 住宿和餐饮业 | Hotels and Catering Services | 248 | 50694 |
| 信息传输、软件和信息技术服务业 | Information Transmission, Software and IT Services | | |
| 金融业 | Financial Intermediation | 10522 | 82459 |
| 房地产业 | Real Estate | 1649 | 42391 |
| 租赁和商务服务业 | Leasing and Business Services | 1752 | 27412 |
| 科学研究和技术服务业 | Scientific Research and Technical Services | 105 | 45783 |
| 水利、环境和公共设施管理业 | Management of Water Conservancy, Environment and Public Facilities | 3121 | 52636 |
| 居民服务、修理和其他服务业 | Services to Households, Repair and Other Services | | |
| 教育 | Education | 3707 | 78881 |
| 卫生和社会工作 | Health and Social Work | 4975 | 86818 |
| 文化、体育和娱乐业 | Culture, Sports and Entertainment | 343 | 45079 |
| 公共管理、社会保障和社会组织 | Public Management, Social Security and Organization | 276 | 53077 |
| 国际组织 | International Organizations | | |

# 5-14 续表1 Continued

| 指　标 | Item | 在岗职工 Staff and Workers<br>工资总额(万元) Total Wages (10 000 yuan) | 平均工资(元) Average Wage (yuan) |
|---|---|---|---|
| **全区总计** | **Total** | **41410** | **50872** |
| **按企业、事业、机关分组** | **Grouped by Enterprises, Institutions and Agencies** | | |
| 企 业 | Enterprises | 27785 | 44321 |
| 事 业 | Institutions | 12403 | 74852 |
| 机 关 | Agencies & Organizations | 158 | 54345 |
| **按国民经济行业分组** | **Grouped by Sector** | | |
| 农、林、牧、渔业 | Agriculture, Forestry, Animal Husbandry and Fishery | 383 | 72226 |
| 采矿业 | Mining | 17 | 16800 |
| 制造业 | Manufacturing | 643 | 36107 |
| 电力、热力、燃气及水生产和供应业 | Production and Distribution of Electricity, Heat, Gas and Water | | |
| 建筑业 | Construction | 13657 | 35575 |
| 批发和零售业 | Wholesale and Retail Trades | 578 | 48133 |
| 交通运输、仓储和邮政业 | Transport, Storage and Post | | |
| 住宿和餐饮业 | Hotels and Catering Services | 248 | 50694 |
| 信息传输、软件和信息技术服务业 | Information Transmission, Software and IT Services | | |
| 金融业 | Financial Intermediation | 10227 | 85794 |
| 房地产业 | Real Estate | 1649 | 42391 |
| 租赁和商务服务业 | Leasing and Business Services | 1752 | 27412 |
| 科学研究和技术服务业 | Scientific Research and Technical Services | 105 | 45783 |
| 水利、环境和公共设施管理业 | Management of Water Conservancy, Environment and Public Facilities | 3058 | 53743 |
| 居民服务、修理和其他服务业 | Services to Households, Repair and Other Services | | |
| 教育 | Education | 3573 | 86292 |
| 卫生和社会工作 | Health and Social Work | 4944 | 88119 |
| 文化、体育和娱乐业 | Culture, Sports and Entertainment | 313 | 56836 |
| 公共管理、社会保障和社会组织 | Public Management, Social Security and Organization | 266 | 54184 |
| 国际组织 | International Organizations | | |

# 5-14 续表 2 Continued

| 指标 | Item | 其他就业人员 Other Employees | |
|---|---|---|---|
| | | 工资总额(万元) Total Wages (10 000 yuan) | 平均工资(元) Average Wage (yuan) |
| **全区总计** | **Total** | **1128** | **23549** |
| **按企业、事业、机关分组** | **Grouped by Enterprises, Institutions and Agencies** | | |
| 企 业 | Enterprises | 856 | 23638 |
| 事 业 | Institutions | 262 | 22965 |
| 机 关 | Agencies & Organizations | 8 | 40500 |
| **按国民经济行业分组** | **Grouped by Sector** | | |
| 农、林、牧、渔业 | Agriculture, Forestry, Animal Husbandry and Fishery | | |
| 采矿业 | Mining | | |
| 制造业 | Manufacturing | 48 | 21591 |
| 电力、热力、燃气及水生产和供应业 | Production and Distribution of Electricity, Heat, Gas and Water | | |
| 建筑业 | Construction | 402 | 22556 |
| 批发和零售业 | Wholesale and Retail Trades | 114 | 14418 |
| 交通运输、仓储和邮政业 | Transport, Storage and Post | | |
| 住宿和餐饮业 | Hotels and Catering Services | | |
| 信息传输、软件和信息技术服务业 | Information Transmission, Software and IT Services | | |
| 金融业 | Financial Intermediation | 295 | 35143 |
| 房地产业 | Real Estate | | |
| 租赁和商务服务业 | Leasing and Business Services | | |
| 科学研究和技术服务业 | Scientific Research and Technical Services | | |
| 水利、环境和公共设施管理业 | Management of Water Conservancy, Environment and Public Facilities | 63 | 26375 |
| 居民服务、修理和其他服务业 | Services to Households, Repair and Other Services | | |
| 教育 | Education | 135 | 24089 |
| 卫生和社会工作 | Health and Social Work | 31 | 26000 |
| 文化、体育和娱乐业 | Culture, Sports and Entertainment | 30 | 14286 |
| 公共管理、社会保障和社会组织 | Public Management, Social Security and Organization | 11 | 35000 |
| 国际组织 | International Organizations | | |

# 5-15 城镇非私营其他单位就业人员工资总额及平均工资(2015年)

## Total Wages and Average Wage of Employed Persons in Units of Other Types of Ownership(2015)

| 指　标 | Item | 就业人员 Employees<br>工资总额(万元) Total Wages (10 000 yuan) | 平均工资(元) Average Wage (yuan) |
|---|---|---|---|
| **全区总计** | **Total** | **2196074** | **57581** |
| 农、林、牧、渔业 | Agriculture, Forestry, Animal Husbandry and Fishery | 9368 | 28587 |
| 采矿业 | Mining | 493755 | 79593 |
| 制造业 | Manufacturing | 663502 | 51427 |
| 电力、热力、燃气及水生产和供应业 | Production and Distribution of Electricity, Heat, Gas and Water | 145061 | 82627 |
| 建筑业 | Construction | 223783 | 46062 |
| 批发和零售业 | Wholesale and Retail Trades | 89304 | 42580 |
| 交通运输、仓储和邮政业 | Transport, Storage and Post | 71582 | 51328 |
| 住宿和餐饮业 | Hotels and Catering Services | 17636 | 35620 |
| 信息传输、软件和信息技术服务业 | Information Transmission, Software and IT Services | 59366 | 78777 |
| 金融业 | Financial Intermediation | 192567 | 75398 |
| 房地产业 | Real Estate | 60883 | 43735 |
| 租赁和商务服务业 | Leasing and Business Services | 62099 | 40763 |
| 科学研究和技术服务业 | Scientific Research and Technical Services | 38335 | 69010 |
| 水利、环境和公共设施管理业 | Management of Water Conservancy, Environment and Public Facilities | 6931 | 41755 |
| 居民服务、修理和其他服务业 | Services to Households, Repair and Other Services | 2773 | 37783 |
| 教育 | Education | 28382 | 51954 |
| 卫生和社会工作 | Health and Social Work | 14674 | 64986 |
| 文化、体育和娱乐业 | Culture, Sports and Entertainment | 14073 | 51379 |
| 公共管理、社会保障和社会组织 | Public Management, Social Security and Organization | 2000 | 48788 |
| 国际组织 | International Organizations | | |

## 5－15 续表1 Continued

| 指 标 | Item | 在岗职工 Staff and Workers 工资总额(万元) Total Wages (10 000 yuan) | 平均工资(元) Average Wage (yuan) |
|---|---|---|---|
| **全区总计** | **Total** | **2128401** | **59137** |
| 农、林、牧、渔业 | Agriculture, Forestry, Animal Husbandry and Fishery | 8834 | 28423 |
| 采矿业 | Mining | 493755 | 79593 |
| 制造业 | Manufacturing | 655930 | 51809 |
| 电力、热力、燃气及水生产和供应业 | Production and Distribution of Electricity, Heat, Gas and Water | 143979 | 83953 |
| 建筑业 | Construction | 192631 | 47475 |
| 批发和零售业 | Wholesale and Retail Trades | 87760 | 43119 |
| 交通运输、仓储和邮政业 | Transport, Storage and Post | 70895 | 51429 |
| 住宿和餐饮业 | Hotels and Catering Services | 17499 | 35595 |
| 信息传输、软件和信息技术服务业 | Information Transmission, Software and IT Services | 59105 | 79742 |
| 金融业 | Financial Intermediation | 174206 | 96390 |
| 房地产业 | Real Estate | 58203 | 44830 |
| 租赁和商务服务业 | Leasing and Business Services | 60850 | 41010 |
| 科学研究和技术服务业 | Scientific Research and Technical Services | 37472 | 69663 |
| 水利、环境和公共设施管理业 | Management of Water Conservancy, Environment and Public Facilities | 6900 | 42047 |
| 居民服务、修理和其他服务业 | Services to Households, Repair and Other Services | 2671 | 38769 |
| 教育 | Education | 28083 | 52590 |
| 卫生和社会工作 | Health and Social Work | 14256 | 66338 |
| 文化、体育和娱乐业 | Culture, Sports and Entertainment | 13486 | 53429 |
| 公共管理、社会保障和社会组织 | Public Management, Social Security and Organization | 1889 | 53347 |
| 国际组织 | International Organizations | | |

# 5-15 续表2 Continued

| 指 标 | Item | 其他就业人员 Other Employees | |
|---|---|---|---|
| | | 工资总额(万元) Total Wages (10 000 yuan) | 平均工资(元) Average Wage (yuan) |
| **全区总计** | **Total** | **67672** | **31506** |
| 农、林、牧、渔业 | Agriculture, Forestry, Animal Husbandry and Fishery | 534 | 31586 |
| 采矿业 | Mining | | |
| 制造业 | Manufacturing | 7571 | 31390 |
| 电力、热力、燃气及水的生产和供应业 | Production and Distribution of Electricity, Heat, Gas and Water | 1082 | 26655 |
| 建筑业 | Construction | 31152 | 38901 |
| 批发和零售业 | Wholesale and Retail Trades | 1544 | 24903 |
| 交通运输、仓储和邮政业 | Transport, Storage and Post | 688 | 42714 |
| 住宿和餐饮业 | Hotels and Catering Services | 137 | 39171 |
| 信息传输、软件和信息技术服务业 | Information Transmission, Software and IT Services | 261 | 21065 |
| 金融业 | Financial Intermediation | 18361 | 24589 |
| 房地产业 | Real Estate | 2681 | 28579 |
| 租赁和商务服务业 | Leasing and Business Services | 1248 | 31518 |
| 科学研究和技术服务业 | Scientific Research and Technical Services | 863 | 49051 |
| 水利、环境和公共设施管理业 | Management of Water Conservancy, Environment and Public Facilities | 32 | 16579 |
| 居民服务、修理和其他服务业 | Services to Households, Repair and Other Services | 102 | 22689 |
| 教育 | Education | 300 | 24350 |
| 卫生和社会工作 | Health and Social Work | 418 | 38330 |
| 文化、体育和娱乐业 | Culture, Sports and Entertainment | 587 | 27307 |
| 公共管理、社会保障和社会组织 | Public Management, Social Security and Organization | 112 | 19964 |
| 国际组织 | International Organizations | | |

# 5-16 各市县就业人数(2015年)

## Number of Employed Persons by City and County(2015)

单位:人 (person)

| 地 区 Region | 就业人员合计 Total Employment | 城镇就业人员 Number of Employed Persons in Urban Units | 国有单位 State-owned Units | 集体单位 Collective-owned Units | 其他单位 Units of Other Type of Ownership | 私营 Private | 个体 Individuals | 乡村就业者 Rural Labor Force |
|---|---|---|---|---|---|---|---|---|
| **全区总计 Total** | **3622007** | **1515094** | **353525** | **7316** | **370387** | **402489** | **381377** | **2106913** |
| **银川市 Yinchuan** | **1147353** | **782737** | **148193** | **2104** | **243131** | **180213** | **209096** | **364616** |
| 银川市 District | 667706 | 583988 | 119220 | 1509 | 185847 | 111337 | 166075 | 83718 |
| 兴庆区 xingqing | 347445 | 327322 | 64195 | 1026 | 101854 | 56746 | 103501 | 20123 |
| 西夏区 xixia | 121981 | 94617 | 25070 | 416 | 29163 | 11372 | 28596 | 27364 |
| 金凤区 jingfeng | 198280 | 162049 | 29955 | 67 | 54830 | 43219 | 33978 | 36231 |
| 永宁县 Yongning | 146461 | 51540 | 8344 | 96 | 12722 | 15144 | 15234 | 94921 |
| 贺兰县 Helan | 160834 | 65588 | 9225 | 22 | 19190 | 25133 | 12018 | 95246 |
| 灵武市 Lingwu | 172351 | 81621 | 11404 | 477 | 25372 | 28599 | 15769 | 90730 |
| **石嘴山市 Shizuishan** | **350688** | **190427** | **36998** | **234** | **54138** | **52764** | **46293** | **160261** |
| 石嘴山市 District | 175217 | 132336 | 25970 | 189 | 45590 | 25372 | 35215 | 42881 |
| 大武口区 dawukou | 98182 | 82871 | 20226 | 89 | 28325 | 10311 | 23920 | 15312 |
| 惠农区 huinong | 77034 | 49465 | 5744 | 100 | 17265 | 15061 | 11295 | 27569 |
| 平罗县 Pingluo | 175472 | 58092 | 11028 | 45 | 8548 | 27392 | 11079 | 117380 |
| **吴忠市 Wuzhong** | **724960** | **230516** | **52059** | **3036** | **41379** | **70688** | **63354** | **494444** |
| 利通区 Litong | 219361 | 108488 | 20476 | 1164 | 15517 | 41886 | 29445 | 110873 |
| 红寺堡区 Hongsipu | 85287 | 12325 | 4051 |  | 1282 | 1810 | 5182 | 72962 |
| 盐池县 Yanchi | 101831 | 28153 | 8322 | 38 | 4444 | 9299 | 6050 | 73678 |
| 同心县 Tongxin | 155271 | 24496 | 9726 | 1125 | 805 | 5743 | 7097 | 130775 |
| 青铜峡市 Qingtongxia | 163210 | 57053 | 9484 | 709 | 19331 | 11950 | 15579 | 106157 |
| **固原市 Guyuan** | **757318** | **139138** | **52631** | **1477** | **12334** | **33314** | **39382** | **618180** |
| 原州区 Yuanzhou | 248439 | 60152 | 21522 | 587 | 4929 | 17361 | 15753 | 188287 |
| 西吉县 Xiji | 235860 | 34031 | 12513 | 229 | 2424 | 5700 | 13165 | 201829 |
| 隆德县 Longde | 103509 | 18465 | 6487 |  | 559 | 5284 | 6135 | 85044 |
| 泾源县 Jingyuan | 52891 | 9618 | 4109 | 572 | 681 | 1908 | 2348 | 43273 |
| 彭阳县 Pengyang | 116618 | 16873 | 8000 | 89 | 3741 | 3061 | 1982 | 99745 |
| **中卫市 Zhongwei** | **623724** | **154312** | **45680** | **465** | **19405** | **65510** | **23252** | **469412** |
| 沙坡头区 Shapotou | 222843 | 75546 | 17377 | 38 | 15539 | 32098 | 10494 | 147297 |
| 中宁县 Zhongning | 187698 | 55888 | 15988 | 227 | 3372 | 27724 | 8577 | 131810 |
| 海原县 Haiyuan | 213183 | 22877 | 12315 | 200 | 494 | 5688 | 4180 | 190306 |

注: 因铁路部门数据单列,故各市(县、区)数据加总不等于全区总计。

Note: Because this form does not contain the railway sector data, so the sum of cities and counties (districts) data is not equal to the total item.

# 5－17　第六次全国人口普查就业人口产业构成

## Employment Composition by Industry on Population Census in 2010

单位:%　　　　(%)

| 地　区 | Region | 第一产业 Primary Industry | 第二产业 Secondary Industry | 第三产业 Tertiary Industry |
|---|---|---|---|---|
| **全区总计** | **Total** | **51.12** | **18.70** | **30.18** |
| **银川市** | **Yinchuan** | **25.64** | **26.00** | **48.36** |
| 银川市 | District | 12.09 | 25.03 | 62.88 |
| 永宁县 | Yongning | 60.92 | 17.52 | 21.56 |
| 贺兰县 | Helan | 51.52 | 20.36 | 28.12 |
| 灵武市 | Lingwu | 32.62 | 41.68 | 25.70 |
| **石嘴山市** | **Shizuishan** | **32.89** | **33.22** | **33.89** |
| 石嘴山市 | District | 13.08 | 45.10 | 41.82 |
| 平罗县 | Pingluo | 62.74 | 15.33 | 21.93 |
| **吴忠市** | **Wuzhong** | **61.17** | **15.07** | **23.76** |
| 利通区 | Litong | 39.07 | 22.41 | 38.52 |
| 红寺堡区 | Hongsipu | 80.01 | 8.75 | 11.24 |
| 盐池县 | Yanchi | 58.98 | 14.32 | 26.70 |
| 同心县 | Tongxin | 84.03 | 5.33 | 10.64 |
| 青铜峡市 | Qingtongxia | 54.88 | 20.45 | 24.67 |
| **固原市** | **Guyuan** | **74.58** | **8.97** | **16.45** |
| 原州区 | Yuanzhou | 61.10 | 11.28 | 27.62 |
| 西吉县 | Xiji | 87.72 | 3.40 | 8.88 |
| 隆德县 | Longde | 71.70 | 14.47 | 13.83 |
| 泾源县 | Jingyuan | 70.19 | 14.56 | 15.25 |
| 彭阳县 | Pengyang | 80.28 | 8.18 | 11.54 |
| **中卫市** | **Zhongwei** | **69.53** | **11.64** | **18.83** |
| 沙坡头区 | Shapotou | 53.07 | 19.39 | 27.54 |
| 中宁县 | Zhongning | 70.66 | 11.22 | 18.12 |
| 海原县 | Haiyuan | 86.07 | 3.75 | 10.18 |

# 5－18 各市县城镇非私营单位在岗职工人数(2015年)

## Number of Fully Employed Staff and Workers in Urban Entities by City and County(2015)

单位:人 (person)

| 地区 Region | 总计 Total | 按经济类型分 Grouped by Economic Type | | | 按三次产业分 Grouped Industry | | |
|---|---|---|---|---|---|---|---|
| | | 国有单位 State－owned Units | 集体单位 Urban Collective－owned Units | 其他单位 Other Economic Type Units | 第一产业 Primary Industry | 第二产业 Secondary Industry | 第三产业 Tertiary Industry |
| **全区总计 Total** | **684817** | **329307** | **6858** | **348652** | **13896** | **264291** | **406630** |
| **银川市 Yinchuan** | **368307** | **139182** | **1898** | **227227** | **7105** | **169209** | **191993** |
| 银川市 District | 288796 | 114722 | 1378 | 172696 | 2146 | 123775 | 162875 |
| 兴庆区 xingqing | 161325 | 61698 | 899 | 98728 | 719 | 73299 | 87307 |
| 西夏区 xixia | 53184 | 24439 | 414 | 28331 | 1362 | 25944 | 25878 |
| 金凤区 jinfeng | 74287 | 28585 | 65 | 45637 | 65 | 24532 | 49690 |
| 永宁县 Yongning | 20166 | 7881 | 21 | 12264 | 1443 | 8238 | 10485 |
| 贺兰县 Helan | 23786 | 6417 | 22 | 17347 | 1329 | 14578 | 7879 |
| 灵武市 Lingwu | 35559 | 10162 | 477 | 24920 | 2187 | 22618 | 10754 |
| **石嘴山市 Shizuishan** | **88098** | **35165** | **234** | **52699** | **404** | **42016** | **45678** |
| 石嘴山市 District | 68997 | 24587 | 189 | 44221 | 272 | 34857 | 33868 |
| 大武口区 dawukou | 46378 | 19120 | 89 | 27169 | 21 | 19775 | 26582 |
| 惠农区 huinong | 22619 | 5467 | 100 | 17052 | 251 | 15082 | 7286 |
| 平罗县 Pingluo | 19101 | 10578 | 45 | 8478 | 132 | 7159 | 11810 |
| **吴忠市 Wuzhong** | **90999** | **48988** | **2873** | **39138** | **2033** | **32679** | **56287** |
| 利通区 Litong | 34334 | 18887 | 1021 | 14426 | 1602 | 9424 | 23308 |
| 红寺堡区 Hongsipu | 5297 | 4027 | | 1270 | | 492 | 4805 |
| 盐池县 Yanchi | 11913 | 8150 | 36 | 3727 | 145 | 2848 | 8920 |
| 同心县 Tongxin | 11601 | 9671 | 1125 | 805 | 104 | 2024 | 9473 |
| 青铜峡市 Qingtongxia | 27854 | 8253 | 691 | 18910 | 182 | 17891 | 9781 |
| **固原市 Guyuan** | **59832** | **47077** | **1408** | **11347** | **1631** | **6696** | **51505** |
| 原州区 Yuanzhou | 24949 | 19501 | 542 | 4906 | 823 | 1617 | 22509 |
| 西吉县 Xiji | 12775 | 11021 | 229 | 1525 | 316 | 950 | 11509 |
| 隆德县 Longde | 7021 | 6464 | | 557 | 117 | 340 | 6564 |
| 泾源县 Jingyuan | 4871 | 3660 | 548 | 663 | 66 | 367 | 4438 |
| 彭阳县 Pengyang | 10216 | 6431 | 89 | 3696 | 309 | 3422 | 6485 |
| **中卫市 Zhongwei** | **59970** | **41284** | **445** | **18241** | **2723** | **13627** | **43620** |
| 沙坡头区 Shapotou | 31300 | 16795 | 18 | 14487 | 739 | 10135 | 20426 |
| 中宁县 Zhongning | 15668 | 12177 | 227 | 3264 | 1525 | 3231 | 10912 |
| 海原县 Haiyuan | 13002 | 12312 | 200 | 490 | 459 | 261 | 12282 |

注： 因铁路部门数据单列，故各市、县(区)数据加总不等于全区总计。

Note: Because this form does not contain the railway sector data, so the sum of cities and counties (districts) data is not equal to the total item.

# 5－19 主要年份各市县在岗职工人数

## Number of Fully Employed Staff and Workers by City and County in Main Years

单位：人 (person)

| 地 区 Region | 1978 | 1980 | 1990 | 2000 | 2010 | 2011 | 2012 | 2013 | 2014 | 2015 |
|---|---|---|---|---|---|---|---|---|---|---|
| **全区总计 Total** | **432755** | **475706** | **674115** | **637611** | **546532** | **566217** | **628751** | **672524** | **683505** | **684817** |
| **银 川 市 Yinchuan** | **135594** | **179562** | **273270** | **254215** | **281902** | **295085** | **331278** | **348633** | **361957** | **368307** |
| 银 川 市 District | 109514 | 139033 | 214303 | 194850 | 233055 | 244020 | 277968 | 291339 | 281630 | 288796 |
| 兴 庆 区 xingqing | | | | | | | | | 158705 | 161325 |
| 西 夏 区 xixia | | | | | | | | | 54018 | 53184 |
| 金 凤 区 jinfeng | | | | | | | | | 68907 | 74287 |
| 永 宁 县 Yongning | 6814 | 11984 | 15203 | 15886 | 18555 | 17842 | 19077 | 19293 | 19215 | 20166 |
| 贺 兰 县 Helan | 9564 | 12736 | 16037 | 14758 | 15347 | 17556 | 15493 | 17191 | 24071 | 23786 |
| 灵 武 市 Lingwu | 9702 | 15809 | 27727 | 28721 | 14945 | 15667 | 18740 | 20810 | 37041 | 35559 |
| **石嘴山市 Shizuishan** | **123313** | **139606** | **171790** | **136141** | **82994** | **81598** | **89120** | **90243** | **89536** | **88098** |
| 石嘴山市 District | 103971 | 114699 | 143735 | 110175 | 67397 | 65259 | 71238 | 70670 | 70024 | 68997 |
| 大武口区 dawukou | | | | | | | | | 45534 | 46378 |
| 惠 农 区 huinong | | | | | | | | | 24490 | 22619 |
| 平 罗 县 Pingluo | 17540 | 22844 | 25147 | 22960 | 15597 | 16339 | 17882 | 19573 | 19512 | 19101 |
| 陶 乐 县 Taole | 1802 | 2063 | 2908 | 3006 | | | | | | |
| **吴 忠 市 Wuzhong** | **47013** | **59427** | **92679** | **100702** | **70749** | **76272** | **78455** | **97438** | **95972** | **90999** |
| 利 通 区 Litong | 21187 | 27885 | 39167 | 41976 | 27454 | 27842 | 28113 | 38395 | 36661 | 34334 |
| 红寺堡区 Hongsipu | | | | 374 | 3069 | 3164 | 4281 | 4403 | 4692 | 5297 |
| 盐 池 县 Yanchi | 5081 | 6384 | 9544 | 9360 | 7141 | 7231 | 7743 | 10644 | 11557 | 11913 |
| 同 心 县 Tongxin | 3997 | 5090 | 10046 | 12333 | 9987 | 10133 | 10643 | 11052 | 11741 | 11601 |
| 青铜峡市 Qingtongxia | 16748 | 20068 | 33922 | 37033 | 23098 | 27902 | 27675 | 32944 | 31321 | 27854 |
| **固 原 市 Guyuan** | **27674** | **33453** | **51812** | **61937** | **50803** | **51953** | **54163** | **58825** | **57403** | **59832** |
| 原 州 区 Yuanzhou | 15006 | 18326 | 22712 | 24472 | 19581 | 20096 | 21289 | 23845 | 21910 | 24949 |
| 西 吉 县 Xiji | 4995 | 5808 | 10091 | 15894 | 11525 | 11381 | 11582 | 12670 | 12986 | 12775 |
| 隆 德 县 Longde | 3664 | 4330 | 7916 | 9519 | 6654 | 6699 | 6540 | 6984 | 7226 | 7021 |
| 泾 源 县 Jingyuan | 2587 | 2977 | 4105 | 4032 | 4147 | 4522 | 4606 | 4734 | 4989 | 4871 |
| 彭 阳 县 Pengyang | 1422 | 2012 | 6988 | 8020 | 8896 | 9255 | 10146 | 10592 | 10292 | 10216 |
| **中 卫 市 Zhongwei** | **26971** | **36432** | **55432** | **54834** | **45418** | **46281** | **59444** | **60485** | **61785** | **59970** |
| 沙坡头区 Shapotou | 9873 | 17073 | 24485 | 22408 | 22262 | 23584 | 33075 | 32047 | 31349 | 31300 |
| 中 宁 县 Zhongning | 12784 | 13526 | 21551 | 20986 | 14363 | 14313 | 14784 | 16435 | 17581 | 15668 |
| 海 原 县 Haiyuan | 4314 | 5833 | 9396 | 11440 | 8793 | 8384 | 11585 | 12003 | 12855 | 13002 |

注： 1. 1998 年以后为在岗职工人数，不包括"离开本单位仍保留劳动关系的职工"，2006 年以后为城镇非私营单位在岗职工；
2. 因铁路部门数据单列，故各市、县(区)数据加总不等于全区总计。

Notes: a) Since 1998, data in this table refers to number of fully employed staff and workers. Number of "Staff and workers leaving their working units while keeping their labour contract" is not included. After 2006, data in this table refters to number of fully employed staff and workers in urban entities.

b) Because this form does not contain the railway sector data, so the sum of cities and counties (districts) data is not equal to the total item.

# 5-20 各市县城镇非私营单位分行业在岗职工人数(2015年)

## Number of Urban Entities Fully Employed Staff and Workers by Sector and by City and County(2015)

单位:人 (person)

| 地 区 Region | 总计 Total | 农、林、牧、渔业 Agriculture, Forestry, Animal Husbandry and Fishery | 采矿业 Mining | 制造业 Manufacturing | 电力、热力、燃气及水生产和供应业 Production and Distribution of Electricity, Heat, Gas and Water | 建筑业 Construction | 批发和零售业 Wholesale and Retail Trades |
|---|---|---|---|---|---|---|---|
| **全区总计 Total** | **684817** | **13896** | **59667** | **125791** | **34078** | **44755** | **24248** |
| **银川市 Yinchuan** | **368307** | **7105** | **52604** | **66364** | **20917** | **29324** | **17554** |
| 银川市 District | 288796 | 2146 | 52604 | 32906 | 17800 | 20465 | 15479 |
| 兴庆区 xingqing | 161325 | 719 | 52459 | 750 | 14302 | 5788 | 7817 |
| 西夏区 xixia | 53184 | 1362 | 145 | 21375 | 1514 | 2910 | 1148 |
| 金凤区 jinfeng | 74287 | 65 | | 10781 | 1984 | 11767 | 6514 |
| 永宁县 Yongning | 20166 | 1443 | | 7990 | 217 | 31 | 938 |
| 贺兰县 Helan | 23786 | 1329 | | 5977 | 402 | 8199 | 939 |
| 灵武市 Lingwu | 35559 | 2187 | | 19491 | 2498 | 629 | 198 |
| **石嘴山市 Shizuishan** | **88098** | **404** | **3392** | **29231** | **4826** | **4567** | **2061** |
| 石嘴山市 District | 68997 | 272 | 3392 | 22687 | 4387 | 4391 | 1972 |
| 大武口区 dawukou | 46378 | 21 | 1361 | 11564 | 2696 | 4154 | 1361 |
| 惠农区 huinong | 22619 | 251 | 2031 | 11123 | 1691 | 237 | 611 |
| 平罗县 Pingluo | 19101 | 132 | | 6544 | 439 | 176 | 89 |
| **吴忠市 Wuzhong** | **90999** | **2033** | **828** | **19892** | **5681** | **6278** | **2151** |
| 利通区 Litong | 34334 | 1602 | 578 | 5310 | 1126 | 2410 | 1693 |
| 红寺堡区 Hongsipu | 5297 | | | 334 | 158 | | |
| 盐池县 Yanchi | 11913 | 145 | 215 | 270 | 625 | 1738 | 135 |
| 同心县 Tongxin | 11601 | 104 | | 207 | 231 | 1586 | 155 |
| 青铜峡市 Qingtongxia | 27854 | 182 | 35 | 13771 | 3541 | 544 | 168 |
| **固原市 Guyuan** | **59832** | **1631** | **2841** | **1196** | **521** | **2138** | **1477** |
| 原州区 Yuanzhou | 24949 | 823 | | 482 | 221 | 914 | 858 |
| 西吉县 Xiji | 12775 | 316 | | 184 | 67 | 699 | 286 |
| 隆德县 Longde | 7021 | 117 | | 131 | 43 | 166 | 122 |
| 泾源县 Jingyuan | 4871 | 66 | | 334 | 33 | | 195 |
| 彭阳县 Pengyang | 10216 | 309 | 2841 | 65 | 157 | 359 | 16 |
| **中卫市 Zhongwei** | **59970** | **2723** | **2** | **9108** | **2133** | **2384** | **951** |
| 沙坡头区 Shapotou | 31300 | 739 | 2 | 6914 | 1342 | 1877 | 485 |
| 中宁县 Zhongning | 15668 | 1525 | | 2111 | 670 | 450 | 385 |
| 海原县 Haiyuan | 13002 | 459 | | 83 | 121 | 57 | 81 |

注: 因铁路部门数据单列,故各市、县(区)数据加总不等于全区总计。

Note: Because this form does not contain the railway sector data, so the sum of cities and counties (districts) data is not equal to the total item.

## 5-20 续表1 continued

单位:人 (person)

| 地区 Region | 交通运输、仓储和邮政业 Transport, Storage and Post | 住宿和餐饮业 Hotels and Catering Services | 信息传输、软件和信息技术服务业 Information Transmission, Software and IT Services | 金融业 Financial Intermediation | 房地产业 Real Estate | 租赁和商务服务业 Leasing and Business Services | 科学研究和技术服务业 Scientific Research and Technical Services |
|---|---|---|---|---|---|---|---|
| **全区总计 Total** | **37280** | **6717** | **7885** | **27892** | **15314** | **18756** | **15067** |
| **银川市 Yinchuan** | **12886** | **3739** | **4564** | **17141** | **11145** | **11335** | **9672** |
| 银川市 District | 9985 | 3516 | 4464 | 14989 | 9533 | 10528 | 9072 |
| 兴庆区 xingqing | 8092 | 1968 | 2687 | 7068 | 6155 | 9060 | 5296 |
| 西夏区 xixia | 550 | 205 | 11 | | 1001 | 209 | 1543 |
| 金凤区 jinfeng | 1343 | 1343 | 1766 | 7921 | 2377 | 1259 | 2233 |
| 永宁县 Yongning | 125 | 138 | 7 | 609 | 691 | 561 | 132 |
| 贺兰县 Helan | 16 | 85 | 93 | 746 | 874 | 89 | 229 |
| 灵武市 Lingwu | 2760 | | | 797 | 47 | 157 | 239 |
| **石嘴山市 Shizuishan** | **1582** | **605** | **879** | **2802** | **1266** | **3077** | **1443** |
| 石嘴山市 District | 1282 | 257 | 814 | 2213 | 1077 | 2186 | 1141 |
| 大武口区 dawukou | 1050 | 257 | 809 | 1997 | 932 | 1646 | 1055 |
| 惠农区 huinong | 232 | | 5 | 216 | 145 | 540 | 86 |
| 平罗县 Pingluo | 300 | 348 | 65 | 589 | 189 | 891 | 302 |
| **吴忠市 Wuzhong** | **1553** | **1015** | **970** | **3331** | **566** | **2309** | **1271** |
| 利通区 Litong | 542 | 346 | 930 | 1583 | 448 | 1215 | 628 |
| 红寺堡区 Hongsipu | 30 | 190 | | 138 | | | |
| 盐池县 Yanchi | 355 | 331 | 20 | 350 | 32 | 248 | 212 |
| 同心县 Tongxin | 271 | 32 | 20 | 400 | 80 | 135 | 373 |
| 青铜峡市 Qingtongxia | 355 | 116 | | 860 | 6 | 711 | 58 |
| **固原市 Guyuan** | **3376** | **668** | **805** | **2130** | **298** | **1805** | **1636** |
| 原州区 Yuanzhou | 2605 | 165 | 700 | 1018 | 35 | 1547 | 611 |
| 西吉县 Xiji | 309 | 100 | 105 | 426 | 109 | 40 | 524 |
| 隆德县 Longde | 154 | 136 | | 288 | 63 | | 293 |
| 泾源县 Jingyuan | 109 | 66 | | 179 | | 184 | 179 |
| 彭阳县 Pengyang | 199 | 201 | | 219 | 91 | 34 | 29 |
| **中卫市 Zhongwei** | **2304** | **384** | **667** | **2488** | **544** | **230** | **1034** |
| 沙坡头区 Shapotou | 1827 | 384 | 667 | 1613 | 461 | 191 | 995 |
| 中宁县 Zhongning | 325 | | | 598 | 9 | 26 | 12 |
| 海原县 Haiyuan | 152 | | | 277 | 74 | 13 | 27 |

# 5-20 续表2 continued

单位:人 (person)

| 地区 Region | 水利、环境和公共设施管理业 Management of Water Conservancy, Environment and Public Facilities | 居民服务、修理和其他服务业 Services to Households, Repair and Other Services | 教育 Education | 卫生和社会工作 Health and Social Work | 文化、体育和娱乐业 Culture, Sports and Entertainment | 公共管理、社会保障与社会组织 Public Management, Social Security and Organization |
|---|---|---|---|---|---|---|
| **全区总计 Total** | **21961** | **791** | **85688** | **42636** | **10067** | **92328** |
| **银川市 Yinchuan** | **8479** | **531** | **30129** | **20114** | **6609** | **38095** |
| 银川市 District | 7808 | 510 | 22109 | 17761 | 6334 | 30787 |
| 兴庆区 xingqing | 5141 | 261 | 8039 | 10869 | 3280 | 11574 |
| 西夏区 xixia | 2474 | | 11104 | 5032 | 716 | 1885 |
| 金凤区 jingfeng | 193 | 249 | 2966 | 1860 | 2338 | 17328 |
| 永宁县 Yongning | 281 | 21 | 3586 | 857 | 66 | 2473 |
| 贺兰县 Helan | 19 | | 2143 | 548 | 146 | 1952 |
| 灵武市 Lingwu | 371 | | 2291 | 948 | 63 | 2883 |
| **石嘴山市 Shizuishan** | **3978** | **183** | **8581** | **6102** | **654** | **12465** |
| 石嘴山市 District | 3181 | 183 | 5414 | 4396 | 585 | 9167 |
| 大武口区 dawukou | 2411 | 183 | 3573 | 3145 | 535 | 7628 |
| 惠农区 huinong | 770 | | 1841 | 1251 | 50 | 1539 |
| 平罗县 Pingluo | 797 | | 3167 | 1706 | 69 | 3298 |
| **吴忠市 Wuzhong** | **3772** | **42** | **14699** | **5480** | **841** | **18287** |
| 利通区 Litong | 1406 | 42 | 4344 | 2029 | 403 | 7699 |
| 红寺堡区 Hongsipu | | | 1869 | 296 | 33 | 2249 |
| 盐池县 Yanchi | 1198 | | 1851 | 903 | 214 | 3071 |
| 同心县 Tongxin | 699 | | 3862 | 1212 | 168 | 2066 |
| 青铜峡市 Qingtongxia | 469 | | 2773 | 1040 | 23 | 3202 |
| **固原市 Guyuan** | **2050** | **20** | **18665** | **5419** | **719** | **12437** |
| 原州区 Yuanzhou | 511 | 7 | 5939 | 2736 | 380 | 5397 |
| 西吉县 Xiji | 384 | 13 | 5791 | 1034 | 130 | 2258 |
| 隆德县 Longde | 348 | | 2557 | 843 | 100 | 1660 |
| 泾源县 Jingyuan | 620 | | 1198 | 264 | 51 | 1393 |
| 彭阳县 Pengyang | 187 | | 3180 | 542 | 58 | 1729 |
| **中卫市 Zhongwei** | **3682** | **15** | **13614** | **5521** | **1142** | **11044** |
| 沙坡头区 Shapotou | 1413 | 15 | 4359 | 2735 | 918 | 4363 |
| 中宁县 Zhongning | 1616 | | 3181 | 1466 | 84 | 3210 |
| 海原县 Haiyuan | 653 | | 6074 | 1320 | 140 | 3471 |

# 5-21 各市县城镇非私营单位在岗职工工资总额和指数(2015年)

## Total Wages of Fully Employed Staff and Workers in Urbon Units by City and County and Related Indices(2015)

| 地区 Region | 工资总额(万元) Total Wages(10 000 yuan) | | | | 指数(以上年为100) Indices(preceding year=100) | | | |
|---|---|---|---|---|---|---|---|---|
| | 总计 Total Wages | 国有单位 State-owned Units | 集体单位 Collective-owned Units | 其他单位 Other Units | 总计 Total Wages | 国有单位 State-owned Units | 集体单位 Collective-owned Units | 其他单位 Other Units |
| **全区总计 Total** | **4347042** | **2177231** | **41410** | **2128401** | **106.3** | **107.4** | **114.6** | **105.1** |
| **银川市 Yinchuan** | **2482102** | **1004615** | **16468** | **1461019** | **105.7** | **103.3** | **146.5** | **107.0** |
| 银川市 District | 2002958 | 843461 | 10314 | 1149182 | 104.3 | 100.1 | 172.3 | 107.3 |
| 兴庆区 xingqing | 1189153 | 485883 | 7886 | 695385 | 99.7 | 94.4 | 207.6 | 103.1 |
| 西夏区 xixia | 309334 | 160453 | 2152 | 146729 | 110.8 | 118.1 | 109.2 | 103.8 |
| 金凤区 jingfeng | 504470 | 197126 | 277 | 307068 | 112.7 | 102.7 | 126.9 | 120.3 |
| 永宁县 Yongning | 104787 | 43219 | 90 | 61479 | 114.9 | 146.2 | 24.4 | 100.3 |
| 贺兰县 Helan | 111561 | 41784 | 58 | 69720 | 105.0 | 114.3 | 87.1 | 100.1 |
| 灵武市 Lingwu | 262796 | 76151 | 6007 | 180639 | 113.8 | 120.2 | 124.5 | 111.0 |
| **石嘴山市 Shizuishan** | **474012** | **191204** | **663** | **282146** | **103.0** | **112.3** | **15.2** | **98.8** |
| 石嘴山市 District | 364031 | 135545 | 523 | 227963 | 102.1 | 110.6 | 75.6 | 97.8 |
| 大武口区 dawukou | 241763 | 105035 | 323 | 136405 | 107.7 | 118.2 | 109.1 | 100.8 |
| 惠农区 huinong | 122268 | 30510 | 200 | 91558 | 92.6 | 90.4 | 50.6 | 93.5 |
| 平罗县 Pingluo | 109982 | 55659 | 140 | 54182 | 106.0 | 116.6 | 3.8 | 103.5 |
| **吴忠市 Wuzhong** | **514907** | **293421** | **12131** | **209355** | **104.3** | **103.7** | **130.2** | **104.0** |
| 利通区 Litong | 173450 | 107100 | 3298 | 63052 | 99.1 | 106.0 | 190.4 | 87.2 |
| 红寺堡区 Hongsipu | 27529 | 21031 | | 6498 | 122.6 | 104.5 | | 279.6 |
| 盐池县 Yanchi | 66259 | 48112 | 163 | 17984 | 115.7 | 116.9 | 9.0 | 125.9 |
| 同心县 Tongxin | 70078 | 59758 | 6752 | 3568 | 119.8 | 117.5 | 127.1 | 155.7 |
| 青铜峡市 Qingtongxia | 177591 | 57420 | 1918 | 118254 | 98.5 | 82.2 | 411.5 | 107.5 |
| **固原市 Guyuan** | **401950** | **320440** | **9605** | **71905** | **116.3** | **115.8** | **110.4** | **119.3** |
| 原州区 Yuanzhou | 156038 | 127462 | 3738 | 24839 | 127.5 | 121.9 | 171.5 | 158.9 |
| 西吉县 Xiji | 94047 | 83678 | 2481 | 7888 | 114.5 | 118.7 | 56.0 | 109.2 |
| 隆德县 Longde | 46333 | 42432 | | 3900 | 106.5 | 109.5 | | 99.2 |
| 泾源县 Jingyuan | 28921 | 23811 | 3056 | 2054 | 110.1 | 98.1 | 2369.3 | 110.4 |
| 彭阳县 Pengyang | 76612 | 43057 | 331 | 33224 | 107.4 | 111.6 | 29.0 | 105.1 |
| **中卫市 Zhongwei** | **339172** | **232653** | **2543** | **103977** | **108.4** | **118.0** | **101.1** | **92.0** |
| 沙坡头区 Shapotou | 183714 | 101391 | 57 | 82267 | 109.5 | 121.5 | 112.2 | 97.6 |
| 中宁县 Zhongning | 92811 | 72067 | 1409 | 19336 | 104.5 | 118.6 | 110.5 | 72.2 |
| 海原县 Haiyuan | 62647 | 59195 | 1077 | 2375 | 111.7 | 111.7 | 90.6 | 124.3 |

注: 因铁路部门数据单列,故各市、县(区)数据加总不等于全区总计。

Note: Because this form does not contain the railway sector data, so the sum of cities and counties (districts) data is not equal to the total item.

# 5-22 主要年份各市县在岗职工工资总额

## Total Wages of Fully Employed Staff and Workers by City and County in Main Years

单位:万元 (10 000 yuan)

| 地区 Region | 1978 | 1980 | 1990 | 2000 | 2010 | 2011 | 2012 | 2013 | 2014 | 2015 |
|---|---|---|---|---|---|---|---|---|---|---|
| **全区总计 Total** | **30826** | **40350** | **146646** | **563327** | **2165027** | **2580507** | **3359945** | **3740019** | **4088943** | **4347042** |
| **银川市 Yinchuan** | **9714** | **14819** | **54493** | **227581** | **1237080** | **1473756** | **1978987** | **2124830** | **2348447** | **2482102** |
| 银川市 District | 8055 | 11902 | 43867 | 186212 | 1093289 | 1293843 | 1746150 | 1806312 | 1920021 | 2002958 |
| 兴庆区 xingqing | | | | | | | | | 1193322 | 1189153 |
| 西夏区 xixia | | | | | | | | | 279165 | 309334 |
| 金凤区 jingfeng | | | | | | | | | 447535 | 504470 |
| 永宁县 Yongning | 405 | 819 | 2514 | 11782 | 46871 | 54346 | 66814 | 81727 | 91200 | 104787 |
| 贺兰县 Helan | 635 | 910 | 2909 | 10339 | 42718 | 62431 | 66758 | 116817 | 106250 | 111561 |
| 灵武市 Lingwu | 620 | 1188 | 5204 | 19249 | 54202 | 63137 | 99266 | 119974 | 230975 | 262796 |
| **石嘴山市 Shizuishan** | **9804** | **12836** | **43283** | **124404** | **287719** | **331152** | **403714** | **423555** | **460261** | **474012** |
| 石嘴山市 District | 8457 | 10964 | 37585 | 104722 | 240688 | 270580 | 332492 | 328577 | 356493 | 364031 |
| 大武口区 dawukou | | | | | | | | | 224459 | 241763 |
| 惠农区 huinong | | | | | | | | | 132034 | 122268 |
| 平罗县 Pingluo | 1249 | 1742 | 5196 | 17595 | 47030 | 60572 | 71222 | 94979 | 103768 | 109982 |
| 陶乐县 Taole | 98 | 131 | 502 | 2088 | | | | | | |
| **吴忠市 Wuzhong** | **2982** | **4426** | **18518** | **83103** | **240742** | **302426** | **361220** | **469946** | **493536** | **514907** |
| 利通区 Litong | 1365 | 2062 | 7574 | 30476 | 83216 | 104452 | 119695 | 166406 | 175012 | 173450 |
| 红寺堡区 Hongsipu | | | | 345 | 8507 | 10014 | 17579 | 18436 | 22449 | 27529 |
| 盐池县 Yanchi | 309 | 452 | 1837 | 7212 | 24392 | 28269 | 35495 | 49385 | 57262 | 66259 |
| 同心县 Tongxin | 257 | 365 | 1871 | 8465 | 31470 | 39556 | 49238 | 54223 | 58481 | 70078 |
| 青铜峡市 Qingtongxia | 1051 | 1548 | 7237 | 36606 | 93157 | 120136 | 139213 | 181496 | 180332 | 177591 |
| **固原市 Guyuan** | **1797** | **2577** | **10268** | **48462** | **187773** | **217809** | **269267** | **319832** | **345610** | **401950** |
| 原州区 Yuanzhou | 992 | 1426 | 4587 | 20019 | 73912 | 81690 | 102133 | 117292 | 122346 | 156038 |
| 西吉县 Xiji | 314 | 445 | 2039 | 11751 | 42901 | 49609 | 62056 | 73631 | 82170 | 94047 |
| 隆德县 Longde | 223 | 321 | 1483 | 7280 | 21853 | 25305 | 31957 | 38923 | 43515 | 46333 |
| 泾源县 Jingyuan | 157 | 223 | 834 | 3063 | 14555 | 18832 | 20967 | 23872 | 26263 | 28921 |
| 彭阳县 Pengyang | 110 | 162 | 1324 | 6349 | 34552 | 42373 | 52154 | 66115 | 71318 | 76612 |
| **中卫市 Zhongwei** | **1667** | **2596** | **10343** | **37742** | **142248** | **175140** | **244226** | **283654** | **312755** | **339172** |
| 沙坡头区 Shapotou | 886 | 1145 | 4653 | 15076 | 68899 | 90165 | 137813 | 156001 | 167839 | 183714 |
| 中宁县 Zhongning | 513 | 1022 | 3993 | 13761 | 45224 | 52056 | 61488 | 78111 | 88813 | 92811 |
| 海原县 Haiyuan | 269 | 430 | 1697 | 8906 | 28125 | 32920 | 44925 | 49542 | 56104 | 62647 |

注: 1. 1998 年以后为在岗职工工资总额;
2. 2004 年以后数据不含长庆油田宁夏部分;
3. 因铁路部门数据单列,故各市、县(区)数据加总不等于全区总计。

Notes: a) Since 1998, data in this table refers to total wages of fully employed staff and workers.
b) From 2004, data in this table excluding Changqing oil field in Ningxia.
c) Because this form does not contain the railway sector data, so the sum of cities and counties (districts) data is not equal to the total item.

# 5-23 各市县城镇非私营单位在岗职工平均工资和指数(2015年)

## Average Wages of Fully Employed Staff and Workers in Urban Non-Private Units by City and County and Related Indices(2015)

| 地 区 Region | 平均工资(元) Average Wages(yuan) | | | | 指数(以上年为100) Indices(preceding year = 100) | | | |
|---|---|---|---|---|---|---|---|---|
| | 总 计 Total Wages | 国有单位 State-owned Units | 集体单位 Collective-owned Units | 其他单位 Other Units | 总 计 Total Wages | 国有单位 State-owned Units | 集体单位 Collective-owned Units | 其他单位 Other Units |
| **全区总计 Total** | **62482** | **66444** | **50872** | **59137** | **110.0** | **118.4** | **105.1** | **102.5** |
| **银川市 Yinchuan** | **66626** | **72516** | **64129** | **63127** | **109.8** | **125.1** | **147.0** | **100.3** |
| 银川市 District | 67948 | 73871 | 76121 | 64114 | 109.4 | 124.9 | 146.1 | 99.0 |
| 兴庆区 xingqing | 72259 | 79629 | 91272 | 67720 | 109.0 | 131.0 | 161.7 | 95.0 |
| 西夏区 xixia | 57258 | 64811 | 50514 | 50873 | 117.5 | 131.6 | 108.4 | 105.3 |
| 金凤区 jingfeng | 66218 | 69398 | 42554 | 64357 | 106.3 | 109.1 | 103.6 | 104.8 |
| 永宁县 Yongning | 51589 | 55954 | 40682 | 48924 | 112.5 | 141.8 | 121.9 | 98.2 |
| 贺兰县 Helan | 52288 | 64992 | 26136 | 46839 | 105.0 | 117.5 | 90.9 | 98.9 |
| 灵武市 Lingwu | 72754 | 74628 | 51385 | 72991 | 116.3 | 131.5 | 138.0 | 109.7 |
| **石嘴山市 Shizuishan** | **51990** | **53330** | **32822** | **51188** | **108.7** | **110.5** | **51.9** | **108.0** |
| 石嘴山市 District | 51739 | 54852 | 33506 | 50111 | 105.7 | 108.6 | 106.2 | 103.9 |
| 大武口区 dawukou | 51419 | 54703 | 37535 | 49189 | 108.6 | 113.0 | 100.0 | 105.3 |
| 惠农区 huinong | 52383 | 55371 | 28557 | 51550 | 100.8 | 97.1 | 101.3 | 102.0 |
| 平罗县 Pingluo | 52838 | 49954 | 30500 | 56281 | 119.2 | 115.5 | 39.1 | 127.9 |
| **吴忠市 Wuzhong** | **55786** | **60824** | **34799** | **51598** | **108.9** | **114.6** | **95.1** | **103.9** |
| 利通区 Litong | 50069 | 57637 | 34676 | 41732 | 107.1 | 119.8 | 106.1 | 91.9 |
| 红寺堡区 Hongsipu | 53990 | 55084 | | 50727 | 113.0 | 115.3 | | 106.1 |
| 盐池县 Yanchi | 55919 | 60419 | 45389 | 46711 | 110.7 | 112.8 | 63.9 | 111.2 |
| 同心县 Tongxin | 56840 | 62150 | 35538 | 43830 | 116.6 | 118.8 | 109.6 | 121.7 |
| 青铜峡市 Qingtongxia | 62572 | 69490 | 32015 | 60581 | 107.1 | 106.3 | 84.5 | 110.5 |
| **固原市 Guyuan** | **65375** | **68170** | **68463** | **54994** | **111.5** | **116.2** | **93.5** | **97.0** |
| 原州区 Yuanzhou | 60107 | 65291 | 68831 | 42135 | 110.7 | 117.5 | 127.0 | 89.3 |
| 西吉县 Xiji | 70856 | 75768 | 110750 | 39340 | 115.0 | 117.9 | 94.5 | 107.8 |
| 隆德县 Longde | 63504 | 65675 | | 46710 | 110.4 | 110.4 | | 108.7 |
| 泾源县 Jingyuan | 60090 | 65324 | 56081 | 32973 | 114.1 | 116.5 | 234.0 | 107.0 |
| 彭阳县 Pengyang | 75539 | 67978 | 36330 | 89383 | 111.7 | 114.7 | 69.8 | 108.0 |
| **中卫市 Zhongwei** | **55473** | **56800** | **52859** | **52778** | **113.8** | **118.3** | **97.3** | **105.8** |
| 沙坡头区 Shapotou | 56657 | 61714 | 31778 | 51484 | 112.6 | 114.7 | 119.3 | 108.7 |
| 中宁县 Zhongning | 59670 | 59906 | 50852 | 59549 | 121.3 | 132.1 | 108.4 | 97.4 |
| 海原县 Haiyuan | 47597 | 47353 | 57887 | 49996 | 108.5 | 108.6 | 83.8 | 121.7 |

注：因铁路部门数据单列，故各市、县(区)数据加总不等于全区总计。

Note: Because this form does not contain the railway sector data, so the sum of cities and counties (districts) data is not equal to the total item.

# 5－24 各市县城镇非私营单位分行业在岗职工工资总额(2015年)

# Total Wages of Fully Employed Staff and Workers in Urban Non－Private Units by Sector and by City and County(2015)

单位:万元 (10 000 yuan)

| 地 区 Region | 总 计 Total | 农、林、牧、渔业 Agriculture, Forestry, Animal Husbandry and Fishery | 采矿业 Mining | 制造业 Manufacturing | 电力、热力、燃气及水生产和供应业 Production and Distribution of Electricity, Heat, Gas and Water | 建筑业 Construction | 批发和零售业 Wholesale and Retail Trades |
|---|---|---|---|---|---|---|---|
| **全区总计 Total** | **4347042** | **56453** | **495719** | **665791** | **318529** | **249307** | **115063** |
| **银川市 Yinchuan** | **2482102** | **27709** | **447263** | **364831** | **214619** | **161757** | **81385** |
| 银川市 District | 2002958 | 9878 | 447263 | 157108 | 190094 | 129267 | 70174 |
| 兴庆区 xingqing | 1189153 | 4245 | 446380 | 2878 | 156026 | 36009 | 34957 |
| 西夏区 xixia | 309334 | 5481 | 883 | 107011 | 10337 | 16766 | 6736 |
| 金凤区 jingfeng | 504470 | 153 | | 47219 | 23731 | 76492 | 28481 |
| 永宁县 Yongning | 104787 | 4677 | | 40809 | 946 | 118 | 4283 |
| 贺兰县 Helan | 111561 | 4943 | | 23891 | 1316 | 27166 | 5715 |
| 灵武市 Lingwu | 262796 | 8210 | | 143023 | 22263 | 5207 | 1213 |
| **石嘴山市 Shizuishan** | **474012** | **1641** | **14840** | **151529** | **37427** | **23764** | **9731** |
| 石嘴山市 District | 364031 | 1084 | 14840 | 113015 | 35222 | 18917 | 9225 |
| 大武口区 dawukou | 241763 | 83 | 4481 | 57452 | 18927 | 18231 | 7339 |
| 惠农区 huinong | 122268 | 1001 | 10359 | 55564 | 16295 | 686 | 1885 |
| 平罗县 Pingluo | 109982 | 557 | | 38513 | 2205 | 4847 | 506 |
| **吴忠市 Wuzhong** | **514907** | **5381** | **3512** | **100341** | **49059** | **30378** | **10346** |
| 利通区 Litong | 173450 | 3123 | 2013 | 25776 | 5680 | 12786 | 8427 |
| 红寺堡区 Hongsipu | 27529 | | | 1204 | 896 | | |
| 盐池县 Yanchi | 66259 | 925 | 1329 | 1197 | 4556 | 7366 | 552 |
| 同心县 Tongxin | 70078 | 544 | | 664 | 1456 | 7914 | 787 |
| 青铜峡市 Qingtongxia | 177591 | 788 | 169 | 71500 | 36470 | 2311 | 580 |
| **固原市 Guyuan** | **401950** | **11747** | **30094** | **4037** | **3212** | **17183** | **8394** |
| 原州区 Yuanzhou | 156038 | 6030 | | 1614 | 1999 | 9149 | 6240 |
| 西吉县 Xiji | 94047 | 2151 | | 582 | 367 | 4919 | 993 |
| 隆德县 Longde | 46333 | 864 | | 394 | 153 | 1975 | 612 |
| 泾源县 Jingyuan | 28921 | 459 | | 1167 | 176 | | 492 |
| 彭阳县 Pengyang | 76612 | 2243 | 30094 | 280 | 517 | 1141 | 57 |
| **中卫市 Zhongwei** | **339172** | **9976** | **10** | **45054** | **14213** | **15795** | **4791** |
| 沙坡头区 Shapotou | 183714 | 3650 | 10 | 32670 | 8528 | 13496 | 3005 |
| 中宁县 Zhongning | 92811 | 3544 | | 11889 | 4933 | 2068 | 1477 |
| 海原县 Haiyuan | 62647 | 2782 | | 495 | 752 | 231 | 308 |

注: 因铁路部门数据单列,故各市、县(区)数据加总不等于全区总计。

Note: Because this form does not contain the railway sector data, so the sum of cities and counties (districts) data is not equal to the total item.

# 5－24 续表1 continued

单位:万元 (10 000 yuan)

| 地 区 Region | 交通运输、仓储和邮政业 Transport, Storage and Post | 住宿和餐饮业 Hotels and Catering Services | 信息传输、软件和信息技术服务业 Information Transmission, Software and IT Services | 金融业 Financial Intermediation | 房地产业 Real Estate | 租赁和商务服务业 Leasing and Business Services | 科学研究和技术服务业 Scientific Research and Technical Services |
|---|---|---|---|---|---|---|---|
| **全区总计 Total** | **237751** | **24439** | **62093** | **267343** | **72549** | **74270** | **109246** |
| **银 川 市 Yinchuan** | **74024** | **15011** | **38832** | **182313** | **51859** | **50088** | **75641** |
| 银 川 市 District | 54867 | 14251 | 38545 | 163231 | 42849 | 47400 | 71130 |
| 兴 庆 区 xingqing | 41201 | 7909 | 21691 | 76607 | 24659 | 39390 | 40866 |
| 西 夏 区 xixia | 2500 | 694 | 28 | | 5231 | 1431 | 11942 |
| 金 凤 区 jingfeng | 11166 | 5649 | 16826 | 86625 | 12959 | 6580 | 18322 |
| 永 宁 县 Yongning | 621 | 470 | 40 | 5667 | 3507 | 1258 | 804 |
| 贺 兰 县 Helan | 153 | 290 | 247 | 6512 | 5234 | 614 | 1579 |
| 灵 武 市 Lingwu | 18383 | | | 6903 | 269 | 816 | 2127 |
| **石嘴山市 Shizuishan** | **9318** | **2172** | **6883** | **20219** | **4731** | **12018** | **8650** |
| 石嘴山市 District | 5805 | 783 | 6655 | 15353 | 4076 | 8043 | 6930 |
| 大武口区 dawukou | 4846 | 783 | 6641 | 13711 | 3638 | 5071 | 6405 |
| 惠 农 区 huinong | 958 | | 14 | 1642 | 438 | 2971 | 525 |
| 平 罗 县 Pingluo | 3514 | 1389 | 228 | 4866 | 655 | 3976 | 1720 |
| **吴 忠 市 Wuzhong** | **6609** | **2577** | **6084** | **24527** | **2122** | **6807** | **8041** |
| 利 通 区 Litong | 1929 | 828 | 5849 | 9803 | 1636 | 3379 | 3259 |
| 红寺堡区 Hongsipu | 124 | 337 | | 1193 | | | |
| 盐 池 县 Yanchi | 1231 | 1017 | 131 | 3097 | 133 | 699 | 1676 |
| 同 心 县 Tongxin | 1525 | 58 | 104 | 3106 | 332 | 922 | 2675 |
| 青铜峡市 Qingtongxia | 1800 | 337 | | 7328 | 22 | 1807 | 430 |
| **固 原 市 Guyuan** | **14494** | **1902** | **4994** | **17410** | **1170** | **4408** | **11085** |
| 原 州 区 Yuanzhou | 10453 | 407 | 4650 | 9268 | 139 | 3520 | 3547 |
| 西 吉 县 Xiji | 1461 | 296 | 344 | 3704 | 430 | 253 | 3896 |
| 隆 德 县 Longde | 1003 | 348 | | 2013 | 272 | | 2290 |
| 泾 源 县 Jingyuan | 502 | 239 | | 1063 | | 428 | 1150 |
| 彭 阳 县 Pengyang | 1076 | 612 | | 1364 | 329 | 208 | 203 |
| **中 卫 市 Zhongwei** | **11777** | **1280** | **5301** | **22874** | **2326** | **950** | **5636** |
| 沙坡头区 Shapotou | 9153 | 1280 | 5301 | 16151 | 1876 | 812 | 5436 |
| 中 宁 县 Zhongning | 2136 | | | 4762 | 57 | 63 | 44 |
| 海 原 县 Haiyuan | 487 | | | 1962 | 392 | 74 | 156 |

# 5－24 续表 2 continued

单位：万元 (10 000 yuan)

| 地 区 Region | 水利、环境和公共设施管理业 Management of Water Conservancy, Environment and Public Facilities | 居民服务、修理和其他服务业 Services to Households, Repair and Other Services | 教育 Education | 卫生和社会工作 Health and Social Work | 文化、体育和娱乐业 Culture, Sports and Entertainment | 公共管理、社会保障与社会组织 Public Management, Social Security and Organization |
|---|---|---|---|---|---|---|
| **全区总计 Total** | **98616** | **3272** | **572723** | **261370** | **64973** | **597535** |
| **银川市 Yinchuan** | **34805** | **2392** | **213417** | **129804** | **45905** | **270448** |
| 银川市 District | 31533 | 2308 | 159699 | 113543 | 44221 | 215598 |
| 兴庆区 xingqing | 21971 | 942 | 60821 | 60899 | 21514 | 90191 |
| 西夏区 xixia | 8562 | | 77438 | 40510 | 5311 | 8475 |
| 金凤区 jingfeng | 999 | 1366 | 21440 | 12135 | 17397 | 116932 |
| 永宁县 Yongning | 905 | 85 | 20660 | 4435 | 375 | 15128 |
| 贺兰县 Helan | 140 | | 15687 | 3209 | 724 | 14141 |
| 灵武市 Lingwu | 2228 | | 17370 | 8617 | 586 | 25581 |
| **石嘴山市 Shizuishan** | **14456** | **571** | **47618** | **38934** | **3577** | **65933** |
| 石嘴山市 District | 11777 | 571 | 30601 | 30472 | 3196 | 47466 |
| 大武口区 dawukou | 9813 | 571 | 19794 | 21114 | 2877 | 39985 |
| 惠农区 huinong | 1964 | | 10807 | 9358 | 319 | 7481 |
| 平罗县 Pingluo | 2679 | | 17017 | 8462 | 381 | 18467 |
| **吴忠市 Wuzhong** | **16858** | **132** | **93778** | **30072** | **4153** | **114133** |
| 利通区 Litong | 5627 | 132 | 25879 | 8738 | 2020 | 46567 |
| 红寺堡区 Hongsipu | | | 11728 | 1765 | 184 | 10099 |
| 盐池县 Yanchi | 4429 | | 13519 | 4695 | 686 | 19022 |
| 同心县 Tongxin | 3296 | | 24561 | 5851 | 1168 | 15114 |
| 青铜峡市 Qingtongxia | 3505 | | 18091 | 9024 | 96 | 23333 |
| **固原市 Guyuan** | **13299** | **128** | **134683** | **34212** | **4721** | **84781** |
| 原州区 Yuanzhou | 3699 | 39 | 42537 | 15115 | 2420 | 35215 |
| 西吉县 Xiji | 3132 | 89 | 45383 | 8058 | 997 | 16993 |
| 隆德县 Longde | 1610 | | 17257 | 5393 | 583 | 11568 |
| 泾源县 Jingyuan | 3549 | | 8487 | 1677 | 358 | 9176 |
| 彭阳县 Pengyang | 1309 | | 21019 | 3970 | 363 | 11829 |
| **中卫市 Zhongwei** | **19198** | **49** | **83228** | **28348** | **6129** | **62240** |
| 沙坡头区 Shapotou | 5599 | 49 | 28920 | 16421 | 4880 | 26479 |
| 中宁县 Zhongning | 11403 | | 23798 | 7604 | 484 | 18549 |
| 海原县 Haiyuan | 2196 | | 30510 | 4324 | 765 | 17211 |

# 5-25 各市县城镇非私营单位分行业在岗职工平均工资(2015年)

## Average Wage of Fully Employed Staff and Workers in Urban Non-private Units by Sector and by City and County(2015)

单位:元 (yuan)

| 地 区 Region | 总计 Total | 农、林、牧、渔业 Agriculture, Forestry, Animal Husbandry and Fishery | 采矿业 Mining | 制造业 Manufacturing | 电力、热力、燃气及水生产和供应业 Production and Distribution of Electricity, Heat, Gas and Water | 建筑业 Construction | 批发和零售业 Wholesale and Retail Trades |
|---|---|---|---|---|---|---|---|
| **全区总计 Total** | **62482** | **39152** | **79367** | **52015** | **93721** | **45899** | **48148** |
| **银川市 Yinchuan** | **66626** | **38145** | **80917** | **54474** | **102664** | **49125** | **47193** |
| 银川市 District | 67948 | 46247 | 80917 | 47062 | 106435 | 50287 | 46439 |
| 兴庆区 xingqing | 72259 | 64020 | 80973 | 38016 | 108782 | 48793 | 46417 |
| 西夏区 xixia | 57258 | 38929 | 60095 | 48839 | 67473 | 43222 | 57671 |
| 金凤区 jingfeng | 66218 | 23492 | | 44068 | 119551 | 52946 | 44418 |
| 永宁县 Yongning | 51589 | 32641 | | 48750 | 44418 | 47120 | 46452 |
| 贺兰县 Helan | 52288 | 36107 | | 40833 | 40131 | 46572 | 57207 |
| 灵武市 Lingwu | 72754 | 35296 | | 73841 | 88909 | 38177 | 56953 |
| **石嘴山市 Shizuishan** | **51990** | **40511** | **42731** | **50429** | **76459** | **39712** | **47168** |
| 石嘴山市 District | 51739 | 38835 | 42731 | 48192 | 78358 | 40292 | 46849 |
| 大武口区 dawukou | 51419 | 39476 | 32449 | 48953 | 68675 | 40895 | 54045 |
| 惠农区 huinong | 52383 | 38783 | 49518 | 47430 | 93704 | 28954 | 30854 |
| 平罗县 Pingluo | 52838 | 44222 | | 58380 | 55118 | 37601 | 53851 |
| **吴忠市 Wuzhong** | **55786** | **24638** | **42311** | **49158** | **86877** | **38960** | **49056** |
| 利通区 Litong | 50069 | 17806 | 34591 | 49551 | 50625 | 42650 | 50856 |
| 红寺堡区 Hongsipu | 53990 | | | 36039 | 57826 | | |
| 盐池县 Yanchi | 55919 | 63814 | 62404 | 44330 | 73019 | 39473 | 41526 |
| 同心县 Tongxin | 56840 | 52308 | | 32082 | 63043 | 33184 | 51104 |
| 青铜峡市 Qingtongxia | 62572 | 43558 | 48400 | 49656 | 103756 | 42173 | 35139 |
| **固原市 Guyuan** | **65375** | **71890** | **104492** | **34297** | **66088** | **43711** | **57295** |
| 原州区 Yuanzhou | 60107 | 73006 | | 33066 | 90063 | 47824 | 72732 |
| 西吉县 Xiji | 70856 | 68073 | | 31465 | 61150 | 40953 | 34853 |
| 隆德县 Longde | 63504 | 73855 | | 30046 | 35465 | 44989 | 50156 |
| 泾源县 Jingyuan | 60090 | 69470 | | 37767 | 53364 | | 26573 |
| 彭阳县 Pengyang | 75539 | 72583 | 104492 | 43813 | 40391 | 30175 | 37667 |
| **中卫市 Zhongwei** | **55473** | **34024** | **48000** | **47991** | **69196** | **43632** | **50112** |
| 沙坡头区 Shapotou | 56657 | 47284 | 48000 | 45406 | 66162 | 44032 | 61333 |
| 中宁县 Zhongning | 59670 | 22122 | | 56346 | 74965 | 41360 | 38364 |
| 海原县 Haiyuan | 47597 | 49849 | | 73925 | 70262 | 42000 | 38074 |

注: 因铁路部门数据单列,故各市、县(区)数据加总不等于全区总计。

Note: Because this form does not contain the railway sector data, so the sum of cities and counties (districts) data is not equal to the total item.

# 5-25 续表1 continued

单位:元 (yuan)

| 地 区 Region | 交通运输、仓储和邮政业 Transport, Storage and Post | 住宿和餐饮业 Hotels and Catering Services | 信息传输、软件和信息技术服务业 Information Transmission, Software and IT Services | 金融业 Financial Intermediation | 房地产业 Real Estate | 租赁和商务服务业 Leasing and Business Services | 科学研究和技术服务业 Scientific Research and Technical Services |
|---|---|---|---|---|---|---|---|
| **全区总计 Total** | **63658** | **36249** | **78420** | **97205** | **47486** | **40929** | **72463** |
| **银川市 Yinchuan** | **57174** | **39482** | **85363** | **107897** | **46804** | **44459** | **78173** |
| 银川市 District | 53796 | 40076 | 86637 | 110276 | 45482 | 45194 | 78458 |
| 兴庆区 xingqing | 49437 | 40206 | 79981 | 110130 | 40187 | 43385 | 76586 |
| 西夏区 xixia | 43628 | 36500 | 31222 | | 52679 | 66535 | 77241 |
| 金凤区 jingfeng | 86423 | 40380 | 97372 | 110406 | 56540 | 55107 | 83892 |
| 永宁县 Yongning | 49680 | 33543 | 56571 | 94457 | 48110 | 24659 | 59585 |
| 贺兰县 Helan | 47844 | 27396 | 26559 | 93694 | 59406 | 57393 | 66624 |
| 灵武市 Lingwu | 70949 | | | 86284 | 54939 | 50708 | 89378 |
| **石嘴山市 Shizuishan** | **44142** | **34372** | **75971** | **73710** | **37108** | **43925** | **57898** |
| 石嘴山市 District | 46141 | 28798 | 79134 | 71112 | 37602 | 41628 | 58379 |
| 大武口区 dawukou | 47235 | 28798 | 79439 | 70568 | 38740 | 36430 | 58172 |
| 惠农区 huinong | 41306 | | 28200 | 76009 | 30234 | 55026 | 61035 |
| 平罗县 Pingluo | 41193 | 38583 | 35046 | 83315 | 34304 | 49447 | 56036 |
| **吴忠市 Wuzhong** | **42362** | **26242** | **61516** | **74348** | **36970** | **31926** | **63612** |
| 利通区 Litong | 36396 | 23994 | 61634 | 62562 | 35400 | 29929 | 52649 |
| 红寺堡区 Hongsipu | 41167 | 19616 | | 89030 | | | |
| 盐池县 Yanchi | 34091 | 31994 | 65400 | 87983 | 41500 | 28185 | 79075 |
| 同心县 Tongxin | 55668 | 18000 | 52000 | 80059 | 44892 | 67772 | 71331 |
| 青铜峡市 Qingtongxia | 49315 | 29287 | | 85404 | 36000 | 29191 | 74190 |
| **固原市 Guyuan** | **42479** | **29212** | **62893** | **82160** | **38094** | **24639** | **68047** |
| 原州区 Yuanzhou | 39699 | 25099 | 67092 | 91036 | 35590 | 22913 | 58620 |
| 西吉县 Xiji | 46073 | 32833 | 34079 | 88600 | 39055 | 63225 | 74497 |
| 隆德县 Longde | 65130 | 25246 | | 69882 | 43175 | | 78140 |
| 泾源县 Jingyuan | 46028 | 36227 | | 59358 | | 23905 | 64235 |
| 彭阳县 Pengyang | 54055 | 31390 | | 63130 | 34642 | 61088 | 69966 |
| **中卫市 Zhongwei** | **53119** | **32326** | **77951** | **93555** | **41527** | **42587** | **56360** |
| 沙坡头区 Shapotou | 52483 | 32326 | 77951 | 101321 | 39832 | 43672 | 56566 |
| 中宁县 Zhongning | 65735 | | | 80978 | 57400 | 26250 | 36583 |
| 海原县 Haiyuan | 32905 | | | 74608 | 49620 | 57231 | 57815 |

# 5－25 续表2 continued

单位:元 (yuan)

| 地 区 Region | 水利、环境和公共设施管理业 Management of Water Conservancy, Environment and Public Facilities | 居民服务、修理和其他服务业 Services to Households, Repair and Other Services | 教育 Education | 卫生和社会工作 Health and Social Work | 文化、体育和娱乐业 Culture, Sports and Entertainment | 公共管理、社会保障与社会组织 Public Management, Social Security and Organization |
|---|---|---|---|---|---|---|
| **全区总计 Total** | **45500** | **40802** | **67664** | **62160** | **64753** | **65347** |
| **银 川 市 Yinchuan** | **45640** | **44222** | **72066** | **65984** | **70031** | **71680** |
| 银 川 市 District | 45299 | 44381 | 73391 | 65488 | 70438 | 70762 |
| 兴 庆 区 xingqing | 45311 | 34753 | 77106 | 58104 | 65812 | 78502 |
| 西 夏 区 xixia | 44712 | | 70604 | 81100 | 75973 | 45152 |
| 金 凤 区 jingfeng | 50721 | 54859 | 73828 | 65171 | 75310 | 68373 |
| 永 宁 县 Yongning | 33158 | 40286 | 59798 | 52048 | 56742 | 62127 |
| 贺 兰 县 Helan | 73421 | | 73270 | 58353 | 49596 | 72555 |
| 灵 武 市 Lingwu | 59729 | | 76928 | 92457 | 90077 | 88885 |
| **石嘴山市 Shizuishan** | **31243** | **30870** | **56406** | **63974** | **54447** | **53120** |
| 石嘴山市 District | 32669 | 30870 | 56922 | 69428 | 54355 | 52040 |
| 大武口区 dawukou | 35440 | 30870 | 55508 | 66858 | 53483 | 52730 |
| 惠 农 区 huinong | 23492 | | 59707 | 76021 | 63740 | 48639 |
| 平 罗 县 Pingluo | 26212 | | 55503 | 49867 | 55232 | 56113 |
| **吴 忠 市 Wuzhong** | **45784** | **31381** | **64514** | **55370** | **49498** | **63436** |
| 利 通 区 Litong | 41162 | 31381 | 59711 | 42894 | 50364 | 61719 |
| 红寺堡区 Hongsipu | | | 64759 | 62804 | 55788 | 46992 |
| 盐 池 县 Yanchi | 38918 | | 74523 | 54525 | 32033 | 62819 |
| 同 心 县 Tongxin | 46890 | | 64566 | 48394 | 69536 | 73189 |
| 青铜峡市 Qingtongxia | 73954 | | 65241 | 86517 | 41522 | 72801 |
| **固 原 市 Guyuan** | **64748** | **64100** | **72476** | **63145** | **65472** | **68295** |
| 原 州 区 Yuanzhou | 72246 | 55857 | 71346 | 55427 | 63671 | 65467 |
| 西 吉 县 Xiji | 80303 | 68538 | 78247 | 77257 | 75530 | 75560 |
| 隆 德 县 Longde | 46273 | | 67488 | 63969 | 58280 | 69684 |
| 泾 源 县 Jingyuan | 57517 | | 71684 | 63038 | 70235 | 66014 |
| 彭 阳 县 Pengyang | 70021 | | 68242 | 73647 | 62586 | 68139 |
| **中 卫 市 Zhongwei** | **52097** | **34857** | **61801** | **52101** | **52388** | **57142** |
| 沙坡头区 Shapotou | 39792 | 34857 | 66482 | 61802 | 53330 | 62480 |
| 中 宁 县 Zhongning | 71714 | | 78437 | 52080 | 56976 | 58497 |
| 海 原 县 Haiyuan | 31924 | | 50157 | 32656 | 45024 | 49415 |

# 5-26 各市县分行业城镇私营单位就业人员平均工资(2015年)

## Average Wage of Employed Persons in Urban Private Units by Sector and Region (2015)

单位:元 (yuan)

| 地区 Region | 总计 Total | 农、林、牧、渔业 Agriculture, Forestry, Animal Husbandry and Fishery | 采矿业 Mining | 制造业 Manufacturing | 电力、热力、燃气及水生产和供应业 Production and Distribution of Electricity, Heat, Gas and Water | 建筑业 Construction | 批发和零售业 Wholesale and Retail Trades |
|---|---|---|---|---|---|---|---|
| **全区总计 Total** | **36322** | **29633** | **42465** | **38449** | **37190** | **39785** | **31837** |
| **银川市 Yinchuan** | **37361** | **33041** | **41548** | **37149** | **40226** | **39666** | **34680** |
| 银川市 **District** | 38685 | 42656 | 35254 | 40067 | 39763 | 40135 | 34838 |
| 永宁县 Yongning | 29760 | 19985 | | 33191 | 39387 | 35306 | 18561 |
| 贺兰县 Helan | 40034 | 33066 | 54000 | 40804 | 37045 | 44617 | 30864 |
| 灵武市 Lingwu | 33849 | 33378 | 45500 | 33829 | 46653 | 34917 | 38537 |
| **石嘴山市 Shizuishan** | **34978** | **22143** | **35831** | **38358** | **33597** | **38422** | **26358** |
| 石嘴山市 **District** | 35287 | 27900 | 41909 | 39582 | 28635 | 38572 | 26422 |
| 平罗县 Pingluo | 34706 | 21893 | 31278 | 37676 | 57375 | 36636 | 26312 |
| **吴忠市 Wuzhong** | **35916** | **29672** | **53418** | **37304** | **30827** | **40777** | **29571** |
| 利通区 Litong | 36553 | 33107 | 31000 | 40327 | 20356 | 41110 | 28209 |
| 红寺堡区 Hongsipu | 28825 | 30613 | | 21743 | 55153 | 42569 | 30171 |
| 盐池县 Yanchi | 42764 | 27995 | 57485 | 38414 | 26400 | 47161 | 33193 |
| 同心县 Tongxin | 31161 | 25483 | 51368 | 30961 | 36100 | 33618 | 25044 |
| 青铜峡市 Qingtongxia | 31626 | | 31741 | 34667 | 38182 | 30549 | 41143 |
| **固原市 Guyuan** | **29068** | **25160** | **28317** | **27873** | **30750** | **37325** | **29713** |
| 原州区 Yuanzhou | 31071 | 26185 | 38333 | 29127 | 36823 | 37669 | 29634 |
| 西吉县 Xiji | 25641 | 21996 | 18739 | 27172 | 21243 | 22042 | 18208 |
| 隆德县 Longde | 28526 | 26535 | 25400 | 28313 | 30547 | 39678 | 26222 |
| 泾源县 Jingyuan | 28434 | | | 28799 | 20500 | 41235 | 22394 |
| 彭阳县 Pengyang | 27356 | 24631 | 48424 | 25020 | 28536 | 15253 | 39964 |
| **中卫市 Zhongwei** | **38379** | **29836** | **38592** | **44615** | **43164** | **40391** | **26540** |
| 沙坡头区 Shapotou | 33428 | 29717 | 36717 | 36219 | 49570 | 40651 | 26581 |
| 中宁县 Zhongning | 47400 | 31697 | 45169 | 55901 | 31211 | 39015 | 26461 |
| 海原县 Haiyuan | 26995 | 22044 | 20499 | 23336 | 23125 | 49991 | 26202 |

# 5-26 续表1 continued

单位:元 (yuan)

| 地 区 Region | 交通运输、仓储和邮政业 Transport, Storage and Post | 住宿和餐饮业 Hotels and Catering Services | 信息传输、软件和信息技术服务业 Information Transmission, Software and IT Services | 金融业 Financial Intermediation | 房地产业 Real Estate | 租赁和商务服务业 Leasing and Business Services | 科学研究和技术服务业 Scientific Research and Technical Services |
|---|---|---|---|---|---|---|---|
| **全区总计 Total** | **31084** | **32637** | **32869** | **40028** | **38001** | **30848** | **45598** |
| **银川市 Yinchuan** | **33237** | **35296** | **31144** | **36952** | **42258** | **32370** | **58378** |
| 银川市 District | 32537 | 35739 | 33730 | 34031 | 44113 | 34784 | 62285 |
| 永宁县 Yongning | 22782 | 19000 | 22248 | 26453 | 40907 | 17391 | 22757 |
| 贺兰县 Helan | 41623 | 39060 | 34343 | 75233 | 39933 | 32399 | 28984 |
| 灵武市 Lingwu | 34191 | 26269 | 29293 | 36514 | 29357 | 25828 | 46277 |
| **石嘴山市 Shizuishan** | **28986** | **27856** | **34644** | **28473** | **37417** | **30881** | **31749** |
| 石嘴山市 District | 29297 | 25898 | 32735 | 30926 | 42464 | 34263 | 30226 |
| 平罗县 Pingluo | 28214 | 32514 | 36557 | 26107 | 28603 | 24471 | 32126 |
| **吴忠市 Wuzhong** | **30255** | **30493** | **28574** | **32083** | **31007** | **30164** | **30977** |
| 利通区 Litong | 30918 | 31552 | 32918 | 28836 | 30890 | 30977 | 29596 |
| 红寺堡区 Hongsipu | 19757 |  | 33909 | 17500 | 30180 | 26800 | 21500 |
| 盐池县 Yanchi | 29664 | 23691 | 31088 | 37525 | 35125 | 22612 | 38438 |
| 同心县 Tongxin | 29085 | 33667 | 28879 | 32000 | 33150 | 28564 | 29094 |
| 青铜峡市 Qingtongxia | 29435 | 29333 | 22903 | 33250 | 29369 | 25756 | 24118 |
| **固原市 Guyuan** | **25792** | **31541** | **34901** | **30971** | **30611** | **24903** | **40039** |
| 原州区 Yuanzhou | 27749 | 32635 | 37899 | 34299 | 30561 | 28960 | 45450 |
| 西吉县 Xiji | 23675 | 23500 | 36851 | 23071 | 30921 | 24150 | 22125 |
| 隆德县 Longde | 24743 |  | 31273 | 25697 | 27608 | 18754 | 22667 |
| 泾源县 Jingyuan | 13981 | 25417 | 15750 | 28368 | 36797 | 29907 | 28667 |
| 彭阳县 Pengyang | 27299 |  | 37691 | 47400 | 30556 | 22398 | 23609 |
| **中卫市 Zhongwei** | **28728** | **20791** | **38332** | **79367** | **28493** | **30738** | **28456** |
| 沙坡头区 Shapotou | 28358 | 32855 | 36497 | 30922 | 30002 | 31495 | 30400 |
| 中宁县 Zhongning | 31746 | 9502 | 46834 | 164356 | 24145 | 24872 | 20564 |
| 海原县 Haiyuan | 23831 | 16000 | 27493 | 30565 | 45852 | 26861 | 21804 |

# 5－26　续表 2　continued

单位:元　　(yuan)

| 地　区　Region | 水利、环境和公共设施管理业<br>Management of Water Conservancy, Environment and Public Facilities | 居民服务、修理和其他服务业<br>Services to Households, Repair and Other Services | 教育<br>Education | 卫生和社会工作<br>Health and Social Work | 文化、体育和娱乐业<br>Culture, Sports and Entertainment | 公共管理、社会保障与社会组织<br>Public Management, Social Security and Organization |
|---|---|---|---|---|---|---|
| **全区总计 Total** | **29872** | **30328** | **28175** | **37375** | **28980** | |
| **银　川　市 Yinchuan** | **31632** | **32080** | **30511** | **42762** | **31403** | |
| 银　川　市 District | 34078 | 32815 | 33409 | 43831 | 33627 | |
| 永　宁　县 Yongning | 22528 | 22701 | 24290 | 12000 | 18748 | |
| 贺　兰　县 Helan | 20043 | 30437 | 28313 | | 26775 | |
| 灵　武　市 Lingwu | 47718 | 33611 | 24289 | 31343 | 25071 | |
| **石嘴山市 Shizuishan** | **26566** | **28098** | **25289** | **27701** | **25204** | |
| 石嘴山市 District | 31603 | 24458 | 26055 | 28723 | 24063 | |
| 平　罗　县 Pingluo | 24336 | 35535 | 20207 | 24872 | 27285 | |
| **吴　忠　市 Wuzhong** | **34377** | **27407** | **27296** | **38983** | **23919** | |
| 利　通　区 Litong | 45957 | 25462 | 27790 | 41706 | 23172 | |
| 红寺堡区 Hongsipu | | | 23429 | | | |
| 盐　池　县 Yanchi | 25417 | 27196 | 24686 | 26333 | 20829 | |
| 同　心　县 Tongxin | | 29731 | 28470 | 38063 | 18000 | |
| 青铜峡市 Qingtongxia | 26071 | 29534 | 28151 | 29218 | 31000 | |
| **固　原　市 Guyuan** | **17267** | **24304** | **22482** | **32651** | **23786** | |
| 原　州　区 Yuanzhou | 11182 | 23815 | 22437 | 30642 | 23814 | |
| 西　吉　县 Xiji | 22500 | 24074 | 34087 | 27531 | 24511 | |
| 隆　德　县 Longde | | 23316 | 28148 | 43313 | 24125 | |
| 泾　源　县 Jingyuan | 27524 | | | | 18000 | |
| 彭　阳　县 Pengyang | | 26675 | 17202 | 26852 | 30500 | |
| **中　卫　市 Zhongwei** | **24810** | **32732** | **30689** | **22086** | **30946** | |
| 沙坡头区 Shapotou | 22781 | 32764 | 25202 | 31638 | 31139 | |
| 中　宁　县 Zhongning | 27361 | 42973 | 40485 | 6000 | 26000 | |
| 海　原　县 Haiyuan | 19250 | 27331 | 30561 | | 29524 | |

# 主要统计指标解释

**[就业人员]** 指从事一定社会劳动并取得劳动报酬或经营收入的人员。就业人员包括:(1)职工;(2)再就业的离退休人员;(3)私营业主;(4)个体户主;(5)私营企业和个体就业人员;(6)乡镇企业就业人员;(7)农村就业人员;(8)其他就业人员(包括现役军人)。

**[单位就业人员]** 指在各级国家机关、政党机关、社会团体及企业、事业单位中工作,取得工资或其他形式劳动报酬的全部人员。包括:在岗职工、再就业的离退休人员、民办教师以及在各单位中工作的外方人员和港澳台方人员、兼职人员、借用的外单位人员和第二职业者。不包括离开本单位仍保留劳动关系的职工。

**[在岗职工]** 指在本单位工作且与本单位签订劳动合同,并由单位支付各项工资和社会保险、住房公积金的人员,以及上述人员中由于学习、病伤、产假等原因暂未工作仍由单位支付工资的人员。

**[其他就业人员]** 指在本单位工作,不能归到在岗职工、劳务派遣人员中的人员。此类人员是实际参加本单位生产或工作并从本单位取得劳动报酬的人员。具体包括:非全日制人员、聘用的正式离退休人员、兼职人员和第二职业者等,以及在本单位中工作的外籍和港澳台方人员。

**[在岗职工工资总额]** 指本单位在报告期内直接支付给本单位全部在岗职工的劳动报酬总额。在岗职工工资总额由基本工资、绩效工资、工资性津贴和补贴,其他工资四部分组成。工资总额不包括病假、事假等情况的扣款。

**[平均工资]** 指企业、事业、机关等单位的就业人员在一定时期内平均每人所得的工资额。

计算公式为:

$$平均工资=\frac{报告期实际支出的全部就业人员工资总额}{报告期全部就业人员平均人数}$$

**[城镇登记失业人员]** 是指有非农业户口,在劳动年龄(16周岁至退休年龄)内,有劳动能力,无业而要求就业,并在当地就业服务机构进行求职登记的人员。不包括:(1)正在就读的学生和等待就学的人员;(2)已经达到国家规定的退休年龄或虽未达到国家规定的退休年龄但已经办理了退休(含离休)、退职手续的人员;(3)其他不符合失业定义的人员。

**[城镇失业率]** 指城镇失业人数同城镇就业人数、城镇失业人数之和的比。计算公式为:

$$城镇失业率=\frac{城镇失业人数}{城镇就业人数+城镇失业人数}\times 100\%$$

**[城镇登记失业率]** 城镇登记失业人员与城镇单位就业人员(扣除使用的农村劳动力、聘用的离退休人员、港澳台及外方人员)、城镇单位中的不在岗职工、城镇私营业主、个体户主、城镇私营企业和个体就业人员、城镇登记失业人员之和的比。计算公式为:

$$城镇登记失业率=\frac{城镇登记失业人数}{(镇单位就业人员-使用农村劳动力-聘用的离退休人员-聘用的港澳台及外方人员)+不在岗职工+城镇私营业主+城镇个体户主+城镇私营企业及个体就业人员+城镇登记失业人数}\times 100\%$$

# 第六篇 Chapter6

## 固定资产投资 Investment in Fixed Assets

**责任编辑**：崔琳

**资料整理**：崔琳　冯海江　黄剑　刘晓龙　杨瑞博　马福燕

**Coordinator**: Cui Lin

**Data Compilation**: Cui Lin　Feng Haijiang　Huang Jian　Liu Xiaolong　Yang Ruibo　Ma Fuyan

# 6－1 全社会固定资产投资基本情况

## Total Investment in Fixed Assets in Whole Country

| 指　标 | Item | 1980 | 1990 | 2000 |
| --- | --- | --- | --- | --- |
| **投资总额(万元)** | **Total Investment (10 000 yuan)** | **39758** | **219603** | **1608204** |
| **按隶属关系分** | **Grouped by Jurisdiction of Management** | | | |
| 中 央 | Central Investment | 9104 | 78568 | 281567 |
| 地 方 | Local Investment | 30654 | 141035 | 1326637 |
| **按经济类型分** | **Grouped by Economic Types** | | | |
| 国有经济 | State－owned | 39312 | 175126 | 1011732 |
| 房地产 | Real Estate | | 2834 | 47471 |
| 集体经济 | Collective－owned | 446 | 12614 | 57002 |
| 房地产 | Real Estate | | | 17348 |
| 私营个体经济 | Private | | 31863 | 226346 |
| 其他经济 | Others | | | 279970 |
| **本年资金来源小计** | **Subtotal of Sources of Funds This Year** | **39758** | **219603** | **1608204** |
| 国家预算内资金 | State Budget | 24497 | 40934 | 185722 |
| 国内贷款 | Demestic Loans | 2080 | 52510 | 490678 |
| 利用外资 | Foreign Investment | | 4697 | 22497 |
| 自筹资金 | Self－raising Funds | | | 492953 |
| 其他资金 | Others | 13181 | 121422 | 416354 |
| **按构成分** | **Grouped by Structure** | | | |
| 建筑工程 | Construction | 24591 | 118868 | 952440 |
| 安装工程 | Installation | 5897 | 18513 | 159861 |
| 设备、工器具购置 | Purchase of Equipment and Instruments | 7289 | 63526 | 309988 |
| 其他费用 | Others | 1981 | 18696 | 185915 |
| **新增固定资产(万元)** | **Newly Increased Fixed Assets(10 000 yuan)** | **26258** | **193282** | **1357643** |
| **交付使用率(%)** | **Rate of Projects of Fixed Assets Completed and Put into Use(%)** | **86.4** | **91.2** | **84.4** |
| **本年施工房屋面积(万平方米)** | **Floor Space under Construction This Year(10 000 sq. m)** | **212** | **539** | **1019** |
| 住 宅 | Residential Buildings | 49 | 381 | 689 |
| **本年竣工房屋面积(万平方米)** | **Floor Space Completed This Year(10 000 sq. m)** | **132** | **459** | **1069** |
| **施工项目(个)** | **Number of Project under Construction (unit)** | **609** | **934** | **1069** |
| 新开工 | Number of Project Started | 263 | 499 | 774 |
| 投 产 | Number of Project Put into Use | 301 | 576 | 688 |

注：2011年起，除房地产投资、农户投资外，固定资产投资统计起点由50万元提高到500万元。

Note: Since 2011, the cut－off point of fixed assets investment has been increased from 500000 yuan to 5million yuan, except real estate and rural households investment.

# 6－1 续表1 continued

| 指 标 | Item | 2010 | 2011 | 2012 |
|---|---|---|---|---|
| **投资总额(万元)** | **Total Investment (10 000 yuan)** | **14646972** | **16541517** | **21095182** |
| **按隶属关系分** | **Grouped by Jurisdiction of Management** | | | |
| 中 央 | Central Investment | 3927196 | 3049816 | 2510472 |
| 地 方 | Local Investment | 10719776 | 13491701 | 18584710 |
| **按经济类型分** | **Grouped by Economic Types** | | | |
| 国有经济 | State－owned | 6101779 | 7185170 | 7165054 |
| 房地产 | Real Estate | 282063 | 362197 | 450138 |
| 集体经济 | Collective－owned | 33982 | 23359 | 49131 |
| 房地产 | Real Estate | 6521 | 2810 | 14819 |
| 私营个体经济 | Private | 3730652 | 5077707 | 8738842 |
| 其他经济 | Others | 4780559 | 4255281 | 5142155 |
| **本年资金来源小计** | **Subtotal of Sources of Funds This Year** | **14643866** | **16650559** | **20109351** |
| 国家预算内资金 | State Budget | 890205 | 1327129 | 1769669 |
| 国内贷款 | Demestic Loans | 4191316 | 3576427 | 4658942 |
| 利用外资 | Foreign Investment | 41294 | 88561 | 50553 |
| 自筹资金 | Self－raising Funds | 7121225 | 8910642 | 10807214 |
| 其他资金 | Others | 2399826 | 2747800 | 2822973 |
| **按构成分** | **Grouped by Structure** | | | |
| 建筑工程 | Construction | 8734611 | 10208671 | 13013519 |
| 安装工程 | Installation | 1134879 | 1395533 | 1711473 |
| 设备、工器具购置 | Purchase of Equipment and Instruments | 3380840 | 3563165 | 4602432 |
| 其他费用 | Others | 1396642 | 1374148 | 1767758 |
| **新增固定资产(万元)** | **Newly Increased Fixed Assets(10 000 yuan)** | **7046806** | **14224782** | **12795619** |
| **交付使用率(%)** | **Rate of Projects of Fixed Assets Completed and Put into Use(%)** | **48.1** | **86.0** | **60.7** |
| **本年施工房屋面积(万平方米)** | **Floor Space under Construction This Year(10 000 sq. m)** | **4800** | **6323** | **7544** |
| 住 宅 | Residential Buildings | 2874 | 3750 | 4440 |
| **本年竣工房屋面积(万平方米)** | **Floor Space Completed This Year(10 000 sq. m)** | **1494** | **1658** | **1780** |
| **施工项目(个)** | **Number of Project under Construction (unit)** | **2901** | **2499** | **2965** |
| 新开工 | Number of Project Started | 2303 | 1674 | 2120 |
| 投 产 | Number of Project Put into Use | 1925 | 1598 | 1919 |

# 6－1 续表2 continued

| 指　　标 | Item | 2013 | 2014 | 2015 |
|---|---|---|---|---|
| **投资总额(万元)** | **Total Investment (10 000 yuan)** | **26811429** | **32009849** | **35329268** |
| **按隶属关系分** | **Grouped by Jurisdiction of Management** | | | |
| 中 央 | Central Investment | 3702227 | 3634621 | 4351953 |
| 地 方 | Local Investment | 23109202 | 28375228 | 30977315 |
| **按经济类型分** | **Grouped by Economic Types** | | | |
| 国有经济 | State－owned | 10002389 | 12799204 | 15350462 |
| 房地产 | Real Estate | 477194 | 542091 | 577604 |
| 集体经济 | Collective－owned | 225181 | 186530 | 45315 |
| 房地产 | Real Estate | 19318 | 25337 | |
| 私营个体经济 | Private | 11765382 | 13778299 | 14599730 |
| 其他经济 | Others | 4818507 | 5245816 | 5333761 |
| **本年资金来源小计** | **Subtotal of Sources of Funds This Year** | **26696873** | **29888983** | **31048221** |
| 国家预算内资金 | State Budget | 2405411 | 2373388 | 3088988 |
| 国内贷款 | Demestic Loans | 5692638 | 7462115 | 7226554 |
| 利用外资 | Foreign Investment | 29320 | 28522 | 2915 |
| 自筹资金 | Self－raising Funds | 14927947 | 16248594 | 17167205 |
| 其他资金 | Others | 3641557 | 3776364 | 3562559 |
| **按构成分** | **Grouped by Structure** | | | |
| 建筑工程 | Construction | 16479967 | 20533464 | 21799699 |
| 安装工程 | Installation | 2233463 | 2579822 | 3818227 |
| 设备、工器具购置 | Purchase of Equipment and Instruments | 6040027 | 7013477 | 7542109 |
| 其他费用 | Others | 2057972 | 1883086 | 2169233 |
| **新增固定资产(万元)** | **Newly Increased Fixed Assets(10 000 yuan)** | **15600908** | **22772942** | **26648561** |
| **交付使用率(%)** | **Rate of Projects of Fixed Assets Completed and Put into Use(%)** | **58.2** | **71.1** | **75.4** |
| **本年施工房屋面积(万平方米)** | **Floor Space under Construction This Year(10 000 sq. m)** | **10098** | **9495** | **9200** |
| 住 宅 | Residential Buildings | 5090 | 5475 | 5282 |
| **本年竣工房屋面积(万平方米)** | **Floor Space Completed This Year(10 000 sq. m)** | **1782** | **1903** | **1962** |
| **施工项目(个)** | **Number of Project under Construction (unit)** | **3857** | **4223** | **4256** |
| 新开工 | Number of Project Started | 2745 | 2787 | 3147 |
| 投 产 | Number of Project Put into Use | 2398 | 3036 | 3126 |

# 6-2 按国民经济行业分的全社会固定资产投资(2015年)

## Total Investment in Fixed Assets Grouped by Sector(2015)

单位:万元 (10 000 yuan)

| 指 标 | Item | 合计<br>Total | 基本建设<br>Infras-tructure | 更新改造<br>Renovation and Reformation Investment | 其他投资<br>Other Investment | 房地产<br>Real Estate | 农户<br>Farm Households Investment |
|---|---|---|---|---|---|---|---|
| **本年完成投资** | **Total** | **35329268** | **23935305** | **4082496** | **184851** | **6336378** | **790238** |
| 农、林、牧、渔业 | Agriculture, Forestry, Animal Husbandry and Fishery | 1664502 | 1447065 | | 28983 | | 188454 |
| 采矿业 | Mining | 1209457 | 924486 | 284971 | | | |
| 制造业 | Manufacturing | 8247499 | 5442576 | 2776258 | 27940 | | 725 |
| 电力、热力、燃气及水的生产和供应业 | Production and Distribution of Electricity, Heat, Gas and Water | 7025875 | 6046164 | 976111 | 3600 | | |
| 建筑业 | Construction | 140822 | 138931 | | 1891 | | |
| 批发和零售业 | Wholesale and Retail Trades | 329667 | 327454 | | 2213 | | |
| 交通运输、仓储和邮政业 | Transport, Storage and Post | 2695788 | 2666449 | | 1750 | | 27589 |
| 住宿和餐饮业 | Hotels and Catering Services | 160181 | 157271 | | 2910 | | |
| 信息传输、软件和信息技术服务业 | Information Transmission, Software and IT Services | 514112 | 467956 | 45156 | 1000 | | |
| 金融业 | Financial Intermediation | 59286 | 59286 | | | | |
| 房地产业 | Real Estate | 8800655 | 1890807 | | | 6336378 | 573470 |
| 租赁和商务服务业 | Leasing and Business Services | 232551 | 232551 | | | | |
| 科学研究和技术服务业 | Scientific Research and Technical Services | 107133 | 106128 | | 1005 | | |
| 水利、环境和公共设施管理业 | Management of Water Conservancy, Environment and Public Facilities | 2696798 | 2610504 | | 86294 | | |
| 居民服务、修理和其他服务业 | Services to Households, Repair and Other Services | 70386 | 67452 | | 2934 | | |
| 教育 | Education | 530296 | 529832 | | 464 | | |
| 卫生和社会工作 | Health and Social Work | 288793 | 278063 | | 10730 | | |
| 文化、体育和娱乐业 | Culture, Sports and Entertainment | 207227 | 194817 | | 12410 | | |
| 公共管理、社会保障和社会组织 | Public Management, Social Securities and Organizations | 348240 | 347513 | | 727 | | |
| 国际组织 | International Organizations | | | | | | |

# 6-3 主要年份全社会固定资产投资

## Total Investment in Fixed Assets in Main Years

单位:万元　　(10 000 yuan)

| 年份<br>Year | 全社会固定资产投资额<br>Total Investment in Fixed Assets | 基本建设<br>Infrastructure | 更新改造<br>Renovation and Reformation Investment | 国有经济固定资产投资额<br>Investment in Fixed Assets of State-owned Economy | 基本建设<br>Infrastructure | 更新改造<br>Renovation and Reformation Investment |
|---|---|---|---|---|---|---|
| 1952 | 502 | 502 | | 502 | 502 | |
| 1955 | 1314 | 1314 | | 1314 | 1314 | |
| 1957 | 1536 | 1536 | | 1536 | 1536 | |
| 1958 | 9287 | 9287 | | 9287 | 9287 | |
| 1960 | 24446 | 24446 | | 24446 | 24446 | |
| 1965 | 14002 | 14002 | | 14002 | 14002 | |
| 1970 | 24659 | 24659 | | 24659 | 24659 | |
| 1975 | 24957 | 24957 | | 24957 | 24957 | |
| 1978 | 42719 | 42246 | | 42246 | 42246 | |
| 1980 | 39758 | 30409 | 8903 | 39312 | 30409 | 8903 |
| 1985 | 136346 | 79413 | 26493 | 112944 | 79413 | 26493 |
| 1990 | 219603 | 113336 | 52045 | 175126 | 113336 | 52045 |
| 1995 | 701237 | 336000 | 158960 | 514041 | 331107 | 149584 |
| 2000 | 1608204 | 888744 | 233621 | 1011732 | 805530 | 155822 |
| 2001 | 1958118 | 1053095 | 260815 | 1241374 | 1014378 | 167519 |
| 2002 | 2308269 | 1243615 | 263571 | 1335911 | 1160543 | 141495 |
| 2003 | 3182100 | 1646006 | 410646 | 1545791 | 1372117 | 141791 |
| 2004 | 3808465 | 1909048 | 531662 | 1513064 | 1168051 | 215759 |
| 2005 | 4448174 | 2355165 | 607118 | 2024100 | 1620235 | 349338 |
| 2006 | 5152753 | 2865707 | 768071 | 2657927 | 2069116 | 363814 |
| 2007 | 6218092 | 3459859 | 923769 | 3316282 | 2604356 | 300682 |
| 2008 | 8588368 | 5179075 | 1119381 | 5210136 | 4143600 | 397954 |
| 2009 | 11191392 | 6945483 | 1318126 | 6092634 | 4870545 | 466031 |
| 2010 | 14646972 | 8755326 | 1651175 | 6101779 | 4554443 | 490241 |
| 2011 | 16541517 | 10572647 | 1885913 | 7185170 | 6095485 | 658216 |
| 2012 | 21095182 | 13614930 | 2381825 | 7165054 | 6193674 | 481940 |
| 2013 | 26811429 | 17284012 | 3028610 | 10002359 | 8668189 | 770212 |
| 2014 | 32009849 | 20845959 | 3637982 | 12799204 | 11129311 | 1040700 |
| 2015 | 35329268 | 23935305 | 4082496 | 15350462 | 13002422 | 1648788 |

# 6-4 固定资产投资额(2015年)

单位:万元

| 指 标 | Item |
|---|---|
| **总计** | **Total** |
| **按经济类型分:** | **Grouped by Economic Types** |
| 内资企业 | Domestic Funded |
| 国有企业 | State - owned Enterprises |
| 集体企业 | Collective - owned Enterprises |
| 股份合作企业 | Share - holding Cooperative |
| 联营企业 | Joint Ownership Enterprises |
| 国有联营企业 | State Joint Ownership Enterprises |
| 集体联营企业 | Collective Joint Ownership Enterprises |
| 国有与集体联营企业 | Joint State - collective Enterprises |
| 其他联营企业 | Other Joint Ownership Enterprises |
| 有限责任公司 | Limited Liability Corporations |
| 国有独资公司 | State Sole Funded Corporations |
| 其他有限责任公司 | Other Limited Liability Corporations |
| 股份有限公司 | Share - holding Corporations Ltd |
| 私营企业 | Private Enterprises |
| 私营独资企业 | Private - founded Enterprises |
| 私营合伙企业 | Private Partnership Enterprises |
| 私营有限责任公司 | PrivateLinited Limited Liability Corporations |
| 私营股份有限公司 | Private Share - holding Corporations Ltd. |
| 其他企业 | Other Enterprises |
| 港、澳、台商投资企业 | Enterprises with Funds from Hong Kong, Macao and Taiwan |
| 合资经营企业(港或澳、台资) | Joint - ventures Enterprises(Hongkong, Macao or Taiwan) |
| 合作经营企业(港或澳、台资) | Cooperative Enterprises(Hongkong, Macao or Taiwan) |
| 港、澳、台商独资经营企业 | Sole Funded Enterprises(Hongkong, Macao or Taiwan) |
| 港、澳、台商投资股份有限公司 | Share - holding Corporations |
| 其他港、澳、台商投资企业 | Other Enterprises with Funds from Hong Kong, Macao and Taiwan |
| 外商投资企业 | Foreign Funded Enterprises |
| 中外合资经营企业 | Joint - venture Enterprises |
| 中外合作经营企业 | Cooperation Enterprises |
| 外资企业 | Foreign Sole Funded Enterprises |
| 外商投资股份有限公司 | Share - holding Corporations Ltd. |
| 其他外商投资企业 | Other Foreign Funded Enterprises |
| 个体经营 | Self - employed Individuals |
| 个体户 | Self - employment |
| 个体合伙 | Individual Parternership |
| **按国民经济行业分** | **Grouped by Sector** |
| 农、林、牧、渔业 | Agriculture, Forestry, Animal Husbandry and Fishery |
| 采矿业 | Mining |
| 制造业 | Manufacturing |
| 电力、热力、燃气及水生产和供应业 | Production and Disteibution of Electricity, Heat, Gas and Water |
| 建筑业 | Construction |
| 批发和零售业 | Wholesale and Retail Trades |
| 交通运输、仓储和邮政业 | Transport, Storage and Post |
| 住宿和餐饮业 | Hotels and Catering Services |
| 信息传输、软件和信息技术服务业 | Information Transmission, Software and IT Services |
| 金融业 | Financial Intermediation |
| 房地产业 | Real Estate |
| 租赁和商务服务业 | Leasing and Business Services |
| 科学研究和技术服务业 | Scientific Research and Technical Services |
| 水利、环境和公共设施管理业 | Management of Water Conservancy, Environment and Public Facilities |
| 居民服务、修理和其他服务业 | Services to Households, Repair and Other Services |
| 教育 | Education |
| 卫生和社会工作 | Health and Social Work |
| 文化、体育和娱乐业 | Culture, Sports and Entertainment |
| 公共管理、社会保障和社会组织 | Public Management, Social Securities and Organizations |

# Investment in Fixed Assets (2015)

(10 000 yuan)

| 投资额 Investment | | 按建设性质分 Grouped by Type of Construction | | |
|---|---|---|---|---|
| | 地　方 Local | 新　建 New Construction | 扩　建 Expansion | 改　建 Reconstruction |
| **34539030** | **30187077** | **23855583** | **1843213** | **2189229** |
| | | | | |
| 34305886 | 29953933 | 23753729 | 1837671 | 2158729 |
| 12202220 | 10128804 | 10381185 | 840357 | 755894 |
| 27622 | 27622 | 17976 | 396 | 9250 |
| 17693 | 17693 | 15893 | | 1800 |
| 57500 | 57500 | 57000 | 500 | |
| 57000 | 57000 | 57000 | | |
| | | | | |
| | | | | |
| 500 | 500 | | 500 | |
| 7324699 | 5144730 | 4844903 | 72064 | 557214 |
| 3091242 | 1139743 | 2069348 | 2441 | 488479 |
| 4233457 | 4004987 | 2775555 | 69623 | 68735 |
| 695941 | 597373 | 322170 | 49564 | 122534 |
| 13781832 | 13781832 | 7987886 | 829088 | 692586 |
| 1251418 | 1251418 | 1179178 | 35000 | 23040 |
| 56578 | 56578 | 52798 | | 3780 |
| 11653746 | 11653746 | 6526406 | 753231 | 627873 |
| 820090 | 820090 | 229504 | 40857 | 37893 |
| 198379 | 198379 | 126716 | 45702 | 19451 |
| 121146 | 121146 | 27218 | 5542 | 7849 |
| 88697 | 88697 | 10218 | 224 | |
| | | | | |
| 27131 | 27131 | 17000 | | 7849 |
| 5318 | 5318 | | 5318 | |
| | | | | |
| 84338 | 84338 | 50336 | | 19291 |
| 52163 | 52163 | 19677 | | 17775 |
| | | | | |
| 32175 | 32175 | 30659 | | 1516 |
| | | | | |
| | | | | |
| 27660 | 27660 | 24300 | | 3360 |
| 27660 | 27660 | 24300 | | 3360 |
| | | | | |
| | | | | |
| 1476048 | 1469748 | 1257517 | 166891 | 39223 |
| 1209457 | 923887 | 1020798 | 95707 | 84552 |
| 8246774 | 6447866 | 6328777 | 600281 | 1211802 |
| 7025875 | 5271260 | 6443452 | 331698 | 226558 |
| 140822 | 140822 | 121655 | 2082 | 12060 |
| 329667 | 323831 | 292777 | 32246 | 4000 |
| 2668199 | 2579214 | 2110616 | 181877 | 333770 |
| 160181 | 160181 | 153701 | 560 | 3010 |
| 514112 | 223097 | 459427 | | 47928 |
| 59286 | 32300 | 59286 | | |
| 8227185 | 8153844 | 1776196 | 102814 | 8287 |
| 232551 | 232551 | 186944 | 36654 | 8953 |
| 107133 | 105771 | 101896 | 541 | 2329 |
| 2696798 | 2678809 | 2296642 | 236069 | 161903 |
| 70386 | 70386 | 64035 | 4050 | 2301 |
| 530296 | 530296 | 441562 | 20324 | 21828 |
| 288793 | 288793 | 246370 | 11338 | 9705 |
| 207227 | 207227 | 181736 | 600 | 7236 |
| 348240 | 347194 | 312196 | 19481 | 3784 |

# 6-4 续表1

单位:万元

| 指　　标 | Item |
|---|---|
| **总计** | **Total** |
| **按经济类型分** | **Grouped by Economic Types** |
| 内资企业 | Domestic Funded |
| 国有企业 | State - owned Enterprises |
| 集体企业 | Collective - owned Enterprises |
| 股份合作企业 | Share - holding Cooperative |
| 联营企业 | Joint Ownership Enterprises |
| 国有联营企业 | State Joint Ownership Enterprises |
| 集体联营企业 | Collective Joint Ownership Enterprises |
| 国有与集体联营企业 | Joint State - collective Enterprises |
| 其他联营企业 | Other Joint Ownership Enterprises |
| 有限责任公司 | Limited Liability Corporations |
| 国有独资公司 | State Sole Funded Corporations |
| 其他有限责任公司 | Other Limited Liability Corporations |
| 股份有限公司 | Share - holding Corporations Ltd |
| 私营企业 | Private Enterprises |
| 私营独资企业 | Private - founded Enterprises |
| 私营合伙企业 | Private Partnership Enterprises |
| 私营有限责任公司 | PrivateLinited Limited Liability Corporations |
| 私营股份有限公司 | Private Share - holding Corporations Ltd. |
| 其他企业 | Other Enterprises |
| 港、澳、台商投资企业 | Enterprises with Funds from Hong Kong, Macao and Taiwan |
| 合资经营企业(港或澳、台资) | Joint - ventures Enterprises(Hongkong, Macao or Taiwan) |
| 合作经营企业(港或澳、台资) | Cooperative Enterprises(Hongkong, Macao or Taiwan) |
| 港、澳、台商独资经营企业 | Sole Funded Enterprises(Hongkong, Macao or Taiwan) |
| 港、澳、台商投资股份有限公司 | Share - holding Corporations |
| 其他港、澳、台商投资企业 | Other Enterprises with Funds from Hong Kong, Macao and Taiwan |
| 外商投资企业 | Foreign Funded Enterprises |
| 中外合资经营企业 | Joint - venture Enterprises |
| 中外合作经营企业 | Cooperation Enterprises |
| 外资企业 | Foreign Sole Funded Enterprises |
| 外商投资股份有限公司 | Share - holding Corporations Ltd. |
| 其他外商投资企业 | Other Foreign Funded Enterprises |
| 个体经营 | Self - employed Individuals |
| 个体户 | Self - employment |
| 个体合伙 | Individual Parternership |
| **按国民经济行业分** | **Grouped by Sector** |
| 农、林、牧、渔业 | Agriculture, Forestry, Animal Husbandry and Fishery |
| 采矿业 | Mining |
| 制造业 | Manufacturing |
| 电力、热力、燃气及水生产和供应业 | Production and Disteibution of Electricity, Heat, Gas and Water |
| 建筑业 | Construction |
| 批发和零售业 | Wholesale and Retail Trades |
| 交通运输、仓储和邮政业 | Transport, Storage and Post |
| 住宿和餐饮业 | Hotels and Catering Services |
| 信息传输、软件和信息技术服务业 | Information Transmission, Software and IT Services |
| 金融业 | Financial Intermediation |
| 房地产业 | Real Estate |
| 租赁和商务服务业 | Leasing and Business Services |
| 科学研究和技术服务业 | Scientific Research and Technical Services |
| 水利、环境和公共设施管理业 | Management of Water Conservancy, Environment and Public Facilities |
| 居民服务、修理和其他服务业 | Services to Households, Repair and Other Services |
| 教育 | Education |
| 卫生和社会工作 | Health and Social Work |
| 文化、体育和娱乐业 | Culture, Sports and Entertainment |
| 公共管理、社会保障和社会组织 | Public Management, Social Securities and Organizations |

continued

(10 000 yuan)

| 按构成分<br>Grouped by Use of Funds | | | |
|---|---|---|---|
| 建筑工程<br>Construction | 安装工程<br>Installation | 设备工器具购置<br>Purchase of Equipment and Instruments | 其他费用<br>Others |
| **21168403** | **3818227** | **7453288** | **2099112** |
| | | | |
| 21049651 | 3810516 | 7384483 | 2061236 |
| 8691394 | 730989 | 2200394 | 579443 |
| 20576 | 2690 | 3140 | 1216 |
| 4500 | 1100 | 12093 | |
| 8500 | 23000 | 26000 | |
| 8000 | 23000 | 26000 | |
| | | | |
| | | | |
| 500 | | | |
| 3232470 | 1362102 | 2055856 | 674271 |
| 1021375 | 619305 | 1062727 | 387835 |
| 2211095 | 742797 | 993129 | 286436 |
| 378908 | 111418 | 150863 | 54752 |
| 8577189 | 1561026 | 2893265 | 750352 |
| 626228 | 186746 | 424090 | 14354 |
| 40938 | 4686 | 9994 | 960 |
| 7312667 | 1294624 | 2374986 | 671469 |
| 597356 | 74970 | 84195 | 63569 |
| 136114 | 18191 | 42872 | 1202 |
| 61653 | 2089 | 25101 | 32303 |
| 58159 | | | 30538 |
| | | | |
| 2909 | 825 | 21632 | 1765 |
| 585 | 1264 | 3469 | |
| | | | |
| 34051 | 5372 | 41422 | 3493 |
| 13150 | 3074 | 33859 | 2080 |
| | | | |
| 20901 | 2298 | 7563 | 1413 |
| | | | |
| | | | |
| 23048 | 250 | 2282 | 2080 |
| 23048 | 250 | 2282 | 2080 |
| | | | |
| | | | |
| 1184265 | 52886 | 131730 | 107167 |
| 727075 | 125317 | 294733 | 62332 |
| 3510167 | 1194053 | 3043078 | 499476 |
| 2110566 | 1097996 | 3468944 | 348369 |
| 124905 | 8027 | 7168 | 722 |
| 271945 | 21266 | 11612 | 24844 |
| 2417924 | 27473 | 126923 | 95879 |
| 150351 | 4096 | 3832 | 1902 |
| 134557 | 268098 | 96181 | 15276 |
| 59286 | | | |
| 6439108 | 903047 | 67209 | 817821 |
| 227683 | 2466 | 1435 | 967 |
| 92310 | 1219 | 13250 | 354 |
| 2490792 | 30800 | 71856 | 103350 |
| 37182 | 26272 | 1788 | 5144 |
| 467219 | 19495 | 39155 | 4427 |
| 233131 | 25077 | 28068 | 2517 |
| 159697 | 6768 | 32456 | 8306 |
| 330240 | 3871 | 13870 | 259 |

# 6-4 续表2

单位:万元

| 指标 | Item |
|---|---|
| **总计** | **Total** |
| **按经济类型分:** | **Grouped by Economic Types** |
| 内资企业 | Domestic Funded |
| 国有企业 | State - owned Enterprises |
| 集体企业 | Collective - owned Enterprises |
| 股份合作企业 | Share - holding Cooperative |
| 联营企业 | Joint Ownership Enterprises |
| 国有联营企业 | State Joint Ownership Enterprises |
| 集体联营企业 | Collective Joint Ownership Enterprises |
| 国有与集体联营企业 | Joint State - collective Enterprises |
| 其他联营企业 | Other Joint Ownership Enterprises |
| 有限责任公司 | Limited Liability Corporations |
| 国有独资公司 | State Sole Funded Corporations |
| 其他有限责任公司 | Other Limited Liability Corporations |
| 股份有限公司 | Share - holding Corporations Ltd |
| 私营企业 | Private Enterprises |
| 私营独资企业 | Private - founded Enterprises |
| 私营合伙企业 | Private Partnership Enterprises |
| 私营有限责任公司 | PrivateLinited Limited Liability Corporations |
| 私营股份有限公司 | Private Share - holding Corporations Ltd. |
| 其他企业 | Other Enterprises |
| 港、澳、台商投资企业 | Enterprises with Funds from Hong Kong, Macao and Taiwan |
| 合资经营企业(港或澳、台资) | Joint - ventures Enterprises( Hongkong, Macao or Taiwan) |
| 合作经营企业(港或澳、台资) | Cooperative Enterprises( Hongkong, Macao or Taiwan) |
| 港、澳、台商独资经营企业 | Sole Funded Enterprises( Hongkong, Macao or Taiwan) |
| 港、澳、台商投资股份有限公司 | Share - holding Corporations |
| 其他港、澳、台商投资企业 | Other Enterprises with Funds from Hong Kong, Macao and Taiwan |
| 外商投资企业 | Foreign Funded Enterprises |
| 中外合资经营企业 | Joint - venture Enterprises |
| 中外合作经营企业 | Cooperation Enterprises |
| 外资企业 | Foreign Sole Funded Enterprises |
| 外商投资股份有限公司 | Share - holding Corporations Ltd. |
| 其他外商投资企业 | Other Foreign Funded Enterprises |
| 个体经营 | Self - employed Individuals |
| 个体户 | Self - employment |
| 个体合伙 | Individual Parternership |
| **按国民经济行业分:** | **Grouped by Sector** |
| 农、林、牧、渔业 | Agriculture, Forestry, Animal Husbandry and Fishery |
| 采矿业 | Mining |
| 制造业 | Manufacturing |
| 电力、热力、燃气及水生产和供应业 | Production and Supply of Electricity, Heat, Gas and Water |
| 建筑业 | Construction |
| 批发和零售业 | Wholesale and Retail Trades |
| 交通运输、仓储和邮政业 | Transport, Storage and Post |
| 住宿和餐饮业 | Hotels and Catering Services |
| 信息传输、软件和信息技术服务业 | Information Transmission, Software and IT Services |
| 金融业 | Financial Intermediation |
| 房地产业 | Real Estate |
| 租赁和商务服务业 | Leasing and Business Services |
| 科学研究和技术服务业 | Scientific Research and Technical Services |
| 水利、环境和公共设施管理业 | Management of Water Conservancy, Environment and Public Facilities |
| 居民服务、修理和其他服务业 | Services to Households, Repair and Other Services |
| 教育 | Education |
| 卫生和社会工作 | Health and Social Work |
| 文化、体育和娱乐业 | Culture, Sports and Entertainment |
| 公共管理、社会保障和社会组织 | Public Management, Social Securities and Organizations |

## continued

(10 000 yuan)

| 按资金来源分 Grouped by Capital Sources | | | | | |
|---|---|---|---|---|---|
| 国家预算内资金 State Budgetary Funds | 国内贷款 Domestic Loans | 债券 Bond | 利用外资 Foreign Investment | 自筹资金 Self – financed Capital | 其他资金 Other Capital |
| **3088988** | **7212089** | **25959** | **2915** | **16407463** | **3520569** |
| | | | | | |
| 3088988 | 7197609 | 25959 | | 16296898 | 3417891 |
| 2833196 | 2958819 | 20159 | | 3637336 | 262265 |
| 8490 | | | | 11278 | |
| | 5493 | | | 10400 | |
| | 42000 | | | 17200 | |
| | 42000 | | | 15000 | |
| | | | | | |
| | | | | | |
| | | | | 2200 | |
| 204890 | 2134669 | | | 3958510 | 858482 |
| 27214 | 1409020 | | | 1423619 | 115351 |
| 177676 | 725649 | | | 2534891 | 743131 |
| 1578 | 107427 | | | 418074 | 87511 |
| 36537 | 1926776 | 5800 | | 8145935 | 2192303 |
| 15150 | 292656 | | | 690571 | 320 |
| | 2250 | | | 43001 | 0 |
| 21387 | 1491349 | 5800 | | 7184341 | 1877903 |
| | 140521 | | | 228022 | 314080 |
| 4297 | 22425 | | | 98165 | 17330 |
| | 14280 | | | 27075 | 100664 |
| | 9000 | | | 9146 | 100488 |
| | | | | | |
| | 5280 | | | 13929 | 176 |
| | | | | 4000 | |
| | | | | | |
| | | | 2915 | 57084 | 2014 |
| | | | | 41456 | 953 |
| | | | | | |
| | | | 2915 | 15628 | 1061 |
| | | | | | |
| | | | | | |
| | 200 | | | 26406 | |
| | 200 | | | 26406 | |
| | | | | | |
| | | | | | |
| 240565 | 110291 | | | 738968 | 33067 |
| | 496762 | | | 620067 | 7986 |
| 33391 | 1837019 | | 2915 | 4781222 | 50598 |
| 287038 | 2339347 | 8325 | | 3438125 | 1590 |
| 72065 | 6846 | | | 44797 | |
| 10660 | 17760 | | | 247215 | 950 |
| 453511 | 1124065 | 16534 | | 857486 | 13060 |
| 1610 | 3050 | | | 138374 | |
| 31763 | 22700 | | | 379353 | |
| | | | | 53900 | |
| 424269 | 1196752 | | | 3702972 | 3382277 |
| 45247 | 1020 | | | 68816 | 120 |
| 37926 | 8642 | | | 103874 | |
| 815973 | 13741 | 1100 | | 791810 | 23023 |
| 20453 | 4085 | | | 40257 | 332 |
| 290453 | 15761 | | | 65190 | 600 |
| 157608 | 7568 | | | 73562 | 4000 |
| 30475 | 600 | | | 149452 | |
| 135981 | 6080 | | | 112023 | 2966 |

# 6－5 固定资产投资主要生产能力(2015 年)

| 指　　标 | Item |
|---|---|
| 原煤开采(万吨/年) | Coal Mining (10 000 tons/year) |
| 洗煤(万吨/年) | Washer Coal (10 000 tons/year) |
| 焦炭(万吨/年) | Coke (10 000 tons/year) |
| 石油加工: | Petroleum Refining: |
| 　蒸馏设备能力(处理万吨/年) | 　Distillation Equipment Capacity(10 000 tons/year) |
| 铁合金(万吨/年) | Iron Alloy (10 000 tons/year) |
| 　铜采矿(原矿)(万吨/年) | 　Copper Ore Mining (10 000 tons/year) |
| 　铜冶炼 (吨/年) | 　Copper Smelting (ton/year) |
| 　锌冶炼(吨/年) | 　Zinc Smelting (ton/year) |
| 　铝加工(吨/年) | 　Aluminum Fabrication (ton/year) |
| 　黄金(公斤/年) | 　Gold Smelting (Kg/year) |
| 火力发电(万千瓦) | Fire Power (10 000 kw) |
| 其他发电(万千瓦) | Other Power(10 000 kw) |
| 输电线路长度(11 万伏及以上)(公里) | Transmission Line (110 000V)(km) |
| 水泥(万吨/年) | Cement (10 000 tons/year) |
| 平板玻璃(万重量箱/年) | Plate Glass(10 000 Weight－box/year) |
| 氮肥(吨/年) | Nitrogen Fertilizers (ton/year) |
| 塑料树脂及共聚物(吨/年) | Plastic Colophony and Polymer(ton/year) |
| 合成橡胶(吨/年) | Synthetic Rubber(ton/year) |
| 轮胎外胎(万条/年) | Tire(Cover)(10 000units/year) |
| 白酒(万吨/年) | Distilled Spirit(10 000 tons/year) |
| 其他酒(万吨/年) | Other Alcohols(10 000 tons/year) |
| 新建铁路投产里程(公里) | Length of Newly－built and Operating Railway(km) |
| 新建公路(公里) | Length of New Highways (km) |
| 　高速公路 | 　Expressway |
| 　一级公路 | 　First Class Highway |
| 　二级公路 | 　Second Class Highway |
| 改建公路(公里) | Length of Reconstructed Highways (km) |
| 　高速公路(公里) | 　Highway (km) |
| 　一级公路 | 　First Class Highway |
| 　二级公路 | 　Second Class Highway |
| 新建独立公路桥梁(延长米) | Length of Newly Independent Roads and Bridges(m) |
| 新建独立公路桥梁(座) | Number of New Independent Roads and Bridges(set) |
| 新建独立公路隧道(延长米) | Length of Newly－built Independent highway tunnel(m) |
| 新建独立公路隧道(处) | Number of Newly－built Independent Highway tunnel(set) |
| 新(扩)建公路客、货运站(个) | Number of Bus Terminal and Freight Station New and Expanded(unit) |
| 新(扩)建公路客、货运站(平方米) | Area of Bus Terminal and Fteight Station New and Expanded(sq. m) |
| 候机楼(座) | Terminal (Block) |
| 候机楼(平方米) | Terminal (m2) |
| 城市自来水供水能力(万吨/日) | Capacity of City Tap Water Supply (10 000 tons/day) |
| 城市污水处理能力 (万吨/日) | Urban sewage treatment capacity (10 000 tons / day) |

# Major Incremental Production Capacity(2015)

| 建设规模<br>Total Construction Size | 本年施工规模<br>Under Construction This Year | 本年新开工能力<br>Capacity of Started This Year | 累计新增生产能力<br>Accumulated Newly Increased Capacity | 本年新增生产能力<br>Newly Increased Capacity This Year |
|---|---|---|---|---|
| 8031 | 7513 | 270 | 1032 | 773 |
| 1081 | 285 | 170 | 971 | 285 |
| 126 | 20 | 20 | 126 | 20 |
| | | | | |
| 58 | 50 | 50 | 58 | 50 |
| 552 | 36 | 36 | 546 | 36 |
| 25 | 12 | 12 | 25 | 12 |
| 2000 | 800 | 500 | 500 | 450 |
| 10000 | 10000 | 10000 | 10000 | 10000 |
| 430020 | 20 | 20 | 400020 | 20 |
| 10000 | 5000 | 5000 | 10000 | 5000 |
| 1280 | 1204 | 996 | 287 | 241 |
| 5 | 4 | 4 | 4 | 4 |
| 3054 | 2836 | 1640 | 1513 | 1295 |
| 102 | 102 | 2 | 102 | 102 |
| 220 | 100 | 80 | 200 | 80 |
| 215000 | 135000 | 20000 | 215000 | 135000 |
| 202908 | 82165 | 2108 | 148182 | 82165 |
| 4000 | | | | |
| 700 | 40 | 19 | 219 | 40 |
| 1 | 1 | 1 | 1 | 1 |
| 2 | 2 | 2 | 2 | 2 |
| 52 | 52 | 37 | 37 | 37 |
| 877 | 671 | 33 | 651 | 336 |
| 569 | 402 | | 489 | 184 |
| 245 | 210 | 5 | 142 | 135 |
| 51 | 51 | 20 | 9 | 9 |
| 1049 | 690 | 376 | 333 | 197 |
| 71 | 71 | 71 | | |
| 211 | 184 | 45 | 61 | 61 |
| 757 | 435 | 260 | 262 | 136 |
| 13839 | 13839 | | | |
| 3 | 3 | | | |
| 190 | 190 | | | |
| 1 | 1 | | | |
| 8 | 8 | 3 | 6 | 6 |
| 54005 | 54005 | 5378 | 43005 | 43005 |
| 1 | 1 | | | |
| 82000 | 82000 | | | |
| 8 | 6 | 2 | 8 | 6 |
| 24.2 | 23.18 | 14.08 | 10.68 | 10.68 |

# 6-6 房地产开发投资及财务主要指标

| 指　　标 | Item |
|---|---|
| **企业个数(个)** | **Number of Enterprises(unit)** |
| 内　资 | Domestic Funded |
| 国　有 | State - owned |
| 集　体 | Collective - owned |
| 私营个体 | Private and Self - employed Individual Units |
| 联营 | Joint |
| 股份制经济 | Share Holding |
| 港澳台投资 | Hong Kong,Macao and Taiwan Funded |
| 外商投资 | Foreign Funded |
| **年末从业人数(人)** | **Number of Employed Persons at the Year End(person)** |
| 内　资 | Domestic Funded |
| 国　有 | State - owned |
| 集　体 | Collective - owned |
| 私营个体 | Private and Self - employed Individual Units |
| 联营 | Joint |
| 股份制经济 | Share Holding |
| 港澳台投资 | Hong Kong,Macao and Taiwan Funded |
| 外商投资 | Foreign Funded |
| **土地开发及购置(万平方米)** | **Land Development and Purchase(10 000 sq. m)** |
| 本年土地开发面积 | Land Space Developed This Year |
| 本年土地购置面积 | Land Space Purchased This Year |
| **本年完成投资额(万元)** | **Investment Completed This Year(10 000 yuan)** |
| 住　宅 | Residential Buildings |
| **资金来源小计(万元)** | **Sources of Funds (10 000 yuan)** |
| 国内贷款 | Domestic Loans |
| 利用外资 | Foreign Investment |
| 自筹资金 | Self - raising Fund |
| 定金和预收款 | Down Payment |
| **房屋建筑面积(万平方米)** | **Floor Space of Buildings (10 000 sq. m)** |
| 施工面积 | Floor Space under Construction |
| 竣工面积 | Floor Space Completed |
| 本年新开工面积 | Floor Space Started This Year |
| 竣工房屋价值(万元) | Value of Buildings Completed(10 000 yuan) |
| 竣工房屋造价(元/平方米) | Cost of Buildings Completed (yuan/sq. m) |
| **商品房屋销售面积(万平方米)** | **Floor Space of Commercialized Buildings Sold (10 000 sq. m)** |
| 住　宅 | Residential Buildings |
| **商品房屋销售价格(元/平方米)** | **Selling Price of Commercialized Buildings(yuan/sq. m)** |
| 住　宅 | Residential Buildings |
| **实收资本合计(万元)** | **Total Capital Held (10 000 yuan)** |
| **年末资产负债情况(万元)** | **Situation of Year - end Liabilities (10 000 yuan)** |
| 资产总计 | Total Assets |
| 固定资产累计折旧 | Accumulated Depreciation of Fixed Assets |
| 本年折旧 | Depreciation of the Current Year |
| 负债总计 | Total Liabilities |
| 所有者权益合计 | Total Equity |
| **损益情况(万元)** | **Situation of Profit and Loss (10 000 yuan)** |
| 经营总收入 | Total Revenue |
| 土地转让收入 | Land Transferred |
| 商品房屋销售收入 | Sales Income of Commercial Flat |
| 房屋出租收入 | Income of Renting House |
| 其他收入 | Other Income |
| 经营成本 | Cost of Business |
| 销售费用 | Expenses of Sales |
| 经营税金及附加 | Tax and Extra Charges on Business |
| 其他业务利润 | Other Business Profits |
| 管理费用及财务费用 | Expenses of both Management and Finance |
| 投资收益及营业外收入 | Income of Investment Earnings and Extra - business |
| 营业外支出 | Expenditure of Extra - business |
| 利润总额 | Total Profits |

# Investment in Real Estate Development and Its Main Financial Indicators (2015)

| 2000 | 2005 | 2010 | 2011 | 2012 | 2013 | 2014 | 2015 |
|---|---|---|---|---|---|---|---|
| **139** | **304** | **360** | **436** | **480** | **501** | **534** | **539** |
| 132 | 301 | 357 | 432 | 476 | 497 | 530 | 535 |
| 33 | 17 | 12 | 12 | 15 | 13 | 13 | 13 |
| 17 | 3 | 3 | 3 | 4 | 3 | 2 | |
| 17 | 167 | 271 | 308 | 343 | 362 | 396 | 396 |
| 1 | | | | | | | |
| 64 | 114 | 71 | 109 | 114 | 119 | 119 | 126 |
| 4 | | | 1 | 1 | 1 | 1 | 2 |
| 3 | 3 | 3 | 3 | 3 | 3 | 3 | 2 |
| **5190** | **8263** | **10567** | **15124** | **15951** | **17409** | **18317** | **17342** |
| 4915 | 7991 | 10477 | 14912 | 15743 | 17181 | 18058 | 17191 |
| 1714 | 437 | 738 | 1264 | 1075 | 1054 | 1117 | 1107 |
| 610 | 37 | 38 | 29 | 53 | 43 | 30 | |
| 484 | 4327 | 7785 | 10029 | 10845 | 11741 | 12784 | 11953 |
| 21 | | | | | | | |
| 2086 | 3190 | 1916 | 3590 | 3770 | 4343 | 4127 | 4131 |
| 100 | | | 100 | 120 | 112 | 114 | 117 |
| 175 | 272 | 90 | 112 | 88 | 116 | 145 | 34 |
| | | | | | | | |
| 8 | 35 | | | | | | |
| 72 | 246 | 549 | 555 | 426 | 438 | 333 | 231 |
| **155691** | **747766** | **2543715** | **3362289** | **4291529** | **5589682** | **6547995** | **6336378** |
| 91735 | 475437 | 1872939 | 2395186 | 2794871 | 3402650 | 4115773 | 3966814 |
| **158495** | **730428** | **3591354** | **4493133** | **4998029** | **6941494** | **7429055** | **7373923** |
| 36332 | 104707 | 560709 | 519711 | 593984 | 1057417 | 1200423 | 965925 |
| | | 2500 | | | | | |
| 42419 | 245388 | 1033182 | 1580144 | 1963181 | 2476903 | 2754745 | 3236750 |
| 51761 | 326490 | 1274481 | 1348144 | 1428385 | 2267718 | 2246624 | 1894142 |
| | | | | | | | |
| 259 | 1049 | 2941 | 4080 | 5033 | 6043 | 7019 | 7046 |
| 155 | 568 | 937 | 1989 | 1152 | 1104 | 1204 | 1169 |
| 172 | 581 | 1809 | 967 | 1843 | 2163 | 2054 | 1391 |
| 107651 | 590867 | 1755147 | 2564285 | 2596364 | 3105009 | 2993267 | 2915993 |
| 692 | 1040 | 1873 | 2651 | 2254 | 2813 | 2486 | 2494 |
| **104** | **378** | **936** | **846** | **804** | **1048** | **1129** | **839** |
| 91 | 319 | 817 | 705 | 708 | 928 | 939 | 708 |
| **1352** | **2235** | **3304** | **3732** | **3948** | **4232** | **4117** | **4413** |
| 1145 | 1765 | 3107 | 3389 | 3621 | 3917 | 3747 | 4010 |
| **89467** | **424629** | **1101552** | **1524516** | **1995678** | **2358257** | **2754496** | **3079790** |
| | | | | | | | |
| 448079 | 2091222 | 8370883 | 11783394 | 15614913 | 20195733 | 24136601 | 26237604 |
| 7881 | 27246 | 55908 | 103979 | 103991 | 144386 | 576270 | 213643 |
| 2057 | 6271 | 13594 | 21217 | 29964 | 34084 | 182835 | 42385 |
| 344569 | 1603373 | 6854150 | 9489851 | 12723086 | 16366197 | 19665263 | 22012776 |
| 103510 | 487849 | 1516732 | 2293543 | 2891828 | 3829536 | 4471338 | 4224828 |
| | | | | | | | |
| 143568 | 598769 | 1783476 | 2611584 | 2776060 | 3526907 | 3440939 | 2918670 |
| 250 | 2360 | 13426 | 7959 | 5013 | 2766 | 2952 | 51944 |
| 138608 | 592315 | 1748783 | 2577193 | 2661308 | 3485822 | 3367924 | 2793620 |
| 747 | 3018 | 9450 | 21209 | 35066 | 28701 | 38212 | 35136 |
| 3981 | 1076 | 11817 | 5222 | 74674 | 9617 | 31851 | 37971 |
| 114263 | 503687 | 1407263 | 1990205 | 2175336 | 2744219 | 2695832 | 2314671 |
| 1141 | 8860 | 43498 | 72370 | 68900 | 100600 | 120627 | 112599 |
| 7268 | 31532 | 120150 | 177468 | 174097 | 239076 | 229276 | 203919 |
| 2112 | 2241 | 7836 | 11921 | 18708 | 23360 | 17180 | 28279 |
| 14627 | 48510 | 136314 | 191816 | 226226 | 275044 | 321845 | 301969 |
| -298 | 5211 | 3622 | 26132 | 25633 | 39620 | 45581 | 61920 |
| 1392 | 2647 | 14618 | 113006 | 17860 | 22957 | 23979 | 20612 |
| 6709 | 10985 | 77405 | 182139 | 166268 | 220882 | 109367 | 36846 |

## 6-7 商品房屋竣工面积、价值及平均造价

| 指　　标 | Item |
|---|---|
| **房屋竣工面积(万平方米)** | **Floor Space Completed(10 000 sq. m)** |
| 住宅 | Residential Buildings |
| 办公楼 | Office Buildings |
| 商业营业用房 | Houses for Business Use |
| 其他 | Others |
| **房屋竣工价值(万元)** | **Value of Buildings Completed(10 000 yuan)** |
| 住宅 | Residential Buildings |
| 办公楼 | Office Buildings |
| 商业营业用房 | Houses for Business Use |
| 其他 | Others |
| **房屋竣工平均造价(元/平方米)** | **Average Cost of Buildings Completed(yuan/sq. m)** |
| 住宅 | Residential Buildings |
| 办公楼 | Office Buildings |
| 商业营业用房 | Houses for Business Use |
| 其他 | Others |

## 6-8 商品房屋销售面积、销售额及平均销售价格

| 指　　标 | Item |
|---|---|
| **商品房销售面积(万平方米)** | **Floor Space of Commercialized Buildings Sold (10 000 sq. m)** |
| 住宅 | Residential Buildings |
| 办公楼 | Office Buildings |
| 商业营业用房 | Houses for Business Use |
| 其他 | Others |
| **商品房销售额(万元)** | **Total Sale of Commercialized Buildings (10 000 yuan)** |
| 住宅 | Residential Buildings |
| 办公楼 | Office Buildings |
| 商业营业用房 | Houses for Business Use |
| 其他 | Others |
| **商品房平均销售价格(元/平方米)** | **Average Selling Price of Commercialized Buildings (yuan/sq. m)** |
| 住宅 | Residential Buildings |
| 办公楼 | Office Buildings |
| 商业营业用房 | Houses for Business Use |
| 其他 | Others |

## Floor Space, Value and Average Cost of Commodity Buildings Completed

| 2000 | 2005 | 2010 | 2011 | 2012 | 2013 | 2014 | 2015 |
|---|---|---|---|---|---|---|---|
| **155.46** | **568.12** | **936.86** | **967.32** | **1151.97** | **1104.45** | **1203.68** | **1168.98** |
| 122.71 | 420.75 | 746.32 | 785.01 | 922.26 | 861.37 | 818.86 | 746.78 |
| 8.29 | 18.88 | 17.34 | 23.15 | 9.85 | 9.86 | 28.35 | 26.53 |
| 21.52 | 110.43 | 122.50 | 115.23 | 131.04 | 133.69 | 214.56 | 230.67 |
| 2.94 | 18.06 | 50.70 | 43.94 | 88.82 | 99.53 | 141.92 | 165.00 |
| **107651** | **590867** | **1755147** | **2564285** | **2596364** | **3105009** | **2993267** | **2915993** |
| 80314 | 391988 | 1339116 | 2104787 | 2047874 | 2119701 | 1920676 | 1695246 |
| 7122 | 29455 | 48120 | 82784 | 35732 | 36497 | 94460 | 99303 |
| 17362 | 147731 | 269011 | 284423 | 315240 | 701514 | 614382 | 776565 |
| 2853 | 21693 | 98900 | 92291 | 197518 | 247297 | 363749 | 344879 |
| **692** | **1040** | **1873** | **2651** | **2254** | **2811** | **2487** | **2494** |
| 655 | 932 | 1794 | 2681 | 2220 | 2461 | 2346 | 2270 |
| 860 | 1560 | 2776 | 3576 | 3628 | 3702 | 3332 | 3743 |
| 807 | 1338 | 2196 | 2468 | 2406 | 5247 | 2863 | 3367 |
| 696 | 1201 | 1951 | 2101 | 2224 | 2485 | 2563 | 2090 |

## Floor Space Sold, Total Sales and Average Selling Price of Commercial Houses

| 2000 | 2005 | 2010 | 2011 | 2012 | 2013 | 2014 | 2015 |
|---|---|---|---|---|---|---|---|
| **104.50** | **377.89** | **935.98** | **846.46** | **804.43** | **1048.31** | **1129.46** | **839.16** |
| 90.61 | 319.16 | 816.79 | 705.13 | 707.57 | 928.26 | 939.37 | 708.12 |
| 2.23 | 8.65 | 15.40 | 9.27 | 6.82 | 5.74 | 8.83 | 13.05 |
| 11.12 | 48.09 | 89.94 | 114.71 | 82.92 | 102.66 | 132.44 | 102.20 |
| 0.54 | 1.99 | 13.86 | 17.35 | 7.12 | 11.66 | 48.82 | 15.80 |
| **141306** | **844726** | **3092169** | **3159137** | **3175781** | **4436951** | **4649623** | **3702955** |
| 103746 | 563186 | 2537646 | 2390002 | 2561936 | 3636024 | 3520283 | 2839806 |
| 4357 | 29660 | 81253 | 67252 | 34530 | 45690 | 64071 | 101788 |
| 32626 | 247703 | 439656 | 646957 | 554355 | 706155 | 889894 | 701738 |
| 577 | 4177 | 33614 | 54926 | 24960 | 49082 | 175375 | 59623 |
| **1352** | **2235** | **3304** | **3732** | **3948** | **4232** | **4117** | **4413** |
| 1145 | 1765 | 3107 | 3389 | 3621 | 3917 | 3747 | 4010 |
| 1958 | 3429 | 5278 | 7254 | 5065 | 7962 | 7259 | 7802 |
| 2934 | 5151 | 4888 | 5640 | 6686 | 6879 | 6719 | 6866 |
| 1074 | 2102 | 2426 | 3166 | 3503 | 4211 | 3592 | 3774 |

# 6－9 商品房待售、出租面积

单位:平方米

| 指　　标 | Item |
|---|---|
| **商品房待售面积** | **Floor Space of Untapped Marketable Buildings** |
| 住宅 | Residential Buildings |
| 别墅、高档公寓 | Villas, High－grade Apartments |
| 办公楼 | Office Buildings |
| 商业营业用房 | Houses for Business Use |
| 其他 | Others |
| **商品房待售一年至三年面积** | **Floor Space Untapped for One to Three Years of Commercialized Buildings** |
| 住宅 | Residential Buildings |
| 别墅、高档公寓 | Villas, High－grade Apartments |
| 办公楼 | Office Buildings |
| 商业营业用房 | Houses for Business Use |
| 其他 | Others |
| **商品房待售三年以上面积** | **Floor Space Untapped above Three Years of Commercialized Buildings** |
| 住宅 | Residential Buildings |
| 别墅、高档公寓 | Villas, High－grade Apartments |
| 办公楼 | Office Buildings |
| 商业营业用房 | Houses for Business Use |
| 其他 | Others |
| **商品房出租面积** | **Floor Space of Leased Marketable Buildings** |
| 住宅 | Residential Buildings |
| 办公楼 | Office Buildings |
| 商业营业用房 | Houses for Business Use |
| 其他 | Others |

# Floor Space of Untapped and Rented Marketable Buildings

(sq. m)

| 2000 | 2005 | 2010 | 2011 | 2012 | 2013 | 2014 | 2015 |
|---|---|---|---|---|---|---|---|
| **620209** | **3424795** | **4015173** | **6060537** | **7271830** | **8810522** | **9671627** | **12071509** |
| 430438 | 2116731 | 2457119 | 4231517 | 4904701 | 5854333 | 6270041 | 7334333 |
| 2537 | 119223 | 44803 | 184960 | 121855 | 182651 | 231017 | 281215 |
| 34636 | 113743 | 64019 | 118777 | 157227 | 196584 | 264641 | 284320 |
| 130838 | 1082818 | 1341438 | 1440821 | 1722298 | 1990996 | 2314454 | 3309819 |
| 24297 | 111503 | 152597 | 269422 | 487604 | 768609 | 822491 | 1143037 |
| **620209** | **1003079** | **1764470** | **2629789** | **3473533** | **3942502** | **4684275** | **5851305** |
| 430438 | 524501 | 1026585 | 1710050 | 2303579 | 2633293 | 3018085 | 3428897 |
| 2537 | 62553 | 19962 | 50079 | 65218 | 110865 | 115123 | 187455 |
| 34636 | 37544 | 35934 | 101009 | 107640 | 95145 | 82669 | 89399 |
| 130838 | 418633 | 642637 | 736642 | 891466 | 876981 | 1167106 | 1727292 |
| 24297 | 22401 | 59314 | 82088 | 170848 | 337083 | 416415 | 605717 |
|  | **57829** | **182221** | **172140** | **191555** | **182740** | **359442** | **298231** |
|  | 4617 | 26096 | 23686 | 33084 | 27929 | 150437 | 122142 |
|  |  | 752 | 917 | 4227 | 2546 | 18662 | 1570 |
|  | 13477 | 10076 | 8890 | 5781 | 7352 | 19204 | 18468 |
|  | 29283 | 145139 | 138985 | 142484 | 135776 | 176247 | 151132 |
|  | 10452 | 910 | 579 | 10206 | 11683 | 13554 | 6489 |
| **58330** | **217197** | **413244** | **280979** | **310557** | **389218** | **252987** | **281011** |
| 12659 | 25467 | 14909 | 4059 | 17610 | 19562 | 19573 | 19573 |
| 5347 | 10564 | 44082 | 63756 | 21810 | 25983 | 15318 | 7800 |
| 39708 | 180391 | 341310 | 189888 | 261584 | 324503 | 203446 | 253050 |
| 616 | 775 | 12943 | 23276 | 9553 | 19170 | 14650 | 588 |

# 6－10 各市县固定资产投资(2015年)

## Investment in Fixed Assets in Urban Area by City and County(2015)

单位:万元 (10 000 yuan)

| 地 区 | Region | 计划总投资 Total Planned Investment | 本年新开工项目计划投资 Planned Investment of New Projects This Year | 本年完成投资 Investment Completed This Year | 住宅 Residential Buildings | 本年新增固定资产 Newly Increased Fixed Assets This Year |
|---|---|---|---|---|---|---|
| **全区总计** | **Total** | **119658219** | **31102593** | **34539030** | **4441651** | **25858323** |
| **银川市** | **Yinchuan** | **60990399** | **9370385** | **15018615** | **2681994** | **11599702** |
| 银川市 | District | 25621248 | 2320410 | 6491283 | 2141930 | 3132589 |
| 兴庆区 | Xingqing | 9814010 | 791248 | 2246997 | 583308 | 1003763 |
| 西夏区 | Xixia | 3937641 | 680246 | 1223107 | 209174 | 779267 |
| 金凤区 | Jinfeng | 11869597 | 848916 | 3021179 | 1349448 | 1349559 |
| 永宁县 | Yongning | 5964055 | 741594 | 1991453 | 143386 | 1074781 |
| 贺兰县 | Helan | 5898963 | 1203317 | 1656516 | 270194 | 2513344 |
| 灵武市 | Lingwu | 23506133 | 5105064 | 4879363 | 126484 | 4878988 |
| **石嘴山市** | **Shizuishan** | **11128302** | **3102544** | **4278612** | **370326** | **3873123** |
| 石嘴山市 | District | 7644 | | 6070 | | 7640 |
| 大武口区 | Dawukou | 3403115 | 872345 | 1004384 | 199653 | 827436 |
| 惠农区 | Huinong | 2650745 | 1404529 | 1737219 | 68513 | 1569844 |
| 平罗县 | Pingluo | 5074442 | 825670 | 1537009 | 102160 | 1475843 |
| **吴忠市** | **Wuzhong** | **17156312** | **7696045** | **6530796** | **437602** | **4651949** |
| 利通区 | Litong | 7354271 | 2493255 | 2433940 | 253923 | 1444133 |
| 红寺堡区 | Hongsipu | 1181198 | 489920 | 652417 | 22122 | 489867 |
| 盐池县 | Yanchi | 4299550 | 2917415 | 1504123 | 84241 | 828600 |
| 同心县 | Tongxin | 1624919 | 661763 | 876487 | 19521 | 911527 |
| 青铜峡市 | Qingtongxia | 2696374 | 1133692 | 1063829 | 57795 | 977822 |
| **固原市** | **Guyuan** | **7875466** | **2289664** | **3079617** | **492643** | **1802845** |
| 原州区 | Yuanzhou | 3565762 | 700817 | 1360494 | 300758 | 626759 |
| 西吉县 | Xiji | 939361 | 382709 | 414604 | 62963 | 392030 |
| 隆德县 | Longde | 1147096 | 345396 | 460987 | 25056 | 284745 |
| 泾源县 | Jingyuan | 778195 | 546101 | 320066 | 80075 | 184187 |
| 彭阳县 | Pengyang | 1445052 | 314641 | 523466 | 23791 | 315124 |
| **中卫市** | **Zhongwei** | **12725360** | **2727106** | **3368234** | **459086** | **2415289** |
| 沙坡头区 | Shapotou | 4396687 | 1160827 | 1477817 | 267095 | 1300816 |
| 中宁县 | Zhongning | 6756216 | 1024538 | 1253900 | 151036 | 1003369 |
| 海原县 | Haiyuan | 1572457 | 541741 | 636517 | 40955 | 111104 |
| **不分地区** | **Not Classified by Region** | **9782380** | **5916849** | **2263156** | | **1515415** |

# 6-10 续表1 continued

单位:万元、平方米、个 (10 000 yuan, sq. m, unit)

| 地区 | Region | 本年施工房屋面积 Floor Space of Buildings Under Construction This Year | 本年竣工房屋面积 Floor Space of Buildings Completed This Yea | 施工项目个数 Number of Projects Under Construction | 本年新开工 Started This Year | 本年投产项目个数 Number of Project Put into Use This Year |
|---|---|---|---|---|---|---|
| **全区总计** | **Total** | **17206432** | **3591158** | **4256** | **3147** | **3126** |
| **银川市** | **Yinchuan** | **8623320** | **1919272** | **1172** | **782** | **814** |
| 银川市 | District | 2353771 | 840764 | 510 | 314 | 274 |
| 兴庆区 | Xingqing | 701444 | 11400 | 193 | 113 | 72 |
| 西夏区 | Xixia | 716318 | 278529 | 150 | 86 | 81 |
| 金凤区 | Jinfeng | 936009 | 550835 | 167 | 115 | 121 |
| 永宁县 | Yongning | 1099343 | | 204 | 141 | 175 |
| 贺兰县 | Helan | 1686919 | | 235 | 202 | 216 |
| 灵武市 | Lingwu | 3483287 | 1078508 | 223 | 125 | 149 |
| **石嘴山市** | **Shizuishan** | **598852** | **544839** | **780** | **681** | **714** |
| 石嘴山市 | District | | | 1 | | 1 |
| 大武口区 | Dawukou | 28740 | | 206 | 185 | 189 |
| 惠农区 | Huinong | 23726 | | 340 | 319 | 304 |
| 平罗县 | Pingluo | 546386 | 544839 | 234 | 177 | 221 |
| **吴忠市** | **Wuzhong** | **2405650** | **147114** | **941** | **689** | **650** |
| 利通区 | Litong | 1033367 | 25753 | 256 | 150 | 149 |
| 红寺堡区 | Hongsipu | 30412 | | 166 | 116 | 124 |
| 盐池县 | Yanchi | 274045 | | 107 | 81 | 70 |
| 同心县 | Tongxin | 226770 | 69461 | 149 | 105 | 95 |
| 青铜峡市 | Qingtongxia | 841056 | 51900 | 263 | 237 | 212 |
| **固原市** | **Guyuan** | **3214218** | **940233** | **731** | **571** | **590** |
| 原州区 | Yuanzhou | 799538 | 345645 | 166 | 127 | 118 |
| 西吉县 | Xiji | 641748 | 178881 | 156 | 100 | 116 |
| 隆德县 | Longde | 785700 | 30263 | 109 | 89 | 96 |
| 泾源县 | Jingyuan | 482134 | 155406 | 125 | 116 | 109 |
| 彭阳县 | Pengyang | 505098 | 230038 | 175 | 139 | 151 |
| **中卫市** | **Zhongwei** | **2362632** | **39700** | **473** | **298** | **301** |
| 沙坡头区 | Shapotou | 795079 | 20000 | 120 | 90 | 80 |
| 中宁县 | Zhongning | 1425477 | 19700 | 180 | 106 | 119 |
| 海原县 | Haiyuan | 142076 | | 173 | 102 | 102 |
| **不分地区** | **Not Classified by Region** | **1760** | | **159** | **126** | **57** |

# 6-11 各市县按登记注册类型划分的固定资产投资(2015年)

## Investment in Fixed Assets in Urban Area by Registration Status and by City and County(2015)

单位:万元 (10 000yuan)

| 地区 | Region | 投资总计 Total Investment | 内资合计 Total Domestic Investment | 国有 State - owned | 集体 Collective - owned | 股份合作 Cooperative | 国有联营 Collective Joint Venture | 其他联营 Other Joint Venture |
|---|---|---|---|---|---|---|---|---|
| | | | 按登记注册类型划分 Grouped by Registration Status | | | | | |
| **全区总计** | **Total** | **34539030** | **34305886** | **12202220** | **27622** | **17693** | **57000** | **500** |
| **银川市** | **Yinchuan** | **15018615** | **14817499** | **4933010** | | **2400** | | **500** |
| 银川市 | District | 6491283 | 6325256 | 1850858 | | 2400 | | 500 |
| 兴庆区 | Xingqing | 2246997 | 2237765 | 1010145 | | 2400 | | |
| 西夏区 | Xixia | 1223107 | 1148247 | 328212 | | | | 500 |
| 金凤区 | Jinfeng | 3021179 | 2939244 | 512501 | | | | |
| 永宁县 | Yongning | 1991453 | 1977724 | 796485 | | | | |
| 贺兰县 | Helan | 1656516 | 1635656 | 176686 | | | | |
| 灵武市 | Lingwu | 4879363 | 4878863 | 2108981 | | | | |
| **石嘴山市** | **Shizuishan** | **4278612** | **4250024** | **1090818** | **2000** | | | |
| 石嘴山市 | District | 2741603 | 2722206 | 792411 | | | | |
| 大武口区 | Dawukou | 1004384 | 986393 | 281341 | | | | |
| 惠农区 | Huinong | 1737219 | 1735813 | 511070 | | | | |
| 平罗县 | Pingluo | 1537009 | 1527818 | 298407 | 2000 | | | |
| **吴忠市** | **Wuzhong** | **6530796** | **6527906** | **2116396** | **18926** | **15293** | **57000** | |
| 利通区 | Litong | 2433940 | 2433940 | 473302 | 12976 | 13493 | 57000 | |
| 红寺堡区 | Hongsipu | 652417 | 652417 | 178722 | | | | |
| 盐池县 | Yanchi | 1504123 | 1504123 | 527095 | | | | |
| 同心县 | Tongxin | 876487 | 876487 | 464053 | | | | |
| 青铜峡市 | Qingtongxia | 1063829 | 1060939 | 473224 | 5950 | 1800 | | |
| **固原市** | **Guyuan** | **3079617** | **3079617** | **1618868** | **6696** | | | |
| 原州区 | Yuanzhou | 1360494 | 1360494 | 398450 | 5000 | | | |
| 西吉县 | Xiji | 414604 | 414604 | 331650 | 396 | | | |
| 隆德县 | Longde | 460987 | 460987 | 264240 | | | | |
| 泾源县 | Jingyuan | 320066 | 320066 | 210669 | | | | |
| 彭阳县 | Pengyang | 523466 | 523466 | 413859 | 1300 | | | |
| **中卫市** | **Zhongwei** | **3368234** | **3367684** | **1089539** | | | | |
| 沙坡头区 | Shapotou | 1477817 | 1477817 | 576570 | | | | |
| 中宁县 | Zhongning | 1253900 | 1253350 | 272065 | | | | |
| 海原县 | Haiyuan | 636517 | 636517 | 240904 | | | | |
| **不分地区** | **Not Classified by Region** | **2263156** | **2263156** | **1353589** | | | | |

# 6-11 续表1 continued

单位:万元 (10 000yuan)

| 地 区 | Region | 按登记注册类型划分 Grouped by Registration Status | | | | | | | |
|---|---|---|---|---|---|---|---|---|---|
| | | 国有独资公司 State Sole Funded Corporations | 其他有限责任公司 Other Limited Liability Corporations | 股份有限公司 Share Holding Corporations Ltd. | 私营 Private | 其他内资 Others | 港澳台投资 Hongkong, Macao and Taiwan Investment | 外商投资 Foreign Investment | 个体经营 Self-employed |
| **全区总计** | **Total** | **3091242** | **4233457** | **695941** | **13781832** | **198379** | **121146** | **84338** | **27660** |
| **银 川 市** | **Yinchuan** | **2410016** | **1978866** | **406456** | **5075240** | **11011** | **121146** | **59110** | **20860** |
| 银 川 市 | District | 440161 | 1024717 | 313806 | 2692814 | | 118364 | 47663 | |
| 兴 庆 区 | Xingqing | | 329885 | 237076 | 658259 | | | 9232 | |
| 西 夏 区 | Xixia | 42059 | 220785 | 53130 | 503561 | | 40109 | 34751 | |
| 金 凤 区 | Jinfeng | 398102 | 474047 | 23600 | 1530994 | | 78255 | 3680 | |
| 永 宁 县 | Yongning | 177 | 260360 | 26453 | 891251 | 2998 | 2282 | 11447 | |
| 贺 兰 县 | Helan | 44339 | 657020 | 4450 | 745148 | 8013 | | | 20860 |
| 灵 武 市 | Lingwu | 1925339 | 36769 | 61747 | 746027 | | 500 | | |
| **石嘴山市** | **Shizuishan** | **119268** | **223565** | **113045** | **2568470** | **132858** | | **25228** | **3360** |
| 石嘴山市 | District | 110268 | 153534 | 101408 | 1489842 | 74743 | | 17991 | 1406 |
| 大武口区 | Dawukou | 76477 | 83714 | 40600 | 486054 | 18207 | | 17991 | |
| 惠 农 区 | Huinong | 33791 | 69820 | 60808 | 1003788 | 56536 | | | 1406 |
| 平 罗 县 | Pingluo | 9000 | 70031 | 11637 | 1078628 | 58115 | | 7237 | 1954 |
| **吴 忠 市** | **Wuzhong** | | **952360** | **37923** | **3322498** | **7510** | | | **2890** |
| 利 通 区 | Litong | | 558226 | 37923 | 1281020 | | | | |
| 红寺堡区 | Hongsipu | | 15242 | | 458453 | | | | |
| 盐 池 县 | Yanchi | | 158391 | | 816717 | 1920 | | | |
| 同 心 县 | Tongxin | | 156814 | | 254630 | 990 | | | |
| 青铜峡市 | Qingtongxia | | 63687 | | 511678 | 4600 | | | 2890 |
| **固 原 市** | **Guyuan** | | **272825** | **9730** | **1129208** | **42290** | | | |
| 原 州 区 | Yuanzhou | | 45067 | | 911977 | | | | |
| 西 吉 县 | Xiji | | 23773 | 2200 | 56585 | | | | |
| 隆 德 县 | Longde | | 176585 | | 20162 | | | | |
| 泾 源 县 | Jingyuan | | 24300 | 7530 | 64797 | 12770 | | | |
| 彭 阳 县 | Pengyang | | 3100 | | 75687 | 29520 | | | |
| **中 卫 市** | **Zhongwei** | **26479** | **517119** | **43421** | **1686416** | **4710** | | | **550** |
| 沙坡头区 | Shapotou | 6150 | 126646 | 35141 | 733310 | | | | |
| 中 宁 县 | Zhongning | 20329 | 59178 | 2480 | 894588 | 4710 | | | 550 |
| 海 原 县 | Haiyuan | | 331295 | 5800 | 58518 | | | | |
| **不分地区** | **Not Classified by Region** | **535479** | **288722** | **85366** | | | | | |

# 6-12 各市县按资金来源划分的固定资产投资(2015 年)

# Investment in Fixed Assets by Sources of Funds and by City and County(2015)

单位:万元 (10 000 yuan)

| 地 区 | Region | 本年资金来源小计 Total Funds This Year | 国家预算内资金 State Budget | 国内贷款 Domestic Loans | 利用外资 Foreign Investment | 自筹资金 Self-raising Funds | 其他资金来源 Others |
|---|---|---|---|---|---|---|---|
| **全区总计** | **Total** | **30257983** | **3088988** | **7212089** | **2915** | **16407463** | **3546528** |
| **银川市** | **Yinchuan** | **13578472** | **789810** | **3384610** | **2915** | **6947731** | **2453406** |
| 银川市 | District | 6691765 | 559025 | 986849 | 2915 | 3031065 | 2111911 |
| 兴庆区 | Xingqing | 3172411 | 344555 | 448885 | | 1178628 | 1200343 |
| 西夏区 | Xixia | 962232 | 50282 | 211348 | 2915 | 581114 | 116573 |
| 金凤区 | Jinfeng | 2557122 | 164188 | 326616 | | 1271323 | 794995 |
| 永宁县 | Yongning | 698545 | 3647 | 157452 | | 516155 | 21291 |
| 贺兰县 | Helan | 1544627 | 135763 | 37823 | | 1218276 | 152765 |
| 灵武市 | Lingwu | 4643535 | 91375 | 2202486 | | 2182235 | 167439 |
| **石嘴山市** | **Shizuishan** | **3079840** | **315338** | **312796** | | **2227873** | **223833** |
| 石嘴山市 | District | 2360432 | 281770 | 129391 | | 1758779 | 190492 |
| 大武口区 | Dawukou | 940887 | 199459 | 36760 | | 545966 | 158702 |
| 惠农区 | Huinong | 1419545 | 82311 | 92631 | | 1212813 | 31790 |
| 平罗县 | Pingluo | 719408 | 33568 | 183405 | | 469094 | 33341 |
| **吴忠市** | **Wuzhong** | **5522634** | **587326** | **1668458** | | **2994764** | **272086** |
| 利通区 | Litong | 2314673 | 227988 | 811534 | | 1086228 | 188923 |
| 红寺堡区 | Hongsipu | 643131 | 168998 | 183750 | | 288223 | 2160 |
| 盐池县 | Yanchi | 1118759 | 58636 | 152939 | | 887881 | 19303 |
| 同心县 | Tongxin | 763347 | 53323 | 440016 | | 236472 | 33536 |
| 青铜峡市 | Qingtongxia | 682724 | 78381 | 80219 | | 495960 | 28164 |
| **固原市** | **Guyuan** | **2761153** | **505145** | **524285** | | **1472628** | **259095** |
| 原州区 | Yuanzhou | 1219211 | 150250 | 170754 | | 682753 | 215454 |
| 西吉县 | Xiji | 299597 | 80698 | 97377 | | 97734 | 23788 |
| 隆德县 | Longde | 476427 | 76855 | 71798 | | 327092 | 682 |
| 泾源县 | Jingyuan | 298082 | 52186 | 26470 | | 202530 | 16896 |
| 彭阳县 | Pengyang | 467836 | 145156 | 157886 | | 162519 | 2275 |
| **中卫市** | **Zhongwei** | **3235971** | **472617** | **757846** | | **1691334** | **314174** |
| 沙坡头区 | Shapotou | 1344075 | 58182 | 528114 | | 554830 | 202949 |
| 中宁县 | Zhongning | 1301933 | 54801 | 214905 | | 928758 | 103469 |
| 海原县 | Haiyuan | 589963 | 359634 | 14827 | | 207746 | 7756 |
| **不分地区** | **Not Classified by Region** | **2079913** | **418752** | **564094** | | **1073133** | **23934** |

# 6－13 各市县按构成划分的固定资产投资(2015年)

## Investment in Fixed Assets by Composition of Fund and by City and County(2015)

单位:万元 (10 000 yuan)

| 地 区 | Region | 投资总计 Total Investment | 按构成划分 By Composition of Funds 建筑工程 Construction | 安装工程 Installation | 设备工器具购置 Purchase of Equipment and Instruments | 其他费用 Others |
|---|---|---|---|---|---|---|
| **全区总计** | **Total** | **34539030** | **21168403** | **3818227** | **7453288** | **2099112** |
| **银川市** | **Yinchuan** | **15018615** | **9379695** | **1442634** | **2879767** | **1316519** |
| 银川市 | District | 6491283 | 4998782 | 597013 | 321617 | 573871 |
| 兴庆区 | Xingqing | 2246997 | 1777438 | 200745 | 106752 | 162062 |
| 西夏区 | Xixia | 1223107 | 845999 | 117428 | 177616 | 82064 |
| 金凤区 | Jinfeng | 3021179 | 2375345 | 278840 | 37249 | 329745 |
| 永宁县 | Yongning | 1991453 | 1641986 | 63581 | 197744 | 88142 |
| 贺兰县 | Helan | 1656516 | 1197742 | 74638 | 350384 | 33752 |
| 灵武市 | Lingwu | 4879363 | 1541185 | 707402 | 2010022 | 620754 |
| **石嘴山市** | **Shizuishan** | **4278612** | **3001416** | **442599** | **746389** | **88208** |
| 石嘴山市 | District | 6070 | 6070 | | | |
| 大武口区 | Dawukou | 1004384 | 681867 | 61617 | 216123 | 44777 |
| 惠农区 | Huinong | 1737219 | 1382891 | 119815 | 232399 | 2114 |
| 平罗县 | Pingluo | 1537009 | 936658 | 261167 | 297867 | 41317 |
| **吴忠市** | **Wuzhong** | **6530796** | **3335167** | **970974** | **2096271** | **128384** |
| 利通区 | Litong | 2433940 | 1312315 | 484354 | 600303 | 36968 |
| 红寺堡区 | Hongsipu | 652417 | 494844 | 32659 | 119419 | 5495 |
| 盐池县 | Yanchi | 1504123 | 657921 | 218847 | 610076 | 17279 |
| 同心县 | Tongxin | 876487 | 368479 | 124854 | 344136 | 39018 |
| 青铜峡市 | Qingtongxia | 1063829 | 501608 | 110260 | 422337 | 29624 |
| **固原市** | **Guyuan** | **3079617** | **2454083** | **255222** | **219910** | **150402** |
| 原州区 | Yuanzhou | 1360494 | 1006494 | 212346 | 91022 | 50632 |
| 西吉县 | Xiji | 414604 | 339121 | 4594 | 6324 | 64565 |
| 隆德县 | Longde | 460987 | 389490 | 4748 | 64205 | 2544 |
| 泾源县 | Jingyuan | 320066 | 279431 | 11502 | 7956 | 21177 |
| 彭阳县 | Pengyang | 523466 | 439547 | 22032 | 50403 | 11484 |
| **中卫市** | **Zhongwei** | **3368234** | **1655133** | **369778** | **1159928** | **183395** |
| 沙坡头区 | Shapotou | 1477817 | 654194 | 161857 | 550638 | 111128 |
| 中宁县 | Zhongning | 1253900 | 608661 | 182411 | 413120 | 49708 |
| 海原县 | Haiyuan | 636517 | 392278 | 25510 | 196170 | 22559 |
| **不分地区** | **Not Classified by Region** | **2263156** | **1342909** | **337020** | **351023** | **232204** |

# 6-14 各市县分行业固定资产投资(2015年)

## Investment in Fixed Assets by Sector and by City and County(2015)

单位:万元 (10 000 yuan)

| 地区 | Region | 投资总计 Total Investment | 按国民经济行业分 By Sector | | | | | |
|---|---|---|---|---|---|---|---|---|
| | | | 农林牧渔业 Agriculture, Forestry, Animal Husbandry and Fishery | 采矿业 Mining | 制造业 Manufacturing | 电力、燃气及水的生产和供应业 Production and Supply of Electricity, Gas and Water | 建筑业 Construction | 交通运输、仓储和邮政业 Transport, Storage and Post |
| **全区总计** | **Total** | **34539030** | **1476048** | **1209457** | **8246774** | **7025875** | **140822** | **329667** |
| **银川市** | **Yinchuan** | **15018615** | **376887** | **162138** | **3747589** | **2097732** | **51833** | **81155** |
| 银川市 | District | 6491283 | 61809 | 46276 | 449563 | 169352 | 23186 | 7620 |
| 兴庆区 | Xingqing | 2246997 | 7900 | 46276 | 29007 | 79814 | | 2950 |
| 西夏区 | Xixia | 1223107 | 44248 | | 346248 | 53951 | 13736 | 770 |
| 金凤区 | Jinfeng | 3021179 | 9661 | | 74308 | 35587 | 9450 | 3900 |
| 永宁县 | Yongning | 1991453 | 167701 | | 361682 | 36426 | | 25156 |
| 贺兰县 | Helan | 1656516 | 100111 | | 638459 | 165484 | 19759 | 47879 |
| 灵武市 | Lingwu | 4879363 | 47266 | 115862 | 2297885 | 1726470 | 8888 | 500 |
| **石嘴山市** | **Shizuishan** | **4278612** | **332815** | **127999** | **1569516** | **774064** | **3026** | **66118** |
| 石嘴山市 | District | 2741603 | 224271 | 116890 | 911089 | 363154 | 3026 | 62015 |
| 大武口区 | Dawukou | 1004384 | 27287 | 8260 | 276588 | 56755 | 3026 | 2000 |
| 惠农区 | Huinong | 1737219 | 196984 | 108630 | 634501 | 306399 | | 60015 |
| 平罗县 | Pingluo | 1537009 | 108544 | 11109 | 658427 | 410910 | | 4103 |
| **吴忠市** | **Wuzhong** | **6530796** | **481879** | **448030** | **1430484** | **2400948** | **54491** | **61886** |
| 利通区 | Litong | 2433940 | 96539 | 363963 | 686589 | 578143 | 18683 | 34173 |
| 红寺堡区 | Hongsipu | 652417 | 193175 | | 72558 | 129955 | 17746 | 5000 |
| 盐池县 | Yanchi | 1504123 | 38774 | 54237 | 214697 | 877526 | 13262 | 7634 |
| 同心县 | Tongxin | 876487 | 48444 | 5420 | 25564 | 626869 | | 15079 |
| 青铜峡市 | Qingtongxia | 1063829 | 104947 | 24410 | 431076 | 188455 | 4800 | |
| **固原市** | **Guyuan** | **3079617** | **178213** | **288859** | **236431** | **266689** | **30614** | **84369** |
| 原州区 | Yuanzhou | 1360494 | 29347 | 164400 | 82890 | 203969 | | 43711 |
| 西吉县 | Xiji | 414604 | 63974 | | 21004 | 20699 | | 16636 |
| 隆德县 | Longde | 460987 | 3837 | | 105850 | 17531 | 25629 | 16209 |
| 泾源县 | Jingyuan | 320066 | 22876 | | 7000 | 10786 | | 7813 |
| 彭阳县 | Pengyang | 523466 | 58179 | 124459 | 19687 | 13704 | 4985 | |
| **中卫市** | **Zhongwei** | **3368234** | **83227** | **2056** | **775035** | **1217780** | **858** | **36139** |
| 沙坡头区 | Shapotou | 1477817 | 25231 | | 149842 | 692090 | | |
| 中宁县 | Zhongning | 1253900 | 38771 | 2056 | 608896 | 215435 | 858 | 14946 |
| 海原县 | Haiyuan | 636517 | 19225 | | 16297 | 310255 | | 21193 |
| **不分地区** | **Not Classified by Region** | **2263156** | **23027** | **180375** | **487719** | **268662** | | |

# 6-14 续表1 continued

单位:万元 (10 000 yuan)

| 地 区 | Region | 批发和零售业 Wholesale and Retail Trades | 住宿和餐饮业 Hotels and Catering Services | 信息传输、软件和信息技术服务业 Information Transmission, Software and IT Services | 金融业 Financial Intermedi-ation | 房地产业 Real Estate | 租赁和商务服务业 Leasing and Business Services | 科学研究和技术服务业 Scientific Research and Technical Services |
|---|---|---|---|---|---|---|---|---|
| **全区总计** | **Total** | **2668199** | **160181** | **514112** | **59286** | **8227185** | **232551** | **107133** |
| **银 川 市** | **Yinchuan** | **966735** | **90570** | **193395** | **53900** | **5325879** | **92637** | **72329** |
| 银 川 市 | District | 536144 | 62450 | 190895 | 53900 | 4107533 | 83217 | 46670 |
| 兴 庆 区 | Xingqing | 348665 | | 58806 | | 1336297 | 10254 | |
| 西 夏 区 | Xixia | 156572 | | 23951 | | 480500 | | |
| 金 凤 区 | Jinfeng | 30907 | 62450 | 108138 | 53900 | 2290736 | 72963 | 46670 |
| 永 宁 县 | Yongning | 216158 | 10706 | 1000 | | 477389 | 9420 | |
| 贺 兰 县 | Helan | 79507 | 17414 | 1500 | | 388975 | | 18000 |
| 灵 武 市 | Lingwu | 134926 | | | | 351982 | | 7659 |
| **石嘴山市** | **Shizuishan** | **154020** | **12472** | **11020** | | **599084** | **50787** | **16679** |
| 石嘴山市 | District | 147677 | 9500 | 11020 | | 397213 | 2000 | 8213 |
| 大武口区 | Dawukou | 66359 | 3010 | 11020 | | 311590 | 2000 | 6321 |
| 惠 农 区 | Huinong | 81318 | 6490 | | | 85623 | | 1892 |
| 平 罗 县 | Pingluo | 6343 | 2972 | | | 201871 | 48787 | 8466 |
| **吴 忠 市** | **Wuzhong** | **276395** | **8914** | **11172** | | **703576** | **45442** | **11010** |
| 利 通 区 | Litong | 67142 | 6914 | | | 381100 | | 952 |
| 红寺堡区 | Hongsipu | 31200 | | | | 58906 | | 10058 |
| 盐 池 县 | Yanchi | 32050 | | 11172 | | 107226 | 45442 | |
| 同 心 县 | Tongxin | 57699 | | | | 39816 | | |
| 青铜峡市 | Qingtongxia | 88304 | 2000 | | | 116528 | | |
| **固 原 市** | **Guyuan** | **458397** | **25455** | **1230** | **5386** | **871429** | **42806** | **5115** |
| 原 州 区 | Yuanzhou | 61018 | 23920 | | 5386 | 524568 | | 1048 |
| 西 吉 县 | Xiji | 133050 | | | | 89823 | | |
| 隆 德 县 | Longde | 104884 | 760 | | | 52415 | 35600 | |
| 泾 源 县 | Jingyuan | 57380 | | 1230 | | 111112 | 6300 | 4067 |
| 彭 阳 县 | Pengyang | 102065 | 775 | | | 93511 | 906 | |
| **中 卫 市** | **Zhongwei** | **105834** | **22770** | **54386** | | **727217** | **879** | **2000** |
| 沙坡头区 | Shapotou | 36792 | 22770 | 54386 | | 327023 | | 1803 |
| 中 宁 县 | Zhongning | 46101 | | | | 241802 | 879 | 197 |
| 海 原 县 | Haiyuan | 22941 | | | | 158392 | | |
| **不分地区** | **Not Classified by Region** | **706818** | | **242909** | | | | |

# 6－14 续表2 continued

单位:万元 (10 000 yuan)

| 地区 | Region | 水利、环境和公共设施管理业 Management of Water Conservancy, Environment and Public Facilities | 居民服务,修理和其他服务业 Services to Households, Repair and Other Services | 教育 Education | 卫生和社会工作 Health and Social Work | 文化、体育和娱乐业 Culture, Sports and Entertainment | 公共管理、社会保障和社会组织 Public Management, Social Securities and Organizations |
|---|---|---|---|---|---|---|---|
| **全区总计** | **Total** | **2696798** | **70386** | **530296** | **288793** | **207227** | **348240** |
| **银川市** | **Yinchuan** | **1137497** | **13342** | **214931** | **58602** | **86426** | **195038** |
| 银川市 | District | 327579 | 2395 | 161371 | 32785 | 28583 | 99955 |
| 兴庆区 | Xingqing | 120097 | 895 | 108007 | 14671 | 8877 | 74481 |
| 西夏区 | Xixia | 43197 | | 39470 | 2300 | 1076 | 17088 |
| 金凤区 | Jinfeng | 164285 | 1500 | 13894 | 15814 | 18630 | 8386 |
| 永宁县 | Yongning | 599239 | 2934 | 14407 | 14439 | | 54796 |
| 贺兰县 | Helan | 68319 | 8013 | 28409 | 7027 | 57843 | 9817 |
| 灵武市 | Lingwu | 142360 | | 10744 | 4351 | | 30470 |
| **石嘴山市** | **Shizuishan** | **315433** | **4622** | **97258** | **55325** | **54184** | **34190** |
| 石嘴山市 | District | 263673 | 1406 | 86185 | 48630 | 54184 | 31457 |
| 大武口区 | Dawukou | 108295 | | 55460 | 17992 | 22225 | 26196 |
| 惠农区 | Huinong | 155378 | 1406 | 30725 | 30638 | 31959 | 5261 |
| 平罗县 | Pingluo | 51760 | 3216 | 11073 | 6695 | | 2733 |
| **吴忠市** | **Wuzhong** | **335956** | **1500** | **61696** | **76217** | **34273** | **86927** |
| 利通区 | Litong | 104850 | | 4861 | 61845 | 22973 | 5213 |
| 红寺堡区 | Hongsipu | 54587 | 1500 | 14780 | 8072 | 600 | 54280 |
| 盐池县 | Yanchi | 71274 | | 17315 | 3514 | 10000 | |
| 同心县 | Tongxin | 37490 | | 17020 | 286 | 700 | 2100 |
| 青铜峡市 | Qingtongxia | 67755 | | 7720 | 2500 | | 25334 |
| **固原市** | **Guyuan** | **409985** | **2900** | **75944** | **52782** | **26377** | **16636** |
| 原州区 | Yuanzhou | 133861 | | 26238 | 39246 | 13782 | 7110 |
| 西吉县 | Xiji | 51524 | 2900 | 4276 | 4362 | 2100 | 4256 |
| 隆德县 | Longde | 70819 | | 17458 | 3003 | 5114 | 1878 |
| 泾源县 | Jingyuan | 75120 | | 8891 | 2110 | 5381 | |
| 彭阳县 | Pengyang | 78661 | | 19081 | 4061 | | 3392 |
| **中卫市** | **Zhongwei** | **219714** | **4914** | **80467** | **14942** | **5967** | **14049** |
| 沙坡头区 | Shapotou | 106965 | 4809 | 56106 | | | |
| 中宁县 | Zhongning | 56752 | | 11385 | 7340 | 5882 | 2600 |
| 海原县 | Haiyuan | 55997 | 105 | 12976 | 7602 | 85 | 11449 |
| **不分地区** | **Not Classified by Region** | **278213** | **43108** | | **30925** | | **1400** |

# 6-15 各市县房地产开发企业(单位)土地开发及购置(2015年)

## Land Development and Purchase of Enterprises for Real Estate Development by City and County(2015)

| 地区 | Region | 土地购置费用(万元) Total Cost of Land Purchased (10 000 yuan) | 本年土地购置面积(万平方米) Land Space Purchased This Year (10 000 sq. m) | 本年土地成交价款(万元) Land Transaction Price This Year (10 000 yuan) |
|---|---|---|---|---|
| **全区总计** | **Total** | **545839** | **2305101** | **256985** |
| **银川市** | **Yinchuan** | **444212** | **1064967** | **156787** |
| 银川市 | District | 401052 | 846465 | 137287 |
| 兴庆区 | Xingqing | 117844 | 605791 | 86201 |
| 西夏区 | Xixia | 27310 | | |
| 金凤区 | Jinfeng | 255898 | 240674 | 51086 |
| 永宁县 | Yongning | 14037 | 72263 | 11932 |
| 贺兰县 | Helan | 6524 | 49332 | 3245 |
| 灵武市 | Lingwu | 22599 | 96907 | 4323 |
| **石嘴山市** | **Shizuishan** | **20425** | **294608** | **21428** |
| 石嘴山市 | District | 19059 | 183995 | 15987 |
| 大武口区 | Dawukou | 19059 | 183995 | 15987 |
| 惠农区 | Huinong | | | |
| 平罗县 | Pingluo | 1366 | 110613 | 5441 |
| **吴忠市** | **Wuzhong** | **25530** | **280085** | **28177** |
| 利通区 | Litong | 21016 | 239414 | 26747 |
| 红寺堡区 | Hongsipu | 2551 | | |
| 盐池县 | Yanchi | | | |
| 同心县 | Tongxin | 1963 | 40671 | 1430 |
| 青铜峡市 | Qingtongxia | | | |
| **固原市** | **Guyuan** | **19168** | **280799** | **15006** |
| 原州区 | Yuanzhou | 6480 | 211533 | 6078 |
| 西吉县 | Xiji | 4544 | 39864 | 7128 |
| 隆德县 | Longde | | | |
| 泾源县 | Jingyuan | 3827 | 29402 | 1800 |
| 彭阳县 | Pengyang | 4317 | | |
| **中卫市** | **Zhongwei** | **36504** | **384642** | **35587** |
| 沙坡头区 | Shapotou | 18727 | 384642 | 35587 |
| 中宁县 | Zhongning | 15038 | | |
| 海原县 | Haiyuan | 2739 | | |

# 6-16 各市县房地产开发企业(单位)投资完成情况(2015年)

## Investment Actually Completed by Enterprises for Real Estate Development by City and County(2015)

单位:万元 (10 000 yuan)

| 地 区 | Region | 本年完成投资额 Investment Completed This Year | 住宅 Residential Buildings | 办公楼 Office Buildings | 商业营业用房 Houses for Business Use | 其他 Others |
|---|---|---|---|---|---|---|
| **全区总计** | **Total** | **6336378** | **3966814** | **342939** | **1295215** | **731410** |
| **银川市** | **Yinchuan** | **4091711** | **2541048** | **258112** | **699485** | **593066** |
| 银川市 | District | 3359346 | 2122131 | 206975 | 510135 | 520105 |
| 兴庆区 | Xingqing | 939388 | 583308 | 62096 | 166499 | 127485 |
| 西夏区 | Xixia | 296953 | 189375 | 1320 | 79795 | 26463 |
| 金凤区 | Jinfeng | 2123005 | 1349448 | 143559 | 263841 | 366157 |
| 永宁县 | Yongning | 192171 | 95976 | | 48960 | 47235 |
| 贺兰县 | Helan | 379645 | 270194 | 47716 | 47235 | 14500 |
| 灵武市 | Lingwu | 160549 | 52747 | 3421 | 93155 | 11226 |
| **石嘴山市** | **Shizuishan** | **537376** | **347217** | **16336** | **142298** | **31525** |
| 石嘴山市 | District | 397213 | 268166 | 15187 | 82519 | 31341 |
| 大武口区 | Dawukou | 311590 | 199653 | 15187 | 69260 | 27490 |
| 惠农区 | Huinong | 85623 | 68513 | | 13259 | 3851 |
| 平罗县 | Pingluo | 140163 | 79051 | 1149 | 59779 | 184 |
| **吴忠市** | **Wuzhong** | **447868** | **271474** | **8863** | **131332** | **36199** |
| 利通区 | Litong | 259827 | 165475 | 6435 | 65118 | 22799 |
| 红寺堡区 | Hongsipu | 56839 | 22122 | 2278 | 25517 | 6922 |
| 盐池县 | Yanchi | 50546 | 27061 | 150 | 20205 | 3130 |
| 同心县 | Tongxin | 35514 | 19521 | | 13173 | 2820 |
| 青铜峡市 | Qingtongxia | 45142 | 37295 | | 7319 | 528 |
| **固原市** | **Guyuan** | **682988** | **397214** | **20223** | **231333** | **34218** |
| 原州区 | Yuanzhou | 513223 | 300758 | 19158 | 176325 | 16982 |
| 西吉县 | Xiji | 38834 | 26578 | 15 | 10180 | 2061 |
| 隆德县 | Longde | 28855 | 19066 | 350 | 8909 | 530 |
| 泾源县 | Jingyuan | 73284 | 40577 | | 30592 | 2115 |
| 彭阳县 | Pengyang | 28792 | 10235 | 700 | 5327 | 12530 |
| **中卫市** | **Zhongwei** | **576435** | **409861** | **39405** | **90767** | **36402** |
| 沙坡头区 | Shapotou | 327023 | 267095 | 353 | 35114 | 24461 |
| 中宁县 | Zhongning | 190284 | 101811 | 39000 | 39551 | 9922 |
| 海原县 | Haiyuan | 59128 | 40955 | 52 | 16102 | 2019 |

# 6－17　各市县房地产开发经营情况(2015年)

# Operating Statistics for Real Estate Development by City and County(2015)

单位:万元　　　　　　　　　　　　　　　　　　　　　　　　　(10 000 yuan)

| 地　区 | Region | 经营总收入 Total Revenue | 土地转让收入 Land Transferred | 商品房屋销售收入 Commercialized Buildings Sold | 商品房出租收入 Commercialized Buildings Leased | 其他收入 Others | 经营税金及附加 Operating Tax and Extra Charges | 利润总额 Total Profits |
|---|---|---|---|---|---|---|---|---|
| **全区总计** | **Total** | **2918670** | **51944** | **2793620** | **35136** | **37971** | **204873** | **36846** |
| **银川市** | **Yinchuan** | **2050520** | **51935** | **1948109** | **31971** | **18506** | **142539** | **42202** |
| 银川市 | District | 1793891 | 10999 | 1734331 | 30076 | 18485 | 124105 | 66654 |
| 兴庆区 | Xingqing | 756530 | | 729649 | 23537 | 3344 | 56742 | 35249 |
| 西夏区 | Xixia | 253049 | | 249519 | 2693 | 837 | 15821 | 7477 |
| 金凤区 | Jinfeng | 784312 | 10999 | 755162 | 3846 | 14304 | 51542 | 23928 |
| 永宁县 | Yongning | 78560 | 26220 | 51573 | 767 | | 5312 | －15253 |
| 贺兰县 | Helan | 133570 | | 132440 | 1127 | 3 | 9843 | －10139 |
| 灵武市 | Lingwu | 44500 | 14716 | 29766 | | 18 | 3279 | 940 |
| **石嘴山市** | **Shizuishan** | **256139** | | **255127** | **442** | **571** | **16468** | **－12810** |
| 石嘴山市 | District | 185647 | | 184669 | 407 | 571 | 12549 | －8962 |
| 大武口区 | Dawukou | 135905 | | 134957 | 378 | 571 | 8287 | －9885 |
| 惠农区 | Huinong | 49742 | | 49713 | 29 | | 4263 | 923 |
| 平罗县 | Pingluo | 70492 | | 70458 | 35 | | 3919 | －3848 |
| **吴忠市** | **Wuzhong** | **276684** | | **274653** | **1314** | **718** | **19707** | **－4144** |
| 利通区 | Litong | 157222 | | 156060 | 996 | 166 | 9861 | －3541 |
| 红寺堡区 | Hongsipu | 9792 | | 9792 | | | 665 | －140 |
| 盐池县 | Yanchi | 45734 | | 45656 | 59 | 20 | 5591 | 1768 |
| 同心县 | Tongxin | 11757 | | 11594 | 163 | | 490 | －983 |
| 青铜峡市 | Qingtongxia | 52180 | | 51551 | 96 | 532 | 3100 | －1248 |
| **固原市** | **Guyuan** | **142409** | **9** | **142212** | **63** | **125** | **10459** | **－675** |
| 原州区 | Yuanzhou | 88170 | 9 | 87990 | 49 | 122 | 6835 | 507 |
| 西吉县 | Xiji | 28724 | | 28722 | 2 | | 1668 | －201 |
| 隆德县 | Longde | 10521 | | 10507 | 12 | 1 | 882 | －956 |
| 泾源县 | Jingyuan | 14359 | | 14357 | | 2 | 822 | －95 |
| 彭阳县 | Pengyang | 635 | | 635 | | | 252 | 70 |
| **中卫市** | **Zhongwei** | **192918** | | **173520** | **1347** | **18051** | **15700** | **12273** |
| 沙坡头区 | Shapotou | 94539 | | 75187 | 1343 | 18009 | 7820 | 11389 |
| 中宁县 | Zhongning | 97420 | | 97378 | | 42 | 7785 | 1589 |
| 海原县 | Haiyuan | 958 | | 954 | 4 | | 96 | －705 |

# 6-18 各市县商品房屋销售情况(2015年)

## Sale of Commercialized Buildings by City and County(2015)

| 地 区 | Region | 商品房屋销售面积(平方米) Floor Space of Commercialized Buildings Sold (sq. m) | 住 宅 Residential Buildings | 商品房屋销售额(万元) Total Sales of Commercialized Buildings (10 000 yuan) | 住 宅 Residential Buildings |
|---|---|---|---|---|---|
| **全区总计** | **Total** | **8391617** | **7081180** | **3702955** | **2839806** |
| **银 川 市** | **Yinchuan** | **5298060** | **4544622** | **2620883** | **2044208** |
| 银 川 市 | District | 3932981 | 3392924 | 2092255 | 1625070 |
| 兴 庆 区 | Xingqing | 1112442 | 865583 | 733659 | 505611 |
| 西 夏 区 | Xixia | 441153 | 417441 | 198392 | 178872 |
| 金 凤 区 | Jinfeng | 2379386 | 2109900 | 1160204 | 940587 |
| 永 宁 县 | Yongning | 423034 | 397442 | 148084 | 133668 |
| 贺 兰 县 | Helan | 661700 | 619656 | 263641 | 238447 |
| 灵 武 市 | Lingwu | 280345 | 134600 | 116903 | 47023 |
| **石嘴山市** | **Shizuishan** | **629032** | **502182** | **211517** | **139021** |
| 石嘴山市 | District | 273806 | 211589 | 95239 | 58799 |
| 大武口区 | Dawukou | 155906 | 144938 | 46858 | 41630 |
| 惠 农 区 | Huinong | 117900 | 66651 | 48381 | 17169 |
| 平 罗 县 | Pingluo | 355226 | 290593 | 116278 | 80222 |
| **吴 忠 市** | **Wuzhong** | **965467** | **807952** | **342969** | **258819** |
| 利 通 区 | Litong | 468069 | 378104 | 179195 | 136128 |
| 红寺堡区 | Hongsipu | 39336 | 37996 | 11724 | 10650 |
| 盐 池 县 | Yanchi | 123670 | 104325 | 42501 | 32258 |
| 同 心 县 | Tongxin | 108476 | 86525 | 39050 | 25254 |
| 青铜峡市 | Qingtongxia | 225916 | 201002 | 70499 | 54529 |
| **固 原 市** | **Guyuan** | **724268** | **548085** | **239863** | **161612** |
| 原 州 区 | Yuanzhou | 446495 | 320920 | 156728 | 96547 |
| 西 吉 县 | Xiji | 51801 | 25162 | 16487 | 8043 |
| 隆 德 县 | Longde | 120837 | 120337 | 36314 | 35934 |
| 泾 源 县 | Jingyuan | 94178 | 74338 | 25792 | 18791 |
| 彭 阳 县 | Pengyang | 10957 | 7328 | 4542 | 2297 |
| **中 卫 市** | **Zhongwei** | **774790** | **678339** | **287723** | **236146** |
| 沙坡头区 | Shapotou | 408453 | 350443 | 163580 | 130162 |
| 中 宁 县 | Zhongning | 301468 | 276086 | 104207 | 91433 |
| 海 原 县 | Haiyuan | 64869 | 51810 | 19936 | 14551 |

# 主要统计指标解释

［全社会固定资产投资］ 固定资产投资额是以货币表现的在一定时期内建造和购置固定资产的工作量以及与此有关的费用的总称，它是反映固定资产投资规模、结构、和发展速度的综合性指标。

全社会固定资产投资包括固定资产投资和农户投资。其中，固定资产投资统计范围为城乡计划总投资500万元及以上项目投资（包括基本建设投资、更新改造投资、其他投资）、房地产投资。

［施工项目］ 是指报告期内进行过建筑或安装施工活动的项目。凡是报告期内施过工的建设项目，不论施工时间长短，均作为施工项目统计。施工项目个数可以反映一定时期固定资产投资实际规模，与同期建成投产的建设项目个数相比，可以从建设速度的角度反映固定资产投资的效果。施工项目按建设阶段分为：本年正式施工项目、本年收尾项目和以前年度全部停缓建项目。

［建成投产项目］ 是指报告期内按设计文件规定建成主体工程和相应配套的辅助设施，形成生产能力或工程效益，经过验收合格，并且已正式投入生产或交付使用的建设项目。建成投产项目个数是反映报告期建设成果和考核投资效果的重要依据。建成投产项目分为全部建成投入生产项目和部分建成投入生产项目。

［房屋施工面积］ 是指报告期内施工的全部房屋建筑面积。包括本期新开工的面积和上期开工跨入本期继续施工的房屋面积，以及上期已停建在本期恢复施工的房屋面积。本期竣工和本期施工后又停续建的房屋，其建筑面积仍计入本期房屋施工面积中。

［房屋竣工面积］ 是指在报告期内房屋建筑按照设计要求已全部完工。达到住人和使用条件，经验收鉴定合格（或达到竣工验收标准），正式移交给使用单位的各栋房屋建筑面积的总和。

［新增固定资产］ 新增固定资产（又称交付使用的固定资产），是指已经完成建造和购置过程，并已交付生产或使用单位的固定资产价值。新增固定资产是反映固定资产投资活动成果的价值量指标，只有已经完成建造和购置过程，并正式移交生产、使用单位的固定资产才能计算新增固定资产。没有安装的需要安装的设备、正在施工的建设工程等都不能计算新增固定资产。

［房地产开发投资］ 指各种登记注册类型的房地产开发公司在一定时期内用于房屋建造、土地开发以及配套服务设施的投资，是全社会固定资产投资的重要组成部分。

［本年资金来源］ 指固定资产投资单位在报告期内收到的，用于固定资产投资的各种货币资金。包括国家预算内资金、国内贷款、债券、利用外资、自筹资金和其他资金。

# 第七篇 能源

# Chapter7 Energy

**责任编辑**：马宏德

**资料整理**：马宏德　王增沈　王伟　马春艳　舍媛　杨则南

**Coordinator**: Ma Hongde

**Data Compilation**: Ma Hongde　Wang Zengshen　Wangwei　Ma Chunyan　SheYuan　Yang Zenan

# 7-1 主要年份一次能源生产量和构成

## Production of Primary Energy and Its Composition in Main Years

| 年份<br>Year | 一次能源生产量（万吨标准煤）<br>Primary Energy Production (10 000 tons of SCE) | | 占能源生产总量的比重(%)<br>As percentage of Primary Energy Production(%) | | | | | | | |
|---|---|---|---|---|---|---|---|---|---|---|
| | | | 原煤<br>Raw Coal | | 原油<br>Crude Oil | | 天然气<br>Natural Gas | | 水电、风电及光伏发电<br>Hydro-power, Wind Power and Photovoltaic | |
| 1958 | 86.4 | | 100.0 | | | | | | | |
| 1965 | 219.9 | | 100.0 | | | | | | | |
| 1970 | 348.3 | | 97.0 | | | | | | 3.0 | |
| 1975 | 580.4 | | 92.1 | | 1.3 | | | | 6.6 | |
| 1978 | 806.4 | | 88.5 | | 7.0 | | | | 4.5 | |
| 1980 | 810.8 | | 85.5 | | 10.0 | | | | 4.5 | |
| 1985 | 973.1 | | 89.6 | | 5.9 | | | | 4.5 | |
| 1990 | 1115.2 | | 92.4 | | 3.3 | | 0.1 | | 4.2 | |
| 1995 | 1132.1 | | 93.4 | | 4.9 | | 0.7 | | 1.0 | |
| 1996 | 1251.6 | | 92.2 | | 6.4 | | 0.6 | | 0.8 | |
| 1997 | 1319.0 | | 90.4 | | 8.7 | | 0.2 | | 0.7 | |
| 1998 | 1300.5 | | 86.9 | | 12.2 | | 0.1 | | 0.8 | |
| 1999 | 1221.4 | | 83.9 | | 15.0 | | 0.1 | | 1.0 | |
| 2000 | 1238.3 | (1261.3) | 83.0 | (81.5) | 16.0 | (15.7) | 0.2 | (0.2) | 0.8 | (2.6) |
| 2001 | 1311.9 | (1333.2) | 81.0 | (79.7) | 18.2 | (17.9) | 0.1 | (0.1) | 0.7 | (2.3) |
| 2002 | 1477.9 | (1499.8) | 80.0 | (78.8) | 19.1 | (18.8) | 0.3 | (0.3) | 0.6 | (2.1) |
| 2003 | 1762.8 | (1783.2) | 80.9 | (80.0) | 17.9 | (17.7) | 0.7 | (0.6) | 0.5 | (1.7) |
| 2004 | 1598.5 | (1621.7) | 98.9 | (97.5) | 0.4 | (0.4) | | | 0.7 | (2.1) |
| 2005 | 1756.8 | (1800.5) | 98.4 | (96.0) | 0.3 | (0.3) | | | 1.3 | (3.7) |
| 2006 | 2159.6 | (2205.3) | 98.6 | (96.5) | 0.3 | (0.4) | | | 1.1 | (3.1) |
| 2007 | 2573.7 | (2616.5) | 98.6 | (97.0) | 0.4 | (0.4) | | | 1.0 | (2.6) |
| 2008 | 2899.1 | (2947.0) | 98.5 | (96.9) | 0.5 | (0.5) | | | 1.0 | (2.6) |
| 2009 | 3731.1 | (3782.0) | 98.8 | (97.4) | 0.4 | (0.4) | | | 0.8 | (2.2) |
| 2010 | 4503.3 | (4564.1) | 98.9 | (97.6) | 0.3 | (0.3) | | | 0.8 | (2.1) |
| 2011 | 5339.2 | (5408.4) | 99.0 | (97.7) | 0.2 | (0.2) | | | 0.8 | (2.1) |
| 2012 | 5680.3 | (5803.1) | 98.3 | (96.3) | 0.3 | (0.2) | | | 1.4 | (3.5) |
| 2013 | 5839.9 | (6014.7) | 97.8 | (95.0) | 0.2 | (0.2) | | | 2.0 | (4.8) |
| 2014 | 5717.7 | (5926.7) | 97.3 | (93.9) | 0.2 | (0.2) | | | 2.5 | (5.9) |
| 2015 | 5371.6 | (5622.1) | 96.6 | (92.2) | 0.3 | (0.3) | | | 3.1 | (7.5) |

注：1.1995—2013 年电力折标系数采用当量热值折算，括号内为按照等价值折算。2004 年及以后不包括长庆油田宁夏分部数据。
2.2000 年以后的数据按照第三次经济普查数据进行了调整。

Notes: a) From 1995to 2013, the coefficient for conversion of electric power into SCE is calculated on the basis of the data on average coal consumption in generating electric power in the same year. Data in brackets were converted on the basis of equal caloric value. From 2004, data in this table excluding Changqing oil field in Ningxia.
b) Since2000, the data in this table has been adjusted in accordance with the third National Economic Census.

# 7-2 主要年份能源消费总量和构成
# Total Consumption of Energy and Its Composition in Main Years

| 年份 Year | 能源消费总量(万吨标准煤) Total Energy Consumption (10 000 tons of SCE) | | 占能源消费总量的比重(%) As Percentage of Total Energy Consumption | | | | | | | |
|---|---|---|---|---|---|---|---|---|---|---|
| | | | 煤 炭 Coal | | 石 油 Petroleum | | 天然气 Natural Gas | | 水电、风电及光伏发电 Hydro-power, Wind Power and Photovoltaic | |
| 1958 | | | | | | | | | | |
| 1970 | | | | | | | | | | |
| 1975 | | | | | | | | | | |
| 1978 | | | | | | | | | | |
| 1980 | 320.0 | | 73.4 | | 3.8 | | | | 22.8 | |
| 1985 | 420.4 | | 65.7 | | 7.6 | | 0.3 | | 26.4 | |
| 1990 | 707.3 | | 57.6 | | 9.2 | | 0.1 | | 33.1 | |
| 1995 | 775.2 | | 75.0 | | 10.2 | | 0.2 | | 14.6 | |
| 1996 | 808.8 | | 74.8 | | 9.7 | | 0.2 | | 15.3 | |
| 1997 | 814.0 | | 73.9 | | 10.5 | | 0.1 | | 15.5 | |
| 1998 | 816.9 | | 70.9 | | 12.8 | | 0.2 | | 16.1 | |
| 1999 | 823.1 | | 69.6 | | 13.0 | | 0.2 | | 17.2 | |
| 2000 | 1518.6 | (1541.6) | 89.0 | (87.3) | 6.7 | (6.5) | 3.4 | (3.4) | 0.9 | (2.8) |
| 2001 | 1578.8 | (1605.6) | 89.1 | (87.6) | 6.7 | (6.5) | 3.4 | (3.4) | 0.8 | (2.5) |
| 2002 | 1771.1 | (1801.7) | 89.2 | (87.8) | 6.6 | (6.4) | 3.5 | (3.5) | 0.7 | (2.3) |
| 2003 | 1986.5 | (2020.9) | 87.8 | (86.9) | 8.1 | (8.1) | 3.6 | (3.6) | 0.5 | (1.4) |
| 2004 | 2249.9 | (2288.8) | 87.3 | (86.2) | 8.6 | (8.4) | 3.6 | (3.9) | 0.5 | (1.5) |
| 2005 | 2470.4 | (2499.6) | 87.1 | (85.6) | 8.4 | (8.3) | 3.6 | (3.5) | 0.9 | (2.6) |
| 2006 | 2762.7 | (2789.1) | 87.5 | (86.0) | 7.9 | (7.8) | 3.8 | (3.7) | 0.8 | (2.5) |
| 2007 | 3014.7 | (3033.0) | 87.3 | (86.0) | 7.9 | (7.8) | 4.0 | (4.0) | 0.8 | (2.2) |
| 2008 | 3183.3 | (3182.8) | 86.6 | (85.1) | 7.9 | (7.9) | 4.6 | (4.6) | 0.9 | (2.4) |
| 2009 | 3307.2 | (3338.9) | 86.3 | (84.9) | 8.0 | (7.9) | 4.8 | (4.8) | 0.9 | (2.4) |
| 2010 | 3679.8 | (3628.1) | 87.0 | (85.2) | 7.1 | (7.1) | 4.9 | (5.0) | 1.0 | (2.7) |
| 2011 | 4719.9 | (4254.1) | 88.4 | (85.5) | 5.6 | (6.2) | 5.1 | (5.6) | 0.9 | (2.7) |
| 2012 | 4895.2 | (4496.7) | 86.4 | (82.4) | 6.5 | (7.1) | 5.5 | (6.0) | 1.6 | (4.5) |
| 2013 | 5186.8 | (4780.5) | 86.4 | (81.6) | 6.6 | (7.1) | 4.8 | (5.2) | 2.2 | (6.1) |
| 2014 | 5319.4 | (4946.1) | 87.7 | (82.5) | 5.6 | (6.0) | 4.1 | (4.4) | 2.6 | (7.1) |
| 2015 | 5681.0 | (5404.7) | 87.6 | (82.3) | 4.8 | (5.0) | 4.7 | (4.9) | 2.9 | (7.8) |

注： 1.1995—2013 年电力折标系数采用当量热值折算，括号内为按照等价值折算。2004 年及以后不包括长庆油田宁夏分部数据。
2.2000 年以后的数据按照第三次经济普查数据进行了调整。

Notes: a) From 1995 to 2013, the coefficient for conversion of electric power into SCE is calculated on the basis of the data on average coal consumption in generating electric power in the same year.
Data in brackets were converted on the basis of equal caloric value. From 2004, data in this table excluding.
b) Since2000, the data in this table has been adjusted in accordance with the third National Economic Census..

# 7-3 主要年份每亿元工业总产值能源、电力消费量

## Energy and Electricity Consumption per 100 Million Yuan of Gross Industrial Output Value in Main Years

| 年份<br>Year | 能源消费量(万吨标准煤)<br>Energy Consumption(10 000 tons of SEC) | | | 电力消费量(万千瓦小时)<br>Electricity Consumption(10 000 kwh) | | |
|---|---|---|---|---|---|---|
| | 工业<br>Industry | 重工业<br>Heavy Industry | 轻工业<br>Light Industry | 工业<br>Industry | 重工业<br>Heavy Industry | 轻工业<br>Light Industry |
| 1985 | 11.99 | 15.25 | 4.14 | 8935.00 | 11751.00 | 2154.00 |
| 1990 | 12.17 | 15.63 | 4.28 | 10858.00 | 14765.00 | 1945.00 |
| 1995 | 5.20 | 6.04 | 1.83 | 5992.00 | 7097.00 | 1541.00 |
| 2000 | 4.21 | 4.91 | 1.35 | 6201.00 | 7310.00 | 1598.00 |
| 2005 | 2.87 | 3.49 | 0.75 | 3294.43 | 4213.00 | 903.00 |
| 2006 | 2.52 | 2.91 | 0.68 | 3568.28 | 4130.00 | 844.00 |
| 2007 | 2.28 | 2.57 | 0.78 | 3391.89 | 3905.04 | 767.53 |
| 2008 | 1.81 | 2.02 | 0.67 | 2762.40 | 3128.36 | 791.49 |
| 2009 | 1.75 | 2.00 | 0.60 | 2776.10 | 3210.51 | 779.94 |
| 2010 | 1.63 | 1.89 | 0.48 | 2685.49 | 3120.51 | 701.97 |
| 2011 | 1.55 | 1.74 | 0.43 | 2427.21 | 2741.96 | 615.81 |
| 2012 | 1.35 | 1.51 | 0.38 | 2211.15 | 2483.52 | 557.29 |
| 2013 | 1.28 | 1.46 | 0.28 | 2028.40 | 2309.47 | 388.65 |
| 2014 | 1.24 | 1.45 | 0.22 | 1945.83 | 2277.03 | 333.52 |
| 2015 | 1.29 | 1.54 | 0.25 | 1994.78 | 2388.28 | 372.20 |

注： 1995—2000 年工业总产值按 1990 年不变价计算。2005 年及以后工业总产值按当年价格计算。

Note: From 1995 to 2000, industrial output value was calculated at 1990 constant prices, and from 2005at current prices .

# 7-4 主要年份单位能源、电力消费实现的工业总产值

## Gross Industrial Output Value per Unit of Energy and Electricity Consumption in Main Years

单位:元 (yuan)

| 年份<br>Year | 每吨标准煤能源消费实现的工业总产值<br>Gross Industrial Output Value of Energy Consumption per TCE | | | 每千瓦小时电力消费实现的工业总产值<br>Gross Industrial Output Value of Electricity Consumption per kwh | | |
|---|---|---|---|---|---|---|
| | 工业<br>Industry | 重工业<br>Heavy Industry | 轻工业<br>Light Industry | 工业<br>Industry | 重工业<br>Heavy Industry | 轻工业<br>Light Industry |
| 1985 | 834.00 | 656.00 | 2415.00 | 1.12 | 0.85 | 4.64 |
| 1990 | 821.67 | 639.77 | 2337.33 | 0.92 | 0.68 | 5.14 |
| 1995 | 1922.36 | 1655.68 | 5475.75 | 1.67 | 1.41 | 6.49 |
| 2000 | 2375.20 | 2035.24 | 7402.35 | 1.61 | 1.37 | 6.26 |
| 2005 | 3480.83 | 2865.33 | 13333.33 | 3.08 | 2.37 | 11.08 |
| 2006 | 3973.79 | 3438.93 | 14721.26 | 2.80 | 2.42 | 11.85 |
| 2007 | 4394.33 | 3894.33 | 12797.94 | 2.95 | 2.56 | 13.03 |
| 2008 | 5528.46 | 4948.63 | 14982.95 | 3.62 | 3.20 | 12.63 |
| 2009 | 5716.50 | 4999.93 | 16742.34 | 3.60 | 3.11 | 12.82 |
| 2010 | 6134.97 | 5291.01 | 20833.33 | 3.72 | 3.20 | 14.25 |
| 2011 | 6466.91 | 5744.88 | 23372.98 | 4.12 | 3.65 | 16.24 |
| 2012 | 7397.51 | 6615.85 | 26178.12 | 4.52 | 4.03 | 17.94 |
| 2013 | 7785.64 | 6871.22 | 36306.73 | 4.93 | 4.33 | 25.73 |
| 2014 | 8048.11 | 6884.12 | 45503.87 | 5.14 | 4.39 | 29.98 |
| 2015 | 7767.14 | 6497.53 | 39976.40 | 5.01 | 4.19 | 26.87 |

注： 1995—2000 年工业总产值按 1990 年不变价计算。2005 年及以后工业总产值按当年价格计算。

Note: From 1995 to 2000, industrial output value was calculated at 1990 constant prices, and from 2005at current prices.

# 7-5 规模以上工业企业能源购进、消费与库存情况(2015年)

| 能源名称 | Energy | 计量单位 | Unit |
|---|---|---|---|
| 原煤 | Coal | 吨 | ton |
| 无烟煤 | Anthracite | 吨 | ton |
| 炼焦烟煤 | Coking Bituminous Coal | 吨 | ton |
| 一般烟煤 | General Bituminous | 吨 | ton |
| 褐煤 | Lignite | 吨 | ton |
| 洗精煤 | Clean Coal | 吨 | ton |
| 其他洗煤 | Other Washing Coal | 吨 | ton |
| 煤制品 | Coal Products | 吨 | ton |
| 焦炭 | Coke | 吨 | ton |
| 其他焦化产品 | Other Coking Products | 吨 | ton |
| 焦炉煤气 | Coking Gas | 万立方米 | 10 000 cu. m |
| 高炉煤气 | Blast Furnace Gas | 万立方米 | 10 000 cu. m |
| 转炉煤气 | Converter Gas | 万立方米 | 10 000 cu. m |
| 发生炉煤气 | Producer Gas | 万立方米 | 10 000 cu. m |
| 天然气 | Natural Gas | 万立方米 | 10 000 cu. m |
| 液化天然气 | Liquefied Natural Gas | 吨 | ton |
| 煤层气(煤田) | Coal Bed Methane | 万立方米 | 10 000 cu. m |
| 原油 | Crude Oil | 吨 | ton |
| 汽油 | Gasoline | 吨 | ton |
| 煤油 | Kerosene | 吨 | ton |
| 柴油 | Diesel Oil | 吨 | ton |
| 燃料油 | Fuel Oil | 吨 | ton |
| 液化石油气 | Liquefied Petroleum Gas | 吨 | ton |
| 炼厂干气 | Net Gas of Plant | 吨 | ton |
| 石脑油 | Naphtha | 吨 | ton |
| 润滑油 | Lubricating Oil | 吨 | ton |
| 石蜡 | Paraffin | 吨 | ton |
| 溶剂油 | Solvent Oil | 吨 | ton |
| 石油焦 | Petroleum Coke | 吨 | ton |
| 石油沥青 | Petroleum Pitch | 吨 | ton |
| 其他石油制品 | Other Petroleum Products | 吨 | ton |
| 热力 | Heat | 百万千焦 | million kilo - joule |
| 电力 | Electricity | 万千瓦时 | 10 000 kwh |
| 煤矸石用于燃料 | Coal Gangue used as Fuel | 吨 | ton |
| 城市垃圾用于燃料 | municipal waste used as Fuel | 吨 | ton |
| 生物质废料用于燃料 | Biomass Waste used for Fuel | 吨 | ton |
| 余热余压 | Waste Heat and Excess Pressure | 百万千焦 | million kilo - joule |
| 其他燃料 | Other Feul | 吨标准煤 | tons of SCE |
| 能源合计 | Total Energy | 吨标准煤 | tons of SCE |

# Energy Purchase, Consumption and Inventory of Industrial Enterprises above Designated Size(2015)

| 年初库存量<br>Inventory at the Beginning of the Year | 购进实物量<br>Physical Quantity Purchased | 消费量 Consumption | | 年末库存量<br>Inventory at the Year End |
|---|---|---|---|---|
| | | 合　计<br>Total | 工业生产消费<br>Industry | |
| 7811831 | 90158533 | 98177540 | 97981862 | 5678085 |
| 514469 | 10867516 | 11170097 | 11168447 | 357738 |
| 547197 | 12983193 | 14712069 | 14711504 | 351054 |
| 6749453 | 66249070 | 72239966 | 72047101 | 4965277 |
| 713 | 58754 | 55409 | 54811 | 4015 |
| 405799 | 6400698 | 9314980 | 9314833 | 449836 |
| 214717 | 408599 | 413211 | 406954 | 232394 |
| 9 | 52 | 51 | 44 | 1 |
| 412429 | 4208562 | 4270085 | 4270020 | 387921 |
| 7010 | 40643 | 40879 | 40879 | 6775 |
| | | 163697 | 163697 | |
| | 19482 | 194569 | 194569 | |
| | | 1143 | 1143 | |
| | 21 | 21 | 21 | |
| 13 | 101326 | 99055 | 98271 | |
| | 891 | 891 | 790 | |
| | | | | |
| 82102 | 4917943 | 4771195 | 4771189 | 119725 |
| 156 | 6779 | 7036 | 3859 | 117 |
| 116 | 147 | 170 | 167 | 62 |
| 3376 | 67221 | 68276 | 64316 | 2883 |
| 15381 | 499754 | 507314 | 507314 | 9016 |
| 7345 | 159116 | 158629 | 158628 | 1259 |
| | | | | |
| 2874 | 420 | 3294 | 3294 | |
| 37 | 1826 | 1837 | 1779 | 31 |
| | | | | |
| | 1 | 1 | 1 | |
| 111596 | 438138 | 363924 | 363924 | 185810 |
| 553 | 7019 | 6840 | 6840 | 732 |
| 797 | 42356 | 155479 | 155412 | 730 |
| | 3614697 | 21869931 | 21484879 | |
| | 5949783 | 7618058 | 7553041 | |
| | 1655599 | 2167913 | 2167913 | |
| | | 368968 | 368968 | |
| | 963.28 | 963.28 | | |
| | | 3744201 | 3744201 | |
| 47285 | 67812 | 76988 | 76986 | 16378 |
| | | 99691826 | 99444608 | |

# 7-5 续表 1

| 能源名称 | Energy | 计量单位 | Unit | 加工转换投入合计 Input in Processing | 火力发电 Thermal Power |
|---|---|---|---|---|---|
| 原煤 | Raw Coal | 吨 | ton | 82358513 | 45825670 |
| 无烟煤 | Anthracite | 吨 | ton | 9256236 | |
| 炼焦烟煤 | Coking Bituminous Coal | 吨 | ton | 11790872 | |
| 一般烟煤 | General Bituminous | 吨 | ton | 61290805 | 45825670 |
| 褐煤 | Lignite | 吨 | ton | 20600 | |
| 洗精煤 | Clean Coal | 吨 | ton | 8409770 | |
| 其他洗煤 | Other Washing Coal | 吨 | ton | 240462 | |
| 煤制品 | Coal Products | 吨 | ton | | |
| 焦炭 | Coke | 吨 | ton | | |
| 其他焦化产品 | Other Coking Products | 吨 | ton | | |
| 焦炉煤气 | Coking Gas | 万立方米 | 10 000 cu. m | 18554 | 18554 |
| 高炉煤气 | Blast Furnace Gas | 万立方米 | 10 000 cu. m | 53589 | 53589 |
| 转炉煤气 | Converter Gas | 万立方米 | 10 000 cu. m | | |
| 发生炉煤气 | Producer Gas | 万立方米 | 10 000 cu. m | | |
| 天然气 | Natural Gas | 万立方米 | 10 000 cu. m | 29595 | |
| 液化天然气 | Liquefied Natural Gas | 吨 | ton | | |
| 煤层气(煤田) | Refinery Gas | 万立方米 | 10 000 cu. m | | |
| 原油 | Crude Oil | 吨 | ton | 4771189 | |
| 汽油 | Gasoline | 吨 | ton | | |
| 煤油 | Kerosene | 吨 | ton | | |
| 柴油 | Diesel Oil | 吨 | ton | 1317 | 1315 |
| 燃料油 | Fuel Oil | 吨 | ton | 506084 | 1682 |
| 液化石油气 | Liquefied Petroleum Gas | 吨 | ton | 152283 | |
| 炼厂干气 | Refinery Gas | 吨 | ton | | |
| 石脑油 | Naphtha | 吨 | ton | | |
| 润滑油 | Lubricating Oil | 吨 | ton | | |
| 石蜡 | Paraffin | 吨 | ton | | |
| 溶剂油 | Solvent Oil | 吨 | ton | | |
| 石油焦 | Petroleum coke | 吨 | ton | | |
| 石油沥青 | Petroleum pitch | 吨 | ton | | |
| 其他石油制品 | Other Petroleum Products | 吨 | ton | 153008 | |
| 热力 | Heat | 百万千焦 | million kilo - joule | | |
| 电力 | Electricity | 万千瓦时 | 10 000 kwh | | |
| 煤矸石用于燃料 | Coal Gangue used as Fuel | 吨 | ton | 1834783 | 1802376 |
| 城市垃圾用于燃料 | municipal waste used as Fuel | 吨 | ton | 368968 | 368968 |
| 生物质废料用于燃料 | Biomass Waste used for Fuel | 吨 | ton | | |
| 余热余压 | Waste Heat and Excess Pressure | 百万千焦 | million kilo - joule | 2731818 | 2731818 |
| 其他燃料 | Other Feul | 吨标准煤 | tons of SCE | | |
| 能源合计 | Total Energy | 吨标准煤 | tons of SCE | 71549370 | 29840275 |

continued

| 供 热<br>Heating Supply | 原煤入洗<br>Washing - dressing Coal | 炼 焦<br>Coking | 炼油及煤制油<br>Petroleum Refining | 天然气液化<br>Natural Gas Liquefying | 加工煤制品<br>Processed coal products | 能源加工转换产出<br>Output in Processing | 回收利用<br>Recycling |
|---|---|---|---|---|---|---|---|
| 4184471 | 27784955 | 2241312 | 2304135 | | 17970 | | |
| | 9238266 | | | | 17970 | | |
| | 9576560 | 2214312 | | | | | |
| 4184471 | 8970129 | 6400 | 2304135 | | | | |
| | | 20600 | | | | | |
| | | 8409770 | | | | 17551683 | |
| 78932 | | 161530 | | | | 6205437 | |
| | | | | | | 16140 | |
| | | | | | | 7565749 | |
| | | | | | | 493462 | |
| | | | | | | 170500 | |
| | | | | | | | 182250 |
| | | | | | | | 136 |
| | | | | | | | |
| 9240 | | | | 20355 | | | |
| | | | | | | 136619 | |
| | | | | | | | |
| | | | 4771189 | | | | |
| | | | | | | 2195340 | |
| | | | | | | 142231 | |
| 2 | | | | | | 2053074 | |
| 1 | | | 504401 | | | 256405 | |
| | | | 152283 | | | 357255 | |
| | | | | | | 35 | |
| | | | | | | 63971 | |
| | | | | | | | |
| | | | | | | | |
| | | | | | | 14997 | |
| | | | | | | | |
| | | | | | | | |
| | | | 153008 | | | 426201 | |
| | | | | | | 65082937 | |
| | | | | | | 9732494 | |
| 32407 | | | | | | 1015137 | |
| | | | | | | | |
| | | | | | | | |
| | | | | | | | 4065886 |
| | | | | | | | |
| 2695514 | 20240108 | 8892285 | 9605289 | 263321 | 12579 | 50016368 | 506758 |

# 7-6 主要能源品种按工业行业分组消费量(2015年)

| 指　标 | tem |
|---|---|
| 总　计 | **Total** |
| 采矿业 | **Mining** |
| 煤炭开采和洗选业 | Mining and Washing of Coal |
| 石油和天然气开采业 | Extraction of Petroleum and Natural Gas |
| 黑色金属矿采选业 | Mining and Processing of Ferrous Metal Ores |
| 有色金属矿采选业 | Mining and Processing of Non - ferrous Metal Ores |
| 非金属矿采选业 | Mining and Processing of Non - metal Ores |
| 开采辅活动 | Non - mining Activities |
| 其他采矿业 | Mining of Other Ores |
| 制造业 | **Manufacturing** |
| 农副食品加工业 | Processing of Food from Agricultural Products |
| 食品制造业 | Manufacture of Foods |
| 酒、饮料和精制茶制造业 | Manufacture of Wine, Beverages and Refined Tea |
| 烟草制造业 | Manufacture of Tobacco |
| 纺织业 | Manufacture of Textile |
| 纺织服装、服饰业 | Manufacture of Textile Wearing Apparel |
| 皮革、毛皮、羽毛及其制品和制鞋业 | Manufacture of Leather, Fur, Feather with Related Products and Footware |
| 木材加工及木、竹、藤、棕、草制品业 | Processing of Timber, Manufacture of Wood, Bamboo, Rattan, Palm and Straw Products |
| 家具制造业 | Manufacture of Furniture |
| 造纸及纸制品业 | Manufacture of Paper and Paper Products |
| 印刷和记录媒介复制业 | Printing, Reproduction of Recording Media |
| 文教、工美、体育和娱乐用品制造业 | Manufacture of Articles For Culture, Education , Sport and Recreation Activities |
| 石油加工、炼焦和核燃料加工业 | Processing of Petroleum, Coking and Nuclear Fuel |
| 化学原料和化学制品制造业 | Manufacture of Raw Chemical Materials and Chemical Products |
| 医药制造业 | Manufacture of Medicines |
| 化学纤维制造业 | Manufacture of Chemical Fibres |
| 橡胶和塑料制品业 | Manufacture of Rubber and Plastics |
| 非金属矿物制品业 | Manufacture of Non - metallic Mineral Products |
| 黑色金属冶炼和压延加工业 | Smelting and Pressing of Ferrous Metals |
| 有色金属冶炼和压延加工业 | Smelting and Pressing of Non - ferrous Metals |
| 金属制品业 | Manufacture of Metal Products |
| 通用设备制造业 | Manufacture of General Purpose Machinery |
| 专用设备制造业 | Manufacture of Special purpose Machinery |
| 汽车制造业 | Manufacture of Automotive |
| 铁路、船舶、航空航天和其他运输设备制造业 | Manufacture of Railways, Shipbuilding, Aerospace and Other Transportation Equipment |
| 电气机械和器材制造业 | Manufacture of Electrical Machinery and Equipment |
| 计算机、通信和其他电子设备制造业 | Manufacture of Computers, Communication Equipment and Other Electronic Equipment |
| 仪器仪表及文化、办公用机械制造业 | Manufacture of Measuring Instruments and Machinery for Cultural Activity and Office Work |
| 其他制造业 | Other Manufacturing |
| 废弃资源综合利用业 | Recycling and Disposal of Waste |
| 金属制品、机械和设备修理业 | Repairing of Metal products, Machinery and Equipment |
| 电力、燃气及水的生产和供应业 | **Electric Power, Gas and Water Production and Supply** |
| 电力、热力的生产和供应业 | Production and Supply of Electric Power and Heat Power |
| 燃气生产和供应业 | Production and Supply of Gas |
| 水的生产和供应业 | Production and Supply of Water |

# Major Consumption of Energy by Industries(2015)

| 综合能源消费量(吨标准煤) Comprehensive Energy Consumption (tons of SCE) | | 原 煤 (吨) | | | | |
|---|---|---|---|---|---|---|
| 当量值 Current Value | 等价值 Equivalent Value | Raw Coal (ton) | 无烟煤 Anthracite | 炼焦烟煤 Coking Bituminous Coal | 一般烟煤 General Bituminous | 褐 煤 Lignite |
| **49168700** | **45807423** | **98177540** | **11170097** | **14712069** | **72239966** | **55409** |
| **1399895** | **1678935** | **21562434** | **9170406** | **8531131** | **3860897** | |
| 1225765 | 1488569 | 21560670 | 9170256 | 8531131 | 3859283 | |
| 1666 | 2785 | 1232 | | | 1232 | |
| 166107 | 179686 | 150 | 150 | | | |
| | | | | | | |
| 6356 | 7905 | 382 | | | 382 | |
| | | | | | | |
| **30996652** | **41615849** | **32584886** | **1999691** | **6180938** | **24348848** | **55409** |
| 93418 | 144156 | 50768 | | 277 | 47752 | 2739 |
| 783907 | 862537 | 1128643 | 229 | | 1128414 | |
| 41406 | 52903 | 27831 | | | 27831 | |
| 3065 | 4084 | | | | | |
| 48247 | 99153 | 11411 | 444 | | 10966 | |
| 1184 | 1561 | 283 | 283 | | | |
| 2342 | 2915 | 2394 | | | 2394 | |
| 3731 | 4577 | | | | | |
| 566 | 1243 | | | | | |
| 130804 | 145638 | 207015 | 368 | | 206647 | |
| 9883 | 15985 | 7247 | 55 | | 7191 | |
| 139 | 346 | | | | | |
| 1229369 | 1286475 | 3237495 | | 3081189 | 156306 | |
| 17906049 | 20824581 | 24288358 | 1931969 | 2859802 | 19464586 | 32000 |
| 663478 | 672468 | 1220403 | 52 | | 1220351 | |
| | | | | | | |
| 60536 | 90252 | 10535 | 43 | | 10492 | |
| 2043886 | 2384805 | 2014725 | 3414 | 178656 | 1812055 | 20600 |
| 4679793 | 7761317 | 120783 | 62275 | 451 | 58057 | |
| 3186836 | 7093001 | 205139 | | 60562 | 144577 | |
| 29556 | 48639 | 5375 | 425 | | 4950 | |
| 21423 | 38423 | 5435 | 89 | | 5346 | |
| 27975 | 39321 | 23851 | | | 23781 | 70 |
| 138 | 345 | | | | | |
| 191 | 255 | 84 | 44 | | 40 | |
| 14815 | 23355 | 9133 | | | 9133 | |
| 39 | 96 | | | | | |
| 1033 | 1674 | | | | | |
| 6710 | 8613 | 7537 | | | 7537 | |
| 6133 | 7130 | 441 | | | 441 | |
| | | | | | | |
| **16772154** | **2512639** | **44030221** | | | **44030221** | |
| 16691860 | 2359950 | 43898375 | | | 43898375 | |
| 43342 | 71572 | | | | | |
| 36952 | 81117 | 131846 | | | 131846 | |

# 7-6 续表1

| 指　　标 | tem |
|---|---|
| **总　计** | **Total** |
| **采矿业** | **Mining** |
| 煤炭开采和洗选业 | Mining and Washing of Coal |
| 石油和天然气开采业 | Extraction of Petroleum and Natural Gas |
| 黑色金属矿采选业 | Mining and Processing of Ferrous Metal Ores |
| 有色金属矿采选业 | Mining and Processing of Non - ferrous Metal Ores |
| 非金属矿采选业 | Mining and Processing of Non - metal Ores |
| 开采辅活动 | Non - mining Activities |
| 其他采矿业 | Mining of Other Ores |
| **制造业** | **Manufacturing** |
| 农副食品加工业 | Processing of Food from Agricultural Products |
| 食品制造业 | Manufacture of Foods |
| 酒、饮料和精制茶制造业 | Manufacture of Wine, Beverages and Refined Tea |
| 烟草制造业 | Manufacture of Tobacco |
| 纺织业 | Manufacture of Textile |
| 纺织服装、服饰业 | Manufacture of Textile Wearing Apparel |
| 皮革、毛皮、羽毛及其制品和制鞋业 | Manufacture of Leather, Fur, Feather with Related Products and Footware |
| 木材加工及木、竹、藤、棕、草制品业 | Processing of Timber, Manufacture of Wood, Bamboo, Rattan, Palm and Straw Products |
| 家具制造业 | Manufacture of Furniture |
| 造纸及纸制品业 | Manufacture of Paper and Paper Products |
| 印刷和记录媒介复制业 | Printing, Reproduction of Recording Media |
| 文教、工美、体育和娱乐用品制造业 | Manufacture of Articles For Culture, Education , Sport and Recreation Activities |
| 石油加工、炼焦和核燃料加工业 | Processing of Petroleum, Coking and Nuclear Fuel |
| 化学原料和化学制品制造业 | Manufacture of Raw Chemical Materials and Chemical Products |
| 医药制造业 | Manufacture of Medicines |
| 化学纤维制造业 | Manufacture of Chemical Fibres |
| 橡胶和塑料制品业 | Manufacture of Rubber and Plastics |
| 非金属矿物制品业 | Manufacture of Non - metallic Mineral Products |
| 黑色金属冶炼和压延加工业 | Smelting and Pressing of Ferrous Metals |
| 有色金属冶炼和压延加工业 | Smelting and Pressing of Non - ferrous Metals |
| 金属制品业 | Manufacture of Metal Products |
| 通用设备制造业 | Manufacture of General Purpose Machinery |
| 专用设备制造业 | Manufacture of Special purpose Machinery |
| 汽车制造业 | Manufacture of Automotive |
| 铁路、船舶、航空航天和其他运输设备制造业 | Manufacture of Railways, Shipbuilding, Aerospace and Other Transportation Equipment |
| 电气机械和器材制造业 | Manufacture of Electrical Machinery and Equipment |
| 计算机、通信和其他电子设备制造业 | Manufacture of Computers, Communication Equipment and Other Electronic Equipment |
| 仪器仪表及文化、办公用机械制造业 | Manufacture of Measuring Instruments and Machinery for Cultural Activity and Office Work |
| 其他制造业 | Other Manufacturing |
| 废弃资源综合利用业 | Recycling and Disposal of Waste |
| 金属制品、机械和设备修理业 | Repairing of Metal products, Machinery and Equipment |
| **电力、燃气及水的生产和供应业** | **Electric Power, Gas and Water Production and Supply** |
| 电力、热力的生产和供应业 | Production and Supply of Electric Power and Heat Power |
| 燃气生产和供应业 | Production and Supply of Gas |
| 水的生产和供应业 | Production and Supply of Water |

continued

| 洗精煤（吨）<br>Clean Coal（ton） | 其他洗煤（吨）<br>Other Washing Coal（ton） | 煤制品（吨）<br>Coal Products（ton） | 焦炭（吨）<br>Coke（ton） | 其他焦化产品（吨）<br>Other Coking Products（ton） | 焦炉煤气（万立方米）<br>Coking Gas（10 000 cu. m） | 高炉煤气（万立方米）<br>Blast Furnace Gas（10 000 cu. m） | 转炉煤气（万立方米）<br>Converter Gas（10 000 cu. m） |
|---|---|---|---|---|---|---|---|
| **9314980** | **413211** | **51** | **4270085** | **40879** | **163697** | **194569** | **1143** |
| **64606** | **14853** | | **157221** | **4474** | | **4965** | |
| 64606 | 14853 | | | 4474 | | | |
| | | | | | | | |
| | | | 157221 | | | 4965 | |
| | | | | | | | |
| | | | | | | | |
| | | | | | | | |
| | | | | | | | |
| **9250374** | **318672** | **51** | **4112864** | **36406** | **163697** | **189604** | **1143** |
| | | | | | | | |
| 209 | | | | | | | |
| | | | 32 | | | | |
| | | | | | | | |
| | | | | | | | |
| | | | | | | | |
| | | 51 | | | | | |
| | | | | | | | |
| | | | | | | | |
| | | | | | | | |
| | | | | | | | |
| | | | | | | | |
| 2489691 | 167707 | | 13900 | | 34346 | 7163 | |
| 6379161 | 60796 | | 1438612 | 20708 | 121501 | 75549 | |
| | | | | | | | |
| | | | | | | | |
| | 51321 | | | | | | |
| 236350 | 5700 | | 750 | 15697 | 7850 | | |
| 118789 | 21574 | | 2603699 | | | 106892 | 1143 |
| 26175 | | | 51662 | | | | |
| | 11574 | | | | | | |
| | | | | | | | |
| | | | | | | | |
| | | | | | | | |
| | | | | | | | |
| | | | 120 | | | | |
| | | | | | | | |
| | | | | | | | |
| | | | | | | | |
| | | | 4089 | | | | |
| | | | | | | | |
| | **79686** | | | | | | |
| | 79686 | | | | | | |

# 7-6 续表2

| 指　标 | tem |
|---|---|
| **总　计** | **Total** |
| **采矿业** | **Mining** |
| 煤炭开采和洗选业 | Mining and Washing of Coal |
| 石油和天然气开采业 | Extraction of Petroleum and Natural Gas |
| 黑色金属矿采选业 | Mining and Processing of Ferrous Metal Ores |
| 有色金属矿采选业 | Mining and Processing of Non - ferrous Metal Ores |
| 非金属矿采选业 | Mining and Processing of Non - metal Ores |
| 开采辅活动 | Non - mining Activities |
| 其他采矿业 | Mining of Other Ores |
| **制造业** | **Manufacturing** |
| 农副食品加工业 | Processing of Food from Agricultural Products |
| 食品制造业 | Manufacture of Foods |
| 酒、饮料和精制茶制造业 | Manufacture of Wine, Beverages and Refined Tea |
| 烟草制造业 | Manufacture of Tobacco |
| 纺织业 | Manufacture of Textile |
| 纺织服装、服饰业 | Manufacture of Textile Wearing Apparel |
| 皮革、毛皮、羽毛及其制品和制鞋业 | Manufacture of Leather, Fur, Feather with Related Products and Footware |
| 木材加工及木、竹、藤、棕、草制品业 | Processing of Timber, Manufacture of Wood, Bamboo, Rattan, Palm and Straw Products |
| 家具制造业 | Manufacture of Furniture |
| 造纸及纸制品业 | Manufacture of Paper and Paper Products |
| 印刷和记录媒介复制业 | Printing, Reproduction of Recording Media |
| 文教、工美、体育和娱乐用品制造业 | Manufacture of Articles For Culture, Education , Sport and Recreation Activities |
| 石油加工、炼焦和核燃料加工业 | Processing of Petroleum, Coking and Nuclear Fuel |
| 化学原料和化学制品制造业 | Manufacture of Raw Chemical Materials and Chemical Products |
| 医药制造业 | Manufacture of Medicines |
| 化学纤维制造业 | Manufacture of Chemical Fibres |
| 橡胶和塑料制品业 | Manufacture of Rubber and Plastics |
| 非金属矿物制品业 | Manufacture of Non - metallic Mineral Products |
| 黑色金属冶炼和压延加工业 | Smelting and Pressing of Ferrous Metals |
| 有色金属冶炼和压延加工业 | Smelting and Pressing of Non - ferrous Metals |
| 金属制品业 | Manufacture of Metal Products |
| 通用设备制造业 | Manufacture of General Purpose Machinery |
| 专用设备制造业 | Manufacture of Special purpose Machinery |
| 汽车制造业 | Manufacture of Automotive |
| 铁路、船舶、航空航天和其他运输设备制造业 | Manufacture of Railways, Shipbuilding, Aerospace and Other Transportation Equipment |
| 电气机械和器材制造业 | Manufacture of Electrical Machinery and Equipment |
| 计算机、通信和其他电子设备制造业 | Manufacture of Computers, Communication Equipment and Other Electronic Equipment |
| 仪器仪表及文化、办公用机械制造业 | Manufacture of Measuring Instruments and Machinery for Cultural Activity and Office Work |
| 其他制造业 | Other Manufacturing |
| 废弃资源综合利用业 | Recycling and Disposal of Waste |
| 金属制品、机械和设备修理业 | Repairing of Metal products, Machinery and Equipment |
| **电力、燃气及水的生产和供应业** | **Electric Power, Gas and Water Production and Supply** |
| 电力、热力的生产和供应业 | Production and Supply of Electric Power and Heat Power |
| 燃气生产和供应业 | Production and Supply of Gas |
| 水的生产和供应业 | Production and Supply of Water |

# continued

| 发生炉煤气（万立方米）Producer Gas (10 000 cu. m) | 天然气（万立方米）Natural Gas (10 000 cu. m) | 液化天然气（吨）Liquefied Natural Gas (ton) | 原 油（吨）Crude Oil (ton) | 汽 油（吨）Gasoline (ton) | 煤 油（吨）Kerosene (ton) | 柴 油（吨）Diesel Oil (ton) |
|---|---|---|---|---|---|---|
| **21** | **99055** | **891** | **4771195** | **7036** | **170** | **68276** |
| **21** | | **47** | | **925** | **5** | **23893** |
| | | | | 818 | 5 | 20568 |
| | | | | 26 | | |
| 21 | | | | | | |
| | | | | | | |
| | | 47 | | 81 | | 3325 |
| | | | | | | |
| | | | | | | |
| | **69392** | **845** | **4771195** | **4858** | **165** | **42282** |
| | 668 | | 6 | 554 | 2 | 399 |
| | 7972 | 80 | | 230 | | 155 |
| | 984 | | | 94 | | 52 |
| | 174 | | | | | 80 |
| | 423 | 33 | | 112 | | 58 |
| | 52 | | | 26 | | |
| | | | | 153 | | 1 |
| | 238 | | | | | |
| | 6 | | | 21 | | |
| | 173 | | | 57 | 41 | 123 |
| | 19 | | | 93 | | 155 |
| | | | | | | |
| | 91 | | 4771189 | 44 | | 1751 |
| | 45136 | | | 773 | | 5061 |
| | 18 | | | 24 | | 96 |
| | | | | | | |
| | 152 | | | 133 | | 215 |
| | 2024 | 135 | | 983 | 17 | 23132 |
| | 1228 | 595 | | 179 | | 1822 |
| | 8938 | | | 79 | 9 | 7099 |
| | 425 | | | 93 | | 167 |
| | 331 | 2 | | 409 | 78 | 110 |
| | 179 | | | 230 | 18 | 301 |
| | | | | | | |
| | 1 | | | 38 | | 6 |
| | 150 | | | 229 | | 229 |
| | | | | | | |
| | 6 | | | 232 | | 123 |
| | | | | 25 | | 12 |
| | | | | 49 | | 1137 |
| | | | | | | |
| | **29663** | | | **1252** | | **2100** |
| | 9244 | | | 828 | | 1976 |
| | 20411 | | | 187 | | 1 |
| | 9 | | | 238 | | 123 |

# 7-6 续表3

| 指　标 | tem |
|---|---|
| **总　计** | **Total** |
| **采矿业** | **Mining** |
| 煤炭开采和洗选业 | Mining and Washing of Coal |
| 石油和天然气开采业 | Extraction of Petroleum and Natural Gas |
| 黑色金属矿采选业 | Mining and Processing of Ferrous Metal Ores |
| 有色金属矿采选业 | Mining and Processing of Non - ferrous Metal Ores |
| 非金属矿采选业 | Mining and Processing of Non - metal Ores |
| 开采辅活动 | Non - mining Activities |
| 其他采矿业 | Mining of Other Ores |
| **制造业** | **Manufacturing** |
| 农副食品加工业 | Processing of Food from Agricultural Products |
| 食品制造业 | Manufacture of Foods |
| 酒、饮料和精制茶制造业 | Manufacture of Wine, Beverages and Refined Tea |
| 烟草制造业 | Manufacture of Tobacco |
| 纺织业 | Manufacture of Textile |
| 纺织服装、服饰业 | Manufacture of Textile Wearing Apparel |
| 皮革、毛皮、羽毛及其制品和制鞋业 | Manufacture of Leather, Fur, Feather with Related Products and Footware |
| 木材加工及木、竹、藤、棕、草制品业 | Processing of Timber, Manufacture of Wood, Bamboo, Rattan, Palm and Straw Products |
| 家具制造业 | Manufacture of Furniture |
| 造纸及纸制品业 | Manufacture of Paper and Paper Products |
| 印刷和记录媒介复制业 | Printing, Reproduction of Recording Media |
| 文教、工美、体育和娱乐用品制造业 | Manufacture of Articles For Culture, Education , Sport and Recreation Activities |
| 石油加工、炼焦和核燃料加工业 | Processing of Petroleum, Coking and Nuclear Fuel |
| 化学原料和化学制品制造业 | Manufacture of Raw Chemical Materials and Chemical Products |
| 医药制造业 | Manufacture of Medicines |
| 化学纤维制造业 | Manufacture of Chemical Fibres |
| 橡胶和塑料制品业 | Manufacture of Rubber and Plastics |
| 非金属矿物制品业 | Manufacture of Non - metallic Mineral Products |
| 黑色金属冶炼和压延加工业 | Smelting and Pressing of Ferrous Metals |
| 有色金属冶炼和压延加工业 | Smelting and Pressing of Non - ferrous Metals |
| 金属制品业 | Manufacture of Metal Products |
| 通用设备制造业 | Manufacture of General Purpose Machinery |
| 专用设备制造业 | Manufacture of Special purpose Machinery |
| 汽车制造业 | Manufacture of Automotive |
| 铁路、船舶、航空航天和其他运输设备制造业 | Manufacture of Railways, Shipbuilding, Aerospace and Other Transportation Equipment |
| 电气机械和器材制造业 | Manufacture of Electrical Machinery and Equipment |
| 计算机、通信和其他电子设备制造业 | Manufacture of Computers, Communication Equipment and Other Electronic Equipment |
| 仪器仪表及文化、办公用机械制造业 | Manufacture of Measuring Instruments and Machinery for Cultural Activity and Office Work |
| 其他制造业 | Other Manufacturing |
| 废弃资源综合利用业 | Recycling and Disposal of Waste |
| 金属制品、机械和设备修理业 | Repairing of Metal products, Machinery and Equipment |
| **电力、燃气及水的生产和供应业** | **Electric Power, Gas and Water Production and Supply** |
| 电力、热力的生产和供应业 | Production and Supply of Electric Power and Heat Power |
| 燃气生产和供应业 | Production and Supply of Gas |
| 水的生产和供应业 | Production and Supply of Water |

continued

| 燃料油（吨） Fuel Oil（ton） | 液化石油气（吨） Lequefied Petroleum Gas（ton） | 石脑油（吨） Naphtha（ton） | 润滑油（吨） Lubricating Oil（ton） | 溶剂油（吨） Solvent Oil（ton） | 石油焦（吨） Petroleum Coke（ton） | 石油沥青（吨） Petroleum Pitch（ton） | 其他石油制品（吨） Other Petroleum Products（ton） |
|---|---|---|---|---|---|---|---|
| **507314** | **158629** | **3294** | **1837** | **1** | **363924** | **6840** | **155479** |
| | | | **1671** | | | | **2299** |
| | | | 1671 | | | | 2299 |
| **505631** | **158531** | **3294** | **166** | **1** | **363924** | **6840** | **153180** |
| 18 | | | | | | | |
| 505613 | 158506 | 3294 | | | | | 153074 |
| | 24 | | 18 | 1 | | | 15 |
| | | | 5 | | 151799 | 6840 | |
| | | | | | 943 | | |
| | | | | | 211182 | | |
| | | | 1 | | | | |
| | | | 13 | | | | 91 |
| | | | 129 | | | | |
| **1683** | **98** | | | | | | |
| 1683 | 1 | | | | | | |
| | 97 | | | | | | |

# 7-6 续表4

| 指　　标 | tem |
|---|---|
| **总　计** | **Total** |
| **采矿业** | **Mining** |
| 煤炭开采和洗选业 | Mining and Washing of Coal |
| 石油和天然气开采业 | Extraction of Petroleum and Natural Gas |
| 黑色金属矿采选业 | Mining and Processing of Ferrous Metal Ores |
| 有色金属矿采选业 | Mining and Processing of Non-ferrous Metal Ores |
| 非金属矿采选业 | Mining and Processing of Non-metal Ores |
| 开采辅活动 | Non-mining Activities |
| 其他采矿业 | Mining of Other Ores |
| **制造业** | **Manufacturing** |
| 农副食品加工业 | Processing of Food from Agricultural Products |
| 食品制造业 | Manufacture of Foods |
| 酒、饮料和精制茶制造业 | Manufacture of Wine,Beverages and Refined Tea |
| 烟草制造业 | Manufacture of Tobacco |
| 纺织业 | Manufacture of Textile |
| 纺织服装、服饰业 | Manufacture of Textile Wearing Apparel |
| 皮革、毛皮、羽毛及其制品和制鞋业 | Manufacture of Leather, Fur, Feather with Related Products and Footware |
| 木材加工及木、竹、藤、棕、草制品业 | Processing of Timber,Manufacture of Wood, Bamboo, Rattan, Palm and Straw Products |
| 家具制造业 | Manufacture of Furniture |
| 造纸及纸制品业 | Manufacture of Paper and Paper Products |
| 印刷和记录媒介复制业 | Printing,Reproduction of Recording Media |
| 文教、工美、体育和娱乐用品制造业 | Manufacture of Articles For Culture,Education , Sport and Recreation Activities |
| 石油加工、炼焦和核燃料加工业 | Processing of Petroleum,Coking and Nuclear Fuel |
| 化学原料和化学制品制造业 | Manufacture of Raw Chemical Materials and Chemical Products |
| 医药制造业 | Manufacture of Medicines |
| 化学纤维制造业 | Manufacture of Chemical Fibres |
| 橡胶和塑料制品业 | Manufacture of Rubber and Plastics |
| 非金属矿物制品业 | Manufacture of Non-metallic Mineral Products |
| 黑色金属冶炼和压延加工业 | Smelting and Pressing of Ferrous Metals |
| 有色金属冶炼和压延加工业 | Smelting and Pressing of Non-ferrous Metals |
| 金属制品业 | Manufacture of Metal Products |
| 通用设备制造业 | Manufacture of General Purpose Machinery |
| 专用设备制造业 | Manufacture of Special purpose Machinery |
| 汽车制造业 | Manufacture of Automotive |
| 铁路、船舶、航空航天和其他运输设备制造业 | Manufacture of Railways, Shipbuilding, Aerospace and Other Transportation Equipment |
| 电气机械和器材制造业 | Manufacture of Electrical Machinery and Equipment |
| 计算机、通信和其他电子设备制造业 | Manufacture of Computers,Communication Equipment and Other Electronic Equipment |
| 仪器仪表及文化、办公用机械制造业 | Manufacture of Measuring Instruments and Machinery for Cultural Activity and Office Work |
| 其他制造业 | Other Manufacturing |
| 废弃资源综合利用业 | Recycling and Disposal of Waste |
| 金属制品、机械和设备修理业 | Repairing of Metal products,Machinery and Equipment |
| **电力、燃气及水的生产和供应业** | **Electric Power,Gas and Water Production and Supply** |
| 电力、热力的生产和供应业 | Production and Supply of Electric Power and Heat Power |
| 燃气生产和供应业 | Production and Supply of Gas |
| 水的生产和供应业 | Production and Supply of Water |

# continued

| 热力（百万千焦）Heat (million kilo-joule) | 电力（万千瓦时）Electricity (10 000 kwh) | 煤矸石用于燃料（吨）Coal Gangue used as Fuel (ton) | 城市垃圾用于燃料（吨）Municipal Waste used as Fuel (ton) | 生物质废料用于燃料（吨）Biomass Waste as Fuel (ton) | 余热余压（百万千焦）Waste Heat and Excess Pressure (million kilo-joule) | 其他燃料（吨标准煤）Other Feul (tons of SCE) |
|---|---|---|---|---|---|---|
| **21869931** | **7602677** | **2167913** | **368968** | **963** | **3744201** | **76988** |
| | **151896** | | | | | **525** |
| | 143053 | | | | | |
| | 609 | | | | | |
| | 7392 | | | | | 525 |
| | | | | | | |
| | 843 | | | | | |
| | | | | | | |
| | | | | | | |
| **21869931** | **6736124** | **1345010** | | **963** | **3744201** | **76463** |
| 519087 | 27620 | | | 963 | | |
| 8589260 | 97072 | | | | | |
| 55665 | 6258 | | | | | |
| | 555 | | | | | |
| | 27711 | | | | | |
| | 206 | | | | | |
| | 311 | | | | | |
| | 460 | | | | | |
| | 369 | | | | | |
| 1527179 | 19622 | | | | | |
| | 3322 | | | | | |
| | 113 | | | | | |
| | 72714 | | | | | |
| 5725341 | 2306268 | 1162656 | | | 1010110 | 57911 |
| 4858140 | 64778 | | | | | |
| | | | | | | |
| | 16176 | | | | | |
| | 225141 | 182354 | | | 2128790 | |
| | 1708524 | | | | 605300 | 18552 |
| 564500 | 2126329 | | | | | |
| | 10388 | | | | | |
| 30759 | 9254 | | | | | |
| | 6176 | | | | | |
| | 113 | | | | | |
| | 35 | | | | | |
| | 4649 | | | | | |
| | 31 | | | | | |
| | 349 | | | | | |
| | 1036 | | | | | |
| | 543 | | | | | |
| | | | | | | |
| | **714656** | **822902** | **368968** | | | |
| | 675248 | 822902 | 368968 | | | |
| | 15367 | | | | | |
| | 24041 | | | | | |

# 7-7 各市县规模以上工业能源消费量(2015年)

## Consumption of Energy of Industry above Designated Size by City and County(2015)

| 指 标 | Item | 综合能源消费量(吨标准煤) Overall Energy Consumption(tons of SCE) | |
|---|---|---|---|
| | | 当量值 Current Value | 等价值 Equivalent Value |
| **全区总计** | **Total** | **49168700** | **45807423** |
| **银 川 市** | **Yinchuan** | **25746189** | **20563781** |
| 兴 庆 区 | Xingqing | 67385 | 109843 |
| 西 夏 区 | Xixia | 2055896 | 2125540 |
| 金 凤 区 | Jinfeng | 188662 | 137452 |
| 永 宁 县 | Yongning | 1235493 | 1324150 |
| 贺 兰 县 | Helan | 400467 | 495771 |
| 灵 武 市 | Lingwu | 21798285 | 16346239 |
| **石嘴山市** | **Shizuishan** | **10679076** | **11470679** |
| 大武口区 | Dawukou | 1615824 | 1314083 |
| 惠 农 区 | Huinong | 5271231 | 4533637 |
| 平 罗 县 | Pingluo | 3792021 | 5556985 |
| **吴 忠 市** | **Wuzhong** | **6265082** | **5091900** |
| 利 通 区 | Litong | 724501 | 999208 |
| 红寺堡区 | Hongsipu | 2588 | 3589 |
| 盐 池 县 | Yanchi | 149390 | 182560 |
| 同 心 县 | Tongxin | 39115 | 42872 |
| 青铜峡市 | Qingtongxia | 5349487 | 3863154 |
| **固 原 市** | **Guyuan** | **783225** | **233127** |
| 原 州 区 | Yuanzhou | 706699 | 132609 |
| 西 吉 县 | Xiji | 9004 | 12882 |
| 隆 德 县 | Longde | 9122 | 11311 |
| 泾 源 县 | Jingyuan | 52910 | 63463 |
| 彭 阳 县 | Pengyang | 5489 | 12863 |
| **中 卫 市** | **Zhongwei** | **5693024** | **8478858** |
| 沙坡头区 | Shapotou | 2580050 | 3858169 |
| 中 宁 县 | Zhongning | 3112146 | 4599818 |
| 海 原 县 | Haiyuan | 828 | 1897 |

注：石嘴山市、灵武市和原州区综合能源消费量中包括神华宁煤集团有限公司、宁夏发电集团有限公司的数据。

Note: Data of overall energy consumption of Shizuishan city, Lingwu city and Yuanzhou District included Shenhua NCPP limited liability corporations and Ningxia Electric Power Group Co. Ltd.

# 7-8 主要年份发电装机容量

## Intalled Capacity of Power Generation in Main Years

单位:万千瓦 (10 000kw)

| 年份<br>Year | 发电装机容量<br>Installed Capacity of Power Generation | 火电<br>Thermal Power | 水电<br>Hydropower | 风电<br>Wind Power | 太阳能发电<br>Solar Power | 其他<br>Others |
|---|---|---|---|---|---|---|
| 2005 | 511.8 | 457.7 | 42.9 | 11.2 | | |
| 2006 | 655.3 | 600.2 | 42.9 | 12.3 | | |
| 2007 | 771.0 | 702.8 | 42.9 | 25.3 | | |
| 2008 | 835.7 | 754.3 | 42.9 | 38.5 | | |
| 2009 | 975.4 | 882.1 | 42.9 | 50.4 | 0.0 | |
| 2010 | 1399.6 | 1271.4 | 42.6 | 76.6 | 9.0 | |
| 2011 | 1873.5 | 1639.8 | 42.6 | 142.0 | 49.1 | |
| 2012 | 2000.1 | 1639.8 | 42.6 | 264.6 | 53.1 | |
| 2013 | 2230.8 | 1731.3 | 42.6 | 301.8 | 155.1 | |
| 2014 | 2423.8 | 1790.0 | 42.6 | 417.8 | 173.7 | 2.4 |
| 2015 | 3157.4 | 1983.9 | 42.6 | 822.1 | 308.8 | 2.4 |

# 主要统计指标解释

［**能源生产总量**］ 指一定时期内一次能源生产量的总和，是观察能源生产水平、规模、构成和发展速度的总量指标。一次能源生产量包括原煤、原油、天然气、水电及其他动力能（如风能、地热能等）发电量。不包括低热值燃料生产量、生物质能、太阳能等利用和由一次能源加工转换而成的二次能源产量。

［**能源消费总量**］ 指一定时期内物质生产部门，非物质生产部门和生活消费的各种能源的总和，是观察能源消费水平、构成和增长速度的总量指标。能源消费总量包括原煤、原油及其制品、天然气、电力。不包括低热值燃料、生物质能和太阳能等的利用。能源消费总量分为三部分，即终端能源消费量、能源加工转换损失量和损失量。

# 第八篇 Chapter8

# 财政金融保险

## Government Finance, Financial Intermediation and Insurance

**责任编辑**:张学武

**资料整理**:张学武　马潇　万自梅　圣希明　杨柳　阎丽芬

**Coordinator**: Zhang Xuewu

**Data Compilation**: Zhang Xuewu　Ma Xiao　Wan Zimei　Sheng Ximing　Yang Liu　Yan Lifen

# 8-1 公共财政收支决算总表

## Public Government Revenue and Expenditure Balance Sheet

单位:万元　　　　(10 000 yuan)

| 指　标 | Item | 2015 |
|---|---|---|
| **本年财政收入合计** | **Total Government Revenue This Year** | **3734474** |
| **税收收入** | **Total Tax Revenue** | **2563126** |
| 增值税 | Value-added Tax | 357323 |
| 营业税 | Business Tax | 998292 |
| 企业所得税 | Corporate Income Tax | 245572 |
| 企业所得税退税 | Corporate Income Tax Rebate | |
| 个人所得税 | Individual Income Tax | 89704 |
| 资源税 | Resource Tax | 133076 |
| 城市维护建设税 | City Maintenance and Construction Tax | 149603 |
| 房产税 | House Property Tax | 96896 |
| 印花税 | Stamp Tax | 48555 |
| 城镇土地使用税 | Urban Land Use Tax | 90113 |
| 土地增值税 | Land Appreciation Tax | 66114 |
| 车船税 | Tax on Vehicles and Boat Operation | 32994 |
| 耕地占用税 | Farm Land Occupation Tax | 109278 |
| 契税 | Deed Tax | 145349 |
| 烟叶税 | Tobacco Leaf Tax | 257 |
| 其他税收收入 | Other Tax Revenue | |
| **非税收入** | **Total Non-tax Revenue** | **1171348** |
| 专项收入 | Special Program Recipts | 375801 |
| 行政事业性收费收入 | Charge of Administrative and Institutional Units | 190200 |
| 罚没收入 | Penalty Receipts | 87874 |
| 国有资本经营收入 | Operating Income of State-owned Capital | 31211 |
| 国有资源(资产)有偿使用收入 | Income from National Resources Paid Using | 449613 |
| 其他收入 | Other Income | 36649 |

# 8-1 续表1 continued

单位:万元 (10 000 yuan)

| 指 标 | Item | 2015 |
|---|---|---|
| **本年财政支出合计** | **Total Government Expenditure This Year** | **11384858** |
| 一般公共服务 | Expenditure for General Public Services | 670870 |
| 外交 | Expenditure for Foreign Affairs | |
| 国防 | Expenditure for National Defense | 12546 |
| 公共安全 | Expenditure for Public Security | 512331 |
| 教育 | Expenditure for Education | 1425106 |
| 科学技术 | Expenditure for Science and Technology | 172478 |
| 文化体育与传媒 | Expenditure for Culture, Sports and Media | 209656 |
| 社会保障和就业 | Expenditure for Social Safety Net and Employment Effort | 1462268 |
| 医疗卫生与计划生育 | Expenditure for Medical and Health Care, and Family Planning | 741106 |
| 节能环保 | Expenditure for Energy Conservation and Environment Protection | 454942 |
| 城乡社区事务 | Expenditure for Urban and Rural Community Affairs | 1459604 |
| 农林水事务 | Expenditure for Agriculture, Forestry and Water Conservancy | 1662705 |
| 交通运输 | Expenditure for Transportation | 978468 |
| 资源勘探信息等事务 | Expenditure for Affairs of Exploration ,Power and Information | 282169 |
| 商业服务业等事务 | Expenditure for Business Service Industry Affairs | 200811 |
| 金融 | Expenditure for Affairs of Financial | 71102 |
| 援助其他地区 | Expenditure for Other Regional Assistance | |
| 国土海洋气象等事务 | Expenditure for Land Resources, Marine And Meteorology Affairs | 81193 |
| 住房保障支出 | Expenditure for Affordable Houses | 722466 |
| 粮油物资储备事务 | Expenditure for Affairs of Management of Grain & Oil Reserves | 26717 |
| 预备费 | Expenditure for Rerveed Fee | |
| 其他支出 | Other Expenditure | 95285 |
| 债务付息支出 | Expenditure for Interest of National Debts | 140798 |
| 债务发行费用支出 | Expenditure for Debt Issuance | 2237 |

# 8－2 地方公共财政收入

## Local Public Government Revenue in Main Years

单位:万元 (10 000 yuan)

| 年 份 Year | 地方公共财政收入 Local Government Revenue | 工商税收 Industrial and Commercial Tax | 农牧业税 Agriculture and Animal Husbandry Tax | 企业所得税 Corporate Income Tax | 国有企业亏损补贴 Subsidies to Loss－making State－owned Enterprises | 企业所得税退税 Corporate Income Tax Rebate |
|---|---|---|---|---|---|---|
| 1955 | 2891 | 1028 | 1155 | | | |
| 1958 | 5774 | 1683 | 1680 | | | |
| 1960 | 10469 | 2763 | 887 | | | |
| 1970 | 9894 | 5006 | 1049 | | | |
| 1975 | 22324 | 10172 | 963 | | | |
| 1978 | 31603 | 13163 | 995 | | | |
| 1980 | 20353 | 13514 | 827 | | | |
| 1985 | 29075 | 25655 | 1092 | 8900 | －9999 | |
| 1990 | 62307 | 56481 | 2649 | 8805 | －12266 | －1668 |
| 1995 | 89792 | 67672 | 4901 | 7690 | －1817 | －532 |
| 2000 | 208244 | 148958 | 9318 | 26147 | －967 | －2464 |
| 2001 | 275745 | 163307 | 10797 | 60084 | －557 | －852 |
| 2002 | 264714 | 192083 | 8757 | 18412 | －241 | |
| 2003 | 300310 | 219847 | 7480 | 16846 | －11 | |
| 2004 | 374677 | 276898 | 5440 | 21364 | | |
| 2005 | 477216 | 341609 | 333 | 26077 | | |
| 2006 | 613570 | 417266 | | 32246 | | －229 |

# 8－2 续表1 continued

单位:万元 (10 000 yuan)

| 年 份 Year | 地方公共财政收入 Local Public Revenue | 税收收入 Total Tax Revenue | 增值税 Value－added Tax | 营业税 Business Tax | 企业所得税 Corporate Income Tax | 非税收入 Total Non－tax Revenue |
|---|---|---|---|---|---|---|
| 2007 | 800312 | 587871 | 141997 | 230485 | 45767 | 212441 |
| 2008 | 950090 | 777432 | 183793 | 300884 | 62400 | 172658 |
| 2009 | 1115755 | 907389 | 168098 | 389831 | 92946 | 208366 |
| 2010 | 1535507 | 1267854 | 202475 | 562367 | 140805 | 267653 |
| 2011 | 2199767 | 1771261 | 244000 | 801126 | 241746 | 428506 |
| 2012 | 2639569 | 2070171 | 262329 | 924759 | 253904 | 569398 |
| 2013 | 3083376 | 2374913 | 318832 | 1057226 | 258691 | 708463 |
| 2014 | 3398627 | 2503273 | 385563 | 1050303 | 283263 | 895354 |
| 2015 | 3734474 | 2563126 | 357323 | 998292 | 245572 | 1171348 |

注: 2007年以后财政收支科目有变化。
Note: Since 2007, the item of local government revenue has been adjusted.

# 8－3 地方公共财政支出

## Local Public Government Expenditure in Main Years

单位:万元 (10 000 yuan)

| 年份 Year | 地方公共财政支出 Local Public Expenditure | 基本建设 Capital Construction | 企业技术改造 Technological Upgrading of Enterprises | 支援农业 Expenditure for Surporting Rural Production | 工交商事业 Industry, Transportation and Commerce | 科教文卫 Science, Education, Culture and Health Care | 城市维护 City Maintenance | 社会抚恤救济 Social Pension Relief | 行政管理 Administrative |
|---|---|---|---|---|---|---|---|---|---|
| 1955 | 3802 | | | | 2505 | 411 | | 111 | 773 |
| 1958 | 12434 | 6254 | | 621 | 2796 | 888 | 6 | 88 | 1012 |
| 1960 | 30270 | 17851 | | 3709 | 1388 | 2060 | 17 | 427 | 1540 |
| 1965 | 11171 | 3708 | 78 | 1722 | 185 | 1988 | 286 | 284 | 1368 |
| 1970 | 16855 | 8226 | | 1299 | 163 | 2500 | 365 | 240 | 1692 |
| 1975 | 37050 | 13840 | | 5553 | 442 | 4990 | 543 | 579 | 2467 |
| 1978 | 57755 | 21982 | 2979 | 9574 | 653 | 7569 | 592 | 1082 | 2923 |
| 1980 | 57528 | 16719 | 3582 | 13489 | 800 | 10052 | 1230 | 1554 | 4770 |
| 1985 | 98526 | 22024 | 4067 | 15027 | 1987 | 22183 | 3375 | 1900 | 7118 |
| 1990 | 149616 | 14610 | 5322 | 20015 | 2177 | 36659 | 4714 | 2099 | 12660 |
| 1995 | 229963 | 15941 | 7021 | 28698 | 3390 | 65413 | 7408 | 3473 | 27619 |
| 2000 | 608380 | 93938 | 32790 | 48034 | 5708 | 127026 | 17710 | 8843 | 45521 |
| 2001 | 935787 | 379901 | 51947 | 69084 | 11489 | 188948 | 19515 | 20464 | 60843 |
| 2002 | 1145650 | 255018 | 32809 | 82093 | 11109 | 199973 | 24797 | 21318 | 69594 |
| 2003 | 1057793 | 203563 | 39719 | 86025 | 13276 | 220032 | 27957 | 26717 | 77326 |
| 2004 | 1230177 | 205213 | 32627 | 183572 | 16152 | 241744 | 43181 | 27844 | 87671 |
| 2005 | 1602509 | 384608 | 33440 | 175688 | 21129 | 293055 | 59852 | 35847 | 106901 |
| 2006 | 1932089 | 389413 | 40952 | 212857 | 29599 | 369315 | 81276 | 52366 | 129959 |

# 8－3 续表1 continued

单位:万元 (10 000 yuan)

| 年份 Year | 地方公共财政支出 Local Public Expenditure | 一般公共服务 Expenditure for General Public Services | 教育 Expenditure for Education | 文化体育与传媒 Expenditure for Culture, Sports and Media | 社会保障和就业 Expenditure for Social Safety Net and Employment Effort | 医疗卫生与计划生育 Expenditure for Medical and Health Care, and Family Planning | 城乡社区事务 Expenditure for Urban and Rural Community Affairs | 农林水事务 Expenditure for Agriculture, Forestry and Water Conservancy | 其他 Others |
|---|---|---|---|---|---|---|---|---|---|
| 2007 | 2418545 | 383921 | 473068 | 70629 | 254973 | 114174 | 174252 | 279206 | 668322 |
| 2008 | 3246064 | 423470 | 540553 | 70925 | 370490 | 171073 | 333778 | 451996 | 883779 |
| 2009 | 4323624 | 469657 | 635025 | 90306 | 476765 | 229169 | 425640 | 686819 | 1310243 |
| 2010 | 5575285 | 517664 | 815869 | 160933 | 350312 | 340180 | 618913 | 942262 | 1829152 |
| 2011 | 7059096 | 519551 | 1030173 | 139377 | 719470 | 410933 | 815137 | 1121904 | 2302551 |
| 2012 | 8643616 | 614428 | 1064541 | 144441 | 896035 | 460892 | 1096330 | 1397982 | 2968967 |
| 2013 | 9224819 | 641499 | 1129532 | 165998 | 1027729 | 537729 | 1337881 | 1493837 | 2890614 |
| 2014 | 10004526 | 616790 | 1226824 | 160171 | 1164310 | 652693 | 1040745 | 1570466 | 3572527 |
| 2015 | 11384858 | 670870 | 1425106 | 209656 | 1462268 | 741106 | 1459604 | 1662705 | 3753543 |

注: 2007年以后财政收支科目有变化。

Note: Since 2007, the item of local government revenue has been adjusted.

# 8-4 地方公共财政收支占地区生产总值比重

## Proportion of Public Revenue and Expenditure to GDP

| 年 份<br>Year | 地方公共财政收入（亿元）<br>Local Government Revenue (100 million yuan) | 地方公共财政支出（亿元）<br>Local Government Expenditure (100 million yuan) | 地区生产总值（亿元）<br>Gross Demestic Products (100 million yuan) | 地方公共财政收入占生产总值比重（%）<br>Ratio of Local Government Revenue to GDP (%) | 地方公共财政支出占生产总值比重（%）<br>Retio of Local Government Expenditure to GDP (%) |
|---|---|---|---|---|---|
| 1978 | 3.16 | 5.78 | 13.00 | 24.31 | 44.43 |
| 1979 | 3.05 | 6.30 | 14.36 | 21.24 | 43.85 |
| 1980 | 2.04 | 5.75 | 15.96 | 12.78 | 36.04 |
| 1985 | 2.91 | 9.85 | 30.27 | 9.61 | 32.55 |
| 1990 | 6.23 | 14.96 | 64.84 | 9.61 | 23.07 |
| 1995 | 8.98 | 23.00 | 175.19 | 5.13 | 13.13 |
| 1996 | 12.68 | 29.52 | 202.90 | 6.25 | 14.55 |
| 1997 | 14.07 | 33.63 | 224.59 | 6.26 | 14.97 |
| 1998 | 17.75 | 45.12 | 245.44 | 7.23 | 18.38 |
| 1999 | 18.84 | 49.53 | 264.58 | 7.12 | 18.72 |
| 2000 | 20.82 | 60.84 | 295.02 | 7.06 | 20.62 |
| 2001 | 27.57 | 93.58 | 337.44 | 8.17 | 27.73 |
| 2002 | 26.47 | 114.57 | 377.16 | 7.02 | 30.38 |
| 2003 | 30.03 | 105.78 | 445.36 | 6.74 | 23.75 |
| 2004 | 37.47 | 123.02 | 537.11 | 6.98 | 22.90 |
| 2005 | 47.72 | 160.25 | 612.61 | 7.79 | 26.16 |
| 2006 | 61.36 | 193.21 | 725.90 | 8.45 | 26.62 |
| 2007 | 80.03 | 241.85 | 919.11 | 8.71 | 26.31 |
| 2008 | 95.01 | 324.61 | 1203.92 | 7.89 | 26.96 |
| 2009 | 111.58 | 432.36 | 1353.31 | 8.24 | 31.95 |
| 2010 | 153.55 | 557.53 | 1689.65 | 9.09 | 33.00 |
| 2011 | 219.98 | 705.91 | 2102.21 | 10.46 | 33.58 |
| 2012 | 263.96 | 864.36 | 2341.29 | 11.27 | 36.92 |
| 2013 | 308.34 | 922.48 | 2565.06 | 12.02 | 35.96 |
| 2014 | 339.86 | 1000.45 | 2752.10 | 12.35 | 36.35 |
| 2015 | 373.45 | 1138.49 | 2911.77 | 12.83 | 39.10 |

# 8-5 金融机构人民币信贷资金平衡表

## Balance Sheet of RMB Credit Funds of Financial Institutions

单位:万元 (10 000 yuan)

| 指 标 | Item | 2015 |
|---|---|---|
| **资金来源合计** | **Funds Sources** | **60032821** |
| **各项存款** | **Total Deposits** | **48051503** |
| (一)境内存款 | Domestic Deposit | 48044410 |
| 1. 住户存款 | Household deposits | 23577081 |
| 2. 非金融企业存款 | Non Financial Enterprise Deposit | 12446386 |
| 3. 广义政府存款 | General Government Deposits | 11917614 |
| 4. 非银行业金融机构存款 | Non Banking Financial Institutions Deposit | 103329 |
| (二)境外存款 | Offshore Deposits | 7092 |
| **资金运用合计** | **Funds Uses** | **60032821** |
| **各项贷款** | **Total Loans** | **51178181** |
| (一)境内贷款 | Domestic Deposit | 51177617 |
| 1. 住户贷款 | Household deposits | 13567752 |
| 短期贷款 | Short - term Loan | 6040181 |
| 中长期贷款 | Medium and Long Term Loans | 7527571 |
| 2. 非金融企业及机关团体贷款 | Non Financial Enterprise and Institution Loan | 37609865 |
| 短期贷款 | Short - term Loan | 11926243 |
| 中长期贷款 | Medium and Long Term Loans | 22543423 |
| 票据融资 | Bill Financing | 3052121 |
| 融资租赁 | Finance Lease | |
| 各项垫款 | The Advance | 88078 |
| 3. 非银行业金融机构贷款 | Non Banking Financial Institutions Deposit | |
| (二)境外贷款 | Overseas loan | 564 |

注: 金融机构包括人民银行、政策性银行、国有独资商业银行、邮政储蓄机构、其他商业银行、城市合作银行、农村信用社、城市信用社、信托投资公司、租赁公司、财务公司等。

Note: Financial Institutions in the tabal include the People's Bank of China, policy banks, state sole funded commercial banks, postal savings institutions, other commericial banks, urban cooperative banks, rural credit cooperatives, urban credit cooperatives, financial trust and investment companies, financial leasing companies, finance companies.

# 8-6 主要年份金融机构人民币各项存贷款余额

## RMB Deposits and Loans Banlances of Financial Institutions in Main Years

单位:亿元 (100 million yuan)

| 年份 Year | 各项存款 Total Deposits | 储蓄存款 Saving Deposits | 人均储蓄存款余额(元) Savings Deposits Per Capita (yuan) | 各项贷款 Total Loans | 短期贷款 Short-term Loans | 中长期贷款 Medium & Long-term Loans | 票据融资 Bill Financing |
|---|---|---|---|---|---|---|---|
| 1993 | 102.76 | 61.45 | 1251 | 135.32 | 87.09 | 38.59 | |
| 1994 | 140.44 | 85.68 | 1715 | 170.49 | 101.85 | 55.78 | |
| 1995 | 180.19 | 115.19 | 2267 | 210.49 | 128.77 | 69.05 | |
| 1996 | 223.99 | 144.80 | 2802 | 256.08 | 156.01 | 85.87 | |
| 1997 | 262.41 | 168.86 | 3216 | 303.04 | 190.17 | 105.22 | |
| 1998 | 295.82 | 192.37 | 3611 | 339.98 | 202.81 | 129.09 | |
| 1999 | 343.87 | 211.60 | 3919 | 366.36 | 212.15 | 143.95 | |
| 2000 | 396.49 | 229.35 | 4179 | 383.23 | 206.91 | 164.54 | |
| 2001 | 468.87 | 257.97 | 4617 | 441.39 | 202.12 | 229.56 | 3.57 |
| 2002 | 578.16 | 306.75 | 5406 | 524.56 | 230.69 | 281.22 | 10.02 |
| 2003 | 746.35 | 377.70 | 6559 | 681.61 | 288.02 | 365.08 | 25.14 |
| 2004 | 841.16 | 425.52 | 7287 | 762.14 | 308.39 | 425.37 | 25.24 |
| 2005 | 985.34 | 509.50 | 8607 | 833.88 | 344.38 | 458.63 | 26.87 |
| 2006 | 1131.22 | 581.14 | 9686 | 983.37 | 410.26 | 532.52 | 38.94 |
| 2007 | 1278.52 | 613.96 | 10115 | 1184.57 | 472.84 | 650.65 | 59.71 |
| 2008 | 1590.58 | 794.06 | 12933 | 1402.56 | 534.14 | 796.53 | 71.36 |
| 2009 | 2058.49 | 967.72 | 15572 | 1917.40 | 683.41 | 1156.54 | 77.26 |
| 2010 | 2573.64 | 1170.25 | 18644 | 2398.70 | 702.92 | 1608.16 | 87.38 |
| 2011 | 2966.87 | 1351.30 | 21240 | 2860.58 | 944.83 | 1800.47 | 114.41 |
| 2012 | 3495.41 | 1679.43 | 26106 | 3339.58 | 1281.67 | 1949.42 | 107.43 |
| 2013 | 3868.47 | 1887.23 | 29003 | 3910.15 | 1496.05 | 2291.29 | 120.09 |
| 2014 | 4209.06 | 2054.65 | 31232 | 4578.49 | 1664.43 | 2720.28 | 183.90 |
| 2015 | 4805.15 | 2140.85 | 32207 | 5117.82 | 1796.64 | 3007.10 | 305.21 |

# 8-7 保险公司主要业务指标

## Major Statistics for Insurance Company

单位:万元 (10 000 yuan)

| 指 标 | Item | 2001 | 2005 | 2010 | 2011 | 2012 | 2013 | 2014 | 2015 |
|---|---|---|---|---|---|---|---|---|---|
| **保费收入** | **Premium** | **62362** | **157392** | **527466** | **553367** | **626883** | **727029** | **839180** | **1033149** |
| 财产险 | Property Insurance | 19917 | 45838 | 175020 | 218794 | 264735 | 313954 | 363684 | 410098 |
| 机动车辆保险 | Motor Vehicle Insurance | 14537 | 37580 | 153046 | 192703 | 225332 | 262219 | 301693 | 336122 |
| 人身意外伤害险 | Personal Accident Insurance | 3343 | 5688 | 14249 | 16903 | 16758 | 20364 | 24098 | 29694 |
| 健康险 | Health Insurance | 1350 | 22368 | 43625 | 50651 | 58312 | 71624 | 90895 | 119023 |
| 寿险 | Life Insurance | 37753 | 83498 | 294573 | 267020 | 287077 | 321086 | 360504 | 474335 |
| **各项赔款和给付** | **Payment** | **16223** | **38727** | **116770** | **147483** | **199863** | **240375** | **293092** | **342139** |
| 财产险 | Property Insurance | 9199 | 22375 | 76511 | 90058 | 131638 | 157873 | 193985 | 208663 |
| 机动车辆保险 | Motor Vehicle Insurance | 6783 | 18506 | 66179 | 80771 | 109042 | 133590 | 155968 | 174725 |
| 人身意外伤害险 | Personal Accident Insurance | 1158 | 1494 | 3544 | 4403 | 4825 | 5232 | 6777 | 7671 |
| 健康险 | Health Insurance | 886 | 5983 | 12730 | 14552 | 16964 | 19645 | 33732 | 45825 |
| 寿险 | Life Insurance | 4980 | 8875 | 23985 | 38470 | 46436 | 57625 | 58598 | 79979 |
| **退保金** | **Insurance Withdrawn** | **1926** | **8487** | **21774** | **21607** | **24175** | **36735** | **73564** | **82383** |
| **手续费及佣金支出** | **Service Charges** | **7020** | **16120** | **53424** | **51720** | **53038** | **58820** | **79871** | **114520** |
| **业务及管理费** | **Operating Expenses** | **8284** | **15634** | **51764** | **64687** | **79399** | **95794** | **113157** | **135972** |
| **利润(税前)** | **Profits(before tax)** | **9341** | **11190** | **-21923** | **-6740** | **-4797** | **-10227** | **-29232** | **-73865** |
| **银行存款** | **Bank Deposits** | **18050** | **16776** | **19731** | **6632** | **11554** | **8526** | **14037** | **21103** |
| 活期 | Demand | 7553 | 11776 | 19731 | 6632 | 11554 | 8526 | 14037 | 21103 |
| 定期 | Time | 10497 | 5000 | | | | | | |
| **应收保费** | **Premiums receivable** | **109** | **5462** | **15598** | **16519** | **17615** | **19222** | **19912** | **39048** |
| **资产总额** | **Total Assets** | **116768** | **340058** | **1060625** | **1278749** | **1534812** | **1804410** | **2096986** | **2458662** |
| **所有者权益** | **Owners Equity** | **-3260** | **-10015** | **-100037** | **-64683** | **-75895** | **-108584** | **-167969** | **-259225** |

# 8-8 各市县金融机构人民币存贷款余额(2015年)
## The Balance of RMB Deposits/Loans of Financial Institutions by City and County(2015)

单位:亿元　　(100 million yuan)

| 地区 | Region | 存款 Deposits | 储蓄存款 Saving Deposits | 贷款 Loans |
|---|---|---|---|---|
| **全区总计** | **Total** | **4805.15** | **2140.85** | **5117.82** |
| **银川市** | **Yinchuan** | **3017.77** | **1128.32** | **3653.98** |
| 银川市 | District | 2609.37 | 858.02 | 3195.17 |
| 永宁县 | Yongning | 127.88 | 89.72 | 121.09 |
| 贺兰县 | Helan | 108.19 | 82.84 | 100.38 |
| 灵武市 | Lingwu | 172.33 | 97.74 | 237.35 |
| **石嘴山市** | **Shizuishan** | **495.72** | **314.44** | **424.59** |
| 石嘴山市 | District | 371.07 | 218.69 | 318.35 |
| 平罗县 | Pingluo | 124.65 | 95.74 | 106.24 |
| **吴忠市** | **Wuzhong** | **532.51** | **303.16** | **460.97** |
| 市辖区 | District | 254.44 | 146.32 | 227.03 |
| 盐池县 | Yanchi | 73.87 | 42.02 | 49.00 |
| 同心县 | Tongxin | 88.77 | 39.45 | 53.58 |
| 青铜峡市 | Qingtongxia | 115.43 | 75.38 | 131.36 |
| **固原市** | **Guyuan** | **346.15** | **179.04** | **206.22** |
| 原州区 | Yuanzhou | 156.70 | 79.68 | 120.68 |
| 西吉县 | Xiji | 70.71 | 34.17 | 30.98 |
| 隆德县 | Longde | 41.22 | 26.53 | 19.23 |
| 泾源县 | Jingyuan | 27.51 | 15.47 | 13.62 |
| 彭阳县 | Pengyang | 50.01 | 23.19 | 21.72 |
| **中卫市** | **Zhongwei** | **413.00** | **215.90** | **372.05** |
| 沙坡头区 | Shapotou | 204.28 | 106.35 | 178.05 |
| 中宁县 | Zhongning | 139.12 | 78.57 | 165.17 |
| 海原县 | Haiyuan | 69.60 | 30.98 | 28.83 |

注： 2011年以后吴忠市市辖区数据包含利通区和红寺堡。
Note:After2011,Wuzhong City District area data includes Litong and Hongsipu.

# 8-9 各地市县地方公共财政收入

## Local Public Government Revenue by Prefecture, City and County

单位:万元 (10 000 yuan)

| 地区 | Region | 1978 | 1980 | 1985 | 1995 | 2000 | 2005 |
|---|---|---|---|---|---|---|---|
| **全区总计** | **Total** | **30225** | **19389** | **28064** | **85740** | **197082** | **477216** |
| **区级** | **Autonomous Regional Level** | **14502** | **10237** | **6228** | **37174** | **50592** | **130904** |
| **地市县级** | **Prefecture Level** | **15723** | **9152** | **21836** | **48566** | **146490** | **346312** |
| **银川市** | **Yinchuan** | **7267** | **3880** | **13172** | **26402** | **83064** | **181645** |
| 银川市 | District | 5466 | 2396 | 10545 | 20868 | 24832 | 44311 |
| 兴庆区 | Xingqing | | | | | | |
| 西夏区 | Xixia | | | | | | |
| 金凤区 | Jinfeng | | | | | | |
| 永宁县 | Yongning | 401 | 410 | 604 | 1674 | 4299 | 8129 |
| 贺兰县 | Helan | 375 | 365 | 614 | 1673 | 4218 | 7325 |
| 灵武市 | Lingwu | 1025 | 709 | 1409 | 2187 | 6257 | 11452 |
| **石嘴山市** | **Shizuishan** | **4141** | **2125** | **4957** | **9555** | **29192** | **72900** |
| 石嘴山市 | District | 3141 | 1413 | 3651 | 723 | 8827 | 14796 |
| 大武口区 | Dawukou | | | | | | |
| 惠农区 | Huinong | | | | | | |
| 平罗县 | Pingluo | 1000 | 712 | 1306 | 2360 | 6194 | 21036 |
| **吴忠市** | **Wuzhong** | **3398** | **2122** | **2897** | **8689** | **24610** | **50177** |
| 利通区 | Litong | 1598 | 783 | 1504 | 3230 | 5413 | 8978 |
| 红寺堡区 | Hongsipu | | | | | | 1850 |
| 盐池县 | Yanchi | 213 | 224 | 290 | 539 | 2549 | 4971 |
| 同心县 | Tongxin | 241 | 198 | 139 | 697 | 1455 | 3423 |
| 青铜峡市 | Qingtongxia | 1346 | 917 | 964 | 4052 | 11162 | 20856 |
| **固原市** | **Guyuan** | **1182** | **833** | **538** | **3208** | **7874** | **14024** |
| 原州区 | Yuanzhou | 602 | 479 | 308 | 1274 | 3017 | 2220 |
| 西吉县 | Xiji | 245 | 156 | 102 | 380 | 1058 | 1803 |
| 隆德县 | Longde | 123 | 106 | 6 | 603 | 1781 | 1204 |
| 泾源县 | Jingyuan | 63 | 45 | 22 | 206 | 545 | 1080 |
| 彭阳县 | Pengyang | | | 65 | 436 | 651 | 1319 |
| **中卫市** | **Zhongwei** | **1081** | **1109** | **1236** | **4764** | **12912** | **27566** |
| 沙坡头区 | Shapotou | 516 | 564 | 462 | 2892 | 7425 | 15572 |
| 中宁县 | Zhongning | 375 | 374 | 774 | 1670 | 4487 | 10395 |
| 海原县 | Haiyuan | 190 | 171 | | 202 | 1000 | 1599 |

**注**:1. 各县(区、市)合计数不等于大市数据,大市包含市本级数据;

2. 2015 年以前沙坡头区数据包含中卫市本级,2015 年起沙坡头区数据不包含中卫市本级。

## 8－9 续表1 continued

单位:万元 (10 000 yuan)

| 地 区 | Region | 2010 | 2011 | 2012 | 2013 | 2014 | 2015 |
|---|---|---|---|---|---|---|---|
| **全区总计** | **Total** | **1535507** | **2199767** | **2639569** | **3083376** | **3398627** | **3734474** |
| **区 级** | **Autonomous Regional Level** | **384429** | **546301** | **672106** | **801381** | **872639** | **1065445** |
| **地市县级** | **Prefecture Level** | **1151078** | **1653466** | **1967463** | **2281995** | **2525988** | **2669029** |
| **银川市** | **Yinchuan** | **640368** | **966202** | **1131320** | **1345999** | **1535998** | **1709831** |
| 银川市 | District | 150824 | 206395 | 244566 | 277306 | 317148 | 357466 |
| 兴庆区 | Xingqing | 48220 | 70212 | 81749 | 100352 | 115067 | 129600 |
| 西夏区 | Xixia | 14222 | 18673 | 22634 | 26567 | 30910 | 35105 |
| 金凤区 | Jinfeng | 18312 | 26386 | 33275 | 39587 | 46830 | 53105 |
| 永宁县 | Yongning | 42091 | 75064 | 91101 | 108862 | 125520 | 144588 |
| 贺兰县 | Helan | 55158 | 93361 | 112730 | 130241 | 145449 | 156220 |
| 灵武市 | Lingwu | 103414 | 141809 | 137703 | 157766 | 181635 | 186642 |
| **石嘴山市** | **Shizuishan** | **216460** | **263831** | **297937** | **309948** | **291020** | **267490** |
| 石嘴山市 | District | 45689 | 51939 | 63516 | 66344 | 62683 | 57155 |
| 大武口区 | Dawukou | 33824 | 35867 | 44479 | 47605 | 42101 | 34682 |
| 惠农区 | Huinong | 11865 | 16072 | 19037 | 18739 | 20582 | 22473 |
| 平罗县 | Pingluo | 51965 | 68241 | 76568 | 85731 | 92585 | 86162 |
| **吴忠市** | **Wuzhong** | **156690** | **219148** | **287426** | **324749** | **351384** | **319659** |
| 利通区 | Litong | 12628 | 19041 | 27847 | 33429 | 29601 | 32596 |
| 红寺堡区 | Hongsipu | 5474 | 8388 | 10907 | 14630 | 17518 | 16051 |
| 盐池县 | Yanchi | 23492 | 36470 | 57956 | 69581 | 85230 | 75713 |
| 同心县 | Tongxin | 8941 | 12230 | 17014 | 21061 | 20246 | 22254 |
| 青铜峡市 | Qingtongxia | 53619 | 68681 | 79102 | 92263 | 104150 | 69944 |
| **固原市** | **Guyuan** | **52581** | **79788** | **103345** | **130567** | **152950** | **159094** |
| 原州区 | Yuanzhou | 9594 | 14967 | 20169 | 23298 | 25037 | 25071 |
| 西吉县 | Xiji | 4460 | 8460 | 9505 | 11420 | 13604 | 16675 |
| 隆德县 | Longde | 3290 | 4636 | 6378 | 9637 | 11479 | 13500 |
| 泾源县 | Jingyuan | 2535 | 3531 | 4597 | 6422 | 10138 | 12613 |
| 彭阳县 | Pengyang | 9066 | 16519 | 20269 | 25436 | 29296 | 22100 |
| **中卫市** | **Zhongwei** | **84979** | **124497** | **147435** | **170732** | **194636** | **212955** |
| 沙坡头区 | Shapotou | 42555 | 63333 | 73434 | 82080 | 6 | 8 |
| 中宁县 | Zhongning | 36472 | 54660 | 65420 | 76091 | 86143 | 94129 |
| 海原县 | Haiyuan | 5952 | 6504 | 8581 | 12561 | 15819 | 17412 |

# 8-10 各地市县地方公共财政支出

## Local Public Government Expenditure by Prefecture, City and County

单位:万元 (10 000 yuan)

| 地 区 | Region | 1978 | 1980 | 1985 | 1995 | 2000 | 2005 |
|---|---|---|---|---|---|---|---|
| **全区总计** | **Total** | **57485** | **57163** | **97811** | **229963** | **608020** | **1602509** |
| **区 级** | **Autonomous Regional Level** | **30989** | **29029** | **48071** | **92232** | **266998** | **718290** |
| **地市县级** | **Prefecture Level** | **26496** | **28134** | **49740** | **137731** | **341022** | **884219** |
| **银川市** | **Yinchuan** | **6794** | **6669** | **12224** | **42953** | **110739** | **353762** |
| 银川市 | District | 3915 | 3411 | 6974 | 28798 | 29658 | 152513 |
| 兴庆区 | Xingqing | | | | | | |
| 西夏区 | Xixia | | | | | | |
| 金凤区 | Jinfeng | | | | | | |
| 永宁县 | Yongning | 935 | 898 | 1454 | 4190 | 7910 | 21859 |
| 贺兰县 | Helan | 1073 | 1300 | 1587 | 4077 | 7818 | 21387 |
| 灵武市 | Lingwu | 871 | 1060 | 2209 | 5888 | 15498 | 33666 |
| **石嘴山市** | **Shizuishan** | **3861** | **3561** | **6233** | **23364** | **50874** | **149331** |
| 石嘴山市 | District | 2513 | 2212 | 4089 | 3714 | 18783 | 40298 |
| 大武口区 | Dawukou | | | | | | |
| 惠农区 | Huinong | | | | | | |
| 平罗县 | Pingluo | 1348 | 1349 | 2144 | 6982 | 11589 | 46954 |
| **吴忠市** | **Wuzhong** | **4964** | **5830** | **10138** | **27021** | **61721** | **84708** |
| 利通区 | Litong | 1724 | 1652 | 3260 | 8234 | 12046 | 25671 |
| 红寺堡区 | Hongsipu | | | | | | 10906 |
| 盐池县 | Yanchi | 1100 | 1467 | 2578 | 3922 | 12561 | 26806 |
| 同心县 | Tongxin | 1042 | 1675 | 2389 | 5353 | 14519 | 34122 |
| 青铜峡市 | Qingtongxia | 1098 | 1036 | 1911 | 7522 | 15805 | 40048 |
| **固原市** | **Guyuan** | **7032** | **7565** | **13578** | **26417** | **77143** | **185472** |
| 原州区 | Yuanzhou | 2747 | 3210 | 3927 | 6955 | 19851 | 43043 |
| 西吉县 | Xiji | 1471 | 1959 | 3191 | 6129 | 16873 | 38614 |
| 隆德县 | Longde | 972 | 1042 | 1659 | 4166 | 12249 | 24900 |
| 泾源县 | Jingyuan | 468 | 545 | 1228 | 1997 | 7181 | 16357 |
| 彭阳县 | Pengyang | | | 2025 | 3394 | 12605 | 26098 |
| **中卫市** | **Zhongwei** | **3845** | **4509** | **7567** | **17976** | **40545** | **110946** |
| 沙坡头区 | Shapotou | 1624 | 1742 | 2908 | 7878 | 15896 | 46362 |
| 中宁县 | Zhongning | 1074 | 1054 | 1736 | 5170 | 9608 | 30941 |
| 海原县 | Haiyuan | 1147 | 1713 | 2923 | 4928 | 15041 | 33643 |

**注:**1. 各县(区、市)合计数不等于大市数据,大市包含市本级数据;

2. 2015 年以前沙坡头区数据包含中卫市本级,2015 年起沙坡头区数据不包含中卫市本级。

# 8－10　续表1　continued

单位:万元 (10 000 yuan)

| 地　区 | Region | 2010 | 2011 | 2012 | 2013 | 2014 | 2015 |
|---|---|---|---|---|---|---|---|
| **全区总计** | **Total** | **5575285** | **7059096** | **8643616** | **9224819** | **10004526** | **11384858** |
| **区　　级** | **Autonomous Regional Level** | **1605095** | **2000263** | **2231298** | **2188943** | **2409918** | **3112664** |
| **地市县级** | **Prefecture Level** | **3970190** | **5058833** | **6412318** | **7035876** | **7594608** | **8272194** |
| **银 川 市** | **Yinchuan** | **1199157** | **1472546** | **1867446** | **2205311** | **2639036** | **2878980** |
| 银 川 市 | District | 285922 | 365452 | 438868 | 467468 | 549048 | 606096 |
| 兴 庆 区 | Xingqing | 99352 | 136417 | 151863 | 180970 | 216748 | 217824 |
| 西 夏 区 | Xixia | 53459 | 62863 | 82435 | 82454 | 95396 | 97518 |
| 金 凤 区 | Jinfeng | 48910 | 63075 | 79441 | 86731 | 110626 | 148964 |
| 永 宁 县 | Yongning | 140892 | 180797 | 206078 | 243312 | 278827 | 314378 |
| 贺 兰 县 | Helan | 136129 | 163715 | 225419 | 248186 | 272002 | 271869 |
| 灵 武 市 | Lingwu | 217375 | 253272 | 342965 | 393173 | 452049 | 434581 |
| **石嘴山市** | **Shizuishan** | **614539** | **648406** | **777175** | **831682** | **791844** | **793531** |
| 石嘴山市 | District | 162447 | 148990 | 190568 | 208903 | 194426 | 187021 |
| 大武口区 | Dawukou | 78101 | 72687 | 90449 | 106418 | 95946 | 87073 |
| 惠 农 区 | Huinong | 84346 | 76303 | 100119 | 102485 | 98480 | 99948 |
| 平 罗 县 | Pingluo | 183737 | 202261 | 227146 | 253365 | 273453 | 285316 |
| **吴 忠 市** | **Wuzhong** | **785706** | **1081638** | **1399324** | **1398375** | **1447684** | **1568074** |
| 利 通 区 | Litong | 48368 | 74942 | 102394 | 93356 | 93616 | 113444 |
| 红寺堡区 | Hongsipu | 60782 | 115570 | 142014 | 151210 | 155705 | 174971 |
| 盐 池 县 | Yanchi | 119543 | 175361 | 209240 | 239415 | 262616 | 284015 |
| 同 心 县 | Tongxin | 180538 | 229261 | 300557 | 308046 | 315483 | 361316 |
| 青铜峡市 | Qingtongxia | 164900 | 218102 | 259627 | 222046 | 232467 | 247527 |
| **固 原 市** | **Guyuan** | **786629** | **1081060** | **1359933** | **1494503** | **1654252** | **1835195** |
| 原 州 区 | Yuanzhou | 141508 | 186667 | 227775 | 269458 | 264392 | 309841 |
| 西 吉 县 | Xiji | 184889 | 258553 | 316371 | 339132 | 355083 | 386036 |
| 隆 德 县 | Longde | 118627 | 142897 | 171967 | 192861 | 195738 | 216547 |
| 泾 源 县 | Jingyuan | 70234 | 102210 | 117061 | 141378 | 148593 | 149616 |
| 彭 阳 县 | Pengyang | 124768 | 168121 | 213969 | 244376 | 282891 | 275921 |
| **中 卫 市** | **Zhongwei** | **584159** | **775183** | **1008440** | **1106005** | **1061792** | **1196414** |
| 沙坡头区 | Shapotou | 233508 | 302723 | 394290 | 445093 | 48944 | 62723 |
| 中 宁 县 | Zhongning | 175274 | 237504 | 312803 | 306257 | 287355 | 319633 |
| 海 原 县 | Haiyuan | 175377 | 234956 | 301347 | 354655 | 373434 | 409121 |

# 主要统计指标解释

［财政收入］ 指国家财政参与社会产品分配所取得的收入，是实现国家职能的财力保证。主要包括：

(1)各项税收：包括国内增值税、国内消费税、进口货物增值税和消费税、出口货物退增值税和消费税、营业税、企业所得税、个人所得税、资源税、城市维护建设税、房产税、印花税、城镇土地使用税、土地增值税、车船税、船舶吨税、车辆购置税、关税、耕地占用税、契税、烟叶税等。

(2)非税收入：包括专项收入、行政事业性收费、罚没收入和其他收入。

［财政支出］ 指国家财政将筹集起来的资金进行分配使用，以满足经济建设和各项事业的需要。主要包括：

(1)一般公共服务：指政府提供基本公共管理与服务的支出，包括人大事务、政协事务、政府办公厅(室)及相关机构事务、发展与改革事务、统计信息事务、财政事务、税收事务、审计事务、海关事务、人力资源事务、纪检监察事务、人口与计划生育事务、商贸事务、知识产权事务、工商行政管理事务、国土资源事务、海洋管理事务、测绘事务、地震事务、气象事务、民族事务、宗教事务、港澳台侨事务、档案事务、共产党事务、民主党派事务及工商联事务、群众团体事务、彩票事务等。

(2)外交：指政府外交事务支出，包括外交行政管理、驻外机构、对外援助、国际组织、对外合作与交流、边界勘界联检等方面的支出。

(3)国防：指政府用于国防方面的支出，包括用于现役部队、预备役部队、民兵、国防科研事业、专项工程、国防动员等方面的支出。

(4)公共安全：指政府维护社会公共安全方面的支出，包括武装警察、公安、国家安全、检察、法院、司法行政、监狱、劳教、国家保密、缉私警察等。

(5)教育：指政府教育事务支出，包括教育行政管理、学前教育、小学教育、初中教育、普通高中教育、普通高等教育、初等职业教育、中专教育、技校教育、职业高中教育、高等职业教育、广播电视教育、留学生教育、特殊教育、干部继续教育、教育机关服务等。

(6)科学技术：指用于科学技术方面的支出，包括科学技术管理事务、基础研究、应用研究、技术研究与开发、科技条件与服务、社会科学、科学技术普及、科技交流与合作等。

(7)文化教育与传媒：指政府在文化、文物、体育、广播影视、新闻出版等方面的支出。

(8)社会保障和就业：指政府在社会保障与就业方面的支出，包括社会保障和就业管理事务、民政管理事务、财政对社会保险基金的补助、补充全国社会保障基金、行政事业单位离退休、企业改革补助、就业补助、抚恤、退役安置、社会福利、残疾人事业、城市居民最低生活保障、其他城镇社会救济、农村社会救济、自然灾害生活救助、红十字事务等。

(9)医疗卫生：指政府医疗卫生方面的支出，包括医疗卫生管理事务支出、医疗服务支出、医疗保障支出、疾病预防控制支出、卫生监督支出、妇幼保健支出、农村卫生支出等。

(10)环境保护：指政府环境保护支出，包括环境保护管理事务支出、环境监测与监察支出、污染治理支出、自然生态保护支出、天然林保护工程支出、退耕还林支出、风沙荒漠治理支出、退牧还草支出、已垦草原退耕还草、能源节约利用、污染减排、可再生能源和资源综合利用等支出。

(11)城乡社区事务：指政府城乡社区事务支出，包括城乡社区管理事务支出、城乡社区规划与管理支出、城乡社区公共设施支出、城乡社区住宅支出、城乡社区环境卫生支出、建设市场管理与监督支出等。

(12)农林水事务:指政府农林水事务支出,包括农业支出、林业支出、水利支出、扶贫支出、农业综合开发支出等。

(13)交通运输:指政府交通运输和邮政业方面的支出,包括公路运输支出、水路运输支出、铁路运输支出、民用航空运输支出、邮政业支出等。

[**中央财政收入和地方财政收入**] 指按现行分税制财政体制划分的中央本级收入和地方本级收入。属于中央财政的收入包括关税,进口货物增值税和消费税,出口货物退增值税和消费税,消费税,铁道部门、各银行总行、各保险公司总公司等集中交纳的营业税和城市维护建设税,增值税75%部分,纳入共享范围的企业所得税60%部分,未纳入共享范围的中央企业所得税、中央企业上交的利润,个人所得税60%部分,车辆购置税,船舶吨税,证券交易印花税97%部分,海洋石油资源税,中央非税收入等。属于地方财政的收入包括营业税(不含铁道部门、各银行总行、各保险公司总公司集中交纳的营业税),地方企业上交利润,城市维护建设税(不含铁道部门、各银行总行、各保险公司总公司集中交纳的部分),房产税,城镇土地使用税,土地增值税,车船税,耕地占用税,契税,烟叶税,印花税,增值税25%部分,纳入共享范围的企业所得税40%部分,个人所得税40%部分,证券交易印花税3%部分,海洋石油资源税以外的其他资源税,地方非税收入等。

[**中央财政支出和地方财政支出**] 指根据政府在经济和社会活动中的不同职责,划分中央和地方政府的责权,按照政府的责权划分确定的支出。中央财政支出包括一般公共服务,外交支出,国防支出,公共安全支出,以及中央政府调整国民经济结构、协调地区发展、实施宏观调控的支出等。地方财政支出包括一般公共服务,公共安全支出,地方统筹的各项社会事业支出等。

# 第九篇 物价指数

Chapter9

Price Indices

**责任编辑：**王振权　王亚娟

**资料整理：**王振权　王亚娟　苏玉英　刘晓鹏　张兰天　张明　王明珠　孙惠玲　郭樑

**Coordinator**: Wang Zhenquan　Wang Yajuan

**Data Compilation**: Wang Zhenquan　Wang Yajuan　Su Yuying　Liu Xiaopeng　Zhang Lantian　Zhang Ming　Wang Mingzhu　Sun Huiling　Guo Liang

# 9－1 城乡居民消费价格分类指数(2015年)

## Consumer Price Indices by Category(2015)

(以上年价格为100) (preceding year =100)

| 项目名称 | Item | 全区 General | 城市 Urban Household | 农村 Rural Household |
|---|---|---|---|---|
| **居民消费价格总指数** | **Consumer Price Index** | **101.1** | **101.2** | **101.0** |
| **服务项目价格指数** | **Service Items Price Index** | **103.3** | **103.2** | **103.5** |
| **消费品价格指数** | **Consumer Goods Price Index** | **100.6** | **100.7** | **100.5** |
| **食品** | **Food** | **100.4** | **100.1** | **101.1** |
| 粮食 | Grain | 101.9 | 101.5 | 102.3 |
| 淀粉及制品 | Starch and Products | 100.9 | 101.1 | 100.2 |
| 干豆类及豆制品 | Beans and Bean Products | 101.6 | 101.3 | 102.8 |
| 油脂 | Oil or Fat | 98.8 | 98.7 | 98.9 |
| 肉禽及其制品 | Meat,Poultry and Processed Products | 99.0 | 99.0 | 99.0 |
| 蛋 | Eggs | 89.7 | 89.8 | 89.6 |
| 水产品 | Aquatic Products | 99.4 | 99.3 | 100.5 |
| 菜 | Vegetables | 107.8 | 107.3 | 108.8 |
| 调 味 品 | Flavoring | 104.0 | 104.1 | 103.9 |
| 糖 | Carbohydrate | 100.2 | 101.2 | 98.1 |
| 茶及饮料 | Tea and Beverages | 100.2 | 100.2 | 100.2 |
| 干鲜瓜果 | Dried and Fresh Melons and Fruits | 94.6 | 94.0 | 96.2 |
| 糕点饼干面包 | Cake,Biscuit and Bread | 101.4 | 101.7 | 100.5 |
| 液体乳及乳制品 | Milk and Processed Products | 99.6 | 100.0 | 97.9 |
| 在外用膳食品 | Dining Out | 101.4 | 101.0 | 102.8 |
| 其他食品 | Others Food | 101.3 | 101.1 | 101.7 |
| **烟酒** | **Tobacco and Liquor** | **102.6** | **102.6** | **102.7** |
| 烟草 | Tobacco | 104.2 | 104.4 | 103.8 |
| 酒 | Liquor | 99.3 | 99.0 | 100.2 |
| **衣着** | **Clothing** | **102.8** | **102.9** | **102.7** |
| 服 装 | Garments | 102.4 | 102.4 | 102.6 |
| 衣着材料 | Clothing Material | 101.4 | 101.4 | 101.5 |
| 鞋袜帽 | Footgear and Hats | 104.0 | 104.4 | 103.2 |
| 衣着加工服务费 | Clothing Manufacturing Services | 102.7 | 102.2 | 106.0 |
| **家庭设备用品及维修服务** | **Household Facilities , Articles and Services** | **101.4** | **101.8** | **100.4** |
| 耐用消费品 | Durable Consumer Goods | 100.9 | 101.5 | 99.3 |
| 室内装饰品 | Interior Decorations | 103.8 | 104.7 | 101.5 |
| 床上用品 | Bed Articles | 100.2 | 101.1 | 98.3 |
| 家庭日用杂品 | Daily Use Household Articles | 101.4 | 101.7 | 100.8 |
| 家庭服务及加工维修服务 | Family Services Processing and Maintenance Services | 104.3 | 103.3 | 107.6 |
| **医疗保健和个人用品** | **Health Care and Personal Articles** | **101.0** | **100.8** | **101.4** |
| 医疗保健 | Health Care | 101.0 | 100.9 | 101.4 |
| 个人用品及服务 | Personal Articles and Service | 100.9 | 100.7 | 101.5 |
| **交通和通信** | **Transportation and Communication** | **98.6** | **99.1** | **97.5** |
| 交通 | Transportation | 97.8 | 98.6 | 96.1 |
| 通信 | Communication | 99.9 | 99.9 | 99.8 |
| **娱乐教育文化用品及服务** | **Recreation,Education, Culture Articles and Service** | **105.7** | **106.1** | **104.7** |
| 文娱用耐用消费品及服务 | Durable Consumer Goods for Cultural and Recreational Use and Services | 99.1 | 99.7 | 97.3 |
| 教育 | Education | 109.9 | 110.9 | 107.7 |
| 文化娱乐类 | Cultural and Recreational | 102.8 | 102.5 | 103.7 |
| 旅游 | Touring and Outing | 101.7 | 102.1 | 100.0 |
| **居住** | **Residence** | **100.3** | **100.5** | **99.7** |
| 建房及装修材料 | Building and Building Decoration Materials | 98.2 | 99.1 | 97.2 |
| 住房租金 | Renting | 94.6 | 93.0 | 108.6 |
| 自有住房 | Private Housing | 103.7 | 103.3 | 104.9 |
| 水、电、燃料 | Water,Electricity and Fuels | 100.6 | 100.8 | 99.9 |

# 9-2 城乡商品零售价格分类指数(2015年)

## Retail Price Indices by Category of Commodities (2015)

(以上年价格为100)　　(preceding year =100)

| 项目名称 | Item | 全区 General | 城市 Urban Household | 农村 Rural Household |
|---|---|---|---|---|
| **商品零售价格总指数** | **Retail Price Index** | **100.1** | **100.1** | **99.9** |
| **食品** | **Food** | **100.6** | **100.6** | **100.9** |
| 粮食 | Grain | 101.6 | 101.5 | 102.1 |
| 淀粉及制品 | Starch and Products | 101.2 | 101.4 | 99.9 |
| 干豆类及豆制品 | Beans and Bean Products | 101.3 | 101.2 | 102.5 |
| 油脂 | Oil or Fat | 98.5 | 98.3 | 99.3 |
| 肉禽及其制品 | Meat, Poultry and Processed Products | 99.0 | 99.0 | 99.0 |
| 蛋 | Eggs | 93.5 | 94.0 | 89.5 |
| 水产品 | Aquatic Products | 98.8 | 98.8 | 100.2 |
| 菜 | Vegetables | 107.0 | 106.8 | 108.2 |
| 调味品 | Flavoring | 104.5 | 104.6 | 103.2 |
| 糖 | Carbohydrate | 101.7 | 101.8 | 98.7 |
| 干鲜瓜果 | Dried and Fresh Melons and Fruits | 94.5 | 94.3 | 96.8 |
| 糕点饼干面包 | Cake, Biscuit and Bread | 101.7 | 101.7 | 100.2 |
| 液体乳及乳制品 | Milk and Processed Products | 101.3 | 101.6 | 96.7 |
| 在外用膳食品 | Dining Out | 101.9 | 101.9 | 102.5 |
| 其他食品 | Others Food | 100.9 | 100.7 | 101.6 |
| **饮料、烟酒** | **Beverages, Tobacco, Liquor and Articles** | **101.1** | **101.1** | **102.1** |
| 茶及饮料 | Tea and Beverages | 100.0 | 100.0 | 100.1 |
| 烟草 | Tobacco | 104.8 | 104.8 | 104.5 |
| 酒 | Liquor | 99.0 | 99.0 | 99.7 |
| **服装、鞋帽** | **Garments, Shoes and Hats** | **103.1** | **103.1** | **102.9** |
| 服装 | Garments | 102.5 | 102.4 | 103.0 |
| 鞋袜帽 | Footgear and Hats | 104.8 | 105.1 | 102.8 |
| 其他 | Others | 98.8 | 98.7 | 99.8 |
| **纺织品** | **Textiles** | **102.7** | **102.9** | **100.0** |
| 衣着材料 | Clothing | 101.8 | 101.8 | 101.6 |
| 床上用品 | Bedding | 103.1 | 103.4 | 99.3 |
| **家用电器及音像器材** | **Household Appliances, Music and Video Equipment** | **101.4** | **101.7** | **97.7** |
| 家庭设备 | Household Facilities | 103.0 | 103.2 | 99.1 |
| 文娱用耐用消费品 | Durable Consumer Goods for Cultural and Recreational Use and Services | 99.0 | 99.3 | 96.0 |
| 专业音像器材 | Specialty Sound Facilities | 100.4 | 100.4 | 98.6 |

# 9－2 续表1 continued

(以上年价格为100) (preceding year =100)

| 项目名称 | Item | 全区 General | 城市 Urban Household | 农村 Rural Household |
|---|---|---|---|---|
| **文化办公用品** | **Cultural and Office Appliances** | **98.9** | **98.9** | **99.9** |
| **日用品** | **Articles for Daily Use** | **100.5** | **100.5** | **100.3** |
| 日用百货 | General Merchandise for Daily Use | 99.7 | 99.9 | 99.1 |
| 日用杂品 | Miscellaneous for Daily Use | 102.0 | 102.2 | 100.0 |
| 洗涤用品 | Washing Articles | 100.5 | 100.5 | 100.5 |
| 其他日用品 | Other Articles | 100.1 | 99.9 | 102.0 |
| **体育娱乐用品** | **Sports and Recreation Articles** | **99.8** | **99.7** | **101.6** |
| 体育用品 | Sports Articles | 99.5 | 99.4 | 101.1 |
| 娱乐用品 | Recreation Articles | 100.1 | 100.0 | 102.6 |
| **交通、通信用品** | **Transportation and Communication Appliances** | **98.7** | **98.6** | **100.0** |
| 交通运输机械 | Transport Machinery | 98.3 | 98.1 | 101.3 |
| 通信器材 | Communication Apparatus | 99.9 | 100.1 | 97.6 |
| **家具** | **Furniture** | **100.2** | **100.3** | **98.9** |
| **化妆品** | **Cosmetics** | **100.9** | **100.9** | **101.0** |
| **金银珠宝** | **Gold ,Silver and Jewel** | **94.1** | **94.0** | **95.5** |
| **中西药品及医疗保健用品** | **Traditional Chinese and Western Medicines and Health Care Articles** | **100.3** | **100.1** | **101.3** |
| 医疗器具及用品 | Medical Apparatus and Article | 101.4 | 101.5 | 100.1 |
| 中药材及中成药 | Traditional Chinese Medicinal Materials and Patent Medicines | 100.3 | 100.4 | 99.0 |
| 西药 | Western Medicines | 99.6 | 99.1 | 102.5 |
| 保健品及器具 | Health Care Equipment and Supplies | 104.2 | 103.9 | 106.2 |
| **书报杂志及电子出版物** | **Books, Newspapers, Magazines and Electronic Publications** | **108.4** | **108.7** | **106.3** |
| 教材及参考书 | Teaching Materials and Reference Books | 106.9 | 106.9 | 106.6 |
| 书报杂志 | Books, Newspapers and Magazines | 110.7 | 111.0 | 107.2 |
| 电子音像制品 | Electromin Publications | 99.6 | 99.5 | 100.0 |
| **燃料** | **Feuls** | **91.4** | **91.4** | **91.0** |
| 煤炭及制品 | Coal and Processed Products | 98.9 | 99.4 | 98.0 |
| 石油及制品 | Petroleum and Processed Products | 89.5 | 90.0 | 82.1 |
| **建筑材料及五金电料** | **Building Materials and Hardware** | **97.9** | **98.4** | **96.2** |
| 建筑装璜材料 | Building Decoration Materials | 96.4 | 97.1 | 94.4 |
| 五金电料 | Hardware | 100.3 | 100.3 | 100.2 |

# 9-3 各月居民消费价格指数(2015年)

## Monthly Consumer Price Indices(2015)

(以上年同月价格为100)　　　　(preceding year = 100)

| 月份<br>Month | 居民消费价格总指数<br>Consumer Price Indices | 食品<br>Food | 烟酒及用品<br>Tobacco, Liquor and Articles | 衣着<br>Clothing | 家庭设备用品及维修服务费<br>Household Facilities, Articles and Services | 医疗保健和个人用品<br>Health Care and Personal Articles | 交通和通信<br>Transport-ation and Communi-cation | 娱乐教育文化用品及服务<br>Recreation, Education and Culture Articles | 居住<br>Residence |
|---|---|---|---|---|---|---|---|---|---|
| 一月<br>Jan. | 101.2 | 100.2 | 99.7 | 102.9 | 102.4 | 100.9 | 99.0 | 105.8 | 101.0 |
| 二月<br>Feb. | 101.4 | 100.3 | 99.7 | 102.7 | 102.1 | 101.4 | 98.1 | 108.9 | 100.9 |
| 三月<br>Mar. | 101.2 | 100.2 | 99.7 | 103.2 | 102.0 | 101.0 | 98.4 | 106.4 | 101.0 |
| 四月<br>Apr. | 101.7 | 101.0 | 99.5 | 104.5 | 102.6 | 101.0 | 98.6 | 106.6 | 101.1 |
| 五月<br>May | 101.4 | 99.8 | 102.1 | 104.5 | 102.4 | 101.1 | 98.3 | 107.3 | 101.3 |
| 六月<br>June | 101.7 | 100.5 | 104.4 | 104.4 | 101.6 | 101.4 | 98.8 | 107.7 | 100.5 |
| 七月<br>July | 101.5 | 100.1 | 104.4 | 104.1 | 101.2 | 100.9 | 99.5 | 107.7 | 100.3 |
| 八月<br>Aug. | 101.7 | 101.5 | 104.2 | 102.4 | 101.1 | 100.9 | 99.1 | 107.5 | 100.2 |
| 九月<br>Sept. | 101.1 | 101.1 | 104.3 | 102.3 | 100.7 | 100.9 | 97.9 | 103.6 | 100.3 |
| 十月<br>Oct. | 100.4 | 99.8 | 104.6 | 102.0 | 100.6 | 100.8 | 98.3 | 103.2 | 99.1 |
| 十一月<br>Nov. | 100.3 | 100.0 | 104.5 | 101.4 | 100.4 | 100.8 | 98.8 | 102.3 | 98.8 |
| 十二月<br>Dec. | 100.1 | 100.1 | 104.4 | 99.8 | 100.1 | 100.7 | 98.8 | 102.4 | 98.6 |

# 9-4 各月商品零售及农业生产资料价格指数(2015年)

# Monthly Price Indices for Retail and Agricultural Production (2015)

(以上年同月价格为100) (preceding year = 100)

| 月份 Month | 商品零售价格总指数 Retail Price Indices | 食品 Food | 饮料、烟酒 Beverages, Tobacco, Liquor | 服装、鞋帽 Garments, Shoes and Hats | 纺织品 Textiles | 家用电器及音像器材 Household Appliances, Music and Video Equipment | 文化办公用品 Cultural and Office Appliances | 日用品 Articles for Daily Use | 体育娱乐用品 Sports and Recreation Articles |
|---|---|---|---|---|---|---|---|---|---|
| 一月 Jan. | 100.1 | 100.5 | 100.1 | 102.8 | 101.1 | 102.4 | 96.4 | 101.1 | 99.8 |
| 二月 Feb. | 99.9 | 100.4 | 100.2 | 102.5 | 101.4 | 102.3 | 96.5 | 100.5 | 99.6 |
| 三月 Mar. | 100.2 | 100.5 | 100.2 | 103.3 | 100.5 | 102.6 | 96.6 | 100.0 | 99.8 |
| 四月 Apr. | 100.7 | 101.2 | 99.8 | 105.3 | 102.0 | 104.0 | 97.3 | 100.3 | 99.8 |
| 五月 May | 100.6 | 100.4 | 100.9 | 105.6 | 100.0 | 104.0 | 100.3 | 100.3 | 99.7 |
| 六月 June | 100.7 | 101.0 | 102.4 | 105.3 | 104.5 | 101.9 | 99.9 | 100.7 | 99.6 |
| 七月 July | 100.2 | 100.5 | 102.4 | 105.1 | 103.8 | 101.0 | 99.9 | 100.6 | 100.0 |
| 八月 Aug. | 100.2 | 101.6 | 101.7 | 102.8 | 105.0 | 100.2 | 99.9 | 100.6 | 100.0 |
| 九月 Sept. | 100.0 | 101.3 | 101.6 | 102.1 | 104.6 | 100.4 | 100.1 | 100.2 | 99.9 |
| 十月 Oct. | 99.5 | 100.0 | 101.3 | 101.7 | 104.5 | 99.8 | 100.1 | 100.5 | 99.8 |
| 十一月 Nov. | 99.7 | 100.2 | 101.6 | 101.5 | 104.2 | 99.2 | 100.1 | 100.7 | 99.8 |
| 十二月 Dec. | 99.4 | 100.2 | 101.6 | 99.5 | 100.8 | 99.4 | 100.2 | 100.4 | 99.8 |

# 9-4 续表1 continued

（以上年同月价格为100） (preceding year = 100)

| 月 份<br>Month | 交通、通信用品<br>Transportation and Communication Appliances | 家具<br>Furniture | 化妆品<br>Cosmetics | 金银珠宝<br>Gold, Silver and Jewelry | 中西药品及医疗保健用品<br>Traditional Chinese and Western Medicines and Health Care Articles | 书报杂志及电子出版物<br>Books, Newspapers, Magazines and Electronic Publications | 燃料<br>Feuls | 建筑材料及五金电料<br>Building Materials and Hardware | 农业生产资料价格指数<br>Agricultural Production Price Index |
|---|---|---|---|---|---|---|---|---|---|
| 一月<br>Jan. | 99.9 | 100.3 | 101.1 | 98.9 | 101.2 | 109.5 | 90.6 | 98.1 | 96.8 |
| 二月<br>Feb. | 99.9 | 100.5 | 100.8 | 96.7 | 101.5 | 109.1 | 89.9 | 97.8 | 96.0 |
| 三月<br>Mar. | 100.5 | 100.5 | 100.8 | 93.3 | 101.9 | 108.6 | 91.8 | 98.2 | 96.6 |
| 四月<br>Apr. | 100.3 | 100.6 | 100.7 | 92.8 | 101.0 | 108.6 | 91.9 | 98.1 | 96.6 |
| 五月<br>May | 100.2 | 100.5 | 101.0 | 92.8 | 100.7 | 108.6 | 94.0 | 98.1 | 97.3 |
| 六月<br>June | 100.1 | 100.3 | 101.1 | 94.1 | 101.0 | 108.6 | 91.8 | 97.8 | 98.2 |
| 七月<br>July | 99.7 | 100.0 | 100.9 | 91.8 | 99.4 | 108.6 | 90.6 | 97.9 | 99.4 |
| 八月<br>Aug. | 98.7 | 100.0 | 100.9 | 90.8 | 99.4 | 108.5 | 89.2 | 98.0 | 100.9 |
| 九月<br>Sept. | 98.5 | 100.0 | 100.7 | 92.5 | 99.3 | 107.7 | 89.2 | 97.9 | 100.9 |
| 十月<br>Oct. | 96.4 | 100.0 | 100.7 | 95.5 | 99.4 | 107.6 | 91.1 | 97.7 | 101.1 |
| 十一月<br>Nov. | 95.3 | 100.0 | 100.8 | 97.4 | 99.3 | 107.6 | 93.0 | 97.7 | 100.5 |
| 十二月<br>Dec. | 95.4 | 99.9 | 101.1 | 92.9 | 99.2 | 107.6 | 93.5 | 97.6 | 100.7 |

# 9-5 主要年份全区工业生产者出厂价格指数

## Producer Price Indices for Industrial Products in Main Years

| 指标 | Item | 2014 | 2015 |
| --- | --- | --- | --- |
| **全部工业品** | **Total Industry Products** | **96.3** | **93.7** |
| **轻工业** | **Light Industry** | **99.9** | **98.8** |
| 以农产品为原料 | Raw Material of Agricultural Products | 100.4 | 98.9 |
| 以非农产品为原料 | Raw Material of Non - Agricultural Products | 96.2 | 98.5 |
| **重工业** | **Heavy Industry** | **95.6** | **92.9** |
| 采掘 | Mining & Quarrying | 96.1 | 92.2 |
| 原料 | Raw Material | 95.5 | 92.5 |
| 加工 | Processing | 95.8 | 94.1 |
| **生产资料** | **Means of Production** | **96.1** | **93.4** |
| 采掘 | Mining & Quarrying | 96.1 | 92.2 |
| 原料 | Raw Material | 95.4 | 92.1 |
| 加工 | Processing | 97.3 | 95.9 |
| **生活资料** | **Consumer Goods** | **98.5** | **98.2** |
| 食品 | Food | 99.8 | 97.9 |
| 衣着 | Clothing | 106.6 | 95.1 |
| 一般日用品 | Articles for Daily Use | 92.7 | 99.4 |
| 耐用消费品 | Durable Consumer Goods | 100.1 | 100.3 |
| **按工业部门分** | **By Industry Branch** | | |
| 冶金工业 | Metallurgy Industry | 94.7 | 91.8 |
| 电力工业 | Electric Power Industry | 98.9 | 98.2 |
| 煤炭及炼焦工业 | Coal and Coking Industry | 92.3 | 88.7 |
| 石油工业 | Petroleum Industry | 97.2 | 80.8 |
| 化学工业 | Chemistry Industry | 94.5 | 96.4 |
| 机械工业 | Machinery Industry | 99.0 | 98.7 |
| 建筑材料工业 | Building Materials Industry | 96.1 | 92.5 |
| 森林工业 | Forest Industry | 100.4 | 100.8 |
| 食品工业 | Food Industry | 100.0 | 97.6 |
| 纺织工业 | Textile Industry | 100.5 | 100.0 |

# 9－5 续表1 continued

| 指标 | Item | 2014 | 2015 |
|---|---|---|---|
| 缝纫工业 | Sewing Industry | 104.4 | 100.5 |
| 皮革工业 | Leather Industry | 105.9 | 91.5 |
| 造纸工业 | Papermaking Industry | 100.6 | 99.9 |
| 文教艺术用品工业 | Culture and Education Articles Industry | 100.1 | 99.4 |
| 其它工业 | Other Industry | 97.4 | 97.2 |
| **按工业行业分** | **By Industry Sector** | | |
| 煤炭开采和洗选业 | Mining and Washing of Coal | 93.1 | 91.1 |
| 石油和天然气开采业 | Extraction of Petroleum and Natural Gas | 97.0 | 71.0 |
| 黑色金属矿采选业 | Mining and Dressing of Ferrous Metal | 99.3 | 89.3 |
| 有色金属矿采选业 | Mining and Dressing of Non－ferrous Metal | | |
| 非金属矿采选业 | Mining and Processing of Non－ferrous Metal Ores | 106.8 | 108.4 |
| 其他采矿业 | Other Mining and Dressing | | |
| 农副食品加工业 | Processing of Food from Agricultural Products | 99.9 | 98.3 |
| 食品制造业 | Manufacture of Foods | 96.5 | 93.7 |
| 饮料制造业 | Manufacture of Beverages | 99.5 | 100.7 |
| 烟草制品业 | Processing of Tobacco | 100.6 | 106.7 |
| 纺织业 | Manufacture of Textile | 100.6 | 100.0 |
| 纺织服装、鞋、帽制造业 | Manufacture of Textile Wearing Apparel, Footware and Caps | 101.0 | 100.0 |
| 皮革、毛皮、羽毛(绒)及其制品业 | Manufacture of Leather, Fur, Feather and Related Products | 105.9 | 91.5 |
| 木材加工及木、竹、藤、棕、草制品业 | Processing of Timber, Manufacture of Wood, Bamboo, Rattan, Palm and Straw Products | 100.6 | 101.1 |
| 家具制造业 | Manufacture of Furniture | 100.2 | 100.4 |
| 造纸及纸制品业 | Manufacture of Paper and Paper Products | 100.6 | 99.9 |
| 印刷业和记录媒介的复制 | Printing, Reproduction of Recording Media | 100.1 | 99.4 |
| 文教体育用品制造业 | Manufacture of Articles For Culture, Education and Sport Activities | | |
| 石油加工、炼焦及核燃料加工业 | Processing of Petroleum, Coking, Processing of Nuclear Fuel | 94.2 | 78.8 |
| 化学原料及化学制品制造业 | Manufacture of Raw Chemical Materials and Chemical Products | 95.6 | 96.6 |
| 医药制造业 | Manufacture of Medicines | 98.0 | 102.7 |
| 化学纤维制造业 | Manufacture of Chemical Fibers | | |

## 9－5 续表2 continued

| 指标 | Item | 2014 | 2015 |
|---|---|---|---|
| 橡胶制品业 | Manufacture of Rubber | 85.7 | 89.8 |
| 塑料制品业 | Manufacture of Plastics | 101.7 | 94.9 |
| 非金属矿物制品业 | Manufacture of Non－metallic Mineral Products | 96.1 | 93.7 |
| 黑色金属冶炼及压延加工业 | Smelting and Pressing of Ferrous Metals | 95.1 | 87.8 |
| 有色金属冶炼及压延加工业 | Smelting and Pressing of Non－ferrous Metals | 94.3 | 93.7 |
| 金属制品业 | Manufacture of Metal Products | 97.0 | 93.1 |
| 通用设备制造业 | Manufacture of General Purpose Machinery | 99.9 | 99.9 |
| 专用设备制造业 | Manufacture of Special Purpose Machinery | 97.9 | 96.5 |
| 交通运输设备制造业 | Manufacture of Transport Equipment | 100.0 | 100.0 |
| 电气机械及器材制造业 | Manufacture of Electrical Machinery and Equipment | 99.0 | 98.8 |
| 通信设备、计算机及其他电子设备制造业 | Manufacture of Communication Equipment, Computers and Other Electronic Equipment | 95.5 | 100.1 |
| 仪器仪表及文化、办公用机械制造业 | Manufacture of Measuring Instruments and Machinery for Cultural Activity and Office Work | 99.0 | 100.0 |
| 工艺品及其他制造业 | Manufacture of Artwork and Other Manufacturing | | |
| 废弃资源和废旧材料回收加工业 | Recycling and Pressing of Abandoned Resources and Wasteandscrap | | |
| 电力、热力的生产和供应业 | Production and Supply of Electric Power, Steam and Hot Water | 98.9 | 98.2 |
| 燃气生产和供应业 | Production and Supply of Gas | 112.0 | 102.2 |
| 水的生产和供应业 | Production and Supply of Tap Water | 101.4 | 102.1 |
| **全部原材料** | **Total Raw Materials** | **97.0** | **92.1** |
| 燃料、动力类 | Fuels and Powers | 96.4 | 89.0 |
| 黑色金属材料类 | Ferrous Metals Materials | 93.4 | 88.7 |
| 钢材 | Steels | 94.8 | 90.6 |
| 其它 | Others | 89.9 | 83.2 |
| 有色金属材料和电线类 | Non－Ferrous Metals Materials and Electric Wires | 97.2 | 96.3 |
| 化工原料类 | Chemical Raw Materials | 95.6 | 92.5 |
| 木材及纸浆类 | Timbers and Pulps | 98.3 | 99.8 |
| 建筑材料及非金属矿类 | Building Materials and Non－metallic Mineral | 95.1 | 95.5 |
| 其它工业原材料及半成品类 | Other Industry Raw materials and Semi－manufactures | 98.2 | 96.2 |
| 农副产品类 | Agricultural Products | 101.0 | 96.3 |
| 纺织原料类 | Textile Raw Materials | 100.3 | 99.9 |

# 9-6 主要年份全区居民消费价格总指数

| 年份<br>Year | 以1957年价格为100<br>Year of 1957 = 100 | 以1965年价格为100<br>Year of 1965 = 100 | 以1970年价格为100<br>Year of 1970 = 100 | 以1978年价格为100<br>Year of 1978 = 100 | 以1980年价格为100<br>Year of 1980 = 100 |
|---|---|---|---|---|---|
| 1958 | 102.4 | | | | |
| 1959 | 105.4 | | | | |
| 1960 | 109.9 | | | | |
| 1961 | 132.1 | | | | |
| 1962 | 125.6 | | | | |
| 1963 | 111.7 | | | | |
| 1964 | 106.0 | | | | |
| 1965 | 103.5 | | | | |
| 1966 | 101.7 | 98.2 | | | |
| 1967 | 104.2 | 100.7 | | | |
| 1968 | 105.6 | 102.0 | | | |
| 1969 | 108.2 | 104.5 | | | |
| 1970 | 109.1 | 105.3 | | | |
| 1971 | 108.9 | 105.1 | 99.8 | | |
| 1972 | 109.3 | 105.6 | 100.2 | | |
| 1973 | 109.6 | 105.9 | 100.5 | | |
| 1974 | 110.1 | 106.3 | 100.9 | | |
| 1975 | 110.7 | 106.9 | 101.5 | | |
| 1976 | 111.7 | 107.9 | 102.4 | | |
| 1977 | 120.9 | 116.7 | 110.8 | | |
| 1978 | 121.6 | 117.4 | 111.5 | | |
| 1979 | 123.6 | 119.3 | 113.3 | 101.6 | |
| 1980 | 133.6 | 129.0 | 122.4 | 109.8 | |
| 1981 | 136.4 | 131.7 | 125.0 | 112.1 | 102.1 |
| 1982 | 140.3 | 135.5 | 128.6 | 115.4 | 105.1 |
| 1983 | 142.6 | 137.7 | 130.7 | 117.2 | 106.7 |
| 1984 | 146.4 | 141.4 | 134.2 | 120.4 | 109.6 |
| 1985 | 159.0 | 153.6 | 145.8 | 130.8 | 119.1 |
| 1986 | 168.2 | 162.5 | 154.2 | 138.3 | 126.0 |
| 1987 | 180.5 | 174.3 | 165.5 | 148.4 | 135.2 |
| 1988 | 211.4 | 204.1 | 193.8 | 173.8 | 158.3 |
| 1989 | 247.8 | 239.3 | 227.1 | 203.7 | 185.5 |
| 1990 | 265.3 | 256.2 | 243.2 | 218.2 | 198.7 |
| 1991 | 282.1 | 272.4 | 258.6 | 231.9 | 211.2 |
| 1992 | 305.5 | 295.0 | 280.0 | 251.2 | 228.7 |
| 1993 | 349.1 | 337.2 | 320.1 | 287.1 | 261.4 |
| 1994 | 429.8 | 415.1 | 394.0 | 353.4 | 321.8 |
| 1995 | 503.3 | 486.0 | 461.4 | 413.8 | 376.8 |
| 1996 | 537.5 | 519.1 | 492.7 | 442.0 | 402.4 |
| 1997 | 557.9 | 538.8 | 511.5 | 458.8 | 417.7 |
| 1998 | 557.9 | 538.8 | 511.5 | 458.8 | 417.7 |
| 1999 | 550.7 | 531.8 | 504.8 | 452.8 | 412.3 |
| 2000 | 548.5 | 529.7 | 502.8 | 451.0 | 410.6 |
| 2001 | 557.3 | 538.2 | 510.8 | 458.2 | 417.2 |
| 2002 | 553.9 | 534.9 | 507.8 | 455.5 | 414.7 |
| 2003 | 563.3 | 544.0 | 516.4 | 463.2 | 421.8 |
| 2004 | 584.2 | 564.2 | 535.5 | 480.4 | 437.4 |
| 2005 | 592.9 | 572.6 | 543.6 | 487.6 | 443.9 |
| 2006 | 604.2 | 583.5 | 553.9 | 496.8 | 452.4 |
| 2007 | 636.8 | 615.0 | 583.8 | 523.7 | 476.8 |
| 2008 | 691.0 | 667.3 | 633.4 | 568.2 | 517.3 |
| 2009 | 695.8 | 672.0 | 637.8 | 572.1 | 520.9 |
| 2010 | 724.3 | 699.5 | 664.0 | 595.6 | 542.3 |
| 2011 | 770.0 | 743.6 | 705.8 | 633.1 | 576.5 |
| 2012 | 785.4 | 758.5 | 719.9 | 645.8 | 588.0 |
| 2013 | 812.1 | 784.2 | 744.4 | 667.7 | 608.0 |
| 2014 | 827.5 | 799.1 | 758.6 | 680.4 | 619.5 |
| 2015 | 836.6 | 807.9 | 766.9 | 687.9 | 626.3 |

## Consumer Price Indices in Main Years

| 以1985年价格为100 Year of 1985 = 100 | 以1990年价格为100 Year of 1990 = 100 | 以1995年价格为100 Year of 1995 = 100 | 以2000年价格为100 Year of 2000 = 100 | 以2005年价格为100 Year of 2005 = 100 | 以上年价格为100 Preceding Year = 100 |
|---|---|---|---|---|---|
| | | | | | 102.4 |
| | | | | | 102.9 |
| | | | | | 104.3 |
| | | | | | 120.2 |
| | | | | | 95.1 |
| | | | | | 88.9 |
| | | | | | 94.9 |
| | | | | | 97.7 |
| | | | | | 98.2 |
| | | | | | 102.5 |
| | | | | | 101.3 |
| | | | | | 102.5 |
| | | | | | 100.8 |
| | | | | | 99.8 |
| | | | | | 100.4 |
| | | | | | 100.3 |
| | | | | | 100.4 |
| | | | | | 100.6 |
| | | | | | 100.9 |
| | | | | | 108.2 |
| | | | | | 100.6 |
| | | | | | 101.6 |
| | | | | | 108.1 |
| | | | | | 102.1 |
| | | | | | 102.9 |
| | | | | | 101.6 |
| | | | | | 102.7 |
| | | | | | 108.6 |
| 105.8 | | | | | 105.8 |
| 113.5 | | | | | 107.3 |
| 132.9 | | | | | 117.1 |
| 155.8 | | | | | 117.2 |
| 166.9 | | | | | 107.1 |
| 177.4 | 106.3 | | | | 106.3 |
| 192.1 | 115.1 | | | | 108.3 |
| 219.6 | 131.6 | | | | 114.3 |
| 270.3 | 162.0 | | | | 123.1 |
| 316.5 | 189.7 | | | | 117.1 |
| 338.0 | 202.6 | 106.8 | | | 106.8 |
| 350.9 | 210.3 | 110.9 | | | 103.8 |
| 350.9 | 210.3 | 110.9 | | | 100.0 |
| 346.3 | 207.5 | 109.4 | | | 98.7 |
| 344.9 | 206.7 | 109.0 | | | 99.6 |
| 350.4 | 210.0 | 110.7 | 101.6 | | 101.6 |
| 348.3 | 208.8 | 110.1 | 101.0 | | 99.4 |
| 354.3 | 212.3 | 111.9 | 102.7 | | 101.7 |
| 367.4 | 220.2 | 116.1 | 106.5 | | 103.7 |
| 372.9 | 223.5 | 117.8 | 108.1 | | 101.5 |
| 380.0 | 227.7 | 120.1 | 110.2 | 101.9 | 101.9 |
| 400.5 | 240.0 | 126.5 | 116.1 | 107.4 | 105.4 |
| 434.5 | 260.4 | 137.3 | 126.0 | 116.5 | 108.5 |
| 437.6 | 262.2 | 138.2 | 126.9 | 117.3 | 100.7 |
| 455.5 | 273.0 | 143.9 | 132.1 | 122.2 | 104.1 |
| 484.2 | 290.2 | 153.0 | 140.4 | 129.9 | 106.3 |
| 493.9 | 296.0 | 156.0 | 143.2 | 132.5 | 102.0 |
| 510.7 | 306.1 | 161.4 | 148.1 | 137.0 | 103.4 |
| 520.4 | 311.9 | 164.4 | 150.9 | 139.6 | 101.9 |
| 526.1 | 315.3 | 166.2 | 152.5 | 141.1 | 101.1 |

# 9－7 主要年份全区城市居民消费价格总指数

| 年份<br>Year | 以1957年价格为100<br>Year of 1957＝100 | 以1965年价格为100<br>Year of 1965＝100 | 以1970年价格为100<br>Year of 1970＝100 | 以1978年价格为100<br>Year of 1978＝100 | 以1985年价格为100<br>Year of 1985＝100 |
|---|---|---|---|---|---|
| 1958 | 102.4 | | | | |
| 1959 | 105.4 | | | | |
| 1960 | 109.9 | | | | |
| 1961 | 132.1 | | | | |
| 1962 | 125.6 | | | | |
| 1963 | 111.7 | | | | |
| 1964 | 106.0 | | | | |
| 1965 | 103.5 | | | | |
| 1966 | 101.7 | 98.2 | | | |
| 1967 | 104.2 | 100.7 | | | |
| 1968 | 105.6 | 102.0 | | | |
| 1969 | 108.2 | 104.5 | | | |
| 1970 | 109.1 | 105.3 | | | |
| 1971 | 108.9 | 105.1 | 99.8 | | |
| 1972 | 109.3 | 105.6 | 100.2 | | |
| 1973 | 109.6 | 105.9 | 100.5 | | |
| 1974 | 110.1 | 106.3 | 100.9 | | |
| 1975 | 110.7 | 106.9 | 101.5 | | |
| 1976 | 111.7 | 107.9 | 102.4 | | |
| 1977 | 120.9 | 116.7 | 110.8 | | |
| 1978 | 121.6 | 117.4 | 111.5 | | |
| 1979 | 123.6 | 119.3 | 113.3 | 101.6 | |
| 1980 | 133.6 | 129.0 | 122.4 | 109.8 | |
| 1981 | 136.4 | 131.7 | 125.0 | 112.1 | |
| 1982 | 140.3 | 135.5 | 128.6 | 115.4 | |
| 1983 | 142.6 | 137.7 | 130.7 | 117.2 | |
| 1984 | 147.3 | 142.2 | 135.0 | 121.1 | |
| 1985 | 159.9 | 154.5 | 146.6 | 131.5 | |
| 1986 | 169.5 | 163.7 | 155.4 | 139.4 | 106.0 |
| 1987 | 186.3 | 179.9 | 170.8 | 153.2 | 116.5 |
| 1988 | 219.3 | 211.8 | 201.0 | 180.3 | 137.1 |
| 1989 | 254.8 | 246.1 | 233.6 | 209.5 | 159.3 |
| 1990 | 268.9 | 259.6 | 246.5 | 221.1 | 168.1 |
| 1991 | 287.4 | 277.6 | 263.5 | 236.3 | 179.7 |
| 1992 | 314.1 | 303.4 | 288.0 | 258.3 | 196.4 |
| 1993 | 361.9 | 349.5 | 331.7 | 297.6 | 226.3 |
| 1994 | 451.6 | 436.1 | 414.0 | 371.4 | 282.4 |
| 1995 | 529.8 | 511.6 | 485.6 | 435.6 | 331.2 |
| 1996 | 564.7 | 545.4 | 517.7 | 464.3 | 353.1 |
| 1997 | 586.7 | 566.6 | 537.9 | 482.5 | 366.8 |
| 1998 | 586.7 | 566.6 | 537.9 | 482.5 | 366.8 |
| 1999 | 581.5 | 561.5 | 533.0 | 478.1 | 363.5 |
| 2000 | 579.7 | 559.8 | 531.4 | 476.7 | 362.4 |
| 2001 | 587.3 | 567.1 | 538.3 | 482.9 | 367.2 |
| 2002 | 583.7 | 563.7 | 535.1 | 480.0 | 365.0 |
| 2003 | 592.5 | 572.2 | 543.1 | 487.2 | 370.4 |
| 2004 | 612.0 | 591.1 | 561.1 | 503.3 | 382.7 |
| 2005 | 621.8 | 600.5 | 570.0 | 511.3 | 388.8 |
| 2006 | 632.4 | 610.7 | 579.7 | 520.0 | 395.4 |
| 2007 | 664.7 | 641.9 | 609.3 | 546.5 | 415.5 |
| 2008 | 717.2 | 692.6 | 657.4 | 589.7 | 448.4 |
| 2009 | 719.3 | 694.7 | 659.4 | 591.5 | 449.7 |
| 2010 | 746.3 | 720.7 | 684.1 | 613.6 | 466.6 |
| 2011 | 789.6 | 762.5 | 723.8 | 649.2 | 493.6 |
| 2012 | 806.9 | 779.3 | 739.7 | 663.5 | 504.5 |
| 2013 | 833.5 | 805.0 | 764.1 | 685.4 | 521.1 |
| 2014 | 850.2 | 821.1 | 779.4 | 699.1 | 531.6 |
| 2015 | 860.4 | 830.9 | 788.7 | 707.5 | 537.9 |

## Consumer Price Indices of Urban Households in Main Years

| 以1990年价格为 100 Year of 1990 = 100 | 以1995年价格为 100 Year of 1995 = 100 | 以2000年价格为 100 Year of 2000 = 100 | 以2005年价格为 100 Year of 2005 = 100 | 以上年价格为 100 Preceding Year = 100 |
|---|---|---|---|---|
| | | | | 102.4 |
| | | | | 102.9 |
| | | | | 104.3 |
| | | | | 120.2 |
| | | | | 95.1 |
| | | | | 88.9 |
| | | | | 94.9 |
| | | | | 97.7 |
| | | | | 98.2 |
| | | | | 102.5 |
| | | | | 101.3 |
| | | | | 102.5 |
| | | | | 100.8 |
| | | | | 99.8 |
| | | | | 100.4 |
| | | | | 100.3 |
| | | | | 100.4 |
| | | | | 100.6 |
| | | | | 100.9 |
| | | | | 108.2 |
| | | | | 100.6 |
| | | | | 101.6 |
| | | | | 108.1 |
| | | | | 102.1 |
| | | | | 102.9 |
| | | | | 101.6 |
| | | | | 103.3 |
| | | | | 108.6 |
| | | | | 106.0 |
| | | | | 109.9 |
| | | | | 117.7 |
| | | | | 116.2 |
| | | | | 105.5 |
| 106.9 | | | | 106.9 |
| 116.8 | | | | 109.3 |
| 134.6 | | | | 115.2 |
| 168.0 | | | | 124.8 |
| 197.0 | | | | 117.3 |
| 210.0 | 106.6 | | | 106.6 |
| 218.2 | 110.8 | | | 103.9 |
| 218.2 | 110.8 | | | 100.0 |
| 216.3 | 109.8 | | | 99.1 |
| 215.6 | 109.4 | | | 99.7 |
| 218.4 | 110.9 | 101.3 | | 101.3 |
| 217.1 | 110.2 | 100.7 | | 99.4 |
| 220.4 | 111.8 | 102.2 | | 101.5 |
| 227.6 | 115.5 | 105.6 | | 103.3 |
| 231.3 | 117.4 | 107.3 | | 101.6 |
| 235.2 | 119.4 | 109.1 | 101.7 | 101.7 |
| 247.2 | 125.5 | 114.7 | 106.9 | 105.1 |
| 266.8 | 135.4 | 123.7 | 115.3 | 107.9 |
| 267.6 | 135.8 | 124.1 | 115.7 | 100.3 |
| 277.6 | 140.9 | 128.7 | 120.0 | 103.7 |
| 293.7 | 149.0 | 136.2 | 127.0 | 105.8 |
| 300.1 | 152.3 | 139.2 | 129.8 | 102.2 |
| 310.0 | 157.3 | 143.8 | 134.0 | 103.3 |
| 316.2 | 160.5 | 146.7 | 136.7 | 102.0 |
| 320.0 | 162.4 | 148.4 | 138.4 | 101.2 |

# 9-8 主要年份全区农村居民消费价格总指数

| 年份<br>Year | 以1957年价格为100<br>Year of 1957 = 100 | 以1965年价格为100<br>Year of 1965 = 100 | 以1970年价格为100<br>Year of 1970 = 100 | 以1978年价格为100<br>Year of 1978 = 100 | 以1980年价格为100<br>Year of 1980 = 100 |
|---|---|---|---|---|---|
| 1958 | 102.4 | | | | |
| 1959 | 105.4 | | | | |
| 1960 | 109.9 | | | | |
| 1961 | 132.1 | | | | |
| 1962 | 125.6 | | | | |
| 1963 | 111.7 | | | | |
| 1964 | 106.0 | | | | |
| 1965 | 103.5 | | | | |
| 1966 | 101.7 | 98.2 | | | |
| 1967 | 104.2 | 100.7 | | | |
| 1968 | 105.6 | 102.0 | | | |
| 1969 | 108.2 | 104.5 | | | |
| 1970 | 109.1 | 105.3 | | | |
| 1971 | 108.9 | 105.1 | 99.8 | | |
| 1972 | 109.3 | 105.6 | 100.2 | | |
| 1973 | 109.6 | 105.9 | 100.5 | | |
| 1974 | 110.1 | 106.3 | 100.9 | | |
| 1975 | 110.7 | 106.9 | 101.5 | | |
| 1976 | 111.7 | 107.9 | 102.4 | | |
| 1977 | 120.9 | 116.7 | 110.8 | | |
| 1978 | 121.6 | 117.4 | 111.5 | | |
| 1979 | 123.6 | 119.3 | 113.3 | 101.6 | |
| 1980 | 133.6 | 129.0 | 122.4 | 109.8 | |
| 1981 | 136.4 | 131.7 | 125.0 | 112.1 | |
| 1982 | 140.3 | 135.5 | 128.6 | 115.4 | |
| 1983 | 142.6 | 137.7 | 130.7 | 117.2 | |
| 1984 | 144.9 | 139.9 | 132.8 | 119.1 | |
| 1985 | 156.9 | 151.5 | 143.8 | 129.0 | 108.3 |
| 1986 | 164.9 | 159.2 | 151.1 | 135.6 | 113.8 |
| 1987 | 173.6 | 167.7 | 159.2 | 142.8 | 119.9 |
| 1988 | 200.9 | 194.0 | 184.1 | 165.2 | 138.7 |
| 1989 | 238.0 | 229.9 | 218.2 | 195.7 | 164.3 |
| 1990 | 259.5 | 250.6 | 237.8 | 213.3 | 179.1 |
| 1991 | 273.2 | 263.8 | 250.5 | 224.7 | 188.6 |
| 1992 | 291.0 | 281.0 | 266.7 | 239.3 | 200.9 |
| 1993 | 331.1 | 319.8 | 303.5 | 272.3 | 228.6 |
| 1994 | 402.7 | 388.8 | 369.1 | 331.1 | 278.0 |
| 1995 | 468.7 | 452.6 | 429.6 | 385.4 | 323.6 |
| 1996 | 501.0 | 483.9 | 459.3 | 412.0 | 345.9 |
| 1997 | 518.6 | 500.8 | 475.4 | 426.4 | 358.0 |
| 1998 | 517.5 | 499.8 | 474.4 | 425.5 | 357.3 |
| 1999 | 507.7 | 490.3 | 465.4 | 417.5 | 350.5 |
| 2000 | 505.2 | 487.8 | 463.1 | 415.4 | 348.7 |
| 2001 | 516.3 | 498.6 | 473.3 | 424.5 | 356.4 |
| 2002 | 513.7 | 496.1 | 470.9 | 422.4 | 354.6 |
| 2003 | 524.0 | 506.0 | 480.3 | 430.8 | 361.7 |
| 2004 | 547.5 | 528.8 | 501.9 | 450.2 | 378.0 |
| 2005 | 554.1 | 535.1 | 507.9 | 455.6 | 382.5 |
| 2006 | 566.9 | 547.4 | 519.6 | 466.1 | 391.3 |
| 2007 | 600.3 | 579.7 | 550.3 | 493.6 | 414.4 |
| 2008 | 659.7 | 637.1 | 604.8 | 542.5 | 455.4 |
| 2009 | 669.6 | 646.7 | 613.8 | 550.6 | 462.3 |
| 2010 | 700.7 | 676.7 | 642.3 | 576.1 | 483.7 |
| 2011 | 751.8 | 726.1 | 689.2 | 618.2 | 519.0 |
| 2012 | 764.6 | 738.4 | 700.9 | 628.7 | 527.8 |
| 2013 | 793.7 | 766.5 | 727.5 | 652.6 | 547.9 |
| 2014 | 806.4 | 778.7 | 739.2 | 663.0 | 556.7 |
| 2015 | 814.4 | 786.5 | 746.6 | 669.7 | 562.2 |

# Consumer Price Indies of Rural Households in Main Years

| 以1985年价格为100 Year of 1985 = 100 | 以1990年价格为100 Year of 1990 = 100 | 以1995年价格为100 Year of 1995 = 100 | 以2000年价格为100 Year of 2000 = 100 | 以2005年价格为100 Year of 2005 = 100 | 以上年价格为100 Preceding Year = 100 |
|---|---|---|---|---|---|
| | | | | | 102.4 |
| | | | | | 102.9 |
| | | | | | 104.3 |
| | | | | | 120.2 |
| | | | | | 95.1 |
| | | | | | 88.9 |
| | | | | | 94.9 |
| | | | | | 97.7 |
| | | | | | 98.2 |
| | | | | | 102.5 |
| | | | | | 101.3 |
| | | | | | 102.5 |
| | | | | | 100.8 |
| | | | | | 99.8 |
| | | | | | 100.4 |
| | | | | | 100.3 |
| | | | | | 100.4 |
| | | | | | 100.6 |
| | | | | | 100.9 |
| | | | | | 108.2 |
| | | | | | 100.6 |
| | | | | | 101.6 |
| | | | | | 108.1 |
| | | | | | 102.1 |
| | | | | | 102.9 |
| | | | | | 101.6 |
| | | | | | 101.6 |
| | | | | | 108.3 |
| 105.1 | | | | | 105.1 |
| 110.7 | | | | | 105.3 |
| 128.0 | | | | | 115.7 |
| 151.7 | | | | | 118.5 |
| 165.4 | | | | | 109.0 |
| 174.2 | 105.3 | | | | 105.3 |
| 185.5 | 112.1 | | | | 106.5 |
| 211.1 | 127.6 | | | | 113.8 |
| 256.7 | 155.2 | | | | 121.6 |
| 298.8 | 180.6 | | | | 116.4 |
| 319.4 | 193.1 | 106.9 | | | 106.9 |
| 330.5 | 199.9 | 110.6 | | | 103.5 |
| 329.9 | 199.5 | 110.4 | | | 99.8 |
| 323.6 | 195.7 | 108.3 | | | 98.1 |
| 322.0 | 194.7 | 107.8 | | | 99.5 |
| 329.1 | 199.0 | 110.2 | 102.2 | | 102.2 |
| 327.4 | 198.0 | 109.6 | 101.7 | | 99.5 |
| 334.0 | 201.9 | 111.8 | 103.7 | | 102.0 |
| 349.0 | 211.0 | 116.8 | 108.4 | | 104.5 |
| 353.2 | 213.6 | 118.2 | 109.7 | | 101.2 |
| 361.3 | 218.5 | 120.9 | 112.2 | 102.3 | 102.3 |
| 382.6 | 231.4 | 128.1 | 118.8 | 108.3 | 105.9 |
| 420.5 | 254.3 | 140.8 | 130.6 | 119.1 | 109.9 |
| 426.8 | 258.1 | 142.9 | 132.6 | 120.8 | 101.5 |
| 446.6 | 270.0 | 149.5 | 138.7 | 126.5 | 104.6 |
| 479.2 | 289.8 | 160.4 | 148.8 | 135.7 | 107.3 |
| 487.4 | 294.7 | 163.1 | 151.4 | 138.0 | 101.7 |
| 505.9 | 305.9 | 169.3 | 157.1 | 143.2 | 103.8 |
| 514.0 | 310.8 | 172.0 | 159.6 | 145.5 | 101.6 |
| 519.1 | 313.9 | 173.8 | 161.2 | 147.0 | 101.0 |

## 9-9 主要年份全区商品零售价格总指数

| 年份<br>Year | 以1957年价格为100<br>Year of 1957 = 100 | 以1965年价格为100<br>Year of 1965 = 100 | 以1970年价格为100<br>Year of 1970 = 100 | 以1978年价格为100<br>Year of 1978 = 100 | 以1980年价格为100<br>Year of 1980 = 100 |
|---|---|---|---|---|---|
| 1958 | 101.0 | | | | |
| 1959 | 102.5 | | | | |
| 1960 | 105.6 | | | | |
| 1961 | 124.4 | | | | |
| 1962 | 119.8 | | | | |
| 1963 | 107.1 | | | | |
| 1964 | 102.5 | | | | |
| 1965 | 100.0 | | | | |
| 1966 | 98.1 | 98.1 | | | |
| 1967 | 100.0 | 100.0 | | | |
| 1968 | 100.8 | 100.8 | | | |
| 1969 | 102.3 | 102.3 | | | |
| 1970 | 102.8 | 102.8 | | | |
| 1971 | 101.8 | 101.8 | 99.0 | | |
| 1972 | 101.9 | 101.9 | 99.1 | | |
| 1973 | 102.2 | 102.2 | 99.4 | | |
| 1974 | 102.3 | 102.3 | 99.5 | | |
| 1975 | 102.6 | 102.6 | 99.8 | | |
| 1976 | 103.0 | 103.0 | 100.2 | | |
| 1977 | 110.7 | 110.7 | 107.7 | | |
| 1978 | 110.7 | 110.7 | 107.7 | | |
| 1979 | 112.2 | 112.1 | 109.1 | 101.3 | |
| 1980 | 118.7 | 118.7 | 115.4 | 107.2 | |
| 1981 | 121.1 | 121.0 | 117.7 | 109.3 | 102.0 |
| 1982 | 124.1 | 124.1 | 120.7 | 112.1 | 104.6 |
| 1983 | 125.4 | 125.4 | 122.0 | 113.3 | 105.7 |
| 1984 | 129.5 | 129.4 | 125.9 | 116.9 | 109.1 |
| 1985 | 139.6 | 139.5 | 135.7 | 126.0 | 117.6 |
| 1986 | 146.4 | 146.4 | 142.4 | 132.2 | 123.4 |
| 1987 | 158.1 | 158.1 | 153.8 | 142.8 | 133.2 |
| 1988 | 185.8 | 185.7 | 180.7 | 167.8 | 156.5 |
| 1989 | 218.8 | 218.8 | 212.9 | 197.6 | 184.4 |
| 1990 | 228.0 | 228.0 | 221.8 | 205.9 | 192.1 |
| 1991 | 241.5 | 241.4 | 234.9 | 218.1 | 203.5 |
| 1992 | 261.0 | 261.0 | 253.9 | 235.7 | 220.0 |
| 1993 | 292.6 | 292.6 | 284.6 | 264.3 | 246.6 |
| 1994 | 351.5 | 351.4 | 341.9 | 317.4 | 296.1 |
| 1995 | 405.2 | 405.1 | 394.2 | 365.9 | 341.4 |
| 1996 | 432.4 | 432.3 | 420.6 | 390.5 | 364.3 |
| 1997 | 441.9 | 441.8 | 429.8 | 399.1 | 372.3 |
| 1998 | 430.8 | 430.7 | 419.1 | 389.1 | 363.0 |
| 1999 | 421.8 | 421.7 | 410.3 | 380.9 | 355.4 |
| 2000 | 411.7 | 411.6 | 400.4 | 371.8 | 346.9 |
| 2001 | 411.7 | 411.6 | 400.4 | 371.8 | 346.9 |
| 2002 | 405.5 | 405.4 | 394.4 | 366.2 | 341.7 |
| 2003 | 403.5 | 403.4 | 392.4 | 364.4 | 340.0 |
| 2004 | 414.8 | 414.7 | 403.4 | 374.6 | 349.5 |
| 2005 | 416.4 | 416.3 | 405.0 | 376.1 | 350.9 |
| 2006 | 421.8 | 421.7 | 410.3 | 380.9 | 355.4 |
| 2007 | 439.1 | 439.0 | 427.1 | 396.6 | 370.0 |
| 2008 | 476.5 | 476.4 | 463.4 | 430.3 | 401.5 |
| 2009 | 474.1 | 474.0 | 461.1 | 428.1 | 399.5 |
| 2010 | 489.2 | 489.1 | 475.9 | 441.8 | 412.2 |
| 2011 | 515.1 | 515.0 | 501.1 | 465.2 | 434.1 |
| 2012 | 520.3 | 520.2 | 506.1 | 469.9 | 438.4 |
| 2013 | 532.8 | 532.7 | 518.2 | 481.1 | 448.9 |
| 2014 | 537.6 | 537.5 | 522.9 | 485.5 | 453.0 |
| 2015 | 538.1 | 538.0 | 523.4 | 486.0 | 453.4 |

# Retail Price Indies in Main Years

| 以1985年价格为100<br>Year of 1985 = 100 | 以1990年价格为100<br>Year of 1990 = 100 | 以1995年价格为100<br>Year of 1995 = 100 | 以2000年价格为100<br>Year of 2000 = 100 | 以2005年价格为100<br>Year of 2005 = 100 | 以上年价格为100<br>Preceding Year = 100 |
|---|---|---|---|---|---|
| | | | | | 101.0 |
| | | | | | 101.5 |
| | | | | | 103.0 |
| | | | | | 117.8 |
| | | | | | 96.3 |
| | | | | | 89.4 |
| | | | | | 95.7 |
| | | | | | 97.6 |
| | | | | | 98.1 |
| | | | | | 101.9 |
| | | | | | 100.8 |
| | | | | | 101.5 |
| | | | | | 100.5 |
| | | | | | 99.0 |
| | | | | | 100.1 |
| | | | | | 100.3 |
| | | | | | 100.1 |
| | | | | | 100.3 |
| | | | | | 100.4 |
| | | | | | 107.5 |
| | | | | | 100.0 |
| | | | | | 101.3 |
| | | | | | 105.8 |
| | | | | | 102.0 |
| | | | | | 102.5 |
| | | | | | 101.1 |
| | | | | | 103.2 |
| | | | | | 107.8 |
| 104.9 | | | | | 104.9 |
| 113.3 | | | | | 108.0 |
| 133.1 | | | | | 117.5 |
| 156.8 | | | | | 117.8 |
| 163.4 | | | | | 104.2 |
| 173.0 | 105.9 | | | | 105.9 |
| 187.1 | 114.5 | | | | 108.1 |
| 209.7 | 128.3 | | | | 112.1 |
| 251.8 | 154.1 | | | | 120.1 |
| 290.4 | 177.7 | | | | 115.3 |
| 309.8 | 189.6 | 106.7 | | | 106.7 |
| 316.6 | 193.8 | 109.0 | | | 102.2 |
| 308.7 | 188.9 | 106.3 | | | 97.5 |
| 302.2 | 185.0 | 104.1 | | | 97.9 |
| 295.0 | 180.5 | 101.6 | | | 97.6 |
| 295.0 | 180.5 | 101.6 | 100.0 | | 100.0 |
| 290.6 | 177.8 | 100.1 | 98.5 | | 98.5 |
| 289.1 | 176.9 | 99.6 | 98.0 | | 99.5 |
| 297.2 | 181.9 | 102.4 | 100.8 | | 102.8 |
| 298.4 | 182.6 | 102.8 | 101.2 | | 100.4 |
| 302.3 | 185.0 | 104.1 | 102.5 | 101.3 | 101.3 |
| 314.7 | 192.6 | 108.4 | 106.7 | 105.5 | 104.1 |
| 341.4 | 208.9 | 117.6 | 115.7 | 114.4 | 108.5 |
| 339.7 | 207.9 | 117.0 | 115.2 | 113.8 | 99.5 |
| 350.6 | 214.5 | 120.7 | 118.8 | 117.5 | 103.2 |
| 369.1 | 225.9 | 127.1 | 125.1 | 123.7 | 105.3 |
| 372.8 | 228.2 | 128.4 | 126.4 | 124.9 | 101.0 |
| 381.8 | 233.6 | 131.5 | 129.4 | 127.9 | 102.4 |
| 385.2 | 235.7 | 132.7 | 130.6 | 129.1 | 100.9 |
| 385.6 | 236.0 | 132.8 | 130.7 | 129.2 | 100.1 |

# 9-10 主要年份全区城市商品零售价格总指数

| 年份<br>Year | 以1957年价格为100<br>Year of 1957 = 100 | 以1965年价格为100<br>Year of 1965 = 100 | 以1970年价格为100<br>Year of 1970 = 100 | 以1978年价格为100<br>Year of 1978 = 100 | 以1980年价格为100<br>Year of 1980 = 100 |
|---|---|---|---|---|---|
| 1958 | 101.7 | | | | |
| 1959 | 103.7 | | | | |
| 1960 | 106.8 | | | | |
| 1961 | 128.9 | | | | |
| 1962 | 122.8 | | | | |
| 1963 | 109.4 | | | | |
| 1964 | 104.7 | | | | |
| 1965 | 102.1 | | | | |
| 1966 | 100.2 | 98.1 | | | |
| 1967 | 102.7 | 100.6 | | | |
| 1968 | 104.0 | 101.9 | | | |
| 1969 | 106.6 | 104.4 | | | |
| 1970 | 107.4 | 105.2 | | | |
| 1971 | 107.1 | 104.9 | 99.7 | | |
| 1972 | 107.5 | 105.3 | 100.1 | | |
| 1973 | 107.9 | 105.7 | 100.4 | | |
| 1974 | 108.3 | 106.1 | 100.8 | | |
| 1975 | 109.1 | 106.8 | 101.5 | | |
| 1976 | 110.3 | 108.0 | 102.6 | | |
| 1977 | 119.5 | 117.1 | 111.2 | | |
| 1978 | 120.4 | 117.9 | 112.0 | | |
| 1979 | 122.4 | 119.9 | 113.9 | 101.7 | |
| 1980 | 132.4 | 129.7 | 123.3 | 110.0 | |
| 1981 | 135.1 | 132.3 | 125.7 | 112.2 | 102.0 |
| 1982 | 139.1 | 136.3 | 129.5 | 115.6 | 105.1 |
| 1983 | 141.2 | 138.3 | 131.4 | 117.3 | 106.6 |
| 1984 | 145.8 | 142.8 | 135.7 | 121.1 | 110.0 |
| 1985 | 158.1 | 154.9 | 147.2 | 131.4 | 119.4 |
| 1986 | 167.2 | 163.7 | 155.6 | 138.9 | 126.2 |
| 1987 | 184.9 | 181.1 | 172.1 | 153.6 | 139.6 |
| 1988 | 218.9 | 214.4 | 203.7 | 181.9 | 165.3 |
| 1989 | 255.2 | 250.0 | 237.5 | 212.1 | 192.7 |
| 1990 | 261.1 | 255.7 | 243.0 | 216.9 | 197.1 |
| 1991 | 278.3 | 272.6 | 259.0 | 231.2 | 210.1 |
| 1992 | 303.7 | 297.4 | 282.6 | 252.3 | 229.3 |
| 1993 | 341.3 | 334.3 | 317.7 | 283.6 | 257.7 |
| 1994 | 409.6 | 401.2 | 381.2 | 340.3 | 309.2 |
| 1995 | 469.8 | 460.2 | 437.2 | 390.3 | 354.7 |
| 1996 | 499.4 | 489.1 | 464.8 | 414.9 | 377.0 |
| 1997 | 510.4 | 499.9 | 475.0 | 424.0 | 385.3 |
| 1998 | 496.6 | 486.4 | 462.2 | 412.6 | 374.9 |
| 1999 | 488.6 | 478.6 | 454.8 | 406.0 | 368.9 |
| 2000 | 477.9 | 468.1 | 444.8 | 397.0 | 360.8 |
| 2001 | 479.3 | 469.5 | 446.1 | 398.2 | 361.9 |
| 2002 | 472.6 | 462.9 | 439.9 | 392.7 | 356.8 |
| 2003 | 468.8 | 459.2 | 436.3 | 389.5 | 354.0 |
| 2004 | 478.7 | 468.9 | 445.5 | 397.7 | 361.4 |
| 2005 | 481.1 | 471.2 | 447.7 | 399.7 | 363.2 |
| 2006 | 486.8 | 476.9 | 453.1 | 404.5 | 367.6 |
| 2007 | 504.9 | 494.5 | 469.9 | 419.5 | 381.2 |
| 2008 | 540.7 | 529.6 | 503.2 | 449.2 | 408.2 |
| 2009 | 537.5 | 526.4 | 500.2 | 446.5 | 405.8 |
| 2010 | 552.2 | 540.9 | 514.0 | 458.8 | 417.0 |
| 2011 | 579.8 | 568.0 | 539.7 | 481.8 | 437.8 |
| 2012 | 585.1 | 573.1 | 544.5 | 486.1 | 441.7 |
| 2013 | 599.1 | 586.8 | 557.6 | 497.8 | 452.3 |
| 2014 | 604.5 | 592.1 | 562.6 | 502.2 | 456.4 |
| 2015 | 605.1 | 592.7 | 563.2 | 502.7 | 456.9 |

# Retail Price Indies of Urban Households in Main Years

| 以1985年价格为100<br>Year of 1985 = 100 | 以1990年价格为100<br>Year of 1990 = 100 | 以1995年价格为100<br>Year of 1995 = 100 | 以2000年价格为100<br>Year of 2000 = 100 | 以2005年价格为100<br>Year of 2005 = 100 | 以上年价格为100<br>Preceding Year = 100 |
|---|---|---|---|---|---|
| | | | | | 101.7 |
| | | | | | 102.0 |
| | | | | | 103.0 |
| | | | | | 120.6 |
| | | | | | 95.3 |
| | | | | | 89.1 |
| | | | | | 95.7 |
| | | | | | 97.5 |
| | | | | | 98.1 |
| | | | | | 102.5 |
| | | | | | 101.3 |
| | | | | | 102.5 |
| | | | | | 100.8 |
| | | | | | 99.7 |
| | | | | | 100.4 |
| | | | | | 100.3 |
| | | | | | 100.4 |
| | | | | | 100.7 |
| | | | | | 101.1 |
| | | | | | 108.4 |
| | | | | | 100.7 |
| | | | | | 101.7 |
| | | | | | 108.2 |
| | | | | | 102.0 |
| | | | | | 103.0 |
| | | | | | 101.5 |
| | | | | | 103.2 |
| | | | | | 108.5 |
| 105.7 | | | | | 105.7 |
| 116.9 | | | | | 110.6 |
| 138.4 | | | | | 118.4 |
| 161.4 | | | | | 116.6 |
| 165.1 | | | | | 102.3 |
| 176.0 | 106.6 | | | | 106.6 |
| 192.0 | 116.3 | | | | 109.1 |
| 215.8 | 130.7 | | | | 112.4 |
| 259.0 | 156.9 | | | | 120.0 |
| 297.1 | 179.9 | | | | 114.7 |
| 315.8 | 191.3 | 106.3 | | | 106.3 |
| 322.7 | 195.5 | 108.6 | | | 102.2 |
| 314.0 | 190.2 | 105.7 | | | 97.3 |
| 309.0 | 187.1 | 104.0 | | | 98.4 |
| 302.2 | 183.0 | 101.7 | | | 97.8 |
| 303.1 | 183.6 | 102.0 | 100.3 | | 100.3 |
| 298.9 | 181.0 | 100.6 | 98.9 | | 98.6 |
| 296.5 | 179.6 | 99.8 | 98.1 | | 99.2 |
| 302.7 | 183.3 | 101.9 | 100.2 | | 102.1 |
| 304.2 | 184.2 | 102.4 | 100.7 | | 100.5 |
| 307.9 | 186.5 | 103.6 | 101.9 | 101.2 | 101.2 |
| 319.2 | 193.4 | 107.5 | 105.6 | 104.9 | 103.7 |
| 341.9 | 207.1 | 115.1 | 113.1 | 112.4 | 107.1 |
| 339.9 | 205.8 | 114.4 | 112.5 | 111.7 | 99.4 |
| 349.2 | 211.5 | 117.6 | 115.6 | 114.8 | 102.7 |
| 366.7 | 222.1 | 123.4 | 121.3 | 120.5 | 105.0 |
| 370.0 | 224.1 | 124.5 | 122.4 | 121.6 | 100.9 |
| 378.8 | 229.5 | 127.5 | 125.4 | 124.5 | 102.4 |
| 382.2 | 231.5 | 128.7 | 126.5 | 125.7 | 100.9 |
| 382.6 | 231.8 | 128.8 | 126.6 | 125.8 | 100.1 |

# 9－11 主要年份全区农村商品零售价格总指数

| 年份<br>Year | 以1957年价格为100<br>Year of 1957 = 100 | 以1965年价格为100<br>Year of 1965 = 100 | 以1970年价格为100<br>Year of 1970 = 100 | 以1978年价格为100<br>Year of 1978 = 100 | 以1980年价格为100<br>Year of 1980 = 100 |
|---|---|---|---|---|---|
| 1958 | 100.0 | | | | |
| 1959 | 100.8 | | | | |
| 1960 | 101.8 | | | | |
| 1961 | 115.6 | | | | |
| 1962 | 119.8 | | | | |
| 1963 | 116.7 | | | | |
| 1964 | 114.5 | | | | |
| 1965 | 111.9 | | | | |
| 1966 | 110.2 | 98.5 | | | |
| 1967 | 111.6 | 99.8 | | | |
| 1968 | 111.6 | 99.8 | | | |
| 1969 | 111.6 | 99.8 | | | |
| 1970 | 111.6 | 99.8 | | | |
| 1971 | 109.4 | 97.8 | 98.0 | | |
| 1972 | 109.2 | 97.6 | 97.8 | | |
| 1973 | 109.5 | 97.9 | 98.1 | | |
| 1974 | 109.4 | 97.8 | 98.0 | | |
| 1975 | 109.4 | 97.8 | 98.0 | | |
| 1976 | 109.4 | 97.8 | 98.0 | | |
| 1977 | 116.9 | 104.5 | 104.8 | | |
| 1978 | 116.6 | 104.2 | 104.4 | | |
| 1979 | 117.9 | 105.4 | 105.6 | 101.1 | |
| 1980 | 122.6 | 109.6 | 109.8 | 105.1 | |
| 1981 | 124.8 | 111.6 | 111.8 | 107.0 | 101.8 |
| 1982 | 127.4 | 113.9 | 114.1 | 109.3 | 103.9 |
| 1983 | 128.3 | 114.7 | 114.9 | 110.0 | 104.7 |
| 1984 | 131.9 | 117.9 | 118.2 | 113.1 | 107.6 |
| 1985 | 139.9 | 125.1 | 125.3 | 120.0 | 114.1 |
| 1986 | 145.5 | 130.1 | 130.4 | 124.8 | 118.7 |
| 1987 | 154.5 | 138.1 | 138.4 | 132.5 | 126.1 |
| 1988 | 179.4 | 160.4 | 160.7 | 153.9 | 146.4 |
| 1989 | 213.3 | 190.7 | 191.1 | 183.0 | 174.0 |
| 1990 | 225.5 | 201.6 | 202.0 | 193.4 | 183.9 |
| 1991 | 236.5 | 211.4 | 211.9 | 202.9 | 193.0 |
| 1992 | 251.2 | 224.5 | 225.0 | 215.5 | 204.9 |
| 1993 | 281.1 | 251.3 | 251.8 | 241.1 | 229.3 |
| 1994 | 338.1 | 302.3 | 302.9 | 290.0 | 275.8 |
| 1995 | 391.9 | 350.3 | 351.1 | 336.2 | 319.7 |
| 1996 | 420.9 | 376.3 | 377.1 | 361.0 | 343.4 |
| 1997 | 429.7 | 384.2 | 385.0 | 368.6 | 350.6 |
| 1998 | 420.7 | 376.1 | 376.9 | 360.9 | 343.2 |
| 1999 | 408.1 | 364.8 | 365.6 | 350.0 | 332.9 |
| 2000 | 397.5 | 355.3 | 356.1 | 340.9 | 324.3 |
| 2001 | 395.9 | 353.9 | 354.7 | 339.6 | 323.0 |
| 2002 | 389.5 | 348.2 | 349.0 | 334.1 | 317.8 |
| 2003 | 389.9 | 348.6 | 349.4 | 334.5 | 318.1 |
| 2004 | 406.3 | 363.2 | 364.0 | 348.5 | 331.5 |
| 2005 | 406.7 | 363.6 | 364.4 | 348.9 | 331.8 |
| 2006 | 414.0 | 370.1 | 371.0 | 355.2 | 337.8 |
| 2007 | 436.4 | 390.1 | 391.0 | 374.3 | 356.0 |
| 2008 | 490.9 | 438.9 | 439.9 | 421.1 | 400.5 |
| 2009 | 490.9 | 438.9 | 439.9 | 421.1 | 400.5 |
| 2010 | 512.9 | 458.5 | 459.5 | 439.9 | 418.4 |
| 2011 | 552.9 | 494.3 | 495.4 | 474.3 | 451.1 |
| 2012 | 562.3 | 502.7 | 503.8 | 482.3 | 458.7 |
| 2013 | 578.6 | 517.2 | 518.4 | 496.3 | 472.0 |
| 2014 | 580.3 | 518.8 | 519.9 | 497.8 | 473.4 |
| 2015 | 579.7 | 518.3 | 519.4 | 497.3 | 473.0 |

# Retail Price Indices of Rural Households in Main Years

| 以 1985 年价格为 100 Year of 1985 = 100 | 以 1990 年价格为 100 Year of 1990 = 100 | 以 1995 年价格为 100 Year of 1995 = 100 | 以 2000 年价格为 100 Year of 2000 = 100 | 以 2005 年价格为 100 Year of 2005 = 100 | 以上年价格为 100 Preceding Year = 100 |
|---|---|---|---|---|---|
| | | | | | 100.0 |
| | | | | | 100.8 |
| | | | | | 101.0 |
| | | | | | 113.5 |
| | | | | | 103.7 |
| | | | | | 97.4 |
| | | | | | 98.1 |
| | | | | | 97.7 |
| | | | | | 98.5 |
| | | | | | 101.3 |
| | | | | | 100.0 |
| | | | | | 100.0 |
| | | | | | 100.0 |
| | | | | | 98.0 |
| | | | | | 99.8 |
| | | | | | 100.3 |
| | | | | | 99.9 |
| | | | | | 100.0 |
| | | | | | 100.0 |
| | | | | | 106.9 |
| | | | | | 99.7 |
| | | | | | 101.1 |
| | | | | | 104.0 |
| | | | | | 101.8 |
| | | | | | 102.1 |
| | | | | | 100.7 |
| | | | | | 102.8 |
| | | | | | 106.1 |
| 104.0 | | | | | 104.0 |
| 110.4 | | | | | 106.2 |
| 128.2 | | | | | 116.1 |
| 152.5 | | | | | 118.9 |
| 161.2 | | | | | 105.7 |
| 169.1 | 104.9 | | | | 104.9 |
| 179.5 | 111.4 | | | | 106.2 |
| 200.9 | 124.7 | | | | 111.9 |
| 241.7 | 150.0 | | | | 120.3 |
| 280.1 | 173.8 | | | | 115.9 |
| 300.8 | 186.7 | 107.4 | | | 107.4 |
| 307.2 | 190.6 | 109.7 | | | 102.1 |
| 300.7 | 186.6 | 107.4 | | | 97.9 |
| 291.7 | 181.0 | 104.1 | | | 97.0 |
| 284.1 | 176.3 | 101.4 | | | 97.4 |
| 283.0 | 175.6 | 101.0 | 99.6 | | 99.6 |
| 278.4 | 172.8 | 99.4 | 98.0 | | 98.4 |
| 278.7 | 172.9 | 99.5 | 98.1 | | 100.1 |
| 290.4 | 180.2 | 103.7 | 102.2 | | 104.2 |
| 290.7 | 180.4 | 103.8 | 102.3 | | 100.1 |
| 295.9 | 183.6 | 105.7 | 104.2 | 101.8 | 101.8 |
| 311.9 | 193.6 | 111.4 | 109.8 | 107.3 | 105.4 |
| 350.9 | 217.7 | 125.3 | 123.5 | 120.7 | 112.5 |
| 350.9 | 217.7 | 125.3 | 123.5 | 120.7 | 100.0 |
| 366.6 | 227.5 | 130.9 | 129.0 | 126.1 | 104.5 |
| 395.2 | 245.2 | 141.1 | 139.1 | 135.9 | 107.8 |
| 401.9 | 249.4 | 143.5 | 141.5 | 138.2 | 101.7 |
| 413.6 | 256.6 | 147.6 | 145.6 | 142.3 | 102.9 |
| 414.8 | 257.4 | 148.1 | 146.0 | 142.7 | 100.3 |
| 414.4 | 257.1 | 147.9 | 145.9 | 142.5 | 99.9 |

# 9-12 主要年份全区农业生产资料价格总指数

| 年份<br>Year | 以 1957 年价格为 100<br>Year of 1957 = 100 | 以 1965 年价格为 100<br>Year of 1965 = 100 | 以 1970 年价格为 100<br>Year of 1970 = 100 | 以 1978 年价格为 100<br>Year of 1978 = 100 | 以 1980 年价格为 100<br>Year of 1980 = 100 |
|---|---|---|---|---|---|
| 1978 | 92.7 | 91.8 | 99.7 | | |
| 1979 | 93.4 | 92.5 | 100.5 | 100.8 | |
| 1980 | 94.8 | 93.9 | 102.0 | 102.3 | 101.5 |
| 1981 | 95.4 | 94.5 | 102.6 | 102.9 | 102.1 |
| 1982 | 95.8 | 94.9 | 103.0 | 103.3 | 102.5 |
| 1983 | 99.1 | 98.2 | 106.6 | 107.0 | 106.1 |
| 1984 | 104.6 | 103.6 | 112.5 | 112.8 | 111.9 |
| 1985 | 108.6 | 107.5 | 116.8 | 117.1 | 116.2 |
| 1986 | 110.5 | 109.5 | 118.9 | 119.2 | 118.3 |
| 1987 | 118.9 | 117.8 | 127.9 | 128.3 | 127.3 |
| 1988 | 136.8 | 135.4 | 149.8 | 150.2 | 149.0 |
| 1989 | 162.0 | 160.3 | 177.3 | 177.9 | 176.5 |
| 1990 | 171.0 | 169.3 | 187.3 | 187.8 | 186.3 |
| 1991 | 178.9 | 177.1 | 195.9 | 196.5 | 194.9 |
| 1992 | 186.1 | 184.2 | 203.7 | 204.3 | 202.7 |
| 1993 | 216.4 | 214.2 | 236.9 | 237.6 | 235.8 |
| 1994 | 266.8 | 264.1 | 292.1 | 293.0 | 290.7 |
| 1995 | 347.9 | 344.4 | 380.9 | 382.1 | 379.1 |
| 1996 | 379.2 | 375.4 | 415.2 | 416.5 | 413.2 |
| 1997 | 372.4 | 368.6 | 407.8 | 409.0 | 405.7 |
| 1998 | 357.9 | 354.2 | 391.9 | 393.0 | 389.9 |
| 1999 | 334.3 | 330.8 | 366.0 | 367.1 | 364.2 |
| 2000 | 320.9 | 317.6 | 351.4 | 352.4 | 349.6 |
| 2001 | 327.3 | 324.0 | 358.4 | 359.5 | 356.6 |
| 2002 | 338.8 | 335.3 | 370.9 | 372.0 | 369.1 |
| 2003 | 336.7 | 333.3 | 368.7 | 369.8 | 366.9 |
| 2004 | 382.2 | 378.3 | 418.5 | 419.7 | 416.4 |
| 2005 | 417.7 | 413.5 | 457.4 | 458.8 | 455.1 |
| 2006 | 421.1 | 416.8 | 461.0 | 462.4 | 458.8 |
| 2007 | 472.5 | 467.6 | 517.3 | 518.9 | 514.7 |
| 2008 | 596.2 | 590.1 | 652.8 | 654.8 | 649.6 |
| 2009 | 574.2 | 568.3 | 628.7 | 630.6 | 625.6 |
| 2010 | 599.5 | 593.4 | 656.4 | 658.4 | 653.1 |
| 2011 | 683.4 | 676.4 | 748.3 | 750.5 | 744.6 |
| 2012 | 735.4 | 727.8 | 805.1 | 807.6 | 801.2 |
| 2013 | 747.1 | 739.5 | 818.0 | 820.5 | 814.0 |
| 2014 | 724.0 | 716.5 | 792.7 | 795.0 | 788.7 |
| 2015 | 714.5 | 707.2 | 782.4 | 784.7 | 778.5 |

## Price Indices for Mains of Agricultural Production in Main Years

| 以1985年价格为100 Year of 1985 = 100 | 以1990年价格为100 Year of 1990 = 100 | 以1995年价格为100 Year of 1995 = 100 | 以2000年价格为100 Year of 2000 = 100 | 以2005年价格为100 Year of 2005 = 100 | 以上年价格为100 Preceding Year = 100 |
|---|---|---|---|---|---|
| | | | | | 99.7 |
| | | | | | 100.8 |
| | | | | | 101.5 |
| | | | | | 100.6 |
| | | | | | 100.4 |
| | | | | | 103.5 |
| | | | | | 105.5 |
| | | | | | 103.8 |
| 101.8 | | | | | 101.8 |
| 109.5 | | | | | 107.6 |
| 128.3 | | | | | 117.1 |
| 151.9 | | | | | 118.4 |
| 160.4 | | | | | 105.6 |
| 167.8 | 104.6 | | | | 104.6 |
| 174.5 | 108.8 | | | | 104.0 |
| 202.9 | 126.5 | | | | 116.3 |
| 250.2 | 156.0 | | | | 123.3 |
| 326.2 | 203.4 | | | | 130.4 |
| 355.6 | 221.7 | 109.0 | | | 109.0 |
| 349.2 | 217.7 | 107.0 | | | 98.2 |
| 335.6 | 209.2 | 102.9 | | | 96.1 |
| 313.4 | 195.4 | 96.1 | | | 93.4 |
| 300.9 | 187.6 | 92.2 | | | 96.0 |
| 306.9 | 191.4 | 94.1 | 102.0 | | 102.0 |
| 317.6 | 198.1 | 97.4 | 105.6 | | 103.5 |
| 315.7 | 196.9 | 96.8 | 104.9 | | 99.4 |
| 358.4 | 223.5 | 109.9 | 119.1 | | 113.5 |
| 391.7 | 244.2 | 120.1 | 130.2 | | 109.3 |
| 394.8 | 246.2 | 121.0 | 131.2 | 100.8 | 100.8 |
| 443.0 | 276.2 | 135.8 | 147.2 | 113.1 | 112.2 |
| 559.1 | 348.6 | 171.4 | 185.8 | 142.7 | 126.2 |
| 538.4 | 335.7 | 165.0 | 178.9 | 137.4 | 96.3 |
| 562.1 | 350.5 | 172.3 | 186.8 | 143.5 | 104.4 |
| 640.8 | 399.6 | 196.4 | 213.0 | 163.6 | 114.0 |
| 689.5 | 429.9 | 211.4 | 229.2 | 176.0 | 107.6 |
| 700.5 | 436.8 | 214.7 | 232.8 | 178.8 | 101.6 |
| 678.8 | 423.3 | 208.1 | 225.6 | 173.3 | 96.9 |
| 670.0 | 417.8 | 205.4 | 222.7 | 171.0 | 98.7 |

# 9－13 调查市县居民消费价格指数(2015年)

(以上年价格为100)

| 分类名称 | Item | 银川市辖区 Yinchuan |
|---|---|---|
| **居民消费价格总指数** | Consumer Price Index | **101.6** |
| **消费品价格指数** | **Consumer Goods Price Index** | **101.1** |
| **食品** | **Food** | **100.6** |
| 粮食 | Grain | 101.6 |
| 淀粉及制品 | Starch and Products | 101.0 |
| 干豆类及豆制品 | Beans and Bean Products | 100.8 |
| 油脂 | Oil or Fat | 99.0 |
| 肉禽及其制品 | Meat, Poultry and Processed Products | 100.3 |
| 蛋 | Eggs | 89.7 |
| 水产品 | Aquatic Products | 98.5 |
| 菜 | Vegetables | 106.6 |
| 调 味 品 | Flavoring | 105.3 |
| 糖 | Carbohydrate | 101.7 |
| 茶及饮料 | Tea and Beverages | 100.4 |
| 干鲜瓜果 | Dried and Fresh Melons and Fruits | 94.5 |
| 糕点饼干面包 | Cake, Biscuit and Bread | 101.4 |
| 液体乳及乳制品 | Milk and Processed Products | 100.3 |
| 在外用膳食品 | Dining Out | 101.9 |
| 其他食品 | Others Food | 101.5 |
| **烟酒** | **Tobacco and Liquor** | **102.5** |
| 烟草 | Tobacco | 104.1 |
| 酒 | Liquor | 99.0 |
| **衣着** | **Clothing** | **103.5** |
| 服 装 | Garments | 102.7 |
| 衣着材料 | Clothing Material | 101.8 |
| 鞋袜帽 | Footgear and Hats | 106.4 |
| 衣着加工服务费 | Clothing Manufacturing Services | 102.6 |
| **家庭设备用品及维修服务** | **Household Facilities, Articles and Services** | **102.8** |
| 耐用消费品 | Durable Consumer Goods | 102.7 |
| 室内装饰品 | Interior Decorations | 106.4 |
| 床上用品 | Bed Articles | 101.7 |
| 家庭日用杂品 | Daily Use Household Articles | 101.8 |
| 家庭服务及加工维修服务 | Family Services and Processing and Maintenance Services | 105.1 |
| **医疗保健和个人用品** | **Health Care and Personal Articles** | **100.5** |
| 医疗保健 | Health Care | 100.4 |
| 个人用品及服务 | Personal Articles and Service | 100.6 |
| **交通和通信** | **Transportation and Communication** | **99.4** |
| 交通 | Transportation | 98.8 |
| 通信 | Communication | 100.5 |
| **娱乐教育文化用品及服务** | **Recreation, Education , Culture Articles and Service** | **107.8** |
| 文娱用耐用消费品及服务 | Durable Consumer Goods for Cultural and Recreational Use and Services | 100.9 |
| 教育 | Education | 112.7 |
| 文化娱乐类 | Cultural and Recreational | 103.3 |
| 旅游 | Touring and Outing | 103.6 |
| **居住** | **Residence** | **100.0** |
| 建房及装修材料 | Building and Building Decoration Materials | 99.3 |
| 住房租金 | Renting | 91.2 |
| 自有住房 | Private Housing | 101.2 |
| 水、电、燃料 | Water, Electricity and Fuels | 101.2 |

# Consumer Price Indices by City and County(2015)

(preceding year =100)

| 石嘴山市辖区<br>Shizuishan | 利通区<br>Litong | 原州区<br>Yuanzhou | 沙坡头区<br>Shapotou | 平罗县<br>Pingluo | 海原县<br>Haiyuan |
|---:|---:|---:|---:|---:|---:|
| **100.3** | **100.3** | **101.6** | **101.8** | **99.9** | **100.6** |
| **100.0** | **100.0** | **101.1** | **101.1** | **99.2** | **100.2** |
| **99.4** | **99.4** | **102.4** | **100.6** | **99.5** | **100.7** |
| 101.3 | 101.0 | 102.8 | 101.3 | 102.3 | 102.7 |
| 100.3 | 103.9 | 104.7 | 95.8 | 100.0 | 99.5 |
| 103.1 | 100.2 | 102.7 | 103.8 | 101.0 | 93.5 |
| 99.6 | 94.6 | 95.6 | 100.6 | 100.8 | 99.8 |
| 97.5 | 95.7 | 97.9 | 100.5 | 97.2 | 97.0 |
| 90.7 | 90.0 | 93.9 | 87.1 | 92.0 | 87.9 |
| 100.4 | 102.1 | 104.2 | 97.4 | 100.8 | 103.5 |
| 105.5 | 115.3 | 110.4 | 107.9 | 106.9 | 106.5 |
| 101.2 | 102.6 | 103.9 | 102.5 | 103.2 | 105.1 |
| 100.0 | 101.1 | 100.1 | 99.0 | 96.0 | 100.4 |
| 100.3 | 99.9 | 100.5 | 100.3 | 100.0 | 100.0 |
| 94.8 | 92.4 | 100.9 | 91.5 | 94.2 | 98.7 |
| 101.7 | 103.6 | 102.0 | 99.9 | 100.0 | 100.0 |
| 101.8 | 98.6 | 100.9 | 100.0 | 93.0 | 97.5 |
| 98.8 | 101.0 | 105.2 | 102.6 | 100.0 | 99.7 |
| 100.0 | 100.0 | 103.5 | 100.4 | 102.7 | 101.2 |
| **103.8** | **101.0** | **103.0** | **102.6** | **102.6** | **102.4** |
| 105.5 | 103.6 | 102.7 | 105.7 | 103.7 | 103.3 |
| 100.2 | 96.2 | 103.5 | 96.9 | 100.0 | 100.0 |
| **100.7** | **103.0** | **102.2** | **103.9** | **102.2** | **102.3** |
| 101.0 | 103.9 | 101.9 | 103.4 | 102.6 | 101.9 |
| 100.8 | 100.3 | 101.3 | 102.5 | 100.0 | 101.5 |
| 99.7 | 100.6 | 102.8 | 105.5 | 101.3 | 103.2 |
| 100.0 | 103.5 | 109.5 | 102.8 | 102.1 | 111.7 |
| **100.1** | **99.9** | **101.2** | **100.0** | **99.7** | **99.1** |
| 98.7 | 99.7 | 100.7 | 98.7 | 98.5 | 97.0 |
| 100.8 | 101.9 | 103.5 | 97.8 | 104.6 | 100.8 |
| 99.0 | 100.0 | 98.4 | 97.4 | 99.6 | 103.7 |
| 102.3 | 99.9 | 100.9 | 101.0 | 100.5 | 100.3 |
| 100.8 | 100.5 | 106.1 | 108.4 | 106.7 | 100.2 |
| **101.2** | **100.9** | **100.5** | **103.1** | **101.0** | **99.9** |
| 101.7 | 100.6 | 100.2 | 103.7 | 101.2 | 98.6 |
| 100.1 | 101.5 | 101.3 | 101.7 | 100.2 | 103.9 |
| **98.7** | **99.0** | **96.9** | **99.5** | **97.6** | **97.3** |
| 98.3 | 98.6 | 95.0 | 99.2 | 96.6 | 95.3 |
| 99.2 | 99.5 | 100.3 | 100.1 | 99.2 | 100.4 |
| **103.6** | **101.8** | **106.4** | **103.5** | **103.9** | **103.0** |
| 98.7 | 95.9 | 100.4 | 96.4 | 95.4 | 96.6 |
| 110.0 | 103.1 | 110.2 | 105.9 | 108.3 | 104.0 |
| 100.6 | 102.2 | 101.2 | 105.1 | 101.9 | 101.8 |
| 97.3 | 105.6 | 96.6 | 101.1 | 102.6 | 107.5 |
| **100.1** | **100.4** | **100.3** | **102.7** | **98.2** | **100.3** |
| 99.5 | 98.7 | 98.8 | 99.8 | 94.2 | 99.0 |
| 100.0 | 94.8 | 103.9 | 112.0 | 100.0 | 100.2 |
| 100.5 | 103.1 | 102.8 | 106.4 | 105.8 | 100.0 |
| 100.2 | 100.7 | 100.1 | 100.0 | 99.1 | 101.4 |

# 9－14 调查市县商品零售价格指数(2015年)

(以上年价格为100)

| 分类名称 | Item | 银川市辖区 Yinchuan |
|---|---|---|
| **商品零售价格总指数** | **Retail Price Index** | **100.2** |
| **食品** | **Food** | **101.1** |
| 粮食 | Grain | 101.8 |
| 淀粉及制品 | Starch and Products | 101.0 |
| 干豆类及豆制品 | Beans and Bean Products | 100.6 |
| 油脂 | Oil or Fat | 98.8 |
| 肉禽及其制品 | Meat,Poultry and Processed Products | 100.2 |
| 蛋 | Eggs | 94.0 |
| 水产品 | Aquatic Products | 98.4 |
| 菜 | Vegetables | 106.0 |
| 调味品 | Flavoring | 105.3 |
| 糖 | Carbohydrate | 102.3 |
| 干鲜瓜果 | Dried and Fresh Melons and Fruits | 94.7 |
| 糕点饼干面包 | Cake,Biscuit and Bread | 101.5 |
| 液体乳及乳制品 | Milk and Processed Products | 101.4 |
| 在外用膳食品 | Dining Out | 102.6 |
| 其他食品 | Others Food | 101.5 |
| **饮料、烟酒** | **Beverages,Tobacco,Liquor and Articles** | **100.6** |
| 茶及饮料 | Tea and Beverages | 100.2 |
| 烟草 | Tobacco | 104.0 |
| 酒 | Liquor | 99.0 |
| **服装、鞋帽** | **Garments,Shoes and Hats** | **103.5** |
| 服装 | Garments | 102.4 |
| 鞋袜帽 | Footgear and Hats | 106.2 |
| 其他 | Others | 98.4 |
| **纺织品** | **Textiles** | **103.3** |
| 衣着材料 | Clothing | 101.3 |
| 床上用品 | Bedding | 104.0 |
| **家用电器及音像器材** | **Household Appliances,Music and Video Equipment** | **102.3** |
| 家庭设备 | Household Facilities | 104.5 |
| 文娱用耐用消费品 | Durable Consumer Goods for Cultural and Recreational Use and Services | 100.3 |
| 专业音像器材 | Specialty Sound | 96.3 |

# Retail Price Indices by City and County(2015)

(preceding year =100)

| 石嘴山市辖区<br>Shizuishan | 利通区<br>Litong | 原州区<br>Yuanzhou | 沙坡头区<br>Shapotou | 平罗县<br>Pingluo | 海原县<br>Haiyuan |
|---|---|---|---|---|---|
| **99.1** | **99.6** | **100.5** | **100.5** | **98.4** | **99.4** |
| **99.4** | **99.5** | **102.5** | **101.4** | **99.5** | **100.7** |
| 101.3 | 100.9 | 102.8 | 101.6 | 102.0 | 102.7 |
| 100.3 | 103.9 | 104.7 | 95.8 | 100.0 | 99.5 |
| 103.1 | 100.1 | 102.7 | 103.8 | 102.7 | 93.0 |
| 99.6 | 94.2 | 95.6 | 100.6 | 100.6 | 99.9 |
| 97.5 | 95.8 | 98.0 | 101.4 | 97.8 | 97.0 |
| 90.6 | 89.9 | 93.9 | 86.5 | 92.8 | 88.1 |
| 100.4 | 101.8 | 104.2 | 97.3 | 100.8 | 103.0 |
| 105.5 | 115.0 | 110.4 | 107.5 | 106.3 | 106.4 |
| 101.2 | 103.1 | 103.9 | 102.3 | 102.9 | 104.7 |
| 100.0 | 101.0 | 100.1 | 99.3 | 97.1 | 100.4 |
| 94.8 | 92.4 | 100.9 | 93.8 | 95.0 | 98.6 |
| 101.7 | 103.7 | 102.0 | 99.7 | 100.0 | 100.0 |
| 101.8 | 98.3 | 100.9 | 99.5 | 93.4 | 97.5 |
| 98.8 | 100.6 | 105.2 | 102.4 | 100.0 | 99.7 |
| 100.0 | 100.0 | 103.5 | 100.4 | 102.7 | 101.2 |
| **102.6** | **100.0** | **102.6** | **101.7** | **101.7** | **101.9** |
| 100.4 | 99.7 | 100.5 | 100.1 | 99.9 | 100.0 |
| 105.5 | 103.2 | 102.7 | 105.3 | 103.9 | 103.3 |
| 100.2 | 95.8 | 103.5 | 96.6 | 100.0 | 100.0 |
| **100.7** | **103.4** | **102.1** | **104.3** | **102.4** | **102.3** |
| 101.2 | 104.5 | 101.9 | 104.3 | 102.8 | 101.9 |
| 99.8 | 100.3 | 102.8 | 105.3 | 101.5 | 103.5 |
| 100.0 | 100.0 | 100.0 | 100.0 | 100.0 | 96.9 |
| **99.5** | **100.2** | **99.1** | **99.4** | **100.0** | **103.1** |
| 100.8 | 100.5 | 101.3 | 104.2 | 100.0 | 101.2 |
| 99.0 | 100.0 | 98.4 | 96.3 | 100.0 | 104.6 |
| **98.0** | **102.9** | **100.2** | **95.4** | **98.4** | **96.2** |
| 97.3 | 99.8 | 100.0 | 98.3 | 99.6 | 96.5 |
| 98.6 | 95.2 | 100.4 | 93.6 | 96.5 | 95.8 |
| 99.9 | 157.3 | 100.0 | 95.7 | 100.0 | 100.0 |

# 9－14 续表1

（以上年价格为100）

| 分类名称 | Item | 银川市辖区 Yinchuan |
|---|---|---|
| **文化办公用品** | **Cultural and Office Appliances** | **98.8** |
| **日用品** | **Articles for Daily Use** | **100.6** |
| 日用百货 | General Merchandise for Daily Use | 100.2 |
| 日用杂品 | Miscellaneous for Daily Use | 102.3 |
| 洗涤用品 | Washing Articles | 100.8 |
| 其他日用品 | Other Articles | 99.6 |
| **体育娱乐用品** | **Sports and Recreation Articles** | **99.3** |
| 体育用品 | Sports Articles | 99.1 |
| 娱乐用品 | Recreation Articles | 99.5 |
| **交通、通信用品** | **Transportation and Communication Appliances** | **98.7** |
| 交通运输机械 | Transport Machinery | 97.5 |
| 通信器材 | Communication Apparatus | 101.9 |
| **家具** | **Furniture** | **100.8** |
| **化妆品** | **Cosmetics** | **100.7** |
| **金银珠宝** | **Gold ,Silver and Jewel** | **94.6** |
| **中西药品及医疗保健用品** | **Traditional Chinese and Western Medicines and Health Care Articles** | **99.7** |
| 医疗器具及用品 | Medical Apparatus and Article | 101.2 |
| 中药材及中成药 | Traditional Chinese Medicinal Materials and Patent Medicines | 100.2 |
| 西药 | Western Medicines | 98.1 |
| 保健器具及用品 | Health Care Equipment and Supplies | 103.4 |
| **书报杂志及电子出版物** | **Books,Newspapers,Magazines and Electronic Publications** | **109.9** |
| 教材及参考书 | Teaching Materials and Reference Books | 107.6 |
| 书报杂志 | Books,Newspapers and Magazines | 111.9 |
| 电子音像制品 | Electromin Publications | 104.0 |
| **燃料** | **Feuls** | **90.3** |
| 煤炭及制品 | Coal and Processed Products | 100.0 |
| 石油及制品 | Petroleum and Processed Products | 89.6 |
| **建筑材料及五金电料** | **Building Materials and Hardware and Electrical Materials** | **98.5** |
| 建筑装璜材料 | Building Decoration Materials | 97.5 |
| 五金电料 | Hardware and Electrical Materials | 100.1 |

## Continued

(preceding year =100)

| 石嘴山市辖区 Shizuishan | 利通区 Litong | 原州区 Yuanzhou | 沙坡头区 Shapotou | 平罗县 Pingluo | 海原县 Haiyuan |
|---|---|---|---|---|---|
| **99.2** | **99.2** | **100.3** | **99.0** | **100.5** | **100.2** |
| **101.4** | **99.5** | **97.9** | **100.5** | **101.1** | **100.7** |
| 101.1 | 98.6 | 95.6 | 100.3 | 99.9 | 101.3 |
| 103.1 | 99.7 | 100.1 | 101.1 | 99.3 | 101.1 |
| 101.1 | 100.2 | 100.0 | 99.8 | 102.4 | 99.9 |
| 100.9 | 99.9 | 100.2 | 101.3 | 103.0 | 100.3 |
| **100.9** | **100.6** | **100.8** | **100.5** | **101.5** | **107.2** |
| 100.0 | 100.9 | 100.0 | 100.6 | 100.0 | 107.9 |
| 101.9 | 100.4 | 101.3 | 100.1 | 104.9 | 105.7 |
| **97.6** | **98.2** | **99.4** | **97.8** | **98.3** | **99.5** |
| 99.0 | 97.8 | 99.2 | 98.3 | 100.0 | 98.9 |
| 94.1 | 99.2 | 99.9 | 96.8 | 96.1 | 101.4 |
| **100.0** | **99.8** | **101.3** | **99.2** | **96.5** | **97.0** |
| **101.0** | **100.2** | **100.9** | **100.9** | **101.0** | **103.6** |
| **90.6** | **98.8** | **97.3** | **97.0** | **93.5** | **87.5** |
| **101.8** | **101.1** | **100.0** | **106.1** | **100.1** | **97.2** |
| 104.4 | 102.5 | 101.4 | 100.0 | 100.0 | 100.0 |
| 100.9 | 101.8 | 98.5 | 104.6 | 95.4 | 94.1 |
| 101.6 | 100.0 | 101.2 | 106.7 | 102.9 | 99.5 |
| 104.8 | 102.7 | 99.8 | 109.6 | 103.6 | 100.0 |
| **105.1** | **101.6** | **102.4** | **111.7** | **106.6** | **103.7** |
| 108.5 | 101.2 | 102.9 | 108.8 | 109.9 | 105.0 |
| 102.3 | 108.5 | 102.0 | 119.9 | 101.6 | 102.8 |
| 100.0 | 87.2 | 100.0 | 100.0 | 100.0 | 100.0 |
| **92.3** | **90.7** | **93.6** | **91.6** | **84.8** | **91.3** |
| 98.9 | 100.0 | 99.0 | 97.9 | 94.7 | 101.7 |
| 88.9 | 88.8 | 84.6 | 84.0 | 77.8 | 77.4 |
| **96.4** | **99.8** | **94.9** | **95.0** | **93.5** | **97.5** |
| 95.0 | 98.9 | 93.2 | 94.0 | 90.6 | 96.5 |
| 99.9 | 101.5 | 100.0 | 100.0 | 100.8 | 99.4 |

# 主要统计指标解释

[**居民消费价格指数**(CPI)] 居民消费价格指数是度量一组代表性消费商品及服务项目价格水平随着时间而变动的相对数,反映居民家庭购买的消费品及服务价格水平的变动情况。它是宏观经济分析和决策、价格总水平监测和调控以及国民经济核算的重要指标。其按年度计算的变动率通常被用来作为反映通货膨胀(或紧缩)程度的指标。

[**商品的零售价格指数**] 商品的零售价格是商品在流通过程中最后一个环节的价格,是工业、商业、餐饮业和其他零售企业向城乡居民、机关团体出售生活消费品和办公用品的价格。商品零售价格调查的任务是系统地调查、搜集和整理市场商品零售价格资料,编制商品零售价格指数,以此反映市场商品零售价格的变动趋势和变动程度。其目的在于掌握商品价格的变动趋势,为国家宏观调控和国民经济核算提供参考依据。同时,还可以在此基础上编制其他派生价格指数。

[**农业生产资料价格指数**] 农业生产资料价格是农业生产资料在流通领域的最后一个环节价格,是工业、商业及其他单位和个人向农民出售农业生产资料的价格。农业生产资料价格调查的任务是系统地调查、搜集和整理市场农业生产资料价格资料,编制农业生产资料价格指数,据此测定全国市场农业生产资料价格变动趋势和变动程度。其目的在于掌握农业生产资料的平均价格水平,为国家制定经济政策提供依据;同时,为研究城乡市场流通和国民经济核算提供参考依据。

[**农产品生产者价格指数**] 反映一定时期内,农产品生产者出售的农产品价格水平变动趋势及幅度的相对数。农产品生产者价格是指农产品生产者第一手(直接)出售其产品时实际获得的单位产品价格。

[**工业生产者出厂价格指数**(PPI)] PPI是工业生产者出厂价格指数(Producer Price Index)的简称,反映工业企业产品第一次出售时的出厂价格的变化趋势和变动幅度。与CPI相比,CPI是从消费者的角度反映市场物价的变化趋势,PPI是从生产者的角度反映产品的价格变动情况。

[**工业生产者购进价格指数**(IPI)] IPI是工业生产者购进价格指数的简称,反映工业企业作为中间投入的原材料、燃料、动力的购进价格的变化趋势和变动幅度。

[**固定资产投资价格指数**] 反映全社会及各类工程固定资产投资中涉及的各类投资品和取费项目价格的变动趋势和变动幅度。

[**建筑安装工程价格指数**] 反映建筑安装工程产值中建筑材料、人工费以及各种费用标准变动趋势及变动幅度的相对数。

# 第十篇 居民生活

# Chapter10 People's Living Conditions

责任编辑:哈金才

资料整理:哈金才　龚淑玲　马志明　苏春燕　韩茹茹　倪秀红　韩旭

**Coordinator**: Ha Jincai

**Data Compilation**: Ha Jincai　Gong Shuling　Ma Zhiming　Su Chunyan　Han Ruru　Ni Xiuhong　Han Xu

# 10－1　主要年份全区城镇居民家庭人口和收支情况

## Number of Households, Income and Expenditure of Uran Households in Main Years

| 年份<br>Year | 平均每户家庭人口（人）<br>Average Household Size (person) | 平均每户就业人口（人）<br>Average Number of Employed Persons per Household (person) | 每一就业者负担系数<br>Number of Dependents per Employee | 人均家庭总收入（元）<br>per Capita Total Income (yuan) | 工资性收入（元）<br>Income from Wages and Salaries (yuan) | 经营性收入（元）<br>Net Business Income (yuan) | 财产性收入（元）<br>Income from Properties (yuan) | 转移性收入（元）<br>Income from Transfer (yuan) | 人均可支配收入（元）<br>Per Capita Disposable Income (yuan) |
|---|---|---|---|---|---|---|---|---|---|
| 1980 | 4.97 | 2.36 | 2.09 | 464 | | | | | 464 |
| 1985 | 4.16 | 2.16 | 1.92 | 735 | 640 | 4 | | 91 | 735 |
| 1990 | 3.64 | 1.86 | 1.96 | 1434 | 1113 | 12 | 8 | 302 | 1421 |
| 1991 | 3.44 | 1.85 | 1.86 | 1574 | 1265 | 7 | 13 | 289 | 1565 |
| 1992 | 3.41 | 1.92 | 1.77 | 1821 | 1595 | 7 | 20 | 199 | 1821 |
| 1993 | 3.36 | 1.93 | 1.74 | 2171 | 1861 | 16 | 23 | 271 | 2171 |
| 1994 | 3.24 | 1.88 | 1.72 | 2986 | 2498 | 28 | 33 | 427 | 2986 |
| 1995 | 3.22 | 1.84 | 1.75 | 3383 | 2778 | 54 | 39 | 511 | 3383 |
| 1996 | 3.19 | 1.76 | 1.81 | 3612 | 2940 | 61 | 32 | 578 | 3612 |
| 1997 | 3.20 | 1.59 | 2.01 | 3855 | 2732 | 230 | 42 | 851 | 3837 |
| 1998 | 3.18 | 1.53 | 2.08 | 4144 | 2925 | 224 | 49 | 945 | 4112 |
| 1999 | 3.13 | 1.52 | 2.06 | 4505 | 3078 | 208 | 82 | 1138 | 4473 |
| 2000 | 3.08 | 1.50 | 2.05 | 4945 | 3459 | 305 | 41 | 1140 | 4912 |
| 2001 | 3.08 | 1.48 | 2.08 | 5566 | 3908 | 365 | 40 | 1253 | 5544 |
| 2002 | 3.02 | 1.40 | 2.16 | 6409 | 4367 | 405 | 41 | 1597 | 6067 |
| 2003 | 2.95 | 1.37 | 2.15 | 6991 | 4671 | 441 | 82 | 1797 | 6530 |
| 2004 | 2.91 | 1.35 | 2.16 | 7749 | 5166 | 495 | 60 | 2027 | 7218 |
| 2005 | 2.89 | 1.33 | 2.17 | 8745 | 5772 | 957 | 64 | 1952 | 8094 |
| 2006 | 2.85 | 1.32 | 2.16 | 10002 | 6451 | 979 | 89 | 2483 | 9177 |
| 2007 | 2.86 | 1.36 | 2.10 | 11793 | 7668 | 1183 | 147 | 2795 | 10859 |
| 2008 | 2.92 | 1.36 | 2.15 | 14119 | 8794 | 1857 | 183 | 3285 | 12932 |
| 2009 | 2.90 | 1.34 | 2.16 | 15551 | 9597 | 2036 | 281 | 3636 | 14025 |
| 2010 | 2.87 | 1.37 | 2.09 | 17537 | 10821 | 2238 | 190 | 4288 | 15344 |
| 2011 | 2.79 | 1.34 | 2.08 | 19655 | 12397 | 2367 | 198 | 4692 | 17579 |
| 2012 | 2.82 | 1.36 | 2.07 | 21902 | 13966 | 2523 | 161 | 5253 | 19831 |
| 2013 | 2.88 | 1.37 | 2.10 | 23767 | 15364 | 2626 | 196 | 5580 | 21833 |
| 2014 | 2.95 | 1.50 | 1.97 | 26369 | 15736 | 4220 | 1191 | 5223 | 23285 |
| 2015 | 2.97 | 1.43 | 2.07 | 28640 | 16885 | 4273 | 1302 | 6180 | 25186 |

注：　2014 年按照城乡一体化改革后计算新的口径为城镇居民人均可支配收入。

Note: According to the integration of urban and rural reform in 2014, data was calculated according to new standard which is the urban residents per capita disposable income.

## 10－1 续表 1 continued

| 年份<br>Year | 人均消费性支出（元）<br>per Capita Consumption Expenditure (yuan) | 食品（元）<br>Food (yuan) | 衣着（元）<br>Clothing (yuan) | 家庭设备用品及服务（元）<br>Household Facilities, Articles and Services (yuan) | 医疗保健（元）<br>Health Care and Medical Services (yuan) | 交通和通讯（元）<br>Transport and Communication (yuan) | 教育文化娱乐服务（元）<br>Education, Cultural and Recreation Service (yuan) | 居住（元）<br>Residence (yuan) | 其它商品和服务（元）<br>Other Goods and Services (yuan) |
|---|---|---|---|---|---|---|---|---|---|
| 1980 | 403 | | | | | | | | |
| 1985 | 645 | 304 | 112 | 51 | 8 | 18 | 86 | 30 | 36 |
| 1990 | 1212 | 640 | 180 | 113 | 33 | 27 | 90 | 58 | 71 |
| 1991 | 1354 | 655 | 233 | 123 | 48 | 33 | 123 | 59 | 78 |
| 1992 | 1506 | 707 | 259 | 137 | 56 | 43 | 142 | 86 | 73 |
| 1993 | 1877 | 822 | 306 | 195 | 77 | 72 | 198 | 124 | 83 |
| 1994 | 2478 | 1131 | 445 | 181 | 125 | 146 | 223 | 128 | 100 |
| 1995 | 2866 | 1336 | 491 | 195 | 131 | 195 | 261 | 153 | 104 |
| 1996 | 3039 | 1384 | 527 | 195 | 172 | 229 | 275 | 152 | 105 |
| 1997 | 3271 | 1423 | 542 | 209 | 233 | 209 | 330 | 218 | 109 |
| 1998 | 3380 | 1420 | 514 | 187 | 245 | 249 | 394 | 262 | 109 |
| 1999 | 3548 | 1386 | 481 | 205 | 317 | 289 | 455 | 298 | 118 |
| 2000 | 4201 | 1509 | 562 | 290 | 327 | 407 | 565 | 381 | 157 |
| 2001 | 4595 | 1577 | 572 | 313 | 410 | 487 | 589 | 479 | 168 |
| 2002 | 5105 | 1774 | 578 | 343 | 453 | 557 | 711 | 483 | 206 |
| 2003 | 5330 | 1919 | 585 | 363 | 451 | 585 | 645 | 561 | 221 |
| 2004 | 5821 | 2156 | 637 | 364 | 441 | 647 | 651 | 660 | 265 |
| 2005 | 6404 | 2229 | 777 | 417 | 536 | 706 | 770 | 711 | 259 |
| 2006 | 7206 | 2445 | 874 | 481 | 579 | 775 | 847 | 891 | 314 |
| 2007 | 7817 | 2761 | 994 | 481 | 646 | 859 | 863 | 911 | 302 |
| 2008 | 9558 | 3353 | 1179 | 597 | 817 | 1096 | 1044 | 1069 | 404 |
| 2009 | 10280 | 3432 | 1261 | 637 | 922 | 1364 | 1076 | 1128 | 461 |
| 2010 | 11334 | 3768 | 1417 | 716 | 890 | 1575 | 1286 | 1182 | 500 |
| 2011 | 12896 | 4483 | 1702 | 885 | 978 | 1638 | 1441 | 1247 | 521 |
| 2012 | 14067 | 4769 | 1876 | 1193 | 929 | 1063 | 2110 | 1516 | 611 |
| 2013 | 15321 | 4895 | 1737 | 1002 | 1159 | 2504 | 1868 | 1498 | 658 |
| 2014 | 17216 | 4795 | 1729 | 1095 | 1617 | 2553 | 1958 | 3028 | 442 |
| 2015 | 18984 | 4883 | 1787 | 1185 | 2016 | 2510 | 2390 | 3608 | 605 |

# 10－2 主要年份全区城镇居民家庭分类平均每人消费性支出

Per Capital Annual Expenditure for Consumption of Urban Households in Main Years

单位:元 (yuan)

| 指　标 | Item | 2000 | 2010 | 2011 | 2012 | 2013 | 2014 | 2015 |
|---|---|---|---|---|---|---|---|---|
| **消费性支出** | **Consumption Expenditure** | **4201** | **11334** | **12896** | **14067** | **15321** | **17216** | **18984** |
| **食 品** | **Food** | **1509** | **3768** | **4483** | **4769** | **4895** | **4795** | **4883** |
| 粮 食 | Grain | 187 | 343 | 395 | 389 | 390 | 526 | 517 |
| 油 脂 | Oil and Fats | 66 | 112 | 126 | 124 | 139 | 148 | 141 |
| 肉禽及制品 | Meat,Poultry and Processed Products | 282 | 626 | 783 | 982 | 904 | 843 | 865 |
| 蛋 | Eggs | 37 | 57 | 66 | 66 | 63 | 66 | 69 |
| 水产品 | Aquatic Products | 41 | 70 | 80 | 81 | 90 | 80 | 82 |
| 蔬 菜 | Vegetables | 159 | 371 | 402 | 423 | 502 | 428 | 414 |
| 烟 草 | Tobacco | 95 | 240 | 268 | 260 | 259 | 232 | 255 |
| 酒和饮料 | Liquor and Beverages | 69 | 166 | 187 | 193 | 209 | 190 | 101 |
| 奶及奶制品 | Milk and Processed Products | 59 | 177 | 218 | 243 | 262 | 253 | 249 |
| **衣 着** | **Clothing** | **562** | **1417** | **1702** | **1876** | **1737** | **1729** | **1787** |
| 服装 | Garments | 377 | 1052 | 1266 | 1399 | 1280 | 1346 | 1419 |
| **家庭设备用品及服务** | **Household Facilities,Articles and Services** | **389** | **716** | **885** | **929** | **1002** | **1095** | **1185** |
| 耐用消费品 | Durable Consumer Goods | 228 | 318 | 370 | 373 | 502 | 272 | 271 |
| 室内装饰品 | Articles for Interior Decoration | 21 | 22 | 42 | 40 | 39 | 182 | 248 |
| 床上用品 | Bed Articles | 19 | 51 | 66 | 69 | 54 | 96 | 105 |
| 家庭日用杂品 | Household Articles for Daily Use | 74 | 289 | 366 | 401 | 364 | 270 | 235 |
| **医疗保健** | **Health Care and Medical Services** | **327** | **890** | **978** | **1063** | **1159** | **1617** | **2016** |
| 药品费 | Drug Charges | 259 | 559 | 589 | 603 | 527 | 682 | 706 |
| **交通和通信** | **Transport and Communications** | **372** | **1575** | **1638** | **2110** | **2504** | **2553** | **2510** |
| 交通 | Transport | 143 | 1030 | 1041 | 1468 | 1787 | 1843 | 1700 |
| 通信 | Communications | 228 | 545 | 596 | 642 | 716 | 710 | 809 |
| **教育文化娱乐服务** | **Education,Culture and Recreation Services** | **536** | **1286** | **1441** | **1516** | **1868** | **1958** | **2390** |
| 文化娱乐用品 | Culture Recreation Articles | 168 | 371 | 422 | 387 | 411 | 321 | 318 |
| 教育 | Education | 256 | 484 | 567 | 581 | 898 | 1080 | 1398 |
| **居 住** | **Residence** | **282** | **1182** | **1247** | **1193** | **1498** | **3028** | **3608** |
| 住房 | Housing | 73 | 320 | 356 | 304 | 557 | 497 | 780 |
| 水电燃料及其它 | Water,Electricity,Fuels and Others | 210 | 782 | 799 | 797 | 807 | 846 | 918 |
| **其它商品和服务** | **Other Goods and Services** | **231** | **500** | **521** | **611** | **658** | **442** | **605** |

# 10－3 主要年份全区城镇居民家庭平均每人购买主要商品数量

## Per Capital Annual Purchases of Major Commodities of Urban Households in Main Years

| 品　种 | Item | 单位 | Unit | 1985 | 1990 | 2000 | 2010 | 2011 | 2012 | 2013 | 2014 | 2015 |
|---|---|---|---|---|---|---|---|---|---|---|---|---|
| 粮食 | Grain | 千克 | kg | 137.00 | 159.96 | 80.15 | 79.49 | 81.84 | 77.09 | 77.38 | 94.03 | 114.25 |
| 鲜菜 | Fresh Vegetables | 千克 | kg | 152.00 | 164.16 | 114.90 | 110.87 | 110.96 | 101.75 | 107.92 | 101.80 | 99.30 |
| 食用植物油 | Edible Vegetable Oil | 千克 | kg | 7.40 | 9.72 | 7.67 | 7.75 | 7.88 | 7.57 | 8.62 | 9.00 | 8.81 |
| 猪肉 | Pork | 千克 | kg | 9.00 | 10.56 | 8.26 | 7.28 | 6.51 | 7.26 | 8.09 | 7.24 | 7.37 |
| 牛羊肉 | Beef and Mutton | 千克 | kg | 7.10 | 10.44 | 10.22 | 9.43 | 10.27 | 9.48 | 9.14 | 8.28 | 9.93 |
| 禽类 | Poultry | 千克 | kg | 1.40 | 2.28 | 4.51 | 6.62 | 7.14 | 6.60 | 6.23 | 5.99 | 6.18 |
| 鲜蛋 | fresh Eggs | 千克 | kg | 4.50 | 3.48 | 8.30 | 6.67 | 6.47 | 7.26 | 6.15 | 6.26 | 7.21 |
| 鱼 | Fish | 千克 | kg | 2.90 | 4.92 | 3.51 | 3.64 | 3.63 | 3.26 | 3.93 | 3.15 | 3.92 |
| 食糖 | Sugar | 千克 | kg | 3.60 | 3.36 | 1.70 | | | | | 1.37 | 5.46 |
| 卷烟 | Cigarette | 盒 | pack | 47.00 | 52.68 | 33.35 | | | | | 22.21 | 20.08 |
| 酒类 | Liquor | 千克 | kg | 3.70 | 5.64 | 4.61 | 4.35 | 4.44 | 4.01 | 3.59 | 3.53 | 3.55 |
| 鞋类 | Footwear | 双 | pair | | | 3.02 | 3.17 | 2.97 | 3.09 | 2.68 | 2.77 | 2.74 |
| 水 | Water | 吨 | ton | | | 22.34 | 22.27 | 22.31 | 21.51 | 26.28 | 28.25 | 29.82 |
| 电 | Electricity | 千瓦时 | kwh | | | 205.85 | 408.85 | 432.98 | 450.37 | 499.84 | 489.17 | 488.97 |
| 煤炭 | Coal | 千克 | kg | 544.00 | 384.70 | 137.60 | 46.05 | 38.61 | 35.21 | 25.56 | 74.84 | 77.51 |
| 液化石油气 | Liquefied Petroleum Gas | 千克 | kg | 0.70 | 5.27 | 13.22 | 6.77 | 5.26 | 3.82 | 4.47 | 3.36 | 3.51 |
| 管道天然气 | Pipeline Natura Gas | 立方米 | cm. q | | | 2.32 | 3.84 | 1.41 | 0.65 | 35.52 | 38.18 | 42.21 |

注：1. 2010 年粮食包括大米、面粉和其他粮食及制品；

2. 2010 年家禽包括鸡、鸭和其他禽类及制品；

3. 2010 年鲜蛋不包含蛋制品；

4. 2010 年酒类包括白酒、果酒、啤酒和其它酒。

Notes: a) Data of Grain includes rice, flour and other products of grain in 2010.

b) Data of Poultry includes chickens, ducks and other products of poultry in 2010.

c) Data of egg products are not included in Fresh Eggs in 2010.

d) Data of Liquor includes liquor, fruit wine, beer and other liquor in 2010.

# 10－4 主要年份全区城镇居民家庭主要耐用消费品百户拥有情况

## Ownership of Major Durable Consumer Goods Per 100 Urban Households in Main Years

| 指　标 | Item | 2000 | 2010 | 2011 | 2012 | 2013 | 2014 | 2015 |
|---|---|---|---|---|---|---|---|---|
| 摩托车(辆) | Motorcycle (unit) | 15.48 | 19.19 | 20.86 | 21.86 | 14.83 | 25.95 | 21.38 |
| 自行车(辆) | Bicycle (unit) | 181.00 | | | | | | |
| 助力车(辆) | Powered Bicycle (unit) | | 24.71 | 26.68 | 28.08 | 32.02 | 40.15 | 42.57 |
| 家用汽车(辆) | Automobile (unit) | | 7.00 | 12.40 | 16.67 | 18.48 | 25.65 | 30.04 |
| 洗衣机(台) | Washing Machine (set) | 87.00 | 94.32 | 93.32 | 95.42 | 93.48 | 95.25 | 95.30 |
| 电风扇(台) | Electric Fans (set) | 63.00 | | | | | | |
| 电冰箱(台) | Refrigerator (set) | 72.00 | 88.65 | 89.64 | 92.06 | 89.33 | 92.38 | 93.43 |
| 冰柜(台) | Ice Chest (set) | 3.00 | | | | | | |
| 彩色电视机(台) | Color Television (set) | 109.00 | 105.24 | 102.74 | 102.11 | 99.22 | 102.72 | 101.84 |
| 影碟机(台) | Video Disc Player (set) | 34.00 | | | | | | |
| 录音机(台) | Recorder (set) | 37.00 | | | | | | |
| 录放像机(台) | Video Tape Recorder (set) | 10.00 | | | | | | |
| 家用电脑(台) | Computer (set) | 4.00 | 51.32 | 59.39 | 64.43 | 66.30 | 70.02 | 65.64 |
| 组合音响(套) | Hi－Fi Stereo Component System (set) | 19.00 | 17.81 | 12.97 | 12.52 | 5.75 | 5.33 | 4.17 |
| 摄像机(架) | Video Camera (set) | 0.50 | 3.24 | 4.55 | 5.49 | 5.70 | 5.56 | 5.78 |
| 照相机(架) | Camera (set) | 28.00 | 20.31 | 22.76 | 22.58 | 25.39 | 25.92 | 21.63 |
| 钢琴(架) | Piano (unit) | 0.70 | 1.31 | 0.93 | 1.11 | 0.00 | | |
| 其他中高档乐器(件) | Secondary and Top Grade Musical Instrument (set) | 4.00 | 5.37 | 3.10 | 3.57 | 4.39 | 5.23 | 4.03 |
| 微波炉(台) | Microwave Oven (unit) | 7.00 | 42.10 | 43.83 | 42.73 | 47.20 | 47.22 | 48.21 |
| 空调器(台) | Air Conditioner (unit) | 1.00 | 10.19 | 12.04 | 10.87 | 12.28 | 13.43 | 13.10 |
| 取暖器(台) | Heat Utensil (unit) | | | | | | | |
| 电炊具(台) | Electric Cooking Utensils (unit) | 137.00 | | | | | | |
| 淋浴热水器(台) | Water Heater for Shower (unit) | 40.00 | 75.07 | 81.56 | 84.15 | 86.84 | 85.96 | 87.41 |
| 排油烟机(台) | Ventilator (unit) | 44.00 | | | | | 74.81 | 74.54 |
| 消毒碗柜(台) | Disinfection Cupboard (unit) | | 2.16 | 3.67 | 3.28 | 2.32 | 2.34 | 1.87 |
| 洗碗机(台) | Dishwasher (unit) | | 0.43 | 0.55 | 0.31 | 0.37 | 0.37 | 0.19 |
| 吸尘器(台) | Dust Collector (unit) | 8.00 | | | | | | |
| 健身器材(套) | Body－building Apparatus (unit) | 6.00 | 1.52 | 1.40 | 1.25 | 1.57 | 2.15 | 2.19 |
| 固定电话(部) | Telephone (unit) | 85.00 | 63.00 | 56.31 | 54.86 | 49.40 | 46.04 | 34.81 |
| 移动电话(部) | Mobile Telephone (set) | 14.00 | 185.48 | 197.05 | 203.23 | 213.34 | 230.36 | 237.27 |
| 接入有线电视网络的电视机(台) | Television of Lined Network (set) | | 95.88 | 92.25 | 92.89 | 88.28 | 73.04 | 77.82 |
| 接入互连网的计算机(台) | Internet Computer (set) | | 39.67 | 45.78 | 51.70 | 53.71 | 50.01 | 53.22 |
| 接入互连网的移动电话(部) | Internet Mobile Telephone (set) | | 1.36 | 12.08 | 26.69 | 85.97 | 106.41 | 140.72 |

# 10－5 全区城镇居民家庭按可支配收入不等距九组分组资料(2015 年)

| 指标名称 | Indicator | 单位 | unit |
|---|---|---|---|
| **调查户数** | **Number of Households Surveyed** | **户** | **household** |
| **家庭基本情况** | **Basic Statistics of Urban Households** | | |
| 一、住房情况 | Basic Statistics of Housing | | |
| 1. 家庭常住人口 | Permanent Residents | 人/户 | person/household |
| 2. 现住房总建筑面积 | Floor Space of Current Housing | 平方米/人 | sq. m/person |
| 3. 房屋产权(合计) | House Property Right(Total) | | |
| 4. 住宅建筑式样(合计) | House Construction Style(Total) | | |
| 5. 现有住房按市场价估计值 | Estimate Value of Current Housing By Market Price | 元/户 | yuan/household |
| 6. 租赁房房租 | Rent | 元/户 | yuan/household |
| 7. 自有房房租折算 | Corrected Rent of Self－Housing | 元/户 | yuan/household |
| 8. 购房总金额 | Amount of Purchase | 元/户 | yuan/household |
| 9. 饮水情况(合计) | Drinking Condition(Total) | | |
| 10. 厕所使用情况(合计) | Health Equipment(Total) | | |
| 11. 取暖设备(合计) | Heating Equipment(Total) | | |
| 12. 炊用能源使用情况(合计) | Fuel Using Condition for Cooking(Total) | | |
| 二、人口情况 | Basic Statistics of Population | | |
| 1. 家庭劳动力人数 | Household Labor | 人/户 | person/household |
| 就业人口数 | Number of Employed | 人/户 | person/household |
| 2. 负担系数 | Dependents Coefficient | － | |
| 三、耐用消费品 | Durable Consumer Goods | | |
| 1. 家用汽车 | Automobile | 辆/百户 | unit/100 household |
| 2. 摩托车 | Motorcycle | 辆/百户 | unit/100 household |
| 3. 助力车 | Powered Bicycle | 辆/百户 | unit/100 household |
| 4. 洗衣机 | Washing Machine | 台/百户 | set/100 household |
| 5. 电冰箱 | Refrigerator | 台/百户 | set/100 household |
| 6. 微波炉 | Microwave Oven | 台/百户 | set/101 household |
| 7. 彩色电视机 | Color Television | 台/百户 | set/100 household |
| 8. 空调器 | Air Conditioner | 台/百户 | unit/100 household |
| 9. 淋浴热水器 | Water Heater for Shower | 台/百户 | unit/100 household |
| 10. 消毒碗柜 | Disinfection Cupboard | 台/百户 | set/100 household |
| 11. 洗碗机 | Dishwasher | 台/百户 | set/100 household |
| 12. 固定电话 | Telephone | 部/百户 | unit/100 household |
| 13. 移动电话 | Mobile Telephone | 部/百户 | set/100 household |
| 14. 家用电脑 | Computer | 台/百户 | set/100 household |
| 15. 摄像机 | Video Camera | 架/百户 | set/100 household |
| 16. 照相机 | Camera | 架/百户 | set/100 household |
| 17. 中高档乐器 | Secondary and Top Grade Musical Instrument | 件/百户 | set/100 household |
| 18. 健身器材 | Body－building Apparatus | 套/百户 | set/100 household |
| 19. 组合音响 | Hi－Fi Stereo Component System | 套/百户 | set/100 household |
| 四、信息化调查 | Informationization Survey | | |
| 1. 接入互联网的移动电话 | Internet Mobile Telephone | 部/百户 | set/100 household |
| 2. 接入有线电视网络的电视机 | Lined Netwok Television | 台/百户 | set/101 household |
| 3. 接入互联网的计算机 | Internet Computer | 台/百户 | set/102 household |
| **总收入与总支出(人均)** | **Total Revenue and Expenditure (per person)** | | |
| 一、家庭总收入 | Total Income | 元/人 | yuan/person |
| 1. 工资性收入 | Income from Wages and Salaries | 元/人 | yuan/person |
| 2. 经营性收入 | Business Income | 元/人 | yuan/person |
| 3. 财产性收入 | Income from Properties | 元/人 | yuan/person |
| 4. 转移性收入 | Income from Transfer | 元/人 | yuan/person |
| 二、出售资产所得 | Proceeds from Sales of Belongings | 元/人 | yuan/person |
| 1. 出售住房收入 | Sale of Housing | 元/人 | yuan/person |
| 2. 出售其他物品收入 | Sale of Other | 元/人 | yuan/person |

# Basic Statistics Grouped by Disposable Income Percentile of Urban Households(2015)

| 总计 Average | 最低收入户(10%) Lowest Income Households | 更低收入户(5%) Lower Income Households | 低收入户(10%) Low Income Households | 中等偏下收入户(20%) Lower Middle Income Households | 中等收入户(20%) Middle Income Households | 中等偏上收入户(20%) Upper Middle Income Households | 高收入户(10%) High Income Households | 最高收入户(10%) Highest Income Households | 更高收入户(5%) Higher Income Households |
|---|---|---|---|---|---|---|---|---|---|
| **998.33** | **99.42** | **49.17** | **99.17** | **199.83** | **200.58** | **198.42** | **100.33** | **100.58** | **50.25** |
| 2.97 | 3.79 | 3.67 | 3.61 | 3.07 | 3.04 | 2.60 | 2.54 | 2.30 | 2.16 |
| 30.65 | 25.76 | 26.15 | 27.35 | 26.18 | 28.87 | 33.89 | 38.47 | 44.50 | 50.93 |
| 266209.40 | 161839.69 | 162914.97 | 228565.39 | 227599.27 | 259346.26 | 281030.99 | 367988.17 | 366338.59 | 370297.38 |
| 43.38 | 59.64 | 80.86 | 53.84 | 44.23 | 34.77 | 36.35 | 62.98 | 26.91 | 27.24 |
| 725.03 | 450.75 | 448.26 | 637.52 | 639.50 | 713.31 | 779.98 | 939.59 | 953.61 | 888.83 |
| 123362.25 | 86514.80 | 89354.36 | 112900.97 | 120963.30 | 107842.86 | 122663.05 | 164347.78 | 166258.34 | 189163.03 |
| 2.01 | 2.22 | 2.10 | 2.22 | 1.97 | 2.10 | 1.84 | 1.85 | 1.98 | 2.01 |
| 1.43 | 1.55 | 1.33 | 1.53 | 1.46 | 1.67 | 1.17 | 1.29 | 1.37 | 1.46 |
| 2.07 | 2.45 | 2.76 | 2.37 | 2.11 | 1.81 | 2.23 | 1.97 | 1.68 | 1.48 |
| 30.04 | 15.39 | 14.13 | 15.75 | 23.67 | 31.86 | 34.57 | 46.31 | 42.59 | 36.89 |
| 21.38 | 42.95 | 46.55 | 34.98 | 19.71 | 21.32 | 13.36 | 10.85 | 16.34 | 20.95 |
| 42.57 | 55.49 | 47.42 | 59.03 | 39.94 | 52.96 | 31.71 | 27.05 | 34.97 | 31.41 |
| 95.30 | 96.42 | 92.95 | 94.15 | 84.77 | 99.15 | 98.04 | 101.73 | 96.82 | 96.86 |
| 93.43 | 82.34 | 77.33 | 82.26 | 85.57 | 98.18 | 101.45 | 99.44 | 99.87 | 96.86 |
| 48.21 | 15.19 | 19.40 | 34.40 | 42.49 | 52.17 | 55.84 | 65.44 | 65.77 | 67.73 |
| 101.84 | 104.00 | 105.27 | 103.20 | 100.58 | 102.27 | 101.29 | 103.13 | 99.87 | 96.86 |
| 13.10 | 3.04 | 1.81 | 3.47 | 5.28 | 12.16 | 15.22 | 27.50 | 31.49 | 29.61 |
| 87.41 | 63.59 | 55.82 | 81.95 | 79.85 | 93.23 | 91.02 | 98.38 | 101.77 | 103.12 |
| 1.87 | | | 1.18 | 0.66 | 1.91 | 2.48 | 1.41 | 5.98 | 6.15 |
| 0.19 | | | | | | | | | |
| 34.81 | 17.03 | 9.43 | 28.46 | 20.36 | 40.38 | 40.91 | 48.32 | 50.80 | 42.18 |
| 237.27 | 256.89 | 244.20 | 255.73 | 230.24 | 252.35 | 219.43 | 229.89 | 226.25 | 215.34 |
| 65.64 | 39.02 | 38.20 | 47.84 | 53.49 | 77.12 | 66.39 | 90.99 | 84.24 | 83.37 |
| 5.78 | | | | 3.22 | 7.48 | 10.29 | 6.03 | 9.78 | 8.65 |
| 21.63 | 4.01 | | 7.16 | 10.60 | 27.87 | 25.85 | 36.42 | 39.84 | 35.41 |
| 4.03 | | | 2.07 | 2.89 | 5.34 | 4.84 | 5.75 | 6.33 | 6.58 |
| 2.19 | | | | 0.89 | 2.67 | 1.43 | 2.41 | 9.39 | 11.70 |
| 4.17 | 2.23 | 0.34 | 6.40 | 3.70 | 5.38 | 3.93 | 5.17 | 1.90 | 3.81 |
| 140.72 | 120.07 | 102.91 | 157.75 | 140.05 | 153.36 | 127.40 | 147.60 | 139.83 | 118.60 |
| 77.82 | 53.31 | 59.60 | 67.49 | 75.88 | 80.08 | 84.34 | 87.69 | 88.89 | 84.52 |
| 53.22 | 27.07 | 26.62 | 42.01 | 43.01 | 64.31 | 49.64 | 79.45 | 69.43 | 65.20 |
| 28639.99 | 9741.00 | 9853.82 | 13423.13 | 19119.58 | 29270.50 | 36445.99 | 49867.30 | 65944.85 | 78164.54 |
| 16884.69 | 4596.17 | 2835.77 | 7443.29 | 12209.26 | 18353.29 | 21341.77 | 32174.18 | 33404.15 | 37492.71 |
| 4272.89 | 3580.37 | 5102.62 | 3642.27 | 3736.54 | 4979.09 | 2945.77 | 3480.37 | 9776.62 | 18095.65 |
| 1301.75 | 609.24 | 729.68 | 794.89 | 783.20 | 1521.53 | 1440.91 | 2100.11 | 2830.16 | 2893.04 |
| 6180.66 | 955.23 | 1185.75 | 1542.68 | 2390.57 | 4416.59 | 10717.55 | 12112.65 | 19933.92 | 19683.14 |
| 592.33 | 1994.62 | 563.19 | 21.78 | 570.85 | 15.43 | 684.40 | 127.76 | 1076.06 | 2205.85 |
| 130.38 | 18.95 | 20.54 | 1.03 | 111.82 | 9.57 | 557.20 | 5.71 | 61.31 | 130.45 |

## 10－5 续表1

| 指标名称 | Indicator | 单位 | unit |
|---|---|---|---|
| 三、借贷收入 | Credit Income | 元/人 | yuan/person |
| 1. 提取储蓄存款 | Draw Saving Deposits | 元/人 | yuan/person |
| 2. 借入款 | Borrowed | 元/人 | yuan/person |
| 3. 收回借出款 | Recover Loans | 元/人 | yuan/person |
| 4. 收回保险本金 | Recover of Principal Insurance Savings | 元/人 | yuan/person |
| 5. 住房贷款 | Repayment of House Loan | 元/人 | yuan/person |
| 6. 汽车贷款 | Repayment of Auto Loan | 元/人 | yuan/person |
| 7. 教育贷款 | Repayment of Education Loan | 元/人 | yuan/person |
| 8. 其他贷款 | Repayment of Other Loans | 元/人 | yuan/person |
| 9. 其他借贷收入 | Other Credit Income | 元/人 | yuan/person |
| 四、家庭总支出 | Total Expenditure | 元/人 | yuan/person |
| 1. 消费性支出 | Consumption Expenditure | 元/人 | yuan/person |
| 2. 生产经营费用支出 | Expenditure for Household Business | 元/人 | yuan/person |
| 3. 财产性支出 | Property Expenditure | 元/人 | yuan/person |
| 4. 转移性支出 | Transfer Expenditures | 元/人 | yuan/person |
| 5. 部分商业保险支出 | Commercial Insurance | 元/人 | yuan/person |
| 6. 购房与建房支出 | Expenditures of Purchasing and Building Houses | 元/人 | yuan/person |
| 7. 借贷支出 | Credit Expenditures | 元/人 | yuan/person |
| **消费支出情况** | **Consumption Expenditure** | **元/人** | **yuan/person** |
| 1. 食品消费支出 | Food | 元/人 | yuan/person |
| 2. 衣着消费支出 | Clothing | 元/人 | yuan/person |
| 3. 居住消费支出 | Residence | 元/人 | yuan/person |
| 4. 家庭设备.用品消费支出 | Household Facilities, Article and Service | 元/人 | kg/person |
| 5. 交通和通讯消费支出 | Transport and Telecommunication | 元/人 | yuan/person |
| 6. 文化教育.娱乐消费支出 | Cultural, Educational, Recreational Article and Services | 元/人 | kg/person |
| 7. 医疗保健消费支出 | Medicine and Health Care | 元/人 | yuan/person |
| 8. 其他商品和服务消费支出 | Other Commodities and Services | 元/人 | yuan/person |
| **可支配收入来源** | **Basic Statistics of Disposable Income** | | |
| 一、全年可支配收入 | Annual Disposable Income | 元/人 | yuan/person |
| 1. 工资性收入 | Wage Income | 元/人 | yuan/person |
| 2. 经营净收入 | Household Business Income | 元/人 | yuan/person |
| 3. 财产净收入 | Net Income from Property | 元/人 | yuan/person |
| 4. 转移净收入 | Net Income from Transfer | 元/人 | yuan/person |
| 二、全年现金可支配收入 | Annual Cash Disposable Income | 元/人 | yuan/person |
| 三、全年实物可支配收入 | Annual Disposable Income in Kind | 元/人 | yuan/person |
| **食品消费情况** | **Basic Statistics of Consumption of Major Goods** | | |
| 一、粮食消费量 | Grain Crops | 元/人 | yuan/person |
| 二、油脂类消费量 | Oil and Fat | 元/人 | yuan/person |
| 三、蔬菜及菜制品消费量 | Vegetables and Related Products | 元/人 | yuan/person |
| 四、干鲜瓜果类 | Dried and Fresh Melons and Fruits | 元/人 | yuan/person |
| 五、肉类 | Meat and Related Products | 元/人 | yuan/person |
| 六、禽类 | Poultry | 元/人 | yuan/person |
| 七、蛋类及蛋制品 | Eggs and Related Products | 元/人 | yuan/person |
| 八、奶和奶制品 | Milk and Dairy Products | 元/人 | yuan/person |
| 九、水产品 | Aquatic Products | 元/人 | yuan/person |
| 十、糖果糕点类 | Sugar and Pastry | 元/人 | yuan/person |
| 十一、饮料 | Beverage | 元/人 | yuan/person |
| 十二、酒 | Liquor | 元/人 | yuan/person |

continued

| 总 计<br>Average | 最 低收入户（10%）<br>Lowest Income Households | 更低收入户（5%）<br>Lower Income Households | 低收入户（10%）<br>Low Income Households | 中等偏下收入户（20%）<br>Lower Middle Income Households | 中等收入户（20%）<br>Middle Income Households | 中等偏上收入户（20%）<br>Upper Middle Income Households | 高收入户（10%）<br>High Income Households | 最 高收入户（10%）<br>Highest Income Households | 更高收入户（5%）<br>Higher Income Households |
|---|---|---|---|---|---|---|---|---|---|
| 2622.02 | 2780.73 | 2429.85 | 2317.05 | 978.60 | 3526.16 | 3237.00 | 2972.49 | 3074.30 | 5579.70 |
| 1673.78 | 1735.66 | 1061.18 | 996.72 | 814.38 | 1919.99 | 2269.43 | 2366.08 | 2175.65 | 3667.61 |
| 291.41 | 500.97 | 820.27 | 289.67 | 106.19 | 653.35 | 203.98 | 2.09 | 8.83 | 18.78 |
| 42.37 | 87.83 | 179.43 | 38.23 | 56.23 | 42.25 | 4.55 | 63.49 | | |
| 1.77 | | | | | 8.62 | | | | |
| 345.97 | 30.13 | | 958.60 | | 755.58 | 403.11 | | | |
| 120.24 | | | | | 43.95 | 78.85 | 540.83 | 653.94 | 1391.42 |
| 6.73 | 32.82 | 9.33 | | 1.80 | | 12.54 | | | |
| 120.56 | 391.82 | 356.52 | 33.83 | | 102.42 | 261.52 | | | |
| 19.19 | 1.51 | 3.11 | | | | 3.01 | | 235.88 | 501.89 |
| 30818.39 | 17013.85 | 19839.31 | 19179.95 | 22265.61 | 32613.48 | 37600.66 | 45672.24 | 57925.88 | 72563.70 |
| 18983.88 | 8807.34 | 9583.87 | 10664.77 | 15541.83 | 19430.31 | 23371.99 | 31052.59 | 33410.26 | 37390.18 |
| 1256.88 | 2393.20 | 4258.09 | 678.36 | 481.36 | 2035.22 | 316.50 | 2048.84 | 1567.23 | 3306.96 |
| 220.29 | 58.02 | 113.22 | 156.49 | 108.34 | 255.74 | 271.50 | 207.72 | 686.09 | 1053.23 |
| 1660.50 | 528.28 | 565.32 | 851.48 | 1070.18 | 1796.16 | 2179.55 | 3207.77 | 3116.85 | 3514.11 |
| 216.73 | 103.95 | 184.48 | 197.71 | 108.00 | 235.03 | 315.59 | 254.12 | 408.03 | 615.51 |
| 1695.19 | 1452.60 | 889.47 | 3671.64 | 186.07 | 2781.33 | 2252.68 | 307.65 | 442.13 | 903.56 |
| 3802.55 | 1298.45 | 919.81 | 1425.52 | 2016.16 | 2991.05 | 6366.69 | 4856.22 | 11548.49 | 17704.20 |
| **18983.88** | **8807.34** | **9583.87** | **10664.77** | **15541.83** | **19430.31** | **23371.99** | **31052.59** | **33410.26** | **37390.18** |
| 4883.35 | 2668.93 | 2761.33 | 3145.10 | 4598.28 | 4946.27 | 5858.91 | 6808.64 | 7488.93 | 7592.53 |
| 1786.99 | 790.92 | 874.85 | 1059.37 | 1518.32 | 1868.62 | 2132.70 | 3139.20 | 2784.35 | 2851.10 |
| 3608.31 | 1964.21 | 2089.22 | 2269.33 | 2730.73 | 3948.22 | 4404.52 | 5304.78 | 6164.22 | 7825.48 |
| 1185.42 | 530.70 | 487.98 | 578.30 | 907.95 | 1405.62 | 1317.16 | 2101.04 | 2056.59 | 2379.77 |
| 2509.59 | 805.40 | 874.29 | 1197.62 | 2138.17 | 2430.86 | 3237.21 | 5262.83 | 3874.23 | 4304.30 |
| 2389.75 | 778.97 | 738.53 | 1335.60 | 2333.68 | 2331.94 | 2848.38 | 4228.65 | 3909.56 | 3450.66 |
| 2015.95 | 1076.75 | 1547.49 | 958.37 | 930.82 | 1893.38 | 2824.13 | 2698.45 | 5833.25 | 7796.88 |
| 604.52 | 191.46 | 210.19 | 121.08 | 383.88 | 605.38 | 748.98 | 1509.01 | 1299.13 | 1189.45 |
| | | | | | | | | | |
| 25186.01 | 5972.02 | 3476.32 | 11318.11 | 17176.37 | 24996.93 | 33465.71 | 44358.91 | 60228.79 | 69579.36 |
| 16884.69 | 4596.17 | 2835.77 | 7443.29 | 12209.26 | 18353.29 | 21341.77 | 32174.18 | 33404.15 | 37492.71 |
| 2699.59 | 397.02 | -596.34 | 2545.21 | 2971.74 | 2757.43 | 2416.65 | 1387.11 | 7863.49 | 14077.81 |
| 1081.46 | 551.22 | 616.46 | 638.41 | 674.86 | 1265.79 | 1169.40 | 1892.38 | 2144.08 | 1839.81 |
| 4520.28 | 427.62 | 620.43 | 691.20 | 1320.52 | 2620.42 | 8537.89 | 8905.23 | 16817.07 | 16169.03 |
| 24102.59 | 6218.41 | 4477.20 | 10835.55 | 16531.60 | 23892.77 | 31881.01 | 42111.80 | 57335.41 | 66420.25 |
| 1083.42 | -246.39 | -1000.88 | 482.55 | 644.78 | 1104.16 | 1584.70 | 2247.11 | 2893.38 | 3159.11 |
| | | | | | | | | | |
| 114.25 | 122.87 | 124.29 | 100.91 | 107.61 | 112.42 | 118.29 | 115.06 | 133.47 | 154.62 |
| 8.81 | 8.31 | 8.52 | 6.98 | 7.96 | 9.10 | 9.72 | 10.18 | 10.44 | 13.14 |
| 99.30 | 90.40 | 91.71 | 91.34 | 86.33 | 94.75 | 111.12 | 108.44 | 136.07 | 158.45 |
| 76.88 | 59.74 | 59.06 | 65.51 | 68.53 | 74.84 | 94.89 | 91.86 | 93.31 | 100.51 |
| 19.07 | 12.60 | 12.15 | 14.00 | 15.77 | 19.65 | 23.71 | 24.72 | 28.20 | 30.34 |
| 6.18 | 4.69 | 5.14 | 4.81 | 5.47 | 5.93 | 7.46 | 7.82 | 8.62 | 9.83 |
| 7.21 | 5.51 | 5.65 | 6.45 | 6.37 | 6.87 | 8.74 | 8.60 | 9.29 | 8.89 |
| 22.43 | 12.38 | 9.69 | 17.54 | 19.86 | 23.48 | 28.58 | 27.06 | 31.63 | 31.04 |
| 3.92 | 1.76 | 2.05 | 2.75 | 2.96 | 3.97 | 5.75 | 5.77 | 5.59 | 5.67 |
| 5.46 | 3.50 | 3.76 | 4.09 | 4.89 | 5.65 | 6.66 | 8.33 | 5.96 | 6.04 |
| 0.23 | 0.15 | 0.15 | 0.12 | 0.29 | 0.26 | 0.25 | 0.27 | 0.20 | 0.24 |
| 3.55 | 2.31 | 2.62 | 3.49 | 3.06 | 3.71 | 3.99 | 4.39 | 4.67 | 3.09 |

# 10-6 主要年份全区城镇居民家庭居住情况

| 指　标 | Item | 1985 |
|---|---|---|
| **平均每户居住面积(平方米/户)** | **Average Floor Space Per Household(sq. m/household)** | |
| 建筑面积 | Building Space | 69.58 |
| 使用面积 | Living Space | 52.20 |
| **按房屋产权分的家庭比重(%)** | **Percentage of Household by House Property Right(%)** | **100.00** |
| 租赁公房 | Public House Leasing | |
| 租赁私房 | Private House Leasing | |
| 原有私房 | Inhered Private House | |
| 房改私房 | Reformed Private House | |
| 商品房 | Commercial Residential Building | |
| 其他 | Others | |
| **按用水情况分的家庭比重(%)** | **Percentage of Household by Water Using(%)** | **100.00** |
| 无自来水 | No Tap Water | 8.25 |
| 独用自来水 | Private Tap Water | 82.75 |
| 公用自来水 | Public Tap Water | 9.00 |
| **按卫生设备分的家庭比重(%)** | **Percentage of Household by Sanitary Equipment(%)** | **100.00** |
| 无卫生设备 | No Sanitary Equipment | 33.75 |
| 有厕所浴室 | Having Bathroom | 2.00 |
| 有厕所无浴室 | Having Toilet but No Shower | 26.50 |
| 公有卫生设备 | Public Sanitary Equipment | 37.75 |
| **按取暖设备分的家庭比重(%)** | **Percentage of Household by Heating Installation(%)** | **100.00** |
| 有取暖设备户(暖气) | Having Heating Installation(heater) | 17.75 |
| **按炊用燃料使用情况分的家庭比重(%)** | **Percentage of Household by Fuel Using(%)** | **100.00** |
| 管道煤气(天然气) | Piped Gas(Natural Gas) | |
| 液化石油气 | Liquefied Petroleum Gas | 1.52 |
| 煤 | Coal | 98.48 |
| 其他 | Others | |
| **家庭通讯设备使用情况** | **Using of Household Communication Apparatus** | |
| 每百户拥有固定电话(部/百户) | Number of Fixed Phone Per 100 Households(set/100 households) | |
| 每百户拥有移动电话(部/百户) | Number of Mobile Phone Per 100 Households(set/100 households) | |
| 每百户接入互联网的计算机(台/百户) | Number of Computers Accessed to Internet Per 100 Households(set/100 households) | |

# Housing Conditions of Urban Households in Main Years

| 1990 | 1995 | 2000 | 2005 | 2010 | 2011 | 2012 | 2013 | 2014 | 2015 |
|---|---|---|---|---|---|---|---|---|---|
| 66.56 | 66.36 | 77.03 | 75.45 | 82.96 | 84.21 | 85.39 | 88.78 | 94.18 | 90.90 |
| 49.93 | 49.78 | 57.79 | 56.83 | | | | | | |
| **100.00** | **100.00** | **100.00** | **100.00** | **100.00** | **100.00** | **100.00** | **100.00** | **100.00** | **100.00** |
| | | | 5.37 | 2.99 | 2.52 | 2.96 | 0.91 | 0.94 | 1.42 |
| | | | 3.67 | 6.78 | 7.25 | 6.74 | 8.98 | 6.70 | 4.75 |
| | | | 4.60 | 4.71 | 6.43 | 5.93 | 14.07 | 10.05 | 9.13 |
| | | | 53.26 | 30.19 | 22.10 | 20.33 | 15.92 | 14.69 | 14.37 |
| | | | 30.67 | 54.97 | 61.52 | 62.18 | 57.38 | 52.54 | 54.71 |
| | | | 2.42 | 0.37 | 0.19 | 1.86 | 2.74 | 15.08 | 15.63 |
| **100.00** | **100.00** | **100.00** | **100.00** | **100.00** | **100.00** | **100.00** | **100.00** | **100.00** | **100.00** |
| 3.82 | 1.64 | 1.80 | 0.69 | 1.02 | 1.35 | 1.52 | 1.30 | 3.89 | 2.11 |
| 90.18 | 94.91 | 97.20 | 99.03 | 98.93 | 98.59 | 98.42 | 98.56 | 95.94 | 97.89 |
| 6.00 | 3.65 | 1.00 | 0.29 | 0.05 | 0.06 | 0.06 | 0.14 | 0.17 | |
| **100.00** | **100.00** | **100.00** | **100.00** | **100.00** | **100.00** | **100.00** | **100.00** | **100.00** | **100.00** |
| 48.36 | 18.91 | 15.30 | 9.46 | 5.36 | 2.09 | 1.98 | 1.71 | 0.71 | 0.43 |
| 8.36 | 20.36 | 21.20 | 61.73 | 74.50 | 81.45 | 83.97 | 87.90 | 74.45 | 90.36 |
| 37.64 | 52.36 | 60.40 | 27.29 | 19.80 | 15.40 | 12.48 | 8.04 | 23.41 | 8.35 |
| 5.64 | 8.37 | 3.10 | 1.52 | 0.35 | 1.06 | 1.57 | 2.18 | 1.43 | 0.85 |
| **100.00** | **100.00** | **100.00** | **100.00** | **100.00** | **100.00** | **100.00** | **100.00** | **100.00** | **100.00** |
| 37.82 | 62.18 | 76.70 | 88.57 | 88.88 | 90.43 | 89.65 | 99.42 | 97.96 | 99.62 |
| **100.00** | **100.00** | **100.00** | **100.00** | **100.00** | **100.00** | **100.00** | **100.00** | **100.00** | **100.00** |
| | 3.28 | 5.78 | 11.78 | 40.72 | 48.39 | 53.16 | 50.92 | 44.01 | 60.37 |
| 15.27 | 56.73 | 73.48 | 75.63 | 45.66 | 35.41 | 31.20 | 23.65 | 15.48 | 14.62 |
| 83.82 | 37.09 | 16.21 | 10.17 | 3.23 | 2.69 | 2.75 | 3.59 | 11.89 | 5.36 |
| 0.91 | 2.90 | 4.53 | 2.42 | 10.40 | 13.52 | 12.89 | 21.67 | 28.62 | 19.66 |
| | | | | | | | | | |
| | 38.91 | 85.42 | 85.10 | 63.00 | 56.31 | 54.86 | 49.40 | 40.31 | 34.81 |
| | | 13.56 | 122.67 | 185.48 | 197.05 | 203.23 | 213.34 | 239.73 | 237.27 |
| | | | 14.49 | 39.67 | 45.78 | 51.70 | 53.71 | 44.18 | 53.22 |

# 10－7 各市县城镇居民家庭主要耐用消费品百户拥有情况(2015年)

## Ownership of Major Durable Consumer Goods Per 100 Urban Households by City and County(2015)

单位:百户均 (per 100 household)

| 市县 | Region | 家用汽车(辆) Automobile (unit) | 摩托车(辆) Motorcycle (unit) | 助力车(辆) Powered Bicycle (unit) | 洗衣机(台) Washing Machine (set) | 电冰箱(台) Refrigerator (set) | 微波炉(台) Microwave Oven (unit) |
|---|---|---|---|---|---|---|---|
| **全区** | **Total** | **30.04** | **21.38** | **42.57** | **95.30** | **93.43** | **48.21** |
| **银川市** | **Yinchuan** | **33.85** | **13.27** | **28.44** | **95.58** | **96.23** | **63.65** |
| 兴庆区 | Xingqing | 35.43 | 8.37 | 27.99 | 94.04 | 94.67 | 67.03 |
| 西夏区 | Xixia | 23.68 | 8.88 | 19.30 | 93.94 | 91.98 | 54.14 |
| 金凤区 | Jinfeng | 38.84 | 20.53 | 21.17 | 98.73 | 102.38 | 84.58 |
| 永宁县 | Yongning | 40.35 | 22.70 | 42.19 | 98.65 | 98.65 | 70.10 |
| 贺兰县 | Helan | 25.16 | 22.74 | 38.60 | 98.25 | 97.89 | 50.74 |
| 灵武市 | Lingwu | 42.20 | 20.14 | 57.64 | 98.08 | 101.05 | 35.34 |
| **石嘴山市** | **Shizuishan** | **22.64** | **14.63** | **49.37** | **94.93** | **93.59** | **32.38** |
| 大武口区 | Dawukou | 28.27 | 9.84 | 55.17 | 96.17 | 94.93 | 35.35 |
| 惠农区 | Huinong | 10.09 | 17.66 | 38.21 | 92.15 | 91.78 | 25.44 |
| 平罗县 | Pingluo | 29.32 | 24.01 | 52.59 | 96.32 | 92.83 | 36.81 |
| **吴忠市** | **Wuzhong** | **30.14** | **35.83** | **56.05** | **95.09** | **96.06** | **42.28** |
| 利通区 | Litong | 25.53 | 25.30 | 46.13 | 95.56 | 102.60 | 57.03 |
| 红寺堡区 | Hongsipu | 48.74 | 38.06 | 63.21 | 92.76 | 100.58 | 24.16 |
| 盐池县 | Yanchi | 44.89 | 45.87 | 77.09 | 99.54 | 88.88 | 38.90 |
| 同心县 | Tongxin | 24.13 | 67.02 | 68.77 | 94.38 | 75.29 | 19.62 |
| 青铜峡市 | Qingtongxia | 28.56 | 30.68 | 53.51 | 93.26 | 98.36 | 37.05 |
| **固原市** | **Guyuan** | **31.86** | **20.96** | **41.40** | **102.85** | **85.83** | **31.82** |
| 原州区 | Yuanzhou | 27.82 | 13.38 | 62.57 | 106.97 | 85.59 | 27.75 |
| 西吉县 | Xiji | 40.82 | 33.42 | 29.15 | 101.97 | 89.01 | 41.24 |
| 隆德县 | Longde | 28.36 | 28.28 | 3.20 | 100.00 | 85.19 | 57.25 |
| 泾源县 | Jingyuan | 27.36 | 42.35 | 10.23 | 96.09 | 78.11 | 21.64 |
| 彭阳县 | Pengyang | 37.13 | 12.21 | 28.06 | 94.76 | 86.43 | 12.28 |
| **中卫市** | **Zhongwei** | **26.11** | **28.98** | **65.82** | **101.09** | **98.40** | **53.80** |
| 沙坡头区 | Shapotou | 19.49 | 22.30 | 64.82 | 100.00 | 97.33 | 48.63 |
| 中宁县 | Zhongning | 31.95 | 28.00 | 67.12 | 102.68 | 100.00 | 76.85 |
| 海原县 | Haiyuan | 30.46 | 46.48 | 67.72 | 100.97 | 98.14 | 25.03 |

# 10－7 续表1 continued

单位：百户均 (per 100 household)

| 市县 | Region | 彩色电视机(台) Color Television (set) | 空调器(台) Air Conditioner (unit) | 淋浴热水器(台) Water Heater for Shower (unit) | 消毒碗柜(台) Disinfection Cupboard (set) | 洗碗机(台) Dishwasher (set) | 固定电话(部) Telephone (unit) |
|---|---|---|---|---|---|---|---|
| **全区** | **Total** | **101.84** | **13.10** | **87.41** | **1.87** | **0.19** | **34.81** |
| **银川市** | **Yinchuan** | **101.12** | **20.62** | **91.91** | **2.98** | **0.41** | **41.06** |
| 兴庆区 | Xingqing | 103.06 | 26.70 | 93.10 | 4.69 | 0.51 | 39.95 |
| 西夏区 | Xixia | 97.90 | 10.37 | 87.97 | | | 41.29 |
| 金凤区 | Jinfeng | 104.02 | 30.94 | 95.72 | 3.40 | 1.16 | 42.18 |
| 永宁县 | Yongning | 100.00 | 8.18 | 95.24 | 1.41 | | 58.09 |
| 贺兰县 | Helan | 93.81 | 2.91 | 88.38 | 1.45 | | 39.93 |
| 灵武市 | Lingwu | 99.44 | 11.69 | 87.58 | | | 35.20 |
| **石嘴山市** | **Shizuishan** | **99.37** | **8.54** | **85.22** | **2.73** | **0.41** | **45.27** |
| 大武口区 | Dawukou | 100.11 | 10.60 | 88.61 | 2.55 | 0.78 | 55.31 |
| 惠农区 | Huinong | 96.81 | 5.95 | 78.39 | 3.62 | | 48.83 |
| 平罗县 | Pingluo | 101.83 | 6.76 | 87.52 | 1.61 | | 7.05 |
| **吴忠市** | **Wuzhong** | **105.17** | **11.02** | **80.16** | **4.27** | **0.39** | **27.34** |
| 利通区 | Litong | 99.83 | 19.64 | 93.64 | 4.40 | 0.92 | 37.15 |
| 红寺堡区 | Hongsipu | 99.25 | 0.91 | 67.71 | 2.61 | | 15.79 |
| 盐池县 | Yanchi | 112.93 | 8.38 | 73.21 | | | 31.10 |
| 同心县 | Tongxin | 106.89 | 3.13 | 54.19 | | | 10.13 |
| 青铜峡市 | Qingtongxia | 111.75 | 5.01 | 78.58 | 9.09 | | 21.96 |
| **固原市** | **Guyuan** | **103.91** | **5.87** | **70.84** | **0.66** | | **36.15** |
| 原州区 | Yuanzhou | 106.00 | 8.77 | 55.45 | 1.04 | | 25.20 |
| 西吉县 | Xiji | 105.74 | | 87.79 | | | 53.33 |
| 隆德县 | Longde | 97.52 | | 77.18 | | | 35.77 |
| 泾源县 | Jingyuan | 100.00 | 12.55 | 96.34 | 1.99 | | 62.98 |
| 彭阳县 | Pengyang | 101.10 | | 81.84 | | | 33.26 |
| **中卫市** | **Zhongwei** | **103.00** | **9.83** | **92.71** | **2.83** | | **35.18** |
| 沙坡头区 | Shapotou | 101.02 | 12.07 | 99.21 | 4.35 | | 30.81 |
| 中宁县 | Zhongning | 100.00 | 11.55 | 100.00 | 2.26 | | 38.03 |
| 海原县 | Haiyuan | 114.00 | 0.94 | 61.56 | | | 42.20 |

## 10－7 续表 2 continued

单位:百户均 (per 100 household)

| 市 县 | Region | 移动电话（部） Mobile Telephone (set) | 家用电脑（台） Computer (set) | 摄像机（架） Video Camera (set) | 照相机（架） Camera (set) | 其他中高档乐器（件） Secondary and Top Grade Musical Instrument (set) |
|---|---|---|---|---|---|---|
| **全 区** | **Total** | **237.27** | **65.64** | **5.78** | **21.63** | **4.03** |
| **银 川 市** | **Yinchuan** | **231.22** | **73.41** | **8.85** | **29.88** | **5.11** |
| 兴 庆 区 | Xingqing | 229.85 | 77.53 | 14.04 | 40.32 | 6.09 |
| 西 夏 区 | Xixia | 219.81 | 68.38 | 2.08 | 13.15 | 3.01 |
| 金 凤 区 | Jinfeng | 235.26 | 73.88 | 5.57 | 30.04 | 6.61 |
| 永 宁 县 | Yongning | 247.28 | 81.94 | 10.82 | 41.50 | 5.72 |
| 贺 兰 县 | Helan | 218.82 | 52.35 | 1.45 | 17.90 | 4.98 |
| 灵 武 市 | Lingwu | 255.60 | 68.65 | 6.76 | 16.50 | 2.09 |
| **石嘴山市** | **Shizuishan** | **224.08** | **62.47** | **2.09** | **10.67** | **1.92** |
| 大武口区 | Dawukou | 223.86 | 73.76 | 2.30 | 12.71 | 1.59 |
| 惠 农 区 | Huinong | 198.90 | 44.91 | 2.83 | 9.49 | 2.62 |
| 平 罗 县 | Pingluo | 272.28 | 60.08 |  | 7.39 | 1.61 |
| **吴 忠 市** | **Wuzhong** | **255.80** | **59.44** | **3.35** | **19.17** | **2.11** |
| 利 通 区 | Litong | 226.54 | 67.53 | 6.71 | 21.08 | 2.99 |
| 红寺堡区 | Hongsipu | 236.62 | 52.60 | 2.45 | 23.37 | 2.45 |
| 盐 池 县 | Yanchi | 318.34 | 69.33 | 2.69 | 24.00 | 2.22 |
| 同 心 县 | Tongxin | 261.88 | 54.35 |  | 6.26 | 2.86 |
| 青铜峡市 | Qingtongxia | 279.90 | 45.84 |  | 19.53 |  |
| **固 原 市** | **Guyuan** | **262.00** | **69.46** | **3.24** | **22.87** | **5.30** |
| 原 州 区 | Yuanzhou | 263.45 | 65.00 | 3.02 | 19.98 | 4.74 |
| 西 吉 县 | Xiji | 277.81 | 75.63 | 4.06 | 20.06 | 4.52 |
| 隆 德 县 | Longde | 252.45 | 74.82 | 0.00 | 31.07 | 7.67 |
| 泾 源 县 | Jingyuan | 254.24 | 55.81 | 3.66 | 24.19 | 2.66 |
| 彭 阳 县 | Pengyang | 243.32 | 78.56 | 5.69 | 26.96 | 8.66 |
| **中 卫 市** | **Zhongwei** | **271.59** | **74.68** | **3.70** | **24.36** | **6.80** |
| 沙坡头区 | Shapotou | 259.21 | 70.17 | 2.92 | 17.35 | 7.88 |
| 中 宁 县 | Zhongning | 274.17 | 77.23 | 2.01 | 31.85 | 2.01 |
| 海 原 县 | Haiyuan | 293.14 | 83.70 | 9.06 | 29.24 | 13.26 |

# 10－7　续表3　continued

单位:百户均　　　　(per 100 household)

| 市　县 | Region | 健身器材(套) Body－building Apparatus (set) | 组合音响(套) Hi－Fi Stereo Component System (set) | 信息化调查(每百户) Informationization Survey(Per100 household) 接入互联网的移动电话(部) Internet Mobile Telephone (set) | 接入有线电视网络的电视机(台) Lined Netwok Television (set) | 接入互联网的计算机(台) Internet Computer (set) |
|---|---|---|---|---|---|---|
| **全　区** | **Total** | **2.19** | **4.17** | **140.72** | **77.82** | **53.22** |
| **银川市** | **Yinchuan** | **1.81** | **4.19** | **159.05** | **80.09** | **61.26** |
| 兴庆区 | Xingqing | 0.90 | 5.29 | 149.88 | 80.35 | 66.03 |
| 西夏区 | Xixia | 2.05 | 1.08 | 133.73 | 89.74 | 57.58 |
| 金凤区 | Jinfeng | 1.09 | 1.92 | 211.49 | 78.85 | 66.45 |
| 永宁县 | Yongning | 3.71 | 11.14 | 153.08 | 71.41 | 60.85 |
| 贺兰县 | Helan | 5.30 | 7.05 | 134.80 | 72.51 | 36.07 |
| 灵武市 | Lingwu | 4.19 | 1.82 | 190.30 | 64.03 | 53.81 |
| **石嘴山市** | **Shizuishan** | **1.08** | **3.23** | **111.98** | **88.27** | **51.86** |
| 大武口区 | Dawukou | 0.25 | 0.80 | 121.46 | 95.32 | 59.45 |
| 惠农区 | Huinong | | 5.57 | 61.22 | 78.56 | 41.58 |
| 平罗县 | Pingluo | 5.77 | 6.53 | 176.67 | 84.30 | 47.63 |
| **吴忠市** | **Wuzhong** | **2.27** | **7.61** | **94.81** | **78.50** | **44.79** |
| 利通区 | Litong | 3.89 | 12.02 | 105.98 | 98.95 | 60.13 |
| 红寺堡区 | Hongsipu | 2.68 | 11.00 | 5.22 | 30.72 | 30.59 |
| 盐池县 | Yanchi | 3.52 | 4.45 | 183.08 | 66.66 | 54.31 |
| 同心县 | Tongxin | | | 90.62 | 85.42 | 45.49 |
| 青铜峡市 | Qingtongxia | | 4.67 | 63.55 | 59.92 | 17.71 |
| **固原市** | **Guyuan** | **3.13** | **10.72** | **160.26** | **59.36** | **59.24** |
| 原州区 | Yuanzhou | 1.47 | 10.21 | 123.53 | 48.28 | 53.20 |
| 西吉县 | Xiji | 4.96 | 11.96 | 228.79 | 66.15 | 63.57 |
| 隆德县 | Longde | | 9.12 | 214.10 | 94.81 | 72.34 |
| 泾源县 | Jingyuan | 8.98 | 12.97 | 161.82 | 57.39 | 55.81 |
| 彭阳县 | Pengyang | 1.10 | 11.38 | 139.85 | 59.53 | 63.40 |
| **中卫市** | **Zhongwei** | **5.38** | **4.79** | **133.97** | **68.70** | **59.21** |
| 沙坡头区 | Shapotou | 3.96 | 2.93 | 145.57 | 51.54 | 63.78 |
| 中宁县 | Zhongning | 8.20 | 8.40 | 107.61 | 92.22 | 50.93 |
| 海原县 | Haiyuan | 3.93 | 2.96 | 157.14 | 68.30 | 64.52 |

# 10-8 各市县城镇居民家庭收支基本情况(2015年)

单位:元/人

| 指标名称 | Indicator | 一、家庭总收入 Total Income | (一)工资性收入 Income from Wages and Salaries | 工资 Wages | 实物福利及其他 Benefit in kind and Other Income | (二)经营性收入 Business Income | (三)财产性收入 Income from Property |
|---|---|---|---|---|---|---|---|
| **全区总计** | **Total** | **28639.99** | **16884.69** | **15889.88** | **994.81** | **4272.89** | **1301.75** |
| **银川市** | **Yinchuan** | **31275.09** | **18468.17** | **17414.49** | **1053.68** | **3550.08** | **1903.11** |
| 兴庆区 | Xingqing | 33317.31 | 18836.62 | 17652.98 | 1183.65 | 3408.11 | 2338.36 |
| 西夏区 | Xixia | 25200.53 | 15499.97 | 14708.77 | 791.20 | 1449.14 | 1320.65 |
| 金凤区 | Jinfeng | 35780.64 | 20278.60 | 19078.48 | 1200.12 | 4884.08 | 2334.90 |
| 永宁县 | Yongning | 27141.70 | 17534.65 | 16886.64 | 648.01 | 3800.45 | 1143.08 |
| 贺兰县 | Helan | 27757.62 | 17348.66 | 16852.75 | 495.91 | 3446.51 | 1144.45 |
| 灵武市 | Lingwu | 28660.10 | 22086.42 | 20768.05 | 1318.37 | 2390.11 | 649.22 |
| **石嘴山市** | **Shizuishan** | **26695.64** | **15600.39** | **14603.36** | **997.02** | **2916.21** | **826.11** |
| 大武口区 | Dawukou | 29905.48 | 16993.73 | 15671.04 | 1322.69 | 3151.73 | 1122.80 |
| 惠农区 | Huinong | 22729.32 | 14082.23 | 13269.74 | 812.49 | 1438.56 | 428.17 |
| 平罗县 | Pingluo | 24062.48 | 13805.34 | 13480.77 | 324.57 | 4642.31 | 612.47 |
| **吴忠市** | **Wuzhong** | **23509.54** | **14600.67** | **13793.63** | **807.04** | **3352.73** | **986.48** |
| 利通区 | Litong | 25134.71 | 14974.76 | 13984.09 | 990.67 | 1865.98 | 1179.76 |
| 红寺堡区 | Hongsipu | 20339.74 | 12838.53 | 11957.12 | 881.41 | 6011.54 | 432.82 |
| 盐池县 | Yanchi | 23031.92 | 13821.12 | 13114.94 | 706.18 | 4324.27 | 1149.80 |
| 同心县 | Tongxin | 20512.28 | 13840.53 | 13183.77 | 656.76 | 3965.94 | 830.37 |
| 青铜峡市 | Qingtongxia | 24565.78 | 15756.54 | 15129.23 | 627.31 | 3859.15 | 842.66 |
| **固原市** | **Guyuan** | **23255.77** | **15859.17** | **14834.34** | **1024.83** | **2853.52** | **799.72** |
| 原州区 | Yuanzhou | 25163.00 | 15522.26 | 14450.13 | 1072.14 | 3257.73 | 1061.60 |
| 西吉县 | Xiji | 21711.61 | 16643.00 | 15489.99 | 1153.01 | 3031.31 | 474.74 |
| 隆德县 | Longde | 19921.62 | 15827.86 | 15160.55 | 667.31 | 1428.78 | 409.32 |
| 泾源县 | Jingyuan | 21359.92 | 15784.95 | 14935.21 | 849.74 | 2540.67 | 744.57 |
| 彭阳县 | Pengyang | 21621.51 | 16486.50 | 15388.85 | 1097.65 | 2636.44 | 767.74 |
| **中卫市** | **Zhongwei** | **23634.52** | **15857.86** | **14830.30** | **1027.56** | **2702.13** | **1116.40** |
| 沙坡头区 | Shapotou | 25096.69 | 16286.68 | 15555.22 | 731.47 | 2763.07 | 933.72 |
| 中宁县 | Zhongning | 23537.42 | 15750.72 | 14114.27 | 1636.45 | 3054.36 | 1393.67 |
| 海原县 | Haiyuan | 20247.02 | 15478.20 | 14726.65 | 751.54 | 1209.90 | 1069.15 |

## Basic Statistics of Income and Expenditure of Urban Households by City and County(2015)

(yuan/person)

| 1. 利息收入<br>Interest | 2. 红利收入<br>Bonus | 3. 保险净收益<br>Insurance Profit | 4. 转让承包土地经营权租金净收入<br>Rental Income for Land Contractual Management Right | 5. 出租房屋收入<br>Lease House Income | 6. 出租其他资产净收入<br>Rent other Assets Income | 7. 其他财产性收入<br>Other Properties | 8. 房屋虚拟租金<br>Virtual Rent of House |
|---|---|---|---|---|---|---|---|
| **85.53** | **26.90** | **1.91** | **26.57** | **198.63** | **5.17** | **11.57** | **945.47** |
| **100.61** | **12.17** | **1.17** | **10.17** | **277.15** | **75.97** | **2.34** | **1423.53** |
| 118.32 | | 2.71 | 9.95 | 447.80 | 27.95 | 4.86 | 1726.78 |
| 132.11 | 41.05 | | | 14.47 | | | 1133.03 |
| 49.51 | | | 19.07 | 208.89 | 39.85 | 1.59 | 2015.98 |
| 28.19 | | | 9.92 | 374.40 | | | 730.56 |
| 136.15 | 31.95 | | 37.81 | 51.17 | 127.78 | | 759.59 |
| 55.90 | 21.92 | | | 58.24 | 100.32 | | 412.84 |
| **94.24** | **23.37** | **4.75** | | **37.89** | | **0.03** | **665.83** |
| 160.23 | 40.65 | 8.98 | | 57.31 | | | 855.63 |
| 3.50 | | | | | | | 424.67 |
| 48.05 | 10.64 | | | 42.82 | | 0.16 | 510.80 |
| **95.68** | **34.30** | **3.54** | **61.68** | **102.58** | **49.73** | | **638.97** |
| 103.32 | 15.16 | 9.04 | 115.00 | 154.17 | 98.46 | | 684.61 |
| 3.13 | | | | 20.59 | | | 409.10 |
| 11.64 | 220.99 | | 3.29 | 145.14 | | | 768.73 |
| 64.67 | | | | 105.87 | | | 659.82 |
| 196.85 | | | 75.80 | 14.23 | | | 555.78 |
| **62.89** | | | **2.33** | **198.57** | **0.08** | | **535.85** |
| 129.25 | | | | 361.11 | | | 571.24 |
| 8.73 | | | | 39.62 | 0.38 | | 426.00 |
| 7.59 | | | | 40.41 | | | 361.32 |
| 20.18 | | | 19.66 | 9.41 | | | 695.31 |
| 0.80 | | | 6.31 | 150.56 | | | 610.07 |
| **76.21** | **14.17** | | **7.48** | **152.26** | **10.35** | | **855.93** |
| 23.08 | 7.62 | | 3.17 | 91.39 | 22.53 | | 785.93 |
| 177.57 | 32.64 | | 18.42 | 160.96 | | | 1004.09 |
| 3.07 | | | | 276.99 | | | 789.09 |

# 10-8 续表 1

单位:元/人

| 指标名称 | Indicator | (四)转移性收入<br>Income from Transfer | 1. 养老金或离退休金<br>Annuities and Pension | 2. 社会救济收入<br>Social Relief | 3. 政策性生活补贴<br>Policy - related Subsidies | 4. 赡养收入<br>Maintenance Income |
|---|---|---|---|---|---|---|
| **全区总计** | **Total** | **6180.66** | **5512.98** | **82.83** | **14.77** | **84.53** |
| **银川市** | **Yinchuan** | **7353.73** | **6755.64** | **88.78** | **5.31** | **56.46** |
| 兴庆区 | Xingqing | 8734.22 | 8146.85 | 146.27 | 4.40 | 23.73 |
| 西夏区 | Xixia | 6930.77 | 6401.29 | 97.85 | 6.76 | 86.83 |
| 金凤区 | Jinfeng | 8283.06 | 7328.76 | 11.53 | 2.89 | 172.88 |
| 永宁县 | Yongning | 4663.52 | 4088.02 | 4.49 | 31.03 | 24.75 |
| 贺兰县 | Helan | 5817.99 | 5129.03 | 66.49 | | 16.67 |
| 灵武市 | Lingwu | 3534.34 | 3336.76 | | | |
| **石嘴山市** | **Shizuishan** | **7352.93** | **6896.01** | **115.65** | **19.79** | **102.15** |
| 大武口区 | Dawukou | 8637.22 | 8193.97 | 71.14 | 18.28 | 59.33 |
| 惠农区 | Huinong | 6780.36 | 6358.76 | 101.68 | 8.77 | 219.96 |
| 平罗县 | Pingluo | 5002.35 | 4448.95 | 269.93 | 42.38 | 32.17 |
| **吴忠市** | **Wuzhong** | **4569.66** | **4023.59** | **53.12** | **15.28** | **94.78** |
| 利通区 | Litong | 7114.21 | 6488.06 | 26.15 | 27.84 | 116.04 |
| 红寺堡区 | Hongsipu | 1056.85 | 747.86 | 47.88 | 12.81 | 6.95 |
| 盐池县 | Yanchi | 3736.74 | 3231.11 | 28.62 | 1.02 | 106.62 |
| 同心县 | Tongxin | 1875.44 | 1124.11 | 169.93 | 17.57 | 79.53 |
| 青铜峡市 | Qingtongxia | 4107.43 | 3752.23 | 23.50 | | 98.31 |
| **固原市** | **Guyuan** | **3743.37** | **3128.96** | **264.40** | **35.02** | **105.80** |
| 原州区 | Yuanzhou | 5321.40 | 4624.15 | 412.39 | | 157.58 |
| 西吉县 | Xiji | 1562.57 | 1362.95 | 52.05 | | 44.00 |
| 隆德县 | Longde | 2255.66 | 1443.02 | 112.89 | 100.20 | 118.16 |
| 泾源县 | Jingyuan | 2289.73 | 1815.86 | 119.62 | 33.47 | 6.27 |
| 彭阳县 | Pengyang | 1730.84 | 812.92 | 302.03 | 162.89 | 72.31 |
| **中卫市** | **Zhongwei** | **3958.13** | **3365.45** | **110.04** | **16.10** | **45.07** |
| 沙坡头区 | Shapotou | 5113.22 | 4463.48 | 85.45 | 25.84 | 86.43 |
| 中宁县 | Zhongning | 3338.67 | 2671.90 | 89.79 | 12.94 | 16.45 |
| 海原县 | Haiyuan | 2489.78 | 2123.46 | 199.10 | | |

## continued

(yuan/person)

| 5. 报销医疗费 Medical Fee for Reimbursement | 6. 其他转移性收入 Other Transfer | 二、出售资产所得 Proceeds from Sales of Belongings | 1. 出售住房收入 Sale of Housing | 2. 出售其他物品收入 Sale of Other | 三、借贷性所得 Credit Income | 1. 提取储蓄存款 Draw Saving Deposits | 2. 借入款 Borrowed |
|---|---|---|---|---|---|---|---|
| **350.87** | **39.16** | **592.33** | | **130.38** | **2622.02** | **1673.78** | **291.41** |
| **327.61** | **43.95** | **224.13** | | **83.72** | **1441.59** | **1018.19** | **101.79** |
| 399.33 | 5.40 | 113.77 | | 2.78 | 1490.53 | 1193.05 | 61.91 |
| 262.86 | 68.49 | 153.94 | | 153.94 | 2106.60 | 1097.14 | 11.18 |
| 312.32 | 103.08 | 370.21 | | 278.96 | 325.47 | 275.49 | 36.63 |
| 248.92 | 232.17 | 1271.70 | | 154.17 | 1573.68 | 871.37 | 474.75 |
| 379.62 | | | | | 167.63 | 112.05 | |
| 197.58 | | 232.74 | | 10.44 | 2633.71 | 2115.90 | 470.55 |
| **169.60** | **48.06** | **180.21** | | **7.00** | **932.97** | **827.59** | **36.10** |
| 235.12 | 59.21 | 177.82 | | 8.79 | 330.59 | 189.04 | 14.55 |
| 83.11 | 8.09 | | | | 1399.98 | 1378.19 | 21.79 |
| 119.22 | 80.88 | 485.26 | | 13.24 | 1935.43 | 1799.63 | 123.53 |
| **203.45** | **27.91** | **21.70** | | **11.90** | **1712.12** | **996.66** | **345.05** |
| 307.26 | 1.07 | 10.23 | | 9.63 | 2358.24 | 2014.72 | 280.10 |
| 128.11 | 2.56 | 85.23 | | 85.23 | 471.64 | 36.29 | 53.82 |
| 105.49 | | 50.15 | | 2.50 | 1404.67 | 816.42 | 202.01 |
| 149.25 | 97.54 | | | | 380.09 | | 97.87 |
| 148.83 | 47.30 | 17.17 | | 1.01 | 2335.19 | 462.94 | 877.54 |
| **128.74** | **18.67** | **2009.00** | | **11.88** | **5984.96** | **3400.07** | **894.50** |
| 116.66 | 9.26 | 2516.87 | | 1.38 | 11081.99 | 7073.93 | 1758.77 |
| 35.12 | | 3943.21 | | 12.87 | 404.67 | | 15.59 |
| 369.52 | 3.80 | 77.76 | | 75.96 | 4804.88 | 8.98 | 246.19 |
| 106.44 | | 31.90 | | 0.52 | 507.63 | 15.69 | 394.05 |
| 129.04 | 107.46 | 0.19 | | 0.19 | 1259.31 | 525.08 | 218.47 |
| **312.86** | **78.32** | **316.77** | | **253.93** | **5003.66** | **3844.62** | **374.16** |
| 294.18 | 147.11 | 549.75 | | 549.75 | 1808.40 | 267.42 | 190.47 |
| 448.20 | 32.91 | 194.67 | | 4.55 | 11496.83 | 10273.64 | 767.59 |
| 149.77 | | 3.16 | | | 246.76 | | 171.23 |

# 10－8 续表 2

单位:元/人

| 指标名称 | Indicator | 3. 收回借出款 Recover Loans | 4. 收回保险本金 Recouping Insurance Principal | 5. 住房贷款 Repayment of House Loan | 6. 汽车贷款 Repayment of Auto Loan | 7. 教育贷款 Repayment of Education Loan |
|---|---|---|---|---|---|---|
| **全区总计** | **Total** | **42.37** | **1.77** | **345.97** | **120.24** | **6.73** |
| **银川市** | **Yinchuan** | **54.91** | **0.33** | **97.95** | **97.19** | |
| 兴庆区 | Xingqing | 23.50 | | | 198.14 | |
| 西夏区 | Xixia | 174.91 | 1.67 | 493.24 | | |
| 金凤区 | Jinfeng | 13.35 | | | | |
| 永宁县 | Yongning | 3.22 | | | 224.34 | |
| 贺兰县 | Helan | 55.57 | | | | |
| 灵武市 | Lingwu | 47.26 | | | | |
| **石嘴山市** | **Shizuishan** | **6.03** | | **2.42** | | |
| 大武口区 | Dawukou | 7.30 | | 4.58 | | |
| 惠农区 | Huinong | | | | | |
| 平罗县 | Pingluo | 12.26 | | | | |
| **吴忠市** | **Wuzhong** | **76.28** | | | **168.75** | |
| 利通区 | Litong | 63.42 | | | | |
| 红寺堡区 | Hongsipu | 5.93 | | | | |
| 盐池县 | Yanchi | 57.16 | | | | |
| 同心县 | Tongxin | | | | | |
| 青铜峡市 | Qingtongxia | 204.05 | | | 790.66 | |
| **固原市** | **Guyuan** | **61.51** | | **595.71** | **455.01** | **49.93** |
| 原州区 | Yuanzhou | 85.11 | | 770.76 | 867.35 | 64.53 |
| 西吉县 | Xiji | 8.20 | | | 350.68 | 30.20 |
| 隆德县 | Longde | 151.93 | | 1519.27 | | 89.81 |
| 泾源县 | Jingyuan | 31.37 | | | | 45.60 |
| 彭阳县 | Pengyang | 5.63 | | 510.13 | | |
| **中卫市** | **Zhongwei** | **133.22** | **2.39** | **604.06** | | **29.49** |
| 沙坡头区 | Shapotou | | | 1315.50 | | 35.02 |
| 中宁县 | Zhongning | 407.29 | 7.31 | | | 41.00 |
| 海原县 | Haiyuan | | | | | |

## continued

(yuan/person)

| 8. 其他贷款<br>Repayment of Other Loans | 9. 其他借贷收入<br>Other Credit Income | 四、家庭总支出<br>Total Expenditure | (一)消费性支出<br>Consumption Expenditure | (二)生产费用支出<br>Expenditure for Household Business | (三)财产性支出<br>Property Expenditures | 1. 生活贷款利息支出<br>Interest of Life Loans | 2. 其它<br>Other |
|---|---|---|---|---|---|---|---|
| **120.56** | **19.19** | **30818.39** | **18983.88** | **1256.88** | **220.29** | **218.14** | **2.15** |
| **71.23** | | **30959.14** | **21694.03** | **553.00** | **219.32** | **210.03** | **9.29** |
| 13.92 | | 31907.02 | 24089.05 | 107.53 | 232.47 | 231.90 | 0.57 |
| 328.47 | | 33654.31 | 19269.00 | 64.94 | 359.57 | 359.57 | |
| | | 32216.91 | 24057.17 | 2137.99 | 170.55 | 119.21 | 51.34 |
| | | 30119.28 | 18737.42 | 817.54 | 34.56 | 34.56 | |
| | | 24079.69 | 16701.67 | 1324.82 | 284.64 | 284.64 | |
| | | 23386.24 | 16308.96 | 365.47 | 2.66 | 2.66 | |
| | **60.83** | **21990.03** | **15005.09** | **736.69** | **89.27** | **88.82** | **0.45** |
| | 115.12 | 23447.17 | 16193.24 | 961.21 | 139.55 | 138.70 | 0.85 |
| | | 19604.07 | 12585.04 | 3.21 | | | |
| | | 21785.65 | 15562.49 | 1281.82 | 87.39 | 87.39 | |
| **125.38** | | **22888.04** | **15671.13** | **593.05** | **46.00** | **44.98** | **1.02** |
| | | 23597.09 | 17262.07 | 74.28 | 33.53 | 33.53 | |
| 375.60 | | 20356.30 | 11648.07 | 1211.93 | 102.80 | 102.80 | |
| 329.08 | | 20694.28 | 13786.18 | 1069.33 | 62.35 | 60.80 | 1.55 |
| 282.22 | | 19259.08 | 13299.05 | 822.46 | 16.48 | 11.82 | 4.66 |
| | | 26979.66 | 17530.13 | 813.34 | 59.94 | 59.94 | |
| **485.83** | **42.41** | **25057.48** | **13851.90** | **604.05** | **154.80** | **154.80** | |
| 461.54 | | 32350.86 | 15596.89 | 888.85 | 251.70 | 251.70 | |
| | | 19736.50 | 12278.55 | 156.00 | 63.97 | 63.97 | |
| 2408.89 | 379.82 | 19611.50 | 12475.16 | 140.99 | 76.36 | 76.36 | |
| 20.92 | | 16022.52 | 12759.45 | 839.99 | 63.25 | 63.25 | |
| | | 16523.62 | 11576.63 | 588.39 | 81.14 | 81.14 | |
| **15.72** | | **31598.45** | **16746.75** | **572.56** | **53.72** | **53.59** | **0.13** |
| | | 38263.46 | 16834.89 | 1084.99 | 41.75 | 41.46 | 0.29 |
| | | 29960.06 | 18089.42 | 196.65 | 98.72 | 98.72 | |
| 75.52 | | 19562.24 | 14495.11 | 35.57 | 10.85 | 10.85 | |

# 10－8 续表3

单位:元/人

| 指标名称 | Indicator | (四)转移性支出 Transfer Expendi－tures | 1.交纳所得税 Individual Incometax | 2.社会保障支出 Social Security Expenditures | 个人交纳的养老保险 Annuities | 个人交纳的医疗保险 Medical Accumulation Fund |
|---|---|---|---|---|---|---|
| **全区总计** | **Total** | **1660.50** | **51.27** | **1489.23** | **1056.70** | **343.51** |
| **银川市** | **Yinchuan** | **1825.36** | **76.13** | **1654.42** | **1111.04** | **413.68** |
| 兴庆区 | Xingqing | 2009.87 | 52.31 | 1842.11 | 1257.95 | 463.57 |
| 西夏区 | Xixia | 1462.96 | 63.43 | 1322.93 | 894.25 | 299.90 |
| 金凤区 | Jinfeng | 2433.97 | 196.19 | 2123.13 | 1397.54 | 544.40 |
| 永宁县 | Yongning | 995.21 | 27.04 | 884.33 | 548.71 | 261.61 |
| 贺兰县 | Helan | 1064.33 | 3.37 | 1011.94 | 700.76 | 266.82 |
| 灵武市 | Lingwu | 1727.20 | 77.98 | 1597.68 | 1015.97 | 405.48 |
| **石嘴山市** | **Shizuishan** | **1555.90** | **5.14** | **1359.94** | **1001.85** | **290.93** |
| 大武口区 | Dawukou | 1965.20 | 9.27 | 1675.64 | 1273.20 | 311.68 |
| 惠农区 | Huinong | 1154.85 | 0.05 | 1056.64 | 723.75 | 281.20 |
| 平罗县 | Pingluo | 999.46 | 1.29 | 910.69 | 646.61 | 242.09 |
| **吴忠市** | **Wuzhong** | **1064.11** | **12.65** | **923.03** | **634.28** | **241.84** |
| 利通区 | Litong | 1429.06 | 19.18 | 1318.40 | 939.94 | 315.21 |
| 红寺堡区 | Hongsipu | 702.06 | 6.93 | 598.79 | 338.28 | 180.31 |
| 盐池县 | Yanchi | 556.93 | 2.02 | 469.06 | 252.45 | 160.60 |
| 同心县 | Tongxin | 824.60 | 0.52 | 538.33 | 370.06 | 165.35 |
| 青铜峡市 | Qingtongxia | 1048.18 | 19.51 | 926.13 | 647.04 | 245.06 |
| **固原市** | **Guyuan** | **1059.89** | **39.34** | **868.31** | **604.75** | **209.58** |
| 原州区 | Yuanzhou | 1354.58 | 53.48 | 1109.85 | 869.65 | 206.81 |
| 西吉县 | Xiji | 921.96 | 25.24 | 790.81 | 454.60 | 222.00 |
| 隆德县 | Longde | 739.03 | 16.27 | 573.68 | 309.07 | 226.25 |
| 泾源县 | Jingyuan | 702.58 | 4.78 | 637.34 | 384.49 | 201.01 |
| 彭阳县 | Pengyang | 654.15 | 9.35 | 498.71 | 262.56 | 198.25 |
| **中卫市** | **Zhongwei** | **1229.49** | **32.21** | **1121.27** | **755.33** | **275.18** |
| 沙坡头区 | Shapotou | 1247.23 | 23.52 | 1151.64 | 875.03 | 220.56 |
| 中宁县 | Zhongning | 1320.66 | 54.38 | 1166.81 | 745.28 | 360.17 |
| 海原县 | Haiyuan | 1076.52 | 17.39 | 1009.24 | 525.22 | 268.04 |

continued

(yuan/person)

| 个人交纳的失业保险 Disemployed Accumulation Fund | 其他社会保障支出 Others | 3. 赡养支出 Support Expenditures | 4. 其它转移性支出 Others | (五)部分商业保险支出 Commercial Insurance | (六)购房与建房支出 Expenditures of Purchasing and Building Houses | 1. 购房 Purchasing Houses | 2. 建房 Building Houses |
|---|---|---|---|---|---|---|---|
| **71.80** | **17.22** | **72.91** | **47.09** | **216.73** | **1695.19** | **1600.71** | **94.49** |
| **111.48** | **18.22** | **62.74** | **32.08** | **318.88** | **1296.71** | **1292.43** | **4.29** |
| 108.26 | 12.34 | 81.47 | 33.98 | 361.72 | 830.71 | 820.77 | 9.94 |
| 122.54 | 6.24 | 66.18 | 10.42 | 284.50 | 2806.88 | 2806.88 | |
| 117.57 | 63.62 | 68.48 | 46.17 | 99.14 | 246.15 | 246.15 | |
| 60.87 | 13.15 | 25.88 | 57.96 | 451.56 | 3112.69 | 3112.69 | |
| 33.35 | 11.01 | 35.88 | 13.14 | 240.87 | 2112.50 | 2112.50 | |
| 175.90 | 0.33 | 3.04 | 48.50 | 341.27 | 501.77 | 501.77 | |
| **53.02** | **14.14** | **131.59** | **59.23** | **197.94** | **106.19** | **91.70** | **14.48** |
| 66.45 | 24.30 | 218.47 | 61.82 | 235.85 | 12.61 | 12.61 | |
| 50.53 | 1.16 | 34.09 | 64.07 | 85.24 | 0.00 | | |
| 16.64 | 5.35 | 34.10 | 53.39 | 276.96 | 559.89 | 478.41 | 81.48 |
| **30.37** | **16.54** | **67.73** | **57.81** | **273.48** | **575.07** | **549.03** | **26.04** |
| 36.93 | 26.31 | 66.20 | 25.27 | 499.38 | 0.00 | | |
| 60.13 | 20.06 | 15.79 | 48.16 | 104.32 | 202.75 | | 202.75 |
| 54.37 | 1.63 | 40.33 | 45.52 | 130.63 | 0.00 | | |
| 2.22 | 0.69 | 89.31 | 196.44 | 47.12 | 45.32 | | 45.32 |
| 14.81 | 19.22 | 87.59 | 14.95 | 198.80 | 2572.38 | 2572.38 | |
| **37.27** | **16.71** | **110.65** | **41.59** | **62.97** | **1906.65** | **1756.01** | **150.64** |
| 28.75 | 4.64 | 150.15 | 41.10 | 75.47 | 2424.58 | 2424.58 | |
| 63.30 | 50.91 | 61.57 | 44.33 | 1.60 | 2881.43 | 2162.74 | 718.68 |
| 35.76 | 2.60 | 128.84 | 20.25 | 0.35 | 585.80 | 585.80 | |
| 47.33 | 4.50 | 6.08 | 54.38 | 25.21 | 0.00 | | |
| 12.85 | 25.05 | 94.21 | 51.88 | 195.06 | 829.70 | 826.29 | 3.41 |
| **54.37** | **36.39** | **13.82** | **62.20** | **312.37** | **1946.86** | **1931.14** | **15.72** |
| 52.91 | 3.14 | 7.32 | 64.75 | 285.58 | 4205.59 | 4205.59 | |
| 28.94 | 32.42 | 30.92 | 68.56 | 511.82 | 0.00 | | |
| 99.03 | 116.94 | 1.66 | 48.24 | 49.23 | 75.52 | | 75.52 |

## 10－8 续表4

单位:元/人

| 指标名称 | Indicator | (七)借贷支出 Credit Expenditures | 1.存入储蓄款 Saving Deposits | 2.借出款 Lending | 3.归还借款 Repayment of Loans | 4.购买有价证券 Purchase of Securities |
|---|---|---|---|---|---|---|
| **全区总计** | **Total** | **3802.55** | **2305.07** | **71.05** | **211.13** | **46.94** |
| **银川市** | **Yinchuan** | **2371.24** | **1109.12** | **12.67** | **144.74** | **65.23** |
| 兴庆区 | Xingqing | 1385.46 | 195.68 | 1.24 | 170.07 | |
| 西夏区 | Xixia | 6614.03 | 5089.40 | 2.32 | 167.02 | 328.47 |
| 金凤区 | Jinfeng | 1058.37 | 3.92 | 4.77 | 124.28 | |
| 永宁县 | Yongning | 2616.54 | 60.13 | | 155.46 | |
| 贺兰县 | Helan | 561.87 | 12.64 | | 20.88 | |
| 灵武市 | Lingwu | 1382.22 | 105.49 | 121.47 | 106.80 | |
| **石嘴山市** | **Shizuishan** | **1875.90** | **966.51** | **94.48** | **137.08** | **15.61** |
| 大武口区 | Dawukou | 1419.84 | 327.56 | 162.88 | 155.50 | 18.80 |
| 惠农区 | Huinong | 3221.00 | 2631.50 | | 109.96 | |
| 平罗县 | Pingluo | 970.70 | 82.98 | 47.31 | 125.89 | 31.91 |
| **吴忠市** | **Wuzhong** | **1211.95** | **59.11** | **80.44** | **217.55** | **1.63** |
| 利通区 | Litong | 723.04 | 77.95 | 184.78 | 291.16 | |
| 红寺堡区 | Hongsipu | 4121.07 | 6.01 | 7.78 | 546.54 | |
| 盐池县 | Yanchi | 1134.33 | 218.33 | 51.35 | 171.31 | |
| 同心县 | Tongxin | 179.22 | | | 52.92 | |
| 青铜峡市 | Qingtongxia | 1794.41 | | 3.36 | 103.89 | 7.62 |
| **固原市** | **Guyuan** | **4794.88** | **2440.82** | **117.44** | **349.59** | |
| 原州区 | Yuanzhou | 7742.54 | 5027.82 | 149.40 | 643.06 | |
| 西吉县 | Xiji | 1933.34 | | 61.47 | 20.79 | |
| 隆德县 | Longde | 3751.60 | | | 70.76 | |
| 泾源县 | Jingyuan | 284.55 | | | | |
| 彭阳县 | Pengyang | 1654.07 | | 267.45 | 286.79 | |
| **中卫市** | **Zhongwei** | **7294.96** | **6211.39** | **254.88** | **265.24** | **4.54** |
| 沙坡头区 | Shapotou | 11111.00 | 10343.22 | 36.07 | 37.90 | |
| 中宁县 | Zhongning | 6343.11 | 4469.63 | 728.60 | 711.71 | 13.89 |
| 海原县 | Haiyuan | 568.00 | | | 72.28 | |

## continued

(yuan/person)

| 5. 其它投资支出 Other Investment Expenditure | 6. 归还住房贷款 Repayment of House Loan | 7. 归还汽车贷款 Repayment of Auto Loan | 8. 归还教育贷款 Repayment of Education Loan | 9. 归还其它贷款 Repayment of Other Loans | 10. 其它借贷支出 Other Credit Expenditures |
|---:|---:|---:|---:|---:|---:|
| **1.14** | **718.49** | **94.75** | | **329.02** | **24.98** |
| **7.11** | **893.57** | **80.74** | | **54.54** | **3.53** |
| | 945.59 | 72.89 | | | |
| 0.85 | 951.09 | | | 57.48 | 17.39 |
| 39.34 | 700.12 | 171.03 | | 14.91 | |
| | 1672.77 | 439.08 | | 289.10 | |
| 13.78 | 514.57 | | | | |
| | 762.30 | | | 285.35 | 0.82 |
| **6.72** | **518.81** | **62.42** | | **2.88** | **71.39** |
| 8.64 | 605.90 | | | 5.45 | 135.11 |
| | 357.66 | 121.87 | | | |
| 12.14 | 522.17 | 148.31 | | | |
| **7.41** | **504.01** | **62.32** | | **273.25** | **6.24** |
| 16.17 | 132.94 | | | 11.05 | 9.00 |
| | 962.64 | 71.69 | | 2526.42 | |
| 8.30 | 355.53 | | | 329.51 | |
| | 102.10 | | | 8.80 | 15.41 |
| | 1417.47 | 262.07 | | | |
| | **917.51** | **20.72** | **3.95** | **940.87** | **3.99** |
| | 432.41 | 38.25 | | 1451.60 | |
| | 1604.45 | | | 237.99 | 8.63 |
| | 1935.70 | | | 1745.14 | |
| | 259.51 | | | 25.03 | |
| | 883.21 | 36.58 | 30.27 | 133.06 | 16.72 |
| | **504.16** | **49.89** | | **4.49** | **0.36** |
| | 644.92 | 48.10 | | | 0.79 |
| | 320.55 | 85.02 | | 13.71 | |
| | 495.73 | | | | |

# 10－9 主要年份全区农村居民家庭基本情况

## Statistics of Rural Households in Main Years

| 年份<br>Year | 调查户数<br>（户）<br>Number of Households Surveyed<br>(household) | 调查户常住人口<br>（人）<br>Number of Permanent Residents in the Households Surveyed<br>(person) | 平均每户常住人口<br>（人）<br>Average Number of Permanent Residents per Household<br>(person) | 平均每户整半劳动力<br>（人）<br>Average Number of Able－bodied and Semi－able Labours per Household<br>(person) | 整半劳动力占常住人口比重<br>（%）<br>Percentage of Able－bodied and Semi－able－bodied Labours of Permanent Residents<br>(%) |
|---|---|---|---|---|---|
| 1983 | 480 | 2983 | 6.21 | 2.95 | 47.54 |
| 1984 | 480 | 2939 | 6.12 | 2.91 | 47.60 |
| 1985 | 1090 | 6588 | 6.04 | 3.02 | 49.92 |
| 1986 | 1090 | 6557 | 6.02 | 2.93 | 48.73 |
| 1987 | 1090 | 6454 | 5.92 | 2.88 | 48.56 |
| 1988 | 1090 | 6407 | 5.88 | 2.91 | 49.45 |
| 1989 | 1090 | 6286 | 5.77 | 2.92 | 50.62 |
| 1990 | 990 | 5753 | 5.80 | 3.00 | 50.90 |
| 1991 | 990 | 5561 | 5.60 | 3.00 | 52.60 |
| 1992 | 990 | 5434 | 5.50 | 2.90 | 53.10 |
| 1993 | 990 | 5358 | 5.40 | 3.00 | 56.20 |
| 1994 | 990 | 5377 | 5.40 | 3.10 | 57.70 |
| 1995 | 1050 | 5517 | 5.30 | 3.10 | 58.20 |
| 1996 | 1050 | 5398 | 5.14 | 3.06 | 59.48 |
| 1997 | 1050 | 5302 | 5.00 | 3.00 | 59.70 |
| 1998 | 1050 | 5118 | 4.87 | 2.86 | 58.60 |
| 1999 | 1050 | 5036 | 4.80 | 2.82 | 58.76 |
| 2000 | 600 | 2850 | 4.75 | 2.81 | 59.05 |
| 2001 | 600 | 2826 | 4.71 | 2.81 | 59.70 |
| 2002 | 600 | 2813 | 4.69 | 2.82 | 60.18 |
| 2003 | 600 | 2769 | 4.62 | 2.80 | 60.67 |
| 2004 | 600 | 2759 | 4.59 | 2.78 | 60.46 |
| 2005 | 600 | 2720 | 4.53 | 2.79 | 61.43 |
| 2006 | 600 | 2703 | 4.51 | 2.80 | 62.20 |
| 2007 | 600 | 2642 | 4.40 | 2.78 | 63.21 |
| 2008 | 600 | 2648 | 4.41 | 2.79 | 63.26 |
| 2009 | 600 | 2587 | 4.31 | 2.75 | 63.86 |
| 2010 | 600 | 2559 | 4.27 | 2.76 | 64.63 |
| 2011 | 800 | 3417 | 4.27 | 2.76 | 64.65 |
| 2012 | 800 | 3416 | 4.27 | 2.75 | 64.31 |
| 2013 | 891 | 3903 | 4.38 | 2.62 | 59.90 |
| 2014 | 998 | 3962 | 3.97 | 2.44 | 61.46 |
| 2015 | 1011 | 3962 | 3.92 | 2.40 | 61.36 |

# 10－9 续表 1 continued

| 年份<br>Year | 就业劳动力中 Culture Level of Employed Labours | | | | |
|---|---|---|---|---|---|
| | 不识字或识字很少比重(%)<br>Illiterate or Semi－illiterate (%) | 小学程度比重(%)<br>Primary School (%) | 初中程度比重(%)<br>Junior Middle School (%) | 高中程度比重(%)<br>Senior Middle School (%) | 大中专及以上程度比重(%)<br>Technical Secondary School and above (%) |
| 1983 | | | | | |
| 1984 | | | | | |
| 1985 | 43.36 | 27.58 | 23.75 | 5.17 | 0.14 |
| 1986 | 41.28 | 29.42 | 24.13 | 5.10 | 0.07 |
| 1987 | 40.14 | 30.86 | 23.90 | 5.07 | 0.03 |
| 1988 | 38.76 | 30.74 | 25.00 | 5.46 | 0.04 |
| 1989 | 37.02 | 30.80 | 26.34 | 5.81 | 0.03 |
| 1990 | 37.30 | 30.20 | 27.10 | 5.35 | 0.05 |
| 1991 | 35.20 | 30.90 | 27.50 | 5.95 | 0.45 |
| 1992 | 34.40 | 30.50 | 28.80 | 6.03 | 0.27 |
| 1993 | 32.30 | 30.50 | 30.20 | 6.57 | 0.43 |
| 1994 | 31.20 | 30.60 | 31.20 | 6.52 | 0.48 |
| 1995 | 26.60 | 32.30 | 33.10 | 7.50 | 0.50 |
| 1996 | 23.98 | 32.64 | 36.16 | 6.88 | 0.34 |
| 1997 | 23.50 | 31.78 | 37.05 | 6.98 | 0.69 |
| 1998 | 21.57 | 31.24 | 38.21 | 8.47 | 0.51 |
| 1999 | 20.82 | 30.15 | 38.90 | 9.83 | 0.30 |
| 2000 | 19.48 | 30.30 | 39.10 | 9.10 | 2.02 |
| 2001 | 17.84 | 30.05 | 41.20 | 9.07 | 1.84 |
| 2002 | 16.89 | 30.30 | 41.94 | 8.74 | 2.13 |
| 2003 | 16.31 | 30.54 | 42.14 | 8.93 | 2.08 |
| 2004 | 15.77 | 28.84 | 44.72 | 8.69 | 1.98 |
| 2005 | 21.13 | 31.90 | 40.04 | 5.03 | 1.90 |
| 2006 | 20.24 | 31.49 | 40.95 | 6.19 | 1.13 |
| 2007 | 20.00 | 30.84 | 39.82 | 7.72 | 1.62 |
| 2008 | 18.69 | 31.16 | 40.36 | 8.18 | 1.61 |
| 2009 | 17.98 | 29.96 | 42.13 | 8.29 | 1.64 |
| 2010 | 18.50 | 28.48 | 41.29 | 9.01 | 2.72 |
| 2011 | 15.28 | 33.27 | 41.42 | 6.81 | 3.22 |
| 2012 | 14.35 | 32.67 | 41.81 | 7.34 | 3.83 |
| 2013 | 12.06 | 33.83 | 39.86 | 9.30 | 4.95 |
| 2014 | 11.76 | 34.28 | 41.43 | 8.94 | 3.59 |
| 2015 | 11.44 | 32.73 | 43.14 | 9.70 | 2.99 |

## 10 – 9 续表 2 continued

| 年份<br>Year | 年内新建房屋价值（元/平方米）<br>Value of Newly – built Houses (yuan/sq. m) | 年末住房面积（平方米/人）<br>Floor Space of Lliving Houses at Year – end (sq. m/person) | 砖木结构面积<br>Brick and Wood Structure | 钢筋混泥土结构面积<br>Reinforced Concrete Structure |
|---|---|---|---|---|
| 1983 | 14.29 | 10.35 | | |
| 1984 | 14.44 | 10.98 | | |
| 1985 | 21.83 | 11.83 | 0.03 | |
| 1986 | 24.88 | 12.50 | 0.21 | |
| 1987 | 32.48 | 12.98 | 0.24 | |
| 1988 | 36.03 | 13.22 | 0.47 | 0.02 |
| 1989 | 56.94 | 13.73 | 0.91 | 0.02 |
| 1990 | 61.70 | 13.62 | 1.04 | 0.02 |
| 1991 | 63.08 | 13.97 | 1.60 | 0.02 |
| 1992 | 70.29 | 14.64 | 1.94 | 0.02 |
| 1993 | 102.85 | 15.42 | 2.87 | 0.13 |
| 1994 | 62.84 | 16.33 | 3.32 | 0.06 |
| 1995 | 149.15 | 19.67 | 5.91 | 0.17 |
| 1996 | 156.02 | 16.12 | 5.32 | |
| 1997 | 212.34 | 16.76 | 6.14 | 0.34 |
| 1998 | 175.00 | 17.30 | 7.57 | 0.31 |
| 1999 | 185.13 | 18.18 | 8.94 | 0.17 |
| 2000 | 218.02 | 17.98 | 7.15 | 0.64 |
| 2001 | 190.02 | 18.84 | 8.47 | 0.54 |
| 2002 | 218.55 | 19.23 | 8.46 | 0.59 |
| 2003 | 226.18 | 20.12 | 9.20 | 0.71 |
| 2004 | 203.57 | 21.38 | 10.72 | 0.56 |
| 2005 | 286.49 | 21.03 | 11.15 | 0.95 |
| 2006 | 264.75 | 21.64 | 11.90 | 0.90 |
| 2007 | 311.27 | 23.04 | 13.38 | 0.78 |
| 2008 | 484.98 | 23.06 | 13.45 | 0.87 |
| 2009 | 343.37 | 24.46 | 14.92 | 1.28 |
| 2010 | 486.61 | 24.89 | 15.40 | 1.81 |
| 2011 | 668.04 | 24.38 | 16.59 | 1.73 |
| 2012 | 649.68 | 25.86 | 17.19 | 2.96 |
| 2013 | 949.27 | 22.66 | 15.67 | 3.84 |
| 2014 | 690.10 | 28.27 | 19.14 | 3.43 |
| 2015 | 797.10 | 30.15 | 19.71 | 3.96 |

## 10－9 续表3 continued

| 年份<br>Year | 年末生产固定资产原值（元/户）<br>Original Value of Productive Fixed Assets at Year－end (yuan/household) | 农业原值<br>Agriculture | 工业原值<br>Industry | 建筑业原值<br>Construction | 交通运输业原值<br>Transport |
|---|---|---|---|---|---|
| 1983 | 742.67 | 563.51 | 16.28 | | 99.94 |
| 1984 | 818.92 | 655.69 | 37.67 | | 34.19 |
| 1985 | 1170.70 | 732.92 | 37.30 | | 250.43 |
| 1986 | 1361.33 | 772.34 | 51.75 | | 353.68 |
| 1987 | 1508.53 | 745.04 | 64.05 | | 488.70 |
| 1988 | 1707.75 | 803.73 | 74.08 | | 599.56 |
| 1989 | 1974.56 | 836.57 | 77.74 | | 823.86 |
| 1990 | 2128.90 | 924.24 | 84.51 | | 849.10 |
| 1991 | 2354.70 | 1212.29 | 69.02 | | 703.88 |
| 1992 | 2482.90 | 1245.45 | 90.64 | | 778.41 |
| 1993 | 2757.10 | 1415.81 | 95.98 | | 744.42 |
| 1994 | 3366.40 | 1767.70 | 112.19 | | 863.06 |
| 1995 | 5153.02 | 2991.02 | 111.06 | | 1236.99 |
| 1996 | 5426.09 | 3146.21 | 226.61 | | 1102.58 |
| 1997 | 6824.99 | 3487.40 | 122.58 | | 1290.86 |
| 1998 | 6722.50 | 3704.03 | 121.34 | | 1399.85 |
| 1999 | 7086.46 | 3849.89 | 134.43 | | 1552.03 |
| 2000 | 10168.09 | 6051.06 | 480.93 | 4.50 | 1658.58 |
| 2001 | 11069.85 | 6270.36 | 520.44 | 1.67 | 2199.25 |
| 2002 | 12024.13 | 6983.16 | 576.17 | 4.00 | 2288.58 |
| 2003 | 13058.17 | 7925.36 | 554.65 | 1.11 | 2388.79 |
| 2004 | 13735.07 | 9743.20 | 822.65 | 1.28 | 2430.17 |
| 2005 | 14811.19 | 7296.87 | 604.72 | 21.05 | 3527.30 |
| 2006 | 15368.15 | 7492.11 | 466.25 | 76.88 | 3806.57 |
| 2007 | 16917.74 | 8154.97 | 485.40 | 20.85 | 4717.09 |
| 2008 | 18244.68 | 9359.18 | 475.70 | 20.85 | 4366.96 |
| 2009 | 21310.13 | 10642.49 | 575.45 | 24.30 | 5253.33 |
| 2010 | 23405.21 | 10745.15 | 544.09 | 24.30 | 7676.17 |
| 2011 | 21417.95 | 10333.78 | 286.88 | 220.10 | 5212.56 |
| 2012 | 24266.19 | 11192.61 | 221.80 | 445.88 | 5323.59 |
| 2013 | 27985.95 | 11601.73 | 601.22 | 55.42 | 6326.62 |
| 2014 | 29649.28 | 18382.82 | 94.10 | 110.28 | 7242.41 |
| 2015 | 33112.04 | 16549.50 | 144.09 | 619.59 | 11432.99 |

## 10－10 主要年份全区农村居民家庭人均纯收入来源情况

## Statistics of Net Income of Rural Households by Source in Main Years

单位:元/人 (yuan/person)

| 年份<br>Year | 纯收入<br>Net Income | 工资性收入<br>Wage Income | 家庭经营纯收入<br>Household Business Net Income | 财产性及转移纯收入<br>Property and Transfer Net Income |
|---|---|---|---|---|
| 1983 | 274 | 43 | 212 | 18 |
| 1984 | 299 | 59 | 224 | 16 |
| 1985 | 326 | 63 | 241 | 34 |
| 1986 | 379 | 77 | 284 | 22 |
| 1987 | 387 | 78 | 289 | 18 |
| 1988 | 480 | 86 | 374 | 20 |
| 1989 | 538 | 87 | 431 | 20 |
| 1990 | 594 | 79 | 494 | 21 |
| 1991 | 608 | 97 | 489 | 22 |
| 1992 | 619 | 114 | 477 | 27 |
| 1993 | 667 | 134 | 504 | 28 |
| 1994 | 910 | 146 | 726 | 38 |
| 1995 | 1037 | 178 | 810 | 48 |
| 1996 | 1416 | 209 | 1152 | 56 |
| 1997 | 1545 | 263 | 1230 | 52 |
| 1998 | 1756 | 368 | 1314 | 75 |
| 1999 | 1791 | 423 | 1278 | 90 |
| 2000 | 1724 | 484 | 1121 | 119 |
| 2001 | 1823 | 528 | 1180 | 116 |
| 2002 | 1917 | 527 | 1265 | 125 |
| 2003 | 2043 | 592 | 1255 | 196 |
| 2004 | 2320 | 618 | 1506 | 196 |
| 2005 | 2509 | 702 | 1562 | 245 |
| 2006 | 2760 | 823 | 1662 | 275 |
| 2007 | 3181 | 1021 | 1862 | 297 |
| 2008 | 3681 | 1260 | 2032 | 389 |
| 2009 | 4048 | 1519 | 2112 | 418 |
| 2010 | 4675 | 1788 | 2422 | 465 |
| 2011 | 5410 | 2164 | 2730 | 515 |
| 2012 | 6180 | 2511 | 3072 | 598 |
| 2013 | 6931 | 2878 | 3250 | 803 |
| 2014 | 8410 | 3391 | 3645 | 1374 |
| 2015 | 9119 | 3614 | 3837 | 1667 |

注: 2013 年国家统计局实施了城乡一体化住户调查改革,本表 2014 年的数据为农村居民人均可支配收入。

Note: The NBS implemented integrated household income and expenditure survey reform in 2013. since2013, per capita net income of rural households refers to disposable income of rural households.

# 10-11 主要年份农村居民家庭平均每人生活消费支出

## Per Capita Annual Expenditure of Rural Households in Main Years

单位:元/人 (yuan/person)

| 年份<br>Year | 生活消费支出<br>Living Expenditure | 食品<br>Food | 衣着<br>Clothing | 居住<br>Residence | 家庭设备、用品及服务<br>Household Facilities, Article and Service | 医疗保健<br>Medicine and Health Care | 交通和通讯<br>Transport, Post and Telecomm-unications | 文教娱乐<br>Cultural, Educational, Recreational Article and Services | 其他商品和服务<br>Other Commodities and Services |
|---|---|---|---|---|---|---|---|---|---|
| 1983 | 209 | 127 | 29 | 23 | 16 | 5 | 1 | 7 | 1 |
| 1984 | 232 | 135 | 31 | 29 | 19 | 6 | 2 | 8 | 1 |
| 1985 | 264 | 155 | 33 | 31 | 21 | 8 | 1 | 15 | 2 |
| 1986 | 301 | 170 | 39 | 39 | 22 | 9 | 2 | 17 | 4 |
| 1987 | 330 | 187 | 40 | 44 | 25 | 11 | 2 | 17 | 4 |
| 1988 | 398 | 206 | 49 | 48 | 42 | 13 | 3 | 35 | 3 |
| 1989 | 459 | 240 | 53 | 69 | 38 | 16 | 3 | 37 | 3 |
| 1990 | 486 | 275 | 51 | 66 | 29 | 17 | 12 | 34 | 2 |
| 1991 | 519 | 293 | 58 | 63 | 37 | 21 | 10 | 33 | 4 |
| 1992 | 561 | 323 | 53 | 74 | 32 | 23 | 10 | 40 | 6 |
| 1993 | 606 | 342 | 55 | 80 | 37 | 27 | 15 | 42 | 7 |
| 1994 | 831 | 486 | 67 | 106 | 47 | 29 | 26 | 51 | 18 |
| 1995 | 1058 | 609 | 84 | 146 | 59 | 44 | 31 | 71 | 13 |
| 1996 | 1234 | 730 | 94 | 156 | 67 | 55 | 31 | 79 | 21 |
| 1997 | 1282 | 688 | 105 | 201 | 64 | 68 | 39 | 97 | 20 |
| 1998 | 1350 | 713 | 105 | 217 | 69 | 77 | 53 | 97 | 19 |
| 1999 | 1330 | 676 | 103 | 199 | 76 | 75 | 53 | 121 | 27 |
| 2000 | 1417 | 691 | 97 | 227 | 62 | 89 | 80 | 145 | 26 |
| 2001 | 1381 | 644 | 97 | 223 | 61 | 98 | 96 | 132 | 30 |
| 2002 | 1418 | 633 | 98 | 204 | 70 | 123 | 111 | 148 | 31 |
| 2003 | 1637 | 680 | 109 | 286 | 56 | 116 | 171 | 178 | 40 |
| 2004 | 1927 | 809 | 122 | 325 | 65 | 187 | 155 | 217 | 46 |
| 2005 | 2094 | 923 | 143 | 346 | 77 | 199 | 178 | 178 | 51 |
| 2006 | 2247 | 929 | 159 | 415 | 104 | 188 | 226 | 169 | 57 |
| 2007 | 2529 | 1019 | 184 | 451 | 109 | 239 | 266 | 192 | 68 |
| 2008 | 3095 | 1288 | 217 | 582 | 124 | 319 | 299 | 193 | 72 |
| 2009 | 3348 | 1395 | 256 | 502 | 169 | 356 | 366 | 217 | 86 |
| 2010 | 4013 | 1542 | 303 | 776 | 188 | 418 | 444 | 241 | 101 |
| 2011 | 4727 | 1763 | 380 | 935 | 265 | 445 | 483 | 324 | 132 |
| 2012 | 5633 | 1991 | 488 | 1088 | 321 | 518 | 653 | 393 | 181 |
| 2013 | 6465 | 2224 | 453 | 1348 | 383 | 652 | 801 | 401 | 203 |
| 2014 | 7676 | 2296 | 602 | 1388 | 496 | 857 | 961 | 867 | 209 |
| 2015 | 8415 | 2453 | 664 | 1561 | 572 | 926 | 1071 | 995 | 173 |

# 10－12 主要年份全区农村居民家庭现金收入情况

## Statistics of Per Capita Cash Income of Rural Households in Main Years

单位:元/人 (yuan/person)

| 年份<br>Year | 全年现金收入<br>Annual Cash Income | 工资性收入<br>Wage Income | 家庭经营收入<br>Household Business Income | 财产及转移性收入<br>Property and Transfer Income |
|---|---|---|---|---|
| 1983 | 211 | 43 | 142 | 26 |
| 1984 | 241 | 58 | 159 | 25 |
| 1985 | 285 | 50 | 206 | 29 |
| 1986 | 361 | 77 | 254 | 30 |
| 1987 | 396 | 78 | 289 | 30 |
| 1988 | 499 | 86 | 376 | 36 |
| 1989 | 577 | 87 | 456 | 32 |
| 1990 | 581 | 79 | 449 | 53 |
| 1991 | 638 | 97 | 487 | 54 |
| 1992 | 660 | 114 | 490 | 56 |
| 1993 | 692 | 133 | 493 | 66 |
| 1994 | 943 | 146 | 719 | 77 |
| 1995 | 1252 | 178 | 996 | 78 |
| 1996 | 1454 | 209 | 1152 | 93 |
| 1997 | 1808 | 263 | 1426 | 120 |
| 1998 | 1988 | 368 | 1468 | 152 |
| 1999 | 2112 | 423 | 1505 | 184 |
| 2000 | 2169 | 484 | 1535 | 150 |
| 2001 | 2295 | 528 | 1623 | 145 |
| 2002 | 2457 | 526 | 1760 | 171 |
| 2003 | 2625 | 592 | 1862 | 170 |
| 2004 | 2979 | 618 | 2224 | 137 |
| 2005 | 3463 | 702 | 2546 | 215 |
| 2006 | 3729 | 823 | 2673 | 232 |
| 2007 | 4317 | 1021 | 3061 | 235 |
| 2008 | 5004 | 1260 | 3393 | 351 |
| 2009 | 5380 | 1519 | 3497 | 364 |
| 2010 | 5879 | 1788 | 3655 | 436 |
| 2011 | 7034 | 2164 | 4370 | 500 |
| 2012 | 8247 | 2511 | 5092 | 644 |
| 2013 | 9630 | 2874 | 5987 | 769 |
| 2014 | 11405 | 3388 | 6637 | 1381 |
| 2015 | 12517 | 3603 | 7088 | 1827 |

# 10－13　主要年份全区农村居民家庭现金支出情况

## Statistics of Per Capita Cash Expenditure of Rural Households in Main Years

单位:元/人　　　　(yuan/person)

| 年份<br>Year | 全年现金支出<br>Annual Cash Expenditure | 生产费用支出<br>Expenditure for Production | 税费支出<br>Expenditure for Taxes and Fees | 生活消费支出<br>Living Expenditure | 财产及转移性支出<br>Property and Transfer Expenditure |
|---|---|---|---|---|---|
| 1983 | 197 | 63 | 3 | 115 | 16 |
| 1984 | 216 | 64 | 4 | 131 | 17 |
| 1985 | 275 | 95 | 8 | 153 | 19 |
| 1986 | 326 | 110 | 9 | 184 | 23 |
| 1987 | 380 | 132 | 12 | 206 | 29 |
| 1988 | 489 | 175 | 13 | 269 | 32 |
| 1989 | 666 | 227 | 17 | 309 | 39 |
| 1990 | 554 | 192 | 20 | 300 | 42 |
| 1991 | 604 | 218 | 19 | 320 | 47 |
| 1992 | 651 | 240 | 24 | 335 | 51 |
| 1993 | 714 | 257 | 26 | 376 | 56 |
| 1994 | 947 | 352 | 33 | 485 | 77 |
| 1995 | 1354 | 581 | 36 | 654 | 83 |
| 1996 | 1497 | 601 | 61 | 737 | 97 |
| 1997 | 1656 | 655 | 66 | 821 | 115 |
| 1998 | 1822 | 704 | 81 | 893 | 143 |
| 1999 | 1895 | 714 | 83 | 922 | 175 |
| 2000 | 2032 | 813 | 66 | 1017 | 136 |
| 2001 | 2168 | 896 | 55 | 1036 | 180 |
| 2002 | 2262 | 939 | 39 | 1079 | 205 |
| 2003 | 2457 | 963 | 31 | 1273 | 190 |
| 2004 | 2861 | 1132 | 26 | 1489 | 214 |
| 2005 | 3427 | 1489 | 3 | 1649 | 287 |
| 2006 | 3644 | 1518 | 4 | 1825 | 298 |
| 2007 | 4307 | 1820 | 8 | 2116 | 363 |
| 2008 | 5114 | 2152 | 1 | 2560 | 402 |
| 2009 | 5424 | 2181 | 1 | 2782 | 460 |
| 2010 | 6130 | 2101 | 3 | 3447 | 579 |
| 2011 | 7795 | 2642 | 2 | 4210 | 941 |
| 2012 | 9219 | 3016 | 1 | 5172 | 1031 |
| 2013 | 10106 | 3439 |  | 5917 | 750 |
| 2014 | 15382 | 3309 | 1 | 6532 | 288 |
| 2015 | 16789 | 3383 | 1 | 7168 | 478 |

# 10-14 主要年份全区农村居民家庭生活消费现金支出

## Per Capita Cash Consumption Expenditure of Rural Households in Main Years

单位:元/人 (yuan/person)

| 年份<br>Year | 生活消费支出<br>Living Expenditure | 食品<br>Food | 衣着<br>Clothing | 居住<br>Residence | 家庭设备、用品及服务<br>Household Facilities, Article and Service | 医疗保健<br>Medicine and Health Care | 交通和通讯<br>Transport, Post and Telecomm-unications | 文教娱乐<br>Cultural, Educational, Recreational Article and Services | 其他商品和服务<br>Other Commodities and Services |
|---|---|---|---|---|---|---|---|---|---|
| 1983 | 115 | 39 | 28 | 18 | 16 | 5 | 1 | 7 | 1 |
| 1984 | 131 | 41 | 31 | 23 | 19 | 6 | 2 | 10 | 1 |
| 1985 | 153 | 48 | 33 | 26 | 21 | 8 | 1 | 15 | 2 |
| 1986 | 184 | 58 | 38 | 34 | 22 | 9 | 2 | 17 | 4 |
| 1987 | 206 | 68 | 40 | 39 | 25 | 11 | 2 | 17 | 4 |
| 1988 | 269 | 82 | 49 | 44 | 44 | 13 | 3 | 35 | 1 |
| 1989 | 309 | 95 | 53 | 64 | 38 | 16 | 3 | 37 | 3 |
| 1990 | 300 | 94 | 51 | 61 | 29 | 17 | 12 | 34 | 2 |
| 1991 | 320 | 100 | 58 | 56 | 37 | 21 | 11 | 33 | 4 |
| 1992 | 335 | 102 | 52 | 70 | 32 | 23 | 10 | 40 | 6 |
| 1993 | 376 | 119 | 55 | 73 | 37 | 27 | 15 | 42 | 7 |
| 1994 | 485 | 150 | 67 | 96 | 47 | 29 | 26 | 51 | 18 |
| 1995 | 654 | 215 | 84 | 137 | 59 | 44 | 31 | 71 | 13 |
| 1996 | 737 | 243 | 94 | 147 | 67 | 55 | 31 | 79 | 21 |
| 1997 | 821 | 238 | 105 | 190 | 64 | 68 | 39 | 97 | 20 |
| 1998 | 893 | 270 | 105 | 203 | 69 | 77 | 53 | 97 | 19 |
| 1999 | 922 | 277 | 103 | 190 | 76 | 75 | 53 | 121 | 27 |
| 2000 | 1017 | 303 | 97 | 216 | 62 | 89 | 80 | 145 | 26 |
| 2001 | 1036 | 307 | 97 | 215 | 61 | 98 | 96 | 132 | 30 |
| 2002 | 1079 | 304 | 98 | 194 | 70 | 123 | 111 | 148 | 31 |
| 2003 | 1273 | 324 | 109 | 278 | 56 | 116 | 171 | 178 | 40 |
| 2004 | 1489 | 380 | 122 | 316 | 65 | 187 | 155 | 217 | 46 |
| 2005 | 1649 | 484 | 143 | 338 | 77 | 199 | 178 | 178 | 51 |
| 2006 | 1825 | 524 | 159 | 398 | 104 | 188 | 226 | 169 | 57 |
| 2007 | 2116 | 622 | 184 | 435 | 109 | 239 | 266 | 192 | 68 |
| 2008 | 2560 | 768 | 217 | 567 | 124 | 319 | 299 | 193 | 72 |
| 2009 | 2782 | 834 | 256 | 497 | 169 | 356 | 366 | 217 | 86 |
| 2010 | 3447 | 975 | 303 | 776 | 188 | 418 | 444 | 241 | 101 |
| 2011 | 4210 | 1245 | 380 | 935 | 265 | 445 | 483 | 324 | 132 |
| 2012 | 5172 | 1530 | 488 | 1088 | 321 | 518 | 653 | 393 | 181 |
| 2013 | 5917 | 1566 | 453 | 1407 | 371 | 701 | 840 | 400 | 179 |
| 2014 | 6532 | 1894 | 602 | 887 | 477 | 675 | 961 | 866 | 169 |
| 2015 | 7168 | 2111 | 664 | 958 | 555 | 678 | 1067 | 995 | 140 |

# 10－15 主要年份全区农村居民家庭主要食物消费情况
Statistics of Major Foods Consumption of Rural Households in Main Years

单位:公斤/人 (kg/person)

| 年份 Year | 谷物和薯类 Cereal and tubers | 细粮 Flour and Rice | 蔬菜及制品 Vegetables and Related Products | 豆类及制品 Soybeans and Related Products | 植物油 Vegetable Oil | 动物油 Animal Fat | 猪肉 Pork | 牛羊肉 Beef and Mutton |
|---|---|---|---|---|---|---|---|---|
| 1983 | 246.89 | 193.41 | 101.85 | | 3.04 | 0.82 | 4.61 | 2.33 |
| 1984 | 241.65 | 203.88 | 103.61 | | 3.51 | 0.85 | 4.72 | 2.26 |
| 1985 | 261.07 | 229.45 | 102.99 | | 3.77 | 0.89 | 5.39 | 1.86 |
| 1986 | 261.10 | 232.66 | 94.49 | | 4.20 | 0.74 | 6.01 | 1.98 |
| 1987 | 258.44 | 233.06 | 84.96 | | 4.30 | 0.62 | 6.11 | 2.17 |
| 1988 | 250.08 | 223.65 | 90.39 | | 4.66 | 0.60 | 5.01 | 2.06 |
| 1989 | 253.61 | 231.47 | 96.38 | | 4.75 | 0.52 | 4.97 | 2.24 |
| 1990 | 254.88 | 217.78 | 83.49 | 0.89 | 4.94 | 0.59 | 5.89 | 2.84 |
| 1991 | 272.70 | 233.80 | 76.36 | | 5.13 | 0.46 | 6.87 | 3.32 |
| 1992 | 267.87 | 233.37 | 93.79 | | 5.90 | 0.45 | 6.23 | 2.53 |
| 1993 | 264.36 | 234.76 | 70.97 | | 6.11 | 0.45 | 5.56 | 2.09 |
| 1994 | 260.21 | 236.41 | 63.63 | | 5.67 | 0.41 | 5.40 | 1.96 |
| 1995 | 274.67 | 234.68 | 76.27 | 0.58 | 6.78 | 0.39 | 5.45 | 2.01 |
| 1996 | 277.40 | 236.73 | 72.47 | | 6.38 | 0.40 | 6.24 | 2.66 |
| 1997 | 255.53 | 225.37 | 70.27 | 0.53 | 6.46 | 0.13 | 6.84 | 3.13 |
| 1998 | 262.94 | 236.33 | 97.32 | 0.77 | 6.94 | 0.72 | 6.85 | 3.53 |
| 1999 | 250.60 | 223.88 | 83.08 | 1.02 | 7.08 | 0.94 | 7.93 | 3.51 |
| 2000 | 248.63 | 223.44 | 91.19 | 1.20 | 6.55 | 0.55 | 8.29 | 3.27 |
| 2001 | 236.54 | 216.21 | 82.64 | 0.94 | 7.20 | 0.85 | 7.16 | 3.11 |
| 2002 | 235.25 | 216.85 | 74.59 | 1.07 | 7.27 | 0.61 | 8.01 | 3.01 |
| 2003 | 224.09 | 212.89 | 84.38 | 1.25 | 7.14 | 0.08 | 7.81 | 3.52 |
| 2004 | 226.67 | 216.74 | 79.82 | 0.87 | 6.99 | 0.19 | 7.42 | 4.42 |
| 2005 | 233.18 | 220.95 | 82.68 | 0.91 | 7.80 | 0.09 | 7.74 | 5.50 |
| 2006 | 212.12 | 199.75 | 76.53 | 0.75 | 6.37 | 0.09 | 8.01 | 5.40 |
| 2007 | 202.58 | 192.81 | 76.50 | 0.80 | 6.14 | 0.14 | 7.83 | 4.53 |
| 2008 | 213.64 | 195.36 | 74.77 | 0.74 | 7.83 | 0.12 | 7.39 | 4.71 |
| 2009 | 202.05 | 190.03 | 75.86 | 0.76 | 9.47 | 0.11 | 7.86 | 6.24 |
| 2010 | 203.42 | 192.76 | 73.67 | 0.69 | 8.92 | 0.08 | 7.50 | 5.98 |
| 2011 | 201.62 | 191.40 | 77.64 | 1.15 | 8.43 | 0.13 | 6.04 | 6.69 |
| 2012 | 180.14 | 172.27 | 69.95 | 1.31 | 8.53 | 0.07 | 6.02 | 5.62 |
| 2013 | 164.67 | 155.34 | 66.19 | 2.06 | 7.79 | 0.06 | 8.44 | 4.73 |
| 2014 | 154.28 | 146.70 | 71.91 | 1.76 | 11.77 | 0.05 | 9.18 | 5.84 |
| 2015 | 146.47 | 139.66 | 75.38 | 2.26 | 8.52 | 0.04 | 6.76 | 7.68 |

## 10－15　续表1　continued

| 年份 Year | 奶及奶制品 Milk and Dairy Products | 家禽 Poultry | 水产品 Aquatic Products | 食糖 Sugar | 酒 Liquor | 糖果 Candy | 糕点 Cake | 水果 Fruit |
|---|---|---|---|---|---|---|---|---|
| 1983 | 0.07 | 0.28 | 0.03 | 0.93 | 0.39 | 0.35 | | |
| 1984 | 0.09 | 0.19 | 0.05 | 0.99 | 0.42 | 0.34 | | |
| 1985 | 0.23 | 0.29 | 0.06 | 1.29 | 0.69 | 0.68 | | |
| 1986 | 0.14 | 0.43 | 0.08 | 1.52 | 0.08 | 0.69 | | |
| 1987 | 0.08 | 0.48 | 0.12 | 1.64 | 0.85 | 0.72 | | |
| 1988 | 0.15 | 0.36 | 0.18 | 1.48 | 0.79 | 0.18 | 0.44 | 7.04 |
| 1989 | 0.09 | 0.43 | 0.14 | 1.62 | 0.85 | 0.58 | 0.41 | 8.44 |
| 1990 | 0.02 | 0.33 | 0.23 | 1.58 | 0.86 | 0.14 | 0.39 | 3.05 |
| 1991 | 0.61 | 0.44 | 0.24 | 1.47 | 0.87 | 0.13 | 0.30 | 4.03 |
| 1992 | 0.95 | 0.57 | 0.29 | 1.61 | 0.79 | 0.13 | 0.29 | 4.25 |
| 1993 | 0.21 | 0.71 | 0.27 | 1.44 | 0.93 | 0.16 | 0.30 | 8.97 |
| 1994 | 0.28 | 0.60 | 0.29 | 1.52 | 0.81 | 0.16 | 0.31 | 8.35 |
| 1995 | 0.29 | 0.81 | 0.35 | 1.32 | 0.92 | 0.13 | 0.27 | 10.09 |
| 1996 | 0.46 | 0.79 | 0.39 | 1.47 | 1.02 | 0.13 | 0.25 | 19.24 |
| 1997 | 0.57 | 0.98 | 0.37 | 1.56 | 1.02 | 0.14 | 0.27 | 23.96 |
| 1998 | 0.61 | 1.45 | 0.40 | 1.70 | 1.08 | 0.14 | 0.25 | 46.77 |
| 1999 | 0.78 | 1.43 | 0.54 | 2.08 | 1.16 | 0.18 | 0.26 | 37.69 |
| 2000 | 0.88 | 1.85 | 0.51 | 1.57 | 1.63 | 0.17 | 0.23 | 39.01 |
| 2001 | 0.87 | 2.26 | 0.63 | 1.50 | 1.65 | 0.16 | 0.31 | 40.95 |
| 2002 | 1.41 | 2.74 | 0.77 | 1.75 | 1.83 | 0.17 | 0.26 | 40.90 |
| 2003 | 2.22 | 2.81 | 0.51 | 1.62 | 2.02 | 1.35 | 2.37 | 26.36 |
| 2004 | 2.77 | 2.37 | 0.33 | 1.56 | 2.12 | 1.22 | 2.17 | 22.07 |
| 2005 | 2.92 | 2.50 | 0.45 | 1.38 | 2.97 | | | 21.82 |
| 2006 | 2.61 | 2.78 | 0.58 | 1.32 | 3.08 | | | 16.90 |
| 2007 | 5.00 | 3.48 | 0.67 | 1.47 | 3.12 | | | 23.92 |
| 2008 | 6.52 | 4.52 | 0.70 | 1.46 | 3.04 | | | 20.19 |
| 2009 | 4.98 | 4.45 | 0.77 | 1.54 | 3.09 | | | 29.97 |
| 2010 | 4.48 | 4.51 | 0.74 | 1.38 | 3.22 | | | 21.61 |
| 2011 | 6.17 | 5.49 | 0.61 | 1.13 | 3.18 | | | 21.79 |
| 2012 | 7.01 | 5.98 | 0.74 | 1.06 | 3.20 | | | 25.27 |
| 2013 | 6.92 | 5.00 | 0.73 | 0.66 | 2.79 | | | 19.57 |
| 2014 | 8.98 | 6.56 | 1.07 | 2.60 | 4.26 | | | 50.48 |
| 2015 | 8.22 | 5.82 | 1.16 | 2.63 | 4.29 | | | 52.38 |

# 10－16 主要年份全区农村居民家庭主要耐用物品拥有情况

## Ownership of Major Durable Consumer Goods Per 100 Rural Households in Main Years

单位：百户均　　　　(per 100 household)

| 年份<br>Year | 电风扇（台）<br>Electric Fan (set) | 洗衣机（台）<br>Washing Machine (set) | 电冰箱（台）<br>Refrigerator (set) | 摩托车（辆）<br>Motorcycle (unit) | 彩色电视机（台）<br>Color TV set (set) | 收录机（台）<br>Radio－cassette Recorder (set) | 照相机（台）<br>Camera (unit) |
|---|---|---|---|---|---|---|---|
| 1983 | | 0.42 | | | | 2.71 | |
| 1984 | 0.20 | 1.46 | | | | 6.25 | |
| 1985 | 0.28 | 3.67 | | 1.10 | 2.94 | 8.26 | 0.28 |
| 1986 | 0.92 | 8.17 | | 0.73 | 6.15 | 12.20 | 0.09 |
| 1987 | 1.47 | 11.93 | | 1.28 | 8.17 | 15.78 | 0.37 |
| 1988 | 4.13 | 16.97 | 0.09 | 2.75 | 11.74 | 22.29 | 0.55 |
| 1989 | 4.95 | 19.72 | 0.37 | 2.57 | 15.41 | 25.32 | 0.28 |
| 1990 | 5.40 | 19.60 | 0.20 | 2.70 | 17.90 | 25.60 | 0.50 |
| 1991 | 8.40 | 24.10 | 0.70 | 2.30 | 22.60 | 30.50 | 0.40 |
| 1992 | 8.70 | 24.10 | 0.70 | 1.80 | 25.80 | 29.90 | 0.50 |
| 1993 | 10.80 | 25.50 | 1.30 | 2.50 | 31.10 | 33.60 | 0.90 |
| 1994 | 12.70 | 27.30 | 1.40 | 3.20 | 35.60 | 35.40 | 1.10 |
| 1995 | 11.60 | 29.43 | 2.48 | 5.81 | 35.71 | 38.38 | 0.95 |
| 1996 | 14.38 | 30.00 | 2.76 | 7.43 | 39.71 | 40.67 | 1.52 |
| 1997 | 14.48 | 31.24 | 3.33 | 8.38 | 47.24 | 41.90 | 1.43 |
| 1998 | 14.57 | 31.62 | 4.19 | 12.00 | 49.71 | 42.00 | 1.52 |
| 1999 | 14.86 | 31.62 | 5.14 | 15.14 | 54.48 | 42.57 | 1.33 |
| 2000 | 21.33 | 37.55 | 6.00 | 25.83 | 67.00 | 35.50 | 3.33 |
| 2001 | 25.83 | 40.00 | 7.17 | 29.17 | 71.17 | 38.00 | 3.17 |
| 2002 | 26.83 | 42.33 | 9.50 | 36.50 | 78.17 | 39.00 | 3.50 |
| 2003 | 26.67 | 44.33 | 8.83 | 45.50 | 84.33 | 37.17 | 3.00 |
| 2004 | 26.83 | 48.33 | 10.00 | 50.67 | 91.00 | 31.83 | 5.67 |
| 2005 | 25.50 | 44.50 | 10.17 | 63.50 | 92.67 | 17.00 | 3.17 |
| 2006 | 27.67 | 49.33 | 12.33 | 67.33 | 98.67 | 17.00 | 2.33 |
| 2007 | | 56.67 | 14.67 | 71.50 | 107.83 | | 2.83 |
| 2008 | | 63.17 | 18.67 | 78.33 | 115.17 | | 2.67 |
| 2009 | | 70.33 | 27.67 | 83.67 | 120.33 | | 2.67 |
| 2010 | | 76.17 | 35.33 | 85.83 | 118.83 | | 5.83 |
| 2011 | | 84.75 | 52.13 | 86.50 | 119.13 | | 2.13 |
| 2012 | | 91.63 | 61.13 | 85.25 | 123.25 | | 2.63 |
| 2013 | | 90.66 | 64.86 | 90.71 | 117.54 | | 3.09 |
| 2014 | | 94.88 | 77.19 | 85.87 | 116.76 | | 3.02 |
| 2015 | | 98.17 | 85.19 | 83.00 | 117.45 | | 2.47 |

# 10-17 各市县城镇居民人均可支配收入

## Per Capita Annual Disposable Income of Urban Households by City and County

单位:元 (yuan)

| 地区 | Region | 2015 | 2014 | 增量 Increment | 增长 Growth(%) |
|---|---|---|---|---|---|
| **全区总计** | **Total** | **25186.0** | **23284.6** | **1901.4** | **8.2** |
| **银川市** | **Yinchuan** | **28261.4** | **26117.7** | **2143.7** | **8.2** |
| 兴庆区 | Xingqing | 30513.9 | 28246.5 | 2267.4 | 8.0 |
| 西夏区 | Xixia | 23125.5 | 21347.1 | 1778.3 | 8.3 |
| 金凤区 | Jinfeng | 30361.3 | 27957.0 | 2404.3 | 8.6 |
| 永宁县 | Yongning | 25091.4 | 23017.1 | 2074.3 | 9.0 |
| 贺兰县 | Helan | 24548.1 | 22790.9 | 1757.2 | 7.7 |
| 灵武市 | Lingwu | 26255.0 | 24309.8 | 1945.2 | 8.0 |
| **石嘴山市** | **Shizuishan** | **24168.3** | **22379.7** | **1788.6** | **8.0** |
| 大武口区 | Dawukou | 26767.6 | 24671.3 | 2096.4 | 8.5 |
| 惠农区 | Huinong | 21495.0 | 19913.7 | 1581.3 | 7.9 |
| 平罗县 | Pingluo | 21216.1 | 19735.7 | 1480.4 | 7.5 |
| **吴忠市** | **Wuzhong** | **21552.9** | **19852.9** | **1700.1** | **8.6** |
| 利通区 | Litong | 23581.9 | 21710.0 | 1871.9 | 8.6 |
| 红寺堡区 | Hongsipu | 17875.4 | 16488.6 | 1386.8 | 8.4 |
| 盐池县 | Yanchi | 20919.5 | 19156.7 | 1762.8 | 9.2 |
| 同心县 | Tongxin | 18758.0 | 17131.0 | 1627.0 | 9.5 |
| 青铜峡市 | Qingtongxia | 22003.2 | 20292.3 | 1710.9 | 8.4 |
| **固原市** | **Guyuan** | **21144.0** | **19676.5** | **1467.5** | **7.5** |
| 原州区 | Yuanzhou | 22463.2 | 20680.0 | 1783.2 | 8.6 |
| 西吉县 | Xiji | 19965.3 | 18601.0 | 1364.2 | 7.3 |
| 隆德县 | Longde | 18631.7 | 17440.9 | 1190.8 | 6.8 |
| 泾源县 | Jingyuan | 19735.4 | 18565.0 | 1170.3 | 6.3 |
| 彭阳县 | Pengyang | 20048.5 | 18591.0 | 1457.6 | 7.8 |
| **中卫市** | **Zhongwei** | **21604.3** | **19930.6** | **1673.7** | **8.4** |
| 沙坡头区 | Shapotou | 22702.7 | 20919.7 | 1783.0 | 8.5 |
| 中宁县 | Zhongning | 21481.2 | 19831.1 | 1650.1 | 8.3 |
| 海原县 | Haiyuan | 19045.7 | 17570.1 | 1475.6 | 8.4 |

注: 2013年国家统计局实施了城乡一体化住户调查改革,此表数据是改革后新口径数据。

Note: The NBS implemented integrated household income and expenditure survey reform in 2013, The data shown in this table is of new scope that is different from this before 2013.

# 10 - 18 各市县农村居民可支配收入来源情况(2015年)

# Basic Statistics of Disposable Income of Rural Households by Sources and City and County (2015)

单位:元/人 (yuan/person)

| 地 区 | Region | 可支配收入 Disposable Income | 按可支配收入来源分 Grouped by Source of Disposable Iname | | | | | |
|---|---|---|---|---|---|---|---|---|
| | | | 工资性收入 Income from Wages and Salaries | 经营净收入 Net Business Income | 第一产业 Primary Industry | 非农产业 Non - agriculture | 财产净收入 Net Income from Property | 转移净收入 Net Income from Transfer |
| **全区总计** | **Total** | **9118.69** | **3614.27** | **3837.00** | **2743.50** | **1093.50** | **189.95** | **1477.48** |
| **银 川 市** | **Yinchuan** | **11148.24** | **5059.88** | **4942.95** | **3313.52** | **1629.42** | **308.42** | **836.99** |
| 兴 庆 区 | Xingqing | 12624.95 | 5309.60 | 6456.36 | 5338.84 | 1117.52 | 733.76 | 125.22 |
| 西 夏 区 | Xixia | 9334.44 | 3863.51 | 4363.92 | 2163.02 | 2200.89 | 405.33 | 701.69 |
| 金 凤 区 | Jinfeng | 9941.28 | 5669.28 | 2576.40 | 1898.04 | 678.36 | 609.20 | 1086.40 |
| 永 宁 县 | Yongning | 10994.56 | 4007.16 | 5496.09 | 3615.45 | 1880.64 | 619.20 | 872.10 |
| 贺 兰 县 | Helan | 11628.31 | 5723.40 | 4550.45 | 3304.11 | 1246.34 | 141.15 | 1213.31 |
| 灵 武 市 | Lingwu | 11649.61 | 5545.33 | 5528.60 | 3416.74 | 2111.85 | 30.20 | 545.48 |
| **石嘴山市** | **Shizuishan** | **10995.46** | **4009.05** | **5160.60** | **4082.93** | **1077.67** | **362.25** | **1463.55** |
| 大武口区 | Dawukou | 9563.20 | 7139.14 | 2038.74 | 693.83 | 1344.90 | 58.26 | 327.06 |
| 惠 农 区 | Huinong | 11073.95 | 4347.39 | 5586.49 | 4249.99 | 1336.50 | 490.41 | 649.67 |
| 平 罗 县 | Pingluo | 11299.86 | 3306.64 | 5635.68 | 4660.10 | 975.58 | 388.91 | 1968.63 |
| **吴 忠 市** | **Wuzhong** | **9150.35** | **4184.83** | **4189.55** | **3004.52** | **1185.03** | **60.05** | **715.92** |
| 利 通 区 | Litong | 11588.57 | 6664.52 | 4277.26 | 2867.77 | 1409.49 | -23.02 | 669.81 |
| 红寺堡区 | Hongsipu | 6408.48 | 3733.35 | 1938.14 | 1692.38 | 245.76 | 12.22 | 724.77 |
| 盐 池 县 | Yanchi | 7674.10 | 1054.43 | 5557.28 | 4296.10 | 1261.19 | 108.24 | 954.15 |
| 同 心 县 | Tongxin | 6710.69 | 2534.05 | 3518.66 | 3153.34 | 365.31 | 23.20 | 634.79 |
| 青铜峡市 | Qingtongxia | 11200.00 | 5246.77 | 5156.57 | 3155.14 | 2001.43 | 233.83 | 562.84 |
| **固 原 市** | **Guyuan** | **7002.06** | **2811.55** | **3121.92** | **2649.36** | **472.56** | **73.78** | **994.80** |
| 原 州 区 | Yuanzhou | 7296.10 | 3228.16 | 3027.33 | 2397.90 | 629.44 | 33.84 | 1006.76 |
| 西 吉 县 | Xiji | 6857.12 | 2558.13 | 3326.46 | 2961.54 | 364.92 | 95.34 | 877.19 |
| 隆 德 县 | Longde | 6769.43 | 2822.20 | 2587.85 | 2066.76 | 521.10 | 68.22 | 1291.17 |
| 泾 源 县 | Jingyuan | 6375.00 | 2721.16 | 2872.19 | 2454.18 | 418.02 | 38.51 | 743.13 |
| 彭 阳 县 | Pengyang | 7158.50 | 2831.98 | 3329.81 | 2902.27 | 427.54 | 49.67 | 947.04 |
| **中 卫 市** | **Zhongwei** | **8002.16** | **3382.12** | **3331.78** | **2667.83** | **663.95** | **139.83** | **1148.42** |
| 沙坡头区 | Shapotou | 9669.20 | 4543.03 | 3625.92 | 2821.22 | 804.70 | 65.43 | 1434.82 |
| 中 宁 县 | Zhongning | 9579.84 | 3442.35 | 4882.75 | 3821.14 | 1061.61 | 331.86 | 922.89 |
| 海 原 县 | Haiyuan | 6257.98 | 2656.99 | 2330.97 | 1963.01 | 367.96 | 85.49 | 1184.53 |

# 10－19 主要年份各市县农村居民人均纯收入

# Per Capital Annual Net Income of Rural Households by City and County in Main Years

单位:元 (yuan)

| 地 区 | Region | 1990 | 1995 | 1996 | 1997 | 1998 | 1999 | 2000 | 2001 | 2002 | 2003 | 2004 |
|---|---|---|---|---|---|---|---|---|---|---|---|---|
| **全 区** | **Total** | **594** | **1037** | **1416** | **1545** | **1756** | **1791** | **1724** | **1823** | **1917** | **2043** | **2320** |
| **银川市** | **Yinchuan** | **979** | **1683** | **2252** | **2578** | **2811** | **2657** | **2712** | **2852** | **2932** | **2984** | **3388** |
| 兴庆区 | Xingqing | | | | | | | | | | | 3873 |
| 西夏区 | Xixia | | | | | | | | | | | 2260 |
| 金凤区 | Jinfeng | | | | | | | | | | | 3407 |
| 永宁县 | Yongning | 977 | 1648 | 2216 | 2517 | 2683 | 2497 | 2543 | 2712 | 2831 | 2975 | 3453 |
| 贺兰县 | Helan | 993 | 1629 | 2197 | 2440 | 2681 | 2510 | 2561 | 2664 | 2778 | 2939 | 3371 |
| 灵武市 | Lingwu | 769 | 1513 | 1867 | 2331 | 2494 | 2541 | 2705 | 2837 | 2863 | 3009 | 3355 |
| **石嘴山市** | **Shizuishan** | **813** | **1534** | **1821** | **2218** | **2578** | **2630** | **2719** | **2828** | **2905** | **3035** | **3454** |
| 大武口区 | Dawukou | | | | | | | | | | | |
| 惠农区 | Huinong | 781 | 1493 | 1811 | 2211 | 2604 | 2674 | 2760 | 2905 | 2980 | 3104 | 3509 |
| 平罗县 | Pingluo | 839 | 1484 | 1781 | 2140 | 2464 | 2501 | 2601 | 2741 | 2815 | 3017 | 3440 |
| **吴忠市** | **Wuzhong** | **648** | **1213** | **1705** | **1873** | **2061** | **2128** | **2194** | **2342** | **2374** | **2372** | **2699** |
| 利通区 | Litong | 726 | 1384 | 1877 | 2323 | 2627 | 2675 | 2853 | 3040 | 3150 | 3367 | 3774 |
| 红寺堡区 | Hongsipu | | | | | | | | | | | |
| 盐池县 | Yanchi | 534 | 821 | 1239 | 1157 | 1344 | 1338 | 1136 | 1306 | 1429 | 1567 | 1763 |
| 同心县 | Tongxin | 427 | 812 | 1390 | 1216 | 1323 | 1391 | 1194 | 1227 | 1316 | 1365 | 1565 |
| 青铜峡市 | Qingtongxia | 753 | 1529 | 2129 | 2392 | 2550 | 2703 | 2812 | 3009 | 3101 | 3260 | 3795 |
| **固原市** | **Guyuan** | **352** | **553** | **811** | **791** | **949** | **1007** | **928** | **1034** | **1168** | **1290** | **1489** |
| 原州区 | Yuanzhou | 395 | 628 | 836 | 815 | 1031 | 1042 | 933 | 1059 | 1211 | 1336 | 1529 |
| 西吉县 | Xiji | 338 | 447 | 826 | 751 | 885 | 980 | 902 | 1036 | 1141 | 1264 | 1481 |
| 隆德县 | Longde | 383 | 631 | 878 | 867 | 1033 | 1036 | 1082 | 1129 | 1230 | 1300 | 1502 |
| 泾源县 | Jingyuan | 246 | 457 | 615 | 699 | 774 | 946 | 971 | 1025 | 1075 | 1147 | 1306 |
| 彭阳县 | Pengyang | 369 | 657 | 844 | 870 | 1046 | 1041 | 896 | 1084 | 1233 | 1326 | 1519 |
| **中卫市** | **Zhongwei** | | | | | | | | | | **2146** | **2359** |
| 沙坡头区 | Shapotou | 702 | 1381 | 1870 | 2239 | 2456 | 2538 | 2495 | 2716 | 2806 | 2940 | 3187 |
| 中宁县 | Zhongning | 632 | 1470 | 1888 | 2169 | 2471 | 2568 | 2648 | 2711 | 2812 | 2781 | 3039 |
| 海原县 | Haiyuan | 333 | 470 | 849 | 717 | 891 | 987 | 877 | 915 | 1097 | 1154 | 1313 |

注:1. 2008 年,因区划调整,原州区黑城镇、甘城乡划归海原县;海原县兴隆乡划归同心县,徐套乡划归中宁县,兴仁乡划归沙坡头区,因此对原州区、海原县、同心县、中宁县、沙坡头区的数据进行了调整,同时对川区、山区、吴忠市、固原市、中卫市的数据也进行了相应调整。2009 年以后数据按新区划调整口径。

2. 本表 2013 年以前的数据为农民人均纯收入。

3. 2014 年以后按照城乡一体化改革后计算新的口径为农村居民人均可支配收入。

# 10－19 续表1 continued

单位:元 (yuan)

| 地 区 | Region | 2005 | 2006 | 2007 | 2008 | 2009 | 2010 | 2011 | 2012 | 2013 | 2014 | 2015 |
|---|---|---|---|---|---|---|---|---|---|---|---|---|
| **全 区** | **Total** | **2509** | **2760** | **3181** | **3681** | **4048** | **4675** | **5410** | **6180** | **6931** | **8410** | **9119** |
| **银川市** | **Yinchuan** | **3493** | **3800** | **4302** | **4917** | **5389** | **6161** | **7070** | **8068** | **9036** | **10275** | **11148** |
| 兴庆区 | Xingqing | 4017 | 4439 | 4994 | 5618 | 6040 | 6820 | 7804 | 8834 | 9876 | 11677 | 12625 |
| 西夏区 | Xixia | 2333 | 2552 | 2851 | 3308 | 3655 | 4337 | 5050 | 5828 | 6830 | 8618 | 9334 |
| 金凤区 | Jinfeng | 3488 | 3767 | 4268 | 4887 | 5307 | 6008 | 6900 | 7866 | 8826 | 9187 | 9941 |
| 永宁县 | Yongning | 3375 | 3678 | 4193 | 4747 | 5127 | 5896 | 6792 | 7764 | 8706 | 10130 | 10995 |
| 贺兰县 | Helan | 3534 | 3880 | 4346 | 4911 | 5480 | 6214 | 7163 | 8202 | 9147 | 10667 | 11628 |
| 灵武市 | Lingwu | 3597 | 3892 | 4426 | 5184 | 5733 | 6581 | 7570 | 8618 | 9652 | 10756 | 11650 |
| **石嘴山市** | **Shizuishan** | **3556** | **3857** | **4351** | **4883** | **5315** | **6060** | **6974** | **7967** | **8928** | **10215** | **10995** |
| 大武口区 | Dawukou | | 3112 | 3535 | 4040 | 4364 | 4944 | 5673 | 6476 | 7255 | 8896 | 9563 |
| 惠农区 | Huinong | 3687 | 3993 | 4524 | 5007 | 5563 | 6390 | 7351 | 8382 | 9393 | 10269 | 11074 |
| 平罗县 | Pingluo | 3640 | 3957 | 4456 | 5005 | 5431 | 6186 | 7141 | 8167 | 9172 | 10502 | 11300 |
| **吴忠市** | **Wuzhong** | **2891** | **3135** | **3611** | **4089** | **4391** | **5041** | **5573** | **6370** | **7159** | **8442** | **9150** |
| 利通区 | Litong | 3974 | 4316 | 4985 | 5613 | 5827 | 6761 | 7771 | 8804 | 9861 | 10787 | 11589 |
| 红寺堡区 | Hongsipu | | | | | | | 4028 | 4616 | 5305 | 5837 | 6408 |
| 盐池县 | Yanchi | 2005 | 2238 | 2624 | 3002 | 3288 | 3669 | 4149 | 4793 | 5521 | 6975 | 7674 |
| 同心县 | Tongxin | 1710 | 1900 | 2214 | 2604 | 2914 | 3421 | 3942 | 4533 | 5172 | 6123 | 6711 |
| 青铜峡市 | Qingtongxia | 4019 | 4401 | 4938 | 5445 | 5831 | 6549 | 7565 | 8656 | 9582 | 10435 | 11200 |
| **固原市** | **Guyuan** | **1715** | **1925** | **2215** | **2598** | **2962** | **3477** | **4044** | **4690** | **5359** | **6395** | **7002** |
| 原州区 | Yuanzhou | 1727 | 1940 | 2241 | 2615 | 3005 | 3546 | 4138 | 4793 | 5464 | 6693 | 7296 |
| 西吉县 | Xiji | 1740 | 1940 | 2215 | 2590 | 2944 | 3459 | 4016 | 4658 | 5303 | 6222 | 6857 |
| 隆德县 | Longde | 1696 | 1906 | 2175 | 2604 | 2959 | 3478 | 4034 | 4672 | 5350 | 6199 | 6769 |
| 泾源县 | Jingyuan | 1508 | 1738 | 2064 | 2424 | 2726 | 3168 | 3678 | 4315 | 4932 | 5805 | 6375 |
| 彭阳县 | Pengyang | 1764 | 1978 | 2266 | 2663 | 3046 | 3556 | 4146 | 4798 | 5518 | 6530 | 7158 |
| **中卫市** | **Zhongwei** | **2537** | **2762** | **3124** | **3457** | **3853** | **4439** | **5178** | **5927** | **6577** | **7403** | **8002** |
| 沙坡头区 | Shapotou | 3349 | 3633 | 3956 | 4321 | 4700 | 5358 | 6187 | 7000 | 7756 | 8971 | 9669 |
| 中宁县 | Zhongning | 3307 | 3601 | 3997 | 4148 | 4619 | 5288 | 6076 | 6957 | 7732 | 8819 | 9580 |
| 海原县 | Haiyuan | 1446 | 1584 | 1920 | 2350 | 2640 | 3111 | 3627 | 4225 | 4838 | 5765 | 6258 |

Notes: a) 2008, Heicheng town, Gancheng town of Yuanzhou District were allocated into Haiyuan County; Xinlong town of Haiyuan County were allocated into Tongxin County, Xutao town of Haiyuan County were allocated into Zhongning County, Xingren town of Haiyuan were allocated into Shapotou District, data of Yuanzhou District, Haiyuan County, Tongxin County, Zhongning County and Shapotou District were adjusted as well as data of Plain, Mountain area, Wuzhong, Guyuan, Zhongwei. From 2009, data is of newly division.

b) before 2013, data in this table refered to per capita net income of rural households.

c) According to the integration of urban and rural reform in 2014 calculated the new diameter for the rural residents per capita disposable income.

# 10 - 20 主要年份各市县农村居民人均可支配收入

## Per Capita Annual Disposable Income of Rural Households by City and County in Main Years

单位:元 (yuan)

| 地区 | Region | 2010年 | | 2011年 | | 2012年 | |
|---|---|---|---|---|---|---|---|
| | | 收入水平 Income | 比上年增长 Growth | 收入水平 Income | 比上年增长 Growth | 收入水平 Income | 比上年增长 Growth |
| **全区总计** | **Total** | **5125** | **15.5** | **5931** | **15.7** | **6776** | **14.2** |
| **银川市** | **Yinchuan** | **6369** | **14.3** | **7309** | **14.8** | **8341** | **14.1** |
| 兴庆区 | Xingqing | 7363 | 12.9 | 8425 | 14.4 | 9538 | 13.2 |
| 西夏区 | Xixia | 4970 | 18.7 | 5787 | 16.4 | 6678 | 15.4 |
| 金凤区 | Jinfeng | 5691 | 13.2 | 6535 | 14.8 | 7450 | 14.0 |
| 永宁县 | Yongning | 6247 | 15.0 | 7195 | 15.2 | 8225 | 14.3 |
| 贺兰县 | Helan | 6585 | 13.4 | 7591 | 15.3 | 8692 | 14.5 |
| 灵武市 | Lingwu | 6650 | 14.8 | 7649 | 15.0 | 8707 | 13.8 |
| **石嘴山市** | **Shizuishan** | **6298** | **14.0** | **7248** | **15.1** | **8279** | **14.2** |
| 大武口区 | Dawukou | 5537 | 13.3 | 6354 | 14.8 | 7252 | 14.1 |
| 惠农区 | Huinong | 6344 | 14.9 | 7298 | 15.0 | 8321 | 14.0 |
| 平罗县 | Pingluo | 6428 | 13.9 | 7420 | 15.4 | 8486 | 14.4 |
| **吴忠市** | **Wuzhong** | **5153** | **10.5** | **5921** | **14.9** | **6767** | **14.3** |
| 利通区 | Litong | 6736 | 16.0 | 7741 | 14.9 | 8770 | 13.3 |
| 红寺堡区 | Hongsipu | 3443 | 15.5 | 3956 | 14.9 | 4533 | 14.6 |
| 盐池县 | Yanchi | 4128 | 11.6 | 4668 | 13.1 | 5392 | 15.5 |
| 同心县 | Tongxin | 3610 | 17.4 | 4159 | 15.2 | 4783 | 15.0 |
| 青铜峡市 | Qingtongxia | 6464 | 12.3 | 7466 | 15.5 | 8542 | 14.4 |
| **固原市** | **Guyuan** | **3695** | **17.4** | **4297** | **16.3** | **4984** | **16.0** |
| 原州区 | Yuanzhou | 3857 | 18.0 | 4501 | 16.7 | 5214 | 15.8 |
| 西吉县 | Xiji | 3613 | 17.5 | 4195 | 16.1 | 4866 | 16.0 |
| 隆德县 | Longde | 3598 | 17.5 | 4174 | 16.0 | 4834 | 15.8 |
| 泾源县 | Jingyuan | 3325 | 16.2 | 3861 | 16.1 | 4529 | 17.3 |
| 彭阳县 | Pengyang | 3743 | 16.8 | 4363 | 16.6 | 5050 | 15.7 |
| **中卫市** | **Zhongwei** | **4510** | **15.2** | **5260** | **16.6** | **6021** | **14.5** |
| 沙坡头区 | Shapotou | 5628 | 14.0 | 6499 | 15.5 | 7353 | 13.1 |
| 中宁县 | Zhongning | 5434 | 14.5 | 6243 | 14.9 | 7148 | 14.5 |
| 海原县 | Haiyuan | 3304 | 17.8 | 3852 | 16.6 | 4488 | 16.5 |

**注:**根据2013年城乡一体化住户调查新口径测算方法,按照年度间收入增幅不变的原则,对2010-2015年的农民人均纯收入统一调整为农民人均可支配收入。

## 10－20 续表1 continued

单位:元 (yuan)

| 地区 | Region | 2013年 收入水平 Income | 2013年 比上年增长 Growth | 2014年 收入水平 Income | 2014年 比上年增长 Growth | 2015年 收入水平 Income | 2015年 比上年增长 Growth |
|---|---|---|---|---|---|---|---|
| **全区总计** | **Total** | **7599** | **12.1** | **8410** | **10.7** | **9119** | **8.4** |
| **银川市** | **Yinchuan** | **9341** | **12.0** | **10275** | **10.0** | **11148** | **8.5** |
| 兴庆区 | Xingqing | 10663 | 11.8 | 11677 | 9.5 | 12625 | 8.1 |
| 西夏区 | Xixia | 7827 | 17.2 | 8618 | 10.1 | 9334 | 8.3 |
| 金凤区 | Jinfeng | 8359 | 12.2 | 9187 | 9.9 | 9941 | 8.2 |
| 永宁县 | Yongning | 9223 | 12.1 | 10130 | 9.8 | 10995 | 8.5 |
| 贺兰县 | Helan | 9694 | 11.5 | 10667 | 10.0 | 11628 | 9.0 |
| 灵武市 | Lingwu | 9752 | 12.0 | 10756 | 10.3 | 11650 | 8.3 |
| **石嘴山市** | **Shizuishan** | **9278** | **12.1** | **10215** | **10.1** | **10995** | **7.6** |
| 大武口区 | Dawukou | 8124 | 12.0 | 8896 | 9.5 | 9563 | 7.5 |
| 惠农区 | Huinong | 9325 | 12.1 | 10269 | 10.1 | 11074 | 7.8 |
| 平罗县 | Pingluo | 9530 | 12.3 | 10502 | 10.2 | 11300 | 7.6 |
| **吴忠市** | **Wuzhong** | **7605** | **12.4** | **8442** | **11.0** | **9150** | **8.4** |
| 利通区 | Litong | 9823 | 12.0 | 10787 | 9.8 | 11589 | 7.4 |
| 红寺堡区 | Hongsipu | 5211 | 14.9 | 5837 | 12.0 | 6408 | 9.8 |
| 盐池县 | Yanchi | 6211 | 15.2 | 6975 | 12.3 | 7674 | 10.0 |
| 同心县 | Tongxin | 5457 | 14.1 | 6123 | 12.2 | 6711 | 9.6 |
| 青铜峡市 | Qingtongxia | 9457 | 10.7 | 10435 | 10.3 | 11200 | 7.3 |
| **固原市** | **Guyuan** | **5695** | **14.3** | **6395** | **12.3** | **7002** | **9.5** |
| 原州区 | Yuanzhou | 5944 | 14.0 | 6693 | 12.6 | 7296 | 9.0 |
| 西吉县 | Xiji | 5539 | 13.8 | 6222 | 12.3 | 6857 | 10.2 |
| 隆德县 | Longde | 5535 | 14.5 | 6199 | 12.0 | 6769 | 9.2 |
| 泾源县 | Jingyuan | 5176 | 14.3 | 5805 | 12.1 | 6375 | 9.8 |
| 彭阳县 | Pengyang | 5807 | 15.0 | 6530 | 12.4 | 7158 | 9.6 |
| **中卫市** | **Zhongwei** | **6681** | **11.0** | **7403** | **10.8** | **8002** | **8.1** |
| 沙坡头区 | Shapotou | 8146 | 10.8 | 8971 | 10.1 | 9669 | 7.8 |
| 中宁县 | Zhongning | 7945 | 11.1 | 8819 | 11.0 | 9580 | 8.6 |
| 海原县 | Haiyuan | 5139 | 14.5 | 5765 | 12.2 | 6258 | 8.5 |

# 10－21 主要年份各市县农民家庭平均每人生活消费支出

# Per Capital Living Expenditure of Rural Households by City and County in Main Years

单位:元/人 (yuan/person)

| 地 区 | Region | 1985 | 1990 | 1995 | 2000 | 2005 | 2010 |
|---|---|---|---|---|---|---|---|
| **全区总计** | **Total** | **264** | **486** | **1058** | **1417** | **2094** | **4013** |
| **银 川 市** | **Yinchuan** | **383** | **810** | **1449** | **1886** | **2836** | **5394** |
| 兴 庆 区 | Xingqing | | | | | 2699 | 5923 |
| 西 夏 区 | Xixia | | | | | 2175 | 5021 |
| 金 凤 区 | Jinfeng | | | | | 2749 | 6562 |
| 永 宁 县 | Yongning | 384 | 887 | 1446 | 1666 | 2871 | 4520 |
| 贺 兰 县 | Helan | 331 | 682 | 1620 | 2095 | 3164 | 6003 |
| 灵 武 市 | Lingwu | 319 | 594 | 1374 | 1770 | 2757 | 5277 |
| **石嘴山市** | **Shizuishan** | **312** | **656** | **1438** | **2102** | **3187** | **4930** |
| 大武口区 | Dawukou | | | | | | 5109 |
| 惠 农 区 | Huinong | 299 | 735 | 1361 | 2469 | 3425 | 4753 |
| 平 罗 县 | Pingluo | 324 | 656 | 1391 | 2027 | 3126 | 4941 |
| **吴 忠 市** | **Wuzhong** | **275** | **531** | **1201** | **1641** | **2107** | **3763** |
| 利 通 区 | Litong | 286 | 694 | 1310 | 2345 | 2494 | 4255 |
| 红寺堡区 | Hongsipu | | | | | | |
| 盐 池 县 | Yanchi | 317 | 469 | 1038 | 1231 | 2513 | 3496 |
| 同 心 县 | Tongxin | 188 | 342 | 901 | 958 | 1384 | 3149 |
| 青铜峡市 | Qingtongxia | 294 | 622 | 1566 | 1849 | 2470 | 4363 |
| **固 原 市** | **Guyuan** | **186** | **288** | **709** | **854** | **1680** | **3085** |
| 原 州 区 | Yuanzhou | 227 | 330 | 692 | 985 | 1716 | 3002 |
| 西 吉 县 | Xiji | 181 | 270 | 622 | 965 | 1653 | 3332 |
| 隆 德 县 | Longde | 185 | 324 | 857 | 1110 | 1680 | 2969 |
| 泾 源 县 | Jingyuan | 164 | 221 | 540 | 804 | 1835 | 3202 |
| 彭 阳 县 | Pengyang | 164 | 297 | 824 | 753 | 1592 | 2767 |
| **中 卫 市** | **Zhongwei** | | | | | **1986** | **3877** |
| 沙坡头区 | Shapotou | 256 | 495 | 1351 | 1600 | 2142 | 4775 |
| 中 宁 县 | Zhongning | 282 | 472 | 1065 | 1982 | 2898 | 4932 |
| 海 原 县 | Haiyuan | 176 | 254 | 683 | 678 | 1288 | 2422 |

注: 1.2003 年以前吴忠市农民人均生活消费支出包括中卫、中宁两县;
2.2003 年以前惠农区农民人均生活消费支出为原惠农县数据。

## 10－21 续表1 continued

单位:元/人 (yuan/person)

| 地区 | Region | 2011 | 2012 | 2013 | 2014 | 2015 |
|---|---|---|---|---|---|---|
| **全区总计** | **Total** | **4727** | **5633** | **6465** | **7677** | **8415** |
| **银川市** | **Yinchuan** | **6707** | **7089** | **8637** | **9334** | **10119** |
| 兴庆区 | Xingqing | 7007 | 7055 | 8878 | 9148 | 10184 |
| 西夏区 | Xixia | 6203 | 7169 | 8811 | 8362 | 9142 |
| 金凤区 | Jinfeng | 6922 | 8073 | 8972 | 10613 | 9873 |
| 永宁县 | Yongning | 5757 | 6392 | 7213 | 7773 | 8554 |
| 贺兰县 | Helan | 8006 | 8147 | 9688 | 10727 | 11865 |
| 灵武市 | Lingwu | 6504 | 6561 | 8535 | 9165 | 10475 |
| **石嘴山市** | **Shizuishan** | **6041** | **7222** | **8210** | **8753** | **9551** |
| 大武口区 | Dawukou | 6061 | 7261 | 9144 | 7533 | 8359 |
| 惠农区 | Huinong | 5849 | 6464 | 7241 | 8089 | 8698 |
| 平罗县 | Pingluo | 6081 | 7389 | 8331 | 9274 | 10036 |
| **吴忠市** | **Wuzhong** | **4604** | **5410** | **6574** | **7373** | **8022** |
| 利通区 | Litong | 5099 | 6274 | 7674 | 9029 | 9707 |
| 红寺堡区 | Hongsipu | 5209 | 5699 | 6186 | 6197 | 6594 |
| 盐池县 | Yanchi | 4658 | 5122 | 5846 | 7334 | 7850 |
| 同心县 | Tongxin | 3770 | 4347 | 5003 | 6006 | 6899 |
| 青铜峡市 | Qingtongxia | 5499 | 6330 | 7146 | 7548 | 8211 |
| **固原市** | **Guyuan** | **3793** | **4248** | **4731** | **5863** | **6521** |
| 原州区 | Yuanzhou | 4160 | 4209 | 5075 | 6175 | 7760 |
| 西吉县 | Xiji | 3651 | 3869 | 4501 | 5507 | 5781 |
| 隆德县 | Longde | 3802 | 4384 | 5181 | 6540 | 6884 |
| 泾源县 | Jingyuan | 4114 | 4982 | 3946 | 5439 | 6014 |
| 彭阳县 | Pengyang | 3469 | 4549 | 4673 | 5758 | 6130 |
| **中卫市** | **Zhongwei** | **4916** | **5670** | **6286** | **7133** | **7676** |
| 沙坡头区 | Shapotou | 6065 | 7035 | 7301 | 8387 | 8997 |
| 中宁县 | Zhongning | 5541 | 6574 | 7081 | 7512 | 8484 |
| 海原县 | Haiyuan | 3453 | 3797 | 4802 | 5957 | 6469 |

Notes: a) Before 2003, data of city wuzhong included county zhongwei and zhongning.
b) Before 2003, data of huinong district refered to the former county huinong.

# 10-22 各市县农村居民家庭平均每百户耐用消费品拥有量(2015年)

## Number of Durable Consumer Goods Owned Per 100 Rural Households by City and County(2015)

单位:百户均 (Per 100 household)

| 地 区 | Region | 洗衣机(台) Washing Machine (unit) | 电冰箱(台) Refrig-erator (unit) | 空调机(台) Air Conditioner (unit) | 抽油烟机(台) Ventilator (unit) | 微波炉(台) Microwave Oven (unit) | 热水器(台) Water Heater (unit) | 助力车(辆) Moped (unit) | 摩托车(辆) Motorcycle (unit) |
|---|---|---|---|---|---|---|---|---|---|
| **全 区** | **Total** | **98.17** | **85.19** | **0.79** | **9.84** | **9.01** | **54.33** | **54.50** | **83.00** |
| **银川市** | **Yinchuan** | **101.45** | **95.40** | **0.82** | **19.21** | **15.94** | **67.40** | **67.39** | **79.11** |
| 兴庆区 | Xingqing | 105.83 | 106.69 | 5.67 | 32.33 | 45.42 | 96.78 | 98.65 | 47.00 |
| 西夏区 | Xixia | 106.37 | 98.38 | 0.00 | 25.23 | 13.04 | 83.85 | 76.54 | 62.94 |
| 金凤区 | Jinfeng | 101.84 | 99.24 | 0.00 | 4.50 | 13.24 | 34.98 | 72.85 | 57.08 |
| 永宁县 | Yongning | 99.03 | 91.97 | 0.00 | 22.20 | 16.27 | 73.06 | 55.33 | 71.82 |
| 贺兰县 | Helan | 96.71 | 92.92 | 0.00 | 8.08 | 10.21 | 46.28 | 62.43 | 82.10 |
| 灵武市 | Lingwu | 107.70 | 96.39 | 1.99 | 31.04 | 15.63 | 90.18 | 72.29 | 108.94 |
| **石嘴山市** | **Shizuishan** | **96.69** | **83.18** | **0.84** | **9.96** | **6.05** | **53.89** | **73.10** | **70.77** |
| 大武口区 | Dawukou | 95.35 | 90.69 | 1.83 | 5.55 | 5.94 | 20.04 | 100.56 | 64.95 |
| 惠农区 | Huinong | 97.97 | 93.10 | 0.00 | 0.00 | 4.13 | 97.97 | 90.87 | 56.47 |
| 平罗县 | Pingluo | 96.58 | 80.00 | 0.91 | 12.81 | 6.48 | 47.43 | 65.61 | 74.41 |
| **吴忠市** | **Wuzhong** | **99.39** | **87.24** | **1.47** | **9.86** | **5.03** | **55.48** | **64.54** | **86.44** |
| 利通区 | Litong | 104.56 | 107.24 | 0.00 | 11.39 | 3.41 | 82.09 | 89.03 | 76.92 |
| 红寺堡区 | Hongsipu | 90.22 | 67.88 | 0.21 | 5.84 | 2.53 | 19.86 | 70.58 | 85.69 |
| 盐池县 | Yanchi | 96.72 | 87.82 | 0.00 | 10.92 | 3.37 | 49.93 | 46.59 | 90.40 |
| 同心县 | Tongxin | 97.64 | 85.92 | 2.34 | 3.06 | 3.39 | 65.59 | 36.85 | 91.84 |
| 青铜峡市 | Qingtongxia | 101.81 | 75.40 | 2.00 | 17.90 | 11.15 | 32.92 | 74.30 | 92.11 |
| **固原市** | **Guyuan** | **94.80** | **67.96** | **0.47** | **3.26** | **7.56** | **50.60** | **28.06** | **87.30** |
| 原州区 | Yuanzhou | 96.19 | 82.74 | 0.39 | 3.52 | 9.41 | 32.05 | 49.77 | 88.24 |
| 西吉县 | Xiji | 98.23 | 67.68 | 0.00 | 5.17 | 8.66 | 44.19 | 23.03 | 97.98 |
| 隆德县 | Longde | 96.16 | 57.55 | 0.80 | 3.44 | 5.19 | 71.09 | 17.60 | 77.89 |
| 泾源县 | Jingyuan | 98.28 | 69.57 | 2.79 | 1.28 | 8.20 | 96.36 | 13.36 | 64.15 |
| 彭阳县 | Pengyang | 85.33 | 56.11 | 0.00 | 0.95 | 4.97 | 46.75 | 22.07 | 87.99 |
| **中卫市** | **Zhongwei** | **97.20** | **84.61** | **1.33** | **4.69** | **12.68** | **42.95** | **61.24** | **94.07** |
| 沙坡头区 | Shapotou | 100.74 | 80.55 | 2.08 | 9.19 | 20.11 | 62.28 | 83.64 | 79.53 |
| 中宁县 | Zhongning | 100.42 | 91.85 | 2.24 | 4.96 | 18.50 | 45.81 | 85.28 | 106.62 |
| 海原县 | Haiyuan | 91.84 | 82.88 | 0.00 | 0.62 | 1.95 | 24.76 | 24.28 | 97.15 |

## 10－22 续表1 continued

单位:百户均 (Per 100 household)

| 地 区 | Region | 家用汽车（辆） Car (unit) | 电话机（部） Telephone (set) | 移动电话（部） Mobile Telephone (set) | 彩色电视机（台） Color TV Set (unit) | 摄像机（台） Video Camera (unit) | 照相机（台） Camera (unit) | 家用计算机（台） Computer (set) |
|---|---|---|---|---|---|---|---|---|
| **全 区** | **Total** | **18.42** | **13.13** | **281.53** | **117.45** | **0.26** | **2.47** | **21.98** |
| **银川市** | **Yinchuan** | **26.86** | **20.17** | **275.00** | **115.45** | **0.48** | **3.38** | **26.41** |
| 兴庆区 | Xingqing | 60.77 | 10.97 | 274.83 | 126.72 | 0.00 | 21.15 | 62.86 |
| 西夏区 | Xixia | 40.54 | 10.09 | 314.70 | 127.58 | 4.58 | 10.09 | 39.46 |
| 金凤区 | Jinfeng | 32.62 | 19.05 | 286.96 | 112.12 | 0.00 | 1.84 | 24.68 |
| 永宁县 | Yongning | 22.85 | 16.66 | 265.31 | 111.14 | 0.00 | 2.01 | 21.24 |
| 贺兰县 | Helan | 13.70 | 21.92 | 249.13 | 101.20 | 0.00 | 0.00 | 15.72 |
| 灵武市 | Lingwu | 31.96 | 27.98 | 302.99 | 132.75 | 0.83 | 2.58 | 33.77 |
| **石嘴山市** | **Shizuishan** | **11.80** | **6.52** | **250.26** | **107.13** | **1.58** | **2.63** | **16.58** |
| 大武口区 | Dawukou | 14.01 | 8.37 | 304.62 | 111.33 | 0.00 | 1.83 | 48.95 |
| 惠农区 | Huinong | 11.92 | 10.01 | 238.57 | 101.96 | 0.00 | 5.72 | 17.67 |
| 平罗县 | Pingluo | 11.46 | 5.41 | 245.85 | 107.77 | 2.15 | 1.99 | 12.12 |
| **吴忠市** | **Wuzhong** | **18.43** | **8.21** | **282.96** | **117.32** | **0.24** | **2.58** | **19.93** |
| 利通区 | Litong | 22.61 | 11.70 | 266.79 | 122.73 | 0.00 | 2.06 | 25.19 |
| 红寺堡区 | Hongsipu | 15.95 | 3.08 | 247.61 | 107.49 | 0.00 | 0.21 | 8.40 |
| 盐池县 | Yanchi | 22.45 | 5.06 | 302.38 | 109.42 | 0.00 | 3.80 | 15.89 |
| 同心县 | Tongxin | 17.25 | 5.16 | 259.65 | 101.66 | 0.91 | 0.91 | 17.40 |
| 青铜峡市 | Qingtongxia | 13.55 | 12.79 | 331.22 | 136.87 | 0.00 | 2.50 | 21.70 |
| **固原市** | **Guyuan** | **17.99** | **18.37** | **281.70** | **120.45** | **0.34** | **3.93** | **17.03** |
| 原州区 | Yuanzhou | 14.06 | 8.10 | 279.84 | 124.02 | 0.00 | 2.71 | 21.46 |
| 西吉县 | Xiji | 23.46 | 29.66 | 288.57 | 133.26 | 0.51 | 7.19 | 18.51 |
| 隆德县 | Longde | 11.48 | 24.20 | 293.85 | 121.97 | 0.00 | 2.34 | 19.52 |
| 泾源县 | Jingyuan | 22.48 | 25.38 | 298.22 | 105.55 | 0.00 | 6.07 | 14.76 |
| 彭阳县 | Pengyang | 16.99 | 5.86 | 257.68 | 103.09 | 0.95 | 1.22 | 8.59 |
| **中卫市** | **Zhongwei** | **16.13** | **9.20** | **281.51** | **122.49** | **0.12** | **1.45** | **22.32** |
| 沙坡头区 | Shapotou | 15.24 | 10.35 | 280.41 | 117.77 | 0.00 | 2.04 | 36.98 |
| 中宁县 | Zhongning | 15.93 | 2.78 | 287.16 | 126.41 | 0.00 | 0.77 | 15.46 |
| 海原县 | Haiyuan | 16.89 | 12.84 | 277.65 | 124.24 | 0.30 | 1.44 | 14.65 |

# 主要统计指标解释

**[可支配收入]** 指城乡住户可用于最终消费支出和储蓄的总和,即住户可以用来自由支配的收入。可支配收入既包括现金,也包括实物收入。按照收入来源,可支配收入包含四项,分别为:工资性收入、经营净收入、财产净收入、转移净收入。计算公式为:

可支配收入 = 工资性收入 + 经营净收入 + 财产净收入 + 转移净收入

其中:经营净收入 = 经营收入 - 经营费用 - 生产性固定资产折旧 - 生产税净额(生产税 - 生产补贴)

财产净收入 = 财产性收入 - 财产性支出

转移净收入 = 转移性收入 - 转移性支出

**[工资性收入]** 指就业人员通过各种途径得到的全部劳动报酬和各种福利,包括受雇于单位或个人、从事各种自由职业、兼职和零星劳动得到的全部劳动报酬和福利。

**[经营净收入]** 指住户或住户成员从事生产经营活动所获得的净收入,是全部经营收入中扣除经营费用、生产性固定资产折旧和生产税净额(生产税减去生产补贴)之后得到的净收入。

**[财产净收入]** 指住户或住户成员将其所拥有的金融资产和自然资源交由其他机构单位、住户或个人支配而获得的回报并扣除相关的费用之后得到的净收入。财产净收入包括利息净收入、红利收入、储蓄性保险净收益和转让承包土地经营权租金净收入等。

**[转移净收入]** 指住户或住户成员当年得到的转移性收入减去转移性支出后的净额。转移性收入指国家、单位、社会团体对住户的各种经常性转移支付和住户之间的经常性收入转移。包括政府、非行政事业单位、社会团体对居民转移的养老金或退休金、社会救济和补助、政策性生活补贴、救灾款、经常性捐赠和赔偿以及报销医疗费等;住户之间的赡养收入、经常性捐赠和赔偿以及农村地区(村委会)在外(含国外)工作的本住户非常住成员寄回带回的收入等。

**[消费支出]** 指住户用于满足家庭日常生活消费需要的全部支出,包括用于消费品的支出和用于服务性消费的支出。根据用途不同,消费支出可划分为食品烟酒、衣着、居住、生活用品及服务、交通通信、教育文化娱乐、医疗保健、其他用品及服务八大类。根据来源不同,消费支出可划分为现金消费支出、实物消费支出(含自产自用、来自单位、来自政府和其他社会组织)。

**[转移性支出]** 指调查户对国家、单位、住户或个人的经常性或义务性转移支付。包括缴纳的税款、各项社会保障支出、赡养支出、经常性捐赠和赔偿支出以及其他经常转移支出等。

个人所得税是指调查对象被扣缴的工资薪金所得、对企事业单位的承包经营承租经营所得、个体工商户的生产经营所得、劳务报酬所得、稿酬所得、特许权使用费所得、利息股息红利所得、财产租赁所得、财产转让所得、偶然所得、经国务院财政部门确定征税的其他所得等个人所得的税款。生产税、消费税不在其内。

社会保障支出是指调查户家庭成员参加国家法律、法规规定的社会保障项目中由单位和个人共同缴纳的保障支出。包括养老保险、医疗保险、失业保险、工伤保险、生育保险以及其他社会保障支出。

农村外来从业人员寄给家人的支出是指外地农业户籍的从业人员寄回带回其户口登记地家庭的支出。

赡养支出是指调查户因赡养和抚养义务而付给

亲友的经常性现金和定期的实物支出。

其他经常转移支出是指除缴纳的税款、社会保障支出、赡养支出以外的其他经常性转移支出。如经常性捐赠、经常性赔偿、各种罚款及政府部门向居民提供服务收取的服务费等。

**[财产性支出]** 是指调查户支付的生活贷款利息以及其他财产性支出等。

住房贷款利息支出是指住户由于购买住房向金融机构贷款所支付的利息,包括商业贷款利息和公积金贷款利息。

其他生活贷款利息支出是指住户由于向金融机构申请汽车贷款、教育贷款以及其他消费贷款而支付的利息。

其他财产性支出是指住户支付的除生活贷款利息以外的其他财产性支出,如宅基地使用费等。

**[城镇居民人均可支配收入(老口径)]** 指城镇家庭总收入扣除交纳的个人所得税和个人交纳的各项社会保障支出之后,按照城镇居民家庭人口平均的收入水平。其中家庭总收入是指该家庭中生活在一起的所有家庭人员从各种渠道得到的所有收入之和。

**[农民纯收入(老口径)]** 指农村住户当年从各个来源得到的总收入相应地扣除所发生的费用后的收入总和。纯收入主要用于再生产投入和当年生活消费支出,也可用于储蓄和各种非义务性支出。"农民人均纯收入"按人口平均的纯收入水平,反映的是一个地区或一个农户农村居民的平均收入水平。计算方法:

纯收入 = 总收入 - 家庭经营费用支出 - 税费支出 - 生产性固定资产折旧 - 赠送农村内部亲友

**[农民现金收入]** 指农村住户和住户成员在调查期内得到以现金形态表现的各项现金收入总和,是现金总收入的概念,未扣除费用性支出。按来源分成工资性收入、家庭经营现金收入、财产性收入、转移性收入。

# 第十一篇 Chapter11

# 农业

Agriculture

**责任编辑**:门建军

**资料整理**:门建军　马宏　张蓓蓓　马雪莲　周祺

**Coordinator**: Men Jianjun

**Data Compilation**: Men Jianjun　Ma Hong　Zhang Beibei　Ma Xuelian　Zhou Qi

# 11－1　农村基层基本情况

## Basic Statistics on Rural Areas

| 年份<br>Year | 乡镇数（个）<br>Number of Township and Town Governments (unit) | 乡数（个）<br>Villages (unit) | 镇数（个）<br>Towns (unit) | 村民委员会（个）<br>Number of Villagers´ Committees (unit) | 乡村从业人员（人）<br>Number of Rural Labor Force (person) | 男<br>Male | 女<br>Female | 农林牧渔业从业人员（人）<br>Number of Labor Force by Agriculture, Forestry, Animal Husbandry & Fishery (person) |
|---|---|---|---|---|---|---|---|---|
| 1978 | 246 | | | 2168 | 923593 | | | 866250 |
| 1979 | 247 | | | 2189 | 938000 | | | 893000 |
| 1980 | 251 | | | 2285 | 988053 | | | 947634 |
| 1985 | 279 | 256 | 23 | 2393 | 1204841 | 635125 | 569716 | 1085839 |
| 1990 | 288 | 248 | 40 | 2501 | 1409341 | 733813 | 675528 | 1244241 |
| 1995 | 295 | 238 | 57 | 2595 | 1625340 | 859131 | 766209 | 1374338 |
| 1996 | 299 | 241 | 58 | 2586 | 1687083 | 885106 | 801977 | 1390544 |
| 1997 | 299 | 239 | 60 | 2592 | 1765858 | 924490 | 841368 | 1453785 |
| 1998 | 299 | 239 | 60 | 2602 | 1811661 | 951043 | 860618 | 1465591 |
| 1999 | 299 | 238 | 61 | 2607 | 1865154 | 1017345 | 847809 | 1527878 |
| 2000 | 309 | 245 | 64 | 2692 | 1979117 | 1030471 | 948646 | 1531310 |
| 2001 | 291 | 233 | 58 | 2732 | 2157431 | 1050519 | 1106912 | 1527646 |
| 2002 | 293 | 234 | 59 | 2664 | 2205431 | 1061159 | 1144272 | 1505141 |
| 2003 | 188 | 96 | 92 | 2627 | 2084846 | 1089837 | 995009 | 1458228 |
| 2004 | 188 | 95 | 93 | 2527 | 2099335 | 1099325 | 1000010 | 1439822 |
| 2005 | 191 | 97 | 94 | 2382 | 2119845 | 1105616 | 1014229 | 1406424 |
| 2006 | 187 | 93 | 94 | 2362 | 2119891 | 1108714 | 1011177 | 1365360 |
| 2007 | 191 | 93 | 98 | 2311 | 2145829 | 1127558 | 1018271 | 1377190 |
| 2008 | 191 | 93 | 98 | 2308 | 2187344 | 1150221 | 1037123 | 1330237 |
| 2009 | 191 | 93 | 98 | 2319 | 2184155 | 1152847 | 1031308 | 1275900 |
| 2010 | 192 | 93 | 99 | 2319 | 2180276 | 1147579 | 1032697 | 1250915 |
| 2011 | 193 | 92 | 101 | 2283 | 2185736 | 1144385 | 1041351 | 1239417 |
| 2012 | 192 | 91 | 101 | 2263 | 2142942 | 1137595 | 1005347 | 1204700 |
| 2013 | 193 | 92 | 101 | 2269 | 2161723 | 1146275 | 1015448 | 1211472 |
| 2014 | 193 | 91 | 102 | 2260 | 2161044 | 1150754 | 1010290 | 1267840 |
| 2015 | 192 | 90 | 102 | 2271 | 2157628 | 1149366 | 1008262 | 1295772 |

# 11－2 农业机械拥有量

## Major Agriculture Machinery

| 年份<br>Year | 农业机械总动力（万瓦特）<br>Total Agricultural Machinery Power (10 000w) | 大中型拖拉机（混合台）<br>Number of Large and Medium－sized Agricultural Tractors (unit) | 小型及手扶拖拉机（台）<br>Small and Walking Tractors (unit) | 大中型配套农具（部）<br>Number of Large and Medium－sized Farm Machinery (unit) | 农用排灌动力机械（混合台）<br>Number of Diesel Engines (unit) | 联合收割机（台）<br>Combine Harvester (unit) |
|---|---|---|---|---|---|---|
| 1978 | | 4655 | 12088 | | | 147 |
| 1979 | | 5478 | 15114 | | | 190 |
| 1980 | | 5811 | 16442 | | | 252 |
| 1985 | | 5848 | 42384 | 6622 | 9003 | 215 |
| 1990 | 191105 | 5966 | 83934 | 6084 | 10611 | 169 |
| 1991 | 202687 | 6200 | 93400 | 6011 | 11449 | 233 |
| 1992 | 212126 | 5481 | 100245 | 6030 | 10653 | 245 |
| 1993 | 217581 | 4693 | 105319 | 5598 | | 228 |
| 1994 | 228601 | 4433 | 110137 | 5236 | | 294 |
| 1995 | 241463 | 3822 | 115196 | 4780 | | 307 |
| 1996 | 255986 | 3667 | 119880 | | | |
| 1997 | 288432 | 3588 | 129023 | | 12951 | 473 |
| 1998 | 316183 | 3620 | 132335 | | | 634 |
| 1999 | 377934 | 3897 | 149470 | | | 1346 |
| 2000 | 380633 | 4774 | 157061 | | | 1689 |
| 2001 | 407623 | 4887 | 163059 | | | 1856 |
| 2002 | 447513 | 5734 | 169856 | 8083 | | 1996 |
| 2003 | 486339 | 7534 | 167005 | 9516 | 20857 | 1994 |
| 2004 | 528493 | 12084 | 169150 | 13613 | 26325 | 1955 |
| 2005 | 555144 | 13245 | 168563 | 14127 | 25173 | 2191 |
| 2006 | 592197 | 15207 | 169951 | 18469 | 26158 | 2718 |
| 2007 | 629779 | 15414 | 170327 | 29006 | 27357 | 3095 |
| 2008 | 657846 | 18752 | 173062 | 33673 | 29818 | 3374 |
| 2009 | 702548 | 22121 | 178935 | 43656 | 27565 | 4983 |
| 2010 | 729125 | 27962 | 179866 | 51489 | 27733 | 6333 |
| 2011 | 768740 | 32085 | 184148 | 61449 | 37033 | 6014 |
| 2012 | 811291 | 37837 | 182957 | 70771 | 37081 | 6876 |
| 2013 | 801982 | 42602 | 180841 | 77118 | 31817 | 7844 |
| 2014 | 813018 | 49098 | 167783 | 85441 | 31778 | 7570 |
| 2015 | 831260 | 53246 | 161201 | 89975 | 31500 | 8201 |

# 11－3 农业施肥量及农村用电量

## Consumption of Chemical Fertilizers and Electricity in Rural Areas

| 年份 Year | 化肥施用量（万吨）Consumption of Chemical Fertilizers (10 000 tons) | 氮肥 Nitrogenous Fertilizer | 磷肥 Phosphate Fertilizer | 钾肥 Potash Fertilizer | 复合肥 Compound Fertilizer | 农村用电量（万千瓦小时）Electricity Consumed in Rural Areas (10 000 kwh) |
|---|---|---|---|---|---|---|
| 1978 | 22.8 | | | | | 10541 |
| 1979 | 20.1 | | | | | 12255 |
| 1980 | 17.7 | | | | | 15134 |
| 1985 | 23.2 | | | | | 19478 |
| 1990 | 46.1 | 32.1 | 9.2 | 0.1 | 4.7 | 38570 |
| 1991 | 48.8 | 33.4 | 9.9 | 0.2 | 5.3 | 45293 |
| 1992 | 51.9 | 35.4 | 10.0 | 0.3 | 6.2 | 48676 |
| 1993 | 50.8 | 33.8 | 10.3 | 0.3 | 6.4 | 47733 |
| 1994 | 55.2 | 35.8 | 12.4 | 0.3 | 6.7 | 53795 |
| 1995 | 61.7 | 39.6 | 14.4 | 0.3 | 7.4 | 55631 |
| 1996 | 67.8 | 43.7 | 15.8 | 0.2 | 8.1 | 65476 |
| 1997 | 69.2 | 43.9 | 16.1 | 0.2 | 9.0 | 72665 |
| 1998 | 74.5 | 46.2 | 18.1 | 0.4 | 9.8 | 73474 |
| 1999 | 75.5 | 46.5 | 17.8 | 0.5 | 10.7 | 77597 |
| 2000 | 76.9 | 46.9 | 18.3 | 0.6 | 11.1 | 79392 |
| 2001 | 78.4 | 48.2 | 17.8 | 0.8 | 11.6 | 78616 |
| 2002 | 79.5 | 48.8 | 17.9 | 0.8 | 11.8 | 82273 |
| 2003 | 80.1 | 46.9 | 15.6 | 1.1 | 12.5 | 85800 |
| 2004 | 84.2 | 47.9 | 19.5 | 1.6 | 15.2 | 89980 |
| 2005 | 86.9 | 46.0 | 20.2 | 1.8 | 18.9 | 92507 |
| 2006 | 90.6 | 48.2 | 21.4 | 2.2 | 18.8 | 101059 |
| 2007 | 95.5 | 50.1 | 22.0 | 2.4 | 21.1 | 106276 |
| 2008 | 95.9 | 50.2 | 22.8 | 2.9 | 20.1 | 109471 |
| 2009 | 96.7 | 50.2 | 22.0 | 3.4 | 21.1 | 101055 |
| 2010 | 102.6 | 53.5 | 22.7 | 3.4 | 22.9 | 109588 |
| 2011 | 103.3 | 53.3 | 23.2 | 3.7 | 23.1 | 120090 |
| 2012 | 106.6 | 54.7 | 24.1 | 3.5 | 24.3 | 127507 |
| 2013 | 108.9 | 55.9 | 24.3 | 3.8 | 24.9 | 138374 |
| 2014 | 106.9 | 53.8 | 24.6 | 4.0 | 24.5 | 135589 |
| 2015 | 107.0 | 52.2 | 24.8 | 4.2 | 25.8 | 137874 |

注： 化肥施用量为实物量。

Note: Data on Consumption of Chemical Fertilizers refer to the Practical quantity.

# 11－4 农林牧渔业总产值、中间消耗及增加值

## Gross Output Value, Intermediate Consumption and Added Value of Agriculture, Forestry, Animal Husbandry and Fishery

单位：万元 (10 000 yuan)

| 指 标 | Item | 2000 | 2005 | 2010 | 2011 | 2012 | 2013 | 2014 | 2015 |
|---|---|---|---|---|---|---|---|---|---|
| **农林牧渔业总产值** | **Gross Output Value of Agriculture, Forestry, Animal Husbandry and Fishery** | **777525** | **1379973** | **3059382** | **3546803** | **3851490** | **4299974** | **4454706** | **4830207** |
| 农 业 | Agriculture | 469905 | 789410 | 1951448 | 2236051 | 2404647 | 2689960 | 2739614 | 3109856 |
| 林 业 | Forestry | 31137 | 55645 | 86774 | 93206 | 97655 | 98366 | 100039 | 116320 |
| 牧 业 | Animal Husbandry | 257488 | 459969 | 821343 | 975986 | 1057236 | 1200126 | 1267842 | 1228964 |
| 渔 业 | Fishery | 18995 | 39781 | 80376 | 102370 | 133627 | 132177 | 149264 | 157679 |
| 农林牧渔服务业 | Output Value of Services for Agriculture, Forestry, Animal Husbandry and Fishery | | 35168 | 119441 | 139190 | 158325 | 179345 | 197947 | 217388 |
| **农林牧渔业中间消耗** | **Intermediate consumption of Agriculture, Forestry, Animal Husbandry and Fishery** | **318047** | **657556** | **1466481** | **1705435** | **1857453** | **2077124** | **2158355** | **2313370** |
| 农 业 | Agriculture | 162335 | 318105 | 846148 | 970670 | 1045801 | 1174610 | 1198328 | 1352677 |
| 林 业 | Forestry | 15463 | 34658 | 55925 | 60127 | 63162 | 63673 | 64512 | 75638 |
| 牧 业 | Animal Husbandry | 125528 | 258738 | 472026 | 561582 | 609221 | 692896 | 732267 | 709838 |
| 渔 业 | Fishery | 9274 | 22879 | 49383 | 62947 | 82194 | 81309 | 91911 | 96869 |
| 农林牧渔服务业 | Output Value of Services for Agriculture, Forestry, Animal Husbandry and Fishery | | 5134 | 42999 | 50109 | 57075 | 64636 | 71337 | 78348 |
| **农林牧渔业增加值** | **Value-added of Agriculture, Forestry, Animal Husbandry and Fishery** | **459478** | **722417** | **1592901** | **1841368** | **1994037** | **2222850** | **2296351** | **2516838** |
| 农业 | Agriculture | 303291 | 463478 | 1105300 | 1265381 | 1358846 | 1515350 | 1541286 | 1757179 |
| 林 业 | Forestry | 15628 | 20770 | 30849 | 33079 | 34493 | 34693 | 35527 | 40682 |
| 牧 业 | Animal Husbandry | 131024 | 198719 | 349317 | 414404 | 448015 | 507230 | 535575 | 519126 |
| 渔 业 | Fishery | 9535 | 16761 | 30993 | 39423 | 51433 | 50868 | 57354 | 60810 |
| 农林牧渔服务业 | Output Value of Services for Agriculture, Forestry, Animal Husbandry and Fishery | | 22689 | 76442 | 89081 | 101250 | 114709 | 126610 | 139041 |

注：本表按当年价格计算。

Note: Data in this table is calculated at current price.

# 11－5 主要年份农林牧渔业总产值

## Gross Output Value of Agriculture, Forestry, Animal Husbandry and Fishery in Main Years

单位:万元 (10 000 yuan)

| 年份 Year | 农林牧渔业总产值 Gross Output Value of Agriculture, Forestry, Animal Husbandry and Fishery | 农业 Agriculture | 林业 Forestry | 牧业 Animal Husbandry | 渔业 Fishery | 农林牧渔服务业 Output Value of Services for Agriculture, Forestry, Animal Husbandry and Fishery |
|---|---|---|---|---|---|---|
| 1950 | 11445 | 8939 | 17 | 2488 | | |
| 1955 | 20140 | 15937 | 87 | 4117 | | |
| 1960 | 17897 | 14674 | 407 | 2787 | 30 | |
| 1965 | 30489 | 25044 | 395 | 5013 | 37 | |
| 1970 | 27970 | 22708 | 474 | 4759 | 29 | |
| 1975 | 46002 | 36710 | 1089 | 8182 | 22 | |
| 1978 | 48133 | 37893 | 1505 | 8714 | 22 | |
| 1980 | 64139 | 52945 | 2441 | 8699 | 54 | |
| 1985 | 120164 | 88619 | 8035 | 22903 | 607 | |
| 1990 | 246887 | 175113 | 13186 | 53974 | 4614 | |
| 1995 | 565493 | 381301 | 9688 | 162897 | 11607 | |
| 2000 | 777525 | 469905 | 31137 | 257488 | 18995 | |
| 2001 | 852989 | 493901 | 34999 | 302896 | 21193 | |
| 2002 | 924917 | 528801 | 51391 | 320370 | 24355 | |
| 2003 | 1005247 | 541303 | 74569 | 363502 | 25873 | |
| 2004 | 1255202 | 712966 | 61978 | 412390 | 35868 | 32000 |
| 2005 | 1379973 | 789410 | 55645 | 459969 | 39781 | 35168 |
| 2006 | 1481763 | 905543 | 50245 | 419817 | 41159 | 65000 |
| 2007 | 1829477 | 1111213 | 56894 | 532784 | 51586 | 77000 |
| 2008 | 2272018 | 1311389 | 74756 | 730697 | 60376 | 94800 |
| 2009 | 2435033 | 1467825 | 83828 | 706736 | 70456 | 106189 |
| 2010 | 3059382 | 1951448 | 86774 | 821343 | 80377 | 119441 |
| 2011 | 3546803 | 2236051 | 93206 | 975986 | 102370 | 139190 |
| 2012 | 3851490 | 2404647 | 97655 | 1057236 | 133627 | 158325 |
| 2013 | 4299974 | 2689960 | 98366 | 1200126 | 132177 | 179345 |
| 2014 | 4454706 | 2739614 | 100039 | 1267842 | 149264 | 197947 |
| 2015 | 4830207 | 3109856 | 116320 | 1228964 | 157679 | 217388 |

注： 1. 2006－2007 年数据与第二次全国农业普查进行了衔接；

2. 本表按当年价格计算。

Notes: a) From 2006 to 2007, agricultural products data were adjusted according to the Second National Agricultural Censes.

b) Data in this table is calculated at current price.

# 11-6 农林牧渔业总产值指数

## Related Gross Output Value Indices of Agriculture, Forestry, Animal Husbandry and Fishery

（按可比价格计算，以 1952 年为 100） (constant price, 1952 = 100)

| 年份<br>Year | 农林牧渔业总产值<br>Gross Output Value of Agriculture, Forestry, Animal Husbandry and Fishery | 农业<br>Agriculture | 林业<br>Forestry | 牧业<br>Animal Husbandry | 渔业<br>Fishery | 农林牧渔服务业<br>Output Value of Services for Agriculture, Forestry, Animal Husbandry and Fishery |
|---|---|---|---|---|---|---|
| 1950 | 72.76 | 72.95 | 30.51 | 76.59 | | |
| 1955 | 128.03 | 128.34 | 150.75 | 124.45 | | |
| 1960 | 122.77 | 106.92 | 666.22 | 121.24 | | |
| 1965 | 179.40 | 163.24 | 573.90 | 194.81 | | |
| 1970 | 166.33 | 146.06 | 686.78 | 183.94 | | |
| 1975 | 220.59 | 203.97 | 820.03 | 215.94 | | |
| 1978 | 232.97 | 208.11 | 1119.27 | 228.72 | | |
| 1980 | 253.48 | 238.03 | 1222.06 | 205.21 | | |
| 1985 | 384.50 | 332.53 | 2308.96 | 362.98 | | |
| 1990 | 480.99 | 435.55 | 1400.54 | 515.51 | | |
| 1995 | 563.14 | 475.08 | 695.60 | 808.94 | | |
| 2000 | 829.92 | 631.53 | 1327.03 | 1380.49 | | |
| 2001 | 896.16 | 668.80 | 1054.14 | 1339.12 | | |
| 2002 | 965.91 | 713.41 | 2213.55 | 1595.05 | | |
| 2003 | 1049.80 | 730.28 | 3211.84 | 1809.79 | | |
| 2004 | 1131.68 | 828.87 | 2758.97 | 1855.03 | | |
| 2005 | 1201.84 | 886.06 | 2477.56 | 1994.16 | | |
| 2006 | 1283.57 | 942.77 | 2237.24 | 2157.68 | | |
| 2007 | 1373.42 | 1001.22 | 2499.00 | 2308.72 | | |
| 2008 | 1493.85 | 1092.97 | 3012.49 | 2447.12 | | |
| 2009 | 1616.34 | 1186.96 | 3377.00 | 2601.29 | | |
| 2010 | 1742.42 | 1304.47 | 3498.57 | 2697.53 | | |
| 2011 | 1831.28 | 1373.61 | 3757.46 | 2773.06 | | |
| 2012 | 1941.16 | 1450.53 | 3937.82 | 2908.94 | | |
| 2013 | 2032.39 | 1512.90 | 3965.38 | 3019.48 | | |
| 2014 | 2156.37 | 1573.42 | 4032.79 | 3321.43 | | |
| 2015 | 2251.25 | 1661.53 | 4004.56 | 3374.58 | | |

## 11－6 续表1 continued

（按可比价格计算，以上年为100） （constant price，Preceding year＝100）

| 年份<br>Year | 农林牧渔业总产值<br>Gross Output Value of Agriculture，Forestry，Animal Husbandry and Fishery | 农业<br>Agriculture | 林业<br>Forestry | 牧 业<br>Animal Husbandry | 渔业<br>Fishery | 农林牧渔服务业<br>Output Value of Services for Agriculture，Forestry，Animal Husbandry and Fishery |
|---|---|---|---|---|---|---|
| 1950 | 106.5 | 106.2 | | 103.1 | | |
| 1960 | 84.1 | 77.6 | 105.5 | 99.4 | 93.3 | |
| 1965 | 114.8 | 111.8 | 109.5 | 127.3 | 108.8 | |
| 1970 | 97.3 | 93.5 | 107.2 | 104.2 | 91.0 | |
| 1975 | 96.7 | 90.3 | 131.2 | 112.2 | 101.4 | |
| 1978 | 112.5 | 112.5 | 138.8 | 102.5 | 108.3 | |
| 1980 | 114.1 | 123.2 | 98.8 | 93.9 | 106.5 | |
| 1985 | 102.5 | 102.8 | 79.0 | 125.6 | 138.2 | |
| 1990 | 104.3 | 101.0 | 127.3 | 109.4 | 108.0 | |
| 1995 | 105.6 | 100.5 | 101.5 | 118.9 | 109.9 | |
| 2000 | 103.8 | 97.7 | 128.4 | 112.5 | 114.7 | |
| 2001 | 108.0 | 105.9 | 109.3 | 111.0 | 111.8 | |
| 2002 | 107.8 | 106.7 | 152.6 | 104.1 | 117.7 | |
| 2003 | 108.7 | 102.4 | 145.1 | 113.5 | 106.2 | |
| 2004 | 107.8 | 113.5 | 85.9 | 102.5 | 117.9 | 110.0 |
| 2005 | 106.2 | 106.9 | 89.8 | 107.5 | 104.2 | 108.3 |
| 2006 | 106.8 | 106.4 | 90.3 | 108.2 | 114.1 | 115.3 |
| 2007 | 107.0 | 106.2 | 111.7 | 107.0 | 110.1 | 112.5 |
| 2008 | 108.8 | 109.2 | 120.5 | 106.0 | 109.7 | 113.0 |
| 2009 | 108.2 | 108.6 | 112.1 | 106.3 | 111.5 | 111.3 |
| 2010 | 107.8 | 109.9 | 103.6 | 103.7 | 111.2 | 108.0 |
| 2011 | 105.1 | 105.3 | 107.4 | 102.8 | 115.6 | 109.6 |
| 2012 | 106.0 | 105.6 | 104.8 | 104.9 | 116.3 | 111.5 |
| 2013 | 104.7 | 104.3 | 100.7 | 103.8 | 117.5 | 109.6 |
| 2014 | 106.1 | 104.0 | 101.7 | 110.0 | 113.1 | 108.3 |
| 2015 | 104.4 | 105.6 | 99.3 | 101.6 | 105.6 | 108.6 |

# 11-7 耕地面积、造林面积和播种面积

## Cultivated Areas, Afforested Areas and Sown Area

单位:万公顷 (10 000 hectare)

| 年份<br>Year | 年末耕地面积<br>Cultivated Land at Year End | 水田<br>Paddy Fields | 旱田<br>Dry Fields | 水浇地<br>Irrigated Fields | 当年造林面积<br>Afforestation Area This Year | 农作物总播种面积<br>Total Sown Area | 粮食作物播种面积<br>Sown Area of Grain Crops |
|---|---|---|---|---|---|---|---|
| 1950 | 71.7 | | | | | 50.4 | 43.9 |
| 1955 | 83.9 | | | | 0.1 | 70.7 | 59.2 |
| 1960 | 93.2 | | | | 0.7 | 94.3 | 77.1 |
| 1965 | 92.3 | | | | 1.2 | 90.9 | 77.2 |
| 1970 | 90.6 | | | | 0.5 | 88.3 | 77.0 |
| 1975 | 91.4 | | | | 0.6 | 88.0 | 75.8 |
| 1978 | 89.1 | | | | 1.4 | 90.2 | 76.4 |
| 1980 | 89.6 | | | | 1.1 | 89.6 | 75.7 |
| 1985 | 79.5 | 14.1 | 65.4 | 10.3 | 4.0 | 82.8 | 65.0 |
| 1990 | 79.6 | 17.5 | 62.1 | 8.5 | 0.9 | 88.9 | 72.4 |
| 1995 | 80.7 | 17.1 | 63.6 | 10.6 | 2.6 | 95.6 | 76.2 |
| 2000 | 129.3 | 19.8 | 109.5 | 20.0 | 8.2 | 102.4 | 81.5 |
| 2001 | 129.9 | 21.1 | 108.8 | 19.5 | 9.9 | 98.1 | 75.5 |
| 2002 | 121.2 | 21.2 | 100.0 | 19.8 | 18.2 | 107.9 | 81.2 |
| 2003 | 111.9 | 18.2 | 93.7 | 23.0 | 29.5 | 112.9 | 80.4 |
| 2004 | 110.5 | 15.2 | 95.3 | 25.5 | 16.3 | 115.8 | 79.2 |
| 2005 | 111.4 | 17.0 | 94.4 | 25.3 | 11.2 | 109.9 | 77.6 |
| 2006 | 111.6 | 16.3 | 95.3 | 22.2 | 5.5 | 110.9 | 79.4 |
| 2007 | 111.7 | 19.0 | 92.7 | 23.6 | 5.7 | 119.0 | 85.6 |
| 2008 | 112.8 | 19.3 | 93.5 | 24.1 | 9.0 | 121.0 | 82.6 |
| 2009 | 113.6 | 19.0 | 94.6 | 26.5 | 9.0 | 122.7 | 82.7 |
| 2010 | 113.5 | 18.8 | 94.7 | 24.2 | 9.5 | 124.8 | 84.4 |
| 2011 | 113.3 | 18.9 | 94.4 | 24.3 | 9.0 | 126.0 | 85.2 |
| 2012 | 128.6 | 19.0 | 109.6 | 31.2 | 9.5 | 128.0 | 82.8 |
| 2013 | 128.4 | 18.9 | 109.5 | 31.3 | 10.1 | 126.5 | 80.2 |
| 2014 | 128.9 | 18.8 | 110.1 | 32.0 | 8.4 | 125.3 | 77.1 |
| 2015 | | | | | 8.0 | 126.5 | 77.0 |

注: 1.2000 年以后的耕地面积为土地详查数;

2.2006-2007 年数据与第二次全国农业普查进行了衔接;

3.2012 年以后的耕地面积与第二次土地详查数据进行了衔接。

Notes: a) Since 2000, the area of cultivated land regers to datailed survey number.

b) From 2006 to 2007, agricultural data were adjusted according to the Second National Agricultural Censes.

c) Since 2012, according to The second land survey, area of Cultivated Land at Year End were revised.

# 11－8　主要农产品产量

## Output of Major Farm Products

单位:万千克　　(10 000 kg)

| 年份 Year | 粮食 Grain | 稻谷 Rice | 小麦 Wheat | 玉米 Corn | 油料 Oil－bearing Crops |
|---|---|---|---|---|---|
| 1950 | 33512 | 5012 | 6877 | | 2111 |
| 1955 | 62061 | 11145 | 17922 | | 4181 |
| 1960 | 46701 | 8557 | 18648 | | 1310 |
| 1965 | 83334 | 13215 | 37540 | 660 | 3088 |
| 1970 | 72036 | 16634 | 22176 | | 2852 |
| 1975 | 109470 | 26965 | 46843 | 2041 | 2446 |
| 1978 | 116981 | 27785 | 47901 | 5698 | 2568 |
| 1980 | 120357 | 32915 | 49469 | 8545 | 3599 |
| 1985 | 139534 | 41889 | 58553 | 14214 | 5338 |
| 1990 | 191703 | 54300 | 78000 | 37600 | 6243 |
| 1995 | 203253 | 46153 | 68870 | 60849 | 5591 |
| 2000 | 252742 | 62376 | 74462 | 81955 | 6990 |
| 2001 | 274795 | 61821 | 83603 | 94772 | 7345 |
| 2002 | 301914 | 65669 | 96116 | 104272 | 10880 |
| 2003 | 270174 | 37042 | 75614 | 119926 | 13175 |
| 2004 | 290488 | 52462 | 80419 | 117689 | 13801 |
| 2005 | 299809 | 61058 | 79414 | 121415 | 12209 |
| 2006 | 322410 | 76600 | 83300 | 127100 | 8433 |
| 2007 | 323500 | 60500 | 61600 | 146600 | 7747 |
| 2008 | 329240 | 66381 | 64074 | 149940 | 13557 |
| 2009 | 340703 | 64554 | 73563 | 156382 | 13647 |
| 2010 | 356510 | 69986 | 70333 | 165805 | 20845 |
| 2011 | 358947 | 70755 | 62976 | 172456 | 18410 |
| 2012 | 375034 | 71326 | 62045 | 191177 | 18032 |
| 2013 | 373401 | 68895 | 46316 | 206243 | 16808 |
| 2014 | 377893 | 61835 | 40549 | 224072 | 16517 |
| 2015 | 372645 | 60754 | 39636 | 226882 | 15255 |

注：　1.2000 年起粮食总产量及稻谷、小麦、玉米产量为抽样调查数；

2.2006－2007 年数据与第二次全国农业普查进行了衔接。

Notes:a) Data in this table are obtained from the sample surveys on total grain, rice, wheat and corn after 2000.

b) From 2006 to 2007, agricultural data were adjusted according to the Second National Agricultural Censes.

# 11-9 主要农产品产量及单位面积产量

| 指 标 | Item | 1990 | | 2000 | | 2010 | | 2011 | |
|---|---|---|---|---|---|---|---|---|---|
| | | 总产量（吨）Total Yield (ton) | 单位产量（千克/公顷）Unit Yield (kg/hectare) | 总产量（吨）Total Yield (ton) | 单位产量（千克/公顷）Unit Yield (kg/hectare) | 总产量（吨）Total Yield (ton) | 单位产量（千克/公顷）Unit Yield (kg/hectare) | 总产量（吨）Total Yield (ton) | 单位产量（千克/公顷）Unit Yield (kg/hectare) |
| 粮食 | Grain | 1917028 | 2655 | 2527416 | 3132 | 3565096 | 4224 | 3589471 | 4211 |
| 稻谷 | Rice | 543000 | 9004 | 623764 | 8130 | 699862 | 8416 | 707553 | 8429 |
| 小麦 | Wheat | 780000 | 2540 | 744618 | 2546 | 703325 | 3327 | 629759 | 3116 |
| 玉米 | Corn | 376000 | 4980 | 819549 | 6252 | 1658047 | 7422 | 1724557 | 7440 |
| 大豆 | Soybean | 24477 | 638 | 30226 | 804 | 9546 | 583 | 7318 | 585 |
| 薯类 | Tubers | 83574 | 1898 | 162206 | 2138 | 425016 | 1915 | 445208 | 1983 |
| 油料 | Oil-bearing Crops | 62434 | 642 | 69897 | 891 | 208453 | 2110 | 184097 | 2077 |
| 胡麻籽 | Rapeseeds | 43766 | 647 | 25190 | 619 | 66911 | 1327 | 74805 | 1567 |
| 药材 | Medicinal Materials | 369 | 1726 | 15852 | 2588 | 48388 | 5196 | 63201 | 5491 |
| 蔬菜 | Vegetables | 668768 | 41808 | 1504057 | 30553 | 4074160 | 40187 | 4387053 | 40887 |
| 瓜果类 | Melons | 142742 | 36851 | 280266 | 23820 | 1639426 | 20398 | 1648193 | 20058 |
| 水果 | Fruits | 55208 | 2070 | 193155 | 4402 | 649158 | 5434 | 724650 | 5801 |
| 苹果 | Apples | 34768 | 1620 | 159462 | 7340 | 354421 | 8766 | 408903 | 10107 |

注：粮食总产量及稻谷、小麦、玉米、薯类产量为抽样数，其余为全面统计数据。

# Output and Output Per Hectare of Major Farm Products

| 2012 | | 2013 | | 2014 | | 2015 | |
|---|---|---|---|---|---|---|---|
| 总产量（吨） Total Yield (ton) | 单位产量（千克/公顷） Unit Yield (kg/hectare) | 总产量（吨） Total Yield (ton) | 单位产量（千克/公顷） Unit Yield (kg/hectare) | 总产量（吨） Total Yield (ton) | 单位产量（千克/公顷） Unit Yield (kg/hectare) | 总产量（吨） Total Yield (ton) | 单位产量（千克/公顷） Unit Yield (kg/hectare) |
| 3750337 | 4528 | 3734013 | 4658 | 3778932 | 4899 | 3726450 | 4837 |
| 713259 | 8457 | 688949 | 8387 | 618346 | 7923 | 607535 | 8172 |
| 620447 | 3467 | 463158 | 3112 | 405490 | 3181 | 396361 | 3237 |
| 1911770 | 7775 | 2062431 | 7871 | 2240724 | 7760 | 2268820 | 7518 |
| 8302 | 526 | 5687 | 510 | 6807 | 638 | 7156 | 713 |
| 422442 | 1958 | 439966 | 2042 | 421101 | 2374 | 371950 | 2181 |
| 180321 | 2040 | 168080 | 2047 | 165170 | 2061 | 152549 | 2024 |
| 74025 | 1544 | 69608 | 1544 | 70563 | 1577 | 77022 | 1794 |
| 62110 | 5746 | 77509 | 4798 | 101089 | 4438 | 106514 | 4449 |
| 4711062 | 42224 | 5090079 | 43393 | 5408288 | 43840 | 5758238 | 44546 |
| 1700648 | 20906 | 1797833 | 21867 | 1990671 | 22938 | 2050750 | 23840 |
| 804731 | 6177 | 845236 | 6139 | 911738 | 6539 | 938655 | 6810 |
| 489412 | 12294 | 510528 | 12209 | 539020 | 12982 | 534191 | 14061 |

Note: Data in this table are obtained from the sample surveys on total grain, rice, wheat, corn and tubers. The rest is of comprehensive statistics.

## 11-10 主要畜产品产量

| 指　标 | Item | 单位 | Unit |
|---|---|---|---|
| 当年出栏肉猪头数 | Slaghtered Fattened Hogs This Year | 万头 | 10 000 heads |
| 当年出售和自宰的肉用牛 | Beef Cattle for Sale and Self - use This Year | 万头 | 10 000 heads |
| 当年出售和自宰的肉用羊 | Mutton Sheep for Sale and Self - use This Year | 万头 | 10 000 heads |
| 当年出售和自宰的家禽 | Poultry for Sale and Self - use This Year | 万只 | 10 000 heads |
| 当年肉类总产量 | Total Output of Meat This Year | 万吨 | 10 000 tons |
| 猪肉产量 | Pork | 万吨 | 10 000 tons |
| 牛肉产量 | Beef | 万吨 | 10 000 tons |
| 羊肉产量 | Mutton | 万吨 | 10 000 tons |
| 奶类产量 | Milk | 万吨 | 10 000 tons |
| 牛奶 | Cow Milk | 万吨 | 10 000 tons |
| 山羊毛产量 | Goat Wool | 吨 | ton |
| 绵羊毛产量 | Sheep Wool | 吨 | ton |
| 羊绒产量 | Cashmere | 吨 | ton |
| 蜂蜜产量 | Honey | 吨 | ton |
| 禽蛋产量 | Poultry Eggs | 万吨 | 10 000 tons |
| 水产品产量 | Aquatic Products | 吨 | ton |

## 11-11 造林面积

| 指　标 | Item | 单位 | Unit |
|---|---|---|---|
| 当年造林面积 | Afforestation Area This Year | 公顷 | hectare |
| 按主要林种用途分 | Grouped by Different Use of Forest | | |
| 用材林 | Timber Forest | 公顷 | hectare |
| 经济林 | Economic Forest | 公顷 | hectare |
| 防护林 | Windbreak | 公顷 | hectare |
| 薪炭林 | Firewood Forest | 公顷 | hectare |
| 在当年造林面积中:飞机播种 | Aircraft Seeding | 公顷 | hectare |
| 村及村以下合作组织及农用木材采伐量 | Logging of Village and Under Village Level Cooperative Association and Agriculture Use | 立方米 | cu. m |

## Output of Major Livestock Products

| 1980 | 1990 | 2000 | 2010 | 2011 | 2012 | 2013 | 2014 | 2015 |
|---|---|---|---|---|---|---|---|---|
| 32.7 | 59.1 | 147.1 | 120.2 | 99.7 | 103.3 | 95.6 | 101.2 | 91.5 |
| 0.5 | 4.4 | 28.2 | 52.1 | 52.0 | 57.0 | 59.5 | 58.7 | 64.4 |
| 42.9 | 104.7 | 234.0 | 425.3 | 443.9 | 474.9 | 521.4 | 552.0 | 579.7 |
|  |  | 1859.5 | 1135.1 | 1148.0 | 1141.0 | 1211.7 | 1204.4 | 1019.0 |
| 1.9 | 6.8 | 19.0 | 25.7 | 25.3 | 26.5 | 27.4 | 28.5 | 29.2 |
| 1.5 | 4.1 | 9.3 | 8.5 | 7.3 | 7.7 | 7.1 | 7.7 | 7.1 |
| 0.03 | 0.5 | 3.3 | 7.5 | 7.5 | 7.9 | 8.7 | 8.8 | 9.7 |
| 0.4 | 1.7 | 3.3 | 7.3 | 7.9 | 8.5 | 9.0 | 9.5 | 10.1 |
| 0.4 | 4.1 | 23.6 | 84.5 | 96.1 | 103.5 | 104.2 | 135.7 | 136.5 |
| 0.4 | 4.1 | 23.6 | 84.5 | 96.1 | 103.5 | 104.2 | 135.7 | 136.5 |
| 336 | 290 | 715 | 535 | 623 | 796 | 844 | 846 | 853 |
| 2675 | 3780 | 4703 | 6889 | 7612 | 8317 | 9237 | 10269 | 10048 |
| 139 | 158 | 364 | 378 | 448 | 450 | 476 | 491 | 532 |
| 427 | 517 | 807 | 826 | 864 | 946 | 1037 | 971 | 1041 |
|  | 2.2 | 7.6 | 7.2 | 7.3 | 6.2 | 7.4 | 8.3 | 8.8 |
| 309 | 10217 | 36983 | 90035 | 105422 | 123538 | 144930 | 162588 | 169799 |

## Afforested Areas

| 1980 | 1990 | 2000 | 2010 | 2011 | 2012 | 2013 | 2014 | 2015 |
|---|---|---|---|---|---|---|---|---|
| 11761 | 9402 | 81583 | 94932 | 90478 | 94814 | 101145 | 84191 | 80105 |
| 5079 | 2648 |  | 1608 | 1630 |  |  |  |  |
| 257 | 338 | 10528 | 25153 | 21472 | 9006 | 10118 | 4232 | 6206 |
| 5457 | 5573 | 71035 | 68121 | 67376 | 85808 | 91027 | 79959 | 73899 |
|  | 842 |  |  |  |  |  |  |  |
|  |  | 17235 |  |  |  |  |  |  |
| 21708 | 242811 | 12146 | 3587 | 2312 | 3977 | 2827 | 3670 | 9304 |

# 11-12 各市县农村基层基本情况(2015年)

# Basic Statistics on Grassroots Units by City and County(2015)

| 地区 Region | 农村基础设施(个) Infrastructure of Rural Area(unit) | | | 乡村从业人员(人) Number of Rural Labor Force (person) | |
|---|---|---|---|---|---|
| | 自来水受益村 Number of Villages Benefit from Using Tap Water | 通有线电视村 Number of Cable TV Village | 通宽带村 Number of Villages Connected to broadband | | 农林牧渔业 Agriculture, Forestry, Animal Husbandry and Fishery |
| **全区总计 Total** | **1857** | **1740** | **1816** | **2157628** | **1295772** |
| **银川市 Yinchuan** | **276** | **191** | **273** | **358054** | **202478** |
| 银川市 District | 73 | 56 | 73 | 100910 | 57858 |
| 永宁县 Yongning | 66 | 66 | 66 | 87016 | 53119 |
| 贺兰县 Helan | 62 | 17 | 62 | 74767 | 46034 |
| 灵武市 Lingwu | 75 | 52 | 72 | 95361 | 45467 |
| **石嘴山市 Shizuishan** | **198** | **198** | **178** | **179498** | **103565** |
| 大武口区 Dawukou | 12 | 12 | 12 | 23200 | 8340 |
| 惠农区 Huinong | 42 | 42 | 42 | 28708 | 13495 |
| 平罗县 Pingluo | 144 | 144 | 124 | 127590 | 81730 |
| **吴忠市 Wuzhong** | **419** | **424** | **407** | **511894** | **323988** |
| 利通区 Litong | 120 | 115 | 117 | 127644 | 66191 |
| 红寺堡区 Hongsipu | 57 | 57 | 57 | 77681 | 74600 |
| 盐池县 Yanchi | 102 | 10 | 19 | 65307 | 35140 |
| 同心县 Tongxin | 53 | 158 | 130 | 135923 | 92854 |
| 青铜峡市 Qingtongxia | 87 | 84 | 84 | 105339 | 55203 |
| **固原市 Guyuan** | **624** | **503** | **586** | **556003** | **382252** |
| 原州区 Yuanzhou | 132 | 155 | 101 | 150496 | 107111 |
| 西吉县 Xiji | 152 | 4 | 296 | 198085 | 126888 |
| 隆德县 Longde | 104 | 104 | 70 | 59443 | 43985 |
| 泾源县 Jingyuan | 105 | 105 | | 41934 | 30845 |
| 彭阳县 Pengyang | 131 | 135 | 119 | 106045 | 73423 |
| **中卫市 Zhongwei** | **340** | **424** | **372** | **552179** | **283489** |
| 沙坡头区 Shapotou | 154 | 162 | 153 | 182874 | 104777 |
| 中宁县 Zhongning | 103 | 91 | 92 | 153791 | 92677 |
| 海原县 Haiyuan | 83 | 171 | 127 | 215514 | 86035 |

# 11－13 各市县农用化肥施用量(2015年)

## Consumption of Chemical Fertilizers by City and County(2015)

单位:吨 (ton)

| 地区 Region | 农用化肥施用量 Consumption of Chemical Fertilizer | 氮肥 Nitrogenous Fertilizer | 磷肥 Phosphate Fertilizer | 钾肥 Potash Fertilizer | 复合肥 Compound Fertilizer |
|---|---|---|---|---|---|
| **全区总计 Total** | **1069622** | **521965** | **247662** | **42346** | **257649** |
| **银川市 Yinchuan** | **233884** | **128062** | **39484** | **14078** | **52260** |
| 银川市 District | 74867 | 42861 | 13637 | 5769 | 12600 |
| 永宁县 Yongning | 57751 | 31738 | 5857 | 3952 | 16204 |
| 贺兰县 Helan | 60811 | 36514 | 14623 | 2189 | 7485 |
| 灵武市 Lingwu | 40455 | 16949 | 5367 | 2168 | 15971 |
| **石嘴山市 Shizuishan** | **194330** | **103732** | **33524** | **10141** | **46933** |
| 大武口区 Dawukou | 2143 | 670 | 695 | 135 | 643 |
| 惠农区 Huinong | 43417 | 24781 | 7309 | 886 | 10441 |
| 平罗县 Pingluo | 148770 | 78281 | 25520 | 9120 | 35849 |
| **吴忠市 Wuzhong** | **232747** | **133971** | **42411** | **8343** | **48022** |
| 利通区 Litong | 54189 | 29599 | 12306 | 3713 | 8571 |
| 红寺堡区 Hongsipu | 41721 | 17215 | 7625 | 135 | 16746 |
| 盐池县 Yanchi | 12860 | 6262 | 2036 | 1005 | 3557 |
| 同心县 Tongxin | 35813 | 21420 | 7596 | 308 | 6489 |
| 青铜峡市 Qingtongxia | 88164 | 59475 | 12848 | 3182 | 12659 |
| **固原市 Guyuan** | **204079** | **49896** | **106499** | **1966** | **45718** |
| 原州区 Yuanzhou | 32444 | 11916 | 8701 | 414 | 11413 |
| 西吉县 Xiji | 93694 | 14138 | 61425 | 718 | 17413 |
| 隆德县 Longde | 22562 | 5237 | 13573 | 112 | 3640 |
| 泾源县 Jingyuan | 8972 | 2215 | 1599 | 712 | 4446 |
| 彭阳县 Pengyang | 46407 | 16390 | 21201 | 10 | 8806 |
| **中卫市 Zhongwei** | **204582** | **106304** | **25744** | **7818** | **64716** |
| 沙坡头区 Shapotou | 50630 | 25698 | 6516 | 3015 | 15401 |
| 中宁县 Zhongning | 130283 | 73306 | 11679 | 4783 | 40515 |
| 海原县 Haiyuan | 23669 | 7300 | 7549 | 20 | 8800 |

注：按实物量计算。

Note:Data refer to the practical quantity.

# 11-14 各市县农林牧渔业总产值(2015年)

## Gross Output Value of Agriculture, Forestry, Animal Husbandry and Fishery by City and County(2015)

单位:万元　　　　(按现行价格计算)(calculated at current price)　　　　(10 000 yuan)

| 地区 Region | 农林牧渔业总产值 Gross Output Value of Agriculture, Forestry, Animal Husbandry and Fishery | 农业 Agriculture | 林业 Forestry | 牧业 Animal Husbandry | 渔业 Fishery | 农林牧渔服务业 Output Value of Services for Agriculture, Forestry, Animal Husbandry and Fishery | 农林牧渔业总产值指数(上年=100) Indices of Gross Output (preceding year=100) |
|---|---|---|---|---|---|---|---|
| **全区总计 Total** | **4830207** | **3109856** | **116320** | **1228964** | **157679** | **217388** | **104.4** |
| **银川市 Yinchuan** | **1158803** | **754021** | **13177** | **257637** | **67490** | **66478** | **104.0** |
| 银川市 District | 355749 | 205101 | 3176 | 92903 | 17238 | 37332 | 103.4 |
| 永宁县 Yongning | 282495 | 215427 | 3793 | 46550 | 7608 | 9117 | 104.4 |
| 贺兰县 Helan | 316424 | 223066 | 430 | 46637 | 36786 | 9505 | 104.4 |
| 灵武市 Lingwu | 204135 | 110427 | 5778 | 71547 | 5859 | 10524 | 104.0 |
| **石嘴山市 Shizuishan** | **512665** | **353577** | **4836** | **89207** | **47662** | **17384** | **104.6** |
| 大武口区 Dawukou | 24004 | 7516 | 761 | 2629 | 9319 | 3780 | 103.6 |
| 惠农区 Huinong | 118251 | 77399 | 1661 | 32243 | 3744 | 3204 | 103.2 |
| 平罗县 Pingluo | 370410 | 268662 | 2413 | 54335 | 34599 | 10400 | 105.2 |
| **吴忠市 Wuzhong** | **1118506** | **615596** | **24687** | **413767** | **17828** | **46628** | **104.2** |
| 利通区 Litong | 342532 | 146966 | 2531 | 169153 | 4401 | 19480 | 104.5 |
| 红寺堡区 Hongsipu | 92005 | 67392 | 4851 | 16682 | | 3080 | 106.2 |
| 盐池县 Yanchi | 128865 | 54599 | 6542 | 59760 | 387 | 7578 | 104.2 |
| 同心县 Tongxin | 239915 | 138777 | 6791 | 87807 | | 6540 | 103.9 |
| 青铜峡市 Qingtongxia | 315190 | 207863 | 3972 | 80365 | 13041 | 9950 | 103.6 |
| **固原市 Guyuan** | **1020797** | **635210** | **59284** | **268381** | **586** | **57335** | **104.6** |
| 原州区 Yuanzhou | 299542 | 208768 | 7167 | 65857 | | 17750 | 104.7 |
| 西吉县 Xiji | 278204 | 199995 | 2763 | 58374 | 522 | 16550 | 104.6 |
| 隆德县 Longde | 115441 | 68096 | 7712 | 33612 | | 6020 | 104.6 |
| 泾源县 Jingyuan | 77002 | 12816 | 17303 | 36762 | 65 | 10056 | 106.0 |
| 彭阳县 Pengyang | 250608 | 145535 | 24339 | 73775 | | 6959 | 104.1 |
| **中卫市 Zhongwei** | **1019436** | **751450** | **14338** | **199973** | **24113** | **29563** | **104.9** |
| 沙坡头区 Shapotou | 435503 | 327080 | 6776 | 72777 | 17702 | 11168 | 105.4 |
| 中宁县 Zhongning | 359468 | 271041 | 3364 | 68307 | 5906 | 10850 | 104.8 |
| 海原县 Haiyuan | 224465 | 153329 | 4198 | 58889 | 505 | 7545 | 104.1 |

# 11－15 各市县农林牧渔业增加值（2015年）

## Value－added of Agriculture, Forestry, Animal Husbandry and Fishery by City and County(2015)

单位:万元　　（按现行价格计算）(calculated at current price)　　(10 000 yuan)

| 地区 Region | 农林牧渔业增加值 Value Added of Agriculture, Forestry, Animal Husbandry and Fishery | 农业 Agriculture | 林业 Forestry | 牧业 Animal Husbandry | 渔业 Fishery | 农林牧渔服务业 Output Value of Services for Agriculture, Forestry, Animal Husbandry and Fishery | 农林牧渔业增加值指数（上年＝100） Indices of Value Added of Agriculture, Forestry, Animal Husbandry and Fishery (preceding year＝100) |
|---|---|---|---|---|---|---|---|
| **全区总计 Total** | **2516838** | **1757179** | **40682** | **519126** | **60810** | **139041** | **104.8** |
| **银川市 Yinchuan** | **628729** | **454075** | **4578** | **102511** | **25062** | **42503** | **105.1** |
| 银川市 District | 199896 | 131537 | 1124 | 37031 | 6278 | 23926 | 104.6 |
| 永宁县 Yongning | 156516 | 128628 | 1271 | 17871 | 2926 | 5821 | 105.5 |
| 贺兰县 Helan | 166145 | 128308 | 151 | 18146 | 13497 | 6043 | 105.6 |
| 灵武市 Lingwu | 106171 | 65602 | 2032 | 29463 | 2362 | 6713 | 104.7 |
| **石嘴山市 Shizuishan** | **273516** | **206669** | **1759** | **35173** | **18837** | **11077** | **104.9** |
| 大武口区 Dawukou | 11546 | 4079 | 263 | 1159 | 3626 | 2419 | 104.1 |
| 惠农区 Huinong | 61400 | 45313 | 646 | 11998 | 1428 | 2015 | 104.1 |
| 平罗县 Pingluo | 200570 | 157278 | 849 | 22016 | 13783 | 6644 | 105.2 |
| **吴忠市 Wuzhong** | **578884** | **342674** | **8869** | **190621** | **6884** | **29836** | **104.7** |
| 利通区 Litong | 178051 | 76893 | 928 | 85964 | 1800 | 12468 | 104.7 |
| 红寺堡区 Hongsipu | 48188 | 38137 | 1447 | 6633 | | 1971 | 104.8 |
| 盐池县 Yanchi | 62264 | 29767 | 2387 | 25105 | 155 | 4850 | 104.4 |
| 同心县 Tongxin | 114659 | 69813 | 2694 | 37977 | | 4176 | 104.4 |
| 青铜峡市 Qingtongxia | 175722 | 128064 | 1414 | 34943 | 4929 | 6372 | 105.1 |
| **固原市 Guyuan** | **489444** | **321486** | **20630** | **110406** | **215** | **36706** | **104.4** |
| 原州区 Yuanzhou | 145669 | 107286 | 2531 | 24519 | | 11333 | 104.2 |
| 西吉县 Xiji | 136536 | 99617 | 1006 | 25153 | 191 | 10567 | 104.5 |
| 隆德县 Longde | 51905 | 30514 | 2822 | 14695 | | 3874 | 104.5 |
| 泾源县 Jingyuan | 31654 | 5728 | 6214 | 13201 | 24 | 6488 | 104.2 |
| 彭阳县 Pengyang | 123681 | 78342 | 8058 | 32837 | | 4444 | 104.5 |
| **中卫市 Zhongwei** | **546265** | **432274** | **4847** | **80415** | **9811** | **18917** | **104.9** |
| 沙坡头区 Shapotou | 239721 | 196958 | 2135 | 26193 | 7307 | 7129 | 105.5 |
| 中宁县 Zhongning | 189700 | 151737 | 1178 | 27535 | 2322 | 6928 | 104.9 |
| 海原县 Haiyuan | 116845 | 83580 | 1533 | 26688 | 182 | 4861 | 104.0 |

## 11－16 各市县农作物播种面积（2015 年）

单位:公顷

| 地 区 Region | 农作物总播种面积 Total Sown Area | 粮食播种面积 Sown Area of Grain Crops | | | | | |
|---|---|---|---|---|---|---|---|
| | | 合计 Total | 稻谷 Rice | 小麦 Wheat | 玉米 Corn | 薯类 Tubers | 豆类 Soybeans |
| **全区总计 Total** | **1264638** | **770423** | **74344** | **122451** | **301774** | **170517** | **26390** |
| **银 川 市 Yinchuan** | **153788** | **105331** | **37995** | **14683** | **50446** | | **2207** |
| 银 川 市 District | 35101 | 24221 | 7895 | 1874 | 14452 | | |
| 永 宁 县 Yongning | 45766 | 33345 | 7733 | 6800 | 18145 | | 667 |
| 贺 兰 县 Helan | 48900 | 27097 | 13900 | 5459 | 7531 | | 207 |
| 灵 武 市 Lingwu | 24021 | 20668 | 8467 | 550 | 10318 | | 1333 |
| **石嘴山市 Shizuishan** | **99397** | **67422** | **14000** | **9249** | **42935** | | **1227** |
| 大武口区 Dawukou | 2709 | 2265 | 103 | 967 | 1195 | | |
| 惠 农 区 Huinong | 24427 | 11055 | 497 | 1282 | 9245 | | 31 |
| 平 罗 县 Pingluo | 72261 | 54102 | 13400 | 7000 | 32495 | | 1196 |
| **吴 忠 市 Wuzhong** | **323798** | **206802** | **15817** | **34368** | **81566** | **26403** | **4549** |
| 利 通 区 Litong | 37361 | 21754 | 5692 | 2267 | 13595 | | 200 |
| 红寺堡区 Hongsipu | 33389 | 21085 | | 2280 | 14014 | 1839 | |
| 盐 池 县 Yanchi | 83752 | 47828 | | 867 | 11307 | 11667 | 279 |
| 同 心 县 Tongxin | 115481 | 78170 | | 22934 | 24900 | 12897 | |
| 青铜峡市 Qingtongxia | 53815 | 37965 | 10125 | 6020 | 17750 | | 4070 |
| **固 原 市 Guyuan** | **375683** | **238786** | | **50094** | **65797** | **103114** | **11203** |
| 原 州 区 Yuanzhou | 117022 | 53217 | | 9403 | 16707 | 24110 | 1226 |
| 西 吉 县 Xiji | 146720 | 107350 | | 24260 | 13483 | 59167 | 5937 |
| 隆 德 县 Longde | 33674 | 20433 | | 4000 | 6000 | 7667 | 2667 |
| 泾 源 县 Jingyuan | 12332 | 5340 | | 2200 | 1067 | 2000 | 73 |
| 彭 阳 县 Pengyang | 65935 | 52446 | | 10231 | 28540 | 10170 | 1300 |
| **中 卫 市 Zhongwei** | **311972** | **152082** | **6532** | **14057** | **61030** | **41000** | **7204** |
| 沙坡头区 Shapotou | 73499 | 20313 | 4600 | 2237 | 11909 | | 1381 |
| 中 宁 县 Zhongning | 89724 | 36356 | 1932 | 2487 | 31121 | | 756 |
| 海 原 县 Haiyuan | 148749 | 95413 | | 9333 | 18000 | 41000 | 5067 |

# Total Sown Areas of Farm Crops by City and County(2015)

(hectare)

| 其他经济作物 Other Economic Crop | | | | | |
|---|---|---|---|---|---|
| 油料<br>Oil – bearing Crops | 药材<br>Medicinal Materials | 蔬菜<br>Vegetables | 瓜果类<br>Melons and Fruits | 其他农作物<br>Other Farm Crops | 青饲料<br>Succulence |
| **75374** | **59003** | **129265** | **86022** | **144098** | **81206** |
| **1336** | **3561** | **32525** | **6771** | **4264** | **2495** |
| 165 | 2010 | 5506 | 969 | 2230 | 826 |
| 300 | 1243 | 8376 | 2031 | 471 | 255 |
| 516 | 231 | 17213 | 2938 | 905 | 905 |
| 355 | 77 | 1430 | 833 | 658 | 509 |
| **6408** | **7817** | **12100** | **800** | **4850** | **2958** |
| 85 | 135 | 206 | 18 | | |
| 2648 | 3802 | 3149 | 233 | 3540 | 2333 |
| 3675 | 3880 | 8745 | 549 | 1310 | 625 |
| **20974** | **21486** | **22902** | **12810** | **38824** | **17281** |
| 316 | 283 | 5227 | 2691 | 7090 | 5660 |
| 2329 | 3104 | 3553 | 628 | 2690 | 2072 |
| 9156 | 4200 | 1172 | 3576 | 17820 | 3602 |
| 9173 | 13899 | 4198 | 3185 | 6856 | 2726 |
| | | 8752 | 2730 | 4368 | 3221 |
| **31077** | **8911** | **38534** | **870** | **57052** | **36254** |
| 9733 | 2861 | 17769 | 540 | 32902 | 18365 |
| 14320 | 190 | 8700 | | 16160 | 16160 |
| 3441 | 4733 | 4200 | | 867 | 867 |
| 526 | 300 | 1200 | | 4966 | |
| 3057 | 827 | 6665 | 330 | 2157 | 862 |
| **15579** | **17228** | **23204** | **64771** | **39108** | **22218** |
| 1618 | 2894 | 13067 | 34161 | 1446 | 979 |
| 2483 | 8313 | 5550 | 24830 | 12192 | 5859 |
| 11478 | 6021 | 4587 | 5780 | 25470 | 15380 |

# 11－17 各市县主要农作物产量(2015 年)

单位:吨

| 地区 | Region | 粮食产量 Output of Grain 合计 Total | 稻谷 Rice | 小麦 Wheat | 玉米 Corn | 薯类 Tubers | 豆类 Soybeans |
|---|---|---|---|---|---|---|---|
| **全区总计** | **Total** | **3726450** | **607535** | **396361** | **2268820** | **371950** | **29335** |
| **银川市** | **Yinchuan** | **834490** | **315593** | **78872** | **438536** | | **1489** |
| 银川市 | District | 201164 | 61514 | 9201 | 130449 | | |
| 永宁县 | Yongning | 261997 | 71607 | 36383 | 153507 | | 500 |
| 贺兰县 | Helan | 203902 | 111930 | 30537 | 61146 | | 289 |
| 灵武市 | Lingwu | 167427 | 70542 | 2751 | 93434 | | 700 |
| **石嘴山市** | **Shizuishan** | **463908** | **99576** | **45386** | **318024** | | **914** |
| 大武口区 | Dawukou | 12284 | 735 | 4379 | 7170 | | |
| 惠农区 | Huinong | 77897 | 3287 | 6294 | 68299 | | 17 |
| 平罗县 | Pingluo | 373727 | 95554 | 34713 | 242555 | | 897 |
| **吴忠市** | **Wuzhong** | **946656** | **136050** | **91420** | **663279** | **35056** | **2663** |
| 利通区 | Litong | 177603 | 45869 | 12339 | 119275 | | 120 |
| 红寺堡区 | Hongsipu | 113015 | | 10364 | 97329 | 4082 | |
| 盐池县 | Yanchi | 87864 | | 475 | 66630 | 13563 | 101 |
| 同心县 | Tongxin | 301759 | | 35604 | 238891 | 17411 | |
| 青铜峡市 | Qingtongxia | 266415 | 90181 | 32638 | 141154 | | 2442 |
| **固原市** | **Guyuan** | **794654** | | **140374** | **359743** | **269244** | **15047** |
| 原州区 | Yuanzhou | 183138 | | 24063 | 97483 | 58226 | 1328 |
| 西吉县 | Xiji | 292999 | | 66921 | 53192 | 161525 | 5592 |
| 隆德县 | Longde | 76316 | | 14400 | 31527 | 24587 | 5600 |
| 泾源县 | Jingyuan | 16777 | | 5940 | 4160 | 6600 | 77 |
| 彭阳县 | Pengyang | 225424 | | 29050 | 173381 | 18306 | 2450 |
| **中卫市** | **Zhongwei** | **686742** | **56316** | **40309** | **489238** | **67650** | **9222** |
| 沙坡头区 | Shapotou | 154546 | 40068 | 9160 | 103341 | | 1660 |
| 中宁县 | Zhongning | 293262 | 16248 | 7475 | 268447 | | 1011 |
| 海原县 | Haiyuan | 238934 | | 23674 | 117450 | 67650 | 6551 |

# Output of Major Farm Products by City and County(2015)

(ton)

| 其他经济作物产量 Output of Other Economic Crops | | | | | |
|---|---|---|---|---|---|
| 油料<br>Oil – bearing Crops | 胡麻<br>Benne | 向日葵<br>Helianthus | 药材<br>Medicinal Materials | 蔬菜<br>Vegetables | 瓜果类<br>Melons and Fruits |
| **152549** | **77022** | **67650** | **193283** | **5758238** | **2050750** |
| **3273** | **412** | **2677** | **16108** | **1605566** | **358629** |
| 578 | | 578 | 5207 | 300835 | 50127 |
| 596 | 412 | | 9540 | 461224 | 104763 |
| 1744 | | 1744 | 841 | 784585 | 143349 |
| 355 | | 355 | 520 | 58922 | 60390 |
| **25578** | **1509** | **24063** | **43230** | **660208** | **48076** |
| 344 | 35 | 303 | 215 | 12851 | 150 |
| 7934 | 54 | 7880 | 5315 | 133357 | 7492 |
| 17300 | 1420 | 15880 | 37700 | 514000 | 40434 |
| **41235** | **18138** | **17760** | **61319** | **893397** | **438850** |
| 782 | | 782 | 34 | 264496 | 95951 |
| 6912 | 729 | 6183 | 11960 | 87605 | 13515 |
| 11662 | 698 | 8627 | 2925 | 12620 | 77682 |
| 21879 | 16711 | 2168 | 46400 | 65634 | 41542 |
| | | | | 463042 | 210160 |
| **48615** | **42381** | **6234** | **27924** | **1983910** | **25061** |
| 19084 | 14080 | 5004 | 3954 | 989547 | 17086 |
| 18775 | 17955 | 820 | 260 | 651520 | |
| 4850 | 4650 | 200 | 18950 | 121120 | |
| 1738 | 1738 | | 1570 | 11824 | |
| 4168 | 3958 | 210 | 3190 | 209899 | 7975 |
| **33848** | **14582** | **16916** | **44702** | **615157** | **1180134** |
| 3770 | 950 | 2490 | 9510 | 433513 | 705983 |
| 5446 | 620 | 4676 | 30506 | 101839 | 390941 |
| 24632 | 13012 | 9750 | 4686 | 79805 | 83210 |

# 11－18　各市县主要牲畜存、出栏数(2015年)

## Number of Livestock on Hand and Slaughtered by City and County(2015)

| 地　区　　Region | 当年存栏数(万头、万只) Number of Livestock on Hand This Year (10 000 heads) | | | | 当年出栏数(万头、万只) Number of Livestock Slaughtered This Year (10 000 heads) | | |
|---|---|---|---|---|---|---|---|
| | 牛 Cattle and Buffaloes | 奶牛 Cow | 猪 Hog | 羊 Sheep | 牛 Cattle and Buffaloes | 猪 Hog | 羊 Sheep |
| **全区总计 Total** | **107.57** | **35.44** | **65.47** | **587.78** | **64.40** | **91.46** | **579.68** |
| **银 川 市 Yinchuan** | **18.81** | **12.56** | **14.01** | **66.96** | **10.33** | **18.77** | **81.21** |
| 银 川 市 District | 6.96 | 5.40 | 2.48 | 9.39 | 2.97 | 3.38 | 8.12 |
| 永 宁 县 Yongning | 4.07 | 1.33 | 2.38 | 14.81 | 3.33 | 4.50 | 18.46 |
| 贺 兰 县 Helan | 5.33 | 3.91 | 1.58 | 10.67 | 2.00 | 2.55 | 8.66 |
| 灵 武 市 Lingwu | 2.46 | 1.92 | 7.57 | 32.09 | 2.03 | 8.33 | 45.97 |
| **石嘴山市 Shizuishan** | **6.27** | **2.60** | **4.08** | **61.48** | **3.94** | **6.09** | **55.82** |
| 大武口区 Dawukou | 0.27 | 0.13 | 0.87 | 1.05 | 0.07 | 0.70 | 1.03 |
| 惠 农 区 Huinong | 2.34 | 1.85 | 0.95 | 22.25 | 0.91 | 1.18 | 15.41 |
| 平 罗 县 Pingluo | 3.66 | 0.62 | 2.27 | 38.18 | 2.96 | 4.22 | 39.38 |
| **吴 忠 市 Wuzhong** | **28.51** | **17.00** | **14.92** | **221.53** | **13.21** | **18.39** | **232.50** |
| 利 通 区 Litong | 15.62 | 12.04 | 1.18 | 29.94 | 4.26 | 1.54 | 28.57 |
| 红寺堡区 Hongsipu | 2.07 | 0.01 | 0.85 | 31.76 | 1.88 | 0.96 | 21.90 |
| 盐 池 县 Yanchi | 0.55 | 0.49 | 5.21 | 78.31 | 0.13 | 5.18 | 75.66 |
| 同 心 县 Tongxin | 4.77 | 0.08 | 0.44 | 62.07 | 5.41 | 0.40 | 82.81 |
| 青铜峡市 Qingtongxia | 5.51 | 4.38 | 7.24 | 19.45 | 1.53 | 10.30 | 23.57 |
| **固 原 市 Guyuan** | **42.58** | **0.05** | **13.57** | **109.44** | **29.96** | **19.02** | **106.08** |
| 原 州 区 Yuanzhou | 9.08 | 0.05 | 2.91 | 35.68 | 5.34 | 4.14 | 34.62 |
| 西 吉 县 Xiji | 12.25 | | 3.90 | 37.81 | 7.05 | 5.41 | 26.79 |
| 隆 德 县 Longde | 5.61 | | 3.15 | 4.57 | 3.43 | 5.15 | 5.77 |
| 泾 源 县 Jingyuan | 6.76 | | 0.24 | 4.86 | 7.60 | 0.41 | 6.77 |
| 彭 阳 县 Pengyang | 8.87 | | 3.36 | 26.52 | 6.54 | 3.92 | 32.13 |
| **中 卫 市 Zhongwei** | **11.40** | **3.23** | **18.89** | **128.37** | **6.96** | **29.18** | **104.06** |
| 沙坡头区 Shapotou | 3.16 | 2.09 | 6.16 | 22.24 | 1.68 | 9.48 | 19.31 |
| 中 宁 县 Zhongning | 3.68 | 1.14 | 11.51 | 34.58 | 1.97 | 18.40 | 33.92 |
| 海 原 县 Haiyuan | 4.57 | | 1.21 | 71.56 | 3.31 | 1.30 | 50.83 |

# 11－19 各市县主要畜产品产量(2015 年)

## Output of Major Livestock Products by City and County(2015)

| 地 区 Region | 肉类总产量(万吨) Total Output of Meat(10 000 tons) | | | | 牛奶产量(万吨) Milk (10 000 tons) | 禽蛋产量(万吨) Poultry Eggs (10 000 tons) |
|---|---|---|---|---|---|---|
| | 合计 Total | 猪肉 Pork | 牛肉 Beef | 羊肉 Mutton | | |
| **全区总计 Total** | **29.22** | **7.08** | **9.75** | **10.11** | **136.53** | **8.78** |
| **银 川 市 Yinchuan** | **4.99** | **1.46** | **1.56** | **1.41** | **49.34** | **2.23** |
| 银 川 市 District | 0.92 | 0.26 | 0.45 | 0.14 | 21.22 | 0.46 |
| 永 宁 县 Yongning | 1.48 | 0.35 | 0.50 | 0.32 | 5.55 | 1.18 |
| 贺 兰 县 Helan | 0.73 | 0.20 | 0.30 | 0.15 | 13.79 | 0.37 |
| 灵 武 市 Lingwu | 1.86 | 0.65 | 0.31 | 0.80 | 8.77 | 0.22 |
| **石嘴山市 Shizuishan** | **2.33** | **0.47** | **0.60** | **0.93** | **9.04** | **0.52** |
| 大武口区 Dawukou | 0.09 | 0.05 | 0.01 | 0.02 | 0.26 | 0.02 |
| 惠 农 区 Huinong | 0.62 | 0.09 | 0.14 | 0.27 | 6.52 | 0.07 |
| 平 罗 县 Pingluo | 1.62 | 0.32 | 0.45 | 0.64 | 2.25 | 0.43 |
| **吴 忠 市 Wuzhong** | **7.94** | **1.43** | **2.00** | **4.13** | **66.82** | **1.88** |
| 利 通 区 Litong | 1.37 | 0.12 | 0.64 | 0.50 | 50.16 | 0.20 |
| 红寺堡区 Hongsipu | 0.75 | 0.07 | 0.28 | 0.37 | 0.09 | 0.09 |
| 盐 池 县 Yanchi | 1.86 | 0.40 | 0.02 | 1.40 | 0.69 | 0.08 |
| 同 心 县 Tongxin | 2.39 | 0.03 | 0.82 | 1.45 | 0.23 | 0.09 |
| 青铜峡市 Qingtongxia | 1.58 | 0.80 | 0.24 | 0.41 | 15.65 | 1.41 |
| **固 原 市 Guyuan** | **8.36** | **1.48** | **4.52** | **1.83** | **0.31** | **0.67** |
| 原 州 区 Yuanzhou | 1.90 | 0.32 | 0.82 | 0.59 | 0.31 | 0.46 |
| 西 吉 县 Xiji | 2.07 | 0.42 | 1.03 | 0.45 | | 0.09 |
| 隆 德 县 Longde | 1.10 | 0.40 | 0.53 | 0.10 | | 0.07 |
| 泾 源 县 Jingyuan | 1.31 | 0.03 | 1.14 | 0.12 | | 0.01 |
| 彭 阳 县 Pengyang | 1.98 | 0.30 | 1.00 | 0.57 | | 0.05 |
| **中 卫 市 Zhongwei** | **5.61** | **2.25** | **1.06** | **1.81** | **11.04** | **3.48** |
| 沙坡头区 Shapotou | 1.58 | 0.73 | 0.26 | 0.34 | 6.57 | 2.66 |
| 中 宁 县 Zhongning | 2.44 | 1.43 | 0.30 | 0.58 | 4.47 | 0.41 |
| 海 原 县 Haiyuan | 1.58 | 0.10 | 0.50 | 0.89 | | 0.41 |

# 11－20　各市县渔业生产情况（2015 年）

## Output of Basic Indicators on Fishery by City and County（2015）

| 地　区 | Region | 水产品总产量（吨）Total Aquatic Products（ton） | 养殖捕捞量 Artificially Cultured | 天然捕捞量 Naturally Grown | 养殖面积（公顷）Area for Breeding Aquatics（hectare） | 池塘养殖 Ponds |
|---|---|---|---|---|---|---|
| **全区总计** | **Total** | **169799** | **169407** | **392** | **46809** | **17333** |
| **银 川 市** | **Yinchuan** | **71098** | **70915** | **183** | **15639** | **8553** |
| 银 川 市 | District | 18218 | 18158 | 60 | 5504 | 1768 |
| 永 宁 县 | Yongning | 8000 | 7997 | 3 | 1314 | 428 |
| 贺 兰 县 | Helan | 39470 | 39350 | 120 | 7488 | 5667 |
| 灵 武 市 | Lingwu | 5410 | 5410 |  | 1333 | 690 |
| **石嘴山市** | **Shizuishan** | **58185** | **58115** | **70** | **18220** | **4740** |
| 大武口区 | Dawukou | 15955 | 15955 |  | 4073 | 1060 |
| 惠 农 区 | Huinong | 4370 | 4370 |  | 2677 | 756 |
| 平 罗 县 | Pingluo | 37860 | 37790 | 70 | 11470 | 2924 |
| **吴 忠 市** | **Wuzhong** | **21204** | **21100** | **104** | **6797** | **2111** |
| 利 通 区 | Litong | 3975 | 3951 | 24 | 1587 | 299 |
| 红寺堡区 | Hongsipu |  |  |  |  |  |
| 盐 池 县 | Yanchi | 355 | 355 |  | 407 | 20 |
| 同 心 县 | Tongxin |  |  |  |  |  |
| 青铜峡市 | Qingtongxia | 16874 | 16794 | 80 | 4803 | 1792 |
| **固 原 市** | **Guyuan** | **607** | **607** |  | **440** |  |
| 原 州 区 | Yuanzhou |  |  |  |  |  |
| 西 吉 县 | Xiji | 535 | 535 |  | 440 |  |
| 隆 德 县 | Longde |  |  |  |  |  |
| 泾 源 县 | Jingyuan | 72 | 72 |  |  |  |
| 彭 阳 县 | Pengyang |  |  |  |  |  |
| **中 卫 市** | **Zhongwei** | **18705** | **18670** | **35** | **5713** | **1929** |
| 沙坡头区 | Shapotou | 14155 | 14155 |  | 2940 | 1180 |
| 中 宁 县 | Zhongning | 4050 | 4015 | 35 | 2468 | 718 |
| 海 原 县 | Haiyuan | 500 | 500 |  | 305 | 31 |

# 主要统计指标解释

**[乡村实有劳动力]** 指乡村人口实际参加各种行业劳动并取得实物或货币收入的劳动力人数。包括劳动年龄内实际参加劳动的人口和不足或超过劳动年龄实际参加劳动的人口数。不包括户口在家的在外学生和丧失劳动能力的人。也不包括待业人员和家务劳动者。

**[年末实有耕地面积]** 按照《土地利用现状调查技术规程》(以下简称《土地规程》),耕地是指种植农作物的土地,包括新开荒地、休闲地、轮歇地、草田轮作地;以种植农作物为主间有零星果树、桑树或其他树木的土地;耕种三年以上的河滩地、海涂。耕地中包括宽小于2.0米的沟、渠、路、田埂。年末实有耕地指当年10月31日的耕地面积数。

**[农用机械总动力]** 是指主要用于农、林、牧、渔业的各种动力机械动力总和,包括耕作机械、农用排灌机械、收获机械、植保机械、林业机械、畜牧机械、渔业机械、农产品加工机械、农用运输机械、其他农业机械。按能源又分为柴油、汽油、电力和其他动力。总动力按法定计算单位千瓦计算。(注:1马力=0.735千瓦)

**[有效灌溉面积]** 是指具有一定的水源,地块比较平整,灌溉工程或设备已经配套,在一般年景下当年能够进行正常灌溉的耕地面积。

**[农作物播种面积]** 是指实际种植或移植有农作物的面积。包括耕地和非耕地上的播种面积;混种、间种只计算一次,复、套在同一亩地上每复种、套种一次算一亩;播种面积还包括秋冬播面积。播种面积在统计范围看,包括全社会口径,即按在地原则统计。从时间范围看,从1月1日至12月31日都要统计在内。

**[造林面积]** 是指报告期内在荒山、荒地、沙丘等一切可以造林的土地上,采用人工播种、植苗、飞机播种等方法新植的成片乔木林和灌木林,经过检查验收符合“造林技术规程”要求株数,成活率达85%以上的面积。四旁植树如一侧在四行以上,连续面积0.066公顷(一亩)以上,应统计在造林面积内。

在造林面积中,不包括补植面积、治沙种草面积、经济林垦复面积、迹地更新面积和低产林改造面积。

**[肉类总产量]** 是指当年出栏并已屠宰的畜禽肉产量,即屠宰后除去头蹄下水带骨肉的重量,也叫胴体重。

**[农林牧渔业增加值]** 农林牧渔业增加值可以客观反映农林牧渔业企业或行业的投入、产出、效益、速度和收入等情况。它与农林牧渔业总产值相比,一个最大的优点在于避免了中间产品的重复计算。计算结果是社会最终产品的价值,因此它能客观反映企业单位或行业对社会的贡献。也是计算各项经济效益指标的重要依据。

农林牧渔业增加值=农林牧渔业总产值-中间物质消耗-对非物质生产部门的劳务消耗。

# 第十二篇 Chapter12

# 工业

Industry

**责任编辑**:吴苏

**资料整理**:吴苏　席黎　卜宁飞　周涛　刘聚才　石艳君　张倩

**Coordinator**: Wu Su

**Data Compilation**: Wu Su　Xi Li　Bo Ningfei　Zhou Tao　Liu Jucai　Shi Yanjun　Zhang Qian

# 12－1 主要年份工业总产值

## Gross Industrial Output Value in Main Years

单位:万元 (10 000 yuan)

| 年份 Year | 工业总产值 Gross Industrial Output Value | 按经济类型分 Grouped by Economic Type: 国有及国有控股企业 State－owned and State－holding Enterprises | 集体企业 Collective－owned Enterprises | 按轻重工业分 Grouped by Light & Heavy Industries: 轻工业 Light Industry | 重工业 Heavy Industry | 按企业规模分 Grouped by Size of Enterprises: 大型企业 Large Enterprises | 中型企业 Medium－sized Enterprises | 小型企业 Small Enterprises | 微型企业 Micro－enterprises |
|---|---|---|---|---|---|---|---|---|---|
| 1950 | 1350 | 186 | | 1315 | 35 | | | | |
| 1955 | 3703 | 1612 | | 3374 | 329 | | | | |
| 1960 | 23773 | 20915 | 2858 | 13519 | 10254 | | | | |
| 1965 | 20346 | 16317 | 4029 | 10531 | 9815 | | | | |
| 1970 | 50052 | 44875 | 5177 | 16562 | 33490 | | | | |
| 1975 | 111708 | 97010 | 14698 | 32344 | 79364 | | | | |
| 1978 | 138485 | 114664 | 23821 | 34453 | 104032 | 30359 | 38220 | 69906 | |
| 1980 | 139179 | 121539 | 17354 | 37525 | 101654 | 32318 | 41236 | 65625 | |
| 1985 | 243007 | 196586 | 39104 | 72723 | 170284 | 73307 | 49927 | 119773 | |
| 1990 | 647403 | 509009 | 109895 | 179605 | 467858 | 204786 | 126578 | 316099 | |
| 1995 | 1734852 | 1177702 | 229501 | 361446 | 1373406 | 685169 | 335848 | 713835 | |
| 2000 | 2939383 | 1745801 | 140993 | 683696 | 2255687 | 1274549 | 483886 | 1180948 | |
| 2001 | 3273074 | 1927432 | 141839 | 765954 | 2507120 | 1458181 | 540156 | 1274737 | |
| 2002 | 3720196 | 2101200 | 98458 | 905675 | 2814521 | 1922167 | 294874 | 1503155 | |
| 2003 | 4714293 | 2539302 | 82954 | 1106599 | 3607694 | 1581230 | 1317414 | 1815649 | |
| 2004 | 5536557 | 3082623 | 48761 | 925091 | 4611466 | 2136124 | 1987942 | 1412491 | |
| 2005 | 6715450 | 3753424 | 19099 | 1238558 | 5476892 | 2572854 | 2423097 | 1719498 | |
| 2006 | 8596964 | 4375364 | 14164 | 1466089 | 7130876 | 3622447 | 2714588 | 2259929 | |
| 2007 | 10707114 | 5184832 | 20680 | 1751178 | 8955936 | 4213436 | 3812571 | 2681107 | |
| 2008 | 13690370 | 6676647 | 24372 | 2165690 | 11524680 | 5410355 | 4486653 | 3793363 | |
| 2009 | 14644914 | 7092454 | 11662 | 2692423 | 11952491 | 5572301 | 5279519 | 3793095 | |
| 2010 | 19243865 | 9622326 | 5093 | 3153090 | 16090775 | 7625387 | 6848766 | 4769712 | |
| 2011 | 24914433 | 12767303 | 27394 | 3580861 | 21333572 | 14668035 | 5083482 | 5050089 | 112827 |
| 2012 | 30239996 | 15674988 | 23347 | 4243477 | 25996519 | 17930758 | 6397482 | 5753228 | 158527 |
| 2013 | 35023148 | 16199817 | 6214 | 5195277 | 29827871 | 20036611 | 7844597 | 6878188 | 263752 |
| 2014 | 37480218 | 16630609 | 3137 | 6478676 | 31001542 | 19842459 | 8488434 | 8688494 | 460831 |
| 2015 | 38355495 | 15718613 | | 7513734 | 30841762 | 19363955 | 8358454 | 9949498 | 683589 |

注： 1. 工业总产值按当年价格计算,2004年起为规模以上工业企业口径;2011年以后规模以上口径为主营业务收入2000万元以上;

2. 1995年以前年份国有及国有控股企业为国有工业企业口径(下表同)。

Notes: a) Gross industrial output value is calculated at current prices. Since 2004, data in this table were above designated size. Since 2011 industrial enterprises above designated size are those with annual revenue from principal business over 20 million yuan.

b) Before 1995, state－owned and state holding industrial enterprises were state－owned enterprises. The same applies to the tables following.

# 12-2 规模以上工业企业增加值(2015年)

## Value - added of Industrial Enterprises above Designated Size(2015)

| 指 标 | Item | 工业增加值(亿元) Value - added of Industry (100million yuan) |
| --- | --- | --- |
| **全区总计** | **Total** | **972.2** |
| **在总计中:国有及国有控股企业** | **Of Which:State - owned and State - holding Enterprises** | **504.8** |
| **在总计中:私营企业** | **Of Which:Private Enterprises** | **245.6** |
| **在总计中:大中型企业** | **Of Whitch:Large and Medium - sized Enterprises** | **763.0** |
| **按经济类型分** | **Grouped by Economic Type** | |
| 国有企业 | State - owned Enterprises | 82.0 |
| 集体企业 | Collective - owned Enterprises | |
| 股份合作企业 | Cooperative Enterprises | |
| 股份制企业 | Share - holding Enterprises | 804.6 |
| 外商及港澳台商投资企业 | Enterprises with Funds from Foreign,Hong Kong,Macao and Taiwan | 84.3 |
| 其他企业 | Other Enterprises | 1.2 |
| **按轻重工业分** | **Grouped by Light&Heavy Industries** | |
| 轻工业 | Light Industry | 173.8 |
| 重工业 | Heavy Industry | 798.3 |

**注:** 规模以上工业指年主营业务收入2000万元以上工业企业。

**Note:** Industrial enterprises above designated size refers to enterprises with annual sales revenue over 20 million yuan .

## 12－2 续表1 continued

| 指 标 | Item | 工业增加值(亿元) Value－added of Industry (100million yuan) |
|---|---|---|
| **按国民经济经济行业分** | **Grouped by Industrial Sector** | |
| 煤炭开采和洗选业 | Mining and Washing of Coal | 194.9 |
| 石油和天然气开采业 | Extraction of Petroleum and Natural Gas | 1.8 |
| 黑色金属矿采选业 | Mining and Processing of Ferrous Metal Ores | 1.3 |
| 非金属矿采选业 | Mining and Processing of Nonmetal Ores | 0.4 |
| 开采辅助活动 | Support Activties for Mining | |
| 农副食品加工业 | Processing of Food from Agricultural Products | 20.1 |
| 食品制造业 | Manufacture of Foods | 27.1 |
| 酒、饮料和精制茶制造业 | Manufacture of Wine, Beverages and Refined Tea | 18.7 |
| 烟草制造业 | Manufacture of Tobacco | 13.9 |
| 纺织业 | Manufacture of Textile | 40.2 |
| 纺织服装、服饰业 | Manufacture of Textile Wearing Apparel | 21.1 |
| 皮革、毛皮、羽毛及其制品和制鞋业 | Manufacture of Leather, Fur, Feather with Related Products and Footware | 2.8 |
| 木材加工竹、藤、棕、草制品业 | Processing of Timber, Manufacture of Wood, Bamboo, Rattan, Palm and Straw Products | 2.6 |
| 家具制造业 | Manufacture of Furniture | 1.9 |
| 造纸及纸制品业 | Manufacture of Paper and Paper Products | 3.5 |
| 印刷和记录媒介复制业 | Printing, Reproduction of Recording Media | 1.7 |
| 文教、工美、体育和娱乐用品制造业 | Manufacture of Articles for Culture, Education, Arts and Crafts, Sport and Entertainment Activities | 0.5 |
| 石油加工、炼焦和核燃料加工业 | Processing of Petroleum, Coking, Processing of Nuclear Fuel | 83.8 |
| 化学原料及化学制品制造业 | Manufacture of Raw Chemical Materials and Chemical Products | 119.3 |
| 医药制造业 | Manufacture of Medicines | 13.8 |
| 化学纤维制造业 | Manufacture of Chemical Fibres | 0.2 |
| 橡胶和塑料制品业 | Manufacture of Rubber and Plastics | 8.0 |
| 非金属矿物质制品业 | Manufacture of Non－metallic Mineral Products | 36.7 |
| 黑色金属冶炼及压延加工业 | Smelting and Pressing of Ferrous Metals | 38.5 |
| 有色金属冶炼及压延加工业 | Smelting and Pressing of Non－ferrous Metals | 47.9 |
| 金属制品业 | Manufacture of Metal Products | 10.9 |
| 通用设备制造业 | Manufacture of General Purpose Machinery | 11.4 |
| 专用设备制造业 | Manufacture of Special Purpose Machinery | 9.9 |
| 汽车制造业 | Manufacture of Automotive | 0.5 |
| 铁路、船舶、航空航天和其他运输设备制造业 | Manufacture of Railways, Shipbuilding, Aerospace and Other Transportation Equipment | 1.9 |
| 电气机械及器材制造业 | Manufacture of Electrical Machinery and Equipment | 31.4 |
| 计算机、通信和其他电子设备制造业 | Manufacture of Computer, Communication and other Eletronic Equitment | |
| 仪器仪表制造业 | Manufacture of Measuring Instruments | 4.3 |
| 废弃资源综合利用业 | Utilization of Waste Resources | 1.2 |
| 电力、热力的生产和供应业 | Production and Supply of Electric Power and Heat Power | 184.8 |
| 燃气生产和供应业 | Production and Supply of Gas | 10.1 |
| 水的生产和供应业 | Production and Supply of Water | 5.3 |

# 12-3 主要工业产品产量
## Output of Major Industrial Products

| 年份 Year | 原煤（万吨） Coal (10 000 tons) | 无烟煤（万吨） Anthracite | 炼焦烟煤（万吨） Coking Bituminous Coal | 一般烟煤（万吨） General Bituminous | 洗煤（万吨） Washed Coal (10 000 tons) | 发电量（亿千瓦时） Electricity (100 millionkwh) | 火力发电量（亿千瓦时） Thermal Power Generation (100 millionkwh) | 水力发电量（亿千瓦时） Hydro Power Generation (100 millionkwh) |
|---|---|---|---|---|---|---|---|---|
| 1978 | 999.00 | | | | | 16.51 | | |
| 1980 | 971.00 | | | | | 19.43 | | |
| 1985 | 1214.00 | | | | | 24.14 | | |
| 1990 | 1443.10 | | | | | 55.96 | | |
| 1995 | 1480.30 | | | | | 107.77 | | |
| 2000 | 1581.00 | | | | | 136.61 | | |
| 2001 | 1635.70 | | | | | 150.30 | | |
| 2002 | 1818.19 | | | | | 171.02 | | |
| 2003 | 2194.80 | | | | | 206.13 | | |
| 2004 | 2354.59 | | | | | 260.05 | | |
| 2005 | 2589.77 | | | | | 312.87 | | |
| 2006 | 3153.68 | | | | | 388.42 | | |
| 2007 | 3729.90 | | | | | 451.16 | | |
| 2008 | 4234.71 | | | | | 462.56 | 439.84 | |
| 2009 | 5509.53 | | | | | 478.96 | 454.60 | |
| 2010 | 6613.61 | | | | | 585.82 | 550.09 | |
| 2011 | 7932.29 | 692.01 | 1328.27 | 5912.01 | 2094.58 | 937.03 | 908.33 | 16.68 |
| 2012 | 8597.66 | 721.13 | 1406.94 | 6489.00 | 2355.01 | 1005.91 | 954.70 | 19.01 |
| 2013 | 8800.00 | 651.28 | 1010.45 | 7136.95 | 3177.36 | 1140.97 | 1056.14 | 18.88 |
| 2014 | 8563.47 | 660.39 | 1058.93 | 6844.14 | 2849.73 | 1200.88 | 1085.89 | 17.46 |
| 2015 | 7975.80 | 662.58 | 857.42 | 6455.80 | 2375.71 | 1154.74 | 1017.94 | 15.52 |

注：1978-2003 年为全部工业口径，2004 年及以后为规模以上口径。

Note: From 1978 to 2003, the data on industry refer to total industrial enterprises. Since 2004, industrial enterprises were above designated size.

## 12-3 续表1 continued

| 年份<br>Year | 风力发电量（亿千瓦时）<br>Wind Power Generation (100 millionkwh) | 太阳能发电量（亿千瓦时）<br>Photovoltaic Power Generation (100 millionkwh) | 钢材（万吨）<br>Rolled Steel (10 000 tons) | 铝（万吨）<br>Aluminum (10 000 tons) | 轮胎外胎（万条）<br>Tires (10 000 tires) | 合成氨（万吨）<br>Synthetic Ammonia (10 000 tons) | 农用化肥（万吨）<br>Chemical Fertilizers (10 000 tons) | 金属切削机床（台）<br>Metal-cutting Machine Tools (unit) |
|---|---|---|---|---|---|---|---|---|
| 1978 | | | 2.78 | 1.83 | 30.09 | 6.77 | 5.30 | 1402 |
| 1980 | | | 4.12 | 2.26 | 29.30 | 7.95 | 5.57 | 1194 |
| 1985 | | | 3.88 | 2.92 | 34.34 | 9.20 | 6.71 | 1671 |
| 1990 | | | 4.75 | 6.01 | 63.50 | 34.32 | 27.74 | 1308 |
| 1995 | | | 7.58 | 10.13 | 164.67 | 47.59 | 41.49 | 994 |
| 2000 | | | 5.59 | 11.69 | 193.32 | 73.49 | 59.52 | 969 |
| 2001 | | | 1.08 | 15.82 | 181.94 | 80.84 | 73.58 | 1298 |
| 2002 | | | 1.24 | 26.09 | 224.31 | 93.31 | 76.13 | 1816 |
| 2003 | | | 12.68 | 26.89 | 241.53 | 90.55 | 76.30 | 1953 |
| 2004 | | | 14.09 | 27.42 | 293.57 | 95.67 | 75.78 | 3397 |
| 2005 | | | 9.21 | 35.82 | 304.56 | 88.15 | 83.94 | 3353 |
| 2006 | | | 21.80 | 55.82 | 389.59 | 86.68 | 77.94 | 3663 |
| 2007 | | | 41.46 | 60.00 | 395.54 | 93.25 | 86.35 | 5136 |
| 2008 | | | 33.18 | 60.35 | 337.16 | 105.16 | 109.16 | 3898 |
| 2009 | | | 38.01 | 65.55 | 225.62 | 103.09 | 91.77 | 2949 |
| 2010 | | | 33.03 | 91.51 | 210.44 | 100.74 | 95.17 | 5741 |
| 2011 | 6.90 | 5.12 | 76.51 | 118.36 | 188.38 | 115.89 | 92.66 | 6346 |
| 2012 | 26.51 | 5.69 | 109.14 | 152.35 | 141.91 | 115.79 | 87.99 | 3739 |
| 2013 | 57.05 | 8.90 | 149.84 | 149.77 | 165.89 | 112.94 | 70.30 | 3222 |
| 2014 | 70.84 | 25.94 | 165.90 | 139.00 | 153.80 | 77.20 | 46.50 | 2715 |
| 2015 | 80.50 | 40.77 | 201.60 | 120.00 | 192.30 | 64.70 | 82.40 | 1950 |

## 12－3 续2 continued

| 年份<br>Year | 起重设备（吨）<br>Lifting Appliances (ton) | 轴承（万套）<br>Bearing (10 000 sets) | 初级形态的塑料（万吨）<br>Primary Plastic (10 000 tons) | 水泥（万吨）<br>Cement (10 000 tons) | 碳化钙（万吨）<br>Calcium Carbide (10 000 tons) | 饮料酒（千升）<br>Alcoholic Drink (kiloliter) | 机制纸（万吨）<br>Machine－made Paper (10 000 tons) | 原油加工量（万吨）<br>Crude Oil Processing (10 000 tons) |
|---|---|---|---|---|---|---|---|---|
| 1978 | 1503 | 171.89 | | 27.66 | | 2700 | 0.97 | |
| 1980 | 2104 | 132.60 | | 29.27 | | 2785 | 0.99 | |
| 1985 | 3714 | 62.80 | | 61.62 | | 12816 | 2.47 | |
| 1990 | 7004 | 197.57 | | 95.74 | | 26300 | 6.68 | |
| 1995 | 5140 | 274.00 | | 140.11 | | 48858 | 13.98 | |
| 2000 | 3308 | 557.45 | | 280.25 | | 57639 | 23.71 | |
| 2001 | 4414 | 621.17 | | 318.69 | | 67281 | 30.85 | |
| 2002 | 3733 | 522.83 | | 377.24 | | 89412 | 28.58 | |
| 2003 | 15724 | 391.47 | | 494.13 | | 76112 | 33.01 | |
| 2004 | 11670 | 352.67 | | 582.79 | | 104018 | 39.62 | |
| 2005 | 11005 | 307.54 | | 567.58 | | 113622 | 45.58 | |
| 2006 | 12330 | 244.13 | | 699.08 | | 107453 | 46.45 | |
| 2007 | 15347 | 334.16 | | 808.40 | | 130330 | 50.62 | |
| 2008 | 17077 | 223.86 | 45.10 | 884.76 | 204.46 | 130303 | 69.02 | 190.61 |
| 2009 | 14700 | 203.13 | 44.44 | 1064.50 | 243.34 | 159215 | 77.32 | 192.54 |
| 2010 | 12209 | 230.64 | 47.76 | 1357.45 | 237.41 | 196156 | 78.92 | 220.37 |
| 2011 | 18929 | 227.10 | 48.23 | 1455.46 | 273.10 | 211408 | 72.35 | 127.49 |
| 2012 | 16593 | 400.80 | 94.54 | 1605.29 | 309.48 | 196226 | 57.06 | 448.70 |
| 2013 | 6081 | 627.73 | 96.49 | 1914.28 | 319.56 | 297461 | 21.55 | 463.31 |
| 2014 | 9000 | 628.50 | 104.30 | 1777.90 | 334.00 | 318000 | 22.60 | 426.15 |
| 2015 | 9000 | 1591.00 | 207.70 | 1742.50 | 310.70 | 319000 | 24.20 | 477.12 |

## 12-3 续3 continued

| 年份<br>Year | 汽油（万吨）<br>Gasoline (10 000 tons) | 煤油（万吨）<br>Kerosene (10 000 tons) | 柴油（万吨）<br>Diesel Oil (10 000 tons) | 燃料油（万吨）<br>Fuel Oil (10 000 tons) | 焦炭（万吨）<br>Coke (10 000 tons) | 塑料制品（吨）<br>Plastic Products (ton) | 乳制品（万吨）<br>Dairy (10 000 tons) | 羊绒（吨）<br>Cashmere (ton) |
|---|---|---|---|---|---|---|---|---|
| 1978 | | | | | | 2878 | | |
| 1980 | | | | | | 2632 | | |
| 1985 | | | | | | 5584 | | |
| 1990 | | | | | | 7783 | | |
| 1995 | | | | | | 15459 | | |
| 2000 | | | | | | 16750 | | |
| 2001 | | | | | | 13111 | | |
| 2002 | | | | | | 13144 | | 2101.50 |
| 2003 | | | | | | 13549 | | 2406.43 |
| 2004 | | | | | | 8018 | | 3807.01 |
| 2005 | | | | | | 8557 | | 4693.47 |
| 2006 | | | | | | 18384 | | 5267.62 |
| 2007 | | | | | | 20164 | | 6093.26 |
| 2008 | | | | | | 53530 | 13.11 | 7244.35 |
| 2009 | | | | | | 76605 | 13.57 | 9468.71 |
| 2010 | | | | | 426.70 | 74968 | 13.41 | 11536.84 |
| 2011 | 46.47 | | 53.26 | 1.68 | 437.54 | 97248 | 25.20 | 14848.46 |
| 2012 | 174.03 | | 182.00 | 9.88 | 492.58 | 107802 | 56.56 | |
| 2013 | 205.35 | 7.04 | 197.66 | 7.51 | 731.21 | 115605 | 65.74 | |
| 2014 | 193.54 | 8.65 | 193.11 | 7.67 | 782.00 | 177000 | 75.20 | |
| 2015 | 219.53 | 14.22 | 205.31 | 25.64 | 756.57 | 192000 | 77.30 | |

# 12－3 续4 continued

| 年份<br>Year | 钽（公斤）<br>Tantalum (kg) | 铌（公斤）<br>Niobium (kg) | 生铁（万吨）<br>Pig Iron (10 000 tons) | 铁合金（万吨）<br>Ferroalloy (10 000 tons) | 卷烟（万箱）<br>Cigarettes (10 000 boxes) | 食用植物油（万吨）<br>Edible Vegetable Oil (10 000 tons) | 石墨及碳素制品（万吨）<br>Graphite and Carbon Products (10 000 tons) |
|---|---|---|---|---|---|---|---|
| 1978 | | | 3.88 | | 1.80 | 0.69 | 1.75 |
| 1980 | | | 0.61 | | 1.75 | 0.73 | 1.64 |
| 1985 | 8396 | 8243 | 1.31 | 0.63 | 1.21 | 1.50 | 2.69 |
| 1990 | 5231 | 5769 | 5.54 | 7.79 | 4.47 | 2.19 | 6.51 |
| 1995 | 32526 | 7673 | 7.29 | 15.32 | 3.50 | 4.17 | 20.77 |
| 2000 | 205436 | 81742 | 6.85 | 25.34 | 3.12 | 5.36 | 31.14 |
| 2001 | 215041 | 17763 | 7.06 | 24.53 | 2.61 | 4.85 | 30.77 |
| 2002 | 90887 | 22636 | 8.80 | 23.44 | 2.30 | 4.99 | 23.81 |
| 2003 | 103788 | 30633 | 14.72 | 43.06 | 2.00 | 5.51 | 27.66 |
| 2004 | 130753 | 33581 | 18.61 | 58.80 | 2.30 | 0.14 | 31.43 |
| 2005 | 158634 | 48467 | 24.08 | 49.52 | 11.5(亿支) | 0.48 | 51.53 |
| 2006 | 225617 | 70563 | 39.34 | 81.92 | 13.0(亿支) | 0.71 | 75.74 |
| 2007 | 299202 | 100642 | 42.51 | 96.46 | 25.0(亿支) | 1.05 | 79.15 |
| 2008 | 380337 | 55849 | 32.77 | 86.43 | 30.0(亿支) | 0.71 | 92.39 |
| 2009 | 296649 | 95870 | 36.18 | 83.59 | 35.0(亿支) | 1.14 | 89.79 |
| 2010 | 409193 | 94358 | 39.13 | 107.32 | 50.0(亿支) | 2.53 | 59.43 |
| 2011 | 310998 | 158616 | 91.85 | 178.42 | 62.5(亿支) | 6.34 | 50.64 |
| 2012 | 271174 | 133820 | 80.67 | 198.13 | 70.0(亿支) | 6.02 | 65.48 |
| 2013 | 268689 | 148886 | 123.00 | 254.58 | 75.0(亿支) | 7.70 | 78.16 |
| 2014 | 207450 | 115201 | 201.70 | 285.90 | 77.5(亿支) | 12.40 | 93.00 |
| 2015 | 142126 | 114161 | 175.3 | 345.90 | 81.0(亿支) | 14.20 | 69.30 |

# 12-4 规模以上工业企业职工人数

## Number of Staff in Industrial Enterprises above Designated Size

单位:人 (person)

| 指 标 | Item | 2015 |
|---|---|---|
| **全区总计** | **Total** | **324227** |
| **按登记注册类型分** | **By Status of Registration** | |
| 内资企业 | Domestic Funded | 299810 |
| 国有企业 | State - owned Enterprises | 15595 |
| 集体企业 | Collective - owned Enterprises | 17 |
| 股份合作企业 | Cooperative Enterprises | 58 |
| 联营企业 | Joint Ownership Enterprises | |
| 有限责任公司 | Limited Liability Corporations | 140453 |
| 股份有限公司 | Share - holding Corporations Limited | 33626 |
| 私营企业 | Private Enterprises | 107964 |
| 其他企业 | Other Enterprises | 2097 |
| 港、澳、台商投资企业 | Enterprises with Funds from Hong Kong, Macao and Taiwan | 14125 |
| 外商投资企业 | Foreign Funded Enterprises | 10292 |
| **按行业分** | **Grouped by Sector** | |
| **采矿业** | **Mining** | **68318** |
| 煤炭开采和洗选业 | Mining and Washing of Coal | 67112 |
| 石油和天然气开采业 | Extraction of Petroleum and Natural Gas | 213 |
| 黑色金属矿采选业 | Mining and Processing of Ferrous Metal Ores | 907 |
| 非金属矿采选业 | Mining and Processing of Nonmetal Ores | 86 |
| **制造业** | **Manufacturing** | **222457** |
| 农副食品加工业 | Processing of Food from Agricultural Products | 10835 |
| 食品制造业 | Manufacture of Foods | 13349 |
| 酒、饮料和精制茶制造业 | Manufacture of Wine, Beverages and Refined Tea | 4758 |
| 烟草制造业 | Manufacture of Tobacco | 459 |
| 纺织业 | Manufacture of Textile | 15562 |
| 纺织服装、服饰业 | Manufacture of Textile Wearing Apparel | 1685 |
| 皮革、毛皮、羽毛及其制品和制鞋业 | Manufacture of Leather, Fur, Feather with Related Products and Footware | 980 |
| 木材加工竹、藤、棕、草制品业 | Processing of Timber, Manufacture of Wood, Bamboo, Rattan, Palm and Straw Products | 386 |
| 家具制造业 | Manufacture of Furniture | 666 |
| 造纸及纸制品业 | Manufacture of Paper and Paper Products | 4204 |
| 印刷和记录媒介复制业 | Printing, Reproduction of Recording Media | 2304 |
| 文教、工美、体育和娱乐用品制造业 | Manufacture of Articles for Culture, Education, Arts and Crafts, Sport and Entertainment Activities | 686 |
| 石油加工、炼焦和核燃料加工业 | Processing of Petroleum, Coking, Processing of Nuclear Fuel | 24580 |
| 化学原料及化学制品制造业 | Manufacture of Raw Chemical Materials and Chemical Products | 38003 |
| 医药制造业 | Manufacture of Medicines | 6085 |
| 橡胶和塑料制品业 | Manufacture of Rubber and Plastics | 5395 |
| 非金属矿物质制品业 | Manufacture of Non - metallic Mineral Products | 16225 |
| 黑色金属冶炼及压延加工业 | Smelting and Pressing of Ferrous Metals | 22968 |
| 有色金属冶炼及压延加工业 | Smelting and Pressing of Non - ferrous Metals | 26710 |
| 金属制品业 | Manufacture of Metal Products | 4665 |
| 通用设备制造业 | Manufacture of General Purpose Machinery | 7480 |
| 专用设备制造业 | Manufacture of Special Purpose Machinery | 6298 |
| 汽车制造业 | Manufacture of Automotive | 162 |
| 铁路、船舶、航空航天和其他运输设备制造业 | Manufacture of Railways, Shipbuilding, Aerospace and Other Transportation Equipment | 214 |
| 电气机械及器材制造业 | Manufacture of Electrical Machinery and Equipment | 5625 |
| 仪器仪表制造业 | Manufacture of Measuring Instruments | 812 |
| 其他制造业 | Other Manufacture | 906 |
| 废弃资源综合利用业 | Recycling and Disposal of Waste | 455 |
| **电力、燃气及水的生产和供应业** | **Production and Supply of Electric Power, Gas and Water** | **33452** |
| 电力、热力的生产和供应业 | Production and Supply of Electric Power and Heet Power | 29563 |
| 燃气生产和供应业 | Production and Supply of Gas | 1931 |
| 水的生产和供应业 | Production and Supply of Water | 1958 |

## 12-5 规模以上国有、私营企业分行业单位数和工业总产值(2015年)

单位:个、万元

| 指　标 | Item |
|---|---|
| **全区总计** | **Total** |
| **采矿业** | **Mining** |
| 煤炭开采和洗选业 | Mining and Washing of Coal |
| 石油和天然气开采业 | Extraction of Petroleum and Natural Gas |
| 黑色金属矿采选业 | Mining and Processing of Ferrous Metal Ores |
| 非金属矿采选业 | Mining and Processing of Nonmetal Ores |
| **制造业** | **Manufacturing** |
| 农副食品加工业 | Processing of Food from Agricultural Products |
| 食品制造业 | Manufacture of Foods |
| 酒、饮料和精制茶制造业 | Manufacture of Wine, Beverages and Refined Tea |
| 烟草制品业 | Manufacture of Tobacco |
| 纺织业 | Manufacture of Textile |
| 纺织服装、服饰业 | Manufacture of Textile Wearing Apparel |
| 皮革、毛皮、羽毛及其制品和制鞋业 | Manufacture of Leather, Fur, Feather with Related Products and Footware |
| 木材加工和木、竹、藤、棕、草制品业 | Processing of Timber, Manufacture of Wood, Bamboo, Rattan, Palm and Straw Products |
| 家具制造业 | Manufacture of Furniture |
| 造纸及纸制品业 | Manufacture of Paper and Paper Products |
| 印刷和记录媒介复制业 | Printing, Reproduction of Recording Media |
| 文教、工美、体育和娱乐用品制造业 | Manufacture of Articles for Culture, Education, Arts and Crafts, Sport and Entertainment Activities |
| 石油加工、炼焦和核燃料加工业 | Processing of Petroleum, Coking, Processing of Nuclear Fuel |
| 化学原料及化学制品制造业 | Manufacture of Raw Chemical Materials and Chemical Products |
| 医药制造业 | Manufacture of Medicines |
| 橡胶和塑料制品业 | Manufacture of Rubber and Plastics |
| 非金属矿物质制品业 | Manufacture of Non - metallic Mineral Products |
| 黑色金属冶炼及压延加工业 | Smelting and Pressing of Ferrous Metals |
| 有色金属冶炼及压延加工业 | Smelting and Pressing of Non - ferrous Metals |
| 金属制品业 | Manufacture of Metal Products |
| 通用设备制造业 | Manufacture of General Purpose Machinery |
| 专用设备制造业 | Manufacture of Special Purpose Machinery |
| 汽车制造业 | Manufacture of Automotive |
| 铁路、船舶、航空航天和其他运输设备制造业 | Manufacture of Railways, Shipbuilding, Aerospace and Other Transportation Equipment |
| 电气机械及器材制造业 | Manufacture of Electrical Machinery and Equipment |
| 仪器仪表制造业 | Manufacture of Measuring Instruments |
| 其他制造业 | Other Manufacture |
| 废弃资源综合利用业 | Recycling and Disposal of Waste |
| **电力、燃气及水的生产和供应业** | **Production and Supply of Electric Power, Gas and Water** |
| 电力、热力的生产和供应业 | Production and Supply of Electric Power and Heet Power |
| 燃气生产和供应业 | Production and Supply of Gas |
| 水的生产和供应业 | Production and Supply of Water |

## Number of State - owned and State - holding Enterprises and Private Enterprises above Designated Size and Gross Industrial Output Value by Sector(2015)

(unit,10 000 yuan)

| 国有及国有控股企业<br>State - owned and State - holding Enterprises | | 私营企业<br>Private Enterprises | |
|---|---|---|---|
| 企业单位数<br>Number of Enterprises | 工业总产值<br>Gross Industrial Output Value | 企业单位数<br>Number of Enterprises | 工业总产值<br>Gross Industrial Output Value |
| **144** | **15718613** | **802** | **12581159** |
| **6** | **4220621** | **49** | **573125** |
| 5 | 4218295 | 43 | 506579 |
| | | | |
| | | 2 | 55293 |
| 1 | 2327 | 4 | 11253 |
| **54** | **5319153** | **729** | **11756669** |
| 4 | 15536 | 110 | 821504 |
| 2 | 147876 | 41 | 553493 |
| 1 | 11786 | 17 | 268843 |
| 2 | 172346 | | |
| | | 69 | 1385406 |
| 1 | 11012 | 6 | 17816 |
| | | 12 | 96832 |
| | | 6 | 84924 |
| | | 7 | 71495 |
| 1 | 55673 | 10 | 94812 |
| 3 | 27549 | 9 | 49657 |
| | | 4 | 123716 |
| 1 | 2207333 | 25 | 1195099 |
| 8 | 609703 | 86 | 1621468 |
| 1 | 3066 | 10 | 202802 |
| 1 | 2852 | 20 | 92812 |
| 14 | 258844 | 99 | 760723 |
| | | 60 | 1862707 |
| 4 | 1238494 | 18 | 1052876 |
| | | 29 | 292321 |
| 5 | 272318 | 20 | 185908 |
| 2 | 204607 | 23 | 137431 |
| | | 3 | 22725 |
| | | 2 | 6829 |
| 3 | 57183 | 28 | 500917 |
| | | 5 | 60856 |
| | | 1 | 141547 |
| 1 | 22976 | 9 | 51149 |
| **84** | **6178839** | **24** | **251365** |
| 75 | 5970072 | 17 | 86764 |
| 3 | 137917 | 7 | 164600 |
| 6 | 70850 | | |

# 12－6　规模以上工业企业主要经济指标(2015 年)

单位:个、万元

| 指　　标 | Item |
|---|---|
| **总　计** | **Total** |
| **在总计中:亏损企业** | **Of Which:Loss－suffering Enterprises** |
| **按轻重工业分** | **Grouped by Light & Heavy Industries** |
| 轻工业 | Light Industry |
| 重工业 | Heavy Industry |
| **按企业规模分** | **Grouped by Size of Enterprises** |
| 大型企业 | Large Enterprises |
| 中型企业 | Medium－sized Enterprises |
| 小型企业 | Small Enterprises |
| 微型企业 | Micro－enterprises |
| **按登记注册类型分组** | **Grouped by Status of Registration** |
| 内资企业 | Domestic Funded |
| 国有企业 | State－owned Enterprises |
| 中央企业 | Central |
| 地方企业 | Local |
| 集体企业 | Collective－owned Enterprises |
| 股份合作企业 | Cooperative Enterprises |
| 联营企业 | Joint Ownership Enterprises |
| 国有联营企业 | State Joint Ownership Enterprises |
| 集体联营企业 | Collective Joint Ownership Enterprises |
| 国有与集体联营企业 | Joint State－collective Enterprises |
| 其他联营企业 | Other Joint Ownership Enterprises |
| 有限责任公司 | Limited Liability Corporations |
| 国有独资公司 | State Sole Funded Corporations |
| 股份有限公司 | Share－holding Corporations Limited |
| 私营企业 | Private Enterprises |
| 港、澳、台商投资企业 | Enterprises with Funds from Hong Kong,Macao and Taiwan |
| 外商投资企业 | Foreign Funded Enterprises |

# Main Economic Indicators of Industrial Enterprises above Designated Size(2015)

(unit,10 000 yuan)

| 企业单位数<br>Number of Enterprises | 工业总产值<br>Gross Industrial Output Value | 资产合计<br>Total Assets | 流动资产合计<br>Total Current Assets Capitals | 固定资产原价<br>Original Value of Fixed Assets | 流动负债合计<br>Total Liquid Liabilities |
|---|---|---|---|---|---|
| **1245** | **38355495** | **78010729** | **26235627** | **44641531** | **32688497** |
| **395** | **12241297** | **32574255** | **10361648** | **18235281** | **15656429** |
| | | | | | |
| 444 | 7513734 | 11214323 | 6060862 | 3923526 | 5096263 |
| 801 | 30841762 | 66796406 | 20174765 | 40718005 | 27592234 |
| | | | | | |
| 40 | 19363955 | 40809437 | 11158456 | 24481498 | 17437092 |
| 132 | 8358454 | 16216426 | 6246519 | 10099505 | 7256915 |
| 903 | 9949498 | 17761851 | 7815037 | 8202917 | 7254495 |
| 170 | 683589 | 3223016 | 1015615 | 1857612 | 739996 |
| | | | | | |
| 1202 | 35512046 | 73440956 | 24858583 | 41949343 | 30835924 |
| 15 | 3733141 | 3615853 | 748396 | 4396695 | 1255474 |
| 3 | 3499264 | 3260141 | 612748 | 4200643 | 1127645 |
| 12 | 233877 | 355712 | 135647 | 196052 | 127829 |
| 1 | | 1991 | 1732 | 696 | 1183 |
| 1 | 4083 | 7459 | 6579 | 1183 | 1403 |
| | | | | | |
| 342 | 14218454 | 38958860 | 9840840 | 25811126 | 13907989 |
| 35 | 4895178 | 16759227 | 2697443 | 11418614 | 5489056 |
| 38 | 4744646 | 6108500 | 1715491 | 5384255 | 2549164 |
| 802 | 12581159 | 24105092 | 12338314 | 6266778 | 12920570 |
| 18 | 2127864 | 3460239 | 845573 | 2020163 | 1307533 |
| 25 | 715586 | 1109534 | 531471 | 672026 | 545040 |

# 12-6 续表1

单位:万元

| 指　　标 | Item |
|---|---|
| **总　计** | **Total** |
| **在总计中:亏损企业** | **Loss - suffering Enterprises** |
| **按轻重工业分** | **Grouped by Light & Heavy Industries** |
| 轻工业 | Light Industry |
| 重工业 | Heavy Industry |
| **按企业规模分** | **Grouped by Size of Enterprises** |
| 大型企业 | Large Enterprises |
| 中型企业 | Medium - sized Enterprises |
| 小型企业 | Small Enterprises |
| 微型企业 | Micro - enterprises |
| **按登记注册类型分组** | **Grouped by Status of Registration** |
| 内资企业 | Domestic Funded |
| 国有企业 | State - owned Enterprises |
| 中央企业 | Central |
| 地方企业 | Local |
| 集体企业 | Collective - owned Enterprises |
| 股份合作企业 | Cooperative Enterprises |
| 联营企业 | Joint Ownership Enterprises |
| 国有联营企业 | State Joint Ownership Enterprises |
| 集体联营企业 | Collective Joint Ownership Enterprises |
| 国有与集体联营企业 | Joint State - collective Enterprises |
| 其他联营企业 | Other Joint Ownership Enterprises |
| 有限责任公司 | Limited Liability Corporations |
| 国有独资公司 | State Sole Funded Corporations |
| 股份有限公司 | Share - holding Corporations Limited |
| 私营企业 | Private Enterprises |
| 港、澳、台商投资企业 | Enterprises with Funds from Hong Kong, Macao and Taiwan |
| 外商投资企业 | Foreign Funded Enterprises |

continued

(10 000 yuan)

| 非流动负债合计 Total Non - current Liabilities | 所有者权益 Owners´Equities | 实收资本 Paid - up Capital | 主营业务收入 Revenue from Principal Business | 主营业务成本 Cost of Principal Business | 利润总额 Total Profits |
|---|---|---|---|---|---|
| **18771614** | **24599857** | **22987072** | **34727526** | **29905871** | **853366** |
| **8797436** | **7534633** | **14322367** | **9826115** | **9231390** | **-888344** |
| | | | | | |
| 1087082 | 4688487 | 2268749 | 6893158 | 5743959 | 531325 |
| 17684532 | 19911370 | 20718323 | 27834368 | 24161912 | 322041 |
| | | | | | |
| 10865954 | 12128656 | 15282891 | 17272156 | 14831258 | 246468 |
| 3454466 | 5277138 | 3258910 | 7897575 | 6782327 | 247446 |
| 3311717 | 6225438 | 3637394 | 8971605 | 7854981 | 315171 |
| 1139477 | 968626 | 807877 | 586191 | 437305 | 44281 |
| | | | | | |
| 17928605 | 22838232 | 21698179 | 32048849 | 27645130 | 642274 |
| 1117704 | 1235372 | 276817 | 3724822 | 3490734 | 86297 |
| 1016763 | 1115733 | 242614 | 3495593 | 3374784 | 58736 |
| 100942 | 119639 | 34203 | 229229 | 115950 | 27562 |
| | 808 | 60 | 742 | 720 | -64 |
| 85 | 5971 | 5229 | 3360 | 2652 | 274 |
| | | | | | |
| 12081991 | 12098973 | 15596246 | 11682705 | 9793326 | 193461 |
| 6119624 | 4951900 | 10859392 | 3184261 | 2456019 | -54022 |
| 1213870 | 2335019 | 1678854 | 4705798 | 3600308 | 51036 |
| 3362430 | 6871554 | 3867307 | 11787300 | 10644610 | 281491 |
| 803303 | 1244651 | 944708 | 2004113 | 1726252 | 168820 |
| 39706 | 516975 | 344185 | 674565 | 534488 | 42272 |

## 12－7　分行业规模以上工业企业主要经济指标(2015 年)

单位:个、万元

| 指　标 | Item |
|---|---|
| **总　计** | **Total** |
| **采矿业** | **Mining** |
| 煤炭开采和洗选业 | Mining and Washing of Coal |
| 石油和天然气开采业 | Extraction of Petroleum and Natural Gas |
| 黑色金属矿采选业 | Mining and Processing of Ferrous Metal Ores |
| 非金属矿采选业 | Mining and Processing of Nonmetal Ores |
| **制造业** | **Manufacturing** |
| 农副食品加工业 | Processing of Food from Agricultural Products |
| 食品制造业 | Manufacture of Foods |
| 酒、饮料和精制茶制造业 | Manufacture of Wine,Beverages and Refined Tea |
| 烟草制造业 | Manufacture of Tobacco |
| 纺织业 | Manufacture of Textile |
| 纺织服装、服饰业 | Manufacture of Textile Wearing Apparel |
| 皮革、毛皮、羽毛及其制品和制鞋业 | Manufacture of Leather, Fur, Feather with Related Products and Footware |
| 木材加工竹、藤、棕、草制品业 | Processing of Timber, Manufacture of Wood,Bamboo,Rattan,Palm and Straw Products |
| 家具制造业 | Manufacture of Furniture |
| 造纸及纸制品业 | Manufacture of Paper and Paper Products |
| 印刷和记录媒介复制业 | Printing,Reproduction of Recording Media |
| 文教、工美、体育和娱乐用品制造业 | Manufacture of Articles for Culture,Education,Arts and Crafts,Sport and Entertainment Activities |
| 石油加工、炼焦和核燃料加工业 | Processing of Petroleum,Coking,Processing of Nuclear Fuel |
| 化学原料及化学制品制造业 | Manufacture of Raw Chemical Materials and Chemical Products |
| 医药制造业 | Manufacture of Medicines |
| 橡胶和塑料制品业 | Manufacture of Rubber and Plastics |
| 非金属矿物质制品业 | Manufacture of Non－metallic Mineral Products |
| 黑色金属冶炼及压延加工业 | Smelting and Pressing of Ferrous Metals |
| 有色金属冶炼及压延加工业 | Smelting and Pressing of Non－ferrous Metals |
| 金属制品业 | Manufacture of Metal Products |
| 通用设备制造业 | Manufacture of General Purpose Machinery |
| 专用设备制造业 | Manufacture of Special Purpose Machinery |
| 汽车制造业 | Manufacture of Automotive |
| 铁路、船舶、航空航天和其他运输设备制造业 | Manufacture of Railways, Shipbuilding, Aerospace and Other Transportation Equipment |
| 电气机械及器材制造业 | Manufacture of Electrical Machinery and Equipment |
| 仪器仪表制造业 | Manufacture of Measuring Instruments |
| 其他制造业 | Other Manufacture |
| 废弃资源综合利用业 | Recycling and Disposal of Waste |
| **电力、燃气及水的生产和供应业** | **Production and Supply of Electric Power,Gas and Water** |
| 电力、热力的生产和供应业 | Production and Supply of Electric Power and Heet Power |
| 燃气生产和供应业 | Production and Supply of Gas |
| 水的生产和供应业 | Production and Supply of Water |

# Main Economic Indicators of Industrial Enterprises above Designated Size by Sector(2015)

(unit,10 000 yuan)

| 企业单位数 Number of Enterprises | 工业总产值 Gross Industrial Output Value | 资产合计 Total Assets | 流动资产合计 Total Current Assets |
|---|---|---|---|
| **1245** | **38355495** | **78010729** | **26235627** |
| **62** | **5170717** | **14943966** | **2951890** |
| 53 | 5030163 | 14786484 | 2870362 |
| 1 | 35469 | 50661 | 28921 |
| 3 | 91506 | 96577 | 45592 |
| 5 | 13579 | 10244 | 7015 |
| **1052** | **26359166** | **42958406** | **19284885** |
| 154 | 1398907 | 1209576 | 678145 |
| 61 | 1591628 | 1819565 | 836122 |
| 31 | 478025 | 761271 | 379938 |
| 2 | 172346 | 97698 | 60126 |
| 88 | 2364912 | 4664160 | 2892322 |
| 9 | 34430 | 100240 | 82424 |
| 17 | 125329 | 83406 | 58130 |
| 7 | 84924 | 66241 | 27385 |
| 7 | 71495 | 57938 | 31669 |
| 14 | 217580 | 320928 | 137257 |
| 14 | 100194 | 153307 | 83018 |
| 4 | 123716 | 134772 | 110628 |
| 28 | 5176345 | 7501566 | 2760479 |
| 134 | 3918522 | 7955838 | 2556958 |
| 17 | 438590 | 1132321 | 457922 |
| 37 | 316406 | 342016 | 204875 |
| 145 | 1304613 | 2318888 | 1138380 |
| 77 | 2604781 | 3988140 | 2437375 |
| 30 | 3219007 | 6668194 | 2163906 |
| 40 | 443158 | 717949 | 285126 |
| 36 | 667748 | 991732 | 642475 |
| 34 | 424845 | 800788 | 576610 |
| 3 | 22725 | 18582 | 10939 |
| 3 | 10372 | 20682 | 7284 |
| 42 | 721999 | 671374 | 427472 |
| 7 | 110898 | 85670 | 70039 |
| 1 | 141547 | 160268 | 101031 |
| 10 | 74126 | 115296 | 66852 |
| **131** | **6825612** | **20108357** | **3998852** |
| 107 | 6200742 | 16850026 | 2637429 |
| 17 | 546033 | 2794509 | 1275104 |
| 7 | 78837 | 463823 | 86319 |

# 12-7 续表1

单位:万元

| 指　　标 | Item |
| --- | --- |
| **总　计** | **Total** |
| **采矿业** | **Mining** |
| 煤炭开采和洗选业 | Mining and Washing of Coal |
| 石油和天然气开采业 | Extraction of Petroleum and Natural Gas |
| 黑色金属矿采选业 | Mining and Processing of Ferrous Metal Ores |
| 非金属矿采选业 | Mining and Processing of Nonmetal Ores |
| **制造业** | **Manufacturing** |
| 农副食品加工业 | Processing of Food from Agricultural Products |
| 食品制造业 | Manufacture of Foods |
| 酒、饮料和精制茶制造业 | Manufacture of Wine, Beverages and Refined Tea |
| 烟草制造业 | Manufacture of Tobacco |
| 纺织业 | Manufacture of Textile |
| 纺织服装、服饰业 | Manufacture of Textile Wearing Apparel |
| 皮革、毛皮、羽毛及其制品和制鞋业 | Manufacture of Leather, Fur, Feather with Related Products and Footware |
| 木材加工竹、藤、棕、草制品业 | Processing of Timber, Manufacture of Wood, Bamboo, Rattan, Palm and Straw Products |
| 家具制造业 | Manufacture of Furniture |
| 造纸及纸制品业 | Manufacture of Paper and Paper Products |
| 印刷和记录媒介复制业 | Printing, Reproduction of Recording Media |
| 文教、工美、体育和娱乐用品制造业 | Manufacture of Articles for Culture, Education, Arts and Crafts, Sport and Entertainment Activities |
| 石油加工、炼焦和核燃料加工业 | Processing of Petroleum, Coking, Processing of Nuclear Fuel |
| 化学原料及化学制品制造业 | Manufacture of Raw Chemical Materials and Chemical Products |
| 医药制造业 | Manufacture of Medicines |
| 橡胶和塑料制品业 | Manufacture of Rubber and Plastics |
| 非金属矿物质制品业 | Manufacture of Non - metallic Mineral Products |
| 黑色金属冶炼及压延加工业 | Smelting and Pressing of Ferrous Metals |
| 有色金属冶炼及压延加工业 | Smelting and Pressing of Non - ferrous Metals |
| 金属制品业 | Manufacture of Metal Products |
| 通用设备制造业 | Manufacture of General Purpose Machinery |
| 专用设备制造业 | Manufacture of Special Purpose Machinery |
| 汽车制造业 | Manufacture of Automotive |
| 铁路、船舶、航空航天和其他运输设备制造业 | Manufacture of Railways, Shipbuilding, Aerospace and Other Transportation Equipment |
| 电气机械及器材制造业 | Manufacture of Electrical Machinery and Equipment |
| 仪器仪表制造业 | Manufacture of Measuring Instruments |
| 其他制造业 | Other Manufacture |
| 废弃资源综合利用业 | Recycling and Disposal of Waste |
| **电力、燃气及水的生产和供应业** | **Production and Supply of Electric Power, Gas and Water** |
| 电力、热力的生产和供应业 | Production and Supply of Electric Power and Heet Power |
| 燃气生产和供应业 | Production and Supply of Gas |
| 水的生产和供应业 | Production and Supply of Water |

continued

(10 000 yuan)

| 固定资产原价 Original Value of Fixed Assets | 流动负债合计 Total Liquid Liabilities | 非流动负债合计 Total Non－current Liabilities | 所有者权益 Owners′Equities |
|---:|---:|---:|---:|
| **44641531** | **32688497** | **18771614** | **24599857** |
| **8856809** | **5699752** | **4793845** | **4382549** |
| 8830928 | 5600105 | 4793845 | 4324714 |
| 11469 | 824 | | 49836 |
| 10720 | 92936 | | 3642 |
| 3691 | 5887 | | 4357 |
| **18540996** | **21815602** | **6053595** | **13682042** |
| 428306 | 472210 | 56755 | 612095 |
| 854906 | 683094 | 209454 | 787331 |
| 371672 | 444935 | 25609 | 281228 |
| 58748 | 67610 | 74 | 30015 |
| 709174 | 2043481 | 534828 | 2031045 |
| 18210 | 58907 | 6989 | 34341 |
| 20584 | 37963 | 3614 | 41409 |
| 30955 | 13619 | 812 | 38979 |
| 24670 | 21492 | | 36446 |
| 217845 | 199592 | 42630 | 71221 |
| 83614 | 80974 | 1332 | 68014 |
| 12012 | 105347 | | 27127 |
| 3683923 | 3775903 | 1411852 | 2310069 |
| 4905294 | 3293352 | 1677574 | 2795004 |
| 695103 | 696293 | 52040 | 334349 |
| 244491 | 210744 | 10036 | 120700 |
| 1391662 | 1228366 | 43226 | 980701 |
| 1098414 | 2132097 | 671754 | 676964 |
| 2616040 | 4627437 | 1044086 | 885992 |
| 182440 | 233199 | 146436 | 219898 |
| 395867 | 516283 | 44529 | 416355 |
| 178246 | 383825 | 12068 | 404097 |
| 4015 | 11255 | | 7327 |
| 4060 | 6238 | | 8360 |
| 221554 | 316996 | 31003 | 286545 |
| 15680 | 42149 | 480 | 42041 |
| 44278 | 63087 | 21766 | 75415 |
| 29235 | 49156 | 4647 | 58978 |
| **17243727** | **5173143** | **7924174** | **6535266** |
| 16070344 | 4061414 | 6826086 | 5490416 |
| 850415 | 1060771 | 910959 | 820180 |
| 322967 | 50958 | 187129 | 224669 |

# 12－7 续表2

单位:万元

| 指　　标 | Item |
|---|---|
| **总　计** | **Total** |
| **采矿业** | **Mining** |
| 煤炭开采和洗选业 | Mining and Washing of Coal |
| 石油和天然气开采业 | Extraction of Petroleum and Natural Gas |
| 黑色金属矿采选业 | Mining and Processing of Ferrous Metal Ores |
| 非金属矿采选业 | Mining and Processing of Nonmetal Ores |
| **制造业** | **Manufacturing** |
| 农副食品加工业 | Processing of Food from Agricultural Products |
| 食品制造业 | Manufacture of Foods |
| 酒、饮料和精制茶制造业 | Manufacture of Wine,Beverages and Refined Tea |
| 烟草制造业 | Manufacture of Tobacco |
| 纺织业 | Manufacture of Textile |
| 纺织服装、服饰业 | Manufacture of Textile Wearing Apparel |
| 皮革、毛皮、羽毛及其制品和制鞋业 | Manufacture of Leather, Fur, Feather with Related Products and Footware |
| 木材加工竹、藤、棕、草制品业 | Processing of Timber, Manufacture of Wood,Bamboo,Rattan,Palm and Straw Products |
| 家具制造业 | Manufacture of Furniture |
| 造纸及纸制品业 | Manufacture of Paper and Paper Products |
| 印刷和记录媒介复制业 | Printing,Reproduction of Recording Media |
| 文教、工美、体育和娱乐用品制造业 | Manufacture of Articles for Culture,Education,Arts and Crafts,Sport and Entertainment Activities |
| 石油加工、炼焦和核燃料加工业 | Processing of Petroleum,Coking,Processing of Nuclear Fuel |
| 化学原料及化学制品制造业 | Manufacture of Raw Chemical Materials and Chemical Products |
| 医药制造业 | Manufacture of Medicines |
| 橡胶和塑料制品业 | Manufacture of Rubber and Plastics |
| 非金属矿物质制品业 | Manufacture of Non－metallic Mineral Products |
| 黑色金属冶炼及压延加工业 | Smelting and Pressing of Ferrous Metals |
| 有色金属冶炼及压延加工业 | Smelting and Pressing of Non－ferrous Metals |
| 金属制品业 | Manufacture of Metal Products |
| 通用设备制造业 | Manufacture of General Purpose Machinery |
| 专用设备制造业 | Manufacture of Special Purpose Machinery |
| 汽车制造业 | Manufacture of Automotive |
| 铁路、船舶、航空航天和其他运输设备制造业 | Manufacture of Railways, Shipbuilding, Aerospace and Other Transportation Equipment |
| 电气机械及器材制造业 | Manufacture of Electrical Machinery and Equipment |
| 仪器仪表制造业 | Manufacture of Measuring Instruments |
| 其他制造业 | Other Manufacture |
| 废弃资源综合利用业 | Recycling and Disposal of Waste |
| **电力、燃气及水的生产和供应业** | **Production and Supply of Electric Power,Gas and Water** |
| 电力、热力的生产和供应业 | Production and Supply of Electric Power and Heet Power |
| 燃气生产和供应业 | Production and Supply of Gas |
| 水的生产和供应业 | Production and Supply of Water |

continued

(10 000 yuan)

| 实收资本<br>Paid-up Capital | 主营业务收入<br>Revenue from Principal Business | 主营业务成本<br>Cost of Principal Business | 利润总额<br>Total Profits |
|---:|---:|---:|---:|
| **22987072** | **34727526** | **29905871** | **853366** |
| **10410844** | **3463918** | **2906773** | **-187385** |
| 10395564 | 3321561 | 2792914 | -197095 |
| 1000 | 35469 | 13785 | 13045 |
| 12000 | 93440 | 90817 | -3841 |
| 2280 | 13447 | 9258 | 506 |
| **8726070** | **24393032** | **21146510** | **586257** |
| 253273 | 1275363 | 1138317 | 64111 |
| 326290 | 1374246 | 1088964 | 116767 |
| 130425 | 323153 | 208166 | 37878 |
| 197 | 171808 | 61547 | 28144 |
| 966244 | 2468748 | 2152974 | 207383 |
| 22269 | 31873 | 28086 | 1637 |
| 16304 | 100298 | 86566 | 9061 |
| 9638 | 62587 | 56296 | 1929 |
| 9680 | 61284 | 52639 | 1033 |
| 57912 | 196307 | 175454 | 23470 |
| 39421 | 93745 | 78858 | 5788 |
| 19420 | 123389 | 120522 | 1281 |
| 2057579 | 4951734 | 3791406 | 167846 |
| 1491982 | 3603222 | 3290816 | 3273 |
| 180524 | 366208 | 315869 | -291 |
| 139672 | 301761 | 274091 | 1467 |
| 616163 | 1155603 | 980776 | 24494 |
| 799026 | 2322599 | 2258038 | -71497 |
| 807691 | 3132249 | 3052071 | -144009 |
| 137643 | 334865 | 292677 | 12707 |
| 211339 | 592537 | 509664 | 14606 |
| 126729 | 370704 | 279300 | 36754 |
| 6600 | 19427 | 18101 | 498 |
| 2430 | 9701 | 7114 | 1136 |
| 197120 | 700154 | 626966 | 19562 |
| 18200 | 90858 | 72856 | 8923 |
| 53842 | 78853 | 57354 | 8958 |
| 28460 | 79759 | 71025 | 3348 |
| **3850159** | **6870576** | **5852588** | **454493** |
| 3309037 | 6103116 | 5218473 | 413390 |
| 351706 | 685359 | 583831 | 26689 |
| 189416 | 82101 | 50284 | 14414 |

# 12－8 大中型工业企业主要经济指标(2015年)

单位:个、万元

| 指标 | Item |
| --- | --- |
| **总 计** | **Total** |
| 亏损企业 | Loss－suffering Enterprises |
| **按轻重工业分** | **Grouped by Light & Heavy Industries** |
| 轻工业 | Light Industry |
| 重工业 | Heavy Industry |
| **按企业规模分** | **Grouped by Size of Enterprises** |
| 大型企业 | Large Enterprises |
| 中型企业 | Medium－sized Enterprises |
| **按登记注册类型分组** | **Grouped by Status of Registration** |
| 内资企业 | Domestic Funded |
| 国有企业 | State－owned Enterprises |
| 中央企业 | Central |
| 地方企业 | Local |
| 集体企业 | Collective－owned Enterprises |
| 股份合作企业 | Cooperative Enterprises |
| 联营企业 | Joint Ownership Enterprises |
| 国有联营企业 | State Joint Ownership Enterprises |
| 集体联营企业 | Collective Joint Ownership Enterprises |
| 国有与集体联营企业 | Joint State－collective Enterprises |
| 其他联营企业 | Other Joint Ownership Enterprises |
| 有限责任公司 | Limited Liability Corporations |
| 国有独资公司 | State Sole Funded Corporations |
| 股份有限公司 | Share－holding Corporations Limited |
| 私营企业 | Private Enterprises |
| 其他企业 | Other Enterprises |
| 港、澳、台商投资企业 | Enterprises with Funds from Hong Kong, Macao and Taiwan |
| 外商投资企业 | Foreign Funded Enterprises |

# Main Economic Indicators of Large & Medium – Sized Industrial Enterprises(2015)

(unit,10 000 yuan)

| 企业单位数 Number of Enterprises | 工业总产值 Gross Industrial Output Value | 资产合计 Total Assets | 流动资产合计 Total Current Assets Capitals | 固定资产原价 Original Value of Fixed Assets | 流动负债合计 Total Liquid Liabilities |
|---|---|---|---|---|---|
| **172** | **27722409** | **57025863** | **17404975** | **34581003** | **24694006** |
| 71 | 9124688 | 25410597 | 7028588 | 15183912 | 12277788 |
| 41 | 4170488 | 7028770 | 3567183 | 2477877 | 3232686 |
| 131 | 23551922 | 49997092 | 13837792 | 32103126 | 21461321 |
| 40 | 19363955 | 40809437 | 11158456 | 24481498 | 17437092 |
| 132 | 8358454 | 16216426 | 6246519 | 10099505 | 7256915 |
| 158 | 25224882 | 53058223 | 16231406 | 32219731 | 23144184 |
| 5 | 3687087 | 3436441 | 700728 | 4304375 | 1214341 |
| 2 | 3497006 | 3257158 | 610855 | 4198991 | 1127441 |
| 3 | 190082 | 179283 | 89873 | 105384 | 86900 |
| 69 | 11238883 | 29822761 | 7005963 | 20246786 | 11111105 |
| 9 | 4574990 | 14257739 | 2407155 | 9362615 | 5123293 |
| 18 | 4543790 | 5252557 | 1446056 | 4858358 | 2361253 |
| 65 | 5534063 | 13938301 | 6893132 | 2732123 | 8271846 |
| 1 | 221060 | 608164 | 185528 | 78089 | 185639 |
| 4 | 1976459 | 3078586 | 743215 | 1828429 | 1124129 |
| 10 | 521068 | 889053 | 430354 | 532843 | 425694 |

# 12－8　续表 1

单位:万元

| 指　标 | Item |
| --- | --- |
| **总　计** | **Total** |
| 亏损企业 | Loss – suffering Enterprises |
| **按轻重工业分** | **Grouped by Light & Heavy Industries** |
| 轻工业 | Light Industry |
| 重工业 | Heavy Industry |
| **按企业规模分** | **Grouped by Size of Enterprises** |
| 大型企业 | Large Enterprises |
| 中型企业 | Medium – sized Enterprises |
| **按登记注册类型分组** | **Grouped by Status of Registration** |
| 内资企业 | Domestic Funded |
| 国有企业 | State – owned Enterprises |
| 中央企业 | Central |
| 地方企业 | Local |
| 集体企业 | Collective – owned Enterprises |
| 股份合作企业 | Cooperative Enterprises |
| 联营企业 | Joint Ownership Enterprises |
| 国有联营企业 | State Joint Ownership Enterprises |
| 集体联营企业 | Collective Joint Ownership Enterprises |
| 国有与集体联营企业 | Joint State – collective Enterprises |
| 其他联营企业 | Other Joint Ownership Enterprises |
| 有限责任公司 | Limited Liability Corporations |
| 国有独资公司 | State Sole Funded Corporations |
| 股份有限公司 | Share – holding Corporations Limited |
| 私营企业 | Private Enterprises |
| 其他企业 | Other Enterprises |
| 港、澳、台商投资企业 | Enterprises with Funds from Hong Kong, Macao and Taiwan |
| 外商投资企业 | Foreign Funded Enterprises |

continued

(10 000 yuan)

| 非流动负债合计 Total Non – current Liabilities | 所有者权益 Owners' Equities | 实收资本 Paid – up Capital | 主营业务收入 Revenue from Principal Business | 主营业务成本 Cost of Principal Business | 利润总额 Total Profits |
|---|---|---|---|---|---|
| **14320420** | **17405794** | **18541802** | **25169731** | **21613585** | **493915** |
| 7257057 | 5778977 | 12921187 | 7060951 | 6556651 | –683010 |
| 899784 | 2846010 | 1445016 | 3856151 | 3101289 | 334394 |
| 13420636 | 14559784 | 17096786 | 21313580 | 18512296 | 159521 |
| 10865954 | 12128656 | 15282891 | 17272156 | 14831258 | 246468 |
| 3454466 | 5277138 | 3258910 | 7897575 | 6782327 | 247446 |
| 13568562 | 15844591 | 17465894 | 22810460 | 19614614 | 293541 |
| 1067159 | 1154941 | 260666 | 3682413 | 3455207 | 84916 |
| 1016763 | 1112954 | 241414 | 3493033 | 3372930 | 58345 |
| 50396 | 41987 | 19252 | 189380 | 82277 | 26571 |
| 9318751 | 9192832 | 13691971 | 9125879 | 7728413 | 48040 |
| 5080779 | 4052613 | 10365464 | 2895558 | 2289948 | –101465 |
| 908851 | 1972110 | 1411104 | 4510478 | 3453979 | 30732 |
| 2129276 | 3246708 | 1835334 | 5361350 | 4875587 | 100257 |
| 144525 | 278000 | 266819 | 130341 | 101429 | 29596 |
| 717752 | 1131954 | 824912 | 1879258 | 1620500 | 169545 |
| 34107 | 429249 | 250996 | 480012 | 378472 | 30829 |

# 12-9　大中型工业企业分行业主要经济指标(2015年)

单位:个、万元

| 指　标 | Item |
|---|---|
| **总　计** | **Total** |
| **采矿业** | **Mining** |
| 煤炭开采和洗选业 | Mining and Washing of Coal |
| 黑色金属矿采选业 | Mining and Processing of Ferrous Metal Ores |
| **制造业** | **Manufacturing** |
| 农副食品加工业 | Processing of Food from Agricultural Products |
| 食品制造业 | Manufacture of Foods |
| 酒、饮料和精制茶制造业 | Manufacture of Wine, Beverages and Refined Tea |
| 烟草制品业 | Manufacture of Tobacco |
| 纺织业 | Manufacture of Textile |
| 纺织服装、服饰业 | Manufacture of Textile Wearing Apparel |
| 家具制造业 | Manufacture of Furniture |
| 造纸及纸制品业 | Manufacture of Paper and Paper Products |
| 印刷和记录媒介复制业 | Printing, Reproduction of Recording Media |
| 石油加工、炼焦和核燃料加工业 | Processing of Petroleum, Coking, Processing of Nuclear Fuel |
| 化学原料及化学制品制造业 | Manufacture of Raw Chemical Materials and Chemical Products |
| 医药制造业 | Manufacture of Medicines |
| 橡胶和塑料制品业 | Manufacture of Rubber and Plastics |
| 非金属矿物质制品业 | Manufacture of Non - metallic Mineral Products |
| 黑色金属冶炼及压延加工业 | Smelting and Pressing of Ferrous Metals |
| 有色金属冶炼及压延加工业 | Smelting and Pressing of Non - ferrous Metals |
| 金属制品业 | Manufacture of Metal Products |
| 通用设备制造业 | Manufacture of General Purpose Machinery |
| 专用设备制造业 | Manufacture of Special Purpose Machinery |
| 电气机械及器材制造业 | Manufacture of Electrical Machinery and Equipment |
| 仪器仪表制造业 | Manufacture of Measuring Instruments |
| 其他制造业 | Other Manufacture |
| **电力、燃气及水的生产和供应业** | **Production and Supply of Electric Power, Gas and Water** |
| 电力、热力的生产和供应业 | Production and Supply of Electric Power and Heat Power |
| 燃气生产和供应业 | Production and Supply of Gas |
| 水的生产和供应业 | Production and Supply of Water |

## Main Economic Indicators of Large & Medium – Sized Industrial Enterprises by Sector(2015)

(unit,10 000 yuan)

| 企业单位数 Number of Enterprises | 工业总产值 Gross Industrial Output Value | 资产合计 Total Assets | 流动资产合计 Total Current Assets |
|---|---|---|---|
| **172** | **27722409** | **57025863** | **17404975** |
| **12** | **4862542** | **14319365** | **2539506** |
| 10 | 4773177 | 14227114 | 2497967 |
| 2 | 89366 | 92251 | 41539 |
| **138** | **17257131** | **32788030** | **13305812** |
| 4 | 201666 | 158238 | 65281 |
| 9 | 1199467 | 1239317 | 522431 |
| 3 | 261063 | 208328 | 129054 |
| 1 | 168801 | 94422 | 57140 |
| 7 | 1561261 | 3705520 | 2121777 |
| 1 | 11012 | 15404 | 9528 |
| 1 | 37166 | 10741 | 3245 |
| 3 | 131724 | 271098 | 106884 |
| 2 | 22351 | 32250 | 23034 |
| 12 | 4837892 | 7299123 | 2639257 |
| 35 | 2989539 | 6884576 | 2071188 |
| 6 | 354278 | 975574 | 375379 |
| 2 | 112876 | 112639 | 44174 |
| 10 | 347090 | 809475 | 349895 |
| 19 | 1589389 | 3035530 | 1908581 |
| 8 | 2554110 | 6245820 | 1907988 |
| 1 | 61306 | 344749 | 58188 |
| 4 | 183307 | 381636 | 201381 |
| 3 | 212239 | 500722 | 388889 |
| 5 | 237125 | 261100 | 186065 |
| 1 | 41922 | 41501 | 35424 |
| 1 | 141547 | 160268 | 101031 |
| **22** | **5602736** | **9918468** | **1559657** |
| 19 | 5475696 | 9319440 | 1369721 |
| 1 | 98506 | 456128 | 144149 |
| 2 | 28534 | 142900 | 45787 |

## 12－9 续表 1

单位：万元

| 指　　标 | Item |
| --- | --- |
| **总　计** | **Total** |
| **采矿业** | **Mining** |
| 煤炭开采和洗选业 | Mining and Washing of Coal |
| 黑色金属矿采选业 | Mining and Processing of Ferrous Metal Ores |
| **制造业** | **Manufacturing** |
| 农副食品加工业 | Processing of Food from Agricultural Products |
| 食品制造业 | Manufacture of Foods |
| 酒、饮料和精制茶制造业 | Manufacture of Wine, Beverages and Refined Tea |
| 烟草制品业 | Manufacture of Tobacco |
| 纺织业 | Manufacture of Textile |
| 纺织服装、服饰业 | Manufacture of Textile Wearing Apparel |
| 家具制造业 | Manufacture of Furniture |
| 造纸及纸制品业 | Manufacture of Paper and Paper Products |
| 印刷和记录媒介复制业 | Printing, Reproduction of Recording Media |
| 石油加工、炼焦和核燃料加工业 | Processing of Petroleum, Coking, Processing of Nuclear Fuel |
| 化学原料及化学制品制造业 | Manufacture of Raw Chemical Materials and Chemical Products |
| 医药制造业 | Manufacture of Medicines |
| 橡胶和塑料制品业 | Manufacture of Rubber and Plastics |
| 非金属矿物质制品业 | Manufacture of Non－metallic Mineral Products |
| 黑色金属冶炼及压延加工业 | Smelting and Pressing of Ferrous Metals |
| 有色金属冶炼及压延加工业 | Smelting and Pressing of Non－ferrous Metals |
| 金属制品业 | Manufacture of Metal Products |
| 通用设备制造业 | Manufacture of General Purpose Machinery |
| 专用设备制造业 | Manufacture of Special Purpose Machinery |
| 电气机械及器材制造业 | Manufacture of Electrical Machinery and Equipment |
| 仪器仪表制造业 | Manufacture of Measuring Instruments |
| 其他制造业 | Other Manufacture |
| **电力、燃气及水的生产和供应业** | **Production and Supply of Electric Power, Gas and Water** |
| 电力、热力的生产和供应业 | Production and Supply of Electric Power and Heat Power |
| 燃气生产和供应业 | Production and Supply of Gas |
| 水的生产和供应业 | Production and Supply of Water |

continued

(10 000 yuan)

| 固定资产原价 Original Value of Fixed Assets | 流动负债合计 Total Liquid Liabilities | 非流动负债合计 Total Non－current Liabilities | 所有者权益 Owners′Equities |
|---:|---:|---:|---:|
| **34581003** | **24694006** | **14320420** | **17405794** |
| **8687038** | **5366371** | **4742389** | **4209549** |
| 8676798 | 5276339 | 4742389 | 4207331 |
| 10239 | 90032 | | 2219 |
| **14917014** | **16590273** | **5733077** | **9905910** |
| 97021 | 76415 | 34525 | 47298 |
| 674480 | 458132 | 201225 | 579960 |
| 77838 | 80155 | 4360 | 123813 |
| 58170 | 66513 | | 27910 |
| 548768 | 1611666 | 531497 | 1562357 |
| 6600 | 9856 | 1146 | 4399 |
| 6081 | 5802 | | 4940 |
| 196469 | 180942 | 41089 | 49067 |
| 14039 | 28397 | 303 | 2902 |
| 3604508 | 3664054 | 1401472 | 2233597 |
| 4422289 | 2710153 | 1608999 | 2476271 |
| 631304 | 627464 | 48136 | 250337 |
| 159979 | 107030 | 210 | 5399 |
| 645997 | 366133 | 3103 | 440238 |
| 813609 | 1513264 | 649618 | 578252 |
| 2419619 | 4382742 | 1024485 | 731393 |
| 94509 | 107390 | 144009 | 93351 |
| 223256 | 133186 | 8289 | 240161 |
| 96007 | 250088 | 5302 | 245331 |
| 75770 | 117042 | 3545 | 122782 |
| 6424 | 30765 | | 10736 |
| 44278 | 63087 | 21766 | 75415 |
| **10976952** | **2737362** | **3844954** | **3290335** |
| 10804988 | 2471851 | 3682598 | 3119174 |
| 61728 | 251600 | 146617 | 57911 |
| 110235 | 13911 | 15739 | 113251 |

# 12－9 续表 2

单位:万元

| 指　标 | Item |
|---|---|
| **总　计** | **Total** |
| **采矿业** | **Mining** |
| 煤炭开采和洗选业 | Mining and Washing of Coal |
| 黑色金属矿采选业 | Mining and Processing of Ferrous Metal Ores |
| **制造业** | **Manufacturing** |
| 农副食品加工业 | Processing of Food from Agricultural Products |
| 食品制造业 | Manufacture of Foods |
| 酒、饮料和精制茶制造业 | Manufacture of Wine, Beverages and Refined Tea |
| 烟草制品业 | Manufacture of Tobacco |
| 纺织业 | Manufacture of Textile |
| 纺织服装、服饰业 | Manufacture of Textile Wearing Apparel |
| 家具制造业 | Manufacture of Furniture |
| 造纸及纸制品业 | Manufacture of Paper and Paper Products |
| 印刷和记录媒介复制业 | Printing, Reproduction of Recording Media |
| 石油加工、炼焦和核燃料加工业 | Processing of Petroleum, Coking, Processing of Nuclear Fuel |
| 化学原料及化学制品制造业 | Manufacture of Raw Chemical Materials and Chemical Products |
| 医药制造业 | Manufacture of Medicines |
| 橡胶和塑料制品业 | Manufacture of Rubber and Plastics |
| 非金属矿物质制品业 | Manufacture of Non－metallic Mineral Products |
| 黑色金属冶炼及压延加工业 | Smelting and Pressing of Ferrous Metals |
| 有色金属冶炼及压延加工业 | Smelting and Pressing of Non－ferrous Metals |
| 金属制品业 | Manufacture of Metal Products |
| 通用设备制造业 | Manufacture of General Purpose Machinery |
| 专用设备制造业 | Manufacture of Special Purpose Machinery |
| 电气机械及器材制造业 | Manufacture of Electrical Machinery and Equipment |
| 仪器仪表制造业 | Manufacture of Measuring Instruments |
| 其他制造业 | Other Manufacture |
| **电力、燃气及水的生产和供应业** | **Production and Supply of Electric Power, Gas and Water** |
| 电力、热力的生产和供应业 | Production and Supply of Electric Power and Heet Power |
| 燃气生产和供应业 | Production and Supply of Gas |
| 水的生产和供应业 | Production and Supply of Water |

continued

(10 000 yuan)

| 实收资本<br>Paid - up Capital | 主营业务收入<br>Revenue from Principal Business | 主营业务成本<br>Cost of Principal Business | 利润总额<br>Total Profits |
|---|---|---|---|
| **18541802** | **25169731** | **21613585** | **493915** |
| **10291149** | **3175947** | **2666766** | **-190694** |
| 10281149 | 3084626 | 2578043 | -186951 |
| 10000 | 91321 | 88723 | -3743 |
| **6515160** | **16423657** | **13989538** | **366481** |
| 22234 | 183161 | 165232 | -566 |
| 214110 | 1044100 | 804854 | 100177 |
| 32309 | 141982 | 79698 | 26506 |
| | 168750 | 59108 | 27910 |
| 814164 | 1685658 | 1447120 | 152148 |
| 1000 | 10006 | 8712 | 33 |
| 5000 | 32992 | 27727 | -949 |
| 46818 | 120456 | 107389 | 21151 |
| 5000 | 21167 | 19494 | -14 |
| 1985959 | 4627502 | 3475078 | 172644 |
| 1232671 | 2804921 | 2547236 | 21995 |
| 141455 | 297064 | 264155 | -4788 |
| 59300 | 113035 | 114075 | -10713 |
| 233561 | 321298 | 272701 | 4531 |
| 655871 | 1440239 | 1390401 | -38190 |
| 726606 | 2499336 | 2460737 | -159428 |
| 68488 | 62649 | 60138 | 959 |
| 108582 | 174728 | 139649 | 3614 |
| 47410 | 213335 | 150790 | 25196 |
| 54781 | 343484 | 309025 | 12157 |
| 6000 | 38942 | 28866 | 3149 |
| 53842 | 78853 | 57354 | 8958 |
| **1735492** | **5570128** | **4957282** | **318128** |
| 1618742 | 5416991 | 4845747 | 301264 |
| 8166 | 123264 | 88864 | 15713 |
| 108585 | 29874 | 22671 | 1152 |

# 12-10 各市县规模以上工业企业单位数

## Number of Industrial Enterprises above Designated Size by City and County

单位:个 (unit)

| 地区 | Region | 2014 | | | 2015 | | |
|---|---|---|---|---|---|---|---|
| | | 合计 Total | 轻工业 Light Industry | 重工业 Heavy Industry | 合计 Total | 轻工业 Light Industry | 重工业 Heavy Industry |
| **全区总计** | **Total** | **1170** | **406** | **764** | **1245** | **444** | **801** |
| **银川市** | **Yinchuan** | **447** | **178** | **269** | **484** | **193** | **291** |
| 兴庆区 | Xingqing | 17 | 4 | 13 | 20 | 4 | 16 |
| 西夏区 | Xixia | 77 | 18 | 59 | 84 | 20 | 64 |
| 金凤区 | Jinfeng | 42 | 20 | 22 | 46 | 20 | 26 |
| 永宁县 | Yongning | 70 | 26 | 44 | 81 | 32 | 49 |
| 贺兰县 | Helan | 126 | 45 | 81 | 131 | 49 | 82 |
| 灵武市 | Lingwu | 115 | 65 | 50 | 122 | 68 | 54 |
| **石嘴山市** | **Shizuishan** | **232** | **13** | **219** | **233** | **14** | **219** |
| 大武口区 | Dawukou | 58 | | 58 | 58 | 1 | 57 |
| 惠农区 | Huinong | 76 | 2 | 74 | 78 | 2 | 76 |
| 平罗县 | Pingluo | 98 | 11 | 87 | 97 | 11 | 86 |
| **吴忠市** | **Wuzhong** | **320** | **154** | **166** | **351** | **178** | **173** |
| 利通区 | Litong | 123 | 68 | 55 | 126 | 72 | 54 |
| 红寺堡区 | Hongsipu | 7 | 4 | 3 | 11 | 6 | 5 |
| 盐池县 | Yanchi | 40 | 13 | 27 | 42 | 13 | 29 |
| 同心县 | Tongxin | 34 | 30 | 4 | 46 | 39 | 7 |
| 青铜峡市 | Qingtongxia | 116 | 39 | 77 | 126 | 48 | 78 |
| **固原市** | **Guyuan** | **46** | **30** | **16** | **55** | **35** | **20** |
| 原州区 | Yuanzhou | 21 | 12 | 9 | 23 | 12 | 11 |
| 西吉县 | Xiji | 9 | 7 | 2 | 11 | 8 | 3 |
| 隆德县 | Longde | 7 | 4 | 3 | 9 | 6 | 3 |
| 泾源县 | Jingyuan | 4 | 3 | 1 | 5 | 3 | 2 |
| 彭阳县 | Pengyang | 5 | 4 | 1 | 7 | 6 | 1 |
| **中卫市** | **Zhongwei** | **124** | **31** | **93** | **121** | **24** | **97** |
| 沙坡头区 | Shapotou | 69 | 8 | 61 | 69 | 7 | 62 |
| 中宁县 | Zhongning | 47 | 19 | 28 | 46 | 14 | 32 |
| 海原县 | Haiyuan | 8 | 4 | 4 | 6 | 3 | 3 |
| **其他** | **Others** | **1** | | **1** | **1** | | **1** |

# 12－11 各市县规模以上工业总产值

## Gross Industrial Output Value above Designated Size by City and County

单位:万元　　　　(10 000 yuan)

| 地　区 | Region | 2014 | | | 2015 | | |
|---|---|---|---|---|---|---|---|
| | | 合计 Total | 轻工业 Light Industry | 重工业 Heavy Industry | 合计 Total | 轻工业 Light Industry | 重工业 Heavy Industry |
| **全区总计** | **Total** | **37480218** | **6478676** | **31001542** | **38355495** | **7513734** | **30841762** |
| **银川市** | **Yinchuan** | **17886283** | **3965904** | **13920380** | **18323431** | **4557732** | **13765699** |
| 兴庆区 | Xingqing | 4068067 | 49853 | 4018215 | 3793610 | 38827 | 3754783 |
| 西夏区 | Xixia | 4455779 | 411606 | 4044173 | 3938283 | 435463 | 3502820 |
| 金凤区 | Jinfeng | 1014578 | 254432 | 760146 | 1085215 | 268692 | 816524 |
| 永宁县 | Yongning | 1372582 | 803777 | 568805 | 1364931 | 861699 | 503232 |
| 贺兰县 | Helan | 1688553 | 721788 | 966766 | 2027593 | 982400 | 1045193 |
| 灵武市 | Lingwu | 5286724 | 1724449 | 3562275 | 6113799 | 1970652 | 4143147 |
| **石嘴山市** | **Shizuishan** | **5736636** | **87289** | **5649347** | **5785127** | **105841** | **5679287** |
| 大武口区 | Dawukou | 1111141 | | 1111141 | 895798 | 2300 | 893498 |
| 惠农区 | Huinong | 2253078 | 4776 | 2248302 | 2213202 | 4202 | 2209000 |
| 平罗县 | Pingluo | 2372417 | 82514 | 2289904 | 2676127 | 99338 | 2576789 |
| **吴忠市** | **Wuzhong** | **5886895** | **1907466** | **3979429** | **5800999** | **2106749** | **3694250** |
| 利通区 | Litong | 1887362 | 1008099 | 879264 | 2079863 | 1124206 | 955657 |
| 红寺堡区 | Hongsipu | 71292 | 17381 | 53911 | 88023 | 39606 | 48416 |
| 盐池县 | Yanchi | 468734 | 41994 | 426740 | 578468 | 45589 | 532879 |
| 同心县 | Tongxin | 391318 | 318353 | 72965 | 491294 | 398271 | 93022 |
| 青铜峡市 | Qingtongxia | 3068190 | 521640 | 2546550 | 2563352 | 499076 | 2064276 |
| **固原市** | **Guyuan** | **361556** | **185580** | **175976** | **423092** | **220870** | **202222** |
| 原州区 | Yuanzhou | 92497 | 62840 | 29657 | 129712 | 67254 | 62458 |
| 西吉县 | Xiji | 91084 | 78020 | 13064 | 103046 | 85983 | 17063 |
| 隆德县 | Longde | 25029 | 15450 | 9579 | 31683 | 22540 | 9143 |
| 泾源县 | Jingyuan | 33782 | 16850 | 16932 | 44587 | 27699 | 16889 |
| 彭阳县 | Pengyang | 119164 | 12420 | 106743 | 114064 | 17394 | 96669 |
| **中卫市** | **Zhongwei** | **3787696** | **332437** | **3455259** | **3917668** | **522542** | **3395126** |
| 沙坡头区 | Shapotou | 1730733 | 158150 | 1572583 | 1564341 | 302491 | 1261850 |
| 中宁县 | Zhongning | 1915435 | 157301 | 1758133 | 2054546 | 207587 | 1846958 |
| 海原县 | Haiyuan | 141528 | 16986 | 124543 | 298782 | 12464 | 286318 |
| **其　他** | **Others** | **3821152** | | **3821152** | **4105179** | | **4105179** |

# 12-12 各市县规模以上工业企业主要经济指标(2015年)

# Main Economic Indicators on Industrial Enterprises above Designated Size by City and County(2015)

单位:个、万元 (unit,10 000 yuan)

| 地区 | Region | 企业单位数 Number of Enterprises | 亏损企业 Loss-suffering Enterprises | 资产总计 Total Assets | 流动资产 Current Assets | 固定资产 Fixed Assets |
|---|---|---|---|---|---|---|
| **全区总计** | **Total** | **1245** | **395** | **78010729** | **26235627** | **34076155** |
| **银川市** | **Yinchuan** | **484** | **112** | **32723267** | **11175873** | **15609116** |
| 兴庆区 | Xingqing | 20 | 6 | 3920214 | 899266 | 2581419 |
| 西夏区 | Xixia | 84 | 30 | 5404336 | 2010470 | 2790021 |
| 金凤区 | Jinfeng | 46 | 7 | 4437489 | 1559108 | 1326195 |
| 永宁县 | Yongning | 81 | 14 | 2097592 | 868475 | 854620 |
| 贺兰县 | Helan | 131 | 33 | 2245217 | 1034497 | 671322 |
| 灵武市 | Lingwu | 122 | 22 | 14618419 | 4804058 | 7385539 |
| **石嘴山市** | **Shizuishan** | **233** | **137** | **9317083** | **4270138** | **4165571** |
| 大武口区 | Dawukou | 58 | 28 | 2202380 | 1189120 | 859363 |
| 惠农区 | Huinong | 78 | 47 | 3474490 | 1350021 | 1794254 |
| 平罗县 | Pingluo | 97 | 62 | 3640214 | 1730998 | 1511954 |
| **吴忠市** | **Wuzhong** | **351** | **84** | **10246191** | **3519134** | **4739522** |
| 利通区 | Litong | 126 | 24 | 3636743 | 1328571 | 1401720 |
| 红寺堡区 | Hongsipu | 11 | 3 | 613496 | 145532 | 372588 |
| 盐池县 | Yanchi | 42 | 10 | 1353278 | 286330 | 786157 |
| 同心县 | Tongxin | 46 | 5 | 1122583 | 504741 | 264401 |
| 青铜峡市 | Qingtongxia | 126 | 42 | 3520093 | 1253961 | 1914656 |
| **固原市** | **Guyuan** | **55** | **7** | **1257283** | **326751** | **835831** |
| 原州区 | Yuanzhou | 23 | 4 | 410731 | 161377 | 185817 |
| 西吉县 | Xiji | 11 |  | 169969 | 54188 | 100721 |
| 隆德县 | Longde | 9 | 2 | 62978 | 21404 | 36476 |
| 泾源县 | Jingyuan | 5 | 1 | 43223 | 18808 | 16021 |
| 彭阳县 | Pengyang | 7 |  | 570383 | 70974 | 496796 |
| **中卫市** | **Zhongwei** | **121** | **54** | **11908247** | **4815407** | **3723481** |
| 沙坡头区 | Shapotou | 69 | 37 | 4243945 | 1929571 | 1781349 |
| 中宁县 | Zhongning | 46 | 16 | 6868024 | 2634983 | 1399093 |
| 海原县 | Haiyuan | 6 | 1 | 796278 | 250853 | 543039 |
| **其他** | **Others** | **1** | **1** | **12558657** | **2128324** | **5002635** |

# 12－12 续表1 continued

单位:万元 (10 000 yuan)

| 地 区 | Region | 固定资产原值 Original Value of Fixed Assets | 累计折旧 Accumulated Depreciation | 流动负债 Liquid Liabilities | 非流动负债合计 Total Non－current Liabilities | 所有者权益 Owners´Equities |
|---|---|---|---|---|---|---|
| **全区总计** | **Total** | **44641531** | **13799009** | **32688497** | **18771614** | **24599857** |
| **银 川 市** | **Yinchuan** | **19877642** | **5804907** | **12406096** | **8193608** | **11588511** |
| 兴 庆 区 | Xingqing | 4275116 | 2096172 | 1434880 | 1114132 | 1363600 |
| 西 夏 区 | Xixia | 3713945 | 1273362 | 1996314 | 1159298 | 2173763 |
| 金 凤 区 | Jinfeng | 1813913 | 613884 | 1295137 | 1404872 | 1724376 |
| 永 宁 县 | Yongning | 1222451 | 428033 | 1059117 | 113527 | 764623 |
| 贺 兰 县 | Helan | 778973 | 201099 | 952753 | 243490 | 967029 |
| 灵 武 市 | Lingwu | 8073244 | 1192358 | 5667896 | 4158289 | 4595119 |
| **石嘴山市** | **Shizuishan** | **5079135** | **1723228** | **4786524** | **1033165** | **3124251** |
| 大武口区 | Dawukou | 1274696 | 468467 | 1017264 | 329119 | 791516 |
| 惠 农 区 | Huinong | 2301302 | 947562 | 1844552 | 362774 | 1208698 |
| 平 罗 县 | Pingluo | 1503138 | 307198 | 1924708 | 341272 | 1124037 |
| **吴 忠 市** | **Wuzhong** | **6630642** | **2055752** | **4501561** | **2308481** | **2884393** |
| 利 通 区 | Litong | 1598494 | 353411 | 1610225 | 741386 | 1174048 |
| 红寺堡区 | Hongsipu | 361657 | 48205 | 83501 | 260149 | 269205 |
| 盐 池 县 | Yanchi | 886851 | 120543 | 397364 | 312343 | 416323 |
| 同 心 县 | Tongxin | 279866 | 17347 | 467593 | 288712 | 347783 |
| 青铜峡市 | Qingtongxia | 3503773 | 1516246 | 1942878 | 705891 | 677034 |
| **固 原 市** | **Guyuan** | **543208** | **119176** | **421085** | **376655** | **446506** |
| 原 州 区 | Yuanzhou | 203400 | 26849 | 221617 | 50970 | 137071 |
| 西 吉 县 | Xiji | 119326 | 21726 | 41630 | 39303 | 87516 |
| 隆 德 县 | Longde | 37617 | 5777 | 16855 | 1092 | 40338 |
| 泾 源 县 | Jingyuan | 28173 | 12152 | 12877 | 1056 | 25139 |
| 彭 阳 县 | Pengyang | 154692 | 52673 | 128107 | 284234 | 156442 |
| **中 卫 市** | **Zhongwei** | **4414270** | **1001947** | **5860830** | **2517931** | **3051714** |
| 沙坡头区 | Shapotou | 2084272 | 439739 | 2066800 | 683000 | 1433004 |
| 中 宁 县 | Zhongning | 1801914 | 537138 | 3522356 | 1482392 | 1446646 |
| 海 原 县 | Haiyuan | 528084 | 25070 | 271675 | 352539 | 172064 |
| **其 他** | **Others** | **8096635** | **3094000** | **4712400** | **4341774** | **3504483** |

# 12－12 续表 2 continued

单位:万元 (10 000 yuan)

| 地 区 | Region | 实收资本 Total Paid－up Capital | 国家资本 National | 主营业务收入 Revenue from Principal Business | 主营业务成本 Cost of Principal Business | 管理费用 Overhead Charges |
|---|---|---|---|---|---|---|
| **全区总计** | **Total** | **22987072** | **7552287** | **34727526** | **29905871** | **1367782** |
| **银 川 市** | **Yinchuan** | **7250742** | **1729794** | **17351774** | **14576510** | **557609** |
| 兴 庆 区 | Xingqing | 371703 | 211330 | 3798250 | 3624582 | 44226 |
| 西 夏 区 | Xixia | 1839490 | 775286 | 3625070 | 2518433 | 133187 |
| 金 凤 区 | Jinfeng | 906865 | 60057 | 1244175 | 1029617 | 59866 |
| 永 宁 县 | Yongning | 305589 | 4987 | 1198302 | 1026303 | 77338 |
| 贺 兰 县 | Helan | 674575 | 25255 | 1457812 | 1184670 | 80364 |
| 灵 武 市 | Lingwu | 3152520 | 652879 | 6028165 | 5192906 | 162629 |
| **石嘴山市** | **Shizuishan** | **1778947** | **261958** | **5292743** | **4839956** | **196388** |
| 大武口区 | Dawukou | 507855 | 163456 | 853031 | 721639 | 81818 |
| 惠 农 区 | Huinong | 710330 | 97974 | 2009248 | 1883792 | 57092 |
| 平 罗 县 | Pingluo | 560762 | 529 | 2430463 | 2234525 | 57479 |
| **吴 忠 市** | **Wuzhong** | **1904572** | **379197** | **5302907** | **4645714** | **153175** |
| 利 通 区 | Litong | 546216 | 164896 | 1912921 | 1570249 | 65205 |
| 红寺堡区 | Hongsipu | 223855 | 30670 | 80418 | 51014 | 3375 |
| 盐 池 县 | Yanchi | 319649 | 4577 | 396364 | 304258 | 21699 |
| 同 心 县 | Tongxin | 186511 | 23411 | 467424 | 418188 | 5660 |
| 青铜峡市 | Qingtongxia | 628341 | 155643 | 2445780 | 2302005 | 57236 |
| **固 原 市** | **Guyuan** | **301348** | **47012** | **363991** | **286829** | **17653** |
| 原 州 区 | Yuanzhou | 89968 | 24602 | 119124 | 92726 | 5493 |
| 西 吉 县 | Xiji | 35064 | 14500 | 99074 | 83793 | 2712 |
| 隆 德 县 | Longde | 16446 |  | 31198 | 25304 | 1895 |
| 泾 源 县 | Jingyuan | 20323 | 7713 | 31734 | 27733 | 1881 |
| 彭 阳 县 | Pengyang | 139547 | 197 | 82861 | 57274 | 5672 |
| **中 卫 市** | **Zhongwei** | **1720998** | **219398** | **3969480** | **3589075** | **133321** |
| 沙坡头区 | Shapotou | 883574 | 41670 | 1797705 | 1619998 | 87322 |
| 中 宁 县 | Zhongning | 709258 | 63608 | 1899200 | 1735982 | 44728 |
| 海 原 县 | Haiyuan | 128166 | 114120 | 272575 | 233096 | 1271 |
| **其 他** | **Others** | **10030466** | **4914929** | **2446632** | **1967786** | **309636** |

## 12-12 续表3 continued

单位:万元 (10 000 yuan)

| 地 区 | Region | 利息支出 lInterest Expenses | 利润总额 Total Profits | 亏损企业亏损总额 Losses Value of Loss-suffering Enterprises | 本年应付职工薪酬 Employee Earnings Payable This Year | 全部职工年平均人数(人) Annual Average Employed Persons (person) |
|---|---|---|---|---|---|---|
| **全区总计** | **Total** | **1342495** | **853366** | **888344** | **2616334** | **324227** |
| **银川市** | **Yinchuan** | **550566** | **795308** | **228085** | **842100** | **113661** |
| 兴庆区 | Xingqing | 62477 | 83932 | 5972 | 204248 | 15495 |
| 西夏区 | Xixia | 97854 | 57703 | 96835 | 193010 | 26905 |
| 金凤区 | Jinfeng | 85409 | 93188 | 10758 | 76463 | 10360 |
| 永宁县 | Yongning | 28393 | 46035 | 11002 | 66377 | 12299 |
| 贺兰县 | Helan | 24018 | 109741 | 19945 | 69630 | 14977 |
| 灵武市 | Lingwu | 252416 | 404709 | 83573 | 232371 | 33625 |
| **石嘴山市** | **Shizuishan** | **168746** | **-38395** | **210378** | **357492** | **63255** |
| 大武口区 | Dawukou | 42597 | -54908 | 112930 | 102841 | 17096 |
| 惠农区 | Huinong | 39500 | -817 | 55232 | 153776 | 24799 |
| 平罗县 | Pingluo | 86649 | 17329 | 42216 | 100875 | 21360 |
| **吴忠市** | **Wuzhong** | **202091** | **110581** | **175668** | **311485** | **48425** |
| 利通区 | Litong | 51318 | 99338 | 11767 | 104597 | 17966 |
| 红寺堡区 | Hongsipu | 11587 | 12808 | 240 | 2854 | 832 |
| 盐池县 | Yanchi | 27985 | 32315 | 18007 | 28306 | 4734 |
| 同心县 | Tongxin | 14723 | 32344 | 1742 | 6846 | 2219 |
| 青铜峡市 | Qingtongxia | 96478 | -66223 | 143912 | 168882 | 22674 |
| **固原市** | **Guyuan** | **14638** | **31586** | **3818** | **66670** | **8131** |
| 原州区 | Yuanzhou | 8185 | 13194 | 1524 | 6115 | 1670 |
| 西吉县 | Xiji | 2762 | 9866 | | 5471 | 1653 |
| 隆德县 | Longde | 322 | 615 | 1206 | 3654 | 1111 |
| 泾源县 | Jingyuan | 39 | 975 | 1088 | 2680 | 542 |
| 彭阳县 | Pengyang | 3331 | 6937 | | 48750 | 3155 |
| **中卫市** | **Zhongwei** | **159263** | **114091** | **110590** | **218979** | **35628** |
| 沙坡头区 | Shapotou | 77826 | 18576 | 93088 | 90409 | 16482 |
| 中宁县 | Zhongning | 63952 | 82823 | 17416 | 126957 | 18747 |
| 海原县 | Haiyuan | 17485 | 12692 | 87 | 1612 | 399 |
| **其他** | **Others** | **247192** | **-159804** | **159804** | **819608** | **55127** |

# 12-13 各市县规模以上国有及国有控股和私营企业工业总产值(2015年)

## Gross Industrial Output Value of State-owned, State-holding and Private Industrial Enterprises above Designated Size by City and County(2015)

单位:个、万元 (unit,10 000yuan)

| 地区 | Region | 国有及国有控股企业 State-owned and State-holding Enterprises | | | 私营企业 Private Enterprises | | |
|---|---|---|---|---|---|---|---|
| | | 企业单位数 Number of Enterprises | 亏损企业 Number of Loss-suffering Enterprises | 总产值 Gross Output Value | 企业单位数 Number of Enterprises | 亏损企业 Number of Loss-suffering Enterprises | 总产值 Gross Output Value |
| **全区总计** | **Total** | **144** | **40** | **15718613** | **802** | **247** | **12581159** |
| **银川市** | **Yinchuan** | **49** | **14** | **7787273** | **319** | **61** | **4973975** |
| 兴庆区 | Xingqingqu | 8 | | 3568162 | 9 | 5 | 166042 |
| 西夏区 | Xixia | 14 | 7 | 2530927 | 26 | 7 | 355633 |
| 金凤区 | Jinfeng | 8 | | 315072 | 22 | 6 | 388204 |
| 永宁县 | Yongning | 1 | | 11786 | 66 | 10 | 579844 |
| 贺兰县 | Helan | 2 | | 14987 | 100 | 20 | 1435035 |
| 灵武市 | Lingwu | 16 | 7 | 1346340 | 96 | 13 | 2049217 |
| **石嘴山市** | **Shizuishan** | **22** | **8** | **1058481** | **163** | **109** | **2729114** |
| 大武口区 | Dawukou | 9 | 3 | 572876 | 32 | 20 | 112403 |
| 惠农区 | Huinong | 10 | 2 | 459559 | 47 | 36 | 1080331 |
| 平罗县 | Pingluo | 3 | 3 | 26046 | 84 | 53 | 1536380 |
| **吴忠市** | **Wuzhong** | **41** | **8** | **1891345** | **209** | **40** | **2414767** |
| 利通区 | Litong | 12 | 1 | 253095 | 73 | 10 | 1221821 |
| 红寺堡区 | Hongsipu | 3 | 1 | 23873 | 7 | 2 | 28565 |
| 盐池县 | Yanchi | 5 | | 54533 | 28 | 8 | 359506 |
| 同心县 | Tongxin | 1 | | 2811 | 36 | 3 | 446287 |
| 青铜峡市 | Qingtongxia | 20 | 6 | 1557033 | 65 | 17 | 358587 |
| **固原市** | **Guyuan** | **6** | **2** | **129405** | **35** | **2** | **190429** |
| 原州区 | Yuanzhou | 2 | 1 | 5722 | 13 | 1 | 71484 |
| 西吉县 | Xiji | 1 | | 8681 | 8 | | 66854 |
| 隆德县 | Longde | | | | 7 | 1 | 25975 |
| 泾源县 | Jingyuan | 1 | 1 | 14789 | 3 | | 14854 |
| 彭阳县 | Pengyang | 2 | | 100214 | 4 | | 11262 |
| **中卫市** | **Zhongwei** | **25** | **7** | **746930** | **76** | **35** | **2272874** |
| 沙坡头区 | Shapotou | 14 | 3 | 323151 | 43 | 25 | 805788 |
| 中宁县 | Zhongning | 9 | 4 | 140900 | 30 | 10 | 1458910 |
| 海原县 | Haiyuan | 2 | | 282879 | 3 | | 8175 |
| **其他** | **Others** | **1** | **1** | **4105179** | | | |

# 12－14 各市县规模以上国有及国有控股工业企业主要经济指标(2015年)

## Main Economic Indicators on State－owned and State－holding Industrial Enterprises above Designated Size by City and County(2015)

单位:万元 (10 000 yuan)

| 地 区 | Region | 资产总计 Total Assets | 流动资产 Current Assets | 固定资产 Fixed Assets | 固定资产原值 Original Value of Fixed Assets | 流动负债 Liquid Liabilities |
|---|---|---|---|---|---|---|
| **全区总计** | **Total** | **36050586** | **6714296** | **21103230** | **29913961** | **12324721** |
| **银 川 市** | **Yinchuan** | **13527145** | **1843857** | **9801397** | **12994563** | **3613288** |
| 兴 庆 区 | Xingqing | 3637350 | 721275 | 2493528 | 4172500 | 1260710 |
| 西 夏 区 | Xixia | 2317794 | 312512 | 1902451 | 2447097 | 508847 |
| 金 凤 区 | Jinfeng | 1592913 | 214362 | 724415 | 1107107 | 312790 |
| 永 宁 县 | Yongning | 79892 | 39348 | 38604 | 42841 | 61769 |
| 贺 兰 县 | Helan | 20126 | 12644 | 7400 | 12264 | 11938 |
| 灵 武 市 | Lingwu | 5879070 | 543717 | 4635000 | 5212754 | 1457235 |
| **石嘴山市** | **Shizuishan** | **2704611** | **1010904** | **1543437** | **2556394** | **1139030** |
| 大武口区 | Dawukou | 1653853 | 816152 | 739455 | 1097342 | 800893 |
| 惠 农 区 | Huinong | 948524 | 171098 | 726751 | 1396028 | 301457 |
| 平 罗 县 | Pingluo | 102234 | 23655 | 77231 | 63024 | 36680 |
| **吴 忠 市** | **Wuzhong** | **3985019** | **875660** | **2566209** | **4091156** | **2005812** |
| 利 通 区 | Litong | 1002789 | 252469 | 660943 | 739200 | 245142 |
| 红寺堡区 | Hongsipu | 131299 | 29366 | 99945 | 44873 | 41666 |
| 盐 池 县 | Yanchi | 431140 | 38433 | 275985 | 339089 | 118183 |
| 同 心 县 | Tongxin | 229888 | 36346 | 262 | 432 | 188577 |
| 青铜峡市 | Qingtongxia | 2189905 | 519045 | 1529074 | 2967563 | 1412244 |
| **固 原 市** | **Guyuan** | **662670** | **77995** | **583283** | **267278** | **132796** |
| 原 州 区 | Yuanzhou | 36251 | 4702 | 30575 | 38781 | 7991 |
| 西 吉 县 | Xiji | 53481 | 1502 | 51979 | 59705 | －2250 |
| 隆 德 县 | Longde | | | | | |
| 泾 源 县 | Jingyuan | 15568 | 6588 | 8562 | 17619 | 1673 |
| 彭 阳 县 | Pengyang | 557371 | 65204 | 492167 | 151174 | 125382 |
| **中 卫 市** | **Zhongwei** | **2612484** | **777556** | **1606269** | **1907936** | **721396** |
| 沙坡头区 | Shapotou | 1429329 | 450718 | 807010 | 941467 | 342679 |
| 中 宁 县 | Zhongning | 432609 | 93845 | 282339 | 466947 | 114614 |
| 海 原 县 | Haiyuan | 750546 | 232992 | 516919 | 499522 | 264103 |
| **其 他** | **Others** | **12558657** | **2128324** | **5002635** | **8096635** | **4712400** |

## 12－14 续表 1 continued

单位:万元 (10 000 yuan)

| 地 区 | Region | 非流动负债合计 Non－current Liabilities | 所有者权益 Owners′ Equities | 实收资本 Total Paid－up Capital | 国家 National | 主营业务收入 Revenue from Principal Business |
|---|---|---|---|---|---|---|
| **全区总计** | **Total** | **12629690** | **10827305** | **15110606** | **7419100** | **13650740** |
| **银 川 市** | **Yinchuan** | **5221675** | **4534533** | **3122957** | **1645981** | **7499829** |
| 兴 庆 区 | Xingqing | 1094939 | 1281701 | 322704 | 211330 | 3592251 |
| 西 夏 区 | Xixia | 701923 | 1107024 | 962167 | 754866 | 2498666 |
| 金 凤 区 | Jinfeng | 707268 | 572849 | 564773 | 56871 | 292603 |
| 永 宁 县 | Yongning | 10003 | 8120 | 4580 | 4580 | 7581 |
| 贺 兰 县 | Helan | | 8188 | 955 | 455 | 16188 |
| 灵 武 市 | Lingwu | 2707542 | 1556651 | 1267778 | 617879 | 1092539 |
| **石嘴山市** | **Shizuishan** | **370502** | **1133708** | **608946** | **244878** | **1053033** |
| 大武口区 | Dawukou | 269873 | 536217 | 355657 | 163456 | 588088 |
| 惠 农 区 | Huinong | 91599 | 540968 | 233382 | 81165 | 441551 |
| 平 罗 县 | Pingluo | 9030 | 56524 | 19907 | 257 | 23395 |
| **吴 忠 市** | **Wuzhong** | **1424175** | **550471** | **729638** | **353904** | **1877845** |
| 利 通 区 | Litong | 506480 | 251167 | 182845 | 144996 | 252022 |
| 红寺堡区 | Hongsipu | 37137 | 52495 | 31670 | 30670 | 22193 |
| 盐 池 县 | Yanchi | 218280 | 90117 | 90667 | 3282 | 53068 |
| 同 心 县 | Tongxin | 17900 | 23411 | 23411 | 23411 | 2204 |
| 青铜峡市 | Qingtongxia | 644379 | 133281 | 401046 | 151545 | 1548359 |
| **固 原 市** | **Guyuan** | **319200** | **209612** | **182227** | **47012** | **100704** |
| 原 州 区 | Yuanzhou | 7140 | 20058 | 24602 | 24602 | 6991 |
| 西 吉 县 | Xiji | 28310 | 27420 | 14500 | 14500 | 8681 |
| 隆 德 县 | Longde | | | | | |
| 泾 源 县 | Jingyuan | 5 | 13890 | 7713 | 7713 | 14705 |
| 彭 阳 县 | Pengyang | 283745 | 148244 | 135412 | 197 | 70327 |
| **中 卫 市** | **Zhongwei** | **952364** | **894498** | **436372** | **212398** | **672696** |
| 沙坡头区 | Shapotou | 454819 | 587606 | 223917 | 34670 | 285042 |
| 中 宁 县 | Zhongning | 164238 | 153757 | 98336 | 63608 | 131471 |
| 海 原 县 | Haiyuan | 333308 | 153135 | 114120 | 114120 | 256183 |
| **其 他** | **Others** | **4341774** | **3504483** | **10030466** | **4914929** | **2446632** |

# 12－14 续表 2 continued

单位:万元 (10 000 yuan)

| 地 区 | Region | 主营业务成本<br>Cost of Principal Business | 管理费用<br>Overhead Charges | 利润总额<br>Total Profits | 本年应付职工薪酬<br>Wages Payable This Year |
|---|---|---|---|---|---|
| **全区总计** | **Total** | **11109468** | **661645** | **183861** | **1605580** |
| **银 川 市** | **Yinchuan** | **6023915** | **194818** | **309587** | **394856** |
| 兴 庆 区 | Xingqing | 3436428 | 37198 | 81290 | 197752 |
| 西 夏 区 | Xixia | 1537973 | 66207 | 70445 | 93088 |
| 金 凤 区 | Jinfeng | 223752 | 14726 | 53560 | 33858 |
| 永 宁 县 | Yongning | 3988 | 1399 | 286 | 1345 |
| 贺 兰 县 | Helan | 13397 | 883 | 1377 | 1192 |
| 灵 武 市 | Lingwu | 808377 | 74405 | 102629 | 67623 |
| **石嘴山市** | **Shizuishan** | **900491** | **82051** | **－44031** | **146943** |
| 大武口区 | Dawukou | 510012 | 56909 | －63557 | 78413 |
| 惠 农 区 | Huinong | 368476 | 23594 | 20531 | 66538 |
| 平 罗 县 | Pingluo | 22003 | 1549 | －1006 | 1992 |
| **吴 忠 市** | **Wuzhong** | **1623562** | **38848** | **－8640** | **150791** |
| 利 通 区 | Litong | 106680 | 8993 | 41921 | 16518 |
| 红寺堡区 | Hongsipu | 16227 | 1467 | 3725 | 1738 |
| 盐 池 县 | Yanchi | 23848 | 1002 | 13868 | 3056 |
| 同 心 县 | Tongxin | 140 | | | 323 |
| 青铜峡市 | Qingtongxia | 1476667 | 27386 | －68153 | 129156 |
| **固 原 市** | **Guyuan** | **71147** | **8060** | **6911** | **52307** |
| 原 州 区 | Yuanzhou | 6540 | 1462 | －356 | 2086 |
| 西 吉 县 | Xiji | 4364 | | 2491 | 187 |
| 隆 德 县 | Longde | | | | |
| 泾 源 县 | Jingyuan | 13770 | 1371 | －1088 | 1826 |
| 彭 阳 县 | Pengyang | 46474 | 5227 | 5864 | 48207 |
| **中 卫 市** | **Zhongwei** | **522567** | **28233** | **79839** | **41076** |
| 沙坡头区 | Shapotou | 187898 | 24604 | 64479 | 27943 |
| 中 宁 县 | Zhongning | 114664 | 2604 | 4416 | 12207 |
| 海 原 县 | Haiyuan | 220006 | 1025 | 10943 | 926 |
| **其 他** | **Others** | **1967786** | **309636** | **－159804** | **819608** |

# 12－15 各市县规模以上私营工业企业主要财务指标(2015 年)

## Main Financial Indicators on Private Industrial Enterprises above Designated Size by City and County(2015)

单位:万元 (10 000 yuan)

| 地 区 | Region | 资产总计 Total Assets | 流动资产 Current Assets | 固定资产 Fixed Assets | 固定资产原值 Original Value of Fixed Assets | 流动负债 Liquid Liabilities | 所有者权益 Owners´Equities |
|---|---|---|---|---|---|---|---|
| **全区总计** | **Total** | **24105092** | **12338314** | **5561815** | **6266778** | **12920570** | **6871554** |
| **银 川 市** | **Yinchuan** | **9005869** | **5224250** | **1882278** | **2204843** | **4521678** | **2974162** |
| 兴 庆 区 | Xingqing | 156891 | 71096 | 71899 | 78464 | 101748 | 29417 |
| 西 夏 区 | Xixia | 1049584 | 695548 | 148481 | 206078 | 610000 | 195744 |
| 金 凤 区 | Jinfeng | 1959612 | 866813 | 465143 | 473346 | 688325 | 727329 |
| 永 宁 县 | Yongning | 620882 | 324983 | 176261 | 213340 | 254518 | 220346 |
| 贺 兰 县 | Helan | 1280251 | 665802 | 466986 | 511117 | 602583 | 537000 |
| 灵 武 市 | Lingwu | 3938650 | 2600008 | 553509 | 722498 | 2264505 | 1264326 |
| **石嘴山市** | **Shizuishan** | **3317636** | **1925703** | **910687** | **958868** | **2209186** | **758008** |
| 大武口区 | Dawukou | 237475 | 157514 | 40478 | 52741 | 99945 | 68922 |
| 惠 农 区 | Huinong | 956410 | 528157 | 317362 | 261665 | 735636 | 168513 |
| 平 罗 县 | Pingluo | 2123752 | 1240032 | 552847 | 644463 | 1373604 | 520573 |
| **吴 忠 市** | **Wuzhong** | **3406436** | **1534950** | **1139662** | **1259575** | **1745074** | **1147161** |
| 利 通 区 | Litong | 1725684 | 696496 | 525918 | 600711 | 1022399 | 524557 |
| 红寺堡区 | Hongsipu | 48377 | 32431 | 10409 | 15292 | 22962 | 22373 |
| 盐 池 县 | Yanchi | 445619 | 155395 | 267205 | 290738 | 250115 | 131422 |
| 同 心 县 | Tongxin | 777690 | 427511 | 199773 | 211890 | 262965 | 280793 |
| 青铜峡市 | Qingtongxia | 409067 | 223118 | 136358 | 140944 | 186634 | 188016 |
| **固 原 市** | **Guyuan** | **277013** | **132884** | **97028** | **103168** | **99359** | **156916** |
| 原 州 区 | Yuanzhou | 122725 | 74920 | 29967 | 32690 | 55841 | 63338 |
| 西 吉 县 | Xiji | 66146 | 26641 | 24465 | 26188 | 19935 | 40903 |
| 隆 德 县 | Longde | 54863 | 16884 | 33534 | 34229 | 11747 | 38459 |
| 泾 源 县 | Jingyuan | 22789 | 9610 | 5954 | 8299 | 10191 | 7447 |
| 彭 阳 县 | Pengyang | 10489 | 4830 | 3108 | 1762 | 1646 | 6770 |
| **中 卫 市** | **Zhongwei** | **8098138** | **3520527** | **1532160** | **1740324** | **4345273** | **1835308** |
| 沙坡头区 | Shapotou | 2218285 | 1186260 | 709889 | 808427 | 1255095 | 736181 |
| 中 宁 县 | Zhongning | 5836940 | 2318723 | 796652 | 903836 | 3083515 | 1082109 |
| 海 原 县 | Haiyuan | 42913 | 15544 | 25619 | 28060 | 6664 | 17018 |

## 12－15 续表1 continued

单位:万元 (10 000 yuan)

| 地 区 | Region | 实收资本 Total Paid－up Capital | 主营业务收入 Revenue from Principal Business | 主营业务成本 Cost of Principal Business | 管理费用 Overhead Charges | 利润总额 Total Profits |
|---|---|---|---|---|---|---|
| **全区总计** | **Total** | **3867307** | **11787300** | **10644610** | **366103** | **281491** |
| **银 川 市** | **Yinchuan** | **1561113** | **4680146** | **4145526** | **153854** | **150568** |
| 兴 庆 区 | Xingqing | 27330 | 142432 | 141704 | 3165 | －5671 |
| 西 夏 区 | Xixia | 216359 | 311292 | 286460 | 18278 | －29649 |
| 金 凤 区 | Jinfeng | 182499 | 602003 | 543436 | 18185 | －467 |
| 永 宁 县 | Yongning | 127333 | 455482 | 405585 | 17841 | 14396 |
| 贺 兰 县 | Helan | 325528 | 1012727 | 836503 | 54040 | 63379 |
| 灵 武 市 | Lingwu | 682065 | 2156211 | 1931839 | 42345 | 108581 |
| **石嘴山市** | **Shizuishan** | **665678** | **2369514** | **2240118** | **63157** | **－48155** |
| 大武口区 | Dawukou | 73654 | 100647 | 89912 | 8210 | －5157 |
| 惠 农 区 | Huinong | 167209 | 931916 | 897159 | 21924 | －20014 |
| 平 罗 县 | Pingluo | 424815 | 1336951 | 1253047 | 33022 | －22983 |
| **吴 忠 市** | **Wuzhong** | **613839** | **2105254** | **1868316** | **69830** | **81933** |
| 利 通 区 | Litong | 251364 | 1110057 | 972543 | 40063 | 47609 |
| 红寺堡区 | Hongsipu | 18256 | 22683 | 18497 | 1142 | 1584 |
| 盐 池 县 | Yanchi | 109422 | 212122 | 197089 | 11905 | －7361 |
| 同 心 县 | Tongxin | 140652 | 429195 | 388419 | 5224 | 27430 |
| 青铜峡市 | Qingtongxia | 94146 | 331197 | 291768 | 11495 | 12671 |
| **固 原 市** | **Guyuan** | **54195** | **178366** | **145775** | **6900** | **16761** |
| 原 州 区 | Yuanzhou | 17410 | 65017 | 49576 | 2855 | 8350 |
| 西 吉 县 | Xiji | 11930 | 63736 | 54991 | 1588 | 5944 |
| 隆 德 县 | Longde | 15020 | 25856 | 20692 | 1624 | 556 |
| 泾 源 县 | Jingyuan | 6300 | 13904 | 12179 | 469 | 937 |
| 彭 阳 县 | Pengyang | 3535 | 9854 | 8337 | 364 | 975 |
| **中 卫 市** | **Zhongwei** | **972482** | **2454020** | **2244876** | **72363** | **80384** |
| 沙坡头区 | Shapotou | 532343 | 1079521 | 1000456 | 36868 | －1092 |
| 中 宁 县 | Zhongning | 428093 | 1366587 | 1239842 | 35292 | 79640 |
| 海 原 县 | Haiyuan | 12046 | 7912 | 4578 | 203 | 1835 |

# 12－16 各市县区规模以下工业主要经济指标(2015年)

## Main Indicators of Industrial Enterprises Below Designated Size by City and County(2015)

| 地 区 | Region | 现价工业总产值(万元) Gross Industrial Output Value at Current Prices (1 0000 yuan) | 工业增加值(万元) Value－added of Industry (1 0000 yuan) | 可比价增长速度(%) Growth Rate at Constant Prices (%) |
|---|---|---|---|---|
| **全区总计** | **Total** | **904200.00** | **294000.00** | **2.2** |
| **银 川 市** | **Yinchuan** | **282981.17** | **92002.63** | **0.6** |
| 兴 庆 区 | Xingqing | 14763.60 | 4799.93 | 5.0 |
| 西 夏 区 | Xixia | 28777.65 | 9356.16 | －15.1 |
| 金 凤 区 | Jinfeng | 26593.58 | 8646.09 | 1.6 |
| 永 宁 县 | Yongning | 47904.35 | 15574.62 | 7.9 |
| 贺 兰 县 | Helan | 130076.60 | 42290.41 | 4.4 |
| 灵 武 市 | Lingwu | 34865.39 | 11335.41 | －3.3 |
| **石嘴山市** | **Shizuishan** | **125673.43** | **40858.85** | **－3.2** |
| 大武口区 | Dawukou | 24488.82 | 7961.79 | －15.5 |
| 惠 农 区 | Huinong | 47000.00 | 16100.00 | －3.2 |
| 平 罗 县 | Pingluo | 54200.00 | 16800.00 | 1.2 |
| **吴 忠 市** | **Wuzhong** | **168997.78** | **54944.43** | **5.0** |
| 利 通 区 | Litong | 18161.68 | 5904.71 | －0.9 |
| 红寺堡区 | Hongsipu | 34975.91 | 11371.34 | 9.6 |
| 盐 池 县 | Yanchi | 36546.99 | 11882.13 | 9.5 |
| 同 心 县 | Tongxin | 46250.65 | 15036.97 | 6.5 |
| 青铜峡市 | Qingtongxia | 33062.55 | 10749.27 | －17.8 |
| **固 原 市** | **Guyuan** | **182200.00** | **58972.88** | **9.8** |
| 原 州 区 | Yuanzhou | 92165.49 | 29825.59 | 10.3 |
| 西 吉 县 | Xiji | 18405.88 | 5956.31 | 9.6 |
| 隆 德 县 | Longde | 17124.17 | 5541.54 | 10.1 |
| 泾 源 县 | Jingyuan | 20629.37 | 6675.85 | 4.5 |
| 彭 阳 县 | Pengyang | 33834.70 | 11000.00 | 9.8 |
| **中 卫 市** | **Zhongwei** | **144300.00** | **47255.15** | **－4.9** |
| 沙坡头区 | Shapotou | 34195.52 | 11211.25 | －3.7 |
| 中 宁 县 | Zhongning | 56078.14 | 18385.63 | －9.2 |
| 海 原 县 | Haiyuan | 53981.51 | 17698.23 | －3.6 |

注： 总计是以全区为总体推算数,各市(县、区)合计数不等于全区总计。

Note:The Total Number is estimated regarding the whole Ningxia as statistical population.

# 主要统计指标解释

**[工业总产值]** 工业总产值是以货币形式表现的,工业企业在一定时期内生产的工业最终产品或提供工业性劳务活动的总价值量。它包括本期生产成品价值、加工费收入,在制品半成品期末期初差额价值三部分。计算工业总产值应遵循三条基本准则:(1)工业生产的原则:即凡是企业在报告期生产的经检验合格的产品,不管是否在报告期销售,均应包括在内。反之亦然,凡不是本企业生产的产品,均不计入本企业的工业总产值中。(2)最终产品的原则:即凡是计入工业总产值的产品必须是本企业生产的经检验合格,不需再进行任何加工的最终产品。如果企业有中间产品(半成品)对外销售,那么对外销售的中间产品有应视为企业的最终产品。(3)工厂法原则:即工业总产值是以工业企业作为基本计算(核算)单位,即按企业的最终产品计算工业总产值。按这种方法计算的工业总产值不允许同一产品价值在企业内部重复计算,但允许企业间的重复计算。

**[工业增加值]** 指工业企业在报告期内以货币形式表现的工业生产活动的最终成果,是企业全部生产活动的总成果扣除了在生产过程中消耗或转移的物质产品和劳务价值后的余额,是企业生产过程中新增加的价值。计算工业增加值通常采用三中方法。一是"生产法",即从工业生产过程中产品和劳务价值形成的角度入手,提出生产环节中间投入的价值,从而得到新增价值的方法。其计算公式为:工业增加值 = 工业总产值 - 工业中间投入 + 本期应交增值税。二是"收入法",即从工业生产过程中创造的原始收入初次分配的角度,对工业生产活动最终成果进行核算的一种方法。其计算公式为:工业增加值 = 固定资产折旧 + 劳动者报酬 + 生产税净额 + 营业盈余

目前工业统计主要采用"生产法"计算工业增加值。

**[营业收入]** 指企业经营主要业务和其他业务所确认的收入总额。营业收入合计包括"主营业务收入"和"其他业务收入"。根据会计"利润表"中"营业收入"项目的本期金额数填报。

**[主营业务收入]** 指企业确认的销售商品、提供劳务等主营业务的收入。根据会计"主营业务收入"科目的期末贷方余额填报。执行2006年《企业会计准则》的企业,如未设置该科目,以"营业收入"代替填报。

**[营业成本]** 指企业经营主要业务和其他业务所发生的成本总额。包括企业(单位)在报告期内从事销售商品、提供劳务等日常活动发生的各种耗费。包括"主营业务成本"和"其他业务成本"。根据会计"利润表"中"营业成本"项目的本期金额数填报。

**[主营业务成本]** 指企业经营主要业务所发生的成本总额。根据会计"主营业务成本"科目的期末措方余额填报。执行2006年《企业会计准则》的企业,如未设备该科目,以"营业成本"代表填报。

**[管理费用]** 管理费用是指企业行政管理部门为组织和管理生产经营活动而发生的各种费用。包括公司经费、工会经费、职工教育经费、劳动保险费、待业保险费、董事会费、咨询费、审计费、诉讼费、排污费、税金、土地使用费、土地损失费、技术开发费、无形资产、咨询费、开办推销费、业务招待费、坏帐损失、存货盘亏等。

**[利润总额]** 利润总额是指企业在一定时期的最终经营成果,是企业的收入减去有关的成本与费用后的差额,收入大于相关的成本费用,企业就盈利,反之则亏损。

其计算公式为:利润总额 = 营业利润 + 投资净收益 + 补贴收入 + 营业外收支净额 + 以前年度损益调整

# 第十三篇 Chapter11

## 建筑业 Construction

**责任编辑**:崔琳

**资料整理**:崔琳　冯海江　黄剑　刘晓龙　杨瑞博　马福燕

**Coordinator**: Cui Lin

**Data Compilation**: Cui Lin　Feng Haijiang　Huang Jian　Liu Xiaolong　Yang Ruibo　Ma Fuyan

# 13－1 全区建筑施工企业个数和职工人数

## Number of Construction Enterprises and Employed Persons in Construction Enterprises

| 指　标 | Item | 1980 | 1985 | 1990 | 1995 | 2000 | 2005 | 2010 | 2011 | 2012 | 2013 | 2014 | 2015 |
|---|---|---|---|---|---|---|---|---|---|---|---|---|---|
| **企业个数(个)** | **Number of Enterprises(unit)** | **48** | **82** | **142** | **278** | **529** | **521** | **527** | **549** | **566** | **579** | **593** | **580** |
| 国有企业 | State－owned | 21 | 54 | 67 | 111 | 162 | 72 | 50 | 47 | 51 | 42 | 39 | 36 |
| 集体企业 | Collective－owned | 27 | 28 | 75 | 156 | 142 | 33 | 14 | 14 | 13 | 12 | 12 | 11 |
| 私营企业 | Private Enterprises | | | | | 116 | 283 | 341 | 358 | 377 | 398 | 415 | 413 |
| 其他经济类型 | Other Type of Economics | | | | 11 | 109 | 133 | 122 | 130 | 125 | 127 | 127 | 120 |
| **年末从业人数(人)** | **Number of Persons Employed at Year End (person)** | **37246** | **53422** | **54367** | **58863** | **83980** | **76049** | **98258** | **102535** | **91235** | **114841** | **107627** | **126933** |
| 国有企业 | State－owned | 28769 | 45033 | 38947 | 36670 | 38258 | 22816 | 20743 | 18564 | 17254 | 14364 | － | 20363 |
| 集体企业 | Collective－owned | 8477 | 8389 | 15420 | 19831 | 16350 | 3710 | 1557 | 1681 | 1804 | 2114 | － | 3116 |
| 私营企业 | Private Enterprises | | | | | 8353 | 19678 | 49686 | 52968 | 43751 | 53748 | － | 63735 |
| 其他经济类型 | Other Type of Economics | | | | 2362 | 21019 | 29845 | 26272 | 29322 | 28426 | 44615 | － | 39719 |

# 13－2 国有及国有控股建筑施工企业情况

## Statistics on State－owned and State－holding Industrial Construction Enterprises

| 年份<br>Year | 施工企业个数<br>(个)<br>Number of Construction Enterprises<br>(unit) | 年末从业人数<br>(人)<br>Number of Persons Employed at Year End<br>(person) | 建筑业总产值<br>(万元)<br>Gross Output Value<br>(10 000 yuan) |
|---|---|---|---|
| 1978 | 17 | 24750 | 10695 |
| 1980 | 23 | 28702 | 13477 |
| 1985 | 54 | 45033 | 34012 |
| 1990 | 67 | 38947 | 53326 |
| 1995 | 111 | 36670 | 150806 |
| 2000 | 179 | 41543 | 316320 |
| 2005 | 115 | 29386 | 475276 |
| 2009 | 83 | 24000 | 1006598 |
| 2010 | 79 | 28341 | 1290840 |
| 2011 | 79 | 28502 | 1470438 |
| 2012 | 82 | 21609 | 1463899 |
| 2013 | 79 | 24255 | 1602445 |
| 2014 | 75 | 24841 | 1704682 |
| 2015 | 71 | 37293 | 1517732 |

注： 2000 年起为国有及国有控股建筑施工企业。

Note: Since 2000, the figures is state－owned and state－holding construction enterprises.

# 13-3 建筑企业生产情况(2015年)
# (总承包和专业承包建筑业企业)

| 指　标 | Item | 企业数<br>(个)<br>Number of Enterprises<br>(unit) |
|---|---|---|
| **总　计** | **Total** | **553** |
| 国有及国有控股企业 | State - owned and State - holding Enterprises | 71 |
| **按登记注册类型分组** | **By Status of Registration** | |
| 内资企业 | Domestic Funded | 552 |
| 国有企业 | State - owned Enterprises | 36 |
| 集体企业 | Collective - owned Enterprises | 10 |
| 股份合作企业 | Cooperative Enterprises | |
| 联营企业 | Joint Ownership Enterprises | |
| 有限责任公司 | Limited Liabilities Corporations | 109 |
| 国有独资公司 | State Sole Funded Corporations | 24 |
| 其他有限责任公司 | Other Limited Liabilities Corporations | 85 |
| 股份有限公司 | Share - holding Corporations Limited | 8 |
| 私营企业 | Private Enterprises | 389 |
| 私营独资企业 | Private - funded Enterprises | 2 |
| 私营合伙企业 | Private Partnership Enterprises | |
| 私营有限责任公司 | Private Limited Liabilities Corporations | 378 |
| 私营股份有限公司 | Private Share - holding Corporations Ltd. | 9 |
| 港、澳、台商投资企业 | Enterprises with Funds from Hong Kong, Macao and Taiwan | |
| 合资经营企业(港或澳、台资) | Joint - ventures Enterprises | |
| 港、澳、台商独资经营企业 | Enterprises with Sole Investment | |
| 外商投资企业 | Foreign Funded Enterprises | 1 |
| **按建筑业行业分组** | **Grouped by Branch** | |
| 房屋和土木工程建筑业 | Building and Civil Engineering | 441 |
| 房屋工程建筑 | House Building | 289 |
| 土木工程建筑 | Civil Engineering | 152 |
| 建筑安装业 | Construction Installation | 54 |
| 建筑装饰业 | Construction Decoration | 47 |
| 其他建筑业 | Other Construction | 11 |
| **按企业资质等级分组** | **Grouped by Qualification Criteria** | |
| 施工总承包 | General Contractors | 377 |
| 特 级 | Special Grade | 1 |
| 一 级 | First Grade | 14 |
| 二 级 | Second Grade | 145 |
| 三级及以下 | Third Grade and Below | 217 |
| 专业承包 | Professional Contractors | 176 |
| 一 级 | First Grade | 9 |
| 二 级 | Second Grade | 67 |
| 三级及以下 | Third Grade and Below | 100 |

# Production Situation of Construction Enterprises(2015)
# (General Construction Contractors and Professional Contractors)

| 建筑业总产值(千元) Total Output Value of Construction(1 000 yuan) | | | | 竣工产值(千元) Output Value of Construction Completed (1 000 yuan) |
|---|---|---|---|---|
| 合计 Total | 建筑工程 Construction | 安装工程 Installation | 其他产值 Others | |
| **52452761** | **49155680** | **2854901** | **442180** | **40394591** |
| 15177322 | 13695376 | 1324028 | 157918 | 8714256 |
| | | | | |
| 50993356 | 47696275 | 2854901 | 442180 | 38935186 |
| 7383013 | 6561590 | 759919 | 61504 | 5739553 |
| 908347 | 782672 | 68405 | 57270 | 780828 |
| | | | | |
| | | | | |
| 14231959 | 12904194 | 1215502 | 112263 | 7653118 |
| 7191835 | 6533058 | 564109 | 94668 | 2489670 |
| 7040124 | 6371136 | 651393 | 17595 | 5163448 |
| 3438127 | 3404047 | 33596 | 484 | 4317303 |
| 25031910 | 24043772 | 777479 | 210659 | 20444384 |
| 145945 | 145945 | | | 81920 |
| | | | | |
| 24508909 | 23531321 | 766929 | 210659 | 20154520 |
| 377056 | 366506 | 10550 | | 207944 |
| | | | | |
| | | | | |
| | | | | |
| 1459405 | 1459405 | | | 1459405 |
| | | | | |
| 51061759 | 48104541 | 2520052 | 437166 | 39136421 |
| 35716806 | 34483383 | 938572 | 294851 | 25687477 |
| 15344953 | 13621158 | 1581480 | 142315 | 13448944 |
| 762879 | 480845 | 277020 | 5014 | 699267 |
| 532677 | 474848 | 57829 | | 534591 |
| 95446 | 95446 | | | 24312 |
| | | | | |
| 49379942 | 46576173 | 2401908 | 401861 | 37800133 |
| 1124299 | 1124299 | | | 449667 |
| 15661188 | 14580327 | 983662 | 97199 | 9555460 |
| 21586439 | 20647405 | 771895 | 167139 | 19273857 |
| 11008016 | 10224142 | 646351 | 137523 | 8521149 |
| 3072819 | 2579507 | 452993 | 40319 | 2594458 |
| 865033 | 838282 | 26751 | | 904823 |
| 1294022 | 996601 | 293007 | 4414 | 951591 |
| 913764 | 744624 | 133235 | 35905 | 738044 |

# 13－3 续表 1

| 指　标 | Item | 房屋建筑施工面积（平方米）Floor Space of Buildings under Construction(sq. m) |
|---|---|---|
| **总 计** | **Total** | **32849534** |
| 国有及国有控股企业 | State－owned and State－holding Enterprises | 7744461 |
| **按登记注册类型分组** | **By Status of Registration** | |
| 内资企业 | Domestic Funded | 32849534 |
| 国有企业 | State－owned Enterprises | 2732606 |
| 集体企业 | Collective－owned Enterprises | 493340 |
| 股份合作企业 | Cooperative Enterprises | |
| 联营企业 | Joint Ownership Enterprises | |
| 有限责任公司 | Limited Liabilities Corporations | 9320131 |
| 国有独资公司 | State Sole Funded Corporations | 4984371 |
| 其他有限责任公司 | Other Limited Liabilities Corporations | 4335760 |
| 股份有限公司 | Share－holding Corporations Limited | 632795 |
| 私营企业 | Private Enterprises | 19670662 |
| 私营独资企业 | Private－funded Enterprises | 48138 |
| 私营合伙企业 | Privata Partnership Enterprises | |
| 私营有限责任公司 | Private Limited Liabilities Corporations | 19420212 |
| 私营股份有限公司 | Private Share－holding Corporations Ltd. | 202312 |
| 港、澳、台商投资企业 | Enterprises with Funds from Hong Kong, Macao and Taiwan | |
| 合资经营企业(港或澳、台资) | Joint－ventures Enterprises | |
| 港、澳、台商独资经营企业 | Enterprises with Sole Investment | |
| 外商投资企业 | Foreign Funded Enterprises | |
| **按建筑业行业分组** | **Grouped by Branch** | |
| 房屋和土木工程建筑业 | Building and Civil Engineering | 32688310 |
| 房屋工程建筑 | House Building | 32166062 |
| 土木工程建筑 | Civil Engineering | 522248 |
| 建筑安装业 | Construction Installation | 133148 |
| 建筑装饰业 | Construction Decoration | |
| 其他建筑业 | Other Construction | 28076 |
| **按企业资质等级分组** | **Grouped by Qualification Criteria** | |
| 施工总承包 | General Contractors | 32802181 |
| 特 级 | Special Grade | 1382330 |
| 一 级 | First Grade | 6734523 |
| 二 级 | Second Grade | 17289985 |
| 三级及以下 | Third Grade and Below | 7395343 |
| 专业承包 | Professional Contractors | 47353 |
| 一 级 | First Grade | |
| 二 级 | Second Grade | 28076 |
| 三级及以下 | Third Grade and Below | 19277 |

continued

| 房屋建筑竣工面积（平方米）Floor Space of Buildings Completed (sq. m) | 住宅 Residence | 竣工房屋价值（千元）Value of Buildings Completed (1 000 yuan) | 住宅 Residence |
|---|---|---|---|
| **12265824** | **8721923** | **19204257** | **13274641** |
| 2504872 | 1575936 | 4152453 | 2393908 |
| | | | |
| 12265824 | 8721923 | 19204257 | 13274641 |
| 1536631 | 1012076 | 2583032 | 1475265 |
| 415890 | 304593 | 726391 | 554221 |
| | | | |
| | | | |
| 2463520 | 1652811 | 3827759 | 2423652 |
| 960774 | 563860 | 1558285 | 918643 |
| 1502746 | 1088951 | 2269474 | 1505009 |
| 299013 | 192511 | 329602 | 178884 |
| 7550770 | 5559932 | 11737473 | 8642619 |
| 48138 | | 81920 | |
| | | | |
| 7426278 | 5553252 | 11550543 | 8626109 |
| 76354 | 6680 | 105010 | 16510 |
| | | | |
| | | | |
| | | | |
| | | | |
| | | | |
| 12155789 | 8630001 | 19019287 | 13116393 |
| 12064901 | 8588234 | 18863085 | 13034711 |
| 90888 | 41767 | 156202 | 81682 |
| 110035 | 91922 | 184970 | 158248 |
| | | | |
| | | | |
| | | | |
| 12246746 | 8721923 | 19191775 | 13274641 |
| 129423 | 128333 | 246728 | 239745 |
| 1865524 | 1055804 | 3150570 | 1732145 |
| 7459873 | 5346840 | 11368421 | 7872131 |
| 2791926 | 2190946 | 4426056 | 3430620 |
| 19078 | | 12482 | |
| | | | |
| | | | |
| 19078 | | 12482 | |

# 13－4　建筑企业财务状况(2015 年)
# (总承包和专业承包建筑业企业)

单位:千元

| 指　标 | Item | 流动资产合计 Total Circulating Assets |
|---|---|---|
| **总　计** | **Total** | **60519785** |
| 国有及国有控股企业 | State－owned and State－holding Enterprises | 13219200 |
| **按登记注册类型分组** | **By Status of Registration** | |
| 内资企业 | Domestic Funded | 58528218 |
| 国有企业 | State－owned Enterprises | 6788666 |
| 集体企业 | Collective－owned Enterprises | 706175 |
| 股份合作企业 | Cooperative Enterprises | |
| 联营企业 | Joint Ownership Enterprises | |
| 有限责任公司 | Limited Liabilities Corporations | 16600664 |
| 国有独资公司 | State Sole Funded Corporations | 6080792 |
| 其他有限责任公司 | Other Limited Liabilities Corporations | 10519872 |
| 股份有限公司 | Share－holding Corporations Limited | 2585781 |
| 私营企业 | Private Enterprises | 31846932 |
| 私营独资企业 | Private－funded Enterprises | 16655 |
| 私营合伙企业 | Private Partnership Enterprises | |
| 私营有限责任公司 | Private Limited Liabilities Corporations | 31142577 |
| 私营股份有限公司 | Private Share－holding Corporations Ltd. | 687700 |
| 港、澳、台商投资企业 | Enterprises with Funds from Hong Kong, Macao and Taiwan | |
| 合资经营企业(港或澳、台资) | Joint－ventures Enterprises | |
| 港、澳、台商独资经营企业 | Enterprises with Sole Investment | |
| 外商投资企业 | Foreign Funded Enterprises | 1991567 |
| **按建筑业行业分组** | **Grouped by Branch** | |
| 房屋和土木工程建筑业 | Building and Civil Engineering | 58050251 |
| 房屋工程建筑 | House Building | 42782414 |
| 土木工程建筑 | Civil Engineering | 15267837 |
| 建筑安装业 | Construction Installation | 909088 |
| 建筑装饰业 | Construction Decoration | 1048895 |
| 其他建筑业 | Other Construction | 511551 |
| **按企业资质等级分组** | **Grouped by Qualification Criteria** | |
| 施工总承包 | General Contractors | 55140022 |
| 特 级 | Special Grade | 677918 |
| 一 级 | First Grade | 14362936 |
| 二 级 | Second Grade | 27425722 |
| 三级及以下 | Third Grade and Below | 12673446 |
| 专业承包 | Professional Contractors | 5379763 |
| 一 级 | First Grade | 1151914 |
| 二 级 | Second Grade | 2555024 |
| 三级及以下 | Third Grade and Below | 1672825 |

# Financial Indicators on Construction Enterprise (2015)
# (General Construction Contractors and Professional Contractors)

(1 000 yuan)

| 应收工程款<br>Project Receivable | 存货<br>Stock | 固定资产合计<br>Total Fixed Assets | 固定资产原价<br>Original Value of Fixed Assets | 累计折旧<br>Accumulated Depreciation | 本年折旧<br>Depreciation This Year | 在建工程<br>Construction in Process |
|---:|---:|---:|---:|---:|---:|---:|
| **24255222** | **11363456** | **5607397** | **7414380** | **3077466** | **404258** | **497411** |
| 5787434 | 1810211 | 924372 | 1706368 | 816018 | 81449 | 23063 |
| 22890343 | 11352975 | 5277839 | 6963592 | 2951404 | 365126 | 492579 |
| 3400317 | 856227 | 466944 | 978464 | 529364 | 43765 | 13261 |
| 224447 | 24383 | 108028 | 132249 | 52036 | 1216 | 140 |
| 5603663 | 2723579 | 1151901 | 1789247 | 766407 | 88533 | 71852 |
| 2299993 | 901964 | 392839 | 615993 | 239178 | 32637 | 9802 |
| 3303670 | 1821615 | 759062 | 1173254 | 527229 | 55896 | 62050 |
| 1102243 | 309711 | 480239 | 573086 | 149475 | 25834 | 56628 |
| 12559673 | 7439075 | 3070727 | 3490546 | 1454122 | 205778 | 350698 |
| 6563 | 9562 | 12270 | 15223 | 2953 | | |
| 12244122 | 7346170 | 2948049 | 3375329 | 1419126 | 201973 | 313003 |
| 308988 | 83343 | 110408 | 99994 | 32043 | 3805 | 37695 |
| 1364879 | 10481 | 329558 | 450788 | 126062 | 39132 | 4832 |
| 23456507 | 10958766 | 5284404 | 6908292 | 2852594 | 373381 | 476899 |
| 17130348 | 8815713 | 3339027 | 3741461 | 1446842 | 201895 | 359549 |
| 6326159 | 2143053 | 1945377 | 3166831 | 1405752 | 171486 | 117350 |
| 360179 | 248363 | 165200 | 251453 | 104182 | 13268 | 14160 |
| 337699 | 108628 | 81414 | 110256 | 45683 | 6332 | 6352 |
| 100837 | 47699 | 76379 | 144379 | 75007 | 11277 | |
| 22374132 | 10592502 | 4775345 | 5998087 | 2415940 | 316347 | 445425 |
| 101975 | 52485 | 38306 | 63464 | 25458 | 2139 | 300 |
| 5643982 | 2362210 | 1797767 | 1582152 | 646853 | 67846 | 242411 |
| 12074344 | 5230619 | 1683117 | 2577365 | 1039302 | 157118 | 117725 |
| 4553831 | 2947188 | 1256155 | 1775106 | 704327 | 89244 | 84989 |
| 1881090 | 770954 | 832052 | 1416293 | 661526 | 87911 | 51986 |
| 303723 | 96212 | 87779 | 210120 | 133090 | 11606 | 2143 |
| 1166479 | 431087 | 364554 | 617700 | 274576 | 39451 | 17382 |
| 410888 | 243655 | 379719 | 588473 | 253860 | 36854 | 32461 |

# 13－4 续表1

单位:千元

| 指　标 | Item | 资产合计<br>Total Assets | 流动负债合计<br>Total Current Libilities |
|---|---|---|---|
| **总　计** | **Total** | **70186381** | **46401863** |
| 国有及国有控股企业 | State－owned and State－holding Enterprises | 15163515 | 12389843 |
| **按登记注册类型分组** | **By Status of Registration** | | |
| 内资企业 | Domestic Funded | 67796131 | 44597040 |
| 国有企业 | State－owned Enterprises | 7576107 | 6147073 |
| 集体企业 | Collective－owned Enterprises | 878651 | 499142 |
| 股份合作企业 | Cooperative Enterprises | | |
| 联营企业 | Joint Ownership Enterprises | | |
| 有限责任公司 | Limited Liabilities Corporations | 18913722 | 13984409 |
| 国有独资公司 | State Sole Funded Corporations | 7156153 | 5951188 |
| 其他有限责任公司 | Other Limited Liabilities Corporations | 11757569 | 8033221 |
| 股份有限公司 | Share－holding Corporations Limited | 3192613 | 2449497 |
| 私营企业 | Private Enterprises | 37235038 | 21516919 |
| 私营独资企业 | Private－funded Enterprises | 28925 | 1375 |
| 私营合伙企业 | Private Partnership Enterprises | | |
| 私营有限责任公司 | Private Limited Liabilities Corporations | 36383033 | 21014423 |
| 私营股份有限公司 | Private Share－holding Corporations Ltd. | 823080 | 501121 |
| 港、澳、台商投资企业 | Enterprises with Funds from Hong Kong,Macao and Taiwan | | |
| 合资经营企业(港或澳、台资) | Joint－ventures Enterprises | | |
| 港、澳、台商独资经营企业 | Enterprises with Sole Investment | | |
| 外商投资企业 | Foreign Funded Enterprises | 2390250 | 1804823 |
| **按建筑业行业分组** | **Grouped by Branch** | | |
| 房屋和土木工程建筑业 | Building and Civil Engineering | 66979210 | 44577831 |
| 房屋工程建筑 | House Building | 48584413 | 32724877 |
| 土木工程建筑 | Civil Engineering | 18394797 | 11852954 |
| 建筑安装业 | Construction Installation | 1253266 | 674499 |
| 建筑装饰业 | Construction Decoration | 1204254 | 691224 |
| 其他建筑业 | Other Construction | 749651 | 458309 |
| **按企业资质等级分组** | **Grouped by Qualification Criteria** | | |
| 施工总承包 | General Contractors | 63300669 | 42980887 |
| 特 级 | Special Grade | 1247431 | 907337 |
| 一 级 | First Grade | 17146032 | 13026495 |
| 二 级 | Second Grade | 30153016 | 19908815 |
| 三级及以下 | Third Grade and Below | 14754190 | 9138240 |
| 专业承包 | Professional Contractors | 6885712 | 3420976 |
| 一 级 | First Grade | 1356732 | 778999 |
| 二 级 | Second Grade | 3216878 | 1745047 |
| 三级及以下 | Third Grade and Below | 2312102 | 896930 |

# continued

(1 000 yuan)

| | 非流动负债合计 Total Non - current Liabilities | 负债合计 Total Liabilities | 所有者权益合计 Owners´Equity | | 营业收入 Business Revenue | 营业成本 Business Cost |
|---|---|---|---|---|---|---|
| 应付账款 Accounts payable | | | | 实收资本 Paid - in Capitals | | |
| **17165457** | **1969249** | **49204660** | **20981165** | **13171586** | **61773201** | **55721463** |
| 5466639 | 25450 | 12425345 | 2738170 | 1771240 | 15965785 | 14825091 |
| 16141159 | 1760796 | 47191384 | 20604191 | 12871586 | 60296935 | 54407224 |
| 3052446 | 14620 | 6162187 | 1413920 | 774761 | 7580020 | 6986610 |
| 180185 | | 504964 | 373687 | 159727 | 1091368 | 978782 |
| 4802813 | 100678 | 14270978 | 4642744 | 3237386 | 17608655 | 16070467 |
| 2284577 | 10830 | 5971576 | 1184577 | 909162 | 7635363 | 7160982 |
| 2518236 | 89848 | 8299402 | 3458167 | 2328224 | 9973292 | 8909485 |
| 1379937 | 80 | 2449578 | 743035 | 409680 | 3843594 | 3493572 |
| 6725778 | 1645418 | 23803677 | 13430805 | 8290032 | 30173298 | 26877793 |
| 1202 | | 1375 | 27550 | 20023 | 65235 | 58711 |
| 6534078 | 1620918 | 23273681 | 13108796 | 8054745 | 29566119 | 26340492 |
| 190498 | 24500 | 528621 | 294459 | 215264 | 541944 | 478590 |
| 1024298 | 208453 | 2013276 | 376974 | 300000 | 1476266 | 1314239 |
| 16757124 | 1941384 | 47350521 | 19628689 | 12063741 | 60044163 | 54294757 |
| 10969933 | 1472328 | 34823789 | 13760624 | 8130942 | 42286438 | 38599147 |
| 5787191 | 469056 | 12526732 | 5868065 | 3932799 | 17757725 | 15695610 |
| 232198 | 27865 | 704486 | 548780 | 411701 | 1047608 | 887105 |
| 76501 | | 691226 | 512472 | 400637 | 607304 | 477817 |
| 99634 | | 458427 | 291224 | 295507 | 74126 | 61784 |
| 15992247 | 1925213 | 45565041 | 17735628 | 10966799 | 57383374 | 52029960 |
| 223555 | | 907337 | 340094 | 282178 | 1141663 | 1092088 |
| 6595139 | 833677 | 13861472 | 3284560 | 1603023 | 16951990 | 15597010 |
| 6153241 | 716455 | 20847455 | 9305561 | 5821544 | 25868469 | 23205835 |
| 3020312 | 375081 | 9948777 | 4805413 | 3260054 | 13421252 | 12135027 |
| 1173210 | 44036 | 3639619 | 3245537 | 2204787 | 4389827 | 3691503 |
| 332247 | 25503 | 804502 | 552230 | 416928 | 994363 | 792726 |
| 597441 | -2333 | 1743101 | 1473221 | 843846 | 2019822 | 1722763 |
| 243522 | 20866 | 1092016 | 1220086 | 944013 | 1375642 | 1176014 |

# 13－4 续表2

单位:千元

| 指 标 | Item | 营业税金及附加 Operating Tax and Extra Charges |
|---|---|---|
| **总 计** | **Total** | **1853768** |
| 国有及国有控股企业 | State－owned and State－holding Enterprises | 439980 |
| **按登记注册类型分组** | **By Status of Registration** | |
| 内资企业 | Domestic Funded | 1828203 |
| 国有企业 | State－owned Enterprises | 233087 |
| 集体企业 | Collective－owned Enterprises | 36088 |
| 股份合作企业 | Cooperative Enterprises | |
| 联营企业 | Joint Ownership Enterprises | |
| 有限责任公司 | Limited Liabilities Corporations | 466411 |
| 国有独资公司 | State Sole Funded Corporations | 183568 |
| 其他有限责任公司 | Other Limited Liabilities Corporations | 282843 |
| 股份有限公司 | Share－holding Corporations Limited | 129232 |
| 私营企业 | Private Enterprises | 963385 |
| 私营独资企业 | Private－funded Enterprises | 2120 |
| 私营合伙企业 | Private Partnership Enterprises | |
| 私营有限责任公司 | Private Limited Liabilities Corporations | 944750 |
| 私营股份有限公司 | Private Share－holding Corporations Ltd. | 16515 |
| 港、澳、台商投资企业 | Enterprises with Funds from Hong Kong,Macao and Taiwan | |
| 合资经营企业(港或澳、台资) | Joint－ventures Enterprises | |
| 港、澳、台商独资经营企业 | Enterprises with Sole Investment | |
| 外商投资企业 | Foreign Funded Enterprises | 25565 |
| **按建筑业行业分组** | **Grouped by Branch** | |
| 房屋和土木工程建筑业 | Building and Civil Engineering | 1799641 |
| 房屋工程建筑 | House Building | 1274708 |
| 土木工程建筑 | Civil Engineering | 524933 |
| 建筑安装业 | Construction Installation | 31227 |
| 建筑装饰业 | Construction Decoration | 20219 |
| 其他建筑业 | Other Construction | 2681 |
| **按企业资质等级分组** | **Grouped by Qualification Criteria** | |
| 施工总承包 | General Contractors | 1720239 |
| 特 级 | Special Grade | 36228 |
| 一 级 | First Grade | 478938 |
| 二 级 | Second Grade | 771155 |
| 三级及以下 | Third Grade and Below | 433918 |
| 专业承包 | Professional Contractors | 133529 |
| 一 级 | First Grade | 35894 |
| 二 级 | Second Grade | 56205 |
| 三级及以下 | Third Grade and Below | 41430 |

# continued

(1 000 yuan)

| 主营业务税金及附加 Tax and Extra Charges on Principle Business | 其他业务利润 Other Profits | 管理费用 Management Expenses | 税金 Taxes | 财务费用 Financial Expenses | 利息收入 Interest Income | 利息支出 Interest Expenses |
|---|---|---|---|---|---|---|
| **1834778** | **125762** | **1715190** | **92550** | **512857** | **16722** | **388910** |
| 437302 | 20325 | 415658 | 26423 | 39043 | 2540 | 30377 |
| 1809213 | 125762 | 1629925 | 89303 | 478392 | 17164 | 352996 |
| 232380 | 17814 | 202991 | 13545 | 26831 | 1038 | 26845 |
| 35923 | 3070 | 33535 | 1634 | 4436 | | 4041 |
| 463081 | 9482 | 482593 | 26029 | 89674 | 4398 | 72700 |
| 181627 | 2710 | 183924 | 11848 | 12011 | 1452 | 3282 |
| 281454 | 6772 | 298669 | 14181 | 77663 | 2946 | 69418 |
| 129099 | 15305 | 122436 | 4770 | 7488 | 4407 | 8706 |
| 948730 | 80091 | 788370 | 43325 | 349963 | 7321 | 240704 |
| 2120 | | 558 | 5 | 107 | 8 | 115 |
| 930095 | 65358 | 764811 | 42986 | 342509 | 7379 | 235917 |
| 16515 | 14733 | 23001 | 334 | 7347 | -66 | 4672 |
| 25565 | | 85265 | 3247 | 34465 | -442 | 35914 |
| 1784067 | 101121 | 1570724 | 86262 | 483004 | 15661 | 369482 |
| 1264505 | 66280 | 862581 | 52393 | 293056 | 8568 | 235722 |
| 519562 | 34841 | 708143 | 33869 | 189948 | 7093 | 133760 |
| 27843 | 20522 | 73284 | 3143 | 15444 | 1277 | 5849 |
| 20217 | 4071 | 57865 | 2161 | 8478 | -215 | 7751 |
| 2651 | 48 | 13317 | 984 | 5931 | -1 | 5828 |
| 1705846 | 95782 | 1384711 | 77382 | 448718 | 15367 | 345666 |
| 36228 | | 25258 | 1596 | -287 | 412 | |
| 476153 | 40777 | 390787 | 26285 | 88250 | 6100 | 85164 |
| 767601 | 48328 | 573305 | 29558 | 260729 | 7584 | 199215 |
| 425864 | 6677 | 395361 | 19943 | 100026 | 1271 | 61287 |
| 128932 | 29980 | 330479 | 15168 | 64139 | 1355 | 43244 |
| 35894 | | 45307 | 1788 | 4584 | -16 | 2937 |
| 52051 | 24758 | 170244 | 7022 | 21309 | 790 | 10314 |
| 40987 | 5222 | 114928 | 6358 | 38246 | 581 | 29993 |

## 13－4 续表3

单位:千元

| 指　标 | Item | 营业利润 Business Profits |
|---|---|---|
| **总　计** | **Total** | **1825359** |
| 国有及国有控股企业 | State－owned and State－holding Enterprises | 185722 |
| **按登记注册类型分组** | **By Status of Registration** | |
| 内资企业 | Domestic Funded | 1808627 |
| 国有企业 | State－owned Enterprises | 85291 |
| 集体企业 | Collective－owned Enterprises | 40341 |
| 股份合作企业 | Cooperative Enterprises | |
| 联营企业 | Joint Ownership Enterprises | |
| 有限责任公司 | Limited Liabilities Corporations | 468178 |
| 国有独资公司 | State Sole Funded Corporations | 82167 |
| 其他有限责任公司 | Other Limited Liabilities Corporations | 386011 |
| 股份有限公司 | Share－holding Corporations Limited | 90563 |
| 私营企业 | Private Enterprises | 1124254 |
| 私营独资企业 | Private－funded Enterprises | 2383 |
| 私营合伙企业 | Private Partnership Enterprises | |
| 私营有限责任公司 | Private Limited Liabilities Corporations | 1105282 |
| 私营股份有限公司 | Private Share－holding Corporations Ltd. | 16589 |
| 港、澳、台商投资企业 | Enterprises with Funds from Hong Kong,Macao and Taiwan | |
| 合资经营企业(港或澳、台资) | Joint－ventures Enterprises | |
| 港、澳、台商独资经营企业 | Enterprises with Sole Investment | |
| 外商投资企业 | Foreign Funded Enterprises | 16732 |
| **按建筑业行业分组** | **Grouped by Branch** | |
| 房屋和土木工程建筑业 | Building and Civil Engineering | 1763510 |
| 房屋工程建筑 | House Building | 1198578 |
| 土木工程建筑 | Civil Engineering | 564932 |
| 建筑安装业 | Construction Installation | 30634 |
| 建筑装饰业 | Construction Decoration | 40803 |
| 其他建筑业 | Other Construction | －9588 |
| **按企业资质等级分组** | **Grouped by Qualification Criteria** | |
| 施工总承包 | General Contractors | 1687799 |
| 特　级 | Special Grade | －22129 |
| 一　级 | First Grade | 343626 |
| 二　级 | Second Grade | 1032292 |
| 三级及以下 | Third Grade and Below | 334010 |
| 专业承包 | Professional Contractors | 137560 |
| 一　级 | First Grade | 112164 |
| 二　级 | Second Grade | 33084 |
| 三级及以下 | Third Grade and Below | －7688 |

## continued

(1 000 yuan)

| 补贴收入<br>Subsidy Income | 营业外收入<br>Non – operating Income | 营业外支出<br>Non – operating Expenses | 利润总额<br>Total Profits | 应交所得税<br>Income Tax Payable | 应付职工薪酬<br>Payroll Payable | 销售费用<br>Sales Expenses |
|---|---|---|---|---|---|---|
| **21683** | **113466** | **145056** | **1773568** | **655542** | **4578237** | **80036** |
| 16001 | 66932 | 57915 | 195589 | 94106 | 993739 | 2752 |
| | | | | | | |
| 21683 | 112992 | 139857 | 1761561 | 652466 | 4469178 | 80036 |
| 1041 | 26413 | 24466 | 87238 | 35147 | 580825 | 2532 |
| | 816 | 1344 | 39813 | 16143 | 77350 | 6 |
| | | | | | | |
| | | | | | | |
| 15019 | 50059 | 41373 | 474895 | 186847 | 1205179 | 8803 |
| 12941 | 38146 | 29392 | 91771 | 53893 | 353621 | 85 |
| 2078 | 11913 | 11981 | 383124 | 132954 | 851558 | 8718 |
| 500 | 5124 | 3270 | 92417 | 5987 | 303618 | 2157 |
| 5123 | 30580 | 69404 | 1067198 | 408342 | 2302206 | 66538 |
| | | | 2383 | 595 | 7120 | 1356 |
| | | | | | | |
| 5123 | 25778 | 56505 | 1056322 | 406958 | 2278594 | 65182 |
| | 4802 | 12899 | 8493 | 789 | 16492 | |
| | | | | | | |
| | | | | | | |
| | | | | | | |
| | 474 | 5199 | 12007 | 3076 | 109059 | |
| | | | | | | |
| 21683 | 112313 | 141235 | 1714387 | 634058 | 4301457 | 69857 |
| 10424 | 81201 | 108638 | 1166559 | 510564 | 2861472 | 43860 |
| 11259 | 31112 | 32597 | 547828 | 123494 | 1439985 | 25997 |
| | 579 | 3349 | 27864 | 10575 | 207034 | 8184 |
| | 28 | 448 | 40383 | 9564 | 57212 | 1994 |
| | 546 | 24 | – 9066 | 1345 | 12534 | 1 |
| | | | | | | |
| 17034 | 94594 | 114407 | 1646935 | 604330 | 4087492 | 66728 |
| 9149 | 20584 | 380 | – 1925 | 9392 | 11492 | |
| 1462 | 36624 | 41894 | 324131 | 78978 | 893245 | 24567 |
| 1407 | 18646 | 56730 | 990144 | 364744 | 2045027 | 24500 |
| 5016 | 18740 | 15403 | 334585 | 151216 | 1137728 | 17661 |
| 4649 | 18872 | 30649 | 126633 | 51212 | 490745 | 13308 |
| | 2083 | 17217 | 97030 | 19759 | 82187 | 3560 |
| | 4727 | 4688 | 33973 | 19094 | 274491 | 4075 |
| 4649 | 12062 | 8744 | – 4370 | 12359 | 134067 | 5673 |

# 13－5　劳务分包建筑业企业主要经济指标(2015年)

| 指　标 | Item | 企业数（个）Number of Enterprises (unit) |
|---|---|---|
| **总　计** | **Total** | **27** |
| 国有及国有控股企业 | State－owned and State－holding Enterprises | |
| **按登记注册类型分组** | **By Status of Registration** | |
| 内资企业 | Domestic Funded | 27 |
| 国有企业 | State－owned Enterprises | |
| 集体企业 | Collective－owned Enterprises | 1 |
| 有限责任公司 | Limited Liabilities Corporations | 2 |
| 国有独资公司 | State Sole Funded Corporations | |
| 其他有限责任公司 | Other Limited Liabilities Corporations | 2 |
| 私营企业 | Private Enterprises | 24 |
| 私营独资企业 | Private－funded Enterprises | |
| 私营有限责任公司 | Private Limited Liabilities Corporations | 24 |
| **按建筑业行业中类分组** | **Grouped by Branch** | |
| 房屋和土木工程建筑业 | Building and Civil Engineering | 23 |
| 房屋工程建筑 | House Building | 23 |
| 土木工程建筑 | Civil Engineering | |
| 建筑安装业 | Construction Installation | 4 |
| 其他建筑 | Others | |
| **按企业资质等级分组** | **Grouped by Qualification Criteria** | |
| 劳务分包 | Labor Subcontractors | 27 |
| 一级 | First Grade | 18 |
| 二级 | Second Grade | |
| 三级及以下 | Third Grade and Bwlow | 9 |

## Main Indicators of Labor Subcontractors in Construction Industry(2015)

| 建筑业总产值（千元）Total Output Value of Construction (1 000 yuan) | 年末从业人员（人）Employed Persons at Year End (person) | 利润总额（千元）Total Profits (1 000 yuan) | 固定资产原价（千元）Original Value of Fixed Assets (1 000 yuan) | 本年折旧（千元）Depreciation this Year (1 000 yuan) | 资产总计（千元）Total Capital (1 000 yuan) |
|---|---|---|---|---|---|
| **48827** | **222** | **1429** | **5911** | **490** | **50063** |
| 48827 | 222 | 1429 | 5911 | 490 | 50063 |
| 1010 | 7 | -17 | 1050 |  | 5287 |
| 28955 | 16 | 2301 | 2914 | 288 | 12938 |
| 28955 | 16 | 2301 | 2914 | 288 | 12938 |
| 18862 | 199 | -855 | 1947 | 202 | 31838 |
| 18862 | 199 | -855 | 1947 | 202 | 31838 |
| 39418 | 187 | -983 | 2789 | 405 | 30509 |
| 39418 | 187 | -983 | 2789 | 405 | 30509 |
| 9409 | 35 | 2412 | 3122 | 85 | 19554 |
| 48827 | 222 | 1429 | 5911 | 490 | 50063 |
| 32322 | 162 | -549 | 2755 | 395 | 21274 |
| 16505 | 60 | 1978 | 3156 | 95 | 28789 |

## 13-5 续表1

单位:千元

| 指　标 | Item | 负债合计 Total Liabilities | 实收资本 Paid - in Capitals |
|---|---|---|---|
| **总计** | **Total** | **19477** | **25887** |
| 国有及国有控股企业 | State - owned and State - holding Enterprises | | |
| **按登记注册类型分组** | **By Status of Registration** | | |
| 内资企业 | Domestic Funded | 19477 | 25887 |
| 国有企业 | State - owned Enterprises | | |
| 集体企业 | Collective - owned Enterprises | 3168 | 1302 |
| 有限责任公司 | Limited Liabilities Corporations | 7366 | 3000 |
| 国有独资公司 | State Sole Funded Corporations | | |
| 其他有限责任公司 | Other Limited Liabilities Corporations | 7366 | 3000 |
| 私营企业 | Private Enterprises | 8943 | 21585 |
| 私营独资企业 | Private - funded Enterprises | | |
| 私营有限责任公司 | Private Limited Liabilities Corporations | 8943 | 21585 |
| **按建筑业行业中类分组** | **Grouped by Branch** | | |
| 房屋和土木工程建筑业 | Building and Civil Engineering | 6875 | 22585 |
| 房屋工程建筑 | House Building | 6875 | 22585 |
| 土木工程建筑 | Civil Engineering | | |
| 建筑安装业 | Construction Installation | 12602 | 3302 |
| 其他建筑 | Others | | |
| **按企业资质等级分组** | **Grouped by Qualification Criteria** | | |
| 劳务分包 | Labor Subcontractors | 19477 | 25887 |
| 一级 | First Grade | 1759 | 17823 |
| 二级 | Second Grade | | |
| 三级及以下 | Third Grade and Below | 17718 | 8064 |

continued

(1 000 yuan)

| 营业收入合计<br>Business Revenue | 主营业务收入<br>Revenue from Principal Business | 主营业务成本<br>Cost of Principal Business | 营业税金及附加<br>Taxes and Other Charges on Principal Business | 管理费用合计<br>Management Expenses | 财务费用合计<br>Financial Expenses | 营业利润<br>Business Profits |
|---|---|---|---|---|---|---|
| **67050** | **66526** | **59649** | **866** | **5157** | **110** | **2056** |
| 67050 | 66526 | 59649 | 866 | 5157 | 110 | 2056 |
| 822 | 822 | 756 | 44 | 11 | 1 | -17 |
| 52490 | 52177 | 47078 | 308 | 2786 | | 2268 |
| 52490 | 52177 | 47078 | 308 | 2786 | | 2268 |
| 13738 | 13527 | 11815 | 514 | 2360 | 109 | -195 |
| 13738 | 13527 | 11815 | 514 | 2360 | 109 | -195 |
| 34294 | 34083 | 32547 | 395 | 2432 | 108 | -329 |
| 34294 | 34083 | 32547 | 395 | 2432 | 108 | -329 |
| 32756 | 32443 | 27102 | 471 | 2725 | 2 | 2385 |
| 67050 | 66526 | 59649 | 866 | 5157 | 110 | 2056 |
| 27198 | 26987 | 26431 | 282 | 1247 | 83 | -236 |
| 39852 | 39539 | 33218 | 584 | 3910 | 27 | 2292 |

# 13-6 建筑业企业概况

## Main Indicators on Construction Enterprises

| 年份<br>Year | 总计<br>Total | 国有及国有控股<br>State - owned and State - holding Enterprises | 集体经济<br>Collective - owned Enterprises |
|---|---|---|---|
| **单位数(个)<br>Number of Enterprises(unit)** | | | |
| 1990 | 142 | 67 | 75 |
| 1995 | 278 | 111 | 156 |
| 2000 | 529 | 179 | 142 |
| 2005 | 521 | 115 | 33 |
| 2006 | 519 | 112 | 32 |
| 2007 | 514 | 108 | 26 |
| 2008 | 530 | 86 | 21 |
| 2009 | 520 | 83 | 18 |
| 2010 | 527 | 79 | 14 |
| 2011 | 549 | 79 | 14 |
| 2012 | 566 | 82 | 13 |
| 2013 | 579 | 79 | 12 |
| 2014 | 593 | 75 | 12 |
| 2015 | 580 | 71 | 11 |
| **从业人员(人)<br>Number of Persons Employed(person)** | | | |
| 1990 | 54064 | 38644 | 15420 |
| 1995 | 93422 | 64116 | 29306 |
| 2000 | 83980 | 41543 | 16350 |
| 2005 | 76049 | 29386 | 3710 |
| 2006 | 76731 | 33900 | 2613 |
| 2007 | 68119 | 26719 | 2672 |
| 2008 | 66784 | 23234 | 2051 |
| 2009 | 70127 | 24000 | 1419 |
| 2010 | 98258 | 28341 | 1557 |
| 2011 | 102535 | 28502 | 1681 |
| 2012 | 91235 | 21609 | 1804 |
| 2013 | 114841 | 24255 | 2114 |
| 2014 | 107627 | 24841 | - |
| 2015 | 126933 | 37293 | 3116 |
| **总产值(万元)<br>Gross Output Value(10 000 yuan)** | | | |
| 1990 | 71583 | 52612 | 18971 |
| 1995 | 211506 | 150806 | 56325 |
| 2000 | 562352 | 316320 | 76941 |
| 2005 | 1131704 | 475276 | 38599 |
| 2006 | 1310086 | 598657 | 32506 |
| 2007 | 1551804 | 716282 | 41920 |
| 2008 | 1918994 | 814358 | 41328 |
| 2009 | 2597056 | 1006598 | 43643 |
| 2010 | 3433687 | 1290840 | 59793 |
| 2011 | 4289398 | 1470438 | 87641 |
| 2012 | 4680390 | 1463783 | 128452 |
| 2013 | 5702492 | 1602445 | 124117 |
| 2014 | 6262263 | 1704682 | 130911 |
| 2015 | 5250159 | 1517732 | 90936 |

# 13－7　建筑业企业主要经济指标

## Main Economic Indicators of Construction Enterprises

| 指　标 | Item | 单位 | unit | 1995 | 2000 | 2005 | 2010 | 2011 |
|---|---|---|---|---|---|---|---|---|
| 建筑业企业个数 | Number of Enterprises | 个 | unit | 278 | 529 | 521 | 527 | 549 |
| 期末从业人员 | Number of Employed Persons | 人 | person | 99732 | 83980 | 76049 | 98258 | 102535 |
| 自有施工机械设备台数 | Number of Machinery and Equipment Owned | 台 | set | 19523 | 38383 | 39677 | 33698 | 34902 |
| 自有施工机械设备净价 | Net Value of Machinery and Equipment Owned | 万元 | 10 000 yuan | 36034 | 92108 | 143251 | 153741 | 157526 |
| 自有施工机械设备总功率 | Total Power of Machinery and Equipment Owned | 千瓦 | kw | 340200 | 668310 | 821548 | 809132 | 851604 |
| 建筑业总产值 | Gross Output Value of Construction | 万元 | 10 000 yuan | 211506 | 562352 | 1131704 | 343368 | 4289398 |
| 建筑工程 | Construction | 万元 | 10 000 yuan | 168027 | 482922 | 980741 | 3166918 | 4004540 |
| 安装工程 | Installation | 万元 | 10 000 yuan | 40036 | 71276 | 135591 | 213861 | 236490 |
| 其他产值 | Other Output Value | 万元 | 10 000 yuan | 3443 | 8154 | 15372 | 52908 | 48368 |
| 竣工产值 | Output Value of Construction Completed | 万元 | 10 000 yuan | 138743 | 427058 | 1006905 | 2500299 | 3469876 |
| 施工面积 | Floor Space of Buildings under Construction | 万平方米 | 10 000 sq. m | 303 | 563 | 1057 | 2597 | 3367 |
| 竣工面积 | Floor Space of Buildings Completed | 万平方米 | 10 000 sq. m | 172 | 341 | 564 | 1076 | 1386 |
| 利润总额 | Total Profits | 万元 | 10 000 yuan | 358 | 13524 | 20802 | 88085 | 112898 |
| 劳动生产率 | Overall Labor Productivity | | | | | | | |
| 按总产值计算 | In Terms of Gross Output Value | 元/人 | yuan/ person | 22048 | 44864 | 74198 | 148529 | 176737 |
| 技术装备率 | Value of Machines per Laborer | 元/人 | yuan/ person | 3756 | 10968 | 18921 | 15647 | 15576 |
| 动力装备率 | Power of Machines per Laborer | 千瓦/人 | kw/ person | 3.55 | 7.96 | 10.85 | 8.23 | 8.42 |
| 房屋建筑面积竣工率 | Rate of Floor Space of Buildings Completed | % | % | 56.7 | 60.5 | 53.4 | 41.4 | 41.2 |
| 产值利润率 | Ratio of Profit to Gross Output Value | % | % | 0.2 | 2.4 | 1.8 | 2.6 | 2.6 |

注：2004年以前为自有机械设备台数、净价和总功率。

Note: Before 2004, statistics on machinery and equipment owned refer to number of construction machinery and equipment owned, net value and total power of Machinery and Equipment Owned.

# 13－7　续表1

| 指　标 | Item | 单位 | unit | 2012 | 2013 | 2014 | 2015 |
|---|---|---|---|---|---|---|---|
| 建筑业企业个数 | Number of Enterprises | 个 | unit | 566 | 579 | 593 | 580 |
| 期末从业人员 | Number of Employed Persons | 人 | person | 91235 | 114841 | 107627 | 126933 |
| 自有施工机械设备台数 | Number of Machinery and Equipment Owned | 台 | set | 34413 | 30748 | 30077 | 28837 |
| 自有施工机械设备净价 | Net Value of Machinery and Equipment Owned | 万元 | 10 000 yuan | 136873 | 147686 | 145312 | 141227 |
| 自有施工机械设备总功率 | Total Power of Machinery and Equipment Owned | 千瓦 | kw | 778920 | 749776 | 1115941 | 612924 |
| 建筑业总产值 | Gross Output Value of Construction | 万元 | 10 000 yuan | 4680390 | 5702492 | 6262263 | 5250159 |
| 建筑工程 | Construction | 万元 | 10 000 yuan | 4380873 | 5397027 | 5883417 | 4920451 |
| 安装工程 | Installation | 万元 | 10 000 yuan | 222644 | 261509 | 287882 | 285490 |
| 其他产值 | Other Output Value | 万元 | 10 000 yuan | 76873 | 43956 | 90964 | 44218 |
| 竣工产值 | Output Value of Construction Completed | 万元 | 10 000 yuan | 3599968 | 4377330 | 4370573 | 4039459 |
| 施工面积 | Floor Space of Buildings under Construction | 万平方米 | 10 000 sq. m | 3737 | 4677 | 4355 | 3285 |
| 竣工面积 | Floor Space of Buildings Completed | 万平方米 | 10 000 sq. m | 1528 | 1940 | 1493 | 1227 |
| 利润总额 | Total Profits | 万元 | 10 000 yuan | 130447 | 120425 | 211806 | 177500 |
| 劳动生产率 | Overall Labor Productivity | | | | | | |
| 按总产值计算 | In Terms of Gross Output Value | 元/人 | yuan/person | 251093 | 263201 | 262386 | 264813 |
| 技术装备率 | Value of Machines per Laborer | 元/人 | yuan/person | 15002 | 12860 | 13501 | 11126 |
| 动力装备率 | Power of Machines per Laborer | 千瓦/人 | kw/person | 8.54 | 6.53 | 10.37 | 4.83 |
| 房屋建筑面积竣工率 | Rate of Floor Space of Buildings Completed | % | % | 40.9 | 41.5 | 34.3 | 37.4 |
| 产值利润率 | Ratio of Profit to Gross Output Value | % | % | 2.8 | 2.1 | 3.4 | 3.4 |

# 13－8　各市县建筑企业生产情况(2015 年)
# (总承包和专业承包建筑业企业)
## Production Situation of Construction Enterprises by City and County(2015)
## (General Construction Contractors and Professional Contractors)

| 地　区 | Region | 企业数(个) Number of Enterprises (unit) | 建筑业总产值(千元) Gross Output Value of Construction (1 000 yuan) | | | | 竣工产值(千元) Output Value of Construction Completed (1 000 yuan) |
|---|---|---|---|---|---|---|---|
| | | | 合计 Total | 建筑工程 Construction | 安装工程 Installation | 其他产值 Others | |
| **全区总计** | **Total** | **553** | **52452761** | **49155680** | **2854901** | **442180** | **40394591** |
| **银 川 市** | **Yinchuan** | **344** | **37173534** | **35150927** | **1807879** | **214728** | **29224591** |
| 银 川 市 | District | 301 | 29434751 | 27813296 | 1501395 | 120060 | 24452552 |
| 兴 庆 区 | Xingqingqu | 151 | 16191174 | 15989753 | 180392 | 21029 | 13918041 |
| 西 夏 区 | Xixiaqu | 21 | 3325516 | 3262584 | 5662 | 57270 | 2356513 |
| 金 凤 区 | Jinfengqu | 129 | 9918061 | 8560959 | 1315341 | 41761 | 8177998 |
| 永 宁 县 | Yongning | 2 | 1004171 | 1004171 | | | 1225930 |
| 贺 兰 县 | Helan | 20 | 5161983 | 4801807 | 265508 | 94668 | 1887065 |
| 灵 武 市 | Lingwu | 21 | 1572629 | 1531653 | 40976 | | 1659044 |
| **石嘴山市** | **Shizuishan** | **40** | **2310535** | **1968878** | **326757** | **14900** | **1846457** |
| 石嘴山市 | District | 32 | 1886670 | 1546759 | 326757 | 13154 | 1502782 |
| 大武口区 | Dawukou | 25 | 1650988 | 1336546 | 302566 | 11876 | 1272099 |
| 惠 农 区 | Huinongqu | 7 | 235682 | 210213 | 24191 | 1278 | 230683 |
| 平 罗 县 | Pingluo | 8 | 423865 | 422119 | | 1746 | 343675 |
| **吴 忠 市** | **Wuzhong** | **77** | **5929790** | **5442232** | **358095** | **129463** | **4389147** |
| 利 通 区 | Litong | 39 | 3382126 | 3112888 | 231973 | 37265 | 2608245 |
| 红寺堡区 | Hongsipu | 2 | 130861 | 116954 | | 13907 | 100794 |
| 盐 池 县 | Yanchi | 8 | 1409576 | 1405629 | 3947 | | 1051988 |
| 同 心 县 | Tongxin | 10 | 453464 | 413626 | | 39838 | 270469 |
| 青铜峡市 | Qingtongxia | 18 | 553763 | 393135 | 122175 | 38453 | 357651 |
| **固 原 市** | **Guyuan** | **43** | **3189546** | **2927224** | **187969** | **74353** | **2627317** |
| 原 州 区 | Yuanzhou | 25 | 1913691 | 1827538 | 72313 | 13840 | 1652692 |
| 西 吉 县 | Xiji | 5 | 799350 | 625731 | 113106 | 60513 | 580056 |
| 隆 德 县 | Longde | 5 | 171448 | 171448 | | | 171448 |
| 泾 源 县 | Jingyuan | 4 | 85177 | 82627 | 2550 | | 29254 |
| 彭 阳 县 | Pengyang | 4 | 219880 | 219880 | | | 193867 |
| **中 卫 市** | **Zhongwei** | **49** | **3849356** | **3666419** | **174201** | **8736** | **2307079** |
| 沙坡头区 | Shapotou | 28 | 1936384 | 1780026 | 147656 | 8702 | 632683 |
| 中 宁 县 | Zhongning | 15 | 1583972 | 1571072 | 12900 | | 1365628 |
| 海 原 县 | Haiyuan | 6 | 329000 | 315321 | 13645 | 34 | 308768 |

## 13－8 续表 1 continued

| 地 区 | Region | 房屋建筑施工面积(平方米) Floor Space of Buildings under Construction (sq. m) | 房屋建筑竣工面积(平方米) Floor Space of Buildings Completed (sq. m) | 住宅 Residence | 竣工房屋价值(千元) Value of Buildings Completed (1 000 yuan) | 住宅 Residence |
|---|---|---|---|---|---|---|
| **全区总计** | **Total** | **32849534** | **12265824** | **8721923** | **19204257** | **13274641** |
| **银 川 市** | **Yinchuan** | **22626967** | **7874555** | **5696614** | **12718966** | **8811134** |
| 银 川 市 | District | 18544377 | 5710888 | 3932916 | 9332264 | 6082215 |
| 兴 庆 区 | Xingqingqu | 7356393 | 2749623 | 1787677 | 4140410 | 2668870 |
| 西 夏 区 | Xixiaqu | 3411841 | 843159 | 328910 | 1687191 | 611988 |
| 金 凤 区 | Jinfengqu | 7776143 | 2118106 | 1816329 | 3504663 | 2801357 |
| 永 宁 县 | Yongning | 832244 | 728779 | 690280 | 1157542 | 1058028 |
| 贺 兰 县 | Helan | 2240602 | 816323 | 537227 | 1316045 | 874419 |
| 灵 武 市 | Lingwu | 1009744 | 618565 | 536191 | 913115 | 796472 |
| **石嘴山市** | **Shizuishan** | **1802465** | **893617** | **567071** | **1052302** | **740074** |
| 石嘴山市 | District | 1590389 | 838954 | 524929 | 980343 | 679633 |
| 大武口区 | Dawukou | 1399051 | 717899 | 412996 | 817114 | 522643 |
| 惠 农 区 | Huinongqu | 191338 | 121055 | 111933 | 163229 | 156990 |
| 平 罗 县 | Pingluo | 212076 | 54663 | 42142 | 71959 | 60441 |
| **吴 忠 市** | **Wuzhong** | **4354345** | **1835322** | **1319470** | **2600797** | **1837504** |
| 利 通 区 | Litong | 2975190 | 1242209 | 987010 | 1923360 | 1551008 |
| 红寺堡区 | Hongsipu | 36254 | 8215 | | 15577 | |
| 盐 池 县 | Yanchi | 438973 | 271956 | 138177 | 407019 | 175494 |
| 同 心 县 | Tongxin | 390531 | 38615 | 1000 | 46332 | 1000 |
| 青铜峡市 | Qingtongxia | 513397 | 274327 | 193283 | 208509 | 110002 |
| **固 原 市** | **Guyuan** | **1338528** | **754908** | **411763** | **1401070** | **784154** |
| 原 州 区 | Yuanzhou | 931311 | 330407 | 153070 | 612291 | 334987 |
| 西 吉 县 | Xiji | 231259 | 296924 | 248205 | 540738 | 436340 |
| 隆 德 县 | Longde | 73626 | 69685 | 6700 | 129562 | 10700 |
| 泾 源 县 | Jingyuan | 55341 | 10901 | | 13136 | |
| 彭 阳 县 | Pengyang | 46991 | 46991 | 3788 | 105343 | 2127 |
| **中 卫 市** | **Zhongwei** | **2727229** | **907422** | **727005** | **1431122** | **1101775** |
| 沙坡头区 | Shapotou | 1380295 | 174176 | 125375 | 273662 | 175269 |
| 中 宁 县 | Zhongning | 1195588 | 608780 | 570399 | 893618 | 852877 |
| 海 原 县 | Haiyuan | 151346 | 124466 | 31231 | 263842 | 73629 |

## 13－8 续表 2 continued

| 地区 | Region | 自有机械设备年末总台数（台）Number of Machinery and Equipment Owned (set) | 自有施工机械设备年末净值（千元）Net Value of Machinery and Equipment Owned (1 000 yuan) | 自有施工机械设备年末总功率（千瓦）Total Power of Machinery and Equipment Owned (kw) | 计算劳动生产率的平均人数（人）Average Staff to Calculate Labor Productivity (person) | 年末从业人员（人）Number of Employed Persons at Year End (person) |
|---|---|---|---|---|---|---|
| **全区总计** | **Total** | **28837** | **1412267** | **612924** | **197309** | **126711** |
| **银 川 市** | **Yinchuan** | **14655** | **621985** | **358354** | **142724** | **89371** |
| 银 川 市 | District | 10181 | 448837 | 276715 | 115044 | 75613 |
| 兴 庆 区 | Xingqingqu | 5319 | 253562 | 153567 | 61553 | 36271 |
| 西 夏 区 | Xixiaqu | 1581 | 46338 | 32626 | 13906 | 9190 |
| 金 凤 区 | Jinfengqu | 3281 | 148937 | 90522 | 39585 | 30152 |
| 永 宁 县 | Yongning | 325 | 25792 | 4285 | 2357 | 482 |
| 贺 兰 县 | Helan | 3744 | 122008 | 61281 | 18380 | 9373 |
| 灵 武 市 | Lingwu | 405 | 25348 | 16073 | 6943 | 3903 |
| **石嘴山市** | **Shizuishan** | **1676** | **110012** | **40109** | **9708** | **6302** |
| 石嘴山市 | District | 1468 | 98996 | 37285 | 7350 | 5738 |
| 大武口区 | Dawukou | 1110 | 93612 | 36035 | 6603 | 4960 |
| 惠 农 区 | Huinongqu | 358 | 5384 | 1250 | 747 | 778 |
| 平 罗 县 | Pingluo | 208 | 11016 | 2824 | 2358 | 564 |
| **吴 忠 市** | **Wuzhong** | **4721** | **279469** | **87073** | **23150** | **17271** |
| 利 通 区 | Litong | 2262 | 80841 | 23131 | 13282 | 10317 |
| 红寺堡区 | Hongsipu | 82 | 5569 | 2870 | 812 | 435 |
| 盐 池 县 | Yanchi | 1120 | 92971 | 18143 | 4253 | 2932 |
| 同 心 县 | Tongxin | 604 | 47670 | 27240 | 1932 | 1385 |
| 青铜峡市 | Qingtongxia | 653 | 52418 | 15689 | 2871 | 2202 |
| **固 原 市** | **Guyuan** | **4388** | **222806** | **73168** | **8150** | **5143** |
| 原 州 区 | Yuanzhou | 1538 | 128633 | 47087 | 4387 | 3115 |
| 西 吉 县 | Xiji | 1002 | 31342 | 6823 | 1537 | 595 |
| 隆 德 县 | Longde | 1355 | 30577 | 13075 | 863 | 500 |
| 泾 源 县 | Jingyuan | 204 | 22622 | 3781 | 647 | 269 |
| 彭 阳 县 | Pengyang | 289 | 9632 | 2402 | 716 | 664 |
| **中 卫 市** | **Zhongwei** | **3397** | **177995** | **54220** | **13577** | **8624** |
| 沙坡头区 | Shapotou | 2054 | 78862 | 24051 | 7237 | 5163 |
| 中 宁 县 | Zhongning | 641 | 71941 | 23805 | 5271 | 2692 |
| 海 原 县 | Haiyuan | 702 | 27192 | 6364 | 1069 | 769 |

# 13-9 各市县建筑企业财务状况(2015年)
# (总承包和专业承包建筑业企业)
# Financial Indicators on Construction Enterprises by City and County(2015)
# (General Construction Contractors and Professional Contractors)

单位:千元 (1 000 yuan)

| 地区 | Region | 流动资产合计 Current Assets | 应收工程款 Project Receivable | 存货 Stock | 固定资产合计 Total Fixed Assets | 固定资产原价 Original Value of Fixed Assets |
|---|---|---|---|---|---|---|
| **全区总计** | **Total** | **60519785** | **24255222** | **11363456** | **5607397** | **7414380** |
| **银川市** | **Yinchuan** | **38873882** | **17038231** | **6373451** | **2959065** | **4727787** |
| 银川市 | District | 31255075 | 13046538 | 4850234 | 2527878 | 4082609 |
| 兴庆区 | Xingqingqu | 12657691 | 4477298 | 2412529 | 833239 | 1478698 |
| 西夏区 | Xixiaqu | 4017405 | 2504205 | 191010 | 115998 | 268707 |
| 金凤区 | Jinfengqu | 14579979 | 6065035 | 2246695 | 1578641 | 2335204 |
| 永宁县 | Yongning | 1744029 | 1623541 | 14488 | 7820 | 11406 |
| 贺兰县 | Helan | 4132347 | 1774417 | 920453 | 321182 | 457444 |
| 灵武市 | Lingwu | 1742431 | 593735 | 588276 | 102185 | 176328 |
| **石嘴山市** | **Shizuishan** | **4441295** | **1616361** | **1397241** | **375628** | **476083** |
| 石嘴山市 | District | 3601620 | 1513671 | 783215 | 317409 | 406062 |
| 大武口区 | Dawukou | 3292454 | 1371103 | 758436 | 277763 | 334422 |
| 惠农区 | Huinongqu | 309166 | 142568 | 24779 | 39646 | 71640 |
| 平罗县 | Pingluo | 839675 | 102690 | 614026 | 58219 | 70021 |
| **吴忠市** | **Wuzhong** | **6342597** | **2917466** | **700495** | **518320** | **833831** |
| 利通区 | Litong | 3869335 | 2006915 | 444927 | 267345 | 402464 |
| 红寺堡区 | Hongsipu | 61814 | 26518 | 4036 | 8049 | 15626 |
| 盐池县 | Yanchi | 1185259 | 301701 | 224230 | 86896 | 179294 |
| 同心县 | Tongxin | 226563 | 98615 | 4986 | 75167 | 117470 |
| 青铜峡市 | Qingtongxia | 999626 | 483717 | 22316 | 80863 | 118977 |
| **固原市** | **Guyuan** | **2931231** | **1110146** | **472075** | **420643** | **686696** |
| 原州区 | Yuanzhou | 2197296 | 757023 | 357292 | 287127 | 476736 |
| 西吉县 | Xiji | 411991 | 204768 | 90685 | 42014 | 54864 |
| 隆德县 | Longde | 88842 | 26153 | 7192 | 43509 | 62941 |
| 泾源县 | Jingyuan | 125625 | 97049 | 16529 | 31859 | 63733 |
| 彭阳县 | Pengyang | 107477 | 25153 | 377 | 16134 | 28422 |
| **中卫市** | **Zhongwei** | **7930780** | **1573018** | **2420194** | **1333741** | **689983** |
| 沙坡头区 | Shapotou | 4579091 | 945563 | 1209241 | 297355 | 412019 |
| 中宁县 | Zhongning | 3230817 | 594371 | 1139868 | 913363 | 173139 |
| 海原县 | Haiyuan | 120872 | 33084 | 71085 | 123023 | 104825 |

# 13-9 续表1 continued

单位:千元 (1 000 yuan)

| 地区 | Region | 累计折旧 Accumulated Depreciation | 本年折旧 Depreciation this Year | 在建工程 Construction inProgress | 资产合计 Total Assets | 流动负债合计 Total Liquid Liabilities | 应付账款 Accounts Payable |
|---|---|---|---|---|---|---|---|
| **全区总计** | **Total** | **3077466** | **404258** | **497411** | **70186381** | **46401863** | **17165457** |
| **银川市** | **Yinchuan** | **1971809** | **270022** | **164833** | **44244006** | **31002477** | **12754177** |
| 银川市 | District | 1749738 | 233669 | 158089 | 36020743 | 25108998 | 11271237 |
| 兴庆区 | Xingqingqu | 696389 | 70524 | 30917 | 14228025 | 9846576 | 4076379 |
| 西夏区 | Xixiaqu | 152710 | 12397 | | 4209397 | 3323700 | 1675117 |
| 金凤区 | Jinfengqu | 900639 | 150748 | 127172 | 17583321 | 11938722 | 5519741 |
| 永宁县 | Yongning | 3586 | 416 | | 1752050 | 1463847 | 29135 |
| 贺兰县 | Helan | 139674 | 23773 | 2114 | 4530485 | 3596148 | 1274225 |
| 灵武市 | Lingwu | 78811 | 12164 | 4630 | 1940728 | 833484 | 179580 |
| **石嘴山市** | **Shizuishan** | **217949** | **31551** | **103703** | **5170662** | **3203588** | **600920** |
| 石嘴山市 | District | 190903 | 23129 | 88485 | 4219913 | 2469754 | 578395 |
| 大武口区 | Dawukou | 156252 | 18142 | 88388 | 3835153 | 2206933 | 517294 |
| 惠农区 | Huinongqu | 34651 | 4987 | 97 | 384760 | 262821 | 61101 |
| 平罗县 | Pingluo | 27046 | 8422 | 15218 | 950749 | 733834 | 22525 |
| **吴忠市** | **Wuzhong** | **364389** | **32384** | **1767** | **7084149** | **4291666** | **1833204** |
| 利通区 | Litong | 165122 | 16034 | | 4217033 | 2373733 | 1114863 |
| 红寺堡区 | Hongsipu | 7577 | 878 | | 79163 | 37759 | 87 |
| 盐池县 | Yanchi | 92398 | 6213 | | 1274157 | 945622 | 212824 |
| 同心县 | Tongxin | 42640 | 1163 | 185 | 314482 | 113830 | 69403 |
| 青铜峡市 | Qingtongxia | 56652 | 8096 | 1582 | 1199314 | 820722 | 436027 |
| **固原市** | **Guyuan** | **294429** | **29860** | **15** | **3519932** | **2389037** | **1107406** |
| 原州区 | Yuanzhou | 217631 | 22412 | | 2533979 | 1701645 | 690889 |
| 西吉县 | Xiji | 12870 | 1280 | | 462700 | 349166 | 289391 |
| 隆德县 | Longde | 19732 | 2903 | | 222417 | 129953 | 23648 |
| 泾源县 | Jingyuan | 31889 | 3088 | 15 | 176613 | 130912 | 41355 |
| 彭阳县 | Pengyang | 12307 | 177 | | 124223 | 77361 | 62123 |
| **中卫市** | **Zhongwei** | **228890** | **40441** | **227093** | **10167632** | **5515095** | **869750** |
| 沙坡头区 | Shapotou | 136746 | 33437 | 7929 | 5003882 | 3100884 | 393667 |
| 中宁县 | Zhongning | 72662 | 5548 | 181484 | 4919855 | 2331478 | 445823 |
| 海原县 | Haiyuan | 19482 | 1456 | 37680 | 243895 | 82733 | 30260 |

# 13－9 续表 2 continued

单位:千元 (1 000 yuan)

| 地区 | Region | 非流动负债合计 Total Non－current Liabilities | 负债合计 Total Liabilities | 所有者权益合计 Owners´ Equity | 实收资本 Paid－in Capitals | 营业收入 Business Revenue | 营业成本 Business Cost |
|---|---|---|---|---|---|---|---|
| **全区总计** | **Total** | **1969249** | **49204660** | **20981165** | **13171586** | **61773201** | **55721463** |
| **银川市** | **Yinchuan** | **725666** | **32114956** | **12128494** | **8558816** | **40069719** | **36350324** |
| 银川市 | District | 486711 | 25982446 | 10037741 | 7230044 | 31623225 | 28569090 |
| 兴庆区 | Xingqingqu | 217272 | 10227087 | 4000938 | 3300827 | 14341871 | 13122244 |
| 西夏区 | Xixiaqu | 822 | 3344092 | 865305 | 556537 | 3200329 | 2931815 |
| 金凤区 | Jinfengqu | 268617 | 12411267 | 5171498 | 3372680 | 14081025 | 12515031 |
| 永宁县 | Yongning | 134000 | 1597847 | 154203 | 142380 | 1028343 | 969823 |
| 贺兰县 | Helan | 80000 | 3676150 | 854335 | 659463 | 5018395 | 4689207 |
| 灵武市 | Lingwu | 24955 | 858513 | 1082215 | 526929 | 2399756 | 2122204 |
| **石嘴山市** | **Shizuishan** | **434780** | **3741848** | **1428814** | **720526** | **3656526** | **3296027** |
| 石嘴山市 | District | 410280 | 2980784 | 1239129 | 609972 | 2311223 | 2053466 |
| 大武口区 | Dawukou | 408949 | 2696095 | 1139058 | 527928 | 1985801 | 1749547 |
| 惠农区 | Huinongqu | 1331 | 284689 | 100071 | 82044 | 325422 | 303919 |
| 平罗县 | Pingluo | 24500 | 761064 | 189685 | 110554 | 1345303 | 1242561 |
| **吴忠市** | **Wuzhong** | **53814** | **4449281** | **2634868** | **1526729** | **7045193** | **6383905** |
| 利通区 | Litong | 53500 | 2495547 | 1721486 | 880607 | 4053800 | 3671044 |
| 红寺堡区 | Hongsipu | | 37759 | 41404 | 39964 | 123032 | 113169 |
| 盐池县 | Yanchi | | 945622 | 328535 | 228411 | 1334222 | 1239367 |
| 同心县 | Tongxin | 314 | 114144 | 200338 | 139589 | 535537 | 488766 |
| 青铜峡市 | Qingtongxia | | 856209 | 343105 | 238158 | 998602 | 871559 |
| **固原市** | **Guyuan** | | **2400224** | **1119708** | **899226** | **3887376** | **3458084** |
| 原州区 | Yuanzhou | | 1711495 | 822484 | 653912 | 2372993 | 2063489 |
| 西吉县 | Xiji | | 349167 | 113533 | 92716 | 799356 | 749712 |
| 隆德县 | Longde | | 131289 | 91128 | 85026 | 255141 | 217235 |
| 泾源县 | Jingyuan | | 130912 | 45701 | 44645 | 231687 | 220873 |
| 彭阳县 | Pengyang | | 77361 | 46862 | 22927 | 228199 | 206775 |
| **中卫市** | **Zhongwei** | **754989** | **6498351** | **3669281** | **1466289** | **7114387** | **6233123** |
| 沙坡头区 | Shapotou | 6689 | 3255476 | 1748406 | 1080209 | 4322276 | 3855073 |
| 中宁县 | Zhongning | 748300 | 3157142 | 1762713 | 269256 | 2313914 | 1947607 |
| 海原县 | Haiyuan | | 85733 | 158162 | 116824 | 478197 | 430443 |

# 13－9 续表3 continued

单位:千元 (1 000 yuan)

| 地 区 | Region | 营业税金及附加 Operating Tax and Extra Charges | 主营业务税金及附加 Tax and Extra Charges on Principle Business | 其他业务利润 Other Profits | 管理费用 Management Expenses | 税金 Taxes |
|---|---|---|---|---|---|---|
| **全区总计** | **Total** | **1853768** | **1834778** | **125762** | **1715190** | **92550** |
| **银川市** | **Yinchuan** | **1198189** | **1187294** | **104718** | **1150933** | **63777** |
| 银川市 | District | 980685 | 969790 | 101647 | 999147 | 52774 |
| 兴庆区 | Xingqingqu | 454640 | 451289 | 31851 | 368969 | 22951 |
| 西夏区 | Xixiaqu | 100773 | 100170 | 6483 | 77612 | 2615 |
| 金凤区 | Jinfengqu | 425272 | 418331 | 63313 | 552566 | 27208 |
| 永宁县 | Yongning | 34364 | 34364 | | 4628 | 85 |
| 贺兰县 | Helan | 102949 | 102949 | 3071 | 107307 | 8929 |
| 灵武市 | Lingwu | 80191 | 80191 | | 39851 | 1989 |
| **石嘴山市** | **Shizuishan** | **122159** | **119641** | **1683** | **108639** | **4249** |
| 石嘴山市 | District | 78237 | 76975 | 1882 | 89511 | 3151 |
| 大武口区 | Dawukou | 67309 | 66157 | 42 | 78130 | 2539 |
| 惠农区 | Huinongqu | 10928 | 10818 | 1840 | 11381 | 612 |
| 平罗县 | Pingluo | 43922 | 42666 | －199 | 19128 | 1098 |
| **吴忠市** | **Wuzhong** | **235533** | **233718** | **10752** | **166936** | **7750** |
| 利通区 | Litong | 135739 | 134084 | 971 | 93845 | 3445 |
| 红寺堡区 | Hongsipu | 3676 | 3676 | | 2624 | 44 |
| 盐池县 | Yanchi | 42089 | 42089 | | 27157 | 275 |
| 同心县 | Tongxin | 17158 | 17013 | 1520 | 8598 | 293 |
| 青铜峡市 | Qingtongxia | 36871 | 36856 | 8261 | 34712 | 3693 |
| **固原市** | **Guyuan** | **138627** | **135755** | **－290** | **135528** | **6002** |
| 原州区 | Yuanzhou | 77307 | 74435 | 814 | 110015 | 4971 |
| 西吉县 | Xiji | 25223 | 25223 | | 7703 | 180 |
| 隆德县 | Longde | 24507 | 24507 | | 10131 | 61 |
| 泾源县 | Jingyuan | 7819 | 7819 | －664 | 4515 | 746 |
| 彭阳县 | Pengyang | 3771 | 3771 | －440 | 3164 | 44 |
| **中卫市** | **Zhongwei** | **159260** | **158370** | **8899** | **153154** | **10772** |
| 沙坡头区 | Shapotou | 82108 | 82077 | 636 | 68793 | 3668 |
| 中宁县 | Zhongning | 57075 | 56216 | 8263 | 78418 | 7069 |
| 海原县 | Haiyuan | 20077 | 20077 | | 5943 | 35 |

# 13－9　续表4　continued

单位:千元　　　　(1 000 yuan)

| 地　区 | Region | 财务费用 Financial Expenses | 利息收入 Interest Income | 利息支出 Interest Expenses | 营业利润 Business Profits | 补贴收入 Subsidy Income | 营业外收入 Non－operating Income |
|---|---|---|---|---|---|---|---|
| **全区总计** | **Total** | **512857** | **16722** | **388910** | **1825359** | **21683** | **113466** |
| **银 川 市** | **Yinchuan** | **254215** | **12787** | **211010** | **1013803** | **13076** | **83731** |
| 银 川 市 | District | 213888 | 10385 | 182884 | 749706 | 12994 | 71643 |
| 兴 庆 区 | Xingqingqu | 71564 | 2285 | 61409 | 294318 | 2385 | 37141 |
| 西 夏 区 | Xixiaqu | 18856 | 199 | 19293 | 66097 | | 2583 |
| 金 凤 区 | Jinfengqu | 123468 | 7901 | 102182 | 389291 | 10609 | 31919 |
| 永 宁 县 | Yongning | －1 | 9 | | 19529 | | |
| 贺 兰 县 | Helan | 14615 | 495 | 9992 | 112771 | 82 | 11739 |
| 灵 武 市 | Lingwu | 25713 | 1898 | 18134 | 131797 | | 349 |
| **石嘴山市** | **Shizuishan** | **74509** | **1524** | **32182** | **54147** | **5127** | **10369** |
| 石嘴山市 | District | 72385 | 1493 | 32186 | 16580 | 5127 | 9835 |
| 大武口区 | Dawukou | 68205 | 1506 | 30151 | 21567 | 3809 | 8517 |
| 惠 农 区 | Huinongqu | 4180 | －13 | 2035 | －4987 | 1318 | 1318 |
| 平 罗 县 | Pingluo | 2124 | 31 | －4 | 37567 | | 534 |
| **吴 忠 市** | **Wuzhong** | **48073** | **357** | **44061** | **201284** | **79** | **10234** |
| 利 通 区 | Litong | 20534 | －201 | 18207 | 122302 | | 7137 |
| 红寺堡区 | Hongsipu | 680 | | 533 | 2082 | | |
| 盐 池 县 | Yanchi | 13769 | 515 | 13245 | 11837 | | 478 |
| 同 心 县 | Tongxin | 2529 | 17 | 2169 | 18470 | | |
| 青铜峡市 | Qingtongxia | 10561 | 26 | 9907 | 46593 | 79 | 2619 |
| **固 原 市** | **Guyuan** | **8899** | **162** | **6055** | **145219** | **3401** | **5058** |
| 原 州 区 | Yuanzhou | 6517 | 108 | 4751 | 115413 | 2397 | 3371 |
| 西 吉 县 | Xiji | －127 | 66 | 6 | 16844 | 1004 | 1537 |
| 隆 德 县 | Longde | 462 | －4 | 375 | 2627 | | 150 |
| 泾 源 县 | Jingyuan | 2014 | | 877 | －3627 | | |
| 彭 阳 县 | Pengyang | 33 | －8 | 46 | 13962 | | |
| **中 卫 市** | **Zhongwei** | **127161** | **1892** | **95602** | **410906** | | **4074** |
| 沙坡头区 | Shapotou | 64325 | 1510 | 40081 | 250490 | | 654 |
| 中 宁 县 | Zhongning | 62055 | 393 | 54717 | 144642 | | 3420 |
| 海 原 县 | Haiyuan | 781 | －11 | 804 | 15774 | | |

# 13-9 续表5 continued

单位:千元 (1 000 yuan)

| 地 区 | Region | 营业外支出 Non-operating Expenses | 利润总额 Total Profits | 应交所得税 Income Tax Payable | 应付职工薪酬 Payroll Payable | 销售费用 Sales Expenses |
|---|---|---|---|---|---|---|
| **全区总计** | **Total** | **145056** | **1773568** | **655542** | **4578237** | **80036** |
| **银川市** | **Yinchuan** | **102436** | **982349** | **389895** | **2701945** | **40787** |
| 银川市 | District | 72658 | 735942 | 275396 | 2201223 | 40783 |
| 兴庆区 | Xingqingqu | 50319 | 267486 | 145875 | 870419 | 19788 |
| 西夏区 | Xixiaqu | 5706 | 63821 | 31247 | 208894 | 535 |
| 金凤区 | Jinfengqu | 16633 | 404635 | 98274 | 1121910 | 20460 |
| 永宁县 | Yongning | 237 | 19292 | 18780 | 143359 | |
| 贺兰县 | Helan | 24986 | 99524 | 50926 | 203568 | 4 |
| 灵武市 | Lingwu | 4555 | 127591 | 44793 | 153795 | |
| **石嘴山市** | **Shizuishan** | **4304** | **60212** | **38126** | **309290** | **157** |
| 石嘴山市 | District | 2414 | 24001 | 18557 | 216609 | 157 |
| 大武口区 | Dawukou | 2233 | 27851 | 17948 | 196758 | 156 |
| 惠农区 | Huinongqu | 181 | -3850 | 609 | 19851 | 1 |
| 平罗县 | Pingluo | 1890 | 36211 | 19569 | 92681 | |
| **吴忠市** | **Wuzhong** | **11522** | **197178** | **81720** | **850847** | **8815** |
| 利通区 | Litong | 7128 | 119493 | 49949 | 386145 | 7890 |
| 红寺堡区 | Hongsipu | 47 | 2035 | 1890 | 13961 | 801 |
| 盐池县 | Yanchi | 190 | 12125 | 3898 | 223750 | 2 |
| 同心县 | Tongxin | 12 | 18458 | 6528 | 80302 | 16 |
| 青铜峡市 | Qingtongxia | 4145 | 45067 | 19455 | 146689 | 106 |
| **固原市** | **Guyuan** | **6234** | **139409** | **31628** | **334406** | **958** |
| 原州区 | Yuanzhou | 6083 | 108067 | 14219 | 168917 | 627 |
| 西吉县 | Xiji | 148 | 18233 | 14304 | 54229 | 1 |
| 隆德县 | Longde | 1 | 2776 | 1370 | 38217 | 183 |
| 泾源县 | Jingyuan | 2 | -3629 | 189 | 36711 | 93 |
| 彭阳县 | Pengyang | | 13962 | 1546 | 36332 | 54 |
| **中卫市** | **Zhongwei** | **20560** | **394420** | **114173** | **381749** | **29319** |
| 沙坡头区 | Shapotou | 5667 | 245477 | 77305 | 166219 | 13 |
| 中宁县 | Zhongning | 14893 | 133169 | 32156 | 170662 | 24127 |
| 海原县 | Haiyuan | | 15774 | 4712 | 44868 | 5179 |

# 主要统计指标解释

**价值量指标**

**[建筑业总产值]** 它是以货币表现的建筑业企业在一定时间内生产的建筑业产品和服务的总和。建筑业总产值包括三部分内容:①建筑工程产值;②设备安装工程产值;③其它产值。

它计算的价格原则上按施工单位和建设单位结算价格计算。

**[建筑业增加值]** 是指建筑企业在报告期内以货币表现的建筑业生产经营活动的最终成果。有两种计算方法:一是生产法、二是分配法(收入法)

①生产法计算公式:建筑业增加值 = 建筑业总产出 - 建筑业中间投入

②分配法(收入法)计算公式:建筑业增加值 = 固定资产折旧 + 劳动者报酬 + 生产税净额 + 营业盈余。

**[竣工产值]** 一般是以单位工程为对象,当该工程按照设计所规定的工程内容全部完成,达到了设计规定的交工条件,经有关部门检查验收鉴定合格的单位工程价值,即为竣工产值。

**实物量指标**

**[房屋建筑面积]** 是指房屋全部平面面积的总和。它一般通过房屋施工和竣工面积来具体体现。

**[房屋施工面积]** 是指报告期内施过工的全部房屋建筑面积,它包括本期新开工的面积、上期跨入本期继续施工的房屋面积、上期停缓建在本期恢复施工的房屋面积、本期竣工的房屋面积以及本期施工后又停续建的房屋面积。

**[房屋新开工面积]** 是指在报告期内新开工的各个房屋的建筑面积之和。

**[房屋竣工面积]** 是指在报告期内房屋建筑按照设计要求已全部完工,达到了使用条件经检查验收鉴定合格的房屋建筑面积。

财务指标

**[实收资本]** 是指企业在工商行政管理部门注册登记,并实际收到投资人投入的资本。企业筹集的资本金投其投资主体一般分为国家资本、集体资本、法人资本、个人资本、港澳台资本和外商资本六种。

**[资产]** 是企业拥有或控制的能以货币计量的经济资源,包括各种财产、债权和其他权利。

**[负债]** 是企业所承担的能以货币计量、将以资产或劳务偿付的债务。负债一般按其偿还期长短分为流动负债和长期负债。

**[所有者权益]** 是企业投资人对企业净资产的所有权,企业净资产等于企业全部资产减去全部负债后的余额。其中包括实收资本、资本公积、盈余公积和未分配利润四部分。

**[工程结算收入(主营业务收入)]** 指本企业承包工程实现的工程价款结算收入以及向发包单位收取的除工程价款以外按规定列作营业收入的各种款项,如:临时设施费、劳动保险费、施工机构调迁费等以及向发包单位收取的各种索赔款。

**[工程结算成本(主营业务成本)]** 指在报告期内与发包单位办理工程价款结算的已完工程实际成本。

# 第十四篇 运输邮电

# Chapter14 Transport, Postal and Telecommunication Services

**责任编辑**:杨培林

**资料整理**:杨培林　徐学奎　邢猛　徐薇　杨雯　汪蓉

**Coordinator**: Yang Peilin

**Data Compilation**: Yang Peilin　Xu Xuekui　Xing Meng　Xu Wei　Yang Wen　Wang Rong

# 14-1 主要年份交通运输工具和线路里程

## Major Transport Conveyance and Line Mileage

| 年份<br>Year | 载货汽车（辆）<br>Truck (unit) | 载客汽车（辆）<br>Passenger Vehicles (unit) | 铁路 Railways<br>机车（台）<br>Locomotive (unit) | <br>客车（辆）<br>Passenger Coaches (coach) | 铁路通车里程（公里）<br>Rail Mileage Open to Traffic (km) | 公路通车里程（公里）<br>Highway Mileage Open to Traffic (km) | 民航通航里程（公里）<br>Length of Civil Aviation Routes (km) |
|---|---|---|---|---|---|---|---|
| 1957 | 268 | 21 | | | | 2241 | |
| 1958 | 978 | 29 | 24 | – | 361 | 2686 | 1300 |
| 1965 | 1368 | 85 | 73 | – | 409 | 3201 | 1300 |
| 1970 | 2731 | 506 | 99 | 9 | 409 | 3591 | 1300 |
| 1975 | 5296 | 1224 | 90 | 11 | 421 | 3916 | 1300 |
| 1978 | 7991 | 1920 | 100 | 8 | 421 | 5227 | 1300 |
| 1980 | 8867 | 2345 | 104 | 11 | 421 | 6848 | 1300 |
| 1985 | 12754 | 5149 | 92 | 41 | 421 | 7016 | 1300 |
| 1990 | 20471 | 8744 | 128 | 131 | 421 | 8200 | 1400 |
| 1995 | 30788 | 16419 | 203 | 171 | 769 | 8554 | 8683 |
| 2000 | 43496 | 37629 | 208 | 315 | 780 | 10171 | 16823 |
| 2001 | 45227 | 41079 | 208 | 307 | 780 | 10899 | 21242 |
| 2002 | 43051 | 48874 | 195 | 343 | 780 | 11245 | 27336 |
| 2003 | 59710 | 59590 | 209 | 345 | 780 | 11916 | 30101 |
| 2004 | 57831 | 60386 | 204 | 341 | 780 | 12456 | 28627 |
| 2005 | 68956 | 80384 | 196 | 328 | 786 | 13078 | 21248 |
| 2006 | 66276 | 95063 | 193 | 328 | 783 | 19903 | 21219 |
| 2007 | 71466 | 118249 | 196 | 287 | 783 | 20562 | 36253 |
| 2008 | 81072 | 148103 | 158 | 283 | 783 | 21008 | 44197 |
| 2009 | 107536 | 201143 | 222 | 402 | 783 | 21805 | 50602 |
| 2010 | 135235 | 272342 | 265 | 482 | 1032 | 22518 | 54221 |
| 2011 | 165134 | 359295 | 299 | 313 | 1029 | 24506 | 52388 |
| 2012 | 194082 | 459448 | 244 | | 1029 | 26522 | 61406 |
| 2013 | 223548 | 557820 | 303 | | 1029 | 28554 | 76720 |
| 2014 | 244538 | 655456 | 404 | | 1029 | 31276 | 117107 |
| 2015 | 241072 | 757731 | 369 | | 1029 | 33240 | 114286 |

注：1. 1965 年前载客汽车未包括小客车；

2. 2006 年起公路通车里程包含村道；

3. 2012 年起银川段所有车厢归兰州局管理。

Notes: a) Before 1965, Passenger Vehicles do not include minibus.

b) Since 2006, Length of highways include the village road.

c) Since 2012, all compartments belong to Yinchuan period have been manged by Lanzhou Railroad Bureau.

# 14－2 主要年份运输线路长度
## Length of Transportation Routes

单位:公里 (km)

| 年份<br>Year | 铁路营业里程<br>Length of Railways in Operation | 电气化里程<br>Electrified Railways | 公路<br>Length of Highways | 等级路<br>Standard Highways | 等外路<br>Substandard Highways | 民航<br>Civil Aviation |
|---|---|---|---|---|---|---|
| 1978 | 437.7 | | 5227 | | | 1300 |
| 1979 | 437.7 | | 6848 | 5503 | 1345 | 1300 |
| 1980 | 437.7 | | 6848 | 5503 | 1345 | 1300 |
| 1985 | 426.9 | | 7016 | 5642 | 1374 | 1300 |
| 1990 | 427.0 | | 8200 | 7400 | 800 | 1400 |
| 1995 | 792.6 | 437.1 | 8554 | 7922 | 632 | 8683 |
| 2000 | 790.2 | 716.9 | 10171 | 9649 | 522 | 16823 |
| 2001 | 790.2 | 716.9 | 10899 | 10723 | 176 | 21242 |
| 2002 | 790.2 | 716.9 | 11245 | 11081 | 164 | 27336 |
| 2003 | 790.2 | 716.9 | 11916 | 11770 | 146 | 30101 |
| 2004 | 790.2 | 716.9 | 12456 | 12325 | 131 | 28627 |
| 2005 | 708.3 | 669.0 | 13078 | 13001 | 77 | 21248 |
| 2006 | 705.9 | 667.5 | 19903 | 18102 | 1801 | 21219 |
| 2007 | 705.8 | 667.5 | 20562 | 18934 | 1627 | 36253 |
| 2008 | 705.8 | 667.5 | 21008 | 19403 | 1605 | 44197 |
| 2009 | 705.8 | 705.8 | 21805 | 20297 | 1509 | 50602 |
| 2010 | 1032.0 | 1032.0 | 22518 | 21198 | 1320 | 54221 |
| 2011 | 1029.0 | 1029.0 | 24506 | 23875 | 631 | 52388 |
| 2012 | 1308.3 | 1029.3 | 26522 | 26009 | 513 | 61406 |
| 2013 | 1029.3 | 1029.3 | 28554 | 28338 | 216 | 76720 |
| 2014 | 1029.3 | 1029.3 | 31276 | 31057 | 219 | 117107 |
| 2015 | 1029.3 | 1029.3 | 33240 | 33045 | 195 | 114286 |

注: 1.2004 年以前铁路营业里程为银川铁路分局管辖长度;
2.2005 年起铁路数据由兰州铁路局重新核定划分;
3.2010 年铁路营业里程包括合资铁路,地方铁路因不通车没有统计在内。

Notes: a) Before 2004, Length of railways in operation refered to jurisdiction of Yinchuan Railroad Bureau.
b) From 2005, data of railway were reapproved by Lanzhou Railway Bureau.
c) From 2010, data of Railway in operating include the data of Joint－venture enterprises, but no local railways.

# 14-3 主要年份客货运输量

## Passenger and Freight Traffic

| 年份<br>Year | 客运量（万人）<br>Passenger Traffic (10 000 persons) | 铁路<br>Railways | 公路<br>Highways | 航空<br>Aviation | 货运量（万吨）<br>Freight Traffic (10 000 tons) | 铁路<br>Railways | 公路<br>Highways | 航空<br>Aviation | 管道<br>Petroleum and Gas Pipelines |
|---|---|---|---|---|---|---|---|---|---|
| 1952 | 4.6 | | 4.3 | | 19.8 | | 12.2 | | |
| 1957 | 39.1 | | 39.1 | | 96.3 | | 88.0 | | |
| 1958 | 52.4 | | 52.4 | | 201.8 | | 191.8 | | |
| 1965 | 142.8 | 74.8 | 68.0 | | 640.0 | 376.6 | 257.1 | | |
| 1970 | 226.6 | 103.5 | 123.1 | 0.01 | 878.9 | 499.0 | 374.4 | | |
| 1975 | 364.5 | 128.0 | 236.3 | 0.2 | 1439.3 | 958.5 | 476.7 | | |
| 1978 | 466.1 | 144.4 | 321.4 | 0.3 | 2175.0 | 1298.0 | 847.0 | | |
| 1980 | 645.9 | 176.0 | 469.6 | 0.3 | 2302.0 | 1374.0 | 719.0 | | |
| 1985 | 1349.0 | 217.0 | 1131.6 | 0.4 | 3610.0 | 1478.0 | 1912.0 | | |
| 1990 | 2838.0 | 181.0 | 2655.0 | 2.0 | 3851.0 | 1512.0 | 2178.0 | | |
| 1995 | 4565.0 | 195.0 | 4357.0 | 13.0 | 5220.0 | 1605.0 | 3519.0 | 0.04 | |
| 2000 | 5537.0 | 271.0 | 5252.0 | 14.4 | 6880.0 | 2105.3 | 4531.0 | 0.1 | |
| 2001 | 5823.0 | 282.0 | 5525.0 | 15.8 | 7287.0 | 2300.0 | 4694.0 | 0.1 | |
| 2002 | 6125.4 | 278.0 | 5832.0 | 15.4 | 7544.9 | 2367.2 | 4894.0 | 0.1 | |
| 2003 | 5904.2 | 277.0 | 5605.0 | 22.2 | 7878.5 | 2528.5 | 5048.0 | 0.2 | |
| 2004 | 6722.9 | 329.0 | 6359.0 | 34.9 | 8724.9 | 2768.4 | 5326.0 | 0.3 | |
| 2005 | 7107.0 | 309.0 | 6757.0 | 41.4 | 9340.0 | 2881.0 | 5648.0 | 0.6 | |
| 2006 | 7600.0 | 357.0 | 7191.0 | 51.9 | 10239.0 | 3329.0 | 6029.0 | 0.5 | |
| 2007 | 8208.0 | 382.0 | 7752.0 | 73.6 | 11445.0 | 3957.0 | 6583.0 | 0.5 | |
| 2008 | 11899.0 | 457.0 | 11363.0 | 78.5 | 27218.0 | 4400.0 | 21762.0 | 0.4 | 1055.3 |
| 2009 | 12657.9 | 513.0 | 12034.0 | 110.9 | 30323.0 | 5978.0 | 23263.0 | 0.5 | 1081.5 |
| 2010 | 13599.2 | 539.0 | 12919.0 | 141.2 | 33597.9 | 6879.0 | 25453.0 | 1.4 | 1264.5 |
| 2011 | 15145.4 | 543.0 | 14441.0 | 161.4 | 38068.4 | 7850.0 | 29016.0 | 0.8 | 1201.6 |
| 2012 | 16389.0 | 535.0 | 15666.0 | 187.9 | 42246.8 | 8485.6 | 32646.0 | 0.9 | 1114.4 |
| 2013 | 8365.9 | 593.7 | 7568.0 | 204.2 | 42072.1 | 8412.0 | 32502.0 | 1.0 | 1157.1 |
| 2014 | 9213.1 | 656.5 | 8311.0 | 245.6 | 42446.9 | 6990.0 | 34318.0 | 1.2 | 1137.7 |
| 2015 | 9371.6 | 661.1 | 8444.0 | 266.5 | 43769.5 | 5631.1 | 36994.8 | 1.3 | 1142.3 |

注：1.1998 年后公路数据为抽样调查数。

2.2009 年后公路数据为新调查口径数据,货运量包括管道运输量。

3.2013 年和 2014 年公路客货运输量依据交通运输部交通运输经济统计专项调查数据推算。

Notes: a) Data of highways refer to sampling survey data since 1998.

b) Since 2009, data coverage of highways has been adjusted, which freight traffic includes petroleum and gas pipelines.

c) In 2013 and in 2014, Passenger and Freight Traffic data was estimated according to the special survey data of the ministry of transport.

# 14－4 主要年份客货周转量

## Passenger and Freight Turnover Volume

| 年份<br>Year | 旅客周转量（万人公里）<br>Passenger－kilometers（10 000 person－km） | 铁路<br>Railways | 公路<br>Highways | 航空<br>Aviation | 货物周转量（万吨公里）<br>Freight Ton－kilometers（10 000 ton－km） | 铁路<br>Railways | 公路<br>Highways | 航空<br>Aviation | 管道<br>Petroleum and Gas Pipelines |
|---|---|---|---|---|---|---|---|---|---|
| 1952 | 1482 | | 1402 | | 3806 | | 888 | | |
| 1957 | 6774 | | 6774 | | 6052 | | 3694 | | |
| 1958 | 5991 | | 5991 | | 7827 | | 6756 | | |
| 1965 | 17820 | 13100 | 4720 | | 326605 | 318579 | 7894 | | |
| 1970 | 25051 | 17800 | 7251 | | 413251 | 402684 | 10441 | | |
| 1975 | 35621 | 20140 | 15481 | | 427026 | 409170 | 17787 | | |
| 1978 | 44223 | 23208 | 21015 | | 562221 | 534901 | 27302 | | |
| 1980 | 61200 | 27737 | 33463 | | 458925 | 430286 | 20693 | | |
| 1985 | 121000 | 45392 | 75608 | | 619679 | 519235 | 79644 | | |
| 1990 | 192033 | 46810 | 145223 | | 747893 | 598005 | 125898 | | |
| 1995 | 279190 | 55559 | 215721 | 7910 | 1150029 | 938271 | 201549 | 50 | |
| 2000 | 575597 | 244662 | 313768 | 17167 | 2218627 | 1594496 | 568601 | 76 | |
| 2001 | 551500 | 202100 | 333700 | 15600 | 2442700 | 1789300 | 584900 | 75 | |
| 2002 | 568049 | 196539 | 355306 | 16204 | 2623417 | 1932317 | 614562 | 189 | |
| 2003 | 551788 | 195534 | 335109 | 21145 | 2663245 | 1968396 | 630923 | 177 | |
| 2004 | 651117 | 231455 | 381550 | 38112 | 2632894 | 1863592 | 645950 | 347 | |
| 2005 | 669549 | 219490 | 402650 | 47409 | 2679933 | 1844278 | 677650 | 652 | |
| 2006 | 730946 | 240847 | 431600 | 58499 | 2931456 | 2031313 | 721440 | 692 | |
| 2007 | 804629 | 259878 | 465000 | 79751 | 3026090 | 2106674 | 781800 | 689 | |
| 2008 | 959073 | 287354 | 575282 | 96437 | 7180048 | 2229354 | 4778724 | 650 | 171320 |
| 2009 | 1048505 | 303971 | 610222 | 134312 | 7644774 | 2497308 | 4969734 | 811 | 176921 |
| 2010 | 1163818 | 330502 | 653115 | 180201 | 8458987 | 2766437 | 5382659 | 1076 | 308815 |
| 2011 | 1339417 | 411057 | 723666 | 204694 | 9619559 | 3222669 | 6081181 | 1221 | 314488 |
| 2012 | 1441031 | 408863 | 796893 | 235275 | 11019865 | 3677422 | 7001227 | 1181 | 340035 |
| 2013 | 1292930 | 445080 | 583405 | 264445 | 9130255 | 3647482 | 5094276 | 1453 | 387044 |
| 2014 | 1468420 | 484650 | 656792 | 326978 | 8773263 | 3065022 | 5304692 | 1871 | 401679 |
| 2015 | 1538377 | 473709 | 680437 | 384232 | 8727195 | 2450809 | 5718458 | 2044 | 555884 |

注： 1.1998 年后公路数据为抽样调查数。

2.2009 年后公路数据为新调查口径数据，货运量包括管道运输量。

3.2013 年和 2014 年公路客货运输量依据交通运输部交通运输经济统计专项调查数据推算。

Notes: a) Data of highways refer to sampling survey data since 1998.

b) Since 2009, data coverage of highways has been adjusted, which freight traffic includes petroleum and gas pipelines.

c) In 2013 and in 2014, Passenger and Freight Traffic data was estimated according to the special survey data of the ministry of transport.

# 14－5 主要年份邮电业务总量

## Business Volume of Post and Telecommunication Services

| 年份<br>Year | 邮电业务总量（万元）<br>Business Volume of Postal and Telecommunication (10 000 yuan) | 函件（万件）<br>Number of Letters (10 000 pcs) | 报刊期发数（万份）<br>Issue of Newspapers and Magazines (10 000 copies) | 电话用户总数（万户）<br>Number of Telephone Subscribers (10 000 subscriber) | 移动电话用户（万户）<br>Number of Mobile Telephone Subscribers (10 000 subscriber) | 国际互联网络用户（万户）<br>Number of Internet Users (10 000 subscriber) | 长途电话（万次）<br>Long－distance Calls (10 000 times) |
|---|---|---|---|---|---|---|---|
| 1952 | 75.3 | 104.1 | | 0.02 | | | 6.5 |
| 1957 | 197.4 | 324.2 | | 0.15 | | | 11.9 |
| 1958 | 287.8 | 380.9 | 14.5 | 0.23 | | | 18.6 |
| 1965 | 586.2 | 639.1 | 19.2 | 0.70 | | | 41.5 |
| 1970 | 690.9 | 863.7 | 9.8 | 0.76 | | | 37.6 |
| 1975 | 979.0 | 990.7 | 33.5 | 1.05 | | | 68.0 |
| 1978 | 1165.0 | 1168.7 | 45.0 | 1.30 | | | 77.0 |
| 1980 | 1279.4 | 1474.5 | 68.4 | 1.60 | | | 88.1 |
| 1985 | 1908.2 | 1792.0 | 125.1 | 2.80 | | | 150.8 |
| 1990 | 4357.7 | 2054.3 | 85.4 | 5.11 | | | 353.5 |
| 1995 | 22859.6 | 2270.9 | 70.3 | 21.64 | 0.69 | | 2708.3 |
| 2000 | 143401.0 | 2021.0 | 61.7 | 70.01 | 20.44 | 3.44 | 8772.0 |
| 2001 | 163400.0 | 2631.0 | 48.5 | 113.07 | 41.73 | 8.53 | 8123.0 |
| 2002 | 218810.4 | 3052.0 | 45.0 | 158.14 | 73.68 | 17.45 | 5052.4 |
| 2003 | 288775.8 | 2642.0 | 42.8 | 223.87 | 123.54 | 22.23 | 11620.3 |
| 2004 | 392397.0 | 2093.7 | 43.3 | 278.16 | 158.60 | 32.08 | 9104.9 |
| 2005 | 485984.0 | 3018.4 | 61.4 | 319.97 | 181.08 | 59.10 | 10709.6 |
| 2006 | 615246.3 | 3304.8 | 41.8 | 362.42 | 218.56 | 29.12 | 11209.5 |
| 2007 | 800382.2 | 2049.5 | 44.1 | 408.31 | 268.13 | 32.39 | 48413.0 |
| 2008 | 961661.0 | 3091.6 | 48.2 | 444.81 | 323.30 | 36.98 | 51216.8 |
| 2009 | 1200030.0 | 2395.0 | 50.9 | 504.90 | 390.40 | 41.82 | 50453.0 |
| 2010 | 1561769.9 | 2087.6 | 54.9 | 562.70 | 450.80 | 48.80 | |
| 2011 | 578421.3 | 1411.3 | 52.8 | 633.30 | 524.80 | 53.94 | |
| 2012 | 656680.5 | 1145.9 | 59.0 | 710.40 | 605.44 | 60.91 | |
| 2013 | 716777.0 | 916.2 | 60.0 | 731.89 | 627.20 | 71.14 | |
| 2014 | 1026472.1 | 814.0 | 126.4 | 791.00 | 688.27 | 78.20 | |
| 2015 | 1355404.3 | 574.8 | 57.3 | 745.35 | 661.00 | 86.06 | |

注：1. 邮电业务总量2000年以前为1990年不变价计算，2001－2010年按2000年不变价计算，2011年起按2010年不变价计算。
2. 2001年起电话机总数中包括移动电话用户。
3. 电信业务总量按2010年不变价格计算，电信业务总量为移动互联网流量价格核算方法调整后数据。
4. 2012年起，"国际互联网络用户"由"互联网宽带接入用户"替代。

Notes: a) The business volume of postal and telecomunication services before 2000 was calculated at 1990 constant prices while 2001－2010 was calculated at 2000 constant prices and that since 2011 was calculated at 2010 constant prices.
b) Since 2001, Number of Telephone Subscribers included mobile phone users.
c) The business volume of telephone subscribers was calculated at 2010 constant prices and refers to the adjusted Internet flow prices calcalation way.
d) Since 2012, "Number of Internet Users" replaced by "the Internet broadband user".

# 主要统计指标解释

［**货运量**］　指一定时期（年、季、月）内，以重量单位（吨）计算的由各种运输工具实际完成运钧过程的货物数量。货运量包括：铁路货运量、公路货运量、水运货运量、民航货运量和管道运输量。

［**货物周转量**］　指一定时期（年、季、月）内，由各种运输工具实际完成运送过程的，以综合运量和运距的复合单位（吨公里）计算的货物总运输量。它是反映货物运输量的另一个指标。货物周转量中包括铁路、公路、水运、航空、管道等各种运输工具完成的货物周转量。

［**客运量**］　指分别按各类运输方式计算的实际运送的旅客人数。包括：铁路客运量、公路客运量、水运客运量、空运客运量。

［**旅客周转量**］　指由各种运输方式在一定时期（年、季、月）内实际运送的每位旅客乘车（船、民用飞机）里程的综合数，计算单位是“人公里”。

［**民用汽车**］　由公安交通监理部门所掌管的领有本地区民用车辆牌照的普通载货汽车、专用载货汽车、载客汽车、其他专用汽车、特种汽车等。不包括拖拉机、摩托车、其他机动车等。

［**载客汽车**］　指用于运送旅客的汽车。可分为大型及小型两种，凡车长6米及以上或乘座人数（驾驶员除外）为20人及以上者为大型载客汽车。

［**营运汽车**］　指领有公安交通监理部门核发的车辆牌照、并经当地工商行政管理机关核准，领取营业执照，参加营业性运输的载客和载货汽车，包括使用权属于公路运输企业的租入、借入、代管的营运汽车。计算单位为“辆”。

［**邮电业务总量**］　即邮电专业产品量。邮电业务量按专业分类包括函件、机要文件、包件、汇票、报刊发行、邮政快件、特快专递、邮政储蓄、集邮、公众电报、用户电报、传真、长途电话、出租电路、市话无线寻呼、移动电话、分组交换数据通信、出租代维等。

［**移动电话用户**］　指在邮电部门登记、通过移动电话交换机进入移动电话网、占有移动电话号码的电话用户，按实际办理登记手续进入邮电部门移动电话网的户数进行统计，一部（台）移动电话统计为一户。

［**计算机互联网（INTERNET）用户**］　计算机互联网是一个连接计算机网的网络，范围遍及全世界，包括局域网、城域网和广域网，旨在实现计算机资源共享。它分为两大类，一类是学术范围的非盈利性的网络，另一类是商业性或非学术性的网络。接入这个网络的用户，称为INTERNET用户。

# 第十五篇 Chapter15

# 批发零售和住宿餐饮业

## Wholesale, Retail, Housing and Caterin


**责任编辑**:何胜兰

**资料整理**:何胜兰　温静　岳洪涛　周莹　勉伟　郝静

**Coordinator**: He Shenglan

**Data Compilation**: He Shenglan　Wen Jing　Yue Hongtao　Zhou Ying　Mian Wei　Hao Jing

# 15-1 限额以上批发业法人单位数和年末从业人员数(2015年)

## Number of Corporation Enterprises and Engaged Persons above Designated Size of Wholesale(2015)

| 指 标 | Item | 法人单位数(个) Number of Corporate Unit (unit) | 年末从业人员数(人) Engaged Persons (person) |
|---|---|---|---|
| **批发业合计** | **Wholesale Trade** | **168** | **10051** |
| 国有及国有控股 | State-owned and State-holding Enterprises | 30 | 5943 |
| **按登记注册类型分组** | **Grouped by Registration Status** | | |
| 内资企业 | Domestic Funded Enterprises | 168 | 10051 |
| 国有企业 | State-owned Enterprises | 11 | 1593 |
| 集体企业 | Collective-owned Enterprises | | |
| 股份合作 | Cooperative Enterprises | | |
| 联营企业 | Joint-venture Enterprises | | |
| 有限责任公司 | Limited Liability Corporations | 48 | 1569 |
| 国有独资企业 | State Sole Funded Corporations | 2 | 137 |
| 其他有限责任公司 | Other Limited Liability Corporations | 46 | 1432 |
| 股份有限公司 | Share-holding Corporations Ltd. | 11 | 3787 |
| 私营企业 | Private Enterprises | 98 | 3102 |
| 其他企业 | Other Enterprises | | |
| 外商投资企业 | Foreign Funded Enterprises | | |
| **按国民经济行业分组** | **Grouped by Sector** | | |
| 农、林、牧产品批发业 | Wholesale of Farm Produce,Forestry and Animal Husbandry Products | 4 | 92 |
| 食品、饮料及烟草制品批发业 | Wholesale of Food,Beverages and Tobaccos | 22 | 2435 |
| 米、面制品及食用油批发业 | Wholesale of Rice,Flour and Edible Oil | 3 | 208 |
| 烟草制品批发业 | Wholesale of Tobaccos | 6 | 1300 |
| 纺织、服装及家庭用品批发业 | Wholesale of Textiles,Garments and Household Consumer Articles | 2 | 107 |
| 服装批发业 | Wholesale of Garments | 1 | 49 |
| 文化、体育用品及器材批发业 | Wholesale of Culture,Sports Appliances and Equipments | 2 | 99 |
| 医药及医疗器材批发业 | Wholesale of Medicines and Medical Appliances | 10 | 879 |
| 矿产品、建材及化工产品批发业 | Wholesale of Mineral Products,Building Materials and Chemical Products | 95 | 5381 |
| 机械设备、五金交电及电子产品批发业 | Wholesale of Machinery,Hardware and Electronic Equipment | 27 | 730 |
| 其他批发业 | Other Wholesale not Classified Elsewhere | 6 | 328 |

# 15 – 2 限额以上零售业法人单位数和年末从业人员数(2015 年)

## Number of Corporation Enterprises and Engaged Persons above Designated Size of Retail Trades(2015)

| 指 标 | Item | 法 人 单位数 (个) Number of Corporate Unit (unit) | 年末从业 人员数 (人) Engaged Persons (person) |
|---|---|---|---|
| **零售业合计** | **Total** | **275** | **29137** |
| 国有及国有控股 | State – owned and State – holding Enterprises | 16 | 920 |
| **按登记注册类型分组** | **Grouped by Registration Status** | | |
| 内资企业 | Domestic Funded Enterprises | 272 | 28903 |
| 国有企业 | State – owned Enterprises | 14 | 688 |
| 集体企业 | Collective – owned Enterprises | 1 | 14 |
| 股份合作企业 | Cooperative Enterprises | | |
| 有限责任公司 | Limited Liability Corporations | 77 | 10910 |
| 国有独资企业 | State Sole Funded Corporations | 1 | 197 |
| 其他有限责任公司 | Other Limited Liability Corporations | 76 | 10713 |
| 股份有限公司 | Share – holding Corporations Ltd. | 7 | 3035 |
| 私营企业 | Private Enterprises | 172 | 14231 |
| 其他企业 | Other Enterprises | 1 | 25 |
| 港、澳、台商投资企业 | Enterprises with Funds from Hong Kong, Macao and Taiwan | 2 | 151 |
| 外商投资企业 | Foreign Funded Enterprises | 1 | 83 |
| **按国民经济行业分组** | **Grouped by Sector** | | |
| 综合零售业 | Integrated Retail | 43 | 13854 |
| 百货零售业 | Retail of General Merchandise | 31 | 7306 |
| 超级市场零售业 | Retail of Supermarkets | 7 | 5936 |
| 食品、饮料、烟草制品专门零售业 | Retail of Food, Beverages and Tobaccos | 15 | 789 |
| 纺织、服装及日用品专门零售业 | Special Retail of Textiles, Garments and Daily Consumer Articles | 11 | 1859 |
| 服装零售业 | Retail of Garments | 9 | 1665 |
| 文化、体育用品及器材专门零售业 | Retail of Culture, Sports Appliances and Equipments | 18 | 644 |
| 图书、报刊零售 | Retail of Books, Newspapers and Periodicals | 11 | 385 |
| 医药及医疗器材专门零售业 | Retail of Medicines and Medical Appliances | 27 | 2418 |
| 汽车、摩托车、燃料及零配件专门零售业 | Retail of Motor Vehicles, Motorcycles, Fuel and Parts | 124 | 6848 |
| 汽车零售业 | Retail of Motor Vehicles | 101 | 6121 |
| 机动车燃料零售业 | Retail of Fuel of Motor Vehicles | 18 | 599 |
| 家用电器及电子产品专门零售业 | Special Retail of Household Electric Appliances and Electronic Products | 29 | 2197 |
| 家用视听设备零售 | Retail of Household Audiovisual Equipment | 9 | 290 |
| 日用家电设备零售 | Retail of Household Appliances | 8 | 1427 |
| 计算机、软件及辅助设备零售业 | Retail of Computer, Software and Assistant Appliances | 9 | 346 |
| 通讯设备零售业 | Retail of Communication Equipments | 3 | 134 |
| 五金、家具及室内装修材料专门零售业 | Special Retail of Hardware, Furniture and Decoration Materials | 5 | 266 |
| 货摊、无店铺及其他零售业 | Stall, Non – shop and Other Retails | 3 | 262 |

# 15－3 限额以上批发业法人企业商品销售总额(2015 年)

## Commodity Sales of Wholesale Trades above Designated Size(2015)

单位:万元 (10 000 yuan)

| 指 标 | Item | 销售总额 Total Sales Value | 批发额 Wholesale Value | 零售额 Retail Value |
|---|---|---|---|---|
| **批发业合计** | **Wholesale Trade** | **7432661** | **6590792** | **841869** |
| 国有及国有控股 | State－owned and State－holding Enterprises | 5175383 | 4405963 | 769420 |
| **按登记注册类型分组** | **Grouped by Registration Status** | | | |
| 内资企业 | Domestic Funded Enterprises | 7432661 | 6590792 | 841869 |
| 国有企业 | State－owned Enterprises | 1206038 | 1206038 | |
| 集体企业 | Collective－owned Enterprises | | | |
| 联营企业 | Joint－venture Enterprises | | | |
| 有限责任公司 | Limited Liability Corporations | 1207905 | 1076549 | 131357 |
| 国有独资企业 | State Sole Funded Corporations | 124987 | 124987 | |
| 其他有限责任公司 | Other Limited Liability Corporations | 1082918 | 951561 | 131357 |
| 股份有限公司 | Share－holding Corporations Ltd. | 3611936 | 2963047 | 648889 |
| 私营企业 | Private Enterprises | 1406782 | 1345159 | 61623 |
| 其他企业 | Other Enterprises | | | |
| 外商投资企业 | Foreign Funded Enterprises | | | |
| **按国民经济行业分组** | **Grouped by Sector** | | | |
| 农、林、牧产品批发业 | Wholesale of Agricultuer, Forestry and Animal Husbandry Products | 25312 | 23189 | 2123 |
| 食品、饮料及烟草制品批发业 | Wholesale of Food, Beverages and Tobaccos | 1397391 | 1392084 | 5308 |
| 米、面制品及食用油批发业 | Wholesale of Rice, Flour and Edible Oil | 18145 | 18145 | |
| 烟草制品批发业 | Wholesale of Tobaccos | 1149978 | 1149978 | |
| 纺织、服装及日用品批发业 | Wholesale of Textiles, Garments and Daily Consumer Articles | 27276 | 22519 | 4756 |
| 服装批发业 | Wholesale of Garments | 15609 | 10853 | 4756 |
| 文化、体育用品及器材批发业 | Wholesale of Culture, Sports Appliances and Equipments | 26257 | 26257 | |
| 医药及医疗器材批发业 | Wholesale of Medicines and Medical Appliances | 235106 | 113979 | 121127 |
| 矿产品、建材及化工产品批发业 | Wholesale of Mineral Products, Building Materials and Chemical Products | 5509216 | 4832610 | 676606 |
| 机械设备、五金交电及电子产品批发业 | Wholesale of Machinery, Hardware and Electronic Equipment | 113171 | 84203 | 28969 |
| 其他批发业 | Other Wholesale not Classified Elsewhere | 98932 | 95950 | 2981 |

# 15－4 限额以上零售业法人企业商品销售总额(2015年)

## Commodity Sales of Retail Trades above Designated Size(2015)

单位:万元 (10 000 yuan)

| 指 标 | Item | 销售总额 Total Sales Value | 批发额 Wholesale Value | 零售额 Retail Value |
|---|---|---|---|---|
| **零售业合计** | **Retail Trade** | **3126566** | **295105** | **2831460** |
| 国有及国有控股 | State－owned and State－holding Enterprises | 50728 | | 50728 |
| **按登记注册类型分组** | **Grouped by Registration Status** | | | |
| 内资企业 | Domestic Funded Enterprises | 3048462 | 291779 | 2756683 |
| 国有企业 | State－owned Enterprises | 33939 | | 33939 |
| 集体企业 | Collective－owned Enterprises | 1818 | | 1818 |
| 股份合作企业 | Cooperative Enterprises | | | |
| 有限责任公司 | Limited Liability Corporations | 1178354 | 157145 | 1021209 |
| 国有独资企业 | State Sole Funded Corporations | 6948 | | 6948 |
| 其他有限责任公司 | Other Limited Liability Corporations | 1171406 | 157145 | 1014261 |
| 股份有限公司 | Share－holding Corporations Ltd. | 361070 | 3123 | 357947 |
| 私营企业 | Private Enterprises | 1472341 | 131511 | 1340830 |
| 其他企业 | Other Enterprises | 942 | | 942 |
| 港、澳、台商投资企业 | Enterprises with Funds from Hong Kong,Macao and Taiwan | 70724 | | 70724 |
| 外商投资企业 | Foreign Funded Enterprises | 7380 | 3326 | 4054 |
| **按零售行业小类分组** | **Grouped by Retail Industry Sub－categories** | | | |
| 综合零售 | Integrated Retail | 954688 | 6729 | 947959 |
| 百货零售 | Retail of General Merchandise | 579494 | 4544 | 574950 |
| 超级市场零售 | Retail of Supermarkets | 345346 | 2185 | 343161 |
| 食品、饮料及烟草制品专门零售 | Special Retail of Food,Beverages and Tobaccos | 24950 | 5417 | 19532 |
| 纺织、服装及日用品专门零售 | Special Retail of Textiles,Garments nd Daily Consumer Articles | 49103 | 5177.5 | 43925 |
| 服装零售业 | Retail of Garments | 37307 | | 37307 |
| 文化、体育用品及器材专门零售业 | Retail of Culture,Sports Appliances and Equipments | 34165 | 2166 | 32000 |
| 体育用品及器材零售业 | Retail of Sports Appliances and Equipment | 9148 | 1324 | 7824 |
| 图书、报刊零售业 | Retail of Books,Newspapers and Periodicals | 19595 | | 19595 |
| 医药及医疗器材专门零售业 | Retail of Medicines and Medical Appliances | 299617 | 151427 | 148190 |
| 药品零售业 | Retail of Medicines | 299617 | 151427 | 148190 |
| 汽车、摩托车、燃料及零配件专门零售业 | Retail of Motor Vehicles,Motorcycles,Fuel and Parts | 1458647 | 80300 | 1378347 |
| 汽车零售业 | Retail of Motor Vehicles | 1377102 | 59654 | 1317448 |
| 机动车燃料零售业 | Retail of Fuel of Motor Vehicles | 64260 | 17830 | 46430 |
| 家用电器及电子产品专门零售业 | Special Retail of Household Electric Appliances nd Electronic Products | 283362 | 42794 | 240569 |
| 家用视听设备零售 | Retail of Household Audiovisual Equipment | 21570 | 2158 | 19412 |
| 日用家电设备零售 | Retail of Household Electric Appliances | 210742 | 25622 | 185121 |
| 计算机、软件及辅助设备零售业 | Retail of Computer,Software and Peripherals | 41585 | 12327 | 29258 |
| 通信设备零售业 | Retail of Communication Equipment | 9465 | 2687 | 6778 |
| 五金、家具及室内装修材料专门零售业 | Special Retail of Hardware,Furniture and Decoration Materials | 13544 | 1096 | 12448 |
| 货摊、无店铺及其他零售业 | Stall,Non－shop and Other Retails | 8490 | | 8490 |

## 15－5 限额以上住宿业法人单位数和年末从业人员数(2015年)

## Number of Corporation Enterprises and Engaged Persons of Hotels at Year－end (2015)

| 指　标 | Item | 法人单位数(个) Number of Corporate Unit (unit) | 年末从业人员数(人) Engaged Persons (person) |
|---|---|---|---|
| **总　计** | **Total** | **79** | **7376** |
| 国有及国有控股 | State－owned and State－holding Enterprises | 13 | 1906 |
| **按登记注册类型分组** | **Grouped by Registration Status** | | |
| 内资企业 | Demestic Enterprises | 78 | 7274 |
| 国有企业 | State－owned Enterprises | 5 | 1022 |
| 集体企业 | Collective－owned Enterprises | 1 | 44 |
| 有限责任公司 | Limited Liabilities Corporations | 25 | 2730 |
| 国有独资企业 | State Sole Funded Corporations | 2 | 233 |
| 其他有限责任公司 | Other Limited Liabilities Corporations | 23 | 2497 |
| 股份有限公司 | Share－holding Corporations Ltd. | 1 | 22 |
| 私营企业 | Private Enterprises | 46 | 3456 |
| 其他企业 | Other Enterprises | | |
| 外商投资企业 | Foreign Funded Enterprises | 1 | 102 |
| **按住宿行业小类分组** | **Grouped by Sector** | | |
| 旅游饭店 | Tourist Hotel | 62 | 6443 |
| 一般旅馆 | Fonda | 14 | 775 |
| 其他住宿服务 | Others | 3 | 158 |

## 15－6 限额以上餐饮业法人单位数和年末从业人员数(2015年)

## Number of Corporation Enterprises and Engaged Persons above Designated Size of Catering Services(2015)

| 指　标 | Item | 法人单位数(个) Number of Corporate Unit (unit) | 年末从业人员数(人) Engaged Persons (person) |
|---|---|---|---|
| **总　计** | **Total** | **80** | **6620** |
| 国有及国有控股 | State－owned and State－holding Enterprises | 4 | 339 |
| **按登记注册类型分组** | **Grouped by Registration Status** | | |
| 内资企业 | Demestic Enterprises | 79 | 6508 |
| 国有企业 | State－owned Enterprises | 2 | 178 |
| 集体企业 | Collective－owned Enterprises | | |
| 有限责任公司 | Limited Liabilities Corporations | 17 | 1471 |
| 国有独资企业 | State Sole Funded Corporations | 1 | 76 |
| 其他有限责任公司 | Other Limited Liabilities Corporations | 16 | 1395 |
| 股份有限公司 | Share－holding Corporations Ltd. | 1 | 178 |
| 私营企业 | Private Enterprises | 59 | 4681 |
| 私营独资企业 | Private－funded Enterprises | 6 | 376 |
| 私营有限责任公司 | Private Limited Liability Corporations | 52 | 4163 |
| 私营股份有限公司 | Private Share－holding Corporations Ltd. | 1 | 142 |
| 其他企业 | Other Enterprises | | |
| 外商投资企业 | Foreign Funded Enterprises | 1 | 112 |
| **按餐饮行业小类分组** | **Grouped by Sector** | | |
| 正　餐 | Restaurant | 80 | 6620 |
| 快　餐 | Fast Food | | |
| 其他餐饮业 | Others | | |

# 15－7 限额以上住宿业法人企业经营情况（2015 年）

## Basic Statistics of Business of Enterprises above Designated Size of Hotels（2015）

单位：万元 （10 000 yuan）

| 指 标 | Item | 营业额 Business Revenue | 客房收入 From Hotel Rooms | 餐费收入 From Meals | 商品销售额 From Commodities | 其他收入 Other Income |
|---|---|---|---|---|---|---|
| **总 计** | **Total** | **79102** | **38508** | **34041** | **1884** | **4669** |
| 国有及国有控股 | State－owned and State－holding Enterprises | 22806 | 11466 | 7834 | 544 | 2962 |
| **按登记注册类型分组** | **Grouped by Registration Status** | | | | | |
| 内资企业 | Demestic Enterprises | 78520 | 38245 | 33723 | 1884 | 4669 |
| 国有企业 | State－owned Enterprises | 11824 | 6022 | 3898 | 62 | 1842 |
| 集体企业 | Collective－owned Enterprises | 272 | 272 | | | |
| 联营企业 | Joint－venture Enterprises | | | | | |
| 有限责任公司 | Limited Liabilities Corporations | 32763 | 14735 | 15530 | 934 | 1563 |
| 国有独资公司 | State Sole Funded Corporations | 3035 | 1761 | 828 | 326 | 120 |
| 其他有限责任公司 | Other Limited Liabilities Corporations | 29728 | 12974 | 14703 | 608 | 1443 |
| 股份有限公司 | Share－holding Corporations Ltd. | 542 | 505 | 15 | 8 | 14 |
| 私营企业 | Private Enterprises | 33119 | 16710 | 14279 | 879 | 1250 |
| 其他企业 | Others | | | | | |
| 外商投资企业 | Foreign Funded Enterprises | 582 | 264 | 319 | | |
| **按餐饮行业小类分组** | **Grouped by Sector** | | | | | |
| 旅游饭店 | Tourist Hotel | 69907 | 33043 | 30571 | 1723 | 4570 |
| 一般旅馆 | Fonda | 7848 | 4800 | 2792 | 157 | 99 |
| 其他住宿服务 | Others | 1347 | 666 | 678 | 4 | |
| **按星级分组** | **Grouped by Star** | | | | | |
| 五星 | Five star | | | | | |
| 四星 | Four star | 34873 | 16506 | 15801 | 839 | 1727 |
| 三星 | Stree star | 15460 | 7241 | 6823 | 597 | 799 |
| 二星 | Two star | 804 | 298 | 500 | 2 | 4 |
| 一星 | One star | | | | | |
| 其他 | Other | 27965 | 14464 | 10918 | 445 | 2139 |

# 15-8 限额以上餐饮业法人企业经营情况(2015年)

## Basic Statistics of Business of Enterprises above Designated Size of Catering Servies(2015)

单位:万元 (10 000 yuan)

| 指标 | Item | 营业额 Business Revenue | 客房收入 From Hotel Rooms | 餐费收入 From Meals | 商品销售额 From Commodities | 其他收入 Other Income |
|---|---|---|---|---|---|---|
| **总计** | **Total** | **77539** | **9580** | **64295** | **2465** | **1200** |
| 国有及国有控股 | State - owned and State - holding Enterprises | 4026 | 1072 | 2873 | 30 | 52 |
| **按登记注册类型分组** | **Grouped by Registration Status** | | | | | |
| 内资企业 | Demestic Enterprises | 75930 | 9580 | 62685 | 2465 | 1200 |
| 国有企业 | State - owned Enterprises | 2927 | 441 | 2485 | 2 | |
| 集体企业 | Collective - owned Enterprises | | | | | |
| 股份合作企业 | Cooperative Enterprises | | | | | |
| 有限责任公司 | Limited Liabilities Corporations | 15046 | 4052 | 10213 | 139 | 641 |
| 国有独资企业 | State Sole Funded Corporations | 467 | 329 | 121 | 17 | |
| 其他有限责任公司 | Other Limited Liabilities Corporations | 14579 | 3724 | 10092 | 123 | 641 |
| 股份有限公司 | Share - holding Corporations Ltd. | 2207 | 512 | 1657 | 32 | 6 |
| 私营企业 | Private Enterprises | 55750 | 4575 | 48330 | 2293 | 553 |
| 私营独资企业 | Private - funded Enterprises | 4068 | 52 | 3713 | 299 | 3 |
| 私营合伙企业 | Private Partnership Enterprises | | | | | |
| 私营有限责任公司 | Private Limited Liability Corporations | 48753 | 4523 | 41687 | 1993 | 549 |
| 私营股份有限公司 | Private Share - holding Corporations Ltd. | 2930 | | 2930 | | |
| 其他企业 | Other Enterprises | | | | | |
| 外商投资企业 | Foreign Funded Enterprises | 1610 | | 1610 | | |
| **按住宿行业小类分组** | **Grouped by Sector** | | | | | |
| 正餐 | Restaurant | 77539 | 9580 | 64295 | 2465 | 1200 |
| 快餐 | Fast Food | | | | | |
| 其他餐饮业 | Others | | | | | |
| **按经营形式分组** | **Grouped by Business Form** | | | | | |
| 独立门店 | Independent Stores | 75505 | 8878 | 63053 | 2376 | 1198 |
| 连锁总店 | Chain Head Stores | 258 | | 231 | 27 | |
| 连锁门店 | Chain Stores | | | | | |
| 其他 | Others | 1777 | 702 | 1011 | 62 | 2 |

# 15－9 限额以上批发和零售业法人企业财务状况(2015 年)

单位:万元

| 指　标 | tem | 资产总计 Total Assets |
|---|---|---|
| **总　计** | **Total** | **6386772** |
| **批发业** | **Wholesale Trade** | **4401706** |
| 国有及国有控股 | State－owned and State－holding Enterprises | 1318645 |
| **按登记注册类型分组** | **Grouped by Registration Status** | |
| 内资企业 | Domestic Funded Enterprises | 4401706 |
| 国有企业 | State－owned Enterprises | 393626 |
| 集体企业 | Collective－owned Enterprises | |
| 联营企业 | Joint－venture Enterprises | |
| 有限责任公司 | Limited Liability Corporations | 1243322 |
| 国有独资公司 | State Sole Funded Corporations | 74271 |
| 其他有限责任公司 | Other Limited Liability Corporations | 1169051 |
| 股份有限公司 | Share－holding Corporations Ltd. | 747367 |
| 私营企业 | Private Enterprises | 2017391 |
| 其他企业 | Other Enterprises | |
| 外商投资企业 | Foreign Funded Enterprises | |
| **按批发行业小类分组** | **Grouped by Sector** | |
| 农、林、牧产品批发 | Wholesale of Agriculture, Forestry and Animal Husbandry Products | 22195 |
| 食品、饮料及烟草制品批发 | Wholesale of Food, Beverages and Tobaccos | 491941 |
| 纺织、服装及日用品批发 | Wholesale of Textiles, Garments and Daily Consumer Articles | 56335 |
| 文化、体育用品及器材批发 | Wholesale of Culture, Sports Appliances and Equipments | 28644 |
| 医药及医疗器材批发 | Wholesale of Medicines and Medical Appliances | 136770 |
| 矿产品、建材及化工产品批发 | Wholesale of Mineral Products, Building Materials and Chemical Products | 3302359 |
| 机械设备、五金交电及电子产品批发 | Wholesale of Machinery, Hardware and Electronic Equipment | 131107 |
| 其他批发 | Other Wholesale not Classified Elsewhere | 232356 |

# Financial Indicators of Wholesale and Retail Enterprises above Designated Size(2015)

| 固定资产<br>Fixed Assets | 流动资产<br>Current Assets | 负债合计<br>Total Liabilities | 所有者权益<br>Total Owners´ Equities | 主营业务收入<br>Revenue from Principal Business | 利润总额<br>Total Profits |
|---|---|---|---|---|---|
| **590346** | **4620838** | **4950466** | **1436306** | **9600927** | **70728** |
| **354365** | **3233320** | **3508935** | **892771** | **6895086** | **32676** |
| 263644 | 443594 | 728576 | 590068 | 4908364 | 113942 |
| | | | | | |
| 354365 | 3233320 | 3508935 | 892771 | 6895086 | 32676 |
| 20014 | 265303 | 53771 | 339855 | 1099682 | 118611 |
| | | | | | |
| 67102 | 1146629 | 1086146 | 157177 | 1036348 | -22432 |
| 40093 | 33533 | 44078 | 30193 | 169802 | 1868 |
| 27009 | 1113096 | 1042067 | 126984 | 866545 | -24300 |
| 190815 | 57529 | 558112 | 189255 | 3435898 | -11551 |
| 76435 | 1763859 | 1810906 | 206484 | 1323159 | -51952 |
| | | | | | |
| 5537 | 16266 | 12475 | 9720 | 25312 | 642 |
| 47461 | 328390 | 105742 | 386199 | 1172341 | 125614 |
| 9351 | 46367 | 33605 | 22730 | 25580 | 343 |
| 1558 | 17718 | 13611 | 15033 | 21528 | 274 |
| 15440 | 109708 | 108654 | 28116 | 205515 | 4016 |
| 262213 | 2426123 | 2938769 | 363590 | 5236524 | -87318 |
| 6389 | 121078 | 116316 | 14791 | 111363 | -2248 |
| 6416 | 167670 | 179764 | 52592 | 96923 | -8646 |

# 15－9 续表1

单位:万元

| 指　标 | tem | 资产总计 Total Assets |
|---|---|---|
| **零售业** | **Retail Trade** | **1985066** |
| 国有及国有控股 | State – owned and State – holding Enterprises | 37957 |
| **按登记注册类型分组** | **Grouped by Registration Status** | |
| 内资企业 | Domestic Funded Enterprises | 1958551 |
| 国有企业 | State – owned Enterprises | 29128 |
| 集体企业 | Collective – owned Enterprises | 218 |
| 股份合作企业 | Cooperative Enterprises | |
| 联营企业 | Joint Ownership Enterprises | |
| 有限责任公司 | Limited Liability Corporations | 647957 |
| 国有独资公司 | State Sole Funded Corporations | 5370 |
| 其他有限责任公司 | Other Limited Liability Corporations | 642587 |
| 股份有限公司 | Share – holding Corporations Ltd. | 291110 |
| 私营企业 | Private Enterprises | 989360 |
| 其他企业 | Other Enterprises | 778 |
| 港、澳、台商投资企业 | Enterprises with Funds from Hong Kong, Macao and Taiwan | 23337 |
| 外商投资企业 | Foreign Funds Enterprises | 3178 |
| **按零售行业小类分组** | **Grouped by Sector** | |
| 综合零售 | Integrated Retail | 599640 |
| 百货零售 | Retail of General Merchandise | 379473 |
| 超级市场零售 | Retail of Supermarkets | 204325 |
| 食品、饮料及烟草制品专门零售 | Retail of Food, Beverages and Tobaccos | 40878 |
| 纺织、服装及日用品专门零售 | Special Retail of Textiles, Garments and Daily Consumer Articles | 57907 |
| 文化、体育用品及器材专门零售 | Retail of Culture, Sports Appliances and Equipments | 39738 |
| 医药及医疗器材专门零售 | Retail of Medicines and Medical Appliances | 195101 |
| 药品零售 | Retail of Medicines | 195101 |
| 汽车、摩托车、燃料及零配件专门零售 | Retail of Motor Vehicles, Motorcycles, Fuel and Parts | 878195 |
| 汽车零售 | Retail of Motor Vehicles | 803731 |
| 家用电器及电子产品专门零售 | Special Retail of Household Electric Appliances and Electronic Products | 156461 |
| 家用视听设备零售 | Retail of Household Audiovisual Equipment | 10704 |
| 日用家电设备零售 | Retail of Household Appliances | 108568 |
| 计算机、软件及辅助设备零售业 | Retail of Computer, Software and Assistant Appliances | 34510 |
| 通信设备零售 | Retail of Communication Equipments | 2679 |
| 五金、家具及室内装修材料专门零售业 | Special Retail of Hardware, Furniture and Decoration Materials | 10748 |
| 货摊、无店铺及其他零售业 | Stall, Non – shop and Other Retails | 6399 |

continued

(10 000 yuan)

| 固定资产 Fixed Assets | 流动资产 Current Assets | 负债合计 Total Liabilities | 所有者权益 Total Owners´ Equities | 主营业务收入 Revenue from Principal Business | 利润总额 Total Profits |
|---|---|---|---|---|---|
| **235981** | **1387518** | **1441531** | **543535** | **2705842** | **38052** |
| **10176** | **24232** | **18379** | **19578** | **44567** | **1869** |
| | | | | | |
| 226312 | 1375701 | 1426884 | 531667 | 2638605 | 38352 |
| 8266 | 18012 | 15157 | 13971 | 29881 | 1030 |
| 10 | 208 | 248 | -30 | 1818 | 56 |
| | | | | | |
| 74366 | 491607 | 504289 | 143668 | 1032435 | 10585 |
| 1639 | 3034 | 1388 | 3983 | 6148 | 227 |
| 72727 | 488573 | 502902 | 139685 | 1026287 | 10358 |
| 14846 | 145752 | 119821 | 171289 | 272612 | 14864 |
| 128725 | 719443 | 786896 | 202464 | 1300917 | 11788 |
| 99 | 679 | 473 | 305 | 942 | 29 |
| 8477 | 10057 | 14424 | 8913 | 60448 | -327 |
| 1192 | 1761 | 223 | 2955 | 6790 | 26 |
| | | | | | |
| 74684 | 347197 | 350846 | 248794 | 764027 | 19246 |
| 39356 | 190344 | 193043 | 186430 | 400464 | 13008 |
| 33730 | 145983 | 142881 | 61444 | 344136 | 6614 |
| 3980 | 27797 | 31499 | 9379 | 24495 | -289 |
| 6226 | 43290 | 62730 | -4823 | 44361 | -1252 |
| 9076 | 25660 | 18944 | 20794 | 31267 | 1404 |
| 15024 | 167549 | 160148 | 34952 | 264489 | 3638 |
| 15024 | 167549 | 160148 | 34952 | 264489 | 3638 |
| 115520 | 630462 | 696592 | 181603 | 1318839 | 10871 |
| 104157 | 581818 | 635891 | 167839 | 1242780 | 11632 |
| 8482 | 133223 | 106394 | 50067 | 239569 | 7407 |
| 894 | 7882 | 7779 | 2926 | 14770 | 135 |
| 7171 | 90369 | 71964 | 36604 | 175709 | 6815 |
| 360 | 32435 | 24823 | 9687 | 40516 | 421 |
| 57 | 2537 | 1829 | 851 | 8574 | 37 |
| 1195 | 8651 | 12408 | -1660 | 11166 | -3206 |
| 1795 | 3690 | 1971 | 4428 | 7629 | 231 |

# 15－10 限额以上住宿和餐饮业法人企业财务状况(2015年)

单位:万元

| 指　标 | tem | 资产总计 Total Assets |
|---|---|---|
| **总　计** | **Total** | **617377** |
| **住宿业** | **Hotels** | **385260** |
| 国有及国有控股 | State－owned and State－holding Enterprises | 134231 |
| **按登记注册类型分组** | **Grouped by Registration Status** | |
| 内资企业 | Demestic Enterprises | 337072 |
| 国有企业 | State－owned Enterprises | 95856 |
| 集体企业 | Collective－owned Enterprises | 150 |
| 联营企业 | Joint－venture Enterprises | |
| 有限责任公司 | Limited Liabilities Corporations | 83887 |
| 股份有限公司 | Share－holding Corporations Ltd. | 96 |
| 私营企业 | Private Enterprises | 157084 |
| 其他企业 | Other Enterprises | |
| 外商投资企业 | Foreign Funds Enterprises | 48188 |
| **按住宿行业中类分组** | **Grouped by Sector** | |
| 旅游饭店 | Tourist Hotel | 361218 |
| 一般旅馆 | Fonda | 21160 |
| 其他住宿服务 | Others | 2883 |
| **餐饮业** | **Catering Services** | **232117** |
| 国有及国有控股 | State－owned and State－holding Enterprises | 5743 |
| **按登记注册类型分组** | **Grouped by Registration Status** | |
| 内资企业 | Demestic Enterprises | 205686 |
| 国有企业 | State－owned Enterprises | 1821 |
| 集体企业 | Collective－owned Enterprises | |
| 有限责任公司 | Limited Liabilities Corporations | 66273 |
| 股份有限公司 | Share－holding Corporations Ltd. | 11463 |
| 私营企业 | Private Enterprises | 126129 |
| 其他企业 | Other Enterprises | |
| 外商投资企业 | Foreign Funded Enterprises | 26431 |
| **按餐饮行业中类分组** | **Grouped by Sector** | |
| 正餐服务 | Restaurant | 232117 |
| 快餐服务 | Fast Food | |

## Financial Status of Accommodation and Catering Enterprises above Designated Size(2015)

(10 000 yuan)

| 固定资产<br>Fixed Assets | 流动资产<br>Current Assets | 负债合计<br>Total Liabilities | 所有者权益<br>Total Owners' Equities | 主营业务收入<br>Revenue from Principal Business | 利润总额<br>Total Profits |
|---|---|---|---|---|---|
| **273103** | **272386** | **539289** | **78088** | **155543** | **-27913** |
| **203611** | **147874** | **337354** | **47906** | **78628** | **-16043** |
| 115571 | 13423 | 142733 | -8503 | 22643 | -6818 |
| 201446 | 104542 | 302789 | 34284 | 78046 | -15762 |
| 86491 | 7775 | 107377 | -11521 | 11807 | -5111 |
| 6 | 144 | 45 | 105 | 272 | 32 |
| 36669 | 35345 | 63732 | 20156 | 32524 | -1874 |
| 2 | 57 | 91 | 5 | 537 | 52 |
| 78278 | 61222 | 131545 | 25539 | 32904 | -8861 |
| 2165 | 43332 | 34565 | 13623 | 582 | -280 |
| 190472 | 138894 | 317132 | 44086 | 69389 | -14948 |
| 11647 | 7837 | 18283 | 2878 | 7893 | -1111 |
| 1492 | 1143 | 1939 | 943 | 1346 | 16 |
| **69492** | **124512** | **201935** | **30181** | **76915** | **-11871** |
| 4581 | 619 | 3456 | 2287 | 3559 | -525 |
| 66541 | 106678 | 178272 | 27415 | 75306 | -10679 |
| 1368 | 453 | 507 | 1314 | 2925 | 24 |
| 15140 | 42638 | 64745 | 1528 | 13641 | -6019 |
| 1645 | 9293 | 10396 | 1067 | 2216 | -61 |
| 48388 | 54295 | 102623 | 23506 | 56523 | -4623 |
| 2951 | 17833 | 23664 | 2767 | 1610 | -1192 |
| 69492 | 124512 | 201935 | 30181 | 76915 | -11871 |

# 15－11　社会消费品零售总额

## Total Retail Sales of Consumer Goods

单位:万元

| 指　标 | Item | 2010 | 2011 | 2012 | 2013 | 2014 | 2015 |
|---|---|---|---|---|---|---|---|
| **社会消费品零售总额** | **Total Retail Sales of Consumer Goods** | **4184850** | **5154815** | **5905257** | **6685341** | **7371768** | **7895687** |
| **按经营地分** | **By Location** | | | | | | |
| 城镇 | Urban | 3802763 | 4711035 | 5404701 | 6137560 | 6721297 | 7267219 |
| 城区 | City | 2715297 | 3343360 | 3838252 | 4305498 | 4635679 | 4889232 |
| 乡村 | Rural | 382087 | 443780 | 500555 | 547781 | 650471 | 628468 |
| **按商品形态分** | **By the Form of Merchandies** | | | | | | |
| 餐饮收入额 | Catering Business Income | 686544 | 815585 | 881193 | 974597 | 1135278 | 1278288 |
| 商品零售额 | Retail Sales of Consumer Goods | 3498306 | 4339230 | 5024064 | 5710744 | 6236490 | 6617399 |
| **按行业分** | **By Sector** | | | | | | |
| 批发业 | Wholesale Trade | 583138 | 819688 | 998922 | 891853 | 940969 | 1218175 |
| 限额以上 | Above Designated Size | 381173 | 526809 | 658606 | 511687 | 585372 | 713187 |
| 零售业 | Retail Trade | 2917102 | 3506901 | 4018752 | 4809180 | 5343608 | 5394489 |
| 限额以上 | Above Designated Size | 1581805 | 1975434 | 2459714 | 2867463 | 2945551 | 2969143 |
| 住宿业 | Hotels | 43907 | 52331 | 77216 | 91240 | 85636 | 89948 |
| 限额以上 | Above Designated Size | 31757 | 34838 | 53824 | 58524 | 51372 | 48386 |
| 餐饮业 | Catering Services | 640703 | 775896 | 810368 | 893068 | 1001555 | 1193076 |
| 限额以上 | Above Designated Size | 94187 | 126395 | 104229 | 101634 | 85278 | 74466 |

注：2010－2014年数据,根据第三次全国经济普查口径进行了修订。

Note:From 2010 to 2014,data in this table were adjusted according to the third National Economic Census.

# 15－12 社会消费品零售总额构成

## Composition of Total Retail Sales of Consumer Goods

| 年份<br>Year | 社会消费品零售总额（万元）<br>Total Retail Sales of Consumer Goods (10 000 yuan) | | | | 构成（%）总额＝100<br>Composition(%) Total＝100 | | |
|---|---|---|---|---|---|---|---|
| | | 市<br>City | 县<br>County | 县以下<br>Under County Level | 市<br>City | 县<br>County | 县以下<br>Under County Level |
| 1978 | 50421 | 27515 | 11219 | 11687 | 54.57 | 22.25 | 23.18 |
| 1979 | 57433 | 30554 | 11946 | 14933 | 53.20 | 20.80 | 26.00 |
| 1980 | 67442 | 35073 | 13418 | 18951 | 52.00 | 19.90 | 28.10 |
| 1985 | 131489 | 73374 | 33582 | 24533 | 55.80 | 25.54 | 18.66 |
| 1990 | 253039 | 151760 | 67380 | 33899 | 59.97 | 26.63 | 13.40 |
| 1995 | 626362 | 439318 | 104839 | 82205 | 70.14 | 16.74 | 13.12 |
| 2000 | 1005417 | 725167 | 128268 | 151982 | 72.13 | 12.76 | 15.12 |
| 2001 | 1101937 | 797154 | 139427 | 165356 | 72.34 | 12.65 | 15.01 |
| 2002 | 1212131 | 885559 | 150302 | 176270 | 73.06 | 12.40 | 14.54 |
| 2003 | 1345465 | 908498 | 231236 | 205731 | 67.52 | 17.19 | 15.29 |
| 2004 | 1535176 | 1149426 | 177620 | 208130 | 74.87 | 11.57 | 13.56 |
| 2005 | 1743393 | 1312342 | 195627 | 235424 | 75.28 | 11.22 | 13.50 |
| 2006 | 1989647 | 1484290 | 254595 | 250762 | 74.60 | 12.79 | 12.61 |
| 2007 | 2333234 | 1749533 | 304180 | 279521 | 74.98 | 13.04 | 11.98 |
| 2008 | 2851516 | 2127112 | 414502 | 309902 | 74.59 | 14.54 | 10.87 |

## 15－12 续表 1 continued

| 年份<br>Year | 社会消费品零售总额（万元）<br>Total Retail Sales of Consumer Goods (10 000 yuan) | | | | 构成（%）总额＝100<br>Composition(%) Total＝100 | | |
|---|---|---|---|---|---|---|---|
| | | 城镇<br>Urban | 城区<br>City | 乡村<br>Rural | 城镇<br>Urban | 城区<br>City | 乡村<br>Rural |
| 2009 | 3439864 | 3103410 | 2317683 | 336454 | 90.22 | 67.38 | 9.78 |
| 2010 | 4184850 | 3802763 | 2715297 | 382087 | 90.87 | 64.88 | 9.13 |
| 2011 | 5154815 | 4711035 | 3343360 | 443780 | 91.39 | 64.86 | 8.61 |
| 2012 | 5905257 | 5404701 | 3838252 | 500555 | 91.52 | 65.00 | 8.48 |
| 2013 | 6685341 | 6137560 | 4305498 | 547781 | 91.81 | 64.40 | 8.19 |
| 2014 | 7371768 | 6721297 | 4635679 | 650471 | 91.18 | 62.88 | 8.82 |
| 2015 | 7895687 | 7267219 | 4889232 | 628468 | 92.04 | 61.92 | 7.96 |

注：1.1995－2005 年根据第一次全国经济普查口径对数据进行修订。

2.2009－2014 年根据第三次全国经济普查口径对数据进行修订。

3.2011 年，按《统计上划分城乡的规定》将城乡分类分为城镇、城区和乡村，对 2009 年－2010 年分组进行调整。

Notes: a) From 1995to 2005, data in this table were adjusted according to the first National Economic Census.

b) From 2009 to 2014, data in this table were adjusted according to the third National Economic Census.

c) In 2011, Items in this table were divided into Urban, City and Rural. The groups of that from 2009 to 2010 were adjusted according to this.

## 15－12 续表 2 continued

| 年份<br>Year | 分行业社会消费品零售总额(万元)<br>Total Retail Sales of Consumer Goods by Sector<br>(10 000 yuan) | | | 构成(%)总额=100<br>Composition(%) Total=100 | | |
|---|---|---|---|---|---|---|
| | 批发业和零售业<br>Wholesale and Retail Trade | 住宿业和餐饮业<br>Hotels and Catering Services | 其他行业<br>Others | 批发业和零售业<br>Wholesale and Retail Trade | 住宿业和餐饮业<br>Hotels and Catering Services | 其他行业<br>Others |
| 1978 | 42826 | 1521 | 6074 | 84.93 | 3.02 | 12.05 |
| 1979 | 47975 | 1743 | 7715 | 83.53 | 3.04 | 13.43 |
| 1980 | 55358 | 2131 | 9953 | 82.08 | 3.16 | 14.76 |
| 1985 | 104624 | 4763 | 22102 | 79.57 | 3.62 | 16.81 |
| 1990 | 186189 | 12136 | 54714 | 73.58 | 4.80 | 21.62 |
| 1995 | 564011 | 40925 | 21426 | 90.04 | 6.53 | 3.43 |
| 1996 | 641738 | 49507 | 40346 | 87.72 | 6.77 | 5.51 |
| 1997 | 726512 | 56181 | 9620 | 91.69 | 7.09 | 1.22 |
| 1998 | 774691 | 72024 | 12945 | 90.11 | 8.38 | 1.51 |
| 1999 | 804759 | 96814 | 19982 | 87.33 | 10.50 | 2.17 |
| 2000 | 866068 | 112459 | 26890 | 86.14 | 11.18 | 2.68 |
| 2001 | 932642 | 142485 | 26810 | 84.64 | 12.93 | 2.43 |
| 2002 | 1008468 | 176397 | 27266 | 83.20 | 14.55 | 2.25 |
| 2003 | 1100584 | 218901 | 25980 | 81.80 | 16.27 | 1.93 |
| 2004 | 1245331 | 259813 | 30032 | 81.12 | 16.92 | 1.96 |
| 2005 | 1412247 | 300223 | 30923 | 81.00 | 17.20 | 1.80 |
| 2006 | 1629337 | 327636 | 32674 | 81.89 | 16.47 | 1.64 |
| 2007 | 1909093 | 396156 | 27985 | 81.82 | 16.98 | 1.20 |
| 2008 | 2340097 | 483938 | 27481 | 82.07 | 16.97 | 0.96 |

## 15－12 续表 3 continued

| 年份<br>Year | 分行业社会消费品零售总额(万元)<br>Total Retail Sales of Consumer Goods by Sector<br>(10 000 yuan) | | | | 构成(%)总额=100<br>Composition(%) Total=100 | | | |
|---|---|---|---|---|---|---|---|---|
| | 批发业<br>Wholesale Trade | 零售业<br>Retail Trade | 住宿业<br>Hotels | 餐饮业<br>Catering Services | 批发业<br>Wholesale Trade | 零售业<br>Retail Trade | 住宿业<br>Hotels | 餐饮业<br>Catering Services |
| 2009 | 365568 | 2486020 | 37825 | 550452 | 10.63 | 72.27 | 1.10 | 16.00 |
| 2010 | 583138 | 2917102 | 43907 | 640703 | 13.93 | 69.71 | 1.05 | 15.31 |
| 2011 | 819688 | 3506901 | 52331 | 775896 | 15.90 | 68.03 | 1.02 | 15.05 |
| 2012 | 998922 | 4018752 | 77216 | 810368 | 16.92 | 68.05 | 1.31 | 13.72 |
| 2013 | 891853 | 4809180 | 91240 | 893068 | 13.34 | 71.94 | 1.36 | 13.36 |
| 2014 | 940969 | 5343608 | 85636 | 1001555 | 12.76 | 72.49 | 1.16 | 13.59 |
| 2015 | 1218175 | 5394489 | 89948 | 1193076 | 15.43 | 68.32 | 1.14 | 15.11 |

注：2009－2014年根据第三次全国经济普查口径对数据进行修订。

Note: From 2009 to 2014, data in this table were adjusted according to the third National Economic Census.

# 15－13 各市县社会消费品零售额(2015年)

# Total Retail Sales of Consumer Goods by City and County(2015)

单位:万元 (10 000 yuan)

| 地 区 | Region | 社会消费品零售额 Total Retail Sales of Consumer Goods | 批发业 Wholesale Trade | 零售业 Retail Trade | 住宿业 Hotels | 餐饮业 Catering Services |
|---|---|---|---|---|---|---|
| **银川市** | **Yinchuan** | **4776287** | **613121** | **3518859** | **47209** | **597098** |
| 兴庆区 | Xingqing | 2314874 | 236406 | 1635965 | 31266 | 411236 |
| 西夏区 | Xixia | 226449 | 43860 | 138666 | 1496 | 42427 |
| 金凤区 | Jinfeng | 684973 | 179301 | 438675 | 10585 | 56412 |
| 永宁县 | Yongning | 171851 | 56236 | 91928 | 152 | 23536 |
| 贺兰县 | Helan | 1228860 | 63467 | 1118076 | 2871 | 44446 |
| 灵武市 | Lingwu | 149280 | 33851 | 95549 | 840 | 19041 |
| **石嘴山市** | **Shizuishan** | **960633** | **156133** | **601166** | **5042** | **198292** |
| 大武口区 | Dawukou | 433687 | 33889 | 274621 | 3454 | 121723 |
| 惠农区 | Huinong | 303655 | 54930 | 202448 | 276 | 46001 |
| 平罗县 | Pingluo | 223291 | 67314 | 124097 | 1312 | 30568 |
| **吴忠市** | **Wuzhong** | **953101** | **219458** | **407610** | **6833** | **319200** |
| 利通区 | Litong | 481113 | 152857 | 93771 | 3926 | 230561 |
| 红寺堡区 | Hongsipu | 52807 | 4195 | 42562 | 501 | 5550 |
| 盐池县 | Yanchi | 115105 | 29859 | 57636 | | 27609 |
| 同心县 | Tongxin | 112759 | 12520 | 90846 | 531 | 8862 |
| 青铜峡市 | Qingtongxia | 191318 | 20028 | 122796 | 1875 | 46619 |
| **固原市** | **Guyuan** | **599720** | **128662** | **325880** | **18323** | **126855** |
| 原州区 | Yuanzhou | 293659 | 60648 | 157133 | 5762 | 70117 |
| 西吉县 | Xiji | 140236 | 20063 | 85392 | 3144 | 31637 |
| 隆德县 | Longde | 55377 | 24105 | 22915 | 1043 | 7314 |
| 泾源县 | Jingyuan | 37452 | 10027 | 11731 | 5483 | 10212 |
| 彭阳县 | Pengyang | 72997 | 13820 | 48710 | 2891 | 7576 |
| **中卫市** | **Zhongwei** | **605945** | **129590** | **363127** | **5394** | **107835** |
| 沙坡头区 | Shapotou | 333717 | 43467 | 223567 | 4248 | 62435 |
| 中宁县 | Zhongning | 185092 | 65512 | 84782 | 775 | 34023 |
| 海原县 | Haiyuan | 87136 | 20610 | 54778 | 371 | 11378 |

# 15－14 各市县主要年份社会消费品零售额

## Total Retail Sales of Consumer Goods by City and County in Main Years

单位:万元 (10 000 yuan)

| 地 区 | Region | 1978 | 1980 | 1990 | 2000 | 2010 | 2011 | 2012 | 2013 | 2014 | 2015 |
|---|---|---|---|---|---|---|---|---|---|---|---|
| **全区总计** | **Total** | **50421** | **67442** | **253039** | **1005417** | **4184850** | **5154815** | **5905257** | **6685341** | **7371768** | **7895687** |
| **银川市** | **Yinchuan** | **18314** | **24996** | **113096** | **529391** | **2446470** | **3116998** | **3569297** | **4051813** | **4454190** | **4776287** |
| 兴庆区 | Xingqing | | | | | 1290603 | 1661218 | 1864041 | 2029773 | 2153505 | 2314874 |
| 西夏区 | Xixia | | | | | 120555 | 148867 | 170303 | 191421 | 210197 | 226449 |
| 金凤区 | Jinfeng | | | | | 316102 | 388472 | 443635 | 568416 | 637458 | 684973 |
| 永宁县 | Yongning | 1381 | 1771 | 6525 | 18493 | 95238 | 110953 | 126930 | 145343 | 162093 | 171851 |
| 贺兰县 | Helan | 1348 | 1893 | 7081 | 17388 | 543753 | 714275 | 857844 | 990810 | 1152771 | 1228860 |
| 灵武市 | Lingwu | 2228 | 3711 | 11644 | 31360 | 80218 | 93213 | 106543 | 126050 | 138165 | 149280 |
| **石嘴山市** | **Shizuishan** | **10764** | **13673** | **47302** | **161071** | **573884** | **672682** | **771394** | **843221** | **907532** | **960633** |
| 大武口区 | District | | | | | 262100 | 304560 | 349371 | 381407 | 410465 | 433687 |
| 惠农区 | Huinong | | | | | 181312 | 212860 | 243938 | 266427 | 287027 | 303655 |
| 平罗县 | Pingluo | 2873 | 3800 | 13062 | 39939 | 130472 | 155262 | 178085 | 195387 | 210040 | 223291 |
| **吴忠市** | **Wuzhong** | **9045** | **11367** | **44316** | **154227** | **514885** | **603622** | **692094** | **790518** | **885768** | **953101** |
| 利通区 | Litong | 3548 | 4331 | 21124 | 73592 | 259232 | 301881 | 346663 | 397769 | 444940 | 481113 |
| 红寺堡区 | Hongsipu | | | | 4633 | 28922 | 33694 | 38479 | 44174 | 49575 | 52807 |
| 盐池县 | Yanchi | 1224 | 1617 | | 18365 | 61426 | 73067 | 83746 | 96092 | 106918 | 115105 |
| 同心县 | Tongxin | 1349 | 1898 | 5914 | 21066 | 60432 | 71291 | 81459 | 92243 | 104700 | 112759 |
| 青铜峡市 | Qingtongxia | 2924 | 3521 | 12291 | 36571 | 104873 | 123688 | 141747 | 160240 | 179635 | 191318 |
| **固原市** | **Guyuan** | **6175** | **9036** | **22967** | **75621** | **322133** | **377374** | **432549** | **495251** | **557297** | **599720** |
| 原州区 | Yuanzhou | 3419 | 5350 | 10480 | 39658 | 155662 | 183293 | 210345 | 240825 | 271595 | 293659 |
| 西吉县 | Xiji | 1384 | 2031 | 5092 | 13613 | 77665 | 90095 | 103137 | 118081 | 132184 | 140236 |
| 隆德县 | Longde | 979 | 1129 | 3055 | 9518 | 29686 | 34837 | 39930 | 45851 | 51318 | 55377 |
| 泾源县 | Jingyuan | 393 | 526 | 1695 | 4694 | 19879 | 23346 | 26707 | 30495 | 34637 | 37452 |
| 彭阳县 | Pengyang | | | 2645 | 8138 | 39241 | 45803 | 52430 | 59998 | 67563 | 72997 |
| **中卫市** | **Zhongwei** | **6123** | **8370** | **25358** | **85107** | **327478** | **384139** | **439923** | **504539** | **566981** | **605945** |
| 沙坡头区 | Shapotou | 2908 | 3823 | 13450 | 46540 | 178511 | 208859 | 239175 | 274746 | 309736 | 333717 |
| 中宁县 | Zhongning | 2186 | 2614 | 8721 | 27930 | 101845 | 118779 | 136090 | 155587 | 174270 | 185092 |
| 海原县 | Haiyuan | 1029 | 1933 | 3187 | 10637 | 47122 | 56501 | 64658 | 74206 | 82976 | 87136 |

注: 2009－2014 年根据第三次全国经济普查口径对数据进行修订。

Note: From 2009 to 2014, data in this table were adjusted according to the third National Economic Census.

# 15－15 各市县限额以上批发和零售业商品销售额(2015年)

## Commodity Sales of Wholesale and Retail Enterprises above Designated Size by City and County(2015)

单位:万元 (10 000 yuan)

| 地 区 | Region | 法人企业(个) Number of Corporation Enterprises (unit) | 年末从业人数(人) Engaged Persons (person) | 销售额 Total Sales Value | 批发额 Wholesale Value | 零售额 Retail Value |
|---|---|---|---|---|---|---|
| **全区总计** | **Total** | **443** | **39188** | **10559226** | **6885897** | **3673329** |
| **银川市** | **Yinchuan** | **270** | **24546** | **8032715** | **5014935** | **3017780** |
| 兴庆区 | xingqing | 82 | 9562 | 1912443 | 776391 | 1136052 |
| 西夏区 | xixia | 24 | 1349 | 796438 | 664765 | 131673 |
| 金凤区 | jinfeng | 48 | 7378 | 3513649 | 2807518 | 706131 |
| 永宁县 | Yongning | 31 | 1314 | 330710 | 181568 | 149142 |
| 贺兰县 | Helan | 70 | 4344 | 988136 | 110372 | 877765 |
| 灵武市 | Lingwu | 15 | 599 | 491339 | 474322 | 17018 |
| **石嘴山市** | **Shizuishan** | **38** | **3480** | **423911** | **265327** | **158584** |
| 大武口区 | dawukou | 25 | 2378 | 386855 | 253347 | 133507 |
| 惠农区 | huinong | 7 | 960 | 20393 | 2196 | 18197 |
| 平罗县 | Pingluo | 6 | 142 | 16663 | 9783 | 6881 |
| **吴忠市** | **Wuzhong** | **69** | **4354** | **754175** | **503495** | **250680** |
| 利通区 | Litong | 44 | 3253 | 655104 | 437438 | 217666 |
| 红寺堡 | Hongsipu | 2 | 395 | 5164 | 232 | 4932 |
| 盐池县 | Yanchi | 3 | 112 | 46656 | 43486 | 3170 |
| 同心县 | Tongxin | 6 | 247 | 18534 | 6992 | 11543 |
| 青铜峡市 | Qingtongxia | 14 | 347 | 28717 | 15348 | 13369 |
| **固原市** | **Guyuan** | **20** | **1890** | **332686** | **229353** | **103333** |
| 原州区 | Yuanzhou | 13 | 1329 | 320573 | 229353 | 91220 |
| 西吉县 | Xiji | 5 | 274 | 5446 | | 5446 |
| 隆德县 | Longde | | | | | |
| 泾源县 | Jingyuan | 1 | 195 | 2123 | | 2123 |
| 彭阳县 | Pengyang | 1 | 92 | 4544 | | 4544 |
| **中卫市** | **Zhongwei** | **46** | **4918** | **1015739** | **872787** | **142952** |
| 沙坡头区 | Shapotou | 27 | 3675 | 346257 | 276490 | 69768 |
| 中宁县 | Zhongning | 17 | 1168 | 667894 | 595366 | 72528 |
| 海原县 | Haiyuan | 2 | 75 | 1588 | 932 | 656 |

# 15－16　各市县限额以上住宿和餐饮业经营情况(2015年)

## Basic Conditions of Business of Hotels and Catering Services above Designated Size by City and County(2015)

单位:万元　　　　(10 000 yuan)

| 地　区 | Region | 法人企业(个) Number of Corporation Enterprises (unit) | 年末从业人数(人) Engaged Persons (person) | 营业额 Business Revenue | 客房收入 From Hotel Rooms | 餐费收入 From Meals | 商品销售额 From Commodities | 其他收入 Other Revenue |
|---|---|---|---|---|---|---|---|---|
| **全区总计** | **Total** | **159** | **13996** | **156641** | **48088** | **98336** | **4349** | **5869** |
| **银川市** | **Yinchuan** | **79** | **7750** | **93458** | **29578** | **56731** | **2249** | **4900** |
| 兴庆区 | Xingqing | 42 | 4458 | 51686 | 16565 | 31082 | 1377 | 2661 |
| 西夏区 | Xixia | 5 | 234 | 2427 | 781 | 1420 | 175 | 52 |
| 金凤区 | Jinfeng | 21 | 2056 | 27871 | 8683 | 16787 | 280 | 2122 |
| 永宁县 | Yongning | 1 | 65 | 936 | 886 | | 50 | |
| 贺兰县 | Helan | 7 | 649 | 7749 | 1340 | 5977 | 367 | 66 |
| 灵武市 | Lingwu | 3 | 288 | 2788 | 1323 | 1465 | | |
| **石嘴山市** | **Shizuishan** | **14** | **963** | **8283** | **2804** | **4776** | **247** | **457** |
| 大武口区 | Dawukou | 10 | 547 | 4967 | 1384 | 3246 | 190 | 148 |
| 惠农区 | Huinong | | | | | | | |
| 平罗县 | Pingluo | 4 | 416 | 3316 | 1420 | 1530 | 57 | 310 |
| **吴忠市** | **Wuzhong** | **17** | **1367** | **16034** | **2657** | **12625** | **584** | **167** |
| 利通区 | Litong | 9 | 758 | 8336 | 1619 | 6250 | 310 | 157 |
| 红寺堡区 | Hongsipu | 1 | 41 | 490 | | 394 | 96 | |
| 盐池县 | Yanchi | 3 | 388 | 5384 | 949 | 4251 | 178 | 6 |
| 同心县 | Tongxin | 1 | 26 | 321 | | 321 | | |
| 青铜峡市 | Qingtongxia | 3 | 154 | 1503 | 90 | 1409 | | 4 |
| **固原市** | **Guyuan** | **14** | **1554** | **15048** | **4355** | **10121** | **392** | **180** |
| 原州区 | Yuanzhou | 6 | 948 | 9512 | 2939 | 6184 | 301 | 87 |
| 西吉县 | Xiji | 1 | 108 | 498 | 302 | 195 | | |
| 隆德县 | Longde | 3 | 184 | 1857 | 631 | 1221 | | 5 |
| 泾源县 | Jingyuan | 1 | 40 | 251 | 58 | 193 | | |
| 彭阳县 | Pengyang | 3 | 274 | 2931 | 425 | 2328 | 91 | 88 |
| **中卫市** | **Zhongwei** | **35** | **2362** | **23819** | **8695** | **14083** | **877** | **164** |
| 沙坡头区 | Shapotou | 29 | 1970 | 21098 | 7478 | 12718 | 753 | 150 |
| 中宁县 | Zhongning | 4 | 303 | 1961 | 857 | 995 | 104 | 5 |
| 海原县 | Haiyuan | 2 | 89 | 760 | 361 | 369 | 21 | 9 |

# 主要统计指标解释

**[社会消费品零售总额]** 指企业(单位、个体户)通过交易直接售给个人、社会集团非生产、非经营用的实物商品金额,以及提供餐饮服务所取得的收入金额。个人包括城乡居民和入境人员,社会集团包括机关、社会团体、部队、学校、企事业单位、居委会或村委会等。

**[批发业]** 指向其他批发或零售单位(含个体经营者)及其他企事业单位、机关团体等批量销售生活用品、生产资料的活动,以及从事进出口贸易和贸易经纪与代理的活动,包括拥有货物所有权,并以本单位(公司)的名义进行交易活动,也包括不拥有货物的所有权,收取佣金的商品代理、商品代售活动;还包括各类商品批发市场中固定摊位的批发活动,以及以销售为目的的收购活动。

**[零售业]** 指百货商店、超级市场、专门零售商店、品牌专卖店、售货摊等主要面向最终消费者(如居民等)的销售活动,以互联网、邮政、电话、售货机等方式的销售活动,还包括在同一地点,后面加工生产,前面销售的店铺(如面包房);谷物、种子、饲料、牲畜、矿产品、生产用原料、化工原料、农用化工产品、机械设备(乘用车、计算机及通信设备除外)等生产资料的销售不作为零售活动;多数零售商对其销售的货物拥有所有权,但有些则是充当委托人的代理人,进行委托销售或以收取佣金的方式进行销售。

**[住宿业]** 指为旅行者提供短期留宿场所的活动,有些单位只提供住宿,也有些单位提供住宿、饮食、商务、娱乐一体的服务,不包括主要按月或按年长期出租房屋住所的活动。

**[餐饮业]** 指通过即时制作加工、商业销售和服务性劳动等,向消费者提供食品和消费场所及设施的服务。

**[商品购进额]** 指从本企业以外的单位和个人购进(包括从国外直接进口)作为转卖或加工后转卖的商品金额(含增值税)。商品购进包括:(1)从工农业生产者、批发和零售业企业、住宿和餐饮业企业、出版社或报社的出版发行部门和其他服务业企业购进的商品;(2)从机关团体、事业单位购进的商品;(3)从海关、市场管理部门购进的缉私和没收的商品;(4)从居民收购的废旧商品等。不包括:(1)企业为本单位自身经营用,不是作为转卖而购进的商品,如材料物资、包装物、低值易耗品、办公用品等;(2)未通过买卖行为而收入的商品,如接受其他部门移交的商品、借入的商品、收入代其他单位保管的商品、其他单位赠送的样品、加工回收的成品等;(3)经本单位介绍,由买卖双方直接结算,本单位只收取手续费的业务;(4)销售退回和买方拒付货款的商品;(5)商品溢余。

**[商品销售额]** 指对本单位以外的单位和个人出售的商品金额(包括售给本单位消费用的商品,含增值税)。商品销售包括(1)售给城乡居民和社会集团消费用的商品;(2)售给农业、工业、建筑业、服务业等国民经济各行业用于生产、经营用的商品,包括售予批发和零售业作为转卖或加工后转卖的商品;(3)对国(境)外直接出口的商品。不包括:(1)未通过买卖行为付出的商品,如随机构变动移交给其他企业单位的商品、借出的商品、归还受其他单位委托代保管的商品、付出的加工原料和赠送给其他单位的样品等;(2)经本单位介绍,由买卖双方直接结算,本单位只收取手续费的业务;(3)购货退回的商品;(4)商品损耗和损失;(5)出售本单位自用的废旧物资。

**[商品库存额]** 对于批发和零售业法人单位和个体经营户,是指报告期末取得所有权的全部商品金额(含增值税);对于批发和零售业产业活动单位,

是指报告期末实际在库且归属法人具有所有权的全部商品金额(含增值税)。库存商品包括:(1)存放在本单位(如门市部、批发站、采购站、经营处)的仓库、货场、货柜和货架中的商品;(2)挑选、整理、包装中的商品;(3)已记入购进而尚未运到本单位的商品,即发货单或银行承兑凭证已到而货未到的商品;(4)寄放他处的商品,如因购货方拒绝付款而暂时存在购货方的商品;(5)委托其他单位代销(未作销售或调出)尚未售出的商品;(6)代其他单位购进尚未交付的商品。不包括:所有权不属于本单位的商品;委托外单位加工的商品;外贸企业代理其他单位从国外进口,尚未付给订货单位的商品;代国家储备部门保管的商品。

[**营业额**] 指住宿和餐饮业单位在经营活动中因提供服务或销售商品等取得的收入。包括:客房收入、餐费收入、商品销售额(含增值税)和其他收入。其中,客房收入指住宿和餐饮业单位在经营活动中因提供住宿服务取得的收入。餐费收入指本单位为顾客提供就餐服务取得的收入,包括:经烹饪、调制加工后出售的各种食品,如主食、炒菜、凉拌菜等的收入。

[**星级饭店**] 指设备、设施、服务符合《旅游饭店星级的划分与评定》(GB/T14308－2003),通过相关旅游管理部门评定,并取得星级饭店称号的饭店(含预备星级饭店)。

# 第十六篇 Chapter16

# 对外经济贸易和旅游业

## Foreign Trade and Economic Cooperation and Tourism

**责任编辑**:何胜兰

**资料整理**:何胜兰　温静　岳洪涛　周莹　郝静　勉伟

**Coordinator**:He Shenglan

**Data Compilation**:He Shenglan　Wen Jing　Yue Hongtao　Zhou Ying　Hao Jing　Mian Wei

# 16－1 进出口贸易总额

## The Value of Imports and Exports

| 年份 Year | 按人民币计算(万元)10 000 yuan | | | 按美元计算(万美元)USD 10 000 | | |
|---|---|---|---|---|---|---|
| | 进出口总额 Toal Imports & Exports | 出口总额 Toal Exports | 进口总额 Toal Imports | 进出口总额 Toal Imports & Exports | 出口总额 Toal Exports | 进口总额 Toal Imports |
| 1958 | 1055 | 670 | 385 | 704 | 447 | 257 |
| 1965 | 1777 | 1556 | 221 | 1184 | 1037 | 147 |
| 1970 | 1551 | 1304 | 247 | 1034 | 869 | 165 |
| 1975 | 4048 | 3136 | 912 | 2699 | 2091 | 608 |
| 1978 | 4587 | 3406 | 1181 | 2962 | 2271 | 691 |
| 1980 | 7041 | 6523 | 518 | 4674 | 4352 | 322 |
| 1985 | 17362 | 10930 | 6432 | 5426 | 3416 | 2010 |
| 1990 | 40547 | 36652 | 3895 | 8491 | 7679 | 812 |
| 1995 | 231651 | 200015 | 31636 | 27810 | 24012 | 3798 |
| 1996 | 194345 | 167753 | 26592 | 23438 | 20231 | 3207 |
| 1997 | 251269 | 208980 | 42289 | 30303 | 25203 | 5100 |
| 1998 | 259826 | 234282 | 25544 | 31309 | 28231 | 3078 |
| 1999 | 263236 | 205008 | 58228 | 31799 | 24765 | 7034 |
| 2000 | 366656 | 270998 | 95658 | 44292 | 32736 | 11556 |
| 2001 | 441035 | 291259 | 149776 | 53277 | 35184 | 18093 |
| 2002 | 366538 | 271545 | 94993 | 44285 | 32808 | 11477 |
| 2003 | 540676 | 423742 | 116934 | 65323 | 51195 | 14128 |
| 2004 | 751829 | 535026 | 216803 | 90839 | 64644 | 26195 |
| 2005 | 792936 | 563343 | 229593 | 96672 | 68711 | 27961 |
| 2006 | 1149400 | 753664 | 395736 | 143746 | 94300 | 49446 |
| 2007 | 1211271 | 832030 | 379241 | 158430 | 108850 | 49580 |
| 2008 | 1317616 | 881241 | 436375 | 188195 | 125868 | 62327 |
| 2009 | 820953 | 507607 | 313346 | 120156 | 74294 | 45862 |
| 2010 | 1330934 | 794462 | 536472 | 196049 | 117026 | 79023 |
| 2011 | 1476307 | 1033040 | 443267 | 228573 | 159943 | 68630 |
| 2012 | 1400266 | 1036718 | 363548 | 221667 | 164116 | 57551 |
| 2013 | 1992757 | 1580664 | 412093 | 321791 | 255246 | 66545 |
| 2014 | 3339168 | 2641367 | 697801 | 543558 | 430243 | 113315 |
| 2015 | 2344123 | 1841299 | 502824 | 379062 | 297635 | 81427 |

注：1999年起进出口数据为海关口径。

Note: Data of exports and imports since 1999 are from Customs statistics.

# 16－2　按贸易方式和企业性质划分的进出口商品总额(2015年)

## Total Imports and Exports by Trade Pattern and Enterprises Type(2015)

单位:万美元　　　　(USD 10 000)

| 指　标 | tem | 进出口 Imports and Exports | 出口 Exports | 进口 Imports |
|---|---|---|---|---|
| **总　额** | **Total** | **379062** | **297635** | **81427** |
| **按贸易方式分** | **Grouped by Trade Pattern** | | | |
| 一般贸易 | General Trade | 321178 | 275917 | 45261 |
| 来料加工装配贸易 | Processing and Assembly With Imported Material | 8123 | 1893 | 6230 |
| 进料加工贸易 | Processing Trade With Imported Material | 34275 | 18704 | 15571 |
| 国家间、国际组织无偿援助和赠送的物资 | The states and international organizations Nonreimbursable assistance and donated supplies | 64 | 64 | |
| 保税仓库进出境货物 | Bonded Warehouse Exit & Entry Cargos | 1876 | 1039 | 837 |
| 保税区仓储转口货物 | Bonded Warehouse Transit goods | 11383 | | 11383 |
| 租赁贸易 | Leasing trade | 68 | | 68 |
| 出口加工区进口设备 | Imported Equipment of Export Processing Zone | 2021 | | 2021 |
| 其他 | Others | 74 | 18 | 56 |
| **按企业性质分** | **Grouped by Economic Type of Enterprises** | | | |
| 国有企业 | State－owned Enterprises | 44977 | 39269 | 5708 |
| 外商投资企业 | Enterprises With Foreign Fund | 37294 | 26116 | 11178 |
| 私营企业 | Private Enterprises | 294553 | 230017 | 64536 |
| 集体及其他 | Collective and Others | 2238 | 2233 | 5 |

# 16－3 主要出口商品数量(2015年)

## Main Exported Commodities in Volume(2015)

| 指 标 | Item | 单位 Unit | 数量 Quantity | 指 标 | Item | 单位 Unit | 数量 Quantity |
|---|---|---|---|---|---|---|---|
| 铁合金 | Iron Alloy | 吨 Ton | 12027 | 泰乐菌素 | Tylosin | 吨 Ton | 2883 |
| 钽铌铍及制品 | Tantalum and Products | 吨 Ton | 128 | 石墨制品 | Graphite Products | 吨 Ton | 29898 |
| 金属镁 | Magnesium | 吨 Ton | 2110 | 增炭剂 | Recarburizer | 吨 Ton | 5665 |
| 碳化硅 | Silicon Carbide | 吨 Ton | 21338 | 四环素及盐 | Tetracycline and Salt | 吨 Ton | 904 |
| 无毛绒 | No Plush | 吨 Ton | 216 | 饲料添加剂 | Feed additive | 吨 Ton | 54021 |
| 红霉素 | Erythrocin | 吨 Ton | 663 | 羊绒纱线 | Cashmere Yarn | 吨 Ton | 776 |
| 双氰胺 | Dicyandiamide | 吨 Ton | 46349 | 除草剂 | Herbicide | 吨 Ton | 3668 |
| 羊绒衫 | Cashmere Sweater | 百件 101 Units | 30008 | 活性炭 | Activated charcoal | 吨 Ton | 33270 |

# 16－4 进出口商品分国别(地区)总额

## Value of Imports and Exports by Country (Region) of Origin

单位:万美元　　(USD 10 000)

| 国家(地区) | Country(Region) | 2014 进出口 Imports and Exports | 2014 出口 Exports | 2014 进口 Imports | 2015 进出口 Imports and Exports | 2015 出口 Exports | 2015 进口 Imports |
|---|---|---|---|---|---|---|---|
| **总 额** | **Total** | **543558** | **430243** | **113325** | **379062** | **297635** | **81427** |
| **亚 洲** | **Asia** | **324535** | **269685** | **54850** | **214007** | **178532** | **35475** |
| 日 本 | Japan | 23028 | 15708 | 7320 | 20272 | 15667 | 4605 |
| 印 度 | India | 18545 | 18038 | 507 | 13927 | 13604 | 323 |
| 印 尼 | Indonesia | 13287 | 11747 | 1540 | 7636 | 6793 | 843 |
| 马来西亚 | Malaysia | 19512 | 14691 | 4821 | 13173 | 10279 | 2894 |
| 香 港 | Hong Kong,China | 62263 | 44329 | 17934 | 59645 | 43108 | 16537 |
| 韩 国 | Korea | 20420 | 18054 | 2366 | 36231 | 33344 | 2887 |
| **非 洲** | **Africa** | **35801** | **30196** | **5605** | **29644** | **16363** | **13281** |
| 加 纳 | Ghana | 2172 | 1638 | 534 | 6078 | 866 | 5212 |
| 南 非 | South Africa | 2702 | 1930 | 772 | 6945 | 991 | 5954 |
| **欧 洲** | **Europe** | **109712** | **73357** | **36355** | **76025** | **54387** | **21638** |
| 德 国 | Germany | 26543 | 9501 | 17042 | 15623 | 7584 | 8039 |
| 意大利 | Italy | 15980 | 6514 | 9466 | 10053 | 4718 | 5335 |
| 俄罗斯 | Russia | 12181 | 9824 | 2357 | 9904 | 8329 | 1575 |
| 英 国 | United Kingdom | 8832 | 8064 | 768 | 5263 | 5149 | 114 |
| 荷 兰 | Netherlands | 13627 | 12235 | 1392 | 7654 | 7555 | 99 |
| 法 国 | French | 6297 | 4228 | 2069 | 5313 | 3285 | 2028 |
| **拉丁美洲** | **Latin America** | **12629** | **12021** | **608** | **13573** | **10285** | **3288** |
| 巴 西 | Brazil | 4125 | 3533 | 592 | 7148 | 3947 | 3201 |
| **北美洲** | **North America** | **49629** | **40453** | **9176** | **41013** | **34191** | **6822** |
| 加拿大 | Canada | 5051 | 4536 | 515 | 3791 | 3084 | 707 |
| 美 国 | United States | 44578 | 35916 | 8662 | 37222 | 31107 | 6115 |
| **大洋洲** | **Oceanic** | **11252** | **4531** | **6721** | **4801** | **3877** | **924** |
| 澳大利亚 | Australia | 10298 | 3577 | 6721 | 3894 | 2972 | 922 |

# 16－5　外商投资企业协议投资额

## Foreign Investment Agreements

单位：个、万美元　　　　(unit，USD 10 000)

| 指　标 | Item | 2014 | | 2015 | |
|---|---|---|---|---|---|
| | | 合同个数 Number of Contracts | 客方协议投资额 Total Amount of Agreements and Contracts | 合同个数 Number of Contracts | 客方协议投资额 Total Amount of Agreements and Contracts |
| **总　计** | **Total** | **22** | **52399** | **37** | **135905** |
| **按投资方式分** | **By Investment Mode** | | | | |
| 独资经营 | Enterprises with Sole Fund | 6 | 6011 | 22 | 48348 |
| 合资经营 | Joint Venture | 15 | 45751 | 13 | 80901 |
| 合作经营 | Cooperative Operation | 1 | 637 | 1 | 1022 |
| 股份制经营 | Share－holding | | | 1 | 5634 |
| **按国民经济部门分** | **By Department** | | | | |
| 农、林、牧、渔业 | Agriculture，Forestry，Animal Husbandry and Fishery | 2 | 181 | 6 | 2667 |
| 工业 | Industrial | 10 | 22604 | 19 | 107039 |
| 批发和零售业 | Wholesale and Retail Trade | 1 | 1023 | 5 | 5429 |
| 建筑业 | Construction | 1 | 3000 | | |
| 信息传输、计算机服务和软件业 | Inrofmation Transmission，Computer Services and Sofeware | 1 | 200 | 1 | 15225 |
| 金融业 | Financial | 2 | 1810 | 1 | 163 |
| 房地产业 | Real Estate | | | | |
| 住宿和餐饮业 | Hotels and Catering Services | | | | |
| 水利、环境和公共设施 | Management of Water Conservancy，Environment and Public Facilities | 3 | 23177 | | 949 |
| 租赁和商务服务业 | Leasing and Business Services | 1 | 2 | 1 | 220 |
| 科学研究、技术服务和地质勘查业 | Scientific Research，Technical Service and Geologic Prospecting | | | 3 | 1223 |
| 文化、体育和娱乐业 | Cuture，Sports and Entertainment | 1 | 402 | 1 | 2990 |

注：　客方协议投资额指标负数时为企业减资。

Note：A Negative balance of total amount of agreements and contracts indicates enterprise capital reduction.

# 16－6　分国别(地区)外商投资企业投资额(2015年)

## Investment of Foreign Capital by Country (Region) (2015)

单位:个、万美元　　　　(unit,USD 10 000)

| 国家(地区) | Country(Region) | 合同个数 Number of Contracts | 客方协议投资额 Total Amount of Agreements and Contracts | 实际投资额 Total Amount of Foregin Capital Actually Utilized |
|---|---|---|---|---|
| **总计** | **Total** | **37** | **135905** | **18639** |
| **亚洲** | **Asia** | **31** | **93206** | **16481** |
| 中国香港 | Hong Kong,China | 21 | 86351 | 16111 |
| 以色列 | Israel | 1 | 210 | |
| 日本 | Japan | | 331 | 204 |
| 约旦 | Jordan | 1 | 23 | |
| 中国澳门 | Macao,China | | | |
| 马来西亚 | Malaysia | 4 | 2765 | 16 |
| 新加坡 | Singapore | | 150 | 150 |
| 韩国 | Korea Rep. | | | |
| 泰国 | Thailand | | | |
| 阿拉伯联合酋长国 | United Arab Emirates | | | |
| 也门共和国 | Republic of Yemen | 1 | 49 | |
| 中国台湾 | Taiwan,China | 3 | 3327 | |
| **非洲** | **Africa** | **2** | **8902** | |
| 埃及 | Egypt | 1 | 3268 | |
| 毛里求斯 | Mauritius | 1 | 5634 | |
| **欧洲** | **Europe** | **1** | **1637** | |
| 英　国 | United Kingdom | | 74 | |
| 法　国 | France | 1 | 1563 | |
| **拉丁美洲** | **Latin America** | | | |
| 开曼群岛 | Cayman Islands | | | |
| **北美洲** | **North America** | **2** | **25579** | |
| 加拿大 | Canada | | | |
| 美　国 | United States | 2 | 25579 | |
| **大洋洲** | **Oceania** | **1** | **3936** | |
| 澳大利亚 | Australia | 1 | 3936 | |
| **其他** | **Others** | **1** | **2645** | |
| 投资性公司投资 | Investment company | 1 | 2645 | |

注：客方协议投资额指标负数时为企业减资。

Note:A negative balance of total amount of agreements and contracts indicates enterprise capital reduction.

# 16－7 利用外资情况
## Basic statistics on Utilization of Foreign Capital

| 指 标 | Item | 1985 | 1995 | 2000 | 2005 | 2010 |
|---|---|---|---|---|---|---|
| **签订利用外资协议项目（个）** | **New Signed Agreements on Foreign Capital to be Utilized（unit）** | **3** | **53** | **42** | **41** | **37** |
| 对外借款 | Foregin Loans | | 11 | 4 | 4 | 1 |
| 外商直接投资 | Foregin Direct investment | 1 | 42 | 32 | 32 | |
| 外商其他投资 | Other Foregin investment | 2 | | 6 | 5 | 11 |
| **签订利用外资协议额（万美元）** | **Total Amount of New Signed Agreements and Contracts of Foreign Investment（USD 10 000）** | **344** | **5202** | **11067** | **20182** | **55210** |
| 对外借款 | Foreign Loans | | 2324 | 815 | 1030 | 25000 |
| 外商直接投资 | Foregin Direct investment | 150 | 2878 | 9927 | 19053 | 28405 |
| 外商其他投资 | Other Foregin investment | 194 | | 325 | 99 | 1805 |
| **实际利用外资额（万美元）** | **Total Amount of Foregin Capital Actually Utilized（USD 10 000）** | **99** | **6715** | **9091** | **14107** | **23175** |
| 对外借款 | Foreign Loans | 74 | 3510 | 7497 | 7296 | 14819 |
| 外商直接投资 | Foregin Direct investment | 25 | 3205 | 1283 | 6712 | 8090 |
| 外商其他投资 | Other Foregin investment | | | 311 | 99 | 266 |

## 16－7 续表 continued

| 指 标 | Item | 2011 | 2012 | 2013 | 2014 | 2015 |
|---|---|---|---|---|---|---|
| **签订利用外资协议项目（个）** | **New Signed Agreements on Foreign Capital to be Utilized（unit）** | **19** | **18** | **28** | **45** | **83** |
| 对外借款 | Foregin Loans | | 2 | 2 | | |
| 外商直接投资 | Foregin Direct investment | 15 | 11 | 21 | 22 | 37 |
| 外商其他投资 | Other Foregin investment | 4 | 5 | 5 | 23 | 46 |
| **签订利用外资协议额（万美元）** | **Total Amount of New Signed Agreements and Contracts of Foreign Investment（USD 10 000）** | **38687** | **43601** | **47829** | **52930** | **136369** |
| 对外借款 | Foreign Loans | | 2512 | 9500 | | |
| 外商直接投资 | Foregin Direct investment | 38355 | 40300 | 38307 | 52399 | 135905 |
| 外商其他投资 | Other Foregin investment | 332 | 789 | 22 | 531 | 464 |
| **实际利用外资额（万美元）** | **Total Amount of Foregin Capital Actually Utilized（USD 10 000）** | **34226** | **34809** | **20384** | **14304** | **22085** |
| 对外借款 | Foreign Loans | 13845 | 12200 | 5548 | 4529 | 2982 |
| 外商直接投资 | Foregin Direct investment | 20199 | 21820 | 14814 | 9244 | 18639 |
| 外商其他投资 | Other Foregin investment | 182 | 789 | 22 | 531 | 464 |

## 16－8 借用国外资金情况(2015 年)
## Basic Statistics on Utilization of Foreign Loans(2015)

单位:万美元 (USD 10 000)

| 指 标 | Item | 上年末结转余额 Balance Forward of Previous Year | 新增借款本 金 Newly Principal Loans | 偿还本金 Repayment of Principal | 本期末借款余额 Balance of Loans in Current Period | 偿付利息 Repayment of Interest |
|---|---|---|---|---|---|---|
| **合 计** | **Total** | **98572** | **2981** | **2938** | **98615** | **574** |
| 外国政府贷款 | Foreign Governments Loans | 39307 | 645 | 783 | 39169 | 173 |
| 国际金融组织贷款 | International Financial Organizations Loans | 38525 | 2336 | 1366 | 39495 | 225 |
| 外国银行商业贷款 | Commercial Loans from Foreign Banks | 20207 | | 789 | 19418 | 176 |
| 买方信贷 | Buyer's Credit | 533 | | | 533 | |
| 对外发行债券 | External Debt | | | | | |

注: 本表数据为区外汇管理局外债监测数。
Note:Data in this table are from foreign debts monitoring of Administration of Foreign Exchange in Ningxia.

## 16－9 外贸商品出口额
## Total Exports of Trade Products

单位:万元 (10 000 yuan)

| 指 标 | Item | 2000 | 2010 | 2011 | 2012 | 2013 | 2014 | 2015 |
|---|---|---|---|---|---|---|---|---|
| **出口总额** | **Total Exports Value** | **270998** | **794462** | **1033040** | **1036718** | **1580664** | **2641367** | **1841299** |
| **按商品类别分** | **By Commodity Category** | | | | | | | |
| 农副产品 | Agriculturals | 9674 | 45296 | 42491 | 40928 | 53979 | 125325 | 344358 |
| 轻纺产品 | Textiles | 47864 | 106483 | 142607 | 201007 | 338537 | 430250 | 68846 |
| 工矿产品 | Minerals | 213460 | 642683 | 847942 | 794783 | 1188148 | 2085792 | 1428095 |

# 16－10 接待海外旅游者人数

## Number of Tourists Overseas

单位:人次　　(person－time)

| 指　标 | Item | 1990 | 1995 | 2000 | 2010 | 2011 |
|---|---|---|---|---|---|---|
| **海外旅游人数总计** | **Total** | **1950** | **3655** | **7807** | **17990** | **19479** |
| **外国人** | **Foreigners** | **1348** | **2881** | **5792** | **12861** | **13659** |
| 日本 | Japan | 801 | 1379 | 1896 | 2459 | 2662 |
| 美国 | United States | 82 | 187 | 392 | 1679 | 1638 |
| 加拿大 | Canada | 10 | 50 | 151 | 450 | 490 |
| 英国 | United Kingdom | 38 | 84 | 353 | 408 | 553 |
| 法国 | France | 18 | 80 | 180 | 514 | 486 |
| 德国 | Germany | 87 | 126 | 298 | 1311 | 1398 |
| 意大利 | Italy | 24 | 82 | 59 | 276 | 184 |
| 独联体 | Cis | 8 | 6 | 104 | 125 | 158 |
| 澳大利亚 | Australia | 30 | 46 | 115 | 444 | 482 |
| 新西兰 | New Zealand | 2 | 28 | 10 | 84 | 103 |
| **港澳和台湾同胞** | **Compatriots From HongKong,Macao and Taiwan** | **602** | **774** | **2015** | **5129** | **5820** |

## 16－10 续表 continued

单位:人次　　(person－time)

| 指　标 | Item | 2012 | 2013 | 2014 | 2015 |
|---|---|---|---|---|---|
| **海外旅游人数总计** | **Total** | **18994** | **25357** | **33657** | **37315** |
| **外国人** | **Foreigners** | **14300** | **15036** | **15091** | **18409** |
| 日本 | Japan | 2864 | 1802 | 1819 | 1791 |
| 美国 | United States | 1063 | 1696 | 1945 | 2453 |
| 加拿大 | Canada | 517 | 445 | 478 | 536 |
| 英国 | United Kingdom | 269 | 354 | 306 | 402 |
| 法国 | France | 504 | 563 | 424 | 667 |
| 德国 | Germany | 825 | 821 | 918 | 937 |
| 意大利 | Italy | 269 | 398 | 323 | 399 |
| 独联体 | Cis | 65 | 157 | 678 | 757 |
| 澳大利亚 | Australia | 598 | 476 | 479 | 549 |
| 新西兰 | New Zealand | 158 | 102 | 120 | 134 |
| **港澳和台湾同胞** | **Compatriots From HongKong,Macao and Taiwan** | **4694** | **10321** | **18566** | **18906** |

# 16－11 旅游(外汇)收入情况

## Basic Statistics on Tourism Foreign Exchange

| 指　标 | | Item | | 1990 | 1995 | 2000 | 2010 | 2011 |
|---|---|---|---|---|---|---|---|---|
| **总计** | **万美元** | **Total** | **(USD 10 000)** | **37** | **113** | **272** | **599** | **620** |
| | **万元** | | **(10 000 yuan)** | **175** | **938** | **2252** | **4067** | **4026** |
| **商品性外汇收入** | **万元** | **Commodity Exchange Income** | **(10 000 yuan)** | **43** | **323** | **341** | **846** | **878** |
| 商品销售收入 | 万元 | Commodity Salies Revenue | (10 000 yuan) | 31 | 135 | 144 | 545 | |
| 饮食销售收入 | 万元 | Food Sales | (10 000 yuan) | 12 | 188 | 197 | 301 | |
| 劳务性外汇收入 | 万元 | Services of Foreign Exchange Earning | (10 000 yuan) | 132 | 615 | 1911 | 3221 | 3148 |
| **长途交通费** | **万元** | **Long Distance Transportation** | **(10 000 yuan)** | **54** | **143** | **1009** | **1440** | |
| 宿费 | 万元 | Accommodation | (10 000 yuan) | 21 | 276 | 410 | 638 | 688 |
| 其他 | 万元 | Others | (10 000 yuan) | 57 | 196 | 492 | 1143 | 1377 |

# 16－11 续表 continued

| 指　标 | | Item | | 2012 | 2013 | 2014 | 2015 |
|---|---|---|---|---|---|---|---|
| **总计** | **万美元** | **Total** | **(USD 10 000)** | **545** | **1208** | **1848** | **2084** |
| | **万元** | | **(10 000 yuan)** | **3443** | **7483** | **11357** | **12865** |
| **商品性外汇收入** | **万元** | **Commodity Exchange Income** | **(10 000 yuan)** | **416** | **1272** | **2203** | **2676** |
| 商品销售收入 | 万元 | Commodity Salies Revenue | (10 000 yuan) | 227 | 831 | 1408 | 2123 |
| 饮食销售收入 | 万元 | Food Sales | (10 000 yuan) | 189 | 441 | 795 | 553 |
| 劳务性外汇收入 | 万元 | Services of Foreign Exchange Earning | (10 000 yuan) | 3027 | 6211 | 9154 | 10189 |
| **长途交通费** | **万元** | **Long Distance Transportation** | **(10 000 yuan)** | **1670** | **2462** | **3577** | **4053** |
| 宿费 | 万元 | Accommodation | (10 000 yuan) | 575 | 1399 | 1999 | 1711 |
| 其他 | 万元 | Others | (10 000 yuan) | 782 | 2350 | 3578 | 4425 |

# 16－12　各市县进出口贸易额

## Total Value of Imports and Exports by City and County

单位:万美元　　　　(USD 10 000)

| 地　区 | Region | 2014 进出口 Imports and Exports | 2014 进口 Imports | 2014 出口 Exports | 2015 进出口 Imports and Exports | 2015 进口 Imports | 2015 出口 Exports |
|---|---|---|---|---|---|---|---|
| **全区总计** | **Total** | **543558** | **113315** | **430243** | **379062** | **81427** | **297635** |
| **银 川 市** | **Yinchuan** | **480842** | **95748** | **385094** | **310980** | **57265** | **253715** |
| 兴 庆 区 | Xingqing | 353869 | 54834 | 299035 | 204253 | 38402 | 165851 |
| 西 夏 区 | Xixia | 9049 | 1206 | 7843 | 9345 | 1228 | 8117 |
| 金 凤 区 | Jinfeng | 49937 | 24566 | 25371 | 37695 | 13935 | 23760 |
| 永 宁 县 | Yongning | 29783 | 514 | 29269 | 34457 | 622 | 33835 |
| 贺 兰 县 | Helan | 2400 | 2029 | 371 | 3030 | 2606 | 424 |
| 灵 武 市 | Lingwu | 35804 | 12599 | 23205 | 22200 | 472 | 21728 |
| **石嘴山市** | **Shizuishan** | **45553** | **14254** | **31299** | **35691** | **8604** | **27087** |
| 大武口区 | Dawukou | 23630 | 6545 | 17085 | 16593 | 4714 | 11879 |
| 惠 农 区 | Huinong | 6434 | 16 | 6418 | 6075 | 3 | 6072 |
| 平 罗 县 | Pingluo | 15489 | 7693 | 7796 | 13023 | 3887 | 9136 |
| **吴 忠 市** | **Wuzhong** | **10450** | **1204** | **9246** | **5963** | **2173** | **3790** |
| 利 通 区 | Litong | 2432 | 814 | 1618 | 3525 | 2148 | 1377 |
| 红寺堡区 | Hongsipu | | | | | | |
| 盐 池 县 | Yanchi | 250 | | 250 | 362 | | 362 |
| 同 心 县 | Tongxin | 66 | | 66 | 580 | | 580 |
| 青铜峡市 | Qingtongxia | 7702 | 390 | 7312 | 1496 | 25 | 1471 |
| **固 原 市** | **Guyuan** | **26** | | **26** | **278** | **154** | **124** |
| 原 州 区 | Yuanzhou | 26 | | 26 | 9 | | 9 |
| 西 吉 县 | Xiji | | | | | | |
| 隆 德 县 | Longde | | | | 269 | 154 | 115 |
| 泾 源 县 | Jingyuan | | | | | | |
| 彭 阳 县 | Pengyang | | | | | | |
| **中 卫 市** | **Zhongwei** | **6687** | **2109** | **4578** | **26150** | **13231** | **12919** |
| 沙坡头区 | Shapotou | 1672 | 161 | 1511 | 2612 | 4 | 2608 |
| 中 宁 县 | Zhongning | 4956 | 1948 | 3008 | 23448 | 13226 | 10222 |
| 海 原 县 | Haiyuan | 59 | | 59 | 90 | 1 | 89 |

# 主要统计指标解释

**[进出口总额]** 指实际进出我国国境的货物总金额。包括来料加工装配进出口货物,补偿贸易进出口、代售国外商品的进口,在国外寄售商品和样品、展览品、转口的进出口商品。进口订货统计、进口交货统计,我国规定出口货物按离岸价格统计,进口货物按到岸价格统计。

**[出口]** 海关按经营单位统计的本地区出口总值,扣除来料加工装配贸易,境外驻本地区外交机构的出口总值、本地区出口商品退货总值和本地区代理外地区出口、加上外地区代理本地区出口后的总额。

**[进口]** 海关按经营单位统计的本地区进口总值,扣除来料加工装配贸易、境外驻本地区外交机构的进口总值、本地区进口商品退货总值和本地区代理外地区进口加上外地区代理本地区进口后的总值。

**[利用外资]** 指我国各级政府、部门、企业和其他经济组织通过对外借款、吸收外商直接投资及用其他方式筹措的境外现汇、设备、技术等。

**[对外借款]** 是我国利用外资的主要部分。包括我国通过外国政府贷款,国际金融组织贷款,外国银行商业贷款,出口信贷以及对外发行债券,股票等方式,从境外筹措的资金。

**[外商直接投资]** 指外国企业和经济组织或个人,按我国有关政策、法规,用现汇、实物、技术等在我国境内开办外商独资企业,与我国境内的企业或经济组织共同举办中外合资经营企业、合作经营企业或合作开发资源的投资以及政府有关部门批准的项目投资总额内,企业从境外借人的资金。

**[外商其他投资]** 指除对外借款和外商直接投资以外的,用其他方式吸收的投资,包括:补偿贸易、加工装配、国际租赁业务。

**[旅游人数]** 指来我区参观、访问、旅行、探亲、访友、休养、考察、参加会议和从事经济、科技、文化、教育、体育、宗教等活动的外国人、华侨、港澳和台湾同胞的人数。

**[旅游外汇收入]** 指为来我国旅游的外国人、华侨、港澳和台湾同胞提供商品和劳务而获得的外汇收入。包括供应商品、饮食和提供住宿、交通、邮电、文化娱乐、导游等各项服务所得到的全部外汇收入。

# 第十七篇 Chapter17

## 教育科技文化

## Education, Science and Technology and Culture

**责任编辑**:安蕊莉

**资料整理**:安蕊莉　朱庆武　康磊　王海群　陈婷　慕博

**Coordinator**:An Ruili

**Data Compilation**:An Ruili　Zhu Qingwu　Kang Lei　Wang Haiqun　Chen Ting　Mu Bo

# 17－1 各类学校基本情况

## Basic Statistics for Schools in Main Years

| 指　标 | Item | 单位 | uint | 1978 | 1980 | 1990 | 2000 | 2010 |
|---|---|---|---|---|---|---|---|---|
| **普通高等教育** | **Higher Education** | | | | | | | |
| 普通高等学校 | Regular Institutions of Higher Education | 所 | uint | 5 | 4 | 7 | 5 | 15 |
| 地方 | Local | 所 | uint | 5 | 4 | 6 | 4 | 14 |
| 教职工数 | Teachers and Staff | 人 | person | 1523 | 1896 | 3579 | 3996 | 9174 |
| 专任教师 | Full－time Teachers | 人 | person | 652 | 787 | 1609 | 1894 | 5931 |
| 毕业生数 | Graduates | 人 | person | 623 | 356 | 2213 | 3054 | 21011 |
| 招生数 | New Enrollment | 人 | person | 1234 | 1277 | 2324 | 7107 | 26394 |
| 在校学生数 | Total Enrollment | 人 | person | 2890 | 4156 | 7992 | 17163 | 83415 |
| **中等职业技术教育** | Vocational Secondary Education | | | | | | | |
| 中等技术学校 | Secondary Vocational School | 所 | uint | 14 | 20 | 26 | 25 | 20 |
| 成人中等专业学校 | Specialized Secondary School for Adult | 所 | uint | | | 25 | 21 | 3 |
| 职业高中学校 | Vocational hign School | 所 | uint | | | 32 | 29 | 13 |
| 教职工数 | Teachers and Staff | 人 | person | 923 | 1744 | 5173 | 6150 | 3388 |
| 专任教师数 | Full－time Teachers | 人 | person | 446 | 801 | 2420 | 3532 | 2444 |
| 毕业生数 | Graduates | 人 | person | 1863 | 2571 | 10328 | 11867 | 28493 |
| 招生数 | New Enrollment | 人 | person | 2780 | 3450 | 12278 | 15731 | 42521 |
| 在校学生数 | Total Enrollment | 人 | person | 5198 | 8420 | 33021 | 41719 | 101878 |
| **普通中学教育** | Regular Secondary Education | | | | | | | |
| 普通中学 | Regular Secondary Education Schools | 所 | uint | 667 | 508 | 450 | 433 | 337 |
| 教职工数 | Teachers and Staff | 人 | person | 11856 | 14101 | 20635 | 23782 | 30496 |
| 专任教师数 | Full－time Teachers | 人 | person | 8759 | 10437 | 16182 | 20145 | 27484 |
| 毕业生数 | Graduates | 人 | person | 75977 | 63800 | 85054 | 89091 | 129659 |
| 招生数 | New Enrollment | 人 | person | 103214 | 79100 | 93667 | 119559 | 151166 |
| 在校学生数 | Total Enrollment | 人 | person | 232929 | 223747 | 284440 | 318263 | 449147 |
| **小学教育** | Primary Education | | | | | | | |
| 小学 | Primary Schools | 所 | uint | 5318 | 5107 | 4242 | 3267 | 2027 |
| 教职工数 | Teachers and Staff | 人 | person | 23429 | 25532 | 29685 | 36586 | 33849 |
| 专任教师数 | Full－time Teachers | 人 | person | 21559 | 22657 | 27165 | 34694 | 33212 |
| 毕业生数 | Graduates | 人 | person | 82305 | 75000 | 87189 | 104758 | 109658 |
| 招生数 | New Enrollment | 人 | person | 128425 | 123100 | 99938 | 119419 | 101270 |
| 在校学生数 | Total Enrollment | 人 | person | 612983 | 583687 | 667296 | 657352 | 653669 |
| **特殊教育** | Special Education | | | | | | | |
| 特殊教育学校 | Special Education Schools | 所 | uint | | | 1 | 3 | 7 |
| 在校学生数 | Total Enrollment | 人 | person | | | 202 | 414 | 1516 |

# 17－1 续表1 Continued

| 指 标 | Item | 单位 | uint | 2011 | 2012 | 2013 | 2014 | 2015 |
|---|---|---|---|---|---|---|---|---|
| **普通高等教育** | **Higher Education** | | | | | | | |
| 普通高等学校 | Regular Institutions of Higher Education | 所 | uint | 16 | 16 | 16 | 18 | 18 |
| 地方 | Local | 所 | uint | 15 | 15 | 15 | 17 | 17 |
| 教职工数 | Teachers and Staff | 人 | person | 9637 | 10202 | 10486 | 11261 | 11469 |
| 专任教师 | Full－time Teachers | 人 | person | 6156 | 6632 | 7111 | 7759 | 7987 |
| 毕业生数 | Graduates | 人 | person | 20491 | 21832 | 23453 | 25818 | 29645 |
| 招生数 | New Enrollment | 人 | person | 29493 | 32536 | 32749 | 35094 | 34699 |
| 在校学生数 | Total Enrollment | 人 | person | 91383 | 100188 | 108463 | 115562 | 119410 |
| **中等职业技术教育** | Vocational Secondary Education | | | | | | | |
| 中等技术学校 | Secondary Vocational School | 所 | uint | 20 | 18 | 19 | 17 | 16 |
| 成人中等专业学校 | Specialized Secondary School for Adult | 所 | uint | 3 | 3 | 3 | 3 | 2 |
| 职业高中学校 | Vocational hign School | 所 | uint | 13 | 13 | 13 | 13 | 13 |
| 教职工数 | Teachers and Staff | 人 | person | 3419 | 3468 | 3474 | 3203 | 3314 |
| 专任教师数 | Full－time Teachers | 人 | person | 2474 | 2552 | 2611 | 2477 | 2538 |
| 毕业生数 | Graduates | 人 | person | 29398 | 32461 | 31536 | 36834 | 25942 |
| 招生数 | New Enrollment | 人 | person | 50433 | 36055 | 30348 | 30388 | 30832 |
| 在校学生数 | Total Enrollment | 人 | person | 112500 | 104757 | 93950 | 81966 | 82117 |
| **普通中学教育** | Regular Secondary Education | | | | | | | |
| 普通中学 | Regular Secondary Education Schools | 所 | uint | 329 | 314 | 304 | 296 | 299 |
| 教职工数 | Teachers and Staff | 人 | person | 32995 | 33747 | 33686 | 33309 | 33850 |
| 专任教师数 | Full－time Teachers | 人 | person | 28210 | 29120 | 29401 | 29354 | 29832 |
| 毕业生数 | Graduates | 人 | person | 146134 | 142708 | 142604 | 146121 | 144253 |
| 招生数 | New Enrollment | 人 | person | 156136 | 154675 | 152691 | 148373 | 144447 |
| 在校学生数 | Total Enrollment | 人 | person | 447436 | 450334 | 449909 | 441836 | 433996 |
| **小学教育** | Primary Education | | | | | | | |
| 小学 | Primary Schools | 所 | uint | 1942 | 1896 | 1850 | 1763 | 1693 |
| 教职工数 | Teachers and Staff | 人 | person | 32179 | 33415 | 33244 | 32157 | 32448 |
| 专任教师数 | Full－time Teachers | 人 | person | 33295 | 34385 | 34113 | 33357 | 33777 |
| 毕业生数 | Graduates | 人 | person | 112676 | 107655 | 101909 | 100594 | 96119 |
| 招生数 | New Enrollment | 人 | person | 111230 | 104818 | 100194 | 93204 | 94170 |
| 在校学生数 | Total Enrollment | 人 | person | 643293 | 618140 | 603947 | 588694 | 583509 |
| **特殊教育** | Special Education | | | | | | | |
| 特殊教育学校 | Special Education Schools | 所 | uint | 7 | 8 | 8 | 10 | 12 |
| 在校学生数 | Total Enrollment | 人 | person | 1535 | 1985 | 1903 | 3058 | 3900 |

# 17－2 各级各类学校数
## Number of Various Schools in Main Years

单位:所 (unit)

| 年份<br>Year | 普通高等学校<br>Regular Institutions of Higher Education | 中等学校<br>Secondary Education Schools | 中等专业学校<br>Specialized Secondary Schools | 普通中学<br>Regular Secondary Education Schools | 职业中学<br>Vocational Secondary Education Schools | 小学<br>Primary Schools | 幼儿园<br>Kindergarten | 特殊教育<br>Special Education |
|---|---|---|---|---|---|---|---|---|
| 1950 | | 16 | 7 | 9 | | 695 | | |
| 1955 | | 18 | 5 | 13 | | 843 | 5 | |
| 1958 | 3 | 125 | 11 | 58 | 56 | 2968 | 28 | |
| 1965 | 1 | 166 | 4 | 56 | 106 | 7501 | 30 | |
| 1970 | 1 | 323 | 4 | 319 | | 3380 | | |
| 1975 | 3 | 414 | 8 | 406 | | 6394 | 81 | |
| 1978 | 5 | 681 | 14 | 667 | | 5318 | 92 | |
| 1980 | 4 | 528 | 20 | 508 | | 5107 | 134 | |
| 1985 | 7 | 487 | 22 | 436 | 29 | 4359 | 157 | 1 |
| 1990 | 7 | 508 | 26 | 450 | 32 | 4242 | 213 | 1 |
| 1995 | 7 | 498 | 26 | 436 | 36 | 3843 | 337 | 5 |
| 2000 | 5 | 487 | 25 | 433 | 29 | 3267 | 340 | 3 |
| 2001 | 8 | 501 | 25 | 448 | 28 | 3011 | 124 | 6 |
| 2002 | 12 | 488 | 13 | 449 | 26 | 2912 | 139 | 6 |
| 2003 | 12 | 479 | 11 | 446 | 22 | 2816 | 167 | 6 |
| 2004 | 13 | 454 | 12 | 425 | 17 | 2630 | 212 | 6 |
| 2005 | 13 | 447 | 11 | 418 | 18 | 2527 | 208 | 6 |
| 2006 | 13 | 433 | 12 | 403 | 18 | 2373 | 219 | 6 |
| 2007 | 13 | 422 | 12 | 391 | 19 | 2276 | 228 | 6 |
| 2008 | 13 | 412 | 15 | 377 | 20 | 2202 | 286 | 6 |
| 2009 | 15 | 394 | 20 | 355 | 19 | 2131 | 334 | 6 |
| 2010 | 15 | 373 | 23 | 337 | 13 | 2027 | 373 | 7 |
| 2011 | 16 | 365 | 23 | 329 | 13 | 1942 | 440 | 7 |
| 2012 | 16 | 348 | 21 | 314 | 13 | 1896 | 527 | 8 |
| 2013 | 16 | 339 | 22 | 304 | 13 | 1850 | 634 | 8 |
| 2014 | 18 | 329 | 20 | 296 | 13 | 1763 | 710 | 10 |
| 2015 | 18 | 330 | 18 | 299 | 13 | 1693 | 788 | 12 |

# 17-3 各级各类学校教职工数

## Number of Teachers and Staff in Various Schools in Main Years

单位:人 (person)

| 年份<br>Year | 普通高等学校<br>Regular Institutions of Higher Education | 中等专业学校<br>Specialized Secondary Schools | 普通中学<br>Regular Secondary Education Schools | 小学<br>Primary Schools | 幼儿园<br>Kindergarten | 特殊教育<br>Special Education |
|---|---|---|---|---|---|---|
| 1950 | | 125 | 143 | 1804 | | |
| 1955 | | 197 | 328 | 2455 | 28 | |
| 1958 | 129 | 523 | 894 | 6089 | 159 | |
| 1960 | 485 | 1507 | 1276 | 8193 | 330 | |
| 1965 | 597 | 251 | 1693 | 13733 | 308 | |
| 1970 | 719 | 240 | 3124 | 12901 | | |
| 1975 | 1266 | 609 | 7002 | 22191 | 746 | |
| 1978 | 1523 | 923 | 11856 | 23429 | 650 | |
| 1980 | 1896 | 1744 | 14101 | 25532 | 836 | |
| 1985 | 3068 | 2227 | 16359 | 25407 | 2016 | 25 |
| 1990 | 3579 | 3023 | 20635 | 29685 | 2839 | 64 |
| 1995 | 3434 | 3075 | 22431 | 33305 | 3849 | 265 |
| 2000 | 3996 | 3000 | 23782 | 36586 | 3820 | 120 |
| 2001 | 4437 | 3030 | 24072 | 36143 | 3282 | 148 |
| 2002 | 4623 | 2849 | 24486 | 35634 | 3464 | 149 |
| 2003 | 5866 | 1579 | 25549 | 35833 | 3784 | 149 |
| 2004 | 6684 | 1436 | 25627 | 35076 | 4397 | 147 |
| 2005 | 7177 | 1225 | 25828 | 34663 | 4236 | 167 |
| 2006 | 7695 | 1533 | 26852 | 33981 | 4647 | 176 |
| 2007 | 7865 | 1297 | 27308 | 33763 | 4744 | 172 |
| 2008 | 8474 | 1483 | 27895 | 33457 | 5375 | 181 |
| 2009 | 8599 | 2052 | 29920 | 33979 | 6191 | 186 |
| 2010 | 9174 | 2341 | 30496 | 33849 | 7029 | 190 |
| 2011 | 9637 | 2260 | 32995 | 32179 | 8364 | 245 |
| 2012 | 10202 | 2282 | 33747 | 33415 | 10109 | 242 |
| 2013 | 10486 | 2259 | 33686 | 33244 | 11233 | 259 |
| 2014 | 11261 | 3203 | 33309 | 32157 | 12834 | 273 |
| 2015 | 11469 | 3314 | 33850 | 32448 | 14504 | 360 |

# 17－4 各级各类学校在校学生数

## Number of Student Enrollment in Various Schools in Main Years

单位:人 (person)

| 年份 Year | 普通高等学校 Regular Institutions of Higher Education | 中等学校 Secondary Education Schools | 中等专业学校 Specialized Secondary Schools | 普通中学 Regular Secondary Education Schools | 职业中学 Vocational Secondary Education Schools | 小学 Primary Schools | 幼儿园 Kindergarten | 特殊教育 Special Education |
|---|---|---|---|---|---|---|---|---|
| 1950 | | 2227 | 1027 | 1200 | | 45058 | | |
| 1955 | | 5842 | 1524 | 4318 | | 76219 | 225 | |
| 1958 | 329 | 22438 | 4069 | 15414 | 2955 | 250333 | 1624 | |
| 1960 | 1259 | 31388 | 9909 | 19792 | 1687 | 284970 | 2906 | |
| 1965 | 982 | 26680 | 1107 | 20047 | 5526 | 347246 | 2523 | |
| 1970 | | 45919 | | 45919 | | 300589 | | |
| 1975 | 1759 | 126495 | 4212 | 122283 | | 596170 | 6360 | |
| 1978 | 2890 | 238127 | 5198 | 232929 | | 612983 | 6224 | |
| 1980 | 4156 | 232120 | 8174 | 223747 | 246 | 583687 | 11046 | |
| 1985 | 6425 | 257762 | 8947 | 237917 | 10898 | 654208 | 32191 | 56 |
| 1990 | 7992 | 307697 | 11634 | 284440 | 11623 | 667296 | 45115 | 202 |
| 1995 | 10686 | 294356 | 12463 | 272305 | 9588 | 617547 | 83444 | 595 |
| 2000 | 17163 | 351170 | 19880 | 318263 | 12982 | 657352 | 93117 | 414 |
| 2001 | 23154 | 369090 | 22913 | 334786 | 11391 | 651082 | 86788 | 1397 |
| 2002 | 29301 | 396611 | 25721 | 358477 | 12413 | 663542 | 104000 | 1458 |
| 2003 | 35134 | 418595 | 27346 | 376437 | 14822 | 669503 | 102217 | 1420 |
| 2004 | 41448 | 432802 | 28182 | 387286 | 17331 | 677738 | 108625 | 1560 |
| 2005 | 48650 | 461048 | 34163 | 406422 | 20463 | 693207 | 102042 | 1455 |
| 2006 | 55931 | 480148 | 34752 | 421790 | 23606 | 696760 | 102552 | 1332 |
| 2007 | 62411 | 484479 | 36030 | 419074 | 29375 | 700737 | 106034 | 1370 |
| 2008 | 70454 | 506280 | 38536 | 429178 | 38566 | 688697 | 113279 | 1420 |
| 2009 | 78400 | 537051 | 57869 | 439575 | 39607 | 670621 | 124903 | 1476 |
| 2010 | 83415 | 551806 | 71838 | 449147 | 30821 | 653669 | 137856 | 1516 |
| 2011 | 91383 | 560178 | 76584 | 447436 | 36158 | 643293 | 148917 | 1535 |
| 2012 | 100188 | 555230 | 78345 | 450195 | 26551 | 618140 | 160254 | 1985 |
| 2013 | 108463 | 543859 | 66225 | 449909 | 27725 | 603947 | 169080 | 1908 |
| 2014 | 115562 | 523802 | 50722 | 441836 | 31244 | 588694 | 180871 | 3058 |
| 2015 | 119410 | 516113 | 54088 | 433996 | 28029 | 583509 | 192892 | 3900 |

# 17-5 各级各类学校招生数

## Number of New Students Enrollment in Various Schools in Main Years

单位:人 (person)

| 年份 Year | 普通高等学校 Regular Institutions of Higher Education | 中等学校 Secondary Education Schools | 中等专业学校 Specialized Secondary Schools | 普通中学 Regular Secondary Education Schools | 职业中学 Vocational Secondary Education Schools | 小学 Primary Schools | 幼儿园 Kindergarten | 特殊教育 Special Education |
|---|---|---|---|---|---|---|---|---|
| 1950 | | 1054 | 624 | 430 | | 8561 | | |
| 1955 | | 2766 | 709 | 2057 | | 15905 | | |
| 1958 | 329 | 13828 | 2349 | 8606 | 2873 | 127048 | | |
| 1960 | 501 | 15412 | 5977 | 8565 | 870 | 85668 | | |
| 1965 | 310 | 11566 | 611 | 7577 | 3928 | 96252 | | |
| 1970 | | 26384 | | 26384 | | 98614 | | |
| 1975 | 661 | 73761 | 2340 | 71421 | | 131820 | | |
| 1978 | 1234 | 105994 | 2780 | 103214 | | 128425 | | |
| 1980 | 1277 | 82550 | 3450 | 79100 | | 123100 | | |
| 1985 | 2371 | 88568 | 3854 | 79046 | 5668 | 117855 | 56 | |
| 1990 | 2324 | 101878 | 3891 | 93667 | 4320 | 99938 | | |
| 1995 | 2910 | 106184 | 4512 | 96885 | 4787 | 114619 | 34 | |
| 2000 | 7107 | 133307 | 7973 | 119559 | 5775 | 119419 | 101 | |
| 2001 | 8891 | 133260 | 6549 | 122578 | 4133 | 121790 | 288 | |
| 2002 | 9434 | 140353 | 7583 | 127254 | 5516 | 130005 | 229 | |
| 2003 | 11237 | 144301 | 9036 | 128757 | 6508 | 128779 | 126 | |
| 2004 | 13701 | 152702 | 11688 | 134186 | 6828 | 123379 | 150 | |
| 2005 | 14775 | 171608 | 15430 | 146888 | 9290 | 130365 | 159 | |
| 2006 | 17389 | 170215 | 12518 | 147045 | 10652 | 120073 | 171 | |
| 2007 | 21668 | 168454 | 15054 | 138536 | 14864 | 107474 | 160 | |
| 2008 | 21746 | 195699 | 17423 | 156538 | 21738 | 110155 | 181 | |
| 2009 | 23816 | 202438 | 27606 | 156519 | 18313 | 104390 | 187 | |
| 2010 | 26394 | 193687 | 29232 | 151166 | 13404 | 101270 | 242 | |
| 2011 | 29493 | 206612 | 35096 | 156136 | 15380 | 111230 | 93 | |
| 2012 | 32536 | 190743 | 26752 | 154675 | 9316 | 104818 | 358 | |
| 2013 | 44291 | 183047 | 21651 | 152691 | 8705 | 100194 | 160 | |
| 2014 | 35094 | 178761 | 18292 | 148373 | 12096 | 93204 | 490 | |
| 2015 | 34699 | 175279 | 19508 | 144447 | 11324 | 94170 | 811 | |

# 17－6　各级各类学校毕业生数

## Number of Graduates in Various School in Main Years

单位:人　　　　　　　　　　　　　　　　　　　　　　　　　　　　　　　(person)

| 年份<br>Year | 普通高等学校<br>Regular Institutions of Higher Education | 中等学校<br>Secondary Education Schools | 中等专业学校<br>Specialized Secondary Schools | 普通中学<br>Regular Secondary Education Schools | 职业中学<br>Vocational Secondary Education Schools | 小学<br>Primary Schools |
|---|---|---|---|---|---|---|
| 1950 | | 263 | 124 | 139 | | 1532 |
| 1955 | | 1514 | 683 | 831 | | 2897 |
| 1958 | | 2641 | 946 | 1550 | 145 | 8622 |
| 1960 | | 4554 | 1337 | 2930 | 287 | 11576 |
| 1965 | 371 | 4045 | 245 | 3785 | 15 | 12806 |
| 1970 | | 13305 | | 13305 | | 33783 |
| 1975 | 513 | 38520 | 1506 | 37014 | | 59457 |
| 1978 | 623 | 77840 | 1863 | 75977 | | 82305 |
| 1980 | 356 | 66371 | 2571 | 63800 | | 75000 |
| 1985 | 1530 | 70349 | 2802 | 66425 | 1122 | 68214 |
| 1990 | 2213 | 92727 | 3696 | 85054 | 3977 | 87189 |
| 1995 | 2717 | 87579 | 4177 | 79245 | 4157 | 89490 |
| 2000 | 3054 | 96876 | 4390 | 89091 | 3395 | 104758 |
| 2001 | 3177 | 99897 | 4627 | 91789 | 3481 | 104222 |
| 2002 | 3379 | 103818 | 4741 | 95612 | 3465 | 101970 |
| 2003 | 5461 | 121757 | 9907 | 108351 | 3499 | 96835 |
| 2004 | 7505 | 130481 | 8569 | 118589 | 3323 | 94419 |
| 2005 | 8817 | 136639 | 7878 | 123974 | 4787 | 104704 |
| 2006 | 11008 | 140799 | 8413 | 126878 | 5508 | 104005 |
| 2007 | 14076 | 150492 | 9909 | 134571 | 6012 | 96452 |
| 2008 | 15238 | 155036 | 11333 | 136116 | 7587 | 113757 |
| 2009 | 17075 | 158652 | 14513 | 137421 | 6718 | 111121 |
| 2010 | 21011 | 158189 | 18392 | 129695 | 10496 | 109658 |
| 2011 | 20491 | 175616 | 22315 | 146134 | 7167 | 112676 |
| 2012 | 21832 | 175248 | 23434 | 142708 | 9106 | 107655 |
| 2013 | 23453 | 174219 | 23829 | 142604 | 7786 | 101909 |
| 2014 | 25818 | 183022 | 25184 | 146121 | 11717 | 100594 |
| 2015 | 29645 | 170195 | 18733 | 144253 | 7209 | 96119 |

## 17－7　高等学校基本情况(2015年)

## Basic Statistics on Higher Schools(2015)

单位:所、人　　(unit, person)

| 指　标 | Item | 学校数 Number of Schools | 毕业生数 Graduates | 招生数 New Enrollment | 在校学生数 Total Enrollment | 教职员工数 Teachers and Staff | 专任教师 Full－time Teachers |
|---|---|---|---|---|---|---|---|
| **总　计** | **Total** | **18** | **36789** | **41043** | **128392** | **10223** | **7069** |
| 综合大学 | Comprehensive Universities | 3 | 13477 | 15348 | 47104 | 3787 | 2380 |
| 理工院校 | Science and Engineering | 5 | 8581 | 10972 | 34946 | 2473 | 1806 |
| 林业院校 | Forestry | 1 | 200 | 313 | 779 | 137 | 102 |
| 医药院校 | Medicine | 1 | 4446 | 4195 | 13694 | 1339 | 862 |
| 师范院校 | Normal | 2 | 2438 | 2539 | 10070 | 684 | 535 |
| 民族院校 | Minorities Colleges | 1 | 1374 | 1396 | 4078 | 430 | 374 |
| 财经院校 | Finance and Economics | 2 | 3620 | 3468 | 10755 | 888 | 637 |
| 政法院校 | Politics and Law | 1 | 918 | 1127 | 3187 | 255 | 214 |
| 艺术院校 | Art College | 1 |  | 234 | 279 | 107 | 83 |
| 成人高校 | Institutions of Adult Higher Education | 1 | 1735 | 1451 | 3500 | 123 | 76 |

注：　高等学校中不含部委院校,包括成人高等学校。

Note:Colleges do not include ministry schools but institutions of higher education for adults.

## 17－8　成人教育基本情况(2015年)

## Basic Statistics on Adult Educations(2015)

单位:人　　(person)

| 指　标 | Item | 毕业生数 Graduates | 招生数 New Enrollment | 在校学生数 Total Enrollment |
|---|---|---|---|---|
| **总计** | **Total** | **14667** | **12962** | **32362** |
| 成人高等教育 | Institutions of Higher Education for Adult | 11607 | 11439 | 29172 |
| 广播电视大学 | Radio and Television University | 1735 | 1451 | 3500 |
| 成人中等教育 | Secondary Education for Adult | 3060 | 1523 | 3190 |
| 普通中等专业学校 | Specialized Secondary Schools | 2384 | 1403 | 3070 |
| 成人中等专业学校 | Specialized Secondary Schools for Adult | 676 | 120 | 120 |

# 17－9 学龄儿童入学率

## Percentage of School－age Children Enrolled in Main Years

| 年 份<br>Year | 学龄儿童<br>（万人）<br>Number of Children at School－age<br>（10 000 persons） | 在校学龄儿童<br>（万人）<br>Total Enrollment<br>（10 000 persons） | 入学率<br>（％）<br>Enrollment Ratio<br>（％） |
|---|---|---|---|
| 1978 | 50.61 | 46.15 | 91.19 |
| 1980 | 51.96 | 44.79 | 86.20 |
| 1985 | 52.62 | 48.13 | 91.48 |
| 1990 | 52.82 | 49.60 | 93.92 |
| 1995 | 52.44 | 50.45 | 96.21 |
| 2000 | 59.76 | 58.12 | 97.26 |
| 2001 | 59.27 | 57.40 | 96.84 |
| 2002 | 60.27 | 58.67 | 97.35 |
| 2003 | 60.43 | 58.89 | 97.45 |
| 2004 | 60.97 | 60.05 | 98.50 |
| 2005 | 62.49 | 61.00 | 99.04 |
| 2006 | 63.46 | 63.00 | 99.27 |
| 2007 | 62.97 | 62.74 | 99.63 |
| 2008 | 61.60 | 61.38 | 99.65 |
| 2009 | 59.79 | 59.58 | 99.65 |
| 2010 | 58.50 | 58.42 | 99.86 |
| 2011 | 57.90 | 57.80 | 99.80 |
| 2012 | 55.64 | 55.47 | 99.68 |
| 2013 | 54.71 | 54.43 | 99.49 |
| 2014 | 54.06 | 53.63 | 99.20 |
| 2015 | 53.56 | 53.55 | 99.98 |

## 17－10　主要年份平均每万人口在校学生数

## Number of Enrolled Students Per 10 000 Population in Main Years

单位:人　　　　(person)

| 指　标 | Item | 1978 | 1980 | 1990 | 2000 | 2005 | 2010 | 2011 | 2012 | 2013 | 2014 | 2015 |
|---|---|---|---|---|---|---|---|---|---|---|---|---|
| 普通高等学校 | Regular Institutions of Higher Education | 8 | 11 | 17 | 31 | 82 | 133 | 189 | 156 | 166 | 175 | 180 |
| 中等职业教育 | Secondary Vacational School Students | 15 | 23 | 50 | 36 | 92 | 162 | 176 | 163 | 144 | 124 | 124 |
| 普通中学 | Regular Secondary School Students | 678 | 529 | 611 | 574 | 682 | 714 | 700 | 699 | 688 | 668 | 653 |
| 小学 | Primary Students | 1746 | 1582 | 1433 | 1186 | 1163 | 1039 | 1006 | 961 | 923 | 890 | 878 |

## 17－11　主要年份平均每一专任教师负担学生数

## Average Number of Students Instructed by a Full－time Teacher in Main Years

单位:人　　　　(person)

| 指　标 | Item | 1978 | 1980 | 1990 | 2000 | 2005 | 2010 | 2011 | 2012 | 2013 | 2014 | 2015 |
|---|---|---|---|---|---|---|---|---|---|---|---|---|
| 大学生 | University Students | 4 | 5 | 5 | 9 | 12 | 18 | 20 | 15 | 15 | 15 | 15 |
| 中等职业教育 | Secondary Vacational School Students | 12 | 10 | 8 | 13 | 33 | 42 | 45 | 41 | 36 | 33 | 32 |
| 普通中学 | Regular Secondary School Students | 27 | 21 | 18 | 16 | 18 | 16 | 16 | 15 | 15 | 15 | 15 |
| 小学 | Primary Students | 28 | 26 | 25 | 19 | 21 | 20 | 19 | 18 | 18 | 18 | 17 |

# 17－12 主要年份地方国有企、事业单位各类专业技术人员

## Number of Scientific and Technical Personnel in Local State－owned Enterprise and Institutions in Main Years

单位:人 （person）

| 指 标 | Item | 1985 | 1990 | 1995 | 2000 | 2005 | 2010 |
|---|---|---|---|---|---|---|---|
| **总 计** | **Total** | **68787** | **117317** | **126679** | **140063** | **144401** | **124093** |
| 工程技术人员 | Engineering | 11470 | 19524 | 20291 | 22283 | 21316 | 14273 |
| 农业技术人员 | Agriculture | 3673 | 6174 | 6173 | 7067 | 9583 | 9155 |
| 科学研究人员 | Scientific Research | 1091 | 991 | 830 | 722 | 716 | 667 |
| 卫生技术人员 | Health Care | 11168 | 14758 | 16645 | 19830 | 20859 | 18895 |
| 教学人员 | Teaching | 30477 | 46138 | 54176 | 63216 | 68777 | 65386 |
| 会计人员 | Accounting | 5999 | 9323 | 7074 | 7768 | 6411 | 4269 |
| 统计人员 | Statistics | 1662 | 2508 | 1574 | 1286 | 711 | 300 |
| 经济人员 | Economic | 1442 | 13078 | 10053 | 8827 | 5843 | 5003 |
| 新闻、出版人员 | Press and Publications | 583 | 1061 | 1082 | 791 | 1361 | 1262 |
| 播音人员 | Broadcast | | 58 | 64 | 114 | 134 | 162 |
| 翻译人员 | Translate | 55 | 96 | 67 | 64 | 29 | 22 |
| 体育人员 | Sport | 159 | 294 | 154 | 178 | 206 | 208 |
| 工艺美术人员 | Arts and Crafts | 14 | 111 | 85 | 188 | 75 | 39 |
| 律师、公证人员 | Lawyer and Notary | | 247 | 171 | 182 | 117 | 71 |
| 图书、档案资料人员 | Books and Archives | 127 | 2103 | 1853 | 1605 | 1879 | 1662 |
| 艺术人员 | Arts | 867 | 853 | 794 | 1053 | 1340 | 1230 |
| 政工人员 | Political and Ideological | | | 5593 | 4889 | 5044 | 1489 |

## 17－12 续表1 continued

单位:人 (person)

| 指 标 | Item | 2011 | 2012 | 2013 | 2014 | 2015 |
|---|---|---|---|---|---|---|
| **总 计** | **Total** | **125591** | **121636** | **120304** | **126645** | **129114** |
| 工程技术人员 | Engineering | 15357 | 15566 | 14412 | 15286 | 14686 |
| 农业技术人员 | Agriculture | 8699 | 8576 | 9193 | 8627 | 8650 |
| 科学研究人员 | Scientific Research | 868 | 1130 | 965 | 825 | 1020 |
| 卫生技术人员 | Health Care | 19756 | 17795 | 15805 | 21492 | 22129 |
| 教学人员 | Teaching | 67262 | 64515 | 66269 | 65441 | 67986 |
| 会计人员 | Accounting | 3619 | 3775 | 3557 | 4190 | 3306 |
| 统计人员 | Statistics | 277 | 218 | 204 | 323 | 207 |
| 经济人员 | Economic | 4164 | 4809 | 4513 | 4628 | 4816 |
| 新闻、出版人员 | Press and Publications | 1464 | 1180 | 1157 | 1093 | 1132 |
| 播音人员 | Broadcast | 151 | 102 | 87 | 78 | 79 |
| 翻译人员 | Translate | 20 | 18 | 18 | 19 | 17 |
| 体育人员 | Sport | 211 | 191 | 199 | 558 | 514 |
| 工艺美术人员 | Arts and Crafts | 43 | 86 | 22 | 34 | 18 |
| 律师、公证人员 | Lawyer and Notary | 62 | 67 | 52 | 60 | 72 |
| 图书、档案资料人员 | Books and Archives | 1646 | 1183 | 1369 | 1297 | 1393 |
| 艺术人员 | Arts | 599 | 732 | 683 | 818 | 731 |
| 政工人员 | Political and Ideological | 1393 | 1693 | 1799 | 1876 | 2358 |

# 17－13 地方国有企、事业单位各类专业技术人员构成

## Composition of Scientific and Technical Personnel in Local State－owned Enterprises and Institutions

单位：人　　　　　　　　　　　　　　　　　　　　　　　　　　　　　(person)

| 指　标 | Item | 专业技术人员比重（%） Percentage（%） | | | 每万人口中专业技术人员 Number of Scientific and Technical Personnel per 10 000 Population | | | 每万职工中专业技术人员 Number of Scientific and Technical Personnel per 10 000 Staff | | |
|---|---|---|---|---|---|---|---|---|---|---|
| | | 2010 | 2014 | 2015 | 2010 | 2014 | 2015 | 2010 | 2014 | 2015 |
| **总 计** | **Total** | **100.0** | **100.0** | **100.0** | **196** | **191** | **175** | **2269** | **1853** | **1700** |
| 工程技术人员 | Engineering | 11.5 | 12.1 | 8.1 | 23 | 23 | 14 | 261 | 224 | 137 |
| 农业技术人员 | Agriculture | 7.4 | 6.8 | 6.7 | 14 | 13 | 12 | 167 | 126 | 114 |
| 科学研究人员 | Scientific Research | 0.5 | 0.7 | 0.9 | 1 | 1 | 2 | 12 | 12 | 15 |
| 卫生技术人员 | Health Care | 15.2 | 17 | 19.0 | 30 | 32 | 33 | 345 | 314 | 323 |
| 教学人员 | Teaching | 52.7 | 51.7 | 58.3 | 103 | 99 | 102 | 1195 | 957 | 992 |
| 会计人员 | Accounting | 3.4 | 3.3 | 1.1 | 7 | 6 | 2 | 78 | 61 | 19 |
| 统计人员 | Statistics | 0.2 | 0.3 | 0.1 | | | | 5 | 5 | 2 |
| 经济人员 | Economic | 4.0 | 3.7 | 1.1 | 8 | 7 | 2 | 91 | 68 | 20 |
| 新闻、出版人员 | Press and Publications | 1.0 | 0.9 | 0.9 | 2 | 2 | 2 | 23 | 16 | 15 |
| 播音人员 | Broadcast | 0.1 | 0.1 | 0.1 | | | | 3 | 1 | 1 |
| 翻译人员 | Translate | | | 0.01 | | | | | | |
| 体育人员 | Sport | 0.2 | 0.4 | 0.4 | | 1 | 1 | 4 | 8 | 8 |
| 工艺美术人员 | Arts and Crafts | | | 0.01 | | | | 1 | | |
| 律师、公证人员 | Lawyer and Notary | 0.1 | | 0.1 | | | | 1 | 1 | 1 |
| 图书、档案资料人员 | Books and Archives | 1.3 | 1 | 1.1 | 3 | 2 | 2 | 30 | 19 | 19 |
| 艺术人员 | Arts | 1.0 | 0.6 | 0.6 | 2 | 1 | 1 | 22 | 12 | 10 |
| 政工人员 | Political and Ideological | 1.2 | 1.5 | 1.4 | 2 | 3 | 3 | 27 | 27 | 24 |

**注**：《宁夏统计年鉴－2011》17－15表中2010年份“每万职工中专业技术人员”数据以本表数据为准。

## 17-14 文化产业机构和人员数(2015年)

## Cultural Institutions and Personnel(2015)

| 指　标 | Item | 机构数<br>(个)<br>Number of Institutions<br>(unit) | 人员数<br>(人)<br>Number of People Engaged<br>(person) |
|---|---|---|---|
| 艺术表演团体 | Art Performance Troupes | 13 | 690 |
| 艺术表演场所 | Art Centers | 3 | 27 |
| 文物 | Cultural Relics | 38 | 636 |
| 博物馆 | Museums | 12 | 270 |
| 图书馆 | Libraries | 26 | 558 |
| 群众文化 | Mass Culture | 266 | 1341 |
| 文化馆 | Cultural Centers | 26 | 675 |
| 文化站 | Cultural Stations | 240 | 666 |
| 教育 | Education | 1 | 107 |

# 17－15 图书、杂志、报纸出版情况
## Publication of Books, Magazines and Newspapers

| 指　标 | Item | 单位 | Unit | 1978 | 1980 | 1990 | 2000 | 2010 |
|---|---|---|---|---|---|---|---|---|
| **图 书** | **Books** | | | | | | | |
| 图书种类 | Number of Publications | 种 | kind | 184 | 193 | 449 | 649 | 905 |
| 图书印数 | Printed Copies | 万册 | 10 000 copies | 1136 | 1433 | 1890 | 1649 | 1906 |
| **杂 志** | Magazines | | | | | | | |
| 杂志种类 | Number of Publications | 种 | kind | | 6 | 15 | 29 | 36 |
| 杂志印数 | Printed Copies | 万册 | 10 000 copies | | 51 | 71 | 169 | 1402 |
| **报 纸** | Newspapers | | | | | | | |
| 报纸种类 | Number of Publications | 种 | kind | | 1 | 9 | 19 | 15 |
| 报纸总印数 | Printed Copies | 万份 | 10 000 copies | | 2279 | 4561 | 6136 | 10806 |

## 17－15 续表1 continued

| 指　标 | Item | 单位 | Unit | 2011 | 2012 | 2013 | 2014 | 2015 |
|---|---|---|---|---|---|---|---|---|
| **图 书** | **Books** | | | | | | | |
| 图书种类 | Number of Publications | 种 | kind | 1282 | 1714 | 2738 | 1987 | 2560 |
| 图书印数 | Printed Copies | 万册 | 10 000 copies | 2082 | 2737 | 3541 | 3143 | 4745 |
| **杂 志** | Magazines | | | | | | | |
| 杂志种类 | Number of Publications | 种 | kind | 36 | 37 | 37 | 37 | 37 |
| 杂志印数 | Printed Copies | 万册 | 10 000 copies | 1610 | 1665 | 1743 | 1251 | 1376 |
| **报 纸** | Newspapers | | | | | | | |
| 报纸种类 | Number of Publications | 种 | kind | 15 | 19 | 19 | 19 | 19 |
| 报纸总印数 | Printed Copies | 万份 | 10 000 copies | 10045 | 8878 | 13839 | 8301 | 11108 |

# 17－16　各类科技机构概况(2015年)

| 指　标 | Item | 单位 | Uint | 县以上部门属研究与开发机构合计 State－owned Research and Development Institutions Above County Level |
|---|---|---|---|---|
| 机构数 | Number of Institutions | 个 | unit | 21 |
| 职工总数 | Number of Staff | 人 | person | 855 |
| 从事科技活动人员 | Personnel Engaged in S&T Activities | 人 | person | 822 |
| 大学本科以上学历 | Bachelor's Degree and above | 人 | person | 691 |
| R&D人员折合全时当量 | R&D Personnel | 人年 | man－year | 543 |
| 科技活动收入 | Funding for S&T Activities | 千元 | 1000 yuan | 281692 |
| 政府拨款 | Government Funds | 千元 | 1000 yuan | 259796 |
| 科技经费内部支出总额 | Internal Expenditures on S&T Activities | 千元 | 1000 yuan | 230474 |
| 资产购建支出 | Purchase or Consturction of Fixed Assets | 千元 | 1000 yuan | 45346 |
| R&D经费内部支出 | Internal Expenditure on R&D | 千元 | 1000 yuan | 157227 |
| 固定资产 | Fixed Assets | 千元 | 1000 yuan | 245443 |
| 课题数 | Number of Projects | 个 | unit | 436 |
| 课题经费支出 | Expenditures on Projects | 千元 | 1000 yuan | 94769 |
| R&D课题经费支出 | Expenditures on R&D Projects | 千元 | 1000 yuan | 74043 |
| 课题投入人员 | Personnel Put into Projects | 人年 | man－year | 517 |
| R&D课题投入人员 | Personnel Put into R&D Projects | 人年 | man－year | 433 |
| 专利申请受理 | Number of Patents Application Acceptance | 项 | item | 17 |
| 专利授权 | Number of Patents Application Granted | 项 | item | 12 |
| 科技论文 | Scientific Papers | 篇 | pieces | 485 |
| 科技专著 | Scientific Monograph | 种 | kind | 44 |

# Basic Statistics on Scientific Research(2015)

| 自然科学和技术领域 Field of Natural Sciences and Technology | 社会与人文科学领域 Field of Social Sciences and Humanities | 科技信息和文献机构 Scientific - technical Information and Document Institutions | 非政府部门属研究与开发机构和综合技术服务业有 R&D 活动的事业单位 The Non - governmental Research and Development Istitutions and Public Institutions which have Comprehensive Technical Service and R&D Activities | 转制机构 Transformation Institutions |
|---|---|---|---|---|
| 12 | 6 | 3 | 8 | 23 |
| 504 | 251 | 100 | 721 | 2829 |
| 489 | 233 | 100 | 606 | 1291 |
| 408 | 191 | 92 | 367 | 865 |
| 361 | 169 | 13 | 91 | 433 |
| 188000 | 76343 | 17349 | 207129 | 257284 |
| 168409 | 75038 | 16349 | 143059 | 121932 |
| 156531 | 63151 | 10792 | 181498 | 253199 |
| 36523 | 7566 | 1257 | 26978 | 74237 |
| 104669 | 48765 | 3793 | 22088 | 75488 |
| 188919 | 31531 | 24993 | 118603 | 731727 |
| 391 | 38 | 7 | 20 | 103 |
| 83471 | 8812 | 2486 | 22477 | 52146 |
| 63145 | 8812 | 2086 | 20977 | 47298 |
| 398 | 104 | 15 | 89 | 426 |
| 317 | 104 | 12 | 81 | 377 |
| 16 |  | 1 | 4 | 24 |
| 12 |  |  | 1 | 16 |
| 247 | 219 | 19 | 37 | 154 |
| 3 | 41 |  | 1 | 3 |

# 17－17　全区科技活动基本情况

| 指　　　标 | Item |
| --- | --- |
| **研究与试验发展(R&D)投入情况** | **Statistics on R&D Input** |
| **R&D 人员全时当量(人年)** | Full－time Equivalent of R&D Personnel( man－year) |
| 基础研究 | Basic Research |
| 应用研究 | Applied Research |
| 试验发展 | Experimental Development |
| **R&D 经费内部支出(万元)** | Intramural Expenditure on R&D(**10000** yuan) |
| #基础研究 | Basic Research |
| 应用研究 | Applied Research |
| 试验发展 | Experimental Development |
| #政府资金 | Government Funds |
| 企业资金 | Self－raised Funds by Enterprises |
| R&D 经费内部支出相当于国内生产总值比例(％) | Proportion of Intramural Expenditure on R&D to GDP(％) |
| **科技产出及成果情况** | Statistics on S&T Outputs and Results |
| 发表科技论文(篇) | Scientific Papers Issued ( pieces) |
| 出版科技著作(种) | Publication on Science and Technology(kind) |
| 专利申请受理数(件) | Number of Patents Application Accepted(piece) |
| 发明专利 | Inventions |
| 专利申请授权数(件) | Number of Patents Application Granted(piece) |
| 发明专利 | Inventions |

**注:**此表专利数据来源于自治区统计局科技综合年报,非全社会口径。

## Basic Statistics on Scientific and Technological Activities

| 2010 | 2011 | 2012 | 2013 | 2014 | 2015 |
|---|---|---|---|---|---|
| **6378** | **7359** | **8073** | **8234** | **9500** | **9247** |
| 1076 | 1145 | 1345 | 1232 | 1358 | 1189 |
| 1128 | 1206 | 1315 | 1139 | 1261 | 1476 |
| 4175 | 5008 | 5413 | 5863 | 6881 | 6582 |
| **115101** | **153184** | **182304** | **209042** | **238580** | **254842** |
| 9861 | 13815 | 12239 | 17852 | 18555 | 18227 |
| 10336 | 14376 | 15962 | 13258 | 22618 | 24846 |
| 94904 | 124993 | 154103 | 177932 | 197407 | 211769 |
| 26678 | 33677 | 41465 | 44142 | 53949 | 54704 |
| 86519 | 114329 | 137446 | 162096 | 179553 | 196532 |
| 0.68 | 0.73 | 0.78 | 0.81 | 0.87 | 0.88 |
| | | | | | |
| 7292 | 8077 | 7881 | 7328 | 8019 | 6859 |
| 113 | 113 | 108 | 129 | 186 | 146 |
| 682 | 676 | 1022 | 1248 | 1282 | 1590 |
| 252 | 297 | 540 | 655 | 660 | 831 |
| 44 | 46 | 46 | 83 | 80 | 124 |
| 19 | 27 | 31 | 39 | 39 | 56 |

# 17－18　主要年份广播电视事业发展情况

| 指　　标 | Item | 单位 | Unit |
|---|---|---|---|
| **广 播** | **Broadcast** | | |
| 广播电台 | Number of Broadcasting Stations | 座 | unit |
| 广播发射台和转播台 | Number of Transmission and Relaying Stations | 座 | unit |
| 广播人口覆盖率 | Listener Rate | % | % |
| 节目套数 | Program | 套 | unit |
| 平均每日播音时间 | Average Broadcast Time per Day | 时:分 | hour:minute |
| 广播节目制作 | Production of Broadcasting | 小时 | hour |
| 新 闻 | News | 小时 | hour |
| 专 题 | Featured | 小时 | hour |
| 教 育 | Education | 小时 | hour |
| 文 艺 | Arts and Crafts | 小时 | hour |
| 服务性 | Services | 小时 | hour |
| **电 视** | **TV** | | |
| 电视台 | Number of Television Stations | 座 | unit |
| 电视发射台和转播台 | TV Transmission and Relaying Stations | 座 | unit |
| 电视人口覆盖率 | Viewer Rate | % | % |
| 节目套数 | Program | 套 | unit |
| 平均每周播出时间 | Program Hours Per Week | 时:分 | hour:minute |
| 电视节目制作 | Production of TV Programs | 小时 | hour |
| 新 闻 | News | 小时 | hour |
| 专 题 | Featured | 小时 | hour |
| 教 育 | Education | 小时 | hour |
| 文 艺 | Arts and Crafts | 小时 | hour |
| 服务性 | Services | 小时 | hour |

## Statistics on Broadcasting and TV Stations in Main Years

| 2000 | 2010 | 2011 | 2012 | 2013 | 2014 | 2015 |
|---|---|---|---|---|---|---|
| 11 | 5 | 5 | 5 | 5 | 2 | 1 |
| 8 | 12 | 36 | 36 | 36 | 35 | 35 |
| 85.20 | 92.92 | 93.50 | 95.2 | 96.06 | 96.15 | 96.62 |
| 14 | 24 | 24 | 24 | 24 | 24 | 25 |
| 120:03 | 279:00 | 280:05 | 279:30 | 275:21 | 293:55 | 317:35 |
| 20337 | 41011 | 44278 | 43826 | 44648 | 52094 | 58453 |
| 3180 | 8424 | 10094 | 9858 | 9827 | 11885 | 11313 |
| 4206 | 7771 | 10290 | 10973 | 10892 | 15024 | 18014 |
| 62 | | | | | | |
| 9490 | 12470 | 15975 | 16129 | 14009 | 14121 | 18897 |
| 3439 | 3479 | 6396 | 6864 | 6618 | 11064 | 10229 |
| | | | | | | |
| 7 | 4 | 2 | 2 | 2 | 2 | 1 |
| 43 | 26 | 26 | 26 | 26 | 27 | 27 |
| 86.00 | 95.95 | 98.60 | 98.9 | 99.09 | 99.11 | 99.24 |
| 8 | 28 | 28 | 28 | 28 | 28 | 28 |
| 483:21 | 2931:21 | 2944:28 | 2956:30 | 2951:12 | 3055:40 | 3310:31 |
| 6365 | 28361 | 25111 | 23986 | 24460 | 29974 | 28428 |
| 1184 | 6299 | 5754 | 5883 | 6671 | 7516 | 8188 |
| 770 | 7690 | 7180 | 7351 | 7065 | 7260 | 7032 |
| 42 | | | | | | |
| 903 | 4658 | 3478 | 3666 | 3406 | 3433 | 3540 |
| 3466 | 5658 | 7146 | 7086 | 7290 | 11765 | 9668 |

# 17-19 各市县各级各类学校数(2015年)
## Number of Various Schools by City and County(2015)

单位:所 (unit)

| 地区 | Region | 中等职业学校 Specialized Secondary Schools | 职业高中 Vocational Secondary Education Schools | 普通中学 Regular Secondary Education Schools | 高级中学 Senior High School | 小学 Primary Schools | 幼儿园 Kinder-garten |
|---|---|---|---|---|---|---|---|
| **全区总计** | **Total** | **31** | **13** | **299** | **42** | **1693** | **788** |
| **银川市** | Yinchuan | **16** | **4** | **75** | **12** | **203** | **267** |
| 兴庆区 | Xingqing | 4 | | 24 | 5 | 46 | 62 |
| 西夏区 | Xixia | 6 | 1 | 13 | 3 | 31 | 39 |
| 金凤区 | Jinfeng | 1 | | 11 | 1 | 24 | 46 |
| 永宁县 | Yongning | 2 | 1 | 11 | 1 | 32 | 34 |
| 贺兰县 | Helan | 2 | 1 | 5 | 1 | 35 | 34 |
| 灵武市 | Lingwu | 1 | 1 | 11 | 1 | 35 | 52 |
| **石嘴山市** | Shizuishan | **4** | **2** | **36** | **6** | **66** | **94** |
| 大武口区 | Dawukou | 3 | 1 | 12 | 2 | 25 | 45 |
| 惠农区 | Huinong | | | 11 | 3 | 18 | 19 |
| 平罗县 | Pingluo | 1 | 1 | 13 | 1 | 23 | 30 |
| **吴忠市** | Wuzhong | **3** | **2** | **58** | **11** | **309** | **139** |
| 利通区 | Litong | | | 19 | 3 | 59 | 43 |
| 红寺堡区 | Hongsipu | | | 4 | 1 | 65 | 22 |
| 盐池县 | Yanchi | 1 | 1 | 7 | 2 | 19 | 19 |
| 同心县 | Tongxin | 1 | | 15 | 3 | 111 | 26 |
| 青铜峡市 | Qingtongxia | 1 | 1 | 13 | 2 | 55 | 29 |
| **固原市** | Guyuan | **5** | **4** | **66** | **7** | **819** | **204** |
| 原州区 | Yuanzhou | 1 | | 16 | 2 | 157 | 90 |
| 西吉县 | Xiji | 1 | 1 | 27 | 1 | 360 | 23 |
| 隆德县 | Longde | 1 | 1 | 9 | 2 | 76 | 60 |
| 泾源县 | Jingyuan | 1 | 1 | 4 | | 60 | 12 |
| 彭阳县 | Pengyang | 1 | 1 | 10 | 2 | 166 | 19 |
| **中卫市** | Zhongwei | **3** | **1** | **64** | **6** | **296** | **84** |
| 沙坡头区 | Shapotou | 1 | | 25 | 2 | 63 | 37 |
| 中宁县 | Zhongning | 1 | | 18 | 2 | 81 | 29 |
| 海原县 | Haiyuan | 1 | 1 | 21 | 2 | 152 | 18 |

## 17-20 各市县各级各类学校在校学生数(2015年)
## Number of Enrolled Students in Various Schools by City and County(2015)

单位:所 (unit)

| 地区 | Region | 中等职业学校 Specialized Secondary Schools | 职业高中 Vocational Secondary Education Schools | 普通中学 Regular Secondary Education Schools | 高中 Senior High School | 小学 Primary Schools | 幼儿园 Kinder-garten |
|---|---|---|---|---|---|---|---|
| **全区总计** | **Total** | **82117** | **28029** | **433996** | **159663** | **583509** | **192892** |
| **银川市** | **Yinchuan** | **42961** | **11172** | **130873** | **55707** | **164678** | **65529** |
| 兴庆区 | Xingqing | 6005 | | 38307 | 14633 | 53698 | 18213 |
| 西夏区 | Xixia | 25468 | 7362 | 25297 | 14433 | 22472 | 8567 |
| 金凤区 | Jinfeng | | | 23058 | 12040 | 21732 | 11200 |
| 永宁县 | Yongning | 5201 | 394 | 15799 | 5264 | 23037 | 7661 |
| 贺兰县 | Helan | 3045 | 174 | 13471 | 4626 | 20640 | 9061 |
| 灵武市 | Lingwu | 3242 | 3242 | 14941 | 4711 | 23099 | 10827 |
| **石嘴山市** | **Shizuishan** | **10385** | | **43871** | **16367** | **52946** | **18439** |
| 大武口区 | Dawukou | 6312 | | 16716 | 6146 | 20361 | 7657 |
| 惠农区 | Huinong | | | 11108 | 4886 | 11393 | 3872 |
| 平罗县 | Pingluo | 4073 | | 16047 | 5335 | 21192 | 6910 |
| **吴忠市** | **Wuzhong** | **8189** | **4407** | **91258** | **29073** | **136439** | **39513** |
| 利通区 | Litong | 3035 | | 28696 | 10094 | 40636 | 12931 |
| 红寺堡 | Hongsipu | | | 14162 | 3330 | 23588 | 3947 |
| 盐池县 | Yanchi | 1243 | 1243 | 9491 | 3274 | 12324 | 4610 |
| 同心县 | Tongxin | 747 | | 24273 | 7224 | 39104 | 10812 |
| 青铜峡市 | Qingtongxia | 3164 | 3164 | 14636 | 5151 | 20787 | 7213 |
| **固原市** | **Guyuan** | **12067** | **6101** | **96309** | **33513** | **125397** | **39776** |
| 原州区 | Yuanzhou | 4031 | 434 | 36540 | 13276 | 45654 | 17388 |
| 西吉县 | Xiji | 3167 | 3167 | 28754 | 9329 | 40636 | 10214 |
| 隆德县 | Longde | 2551 | 808 | 10888 | 4471 | 11496 | 3973 |
| 泾源县 | Jingyuan | 653 | 603 | 5944 | 1474 | 10396 | 2433 |
| 彭阳县 | Pengyang | 1665 | 1089 | 14183 | 4963 | 17215 | 5768 |
| **中卫市** | **Zhongwei** | **8515** | **6349** | **71685** | **25003** | **104049** | **29635** |
| 沙坡头区 | Shapotou | 5082 | 5082 | 24633 | 9737 | 31120 | 10766 |
| 中宁县 | Zhongning | 1659 | | 21842 | 7371 | 30917 | 9216 |
| 海原县 | Haiyuan | 1774 | 1267 | 25210 | 7895 | 42012 | 9653 |

# 17－21 主要年份各市县普通中学在校学生数

## Number of Student in Regular Secondary Schools by City and County in Main Years

单位:人 (person)

| 地区 | Region | 1980 | 1990 | 2000 | 2010 | 2011 | 2012 | 2013 | 2014 | 2015 |
|---|---|---|---|---|---|---|---|---|---|---|
| **全区总计** | **Total** | **223747** | **284440** | **318263** | **449147** | **447436** | **450334** | **449998** | **441836** | **433996** |
| **银川市** | Yinchuan | **59887** | **66154** | **76968** | **123435** | **123785** | **126085** | **129149** | **131156** | **130873** |
| 银川市 | District | 31848 | 28302 | 39826 | 82895 | 83114 | 83571 | 85414 | 86779 | 86662 |
| 永宁县 | Yongning | 7759 | 11402 | 10784 | 13881 | 13832 | 14444 | 14894 | 15547 | 15799 |
| 贺兰县 | Helan | 11342 | 11068 | 10720 | 12168 | 12367 | 12757 | 13234 | 13454 | 13471 |
| 灵武市 | Lingwu | 8938 | 15382 | 15638 | 14491 | 14472 | 15313 | 15607 | 15376 | 14941 |
| **石嘴山市** | Shizuishan | **44804** | **51411** | **45207** | **47799** | **46517** | **46063** | **45538** | **45300** | **43871** |
| 石嘴山市 | District | 29852 | 30520 | 26226 | 32450 | 31363 | 30806 | 30219 | 29649 | 27824 |
| 平罗县 | Pingluo | 13602 | 19064 | 17236 | 15349 | 15154 | 15257 | 15319 | 15651 | 16047 |
| 陶乐县 | Taole | 1350 | 1827 | 1745 | | | | | | |
| **吴忠市** | Wuzhong | **32521** | **54272** | **59546** | **91189** | **91978** | **93628** | **93059** | **92222** | **91258** |
| 利通区 | Litong | 10347 | 17042 | 18083 | 25891 | 26804 | 27750 | 28813 | 28650 | 28696 |
| 红寺堡区 | Hongsipu | | | | 11032 | 12093 | 12776 | 13150 | 13861 | 14162 |
| 盐池县 | Yanchi | 5195 | 11672 | 10783 | 16061 | 10301 | 10088 | 9688 | 9556 | 9491 |
| 同心县 | Tongxin | 5114 | 9468 | 13979 | 11061 | 26708 | 27110 | 25974 | 25220 | 24273 |
| 青铜峡市 | Qingtongxia | 11865 | 16090 | 16701 | 27144 | 16072 | 15904 | 15434 | 14935 | 14636 |
| **固原市** | Guyuan | **45869** | **62480** | **76903** | **108877** | **107438** | **107075** | **106323** | **100023** | **96309** |
| 原州区 | Yuanzhou | 23547 | 21971 | 26681 | 35617 | 37036 | 38112 | 38411 | 37557 | 36540 |
| 西吉县 | Xiji | 10110 | 14848 | 19818 | 31617 | 30054 | 29408 | 30350 | 29403 | 28754 |
| 隆德县 | Longde | 10066 | 10998 | 13671 | 16352 | 16188 | 14867 | 14094 | 12414 | 10888 |
| 泾源县 | Jingyuan | 2146 | 2282 | 1889 | 6328 | 6162 | 6080 | 6108 | 6041 | 5944 |
| 彭阳县 | Pengyang | | 12381 | 14844 | 18963 | 17998 | 18608 | 17360 | 14608 | 14183 |
| **中卫市** | Zhongwei | **40666** | **50123** | **59639** | **77847** | **77718** | **77483** | **75929** | **73135** | **71685** |
| 沙坡头区 | Shapotou | 18306 | 21939 | 24694 | 28548 | 27261 | 27014 | 26391 | 25468 | 24633 |
| 中宁县 | Zhongning | 14737 | 16840 | 20991 | 24152 | 24630 | 24687 | 23517 | 22178 | 21842 |
| 海原县 | Haiyuan | 7623 | 11344 | 13954 | 25147 | 25827 | 25782 | 26021 | 25489 | 25210 |

**注**:2003 年,由于行政区划调整,陶乐县建制被撤销,更名为陶乐镇。

# 17－22 主要年份各市县小学在校学生数
## Number of Enrolled Students in Primary Schools by City and County in Main Years

单位:人 (person)

| 地 区 | Region | 1980 | 1990 | 2000 | 2010 | 2011 | 2012 | 2013 | 2014 | 2015 |
|---|---|---|---|---|---|---|---|---|---|---|
| **全区总计** | **Total** | **583687** | **667296** | **657352** | **653669** | **643293** | **618140** | **603947** | **588694** | **583509** |
| **银川市** | Yinchuan | **123974** | **121948** | **136022** | **147438** | **148184** | **150600** | **154578** | **159538** | **164678** |
| 银川市 | District | 48231 | 46707 | 68750 | 87761 | 88318 | 89370 | 91412 | 94092 | 97902 |
| 永宁县 | Yongning | 25597 | 23939 | 22018 | 19942 | 20234 | 21146 | 21977 | 22487 | 23037 |
| 贺兰县 | Helan | 26400 | 20365 | 19321 | 17409 | 17641 | 18042 | 19180 | 20176 | 20640 |
| 灵武市 | Lingwu | 23746 | 30937 | 25933 | 22371 | 21991 | 22042 | 22009 | 22783 | 23099 |
| **石嘴山市** | Shizuishan | **87064** | **79244** | **64363** | **56770** | **56237** | **56091** | **54625** | **54040** | **52946** |
| 石嘴山市 | District | 48964 | 42581 | 36168 | 35418 | 34759 | 34243 | 33303 | 32693 | 31754 |
| 平罗县 | Pingluo | 34690 | 33159 | 24204 | 21352 | 21478 | 21848 | 21322 | 21347 | 21192 |
| 陶乐县 | Taole | 3410 | 3504 | 3991 | | | | | | |
| **吴忠市** | Wuzhong | **101525** | **137930** | **125251** | **120557** | **141842** | **140650** | **138255** | **136736** | **136439** |
| 利通区 | Litong | 28267 | 31194 | 30527 | 36899 | 37923 | 38871 | 39365 | 40242 | 40636 |
| 红寺堡区 | Hongsipu | | | | 25653 | 26081 | 25451 | 24317 | 23832 | 23588 |
| 盐池县 | Yanchi | 19843 | 23015 | 17339 | 22411 | 13491 | 21507 | 12619 | 12345 | 12324 |
| 同心县 | Tongxin | 23753 | 50625 | 51991 | 13854 | 42807 | 13569 | 40347 | 39171 | 39104 |
| 青铜峡市 | Qingtongxia | 29662 | 33096 | 25394 | 44151 | 21540 | 41252 | 21607 | 21146 | 20787 |
| **固原市** | Guyuan | **164001** | **214727** | **210543** | **175931** | **168306** | **147095** | **138626** | **130957** | **125397** |
| 原州区 | Yuanzhou | 83825 | 73604 | 68541 | 51916 | 50017 | 47308 | 45892 | 45263 | 45654 |
| 西吉县 | Xiji | 41681 | 61231 | 68486 | 65872 | 63120 | 51135 | 47128 | 43740 | 40636 |
| 隆德县 | Longde | 28278 | 23940 | 30013 | 19424 | 18761 | 15323 | 14671 | 12721 | 11496 |
| 泾源县 | Jingyuan | 10217 | 12820 | 11187 | 12989 | 12560 | 12098 | 11373 | 10774 | 10396 |
| 彭阳县 | Pengyang | | 43132 | 32316 | 25730 | 23848 | 21231 | 19562 | 18459 | 17215 |
| **中卫市** | Zhongwei | **107123** | **113447** | **121173** | **130517** | **128724** | **123704** | **117863** | **107423** | **104049** |
| 沙坡头区 | Shapotou | 44314 | 33918 | 34932 | 32073 | 31924 | 32026 | 31738 | 31628 | 31120 |
| 中宁县 | Zhongning | 30624 | 30162 | 30167 | 37780 | 37955 | 36381 | 33661 | 32256 | 30917 |
| 海原县 | Haiyuan | 32185 | 49367 | 56074 | 60664 | 58845 | 55297 | 52464 | 43539 | 42012 |

# 17－23 各市县平均每万人口在校学生数(2015 年)

## Number of Enrolled Students Per 10 000 Population by City and County(2015)

单位:人 (person)

| 地 区 | Region | 中等专业学校 Specialized Secondary Schools | 职业中学 Vocational Secondary Education Schools | 普通中学 Regular Secondary Education Schools | 小 学 Primary Schools |
|---|---|---|---|---|---|
| **全区总计** | **Total** | **124** | **42** | **653** | **878** |
| **银 川 市** | Yinchuan | **200** | **52** | **610** | **767** |
| 兴 庆 区 | Xingqing | 82 | | 525 | 736 |
| 西 夏 区 | Xixia | 726 | 210 | 721 | 641 |
| 金 凤 区 | Jinfeng | | | 767 | 723 |
| 永 宁 县 | Yongning | 223 | 17 | 677 | 987 |
| 贺 兰 县 | Helan | 122 | 7 | 539 | 826 |
| 灵 武 市 | Lingwu | 115 | 115 | 530 | 819 |
| **石嘴山市** | Shizuishan | **133** | | **562** | **678** |
| 大武口区 | Dawukou | 210 | | 555 | 676 |
| 惠 农 区 | Huinong | | | 562 | 576 |
| 平 罗 县 | Pingluo | 145 | | 570 | 753 |
| **吴 忠 市** | Wuzhong | **60** | **32** | **669** | **1001** |
| 利 通 区 | Litong | 76 | | 714 | 1011 |
| 红 寺 堡 | Hongsipu | | | 732 | 1219 |
| 盐 池 县 | Tongxin | 81 | 81 | 619 | 804 |
| 同 心 县 | Qingtongxia | 23 | | 747 | 1204 |
| 青铜峡市 | Yanchi | 109 | 109 | 505 | 718 |
| **固 原 市** | Guyuan | **99** | **50** | **790** | **1028** |
| 原 州 区 | Yuanzhou | 97 | 10 | 879 | 1098 |
| 西 吉 县 | Xiji | 91 | 91 | 827 | 1169 |
| 隆 德 县 | Longde | 160 | 51 | 684 | 722 |
| 泾 源 县 | Jingyuan | 65 | 60 | 588 | 1029 |
| 彭 阳 县 | Pengyang | 85 | 56 | 724 | 879 |
| **中 卫 市** | Zhongwei | **75** | **56** | **630** | **915** |
| 沙坡头区 | Shapotou | 126 | 126 | 613 | 775 |
| 中 宁 县 | Zhongning | 49 | | 643 | 911 |
| 海 原 县 | Haiyuan | 45 | 32 | 636 | 1060 |

# 17-24 各市县小学毕业人数和毕业率(2015年)

## Number of Graduates and Graduation Rate of Primary School by City and County(2015)

单位:人 (person)

| 地区 | Region | 应届毕业班学生 This Year's Graduates | | |
|---|---|---|---|---|
| | | 毕业班学生数 Students in Graduating Class | 毕业生数 Graduates | 毕业率(%) Graduation Rate(%) |
| **全区总计** | **Total** | **96172** | **96119** | **99.94** |
| **银川市** | Yinchuan | **24423** | **24394** | **99.88** |
| 兴庆区 | Xingqing | 7901 | 7907 | 100.08 |
| 西夏区 | Xixia | 3500 | 3505 | 100.14 |
| 金凤区 | Jinfeng | 2710 | 2712 | 100.07 |
| 永宁县 | Yongning | 3619 | 3603 | 99.56 |
| 贺兰县 | Helan | 3219 | 3221 | 100.06 |
| 灵武市 | Lingwu | 3474 | 3446 | 99.19 |
| **石嘴山市** | Shizuishan | **8987** | **9007** | **100.22** |
| 大武口区 | Dawukou | 3314 | 3322 | 100.24 |
| 惠农区 | Huinong | 2122 | 2102 | 99.06 |
| 平罗县 | Pingluo | 3551 | 3583 | 100.90 |
| **吴忠市** | Wuzhong | **22388** | **22457** | **100.31** |
| 利通区 | Litong | 6457 | 6520 | 100.98 |
| 红寺堡区 | Hongsipu | 4152 | 4151 | 99.98 |
| 盐池县 | Yanchi | 2056 | 2056 | 100.00 |
| 同心县 | Tongxin | 6279 | 6286 | 100.11 |
| 青铜峡市 | Qingtongxia | 3444 | 3444 | 100.00 |
| **固原市** | Guyuan | **23092** | **22980** | **99.51** |
| 原州区 | Yuanzhou | 7781 | 7718 | 99.19 |
| 西吉县 | Xiji | 8005 | 8005 | 100.00 |
| 隆德县 | Longde | 2327 | 2283 | 98.11 |
| 泾源县 | Jingyuan | 1688 | 1688 | 100.00 |
| 彭阳县 | Pengyang | 3291 | 3286 | 99.85 |
| **中卫市** | Zhongwei | **17282** | **17281** | **99.99** |
| 沙坡头区 | Shapotou | 5055 | 5055 | 100.00 |
| 中宁县 | Zhongning | 5376 | 5375 | 99.98 |
| 海原县 | Haiyuan | 6851 | 6851 | 100.00 |

# 17－25 各市县文化产业机构数和人数(2015年)

## Number of Cultural Institutions and Personnel by City and County(2015)

单位:人 (person)

| 地 区 | Region | 艺术产业 Arts | | 图书馆产业 Libraries | |
|---|---|---|---|---|---|
| | | 机构数(个) Number of Institutions (unit) | 人数(人) Number of People Engaged (person) | 机构数(个) Number of Institutions (unit) | 人数(人) Number of People Engaged (person) |
| **全区总计** | **Total** | **16** | **717** | **26** | **558** |
| **银川市** | Yinchuan | | | **7** | **145** |
| 兴庆区 | Xingqing | | | 1 | 19 |
| 西夏区 | Xixia | | | 1 | 8 |
| 金凤区 | Jingfeng | | | 1 | 10 |
| 永宁县 | Yongning | | | 1 | 10 |
| 贺兰县 | Helan | | | 1 | 27 |
| 灵武市 | Lingwu | | | 1 | 12 |
| 银川市本级 | Prefecture Level | | | 1 | 59 |
| **石嘴山市** | Shizuishan | **2** | **42** | **4** | **44** |
| 大武口区 | Pingluo | | | 1 | 2 |
| 惠农区 | Huinong | | | 1 | 7 |
| 平罗县 | Pingluo | 1 | 30 | 1 | 15 |
| 石嘴山市本级 | Prefecture Level | 1 | 12 | 1 | 20 |
| **吴忠市** | Wuzhong | **3** | **79** | **5** | **120** |
| 利通区 | Litong | | | | |
| 红寺堡 | Hongsipu | | | 1 | 20 |
| 盐池县 | Yanchi | 1 | 8 | 1 | 10 |
| 同心县 | Tongxin | | | 1 | 23 |
| 青铜峡市 | Qingtongxia | 1 | 39 | 1 | 24 |
| 吴忠市本级 | Prefecture Level | 1 | 32 | 1 | 43 |
| **固原市** | Guyuan | **2** | **31** | **6** | **76** |
| 原州区 | Yuanzhou | 1 | 11 | 1 | 25 |
| 西吉县 | Xiji | | | 1 | 15 |
| 隆德县 | Longde | | | 1 | 9 |
| 泾源县 | Jingyuan | | | 1 | 10 |
| 彭阳县 | Pengyang | 1 | 20 | 1 | 10 |
| 固原市本级 | Prefecture Level | | | 1 | 7 |
| **中卫市** | Zhongwei | **3** | **120** | **3** | **41** |
| 沙坡头区 | Shapotou | | | | |
| 中宁县 | Zhongning | | | 1 | 13 |
| 海原县 | Haiyuan | 2 | 34 | 1 | 13 |
| 中卫市本级 | Prefecture Level | 1 | 86 | 1 | 15 |
| 区直单位 | Unit of Municipality Directly under the Central Government | 6 | 445 | 1 | 132 |

## 17－25 续表1 continued

单位:人 (person)

| 地区 | Region | 群众文化产业 Mass Culture 机构数(个) Number of Institutions (unit) | 群众文化产业 Mass Culture 人数(人) Number of People Engaged (person) | 文物产业 Cultural Relics 机构数(个) Number of Institutions (unit) | 文物产业 Cultural Relics 人数(人) Number of People Engaged (person) |
|---|---|---|---|---|---|
| **全区总计** | **Total** | **266** | **1341** | **38** | **636** |
| **银川市** | Yinchuan | **62** | **240** | **8** | **204** |
| 兴庆区 | Xingqing | 16 | 34 | | |
| 西夏区 | Xixia | 10 | 30 | | |
| 金凤区 | Jingfeng | 8 | 34 | | |
| 永宁县 | Yongning | 8 | 21 | 1 | 2 |
| 贺兰县 | Helan | 9 | 52 | 1 | 3 |
| 灵武市 | Lingwu | 10 | 34 | 1 | 14 |
| 银川市本级 | Prefecture Level | 1 | 35 | 5 | 185 |
| **石嘴山市** | Shizuishan | **39** | **184** | **4** | **48** |
| 大武口区 | Pingluo | 11 | 33 | | |
| 惠农区 | Huinong | 13 | 54 | | |
| 平罗县 | Pingluo | 14 | 53 | 1 | 18 |
| 石嘴山市本级 | Prefecture Level | 1 | 44 | 3 | 30 |
| **吴忠市** | Wuzhong | **51** | **272** | **8** | **54** |
| 利通区 | Litong | 12 | 27 | | |
| 红寺堡 | Hongsipu | 4 | 31 | | |
| 盐池县 | Yanchi | 9 | 38 | 2 | 12 |
| 同心县 | Tongxin | 14 | 62 | 3 | 18 |
| 青铜峡市 | Qingtongxia | 11 | 87 | 1 | 12 |
| 吴忠市本级 | Prefecture Level | 1 | 27 | 2 | 12 |
| **固原市** | Guyuan | **68** | **388** | **9** | **74** |
| 原州区 | Yuanzhou | 12 | 59 | 4 | 34 |
| 西吉县 | Xiji | 20 | 136 | 2 | 20 |
| 隆德县 | Longde | 14 | 44 | 1 | 7 |
| 泾源县 | Jingyuan | 8 | 44 | 1 | 5 |
| 彭阳县 | Pengyang | 13 | 48 | 1 | 8 |
| 固原市本级 | Prefecture Level | 1 | 57 | | |
| **中卫市** | Zhongwei | **45** | **148** | **3** | **20** |
| 沙坡头区 | Shapotou | 12 | 24 | | |
| 中宁县 | Zhongning | 13 | 59 | 1 | 5 |
| 海原县 | Haiyuan | 19 | 48 | 1 | 7 |
| 中卫市本级 | Prefecture Level | 1 | 17 | 1 | 8 |
| 区直单位 | Unit of Municipality Directly under the Central Government | 1 | 109 | 6 | 236 |

# 主要统计指标解释

［**普通高等学校**］ 指按国家规定审批程序批准举办，通过全国统一招生考试，招收高级中等学校毕业生或具有同等学历者，实施高等教育，培养高等专门人才的学校。包括大学、专门学院、高等专科学校和短期职业大学。

［**成人高等学校**］ 指按照国家规定的审批程序批准举办，招收高中毕业或同等学历者，利用多种形式对成人实施高等教育、培养相当普通高等学校专科或本科毕业水平的专门人才的学校。包括广播电视大学、职工高等学校、农民高等学院、干部管理学院、教育学院、独立函授学院以及普通高等学校举办的函授、夜大学等。

［**小学学龄儿童入学率**］ 指调查范围内已人小学学习的儿童占校内外学龄儿童总数（包括弱智儿童在内，但不包括盲聋哑儿童）的比重。

［**专任教师**］ 指主要从事教育工作人员。包括临时（一年以内）调去帮助做其他工作的教学人员。不包括调离教学岗位，担任行政领导工作或其他工作的原教学人员；不包括兼任教师和代课教师。

［**独立自然科学研究机构**］ 指具备下列三个条件；(1)行政上独立的组织形式；(2)财务上独立核算 (3)有权与其他单位签订合同，从事自然科学技术研究的机构。

［**优秀自然科学技术研究成果**］ 指自然科学技术研究成果中比较优秀的并经各级政府批准授奖的成果。分为国家级（发明奖、自然科学奖）省级（部级）、地（市）级、县级。如省级是指经省科委审核批准并由省政府授奖的成果，一般设一、二、三、四等奖，每年颁发一次。

［**自然科学技术人员**］ 指已取得科学技术职称或大学中专的理、工、农、医科系毕业，以及国民经济各部门从工作实践中提拔，从事理工、农、医等自然科学技术的研究、教学、生产（事业）技术方面工作的专业人员和在机关、企业、事业单位中从事科学技术业务管理工作的专业人员。

［**高级专业技术人员**］ 指专业技术人员中具有高级职称的人员，包括高级工程师、高级农艺师、正、副教授、正、副研究员、正、副主任医师，高级会计师、高级统计师、正、副编审、特、高级记者与播音员、正、副译审、国家级和高级教练员、高级经济师、正、副研究馆员、高级工艺美术师。

［**中级专业技术人员**］ 指专业技术人员中具有中级职称的人员。包括工程师、农艺师、助理研究员、主治医师、讲师、会计师、统计师、编辑、记者、一级播音员、翻译、一级教练、经济师、馆员、工艺美术师。

［**初级专业技术人员**］ 指专业技术人员中具有初级职称的人员。包括：助理工程师、助理会计师、助理统计师、助理编辑、助理记者、二级播音员、助理翻译、二级教练员、助理经济师、助理馆员、助理工艺美术师、技术员、医（护）士、会计员、统计员、三级播音员、三级教练员、经济员、管理员、工艺美术员。

［**艺术表演团体**］ 指话剧、方言话剧、滑稽戏、儿童剧、砍剧、舞剧、乐团、合唱团、文工团、文宣队、乌兰牧骑、戏曲剧团、曲艺团、说唱团、杂技团、马戏团、木偶剧团、皮影团等专业艺术表演团体，不包括半工半艺、半农半艺和业余剧团以及电影制片厂附设的演员剧团。

［**杂志、报纸**］ 指按规定经领导机关批准、由指定机关发给登记证的杂志和定期出版的报纸。杂志与报纸的划分是：单张、且在八开以上（含八开）者为报纸；装订成册、或虽未装订成册，但为十六开以下（含十六开）者为杂志。

杂志分为综合、哲学、社会科学、自然科学和技术、文化和教育、文学和艺术、少年儿童、画刊共七大类、报纸分为综合报和专业报二大类。

# 第十八篇 Chapter18

## 体育卫生民政司法

## Sports, Public Health, Civil Administration and Judicature

**责任编辑**:安蕊莉

**资料整理**:安蕊莉　朱庆武　康磊　王海群　陈婷　慕博

**Coordinator**:An Ruili

**Data Compilation**:An Ruili　Zhu Qingwu　Kang Lei　Wang Haiqun　Chen Ting　Mu Bo

## 18－1 运动成绩统计表(世界比赛)(2015年)

## Athletic Performance (World Competition) (2015)

| 项目 | Item | 合计 Total | 金 Gold | 银 Silver | 铜 Bronze | 四 Fourth | 五 Fifth | 六 Sixth | 七 Seventh | 八 Eighth |
|---|---|---|---|---|---|---|---|---|---|---|
| **合计** | **Total** | **21** | **5** | **4** | **4** | **1** | **3** | | **1** | **3** |
| 田径 | Track and Field Events | | | | | | | | | |
| 游泳 | Swimming | | | | | | | | | |
| 举重 | Weightlifting | 3 | 2 | 1 | | | | | | |
| 摔跤 | Wrestling | 13 | 2 | | 3 | 1 | 3 | | 1 | 3 |
| 拳击 | Boxing | 2 | | 2 | | | | | | |
| 跆拳道 | Taekwondo | 2 | | 1 | 1 | | | | | |
| 自行车 | Bicycles | | | | | | | | | |
| 射击 | Shooting | | | | | | | | | |
| 足球 | Football | | | | | | | | | |
| 篮球 | Basketball | | | | | | | | | |
| 排球 | Volleyball | | | | | | | | | |
| 健美操 | Aerobics | | | | | | | | | |
| 武术 | Wushu | 1 | 1 | | | | | | | |
| 中国象棋 | Chinese Chess | | | | | | | | | |

## 18－2 运动成绩统计表(亚洲比赛)(2015年)

## Athletic Performance (Asian Games) (2015)

| 项目 | Item | 合计 Total | 金 Gold | 银 Silver | 铜 Bronze | 四 Fourth | 五 Fifth | 六 Sixth | 七 Seventh | 八 Eighth |
|---|---|---|---|---|---|---|---|---|---|---|
| **合计** | **Total** | | | | | | | | | |
| 田径 | Track and Field Events | | | | | | | | | |
| 游泳 | Swimming | | | | | | | | | |
| 国际式摔跤 | International Wrestling | | | | | | | | | |
| 中国式摔跤 | Chinese Wrestling | | | | | | | | | |
| 跆拳道 | Taekwondo | | | | | | | | | |
| 自行车 | Bicycles | | | | | | | | | |
| 射击 | Shooting | | | | | | | | | |
| 足球 | Football | | | | | | | | | |
| 篮球 | Basketball | | | | | | | | | |
| 排球 | Volleyball | | | | | | | | | |
| 健美操 | Aerobics | | | | | | | | | |
| 武术 | Wushu | | | | | | | | | |
| 中国象棋 | Chinese Chess | | | | | | | | | |

## 18－3 运动成绩统计表(全国比赛)(2015年)

## Athletic Performance (National Competition)(2015)

| 项目 | Item | 合计 Total | 金 Gold | 银 Silver | 铜 Bronze | 四 Fourth | 五 Fifth | 六 Sixth | 七 Seventh | 八 Eighth |
|---|---|---|---|---|---|---|---|---|---|---|
| **合计** | **Total** | **79** | **9** | **11** | **9** | **4** | **10** | **9** | **11** | **16** |
| 田径 | Track and Field Events | 17 | 2 | 3 | 4 |  | 1 | 4 | 2 | 1 |
| 游泳 | Swimming | 4 |  |  |  | 1 |  | 2 |  | 1 |
| 水球 | Water Polo |  |  |  |  |  |  |  |  |  |
| 举重 | Weightlifting |  |  |  |  |  |  |  |  |  |
| 摔跤 | Wrestling |  |  |  |  |  |  |  |  |  |
| 跆拳道 | Taekwondo |  |  |  |  |  |  |  |  |  |
| 自行车 | Bicycles | 3 |  |  |  |  | 1 | 1 |  | 1 |
| 射击 | Shooting | 25 | 1 | 3 | 2 |  | 2 | 2 | 5 | 10 |
| 赛艇 | Rowing |  |  |  |  |  |  |  |  |  |
| 足球 | Football |  |  |  |  |  |  |  |  |  |
| 篮球 | Basketball |  |  |  |  |  |  |  |  |  |
| 排球 | Volleyball |  |  |  |  |  |  |  |  |  |
| 击剑 | Fencing |  |  |  |  |  |  |  |  |  |
| 武术 | Wushu | 30 | 6 | 5 | 3 | 3 | 6 |  | 4 | 3 |
| 体育舞蹈 | Dance Sports |  |  |  |  |  |  |  |  |  |

## 18－4 运动成绩统计表(省级比赛)(2015年)

## Athletic Performance (Provincial Competition)(2015)

| 项目 | Item | 合计 Total | 金 Gold | 银 Silver | 铜 Bronze | 四 Fourth | 五 Fifth | 六 Sixth | 七 Seventh | 八 Eighth |
|---|---|---|---|---|---|---|---|---|---|---|
| **合计** | **Total** |  |  |  |  |  |  |  |  |  |
| 田径 | Track and Field Events |  |  |  |  |  |  |  |  |  |
| 游泳 | Swimming |  |  |  |  |  |  |  |  |  |
| 举重 | Weightlifting |  |  |  |  |  |  |  |  |  |
| 国际式摔跤 | International Wrestling |  |  |  |  |  |  |  |  |  |
| 中国式摔跤 | Chinese Wrestling |  |  |  |  |  |  |  |  |  |
| 跆拳道 | Taekwondo |  |  |  |  |  |  |  |  |  |
| 射击 | Shooting |  |  |  |  |  |  |  |  |  |
| 足球 | Football |  |  |  |  |  |  |  |  |  |
| 篮球 | Basketball |  |  |  |  |  |  |  |  |  |
| 排球 | Volleyball |  |  |  |  |  |  |  |  |  |
| 健美操 | Aerobics |  |  |  |  |  |  |  |  |  |
| 武术 | Wushu |  |  |  |  |  |  |  |  |  |
| 中国象棋 | Chinese Chess |  |  |  |  |  |  |  |  |  |
| 体育舞蹈 | Dance Sports |  |  |  |  |  |  |  |  |  |

**注:**2014年宁夏区内未举行省级比赛。

# 18－5 健身场地设施情况表（2015）

## Basic Statistics on Sporting Areas and Facilities（2015）

| 指标名称 | Item | 合计 Total | 村级农民体育健身工程 Village farmer sports fitness project | 乡镇体育健身工程 Rural sports fitness project | 全民健身路径工程 The national fitness program | 全民健身活动中心 National health students activity cente 大、中型 Big, medium－sized | 小型 small－sized |
|---|---|---|---|---|---|---|---|
| 数量(个) | quantity(unit) | 548 | 50 | 29 | 392 | | |
| 器材件数(件) | Equipment pieces (pieces) | 2699 | | | 2699 | | |
| 场地面积($m^2$) | Site area ($M^2$) | 600033 | 21330 | 20656 | 18175 | 53966 | |
| 场地长度(m) | Field length (meter) | 51600 | | | | | |
| 投资总额(万元) | The total investment (10 000 yuan) | 17869 | 541 | 543 | 928 | 6220 | |
| 其中:财政资金 | fiscal funds | 13516 | 111 | 139 | 18 | 5922 | |
| 彩票公益金 | Lottery | 4243 | 430 | 404 | 872 | 298 | |
| 社会资金 | social funds | 110 | | | 38 | | |

# 18－5 续表1 continued

| 指标名称 | Item | 户外健身场地设施 Outdoor fitness Venues and facilities 体育公园 Sports Park | 全民健身广场 Fitness Plaza | 户外体育营地 Outdoor sports camp | 社区运动场地 Community sports venues | 健身步道 Fitness trail | 其他场地设施 Other facilities |
|---|---|---|---|---|---|---|---|
| 数量(个) | quantity(unit) | 7 | 21 | 3 | 41 | 5 | |
| 器材件数(件) | Equipment pieces (pieces) | | | | | | |
| 场地面积($m^2$) | Site area ($M^2$) | 39251 | 14400 | 416600 | 15655 | | |
| 场地长度(m) | Field length (meter) | | | | | 51600 | |
| 投资总额(万元) | The total amount of investment (10 000 yuan) | 2424 | 280 | 2030 | 989 | 3515 | 400 |
| 其中:财政资金 | fiscal funds | 1535 | 220 | 2010 | 66 | 3495 | |
| 彩票公益金 | Lottery | 889 | | 20 | 911 | 20 | 400 |
| 社会资金 | social funds | | 60 | | 12 | | |

# 18－6　体育系统从业人员情况表(2015年)

| 指标名称<br>Item | 合计<br>Total | 公务员<br>Civil servants | 管理人员<br>Managers | 专业技术人员 Professional<br>小计<br>Subtotal | 体育教练员<br>Sports Coaches | 科学研究人员<br>Scientific research personnel | 卫生技术人员<br>Health technical personnel | 会计专业人员<br>Accounting professionals |
|---|---|---|---|---|---|---|---|---|
| **合计<br>Total** | **933** | **140** | **227** | **189** | **81** | **12** | **3** | **8** |
| 体育行政机关<br>Administrative Agencies of Physical Culture and Sports | 261 | 140 | | | | | | |
| 运动项目管理部门(优秀运动队)<br>Sports Ecents Management (Excellent sports team) | 287 | | 135 | 23 | 20 | | | 3 |
| 本科院校<br>colleges | | | | | | | | |
| 职业、运动技术学院<br>Sports Technical Institutes | | | | | | | | |
| 体育运动学校<br>Physical Education and Sports Schools | 101 | | 8 | 70 | 22 | 1 | 3 | 2 |
| 竞技体校<br>Competitive Soprts School | | | | | | | | |
| 少年儿童体育学校(业余体校)<br>Spare－time Sport School | 39 | | 7 | 29 | 22 | | | 1 |
| 单项运动学校<br>Individual Sports Schools | | | | | | | | |
| 体育中学<br>Sports middle school | | | | | | | | |
| 训练基地<br>Training bases | | | | | | | | |
| 体育场馆<br>Stadium and Gymnasium | 25 | | 9 | 11 | 5 | | | |
| 体育科研机构<br>Science and Technology of Sport Institute | 15 | | 4 | 11 | | 11 | | |
| 其他事业单位<br>Other institutions | 205 | | 64 | 45 | 12 | | | 2 |
| 其它<br>Others | | | | | | | | |

## Number of Institutions and Engaged people of Physical System(2015)

| 专业技术人员 Professional | | | | | 优秀运动队运动员 Excellent Athlete of Sprot Team | | | | | | 工勤人员 | 其他 |
|---|---|---|---|---|---|---|---|---|---|---|---|---|
| 工程技术人员 Engineering and technical personnel | 高等学校教师 Higher School Teachers | 中等专业学校教师 Specialized Secondary school teachers | 中小学教 师 Primary and secondary school teachers | 其他 Others | 小计 Subtotal | 集训 Assemble for training | 试训 On trial | 正式 Formal | 职业转换过渡期 On Carreer transition period | 其他 Others | Workers and Service Personel | Others |
| | | **30** | **2** | **53** | **114** | **2** | **53** | **59** | | | **114** | **149** |
| | | | | | | | | | | | 9 | 112 |
| | | | | | 112 | | 53 | 59 | | | 17 | |
| | | 30 | | 12 | | | | | | | 23 | |
| | | | 2 | 4 | | | | | | | 3 | |
| | | | | 6 | | | | | | | 5 | |
| | | | | 31 | 2 | 2 | | | | | 57 | 37 |

# 18－7 分项目分技术等级运动员发展人数(2015 年)
# Certified Athletes by Type of Sports and Technical Grade(2015)

单位:人 (person)

| 项 目 | Item | 等级运动员 Grade athlete | | | | | | | | | |
|---|---|---|---|---|---|---|---|---|---|---|---|
| | | 合计 Total | 女 Female | 国际级运动健将 International Master of Sports | 女 Female | 运动健将 Master of Sports | 女 Female | 一级运动员 First Grade | 女 Female | 二级运动员 Second Grade | 女 Female |
| **合计** | **Total** | **281** | **102** | | | **4** | **2** | **128** | **36** | **149** | **64** |
| 田径 | Track and Field Events | 28 | 10 | | | | | 9 | 2 | 19 | 8 |
| 游泳 | Swimming | 2 | | | | | | 2 | | | |
| 跳水 | Diving | | | | | | | | | | |
| 蹦床 | Trampoline | | | | | | | | | | |
| 水球 | Water Polo | | | | | | | | | | |
| 花样游泳 | Synchronized Swimming | | | | | | | | | | |
| 举重 | Weightlifting | | | | | | | | | | |
| 摔跤 | Wrestling | 33 | 3 | | | | | 15 | | 18 | 3 |
| 跆拳道 | Taekwondo | 20 | 3 | | | | | 15 | 2 | 5 | 1 |
| 自行车 | Bicycles | | | | | | | | | | |
| 射箭 | Archery | 2 | | | | 2 | | | | | |
| 射击 | Shooting | 15 | 7 | | | | | 12 | 7 | 3 | |
| 足球 | Football | 49 | 15 | | | | | 18 | | 31 | 15 |
| 篮球 | Basketball | 44 | 19 | | | | | 14 | 7 | 30 | 12 |
| 排球 | Volleyball | 32 | 18 | | | | | 12 | 8 | 20 | 10 |
| 沙滩排球 | Beach Volleyball | 4 | 2 | | | | | 4 | 2 | | |
| 乒乓球 | Table Tennis | 30 | 15 | | | | | 12 | 4 | 18 | 11 |
| 武术 | Wushu | 22 | 10 | | | 2 | 2 | 15 | 4 | 5 | 4 |

# 18 – 8　分项目、分等级裁判员发展人数(2015 年)

## Referee by Type of Sports and Technical Grade(2015)

| 项　目　Item | 合计 Total | 男 Male | 女 Female | 国家级 National level | 男 Male | 女 Female | 一级 First Grade | 男 Male | 女 Female | 二级 Second Grade | 男 Male | 女 Female |
|---|---|---|---|---|---|---|---|---|---|---|---|---|
| **总计　Total** | **483** | **366** | **117** | | | | **94** | **73** | **21** | **389** | **293** | **96** |
| 田径　Track and Field Events | 58 | 49 | 9 | | | | 2 | 2 | | 56 | 47 | 9 |
| 摔跤　Wrestling | 2 | 2 | | | | | 2 | 2 | | | | |
| 跆拳道　Taekwondo | 3 | 3 | | | | | 3 | 3 | | | | |
| 射击　Shooting | 2 | | 2 | | | | 2 | | 2 | | | |
| 足球　Football | 83 | 72 | 11 | | | | 15 | 15 | | 68 | 57 | 11 |
| 篮球　Basketball | 64 | 55 | 9 | | | | 6 | 6 | | 58 | 49 | 9 |
| 排球　Volleyball | 30 | 24 | 6 | | | | 12 | 12 | | 18 | 12 | 6 |
| 沙滩排球　Beach Volleyball | | | | | | | | | | | | |
| 乒乓球　Table Tennis | 116 | 78 | 38 | | | | 4 | 3 | 1 | 112 | 75 | 37 |
| 羽毛球　Badminton | 71 | 50 | 21 | | | | 4 | 3 | 1 | 67 | 47 | 20 |
| 健美操　Aerobics | 5 | 1 | 4 | | | | 5 | 1 | 4 | | | |
| 武术　Wushu | 15 | 8 | 7 | | | | 9 | 6 | 3 | 6 | 2 | 4 |
| 定向　Orienteering | 2 | 2 | | | | | | | | 2 | 2 | |
| 毽球　Shuttlecock | 16 | 11 | 5 | | | | 14 | 9 | 5 | 2 | 2 | |
| 举重　Weightlifting | 1 | | 1 | | | | 1 | | 1 | | | |
| 中国象棋　Chinese chess | 2 | 2 | | | | | 2 | 2 | | | | |
| 钓鱼　Fishing | 13 | 9 | 4 | | | | 13 | 9 | 4 | | | |
| 门球　Gateball | | | | | | | | | | | | |

# 18－9　主要年份卫生机构数

## Number of Health Care Institutions in Main Years

单位:个　　　　　　　　　　　　　　　　(unit)

| 年份<br>Year | 总计<br>Total | 医院、卫生院<br>Hospitals and Health Centers | 医院<br>Hospital | 疗养院、所<br>Sanatoriums | 门诊部、所<br>Clinics | 专科防治所、站<br>Specialized Prevention & Treatment Centers or Stations | 疾病预防控制中心<br>Center for Disease Control and Prevention | 妇幼保健所、站<br>Women and Children Care Agencies | 其他卫生机构<br>Other Institutions |
|---|---|---|---|---|---|---|---|---|---|
| 1950 | 156 | 6 | | | 134 | | | 2 | 14 |
| 1955 | 221 | 21 | | 1 | 166 | | 1 | 14 | 18 |
| 1958 | 314 | 81 | 37 | 1 | 194 | | 20 | 17 | 1 |
| 1960 | 586 | 37 | 37 | 1 | 501 | 3 | 24 | 17 | 3 |
| 1965 | 607 | 124 | 30 | 4 | 429 | 4 | 20 | 22 | 4 |
| 1970 | 519 | 334 | | | 160 | 2 | 21 | | 2 |
| 1975 | 736 | 282 | 47 | | 406 | 1 | 22 | 18 | 7 |
| 1978 | 825 | 306 | 61 | | 470 | 1 | 22 | 19 | 7 |
| 1980 | 916 | 305 | 60 | 1 | 552 | 2 | 23 | 21 | 12 |
| 1985 | 1057 | 303 | 69 | 2 | 685 | 6 | 24 | 21 | 16 |
| 1990 | 1163 | 177 | 82 | 3 | 894 | 8 | 29 | 27 | 25 |
| 1995 | 1026 | 368 | 91 | 2 | 564 | 11 | 31 | 26 | 24 |
| 2000 | 1361 | 380 | 97 | 2 | 887 | 9 | 28 | 25 | 30 |
| 2001 | 1266 | 387 | 106 | 2 | 785 | 9 | 28 | 25 | 30 |
| 2002 | 1393 | 390 | 110 | 2 | 905 | 9 | 27 | 25 | 35 |
| 2003 | 1499 | 401 | 122 | 2 | 930 | 6 | 28 | 25 | 107 |
| 2004 | 1483 | 400 | 132 | 2 | 993 | 4 | 25 | 22 | 37 |
| 2005 | 1463 | 400 | 134 | 1 | 900 | 4 | 25 | 21 | 112 |
| 2006 | 1553 | 369 | 131 | 1 | 1022 | 3 | 26 | 21 | 111 |
| 2007 | 1530 | 382 | 140 | 1 | 977 | 1 | 26 | 22 | 121 |
| 2008 | 1633 | 389 | 150 | 1 | 1058 | | 25 | 22 | 138 |
| 2009 | 1601 | 394 | 158 | 1 | 1015 | | 24 | 22 | 145 |
| 2010 | 1583 | 390 | 157 | 1 | 1003 | | 25 | 22 | 142 |
| 2011 | 4143 | 391 | 156 | 1 | 1034 | | 25 | 22 | 2670 |
| 2012 | 4136 | 369 | 141 | 1 | 1135 | | 25 | 22 | 2584 |
| 2013 | 4230 | 384 | 156 | 1 | 1097 | | 25 | 22 | 2701 |
| 2014 | 4252 | 380 | 161 | 1 | 1118 | | 25 | 22 | 2706 |
| 2015 | 4289 | 387 | 168 | 1 | 1178 | | 25 | 22 | 2676 |

**注:**2011年后其他卫生机构包括村卫生室。

# 18－10　主要年份卫生机构床位数

## Number of Beds in Health Care Institutions in Main Years

单位:张　　　　　　　　　　　　　　　　　　　　　　　　　　　　　　　　　　　　　(bed)

| 年　份<br>Year | 总　计<br>Total | 医　院<br>Hospitals | 门诊部<br>Clinics | 其他卫生机构<br>Other Health Care Institutions | 每千人口医院床位数<br>Number of Beds of Hospitals and Health Centers per 1000 Population |
|---|---|---|---|---|---|
| 1950 | 40 | 40 | | | 0.03 |
| 1955 | 332 | 282 | | 50 | 0.17 |
| 1957 | 652 | 602 | | 50 | 0.34 |
| 1958 | 1377 | 1136 | 160 | 81 | 0.61 |
| 1960 | 1531 | 1421 | 30 | 80 | 0.67 |
| 1965 | 4155 | 2823 | 1072 | 260 | 1.28 |
| 1970 | 3729 | 3703 | 26 | | 1.37 |
| 1975 | 6549 | 5921 | 616 | 12 | 1.84 |
| 1978 | 7517 | 6962 | 542 | 13 | 1.98 |
| 1980 | 7866 | 7184 | 604 | 78 | 1.95 |
| 1985 | 9567 | 8640 | 726 | 201 | 2.10 |
| 1990 | 10556 | 10045 | 226 | 285 | 2.16 |
| 1995 | 13099 | 12144 | 542 | 413 | 2.39 |
| 2000 | 13825 | 13229 | 117 | 479 | 2.41 |
| 2001 | 14434 | 12142 | 127 | 2165 | 2.17 |
| 2002 | 14782 | 13768 | 48 | 966 | 2.43 |
| 2003 | 15728 | 13143 | 96 | 2489 | 2.28 |
| 2004 | 16870 | 14087 | 108 | 2675 | 2.41 |
| 2005 | 17802 | 14780 | 174 | 2848 | 2.50 |
| 2006 | 18307 | 15729 | 44 | 2534 | 2.62 |
| 2007 | 18927 | 16488 | 12 | 2427 | 2.72 |
| 2008 | 20967 | 17721 | 9 | 3237 | 2.72 |
| 2009 | 22142 | 18791 | | 3351 | 3.02 |
| 2010 | 23659 | 20258 | 9 | 3392 | 3.22 |
| 2011 | 25882 | 22114 | 9 | 3759 | 3.48 |
| 2012 | 27393 | 23509 | | 3884 | 3.65 |
| 2013 | 30320 | 26199 | | 4121 | 4.03 |
| 2014 | 31368 | 27220 | | 4148 | 4.14 |
| 2015 | 31853 | 27721 | | 4132 | 4.17 |

## 18－11 各类医院机构、床位及人员数(2015 年)

| 指 标 | Item |
|---|---|
| **医院总计** | **Hospitals** |
| 市 | City |
| 县 | County |
| 综合医院 | Ceneral Hospitals |
| 中医医院 | Hospitals Specialized in Chinese Medicine |
| 专科医院 | Specialized Hospitals |
| 其他医院 | Others |

## 18－12 社会福利类收养性单位基本情况

| 指 标 | Item |
|---|---|
| **全区总计** | **Total** |
| 光荣院、福利院 | Homes for Disabled Veterans |
| 其他收养性单位 | Others |

## Number of Health Care Institutions, Beds and People (2015)

| 机构数（个）Health Care Institutions (unit) | 床位数（张）Beds (bed) | 职工人数（人）Number of Staff (person) | 卫生技术人员 Medical Technical Personnel | 执业医师、助理执业医师 Licensed and Assistant Doctors |
|---|---|---|---|---|
| **168** | **27721** | **34613** | **28880** | **9916** |
| 130 | 22436 | 29033 | 24198 | 8338 |
| 38 | 5285 | 5580 | 4682 | 1578 |
| 112 | 21377 | 28328 | 23768 | 8064 |
| 19 | 3725 | 3700 | 3215 | 1224 |
| 32 | 2215 | 2282 | 1658 | 558 |
| 5 | 404 | 303 | 239 | 70 |

## Basic Statistics on Social Welfare and Salvation Institutions

| 2014 | | | | 2015 | | | |
|---|---|---|---|---|---|---|---|
| 院数（个）Number of Homes (unit) | 工作人员（人）Number of Staff and Workers (person) | 床位（张）Number of Beds (bed) | 年末收养人数（人）Year - end People Adopted (person) | 院数（个）Number of Homes (unit) | 工作人员（人）Number of Staff and Workers (person) | 床位（张）Number of Beds (bed) | 年末收养人数（人）Year - end People Adopted (person) |
| **106** | **1311** | **11896** | **8290** | **120** | **1572** | **16207** | **8440** |
| 15 | 346 | 3205 | 1969 | 19 | 500 | 3999 | 2083 |
| 91 | 965 | 8691 | 6321 | 101 | 1072 | 12208 | 6357 |

## 18－13　社会福利事业、企业单位和工作人员数

单位:个、人

| 指　标 | Item |
| --- | --- |
| **全区总计** | **Total** |
| 社会福利事业单位 | Social Welfares Institutions |
| 社会福利企业单位 | Social Welfares Enterprises |
| 烈士纪念建筑物管理单位 | Units of Revolutionary Martyr Building Management |
| 求助管理站 | Relef Management Stations |
| 殡仪服务单位 | Funeral and Interment Institutions |

## 18－14　主要年份享受救济人员情况

单位:人

| 指　标 | Item |
| --- | --- |
| 农村困难户得到救济人次数 | Number of People Receiving Poor Relief in Rural Areas |
| 城镇贫困户得到救济人次数 | Number of People Receiving Poor Relief in Urban Areas |

## Number of Social Welfare Institutions & Enterprises and Personnel Engaged in Main Years

(unit, person)

| 1990 | | 2000 | | 2010 | | 2013 | | 2014 | | 2015 | |
|---|---|---|---|---|---|---|---|---|---|---|---|
| 单位 Enterprises | 人数 Staff | 单位 Enterprises | 人数 Staff | 单位 Enterprises | 人数 Staff | 单位 Enterprises | 人数 Staff | 单位 Enterprises | 人数 Staff | 单位 Enterprises | 人数 Staff |
| **455** | **4343** | **450** | **3522** | **183** | **5876** | **237** | **5675** | **232** | **6751** | **233** | **6094** |
| 264 | 568 | 197 | 582 | 90 | 819 | 104 | 1320 | 106 | 1311 | 120 | 1572 |
| 157 | 3599 | 211 | 2693 | 87 | 5007 | 78 | 4039 | 80 | 5194 | 56 | 4116 |
| 6 | 25 | 7 | 31 | 1 | 6 | 9 | 29 | 9 | 29 | 9 | 29 |
| 5 | 81 | 7 | 81 | 2 | 10 | 12 | 76 | 10 | 74 | 9 | 67 |
| 23 | 70 | 28 | 135 | 3 | 34 | 34 | 211 | 27 | 143 | 39 | 310 |

## People Receiving Subsidies or Relief Funds in Main Years

(person)

| 1980 | 1990 | 2000 | 2010 | 2011 | 2012 | 2013 | 2014 | 2015 |
|---|---|---|---|---|---|---|---|---|
| 404856 | 328483 | 88484 | 434784 | 581855 | 989534 | 411494 | 462000 | 1333988 |
| 2907 | 4652 | 1792410 | 214174 | 246822 | 303848 | 179824 | 168430 | 167812 |

## 18－15　主要年份律师、公证、调解工作基本情况

| 项　目 | Item | 单位 | Unit |
| --- | --- | --- | --- |
| **律师工作** | **Lawyers** | | |
| 律师事务所 | Number of Law Offices | 个 | unit |
| 律师 | Lawyers | 人 | person |
| 担任法律顾问的单位 | Legal Advisors | 处 | unit |
| 民事代理 | Agent of Civil Cases | 件 | case |
| 刑事辩护 | Defender of Criminal Cases | 件 | case |
| 非诉讼事件 | Agent of Non－litigious Legal Affairs | 件 | case |
| 涉外法律事务 | Foreign Legal Affairs | 件 | case |
| 解答法律询问 | Agent of Legal Advisory | 件 | case |
| 代写法律事务文书 | Agent of Legal Documents Written on Behalf of Clients | 件 | case |
| **公证工作** | **Notarization** | | |
| 公证处 | Number of Notary Offices | 个 | unit |
| 公证员 | Notaries Personnel | 人 | person |
| 办理公证文书 | Number of Notarized Documents | 件 | case |
| **人民调解工作** | **Number of People's Mediation** | | |
| 专职司法助理员 | Number of Full－time Judicial Assistants | 人 | person |
| 人民调解委员会 | Number of People's Mediation Committees | 个 | unit |
| 人民调解员 | Number of Mediators | 人 | person |
| 调解民间纠纷 | Number of Citizen Disputes Mediated | 件 | case |

## 18－16　火灾、交通事故情况(2015年)

| 项　目 | Item | 单位 | Unit |
| --- | --- | --- | --- |
| **发生** | **Fire Accidents** | **起** | **case** |
| 死亡 | Deaths | 人 | person |
| 受伤 | Injuries | 人 | person |
| 损失折款 | Losses Converted into Cash | 万元 | 10 000yuan |
| 平均每起损失 | Average Loss of Fire | 元 | yuan |

## Basic Statistics on Lawyers, Notarization and Mediation in Main Years

| 1990 | 2000 | 2010 | 2011 | 2012 | 2013 | 2014 | 2015 |
|---|---|---|---|---|---|---|---|
| | | | | | | | |
| 32 | 62 | 78 | 83 | 85 | 88 | 97 | 110 |
| 223 | 722 | 993 | 1120 | 1263 | 1444 | 1601 | 1830 |
| 515 | 767 | 1335 | 1423 | 1405 | 1742 | 2085 | 2315 |
| 2617 | 5284 | 12904 | 10525 | 10962 | 15562 | 18218 | 21761 |
| 2050 | 2368 | 2949 | 3101 | 3807 | 3932 | 4496 | 4265 |
| 270 | 1489 | 850 | 1387 | 1644 | 868 | 2558 | 1621 |
| | | 2 | 81 | | 4 | | |
| 24521 | 36369 | 24582 | 32836 | 43054 | 47335 | 42137 | 36247 |
| 6165 | 10687 | 8577 | 11287 | 10576 | 10336 | 10101 | 12026 |
| | | | | | | | |
| 26 | 30 | 21 | 21 | 21 | 21 | 21 | 21 |
| 123 | 200 | 97 | 121 | 123 | 125 | 131 | 126 |
| 11087 | 66123 | 64291 | 62080 | 66036 | 73110 | 72953 | 72708 |
| | | | | | | | |
| 347 | 444 | 421 | 463 | 492 | 587 | 538 | 795 |
| 3648 | 3604 | 3423 | 3260 | 3280 | 3341 | 3265 | 3295 |
| 23477 | 26493 | 21892 | 18780 | 18722 | 20400 | 18950 | 17234 |
| 18506 | 19846 | 19965 | 29273 | 32547 | 36246 | 33159 | 36176 |

## Basic Statistics on Fire and Traffic Accidents (2015)

| 火灾事故<br>Fire Accident | 交通事故<br>Traffic Accidents |
|---|---|
| **3148** | **1693** |
| 9 | 394 |
| 12 | 1965 |
| 2690.99 | 804.44 |
| 8548 | 4752 |

# 18－17 各市县卫生机构数(2015 年)

## Number of Health Care Institutions by City and County(2015)

单位:个 (unit)

| 地 区 | Region | 总计 Total | 医院 Hospitals | 卫生院 Health Center | 疗养院 Sanatorium | 门诊部、所 Clinics |
|---|---|---|---|---|---|---|
| **全区总计** | **Total** | **4289** | **168** | **219** | **1** | **1178** |
| **银 川 市** | Yinchuan | **964** | **53** | **39** | **1** | **495** |
| 银 川 市 | District | 564 | 46 | 12 | 1 | 352 |
| 永 宁 县 | Yongning | 130 | 2 | 8 | | 39 |
| 贺 兰 县 | Helan | 122 | 2 | 7 | | 50 |
| 灵 武 市 | Lingwu | 148 | 3 | 12 | | 54 |
| **石嘴山市** | Shizuishan | **518** | **32** | **23** | | **211** |
| 石嘴山市 | District | 277 | 25 | 9 | | 154 |
| 平 罗 县 | Pingluo | 241 | 7 | 14 | | 57 |
| **吴 忠 市** | Wuzhong | **873** | **40** | **49** | | **218** |
| 利 通 区 | Litong | 257 | 26 | 17 | | 103 |
| 红寺堡区 | Hongsipu | 115 | 3 | 3 | | 10 |
| 盐 池 县 | Yanchi | 138 | 3 | 8 | | 22 |
| 同 心 县 | Tongxin | 192 | 2 | 11 | | 27 |
| 青铜峡市 | Qingtongxia | 171 | 6 | 10 | | 56 |
| **固 原 市** | Guyuan | **1158** | **22** | **66** | | **158** |
| 原 州 区 | Yuanzhou | 291 | 12 | 11 | | 89 |
| 西 吉 县 | Xiji | 346 | 3 | 19 | | 22 |
| 隆 德 县 | Longdei | 180 | 4 | 15 | | 15 |
| 泾 源 县 | Jingyuan | 137 | 1 | 7 | | 19 |
| 彭 阳 县 | Pengyang | 204 | 2 | 14 | | 13 |
| **中 卫 市** | Zhongwei | **776** | **21** | **42** | | **96** |
| 沙坡头区 | Shapotou | 218 | 9 | 10 | | 32 |
| 中 宁 县 | Zhongning | 230 | 7 | 13 | | 61 |
| 海 原 县 | Haiyuan | 328 | 5 | 19 | | 3 |

## 18 -17 续表1 continued

单位:个 (unit)

| 地 区 | Region | 疾病预防控制中心 Centers for Disease Control and Prevention | 妇幼保健所、室 Women and Children Care Agencies | 卫生监督所 Health Supervision | 采供血机构 Blood | 其他卫生机构 Other Health Care Institutions |
|---|---|---|---|---|---|---|
| **全区总计** | **Total** | **25** | **22** | **25** | **5** | **2651** |
| **银川市** | Yinchuan | **8** | **5** | **8** | **1** | **355** |
| 银川市 | District | 5 | 2 | 5 | 1 | 141 |
| 永宁县 | Yongning | 1 | 1 | 1 |  | 78 |
| 贺兰县 | Helan | 1 | 1 | 1 |  | 60 |
| 灵武市 | Lingwu | 1 | 1 | 1 |  | 76 |
| **石嘴山市** | Shizuishan | **3** | **3** | **3** | **1** | **243** |
| 石嘴山市 | District | 2 | 2 | 2 | 1 | 83 |
| 平罗县 | Pingluo | 1 | 1 | 1 |  | 160 |
| **吴忠市** | Wuzhong | **5** | **5** | **5** | **1** | **551** |
| 利通区 | Litong | 1 | 1 | 1 | 1 | 108 |
| 红寺堡区 | Hongsipu | 1 | 1 | 1 |  | 96 |
| 盐池县 | Yanchi | 1 | 1 | 1 |  | 102 |
| 同心县 | Tongxin | 1 | 1 | 1 |  | 149 |
| 青铜峡市 | Qingtongxia | 1 | 1 | 1 |  | 96 |
| **固原市** | Guyuan | **6** | **6** | **6** | **1** | **894** |
| 原州区 | Yuanzhou | 2 | 2 | 2 | 1 | 173 |
| 西吉县 | Xiji | 1 | 1 | 1 |  | 299 |
| 隆德县 | Longdei | 1 | 1 | 1 |  | 143 |
| 泾源县 | Jingyuan | 1 | 1 | 1 |  | 107 |
| 彭阳县 | Pengyang | 1 | 1 | 1 |  | 172 |
| **中卫市** | Zhongwei | **3** | **3** | **3** | **1** | **608** |
| 沙坡头区 | Shapotou | 1 | 1 | 1 | 1 | 164 |
| 中宁县 | Zhongning | 1 | 1 | 1 |  | 146 |
| 海原县 | Haiyuan | 1 | 1 | 1 |  | 298 |

# 18-18 主要年份各市县医院数

## Number of Hospitals by City and County in Main Years

单位:个 (unit)

| 地 区 | Region | 2000 | 2005 | 2010 | 2011 | 2012 | 2013 | 2014 | 2015 |
|---|---|---|---|---|---|---|---|---|---|
| **全区总计** | **Total** | **96** | **134** | **157** | **156** | **141** | **156** | **161** | **168** |
| **银 川 市** | Yinchuan | **45** | **59** | **61** | **61** | **53** | **54** | **53** | **53** |
| 银 川 市 | District | 28 | 45 | 47 | 49 | 46 | 47 | 46 | 46 |
| 永 宁 县 | Yongning | 5 | 4 | 4 | 2 | 2 | 2 | 2 | 2 |
| 贺 兰 县 | Helan | 3 | 2 | 2 | 2 | 2 | 2 | 2 | 2 |
| 灵 武 市 | Lingwu | 9 | 8 | 8 | 8 | 3 | 3 | 3 | 3 |
| **石嘴山市** | Shizuishan | **23** | **27** | **33** | **32** | **28** | **28** | **31** | **32** |
| 石嘴山市 | District | 18 | 22 | 25 | 24 | 21 | 21 | 24 | 25 |
| 平 罗 县 | Pingluo | 5 | 5 | 8 | 8 | 7 | 7 | 7 | 7 |
| **吴 忠 市** | Wuzhong | **9** | **22** | **31** | **30** | **29** | **39** | **42** | **40** |
| 利 通 区 | Litong | 2 | 9 | 19 | 18 | 18 | 27 | 27 | 26 |
| 红寺堡区 | Hongsipu | | | 2 | 2 | 2 | 3 | 3 | 3 |
| 盐 池 县 | Yanchi | 2 | 2 | 2 | 2 | 2 | 2 | 2 | 3 |
| 同 心 县 | Tongxin | 1 | 2 | 2 | 2 | 2 | 2 | 4 | 2 |
| 青铜峡市 | Qingtongxia | 4 | 9 | 6 | 6 | 5 | 5 | 6 | 6 |
| **固 原 市** | Guyuan | **10** | **14** | **19** | **20** | **20** | **20** | **20** | **22** |
| 原 州 区 | Yuanzhou | 4 | 8 | 11 | 11 | 11 | 11 | 11 | 12 |
| 西 吉 县 | Xiji | 2 | 2 | 3 | 3 | 3 | 3 | 2 | 3 |
| 隆 德 县 | Longdei | 1 | 2 | 3 | 3 | 3 | 3 | 4 | 4 |
| 泾 源 县 | Jingyuan | 1 | 1 | 1 | 1 | 1 | 1 | 1 | 1 |
| 彭 阳 县 | Pengyang | 2 | 1 | 1 | 2 | 2 | 2 | 2 | 2 |
| **中 卫 市** | Zhongwei | **9** | **12** | **13** | **13** | **11** | **15** | **15** | **21** |
| 沙坡头区 | Shapotou | 4 | 6 | 7 | 7 | 7 | 7 | 7 | 9 |
| 中 宁 县 | Zhongning | 4 | 4 | 4 | 4 | 2 | 6 | 6 | 7 |
| 海 原 县 | Haiyuan | 1 | 2 | 2 | 2 | 2 | 2 | 2 | 5 |

# 18－19　各市县卫生机构人员数(2015年)

## Number of Employed People in Health Institutions by City and County(2015)

单位:人　　(person)

| 地区 | Region | 总计 Total | 卫生技术人员 Medical Technical Personnel | 执业(助理)医师 Licensed (Assistant) Personnel | 执业医师 Licensed Doctor | 注册护士 Registered Nurse | 其他 Others | 每千人口执业医师数 Number of Medical Technical Personnel Per 1000 Population |
|---|---|---|---|---|---|---|---|---|
| **全区总计** | **Total** | **52612** | **41505** | **15860** | **14200** | **16135** | **9510** | **2.14** |
| **银川市** | Yinchuan | **24896** | **20408** | **7578** | **7066** | **8597** | **4233** | **3.29** |
| 银川市 | District | 21613 | 17884 | 6664 | 6336 | 7757 | 3463 | 4.59 |
| 永宁县 | Yongning | 974 | 759 | 238 | 195 | 251 | 270 | 0.84 |
| 贺兰县 | Helan | 764 | 584 | 213 | 146 | 178 | 193 | 0.58 |
| 灵武市 | Lingwu | 1545 | 1181 | 463 | 389 | 411 | 307 | 1.38 |
| **石嘴山市** | Shizuishan | **7100** | **5741** | **2252** | **2061** | **2331** | **1158** | **2.64** |
| 石嘴山市 | District | 5195 | 4360 | 1679 | 1559 | 1801 | 880 | 3.12 |
| 平罗县 | Pingluo | 1905 | 1381 | 573 | 502 | 530 | 278 | 1.78 |
| **吴忠市** | Wuzhong | **8468** | **6551** | **2303** | **1883** | **2433** | **1815** | **1.38** |
| 利通区 | Litong | 3672 | 2932 | 1003 | 865 | 1094 | 835 | 2.15 |
| 红寺堡区 | Hongsipu | 622 | 430 | 182 | 148 | 139 | 109 | 0.77 |
| 盐池县 | Yanchi | 759 | 571 | 267 | 236 | 153 | 151 | 1.54 |
| 同心县 | Tongxin | 1600 | 1150 | 346 | 274 | 441 | 363 | 0.84 |
| 青铜峡市 | Qingtongxia | 1815 | 1468 | 505 | 360 | 606 | 357 | 1.24 |
| **固原市** | Guyuan | **6220** | **4390** | **2103** | **1784** | **1238** | **1049** | **1.46** |
| 原州区 | Yuanzhou | 2569 | 1979 | 933 | 829 | 630 | 416 | 1.99 |
| 西吉县 | Xiji | 1379 | 897 | 496 | 402 | 207 | 194 | 1.16 |
| 隆德县 | Longdei | 979 | 640 | 269 | 239 | 171 | 200 | 1.50 |
| 泾源县 | Jingyuan | 511 | 330 | 149 | 104 | 78 | 103 | 1.03 |
| 彭阳县 | Pengyang | 782 | 544 | 256 | 210 | 152 | 136 | 1.07 |
| **中卫市** | Zhongwei | **5928** | **4415** | **1624** | **1406** | **1536** | **1255** | **1.24** |
| 沙坡头区 | Shapotou | 2761 | 2146 | 703 | 636 | 904 | 539 | 1.58 |
| 中宁县 | Zhongning | 1653 | 1239 | 456 | 378 | 365 | 418 | 1.11 |
| 海原县 | Haiyuan | 1514 | 1030 | 465 | 392 | 267 | 298 | 0.99 |

# 18-20 主要年份各市县卫生技术人员数
## Medical Technical Personnel in Health Care Institutions by City and County in Main Years

单位:人 (person)

| 地 区 | Region | 1985 | 1990 | 1995 | 2000 | 2005 | 2010 | 2011 | 2012 | 2013 | 2014 | 2015 |
|---|---|---|---|---|---|---|---|---|---|---|---|---|
| **全区总计** | **Total** | **15538** | **19175** | **21223** | **19171** | **22817** | **29744** | **32054** | **34265** | **37350** | **39859** | **41505** |
| **银川市** | Yinchuan | **6252** | **7876** | **8893** | **7840** | **9717** | **13667** | **14651** | **15952** | **17562** | **19288** | **20408** |
| 银川市 | District | 4693 | 6061 | 6942 | 5961 | 7845 | 11815 | 12515 | 13873 | 15242 | 16873 | 17884 |
| 永宁县 | Yongning | 406 | 470 | 470 | 542 | 584 | 570 | 587 | 580 | 760 | 776 | 759 |
| 贺兰县 | Helan | 456 | 492 | 468 | 405 | 312 | 425 | 442 | 491 | 500 | 532 | 584 |
| 灵武市 | Lingwu | 697 | 853 | 1013 | 932 | 976 | 857 | 1107 | 1008 | 1060 | 1107 | 1181 |
| **石嘴山市** | Shizuishan | **3189** | **3748** | **4083** | **3172** | **3845** | **4720** | **5105** | **5400** | **5675** | **5687** | **5741** |
| 石嘴山市 | District | 2370 | 2954 | 3200 | 2349 | 2974 | 3543 | 3814 | 4122 | 4297 | 4357 | 4360 |
| 平罗县 | Pingluo | 742 | 702 | 802 | 717 | 871 | 1177 | 1291 | 1278 | 1378 | 1330 | 1381 |
| 陶乐县 | Taole | 77 | 92 | 81 | 106 | | | | | | | |
| **吴忠市** | Wuzhong | **2147** | **2606** | **3019** | **3041** | **3648** | **4481** | **4760** | **5397** | **6022** | **6424** | **6551** |
| 利通区 | Litong | 846 | 1000 | 1169 | 1151 | 1598 | 2108 | 2226 | 2384 | 2679 | 2909 | 2932 |
| 红寺堡区 | Hongsipu | | | | | 20 | 195 | 275 | 253 | 365 | 397 | 430 |
| 盐池县 | Yanchi | 688 | 824 | 934 | 983 | 1216 | 715 | 795 | 471 | 536 | 559 | 571 |
| 同心县 | Tongxin | 328 | 414 | 450 | 441 | 376 | 366 | 369 | 935 | 993 | 1075 | 1150 |
| 青铜峡市 | Qingtongxia | 285 | 368 | 466 | 466 | 438 | 1097 | 1095 | 1354 | 1449 | 1484 | 1468 |
| **固原市** | Guyuan | **2318** | **2850** | **3043** | **2915** | **3263** | **3774** | **4080** | **3827** | **3965** | **4244** | **4390** |
| 原州区 | Yuanzhou | 1125 | 1373 | 1328 | 1287 | 1482 | 1954 | 2099 | 1778 | 1857 | 1950 | 1979 |
| 西吉县 | Xiji | 424 | 540 | 649 | 592 | 678 | 781 | 848 | 842 | 812 | 858 | 897 |
| 隆德县 | Longdei | 373 | 465 | 485 | 424 | 426 | 446 | 457 | 463 | 551 | 641 | 640 |
| 泾源县 | Jingyuan | 181 | 198 | 237 | 207 | 250 | 238 | 257 | 293 | 310 | 303 | 330 |
| 彭阳县 | Pengyang | 215 | 274 | 344 | 405 | 427 | 355 | 419 | 451 | 435 | 492 | 544 |
| **中卫市** | Zhongwei | **1632** | **2095** | **2185** | **2203** | **2344** | **3102** | **3458** | **3689** | **4126** | **4216** | **4415** |
| 沙坡头区 | Shapotou | 714 | 849 | 934 | 981 | 1092 | 1655 | 1815 | 1863 | 1977 | 2059 | 2146 |
| 中宁县 | Zhongning | 514 | 759 | 768 | 645 | 715 | 885 | 918 | 1084 | 1169 | 1244 | 1239 |
| 海原县 | Haiyuan | 404 | 487 | 483 | 577 | 537 | 562 | 725 | 742 | 980 | 913 | 1030 |

## 18－21 各市县卫生机构床位数(2015年)

## Number of Beds in Health Care Institution by City and County(2015)

单位:张 (bed)

| 地区 | Region | 合计<br>Total | 医院<br>Hospitals | 疗养院<br>Sanatoriums | 卫生院<br>Health Centers | 妇幼保健院(所、站)<br>Women and Children Care Agencies | 其他卫生机构<br>Other Institutions |
|---|---|---|---|---|---|---|---|
| **全区总计** | **Total** | **31853** | **27721** | **100** | **2693** | **1055** | **284** |
| **银川市** | Yinchuan | **13840** | **12720** | **100** | **521** | **372** | **127** |
| 银川市 | District | 12284 | 11548 | 100 | 225 | 292 | 119 |
| 永宁县 | Yongning | 445 | 360 | | 65 | 20 | |
| 贺兰县 | Helan | 371 | 247 | | 104 | 20 | |
| 灵武市 | Lingwu | 740 | 565 | | 127 | 40 | 8 |
| **石嘴山市** | Shizuishan | **4269** | **3851** | | **234** | **45** | **139** |
| 石嘴山市 | District | 3374 | 3081 | | 134 | 20 | 139 |
| 平罗县 | Pingluo | 895 | 770 | | 100 | 25 | |
| **吴忠市** | Wuzhong | **5604** | **4738** | | **631** | **225** | **10** |
| 利通区 | Litong | 2542 | 2315 | | 127 | 100 | |
| 红寺堡区 | Hongsipu | 503 | 433 | | 30 | 40 | |
| 盐池县 | Yanchi | 656 | 500 | | 136 | 20 | |
| 同心县 | Tongxin | 645 | 470 | | 160 | 15 | |
| 青铜峡市 | Qingtongxia | 1258 | 1020 | | 178 | 50 | 10 |
| **固原市** | Guyuan | **4348** | **3434** | | **590** | **318** | **6** |
| 原州区 | Yuanzhou | 2050 | 1856 | | 74 | 120 | |
| 西吉县 | Xiji | 662 | 479 | | 137 | 46 | |
| 隆德县 | Longdei | 594 | 519 | | 58 | 17 | |
| 泾源县 | Jingyuan | 277 | 200 | | 62 | 15 | |
| 彭阳县 | Pengyang | 765 | 380 | | 259 | 120 | 6 |
| **中卫市** | Zhongwei | **3792** | **2978** | | **717** | **95** | **2** |
| 沙坡头区 | Shapotou | 1834 | 1618 | | 189 | 25 | 2 |
| 中宁县 | Zhongning | 1045 | 805 | | 220 | 20 | |
| 海原县 | Haiyuan | 913 | 555 | | 308 | 50 | |

# 主要统计指标解释

［**体育场**］　指有400米跑道(中心含足球场)。有固定道牙，跑道6条以上，并有固定看台的室外田径场地。以看台容纳观众人数分：甲级25000人以上，乙级15000－25000人，丙级5000－15000人，丁级5000人以下。

［**等级裁判员**］　指经考核正式批准授予等级裁判员职称者，分为国际裁判、国家级、一级、二级、三级。

［**等级运动员**］　指经考核正式批准授予等级运动员称号的运动员，分为国际级运动健将、运动健将、一级、二级、三级、少年级。

［**优秀运动队**］　指各省、市、自治区体委、解放军、产业体协、运动技术学院和军事体育学校所居的各类运动队。不包括机关团体、厂矿等企业、事业单位所属的职工运动队。

［**卫生机构**］　指各个部门(军事部门除外)、各种性质的设有专职卫生技术人员的卫生事业机构。包括医院、疗养院(所)、门诊部(所)、专科防治所(站)、卫生防疫站、妇幼保健所(站)、药品检验所(室)、其他卫生机构、包括急救站、中心血库、输血站、环境卫生监测站、生物制品研究所、精神病收容所、麻风村、卫生干部进修院(校)。

［**医院**］　指名称为医院、设有固定床位能收容病人住院并能为病人提供医疗、护理服务的医疗机构。包括县及县以上医院、农村乡卫生院、其他医院三部分，按所属性质分为卫生部门、工业及其他部门、集体所有制三类。其中县及县以上医院按业务性质分为综合医院和专科医院。

［**卫生技术人员**］　指卫生事业机构支付工资的全部固定职工和合同制职工中现任职务为卫生技术工作的人员。包括中医师、西医师、中西医结合高级医师、护师、中药师、西药师、检验师、其他技师、中医士、西医士、护士、助产士、中药剂士、西药剂士、检验士、其他技士、其他中医、护理员、中药剂员、西药剂员、检验员、其他初级卫生技术人员。

［**医生**］　指经卫生部门审查合格，从事医疗工作的专业人员，分为中医医生和西医医生。包括卫生技术人员中的中医师、西医师、中西医结合高级医师、中医士、西医士和其他中医。

［**社会福利企业单位**］　指以安置城镇有一定劳动能力的盲、聋、哑积肢体残疾人员就业为目的，享受国家减免税待遇的全民或集体所有制企业。包括民政部门管理和街道举办两类。

［**城乡杜会救济费**］　社会救济是指国家或集体用于生活困难的人员的财物支出。本指标包括城镇社会救济费、乡村社会救济费、精减退职的老职工救济费。

［**公证人员**］　指在国家公证机关依法办理公证事务的司法人员。包括公证员、助理公证员和在公证处工作的其他人员。

［**办理公证文书**］　指公证处在一定时期内办理的公证文书件数。公证文书系按司法部规定或批准的格式制作。包括国内公证和涉外公证两部分。其中国内公证分为经济合同公证和民事法律关系公证两大类。

# 第十九篇 Chapter19

## 环境保护

## Environment Protection

**责任编辑**：马宏德

**资料整理**：马宏德　王增沈　王伟　马春艳　舍媛　杨则南

**Coordinator**:Ma Hongde

**Data Compilation**:Ma Hongde Wang Zengshen Wangwei Ma Chunyan SheYuan Yang Zenan

# 19－1 全区环境保护基本情况

## Basic Statistics on Environmental Protection

| 指　标 | Item | 2010 | 2011 | 2012 | 2013 | 2014 | 2015 |
|---|---|---|---|---|---|---|---|
| **环保系统建设情况** | **Situation of Environmental Protection Agencies** | | | | | | |
| 机构总数(个) | Number of Agencies(unit) | 62 | 65 | 65 | 65 | 69 | 62 |
| 监测站 | Monitoring Station | 15 | 18 | 18 | 13 | 17 | 14 |
| 监察机构 | Supervision Institution | | 24 | 24 | 20 | 15 | 18 |
| 人员总数(人) | Total Number of Staff and Workers (person) | 1008 | 985 | 985 | 985 | 921 | 1030 |
| 监测人员 | Monitoring Personnel | 306 | 336 | 336 | 338 | 329 | 300 |
| 监察人员 | Supervision Personnel | | 290 | 290 | 405 | 239 | 306 |
| **污染排放与处理情况** | **Pollution Discharge and Treatment** | | | | | | |
| 废水 | Waste Water | | | | | | |
| 工业废水排放量(万吨) | Volume of Waste Water Discharge(10 000 tons) | 21977.5 | 18666.4 | 16547.8 | 15708.1 | 15146.8 | 16442.8 |
| 城镇生活污水排放量(万吨) | Consumption Waste Water Discharge in Town(10 000 tons) | 18676.3 | 20138.0 | 22388.6 | 22809.8 | 22119.8 | 15572.9 |
| 化学需氧量(COD)排放量(万吨) | Chemical oxygen demand (COD) emissions (10 000 tons) | 24.0 | 23.4 | 22.8 | 22.2 | 22.0 | 21.1 |
| 工业 | Industrial | 11.3 | 11.2 | 10.5 | 10.3 | 10.0 | 6.8 |
| 农业 | Agriculture | 10.6 | 10.3 | 10.2 | 10.1 | 10.1 | 10.2 |
| 生活及其他 | Domestic and others | 2.1 | 1.9 | 2.1 | 1.8 | 1.9 | 4.1 |
| 氨氮排放量(万吨) | Ammonia Nitrogen (10 000 tons) | 1.8 | 1.8 | 1.7 | 1.7 | 1.7 | 1.6 |
| 工业 | Industrial | 1.0 | 0.9 | 0.9 | 0.9 | 0.8 | 0.7 |
| 农业 | Agriculture | 0.2 | 0.2 | 0.2 | 0.2 | 0.2 | 0.2 |
| 生活及其他 | Domestic and others | 0.6 | 0.6 | 0.7 | 0.6 | 0.7 | 0.7 |
| 废气 | Waste Gas | | | | | | |
| 工业废气排放量(亿标立方米) | Volume of Industrial Waste Gas Emission(100 million cu. m) | 16324.2 | 10055.9 | 9324.5 | 10026.2 | 10717.0 | 8760.5 |
| 二氧化硫排放量(万吨) | Volume of Sulphur Dioxide Emission (10 000 tons) | 38.3 | 41.0 | 40.7 | 39.0 | 37.7 | 35.8 |
| 工业 | Industry | 28.0 | 38.8 | 38.4 | 36.8 | 34.1 | 30.4 |
| 生活及其他 | Domestic and others | 3.0 | 2.3 | 2.2 | 2.2 | 3.6 | 5.4 |
| 氮氧化物排放量(万吨) | Volume of Nitrogen Oxide Emissions(10 000 tons) | 41.8 | 45.8 | 45.5 | 43.7 | 40.4 | 36.8 |
| 工业 | Industry | 35.0 | 38.6 | 37.9 | 35.7 | 32.3 | 29.2 |
| 生活及其他 | Domestic and others | 0.3 | 0.3 | 0.3 | 0.3 | 0.4 | 0.8 |
| 机动车 | Motor Vehicle | 6.5 | 7.0 | 7.4 | 7.8 | 7.7 | 6.8 |
| 烟(粉)尘排放量(万吨) | Volume of Soot(Dust) Emission(10 000 tons) | 25.7 | 21.6 | 19.8 | 23.1 | 23.9 | 23.0 |
| 工业 | Industry | 22.7 | 19.8 | 18.1 | 21.3 | 21.2 | 18.5 |
| 生活及其他 | Domestic and others | 2.3 | 1.0 | 0.9 | 0.9 | 1.9 | 3.6 |
| 机动车 | Motor Vehicle | 0.7 | 0.8 | 0.8 | 0.9 | 0.9 | 0.8 |
| 工业二氧化硫产生量(万吨) | Volume of Sulphur Dioxide Produced (10 000 tons) | | 119.9 | 127.5 | 147.5 | 140.1 | 121.4 |
| 工业氮氧化物产生量(万吨) | Volume of Industrial of nitrogen oxides Produced (10 000 tons) | | 38.2 | 40.6 | 53.9 | 42.4 | 40.8 |
| 工业烟(粉)尘产生量(万吨) | Volume of Industrial Soot(Dust) Produced(10 000 tons) | | 2325.7 | 2114.1 | 1910.7 | 1864.9 | 1524.9 |

# 19-1 续表1 continued

| 指 标 | Item | 2010 | 2011 | 2012 | 2013 | 2014 | 2015 |
|---|---|---|---|---|---|---|---|
| **固体废物** | **Solid Wastes** | | | | | | |
| 一般工业固体废物产生量(万吨) | Volume of General Industrial Solid Wastes Produced (10 000 tons) | 2465.5 | 3349.1 | 2960.7 | 3276.9 | 3693.9 | 3430.1 |
| 危险废物产生量(万吨) | Volume of Hazardous Wastes Produced (10 000 tons) | 4.1 | 4.9 | 5.6 | 5.1 | 5.3 | 9.8 |
| 一般工业固体废物综合利用率(%) | Ratio of Industrial Solid Wastes Utilized (%) | 57.5 | 61.3 | 69.0 | 73.1 | 79.3 | 62.0 |
| 一般工业固体废物排放量(万吨) | Volume of Industrial Solid Wastes Discharged (10 000 tons) | 0.9 | 1.7 | | | | |
| **工业污染治理项目及投资情况** | **Investment Completed in the Treatment of Industrial Pollution** | | | | | | |
| 当年施工污染治理项目数(个) | Number of Projects for Pollution Treatment (unit) | 21 | 112 | 60 | 69 | 76 | 87 |
| 污染治理项目本年完成投资额(万元) | Investment Completed in the Treatment of Pollution This Year (10 000 yuan) | 40896 | 46091 | 69160 | 165486 | 272967 | 104318 |
| 废水治理 | Treatment of Waste Water | 23478 | 20017 | 14298 | 18947 | 30829 | 15719 |
| 废气治理 | Treatment of Waste Gas | 5618 | 23140 | 43543 | 138889 | 219777 | 83045 |
| 固体废物治理 | Treatment of Solid Waste | | 1111 | 5601 | 7283 | 14890 | 3441 |
| 治理噪声治理 | Treatment of Noise | | 18 | | 6 | | |
| 其他治理 | Treatment of Other Pollution | 11800 | 1823 | 5717 | 362 | 7472 | 2113 |
| **生态环境保护情况** | **Situation of Natural Protection** | | | | | | |
| 自然保护区(个) | Number of Nature Reserves (unit) | 13 | 13 | 13 | 14 | 14 | 14 |
| 国家级 | Nation Level | 6 | 6 | 6 | 8 | 9 | 9 |
| 自然保护区面积(万公顷) | Area of Nature Reserves (10 000 hectares) | 47.0 | 53.4 | 53.4 | 53.3 | 53.3 | 53.3 |

# 19－2　按行业分工业废水排放及处理情况（2015年）

## Discharge and Treatment of Waste Water by Sector(2015)

| 行　业 | Sector | 汇总工业企业数（个）Number of Industrial Enterprises (unit) | 工业废水治理设施数（套）Number of Facilities for Treatment of Industrial Waste Water (set) |
|---|---|---|---|
| 煤炭开采和洗选业 | Mining and Washing of Coal | 62 | 46 |
| 石油和天然气开采业 | Extraction of Petroleum and Natural Gas | 2 | |
| 非金属矿采选业 | Mining and Processing of Non－metal Ores | 5 | 1 |
| 农副食品加工业 | Processing of Food from Agricultural Products | 42 | 6 |
| 食品制造业 | Manufacture of Foods | 25 | 15 |
| 酒、饮料和精制茶制造业 | Manufacture of Wine, Beverages and Refined Tea | 17 | 6 |
| 烟草制品业 | Manufacture of Tobacco | 1 | |
| 纺织业 | Manufacture of Textile | 9 | 6 |
| 皮革、毛皮、羽毛(绒)及其制品业 | Manufacture of Leather, Fur, Feather and Related Products | 7 | 6 |
| 造纸及纸制品业 | Manufacture of Paper and Paper Products | 14 | 15 |
| 石油加工、炼焦及核燃料加工业 | Processing of Petroleum, Coking, Processing of Nuclear Fuel | 24 | 21 |
| 化学原料及化学制品制造业 | Manufacture of Raw Chemical Materials and Chemical Products | 114 | 84 |
| 医药制造业 | Manufacture of Medicines | 15 | 14 |
| 橡胶和塑料制品业 | Manufacture of Rubber and Plastics | 1 | 2 |
| 非金属矿物制品业 | Manufacture of Non－metallic Mineral Products | 264 | 33 |
| 黑色金属冶炼及压延加工业 | Smelting and Pressing of Ferrous Metals | 79 | 22 |
| 有色金属冶炼及压延加工业 | Smelting and Pressing of Non－ferrous Metals | 20 | 4 |
| 金属制品业 | Manufacture of Metal Products | 8 | 5 |
| 通用设备制造业 | Manufacture of General Purpose Machinery | 4 | 2 |
| 专用设备制造业 | Manufacture of Special Purpose Machinery | 6 | |
| 电气机械及器材制造业 | Manufacture of Electrical Machinery and Equipment | 4 | 2 |
| 计算机、通信和其他电子设备制造业 | Manufacture of Computers, Communication Equipment and Other Electronic Equipment | 1 | 1 |
| 其他制造业 | Other Manufacturing | 4 | 4 |
| 废弃资源综合利用业 | Recycling and Disposal of Waste | 6 | 1 |
| 金属制品、机械和设备修理业 | Metal Products, Machinery and Equipment Repair Industry | 2 | 1 |
| 电力、热力的生产和供应业 | Production and Supply of Electric power and Heat Power | 250 | 53 |

## 19－2 续表1 continued

| 行 业 | Sector | 工业废水排放量（万吨）Volume of Industrial Waste Water Discharge (10 000 tons) | 排入污水处理厂的量 Volume of Waste Water Discharged into Sewage Disposal Plants |
|---|---|---|---|
| 煤炭开采和洗选业 | Mining and Washing of Coal | 2216 | 84 |
| 石油和天然气开采业 | Extraction of Petroleum and Natural Gas | | |
| 非金属矿采选业 | Mining and Processing of Non－metal Ores | 48 | |
| 农副食品加工业 | Processing of Food from Agricultural Products | 371 | 20 |
| 食品制造业 | Manufacture of Foods | 2108 | 226 |
| 酒、饮料和精制茶制造业 | Manufacture of Wine, Beverages and Refined Tea | 121 | 11 |
| 烟草制品业 | Manufacture of Tobacco | 6 | 6 |
| 纺织业 | Manufacture of Textile | 89 | 72 |
| 皮革、毛皮、羽毛(绒)及其制品业 | Manufacture of Leather, Fur, Feather and Related Products | 10 | 9 |
| 造纸及纸制品业 | Manufacture of Paper and Paper Products | 3043 | |
| 石油加工、炼焦及核燃料加工业 | Processing of Petroleum, Coking, Processing of Nuclear Fuel | 609 | 232 |
| 化学原料及化学制品制造业 | Manufacture of Raw Chemical Materials and Chemical Products | 4421 | 763 |
| 医药制造业 | Manufacture of Medicines | 1220 | 217 |
| 橡胶和塑料制品业 | Manufacture of Rubber and Plastics | 57 | 57 |
| 非金属矿物制品业 | Manufacture of Non－metallic Mineral Products | 76 | |
| 黑色金属冶炼及压延加工业 | Smelting and Pressing of Ferrous Metals | 532 | 42 |
| 有色金属冶炼及压延加工业 | Smelting and Pressing of Non－ferrous Metals | 173 | 73 |
| 金属制品业 | Manufacture of Metal Products | 115 | 58 |
| 通用设备制造业 | Manufacture of General Purpose Machinery | 10 | 10 |
| 专用设备制造业 | Manufacture of Special Purpose Machinery | 0.10 | |
| 电气机械及器材制造业 | Manufacture of Electrical Machinery and Equipment | 3 | 3 |
| 计算机、通信和其他电子设备制造业 | Manufacture of Computers, Communication Equipment and Other Electronic Equipment | 4 | |
| 其他制造业 | Other Manufacturing | | |
| 废弃资源综合利用业 | Recycling and Disposal of Waste | 7 | |
| 金属制品、机械和设备修理业 | Metal Products, Machinery and Equipment Repair Industry | 3 | |
| 电力、热力的生产和供应业 | Production and Supply of Electric power and Heat Power | 138 | 26 |

## 19－2 续表2 continued

| 行 业 | Sector | 工业废水处理量（万吨） Volume of Industrial Waste Water Treated (10 000 tons) | 化学需氧量排放量（吨） COD Discharged (ton) |
|---|---|---|---|
| 煤炭开采和洗选业 | Mining and Washing of Coal | 2580 | 1160 |
| 石油和天然气开采业 | Extraction of Petroleum and Natural Gas | | |
| 非金属矿采选业 | Mining and Processing of Non－metal Ores | 2 | 2 |
| 农副食品加工业 | Processing of Food from Agricultural Products | 305 | 10369 |
| 食品制造业 | Manufacture of Foods | 2152 | 4284 |
| 酒、饮料和精制茶制造业 | Manufacture of Wine,Beverages and Refined Tea | 81 | 1739 |
| 烟草制品业 | Manufacture of Tobacco | | 5 |
| 纺织业 | Manufacture of Textile | 72 | 2056 |
| 皮革、毛皮、羽毛(绒)及其制品业 | Manufacture of Leather,Fur,Feather and Related Products | 11 | 23 |
| 造纸及纸制品业 | Manufacture of Paper and Paper Products | 3176 | 16129 |
| 石油加工、炼焦及核燃料加工业 | Processing of Petroleum, Coking, Processing of Nuclear Fuel | 687 | 839 |
| 化学原料及化学制品制造业 | Manufacture of Raw Chemical Materials and Chemical Products | 6937 | 19069 |
| 医药制造业 | Manufacture of Medicines | 992 | 3461 |
| 橡胶和塑料制品业 | Manufacture of Rubber and Plastics | 57 | 44 |
| 非金属矿物制品业 | Manufacture of Non－metallic Mineral Products | 68 | 26 |
| 黑色金属冶炼及压延加工业 | Smelting and Pressing of Ferrous Metals | 1766 | 1440 |
| 有色金属冶炼及压延加工业 | Smelting and Pressing of Non－ferrous Metals | 431 | 245 |
| 金属制品业 | Manufacture of Metal Products | 324 | 231 |
| 通用设备制造业 | Manufacture of General Purpose Machinery | 10 | 9 |
| 专用设备制造业 | Manufacture of Special Purpose Machinery | | 0.24 |
| 电气机械及器材制造业 | Manufacture of Electrical Machinery and Equipment | 16 | 1 |
| 计算机、通信和其他电子设备制造业 | Manufacture of Computers,Communication Equipment and Other Electronic Equipment | 4 | 3 |
| 其他制造业 | Other Manufacturing | 268 | |
| 废弃资源综合利用业 | Recycling and Disposal of Waste | 7 | 15 |
| 金属制品、机械和设备修理业 | Metal Products, Machinery and Equipment Repair Industry | 3 | 4 |
| 电力、热力的生产和供应业 | Production and Supply of Electric power and Heat Power | 1651 | 47 |

# 19－3 按行业分工业废气排放及处理情况(2015年)

## Emission and Treatment of Waste Gas by Sector(2015)

| 行　业 | Sector | 废气治理设施数(套) Number of Facilities for Treatment of Waste Gas (set) | 工业废气排放总量(亿标立方米) Total Volume of Industrial Waste Gas Emission (100 million cu. m) |
|---|---|---|---|
| 煤炭开采和洗选业 | Mining and Washing of Coal | 147 | 44 |
| 石油和天然气开采业 | Extraction of Petroleum and Natural Gas | | 0.3 |
| 非金属矿采选业 | Mining and Processing of Non－metal Ores | 4 | 7 |
| 农副食品加工业 | Processing of Food from Agricultural Products | 27 | 3 |
| 食品制造业 | Manufacture of Foods | 45 | 255 |
| 酒、饮料和精制茶制造业 | Manufacture of Wine, Beverages and Refined Tea | 16 | 5 |
| 烟草制品业 | Manufacture of Tobacco | | 0.2 |
| 纺织业 | Manufacture of Textile | 14 | 2 |
| 皮革、毛皮、羽毛(绒)及其制品业 | Manufacture of Leather, Fur, Feather and Related Products | 6 | 0.3 |
| 造纸及纸制品业 | Manufacture of Paper and Paper Products | 23 | 42 |
| 石油加工、炼焦及核燃料加工业 | Processing of Petroleum, Coking, Processing of Nuclear Fuel | 77 | 291 |
| 化学原料及化学制品制造业 | Manufacture of Raw Chemical Materials and Chemical Products | 304 | 995 |
| 医药制造业 | Manufacture of Medicines | 26 | 120 |
| 橡胶和塑料制品业 | Manufacture of Rubber and Plastics | 6 | 8 |
| 非金属矿物制品业 | Manufacture of Non－metallic Mineral Products | 545 | 813 |
| 黑色金属冶炼及压延加工业 | Smelting and Pressing of Ferrous Metals | 277 | 669 |
| 有色金属冶炼及压延加工业 | Smelting and Pressing of Non－ferrous Metals | 178 | 1113 |
| 金属制品业 | Manufacture of Metal Products | 28 | 145 |
| 通用设备制造业 | Manufacture of General Purpose Machinery | | 1 |
| 专用设备制造业 | Manufacture of Special Purpose Machinery | 18 | 2 |
| 电气机械及器材制造业 | Manufacture of Electrical Machinery and Equipment | 2 | 0.3 |
| 计算机、通信和其他电子设备制造业 | Manufacture of Computers, Communication Equipment and Other Electronic Equipment | | |
| 其他制造业 | Other Manufacturing | 5 | 1 |
| 废弃资源综合利用业 | Recycling and Disposal of Waste | 3 | 14 |
| 金属制品、机械和设备修理业 | Metal Products, Machinery and Equipment Repair Industry | 8 | 1 |
| 电力、热力的生产和供应业 | Production and Supply of Electric power and Heat Power | 771 | 4201 |

## 19－3 续表1 continued

| 行 业 | Sector | 工业二氧化硫产生量（吨）Volume of Sulphur Dioxide Produced (ton) | 工业二氧化硫排放量（吨）Volume of Sulphur Dioxide Emission (ton) |
|---|---|---|---|
| 煤炭开采和洗选业 | Mining and Washing of Coal | 3218 | 2629 |
| 石油和天然气开采业 | Extraction of Petroleum and Natural Gas | 44 | 44 |
| 非金属矿采选业 | Mining and Processing of Non－metal Ores | 1021 | 1021 |
| 农副食品加工业 | Processing of Food from Agricultural Products | 444 | 444 |
| 食品制造业 | Manufacture of Foods | 26132 | 18940 |
| 酒、饮料和精制茶制造业 | Manufacture of Wine, Beverages and Refined Tea | 396 | 396 |
| 烟草制品业 | Manufacture of Tobacco | 2 | 2 |
| 纺织业 | Manufacture of Textile | 143 | 143 |
| 皮革、毛皮、羽毛（绒）及其制品业 | Manufacture of Leather, Fur, Feather and Related Products | 45 | 45 |
| 造纸及纸制品业 | Manufacture of Paper and Paper Products | 4209 | 2962 |
| 石油加工、炼焦及核燃料加工业 | Processing of Petroleum, Coking, Processing of Nuclear Fuel | 12233 | 10863 |
| 化学原料及化学制品制造业 | Manufacture of Raw Chemical Materials and Chemical Products | 150694 | 61487 |
| 医药制造业 | Manufacture of Medicines | 14658 | 8648 |
| 橡胶和塑料制品业 | Manufacture of Rubber and Plastics | 547 | 547 |
| 非金属矿物制品业 | Manufacture of Non－metallic Mineral Products | 14580 | 14580 |
| 黑色金属冶炼及压延加工业 | Smelting and Pressing of Ferrous Metals | 18375 | 13346 |
| 有色金属冶炼及压延加工业 | Smelting and Pressing of Non－ferrous Metals | 12582 | 12582 |
| 金属制品业 | Manufacture of Metal Products | 6588 | 6588 |
| 通用设备制造业 | Manufacture of General Purpose Machinery | 6 | 6 |
| 专用设备制造业 | Manufacture of Special Purpose Machinery | 552 | 552 |
| 电气机械及器材制造业 | Manufacture of Electrical Machinery and Equipment | 36 | 36 |
| 计算机、通信和其他电子设备制造业 | Manufacture of Computers, Communication Equipment and Other Electronic Equipment | | |
| 其他制造业 | Other Manufacturing | 55 | 55 |
| 废弃资源综合利用业 | Recycling and Disposal of Waste | 16 | 16 |
| 金属制品、机械和设备修理业 | Metal Products, Machinery and Equipment Repair Industry | 41 | 35 |
| 电力、热力的生产和供应业 | Production and Supply of Electric power and Heat Power | 901183 | 128533 |

# 19-3 续表 2 continued

| 行 业 | Sector | 工业氮氧化物产生量（吨）Volume of Industrial Nitrogen Oxides Produced (ton) | 工业氮氧化物排放量（吨）Volume of Industrial Nitrogen Oxides Discharged (ton) |
|---|---|---|---|
| 煤炭开采和洗选业 | Mining and Washing of Coal | 895 | 895 |
| 石油和天然气开采业 | Extraction of Petroleum and Natural Gas | 8 | 8 |
| 非金属矿采选业 | Mining and Processing of Non-metal Ores | 313 | 313 |
| 农副食品加工业 | Processing of Food from Agricultural Products | 101 | 101 |
| 食品制造业 | Manufacture of Foods | 3977 | 3977 |
| 酒、饮料和精制茶制造业 | Manufacture of Wine, Beverages and Refined Tea | 82 | 82 |
| 烟草制品业 | Manufacture of Tobacco | 5 | 5 |
| 纺织业 | Manufacture of Textile | 46 | 46 |
| 皮革、毛皮、羽毛(绒)及其制品业 | Manufacture of Leather, Fur, Feather and Related Products | 16 | 16 |
| 造纸及纸制品业 | Manufacture of Paper and Paper Products | 818 | 818 |
| 石油加工、炼焦及核燃料加工业 | Processing of Petroleum, Coking, Processing of Nuclear Fuel | 10484 | 10484 |
| 化学原料及化学制品制造业 | Manufacture of Raw Chemical Materials and Chemical Products | 45325 | 44190 |
| 医药制造业 | Manufacture of Medicines | 4351 | 4351 |
| 橡胶和塑料制品业 | Manufacture of Rubber and Plastics | 231 | 231 |
| 非金属矿物制品业 | Manufacture of Non-metallic Mineral Products | 23798 | 21233 |
| 黑色金属冶炼及压延加工业 | Smelting and Pressing of Ferrous Metals | 4269 | 4269 |
| 有色金属冶炼及压延加工业 | Smelting and Pressing of Non-ferrous Metals | 1314 | 1314 |
| 金属制品业 | Manufacture of Metal Products | 495 | 495 |
| 通用设备制造业 | Manufacture of General Purpose Machinery | 5 | 5 |
| 专用设备制造业 | Manufacture of Special Purpose Machinery | 151 | 151 |
| 电气机械及器材制造业 | Manufacture of Electrical Machinery and Equipment | 9 | 9 |
| 计算机、通信和其他电子设备制造业 | Manufacture of Computers, Communication Equipment and Other Electronic Equipment | | |
| 其他制造业 | Other Manufacturing | 17 | 17 |
| 废弃资源综合利用业 | Recycling and Disposal of Waste | 17 | 17 |
| 金属制品、机械和设备修理业 | Metal Products, Machinery and Equipment Repair Industry | 25 | 25 |
| 电力、热力的生产和供应业 | Production and Supply of Electric Power and Heat Power | 287951 | 176244 |

# 19－3 续表3 continued

| 行 业 | Sector | 工业烟(粉)尘产生量(吨) Volume of Industrial Soot(Dust) Produced (ton) | 工业烟(粉)尘排放量(吨) Volume of Industrial Soot(Dust) Emission (ton) |
|---|---|---|---|
| 煤炭开采和洗选业 | Mining and Washing of Coal | 8130 | 2103 |
| 石油和天然气开采业 | Extraction of Petroleum and Natural Gas | 49 | 49 |
| 非金属矿采选业 | Mining and Processing of Non－metal Ores | 2528 | 228 |
| 农副食品加工业 | Processing of Food from Agricultural Products | 1210 | 182 |
| 食品制造业 | Manufacture of Foods | 34382 | 1595 |
| 酒、饮料和精制茶制造业 | Manufacture of Wine, Beverages and Refined Tea | 875 | 210 |
| 烟草制品业 | Manufacture of Tobacco | 9 | 9 |
| 纺织业 | Manufacture of Textile | 130 | 85 |
| 皮革、毛皮、羽毛(绒)及其制品业 | Manufacture of Leather, Fur, Feather and Related Products | 59 | 23 |
| 造纸及纸制品业 | Manufacture of Paper and Paper Products | 16288 | 350 |
| 石油加工、炼焦及核燃料加工业 | Processing of Petroleum, Coking, Processing of Nuclear Fuel | 19710 | 2930 |
| 化学原料及化学制品制造业 | Manufacture of Raw Chemical Materials and Chemical Products | 839072 | 16725 |
| 医药制造业 | Manufacture of Medicines | 64405 | 968 |
| 橡胶和塑料制品业 | Manufacture of Rubber and Plastics | 5025 | 201 |
| 非金属矿物制品业 | Manufacture of Non－metallic Mineral Products | 2454577 | 22545 |
| 黑色金属冶炼及压延加工业 | Smelting and Pressing of Ferrous Metals | 348236 | 59875 |
| 有色金属冶炼及压延加工业 | Smelting and Pressing of Non－ferrous Metals | 103627 | 4580 |
| 金属制品业 | Manufacture of Metal Products | 6900 | 1507 |
| 通用设备制造业 | Manufacture of General Purpose Machinery | 18 | 18 |
| 专用设备制造业 | Manufacture of Special Purpose Machinery | 1219 | 250 |
| 电气机械及器材制造业 | Manufacture of Electrical Machinery and Equipment | 48.1 | 6.2 |
| 计算机、通信和其他电子设备制造业 | Manufacture of Computers, Communication Equipment and Other Electronic Equipment | | |
| 其他制造业 | Other Manufacturing | 264 | 74 |
| 废弃资源综合利用业 | Recycling and Disposal of Waste | 1331 | 14 |
| 金属制品、机械和设备修理业 | Metal Products, Machinery and Equipment Repair Industry | 216 | 28 |
| 电力、热力的生产和供应业 | Production and Supply of Electric Power and Heat Power | 10321656 | 45541 |

# 19-4 按行业分工业固体废物产生及处理利用情况(2015年)

## Production, Treatment and Utilization of Industrial Solid Wastes by Sector(2015)

| 行　业 | Sector | 一般工业固体废物产生量（吨）Common Industrial Solid Wastes Produced (10 000tons) | 一般工业固体废物综合利用量（吨）Common Industrial Solid Wastes Comprehen Sively Utilized (10 000tons) |
|---|---|---|---|
| 煤炭开采和洗选业 | Mining and Washing of Coal | 5734358 | 1493812 |
| 石油和天然气开采业 | Extraction of Petroleum and Natural Gas | 68 | 68 |
| 非金属矿采选业 | Mining and Processing of Non-metal Ores | 11228 | 11228 |
| 农副食品加工业 | Processing of Food from Agricultural Products | 146921 | 146921 |
| 食品制造业 | Manufacture of Foods | 125462 | 125102 |
| 酒、饮料和精制茶制造业 | Manufacture of Wine, Beverages and Refined Tea | 36901 | 36448 |
| 烟草制品业 | Manufacture of Tobacco | | |
| 纺织业 | Manufacture of Textile | 3101 | 2301 |
| 皮革、毛皮、羽毛(绒)及其制品业 | Manufacture of Leather, Fur, Feather and Related Products | 486 | 337 |
| 造纸及纸制品业 | Manufacture of Paper and Paper Products | 134517 | 69747 |
| 石油加工、炼焦及核燃料加工业 | Processing of Petroleum, Coking, Processing of Nuclear Fuel | 126014 | 123585 |
| 化学原料及化学制品制造业 | Manufacture of Raw Chemical Materials and Chemical Products | 2746145 | 2074334 |
| 医药制造业 | Manufacture of Medicines | 257873 | 213918 |
| 橡胶和塑料制品业 | Manufacture of Rubber and Plastics | 15197 | 15197 |
| 非金属矿物制品业 | Manufacture of Non-metallic Mineral Products | 335508 | 331861 |
| 黑色金属冶炼及压延加工业 | Smelting and Pressing of Ferrous Metals | 4905359 | 4775453 |
| 有色金属冶炼及压延加工业 | Smelting and Pressing of Non-ferrous Metals | 371571 | 111329 |
| 金属制品业 | Manufacture of Metal Products | 65481 | 9456 |
| 通用设备制造业 | Manufacture of General Purpose Machinery | 3978 | 2058 |
| 专用设备制造业 | Manufacture of Special Purpose Machinery | 5363 | 5363 |
| 电气机械及器材制造业 | Manufacture of Electrical Machinery and Equipment | 395 | 395 |
| 计算机、通信和其他电子设备制造业 | Manufacture of Computers, Communication Equipment and Other Electronic Equipment | | |
| 其他制造业 | Other Manufacturing | 977 | 977 |
| 废弃资源综合利用业 | Recycling and Disposal of Waste | 93 | 93 |
| 金属制品、机械和设备修理业 | Metal Products, Machinery and Equipment Repair Industry | 1726 | |
| 电力、热力的生产和供应业 | Production and Supply of Electric Power and Heat Power | 16059461 | 9630769 |

## 19－4 续表1 continued

| 行　业 | Sector | 一般工业固体废物处置量（吨）Common Industrial Solid Wastes Disposed（10 000tons） | 一般工业固体废物贮存量（吨）Stocks of Common Industrial Solid Wastes（10 000tons） |
|---|---|---|---|
| 煤炭开采和洗选业 | Mining and Washing of Coal | 3352061 | 891018 |
| 石油和天然气开采业 | Extraction of Petroleum and Natural Gas | | |
| 非金属矿采选业 | Mining and Processing of Non－metal Ores | | |
| 农副食品加工业 | Processing of Food from Agricultural Products | | |
| 食品制造业 | Manufacture of Foods | | 360 |
| 酒、饮料和精制茶制造业 | Manufacture of Wine，Beverages and Refined Tea | 453 | |
| 烟草制品业 | Manufacture of Tobacco | | |
| 纺织业 | Manufacture of Textile | 800 | |
| 皮革、毛皮、羽毛（绒）及其制品业 | Manufacture of Leather，Fur，Feather and Related Products | 148 | |
| 造纸及纸制品业 | Manufacture of Paper and Paper Products | 64770 | |
| 石油加工、炼焦及核燃料加工业 | Processing of Petroleum，Coking，Processing of Nuclear Fuel | 883 | 2382 |
| 化学原料及化学制品制造业 | Manufacture of Raw Chemical Materials and Chemical Products | 372284 | 335186 |
| 医药制造业 | Manufacture of Medicines | 43967 | 12 |
| 橡胶和塑料制品业 | Manufacture of Rubber and Plastics | | |
| 非金属矿物制品业 | Manufacture of Non－metallic Mineral Products | 4467 | 180 |
| 黑色金属冶炼及压延加工业 | Smelting and Pressing of Ferrous Metals | 20303 | 110000 |
| 有色金属冶炼及压延加工业 | Smelting and Pressing of Non－ferrous Metals | 259242 | 1000 |
| 金属制品业 | Manufacture of Metal Products | 469 | 55556 |
| 通用设备制造业 | Manufacture of General Purpose Machinery | 1920 | |
| 专用设备制造业 | Manufacture of Special Purpose Machinery | | |
| 电气机械及器材制造业 | Manufacture of Electrical Machinery and Equipment | | |
| 计算机、通信和其他电子设备制造业 | Manufacture of Computers，Communication Equipment and Other Electronic Equipment | | |
| 其他制造业 | Other Manufacturing | | |
| 废弃资源综合利用业 | Recycling and Disposal of Waste | | |
| 金属制品、机械和设备修理业 | Metal Products，Machinery and Equipment Repair Industry | 1726 | |
| 电力、热力的生产和供应业 | Production and Supply of Electric Power and Heat Power | 4250104 | 2827962 |

## 19-4 续表2 continued

| 行 业 | Sector | 一般工业固体废物倾倒丢弃量（吨）Common Industrial Solid Wastes Discharged (ton) | 危险废物产生量（吨）Hazardous Wastes Produced (ton) |
|---|---|---|---|
| 煤炭开采和洗选业 | Mining and Washing of Coal | | 24 |
| 石油和天然气开采业 | Extraction of Petroleum and Natural Gas | | 1134 |
| 非金属矿采选业 | Mining and Processing of Non－metal Ores | | |
| 农副食品加工业 | Processing of Food from Agricultural Products | | |
| 食品制造业 | Manufacture of Foods | | 9 |
| 酒、饮料和精制茶制造业 | Manufacture of Wine, Beverages and Refined Tea | | |
| 烟草制品业 | Manufacture of Tobacco | | |
| 纺织业 | Manufacture of Textile | | 114 |
| 皮革、毛皮、羽毛(绒)及其制品业 | Manufacture of Leather, Fur, Feather and Related Products | | 4 |
| 造纸及纸制品业 | Manufacture of Paper and Paper Products | | 1 |
| 石油加工、炼焦及核燃料加工业 | Processing of Petroleum, Coking, Processing of Nuclear Fuel | | 5994 |
| 化学原料及化学制品制造业 | Manufacture of Raw Chemical Materials and Chemical Products | | 41016 |
| 医药制造业 | Manufacture of Medicines | | 44268 |
| 橡胶和塑料制品业 | Manufacture of Rubber and Plastics | | 74 |
| 非金属矿物制品业 | Manufacture of Non－metallic Mineral Products | | 498 |
| 黑色金属冶炼及压延加工业 | Smelting and Pressing of Ferrous Metals | | 461 |
| 有色金属冶炼及压延加工业 | Smelting and Pressing of Non－ferrous Metals | | 383 |
| 金属制品业 | Manufacture of Metal Products | | 346 |
| 通用设备制造业 | Manufacture of General Purpose Machinery | | 182 |
| 专用设备制造业 | Manufacture of Special Purpose Machinery | | 8 |
| 电气机械及器材制造业 | Manufacture of Electrical Machinery and Equipment | | 37 |
| 计算机、通信和其他电子设备制造业 | Manufacture of Computers, Communication Equipment and Other Electronic Equipment | | |
| 其他制造业 | Other Manufacturing | | |
| 废弃资源综合利用业 | Recycling and Disposal of Waste | | |
| 金属制品、机械和设备修理业 | Metal Products, Machinery and Equipment Repair Industry | | 1990 |
| 电力、热力的生产和供应业 | Production and Supply of Electric Power and Heat Power | | 991 |

## 19－4 续表3 continued

| 行业 | Sector | 危险废物综合利用量（吨） Hazardous Wastes Utilized (ton) | 危险废物处置量（吨） Hazardous Wastes Dispesed (ton) |
|---|---|---|---|
| 煤炭开采和洗选业 | Mining and Washing of Coal | | 19 |
| 石油和天然气开采业 | Extraction of Petroleum and Natural Gas | | 1122 |
| 非金属矿采选业 | Mining and Processing of Non－metal Ores | | |
| 农副食品加工业 | Processing of Food from Agricultural Products | | |
| 食品制造业 | Manufacture of Foods | | 10 |
| 酒、饮料和精制茶制造业 | Manufacture of Wine, Beverages and Refined Tea | | |
| 烟草制品业 | Manufacture of Tobacco | | |
| 纺织业 | Manufacture of Textile | | 105 |
| 皮革、毛皮、羽毛（绒）及其制品业 | Manufacture of Leather, Fur, Feather and Related Products | | 3 |
| 造纸及纸制品业 | Manufacture of Paper and Paper Products | | 1 |
| 石油加工、炼焦及核燃料加工业 | Processing of Petroleum, Coking, Processing of Nuclear Fuel | 1112 | 3787 |
| 化学原料及化学制品制造业 | Manufacture of Raw Chemical Materials and Chemical Products | 30694 | 11444 |
| 医药制造业 | Manufacture of Medicines | 22709 | 21831 |
| 橡胶和塑料制品业 | Manufacture of Rubber and Plastics | | 74 |
| 非金属矿物制品业 | Manufacture of Non－metallic Mineral Products | 453 | 47 |
| 黑色金属冶炼及压延加工业 | Smelting and Pressing of Ferrous Metals | 32 | 216 |
| 有色金属冶炼及压延加工业 | Smelting and Pressing of Non－ferrous Metals | 10 | 233 |
| 金属制品业 | Manufacture of Metal Products | 115 | 62 |
| 通用设备制造业 | Manufacture of General Purpose Machinery | | 211 |
| 专用设备制造业 | Manufacture of Special Purpose Machinery | | 4 |
| 电气机械及器材制造业 | Manufacture of Electrical Machinery and Equipment | 19 | 19 |
| 计算机、通信和其他电子设备制造业 | Manufacture of Computers, Communication Equipment and Other Electronic Equipment | | |
| 其他制造业 | Other Manufacturing | | |
| 废弃资源综合利用业 | Recycling and Disposal of Waste | | |
| 金属制品、机械和设备修理业 | Metal Products, Machinery and Equipment Repair Industry | | 1692 |
| 电力、热力的生产和供应业 | Production and Supply of Electric Power and Heat Power | 140 | 850 |

## 19－4 续表4 continued

| 行 业 | Sector | 危险废物贮存量（吨）Stock of Hazardous Wastes (ton) | 危险废物倾倒丢弃量（吨）Hazardous Wastes Discharged (ton) |
|---|---|---|---|
| 煤炭开采和洗选业 | Mining and Washing of Coal | 5 | |
| 石油和天然气开采业 | Extraction of Petroleum and Natural Gas | 12 | |
| 非金属矿采选业 | Mining and Processing of Non－metal Ores | | |
| 农副食品加工业 | Processing of Food from Agricultural Products | | |
| 食品制造业 | Manufacture of Foods | | |
| 酒、饮料和精制茶制造业 | Manufacture of Wine, Beverages and Refined Tea | | |
| 烟草制品业 | Manufacture of Tobacco | | |
| 纺织业 | Manufacture of Textile | 9 | |
| 皮革、毛皮、羽毛(绒)及其制品业 | Manufacture of Leather, Fur, Feather and Related Products | 1 | |
| 造纸及纸制品业 | Manufacture of Paper and Paper Products | | |
| 石油加工、炼焦及核燃料加工业 | Processing of Petroleum, Coking, Processing of Nuclear Fuel | 1624 | |
| 化学原料及化学制品制造业 | Manufacture of Raw Chemical Materials and Chemical Products | 2511 | |
| 医药制造业 | Manufacture of Medicines | 5 | |
| 橡胶和塑料制品业 | Manufacture of Rubber and Plastics | | |
| 非金属矿物制品业 | Manufacture of Non－metallic Mineral Products | | |
| 黑色金属冶炼及压延加工业 | Smelting and Pressing of Ferrous Metals | 225 | |
| 有色金属冶炼及压延加工业 | Smelting and Pressing of Non－ferrous Metals | 141 | |
| 金属制品业 | Manufacture of Metal Products | 174 | |
| 通用设备制造业 | Manufacture of General Purpose Machinery | 8 | |
| 专用设备制造业 | Manufacture of Special Purpose Machinery | 8 | |
| 电气机械及器材制造业 | Manufacture of Electrical Machinery and Equipment | 0.17 | |
| 计算机、通信和其他电子设备制造业 | Manufacture of Computers, Communication Equipment and Other Electronic Equipment | | |
| 其他制造业 | Other Manufacturing | | |
| 废弃资源综合利用业 | Recycling and Disposal of Waste | | |
| 金属制品、机械和设备修理业 | Metal Products, Machinery and Equipment Repair Industry | 299 | |
| 电力、热力的生产和供应业 | Production and Supply of Electric Power and Heat Power | 23 | |

## 19－5 各市县工业废水排放及处理情况(2015年)

## Discharge and Treatment of Industrial Waste Water by City and County(2015)

| 地 区 | Region | 汇总工业企业数(个) Number of Industrial Enterprises (unit) | 废水治理设施数(套) Number of Facilities for Treatment of Waste Water (set) | 工业废水处理量(万吨) Industrial Waste Water Disposed (10 000 tons) | 工业废水排放总量(万吨) Industrial Waste Water Discharged (10 000 tons) |
|---|---|---|---|---|---|
| **全区总计** | **Total** | **999** | **359** | **21605** | **16443** |
| **银川市** | **Yinchuan** | **254** | **87** | **5470** | **4874** |
| 兴庆区 | Xingqing | 66 | 1 | 0.38 | 9 |
| 西夏区 | Xixia | 70 | 28 | 1219 | 1234 |
| 金凤区 | Jinfeng | 29 | 3 | 27 | 29 |
| 永宁县 | Yongning | 21 | 12 | 1962 | 2091 |
| 贺兰县 | Helan | 39 | 15 | 826 | 914 |
| 灵武市 | Lingwu | 29 | 28 | 1436 | 597 |
| **石嘴山市** | **Shizuishan** | **367** | **147** | **5002** | **2369** |
| 大武口区 | Dawukou | 80 | 20 | 692 | 78 |
| 惠农区 | Huinong | 127 | 50 | 1692 | 849 |
| 平罗县 | Pingluo | 160 | 77 | 2618 | 1442 |
| **吴忠市** | **Wuzhong** | **127** | **43** | **3013** | **1811** |
| 利通区 | Litong | 49 | 18 | 507 | 552 |
| 红寺堡区 | Hongsipu | 14 | | | |
| 盐池县 | Yanchi | 18 | 5 | 67 | 69 |
| 同心县 | Tongxin | 16 | | | 0.3 |
| 青铜峡市 | Qingtongxia | 30 | 20 | 2439 | 1189 |
| **固原市** | **Guyuan** | **140** | **6** | **157** | **553** |
| 原州区 | Yuanzhou | 19 | 2 | 38 | 77 |
| 西吉县 | Xiji | 54 | | | 28 |
| 隆德县 | Longde | 27 | | | 5 |
| 泾源县 | Jingyuan | 6 | 1 | 5 | 11 |
| 彭阳县 | Pengyang | 34 | 3 | 114 | 432 |
| **中卫市** | **Zhongwei** | **86** | **31** | **2294** | **3951** |
| 沙坡头区 | Shapotou | 46 | 12 | 1890 | 3366 |
| 中宁县 | Zhongning | 31 | 19 | 404 | 557 |
| 海原县 | Haiyuan | 9 | | | 28 |
| **宁东地区** | **Ningdong District** | **25** | **45** | **5669** | **2885** |

## 19－5 续表1 continued

| 地 区 Region | 排入污水处理厂的（万吨）Volume of Waste Water Discharged into Sewage Disposal Plants (10 000ton) | 工业废水中化学需氧量排放量（吨）COD Emissions of Industrial Waste Water (ton) | 工业废水中氨氮排放量（吨）Ammonia Nitrogen in Industrial Waste Water Discharge (ton) |
|---|---|---|---|
| **全区总计 Total** | **14177** | **68066** | **7123** |
| **银 川 市 Yinchuan** | **3131** | **9932** | **2427** |
| 兴 庆 区 Xingqing | 9 | 21 | 3 |
| 西 夏 区 Xixia | 88 | 1182 | 821 |
| 金 凤 区 Jinfeng | | 2021 | 28 |
| 永 宁 县 Yongning | 1824 | 5151 | 1073 |
| 贺 兰 县 Helan | 914 | 818 | 453 |
| 灵 武 市 Lingwu | 295 | 739 | 49 |
| **石嘴山市 Shizuishan** | **2075** | **4113** | **726** |
| 大武口区 Dawukou | 12 | 218 | 147 |
| 惠 农 区 Huinong | 622 | 1142 | 348 |
| 平 罗 县 Pingluo | 1442 | 2753 | 231 |
| **吴 忠 市 Wuzhong** | **1651** | **12471** | **1397** |
| 利 通 区 Litong | 394 | 6125 | 236 |
| 红寺堡区 Hongsipu | | | |
| 盐 池 县 Yanchi | 67 | 54 | 30 |
| 同 心 县 Tongxin | 0.27 | 145 | |
| 青铜峡市 Qingtongxia | 1189 | 6147 | 1131 |
| **固 原 市 Guyuan** | **553** | **7641** | **32** |
| 原 州 区 Yuanzhou | 77 | 3242 | 14 |
| 西 吉 县 Xiji | 28 | 3153 | 13 |
| 隆 德 县 Longde | 5 | 578 | 3 |
| 泾 源 县 Jingyuan | 11 | 4 | |
| 彭 阳 县 Pengyang | 432 | 664 | 3 |
| **中 卫 市 Zhongwei** | **3951** | **31439** | **2292** |
| 沙坡头区 Shapotou | 3366 | 26530 | 1988 |
| 中 宁 县 Zhongning | 557 | 2126 | 296 |
| 海 原 县 Haiyuan | 28 | 2783 | 7 |
| **宁东地区 Ningdong District** | **2815** | **2469** | **249** |

# 19-6 各市县工业废气排放及处理情况(2015年)

## Emission and Treatment of Industrial Waste Gas by City and County(2015)

| 地 区 | Region | 废气治理设施数（套）Number of Facilities for Treatment of Waste Gas (set) | 工业废气排放总量（亿标立方米）Total Volume of Industrial Waste Gas Emission (100 million cu. m) | 工业二氧化硫产生量（吨）Volume of Sulphur Dioxide Produced (ton) | 工业二氧化硫排放量（吨）Volume of Sulphur Dioxide Emission (ton) |
|---|---|---|---|---|---|
| **全区总计** | **Total** | **2551** | **8760** | **1213799** | **303795** |
| **银川市** | **Yinchuan** | **690** | **1912** | **283160** | **64883** |
| 兴庆区 | Xingqing | 225 | 55 | 8476 | 7952 |
| 西夏区 | Xixia | 185 | 374 | 37020 | 11551 |
| 金凤区 | Jinfeng | 29 | 46 | 8606 | 3401 |
| 永宁县 | Yongning | 102 | 245 | 42111 | 27433 |
| 贺兰县 | Helan | 59 | 183 | 6078 | 2565 |
| 灵武市 | Lingwu | 90 | 1008 | 180869 | 11981 |
| **石嘴山市** | **Shizuishan** | **793** | **1858** | **313240** | **84650** |
| 大武口区 | Dawukou | 175 | 271 | 53204 | 8983 |
| 惠农区 | Huinong | 243 | 1340 | 193816 | 41802 |
| 平罗县 | Pingluo | 375 | 247 | 66220 | 33865 |
| **吴忠市** | **Wuzhong** | **341** | **1493** | **209106** | **45940** |
| 利通区 | Litong | 156 | 135 | 13479 | 12023 |
| 红寺堡区 | Hongsipu | 5 | 6 | 561 | 561 |
| 盐池县 | Yanchi | 37 | 13 | 2785 | 2785 |
| 同心县 | Tongxin | 23 | 7 | 1433 | 1433 |
| 青铜峡市 | Qingtongxia | 120 | 1332 | 190847 | 29137 |
| **固原市** | **Guyuan** | **123** | **301** | **40634** | **10326** |
| 原州区 | Yuanzhou | 31 | 213 | 35459 | 5250 |
| 西吉县 | Xiji | 17 | 12 | 880 | 880 |
| 隆德县 | Longde | 7 | 16 | 1636 | 1537 |
| 泾源县 | Jingyuan | 40 | 44 | 1019 | 1019 |
| 彭阳县 | Pengyang | 28 | 17 | 1640 | 1640 |
| **中卫市** | **Zhongwei** | **262** | **1411** | **51967** | **25513** |
| 沙坡头区 | Shapotou | 167 | 461 | 20523 | 14209 |
| 中宁县 | Zhongning | 90 | 920 | 30821 | 10682 |
| 海原县 | Haiyuan | 5 | 30 | 623 | 623 |
| **宁东地区** | **Ningdong District** | **342** | **1785** | **315691** | **72483** |

## 19－6 续表 1 continued

| 地 区 Region | 工业氮氧化物产生量（吨）Volume of Industrial Nitrogen Oxides Produced (ton) | 工业氮氧化物排放量（吨）Volume of Industrial Nitrogen Oxides Discharged (ton) | 工业烟(粉)尘产生量（吨）Volume of Industrial Soot(Dust) Produced (ton) | 工业烟(粉)尘排放量（吨）Volume of Industrial Soot(Dust) Emission (ton) |
|---|---|---|---|---|
| **全区总计 Total** | **407624** | **292217** | **15249106** | **185339** |
| **银川市 Yinchuan** | **86154** | **60491** | **4330149** | **18795** |
| 兴庆区 Xingqing | 1738 | 1738 | 19502 | 1802 |
| 西夏区 Xixia | 14744 | 12371 | 574903 | 7275 |
| 金凤区 Jinfeng | 3186 | 3186 | 119088 | 1164 |
| 永宁县 Yongning | 12453 | 10198 | 178885 | 1789 |
| 贺兰县 Helan | 1514 | 1514 | 56684 | 1655 |
| 灵武市 Lingwu | 52518 | 31483 | 3381088 | 5110 |
| **石嘴山市 Shizuishan** | **86650** | **62661** | **3821992** | **82686** |
| 大武口区 Dawukou | 8063 | 5339 | 702842 | 15584 |
| 惠农区 Huinong | 73641 | 52494 | 2687235 | 33943 |
| 平罗县 Pingluo | 4946 | 4828 | 431916 | 33158 |
| **吴忠市 Wuzhong** | **86226** | **52797** | **3080369** | **11547** |
| 利通区 Litong | 3775 | 3775 | 220048 | 2501 |
| 红寺堡区 Hongsipu | 121 | 121 | 882 | 479 |
| 盐池县 Yanchi | 384 | 384 | 2829 | 529 |
| 同心县 Tongxin | 212 | 212 | 1883 | 295 |
| 青铜峡市 Qingtongxia | 81733 | 48305 | 2854728 | 7742 |
| **固原市 Guyuan** | **12185** | **6790** | **246782** | **2799** |
| 原州区 Yuanzhou | 10553 | 5158 | 51341 | 1163 |
| 西吉县 Xiji | 198 | 198 | 610 | 280 |
| 隆德县 Longde | 275 | 275 | 2737 | 342 |
| 泾源县 Jingyuan | 861 | 861 | 190976 | 689 |
| 彭阳县 Pengyang | 298 | 298 | 1117 | 324 |
| **中卫市 Zhongwei** | **33955** | **27296** | **2117361** | **60022** |
| 沙坡头区 Shapotou | 7948 | 7948 | 634698 | 32734 |
| 中宁县 Zhongning | 25838 | 19178 | 1480396 | 26071 |
| 海原县 Haiyuan | 170 | 170 | 2267 | 1216 |
| **宁东地区 Ningdong District** | **102455** | **82181** | **1652453** | **9491** |

# 19－7 各市县工业固体废物产生及处理利用情况(2015年)

## Production, Treatment and Utilization of Industrial Solid Wastes by City and County(2015)

| 地 区 | Region | 一般工业固体废物产生量(万吨) Volume of General Industrial Solid Wastes Produced (10 000 tons) | 一般工业固体废物综合利用量(万吨) Volume of General Industrial Solid Wastes Utilized (10 000 tons) | 一般工业固体废物贮存量(万吨) Volume of General Industrial Solid Wastes in Stocks (10 000 tons) | 一般工业固体废物处置量(万吨) Volume of General Industrial Solid Wastes Treated (10 000 tons) | 一般工业固体废物倾倒丢弃量(万吨) Common Industrial Solid Wastes Discharged (10 000 tons) |
|---|---|---|---|---|---|---|
| **全区总计** | **Total** | **3430** | **2131** | **439** | **929** | |
| **银川市** | **Yinchuan** | **803** | **354** | **100** | **351** | |
| 兴庆区 | Xingqing | 11 | 11 | | | |
| 西夏区 | Xixia | 77 | 69 | 8 | 0.2 | |
| 金凤区 | Jinfeng | 15 | 12 | 3 | | |
| 永宁县 | Yongning | 55 | 50 | | 5 | |
| 贺兰县 | Helan | 18 | 13 | 1 | 5 | |
| 灵武市 | Lingwu | 627 | 200 | 87 | 340 | |
| **石嘴山市** | **Shizuishan** | **926** | **716** | **97** | **175** | |
| 大武口区 | Dawukou | 166 | 74 | 76 | 78 | |
| 惠农区 | Huinong | 436 | 334 | 5 | 97 | |
| 平罗县 | Pingluo | 324 | 308 | 16 | 0.4 | |
| **吴忠市** | **Wuzhong** | **483** | **287** | **47** | **148** | |
| 利通区 | Litong | 38 | 23 | | 15 | |
| 红寺堡区 | Hongsipu | 1 | 1 | | | |
| 盐池县 | Yanchi | 59 | 38 | 4 | 18 | |
| 同心县 | Tongxin | 1 | 1 | | | |
| 青铜峡市 | Qingtongxia | 383 | 224 | 43 | 116 | |
| **固原市** | **Guyuan** | **64** | **69** | **1** | | |
| 原州区 | Yuanzhou | 29 | 35 | 1 | | |
| 西吉县 | Xiji | 7 | 7 | | | |
| 隆德县 | Longde | 2 | 2 | | | |
| 泾源县 | Jingyuan | 20 | 20 | | | |
| 彭阳县 | Pengyang | 5 | 5 | | | |
| **中卫市** | **Zhongwei** | **391** | **376** | **13** | **2** | |
| 沙坡头区 | Shapotou | 75 | 73 | 0.1 | 2 | |
| 中宁县 | Zhongning | 316 | 303 | 13 | | |
| 海原县 | Haiyuan | 0.4 | 0.4 | | | |
| **宁东地区** | **Ningdong District** | **763** | **328** | **181** | **253** | |

## 19－8 各市县危险废物产生及处理利用情况(2015年)

## Discharge of Hazardous Wastes Produced and Utilized(2015)

| 地 区 | Region | 危险废物产生量（吨）Volume of Hazardous Wastes Produced (ton) | 危险废物综合利用量（吨）Volume of Hazardous Wastes Utilized (ton) | 危险废物处置量（吨）Volume of Hazardous Wastes Treated (ton) | 危险废物贮存量（吨）Volume of Hazardous Wastes in Stocks (ton) | 危险废物倾倒丢弃量（吨）Hazardous Wastes Discharged (ton) |
|---|---|---|---|---|---|---|
| **全区总计** | Total | **97535** | **55284** | **41731** | **5044** | |
| **银川市** | **Yinchuan** | **76021** | **48295** | **27191** | **1543** | |
| 兴庆区 | Xingqing | 20 | 1 | 20 | 0.17 | |
| 西夏区 | Xixia | 4234 | 684 | 3384 | 743 | |
| 金凤区 | Jinfeng | 180 | | 168 | 12 | |
| 永宁县 | Yongning | 41315 | 19843 | 21475 | 1 | |
| 贺兰县 | Helan | 28236 | 27768 | 403 | 488 | |
| 灵武市 | Lingwu | 2036 | | 1741 | 300 | |
| **石嘴山市** | **Shizuishan** | **5071** | **3256** | **1345** | **481** | |
| 大武口区 | Dawukou | 183 | 2 | 166 | 19 | |
| 惠农区 | Huinong | 1454 | 354 | 883 | 225 | |
| 平罗县 | Pingluo | 3434 | 2900 | 296 | 238 | |
| **吴忠市** | **Wuzhong** | **4737** | **1106** | **3619** | **14** | |
| 利通区 | Litong | 434 | 433 | 2 | 1 | |
| 红寺堡区 | Hongsipu | | | | | |
| 盐池县 | Yanchi | 863 | 28 | 824 | 12 | |
| 同心县 | Tongxin | | | | | |
| 青铜峡市 | Qingtongxia | 3440 | 646 | 2794 | 1 | |
| **固原市** | **Guyuan** | **304** | | **305** | **2** | |
| 原州区 | Yuanzhou | 4 | | 5 | 2 | |
| 西吉县 | Xiji | | | | | |
| 隆德县 | Longde | | | | | |
| 泾源县 | Jingyuan | | | | | |
| 彭阳县 | Pengyang | 300 | | 300 | | |
| **中卫市** | **Zhongwei** | **8055** | **605** | **8341** | **1904** | |
| 沙坡头区 | Shapotou | 7471 | 146 | 8213 | 1904 | |
| 中宁县 | Zhongning | 584 | 459 | 128 | | |
| 海原县 | Haiyuan | | | | | |
| **宁东地区** | **Ningdong District** | **3347** | **2022** | **932** | **1101** | |

## 19－9　各市县生活污染物排放情况(2015年)

## Discharge of Pollutions from Daily Life by City and County(2015)

| 地　区 | Region | 城镇生活污水排放量(万吨) Consumption Waste Water Discharge in City and Town (10 000 tons) | 城镇处理生活污水量(万吨) Consumption Waste Water Treated (10 000 tons) | 城镇生活污水中COD排放量(吨) COD Discharge Volume (ton) | 城镇生活污水中氨氮排放量(吨) Ammonia Nitrogen Discharge from Consumption Waste Water in Urban Area (ton) |
|---|---|---|---|---|---|
| **全区总计** | Total | **15573** | **14405** | **40421** | **7124** |
| **银川市** | **Yinchuan** | **8380** | **8379** | **9731** | **2691** |
| 兴庆区 | Xingqing | 3792 | 3791 | 2181 | 1254 |
| 西夏区 | Xixia | 1848 | 1848 | 1501 | 507 |
| 金凤区 | Jinfeng | 1494 | 1494 | 2554 | 339 |
| 永宁县 | Yongning | 230 | 230 | 1774 | 231 |
| 贺兰县 | Helan | 580 | 580 | 985 | 196 |
| 灵武市 | Lingwu | 437 | 437 | 735 | 165 |
| **石嘴山市** | **Shizuishan** | **2902** | **2411** | **5416** | **929** |
| 大武口区 | Dawukou | 1592 | 987 | 996 | 271 |
| 惠农区 | Huinong | 947 | 973 | 2364 | 314 |
| 平罗县 | Pingluo | 363 | 451 | 2056 | 345 |
| **吴忠市** | **Wuzhong** | **2309** | **2184** | **9962** | **1289** |
| 利通区 | Litong | 1397 | 1652 | 2658 | 348 |
| 红寺堡区 | Hongsipu | 78 |  | 1305 | 164 |
| 盐池县 | Yanchi | 224 |  | 1432 | 180 |
| 同心县 | Tongxin | 166 |  | 2740 | 345 |
| 青铜峡市 | Qingtongxia | 444 | 532 | 1827 | 251 |
| **固原市** | **Guyuan** | **918** | **671** | **6130** | **840** |
| 原州区 | Yuanzhou | 452 | 318 | 2750 | 375 |
| 西吉县 | Xiji | 218 | 147 | 1010 | 150 |
| 隆德县 | Longde | 76 |  | 1001 | 126 |
| 泾源县 | Jingyuan | 67 | 136 | 440 | 61 |
| 彭阳县 | Pengyang | 105 | 70 | 929 | 129 |
| **中卫市** | **Zhongwei** | **787** | **760** | **8051** | **1232** |
| 沙坡头区 | Shapotou | 353 | 346 | 3878 | 604 |
| 中宁县 | Zhongning | 329 | 321 | 2153 | 374 |
| 海原县 | Haiyuan | 105 | 94 | 2019 | 254 |
| **宁东地区** | **Ningdong District** | **278** |  | **1132** | **142** |

# 19－9 续表1 continued

| 地 区 Region | 生活二氧化硫排放量（吨）Volume of Sulphur Dioxide Emission by Consumption（ton） | 生活氮氧化物排放量（吨）Volume of Nitrogen Oxides Discharged by Consumption（ton） | 生活烟尘排放量（吨）Volume of Consumption Soot Emission（ton） |
|---|---|---|---|
| **全区总计 Total** | **53779** | **7650** | **36171** |
| **银 川 市 Yinchuan** | **8685** | **1748** | **7867** |
| 兴 庆 区 Xingqing | 1046 | 505 | 2273 |
| 西 夏 区 Xixia | 581 | 252 | 1132 |
| 金 凤 区 Jinfeng | 646 | 220 | 992 |
| 永 宁 县 Yongning | 2103 | 253 | 1140 |
| 贺 兰 县 Helan | 2153 | 266 | 1195 |
| 灵 武 市 Lingwu | 2155 | 252 | 1136 |
| **石嘴山市 Shizuishan** | **16227** | **1300** | **6366** |
| 大武口区 Dawukou | 5407 | 436 | 2121 |
| 惠 农 区 Huinong | 5138 | 412 | 2016 |
| 平 罗 县 Pingluo | 5682 | 453 | 2229 |
| **吴 忠 市 Wuzhong** | **6676** | **1244** | **5597** |
| 利 通 区 Litong | 2096 | 355 | 1599 |
| 红寺堡区 Hongsipu | 1035 | 220 | 990 |
| 盐 池 县 Yanchi | 323 | 38 | 171 |
| 同 心 县 Tongxin | 1702 | 344 | 1547 |
| 青铜峡市 Qingtongxia | 1520 | 287 | 1290 |
| **固 原 市 Guyuan** | **11377** | **1638** | **8190** |
| 原 州 区 Yuanzhou | 4333 | 566 | 2831 |
| 西 吉 县 Xiji | 2943 | 462 | 2312 |
| 隆 德 县 Longde | 1425 | 213 | 1065 |
| 泾 源 县 Jingyuan | 894 | 134 | 671 |
| 彭 阳 县 Pengyang | 1782 | 263 | 1313 |
| **中 卫 市 Zhongwei** | **9021** | **1467** | **6888** |
| 沙坡头区 Shapotou | 3591 | 520 | 2383 |
| 中 宁 县 Zhongning | 2722 | 434 | 2033 |
| 海 原 县 Haiyuan | 2708 | 512 | 2471 |
| **宁东地区 Ningdong District** | **1793** | **253** | **1263** |

# 19－10 各市县工业污染治理项目及投资情况(2015年)

## Investment in Anti－industrial Pollution Projects(2015)

| 地区 | Region | 汇总工业企业数(个) Number of Industrial Enterprises (unit) | 本年施工项目数(个) Projects Under Construction (unit) | 废水治理项目 Treatment of Waste Water | 废气治理项目 Treatment of Waste Gas | 固体废物治理项目 Treatment of Solid Waste | 其他治理项目 Other Treatment Projects |
|---|---|---|---|---|---|---|---|
| **全区总计** | Total | **62** | **87** | **11** | **62** | **6** | **8** |
| **银川市** | **Yinchuan** | **43** | **62** | **5** | **51** | **3** | **3** |
| 兴庆区 | Xingqing | 10 | 16 | | 16 | | |
| 西夏区 | Xixia | 8 | 11 | | 11 | | |
| 金凤区 | Jinfeng | 8 | 12 | 3 | 6 | 2 | 1 |
| 永宁县 | Yongning | 4 | 5 | 1 | 3 | | 1 |
| 贺兰县 | Helan | 9 | 8 | | 8 | | |
| 灵武市 | Lingwu | 4 | 10 | 1 | 7 | 1 | 1 |
| **石嘴山市** | **Shizuishan** | **11** | **14** | **2** | **8** | **1** | **3** |
| 大武口区 | Dawukou | 2 | 6 | 2 | 3 | 1 | |
| 惠农区 | Huinong | 4 | 3 | | 1 | | 2 |
| 平罗县 | Pingluo | 5 | 5 | | 4 | | 1 |
| **吴忠市** | **Wuzhong** | **3** | **2** | **1** | **1** | | |
| 利通区 | Litong | 2 | 1 | | 1 | | |
| 红寺堡区 | Hongsipu | | | | | | |
| 盐池县 | Yanchi | | | | | | |
| 同心县 | Tongxin | | | | | | |
| 青铜峡市 | Qingtongxia | 1 | 1 | 1 | | | |
| **固原市** | **Guyuan** | **1** | **1** | | **1** | | |
| 原州区 | Yuanzhou | 1 | 1 | | 1 | | |
| 西吉县 | Xiji | | | | | | |
| 隆德县 | Longde | | | | | | |
| 泾源县 | Jingyuan | | | | | | |
| 彭阳县 | Pengyang | | | | | | |
| **中卫市** | **Zhongwei** | **4** | **8** | **3** | **1** | **2** | **2** |
| 沙坡头区 | Shapotou | 4 | 8 | 3 | 1 | 2 | 2 |
| 中宁县 | Zhongning | | | | | | |
| 海原县 | Haiyuan | | | | | | |
| **宁东地区** | **Ningdong District** | | | | | | |

## 19 – 10 续表 1 continued

| 地 区 Region | 施工项目本年完成投资额（万元）Investment Completed in Pollution Treatment Projects this Year (10 000 yuan) | 废水治理项目 Treatment of Waste Water | 废气治理项目 Treatment of Waste Gas | 固体废物治理项目 Treatment of Solid Waste | 其他治理项目 Other Treatment Projects | 本年竣工项目数（个）Projects Completed (unit) |
|---|---|---|---|---|---|---|
| **全区总计 Total** | **104318** | **15719** | **83045** | **3441** | **2113** | **17** |
| **银川市 Yinchuan** | **74343** | **10984** | **59045** | **3043** | **1270** | **8** |
| 兴庆区 Xingqing | 7992 | | 7992 | | | 2 |
| 西夏区 Xixia | 6364 | | 6364 | | | |
| 金凤区 Jinfeng | 4473 | 899 | 2623 | 343 | 607 | 2 |
| 永宁县 Yongning | 15401 | 9600 | 5776 | | 24 | |
| 贺兰县 Helan | 4467 | | 4467 | | | 1 |
| 灵武市 Lingwu | 35646 | 485 | 31823 | 2700 | 638 | 3 |
| **石嘴山市 Shizuishan** | **20106** | **1810** | **17421** | **375** | **500** | **6** |
| 大武口区 Dawukou | 10550 | 1810 | 8365 | 375 | | 3 |
| 惠农区 Huinong | 2400 | | 2200 | | 200 | 1 |
| 平罗县 Pingluo | 7156 | | 6856 | | 300 | 2 |
| **吴忠市 Wuzhong** | **453** | **355** | **98** | | | **2** |
| 利通区 Litong | 98 | | 98 | | | 2 |
| 红寺堡区 Hongsipu | | | | | | |
| 盐池县 Yanchi | | | | | | |
| 同心县 Tongxin | | | | | | |
| 青铜峡市 Qingtongxia | 355 | 355 | | | | |
| **固原市 Guyuan** | **6300** | | **6300** | | | |
| 原州区 Yuanzhou | 6300 | | 6300 | | | |
| 西吉县 Xiji | | | | | | |
| 隆德县 Longde | | | | | | |
| 泾源县 Jingyuan | | | | | | |
| 彭阳县 Pengyang | | | | | | |
| **中卫市 Zhongwei** | **3116** | **2570** | **180** | **23** | | **1** |
| 沙坡头区 Shapotou | 3116 | 2570 | 180 | 23 | | 1 |
| 中宁县 Zhongning | | | | | | |
| 海原县 Haiyuan | | | | | | |
| **宁东地区 Ningdong District** | | | | | | |

# 主要统计指标解释

**[自然保护区]** 指对有代表性的自然生态系统、珍稀濒危野生动植物物种的天然分布区、水源涵养区、有特殊意义的自然历史遗迹等保护对象所在的陆地、陆地水体或海域,依法划出一定面积进行特殊保护和管理的区域。以县及县以上各级人民政府正式批准建立的自然保护区为准(包括“六五”以前由部门或“革委会”批准且现仍存在的自然保护区)。风景名胜区、文物保护区不计在内。

**[工业废水排放量]** 指经过企业厂区所有排放口排到企业外部的工业废水量。包括生产废水、外排的直接冷却水、超标排放的矿井地下水和与工业废水混排的厂区生活污水,不包括外排的间接冷却水(清污不分流的间接冷却水应计算在内)。

**[工业废水排放达标量]** 指报告期内废水中各项污染物指标都达到国家或地方排放标准的外排工业废水量,包括未经处理外排达标的,经废水处理设施处理后达标排放的,以及经污水处理厂处理后达标排放的。

**[工业废水排放达标率]** 指工业废水排放达标量占工业废水排放量的百分率。

**[城镇生活污水排放量]** 指城镇居民每年排放的生活污水。

**[工业废气排放量]** 指报告期内企业厂区内燃料燃烧和生产工艺过程中产生的各种排入大气的含有污染物的气体的总量。

**[工业烟尘排放量]** 指企业厂区内燃料燃烧过程中产生的烟气中夹带的颗粒物排放量。

**[工业粉尘排放量]** 指企业在生产工艺过程中排放的能在空气中悬浮一定时间的固体颗粒物排放量。

**[工业固体废物产生量]** 指报告期内企业在生产过程中产生的固体状、半固体状和高浓度液体状废弃物的总量,包括危险废物、冶炼废渣、粉煤灰、炉渣、煤肝石、尾矿、放射性废物和其他废物等。

**[工业固体废物综合利用量]** 指报告期内企业通过回收、加工、循环、交换等方式,从固体废物中提取或者使其转化为可以利用的资源、能源和其他原材料的固体废物量(包括当年利用往年的工业固体废物贮存量)。

**[工业固体废物综合利用率]** 指工业固体废物综合利用量占工业固体废物产生量(包括综合利用往年贮存量)的百分率。

**[工业固体废物排放量]** 指报告期内企业将所产生的固体废物排到固体废物污染防治设施、场所以外的数量。

**[三废综合利用产品产值]** 指报告期内利用“三废”作为主要原料生产的产品价值(现行价);已经销售或准备销售的应计算产品价值,留作生产自用的不应计算产品价值。

**[环境污染与破坏事故]** 指由于违反环境保护法规的经济社会活动与行为,以及意外因素的影响或不可抗拒的自然灾害等原因,致使环境受到污染,国家重点保护的野生动植物、自然保护区受到破坏,人体健康受到危害,社会经济和人民财产受到损失,造成不良社会影响的突发性事件。

# 第二十篇 Chapter20

# 规模以上服务业企业调查主要数据

## Main Survey Infromation of Service Enterprises above Designated Size

**责任编辑**：杨培林

**资料整理**：杨培林　徐学奎　邢猛　徐薇　杨雯　汪蓉

**Coordinator**:Yang Peilin

**Data Compilation**:Yang Peilin　Xu Xuekui　Xing Meng　Xu Wei　Yang Wen　Wang Rong

# 20－1 规模以上服务业企业调查主要数据(2015 年)

# Main Survey Infromation of Service Enterprises above Designated Size(2015)

单位:万元、个 (10 000yuan,unit)

| 指 标 | Item | 单位数 Number of Enterprises | 年初存货 inventory at Year－Begin | 流动资产合计 Total Current Assets |
|---|---|---|---|---|
| **总 计** | **Total** | **446** | **391599** | **2783412** |
| **交通运输、仓储和邮政业** | **Transport,Storage and Post** | **109** | **218590** | **703827** |
| 铁路运输业 | Railway Transport | 1 | | 56404 |
| 道路运输业 | Road Transport | 77 | 12315 | 195179 |
| 水上运输业 | Water Transport | 1 | | 5690 |
| 航空运输业 | Air Transport | 2 | 211 | 154305 |
| 装卸搬运和运输代理业 | Loading,Unloading and Trasport Agency Services | 8 | 209 | 24696 |
| 仓储业 | Storage | 12 | 202929 | 240323 |
| 邮政业 | Posts | 8 | 2926 | 27231 |
| **信息传输、软件和信息技术服务业** | **Information Transmission,Software and Information Technology Services** | **37** | **9752** | **－35013** |
| 电信、广播电视和卫星传输服务 | Telecommunications,Broadcast and TV and Satellite Transmission Services | 21 | 6226 | －87342 |
| 软件和信息技术服务业 | Software and Information Technology Services | 16 | 3526 | 52329 |
| **房地产业** | **Real Estate** | **74** | **2949** | **96103** |
| 物业管理 | Property Management | 68 | 2313 | 67531 |
| 房地产中介服务 | Real Estate Services | 2 | | 3112 |
| 自有房地产经营活动 | Business Activities of Own Real Estate | 4 | 636 | 25460 |
| **租赁和商务服务业** | **Leasing and Business Services** | **69** | **130618** | **1476986** |
| 租赁业 | Leasing | 2 | 255 | 2637 |
| 商务服务业 | Business Services | 67 | 130363 | 1474349 |
| **科学研究和技术服务业** | **Scientific Research and Technical Services** | **63** | **6316** | **253211** |
| 研究和试验发展 | Research and Experimental Development | 1 | 3655 | 13770 |
| 专业技术服务业 | Professional Technical Services | 58 | 1387 | 233720 |
| 科技推广和应用服务业 | Science and Technology Popularization and Application Services | 4 | 1273 | 5721 |
| **水利、环境和公共设施管理业** | **Management of Water Conservancy,Environment and Public Facilities** | **13** | **9818** | **127277** |
| 水利管理业 | Management of water conservancy | 1 | | 2663 |
| 生态保护和环境治理业 | Ecological Protection and Environmental Management | 1 | 11 | 2673 |
| 公共设施管理业 | Management of Public Facilities | 11 | 9807 | 121941 |
| **居民服务、修理和其他服务业** | **Services of Households,Repair and Other Services** | **12** | **5310** | **15684** |
| 居民服务业 | Services of Households | 10 | 5171 | 15285 |
| 机动车、电子产品和日用产品修理业 | Repair of Motor Vehicle,Electronics and Household Products | 1 | 44 | 296 |
| 其他服务业 | Other Services | 1 | 96 | 103 |
| **教育** | **Education** | **11** | **738** | **11530** |
| **卫生和社会工作** | **Health and Social Affairs** | **28** | **2910** | **38365** |
| 卫生 | Health | 28 | 2910 | 38365 |
| **文化、体育和娱乐业** | **Culture,Sports and Entertainment** | **30** | **4597** | **95443** |
| 新闻和出版业 | Journalism and Publishing Activities | 4 | 1900 | 27113 |
| 广播、电视、电影和影视录音制作业 | Broadcasting,Television,Movies and Audiovisual Activities | 9 | 336 | 7848 |
| 文化艺术业 | Culture and arts | 6 | 1673 | 3820 |
| 娱乐业 | Entertainment | 11 | 688 | 56663 |

# 20－1 续表1

单位:万元

| 指　标 | Item | 固定资产原价 Original Value of Fixed Assets | 本年折旧 Depreciation |
|---|---|---|---|
| **总　计** | **Total** | **3595034** | **397736** |
| **交通运输、仓储和邮政业** | **Transport, Storage and Post** | **1128720** | **144656** |
| 铁路运输业 | Railway Transport | 420672 | 78488 |
| 道路运输业 | Road Transport | 303026 | 35625 |
| 水上运输业 | Water Transport | 2991 | 1635 |
| 航空运输业 | Air Transport | 202141 | 9662 |
| 装卸搬运和运输代理业 | Loading, Unloading and Trasport Agency Services | 19469 | 1393 |
| 仓储业 | Storage | 89466 | 13088 |
| 邮政业 | Posts | 90956 | 4765 |
| **信息传输、软件和信息技术服务业** | **Information Transmission, Software and Information Technology Services** | **1659333** | **192260** |
| 电信、广播电视和卫星传输服务 | Telecommunications, Broadcast and TV and Satellite Transmission Services | 1649433 | 190916 |
| 软件和信息技术服务业 | Software and Information Technology Services | 9899 | 1344 |
| **房地产业** | **Real Estate** | **65923** | **4364** |
| 物业管理 | Property Management | 16159 | 1175 |
| 房地产中介服务 | Real Estate Services | 6292 | 534 |
| 自有房地产经营活动 | Business Activities of Own Real Estate | 43471 | 2655 |
| **租赁和商务服务业** | **Leasing and Business Services** | **332063** | **15780** |
| 租赁业 | Leasing | 21919 | 1660 |
| 商务服务业 | Business Services | 310144 | 14120 |
| **科学研究和技术服务业** | **Scientific Research and Technical Services** | **103570** | **9624** |
| 研究和试验发展 | Research and Experimental Development | 377 | 55 |
| 专业技术服务业 | Professional Technical Services | 101580 | 9240 |
| 科技推广和应用服务业 | Science and Technology Popularization and Application Services | 1612 | 330 |
| **水利、环境和公共设施管理业** | **Management of Water Conservancy, Environment and Public Facilities** | **74740** | **14410** |
| 水利管理业 | Management of water conservancy | 1326 | 45 |
| 生态保护和环境治理业 | Ecological Protection and Environmental Management | 800 | 66 |
| 公共设施管理业 | Management of Public Facilities | 72614 | 14299 |
| **居民服务、修理和其他服务业** | **Services of Households, Repair and Other Services** | **27790** | **1576** |
| 居民服务业 | Services of Households | 27097 | 1558 |
| 机动车、电子产品和日用产品修理业 | Repair of Motor Vehicle, Electronics and Household Products | 73 | 9 |
| 其他服务业 | Other Services | 619 | 10 |
| **教育** | **Education** | **37995** | **2466** |
| **卫生和社会工作** | **Health and Social Affairs** | **31428** | **5946** |
| 卫生 | Health | 31428 | 5946 |
| **文化、体育和娱乐业** | **Culture, Sports and Entertainment** | **133474** | **6654** |
| 新闻和出版业 | Journalism and Publishing Activities | 7519 | 294 |
| 广播、电视、电影和影视录音制作业 | Broadcasting, Television, Movies and Audiovisual Activities | 6462 | 460 |
| 文化艺术业 | Culture and arts | 10295 | 2221 |
| 娱乐业 | Entertainment | 109197 | 3678 |

continued

| 资产总计<br>Total Assets | 负债合计<br>Total Liabilities | 所有者权益合计<br>Total Owners Equities | 营业收入<br>Revenue | 主营业务收入<br>Revenue from Principal Business | 营业成本<br>Cost of Business |
|---|---|---|---|---|---|
| **7604910** | **4571776** | **3027450** | **2224200** | **2151097** | **1536375** |
| **2162188** | **1081210** | **1080978** | **674108** | **629321** | **633797** |
| 538991 | 115500 | 423491 | 53132 | 51959 | 30348 |
| 524059 | 354387 | 169673 | 322537 | 282972 | 311036 |
| 9378 | 113 | 9266 | 5104 | 5104 | 1322 |
| 420509 | 55726 | 364783 | 36508 | 36132 | 33109 |
| 43132 | 30330 | 12802 | 16043 | 15622 | 12714 |
| 533913 | 461104 | 72808 | 193021 | 192908 | 193025 |
| 92207 | 64052 | 28155 | 47763 | 44625 | 52243 |
| **1330177** | **767981** | **556411** | **655038** | **644769** | **400107** |
| 1250189 | 742405 | 507784 | 611467 | 601504 | 377106 |
| 79988 | 25576 | 48627 | 43571 | 43265 | 23001 |
| **157165** | **133467** | **23698** | **103114** | **98254** | **66100** |
| 80755 | 79887 | 868 | 92527 | 87667 | 62695 |
| 10493 | 2899 | 7594 | 2621 | 2621 | 897 |
| 65918 | 50681 | 15237 | 7966 | 7966 | 2509 |
| **2872776** | **2083271** | **789504** | **325063** | **319964** | **138969** |
| 19357 | 6551 | 12806 | 2983 | 2983 | 1002 |
| 2853419 | 2076721 | 776698 | 322080 | 316980 | 137967 |
| **351584** | **129393** | **222191** | **244147** | **241117** | **168842** |
| 18448 | 7386 | 11063 | 2699 | 2699 | 1920 |
| 322113 | 118842 | 203271 | 233470 | 230439 | 160171 |
| 11023 | 3165 | 7858 | 7979 | 7979 | 6750 |
| **271283** | **161594** | **109689** | **47836** | **45180** | **39433** |
| 3649 | 61 | 3588 | 2909 | 2909 | 1615 |
| 32541 | 19683 | 12857 | 82 | 82 | 222 |
| 235093 | 141849 | 93243 | 44845 | 42189 | 37596 |
| **49936** | **39423** | **10513** | **18649** | **18586** | **10065** |
| 48899 | 37792 | 11107 | 14642 | 14579 | 6621 |
| 367 | 316 | 51 | 3649 | 3649 | 3250 |
| 671 | 1315 | -645 | 359 | 359 | 195 |
| **59461** | **52998** | **6463** | **14072** | **14072** | **6426** |
| **61606** | **39897** | **21709** | **45933** | **45861** | **29129** |
| 61606 | 39897 | 21709 | 45933 | 45861 | 29129 |
| **288735** | **82541** | **206294** | **96240** | **93974** | **43507** |
| 51249 | 23277 | 27972 | 16116 | 15548 | 11923 |
| 21019 | 7732 | 13288 | 14862 | 13743 | 8076 |
| 33215 | 3052 | 30264 | 8777 | 8471 | 8636 |
| 183251 | 48481 | 134771 | 56485 | 56212 | 14872 |

# 20－1 续表2

单位:万元

| 指　标 | Item | 主营业务成本 Cost of Principal Business | 营业税金及附加 Taxes and Other Charges |
|---|---|---|---|
| **总　计** | **Total** | **1458176** | **27821** |
| **交通运输、仓储和邮政业** | **Transport,Storage and Post** | **587799** | **3016** |
| 铁路运输业 | Railway Transport | 30346 | 567 |
| 道路运输业 | Road Transport | 269184 | 1422 |
| 水上运输业 | Water Transport | 1322 | 281 |
| 航空运输业 | Air Transport | 33079 | 296 |
| 装卸搬运和运输代理业 | Loading,Unloading and Trasport Agency Services | 12714 | 210 |
| 仓储业 | Storage | 191784 | －97 |
| 邮政业 | Posts | 49370 | 336 |
| **信息传输、软件和信息技术服务业** | **Information Transmission,Software and Information Technology Services** | **388788** | **2609** |
| 电信、广播电视和卫星传输服务 | Telecommunications,Broadcast and TV and Satellite Transmission Services | 365787 | 2018 |
| 软件和信息技术服务业 | Software and Information Technology Services | 23001 | 591 |
| **房地产业** | **Real Estate** | **63588** | **4984** |
| 物业管理 | Property Management | 60183 | 4384 |
| 房地产中介服务 | Real Estate Services | 897 | 146 |
| 自有房地产经营活动 | Business Activities of Own Real Estate | 2509 | 454 |
| **租赁和商务服务业** | **Leasing and Business Services** | **134213** | **9116** |
| 租赁业 | Leasing | 1002 | 8 |
| 商务服务业 | Business Services | 133212 | 9108 |
| **科学研究和技术服务业** | **Scientific Research and Technical Services** | **161002** | **2751** |
| 研究和试验发展 | Research and Experimental Development | 1920 | 1 |
| 专业技术服务业 | Professional Technical Services | 152332 | 2740 |
| 科技推广和应用服务业 | Science and Technology Popularization and Application Services | 6750 | 11 |
| **水利、环境和公共设施管理业** | **Management of Water Conservancy,Environment and Public Facilities** | **39070** | **1331** |
| 水利管理业 | Management of water conservancy | 1615 | 19 |
| 生态保护和环境治理业 | Ecological Protection and Environmental Management | 222 | 6 |
| 公共设施管理业 | Management of Public Facilities | 37234 | 1307 |
| **居民服务、修理和其他服务业** | **Services of Households,Repair and Other Services** | **9891** | **479** |
| 居民服务业 | Services of Households | 6446 | 459 |
| 机动车、电子产品和日用产品修理业 | Repair of Motor Vehicle,Electronics and Household Products | 3250 | 1 |
| 其他服务业 | Other Services | 195 | 19 |
| **教育** | **Education** | **6426** | **325** |
| **卫生和社会工作** | **Health and Social Affairs** | **28167** | **347** |
| 卫生 | Health | 28167 | 347 |
| **文化、体育和娱乐业** | **Culture,Sports and Entertainment** | **39230** | **2864** |
| 新闻和出版业 | Journalism and Publishing Activities | 11816 | 63 |
| 广播、电视、电影和影视录音制作业 | Broadcasting,Television,Movies and Audiovisual Activities | 8209 | 519 |
| 文化艺术业 | Culture and arts | 4473 | 201 |
| 娱乐业 | Entertainment | 14732 | 2082 |

continued

| 主营业务税金及附加 Taxes and Extra Charges from Principal Business | 销售费用 Cost of sales | 管理费用 administration cost | 税金 expenses of taxation | 财务费用 financial cost | 利息收入 Interest income |
|---|---|---|---|---|---|
| **26494** | **286933** | **286431** | **7832** | **95082** | **7698** |
| **2622** | **17170** | **66067** | **1658** | **20673** | **996** |
| 567 | | 10482 | | 1630 | 83 |
| 1054 | 10583 | 28224 | 786 | 7370 | 174 |
| 281 | | 1336 | 9 | | |
| 296 | | 4304 | 45 | 17 | 437 |
| 199 | 1190 | 2992 | 170 | 620 | 33 |
| -97 | 4073 | 8855 | 16 | 10109 | 249 |
| 322 | 1324 | 9875 | 633 | 927 | 20 |
| **2158** | **127844** | **62117** | **2204** | **6296** | **2506** |
| 1613 | 124567 | 52660 | 2128 | 5980 | 2294 |
| 545 | 3277 | 9457 | 77 | 315 | 213 |
| **4846** | **6842** | **22876** | **1025** | **2822** | **106** |
| 4247 | 6517 | 18466 | 322 | 1521 | 104 |
| 146 | 101 | 1527 | 40 | -2 | |
| 454 | 225 | 2883 | 664 | 1303 | 2 |
| **8864** | **98152** | **49063** | **1141** | **59704** | **3130** |
| 8 | 288 | 803 | 3 | 267 | |
| 8855 | 97864 | 48260 | 1138 | 59437 | 3130 |
| **2692** | **3388** | **45015** | **960** | **758** | **249** |
| 1 | 171 | 533 | 21 | 292 | 1 |
| 2681 | 3217 | 43854 | 939 | 272 | 248 |
| 10 | 1 | 627 | | 195 | |
| **1331** | **5392** | **4938** | **245** | **2987** | **28** |
| 19 | 506 | 185 | 177 | -15 | 15 |
| 6 | | 467 | 16 | -4 | |
| 1306 | 4886 | 4286 | 52 | 3006 | 13 |
| **479** | **2424** | **3340** | **8** | **290** | **107** |
| 459 | 2388 | 3049 | 8 | 237 | 107 |
| 1 | 32 | 86 | | | |
| 19 | 4 | 204 | | 53 | |
| **325** | **282** | **5466** | **93** | **218** | **23** |
| **343** | **4148** | **10253** | **221** | **775** | **100** |
| 343 | 4148 | 10253 | 221 | 775 | 100 |
| **2835** | **21292** | **17297** | **277** | **558** | **451** |
| 63 | 76 | 2770 | 35 | 28 | 37 |
| 519 | 3193 | 1572 | 7 | 102 | 3 |
| 183 | 2089 | 4274 | | -2 | 3 |
| 2071 | 15934 | 8682 | 235 | 429 | 409 |

## 20－1 续表3

单位:万元

| 指 标 | Item | 利息支出<br>Interest expense | 投资收益<br>Investment income |
|---|---|---|---|
| **总 计** | **Total** | **90942** | **27574** |
| **交通运输、仓储和邮政业** | **Transport, Storage and Post** | **15179** | **1918** |
| 铁路运输业 | Railway Transport | | 76 |
| 道路运输业 | Road Transport | 2969 | 317 |
| 水上运输业 | Water Transport | | |
| 航空运输业 | Air Transport | 408 | 422 |
| 装卸搬运和运输代理业 | Loading, Unloading and Trasport Agency Services | 635 | 1100 |
| 仓储业 | Storage | 10345 | 3 |
| 邮政业 | Posts | 823 | |
| **信息传输、软件和信息技术服务业** | **Information Transmission, Software and Information Technology Services** | **7041** | **－95** |
| 电信、广播电视和卫星传输服务 | Telecommunications, Broadcast and TV and Satellite Transmission Services | 6565 | －65 |
| 软件和信息技术服务业 | Software and Information Technology Services | 476 | －30 |
| **房地产业** | **Real Estate** | **2777** | **131** |
| 物业管理 | Property Management | 1467 | 28 |
| 房地产中介服务 | Real Estate Services | 2 | |
| 自有房地产经营活动 | Business Activities of Own Real Estate | 1308 | 102 |
| **租赁和商务服务业** | **Leasing and Business Services** | **60554** | **21647** |
| 租赁业 | Leasing | 267 | |
| 商务服务业 | Business Services | 60287 | 21647 |
| **科学研究和技术服务业** | **Scientific Research and Technical Services** | **668** | **2296** |
| 研究和试验发展 | Research and Experimental Development | 270 | 3000 |
| 专业技术服务业 | Professional Technical Services | 364 | －704 |
| 科技推广和应用服务业 | Science and Technology Popularization and Application Services | 34 | |
| **水利、环境和公共设施管理业** | **Management of Water Conservancy, Environment and Public Facilities** | **2788** | |
| 水利管理业 | Management of water conservancy | | |
| 生态保护和环境治理业 | Ecological Protection and Environmental Management | | |
| 公共设施管理业 | Management of Public Facilities | 2788 | |
| **居民服务、修理和其他服务业** | **Services of Households, Repair and Other Services** | **135** | |
| 居民服务业 | Services of Households | 82 | |
| 机动车、电子产品和日用产品修理业 | Repair of Motor Vehicle, Electronics and Household Products | | |
| 其他服务业 | Other Services | 53 | |
| **教育** | **Education** | **207** | |
| **卫生和社会工作** | **Health and Social Affairs** | **715** | |
| 卫生 | Health | 715 | |
| **文化、体育和娱乐业** | **Culture, Sports and Entertainment** | **879** | **1678** |
| 新闻和出版业 | Journalism and Publishing Activities | 54 | 1472 |
| 广播、电视、电影和影视录音制作业 | Broadcasting, Television, Movies and Audiovisual Activities | 101 | 158 |
| 文化艺术业 | Culture and arts | 2 | |
| 娱乐业 | Entertainment | 722 | 48 |

continued

| 营业利润 Profits | 利润总额 Total Profits | 应交所得税 Income tax payable | 应付职工薪酬 Wages Payable | 应交增值税 Value Added Tax Payable | 从事服务业活动的从业人员平均人数 Annual Average of Employed Persons in Service |
|---:|---:|---:|---:|---:|---:|
| **-4815** | **45975** | **29894** | **493215** | **56021** | **77534** |
| **-57228** | **-27553** | **4592** | **138683** | **11818** | **20152** |
| 10181 | 10342 | 1454 | 13627 | 4271 | 1124 |
| -32895 | -8623 | 2317 | 58416 | 4674 | 10906 |
| 2169 | 2161 | 540 | 796 |  | 91 |
| -796 | -55 | 82 | 16968 | 1665 | 2278 |
| -584 | -167 | 3 | 5528 | 231 | 1196 |
| -22312 | -19439 | 2 | 4946 | 50 | 616 |
| -12993 | -11772 | 194 | 38403 | 928 | 3941 |
| **32132** | **45253** | **7553** | **96037** | **33207** | **8268** |
| 25180 | 37168 | 6632 | 88381 | 30949 | 6846 |
| 6951 | 8085 | 921 | 7656 | 2257 | 1422 |
| **-351** | **368** | **639** | **45601** | **274** | **13226** |
| -999 | -287 | 502 | 43419 | 248 | 12762 |
| -47 | -12 | 56 | 1097 |  | 198 |
| 695 | 667 | 80 | 1085 | 25 | 266 |
| **-29475** | **-22646** | **8033** | **86531** | **1123** | **19216** |
| 615 | 615 | 15 | 1448 | 80 | 399 |
| -30091 | -23261 | 8018 | 85083 | 1043 | 18817 |
| **28574** | **29065** | **4887** | **81075** | **7976** | **8252** |
| 2909 | 3070 |  | 997 | 2 | 34 |
| 25269 | 25358 | 4877 | 79709 | 7929 | 8118 |
| 396 | 637 | 10 | 369 | 45 | 100 |
| **-6051** | **-3069** | **429** | **4757** | **178** | **1384** |
| 600 | 600 | 163 | 150 | 175 | 31 |
| -609 | -612 |  | 180 |  | 37 |
| -6042 | -3056 | 267 | 4428 | 4 | 1316 |
| **2661** | **932** | **462** | **3232** | **3** | **836** |
| 2499 | 761 | 452 | 3031 | 3 | 775 |
| 279 | 279 | 1 | 13 |  | 5 |
| -117 | -108 | 9 | 189 |  | 56 |
| **1360** | **848** | **100** | **5062** |  | **824** |
| **1397** | **1790** | **428** | **14422** | **70** | **2774** |
| 1397 | 1790 | 428 | 14422 | 70 | 2774 |
| **22168** | **20987** | **2771** | **17814** | **1373** | **2602** |
| 2739 | 3016 |  | 2526 | 532 | 163 |
| 1355 | 2188 | 370 | 1839 | 841 | 378 |
| -2992 | 1138 | 155 | 1782 |  | 407 |
| 21066 | 14645 | 2246 | 11668 |  | 1654 |

# 第二十一篇 Chapter21

# 企业信息化与电子商务

Enterprise Information and Electronic Commerce

**责任编辑**:杨培林

**资料整理**:杨培林　徐学奎　邢猛　徐薇　杨雯　汪蓉

**Coordinator**:Yang Peilin

**Data Compilation**:Yang Peilin　Xu Xuekui　Xing Meng　Xu Wei　Yang Wen　Wang Rong

# 21-1 按国民经济行业门类分信息化基本情况(2015年)

## Basic State of Informatization classified by National Economic Industries(2015)

| 指标名称 | Item | 企业数 Number of Enterprises (unit) | 使用计算机的企业 Enterprises Using Computer 数量(个) Number (unit) | 比重(%) Percentage (%) |
|---|---|---|---|---|
| **总计** | **Total** | **3342** | **3337** | **99.9** |
| **按国民经济行业门类分** | **Divided by National Economic Industries** | | | |
| 采矿业 | Mining | 57 | 57 | 100.0 |
| 制造业 | Manufacturing | 1030 | 1030 | 100.0 |
| 电力、热力、燃气及水生产和供应业 | Electric Power, Heat, Gas and Water Production and Supply | 130 | 130 | 100.0 |
| 建筑业 | Construction | 570 | 567 | 99.5 |
| 批发和零售业 | Wholesaling and Retailing | 436 | 436 | 100.0 |
| 交通运输、仓储和邮政业 | Transport, Storage and Post | 109 | 109 | 100.0 |
| 住宿和餐饮业 | Accommodation and Catering Services | 148 | 148 | 100.0 |
| 信息传输、软件和信息技术服务业 | Information Transmission, Software and IT Services | 37 | 37 | 100.0 |
| 房地产业 | Real Estate | 599 | 597 | 99.7 |
| 租赁和商务服务业 | Leasing and Business Services | 69 | 69 | 100.0 |
| 科学研究和技术服务业 | Scientific Research and Technical Services | 63 | 63 | 100.0 |
| 水利、环境和公共设施管理业 | Management of Water Conservancy, Environment and Public Facilities | 13 | 13 | 100.0 |
| 居民服务、修理和其他服务业 | Services to Households, Repair and Other Services | 12 | 12 | 100.0 |
| 教育 | Education | 11 | 11 | 100.0 |
| 卫生和社会工作 | Health and Social Work | 28 | 28 | 100.0 |
| 文化、体育和娱乐业 | Culture, Sports and Entertainment | 30 | 30 | 100.0 |

## 21-1 续表1

| 指标名称 | Item | 有信息技术人员的企业 Enterprises Having Information - technology Staffs | |
|---|---|---|---|
| | | 数量（个）Number (unit) | 比重（%）Percentage (%) |
| **总计** | **Total** | **2648** | **79.2** |
| **按国民经济行业门类分** | **Divided by National Economic Industries** | | |
| 采矿业 | Mining | 39 | 68.4 |
| 制造业 | Manufacturing | 881 | 85.5 |
| 电力、热力、燃气及水生产和供应业 | Electric Power, Heat, Gas and Water Production and Supply | 104 | 80.0 |
| 建筑业 | Construction | 420 | 73.7 |
| 批发和零售业 | Wholesaling and Retailing | 340 | 78.0 |
| 交通运输、仓储和邮政业 | Transport, Storage and Post | 72 | 66.1 |
| 住宿和餐饮业 | Accommodation and Catering Services | 121 | 81.8 |
| 信息传输、软件和信息技术服务业 | Information Transmission, Software and IT Services | 36 | 97.3 |
| 房地产业 | Real Estate | 450 | 75.1 |
| 租赁和商务服务业 | Leasing and Business Services | 54 | 78.3 |
| 科学研究和技术服务业 | Scientific Research and Technical Services | 51 | 81.0 |
| 水利、环境和公共设施管理业 | Management of Water Conservancy, Environment and Public Facilities | 10 | 76.9 |
| 居民服务、修理和其他服务业 | Services to Households, Repair and Other Services | 11 | 91.7 |
| 教育 | Education | 9 | 81.8 |
| 卫生和社会工作 | Health and Social Work | 24 | 85.7 |
| 文化、体育和娱乐业 | Culture, Sports and Entertainment | 26 | 86.7 |

continued

| 有局域网的企业 Enterprises Having Local Area Network | | 使用信息化管理的企业 Enterprises Using Informatization Management | | 有信息化投入的企业 Enterprise Informatization Input | | 使用互联网的企业 Enterprises Using Internet | |
|---|---|---|---|---|---|---|---|
| 数量（个） Number (unit) | 比重（%） Percentage (%) | 数量（个） Number (unit) | 比重（%） Percentage (%) | 数量（个） Number (unit) | 比重（%） Percentage (%) | 数量（个） Number (unit) | 比重（%） Percentage (%) |
| **2533** | **75.8** | **3231** | **96.7** | **2554** | **76.4** | **3333** | **99.7** |
| | | | | | | | |
| 31 | 54.4 | 54 | 94.7 | 37 | 64.9 | 57 | 100.0 |
| 799 | 77.6 | 997 | 96.8 | 854 | 82.9 | 1030 | 100.0 |
| 108 | 83.1 | 129 | 99.2 | 107 | 82.3 | 130 | 100.0 |
| 385 | 67.5 | 546 | 95.8 | 399 | 70.0 | 567 | 99.5 |
| 352 | 80.7 | 426 | 97.7 | 328 | 75.2 | 436 | 100.0 |
| 75 | 68.8 | 105 | 96.3 | 76 | 69.7 | 109 | 100.0 |
| 122 | 82.4 | 147 | 99.3 | 121 | 81.8 | 147 | 99.3 |
| 37 | 100.0 | 37 | 100.0 | 37 | 100.0 | 37 | 100.0 |
| 441 | 73.6 | 575 | 96.0 | 418 | 69.8 | 595 | 99.3 |
| 55 | 79.7 | 63 | 91.3 | 50 | 72.5 | 69 | 100.0 |
| 54 | 85.7 | 60 | 95.2 | 54 | 85.7 | 62 | 98.4 |
| 9 | 69.2 | 13 | 100.0 | 12 | 92.3 | 13 | 100.0 |
| 11 | 91.7 | 12 | 100.0 | 8 | 66.7 | 12 | 100.0 |
| 9 | 81.8 | 11 | 100.0 | 10 | 90.9 | 11 | 100.0 |
| 23 | 82.1 | 27 | 96.4 | 19 | 67.9 | 28 | 100.0 |
| 22 | 73.3 | 29 | 96.7 | 24 | 80.0 | 30 | 100.0 |

## 21-1 续表2

| 指标名称 | Item | 连接宽带的企业 Enterprises Having Wideband Link | |
|---|---|---|---|
| | | 数量（个）Number（unit） | 比重（%）Percentage（%） |
| **总计** | **Total** | **3308** | **99.0** |
| **按国民经济行业门类分** | **Divided by National Economic Industries** | | |
| 采矿业 | Mining | 57 | 100.0 |
| 制造业 | Manufacturing | 1016 | 98.6 |
| 电力、热力、燃气及水生产和供应业 | Electric Power, Heat, Gas and Water Production and Supply | 129 | 99.2 |
| 建筑业 | Construction | 563 | 98.8 |
| 批发和零售业 | Wholesaling and Retailing | 435 | 99.8 |
| 交通运输、仓储和邮政业 | Transport, Storage and Post | 109 | 100.0 |
| 住宿和餐饮业 | Accommodation and Catering Services | 146 | 98.6 |
| 信息传输、软件和信息技术服务业 | Information Transmission, Software and IT Services | 37 | 100.0 |
| 房地产业 | Real Estate | 593 | 99.0 |
| 租赁和商务服务业 | Leasing and Business Services | 69 | 100.0 |
| 科学研究和技术服务业 | Scientific Research and Technical Services | 60 | 95.2 |
| 水利、环境和公共设施管理业 | Management of Water Conservancy, Environment and Public Facilities | 13 | 100.0 |
| 居民服务、修理和其他服务业 | Services to Households, Repair and Other Services | 12 | 100.0 |
| 教育 | Education | 11 | 100.0 |
| 卫生和社会工作 | Health and Social Work | 28 | 100.0 |
| 文化、体育和娱乐业 | Culture, Sports and Entertainment | 30 | 100.0 |

continued

| 有网站的企业数 Number of Enterprises Having Website | | 通过互联网对本企业进行宣传和推广的企业 Enterprises Publicize And Promote Through Internet | | 信息化投入金额（万元） | 期末使用计算机数量（台） | 信息技术人员数量（人） | 拥有网站数量（个） |
|---|---|---|---|---|---|---|---|
| 数量（个） Number (unit) | 比重（%） Percentage (%) | 数量（个） Number (unit) | 比重（%） Percentage (%) | Informatization Input (10 000yuan) | Number of Using Computer At The End of Term (number) | Number of Information - technology Staffs (person) | Number of Having Website (unit) |
| **1585** | **47.4** | **2693** | **80.6** | **1289881.6** | **157689** | **8399** | **1841** |
| 20 | 35.1 | 43 | 75.4 | 3231.0 | 18095 | 452 | 27 |
| 622 | 60.4 | 898 | 87.2 | 290542.0 | 42067 | 2388 | 716 |
| 53 | 40.8 | 88 | 67.7 | 105923.0 | 27309 | 399 | 58 |
| 179 | 31.4 | 405 | 71.1 | 5514.0 | 12634 | 987 | 199 |
| 212 | 48.6 | 347 | 79.6 | 752874.4 | 15474 | 917 | 273 |
| 32 | 29.4 | 77 | 70.6 | 5156.2 | 5752 | 203 | 36 |
| 68 | 45.9 | 130 | 87.8 | 6665.0 | 4783 | 271 | 76 |
| 32 | 86.5 | 37 | 100.0 | 35368.0 | 9154 | 1331 | 43 |
| 244 | 40.7 | 486 | 81.1 | 33872.0 | 12262 | 933 | 271 |
| 38 | 55.1 | 57 | 82.6 | 1234.0 | 2443 | 138 | 43 |
| 32 | 50.8 | 48 | 76.2 | 47304.0 | 4641 | 151 | 35 |
| 8 | 61.5 | 10 | 76.9 | 114.0 | 277 | 58 | 11 |
| 6 | 50.0 | 8 | 66.7 | 148.0 | 245 | 37 | 11 |
| 6 | 54.5 | 9 | 81.8 | 395.0 | 585 | 19 | 8 |
| 13 | 46.4 | 21 | 75.0 | 531.0 | 1109 | 55 | 14 |
| 20 | 66.7 | 29 | 96.7 | 1010.0 | 859 | 60 | 20 |

# 21－2　按国民经济行业门类分电子商务交易情况(2015年)

单位:个、万元

| 指标名称 | Item | 有电子商务交易的企业数 Number of Enterprise Having Electronic Commerce | 有电子商务销售的企业数 Enterprise Number of Having Electronic Commerce Making | 有面向大陆区域以外销售的企业数 Sales to the Outside Regions of Mainland China |
|---|---|---|---|---|
| **总计** | **Total** | **331** | **237** | **18** |
| **按国民经济行业门类分** | **Divided by National Economic Industries** | | | |
| 采矿业 | Mining | 2 | 1 | |
| 制造业 | Manufacturing | 127 | 85 | 13 |
| 电力、热力、燃气及水生产和供应业 | Electric Power, Heat, Gas and Water Production and Supply | 9 | 1 | |
| 建筑业 | Construction | 16 | 3 | |
| 批发和零售业 | Wholesaling and Retailing | 55 | 42 | |
| 交通运输、仓储和邮政业 | Transport, Storage and Post | 3 | 2 | |
| 住宿和餐饮业 | Accommodation and Catering Services | 68 | 67 | 3 |
| 信息传输、软件和信息技术服务业 | Information Transmission, Software and IT Services | 14 | 12 | |
| 房地产业 | Real Estate | 15 | 6 | |
| 租赁和商务服务业 | Leasing and Business Services | 6 | 5 | 2 |
| 科学研究和技术服务业 | Scientific Research and Technical Services | 1 | | |
| 水利、环境和公共设施管理业 | Management of Water Conservancy, Environment and Public Facilities | 2 | 2 | |
| 居民服务、修理和其他服务业 | Services to Households, Repair and Other Services | 1 | 1 | |
| 卫生和社会工作 | | 2 | 2 | |
| 文化、体育和娱乐业 | Culture, Sports and Entertainment | 10 | 8 | |

## Electronic Commerce Traded by National Economic Industries (2015)

(unit, 10 000yuan)

| 有电子商务采购的企业数 Number of Enterprise having Electronic Commerce Purchases | 有面向大陆区域以外采购的企业数 Purchases to the Outside Regions of Mainland China | 拥有电子商务交易平台的企业数 Number of Enterprises with E - commerce Trading Platform | 平台数量 Number of E - commerce Trading Platform | 电子商务销售额 Sales of Electronic Commerce | 面向大陆以外区域销售额 Sales to the Outside Regions of Mainland China | 电子商务采购额 Purchases of Electronic Commerce | 面向大陆以外区域采购额 Purchases to the Outside Regions of Mainland China |
|---|---|---|---|---|---|---|---|
| **163** | **6** | **8** | **9** | **1117228** | **46693** | **792807** | **85** |
| | | | | | | | |
| 2 | | | | 230 | | 8703 | |
| 73 | 4 | 2 | 2 | 267853 | 46635 | 144476 | 73 |
| 9 | | | | 460 | | 360675 | |
| 14 | 1 | | | 1003 | | 327 | 1 |
| 29 | | 1 | 1 | 694170 | | 272864 | |
| 1 | | | | 10 | | 211 | |
| 6 | | | | 9020 | 6 | 227 | |
| 6 | | 3 | 4 | 138864 | | 4060 | |
| 13 | | | | 959 | | 256 | |
| 3 | 1 | 1 | 1 | 1080 | 52 | 962 | 11 |
| 1 | | | | | | 30 | |
| | | | | 12 | | | |
| | | | | 30 | | | |
| 1 | | | | 68 | | 3 | |
| 5 | | 1 | 1 | 3469 | | 13 | |

# 主要统计指标解释

**[计算机数]**　指报告期末企业(单位)使用的计算机数量,包括台式机、笔记本电脑和平板电脑。

**[信息技术人员]**　指专职从事信息技术系统的制定、设计、开发、安装、操作、维护、管理和评估的人员。

**[互联网]**　指在世界范围内的公共计算机网络。它提供一系列通信服务(包括万维网)的接入,并传送电子邮件、新闻、娱乐和数据文件等。

**[网站数]**　指报告期末企业拥有和维护的,在互联网上可浏览的网站数,不包括企业内网。

**[电子商务销售金额]**　指报告期内企业(单位)借助网络订单而销售的商品和服务总额。

**[电子商务采购金额]**　指报告期内企业(单位)借助网络订单而采购的商品和服务总额。

**[自营电子商务交易平台]**　指为企业自己开展电子商务交易活动提供服务的平台。

[B2C]　是 Business - to - Customer 的缩写,而其中文简称为"商对客"。"商对客"是电子商务的一种模式,也就是通常说的商业零售,直接面向消费者销售产品和服务。

**[服务类商品]**　指有形的实体类商品以外的商品。

**[面向大陆以外区域的销售]**　是指采购方位于大陆以外的国家或地区。

**[面向大陆以外区域的采购]**　是指销售方位于大陆以外的国家或地区。

# 第二十二篇

# Chapter22

## 宁夏农垦经济社会发展主要指标

## Economic and social development of Agricultural Cultivation in Ningxia

**责任编辑**：夏金龙

**资料整理**：夏金龙　蒋玲

**Coordinator**:Xia Jinlong

**Data Compilation**:Xia Jinlong　Jiang Ling

# 22-1 宁夏农垦经济社会发展主要指标

## Main Indicators of Economic and Social Development of Agricultural Cultivation in Ningxia

| 指　标 | Item | 单位 | unit | 2014 | 2015 |
|---|---|---|---|---|---|
| **人口与就业** | **Population and Employment** | | | | |
| 年末总户数 | Number of Households at Year - end | 户 | household | 43904 | 44982 |
| 年末总人口 | Population at Year - end | 人 | person | 143291 | 147926 |
| 回族人口 | Hui | 人 | person | 40600 | 42317 |
| 人口自然增长率 | Natural Growth Rate of Population | ‰ | ‰ | 3.87 | 4.32 |
| 单位年末从业人数 | Employment at Year - end | 人 | person | 15692 | 14160 |
| 单位年末从业人员工资总额 | Total Wages Bill of Staff and Workers at Year - end | 万元 | 10 000 yuan | 56982 | 49371 |
| 职工人均工资 | Average Wage of Staff and Workers | 元 | yuan | 32733 | 33370 |
| **经济总量** | **Economics** | | | | |
| 农垦生产总值(现价) | Gross Domestic Product(current price) | 亿元 | 100 million yuan | 22.01 | 22.26 |
| 第一产业 | Primary Industry | 亿元 | 100 million yuan | 10.84 | 11.54 |
| 第二产业 | Secondary Industry | 亿元 | 100 million yuan | 7.03 | 6.28 |
| 工业 | Industry | 亿元 | 100 million yuan | 4.65 | 4.68 |
| 建筑业 | Construction | 亿元 | 100 million yuan | 2.38 | 1.60 |
| 第三产业 | Tertiary Industry | 亿元 | 100 million yuan | 4.14 | 4.44 |
| **农业** | **Agriculture** | | | | |
| 农林牧渔业总产值(现价) | Gross Output Value of Agriculture, Forestry, Animal Husbandry and Fishery(current price) | 亿元 | 100 million yuan | 25.63 | 27.02 |
| 农业 | Agriculture | 亿元 | 100 million yuan | 14.59 | 15.28 |
| 林业 | Forestry | 亿元 | 100 million yuan | 0.53 | 0.34 |
| 畜牧业 | Animal Husbandry | 亿元 | 100 million yuan | 8.63 | 9.50 |
| 渔业 | Fishery | 亿元 | 100 million yuan | 1.09 | 1.09 |
| 农、林、牧、渔服务业服务业 | Output Value of Services for Agriculture, Forestry, Animal Husbandry and Fishery | 亿元 | 100 million yuan | 0.79 | 0.81 |
| 农垦耕地面积 | Cultivated Area | 万亩 | 10 000 mu | 63.52 | 64.56 |

## 22－1 续表1 continued

| 指　标 | Item | 单位 | unit | 2014 | 2015 |
|---|---|---|---|---|---|
| 粮食总产量 | Output of Grain | 万吨 | 10 000 tons | 35.42 | 36.42 |
| 小麦总产量 | Wheat | 万吨 | 10 000 tons | 0.57 | 0.55 |
| 水稻总产量 | Rice | 万吨 | 10 000 tons | 8.50 | 7.98 |
| 玉米总产量 | Corn | 万吨 | 10 000 tons | 26.33 | 27.87 |
| 全年蔬菜产量 | Output of Vegetable | 万吨 | 10 000 tons | 7.53 | 6.57 |
| 设施蔬菜产量 | Facility Vegetable | 万吨 | 10 000 tons | 4.39 | 2.07 |
| 设施农业建设面积 | Constructure Area of Facility Agriculture | 万亩 | 10 000 mu | 0.79 | 0.84 |
| 水果总产量 | Output of Fruit | 万吨 | 10 000 tons | 4.93 | 5.65 |
| 牛存栏 | Number of Cattle and Buffaloes on Hand | 万头 | 10 000 heads | 5.11 | 5.13 |
| 良种及改良乳牛 | Breeding and Improved Breed Dairy Cows | 万头 | 10 000 heads | 4.60 | 4.56 |
| 生猪存栏 | Number of Hogs on Hand | 万头 | 10 000 heads | 3.95 | 3.79 |
| 羊只存栏 | Number of Sheep on Hand | 万只 | 10 000 heads | 8.10 | 8.67 |
| 山羊 | Goat | 万只 | 10 000 heads | 2.44 | 2.72 |
| 绵羊 | Sheep | 万只 | 10 000 heads | 5.65 | 5.95 |
| 牛出栏 | Cattle and Buffaloes Slaughtered | 万头 | 10 000 heads | 1.01 | 1.41 |
| 生猪出栏 | Hogs Slaughtered | 万头 | 10 000 heads | 5.08 | 4.69 |
| 羊只出栏 | Sheep Slaughtered | 万只 | 10 000 heads | 4.54 | 4.86 |
| 肉类总产量 | Output of Meat | 万吨 | 10 000 tons | 0.63 | 0.67 |
| 猪肉 | Pork | 万吨 | 10 000 tons | 0.33 | 0.31 |
| 羊肉 | Mutton | 万吨 | 10 000 tons | 0.07 | 0.08 |
| 牛肉 | Beef | 万吨 | 10 000 tons | 0.16 | 0.22 |
| 牛奶产量 | Output of Milk | 万吨 | 10 000 tons | 17.59 | 19.49 |
| 禽蛋产量 | Output of Poultry Eggs | 万吨 | 10 000 tons | 0.10 | 0.10 |
| 渔业养殖面积 | Area for Breeding Aquatics | 万亩 | 10 000 mu | 10.80 | 10.80 |
| 水产品产量 | Output of Aquatic Products | 万吨 | 10 000 tons | 1.16 | 1.19 |
| 农业机械总动力 | Total Agricultural Machinery Power | 万千瓦 | 10 000 kwh | 30.67 | 31.72 |
| 柴油发动机动力 | Diesel Engine Power | 万千瓦 | 10 000 kwh | 25.65 | 26.64 |
| 电动机动力 | Motor Power | 万千瓦 | 10 000 kwh | 4.76 | 4.87 |

# 22－1 续表 2 continued

| 指 标 | Item | 单位 | unit | 2014 | 2015 |
|---|---|---|---|---|---|
| **工业** | **Industry** | | | | |
| 工业总产值(现价) | Gross Industrial Output Value(current prices) | 亿元 | 100 million yuan | 12.14 | 12.00 |
| 工业销售产值(现价) | Industrial Sales Output Value(current prices) | 亿元 | 100 million yuan | 12.01 | 11.89 |
| 主要工业产品产量 | Output of Major Industrial Products | | | | |
| 食油 | Edible Oil | 吨 | ton | 12 | 12 |
| 大米 | Rice | 吨 | ton | 19365 | 16801 |
| 液态杀菌奶 | Sterilized Liquid Milk | 吨 | ton | 24910 | 20898 |
| 酸奶 | Yoghourt | 吨 | ton | 835 | 985 |
| 饮料酒 | Alcoholic Drink | 千升 | Kiloliter | 216741 | 208088 |
| 白酒 | Spirit | 千升 | Kiloliter | 416 | 685 |
| 啤酒 | Beer | 千升 | Kiloliter | 211888 | 202900 |
| 葡萄酒 | Wine | 千升 | Kiloliter | 4337 | 4403 |
| 西夏王 | Xixia King | 千升 | Kiloliter | 2460 | 3120 |
| 混配合饲料 | Compound Feed | 吨 | ton | 38445 | 41570 |
| 机砖 | Brick | 万块 | 10 000 pieces | 28412 | 30183 |
| 煅煤 | Calcined Coal | 吨 | ton | 31020 | 27918 |
| 精洗煤 | Fine Washing Coal | 吨 | ton | 20850 | 20052 |
| 泡沫箱 | Foam Box | 套 | unit | 830063 | 737623 |
| **建筑业** | **Construction** | | | | |
| 年末单位个数 | Number of Units at Year End | 个 | unit | 18 | 18 |
| 国有 | State－owned Unit | | | 2 | 2 |
| 年末从业人员 | Number of Persons Employed at Year End | 人 | person | 2175 | 1844 |
| 全年房屋建筑施工面积 | Floor Space of Buildings under Construction | 万平米 | 10 000 sq. m | 55.8 | 31.2 |
| 全年房屋建筑竣工面积 | Floor Space of Buildings Completed | 万平米 | 10 000 sq. m | 28.3 | 30.8 |
| 固定资产投资完成额 | Completed Investment in Fixed Assets | 亿元 | 100 million yuan | 18.07 | 7.14 |
| 基本建设 | Infrastructure | 亿元 | 100 million yuan | 16.53 | 5.96 |
| 更新改造 | Renovation and Reformation Investment | 亿元 | 100 million yuan | 1.54 | 1.18 |
| **交通运输业** | **Transportation** | | | | |
| 年末拥有主要运输工具数量 | Number of Major Transport Conveyance at Year End | 辆 | coach | 951 | 921 |
| 年末从业人员 | Number of Persons Employed at Year End | 人 | person | 1486 | 1496 |
| 全年货运量 | Freight Traffic | 万吨 | 10 000 tons | 152.00 | 151.40 |
| 全年客运量 | Passenger Traffic | 万人 | 10 000 persons | 357.00 | 371.00 |

## 22－1 续表3 continued

| 指 标 | Item | 单位 | unit | 2014 | 2015 |
|---|---|---|---|---|---|
| 商业 | **Commerce** | | | | |
| 营业网点个数 | Number of Business Branches | 个 | unit | 1139 | 1171 |
| 国有 | State－owned Units | 个 | unit | 3 | 3 |
| 年末从业人员 | Number of Persons Employed at Year End | 人 | person | 2564 | 2694 |
| 消费品零售总额 | Total Retail Sales of Consumer Goods | 亿元 | 100 million yuan | 3.19 | 3.15 |
| 住宿和餐饮业 | **Hotels and Catering Services** | | | | |
| 营业网点个数 | Number of Business Branches | 个 | unit | 403 | 404 |
| 国有 | State－owned Units | 个 | unit | 6 | 4 |
| 年末从业人员 | Number of Persons Employed at Year End | 人 | person | 1932 | 1938 |
| 营业收入总额 | Total Business Revenue | 亿元 | 100 million yuan | 1.0 | 1.0 |
| 旅游业 | **Tourism** | | | | |
| 接待游客人数 | Number of Tourists | 万人次 | 10 000 person－time | 122.39 | 121.25 |
| 旅游收入 | Tourism Income | 亿元 | 100 million yuan | 2.36 | 2.26 |
| 对外贸易 | **Foreign Trade** | | | | |
| 出口商品总金额 | Total Export Commodities in Value | 万元 | 10 000 yuan | 3618 | 3405 |
| 出口商品总产量 | Total Export Commodities in Volume | 吨 | ton | 3553.6 | 3403.6 |
| 蔬菜 | Vegetable | 吨 | ton | 3553.6 | 3403.6 |
| 教育 | **Education** | | | | |
| 中等专业学校个数 | Number of Specialized Secondary Schools | 个 | unit | 1 | |
| 农垦教职工人数 | Teachers and Staff | 人 | person | 68 | |
| 教师 | Teachers | 人 | person | 40 | |
| 成人高等教学学生人数 | Number of Students in Adult Institutions of Higher Education | 人 | person | 824 | |

# 第二十三篇 Chapter23

## 各省市区主要经济指标

Main Economic Indicators by Region

**责任编辑:**蔡川生

**资料整理:**蔡川生　董金成　王丹玥　殷荣玉　季翔　焦霙

**Coordinator:**Cai Chuansheng

**Data Compilation:**Cai Chuansheng　Dong Jincheng　Wang Danyue　Yin Rongyu　Ji Xiang　Jiao Ying

# 23－1 各省市区地区生产总值及增长速度(2015 年)

## Gross Domestic Product and Its Growth Rate by Region(2015)

| 地 区 | Region | 地区生产总值(亿元) GDP(100 million yuan) | 第一产业 Primary Industry | 第二产业 Secondary Industry | 第三产业 Tertiary Industry | 地区生产总值比上年增长(%) GDP Growth Rate(%) | 人均地区生产总值(元) Per Capita GDP (yuan) |
|---|---|---|---|---|---|---|---|
| **全 国** | **National** | **676707.8** | **60863.0** | **274277.8** | **341566.9** | **106.9** | **49351** |
| 北 京 | Beijing | 22968.6 | 140.2 | 4526.4 | 18301.9 | 106.9 | 106284 |
| 天 津 | Tianjin | 16538.2 | 208.8 | 7688.7 | 8640.7 | 109.3 | 107960 |
| 河 北 | Hebei | 29806.1 | 3439.5 | 14388.0 | 11978.7 | 106.8 | 40255 |
| 山 西 | Shanxi | 12802.6 | 788.1 | 5224.3 | 6790.2 | 103.1 | 35017 |
| 内蒙古 | Inner Mongolia | 18032.8 | 1618.7 | 9200.6 | 7213.5 | 107.7 | 71903 |
| 辽 宁 | Liaoning | 28743.4 | 2384.0 | 13382.6 | 12976.8 | 103.0 | 65524 |
| 吉 林 | Jilin | 14274.1 | 1596.3 | 7337.1 | 5340.8 | 106.5 | 51852 |
| 黑龙江 | Heilongjiang | 15083.7 | 2633.5 | 4798.1 | 7652.1 | 105.7 | 39462 |
| 上 海 | Shanghai | 24965.0 | 109.8 | 7940.7 | 16914.5 | 106.9 | 103141 |
| 江 苏 | Jiangsu | 70116.4 | 3987.9 | 32043.6 | 34084.8 | 108.5 | 87995 |
| 浙 江 | Zhejiang | 42886.5 | 1832.8 | 19707.1 | 21346.6 | 108.0 | 77644 |
| 安 徽 | Anhui | 22005.6 | 2456.7 | 11342.3 | 8206.6 | 108.7 | 35997 |
| 福 建 | Fujian | 25979.8 | 2117.7 | 13218.7 | 10643.5 | 109.0 | 67966 |
| 江 西 | Jiangxi | 16723.8 | 1773.0 | 8487.3 | 6463.5 | 109.1 | 36724 |
| 山 东 | Shandong | 63002.3 | 4979.1 | 29485.9 | 28537.4 | 108.0 | 64168 |
| 河 南 | Henan | 37010.3 | 4209.6 | 18189.4 | 14611.3 | 108.3 | 39131 |
| 湖 北 | Hubei | 29550.2 | 3309.8 | 13503.6 | 12736.8 | 108.9 | 50654 |
| 湖 南 | Hunan | 29047.2 | 3331.6 | 12955.4 | 12760.2 | 108.6 | 42968 |
| 广 东 | Guangdong | 72812.6 | 3344.8 | 32511.5 | 36956.2 | 108.0 | 67503 |
| 广 西 | Guangxi | 16803.1 | 2566.0 | 7694.7 | 6542.4 | 108.1 | 35190 |
| 海 南 | Hainan | 3702.8 | 855.8 | 875.1 | 1971.8 | 107.8 | 40818 |
| 重 庆 | Chongqing | 15719.7 | 1150.2 | 7071.8 | 7497.8 | 111.0 | 52330 |
| 四 川 | Sichuan | 30103.1 | 3677.3 | 14293.2 | 12132.6 | 107.9 | 36836 |
| 贵 州 | Guizhou | 10502.6 | 1640.6 | 4146.9 | 4715.0 | 110.7 | 29847 |
| 云 南 | Yunnan | 13717.9 | 2055.7 | 5492.8 | 6169.4 | 108.7 | 29015 |
| 西 藏 | Tibet | 1026.4 | 96.9 | 376.2 | 553.3 | 111.0 | 31999 |
| 陕 西 | Shanxi | 18171.9 | 1597.6 | 9360.3 | 7213.9 | 108.0 | 48023 |
| 甘 肃 | Gansu | 6790.3 | 954.5 | 2494.8 | 3341.0 | 108.1 | 26165 |
| 青 海 | Qinghai | 2417.1 | 208.9 | 1207.3 | 1000.8 | 108.2 | 41252 |
| 宁 夏 | Ningxia | 2911.8 | 238.5 | 1379.0 | 1294.3 | 108.0 | 43805 |
| 新 疆 | Xinjiang | 9324.8 | 1559.1 | 3565.0 | 4200.7 | 108.8 | 40036 |

注：本表绝对数按当年价格计算,增长速度按不变价格计算。

Note:The absolute numbers was calculated at current prices,The GDP growth was calculated at constant prices.

# 23－2 各省市区地区生产总值构成(2015 年)

## Composition of Grosss Domestic Product by Region(2015)

单位:% (%)

| 地 区 Region | 地区生产总值 Gross Domestic Products | 第一产业 Primary Industry | 第二产业 Secondary Industry | 第三产业 Tertiary Industry |
|---|---|---|---|---|
| **全 国 National** | **100.0** | **9.0** | **40.5** | **50.5** |
| 北 京 Beijing | 100.0 | 0.6 | 19.7 | 79.7 |
| 天 津 Tianjin | 100.0 | 1.3 | 46.5 | 52.2 |
| 河 北 Hebei | 100.0 | 11.5 | 48.3 | 40.2 |
| 山 西 Shanxi | 100.0 | 6.2 | 40.8 | 53.0 |
| 内蒙古 Inner Mongolia | 100.0 | 9.0 | 51.0 | 40.0 |
| 辽 宁 Liaoning | 100.0 | 8.3 | 46.6 | 45.1 |
| 吉 林 Jilin | 100.0 | 11.2 | 51.4 | 37.4 |
| 黑龙江 Heilongjiang | 100.0 | 17.5 | 31.8 | 50.7 |
| 上 海 Shanghai | 100.0 | 0.4 | 31.8 | 67.8 |
| 江 苏 Jiangsu | 100.0 | 5.7 | 45.7 | 48.6 |
| 浙 江 Zhejiang | 100.0 | 4.3 | 46.0 | 49.8 |
| 安 徽 Anhui | 100.0 | 11.2 | 51.5 | 37.3 |
| 福 建 Fujian | 100.0 | 8.2 | 50.9 | 41.0 |
| 江 西 Jiangxi | 100.0 | 10.6 | 50.7 | 38.6 |
| 山 东 Shandong | 100.0 | 7.9 | 46.8 | 45.3 |
| 河 南 Henan | 100.0 | 11.4 | 49.1 | 39.5 |
| 湖 北 Hubei | 100.0 | 11.2 | 45.7 | 43.1 |
| 湖 南 Hunan | 100.0 | 11.5 | 44.6 | 43.9 |
| 广 东 Guangdong | 100.0 | 4.6 | 44.7 | 50.8 |
| 广 西 Guangxi | 100.0 | 15.3 | 45.8 | 38.9 |
| 海 南 Hainan | 100.0 | 23.1 | 23.6 | 53.3 |
| 重 庆 Chongqing | 100.0 | 7.3 | 45.0 | 47.7 |
| 四 川 Sichuan | 100.0 | 12.2 | 47.5 | 40.3 |
| 贵 州 Guizhou | 100.0 | 15.6 | 39.5 | 44.9 |
| 云 南 Yunnan | 100.0 | 15.0 | 40.0 | 45.0 |
| 西 藏 Tibet | 100.0 | 9.4 | 36.7 | 53.9 |
| 陕 西 Shanxi | 100.0 | 8.8 | 51.5 | 39.7 |
| 甘 肃 Gansu | 100.0 | 14.1 | 36.7 | 49.2 |
| 青 海 Qinghai | 100.0 | 8.6 | 49.9 | 41.4 |
| 宁 夏 Ningxia | 100.0 | 8.2 | 47.4 | 44.4 |
| 新 疆 Xinjiang | 100.0 | 16.7 | 38.2 | 45.0 |

# 23-3 各省市区年末常住人口

## Resident Population by Region at the Year-end

单位:万人　　(10 000 persons)

| 地　区 | Region | 2005 | 2006 | 2007 | 2008 | 2009 | 2010 | 2011 | 2012 | 2013 | 2014 | 2015 |
|---|---|---|---|---|---|---|---|---|---|---|---|---|
| **全　国** | **National** | **130756** | **131448** | **132129** | **132802** | **133450** | **134091** | **134735** | **135404** | **136072** | **136782** | **137462** |
| 北　京 | Beijing | 1538 | 1601 | 1676 | 1771 | 1860 | 1962 | 2019 | 2069 | 2115 | 2152 | 2171 |
| 天　津 | Tianjin | 1043 | 1075 | 1115 | 1176 | 1228 | 1299 | 1355 | 1413 | 1472 | 1517 | 1547 |
| 河　北 | Hebei | 6851 | 6898 | 6943 | 6989 | 7034 | 7194 | 7241 | 7288 | 7333 | 7384 | 7425 |
| 山　西 | Shanxi | 3355 | 3375 | 3393 | 3411 | 3427 | 3574 | 3593 | 3611 | 3630 | 3648 | 3664 |
| 内蒙古 | Inner Mongolia | 2386 | 2415 | 2429 | 2444 | 2458 | 2472 | 2482 | 2490 | 2498 | 2505 | 2511 |
| 辽　宁 | Liaoning | 4221 | 4271 | 4298 | 4315 | 4341 | 4375 | 4383 | 4389 | 4390 | 4391 | 4382 |
| 吉　林 | Jilin | 2716 | 2723 | 2730 | 2734 | 2740 | 2747 | 2749 | 2750 | 2751 | 2752 | 2753 |
| 黑龙江 | Heilongjiang | 3820 | 3823 | 3824 | 3825 | 3826 | 3833 | 3834 | 3834 | 3835 | 3833 | 3812 |
| 上　海 | Shanghai | 1890 | 1964 | 2064 | 2141 | 2210 | 2303 | 2347 | 2380 | 2415 | 2426 | 2415 |
| 江　苏 | Jiangsu | 7588 | 7656 | 7723 | 7762 | 7810 | 7869 | 7899 | 7920 | 7939 | 7960 | 7976 |
| 浙　江 | Zhejiang | 4991 | 5072 | 5155 | 5212 | 5276 | 5447 | 5463 | 5477 | 5498 | 5508 | 5539 |
| 安　徽 | Anhui | 6120 | 6110 | 6118 | 6135 | 6131 | 5957 | 5968 | 5988 | 6030 | 6083 | 6144 |
| 福　建 | Fujian | 3557 | 3585 | 3612 | 3639 | 3666 | 3693 | 3720 | 3748 | 3774 | 3806 | 3839 |
| 江　西 | Jiangxi | 4311 | 4339 | 4368 | 4400 | 4432 | 4462 | 4488 | 4504 | 4522 | 4542 | 4566 |
| 山　东 | Shandong | 9248 | 9309 | 9367 | 9417 | 9470 | 9588 | 9637 | 9685 | 9733 | 9789 | 9847 |
| 河　南 | Henan | 9380 | 9392 | 9360 | 9429 | 9487 | 9405 | 9388 | 9406 | 9413 | 9436 | 9480 |
| 湖　北 | Hubei | 5710 | 5693 | 5699 | 5711 | 5720 | 5728 | 5758 | 5779 | 5799 | 5816 | 5852 |
| 湖　南 | Hunan | 6326 | 6342 | 6355 | 6380 | 6406 | 6570 | 6596 | 6639 | 6691 | 6737 | 6783 |
| 广　东 | Guangdong | 9194 | 9442 | 9660 | 9893 | 10130 | 10441 | 10505 | 10594 | 10644 | 10724 | 10849 |
| 广　西 | Guangxi | 4660 | 4719 | 4768 | 4816 | 4856 | 4610 | 4645 | 4682 | 4719 | 4754 | 4796 |
| 海　南 | Hainan | 828 | 836 | 845 | 854 | 864 | 869 | 877 | 887 | 895 | 903 | 911 |
| 重　庆 | Chongqing | 2798 | 2808 | 2816 | 2839 | 2859 | 2885 | 2919 | 2945 | 2970 | 2991 | 3017 |
| 四　川 | Sichuan | 8212 | 8169 | 8127 | 8138 | 8185 | 8045 | 8050 | 8076 | 8107 | 8140 | 8204 |
| 贵　州 | Guizhou | 3730 | 3690 | 3632 | 3596 | 3537 | 3479 | 3469 | 3484 | 3502 | 3508 | 3530 |
| 云　南 | Yunnan | 4450 | 4483 | 4514 | 4543 | 4571 | 4602 | 4631 | 4659 | 4687 | 4714 | 4742 |
| 西　藏 | Tibet | 280 | 285 | 289 | 292 | 296 | 300 | 303 | 308 | 312 | 318 | 324 |
| 陕　西 | Shanxi | 3690 | 3699 | 3708 | 3718 | 3727 | 3735 | 3743 | 3753 | 3764 | 3775 | 3793 |
| 甘　肃 | Gansu | 2545 | 2547 | 2548 | 2551 | 2555 | 2560 | 2564 | 2578 | 2582 | 2591 | 2600 |
| 青　海 | Qinghai | 543 | 548 | 552 | 554 | 557 | 563 | 568 | 573 | 578 | 583 | 588 |
| 宁　夏 | Ningxia | 596 | 604 | 610 | 618 | 625 | 633 | 639 | 647 | 654 | 662 | 668 |
| 新　疆 | Xinjiang | 2010 | 2050 | 2095 | 2131 | 2159 | 2185 | 2209 | 2233 | 2264 | 2298 | 2360 |

注：1. 全国数据包括中国人民解放军现役军人数，但不包括香港、澳门特别行政区和台湾地区数据；分省数据中未包括中国人民解放军现役军人数；

2. 分地区数据为常住人口。

3. 2010 年数据为第六次全国人口普查数据推算，其余年份数据根据年度人口抽样调查推算。

Notes: a) National Data includes number of active duty soldiers in Chinese People's Liberation Army but not in Hong Kong SAR, Macao SAR and Taiwan Province. Province data not include number of active duty soldiers in Chinese People's Liberation Army.

b) Data in this table refers to resident population.

c) Data of 2010 were estimated due to the 6th National Population Census, the rest are the estimates from the annual national sample survey of population .

# 23－4 各省市区城镇非私营单位就业人数及平均工资(2015年)

## Number of Employed Persons in Non－Private in Urban Units and Average Wages by Region(2015)

| 地 区 | Region | 就业人员<br>(万人)<br>Number of Employed Persons<br>(person) | 在岗职工平均工资<br>(元)<br>Average Wages of Staff and Workers(yuan) |
|---|---|---|---|
| **全国总计** | **National** | **18062.5** | **63241** |
| 北 京 | Beijing | 777.3 | 113073 |
| 天 津 | Tianjin | 294.8 | 81486 |
| 河 北 | Hebei | 643.6 | 52409 |
| 山 西 | Shanxi | 440.3 | 52960 |
| 内蒙古 | Inner Mongolia | 298.3 | 57870 |
| 辽 宁 | Liaoning | 618.4 | 53458 |
| 吉 林 | Jilin | 325.1 | 52927 |
| 黑龙江 | Heilongjiang | 433.5 | 51241 |
| 上 海 | Shanghai | 637.2 | 109279 |
| 江 苏 | Jiangsu | 1552.1 | 67200 |
| 浙 江 | Zhejiang | 1083.4 | 67707 |
| 安 徽 | Anhui | 513.8 | 56974 |
| 福 建 | Fujian | 663.1 | 58719 |
| 江 西 | Jiangxi | 480.5 | 52137 |
| 山 东 | Shandong | 1236.7 | 58197 |
| 河 南 | Henan | 1125.9 | 45920 |
| 湖 北 | Hubei | 712.3 | 55237 |
| 湖 南 | Hunan | 579.1 | 53889 |
| 广 东 | Guangdong | 1948.0 | 66296 |
| 广 西 | Guangxi | 405.4 | 54983 |
| 海 南 | Hainan | 100.4 | 58406 |
| 重 庆 | Chongqing | 415.6 | 62091 |
| 四 川 | Sichuan | 795.5 | 60520 |
| 贵 州 | Guizhou | 307.5 | 62591 |
| 云 南 | Yunnan | 414.7 | 55025 |
| 西 藏 | Tibet | 33.4 | 110980 |
| 陕 西 | Shanxi | 511.8 | 56896 |
| 甘 肃 | Gansu | 261.8 | 54454 |
| 青 海 | Qinghai | 62.7 | 61868 |
| 宁 夏 | Ningxia | 73.1 | 62482 |
| 新 疆 | Xinjiang | 317.2 | 60914 |

# 23－5 各省市区固定资产投资(2015年)

# Total Investment in Fixed Asstes in the Whole Country by Region(2015)

| 地区 | Region | 全社会固定资产投资（亿元）Total investment in Fixed Assets (100 million yuan) | 固定资产投资（亿元）Investment in Fixed Assets (100million yuan) | 房地产开发投资额（亿元）Investment in Real Estate Development (100 million yuan) |
|---|---|---|---|---|
| **全国总计** | **National** | **561999.8** | **551590.0** | **95978.8** |
| 北京 | Beijing | 7496.0 | 7446.0 | 4177.0 |
| 天津 | Tianjin | 11832.0 | 11814.6 | 1871.5 |
| 河北 | Hebei | 29448.2 | 28905.7 | 4285.3 |
| 山西 | Shanxi | 14074.2 | 13744.6 | 1494.9 |
| 内蒙古 | Inner Mongolia | 13702.3 | 13529.2 | 1081.1 |
| 辽宁 | Liaoning | 17917.9 | 17640.4 | 3558.6 |
| 吉林 | Jilin | 12705.3 | 12508.6 | 924.2 |
| 黑龙江 | Heilongjiang | 10183.0 | 9884.3 | 992.1 |
| 上海 | Shanghai | 6352.7 | 6349.4 | 3468.9 |
| 江苏 | Jiangsu | 46246.9 | 45905.2 | 8153.7 |
| 浙江 | Zhejiang | 27323.3 | 26664.7 | 7111.9 |
| 安徽 | Anhui | 24385.9 | 23803.9 | 4424.9 |
| 福建 | Fujian | 21301.4 | 20974.0 | 4469.6 |
| 江西 | Jiangxi | 17388.1 | 16993.9 | 1520.1 |
| 山东 | Shandong | 48312.5 | 47381.5 | 5892.2 |
| 河南 | Henan | 35660.4 | 34951.3 | 4818.9 |
| 湖北 | Hubei | 26563.9 | 26086.4 | 4249.2 |
| 湖南 | Hunan | 25045.1 | 24324.2 | 2613.7 |
| 广东 | Guangdong | 30343.1 | 29950.5 | 8538.5 |
| 广西 | Guangxi | 16227.7 | 15654.9 | 1909.1 |
| 海南 | Hainan | 3451.2 | 3355.4 | 1704.0 |
| 重庆 | Chongqing | 14353.2 | 14208.1 | 3751.3 |
| 四川 | Sichuan | 25525.9 | 24965.6 | 4813.0 |
| 贵州 | Guizhou | 10945.5 | 10676.7 | 2205.1 |
| 云南 | Yunnan | 13500.6 | 13069.4 | 2669.0 |
| 西藏 | Tibet | 1295.7 | 1295.7 | 50.0 |
| 陕西 | Shanxi | 18582.2 | 18231.0 | 2494.3 |
| 甘肃 | Gansu | 8754.2 | 8626.6 | 768.1 |
| 青海 | Qinghai | 3210.7 | 3144.2 | 336.0 |
| 宁夏 | Ningxia | 3505.4 | 3426.4 | 633.6 |
| 新疆 | Xinjiang | 10813.0 | 10525.4 | 998.9 |
| 不分地区 | Not Classified By Region | 5552.4 | 5552.4 | |

注：固定资产投资为不含农户口径。

Note: Investment in fixed assets does not include farming households.

# 23-6 各省市区房地产开发企业(单位)土地购置及开发情况(2015年)

## Land Development and Purchase of Real Estste Development Enterprises by Region(2015)

| 地 区 | Region | 土地购置面积(万平方米) Land Space Purchased (10000 sq. m) | 土地成交价款(亿元) Land Transaction Price (100 million yuan) | 商品房销售面积(万平方米) Floor Space of Commercialized Buildings Sold (10 000 sq. m) | 商品房销售额(亿元) Total Sale of Commercialized Buildings (100 million yuan) | 住 宅 Residential Buildings |
|---|---|---|---|---|---|---|
| **全国总计** | **National** | **22811** | **7621.6** | **128495** | **87280.8** | **72753.0** |
| 北 京 | Beijing | 391 | 811.1 | 1554 | 3517.6 | 2512.9 |
| 天 津 | Tianjin | 174 | 74.2 | 1771 | 1790.0 | 1646.4 |
| 河 北 | Hebei | 757 | 168.5 | 5855 | 3371.6 | 2854.2 |
| 山 西 | Shanxi | 432 | 84.8 | 1593 | 775.6 | 702.3 |
| 内蒙古 | Inner Mongolia | 316 | 52.6 | 2369 | 1052.2 | 766.1 |
| 辽 宁 | Liaoning | 957 | 246.1 | 3916 | 2255.0 | 1907.6 |
| 吉 林 | Jilin | 793 | 191.7 | 1492 | 816.9 | 680.3 |
| 黑龙江 | Heilongjiang | 270 | 54.1 | 1997 | 1027.1 | 824.2 |
| 上 海 | Shanghai | 263 | 180.0 | 2431 | 5093.5 | 4319.9 |
| 江 苏 | Jiangsu | 1693 | 530.4 | 11414 | 8396.2 | 7374.9 |
| 浙 江 | Zhejiang | 1013 | 574.9 | 5985 | 6299.5 | 5519.3 |
| 安 徽 | Anhui | 1806 | 479.3 | 6174 | 3369.4 | 2714.3 |
| 福 建 | Fujian | 1057 | 490.1 | 4038 | 3585.8 | 2839.8 |
| 江 西 | Jiangxi | 543 | 147.5 | 3478 | 1863.7 | 1606.7 |
| 山 东 | Shandong | 1788 | 473.4 | 9727 | 5408.0 | 4510.8 |
| 河 南 | Henan | 951 | 198.2 | 8556 | 3945.6 | 3300.3 |
| 湖 北 | Hubei | 730 | 238.7 | 6245 | 3661.4 | 3198.5 |
| 湖 南 | Hunan | 861 | 176.7 | 6363 | 2738.9 | 2253.8 |
| 广 东 | Guangdong | 1479 | 891.0 | 11681 | 11442.8 | 9967.3 |
| 广 西 | Guangxi | 416 | 108.4 | 3523 | 1747.8 | 1459.4 |
| 海 南 | Hainan | 253 | 75.3 | 1052 | 982.8 | 908.6 |
| 重 庆 | Chongqing | 1627 | 539.1 | 5381 | 2952.2 | 2244.4 |
| 四 川 | Sichuan | 1062 | 332.4 | 7671 | 4199.8 | 3269.5 |
| 贵 州 | Guizhou | 601 | 83.8 | 3560 | 1571.7 | 1068.1 |
| 云 南 | Yunnan | 827 | 146.4 | 3145 | 1666.9 | 1236.8 |
| 西 藏 | Tibet | 31 | 0.9 | 51 | 21.1 | 16.7 |
| 陕 西 | Shanxi | 448 | 134.8 | 2979 | 1597.4 | 1381.3 |
| 甘 肃 | Gansu | 240 | 28.7 | 1435 | 704.9 | 603.1 |
| 青 海 | Qinghai | 48 | 11.1 | 393 | 206.0 | 139.8 |
| 宁 夏 | Ningxia | 231 | 25.7 | 839 | 370.3 | 284.0 |
| 新 疆 | Xinjiang | 754 | 71.5 | 1825 | 849.2 | 641.6 |

# 23－7 各省市区一般公共预算收支(2015年)

## General Public Budget Revenue and Expenditure by Region(2015)

单位:亿元 (100 million yuan)

| 地 区 | Region | 一般公共预算收入 General Public Budget Revenue | 一般公共预算支出 General Public Budget Expenditure |
|---|---|---|---|
| **地方合计** | **National** | **82982.7** | **150218.8** |
| 北 京 | Beijing | 4723.9 | 5751.4 |
| 天 津 | Tianjin | 2667.0 | 3233.0 |
| 河 北 | Hebei | 2648.5 | 5593.2 |
| 山 西 | Shanxi | 1642.2 | 3443.4 |
| 内蒙古 | Inner Mongolia | 1963.5 | 4293.4 |
| 辽 宁 | Liaoning | 2125.6 | 4461.8 |
| 吉 林 | Jilin | 1229.3 | 3217.1 |
| 黑龙江 | Heilongjiang | 1165.2 | 4022.1 |
| 上 海 | Shanghai | 5519.5 | 6191.6 |
| 江 苏 | Jiangsu | 8028.6 | 9681.5 |
| 浙 江 | Zhejiang | 4809.5 | 6645.6 |
| 安 徽 | Anhui | 2454.2 | 5233.2 |
| 福 建 | Fujian | 2544.1 | 3995.8 |
| 江 西 | Jiangxi | 2165.5 | 4419.9 |
| 山 东 | Shandong | 5529.3 | 8249.9 |
| 河 南 | Henan | 3009.6 | 6806.5 |
| 湖 北 | Hubei | 3005.4 | 6094.2 |
| 湖 南 | Hunan | 2515.8 | 5657.3 |
| 广 东 | Guangdong | 9364.8 | 12801.6 |
| 广 西 | Guangxi | 1515.1 | 4069.4 |
| 海 南 | Hainan | 627.7 | 1241.5 |
| 重 庆 | Chongqing | 2155.1 | 3793.8 |
| 四 川 | Sichuan | 3349.2 | 7506.7 |
| 贵 州 | Guizhou | 1503.3 | 3930.2 |
| 云 南 | Yunnan | 1808.1 | 4712.9 |
| 西 藏 | Tibet | 137.1 | 1383.9 |
| 陕 西 | Shanxi | 2059.9 | 4375.5 |
| 甘 肃 | Gansu | 743.9 | 2964.6 |
| 青 海 | Qinghai | 267.1 | 1505.4 |
| 宁 夏 | Ningxia | 373.7 | 1138.2 |
| 新 疆 | Xinjiang | 1331.0 | 3804.3 |

# 23－8 各省市区居民消费价格指数(2015 年)

(上年＝100)

| 地 区 | Region | 居民消费价格总指数 Consumer Price Index | 食 品 Food | 烟酒及用品 Tobacco, Liquor, and Articles | 衣 着 Clothing |
|---|---|---|---|---|---|
| **全 国** | **National** | **101.4** | **102.3** | **102.1** | **102.7** |
| 北 京 | Beijing | 101.8 | 101.6 | 102.0 | 103.6 |
| 天 津 | Tianjin | 101.7 | 101.7 | 101.9 | 103.0 |
| 河 北 | Hebei | 100.9 | 100.8 | 101.7 | 103.1 |
| 山 西 | Shanxi | 100.6 | 100.4 | 102.6 | 102.2 |
| 内蒙古 | Inner Mongolia | 101.1 | 101.4 | 103.7 | 102.8 |
| 辽 宁 | Liaoning | 101.4 | 102.5 | 103.0 | 102.0 |
| 吉 林 | Jilin | 101.7 | 102.0 | 103.1 | 103.2 |
| 黑龙江 | Heilongjiang | 101.1 | 101.1 | 102.1 | 101.6 |
| 上 海 | Shanghai | 102.4 | 102.9 | 104.2 | 107.8 |
| 江 苏 | Jiangsu | 101.7 | 103.0 | 101.9 | 103.0 |
| 浙 江 | Zhejiang | 101.4 | 103.3 | 103.3 | 101.8 |
| 安 徽 | Anhui | 101.3 | 102.3 | 101.9 | 101.4 |
| 福 建 | Fujian | 101.7 | 102.3 | 102.3 | 102.9 |
| 江 西 | Jiangxi | 101.5 | 103.3 | 103.0 | 103.2 |
| 山 东 | Shandong | 101.2 | 101.2 | 101.8 | 103.5 |
| 河 南 | Henan | 101.3 | 101.8 | 101.1 | 102.3 |
| 湖 北 | Hubei | 101.5 | 102.2 | 102.6 | 102.7 |
| 湖 南 | Hunan | 101.4 | 103.0 | 102.4 | 102.2 |
| 广 东 | Guangdong | 101.5 | 103.5 | 101.7 | 102.3 |
| 广 西 | Guangxi | 101.5 | 102.6 | 101.3 | 105.0 |
| 海 南 | Hainan | 101.0 | 102.9 | 101.8 | 103.7 |
| 重 庆 | Chongqing | 101.3 | 101.8 | 99.1 | 102.8 |
| 四 川 | Sichuan | 101.5 | 102.9 | 100.1 | 101.4 |
| 贵 州 | Guizhou | 101.8 | 102.6 | 103.2 | 100.8 |
| 云 南 | Yunnan | 101.9 | 103.4 | 103.9 | 102.0 |
| 西 藏 | Tibet | 102.0 | 103.1 | 103.6 | 102.4 |
| 陕 西 | Shanxi | 101.0 | 100.9 | 102.4 | 102.3 |
| 甘 肃 | Gansu | 101.6 | 101.7 | 103.1 | 103.1 |
| 青 海 | Qinghai | 102.6 | 102.5 | 101.4 | 105.1 |
| 宁 夏 | Ningxia | 101.1 | 100.4 | 102.6 | 102.8 |
| 新 疆 | Xinjiang | 100.6 | 99.2 | 102.0 | 103.4 |

# Consumer Price Indices by Region(2015)

(preceding year = 100)

| 家庭设备用品及服务 Household Facilities, Articles and Services | 医疗保健和个人用品 Health Care and Personal Articles | 交通和通信 Transportation and Communication | 娱乐教育文化 Recreation, Education and Culture | 居 住 Residence |
|---|---|---|---|---|
| **101.0** | **102.0** | **98.3** | **101.4** | **100.7** |
| | | | | |
| 99.9 | 100.2 | 102.8 | 100.8 | 102.6 |
| 101.0 | 99.8 | 97.4 | 104.2 | 102.6 |
| 101.0 | 102.7 | 98.3 | 101.1 | 99.9 |
| 100.1 | 101.8 | 97.3 | 101.7 | 100.2 |
| 100.9 | 102.3 | 98.0 | 101.4 | 99.7 |
| | | | | |
| 100.5 | 101.5 | 99.0 | 101.1 | 100.3 |
| 100.4 | 103.0 | 98.9 | 100.4 | 101.5 |
| 100.8 | 102.7 | 99.0 | 101.3 | 100.7 |
| | | | | |
| 102.9 | 99.3 | 97.6 | 100.3 | 104.6 |
| 102.8 | 101.6 | 97.3 | 101.8 | 100.9 |
| 100.9 | 102.7 | 96.0 | 101.4 | 100.8 |
| 100.7 | 104.1 | 98.1 | 101.4 | 99.6 |
| 100.8 | 104.5 | 98.3 | 101.2 | 101.3 |
| 101.0 | 101.4 | 98.8 | 101.1 | 98.5 |
| 101.7 | 101.6 | 98.4 | 101.9 | 100.8 |
| | | | | |
| 100.5 | 102.4 | 97.9 | 102.1 | 101.0 |
| 100.6 | 101.7 | 100.2 | 101.3 | 100.6 |
| 100.9 | 101.9 | 98.1 | 101.4 | 99.2 |
| 100.9 | 101.8 | 97.9 | 101.4 | 100.0 |
| 100.8 | 101.8 | 98.5 | 101.3 | 99.6 |
| 100.6 | 103.2 | 96.0 | 102.8 | 97.7 |
| | | | | |
| 100.0 | 102.6 | 98.0 | 101.2 | 101.2 |
| 100.4 | 102.1 | 99.3 | 101.1 | 100.5 |
| 101.3 | 100.7 | 100.6 | 103.4 | 100.6 |
| 101.0 | 102.5 | 98.3 | 101.1 | 100.6 |
| 101.5 | 101.4 | 98.5 | 101.4 | 100.7 |
| | | | | |
| 99.8 | 102.0 | 99.7 | 101.5 | 100.2 |
| 101.6 | 101.6 | 98.6 | 100.6 | 101.9 |
| 101.4 | 102.3 | 100.4 | 103.1 | 103.2 |
| 101.4 | 101.0 | 98.6 | 105.7 | 100.3 |
| 100.6 | 101.5 | 99.3 | 100.9 | 102.0 |

# 23－9 各省市区农业生产资料价格指数(2015年)

(上年＝100)

| 地 区 | Region | 农业生产资料价格指数 Indices of Producers´ Price for Agriculture Products | 农用手工工具 Farm hand Tools | 饲 料 Forage | 产品畜 Production Livestock |
|---|---|---|---|---|---|
| **全 国** | **National** | **100.4** | **101.5** | **98.1** | **108.3** |
| 北 京 | Beijing | | | | |
| 天 津 | Tianjin | | | | |
| 河 北 | Hebei | 99.8 | 100.0 | 99.3 | 104.4 |
| 山 西 | Shanxi | 99.6 | 100.6 | 98.7 | 105.9 |
| 内蒙古 | Inner Mongolia | 98.7 | 100.0 | 100.6 | 97.3 |
| 辽 宁 | Liaoning | 99.5 | 100.3 | 99.7 | 106.5 |
| 吉 林 | Jilin | 100.2 | 99.6 | 105.1 | 114.5 |
| 黑龙江 | Heilongjiang | 101.3 | 102.3 | 101.2 | 106.9 |
| 上 海 | Shanghai | | | | |
| 江 苏 | Jiangsu | 99.6 | 100.6 | 97.0 | 107.2 |
| 浙 江 | Zhejiang | 100.9 | 100.6 | 97.6 | 118.6 |
| 安 徽 | Anhui | 101.6 | 102.3 | 97.4 | 117.2 |
| 福 建 | Fujian | 101.4 | 101.8 | 100.2 | 109.8 |
| 江 西 | Jiangxi | 101.4 | 103.1 | 99.7 | 116.1 |
| 山 东 | Shandong | 99.3 | 102.1 | 94.6 | 99.4 |
| 河 南 | Henan | 100.3 | 102.1 | 96.1 | 112.3 |
| 湖 北 | Hubei | 100.4 | 102.0 | 97.3 | 110.1 |
| 湖 南 | Hunan | 104.1 | 107.9 | 101.6 | 111.5 |
| 广 东 | Guangdong | 101.2 | 101.5 | 99.0 | 112.0 |
| 广 西 | Guangxi | 100.9 | 101.4 | 96.3 | 110.4 |
| 海 南 | Hainan | 101.6 | 100.3 | 102.0 | 102.1 |
| 重 庆 | Chongqing | | | | |
| 四 川 | Sichuan | 101.5 | 101.4 | 98.8 | 110.1 |
| 贵 州 | Guizhou | 103.1 | 101.2 | 98.1 | 116.7 |
| 云 南 | Yunnan | 101.1 | 101.6 | 101.0 | 106.1 |
| 西 藏 | Tibet | 99.7 | 100.8 | 100.0 | 100.3 |
| 陕 西 | Shanxi | 100.6 | 101.2 | 97.2 | 113.4 |
| 甘 肃 | Gansu | 98.6 | 101.7 | 100.8 | 94.8 |
| 青 海 | Qinghai | 100.8 | 103.7 | 95.9 | 103.9 |
| 宁 夏 | Ningxia | 98.7 | 100.0 | 95.4 | 104.6 |
| 新 疆 | Xinjiang | 98.6 | 102.2 | 99.3 | 95.5 |

# Consumer Price Indices of Agriculture products by Region(2015)

(preceding year = 100)

| 半机械化农具<br>Semi – mechanized Farm Tools | 机械化农具<br>Mechanized Tools | 化学肥料<br>Chemical Fertilizer | 农药及农药械<br>Pesticide and Its Appliances | 农用机油<br>Oil for Agriculture Machinery | 其他农业生产资料<br>Other Means of Agricultural Production | 农业生产服务<br>Service for Agricultural Production |
|---|---|---|---|---|---|---|
| **100.1** | **99.8** | **100.6** | **100.5** | **87.3** | **100.8** | **102.2** |
| 100.0 | 100.4 | 101.4 | 99.6 | 86.4 | 99.1 | 100.5 |
| 99.7 | 98.7 | 99.5 | 99.9 | 88.9 | 100.1 | 101.1 |
| 100.9 | 99.5 | 98.2 | 99.7 | 87.5 | 100.7 | 101.3 |
| 99.2 | 99.0 | 99.4 | 100.8 | 84.9 | 100.4 | 101.3 |
| 99.9 | 100.2 | 100.8 | 99.7 | 82.2 | 96.2 | 102.7 |
| 98.9 | 100.1 | 103.5 | 100.7 | 86.7 | 101.3 | 98.7 |
| 100.6 | 98.8 | 99.3 | 99.3 | 88.2 | 101.5 | 101.7 |
| 99.9 | 99.9 | 99.7 | 100.9 | 89.4 | 100.8 | 104.1 |
| 99.2 | 99.9 | 100.6 | 100.5 | 91.0 | 101.1 | 104.5 |
| 100.7 | 100.1 | 100.4 | 99.4 | 89.7 | 100.7 | 104.1 |
| 100.0 | 103.7 | 98.8 | 100.8 | 90.2 | 100.3 | 102.5 |
| 100.1 | 100.7 | 101.7 | 100.6 | 84.2 | 101.3 | 100.8 |
| 101.6 | 99.3 | 101.7 | 100.5 | 83.8 | 101.4 | 104.8 |
| 100.3 | 99.6 | 99.0 | 100.7 | 89.5 | 100.5 | 101.8 |
| 101.7 | 97.3 | 104.6 | 101.1 | 87.8 | 101.8 | 106.3 |
| 99.8 | 99.5 | 102.0 | 101.0 | 88.3 | 102.6 | 102.8 |
| 99.6 | 99.7 | 102.2 | 100.3 | 89.3 | 100.6 | 104.1 |
| 100.9 | 96.5 | 101.1 | 101.6 | 88.0 | 100.0 | 114.3 |
| 99.7 | 99.8 | 99.6 | 100.9 | 88.8 | 102.7 | 101.9 |
| 101.3 | 100.0 | 100.1 | 101.8 | 87.9 | 102.7 | 101.8 |
| 100.5 | 99.8 | 99.1 | 101.4 | 93.5 | 100.8 | 111.6 |
| 100.0 | 100.0 | 99.9 | 100.0 | 93.9 | 100.4 | 104.0 |
| 100.0 | 98.8 | 101.4 | 101.8 | 90.4 | 101.6 | 102.1 |
| 100.0 | 100.0 | 97.7 | 101.0 | 87.7 | 100.7 | 104.8 |
| 101.0 | 103.0 | 98.6 | 103.3 | 87.9 | 106.8 | 111.8 |
| 97.2 | 99.9 | 98.9 | 101.0 | 84.0 | 104.3 | 100.5 |
| 99.8 | 99.9 | 96.4 | 100.0 | 92.2 | 100.0 | 103.8 |

# 23-10 各省市区居民家庭人均收支情况(2015 年)

# Per Capita Disposable Income and Expenditure of Households by Region(2015)

| 地区 | Region | 全体居民 Urban and Rural Households | | 城镇居民 Urban Households | | 农村居民 Rural Households | |
|---|---|---|---|---|---|---|---|
| | | 人均可支配收入 Per Capita Disposable Income (yuan) | 人均消费支出 Per Capita Expenditure Consumption (yuan) | 人均可支配收入 Per Capita Disposable Income (yuan) | 人均消费支出 Per Capita Expenditure Consumption (yuan) | 人均可支配收入 Per Capita Disposable Income (yuan) | 人均消费支出 Per Capita Expenditure Consumption (yuan) |
| **全国总计** | **National** | **21966.2** | **15712.4** | **31194.8** | **21392.4** | **11421.7** | **9222.6** |
| 北京 | Beijing | 48458.0 | 33802.8 | 52859.2 | 36642.0 | 20568.7 | 15811.2 |
| 天津 | Tianjin | 31291.4 | 24162.5 | 34101.3 | 26229.5 | 18481.6 | 14739.4 |
| 河北 | Hebei | 18118.1 | 13030.7 | 26152.2 | 17586.6 | 11050.5 | 9022.8 |
| 山西 | Shanxi | 17853.7 | 11729.1 | 25827.7 | 15818.6 | 9453.9 | 7421.2 |
| 内蒙古 | Inner Mongolia | 22310.1 | 17178.5 | 30594.1 | 21876.5 | 10775.9 | 10637.4 |
| 辽宁 | Liaoning | 24575.6 | 17199.8 | 31125.7 | 21556.7 | 12056.9 | 8872.8 |
| 吉林 | Jilin | 18683.6 | 13763.9 | 24900.9 | 17972.6 | 11326.2 | 8783.3 |
| 黑龙江 | Heilongjiang | 18592.7 | 13402.5 | 24202.6 | 17152.1 | 11095.2 | 8391.5 |
| 上海 | Shanghai | 49867.2 | 34783.6 | 52961.9 | 36946.1 | 23205.2 | 16152.3 |
| 江苏 | Jiangsu | 29538.9 | 20555.6 | 37173.5 | 24966.0 | 16256.7 | 12882.5 |
| 浙江 | Zhejiang | 35537.1 | 24116.9 | 43714.5 | 28661.3 | 21125.0 | 16107.7 |
| 安徽 | Anhui | 18362.6 | 12840.1 | 26935.8 | 17233.5 | 10820.7 | 8975.2 |
| 福建 | Fujian | 25404.4 | 18850.2 | 33275.3 | 23520.2 | 13792.7 | 11960.8 |
| 江西 | Jiangxi | 18437.1 | 12403.4 | 26500.1 | 16731.8 | 11139.1 | 8485.6 |
| 山东 | Shandong | 22703.2 | 14578.4 | 31545.3 | 19853.8 | 12930.4 | 8747.6 |
| 河南 | Henan | 17124.8 | 11835.1 | 25575.6 | 17154.3 | 10852.9 | 7887.4 |
| 湖北 | Hubei | 20025.6 | 14316.5 | 27051.5 | 18192.3 | 11843.9 | 9803.1 |
| 湖南 | Hunan | 19317.5 | 14267.3 | 28838.1 | 19501.4 | 10992.5 | 9690.6 |
| 广东 | Guangdong | 27858.9 | 20975.7 | 34757.2 | 25673.1 | 13360.4 | 11103.0 |
| 广西 | Guangxi | 16873.4 | 11401.0 | 26415.9 | 16321.2 | 9466.6 | 7582.0 |
| 海南 | Hainan | 18979.0 | 13575.0 | 26356.4 | 18448.4 | 10857.6 | 8210.3 |
| 重庆 | Chongqing | 20110.1 | 15139.5 | 27238.8 | 19742.3 | 10504.7 | 8937.7 |
| 四川 | Sichuan | 17221.0 | 13632.1 | 26205.3 | 19276.8 | 10247.4 | 9250.6 |
| 贵州 | Guizhou | 13696.6 | 10413.8 | 24579.6 | 16914.2 | 7386.9 | 6644.9 |
| 云南 | Yunnan | 15222.6 | 11005.4 | 26373.2 | 17675.0 | 8242.1 | 6830.1 |
| 西藏 | Tibet | 12254.3 | 8245.8 | 25456.6 | 17022.0 | 8243.7 | 5579.7 |
| 陕西 | Shanxi | 17395.0 | 13087.2 | 26420.2 | 18463.9 | 8688.9 | 7900.7 |
| 甘肃 | Gansu | 13466.6 | 10950.8 | 23767.1 | 17450.9 | 6936.2 | 6829.8 |
| 青海 | Qinghai | 15812.7 | 13611.3 | 24542.3 | 19200.6 | 7933.4 | 8566.5 |
| 宁夏 | Ningxia | 17329.1 | 13815.6 | 25186.0 | 18983.9 | 9118.7 | 8414.9 |
| 新疆 | Xinjiang | 16859.1 | 12867.4 | 26274.7 | 19414.7 | 9425.1 | 7697.9 |

# 23-11 各省市区农林牧渔业总产值及增长速度(2015年)

## Gross Output Value and Growth of Agriculture, Forestry, Animal Husbandry and Fishery by Region(2015)

| 地区 | Region | 农林牧渔业总产值(亿元) Gross Output Value (100 million) | 农业 Agriculture | 林业 Forestry | 牧业 Animal Husbandry | 渔业 Fishery | 农林牧渔业总产值比上年增长(%) Growth(%) |
|---|---|---|---|---|---|---|---|
| **全国总计** | **National** | **107056.4** | **57635.8** | **4436.4** | **29780.4** | **10880.6** | **3.9** |
| 北京 | Beijing | 368.2 | 154.5 | 57.3 | 135.9 | 11.9 | -11.7 |
| 天津 | Tianjin | 467.4 | 238.0 | 7.7 | 130.2 | 80.4 | 2.6 |
| 河北 | Hebei | 5978.9 | 3441.4 | 121.5 | 1904.1 | 198.7 | 2.7 |
| 山西 | Shanxi | 1522.6 | 969.5 | 97.4 | 359.0 | 9.9 | 1.1 |
| 内蒙古 | Inner Mongolia | 2751.6 | 1418.3 | 99.4 | 1160.9 | 30.8 | 2.4 |
| 辽宁 | Liaoning | 4686.7 | 2068.6 | 166.1 | 1561.4 | 689.8 | 3.8 |
| 吉林 | Jilin | 2880.6 | 1400.4 | 109.8 | 1244.9 | 39.9 | 4.3 |
| 黑龙江 | Heilongjiang | 5044.9 | 2911.9 | 204.2 | 1704.8 | 117.6 | 5.2 |
| 上海 | Shanghai | 302.6 | 162.0 | 12.2 | 65.6 | 51.8 | -6.7 |
| 江苏 | Jiangsu | 7030.8 | 3722.1 | 129.1 | 1262.1 | 1517.5 | 2.6 |
| 浙江 | Zhejiang | 2933.4 | 1434.7 | 151.6 | 426.2 | 855.9 | 1.2 |
| 安徽 | Anhui | 4390.8 | 2174.6 | 290.1 | 1259.0 | 475.1 | 4.2 |
| 福建 | Fujian | 3717.9 | 1618.6 | 314.3 | 571.3 | 1082.3 | 3.9 |
| 江西 | Jiangxi | 2859.1 | 1326.9 | 293.7 | 719.8 | 420.0 | 4.0 |
| 山东 | Shandong | 9549.6 | 4929.9 | 139.9 | 2523.2 | 1524.7 | 4.3 |
| 河南 | Henan | 7641.3 | 4610.7 | 134.3 | 2445.3 | 123.6 | 4.6 |
| 湖北 | Hubei | 5728.6 | 2780.4 | 180.6 | 1503.3 | 922.8 | 5.4 |
| 湖南 | Hunan | 5630.7 | 3043.5 | 317.4 | 1601.7 | 366.9 | 3.7 |
| 广东 | Guangdong | 5520.0 | 2793.8 | 296.7 | 1117.1 | 1117.2 | 3.1 |
| 广西 | Guangxi | 4197.1 | 2146.4 | 313.9 | 1140.3 | 429.8 | 3.7 |
| 海南 | Hainan | 1323.9 | 613.9 | 99.2 | 238.5 | 324.9 | 5.5 |
| 重庆 | Chongqing | 1738.1 | 1033.7 | 60.4 | 542.9 | 74.9 | 4.6 |
| 四川 | Sichuan | 6377.8 | 3335.5 | 205.8 | 2515.6 | 210.5 | 3.6 |
| 贵州 | Guizhou | 2738.7 | 1772.6 | 137.7 | 665.2 | 55.9 | 6.8 |
| 云南 | Yunnan | 3383.1 | 1841.5 | 317.1 | 1031.0 | 81.7 | 6.0 |
| 西藏 | Tibet | 149.5 | 68.0 | 2.1 | 75.3 | 0.2 | 4.5 |
| 陕西 | Shanxi | 2813.5 | 1910.7 | 75.8 | 665.5 | 23.6 | 5.0 |
| 甘肃 | Gansu | 1722.1 | 1252.5 | 28.6 | 279.4 | 2.2 | 5.7 |
| 青海 | Qinghai | 319.3 | 145.0 | 7.4 | 158.4 | 2.8 | 1.8 |
| 宁夏 | Ningxia | 483.0 | 311.0 | 11.6 | 122.9 | 15.8 | 4.4 |
| 新疆 | Xinjiang | 2804.4 | 2005.4 | 53.2 | 649.5 | 21.8 | 6.3 |

注：本表绝对数按当年价格计算,增长速度按可比价格计算。

Note: Level data in this table are calculated at current prices, Growth rate of GDP is calculated at constant prices.

# 23-12 各省市区主要农产品产量(2015年)

## Output of Major Farming Products by Region(2015)

单位:万吨 (10 000 tons)

| 地 区 | Region | 粮 食 Grain | 油 料 Oil-bearing Crops | 棉 花 Cotton | 糖 料 Suger Crops | 蔬 菜 Vegetables | 水 果 Melons |
|---|---|---|---|---|---|---|---|
| **全国总计** | **National** | **62143.9** | **3537.0** | **560.3** | **12500.0** | **78526.1** | **27375.0** |
| 北 京 | Beijing | 62.6 | 0.6 | 0.01 | | 205.1 | 87.9 |
| 天 津 | Tianjin | 181.7 | 0.4 | 2.6 | | 441.5 | 62.7 |
| 河 北 | Hebei | 3363.8 | 151.5 | 37.3 | 89.2 | 8243.7 | 2117.2 |
| 山 西 | Shanxi | 1259.6 | 15.3 | 1.4 | 5.5 | 1302.2 | 842.6 |
| 内蒙古 | Inner Mongolia | 2827.0 | 193.6 | | 230.1 | 1445.3 | 296.7 |
| 辽 宁 | Liaoning | 2002.5 | 46.1 | 0.02 | 5.2 | 2932.8 | 882.0 |
| 吉 林 | Jilin | 3647.0 | 76.4 | | 1.3 | 860.0 | 209.0 |
| 黑龙江 | Heilongjiang | 6324.0 | 18.3 | | 7.3 | 957.4 | 213.5 |
| 上 海 | Shanghai | 112.1 | 1.2 | | 0.6 | 364.5 | 61.5 |
| 江 苏 | Jiangsu | 3561.3 | 143.1 | 11.7 | 9.5 | 5595.7 | 914.8 |
| 浙 江 | Zhejiang | 752.2 | 31.3 | 2.0 | 62.2 | 1806.9 | 740.9 |
| 安 徽 | Anhui | 3538.1 | 227.9 | 23.4 | 20.3 | 2714.2 | 1029.8 |
| 福 建 | Fujian | 661.1 | 30.7 | 0.01 | 43.6 | 1903.6 | 837.0 |
| 江 西 | Jiangxi | 2148.7 | 124.0 | 11.5 | 65.8 | 1359.1 | 663.4 |
| 山 东 | Shandong | 4712.7 | 324.1 | 53.7 | | 10272.9 | 3218.6 |
| 河 南 | Henan | 6067.1 | 599.7 | 12.6 | 24.3 | 7456.5 | 2665.1 |
| 湖 北 | Hubei | 2703.3 | 339.6 | 29.8 | 32.0 | 3852.0 | 966.3 |
| 湖 南 | Hunan | 3002.9 | 242.9 | 14.5 | 66.0 | 3996.9 | 981.0 |
| 广 东 | Guangdong | 1358.1 | 110.3 | | 1452.9 | 3438.8 | 1648.5 |
| 广 西 | Guangxi | 1524.8 | 64.7 | 0.3 | 7504.9 | 2786.4 | 1720.0 |
| 海 南 | Hainan | 184.0 | 11.3 | | 264.8 | 572.2 | 405.9 |
| 重 庆 | Chongqing | 1154.9 | 59.9 | | 9.8 | 1780.5 | 375.9 |
| 四 川 | Sichuan | 3442.8 | 307.6 | 1.0 | 54.2 | 4240.8 | 934.2 |
| 贵 州 | Guizhou | 1180.0 | 101.3 | 0.1 | 156.1 | 1731.9 | 224.9 |
| 云 南 | Yunnan | 1876.4 | 65.9 | 0.01 | 1930.1 | 1873.9 | 726.5 |
| 西 藏 | Tibet | 100.6 | 6.4 | | | 69.6 | 1.5 |
| 陕 西 | Shanxi | 1226.8 | 62.7 | 3.9 | 0.2 | 1822.5 | 1930.9 |
| 甘 肃 | Gansu | 1171.1 | 71.6 | 4.3 | 16.0 | 1823.1 | 679.0 |
| 青 海 | Qinghai | 102.7 | 30.5 | | | 166.4 | 3.6 |
| 宁 夏 | Ningxia | 372.6 | 15.3 | | | 575.8 | 298.9 |
| 新 疆 | Xinjiang | 1521.3 | 62.9 | 350.3 | 448.3 | 1933.9 | 1635.0 |

注: 水果产量为园林水果。

Note: Output of fruits refers to garden fruits.

# 23－12 续表1 continued

单位:万吨 (10 000 tons)

| 地 区 | Region | 肉 类 Meat | 猪 肉 Prok | 牛 肉 Beef | 羊 肉 Mutton | 奶 类 Milk |
|---|---|---|---|---|---|---|
| **全国总计** | **National** | **8625.0** | **5486.5** | **700.1** | **440.8** | **3870.3** |
| 北 京 | Beijing | 36.4 | 22.5 | 1.5 | 1.2 | 57.2 |
| 天 津 | Tianjin | 45.8 | 29.2 | 3.4 | 1.6 | 68.0 |
| 河 北 | Hebei | 462.5 | 275.0 | 53.2 | 31.7 | 480.9 |
| 山 西 | Shanxi | 85.6 | 60.3 | 5.9 | 6.9 | 92.7 |
| 内蒙古 | Inner Mongolia | 245.7 | 70.8 | 52.9 | 92.6 | 812.2 |
| 辽 宁 | Liaoning | 429.4 | 227.1 | 40.3 | 8.5 | 142.6 |
| 吉 林 | Jilin | 261.1 | 136.0 | 46.6 | 4.8 | 52.8 |
| 黑龙江 | Heilongjiang | 228.7 | 138.4 | 41.6 | 12.3 | 574.4 |
| 上 海 | Shanghai | 20.3 | 16.1 | 0.1 | 0.6 | 27.7 |
| 江 苏 | Jiangsu | 369.4 | 225.8 | 3.2 | 8.1 | 59.6 |
| 浙 江 | Zhejiang | 131.1 | 103.3 | 1.2 | 1.8 | 16.5 |
| 安 徽 | Anhui | 419.4 | 259.1 | 16.2 | 16.6 | 30.6 |
| 福 建 | Fujian | 216.6 | 134.5 | 3.1 | 2.4 | 15.4 |
| 江 西 | Jiangxi | 336.5 | 253.5 | 13.6 | 1.2 | 13.0 |
| 山 东 | Shandong | 774.0 | 397.4 | 67.9 | 37.1 | 284.9 |
| 河 南 | Henan | 711.1 | 468.0 | 82.6 | 25.9 | 352.3 |
| 湖 北 | Hubei | 433.3 | 331.5 | 23.0 | 8.8 | 16.9 |
| 湖 南 | Hunan | 540.1 | 448.0 | 19.9 | 11.6 | 9.7 |
| 广 东 | Guangdong | 424.2 | 274.2 | 7.0 | 0.9 | 12.9 |
| 广 西 | Guangxi | 417.3 | 258.8 | 14.4 | 3.2 | 10.1 |
| 海 南 | Hainan | 78.0 | 45.8 | 2.6 | 1.0 | 0.2 |
| 重 庆 | Chongqing | 213.8 | 156.2 | 8.8 | 3.8 | 5.4 |
| 四 川 | Sichuan | 706.8 | 512.4 | 35.4 | 26.3 | 67.5 |
| 贵 州 | Guizhou | 201.9 | 160.7 | 16.8 | 4.2 | 6.2 |
| 云 南 | Yunnan | 378.3 | 288.6 | 34.3 | 15.0 | 62.5 |
| 西 藏 | Tibet | 28.0 | 1.5 | 16.5 | 8.2 | 35.0 |
| 陕 西 | Shanxi | 116.2 | 90.4 | 7.9 | 7.8 | 189.9 |
| 甘 肃 | Gansu | 96.3 | 50.8 | 18.8 | 19.6 | 39.9 |
| 青 海 | Qinghai | 34.7 | 10.3 | 11.5 | 11.6 | 32.7 |
| 宁 夏 | Ningxia | 29.2 | 7.1 | 9.7 | 10.1 | 136.5 |
| 新 疆 | Xinjiang | 153.2 | 33.1 | 40.4 | 55.4 | 163.8 |

# 23－13 各省市区规模以上工业企业主要经济指标（2015年）

## Main Economic Indicators of Industrial Enterprises above Designated Size by Region (2015)

单位：亿元 (100 million yuan)

| 地区 | Region | 主营业务收入 Revenue from Principal Business | 主营业务成本 Cost of Principal Business | 销售费用 Sales Expenditure | 管理费用 Management Expenditure | 财务费用 Financial Expenses | 利润总额 Total Profits |
|---|---|---|---|---|---|---|---|
| **全国总计** | **National** | **1103300.7** | **945359.2** | **28740.0** | **41135.4** | **13371.2** | **63554.0** |
| 北京 | Beijing | 19026.0 | 15915.1 | 925.5 | 938.3 | 209.2 | 1580.3 |
| 天津 | Tianjin | 27958.9 | 23937.3 | 626.0 | 854.1 | 193.7 | 2002.9 |
| 河北 | Hebei | 44843.9 | 39487.5 | 809.3 | 1278.0 | 568.3 | 2181.4 |
| 山西 | Shanxi | 14393.7 | 12569.6 | 502.9 | 745.1 | 593.5 | -68.1 |
| 内蒙古 | Inner Mongolia | 18522.7 | 15648.6 | 430.3 | 686.3 | 441.2 | 940.5 |
| 辽宁 | Liaoning | 37123.7 | 32264.5 | 882.8 | 1484.4 | 595.6 | 1191.1 |
| 吉林 | Jilin | 22045.9 | 18626.8 | 857.3 | 952.5 | 242.6 | 1171.5 |
| 黑龙江 | Heilongjiang | 11384.5 | 9649.7 | 288.0 | 597.1 | 145.4 | 409.9 |
| 上海 | Shanghai | 33468.0 | 27025.0 | 1303.4 | 2169.8 | 148.4 | 2635.4 |
| 江苏 | Jiangsu | 148283.8 | 127321.0 | 3634.1 | 5458.9 | 1300.5 | 9617.1 |
| 浙江 | Zhejiang | 62740.5 | 53198.9 | 1678.2 | 2998.0 | 941.6 | 3717.7 |
| 安徽 | Anhui | 38364.4 | 33626.2 | 934.6 | 1287.0 | 454.9 | 1852.7 |
| 福建 | Fujian | 39106.6 | 33728.7 | 988.5 | 1376.4 | 428.1 | 2208.7 |
| 江西 | Jiangxi | 32459.4 | 28591.1 | 551.3 | 736.9 | 198.8 | 2128.0 |
| 山东 | Shandong | 146886.7 | 128905.0 | 2896.1 | 3720.1 | 1663.8 | 8617.2 |
| 河南 | Henan | 72381.4 | 63351.3 | 1324.5 | 1568.3 | 758.8 | 4840.6 |
| 湖北 | Hubei | 42470.2 | 36326.7 | 1278.0 | 1625.7 | 508.2 | 2233.1 |
| 湖南 | Hunan | 35152.2 | 29644.3 | 1011.8 | 1447.8 | 413.0 | 1548.6 |
| 广东 | Guangdong | 117461.7 | 99329.8 | 4020.1 | 5573.9 | 716.8 | 7208.8 |
| 广西 | Guangxi | 20078.4 | 17076.3 | 468.1 | 761.4 | 235.2 | 1175.4 |
| 海南 | Hainan | 1660.6 | 1314.8 | 66.1 | 63.5 | 37.7 | 89.6 |
| 重庆 | Chongqing | 20370.3 | 17241.4 | 587.1 | 843.3 | 218.9 | 1396.8 |
| 四川 | Sichuan | 37876.3 | 32039.4 | 1120.1 | 1492.6 | 702.8 | 2044.0 |
| 贵州 | Guizhou | 9221.4 | 7440.6 | 295.6 | 398.1 | 233.6 | 606.5 |
| 云南 | Yunnan | 9823.3 | 7614.3 | 269.0 | 423.0 | 362.6 | 462.0 |
| 西藏 | Tibet | 130.9 | 104.7 | 6.1 | 9.5 | 4.7 | 6.4 |
| 陕西 | Shanxi | 18336.3 | 14822.0 | 478.8 | 811.6 | 312.3 | 1339.7 |
| 甘肃 | Gansu | 8155.8 | 7351.5 | 129.4 | 268.4 | 230.4 | -72.3 |
| 青海 | Qinghai | 2130.1 | 1777.6 | 78.2 | 71.7 | 105.6 | 68.8 |
| 宁夏 | Ningxia | 3403.9 | 2936.2 | 69.5 | 127.7 | 127.7 | 79.3 |
| 新疆 | Xinjiang | 8039.1 | 6493.3 | 229.4 | 365.9 | 277.1 | 340.5 |

# 23－13 续表1

单位:亿元 (100 million yuan)

| 地区 | Region | 亏损企业亏损总额 Loss Value of Loss－making Enterprises | 流动资产合计 Total Liabilities | 应收账款 Accounts Receivable | 存货 Inventory | 产成品 Finished Product | 资产合计 Total Assets | 负债合计 Total Liabilities |
|---|---|---|---|---|---|---|---|---|
| **全国总计** | **National** | **9115.5** | **460717.5** | **114546.9** | **100107.2** | **38700.1** | **999741.1** | **561560.3** |
| 北京 | Beijing | 209.5 | 15154.4 | 3835.5 | 2186.9 | 776.2 | 38788.9 | 17943.5 |
| 天津 | Tianjin | 215.3 | 12584.5 | 3325.5 | 2707.5 | 966.8 | 24349.0 | 14910.0 |
| 河北 | Hebei | 492.1 | 16485.9 | 3373.0 | 3789.5 | 1423.3 | 41809.4 | 23419.7 |
| 山西 | Shanxi | 613.2 | 12689.7 | 2358.9 | 1925.3 | 831.8 | 31508.4 | 23826.4 |
| 内蒙古 | Inner Mongolia | 520.2 | 9466.1 | 1670.1 | 1497.3 | 643.1 | 28380.8 | 17722.5 |
| 辽宁 | Liaoning | 612.7 | 16710.7 | 3764.4 | 3823.0 | 1340.2 | 38085.9 | 22430.7 |
| 吉林 | Jilin | 242.0 | 7510.2 | 1369.8 | 1741.1 | 569.5 | 17399.8 | 9361.7 |
| 黑龙江 | Heilongjiang | 220.7 | 5959.2 | 1281.3 | 1368.7 | 463.7 | 14556.9 | 8261.5 |
| 上海 | Shanghai | 335.0 | 20755.3 | 6203.0 | 4363.6 | 1453.9 | 36238.2 | 17288.6 |
| 江苏 | Jiangsu | 730.2 | 55577.2 | 17445.9 | 11854.2 | 4540.7 | 106814.7 | 56733.0 |
| 浙江 | Zhejiang | 372.1 | 37116.6 | 10413.4 | 7935.7 | 3309.7 | 66515.7 | 38078.9 |
| 安徽 | Anhui | 277.2 | 13759.7 | 3887.7 | 3100.6 | 1257.0 | 30487.3 | 17592.7 |
| 福建 | Fujian | 255.7 | 14686.7 | 3840.0 | 3539.5 | 1428.9 | 29285.5 | 15609.3 |
| 江西 | Jiangxi | 65.5 | 7939.0 | 1779.6 | 1775.7 | 778.8 | 18971.6 | 9400.7 |
| 山东 | Shandong | 496.2 | 45104.4 | 8310.0 | 10373.2 | 4481.6 | 99610.3 | 53804.2 |
| 河南 | Henan | 413.0 | 24404.5 | 4899.6 | 4141.9 | 1572.2 | 54227.5 | 25352.8 |
| 湖北 | Hubei | 259.8 | 15282.2 | 3815.7 | 3803.0 | 1549.2 | 33540.3 | 18188.7 |
| 湖南 | Hunan | 186.4 | 10062.0 | 2787.2 | 2645.2 | 891.9 | 22732.2 | 11876.7 |
| 广东 | Guangdong | 507.6 | 54551.9 | 16478.0 | 12122.3 | 4533.0 | 93808.1 | 53474.6 |
| 广西 | Guangxi | 165.9 | 6862.7 | 1357.0 | 1626.4 | 731.7 | 14692.4 | 9120.5 |
| 海南 | Hainan | 23.3 | 970.7 | 172.7 | 205.7 | 90.4 | 2723.9 | 1482.6 |
| 重庆 | Chongqing | 149.0 | 7778.8 | 2100.0 | 1558.8 | 710.9 | 17006.4 | 10430.5 |
| 四川 | Sichuan | 343.9 | 15266.1 | 3766.4 | 3442.7 | 1283.3 | 38999.5 | 23498.6 |
| 贵州 | Guizhou | 123.6 | 4884.5 | 813.3 | 1052.1 | 306.2 | 12100.3 | 7720.1 |
| 云南 | Yunnan | 296.4 | 6444.4 | 1047.2 | 2154.2 | 566.9 | 18096.1 | 11705.7 |
| 西藏 | Tibet | 17.7 | 189.6 | 19.5 | 23.7 | 7.7 | 883.8 | 424.7 |
| 陕西 | Shanxi | 194.4 | 8888.6 | 1969.2 | 1862.3 | 795.0 | 25905.2 | 14470.4 |
| 甘肃 | Gansu | 297.8 | 4025.3 | 763.6 | 1376.6 | 545.1 | 11160.0 | 7113.7 |
| 青海 | Qinghai | 72.0 | 1449.9 | 257.3 | 295.1 | 111.0 | 5553.1 | 3847.4 |
| 宁夏 | Ningxia | 89.0 | 2906.4 | 453.2 | 713.9 | 268.8 | 7701.4 | 5203.4 |
| 新疆 | Xinjiang | 318.1 | 5250.4 | 988.8 | 1101.3 | 471.7 | 17808.1 | 11266.4 |

# 23-14 各省市区规模以上工业企业主要工业产品产量(2015年)

## Output of Major Products of Industrial Enterprises above Designated Size by Region(2015)

| 地区 | Region | 原油(万吨) Crude Oil (10 000 tons) | 天然气(亿立方米) Natural Gas (100 million cu. m) | 发电量(亿千瓦小时) Electricity (100 million kwh) | 生铁(万吨) Pig Iron (10 000 tons) | 粗钢(万吨) Crude Steel (10 000 tons) | 钢材(万吨) Rolled Steel (10 000 tons) | 水泥(万吨) Cement (10 000 tons) | 农用化肥(万吨) Chemical Fertilizers (10 000 tons) |
|---|---|---|---|---|---|---|---|---|---|
| **全国总计** | **National** | **21455.6** | **1346.1** | **58105.8** | **69141.3** | **80382.5** | **112349.6** | **235939.6** | **7432.0** |
| 北京 | Beijing | | 16.9 | 420.9 | | 1.5 | 175.0 | 553.5 | |
| 天津 | Tianjin | 3496.8 | 20.5 | 622.8 | 1953.2 | 2068.9 | 8186.2 | 777.6 | 13.1 |
| 河北 | Hebei | 580.1 | 10.4 | 2497.8 | 17382.3 | 18832.0 | 25244.3 | 9126.2 | 215.8 |
| 山西 | Shanxi | | 43.1 | 2449.3 | 3576.4 | 3847.0 | 4267.3 | 3777.1 | 465.0 |
| 内蒙古 | Inner Mongolia | 45.8 | 9.2 | 3928.8 | 1461.4 | 1735.1 | 1897.2 | 5830.8 | 293.0 |
| 辽宁 | Liaoning | 1037.1 | 6.6 | 1665.2 | 6059.0 | 6071.3 | 6321.6 | 4567.7 | 64.7 |
| 吉林 | Jilin | 665.5 | 20.3 | 731.3 | 974.9 | 1066.8 | 1152.5 | 3325.0 | 57.1 |
| 黑龙江 | Heilongjiang | 3838.6 | 35.8 | 873.6 | 408.9 | 418.5 | 403.8 | 3111.9 | 49.4 |
| 上海 | Shanghai | 6.8 | 1.9 | 792.7 | 1686.7 | 1783.8 | 2202.7 | 433.6 | 1.5 |
| 江苏 | Jiangsu | 190.5 | 0.4 | 4360.8 | 7044.8 | 10995.2 | 13560.8 | 18056.1 | 205.3 |
| 浙江 | Zhejiang | | | 3010.8 | 1072.5 | 1594.9 | 4047.7 | 11330.9 | 38.8 |
| 安徽 | Anhui | | | 2061.9 | 2092.5 | 2506.0 | 3334.7 | 13207.9 | 309.8 |
| 福建 | Fujian | | | 1901.0 | 980.1 | 1586.5 | 2820.7 | 7787.5 | 52.2 |
| 江西 | Jiangxi | | 0.4 | 982.1 | 2083.2 | 2211.0 | 2577.6 | 9458.1 | 141.5 |
| 山东 | Shandong | 2608.0 | 4.6 | 4684.6 | 6747.9 | 6619.3 | 9003.2 | 15249.1 | 584.0 |
| 河南 | Henan | 412.1 | 4.2 | 2624.6 | 2903.6 | 2897.4 | 4766.8 | 16676.2 | 558.9 |
| 湖北 | Hubei | 71.0 | 1.4 | 2301.4 | 2288.7 | 2919.8 | 3421.2 | 11145.5 | 1171.8 |
| 湖南 | Hunan | | | 1314.0 | 1762.8 | 1852.8 | 1951.3 | 11680.1 | 112.7 |
| 广东 | Guangdong | 1572.6 | 96.6 | 4034.9 | 1146.3 | 1761.7 | 3271.0 | 14560.0 | 72.0 |
| 广西 | Guangxi | 50.5 | 0.2 | 1299.9 | 1220.3 | 2146.0 | 3545.4 | 11144.5 | 114.3 |
| 海南 | Hainan | 30.0 | 1.9 | 261.0 | | 23.9 | 34.7 | 2225.2 | 64.2 |
| 重庆 | Chongqing | | 33.3 | 679.8 | 366.6 | 689.5 | 1411.4 | 6840.2 | 222.4 |
| 四川 | Sichuan | 15.4 | 267.2 | 3129.6 | 1747.4 | 1947.7 | 2702.5 | 14091.0 | 507.2 |
| 贵州 | Guizhou | | 0.9 | 1814.9 | 407.6 | 466.4 | 463.0 | 9940.9 | 603.6 |
| 云南 | Yunnan | | | 2553.4 | 1235.4 | 1418.1 | 1695.4 | 9436.2 | 354.5 |
| 西藏 | Tibet | | | 44.8 | | | 2.5 | 467.9 | |
| 陕西 | Shanxi | 3736.7 | 415.9 | 1623.1 | 800.9 | 1027.3 | 1655.6 | 8578.7 | 187.1 |
| 甘肃 | Gansu | 66.6 | 0.1 | 1242.2 | 690.5 | 852.1 | 847.8 | 4764.3 | 48.0 |
| 青海 | Qinghai | 223.0 | 61.4 | 565.6 | 112.6 | 120.6 | 113.6 | 1767.9 | 520.2 |
| 宁夏 | Ningxia | 13.4 | | 1154.7 | 175.3 | 181.8 | 201.6 | 1749.8 | 82.5 |
| 新疆 | Xinjiang | 2795.1 | 293.0 | 2478.5 | 759.5 | 739.6 | 1070.5 | 4278.5 | 321.5 |

# 23-15 各省市区建筑业主要经济指标(2015年)

## Main Economic Indicators of Construction Enterprises by Region(2015)

| 地 区 | Region | 总产值(亿元) Gross Output Value (100 million yuan) | 施工面积(万平方米) Floor Space of Buildings under Construction (10 000 sq. m) | 竣工面积(万平方米) Floor Space of Buildings Completed (10 000 sq. m) | 企业个数(个) Number of Enterprises (unit) |
|---|---|---|---|---|---|
| **全国总计** | **National** | **180757.5** | **1242569.9** | **420802.6** | **80911** |
| 北 京 | Beijing | 8436.7 | 59776.7 | 9886.3 | 2909 |
| 天 津 | Tianjin | 4488.9 | 15644.6 | 3547.2 | 1551 |
| 河 北 | Hebei | 5252.6 | 35616.5 | 11613.0 | 2375 |
| 山 西 | Shanxi | 2931.3 | 13943.4 | 3634.4 | 2285 |
| 内蒙古 | Inner Mongolia | 1123.5 | 6974.6 | 3103.1 | 841 |
| 辽 宁 | Liaoning | 5413.8 | 28937.1 | 10398.0 | 5563 |
| 吉 林 | Jilin | 2216.3 | 12237.3 | 5602.6 | 2270 |
| 黑龙江 | Heilongjiang | 1680.4 | 5524.3 | 2968.1 | 1601 |
| 上 海 | Shanghai | 5652.5 | 36659.8 | 7258.7 | 2779 |
| 江 苏 | Jiangsu | 24785.8 | 215592.0 | 76823.9 | 8909 |
| 浙 江 | Zhejiang | 23980.6 | 201553.2 | 68337.6 | 6133 |
| 安 徽 | Anhui | 5695.9 | 44322.2 | 15553.6 | 2763 |
| 福 建 | Fujian | 7605.8 | 59277.3 | 16631.3 | 3402 |
| 江 西 | Jiangxi | 4602.5 | 28895.4 | 14255.6 | 1739 |
| 山 东 | Shandong | 9381.7 | 69478.6 | 23657.0 | 5945 |
| 河 南 | Henan | 8047.7 | 53132.5 | 17963.8 | 4684 |
| 湖 北 | Hubei | 10592.9 | 62204.7 | 26825.3 | 3218 |
| 湖 南 | Hunan | 6630.8 | 47504.4 | 17390.0 | 2022 |
| 广 东 | Guangdong | 8865.7 | 50461.6 | 14373.4 | 4311 |
| 广 西 | Guangxi | 2953.4 | 23432.0 | 7720.7 | 1071 |
| 海 南 | Hainan | 278.6 | 2132.0 | 744.6 | 148 |
| 重 庆 | Chongqing | 6256.9 | 32801.6 | 13542.6 | 2492 |
| 四 川 | Sichuan | 8768.2 | 52795.4 | 20666.8 | 3449 |
| 贵 州 | Guizhou | 1947.7 | 16769.6 | 3195.8 | 742 |
| 云 南 | Yunnan | 3268.9 | 15432.7 | 6941.1 | 2417 |
| 西 藏 | Tibet | 106.9 | 295.4 | 173.9 | 167 |
| 陕 西 | Shanxi | 4752.6 | 23991.2 | 7087.4 | 1878 |
| 甘 肃 | Gansu | 1849.0 | 10757.1 | 4083.2 | 1264 |
| 青 海 | Qinghai | 409.5 | 908.7 | 350.2 | 366 |
| 宁 夏 | Ningxia | 524.5 | 3285.0 | 1226.6 | 503 |
| 新 疆 | Xinjiang | 2255.7 | 12233.3 | 5247.2 | 1114 |

# 23-16 各省市区客运量和旅客周转量(2015年)

## Total Passenger Traffic and Passenger - kilometers by Region(2015)

| 地 区 | Region | 客运量(万人) Passenger Traffic (10 000 persons) | 铁 路 Railways | 公 路 Highways | 水 运 Waterways | 旅客周转量(亿人公里) Total Passenger - Kilometers (100 million - psssenger - km) | 铁 路 Railways | 公 路 Highways | 水 运 Waterways |
|---|---|---|---|---|---|---|---|---|---|
| **全国总计** | **National** | **1941444** | **251657** | **1619097** | **27072** | **30059** | **11961** | **10743** | **73** |
| 北 京 | Beijing | 62752 | 12821 | 49931 | | 279 | 149 | 130 | |
| 天 津 | Tianjin | 18345 | 4054 | 14219 | 72 | 252 | 170 | 82 | 0.1 |
| 河 北 | Hebei | 53274 | 9706 | 43563 | 5 | 1213 | 944 | 268 | 0.3 |
| 山 西 | Shanxi | 29587 | 7393 | 22085 | 109 | 380 | 215 | 165 | 0.1 |
| 内蒙古 | Inner Mongolia | 16125 | 5108 | 11017 | | 371 | 211 | 160 | |
| 辽 宁 | Liaoning | 73685 | 12912 | 60269 | 504 | 924 | 605 | 313 | 6 |
| 吉 林 | Jilin | 36359 | 7158 | 29013 | 188 | 430 | 252 | 178 | 0.3 |
| 黑龙江 | Heilongjiang | 42713 | 9709 | 32632 | 372 | 488 | 258 | 230 | 0.4 |
| 上 海 | Shanghai | 13844 | 9692 | 3766 | 386 | 215 | 89 | 125 | 1 |
| 江 苏 | Jiangsu | 138308 | 16116 | 119800 | 2392 | 1454 | 626 | 825 | 3 |
| 浙 江 | Zhejiang | 110951 | 14806 | 92304 | 3841 | 1093 | 542 | 545 | 6 |
| 安 徽 | Anhui | 86810 | 8553 | 78072 | 185 | 1218 | 643 | 575 | 0.4 |
| 福 建 | Fujian | 51646 | 9256 | 40394 | 1996 | 575 | 305 | 267 | 3 |
| 江 西 | Jiangxi | 62418 | 8458 | 53687 | 273 | 954 | 669 | 285 | 0.3 |
| 山 东 | Shandong | 60142 | 11183 | 46960 | 1999 | 1147 | 664 | 471 | 12 |
| 河 南 | Henan | 124981 | 12166 | 112535 | 280 | 1631 | 886 | 744 | 1 |
| 湖 北 | Hubei | 101659 | 13132 | 87953 | 574 | 1219 | 726 | 489 | 3 |
| 湖 南 | Hunan | 131311 | 10511 | 119266 | 1534 | 1528 | 889 | 636 | 3 |
| 广 东 | Guangdong | 123709 | 22932 | 98050 | 2727 | 1797 | 751 | 1035 | 10 |
| 广 西 | Guangxi | 49101 | 7046 | 41522 | 533 | 732 | 318 | 411 | 3 |
| 海 南 | Hainan | 13728 | 1651 | 10363 | 1714 | 113 | 30 | 79 | 3 |
| 重 庆 | Chongqing | 62282 | 3994 | 57556 | 732 | 534 | 151 | 376 | 6 |
| 四 川 | Sichuan | 135969 | 9207 | 124014 | 2748 | 988 | 314 | 672 | 3 |
| 贵 州 | Guizhou | 87541 | 4901 | 80621 | 2019 | 658 | 230 | 423 | 6 |
| 云 南 | Yunnan | 48513 | 3668 | 43688 | 1157 | 457 | 124 | 330 | 2 |
| 西 藏 | Tibet | 1092 | 221 | 871 | | 38 | 14 | 24 | |
| 陕 西 | Shanxi | 69680 | 7866 | 61436 | 378 | 758 | 464 | 293 | 1 |
| 甘 肃 | Gansu | 40453 | 3123 | 37240 | 90 | 620 | 371 | 249 | 0.2 |
| 青 海 | Qinghai | 5602 | 936 | 4596 | 70 | 119 | 74 | 45 | 0.1 |
| 宁 夏 | Ningxia | 9300 | 661 | 8444 | 195 | 116 | 47 | 68 | 0.1 |
| 新 疆 | Xinjiang | 35948 | 2719 | 33229 | | 477 | 228 | 249 | |
| 不分地区 | Not Classified by Region | 43618 | | | | 7283 | | | |

**注：** 不分地区为民航完成数。

**Note**: The total passenger traffic not classified by region refers to that completed by civil aviation.

# 23－17　各省市区货运量和货物周转量(2015年)

## Total Freight Traffic and Freight Ton－kilometers by Region(2015)

| 地　区 | Region | 货运量(万吨) Freight Traffic (10000 tons) | 铁　路 Railways | 公　路 Highways | 水　运 Waterways | 货运周转量(亿吨公里) Freight Ton－kilometers (100 million ton－kms) | 铁　路 Railways | 公　路 Highways | 水　运 Waterways |
|---|---|---|---|---|---|---|---|---|---|
| **全国总计** | **National** | **4171109** | **335801** | **3150019** | **613567** | **177835** | **23754** | **57956** | **91772** |
| 北　京 | Beijing | 20078 | 1034 | 19044 | | 901 | 745 | 156 | |
| 天　津 | Tianjin | 48779 | 8378 | 30551 | 9850 | 2519 | 445 | 345 | 1729 |
| 河　北 | Hebei | 198024 | 17843 | 175637 | 4544 | 12007 | 3633 | 6821 | 1553 |
| 山　西 | Shanxi | 161765 | 70509 | 91240 | 16 | 3439 | 2064 | 1375 | 0.1 |
| 内蒙古 | Inner Mongolia | 175112 | 55612 | 119500 | | 4190 | 1950 | 2240 | |
| 辽　宁 | Liaoning | 202021 | 16442 | 172140 | 13439 | 11712 | 898 | 2851 | 7963 |
| 吉　林 | Jilin | 43333 | 4432 | 38708 | 193 | 1425 | 374 | 1051 | 1 |
| 黑龙江 | Heilongjiang | 54478 | 9033 | 44200 | 1245 | 1545 | 608 | 929 | 8 |
| 上　海 | Shanghai | 90893 | 496 | 40627 | 49770 | 19496 | 11 | 290 | 19196 |
| 江　苏 | Jiangsu | 198998 | 5304 | 113351 | 80343 | 8270 | 311 | 2073 | 5887 |
| 浙　江 | Zhejiang | 201231 | 3887 | 122547 | 74797 | 9870 | 213 | 1514 | 8143 |
| 安　徽 | Anhui | 345756 | 10158 | 230649 | 104949 | 10402 | 739 | 4722 | 4941 |
| 福　建 | Fujian | 111041 | 2820 | 79802 | 28419 | 5447 | 129 | 1020 | 4299 |
| 江　西 | Jiangxi | 130349 | 4019 | 115436 | 10894 | 3753 | 497 | 3023 | 234 |
| 山　东 | Shandong | 261849 | 19191 | 227934 | 14724 | 8418 | 1161 | 5877 | 1380 |
| 河　南 | Henan | 192859 | 9969 | 172431 | 10459 | 6948 | 1700 | 4543 | 705 |
| 湖　北 | Hubei | 153904 | 4135 | 115801 | 33968 | 5674 | 763 | 2381 | 2531 |
| 湖　南 | Hunan | 199716 | 4407 | 172248 | 23061 | 3896 | 762 | 2554 | 580 |
| 广　东 | Guangdong | 339225 | 8117 | 255995 | 75113 | 14882 | 259 | 3109 | 11515 |
| 广　西 | Guangxi | 149714 | 5779 | 119194 | 24741 | 4062 | 675 | 2123 | 1265 |
| 海　南 | Hainan | 22287 | 779 | 11279 | 10229 | 1182 | 12 | 79 | 1091 |
| 重　庆 | Chongqing | 103833 | 1862 | 86931 | 15040 | 2710 | 158 | 851 | 1700 |
| 四　川 | Sichuan | 154597 | 7287 | 138622 | 8688 | 2387 | 723 | 1481 | 183 |
| 贵　州 | Guizhou | 84540 | 5736 | 77341 | 1463 | 1379 | 561 | 782 | 35 |
| 云　南 | Yunnan | 107608 | 5108 | 101993 | 507 | 1500 | 410 | 1078 | 12 |
| 西　藏 | Tibet | 2125 | 48 | 2077 | | 120 | 24 | 96 | |
| 陕　西 | Shanxi | 140900 | 32951 | 107731 | 218 | 3264 | 1436 | 1827 | 1 |
| 甘　肃 | Gansu | 58251 | 5936 | 52281 | 34 | 2226 | 1314 | 912 | 0.1 |
| 青　海 | Qinghai | 15962 | 2729 | 13233 | | 446 | 223 | 222 | |
| 宁　夏 | Ningxia | 42626 | 5631 | 36995 | | 817 | 245 | 572 | |
| 新　疆 | Xinjiang | 70673 | 6168 | 64505 | | 1773 | 712 | 1060 | |
| 不分地区 | Not Classified by Region | 88586 | | | 16864 | 21175 | | | 16822 |

注：不分地区合计中包括铁路行包运输、管道运输企业、民航运输企业、中远集团海外公司及中海集团香港有限公司完成数。

Note:The freight ton－kilometers not classified by region refers to railway baggage freight,civil aviation,pipelines and that completed by companies abroad under the China Ocean Shipping (Group) Company,and China Shipping Group Hong Kong Co.,Ltd.

# 23－18　各省市区社会消费品零售总额(2015年)

## Total Retail Sales of Consumer Goods by Region(2015)

| 地　区 | Region | 社会消费品零售总额(亿元) Total Retail Sales of Consumer Goods (100 million yuan) | 社会消费品零售总额比上年增长(%) Total Retail Sales of Consumer Goods Growth Rate(%) |
|---|---|---|---|
| **全国总计** | **National** | **300930.8** | **10.7** |
| 北　京 | Beijing | 10338.0 | 7.3 |
| 天　津 | Tianjin | 5257.3 | 10.7 |
| 河　北 | Hebei | 12990.7 | 9.4 |
| 山　西 | Shanxi | 6033.7 | 5.5 |
| 内蒙古 | Inner Mongolia | 6107.7 | 8.0 |
| 辽　宁 | Liaoning | 12787.2 | 7.7 |
| 吉　林 | Jilin | 6651.9 | 9.3 |
| 黑龙江 | Heilongjiang | 7640.2 | 8.9 |
| 上　海 | Shanghai | 10131.5 | 8.1 |
| 江　苏 | Jiangsu | 25876.8 | 10.3 |
| 浙　江 | Zhejiang | 19784.7 | 8.8 |
| 安　徽 | Anhui | 8908.0 | 12.0 |
| 福　建 | Fujian | 10505.9 | 12.4 |
| 江　西 | Jiangxi | 5925.5 | 11.4 |
| 山　东 | Shandong | 27761.4 | 10.6 |
| 河　南 | Henan | 15740.4 | 12.4 |
| 湖　北 | Hubei | 14003.2 | 12.3 |
| 湖　南 | Hunan | 12024.0 | 12.1 |
| 广　东 | Guangdong | 31517.6 | 10.1 |
| 广　西 | Guangxi | 6348.1 | 10.0 |
| 海　南 | Hainan | 1325.1 | 8.2 |
| 重　庆 | Chongqing | 6424.0 | 12.5 |
| 四　川 | Sichuan | 13877.7 | 12.0 |
| 贵　州 | Guizhou | 3283.0 | 11.8 |
| 云　南 | Yunnan | 5103.2 | 10.2 |
| 西　藏 | Tibet | 408.5 | 12.0 |
| 陕　西 | Shanxi | 6578.1 | 10.8 |
| 甘　肃 | Gansu | 2907.2 | 9.0 |
| 青　海 | Qinghai | 691.0 | 11.3 |
| 宁　夏 | Ningxia | 789.6 | 7.1 |
| 新　疆 | Xinjiang | 2606.0 | 7.0 |

# 23-19 各省市区货物进出口总额(2015年)
# Total Imports and Exports by Region(2015)

单位:亿美元 (USD 100 million)

| 地区 | Region | 按经营单位所在地分 By Location of Importers/Exporters | | | 按境内目的地、货源地分 By Destination and Origin | | |
|---|---|---|---|---|---|---|---|
| | | 进出口总额 Total Imports and Exports | 出口额 Exports | 进口额 Imports | 进出口总额 Total Imports and Exports | 出口额 Exports | 进口额 Imports |
| **全国总计** | **National** | **39569.0** | **22749.5** | **16819.5** | **39569.0** | **22749.5** | **16819.5** |
| 北京 | Beijing | 3196.2 | 546.7 | 2649.5 | 1307.9 | 290.1 | 1017.8 |
| 天津 | Tianjin | 1143.5 | 511.8 | 631.6 | 1190.6 | 483.8 | 706.8 |
| 河北 | Hebei | 514.8 | 329.4 | 185.4 | 802.0 | 476.6 | 325.3 |
| 山西 | Shanxi | 147.2 | 84.2 | 62.9 | 175.2 | 114.7 | 60.5 |
| 内蒙古 | Inner Mongolia | 127.5 | 56.5 | 71.0 | 139.2 | 61.4 | 77.8 |
| 辽宁 | Liaoning | 959.6 | 507.1 | 452.5 | 1071.2 | 511.2 | 560.0 |
| 吉林 | Jilin | 189.4 | 46.5 | 142.8 | 200.3 | 53.9 | 146.4 |
| 黑龙江 | Heilongjiang | 209.9 | 80.3 | 129.6 | 163.1 | 63.1 | 100.0 |
| 上海 | Shanghai | 4492.4 | 1959.4 | 2533.0 | 4230.0 | 1787.1 | 2442.9 |
| 江苏 | Jiangsu | 5456.1 | 3386.7 | 2069.5 | 5810.4 | 3488.6 | 2321.7 |
| 浙江 | Zhejiang | 3473.4 | 2766.0 | 707.5 | 3595.7 | 2832.3 | 763.4 |
| 安徽 | Anhui | 479.7 | 322.8 | 156.9 | 426.2 | 276.6 | 149.6 |
| 福建 | Fujian | 1693.6 | 1130.2 | 563.4 | 1479.2 | 939.7 | 539.5 |
| 江西 | Jiangxi | 424.7 | 331.3 | 93.4 | 407.1 | 301.4 | 105.7 |
| 山东 | Shandong | 2417.5 | 1440.6 | 976.9 | 2795.4 | 1485.3 | 1310.1 |
| 河南 | Henan | 738.4 | 430.7 | 307.7 | 770.1 | 457.8 | 312.3 |
| 湖北 | Hubei | 456.0 | 292.1 | 163.8 | 446.1 | 271.0 | 175.1 |
| 湖南 | Hunan | 293.3 | 191.4 | 101.9 | 293.3 | 190.9 | 102.5 |
| 广东 | Guangdong | 10228.7 | 6435.1 | 3793.6 | 11658.6 | 7308.2 | 4350.5 |
| 广西 | Guangxi | 512.6 | 280.3 | 232.4 | 464.0 | 141.4 | 322.6 |
| 海南 | Hainan | 139.6 | 37.4 | 102.2 | 155.1 | 42.7 | 112.4 |
| 重庆 | Chongqing | 744.8 | 551.9 | 192.9 | 587.2 | 399.4 | 187.8 |
| 四川 | Sichuan | 514.7 | 332.3 | 182.4 | 472.2 | 285.2 | 187.0 |
| 贵州 | Guizhou | 122.2 | 99.5 | 22.7 | 78.3 | 54.5 | 23.8 |
| 云南 | Yunnan | 245.2 | 166.2 | 79.0 | 190.2 | 106.7 | 83.5 |
| 西藏 | Tibet | 9.1 | 5.9 | 3.3 | 6.7 | 5.3 | 1.4 |
| 陕西 | Shanxi | 305.0 | 147.9 | 157.2 | 298.8 | 146.2 | 152.6 |
| 甘肃 | Gansu | 80.0 | 58.1 | 21.8 | 44.1 | 21.6 | 22.4 |
| 青海 | Qinghai | 19.3 | 16.4 | 2.9 | 5.9 | 3.7 | 2.2 |
| 宁夏 | Ningxia | 37.9 | 29.8 | 8.1 | 34.4 | 23.8 | 10.6 |
| 新疆 | Xinjiang | 196.8 | 175.1 | 21.7 | 270.7 | 125.3 | 145.4 |

# 23-20 各省市区国际旅游接待情况(2015年)
## International Tourism by Region(2015)

| 地区 | Region | 旅游人数(万人次) Tourists (10 000 person-times) | 外国人 Foreigners | 旅游外汇收入(百万美元) Foreign Exchange Earning from International Tourism (USD million) |
|---|---|---|---|---|
| 北京 | Beijing | 419.96 | 357.56 | 4605.00 |
| 天津 | Tianjin | 78.48 | 69.03 | 3298.11 |
| 河北 | Hebei | 76.64 | 59.89 | 501.91 |
| 山西 | Shanxi | 59.38 | 38.04 | 297.10 |
| 内蒙古 | Inner Mongolia | 160.78 | 153.35 | 962.49 |
| 辽宁 | Liaoning | 264.01 | 204.64 | 1636.50 |
| 吉林 | Jilin | 148.10 | 129.21 | 724.14 |
| 黑龙江 | Heilongjiang | 83.47 | 78.68 | 395.33 |
| 上海 | Shanghai | 653.59 | 540.69 | 5860.44 |
| 江苏 | Jiangsu | 305.01 | 200.84 | 3527.29 |
| 浙江 | Zhejiang | 459.02 | 333.96 | 6788.47 |
| 安徽 | Anhui | 291.12 | 171.17 | 2262.87 |
| 福建 | Fujian | 332.71 | 133.73 | 5561.40 |
| 江西 | Jiangxi | 155.88 | 44.88 | 567.00 |
| 山东 | Shandong | 312.22 | 226.44 | 2896.48 |
| 河南 | Henan | 135.30 | 84.36 | 623.60 |
| 湖北 | Hubei | 311.76 | 239.79 | 1671.90 |
| 湖南 | Hunan | 226.05 | 118.19 | 857.72 |
| 广东 | Guangdong | 3450.35 | 783.58 | 17884.66 |
| 广西 | Guangxi | 450.35 | 239.23 | 1916.86 |
| 海南 | Hainan | 60.84 | 35.60 | 248.52 |
| 重庆 | Chongqing | 148.10 | 98.98 | 1468.57 |
| 四川 | Sichuan | 273.20 | 193.44 | 1180.87 |
| 贵州 | Guizhou | 68.59 | 29.89 | 231.33 |
| 云南 | Yunnan | 570.08 | 420.00 | 2875.50 |
| 西藏 | Tibet | 29.26 | 14.26 | 176.66 |
| 陕西 | Shanxi | 293.03 | 194.15 | 2000.22 |
| 甘肃 | Gansu | 5.45 | 3.16 | 14.18 |
| 青海 | Qinghai | 6.53 | 4.52 | 38.76 |
| 宁夏 | Ningxia | 3.73 | 1.84 | 20.84 |
| 新疆 | Xinjiang | 53.14 | 45.94 | 555.89 |